마오쩌둥
평전

현대 중국의
마지막 절대 권력자

毛澤東

마오쩌둥
평전

알렉산더 판초프
스티븐 레빈
심규호 옮김

민음사

나의 조부 게오르기 보리소비치
에렌부르크(1902-1967)를 추모하며

그는 러시아의 중국학자이자 마오쩌둥에 관한
최초의 전기 작가 가운데 한 분으로,
나에게 많은 영감을 준 저작을 남겼다.
— 알렉산더 V. 판초프

　　이 책은 20세기 위대한 혁명가이자 막강한 폭군이었던 인물에 관한 책이다. 그는 다음 두 가지 임무를 완수하기 위해 최선을 다했다. 하나는 외세의 침략에서 나라를 해방시키는 것이었고, 다른 하나는 독재 수단을 통해 모든 이가 평등한 이상적인 사회를 만드는 것이었다. 그는 첫 번째 임무를 성공했으나 두 번째 임무는 실패했다. 중국은 마침내 마오쩌둥이 통치하던 시절에 지정학적으로 세계의 중심이 되고 정치적으로 양대 초강대국과 등거리를 유지하게 되었다. 그러나 기만과 폭력을 바탕으로 참을성 있는 중국 인민들에게 전체주의적 사회주의를 강요하고, 그들을 피비린내 나는 사회 실험의 나락으로 몰고 간 것 역시 마오쩌둥과 그가 이끈 공산당이었다. 그 결과 기아와 억압으로 인해 수백만 명이 죽음에 이르렀다. 마오쩌둥은 국가를 통치하면서 "사람을 귀하게 여긴다."라는 공자의 현명하고 인간적인 교훈을 따르지 않은 것이 분명하다. 그렇기 때문에 마오주의자들의 실험은 실패할 수밖에 없었다.

　　우리가 반드시 배워야 할 교훈은 다음 두 가지다. 첫째, 비인간적인 수단은 설사 그 목표하는 바가 아름답다 할지라도 타락으로 이어지고 만다. 둘째, 누구도 인간의 뼈와 피 위에 이상적인 사회를 건설할 수 없다.

한국도 마찬가지로 엄격한 독재 권력의 시기를 겪어 왔다. 물론 한국의 통치자들이 사회주의를 실현하려고 한 적은 없지만 그들은 시민의 권리에 반대하고 심지어 반인륜적 범죄를 저지르기도 했다. 지금 여러분은 민주 사회에 살고 있다. 한국인들은 한국의 자유와 번영에 자부심을 가질 만하다. 무엇보다 그것은 고된 투쟁의 결과이기 때문에 더욱더 그렇다. 하지만 북쪽에 사는 여러분의 동포들은 끊임없이 세계 여론의 주목을 받는 일당 독재의 전체주의에 시달리고 있다.

전체주의는 20세기 초반에 등장했다. 그것은 러시아, 중국, 북한과 같은 여러 나라에서 고도로 집중화되고 계층화된 공산당의 일당 독재, 일반 시민의 정치적, 지적 삶에 대한 비밀경찰의 통제, 당 영도자에 대한 개인숭배, 사유 재산 철폐, 강력한 중앙 집권에 따른 경제 계획, 막대한 국방비 지출 등을 초래했다. 1억이 넘는 사람들이 사회주의 혁명과 개혁으로 인해 죽어 갔다. 이러한 체계는 지난 20세기와 더불어 점차 사라지고 있지만 우리는 사회주의 혁명의 그릇된 우상에 의해 희생된 사람들은 물론이고 선전과 조작, 폭력을 통해 자신들의 환상을 동포들에게 강요했던 이들도 결코 잊어서는 안 된다.

우리는 마오쩌둥과 그의 실패한 피비린내 나는 독재 정권을 재조명한 우리의 책이 한국과 북한에 살고 있는 모든 이들이 자유주의와 인간의 가치를 충분히 인식하는 데 도움을 주기를 바란다.

또한 우리는 부도덕한 방법이 매력적인 목표를 변질시킬뿐더러 그것을 실현하기 위해 애쓰는 바로 그 사람들까지 오염시킨다는 것을 정확하게 이해하는 데 이 책이 도움을 줄 수 있기를 바란다. 공산당 내에서 거의 매일 벌어지던 피비린내 나는 권력 투쟁 속에서 한때 자유주의를 신봉하는 후난 성 출신의 열정적이고 젊은 지식인이었던 마오쩌둥은 점차 그 자신이 지닌 격정의 희생자가 되고 말았다. 계급 투쟁과 청산을 포함한 사회주의의 가설은 서로 부딪치도록 설정되어 있는 사람들에게 공포와 테러를 불러일으키기 위해 계획된 것이다. 당내 반대파와 계급의 적, '착각에 빠진' 동지에 대한 마오쩌둥의 투쟁은 마지막 남은 인간적인 감정의 잔재마저 모두 없애 버리고 말았다. 그가 전달하고자 했던 것은 동지애가 아니라 증오와 보편적인 의혹이었다. 사랑, 선함, 충성, 신뢰는 그의 메마른 감정 속에서 완전히 사라졌으며, 그의 삶은 키메라처럼 망상을 추구하는 것으로 바뀌었다. 그는 결국 냉혈한 공산주의 독재자가 되었고, 권력의 정점에서 고독한 노인이 되고 말았다. 마지막 몇 년 동안 사람과 사람 사이의 진정한 접촉으로부터 점차 격리되면서 외롭고 병든 황제는 자신이 저지른 폭정의 결과를 맛보아야 했다.

우리는 일반 대중의 관심을 끌 수 있는 생생하고 흥미로운 전기를 쓰고자 노력했다. 우리의 목표는 지난 세기 세계 역사에 거대한 그림자를 드리운 다면적인 중국 지도자에 대한 객관적인 초상화를 그리는 것이었다.

우리는 우리가 그렇게 할 수 있기를 바랐다.

차 례

신화와 실제

역사적인 인물은 객관적인 평전을 쓸 만한 가치가 있다. 하지만 평전 쓰기에 도전하는 것은 최상의 환경이 주어진다 해도 벅찬 일이 아닐 수 없다. 평전 작가는 언뜻 보기에 끝없을 것만 같은 출간 또는 미출간 자료의 궤적을 끊임없이 찾아가야 한다. 그중에는 물론 다른 언어로 기술된 것도 포함되어 있다. 방대한 양의 공문서에 탈진하고, 소문과 거짓말로부터 진실과 사실을 가려내고, 평전 주인공의 대중적인 모습과 개인적인 모습 사이에서 정확한 균형을 이루어야만 한다. 그리고 평생에 걸친 문제에 대한 지혜와 어리석음을 판단해 내야 한다. 이러한 어려움은 평전의 대상이 빈틈없이 비밀이 유지되는 닫힌 사회의 지도자일 경우 더욱 배가한다. 현대 중국을 건국한 마오쩌둥이 바로 그러한 예다. 하지만 1976년 그가 사망하고 35년이 더 지난 지금 중국의 중요 기밀문서와 구소련의 중요 공문서에 대한 배타적 접근이 허용되면서 현대에 가장 중요한 중국 지도자들의 보다 분명하고, 보다 섬세하며, 보다 완전한 초상을 그릴 수 있게 되었다. 이것이 바로 이 책의 목적이다.

확실히 마오쩌둥은 미국의 저널리스트인 에드거 스노(Edgar Snow)가 1936년

7월 인생 중반을 갓 넘은 마오쩌둥의 인생 이야기를 처음으로 저술한 이래 서구어로 기술된 수많은 전기물의 대상이 되었다. 1년 후 스노는 자신이 인터뷰한 내용을 『중국의 붉은 별(*Red Star Over China*)』이라는 제목으로 펴냈으며, 당시의 역사를 설명하는 가장 영향력 있는 책으로 지금까지도 인정받고 있다. 그렇다면 무엇 때문에 서구 언어로 기술된 마오쩌둥 평전의 맥락, 특히 우리의 평전과 상당히 다르게 출발한 맥락에 대해 이야기하고자 하는가? 이는 어떤 이유로 당시 게릴라 사령관이자 중국공산당 지도자였던 마오쩌둥과 젊은 미국인 기자 스노가 만나게 되었는가와 연결시켜 볼 수 있다.

1930년대에 이미 잘 알려진 저널리스트였던 스노는 비록 마르크스주의자는 아니었지만 중국의 공산주의 운동에 상당히 동정적이었다. 《뉴욕 헤럴드 트리뷴(*New York Herald-Tribune*)》과 《포린 어페어스(*Foreign Affairs*)》, 《새터데이 이브닝 포스트(*Saturday Evening Post*)》 등을 포함한 주류 언론에 투고하면서 그는 공개적으로 친공산주의를 표방하던 중국 내 다른 좌익계 기자들과 달리 독립적이라는 명성을 유지했다.

이러한 명성이 마오쩌둥을 포함한 중국공산당 지도자들의 주의를 끈 것이 틀림없다. 그들은 서른한 살의 미국인을 통해 대중적인 이미지를 개선하고 자신들의 정치적 영향력을 확대하는 데 활용할 생각이었다. 스노가 마오쩌둥을 찾은 데는 나름의 목적이 있었다. 본능적으로 큰 주제에 민감한 야심 찬 기자로서 그는 충격적인 특종 기회를 덥석 붙잡았다. 둘은 각기 다른 자신들의 목적이 있었다. 1936년 7월 13일 스노는 북부 산시 성(陝西省)에 있는 바오안(保安)에 도착했다. 마오쩌둥이 외지고 황량한 마을에 근거지를 마련하고 이틀이 지난 후였다. 마오쩌둥은 홍군(紅軍)에게 심각한 패배를 안길 만큼 군사력이 막강한 국민당 정부의 최고 수반이자 국민당(GMD) 당수인 장제스(蔣介石) 총사령관의 공격을 피해 도망 중이었다.

마오쩌둥은 일련의 인터뷰를 진행하겠다는 에드거 스노의 요청을 받아들였다. 그리고 공산주의 혁명 지도자로서 경력을 대강 설명하기 전까지 그의 어린 시절과 청년 시절에 대해 처음으로 상세하게 이야기했다. 공산주의자들은 기민함을 발휘하여 스노를 선택했다. 감수성이 예민한 미국인이 겉보기에 링컨풍의 철인 통치자이자 통찰력 있고 느긋하며 자신감에 차 있는 마오쩌둥을 만나러 갔다. "그는 확실히 자신의 운세와 통치 운명을 믿고 있었다." 스노는 이렇게 회고했다.[1] 그들이 만났던 촛불 밝힌 동굴에서 밤을 꼬박 새우며 노트에 마오쩌둥의 이야기를 기록하면서 그는 어느새 비판적인 저널리스트라기보다 마오쩌둥의 대필자가 되었다. 단번에 그는 사명을 완수했다. 스노는 자신의 귀중한 노트를 들고 베이징(北京)으로 돌아와 원고를 작성하기 시작했으며, 그것이 후에 『중국의 붉은 별』로 출간되었다.

마오쩌둥과 에드거 스노의 희망대로 『중국의 붉은 별』은 공전의 반향을 불러일으켰다. 특히 서구의 진보적인 지식인과 좌파들 사이에서 더욱 그러했다. 낭만적인 혁명가로서 마오쩌둥에 대한 친밀한 묘사는 권위적인 인물로 근엄한 모습을 하고 있는 장제스에게 점점 더 환멸을 느끼던 서구 독자들의 심금을 울렸다. 스노의 개척자적인 작업은 이후 전기 작가들이 마오쩌둥에 대해 스노처럼 또는 그보다 더욱 동정적으로 저술하는 풍조를 만들어 냈다. 이후 저작물은 스노의 책과 달라야 한다는 데 주안점을 두었다. 스노가 소비에트 마르크스주의의 충실한 신봉자로서 마오쩌둥을 본 것과 달리 다른 작가들은 일찍이 1930년대 후반부터 마오쩌둥이 영도하는 중국공산당이 자치적이고 독립적으로 변했다고 단언했다. 그들의 견해에 따르면, 독립적인 사상가이자 행동가로서 마오쩌둥은 당내 투쟁에서 자신이 앞질렀던 교조적인 중국의 스탈린주의자들과 달리 근본적으로 모스크바와 거리를 두기 시작했다. 마오쩌둥은 당당했고, 자신감이 넘쳤으며, 스탈린(Iosif Stalin)의 꼭두각시가 아니라 진정한 중국의 혁명가였다. 이것이 미국의 독자들에게 중국 혁명을 설명하려 했던 작가들의 마음을 끈 마오쩌둥의 주된 매력이었다.

일찍이 1940년대 말과 1950년대 초에 존 페어뱅크(John Fairbank), 벤저민 슈워츠(Benjamin I. Schwartz), 콘래드 브랜트(Conrad Brandt), 로버트 노스(Robert North)를 포함한 미국의 중국학자들은 스탈린과 그의 관계뿐 아니라 중국에 대한 그의 관점을 예로 들어 그가 '독립'적인 견해를 지니고 있었다는 주장을 제기한 바 있다. 이는 이후 정통 관점으로 굳어졌다.[2] 그들은 스탈린이 마오쩌둥을 신뢰하지 않았으며, 그를 공산주의자라기보다 '농민 민족주의자(peasant nationalist)'로 간주했다고 썼다. 또한 마오쩌둥의 지도하에 농촌에서 중국 혁명이 고조된 것은 노동자 계급의 '역사적 역할'에 관한 정통 마르크스주의자의 관점이 틀렸음을 입증하는 것처럼 여겨졌다. 중국의 '농민 혁명'은 식민지를 탈피한 전 세계 곳곳에서 농민 혁명의 드라마틱한 시대가 펼쳐질 것이라는 조짐을 보여 주는 일종의 개막 공연이었다. 1960년대 초반 소비에트와 중국공산당이 분열한 이후 러시아와 중국의 작가들은 대충 이와 유사한 노선을 따랐다.

한편 마오쩌둥은 실질적인 혁명 사령관에서 1960년대 초반 전기 작가가 중국인들이 입은 푸른색 옷과 관련하여 불렀던 '푸른 개미들의 황제(emperor of the blue ants)'로 변모하는 일종의 치환을 겪었다.[3] 1949년 10월 1일 중화인민공화국(PRC) 수립을 선언한 후 마오쩌둥은 이전에 황제들이 거주했던 베이징의 쯔진청(紫禁城, 구체적으로 중난하이(中南海))으로 거처를 옮겼다. 이후 그에 대한 개인숭배가 점점 더해 가면서 측근 동료나 수행원들 이외에 다른 이들이 접근하기 어려운 인물이 되었다. 공개 석상에서 그의 등장은 세심하게 연출되었고, 그의 인터뷰나 공식 성명이 점차 애매한 성격을 띠기 시작했다. 1967년에 나온 저명한 중국학자 스튜어트 슈람(Stuart R. Schram)의 뛰어난 저작을 포함하여[4] 마오쩌둥 생전에 출간된 서구 언어로 된 전기물은 주로 이미 출간된 공산당 문서, 마오쩌둥의 저서, 연설문과 성명서, 마오쩌둥을 직접 접견한 외국인들의 인상, 정치적 지인이나 상대자들의 기억, 그 밖에 여러 다양한 자료를 바탕으로 삼고 있다. 마오쩌둥의 독자적인 이론과 중국의 환경에서 마르크스주의를 창조적으로 접목한 부분이 계속해서 주목의 대상이 되었다.

언뜻 보기에 이러한 논지는 근거가 충분한 것처럼 보인다. 1949년 말까지 마오쩌둥은 단 한 차례도 모스크바를 방문한 적이 없었으며, 스탈린 역시 그를 개인적으로 알지 못했다. 동시에 마오쩌둥을 '반레닌주의자'로 간주하거나 '트로츠키주의'의 해서는 안 될 대죄를 범했다고 비난하는 부정적인 보고서가 중국공산당 내외에서 다양한 경로를 통해 크렘린에 전해졌다. 그래서 스탈린이 마오쩌둥을 '동굴 마르크스주의자(cave Marxist)'로 여겼다는 레온 트로츠키(Leon Trotskii)의 주장은 나름 일리가 있어 보인다.[5] 1950년대 말 소비에트 공산당의 제20차 전국대표대회에서 스탈린주의를 비난한 이후 마오쩌둥은 스탈린이 자신을 믿지 않았다고 가끔씩 상기하곤 했다.[6]

그러나 자세히 검토해 보면 마오쩌둥과 스탈린, 그리고 소련의 관계에 관한 많은 통념은 사실 그다지 정확한 것이 아니다. 실제로 최근에야 접할 수 있게 된 소련과 중국의 공문서에서 밝혀지고 있다시피 마오쩌둥은 자신이 충성하는 보스를 안심시키기 위해 고통을 감내했던 스탈린의 충실한 추종자였으며, 스탈린이 죽고 난 후에야 소련 모델에서 비로소 벗어나려고 했다.

이러한 폭로는 왜 마오쩌둥에 대한 철저한 재평가가 정당한가에 대한 여러 이유들 가운데 하나를 말해 준다. 진실은 중국공산당과 소련공산당, 코민테른의 비밀 기록 보관소에 오랫동안 묻혀 있었다. 최근에야 비로소 이러한 기록물을 전부 또는 일부 사용할 수 있게 되었다. 마오쩌둥의 정책과 전망, 개인 생활에 대한 수많은 새로운 사실에 대한 흥밋거리 대부분은 마오쩌둥과 반대파, 그리고 친구들에 관한 비공개 실록에 기록되어 있으며, 모스크바의 소련공산당 중앙위원회의 이전 중앙당 기록 보관소에 보존되어 있다. 볼셰비키는 1917년 혁명 이후 곧 기록물을 체계적으로 정리하기 시작했다. 처음부터 그 중요한 임무는 볼셰비키당의 역사를 모으는 것 이외에도 국제 노동과 공산주의 운동의 역사를 채집하는 것이었다. 1943년 코민테른(Comintern)이 해산된 후 소장하고 있던 기록물 대부분은 중앙당 문서 보관소로 옮겨졌다. 1950년대 코민포름(the Communist Information Bureau, 1947년 설립되었다가 1956년 해체된 국제 공산당 정보국)의 기록물도 그곳에 보관되었다. 마침내 1999년 6월 이전 공산주의청년동맹의 기록물이 통폐합되었다. 현재 이처럼 통합된 기록물은 '러시아 사회 및 정치사에 관한 국가 기록물'로 알려져 있다. 마오쩌둥의 개인사를 철저하게 발굴하기 위한 새로운 정보의 원천으로 이러한 기록물에 대한 조사가 무엇보다 중요하다.

우선 그곳은 국제공산주의운동과 소련공산당의 역사에 관한 한 전 세계에서 가장 큰 기록물 보관소다. 기록 보관소에는 약 200만 건의 문서와 1만 2105장의 사진 자료, 195편의 기록 영화 등이 669가지 주제에 따라 체계적으로 정리되어 있다. 기록 보관소는 중국 공산주의 운동과 관련된 광범위한 문서 수집품이 핵심을 이룬다. 그중에는 코민테른 집행위원회(Executive Committee of the Comintern, ECCI)에 파견된 중국공산당의 방대한 파일이 포함되어 있을뿐더러 중국공산당 중앙위원회의 각종 장부와 재정 관련 서류, 코민테른과 볼셰비키가 중국에 지시 또는 명령한 내용, 레닌, 스탈린, 트로츠키, 그리고 이 외에 다른 볼셰비키 지도자들에 관한 문서, 중국 공산주의자와 코민테른에 파견된 중국 민족주의자들에 관한 비밀 문서, 중국 혁명을 이끈 중요 인물에 관한 서류 일체가 포함되어 있다.

특히 중국 공산주의자와 관련된 사적인 문서 수집품이 흥미를 끈다. 다른 기록물과 달리 이 수집품은 1990년대 초반 옐친의 짧았던 이데올로기 '해방' 기간에도 대다수 학자들에게 개방되지 않은 문서들이다. 그것들은 기록 보관소의 극비 문서로 분류, 보관되어 있다. 심지어 오늘날까지도 관련 파일에 대한 공적인 접근은 상당히 제한적인 편이다. 이 책의 저자 가운데 한 명인 알렉산드르 판초프를 포함한 몇 명의 전문가만이 당대 러시아의 기록 보관 담당자와 학자들과의 개인적인 관계를 토대로 자료 접근을 허락받아 이들 문서를 계속해서 즐겨 읽을 수 있었다. 이런 제한된 수집품은 마오쩌둥, 류사오치(劉少奇), 저우언라이(周恩來), 덩샤오핑(鄧小平), 왕밍(王明)을 비롯한 중국공산당 지도부의 핵심 인물에 대한 자료를 포함하여 3328건의 개인 자료로 구성되어 있다.

그중 가장 인상적인 자료가 마오쩌둥에 관련한 서류 일체다. 여기에는 마오쩌둥의 정치 보고서, 사적인 서신, 마오쩌둥과 스탈린·스탈린과 저우언라이·마오쩌둥과 니키타 흐루쇼프(Nikita Khrushchyov) 회담의 속기록, 소련 내과 의사가 작성한 마오쩌둥의 의료 기록, 소련 비밀경찰(KGB)과 코민테른 첩보원의 비밀 장부, 마오쩌둥의 부인들과 아이들, 특히 이전까지 알려지지 않은 모스크바에서 태어난 아홉 살배기 아이의 출생 증명서까지 포함되어 있다. 중국공산당 내부 지도자 중에서 그의 정적이 기록한 마오쩌둥에 대한 비판 내용, 1950년대 말부터 1970년 초까지 중화인민공화국의 정치 상황에 관련한 소련 대사관과 소련 비밀경찰의 극비 문서도 있다. 우리는 마오쩌둥의 개인사나 정치 생애를 재평가하는 데 가치가 있다고 증명된 모든 자료를 활용할 수 있는 첫 번째 마오쩌둥 전기 작가인 셈이다.

러시아와 중국의 기록 보관소 보충 자료는 방대한 양의 전기 자료와 회고록, 그리고 중화인민공화국에서 최근에 출간된 편람 등이다. 마오쩌둥의 개인 비서와 정부(情婦), 친척, 지인의 기록과 일기 등도 포함되어 있다. 이는 마오쩌둥의 생애를 재해석하는 데 큰 도움이 된다.

중국 역사학자들의 노력으로 최근에 알려진 내용도 있는데, 이는 베이징의 중국공산당 중앙위원회가 엄격하게 제한하고 통제한 것이기는 하지만 그렇다고 중요하지 않은 것은 결코 아니다. 그중에는 중화인민공화국 성립 이후 마오쩌둥의 수고(手稿)를 모은 열세 권짜리 전집이 있고, 사오산(韶山)의 마오 씨 집안 족보를 기록한 열일곱 권짜리 전집도 있으며, 이 외에 마오쩌둥의 개인적인 담화록, 이전에는 알려지지 않은 다양한 원고와 연설, 평론, 비평, 메모, 시가 등이 포함되어 있다.

우리가 지금 선보이는 마오쩌둥 전기는 이러한 독특하고 다양한 공문서와 새롭게 발굴한 문건, 마오쩌둥을 알고 있는 이들과 인터뷰한 내용 등을 토대로 하였다. 쉽게 말하면 가장 최신의 내용을 담고 있다는 뜻이다. 장룽(張戎)과 존 할리데이(Jon Halliday)가 최근에 출간한 『마오: 알려지지 않은 이야기들(Mao: The Unknown Story)』*은 왜곡되고 신뢰할 수 없다는 이유로 학계에서 비판을 받았다.[7] 우리는 어떤 다른 전기물보다 광범위한 근거를 찾아 세밀하게 식별하는 한편, 정치적 고려에 의해 훼손되지 않은 이성적 판단을 제시함으로써 기존 전기물의 단점을 극복하고자 했다. 이러한 냉철한 태도를 통해 우리는 '위

---

* 국내에는 2006년 까치글방에서 오성환·이상근·황의방의 번역으로 출간되었다. — 옮긴이

대한 지도자'의 다양한 면모, 예를 들어 혁명가이자 독재자, 시인이자 폭군, 철학자이자 정치가, 남편이자 바람둥이였던 그의 다면적인 모습을 엿볼 수 있을 것이다. 우리는 마오쩌둥이 성인군자가 아니며, 악마도 아니고, 진정으로 조국을 위해 번영과 국제적 명성을 얻고자 했던 복잡한 인물이었음을 안다. 또한 그는 정치적이고 이념적인 유토피아의 막다른 골목에 빠졌으며, 주변의 아첨꾼들에 의해 개인숭배의 대상이 되면서 심각한 과오를 범하기도 했다. 의심할 바 없이 그는 20세기 가장 위대한 이상주의자 가운데 한 명이었다. 레닌이나 스탈린과 달리 그는 정치 모험가였을 뿐 아니라 민족 혁명가이기도 했다. 그는 급진적인 경제적, 사회적 개혁을 촉진했을뿐더러 이전의 반식민지 중국에서 국민 혁명을 수행하여 내전에 빠진 중국 대륙을 통일시켰다. 선진 서구 열강이나 일본에 오랫동안 멸시당하던 중국과 중국인들이 새롭게 세계인의 존중을 받을 수 있도록 만든 이가 바로 마오쩌둥이다. 한편 국내 정책은 수천만 중국인의 목숨을 앗아 간 민족 비극을 낳기도 했다.

　우리는 마오쩌둥의 정치적, 군사적 리더십은 물론이고 그의 성격과 개인 및 가족사에 대해 많은 관심을 기울임으로써 보다 생동감 있고 흥미로운 개인사에 대해 이야기하고자 한다. 그렇기 때문에 이 책은 전략가, 이론가, 정치가, 정치 논객으로서뿐 아니라 아들, 남편, 아버지, 친구, 연인으로서 마오쩌둥의 모습을 보여 주는 다양하고 흥미진진한 이야기와 인터뷰로 가득하다. 다양한 시각을 통해 우리는 중국공산당과 중화인민공화국을 통치하면서 거의 절대적인 권력을 누린 대단한 의지력과 야망의 소유자인 마오쩌둥이 심한 조울증에 시달리기도 한 복잡한 성격과 정서를 지녔다는 사실을 보게 될 것이다. 우리는 마오쩌둥과 중국에 대해 전혀 알지 못하는 독자들의 관심을 이끌어 내기 위해 생생한 초상을 그려 내고자 했다. 이것이 이 책의 목적이다. 또한 마오쩌둥이 만났던 일군의 다양한 사람과 고향 마을인 사오산충(韶山沖)부터 그가 실질적으로 황제처럼 살았던 베이징의 쯔진청에 이르기까지 마오쩌둥이 살거나 공부하고 일하고 휴식했던 곳들을 두루 살펴 자세하게 묘사하고자 한다. 중국에서 가장 중요한 지도자의 삶을 바탕으로 중국 현대사를 이야기하려는 우리는 이 책을 통해 중국의 느낌과 냄새, 질감까지 선사하고자 한다.

우리는 이번 연구를 통해 중국 공산주의 운동사나 중화인민공화국 역사, 무엇보다 마오쩌둥에 대해 일반적으로 통용되는 시각을 수정해야 할 만큼 새롭고 놀랄 만한 사실을 발견했다. 광범위한 조사와 연구를 토대로 우리는 1921년 중국공산당 창당 이후 1950년대 초반까지 중국공산당이 모스크바에 계속해서 재정적으로 의존하고 있었다는 사실을 입증해 냈다. 마오쩌둥의 생활을 주의 깊게 살펴보면, 당시 중국공산당이 모스크바의 권위적인 정책 지도와 지령에 지속적으로 의존하고 있었다는 사실을 고려해야만 당시 중국공산당의 역사를 이해할 수 있다는 사실을 알게 된다. 장궈타오(張國燾), 저우언라이, 류사오치, 차이허썬(蔡和森), 취추바이(瞿秋白), 덩중샤(鄧中夏), 왕뤄페이(王若飛), 천위(陳宇), 리리싼(李立三), 가오강(高崗)을 포함한 중요 공산당원들에 대한 문건 자료를 보면, 중국공산당이 코민테른을 통제하던 스탈린 및 그 측근들과 종속 관계에 놓여 있었으며 중국공산당 지도자들의 운명이 그들 손에 달려 있었다는 것을 알 수 있다. 이러한 사실은, 예를 들어 중국공산당을 영도하는 이들이 과오를 범하거나 또는 '트로츠키주의자로 활동'했다는 이유로 굴욕적인 심문이나 자아비판을 수도 없이 감내했다는 언급을 통해 입증된다. 심지어 1938년 스탈린이 저우언라이, 류사오치, 캉성(康生), 천윈(陳雲), 리리싼 등을 포함한 코민테른 대표자들에 대해 여론 몰이 재판을 획책했음을 암시하는 증거도 남아 있다. 스탈린이 그 계획을 포기하지 않았다면 아마도 중국공산당의 많은 지도급 인사들이 희생물이 되고 말았을 것이다. 어떤 문건은 그가 1935년 7월부터 8월까지 열린 제7차 코민테른 대회에 참석한 중국공산당 대표 대부분을 살해했다는 사실을 암시하고 있다.

스탈린은 마오쩌둥을 자신의 '블랙리스트'에 포함시키지 않았다. 사실 중국공산당에서 마오쩌둥이 권력의 핵심으로 굴기할 수 있었던 데는 스탈린과 코민테른의 힘이 컸다. 확실히 마오쩌둥은 동독의 발터 울브리히트(Walter Ulbricht)나 불가리아의 토도르 지프코프(Todor Zhivkov), 또는 중유럽이나 동유럽 공산당의 종속적인 영도자들과 달리 지원은 물론이고 지도를 바라마지 않는 스탈린에게 충성하고 있다는 점에서 의심할 여지가 없었다.(이러한 점에서 1949년 12월부터 이듬해 1월까지 마오쩌둥과 스탈린의 만남에 관한 우리의 논의는 흥미로운 사실을 보여 줄 것이다. 마찬가지로 한국 전쟁 당시 스탈린과 마오쩌둥의 불편한 관계에 관한 이야기 역시 이와 관련이 있다. 스탈린은 한반도를 통일시킬 생각이 없었으며, 단지 전쟁에 개입함으로써 미국이 북한뿐 아니라 중국과 충돌하여 세력이 약화되기를 바랐을 뿐이다. 그렇게 된 다음에 스탈린은 전 세계적으로 혁명을 일으키고자 했다.) 마오쩌둥이 소비에트 지도층과 거리를 두기 시작한 것은 1953년 3월 스탈린이 사망한 이후의 일이다. 그는 니키타 흐루쇼프를 신뢰할 수 없는 어릿광대로 여겼으며, 고의적으로 멸시하는 태도를 보였다. 우리는 마오쩌둥과 흐루쇼프의 개인적인 원한이 중국과 소련이 분기하게 된 주된 이유 가운데 하나라는 것을 입증할 수 있다. 혹자는 1960년대 후반 양국의 불화와 대립 정도를 낮게 잡아 대수롭지 않게 여기기도 한다. 하지만 소련 비밀 기록 보관소의 자료를 살펴본 결과는 전혀 다른 것이었다. 1960년대 중국과 소련은 심각한 긴장 관계에 돌입하여 소련 집권층 내부에서 중국에 대한 무력 개입까지 논의할 정도였다. 그 안에는 중국 공업 지역에 대한 원폭 투하나 원자력 기지를 폭격하는 방안도 포함되었다는 사실을 입증할 수 있다.

또한 우리는 이 책에서 1950년대 말 마오쩌둥의 장년기 이후부터 1976년 9월 사망할 때까지 그 생생하고 객관적인 초상을 독자들에게 선사하고자 한다. 그 기간에 마오쩌둥은 마오쩌둥식의 독특한 사회주의 노선을 따라 대약진운동(大躍進運動), 문화대혁명(文化大革命) 등 중국 사회를 개조하기 위한 대담한 시도를 멈추지 않았다. 그리고 엄청난 비극이 야기되었다. 우리는 이러한 모든 사건에 관련한 새로운 자료를 검토하면서 그것이 지니고 있는 중대한 목표와 더불어 마오쩌둥이 나이가 들어 편집증적으로 성격이 변하면서 자신의 목적 실현을 위해 교묘하게 조작했던 최고 영도층 내부의 개인적 경쟁의식에 대해서도 확인하는 작업을 시도할 것이다.

전통적인 관점과 달리 우리는 문화대혁명을 단순히 마오쩌둥의 마지막 권력 투쟁이라고 생각하지 않는다. 오히려 우리는 이를 새롭고 이상적인 사회에서 새롭고 이상적인 인민을 창조하는 자신의 이상주의적 비전을 달성하기 위한, 진지하지만 비극적 결함을 숨길 수 없었던 그의 노력이었다고 생각한다. 1960년대 중반부터 마오쩌둥은 사회 정치적인 관계에서 사회주의식 개조가 부족하다고 믿기 시작했다. 사회주의 건설 이후에도 여전히 인민들은 타성에 젖어 자기중심적인 이기주의에 빠져 있었다. 사람들은 탐욕스러운 자아에 빠져 자본주의로 돌아갈 몽상에 젖어 있었다. 그렇기 때문에 만약 미끄러지듯이 그쪽으로 빠지는 것을 허락한다면 공산당 자체가 퇴보할 가능성이 농후했다. 이것이 바로 그가 중국 문화에서 오래된 전통적인 가치를 무너뜨리지 않은 상태에서 공산주의 건설은 불가능하다는 확신에 도달하게 된 이유다. 하지만 그는 분명 인성을 지나치게 과소평가했다. 이러한 잘못된 판단이 문화대혁명의 실패를 야기했고, 마오쩌둥의 전체 프로젝트를 어그러뜨린 것이다. 마오쩌둥이 설계한 병영 공산주의 체제(인민공사 체제), 냉혹하고 엄격한 사회는 마오쩌둥의 사망과 동시에 사라지고 말았다.

결론적으로 역사가로서 우리의 임무는 마오쩌둥을 비난하거나 찬양하는 것에 있지 않다. 마오쩌둥에 대해 점수를 매긴다는 것이 너무 늦은 일일 수도 있다. 그는 이미 죽었고, 그 자신이 말했듯이 이미 죽은 카를 마르크스(Karl Marx)에게 답할 수 있을 따름이다. 대신에 우리는 20세기 가장 위대하고 영향력 있는 정치 지도자 가운데 한 명에 대해 중요한 모든 세목까지 자세하게 묘사하는 것을 임무로 삼고자 한다. 이 책이 독자들에게 마오쩌둥과 그를 낳은 시대와 나라(중국), 그리고 그가 창조한 나라를 좀 더 깊고 정확하게 이해하는 데 도움을 줄 수 있기를 바란다.

1부 학습자

1

보살의 수양아들

중국 남부 후난 성(湖南省) 샹탄 현(湘潭縣)의 작은 마을 사오산충은 상록수 빼곡한 언덕과 논밭 사이의 좁은 계곡에 자리하고 있으며 위로는 푸른 하늘이 끝없이 펼쳐져 있었다. 멀리 어렴풋하게 보이는 사오산은 마을의 이름을 따온 곳이자 특히 불교도들이 우러러보며 외경하는 산이었다. 후난의 성도인 창사(長沙)에서 시작하는 지선 철로가 사오산을 지나는데, 완행열차를 타고 160킬로미터를 횡단하려면 대략 3시간 정도 걸린다. 방문객을 기다리는 기차역 앞 너른 광장에 버스 대열이 정차하면 안내인들이 소리를 친다. "마오 주석의 고향이오! 마오 주석이 태어나신 곳!" 덜컹거리는 버스를 타고 30분 정도 가면 마을 입구에 다다른다. 예전에는 대부분 논밭과 연꽃 가득한 연못이었으나, 지금은 열세 개의 방을 갖춘 벽돌집으로 된 박물관에 도착하게 된다. 양옆으로 비교적 작은 전형적인 농민 주택이 자리하고 있다. 전형적인 시골 마을의 분위기를 자아낸다. 그곳은 후난의 수많은 작은 마을과 다를 바 없다. 하지만 자신이 태어난 나라의 역사를 바꿨으며, 죽은 후에도 여전히 전 세계적으로 영향력을 끼치고 있는 한 남자의 고향이라는 점에서는 크게 다르다.

계곡에 자리한 마을의 대다수 주민들은 마오(毛) 성을 가졌다. 그곳은 예전 부터 마오 씨 씨족들이 정착하고 있던 집성촌이다. 마오 성을 가진 주민들은 자신들의 가계가 멀리 원나라 말기 용맹했던 장군 마오타이화(毛太華)로 이어 진다고 믿었다. 이웃 장시 성(江西省)이 본적지인 그는 14세기 중엽, 1270년대 이래로 중국을 지배한 몽골에 저항하기 위해 윈난 성(雲南省)에서 제국의 군대 에 대항하는 전투에 참전하려고 고향을 떠났다. 몽골의 주력군은 1368년 스스 로 새로운 중국 왕조 명(明)의 황제로 선포한 승려 주원장(朱元璋)의 반란군에 패배했다. 고향에서 멀리 떨어진 윈난에서 현지 여성과 결혼한 마오타이화는 1380년 아내와 자식들을 데리고 후광(湖廣, 지금의 후난)으로 이주하여 샹탄 북 쪽 샹샹 현(湘鄕縣)에 정착했다. 대략 10년 후 아들 두 명이 샹탄 현의 북쪽으로 이주하여 사오산에 보금자리를 마련했다. 그들이 사오산에 정착한 마오 씨족 의 조상들이다.[1]

미래 중국의 최고 지도자는 그 가운데 한 가족인 마오이창(毛貽昌)의 집에 서 음력으로 뱀의 해 11월 19일에 태어났다. 공식적인 왕조 연대 추산에 따르 면, 그해는 1644년 이래로 중국을 지배한 청나라의 광서제(光緖帝) 19년에 해 당한다. 밝은 시작이라는 의미를 지닌 광서제는 황태후(서태후) 자희(慈禧)에 의해 겨우 네 살밖에 안 된 어린 황제 재첨(載湉)의 이름으로 황제 등극을 선포 하여 1875년부터 재위하기 시작했다. 중국 가정의 경우 아들이 태어나면 양력 생일에 즐거운 잔치를 벌이기 마련이었고, 마오이창의 가족 역시 1893년 12월 26일 아들이 태어난 것을 축하하는 잔치를 벌였다.

마오쩌둥의 부친은 기쁨을 감출 수 없었지만 모친은 걱정이 태산이었다. 아이가 너무 커서 제대로 양육할 수 없을 것 같은 걱정이 들었기 때문이었다. 벌써 아들을 둘이나 낳았는데 한 명은 어릴 때 죽고 말았다. 모친은 눈물을 머 금고 갓난아이를 포대기에 잘 싸서 안고 산에 살고 있는 비구니를 만나기 위해 집을 나섰다. 갓난아이를 잘 보살펴 줄 것을 부탁하기 위함이었다. 하지만 비 구니는 거절했다. 아이가 나무랄 데 없이 건강하여 전혀 걱정할 필요가 없었기 때문이었다. 깊은 산에 은둔하고 있는 비구니는 아이의 행복을 위해 끊임없이

기도할 것을 권고한 후 노심초사하는 모친에게 아이를 잘 기르라고 충고를 해 주었다.

아이를 안고 이웃에 있는 친정으로 달려가다 모친은 문득 작은 암자 앞에서 발길을 멈추었다. 그녀는 열두 개의 돌 위에 앉아 있는 관세음보살을 바라보았다. 심신이 고단했던 모친은 관세음보살상 앞에 엎드려 자신의 아들을 수양아들로 삼아 달라고 기도를 올렸다.[2]

중국 전통에 따르면, 생모의 부모는 사내아이를 낳았다는 소식을 들으면 그 즉시 수탉을 선물로 보내고, 계집아이일 경우는 암탉을 보냈다.

중국인들은 어머니의 자궁에서 보낸 아홉 달을 생애의 첫 번째 해로 간주했다. 그래서 아이가 태어나면서 한 살이 된 것으로 보았다. 고대 의식에 따라 새로 태어난 아이는 아버지가 입던 바지로 만든 옷으로 싸 두었다. 특히 오래된 옷은 전염병을 모두 흡수한다고 생각했기 때문에 아기 요람 위에 걸어 놓기도 했다. 갓난아이는 태어나고 사흘째 되는 날 처음 목욕을 하는데, 그날 처음으로 집안 식구 이외의 손님들도 아기를 볼 수 있다. 태어나 처음 목욕하는 날이 되면 아버지는 조상들에게 정성을 바치고, 갓난아이의 따뜻한 목욕물에 양파와 생강을 넣어 준다. 이는 마음과 건강을 상징하는 것이다. 어머니는 아이를 들어 올려 해산에 도움을 준 산파에게 건넨다. 그러면 산파가 아이의 머리에 양파 뿌리를 올려놓고 이렇게 읊조리기 마련이다. "무엇보다 똑똑하고 둘째로 현명하며 셋째로 영악하여라." 그다음 산파는 아이의 입과 팔, 다리를 자물쇠나 막대기로 눌러 주면서 이야기한다. "조용히 하거라." 저울을 아이의 가슴에 올려놓는 것은 몸무게가 많이 나가라는 뜻이고, 삶은 달걀을 볼에 올려놓는 것은 행복을 비는 것이다. 그러고는 은화가 매달린 붉은 실을 아이의 손목에 묶어 준다. 한 달이 지나면 갓난아이의 머리카락을 깎아 주는데, 머리카락한 타래를 절에 모셔 두고 목덜미 부분은 남겨 놓는다. 이는 갓난아이에게 이름을 지어 줄 때 아주 중요한 의식이기도 하다. 손님들은 아이에게 줄 돈이나 돼지고기, 생선, 과일, 장식한 달걀을 가지고 다시 집으로 찾아온다.

아주 옛날부터 부모들은 도사나 점쟁이의 도움을 받아 갓난아이의 이름을 지었다. 전통에 따라 마오이창은 아이의 이름에 '물'을 사용할 필요가 있다는 명리가(命理家)의 의견을 좇았다. 명리학적인 관점에서 볼 때 그에게 물이 부족하기 때문이었다.[3] 풍수가의 의견은 집안 족보에서 필요한 것과 딱 들어맞았다. 중국의 경우, 특히 남자들은 세대마다 이름에 사용해야 하는 특별한 한자가 있었다. 그것은 모든 세대가 마찬가지였다. 이름 자체는 아주 다를 수 있지만 모두 그들이 속한 세대의 신분이나 자격을 나타내는 공통된 글자를 이름에 사용해야 한다. 마오이창의 새로 태어난 아들(마오 집안의 20대손이다.) 세대의 돌림자는 '쩌(澤)'이고, 물수 변으로 왼쪽에 세 개의 삐침이 들어가 있다. '쩌'라는 한자는 이중적 의미를 지닌다. 하나는 '적시다·축이다'라는 뜻이고, 다른 하나는 '친절·선량함·은혜'라는 뜻이다. 마오이창은 아이 이름에서 나머지 하나를 '동쪽'을 의미하는 '둥(東)'으로 골랐다. 이리하여 '쩌둥(澤東)'이 이름이 되었는데, 이는 '동쪽의 은인(Benefactor of the East)'이란 뜻이다. 아이의 이름을 정함과 동시에 전통에 따라 특별한 장소나 의식에서 사용되는 두 번째이자 비공식적인 이름(字)은 '룬즈(潤之)'*로 정했다. '룬즈'는 '이슬 맺힌 난'이란 뜻이다. 마오쩌둥의 모친은 이 외에도 모든 불행에서 그를 지켜 주고 은연중에 관세음보살의 보살핌을 받는 아이라는 뜻을 넌지시 비치는 단어로 '스(石)'를 골라 아명처럼 불렀다. 마오쩌둥은 집안에서 셋째 아들이었기 때문에 '스산야즈(石三伢子)'라고 불리기도 했다. 이는 문자 그대로 '스'라는 이름을 가진 셋째 아들이라는 뜻이다.

마오쩌둥의 집안은 대가족이 아니었다. 식구로는 부모 이외에 친할아버지뿐이었다.(친할머니 리우는 마오쩌둥이 태어나기 9년 전인 1884년 5월 20일 서른일곱 살의 나이로 세상을 떠났다.) 식구들은 집 전체로 보아 그 절반인 동쪽에 거주했으며, 이웃들이 나머지 절반에 살았다. 집 앞에는 연못과 논이 있었고 뒤로 소나무와 대나무가 우거진 숲이 있었다. 600여 명에 달하는 마을 사람 대부분은 가난했다. 논밭을 경작하는 힘들고 고된 노동에도 불구하고 수입이 그리 많지

---

* 처음에는 '융즈(咏芝)'였는데 나중에 '룬즈(潤芝)'로 바꾸었다. ― 옮긴이

않았다.

마오쩌둥의 친할아버지인 마오언푸(毛恩普)는 평생 가난하게 살다가 세상을 떠나면서 아들에게 빚만 잔뜩 안겨 주었다. 하지만 마오쩌둥의 아버지 마오이창은 스스로 노력하여 가난의 질곡에서 어느 정도 벗어날 수 있었다. 외동아들이었던 그는 1870년 10월 15일 태어났으며, 열 살 때 자신보다 3년 6개월 정도 나이가 많은 원치메이(文七妹, 본명은 원수친(文素勤), 일명 원치메이(文其美))와 약혼하고, 5년 뒤에 결혼식을 올렸다. 이후 아버지의 빚을 떠안게 된 마오이창은 샹쥔(湘軍, '샹'은 후난의 전통적인 명칭이다. 후난을 관통하는 샹장 강(湘江)에서 따왔다.)에 입대했다. 오랫동안 군 생활을 하다가 고향으로 돌아온 마오이창은 군대 봉급을 모은 돈으로 부친이 잃어버렸던 땅을 되찾아 자영농이 되었다. 분명 부친인 마오쩌둥에게 들은 이야기이겠지만, 마오쩌둥의 딸에 따르면 마오이창은 가끔씩 이렇게 말했다. "가난은 너무 많이 먹거나 많이 써서 오는 게 아니야. 가난은 계산하는 능력이 없어서 오는 거야. 계산만 잘하면 누구나 잘 먹고살 수 있어. 하지만 그럴 능력이 없으면 제아무리 황금 산이 있다 할지라도 모조리 낭비하고 말 거야."[4]

마을에서 수친(素勤, 평소 근면하다는 뜻)[5]으로 불렸던 마오이창의 아내는 이름대로 평소 부지런하고 선량하여 남편의 출세를 도왔다. 마오쩌둥이 열 살 되던 해, 할아버지가 세상을 떴다. 그해 마오이창은 부단한 노력으로 적지 않은 돈을 모아 땅을 조금 더 살 수 있었다.[6] 8년 전에 동생 마오쩌민(毛澤民)이 태어났고, 할아버지가 돌아가시고 1년 후에 마오쩌탄(毛澤覃)이 태어났다. 마오쩌둥의 부모는 이 아들 셋 이외에 마오쩌둥보다 먼저 태어난 아들과 딸이 각기 두 명씩이었는데, 모두 어려서 죽고 말았다.

마오쩌둥의 모친은 아들에게도 자신과 같은 종교적 신심을 불어넣고자 애썼다. 어린 시절을 지나 청소년기에 이르기까지 마오쩌둥은 가끔 어머니를 따라 절에 가곤 했다. 어머니는 큰아들이 스님이 되기를 꿈꾸었다. 하지만 부친의 생각은 달랐다. 그렇다고 완강하게 반대한 것은 아니었다. 비록 밖으로 드러내지는 않았지만 그 역시 내심으로 부처를 존중했다. 이런 일도 있었다. 마을에서 그리 멀지 않은 길에서 호랑이와 마주쳤다. 그는 몹시 놀랐는데 호랑이도 마찬가지로 놀란 것이 분명했다. 사람과 호랑이가 서로 놀라 다른 방향으로 치달았다. 마오이창은 이를 자신에 대한 경고라고 생각했다. 그때까지만해도 종교에 회의적이었는데, 그 사건 이후로 부처를 경배하며 때로 향을 바치곤 했다.[7]

마오이창은 부처를 경외했지만, 장남인 아들만큼은 공자(孔子)와 그 제자들의 언행을 논찬한 전통적인 사상서(『논어(論語)』)에 나오는 유교의 지혜를 얻는 편이 더 이로울 것이라고 생각했다. 중국의 정치 체계는 인간의 도덕적 완성을 요구하는 유교 원리에 바탕을 두고 있다. 공자에 따르면, 인간은 누구나 하늘이 부여한 신성한 약속인 예(禮)를 실천해야 하며, 무엇보다 중요한 인(仁)과 효(孝), 덕(德)을 지니고 있어야 한다. 이처럼 하늘이 부여한 법도를 따라야만 유가에서 추구하는 최고의 윤리적 이상을 실현할 수 있다.

개인의 양지(良知)가 공자의 가르침을 진정으로 따르는지 여부를 결정하지만, 현실적으로 볼 때 공자의 학설에 대한 지식 없이 경력을 쌓는 일은 불가능하다. 관직을 얻기 위해서는 무엇보다 공자의 말을 자유롭게 인용할 수 있는 능력이 필요했기 때문이다. 공자의 언행(『논어』)이나 『맹자(孟子)』, 『대학(大學)』, 『중용(中庸)』 등 유가 경전에 익숙하지 않으면 교육을 받지 않은 것으로 여겨졌다.

그렇기 때문에 2년밖에 학교를 다니지 않은 마오쩌둥의 부친이 장남만큼은 유교의 가르침을 배우기를 원한 것도 당연한 일이었다. 마오이창은 토지 관련 소송 사건에 휘말린 적이 있는데, 이때 공자의 말을 인용하지 못해 패소한 아픈 기억이 있었다. 당시 법원은 고전에 대한 해박한 지식을 가지고 있던 상대편의 손을 들어 주었다. 마오쩌둥의 딸에 따르면, 당시 마오이창은 "아들이 그처럼 교육받은 사람이 되어 나 대신 나설 수 있도록 하겠다."[8]라고 결심했다고 한다. 그 결과 마오쩌둥은 사오산에 있는 소학당에 다니게 되었으며, 그곳에서 유가의 경전을 배우기 시작했다.

마오쩌둥이 고대 철학자들의 말을 암기한 것은 상당히 실용적인 이유 때문이었다. 특히 누군가와 논쟁할 때 적절하게 관련 내용을 인용하여 상대를 이기기 위해서였다. 그렇기 때문에 유가의 윤리 도덕은 그의 정신에 아무런 영향을 끼치지 않은 듯했다. 마오쩌둥의 딸에 따르면, 한번은 마오쩌둥이 선생님과 논쟁을 벌인 적이 있었다.

어느 더운 여름날 선생님이 학교를 잠시 비웠을 때, 아버지는 동급생들에게 수영을 하러 연못에 가자고 말했다. 학생들이 발가벗은 몸으로 수영하고 있는 모습을 본 선생님은 예절에 맞지 않다고 여기고 그들을 혼내 주려고 했다. 아버지는 『논어』에서 공자가 찬물에 목욕하는 것을 찬양한 구절을 인용하며 맞받아쳤다. 아버지는 책을 펴 들고 관련 내용을 크게 읽었다. 선생님은 분명 그런 구절이 있다는 사실을 알고 있었지만 그냥 앉아서 체면을 구길 수는 없는 일이었다. 결국 화가 난 선생님은 할아버지에게 이르러 갔다.

"룬즈는 정말 구제 불능입니다. 그 아이는 나보다 더 많이 알고 있다고 하니 더 이상 가르칠 생각이 없습니다."

마오쩌둥은 때로 게으르고 쓸모없는 놈이라고 욕설을 퍼붓는 부친과 말다툼을 할 때도 마찬가지로 공자의 말을 인용하곤 했다. 마오쩌둥이 이길 때도 있었지만 거의 대부분은 그에게 불리하게 끝나곤 했다. 유교 사상 가운데 특히 효를 중시했던 부친은 마오쩌둥이 말대꾸를 할 때마다 손찌검을 하면서 소리쳤다. "이놈, 죽여 버릴 테다. 위아래도 모르는 잡놈 같으니라고!"[9] 부친은 다른 두 아들도 때리기 일쑤였다. 그럴 때마다 모친은 벌벌 떨면서 자식들을 두둔하려 했으나 소용없는 경우가 더 많았다.

마오쩌둥이 사랑하고 또한 불쌍하게 여겼던 모친의 연약함과 부친의 학대는 그의 성격 형성에 큰 영향을 끼쳤다. 고집이 세고 열정과 반항을 자랑스럽게 여겼다는 점에서 그는 아버지를 쏙 빼닮았다.[10] 지나치게 엄격한 아버지를 싫어했지만, 그 역시 아버지를 닮아 거칠고 신랄했으며, 무엇보다 융통성이 없었다.

그의 고집은 집안 내력뿐 아니라 지역성과도 관련이 있다. 음식에 매운 고춧가루를 잔뜩 뿌려 먹는 후난 사람들은 중국에서 성질이 급하기로 유명하다. '먹는 음식만큼이나 화끈한 사람'이란 바로 후난 사람을 가리키는 말이었다.

　　몇 년 후 마오쩌둥은 자신의 가족 내 갈등에 대해 약간 설익은 마르크스주의 이론으로 설명한 적이 있다. 1936년 7월, 에드거 스노의 요청에 따른 인터뷰 때였다.

　　　　중농이 되었을 때 우리 집은 15무(畝, 1무는 674제곱미터)의 토지를 가지고 있었어요. ……아버지가 남는 쌀로 약간의 돈을 모아 얼마 후 7무의 땅을 더 사들여 우리는 부농이 될 수 있었지요. ……중농이 되자 아버지는 곡물을 수송해서 파는 일을 하면서 조금씩 돈을 모으기 시작했어요. 부농이 된 후에는 미곡상 일에만 전념했지요. 아버지는 머슴을 한 명 고용했고, 어머니는 물론이고 자식들도 논밭에서 일하도록 했습니다. 나는 여섯 살 때부터 농사일을 거들기 시작했어요. 아버지는 따로 점포를 차리지 않고 장사를 했지요. 그냥 가난한 농부들에게 곡물을 사들여 도시로 싣고 나가 마진을 붙여 상인들에게 파는 것이지요. 겨울에 벼를 찧을 무렵에는 일꾼을 한 명 더 썼기 때문에 일곱 명이나 밥을 해 먹여야만 했어요. ……아버지는 우리에게 한 푼도 주지 않고 그저 형편없는 밥이나 먹여 주었어요. 매월 15일이 되면 일꾼들에게 조금 베푼다고 달걀 몇 개를 주었지만 고기는 절대로 먹이는 법이 없었지요. 그나마 나에게는 달걀이든 고기든 전혀 주지 않았습니다.

잠시 뜸을 들인 후 마오쩌둥은 웃으며 이렇게 덧붙였다.

　　　　우리 식구는 '두 패'로 나뉘었어요. 한쪽은 아버지 편으로 집권 세력이었고, 반대파는 나를 포함해서 어머니와 동생, 그리고 때로 일꾼들도 합세했지요.(마오쩌둥의 막냇동생인 마오쩌탄은 아직 태어나기 전이기 때문에 마오쩌민을 언급하고 있다.) 그런데 우리 반대파가 연합을 하기는 했지만 의견이 엇갈렸어요. 어머니는 우회적인 공격 방식을 지지했어요. 집권 세력에 대해 노골적으로 감정을 드러내거나 공개적으로 반항을 시도하는 것은 싫어하셨지요. 그런 방식은 중국식이 아니라는 뜻이었지요. ……내 불만은 갈수록 커져 갔어요. 우리 가족의 변증법적 투쟁도 날로 발전했지요.

부자간 싸움은 흔치 않은 일이다. 마오쩌둥은 남들 앞에서 서슴없이 부친과 말다툼을 하고, 다른 이들이 상상하기 힘든 무례함을 보이기도 했다. 에드거 스노와 인터뷰할 때도 아버지에 대한 미움을 숨기지 않았다. "나는 아버지를 미워하는 법을 배웠습니다."[11]

평생 절약을 생활화했던 마오쩌둥의 부친은 작은 마을에서 큰 재산가가 되는 일에 몰두했다. 그는 자신의 방식대로 다른 농민들의 땅을 사들이거나 토지에 대한 저당 증서를 사는 식으로 재산을 불려 2000에서 3000 중국 은원(銀元) 정도의 자산을 소유하게 되었다. 중국 소작농 대다수는 극심한 가난 속에서 살았다. 일반적으로 19세기 후반과 20세기 초반에 청나라는 매우 낙후했으며, 중세기나 다를 바 없는 미개척지였다. 자본주의는 아직 초기 단계였기 때문에 사회에 큰 영향을 끼치지 못했다. 물론 자본가들이 회사를 설립하기도 했지만 주로 상하이(上海)나 톈진(天津), 우한(武漢) 등 사오산과 멀리 떨어진 곳의 일이었다. 오직 이러한 대도시에서만 대규모 자본 축적이 가능했으며, 농촌에서는 여전히 이전 삶의 방식이 그대로 이어졌다. 소작농은 시장에서 아무런 이익도 취할 수 없었다. 그들은 가을에 수확을 끝내면 마오쩌둥의 부친처럼 폭리를 취하는 이들에게 진 빚을 갚기 위해 자신들이 먹을 양식까지, 그것도 폭락한 가격에 내다 팔 수밖에 없었다. 그리고 봄이 되면 굶어 죽지 않기 위해 폭등한 가격에 경제적 손해를 감수하면서 식량을 사다 먹어야만 했다.[12] 부랑자, 거지, 천민을 비롯한 빈민과 농촌의 하층민들이 전체 4억 명의 인구 가운데 대략 4000만 명에서 4500만 명에 달했는데, 그들은 사업을 하거나 장사를 하는 이들에게 전혀 우호적이지 않았다. 중국 전체 인구의 10분의 1에 달하는 이들은 여전히 가난했으며, 구체적인 직업이라고 할 만한 것이 없었다.[13] 그들은 마오쩌둥의 부친과 같은 농민을 토호 또는 착취자라고 불렀다. 도시라고 해도 아직 일자리를 제공할 수 있는 규모 큰 회사가 거의 없었기 때문에 농촌 사람들은 평생 촌구석에서 살다가 생을 마감해야 했다. 때로 모내기나 추수 때가 되면 요행으로 일자리를 얻는 경우도 있었지만 대부분의 사람들이 그런 운조차 없었다. 누더기를 걸친 지저분한 이들이 마을 외곽을 어슬렁거리며 구걸로 연명했다. 시장에 나가 보면 굶주린 빈농이 어린 딸을 판다는 팻말을 들고 서 있는 모습을 심심찮게 볼 수 있었다. 때로 대바구니에 아들을 담아 내다 팔기 위해 시장에 나온 이들도 있었다.

많은 소작농들이 삼합회(三合會) 같은 폭력배 집단에 가입하여 토호들을 약탈했다. 잔혹한 반란은 후난뿐 아니라 다른 지방에서도 흔히 일어나는 일이었다.

1906년 추운 겨울, 사오산에서 240킬로미터 정도 떨어진 핑샹(萍鄕)에서 동중국과 남중국의 여러 성에 지부를 두고 있는 막강한 세력의 홍맹(紅盟) 지부인 홍창회(紅槍會)*가 난리를 일으켜 큰 혼란을 겪고 있었다. 특히 후난과 장시 경계에서 활발하게 활동하던 그들은 17세기 후반 명나라를 멸망시키고 중국을 통치하기 시작한 만주족의 청나라를 타도하는 것을 목표로 삼았다. '붉은 창(紅槍)'이라고 자칭하던 그들은 일반 사람들은 알 수 없는 독특한 종교 의식으로 맺어졌다. 그들은 어떤 환경일지라도 서로 돕고 의지할 의무가 있었으며, 술수를 행하는 도사나 불교를 신봉할 뿐만 아니라 무당이나 술사들의 푸닥거리도 믿었다. 또한 자신들의 안전을 지키기 위해 무술이나 기공(氣功)을 연마하기도 했다.

핑샹에서 반란을 일으킨 홍창회는 공개적으로 다음 두 가지 기치를 높이 들었다. 첫째, 청나라를 타도하고 한족의 명나라를 재건하자. 둘째, 부자를 타도하고 빈민을 구제하자. 난리가 일어났다는 소식은 인근 장시와 후난까지 빠

---

* 의화단의 난이 실패로 끝난 후 일부 의화권(義和拳) 사람들이 재기하면서 1916년 산둥 성(山東省)에서 만든 결사 단체다. 이후 여러 지역으로 파급되었다. — 옮긴이

르게 전해졌다. 칼과 창으로 무장한 홍창회 일원들은 주변 지역을 점령하고, 가난한 농민들이 부유한 이들을 멸시하며 부르던 토호열신(土豪劣紳)의 집안으로 쳐들어가 재물을 약탈했다. 그들은 상대적으로 부유한 농민들의 재물을 빼앗아 자신들의 집에서 진탕 먹고 마시며 잔치를 벌였고, 때로 훔친 물건을 가난한 이들에게 나누어 주기도 했다. 열흘 정도 지난 후 정부군이 반란을 진압했지만 그 열기는 식을 줄 몰랐다. 중국공산당 창당의 일원으로 마오쩌둥과 권력 투쟁을 벌였던 장궈타오는 아홉 살 어린 나이로 당시 핑샹에서 일어난 난리를 직접 경험했다. 그는 난리를 일으킨 빈민 출신 폭도에게 동정심을 느꼈지만 다른 한편으로 그들을 두려워했다. 그는 당시 핑샹에서 겪었던 일에 대해 다음과 같이 회고했다.

사람들이 길가를 오갔다. 몇 명은 빈손이었고, 누군가는 무엇인가를 들고 아무 말도 없이 잰걸음을 했다. 하지만 우리 세 명이 걸을 때는 아직 막아서는 이가 없었다. 우리는 서두를 필요가 없었다. 5리 정도 걸어 원(文) 씨가 운영하는 작은 가게로 갔다. ……가게 주인은 우리에게 밤에 돌아다니지 말라고 경고했다. ……그는 가게를 혼자 보고 있기 때문에 우리를 데려다줄 수 없다고 하면서 그러지 말고 자기 집에서 하룻밤 자고 가라고 했다. 우리는 그의 따뜻한 환대에 행복했다.

새벽녘에 잔뜩 술에 절어 있는 무리가 칼을 차고 갑자기 가게로 들어오더니 우리를 침상에서 끌어 내려 계산대 앞에 세웠다. 그리고 칼을 휘두르며 당장이라도 찌를 듯한 기세로 소리쳤다. "이 자식들 머리를 잘라 그 피로 우리 깃발을 물들이자!" 옆에 있던 이가 맞장구쳤다. "칼도 시험해 봐야지!" 그러자 어떤 이가 죽이지 말자고 하면서 이렇게 말했다. "저놈들을 묶어 가지고 데리고 가서 가족들에게 몸값을 요구하면 어때?"

가게 주인은 우리를 살리려고 정말 애를 많이 썼다. 우리를 풀어 주면 술이며 음식이며 가게에 있는 것을 다 주겠다고 말했다. 나중에 들은 이야기지만 가게 주인도 그들과 같은 홍창회의 일원이었기 때문에 부탁을 들어준 것이라고 했다. 잠시 더 소란이 계속되었지만 결국 그들은 우리를 살려 두고 떠났다. 난리가 가라앉은 후에야 우리는 잠든 마을로 돌아올 수 있었다.[14]

후난의 성도인 창사에서도 이와 유사한 폭동이 일어났다. 사오산에서 활동하고 있던 가로회(哥老會) 회원들이 지역 지주와 충돌을 빚으면서 가난한 소작농들과 함께 폭도로 돌변했기 때문이다. 소작농들은 "소작료를 내지 말자."라고 외쳤다. 마오쩌둥은 이렇게 회상했다. "아버지는 미곡 상인이었지요. 우리 마을에서 도시로 곡물을 내다 팔았는데, 사실 마을에는 곡물이 부족한 상황이었습니다. 한번은 가난한 마을 사람들이 운반하고 있던 곡물을 가로챘고, 이로 인해 아버지는 몹시 화를 내셨지요. 하지만 나는 아버지를 동정하지 않았어요. 물론 마을 사람들의 방법도 잘못된 것이긴 했지요."[15]

반란 세력은 결국 진압되었다. 새로 부임한 지방관은 반역을 주도한 사람들을 체포하고 그들 가운데 몇몇은 참수형에 처했다. 그들의 머리가 장대에 꽂혀 사람들의 구경거리가 되었다. 향후 난리를 미연에 예방하기 위한 일종의 협박성 조치였다. 사오산에도 가로회를 진압하기 위한 군대가 파견되었으며, 체포된 우두머리 역시 참수형을 당하고 말았다.

중국에서 사형은 공개적으로 이루어졌다. 죄수에게는 검은 글씨로 '폭도' 혹은 '살인범'이라고 적힌 소매 없는 조끼를 입혔다. 양팔을 뒤로 묶인 채 수레 위에 올라탄 죄수들은 무장 병사들이 지키는 가운데 시내와 시외 주변을 돌았다. 구경꾼들이 몰려들어 형장까지 함께 걸어갔다. 벌써 모여든 사람들로 붐비는 형장에 도착하면 병사(형리)들이 죄수를 끌어낸다. 회자수를 맡은 병사는 칼을 옆에 있는 병사에게 잠깐 맡긴 후 사형수 뒤로 가서 무릎을 꿇고 자신의 행위에 대해 용서를 구한다. 이는 사형수가 죽은 후에 귀신이 되어 회자수를 괴롭히지 않도록 하기 위한 일종의 의식이자 일말의 경의를 표함으로써 사형수의 체면을 살려 주는 일이기도 했다. 사형수가 무릎을 꿇으면 회자수는 그의 머리를 단칼에 벴다. 죄수의 머리가 땅에 떨어지고 나서야 사람들은 흩어져 각기 집으로 향했다. 사실 시골의 삶이란 언제나 똑같은 생활의 반복으로 지루하기 이를 데 없기 마련이다. 그렇기 때문에 공개 처형과 같은 구경거리는 많은 이들의 흥미를 끌기에 충분했다. 사형이 집행되는 동안 죄수가 용감하게 노래를 부르거나 구호를 외치면 사람들은 더욱더 흥분했다. 그럴 때면 사람들은 신이 나서 이렇게 소리쳤다. "좋아! 좋아!"

폭력은 또 다른 폭력을 낳았다. 마오쩌둥이나 장궈타오, 그리고 수많은 미래의 공산주의자들을 단련시킨 것이 바로 이러한 상황이었으며, 인간의 삶이 더 이상 아무런 가치가 없어지고, 사람들마다 입에 겨우 풀칠을 하기 위해 끊임없이 노동하며 가난에서 벗어나기를 갈망하던 그런 사회였다. 농민 반란은 마오쩌둥도 인정하다시피 그에게 잊을 수 없는 인상을 남겼고, 그의 인생에 큰 영향을 끼쳤다.[16]

마오쩌둥에 따르면, 중국 문학, 특히 난리와 폭동, 반역을 다룬 소설은 그의 세계관과 의식에 지대한 영향을 주었다. 그는 『수호전(水滸傳)』, 『수당연의(隋唐演義)』, 『악비전(岳飛傳)』, 『삼국연의(三國演義)』, 『서유기(西遊記)』 등 전설적인 장군이나 전사, 모험가뿐 아니라 유명한 반란의 지도자들에 대한 서적을 반복해서 읽었다. 그는 책을 통해 전사들의 형제애를 배우고 신체적 강인함을 추종했다. 영웅들은 전통적인 방식에 대항하여 일어나라고 말하는 것 같았다.[17]

마오쩌둥의 모친은 항상 아들을 위해 보살에게 기도를 올렸다. 하지만 아들은 부처의 신성하고 숭고한 길 대신에 피와 폭력, 혁명의 길로 들어섰다. 위대한 인문주의자인 공자의 윤리 사상도 그에겐 영향을 주지 못했다. "경서를 배워 알고 있었지만 사실 나는 경서를 싫어했습니다." 마오쩌둥은 에드거 스노에게 이렇게 말했다.[18] 어린 시절 엄격한 부친과 자극적인 문학, 그리고 주변 환경에서 많은 영향을 받고 자란 그는 공공연한 반란만이 자신의 권리를 지켜줄 수 있는 유일한 방법이라고 확신했다. 만약 그저 겸손하게 순종하기만 한다면 언제까지나 빼앗기며 살 수밖에 없기 때문이었다.[19]

2

새로운 세계의 문턱에서

마오쩌둥은 열세 살에 학교를 그만두었다. 엄격한 교사는 가혹한 교육 방식을 취했으며 때로 학생들을 때리기도 했다. 마오쩌둥은 더 이상 그런 비난을 견딜 수 없었고 부친은 학교를 그만두는 것에 전혀 반대하지 않았다. "나는 네가 수재가 되기를 바라지 않는다." 봉건 제국에서 향시에 합격함으로써 얻게 되는 가장 낮은 등급인 수재를 들먹이며 부친이 말했다. "어쨌든 과거는 이미 폐지되었고, 네가 계속 공부할 것 같지도 않구나. 해야 할 일이 많이 있으니 집으로 돌아오너라."[1] 마오이창은 아들이 가업을 이어, 특히 부기 등의 일을 맡아 주기를 원했다. 하지만 마오쩌둥은 계속 공부하고 싶었다. 독서에 대한 열망이 그를 사로잡았다. 그는 고전적인 경전을 제외하고 손에 든 것이면 무엇이든 열정적으로 읽었다. 주로 밤중에 책을 읽었는데, 책을 읽는다는 것을 부친이 알아채지 못하도록 유리창을 천으로 덮어 불빛이 새어 나가지 않게 했다. 부친은 아들이 책을 들고 있는 것을 볼 때마다 벌컥 화를 냈다. 심지어 쉬는 시간에 책을 읽어도 마찬가지였다.

바로 그즈음 마오쩌둥은 정치에 대한 관심을 불러일으키는 책과 만난다.

위대한 계몽사상가이자 개혁가였던 정관응(鄭觀應, 자는 정상(正翔)이다.)의 『성세위언(盛世危言, 성세에 경고하는 말)』(1893)이었다. 정관응은 자신의 책에서 중국인들에게 '부강을 위한 학문'을 공부해야 한다고 호소했다. 다시 말해 유럽 산업화의 교훈을 중국 현대화의 임무에 적용시켜야 한다는 것이다. 이는 중국에 영국식 입헌 군주제를 건립할 필요가 있다는 뜻이기도 하다. 정관응은 전통적인 유교 질서에 대항하면서 나라를 부강하게 만들고자 하는 일부 부르주아지 개혁에 호감을 가졌다.[2]

　그 책이 청소년기 마오쩌둥의 삶에 어떤 영향을 끼쳤는가를 이해하기 위해 당시 중국의 상황에 대해 개괄적으로 살펴보는 것이 좋을 듯하다. 20세기 초 중국은 선진 자본주의 국가의 침략으로 인해 경제적으로 서구에 의지하는 반식민지 상태에 놓여 있었다. 두 차례에 걸친 아편 전쟁(제1차 1839~1842년, 제2차 1856~1860년)을 겪으면서 중국은 엄청난 피해를 입었다. 첫 번째는 자유 무역을 요구하는 영국과 전쟁을 벌인 것이고, 두 번째는 프랑스와 연합하여 중화제국에 털북숭이 서양 귀신(毛洋鬼子)*이 불평등 조약 체결을 강요하는 영국과 벌인 것이었다. 전쟁에 승리한 영국이 중국의 관세 통제권을 장악했고, 중국은 경제적 독립을 잃었다. 외국 상인들은 성(省) 경계를 넘나들면서 내야 하는 국내 관세를 면제받았다. 이는 중국 상인들에게 크게 불리했다. 외국인들은 국제 거래를 위해 개방한 항구에 거주지를 건설할 권리를 확보했다. 그들은 치외법권의 권리를 향유했다. 다시 말해 중국 법정에 기소될 걱정이 없었던 것이다.

　수백만에 달하는 수공업자들이 파산함으로써 값싼 서양 물품이 중국 시장에 범람하기 시작했다. 조세 부담이 급격히 증가했다. 일련의 전쟁에서 패배함으로써 중국은 승전국에 배상금을 지불해야만 했다.

　중국이 세계 경제에 편입됨으로써 엄청난 경제적, 사회적 위기가 닥쳐왔다. 반청의 기치를 높이 쳐든 태평천국의 난이 일어나자 절망한 수많은 농민들과 수공업 노동자들이 대거 참여했으며, 이로 인해 전국이 요동쳤다. 반란 지

---

* 당시 중국인들이 백인 식민주의자들을 일컫던 말이다. — 옮긴이

도자인 홍수전(洪秀全)은 남중국 광시 성(廣西省)에서 시골 선생을 하다가 평등 원칙에 기반한 태평천국을 창조하라는 부름을 받았다. 기독교의 가르침, 특히 침례교와 청교도의 가르침에서 영감을 얻은 그는 하느님이 꿈속에 나타나 자신이 바로 예수 그리스도의 동생이라는 사실을 밝혔다고 주장했다. 태평천국은 부패한 청나라의 멸망을 기념하는 것이 될 터였다. 총과 칼로 무장한 반란군은 만주족뿐 아니라 토호와 악덕 지주를 약탈하고 살해함으로써 이상적인 평화와 정의의 길을 찾아 나갈 것이었다.

2000만 명 이상이 민란으로 인해 죽음을 맞이했다. 국가는 위험에 봉착했지만 왕조는 여전히 살아남았다. 1861년과 1894년 자희 태후가 이끄는 만주족의 청나라는 자강(自强)이라는 이름하에 일련의 국가 개혁을 위한 조치를 추진했다. 자희 태후와 그 연인인 공친왕(恭親王)은 중국의 영향력 있는 귀족, 관료, 태평천국의 지도자 들과 함께 청나라를 강력한 군사력을 가진 나라로 개조하기 위해 산업화와 근대화를 적극 추진했다. 그들은 산업체와 무기 공장, 항만, 철도를 건설하고 현대식 대학을 건립했으며, 신문과 잡지를 발간했다. 그러나 중국에서 자본주의의 발전은 상당히 더디게 진행되었다. 국가는 사기업에 대한 간섭을 공식적으로 중지한 상태였으나 부패한 관료와 지방의 토호들이 경쟁을 막기 위해 개인 기업가들의 새로운 계획이나 사업을 제한했다. 대부분의 상공업이 주로 관료 자본이나 지역의 몇몇 토호에게 집중되었으며, 그들 가운데 강력한 권력을 지닌 이들은 사설 군대를 두었다. 이렇듯 처음부터 중국의 자본주의는 독점적이었다. 20세기 초에 대략 1200만 명이 넘는 비농업 노동자가 있었으며, 그 가운데 4분의 3인 대략 900만 정도가 500명 이상을 고용하는 대기업에서 일했다. 국내 중소기업의 발전에 유리한 조건은 아직 성숙되지 않은 상태였다.

정관응처럼 자강을 지지하는 진보적인 애국지사들은 고위급 정부 관료들의 독점적 경제 정책을 비판했다. 그들은 중소기업을 제한하지 말 것과 개혁을 촉진할 것을 주장했으며, 일정한 범위 내에서 급진적인 개혁을 촉구하기도 했다. 때로 민주 사상을 표시하기도 했다. 그들의 건의안 중에는 정치 개혁과 경제 개혁, 그리고 사법 체계와 국가 제도를 완화하는 내용이 포함되어 있었다. 하지만 건의는 무시당했고, 개혁 계획도 실패로 끝나고 말았다.

1885년 중국은 프랑스와 또 다른 전쟁에서 패했으며, 1895년 일본과의 전쟁에서도 굴욕을 맛봐야만 했다. 비록 패배가 애국심에 불을 당겨 타오르게 했지만 개혁가들의 계획은 실패로 끝날 수밖에 없었다. 새로운 개혁 운동의 영도자이며 선도적인 사상가이자 문인인 캉유웨이(康有爲)와 량치차오(梁啓超)는 청년들과 진보적인 사고를 지닌 황제에게 러시아의 표트르 대제를 본받아 위로부터 개혁을 실시할 것을 호소했다. 그들은 입헌 군주제를 소개하면서 군대와 교육 체계의 서구화를 권유하고 창업을 격려했다. 황제는 1898년 새로운 개혁을 추진했으나 불행하게도 100일 만에 끝나고 말았다. 황태후 자희로부터 국가의 실권을 빼앗기 위해 그는 당시 막강한 군사력을 가진 위안스카이(袁世凱)에게 도움을 요청했지만 실패했다. 내막을 알게 된 자희는 그 즉시 조카인 동치제를 정신병자로 몰고 가 권력을 빼앗은 다음 그를 연금시켰다. 수많은 개혁가들이 이로 인해 목숨을 잃었고, 캉유웨이와 량치차오는 국외로 망명했다.

당시 중국에는 시민 사회가 존재하지 않았다. 중국 내에서 모든 적대적인 정치 활동이 억압을 당했기 때문에 개혁을 주창하는 이들은 국외에서 활동할 수밖에 없었다. 그런 인물 가운데 한 명이 쑨중산(孫中山, 쑨원(孫文))이다. 그는 1866년 광둥 성(廣東省) 남쪽 작은 마을에서 태어났으며, 정관응의 제자였다. 쑨중산은 하와이와 광둥, 홍콩에서 교육을 받았으며, 1892년 의학원을 졸업했다. 개혁 운동에 환멸을 느낀 쑨중산은 1894년 중국을 떠나 형이 살고 있는 하와이로 거주지를 옮겼다. 1894년 11월 중국의 첫 번째 혁명 집단인 흥중회(興中會)를 조직하고, 다른 개혁자들과 달리 쑨중산은 중국을 공화국으로 혁신해야 한다고 주장했다. 1895년 1월 영국의 식민지인 홍콩에 지부를 설립하고, 곧이어 부근에 있는 광둥의 성도 광저우(廣州)로 옮겼다. 그리고 얼마 후 쑨중산도 그곳으로 거처를 옮겼다. 그해 가을 흥중회 회원들이 광둥에서 첫 번째 반청 봉기를 시작했으나 실패로 끝나고 말았다. 쑨중산은 목에 막대한 현상금이 붙은 상태로 도망을 칠 수밖에 없었다. 그는 16년 동안 국외에서 도피 생활을 하다가 반제(反帝, 반군주제) 혁명이 발발하기 두 달 전에야 비로소 고국으로 돌아올 수 있었다.

치명적인 패배에도 불구하고 흥중회는 살아남았고, 곧 혁명 활동을 재개할 수 있었다. 1901년부터 1904년까지 새로운 혁명 조직이 중국에 속속 등장했다. 1905년 여러 조직의 구성원들이 함께 모여 중국혁명동맹회를 조직했다. 동맹회로 약칭되는 조직으로 일본 도쿄에서 결성되었다. 동맹회의 중요 기관지인 《민보(民報)》에서 쑨중산은 동맹회의 수반으로서 민중을 위해 세 가지 급진적이고 정치적인 이념을 발표했다. 그것은 민족주의, 민권주의, 민생주의로 이른바 삼민주의(三民主義)라고 부른다.

쑨중산의 민족주의는 만주족의 봉건 군주제 전복을 의미했으며, 민주주의는 이를 대신하여 민주주의 공화국을 설립한다는 뜻이었다. 민생주의는 토지 소유의 균등 사상으로, 중국 경제에서 국가의 조정 역할을 강화하기 위하여 국내의 기본적인 생산 수단을 국유화하는 것을 의미한다. 경제적으로 국가의 우선권을 보장하는 쑨중산의 정치 이념은 이미 정상에 올라 있는 소수 부유한 계층의 배타적인 자본 축적이 가능하도록 여건을 제공하는 독점자본주의에 대항하는 것이었다. 그의 목표는 중간 계층의 발전을 도모하기 위해 국가의 권력을 활용하는 것이었다. 쑨중산은 동등한 기회를 가진 '공정한 사회(公義社會)' 창조를 가능케 하는 누진세를 지지했다.

한편 또 다른 강력한 농민 봉기가 북중국에서 일어났다. 그들은 '털북숭이 서양 귀신'에 대항한다는 기치를 높이 올렸다. 봉기는 정의와 조화의 권(拳)을 뜻하는 비밀 종교 결사 조직 의화권에 의해 주도되었는데 지도자들은 거의 무술 대사들이었다. 형제단의 단원들과 마찬가지로 의화권의 전사들은 심신 단련과 더불어 도술과 주술이 자신들을 적의 총탄과 화살, 창검으로부터 지켜 줄 것이라고 믿었다. 전투 방식은 격투기를 닮았다. 그래서 처음 그들과 맞닥뜨리게 된 외국인들은 그들을 복서(Boxer, 권비(拳匪))라고 불렀다. 그들의 봉기는 1898년 산둥 성과 즈리 성(直隸省, 지금의 허베이 성(河北省))에서 처음 발생했다. 1900년 6월 13일 봉기군이 청나라 수도인 베이징을 함락하여 부유한 상인들이 사는 곳을 약탈하고 수천수만의 가옥을 불태웠으며, 외국인들의 집단 거주지를 에워쌌다. 그들의 분노는 주로 선교사들과 중국의 기독교인들에게 집중되었다.

아마도 자희 태후가 의화권의 봉기를 지지했을 가능성이 크다. 쯔진청에 '총칼이 들어가지 않는(刀槍不入)' 무리를 불러들이기로 결정했다는 말이 시중에 나돌았다. 명령에 따라 그녀의 금위병들이 쯔진청 벽에 '복서(의화권의 무리)'들을 일렬로 세우고 총탄 세례를 퍼부었다. 하지만 그 가운데 누구도 상처를 입지 않았다. 이러한 기적에 놀란 자희 태후는 1900년 6월 21일 전 세계를 향해 선전 포고를 했다.

그러나 기적은 짧게 끝나고 말았다. 미국을 포함한 서구의 중요 열강으로 구성된 8개국 연합군과 일본군이 복서와 청나라의 군대를 패배시켰기 때문이다. 1901년 9월 7일 베이징에서 청나라는 향후 39년 동안 4억 5000만 냥에 달하는 백은(당시 미화로 3억 150만 달러)을 배상금으로 지불한다는 것을 골자로 하는 새로운 불평등 조약을 체결했다. 중국 군대는 베이징과 외국인들이 차지하고 있는 조차지를 떠나야만 했다. 그리하여 20세기 초엽 중국은 경제적으로 완전히, 그리고 정치적으로는 부분적으로 외국 세력에 의지할 수밖에 없는 처지가 되었다. 외국이 중국 시장을 주도했다. 중국은 국제 분업에서 삼류로 처지고 말았다. 중국의 제국주의 열강에 대한 의존도는 이후 10년 동안 계속 늘어났다. 1912년 중국의 국가 채무는 백은으로 8억 3000만 냥에 달했다. 그때까지 107개 개항장이 마련되어 외국인들이 자유롭게 출입할 수 있었다. 사회적, 정치적 위기가 심화되었다.

1901년 의화단의 난이 진압된 후 청나라는 재차 개혁을 실시하는 쪽으로 전환했다. 법원은 헌법 채택의 가능성을 토론하기 시작했으며, 개인 기업의 설립을 자극할 수 있는 조치를 취했다. 그리고 전투 가능한 서른여섯 개의 현대식 사단으로 구성된 새로운 육군을 창설했다. 개혁 운동(변법자강운동)이 고조에 이르렀을 때, 연금된 이래로 한 번도 풀려난 적이 없는 황제는 1908년 11월 14일, 권력에 굶주린 이모 자희 태후가 죽기 하루 전에 세상을 떠났다.

거대한 변화의 기운이 감돌았다. 새로운 청나라의 통치자가 된 이제 겨우 세 살밖에 되지 않은 푸이(溥儀) 황제는 새로운 변혁을 위해 헌법을 도입하는 조치를 취했다. 1909년 헌법 초안을 위한 성(省) 협상위원회가 열렸다. 위원들은 진보 야당의 주목을 받았다. 첫 번째 의회 선거를 1913년 거행한다고 선포했다.

아직 청소년기였던 마오쩌둥은 이러한 발전이 어떤 의미인지 알 수 없었다. 그가 무엇을 들었든지 간에 그에게는 아무런 인상도 남지 않았다. 당시 중대한 사건은 그와 무관했던 것이다. 아마도 그때 마오쩌둥에게 의화단의 난에 대해 이야기해 준 사람이 아무도 없었으며, 사오산은 산간벽지였기 때문에 신문을 구독하는 사람도 전혀 없었을 것이다. 황제와 태후가 죽었다는 소식이 사오산에 전해진 것도 푸이가 즉위하고 2년이 지나서였다.³ 그러나 마오쩌둥은 태평천국의 난에 대해 확실히 말한 적이 있다. 그가 태어나기 40년 전에 발발한 태평천국의 난은 그가 살고 있던 성에서도 일어났기 때문에 참혹했던 사건을 기억하는 생존자들이 아직 많았다. 이 외에도 마오쩌둥의 부친은 일찍이 1880년대에 샹쥔에서 근무한 적이 있었는데, 같은 부대가 20년 전에 태평천국의 난을 진압했다.

마오쩌둥은 부친과 새로운 갈등에 휩싸였다. 부모가 그를 결혼시키기로 결정했기 때문이다. 1907년 말 혹은 1908년 그들은 마오쩌둥에게 어울릴 것 같은 아가씨를 골랐다. 마오쩌둥의 먼 친척 뤄이구(羅一姑, 첫딸이라는 뜻이다.)는 마오쩌둥보다 네 살이나 연상이었다.(1889년 10월 20일에 태어났다.) 뤄이구의 부친 뤄허러우(羅鶴樓)는 향촌의 지식인인 신사(紳士)이지만 기본적으로 농민이었다. 집안은 가난하고 불행했다. 뤄허러우와 그 부인은 다섯 명의 아들과 다섯 명의 딸을 두었지만 아들은 모두 어려서 죽고 세 명의 딸만 살아남았다. 다섯이나 되는 아들이 모두 죽었다는 것은 그들에게 엄청난 충격이었다. 무엇보다 중국에서 아들은 축복으로 간주되었기 때문이다. 여자아이는 성인이 되면 결혼을 해야만 했다. 그것은 곧 자신이 살던 집안을 떠난다는 뜻이었고, 게다가 적지 않은 지참금까지 제공해야만 했다. 아들은 가족의 상속자로서 계속 집에 머물 수 있었다. 부모가 연로하면 돌볼 의무가 있었고, 부모가 죽으면 망자의 영혼을 편안하게 해 주고, 전통적인 의례에 따라 정기적으로 제사를 지냈다. 뤄허러우는 큰딸을 마오이창의 집으로 시집보내는 것을 기쁘게 생각했다. 아내 원치메이는 집안일을 도와줄 사람이 필요했다. 그렇지 않아도 약한 몸이 힘든 가사 노동으로 더욱 악화되었기 때문이다.

전통에 따르면 중매인이 먼저 신부 집을 방문하는데, 이는 혼사를 그 즉시 받아들이는 것이 합당하지 않다고 여기기 때문이었다. 그래서 혼사가 성사되기까지 상당한 시간이 걸렸다. 마침내 쌍방에서 예물을 교환하고 혼인 서약서에 서명하면 더 이상 바꾸거나 위반할 수 없는 것이 된다. 설사 혼인식을 거행하기 전에 신부가 죽더라도 이름이 적힌 혼인첩을 신랑 집으로 가지고 와서 사당에 모셔 놓아야 한다. 만약 신랑이 혼인식 전에 죽는다면 과부로서 '남편' 집으로 들어가야만 한다.

마오쩌둥과 신부는 서로 만난 날 혼인 서약서에 자신들의 이름을 적어 넣었다.[4] 과연 마오쩌둥이 뤄이구와 첫날밤을 보냈는지 우리는 알 수 없다.* 여하튼 당시 마오쩌둥은 결혼보다는 계속 공부하기를 원했다. 그러나 불행하게도 부모의 의지를 꺾을 수 없었기 때문에 다른 선택의 여지가 없었다. 그가 부모의 의도를 알아챈 것은 한참 뒤였다. 혼인 서약서에 서명하고 혼인 날짜가 정해진 후 마오이창은 신부의 몸값과 몇 가지 의식에 따른 예물을 뤄허러우에게 보냈다.

현지 풍속에 따라 혼례를 치르기 하루 전날 많은 친척과 친구들이 초청을 받아 신랑 집으로 몰려들기 마련이었다. 혼례 당일에는 붉은색 혼례복을 입은 신부가 붉은 가마에 실려 신랑 집으로 오게 된다. 신부는 얼굴에 붉은색 면사포를 쓰고 입술에도 붉은색 연지를 바른다. 신부는 반드시 자신이 마지못해 결혼하게 되었다는 것을 표현해야만 한다. 그래서 울면서 미래의 남편을 향해 그

---

* 아마도 마오쩌둥은 그리 깊은 인상을 남기지 않았던 것 같다. 외손녀인 쿵둥메이(孔東梅)에 따르면, 당시 열네 살의 마오쩌둥은 다른 소녀를 사랑하고 있었다. 상대는 마오쩌둥의 사촌 동생인 왕스구(王石鼓)였다. 불행하게도 두 사람의 궁합이 맞지 않아 시골 풍수가가 그들의 결혼을 허락하지 않았다.

의 잘못을 비난하기 마련이다. 신부는 신랑에게 '털벌레'라든지 '탐욕스럽고 게으르고 아편에 찌든 개', '술주정뱅이' 등 나쁜 욕지거리를 해 댄다. 신랑 집 문 앞에서 폭죽이 터지면 신랑 신부는 신랑 집 사당으로 가서 천지신명에게 배례하고, 마지막으로 조상의 영령 앞에 절을 올린다. 그런 다음에 서로 맞절하고 혼례를 거행한다. 하객들은 이틀에 걸친 축하연을 즐기면서 예물을 건네는데, 일반적으로 새로 혼인한 부부에게 현금을 주는 경우가 많았다. 그리고 젊은 부부의 신방을 구경하는 순서가 이어졌는데, 우스갯소리로 이를 '신방 훔쳐보기(鬧洞房)'라고 불렀다. 혼례를 주관하는 집사가 검게 칠한 얼굴에 잎이 가득 달린 옷을 입고 하객들을 신방으로 데리고 가서 외설적인 몸짓에 야한 시가를 읊조리며 신랑을 놀린다. 신랑은 짓궂은 행동을 막기 위해 하객들에게 뇌물을 줄 수밖에 없다. 신부는 초야를 치른 뒤 자신의 정조를 증명하기 위해 시어머니에게 혈흔이 묻은 이부자리를 보여 주어야 한다.

마오쩌둥은 이처럼 번다한 의식을 억지로 참아 냈다. 그의 말에 따르면, 그는 신부와 자지 않았으며 함께 사는 것도 거절했다고 한다.[5] 마오쩌둥에게 첫 번째 결혼은 거의 의미가 없었다. 심지어 약혼했을 당시 신부가 몇 살이었는지조차 제대로 기억하지 못했다. 에드거 스노에게 결혼에 대해 언급하면서 그는 이렇게 말했다. "우리 부모는 내가 열네 살 때 스무 살 먹은 아가씨와 결혼시켰다."[6] 하지만 실제로 뤄이구는 결혼할 당시 열여덟 살이었다. 열네 살 먹은 소년이 열여덟 살 먹은 아가씨와 함께 자는 것을 거절했다는 이야기는 믿기 힘들다. 하지만 마오쩌둥과 뤄이구가 위안즈(遠智)라는 아이를 낳았고, 어떤 연유인지 양(楊) 씨 성을 가진 이의 손에 자랐다는 사오산 마오 씨 향토지의 이상한 기록만 제외한다면 마오쩌둥이 에드거 스노에게 거짓말을 했다는 아무런 증거도 남아 있지 않다.[7] 따라서 아무도 정확한 사실이 무엇인지 알 수 없으며, 지방지를 편찬한 이가 여러 가지를 섞어 편집했을 가능성이 크다. 그 아이의 출생에 관한 다른 증거는 전혀 없다.

마오쩌둥은 결혼하고 얼마 후 집을 떠나 직업이 없는 학생들이 머무는 집에서 1년 동안 살았다. 그곳 역시 사오산이었다. 그는 계속해서 독서에 탐닉했으며, 특히 고대 역사가인 사마천(司馬遷)의 『사기(史記)』와 반고(班固)의 『한서(漢書)』등 고대 중국의 영웅과 패자, 장군, 정치가, 사상가 들에 대해 기록한 사서를 탐독했다. 그중에서도 당대의 서적이나 문장에 매료되었는데, 1861년 또 한 명의 중요한 개혁자였던 펑구이펀(馮桂芬)이 편역한 『교빈려항의(校邠廬抗議)』에 심취했다. 이 책은 외국 열강의 중국 침략에 대해 언급하면서 중국의 사상이나 정치 제도를 바꾸는 것이 아니라 외국의 기술과 자본을 이용해 자립할 것을 권고하고 있다.[8] 또한 젊은 중국 혁명가 천톈화(陳天華)가 쓴 소책자를 읽고 강렬한 인상을 받았다. "나는 지금도 그 책을 처음 읽었을 때 첫 페이지에 있던 문장을 기억하고 있다. '아! 중국은 망할 것이로다!' 이는 당시 일본의 한반도와 타이완 점령, 인도차이나와 버마(미얀마), 그리고 그 밖의 지역에서 중국이 종주권을 상실한 데 대한 언급이었다. 그 책을 읽은 후 우리나라의 미래가 암담하다고 느꼈으며, 나라를 구하기 위해 애쓰는 일이야말로 모든 이의 임무라는 것을 비로소 깨달았다."[9]

가련한 것은 뤄이구였다. 마을 사람들은 "혼인한 부인도 아니고 그렇다고 처녀도 아니"라고 수군거렸다. 뤄이구는 그저 침묵으로 치욕을 견뎌 냈다. 마오쩌둥의 전기 작가인 필립 쇼트(Philip Short)에 따르면, 당시 사오산의 몇몇 마을 사람들은 뤄이구가 마오쩌둥 부친의 첩으로 시집에서 계속 살고 있는 것이라고 믿었다.[10] 사실 여부는 알 수 없으나 여하간 마오쩌둥의 집에서 살다가 얼마 후인 1910년 2월 11일 이질로 사망하고 말았다.[11] 스무 번째 생일을 지나고 얼마 안 되었을 때였다.

놀라운 일은 마오쩌둥의 부친이 온 마을 사람들 앞에서 체면을 깎이게 만든 '불효막심(배은망덕)'한 아들을 용서했다는 점이다. 확실히 마오이창은 마오쩌둥이 나중에 회고했듯이 그다지 나쁜 사람은 아니었던 것 같다. 1910년 가을 마오이창의 고집 센 아들이 학업을 계속하겠다고 돈을 요구하자 늙은 아비는 어쩔 수 없이 동의했다. 그는 5개월 치 학비와 기숙사비, 도서관 이용료를 합쳐 거의 1400은원에 달하는 상당한 금액을 아들에게 주었다. 마오쩌둥이 선택한 학교는 둥산(東山) 고등소학교로 사오산에서 24킬로미터 정도 떨어진 곳에 있었다. 주로 자연 과학을 포함하여 당대의 중요한 주제에 대해 가르쳤다.

당시 마오쩌둥은 열여섯 살하고 반이 지나 생애 처음으로 고향을 떠나서 아홉 살 위인 사촌 형 원원창(文運昌)이 다니는 학교에 들어갔다. 사실 그 학교로 오라고 한 이가 바로 원원창이었다. 그가 증오하는 친척들이 함께 마을 언저리까지 나와 배웅해 주었다.[12] 집으로 돌아온 마오이창은 둥산 학교에 입학하기 위해 길을 떠난 학생(그의 맏아들 마오쩌둥)이 쓴 시를 발견했다.

> 장남은 결의에 차 고향을 떠나네.
> 학업을 성취하지 않으면 결코 돌아오지 않으리라.
> 뼈를 묻을 곳 어디든지 문제 되지 않으리니
> 삶에 어딘들 청산 아닌 곳이 있으랴.[13]*

이미 그는 역사에 자신의 흔적을 남기고자 하는 열망에 불타고 있었다. 위대한 중국 황제, 특히 가난한 집안에서 태어나 가장 위대한 황제가 되었던 한나라 유방(劉邦)과 명나라 주원장에 관한 책 내용이 젊은 마오쩌둥의 머릿속에서 뱅뱅 맴돌고 있었다. 평범한 집안의 아이들에게 과학자나 작가, 정치가가 될 수 있다고 생기를 불어넣는 것이 바로 그런 영광을 얻기 위한 열정이다. 애국주의의 열정이 마오쩌둥으로 하여금 위대한 공적을 이루도록 만들었다. 작은 시골 청년의 오만과 열정이 그를 더욱 앞으로 나아가게 했던 것이다.

그러나 영광으로 향하는 길은 결코 쉽지 않았다. 새로 입학한 학교에서 남루한 옷차림에 멀쑥하고 빼빼 마른 시골 농사꾼의 자식을 동학들은 환대하지 않았다.(175센티미터의 키는 비교적 왜소한 전형적인 남부 사람과 달랐다.) 대다수 학생들이 부유한 지주 집안의 자제들이었으며, 마오쩌둥과 달리 주로 상상에서 온 이들이었다. 그들은 자만심이 가득했고, 제대로 된 옷이라고는 딱 한 벌밖에 없는 이방인에 대해 멸시의 눈초리를 보냈다. 그들은 그의 사투리부터 시

---

* "孩兒立志出鄕關, 學不成名誓不還. 埋骨何須桑梓地, 人生無處不靑山." — 옮긴이

작하여 온갖 거슬리는 것들을 찾아냈다. 중국은 다른 지방은 말할 것도 없고, 같은 지역 내에서도 서로 다른 사투리를 쓰는 경우가 허다했다. 예를 들어 마오쩌둥이 태어난 사오산(샹탄)과 모친의 고향이자 둥산 학교가 자리한 샹샹은 같은 후난에 자리한 이웃 동네로 단지 사오산을 사이에 두고 서로 떨어져 있을 뿐이다.[14] 그러나 이웃하고 사는 두 지역 사람들끼리 각기 다른 사투리를 썼기 때문에 서로 대화하기가 쉽지 않았다.

오직 몇몇 동학만 마오쩌둥에 대해 동정심을 보여 주었다. 사촌 형을 제외하고 그와 가깝게 지냈던 친구는 샤오쯔장(蕭子璋, 일명 샤오싼(蕭三))이었다. 나중에 샤오쯔장은 1920년 학업을 위해 중국을 떠나 프랑스로 유학을 갔으며, 그곳에서 중국공산당 유럽 지부에 가입하여 공산당원이 되었다. 이후 1927년 소련(소비에트사회주의공화국연방)에 가서 상당히 오랜 기간 머물면서 에미 샤오(埃彌 蕭)라는 필명으로 유명 작가이자 시인으로 활동했다. 그는 마오쩌둥의 첫 번째 전기 작가이기도 하다. 하지만 마오쩌둥은 한두 명의 친구나 사촌 형만으로 만족할 수 없었다. 그렇지 않아도 남을 지배해야 성이 차는 성격이었기 때문에 그는 동학들에게 적의를 살 수밖에 없었다. "나는 정말 정신적으로 의기소침한 상태였다." 그는 나중에 이렇게 회고했다.[15]

이런 상황 속에서 그는 더욱더 성공에 대한 열망에 사로잡혔다. 모욕은 아무 데도 얽매이지 않으려는 그의 고집스러운 정신을 더욱 자극했고, 의지를 더욱 강하게 만들었으며, 어떻게 해서든 그를 뛰어넘는 이에 대한 적의를 더욱 부채질했다. 결국 그는 자신의 노력으로 선생님의 주목을 받는 데 성공했다. 마오쩌둥은 고문(古文)으로 글을 쓸 수 있었으며, 또한 부지런하고 근면했다. 그는 여전히 탐욕스러울 정도로 열심인 독자(讀者)였다. 둥산 학교에 다닐 당시에도 역사에 관심이 많았다. 특히 중국 고대 통치자의 역사에 관심이 많았는데, 전설에 나오는 성왕 요순(堯舜)은 물론이고 피에 굶주린 진(秦)의 시황제(始皇帝)와 유명한 한 제국의 무제(武帝)에게 관심이 많았다. 그중에도 한 무제는 유목 민족인 북흉노(北匈奴)를 진압하고 위무한 첫 번째 중국 황제이자 중국의 통치권을 동투르키스탄(지금의 중국 신장 웨이우얼 자치구), 고조선, 월남

(지금의 베트남)까지 확대한 인물이다. 이 외에도 마오쩌둥은 처음으로 지리에 대해 인지하여 외국의 역사에 대해 공부하기 시작했다.『세계영웅호걸전(世界英雄豪傑傳)』이란 책이 그의 주목을 끌었다. 그는 이 책을 통해 나폴레옹, 예카테리나 여왕, 표트르 대제, 나폴레옹을 격파한 영국의 아서 웰링턴 장군(Arthur Wellington), 정치가 글래드스턴(William E. Gladstone), 사상가 루소와 몽테스키외, 링컨에 대해 알게 되었다.[16] 그는 그들처럼 되고 싶었다.

당시 가장 열심히 읽었던 책 가운데 하나는 캉유웨이와 1898년의 개혁 운동에 관한 자료였다. 요코하마에서 량치차오가 발간한 잡지《신민총보(新民總報)》도 있었다. 마오쩌둥은 사촌 형이 읽으라고 준 그 저작들에 크게 사로잡혔다. "나는 읽고 또 읽어 거의 외울 수 있었다." 특히 량치차오가 1906년《신민총보》에 발표한「신민설(新民說)」은 마오쩌둥에게 지식의 보고나 다를 바 없었다. 저명한 개혁가로서 량치차오는 자신의 철학 논문에서 이렇게 말했다. "우리나라 국민들이 부패하고 낙후한 중요 원인을 찾고 아울러 다른 나라의 진보와 비교하기를 바란다. 그럼으로써 사람들이 우리의 결함을 알아 장차 재앙을 예방하고 우리 자신의 진보를 촉진하게 될 것이다."[17]

입헌 군주제의 진보적인 역할과 전제 군주제의 군주 입헌제와 전제 군주제의 퇴보적인 영향에 관한 량치차오의 관점은 마오쩌둥에게 강렬한 인상을 주었다. '국가 이데올로기를 논함(論國家思想)'(「신민설」 제6절)을 읽고 난 후에 마오쩌둥은 이렇게 썼다.

입헌 국가에서 헌법은 인민이 만든다. 전제 군주는 백성의 사랑을 즐길 뿐이다. ……전제 국가에서 군주가 조령을 반포하면 백성들은 일반 백성들이 아니라 전제 군주 앞에 고개를 숙일 뿐이다. ……영국과 일본은 첫 번째 유형의 예이며, 중국을 수천 년 동안 지배한 여러 왕조는 두 번째 유형의 예라고 할 수 있다.[18]

마오쩌둥은 진정으로 캉유웨이와 량치차오를 위해 기도했다. "성실하고 선량하고 현명한" 황제가 캉유웨이와 량치차오를 초치하여 도움을 청하고 전국적으로 입헌 군주제를 허여할 것이라고 믿었다. 이미 그를 휘젓기 시작한 국수주의적인 감정은 개혁가들의 작품을 읽으면서 더욱 강화되었다. 캉유웨이나 량치차오는 둘 다 극히 광신적인 애국주의자들이었다. 그들은 영국과 일본 모델을 통해 중국이 부활함으로써 중화 제국의 황제가 여러 나라 가운데 세계적 경쟁력을 갖추고 중국의 패권을 수립할 수 있도록 이끌 것이라고 확신했다. 두 명의 완고한 사상적 지도자들은 만약 그렇지 않으면 중국은 소멸하고 말 것이라고 생각했다.

학교에서 마오쩌둥은 1905년 일본이 러시아를 제압하고 승리했다는 것을 알았다. 그와 다른 동학들은 일본에서 수학한 젊은 음악 및 영어 교사를 통해 그 이야기를 듣고 몹시 흥분했다. 마오쩌둥은 일본의 승리를 자랑스럽게 여겼다. 나중에 에드거 스노를 만났을 때 그는 선생님이 좋아하던 일본 노래 「황해전투(黃海之海戰)」를 부를 수 있었다. "당시 나는 일본이 러시아와 싸워 승리했다는 내용의 노래를 통해 일본의 아름다움에 대해, 그리고 그들의 자부심과 역량에 대해 느끼고 알게 되었다." 마오쩌둥은 이렇게 말했다.[19] 분명 그는 일본에 동정적이었다. 하지만 일부 전기 작가들이 말하는 것처럼 "황인종이 백인종과 싸워 이겼기" 때문이 아니었다.[20] 그렇다면 마오쩌둥을 인종주의자로 비난하는 것이나 다를 바 없다. 당시 마오쩌둥은 애국주의자였지 인종주의자가 아니었다. 욱일승천하는 일본이 차르 체제하의 러시아와 싸워 승리한 것에 그가 환희를 느꼈다면 그것은 입헌 국가가 전제 국가보다 우월하다는 것을 보여주었기 때문이다. 또한 그것은 정치 현대화의 길을 향해 나아가는 아시아 국가가 여전히 전제주의의 사슬에 얽매여 있는 막강한 유럽의 권력을 잿더미로 만들 수 있을 것이라는 그가 존중해 마지않는 개혁자의 사상을 더욱 확실하게 증거하는 것이었기 때문이다.

마오쩌둥은 둥산 학교를 겨우 7~8개월 정도 다녔다. 1911년 초 그는 후난성의 성도인 창사로 가서 상상 지역에서 온 학생들을 받아 주는 한 중학교에 다니기로 마음먹었다. 그는 선생들 가운데 한 명에게 추천서를 받고 약간의 소지품이 들어 있는 보따리를 싸 가지고 어느 이른 봄날 거대하고 낯선 도시에

첫발을 내딛었다. 요새처럼 높은 담장으로 둘러싸인 둥산 학교, 그리고 오만한 동학들과 자신을 지지해 준 선생들을 뒤로하고 어린 시절과 청소년기를 보낸 그곳을 떠나 새로운 곳을 향했다. 두렵기는 하지만 매혹적인 새로운 세계가 그를 기다리고 있었다.

3

나는 생각한다, 고로 존재한다

창사에서 7년 넘게 산 마오쩌둥은 처음 접한 대도시에 완전히 압도당했다. 이전까지 그는 도회지의 거리나 2~3층 이상의 건물, 돌로 만든 선창가에서 물결 따라 끊임없이 흔들리는 정크선을 본 적이 없었다. 20세기 초반 창사는 전체 인구가 20여만 명 정도로, 중국에서 매우 살기 좋은 도시 가운데 하나로 알려져 있었다.¹ 창사는 샹장 강의 오른쪽 강기슭에 자리하고 있었다. 도시에서 장관인 것은 포대가 설치되어 있는 성벽이었다. 밤이 되면 일곱 개의 터널처럼 생긴 성문이 닫혔다. 마오쩌둥에게 도시의 모든 것은 놀라움의 연속이었다. 돌로 포장된 넓디넓은 거리며 길게 이어져 있는 돌 제방이 그러했고, 시 정부를 비롯한 여러 호화로운 저택의 등불 또한 그러했다. 이 외에 황색 기와를 올린 공묘(孔廟)도 처음 보는 것이었다. 그중 가장 인상적인 것은 역시 철도였다. 창사 동쪽 교외의 성벽을 따라 이어져 있는 철도는 3년 전에 만들어졌다. 마오쩌둥은 서구 기술의 기적인 기차를 그때 처음 보았다. 일렬로 늘어서 있었는데, 마치 성벽을 따라 길게 꽂아 놓은 장대처럼 커다란 간판을 매달고 있는 모습도 그에겐 신기하기만 했다. 상점마다 국내외 다양한 상품이 가득했다. 당시 창사가 중국에서 가장 번화한 상업 중심지라는 것을 생각해 보면 이상할 일도 아니다. "그 도시는 상당히 컸어요. 모든 것이 많았지요. 사람도 많고, 학교도 많고, 순무아문(巡撫衙門)도 당연히 많았지요. 정말 모두에게 대단한 곳이었습니다." 마오쩌둥은 에드거 스노에게 이렇게 말했다.[2]

창사는 대략 3000년의 역사를 가진 유구한 도시다. 기원전 3세기 중국 최초의 황제인 진시황제가 천하를 통일하면서 도시를 정복했다. 그리고 창사라고 이름 붙였다. 성벽 앞에 자리한 쥐저우다오(橘州島), 샹장 강의 길고 좁은 모래톱에 귤나무가 가득 심어져 있었다. 창사가 새롭게 자리를 잡은 후난의 성도가 된 것은 1664년의 일이다.

샹장 강의 왼쪽 강변 쥐저우다오 너머로 웨루 산(岳麓山)이 솟아 있다. 해발 244미터밖에 되지 않는 작은 산이지만 사오산과 마찬가지로 신성한 산이었다. 동쪽으로 유명한 웨루 서원(岳麓書院)이 자리하고 있는데, 송대 성리학의 집대성자라고 할 수 있는 주희(朱熹)가 강학하던 곳이었다. 1903년 마오쩌둥이 창사로 오기 바로 직전에 서원은 후난 고등교육학원으로 개명하고 현대식 교육 기관으로 탈바꿈했다.

당시 창사의 쥐저우다오에는 소수의 외국인들이 살고 있었다. 1906년 예일 대학의 캠퍼스와 병원을 설립한 미국인들이 외국인들 가운데 가장 큰 집단을 이루었다. 창사는 1904년 비로소 대외 개방이 이루어졌기 때문에 다른 곳에 비해 비교적 늦은 편이었다. 그래서 현지 거주민들은 외국인들과 함께 사는 것에 아직 익숙하지 않았으며, 외국인들에 대한 배타적인 정서가 강했다. 당시 예일 병원의 내과 의사였던 에드워드 흄(Edward Hume)은 길에서 외국인과 마주친 중국인들의 반응을 이렇게 묘사한 적이 있다. "길에서 우리가 걸어오는 것을 보면 엄마들은 어린아이들을 뒤편으로 숨기곤 했다. '악마의 눈'으로부터 아이들을 보호하기 위함이었다. 어떤 이들은 우리가 지나갈 때 코를 감싸기도 했는데, 아마(阿媽, 가정부)의 말에 따르면, 서양인들은 냄새가 고약해서 직접 보지 않아도 냄새만으로 외국인이 있다는 것을 짐작할 정도였다. 심지어 젊은 친구들은…… (우리가 탄) 교자(轎子, 인력거)를 따라다니며 '서양 귀신'이라고 외

처 댔다.[3]

마오쩌둥은 창사에서 요지경 같은 느낌을 받았다. 과연 이처럼 '거대한' 도시의 학교에서 입학을 허가해 줄지 걱정이 앞섰던 젊은이는 겨우 몇 달 만에 입학 허가가 나온 것을 보고 깜짝 놀랐다. 1911년 10월 돌연 군주제에 반대하는 혁명, 즉 신해혁명(辛亥革命)이 일어났다. 그러나 혁명은 무혈로 끝나 대다수 농민 대중에게 거의 영향을 끼치지 못했다.[4] 봉기는 10월 10일 저녁 후베이 성(湖北省) 우창(武昌)에 주둔하고 있던 신군(新軍)의 제8공병대에서 처음 일어났다. 당시 공병대의 대다수 병사들은 혁명 조직인 공진회(共進會)에 소속되어 있었으며, 중국혁명동맹회와 밀접한 연관이 있었다. 10월 11일 오전, 도시 전체가 봉기군의 수중에 들어갔다. 이튿날 한커우(漢口)와 한양(漢陽)의 인근 도시에서 만청(滿淸) 세력이 전복되었으며, 우한을 구성하고 있는 세 도시, 즉 한커우와 한양, 우창이 혁명의 중심지가 되었다. 여러 도시에서 자발적인 봉기가 일어나면서 숨죽이고 있던 반청 정서가 전국적으로 퍼져 나가기 시작했다. 하지만 혁명동맹회는 이를 영도할 만한 준비가 되어 있지 않았다. 쑨중산은 미국 콜로라도 주 덴버를 출발해 캔자스로 가는 기차 안에서 신문을 보고 봉기가 일어났다는 사실을 알았다. 그는 곧 워싱턴을 거쳐 런던으로 달려가 친구들에게 혁명동맹회에 시급하게 필요한 재정을 모금해 줄 것을 희망했다. 이와 상반되게 현지의 입헌파(立憲派)들은 상황을 파악한 서른일곱 살의 탕화룽(湯化龍)이 주도하고 있었다. 그들은 혁명 쪽으로 선회했을 뿐 아니라 주도권도 확보했다. 10월 11일 후베이 군정부(湖北軍政府)*가 성립되었다. 후베이 군정부는 신군의 제21 혼성협(混成協, '협'은 편제의 일종이다.) 총령(統領)인 마흔일곱 살의 리위안훙(黎元洪)이 신임 도독(都督)을 맡아 이끌게 되었다. 탕화룽은 민정총장(民政總長, 일설에는 총참의(總參議))을 맡았다.

11월 말까지 전체 열여덟 개 성에서 청나라가 전복되었다. 대부분 성에서 진정한 혁명가들을 조직적으로 배제하여 민정의 책임이 영도권을 빼앗은 이

---

* 정식 명칭은 중화민국 군정부 악군도독부(中華民國軍政府鄂軍都督府)다. — 옮긴이

전 헌법파의 수중으로 넘어갔다. 군대의 관리 역시 신군의 지역 파견대 지휘관이 장악했다. 잇따라서 새롭게 성립된 성 정부는 중앙 정부(청나라)로부터 독립을 선언했다.

남쪽으로 400킬로미터 정도 떨어진 창사에 우한 사건이 전해진 것은 리위안홍을 대표하는 이가 창사로 와서 연설을 행한 10월 13일이었다. 마오쩌둥이 다니고 있던 학교 교장은 입헌파의 대표자들 가운데 한 명이 학생들에게 선동적인 연설을 할 수 있도록 허락했다. 그의 연설은 마오쩌둥을 포함한 대다수 학생을 격동시키기에 충분했다. 이미 애국주의적인 보황파(保皇派)에서 확고한 혁명주의자로 진화한 마오쩌둥도 예외가 아니었다. 그의 세계관은 이전에 읽었던 신문으로 쑨중산의 혁명동맹회 기관지 가운데 하나였던 《민립보(民立報)》의 영향을 받았다. 젊은 마오쩌둥은 신문을 통해 중국 민주화 운동의 지도자와 그(쑨중산)의 삼민주의에 대해 알게 되었다. 자신이 읽은 것에 격동된 마오쩌둥은 글을 하나 써서 모든 학생이 볼 수 있도록 학교 담장에 붙이기로 마음먹었다. "그것은 내가 첫 번째로 발표한 정치 주장인데, 약간 모호한 면이 있었다." 그는 이렇듯 약간 부족한 점이 있었다는 사실을 인정했다. "나는 여전히 캉유웨이나 량치차오에 대한 존경심을 버리지 않았다. 나는 그들의 차이를 정확하게 이해하지 못했다. 그래서 당시 내가 쓴 글을 통해 쑨중산이 일본에서 돌아와 새로운 정부의 총통이 되고, 캉유웨이는 총리가 되며, 량치차오는 외교부장이 되어야 한다고 주장했던 것이다."[5] 이런 점에서 볼 때, 당시 그는 캉유웨이나 량치차오의 개량주의든 쑨중산의 혁명 사상이든 전혀 이해하지 못하고 있었음을 알 수 있다. 그는 오직 영웅적인 행위에 대한 갈망에서 그들에게 끌렸던 것이다.

마오쩌둥은 혁명의 길을 선택하면서 우창 봉기 소식을 접하기도 전에 이미 자신이 속해 있던 대열에서 벗어나기로 결심하고 변발을 잘랐다. 대청 제국의 신민은 만청 조정에 대한 복종의 상징으로 변발을 해야 하는 것이 철칙이었기 때문에 변발을 자른다는 것은 일종의 반역이나 다를 바 없었다. 친구 가운데 한 명이 그를 따라 변발을 잘랐지만 대다수 학생들은 이를 두려워했다. 리위안홍을 대변하는 이의 연설에 격앙된 마오쩌둥과 몇몇 학생은 곧바로 학교를 때려치우고 기의군(起義軍)에 가담하기로 결정했다. 하지만 그들은 도시를 떠날 수 없었다. 일요일인 10월 22일 창사에서 멀지 않은 곳에 주둔 중이던 49연대에서 반란이 일어났기 때문이다. 제50연대 소속 군인들의 지원을 받은 반란군은 도시로 쳐들어와 전략적 요충지를 점령했다. 같은 날 마피아 같은 비밀 집단인 가로회와 밀접한 연관이 있는 두 명의 젊은 극단주의자 자오다펑(焦達峰)과 천줘신(陳作新)*을 수반으로 하는 중화민국 후난 군정부가 성립되었다. 자오다펑과 천줘신이 이끄는 집행부는 그리 오래가지 못했다. 겨우 9일 만인 10월 31일 제50연대 사병들이 쿠데타를 일으켜 자오다펑과 천줘신을 살해했다. 그들은 이전에 후난 군정부의 법제원장(法制院長) 겸 민정부장(民政部長)을 역임한 서른두 살의 백만장자이자 원만한 자유주의자인 탄옌카이(譚延闓)를 후난 도독으로 추대했다.

휴교령이 떨어지자 마오쩌둥은 혁명군에 가담하여 혁명에 헌신하기로 결심했다. 승리는 아직 장담할 수 없었다. 청나라는 막강한 북양 신군(北洋新軍)의 총사령관인 위안스카이와 협상하여 반란군을 진압해 줄 것을 설득했다. 하지만 위안스카이는 전국의 통치권을 차지할 욕심에 차일피일 미루기만 했다. 그런 상황에서 수많은 만족 출신 귀족들은 보복이 두려워 옛 고향인 동북(東北) 지방으로 도피했다. 11월 2일 청나라는 위안스카이를 내각 총리대신으로 임명하고, 마오쩌둥의 우상이었던 입헌 군주파 량치차오를 사법부 대신**으로 임명했다. 새로 임명된 내각 총리대신 위안스카이는 반란을 일으킨 성의 대표자와 몇몇 혁명동맹회 사람들과 접촉했으나 담판은 별다른 성과 없이 끝나고 말았다. 위안스카이는 조정에서 협상할 것을 요구했으나 군정부의 지도자나 혁명가들은 청나라의 전복을 원했기 때문이다. 일련의 사건이 절정으로 치닫고 있을 때 쑨중산이 12월 25일 마침내 중국으로 돌아왔다. 위안스카이와 협상할 생각이 없었던 혁명동맹회의 지도자는 군사적 해결을 선택했다. 12월

---

* 두 사람 모두 후난 공진회 회원들이다. — 옮긴이

** 당시 량치차오는 사법부 대신이 아니라 부신(副臣), 즉 차관급이었다. 저자의 착오인 듯하다. — 옮긴이

29일 명나라 수도였던 난징(南京)에서 청나라에 반대하는 각 성의 대표자들이 국민 회의를 개최하여 쑨중산을 중화민국 임시 총통으로 추대했다. 1912년 1월 1일 쑨중산이 임시 총통 자리에 올라 중화민국 성립을 정식 선포했다.

국가가 분열되었다. 베이징의 권력은 여전히 황제와 위안스카이가 장악하였고, 난징에서는 쑨중산이 책임을 맡고 있었다. 전쟁이 불가피한 것처럼 보였다. 용감한 행동을 마다하지 않았던 열여덟 살의 마오쩌둥은 북벌을 준비하고 있는 후난군에 입대했다.

공교롭게도 젊은 신병들은 아무런 군사 행동도 볼 수 없었다. 국가가 사분오열된 상태에서 군대는 더욱더 중요해졌다. 하지만 쑨중산은 전문적인 정예 부대를 확보하지 못했기 때문에 급속도로 실권을 잃어 가고 있었다. 쑨중산에게 표를 던진 대다수 국민 의회(참의원) 대표자들은 위안스카이와 협상할 것을 요구했다. 그것은 북양 신군 총사령관과의 게임에서 쑨중산을 비장의 카드로 내세우기 위함이었다. 기본적으로 아주 온건하게, 그들은 전통을 짓밟으려는 쑨중산과 같은 비교적 신중한 정치가를 총통으로 삼기를 원했다. 그들 대부분은 쑨중산의 삼민주의 가운데 세 번째인 '민생(民生)', 즉 경제에 대한 국가 통제 확립을 목적으로 하는 이념이 실현되는 것을 두려워하는 막강한 힘을 가진 과두제 집권층의 일원이었다. 그들이 보기에 좀 더 이상적인 인물은 위안스카이였다. 그들은 쑨중산이 그저 우유부단한 장군에게 압력을 행사하기 위한 임시 총통이기를 원했을 뿐이었다. 그들은 성공했다. 결국 난징의 참의원 대다수가 쑨중산을 그저 과도기적인 인물로 간주하고 있다는 것을 알아챈 위안스카이는 조정에 만주족 어린 황제의 퇴위를 조건으로 내걸었다. 1912년 2월 12일 이제 겨우 여섯 살밖에 안 된 어린 황제 푸이가 정식으로 퇴위했다. 마침내 혁명이 승리를 쟁취했다! 2월 14일 쑨중산이 사직서를 제출하자 참의원은 전원 일치로 가결했다. 이튿날 대표자들은 다시 전원 일치하에 위안스카이를 임시 대총통으로 선출했다.

후난 신군에서 여섯 달 동안 생활한 마오쩌둥은 정규 교육을 모두 마치기 위해 학교로 돌아가기로 결심했다. 제대 요청이 받아들여졌으며, 그는 군대에 대한 좋은 인상을 가지고 군문을 나왔다. 군대에 있으면서 그는 생애 처음으로 모든 면에서 충분한 여유를 누릴 수 있었다. 한 달에 7은원을 받았는데 이는 상당히 괜찮은 봉급이었다.(둥산 학교 시절을 되돌아보면 거의 다섯 달 동안 학비와 기숙사비, 도서관 이용료로 1은원도 채 지불하지 않았다.) 그는 자유 시간이 많았고, 꽤 편안한 생활을 할 수 있었다. 그는 먹을 것이 없을 만큼 집안이 가난해서 억지로 군에 입대한 대다수 문맹의 빈민 출신 사병들과 달랐다. 자신의 가치를 잘 아는 자부심 강한 학생이니 그런 이들을 낮춰 보지 않을 수 없었다. "나는 한 달에 식비로 2은원을 사용했어요. 물도 사 먹었지." 나중에 그는 당시 생활에 대해 에드거 스노에게 이렇게 말했다. "병사들은 시내 밖에서 물을 져다 먹었거든요. 나는 학생이니까 굳이 체면을 버리면서까지 져다 먹을 필요 없이 그냥 물장수에게 사 먹었지요."[6]

노동 인민의 지도자에게서 나온 뜻밖의 발언이 아닐 수 없다. 레닌, 스탈린, 마오쩌둥 등은 어찌 그리 똑같은가? 그들은 모두 사회 평등을 위해 싸웠지만 자신이 다른 이들과 똑같은 비행기를 탔다고 생각하지 않았다. 오히려 일반 대중 위에 있다고 생각했다.

마오쩌둥은 자신이 갈림길에 서 있다는 것을 알았다. 배움에 대한 열정은 넘쳐 났지만 과연 무엇이 되려고 하는지 알지 못했다. 그는 신문 광고란의 학생 모집 광고를 읽기 시작했다. 처음에는 경찰 학교에 마음이 끌렸지만 곧 마음을 바꿔 비누를 만드는 기술 학교에 등록했다. 그러나 다시 법정학당(法政學堂)에 들어간 친구의 조언을 받아들여 법관이 되기로 마음먹고 법정대학에 입학하려 했다. 마오쩌둥은 다시 상업중학에 입학하려고 시험을 쳐서 붙었다. 그러다가 공립고급상업학교의 그럴듯한 광고를 보고 마음이 바뀌었다. 겨우 열여덟, 열아홉 살의 젊은이들과 마찬가지로 무엇이든 다 하고 싶은 청년일 뿐이었다. 고등상업보통학교에 들어가려면 영어 실력이 상당해야만 했다. 하지만 언어에 소질이 없었다. 고급상업중학에서 겨우 한 달 정도 배운 후 마오쩌둥은 1912년 봄 그곳을 떠나 후난 성립 중학교에 입학했다. 학교는 얼마 후 후난 성립 제1중학교로 이름을 바꾸었다.

그곳에서도 오래 버티지 못했다. "나는 제1중학이 싫었다." 마오쩌둥은 이렇게 회고했다. "그곳의 교과 과정은 제한적이었고, 학칙도 마음에 들지 않았다."[7] 교사들과 학교에 실망한 마오쩌둥은 독학을 하기로 마음먹었다. 6개월 후 그는 매일 후난 도서관에서 대부분의 시간을 지리와 역사, 서양 철학을 공부하며 보냈다. 그가 흥미를 느끼고 있던 자유주의는 유럽과 미국에서 자본주의를 따라 중국으로 들어온 것이었다. 그가 입학한 학교에서는 외국 문화에 관한 교육이 전무하다시피 했다. 열아홉 살에 처음으로 세계 지도를 보고 그야말로 경악했다. 그는 당시 서구 민주 정치의 근본이 되는 저작물을 공부하기 시작했다. 그중에는 애덤 스미스(Adam Smith)의 『국부론(*The Wealth of Nations*)』, 찰스 다윈(Charles Darwin)의 『종의 기원(*On the Origin of Species*)』, 몽테스키외(Charles De Montesquieu)의 『법의 정신(*De l'esprit des lois*)』, 존 스튜어트 밀(John Stuart Mill)과 허버트 스펜서(Herbert Spencer)의 책들이 있었다. 그는 도서관에서 외국 시가, 고대 그리스 신화, 러시아와 미국, 영국, 프랑스를 포함한 다른 여러 나라의 역사와 지리에 관한 장서를 발견했다.

마오쩌둥의 부친은 그와 관계를 끊었다. 마오이창은 성년이 된 아들이 아무런 직업도 없이 거의 달마다 학교를 바꿔 가며 도시에 머물면서 생활비나 요구하는 것이 못마땅했다. 새로운 학교로 옮길 때마다 마오쩌둥은 부친에게 편지를 보내 자신이 경멸해 마지않던 '조상님'을 팔아 가며 등록비로 1은원을 보내 달라고 졸랐다. 창사의 생활비는 그리 싸지 않았다. 그렇다면 왜 마오쩌둥은 직접 돈을 벌지 않고 여전히 부친에게 의지했는가? 창사와 같은 대도시에는 비록 대부분 천한 일이기는 하나 일할 기회가 상당히 많았다. 성내에 새로 짓는 집들이 많았고, 새로 길을 만드는 곳도 적지 않았다. 상업도 번창했다. 하지만 쿨리(coolie, 주로 물건을 운반하는 짐꾼이나 항만 노동자)와 같은 일은 마피아 같은 범죄 집단이 통제하고 있었기 때문에 쉽게 일자리를 얻을 수 없었으며, 다만 가정 교사나 광고 작가 정도가 고작이었다. 하지만 그런 가능성조차 전혀 고려하지 않았다. 학생이자 잠재적 신사(紳士) 집단의 일원이며, 지식 분자(지식인)로서 일반 병사나 농민, 쿨리 같은 이들보다 높은 계급에 속해 있다고 여겼기 때문이다. 물론 마오쩌둥이 그런 태도를 지닌 것이 오로지 그의 탓만은 아니다. 그 오만한 태도는 당시 그가 속한 사회 군체 특유의 특성이었다. 마오쩌둥뿐 아니라 일반 평민 출신으로 기본 교육을 받은 중국의 대다수 젊은 지식인들 역시 거의 모든 이가 문맹인 사회에서 자신들이 특별한 존재라고 여겼다. 30년 후 마오쩌둥은 공산당 공식 석상에서 창사에서 생활하던 당시를 회고하며 이런 사실을 인정한 바 있다.

나는 학생 출신으로 학생의 생활 방식을 배웠다. 그러면서 어깨나 손으로 물건을 운반할 줄 모르는 친구들 앞에서 내 짐을 나르는 것과 같은 단순한 육체노동조차 체면이 깎이는 일이라고 생각했다. 당시 나는 지식인이 세상에서 가장 깨끗한 사람이며, 반면에 노동자와 농민들은 더러운 이들이라고 여겼다. 나는 지식인은 깨끗하다고 믿었기 때문에 그들의 옷을 입는 것을 전혀 꺼리지 않았다. 노동자나 농민들이 입는 옷은 걸치지 않았다. 그들이 더럽다고 믿었기 때문이다.[8]

도시의 거리를 배회할 때마다 언제나 마오쩌둥은 쿨리나 건설 노동자, 항만 노동자, 행상인, 그리고 가난하고 불행한 이들과 마주쳤다. 무수한 거지들이 행인들에게 구걸을 했다. 혁명은 이들에게 아무런 변화도 가져다주지 않았다. 노동자들은 여전히 새벽부터 밤중까지 지쳐 쓰러질 때까지 힘들게 일했다. 거리에는 아침부터 저녁까지 무릎 아래까지 내려오는 허름한 반바지에 힐렁한 윗도리를 입은 짐꾼들로 가득했다. 긴 장대 끝에 물건을 매달아 운반하는 이들도 있고, 작은 나무 판대기 위에 짐을 가득 실은 수레를 끄는 이들도 있었다. 이런 것들은 당시 도시에서 가장 일상적인 수송 수단이었다. 인력거를 끄는 쿨리들은 말에 마구를 채우듯 자신의 몸을 인력거에 연결시키고 두툼한 수건을 목에 두른 채 대나무 손잡이를 꽉 움켜잡았다. 승객은 인력거꾼이 온몸의 근육을 씰룩대며 인력거를 끄는 동안 양쪽 바퀴 중간에 놓인 나무 판자 위에 앉아 있었다. 짐꾼이나 인력거꾼은 경악할 만큼 고된 노동으로 인해 마를 대로 말랐다. 때때로 쉬는 시간이 생기면 차를 마시거나 간단한 음식으로 서둘러 끼니를 때우고 담배를 말아 피웠다.

아직까지 마오쩌둥은 노동자 계급의 고통에 대해 일말의 동정심도 느끼지 못했다. 여전히 그에게 중대한 걱정거리는 중국 민족의 부흥이라는 심오한 문제였다. 하지만 생활비조차 여유롭지 않았기 때문에 마냥 철학적인 사고에 침잠할 수도 없는 일이었다. 부친은 만약 아들이 한군데 정착하기만 한다면 재정 지원을 해 주겠노라고 약속했다. 마침내 마오쩌둥은 교사가 되기로 결심했다. 1913년 봄 그는 새로 문을 연 후난 성립 제4사범학교 학생이 되었다.

둥산에서 온 친구 샤오싼(본명은 샤오쯔장이며 저명한 시인이자 번역가다.)이 이미 그곳에서 공부하고 있었고, 마오쩌둥에게 입학할 것을 권유했다.[9] 그곳은 학비가 없는 교육 기관으로 200여 명의 학생이 재학하고 있었다. 1년 후인 1914년 3월 성 정부는 제4사범학교를 재학생이 1000명이 넘는 훨씬 크고 좋은 제1사범학교와 병합하기로 결정했다. 마오쩌둥도 다른 학생들과 같이 자동으로 새로운 학교로 옮겨 다니게 되었다. 창사에서 유명한 제1사범학교는 1903년 청나라 말기에 세워졌다. 제1사범학교는 당시 창사에서 가장 현대적인 건물이었는데 창사 사람들은 '서궁(西宮, 서양 궁전)'이라고 부르곤 했다. 건물들을 유럽의 건축 양식을 본떠 만들었기 때문이다. 철도가 학교 안을 통과하고 뒤편으로 웅장한 기세의 샹장 강이 흐르고 있었다. 여름날이면 학생들이 샹장 강의 모래 언덕에서 시간을 보내곤 했다.

마오쩌둥은 친구인 샤오쯔장의 형 샤오쯔성(蕭子升, 나중에 샤오위(蕭瑜)로 개명했다.)과 알게 되었다. 샤오위는 마오쩌둥이 입학했을 당시 3학년으로 학교에서 최우수 학생이었는데, 처음 만났을 때부터 마오쩌둥을 존중해 주었다. 마오쩌둥과 그는 상당히 오랜 기간 친밀한 관계를 유지했으나 1921년 샤오위가 중국공산당 창립에 반대하면서 갈라섰다. 1959년 샤오위는 우루과이로 망명하여*『마오쩌둥과 나는 거지였다(Mao Tse-Tung and I Were Beggars)』[10]라는 제목으로 마오쩌둥의 어린 시절과 젊은 시절의 회고록을 발간했다.

---

* 대륙이 통일된 후 타이완으로 갔다가 스위스, 프랑스를 거쳐 우루과이로 망명했다.

샤오위는 신입생(마오쩌둥)의 첫인상에 대해 이렇게 묘사했다. "멀쑥하게 큰 키와 어설픈 행동, 그리고 더러운 옷을 입은" 샤오싼의 친구는 당장이라도 수선해야 할 신발을 신고 있었다.

마오쩌둥은 여러 사람의 주장처럼 그저 머리카락이 흘러 내려와 앞이마를 가렸을 뿐 옛날 화가들이 그린 귀신처럼 외모 면에서 특별한 것은 아니었다. 또한 다른 이들이 크게 주목할 만큼 두드러진 특징을 지닌 것도 아니었다. 내가 보기에 그는 그저 보통의 일반적인 사람일 뿐이었다. 얼굴이 상당히 컸지만 눈은 그리 크지 않았고, 마음속을 꿰뚫어 보는 듯하게 예리하지도 않았다. 교활한 눈빛도 아니었다. 만약 교활하게 보았다면 그렇게 본 사람 탓일 것이다. 코는 평편한 것이 전형적인 중국인의 코와 다를 바가 없었다. 귀는 균형이 잡혔고, 입은 아주 작았다. 치아는 아주 희고 아름답기까지 했다. 웃을 때면 하얀 치아가 매력적이었다. 그래서 아무도 그의 모습이 진정이 아니라고 상상할 수 없었다. 그는 상당히 느릿느릿 걸었는데, 두 다리를 벌리고 걷는 모습이 마치 오리가 뒤뚱거리며 걷는 것 같았다. 앉거나 설 때도 동작이 굼떴다. 또한 아주 천천히 이야기했으며, 천부적인 연설가의 자질을 지녔다고 보기 어려웠다."

사범대학의 대다수 학생들은 외모보다는 실력으로 사람을 판단했으며, 곧 마오쩌둥을 좋아하게 되었다. 마오쩌둥은 분명 그다지 근면한 학생은 아니었다. 그는 사회 과학이나 문학처럼 자신에게 비교적 쉽게 느껴지고 흥미를 주는 과목을 배울 권리를 얻었다고 생각했다. 영어나 수학, 자연 과학이나 제도 등에는 별로 관심이 없었다. 그 대신 작문은 가장 중요한 과목이었고, 그가 쓴 문장은 언제나 가장 높은 점수를 받았다. 아무튼 마오쩌둥은 일단 학교에서 신뢰를 얻은 데에는 성공했다. 그는 독서에 대한 열정을 한 번도 포기한 적이 없었다. "마오쩌둥은 중국과 유럽의 사상가와 작가에 대한 독서에 심취하여 일기에 그들의 사상을 요약하거나 설명하곤 했다." 샤오위의 회고에 따르면, "마오쩌둥은 붓에서 사방으로 불꽃이 튀는 것처럼 글을 빨리 썼다. 그가 쓴 작문은 교실 벽에 모범 문장으로 게시되곤 했다. 그는 어느 누구보다 두 배 또는 세 배 빠르게 책을 읽었다. 도서관에서 언제나 책 더미에 둘러싸여 있었다."[12]

마오쩌둥은 학교에서 차이린빈(蔡林彬)이란 학생과 친해졌다. 본명은 차이린허셴(蔡林和仙)인데, 입학하면서 필명인 '빈(彬)'을 사용했다. 문질빈빈(文質彬彬), 즉 내용과 형식이 잘 조화를 이룬다는 뜻의 '빈'은 그의 성격이나 특징과 잘 어울렸다. 차이린빈은 천부적인 지적 능력의 소유자였다. 마오쩌둥처럼 키가 크고 숱이 많고 부스스한 머리카락에 애수에 찬 듯 사려 깊은 눈을 지닌 그는 다른 학생들과 달랐다. 그는 열정적인 독서광이었다. 책을 읽을 때면 며칠 동안 세수도 하지 않고, 심지어 몇 달 동안 수염도 깎지 않고 옷도 갈아입지 않았다. 그가 바로 중국 공산주의 운동사에서 중요 조직가로 이름을 날린 차이허썬이다. 차이허썬 같은 새롭고 흥미로운 이들과 접하면서 마오쩌둥의 인생이 더욱 풍부해졌다는 것은 의심할 여지가 없다. 2~3년 동안 마오쩌둥에게 '노동자 문제'의 중요성을 확신시키고 공산당 조직의 필요성을 설명해 준 이가 바로 차이허썬이다.

후난 제1사범학교에서 마오쩌둥에게 영향을 끼친 가장 중요한 인물은 네 명의 교사였다. 당시 후난 제1사범학교는 교사들이 외국에 유학하여 영어, 일본어, 프랑스어 등을 유창하게 잘하는 것으로 유명했다. 그들 가운데 몇 명은 베이징 대학이나 베이징 사범대학처럼 중국 유명 대학의 대학교수로 초빙되었다. 마오쩌둥의 스승 가운데 한 명으로 털보 위안(袁大鬍子)이라고 불린 위안지류(袁吉六, 학명은 중첸(仲謙), 자는 길육(吉六))는 마오쩌둥에게 작문을 가르쳤다. 이 외에 쉬터리(徐特立), 팡웨이샤(方維夏) 등은 1911년 혁명에 참가한 혁명동맹회의 회원으로 마오쩌둥에게 공화(共和)의 원칙을 주입하고 애국 의식을 고취했다. 그래서 마오쩌둥은 쉬터리의 열정에 진심으로 존경심을 표했다. 쉬터리는 단지(斷指)하여 그 피로 청나라 조정에서 입헌 의회를 개최할 것을 요구하는 청원서를 써서 '국회청원동지회(國會請願同志會)'에 보냈다. 이후 쉬터리와 팡웨이샤는 중국공산당의 중요 인물이 되었다.[13]

마오쩌둥이 학창 시절에 가장 영향을 많이 받은 이는 마흔이 갓 넘은 점잖은 신사 양창지(楊昌濟)였다. 양창지는 학생들에게 서양 철학과 중국 철학, 윤리학에 관한 폭넓은 지식을 전수했다. 1898년 개혁 운동에 참가하면서 그는 중국의 여러 유명한 교육자들과 교류했다. 양창지는 1903년 중국을 떠나 수년간 일본, 스코틀랜드, 독일 등지에 유학하면서 서양 학문을 받아들였다. 1913년 창사로 돌아왔을 때 후난 성장(省長, 도독)으로 있던 탄옌카이가 교육부장(교육부 장관)으로 초빙했다.[14] * 그러나 정중하게 사절하고 고위급 정부 관리 대신에 후난 성립 제1사범학교의 평범한 교사 자리를 택했다. 또한 제4중학에서도 학생들을 가르쳤다. 마오쩌둥은 제4중학과 제1사범학교가 통합되기 이전인 1913년 가을 바로 그곳에서 양창지를 처음 만났다. 이후 1920년 중반 양창지가 사망할 때까지 교사와 학생으로 7년간 우정이 지속되었다. 그들은 서로 감정을 나누고 존경했다. 마오쩌둥은 에드거 스노에게 양창지에 대해 이렇게 말한 적이 있다. "나에게 가장 강력한 영향을 준 분은 영국에서 막 돌아온 양창지 선생이었소. 그분은 윤리를 가르쳤는데, 상당한 도덕적 품덕을 지닌 이상주의자였지. 자신의 도덕을 누구보다 확신했고, 학생들에게 공정하고 도덕적이며 고결한 사람, 사회에 유용한 사람이 되라고 고취시켰지요."[15] 다음은 양창지가 자신이 좋아하는 학생에 대해 평가한 내용이다.

마오쩌둥 학생은 자신이 샹탄과 샹샹이 맞붙은 지역에서 왔다고 말했다. ······그의 고향은 높은 산으로 둘러싸여 씨족끼리 집성촌을 이룬 곳이었다. 그들 대부분은 농민이다. ······부친 역시 이전에 농민이었으나 나중에는 상인이 되었다. 동생도 농업으로 생활한다. 모친의 친정은 샹샹인데, 그 집안 사람들 역시 농민이다. 그의 집안에서 마오쩌둥만큼 지적이고 잘난 사람을 찾기란 힘들 것이다. ······평범하지 않은 재능을 지닌 인재들이 바로 이런 농민 가정에서 왔다.[16]

양창지는 교육관과 학식으로 인해 학교에서 '유학자'로 알려져 있었다. 그

---

* 당시 후난은 제2차 혁명 이후 독립을 선포하고 위안스카이에게 등을 돌린 상태였다. ― 옮긴이

는 윤리학 이외에도 철학과 교육학을 가르쳤으며[17] 서구 자유주의 신봉자였다. 그는 그것이 중국 명대 저명한 유학자인 왕양명(王陽明)과 또 한 명의 위대한 유학자 왕선산(王船山)의 교리와 유사하다고 보았다. 두 사람은 중국 사람들 중 흔치 않게 개인주의를 무엇보다 중요한 것으로 간주했다.[18]

양창지의 학생들은 날마다 열심히 그의 강의를 듣고 그와 대화를 나누었다. 학생들은 때때로 일요일에 선생의 집으로 찾아가 모이기도 했다. 그들 중에는 마오쩌둥과 샤오 형제, 차이허썬 등도 포함되었다. 자유주의와 개인주의에 관한 사상은 학생들에게 중국 사회에서 자유 민주주의를 건설하는 길을 열어 주었다. 그러나 왕양명과 서구 철학자들의 관점에 관한 토론에서 양창지가 중점을 둔 것은 보편적 자유주의의 추상적 개념이 아니라 '영웅과 군중'이라는 테두리 안에서 전적으로 공리적인 개인주의였다. 그는 지금 중국에 필요한 것은 무엇보다 강인한 인격이라고 주장했다. 그리고 학생들에게 매일 자기 수양과 개발에 힘써 줄 것을 요청했다. "자네들은 자제와 극기에 너무 많은 시간을 소비하고 의식 함양은 거의 애쓰지 않고 있네." 그는 학생들에게 이렇게 말했다.[19] 양창지는 강인한 인격을 지닌 사람만이 일반 대중의 도덕성보다 뛰어난 권리를 지닌다고 믿었다. 스승인 양창지의 관점에서 볼 때 윤리학이야말로 이러한 목표, 즉 개인의 자아실현으로 향하는 길이었다.

스승의 영향하에 마오쩌둥은 19세기 독일 철학자 프리드리히 파울젠(Frie-drich Paulsen)의 저작인 『윤리학 원리(System der Ethik, 일명 '윤리학 체계')』중국어 번역서를 읽었다. 파울젠은 신중하게 규정한 목표 달성에 전적으로 전념하는 이의 행동이야말로 가장 높고 절대적인 가치라고 생각했다. 이 같은 가르침을 통해 마오쩌둥은 위대한 인물의 결코 꺾을 수 없는 완강한 의지는 모든 다른 윤리 원칙을 능가한다고 확신했다. 이러한 사상은 "목적을 위해 수단을 가리지 않는다."라는 구호에 표현되어 있으며, 이는 찬란한 영광을 꿈꾸던 오만하고 고집 센 지방 출신의 마오쩌둥의 성향을 그대로 반영하는 것이기도 하다. 그는 『윤리학 원리』복사본에 자신의 생각을 담은 논평을 적어 넣었는데, 거의 1만 2000여 자가 넘을 정도로 많은 양이었다. 그 가운데 비교적 대표적인 논평은 다음과 같다.

> 목적은 지식과 무관하고 오직 감정과 의지에 관련될 뿐이다. ……도덕은 규범적인 것이 아니라 기술적(記述的)이다. ……넓은 의미에서 인류의 보편적인 도덕이란 존재하지 않는다. ……도덕은 시대에 따라 다르지만 여전히 도덕성은 남아 있다. ……도덕은 사회에 따라, 사람에 따라 다르다. ……인류가 생겨난 이래로 자아가 존재했고, 자아는 모든 사물, 사상의 중심이며, 사리사욕은 모든 인간의 기본적인 욕망이다. ……이타주의의 출발점은 자아이며, 이타주의는 자아와 관련이 있다. 자신의 뜻과 전혀 무관하게 순수한 이타주의란 불가능하다. 세상에 타인에게서 시작하는 것은 존재하지 않는다. 또한 자아는 자아와 전혀 관련이 없는 세계에서 무언가 이익이 되는 것을 추구하지 않는다. ……파울젠 역시 그의 학문적 토대를 개인주의에 두었다. 이는 정신의 개인주의로 정신적 개인주의라고 부를 수 있을 것이다. ……맹목적인 도덕은 아무런 가치가 없다. ……윤리 영역에서 나는 두 가지 원칙을 제창하고자 한다. ……첫 번째는 개인주의다. 삶에서 모든 행동은 개인을 실현시키려는 목적을 위한 것이다. 또한 모든 도덕성은 개인을 실현하는 데 이바지한다. 다른 이들에게 동정심을 표하면서 다른 이의 행복을 추구하는 것은 다른 이를 위한 것이 아니라 바로 자기 자신을 위한 것이다. ……나는 인간의 자연 본능이 반드시 잘못된 것만은 아니며, 의무감이 반드시 진실한 것은 아니라고 생각한다. ……우리는 오직 자신에게만 책임이 있으며, 다른 누군가에게 책임이 있는 것이 아니다.[20]

결론은 이러한 모든 것이 가능하다는 것이다. 그래서 마오쩌둥은 이렇게 말했다. "혹자는 도덕률은 신의 명령이기 때문에 반드시 실행해야 하며 무시할 수 없다고 믿는다. 하지만 이는 노예 심리다. 당신은 왜 자기 자신이 아닌 신에게 복종하려 하는가? 당신이 바로 신이다. 당신 이외에 어떤 신이 존재한단 말인가?"[21] 강한 개인은 도덕 원칙에 얽매이지 않아도 위대한 목표를 쟁취할 수 있다. 의지와 무한한 권력의 독재. 이 얼마나 참신한 해석인가! 모두를 위한 자유가 아니라 모든 이에게 나름의 법이 있다는 뜻이다.

데카르트는 이런 명제를 남겼다. "나는 생각한다, 고로 존재한다." 마오쩌둥은 '나'에 초점을 맞췄다. 그는 '계급 도덕(class morality)'과 '계급 투쟁(class struggle)'에서 한 걸음 더 나아갔던 것이다. 그는 이미 자신의 위대성을 인지하고 있다. 그래서 그는 이렇게 썼다.

진정으로 위대한 인물은 자연이 그에게 부여한 본성을 계발한다. ……그것이 그를 위대하게 만든다. ……영웅의 위대한 행동은 그 자신의 것이며, 그가 지닌 원동력, 숭고함, 정결함의 표현이고, 그 어떤 선례에도 의지하지 않는다. 그의 역량은 깊은 협곡에서 불어오는 강한 바람과 같으며, 사랑하는 이에 대한 불가항력적인 욕망과 같다. 하여 멈출 수 없으며 멈춰질 수도 없다. 모든 장애물은 그 앞에서 사라지고 만다.[22]

마오쩌둥은 대중은 위대한 인물이 추구하는 방향을 맹목적으로 따라야 한다는 데에 전혀 의심을 품지 않았다. 그는 사람들, 특히 중국인들은 어리석고 무지하다고 생각했다. 1912년 6월 마오쩌둥은 자신이 생각하기에, 중국 제자백가 가운데 법가의 창시자이자 기원전 4세기 진(秦)나라의 승상이었던 상앙(商鞅)의 진보적인 개혁의 장점을 제대로 판단할 수 없는 중국인의 '무지(無知)'에 대해 경멸하는 듯한 어조로 짧은 글을 쓴 적이 있다. "상앙의 법은 좋은 법이다. ……어찌하여 백성들은 그를 두려워하고 또한 신임하지 않았던가? ……이로부터 우리는 우리나라 백성들의 어리석음을 엿볼 수 있다."[23] 마오쩌둥은 상앙이 고대 중국에서 가장 피비린내 나는 잔혹한 독재 정치를 한 사람이라는 사실은 전혀 개의치 않았다. 그에게 중요한 것은 상앙이 대중 위에 군림하면서 권력을 획득했으며, 그의 파격적인 개혁이 진나라를 더욱 강력한 국가로 만들었다는 점이었다.

당시 마오쩌둥은 자강과 신체, 정신 단련에 관한 생각으로 가득했다. 그와 동학들은 조국을 구하겠다는 생각과 투쟁에 대한 갈망, 영웅적 자기희생으로 불타오르는 열렬한 민족주의자들이었다. 이상하리만큼 자부심에 사로잡힌 그들은 의지와 이성에 대해 제한 없는 우선권이 있다고 믿었다. 그들은 신의 존재를 부정했으며, 자신들이 원하는 것이라면 무엇이든 할 수 있는 권리가 있다고 확신했다. 그와 친구들은 미래의 전투를 위해 스스로를 단련했다.

"우리는 또한 열렬한 육체 훈련가들이었다." 마오쩌둥은 에드거 스노에게 이렇게 말했다.

> 겨울 방학이면 우리는 들판을 돌아다니고 산을 오르내렸으며 성벽을 따라 걸었습니다. 그리고 시냇물과 강물을 건너기도 했지요. 햇빛이 따가우면 윗도리를 벗고 걸었는데, 이를 일광욕이라고 했어요. 봄바람이 불면 우리는 이것이 바로 '풍욕'이라는 새로운 운동이라고 소리쳤습니다. 우리는 서리가 내린 노천에서 잠을 잤으며, 심지어 11월에 차가운 강물에서 수영을 하기도 했습니다. 이 모든 것은 '육체 훈련(건신운동(健身運動))'이란 이름 아래 이루어졌습니다.[24]

마오쩌둥이 「체육 연구(體育之硏究)」라는 논문을 쓴 것도 우연한 일이 아니다. 논문은 1917년 4월 상하이의 선도적인 잡지 《신청년(新靑年)》에 자신의 이름 석 자(毛澤東)의 전체 획수를 나타내는 '이십팔획생(二十八畫生, 28획의 학생)'이란 필명으로 발표했는데, 원고를 넘긴 사람은 스승인 양창지였다.[25] 그 글에서 마오쩌둥은 이렇게 주장했다. "국력이 쇠약하고 무풍(武風, 무사 정신)을 떨치지 못하고 민족의 체질이 날로 약해지는 것은 실로 우려할 만한 현상이다. ……체력이 견실하지 않으면 적을 보고 두려워할 뿐이니 어찌 목표를 얻을 수 있으며, 광범위한 영향을 미칠 수 있겠는가?"[26] * 마오쩌둥은 논문에서 독자들에게 자신이 고안해 낸 육체 단련 프로그램을 제공했다. 그는 체육은 국가를 부강하게 만들 뿐 아니라 사람의 의지도 단련시킬 수 있다고 믿었다. 그는 이 점을 특히 강조했다. "의지는 진실로 인생 사업의 선구(先驅)다."[27] 1918년 초

---

* 命中致遠. '적을 명중시키고 멀리까지 내쫓을 수 있겠는가?'로도 해석할 수 있다. — 옮긴이

파울젠의 책을 읽고 난 후 마오쩌둥은 「마음의 힘(心之力)」이라는 또 다른 논문을 썼는데 아쉽게도 현재 남아 있지 않다. 다만 양창지는 그 글을 매우 좋아했던 것 같다.[28]

강력하고 완강하며 목적의식을 지닌 영웅이 되고 싶은 마오쩌둥의 욕망이 그 어떤 도덕적 속박에도 얽매이지 않았다는 사실은 능히 이해할 수 있다. 위대한 인물의 여러 사례가 뇌리를 혼란스럽게 했지만 그것이 그의 신앙에 대한 충분한 설명이 되지는 않는다. 그와 동시대 지식인들은 자신들의 국가가 굴욕당하는 것을 경험했으며, 이를 비극으로 여겼다. 마오쩌둥뿐 아니라 그의 동년배들 역시 중국을 부당하게 착취하고 있는 탐욕스러운 외국 세력과 지역의 토호열신을 박살 내는 영웅이 되고자 했다. 그들은 어떻게 하면 저 오만하기 이를 데 없는 영국과 미국을 물리치며, 부패한 관료들의 전제 정치와 군국주의자, 과두 전제 정치하의 집권층에 대한 종지부를 찍고, 인민들에게 보다 나은 삶을 제공할 수 있을지에 대해 골몰했다.

애국적인 열정과 일반 대중의 삶에 대한 보다 많은 지식을 얻고자 하는 갈망 속에서 마오쩌둥은 1917년 여름 친구인 샤오위와 함께 후난 지역을 여행했다. 그들은 먼지 풀풀 나는 시골길을 따라 약 480킬로미터를 여행하면서 농민과 지방 관리, 신사(紳士), 상인 등 여러 계층의 사람을 만났다. 마오쩌둥은 낡고 바랜 옷을 입고, 우산 하나와 속옷과 수건, 공책과 붓, 먹물을 넣은 작은 보따리를 짊어졌다. 특히 붓과 먹은 글을 읽고 쓸 수 있는 학생들이 지역 농민들의 요청에 따라 공고문이나 시구를 써 주고 돈을 벌 수 있기 때문에 무엇보다 필요한 것이었다. 당시 일에 대한 마오쩌둥의 태도가 바뀐 것이 분명하다. 농민들은 그와 샤오위를 먹이고 재워 주었다. 즐거움이라고는 찾아볼 수 없는 농촌 생활을 직접 목도하면서, 마오쩌둥은 힘들고 어려웠던 어린 시절이 생각났을지도 모른다. 옛날의 수많은 영웅 중에서 마오쩌둥이 본받기를 원했던 이는 농민의 아들로 태어나 가난한 백성들을 조직하여 반란을 일으키고 마침내 위대한 한나라를 건국한 유방이었다. 세월이 흐른 후 샤오위는 자신과 마오쩌둥이 후난 일대를 돌아다닐 당시 주로 유방에 대해 이야기했다고 회고했다.

"유방은 역사상 최초로 평민에서 황제가 된 인물이야." 그는 계속해서 깊은 생각에 잠겼다. "나는 그를 위대한 영웅으로 여겨야 한다고 생각해."

"아니야!" 나는 아니라고 항변했다. "유방은 나쁜 사람이야. 황제가 되기에는 너무 이기적이고 자기중심적인 인물이었어." 나는 그 이유에 대해 이렇게 설명했다. "그는 그저 자신의 정치적 야심을 성공적으로 실현시킨 인물에 불과할 따름이지. ……그가 폭군을 몰아낸 것은 또 다른 폭군이 되기 위해서였던 거야. ……그를 위해 목숨을 걸고 싸웠던 동료와 장군들을 생각해 봐! ……그의 군대가 승리했을 때 그들은 저명한 지도자들이 되었고, 그는 혹시라도 그들 가운데 누군가가 자신의 정권을 뒤엎을까 두려워했지. 그래서 모두 죽이고 말았잖아……."

"하지만 만약 그들을 죽이지 않았다면 그의 정권도 안심할 수 없었을 거야. 아마도 황제로서 그렇게 오랫동안 지탱할 수 없었을 것이란 말이지." 마오쩌둥이 이렇게 말했다.

"그렇다면 자신의 정치적 성공을 위해 친구도 죽여야 한단 말이야?" 샤오위가 놀라 소리쳤다. 그러나 마오쩌둥은 더는 길게 이야기하고 싶지 않았다. 샤오위는 이렇게 결론을 내렸다. "우리 모두 알고 있었다. 그는 야망 속에서 자신을 유방과 동일시하고 있었다."[29]

학교로 돌아온 후 마오쩌둥은 또다시 사회 과학에 빠졌다. 계속해서 신문과 잡지를 정독했으며, 특히 《신청년》과 쑨중산이 발간하는 잡지를 탐독했다.

중국의 상황은 점점 긴장 상태로 돌입했다. 1916년 6월 6일 위안스카이가 사망했다. 장군에서 정치가로 변신한 그는 자신의 충성스러운 북양군(北洋軍)을 장악하여 낡은 방식으로 중국을 다스리려 했다. 그는 새로운 민주주의 체제가 낯설었다. 중화민국 임시 대총통에 선임되고 나서 얼마 후 공개적으로 전역에 독재 체제를 강화하기 시작했다. 쑨중산의 혁명파뿐 아니라 군대를 해산하여 위안스카이 정권에 넘기기를 원치 않는 지역 군벌들도 그를 반대했다. 1912년에서 1913년 겨울 동안 나중에 국민당으로 개명한 쑨중산의 혁명동맹회가 의회 선거에서 대승을 거두었다. 위협을 느낀 위안스카이는 그에게 대략

1억 달러에 달하는 막대한 차관을 제공한 서구 열강의 지지를 얻어 내전을 준비하기 시작했다. 그해 3월 국민당 영수인 쑹자오런(宋敎仁) 암살을 지시했다. 북양군은 새롭게 중국 중부의 전략 중심으로 떠올랐다. 이른바 제2차 혁명이라고 부르는 위안스카이 타도를 위한 봉기가 일어났다. 국민당원들이 적극적으로 활동하고 있는 동부 장시에서 처음으로 봉기가 일어나자 여러 성에서 이에 호응했다. 하지만 위안스카이에 충성하는 군대가 그들을 진압했다. 1913년 11월 위안스카이는 국민당을 불법 단체로 지목하고 의회를 해산시켰으며, 헌법을 중지시켰다. 쑨중산은 또다시 일본으로 망명했다. 새로운 헌법은 모든 권력을 총통의 손안에 효과적으로 집중시켰으며, 1914년 12월 새로 조직된 의회는 위안스카이의 요구에 굴복하여 그를 종신 총통으로 선출했다고 선언했다.

　하지만 1915년 위안스카이의 권위는 크게 약화된 상태였다. 무엇보다 중국에 대한 일본의 침략 정책에 굴복했기 때문이다. 얼마 후 제1차 세계 대전이 발발했고, 일본은 연합국의 일원이 되어 중국에서 이전에 독일이 점령하고 있던 칭다오 항(靑島港)과 산둥 반도 남쪽에 있는 자오저우 만(膠州灣) 지역을 차지했다. 동시에 일본은 독일인들이 만든 칭다오와 산둥의 성회(省會, 성청 소재지)인 지난(濟南)을 잇는 철도를 차지했으며, 독일 소유의 광산까지 손에 넣었다. 1915년 1월 28일 일본은 위안스카이에게 이른바 '21조'로 불리는 최후의 통첩을 보냈다. 중국을 일본의 식민지로 인정하라는 것이었다. 이처럼 무례한 요구에 중국의 지식인들은 격분하지 않을 수 없었다. 5월 7일 위안스카이는 일본이 군대를 파견할지도 모른다는 걱정 때문에 대부분의 요구를 받아들였다. 무기력한 국회가 그 협정 비준을 거절했다. 그러자 1915년 5월 25일 위안스카이는 협정안에 자신의 도장을 찍었다. 항일 운동이 중국에서 거세게 일어났다. 특히 젊은이들은 극도로 격분했다. 마오쩌둥은 당시 자신의 감정을 이렇게 표현했다. "5월 7일 나의 조국(민국)은 모욕을 당했다. 우리는 어떻게 보복을 해야 할 것인가? 우리의 목숨을 걸고!"[30]

　1915년 12월 말 위안스카이는 미국인 고문 프랭크 굿나우(Frank Good-now)의 조언을 받아들여 왕정 복귀를 선포하고, 자신을 새로운 황제로 선언했다. 이러한 행동은 여론을 더욱 악화시켰다. 결국 윈난과 광시, 시난(西南) 등지에서 독립을 선포했다. 내전이 폭발했다. 그 와중에 위안스카이는 예기치 못한 요독증으로 쉰여섯 살의 나이에 세상을 뜨고 말았다. 그의 자리는 1911년 우창 봉기에 참가한 적이 있는 리위안훙 장군에게 넘어갔다.

이러한 일련의 사건은 마오쩌둥의 고향인 후난의 사회적, 정치적 분위기에도 영향을 주었다. 후난의 성장이었던 탄옌카이는 1912년 당시 중국에서 가장 환영받고 있던 정당을 통해 자신의 위상을 강화할 목적으로 국민당에 가입했다. 1913년 그는 후난의 독립을 선언하면서 '2차 혁명'을 지지했다. 하지만 계산을 잘못한 꼴이 되고 말았다. 왜냐하면 위안스카이가 창사로 출병하면서 탄옌카이의 모든 직책을 빼앗았기 때문이다. 그는 겨우 목숨만 부지할 수 있었다. 위안스카이의 충실한 문도인 보수파 장군 탕샹밍(湯薌銘)은 창사에서 공포 정치를 시행하면서 겨우 뿌리를 내리기 시작한 연약한 민주주의의 싹을 송두리째 없애 버릴 생각이었다. 그는 학내 활동과 모임을 포함한 모든 종류의 정치 활동을 금지시켰다.[31] 당시 '백정(白丁) 탕'이라고 불린 탕샹밍이 후난을 통치하던 3년 동안 5000명에서 1만 명에 달하는 이들이 정치적인 이유로 처형당했다. 공포 정치는 리위안훙이 베이징에서 정권을 잡은 후로 잠시 중단되었다. 1916년 6월 백정 탕은 농부를 가장하여 상하이로 도주했다.[32] 탄옌카이가 다시 정권을 잡았으나 1년 후에 푸량줘(傅良佐)로 대체되었고, 다시 얼마 후 장징야오(張敬堯)가 등장했다. 그는 창사에서 제멋대로 재물을 약탈하고 억압과 공포 정치를 시행하여 대중의 공분을 야기했다. 사람들은 그를 호랑이나 늑대처럼 '악독한 장씨(장독(張毒))'라고 불렀다.[33]

위안스카이의 죽음 이후 중앙 정권이 붕괴했기 때문에 전 중국의 경우와 마찬가지로 후난 역시 혼란 속으로 빠져들고 말았다. 몰락한 농민과 실업자들로 구성된 수많은 군벌 군대는 서로 죽고 죽이는 내전을 일으켰다. 무기 판매와 경제적 특권을 누리기 위해 눈독을 들이고 있던 서구 열강은 내전이 확대되기를 바라고 있었다.

결론적으로 마오쩌둥은 이전보다 조국의 운명에 대해 보다 관심을 가질 충분한 이유가 있었다. 그는 고대의 천하무적의 위대한 통치자들에 대해 곰곰이 생각하고 있었다. 그들이야말로 조국이 이웃나라들에 공포심을 불러일으키고 전율하게 만드는 능력과 의지를 통해 자랑스러운 중화 제국이라는 명예를 확보할 수 있을 것이라고 여겼기 때문이다. 마오쩌둥은 존경할 만한 가치가 있는 유일한 역량으로서 절대군주만이 중국을 단결시키고 부흥시킬 수 있다고 확신했다. 눈에 띄는 부분은 마오쩌둥이 황제 유방은 존중했지만 후난의 폭군 탕 샹밍은 극도로 혐오했다는 것이다. 탕샹밍이 몰락한 후 마오쩌둥은 친구 샤오위에게 고통스러운 편지를 썼다.

나는 아직도 탕 장군을 쫓아내면 안 된다고 생각하네. ······탕샹밍은 이곳에서 3년 동안 엄격한 법의 잣대에 따라 통치했고······ 질서가 잡히고 과거의 평화로운 시절로 거의 회복되었네. ······사실 그가 1만 명이 넘는 사람을 죽였다는 사실은 불가피한 정책의 결과였지. ······그런 행동이 없었다면 국가 보호라는 목적도 달성할 수 없었을 것일세. 이러한 일을 범죄로 간주하는 이들은 총체적인 계획을 이해할 수 없을 거네.[34]

나중에 마오쩌둥은 이렇게 적었다. "그것은······ 모든 살인이 그릇된 것이라는 뜻이 아닐세. ······우리가 악이라고 부르는 것은 단지 인상일 뿐 본질은 아니지."[35] 이러한 논리는 정말 등골이 오싹한 부분이 아닐 수 없다.

1917년 가을, 마오쩌둥은 불과 스물네 살의 청년이었고, 아직 해야 할 일이 많이 남아 있을 때였다. 그는 탐욕스럽게 책에 몰두했다. 책에서 진리를 찾고자 애썼다. 하지만 당시는 책을 읽을 때가 아니라 행동할 때였다. 결국 그는 자신에게 필요한 일이 무엇인지 분명히 알게 되었다. 그의 영혼은 전투와 전쟁, 혁명을 갈구하고 있었다. "평화의 시기, 그 어떤 종류의 무질서도 없는 순수한 평화는 인간의 삶에서 견딜 수 없는 것이다." 그는 이렇게 썼다.

평화가 파란을 일으키는 것은 어쩔 수 없는 일이다. ······혼란 역시 인생사 가운데 하나이며, 인류는 현실 생활에서 가치가 있다는 것을 모르기 때문에 항상 혼란을 싫어하고 질서를 희구한다. ……평화 시기가 도래하면 그들은 무료해하며 책을 한편으로 내놓는다. 이는 우리가 혼란을 좋아한다는 뜻이 아니다. 다만 평화의 시기는 영원히 지속될 수 없으며, 사람들을 견디기 힘들게 만들고, 인간은 본질적으로 갑작스러운 변화를 좋아한다는 뜻이다. ……우주의 멸망은 궁극적인 파괴가 아니다. ……왜냐하면 오래된 우주의 멸망으로부터 새로운 우주가 도래하지만, 그것이 오래된 우주보다 더 나을 수 없기 때문이다.[36]

그래서 그는 당송 이래로 모든 중국의 산문집과 시집을 태워 버리고 싶은 욕망에 사로잡혔음을 고백했다. 그가 생각하기에 그들은 분명 급진적인 인물들이 아니었다. 마오쩌둥은 친구들에게 전통적인 가족 관계를 무너뜨리고, 사제 간에도 혁명적인 결과가 필요하다고 열정적으로 말했다.[37]

　세월이 많이 흐르고 난 뒤 마오쩌둥은 젊은 시절의 감정을, 전 세계가 그의 정치적 신조로 간주하고 있는 한 구절인 "조반유리(造反有理)", 즉 "모든 혁명에는 나름의 이유가 있다."라는 말로 바꾸게 된다. 동시에 친구들과 계속 꿈을 꾸었다. 그러나 그의 꿈은 그저 꿈만으로 머무르지 않았다. 오히려 그의 몽상은 더욱더 분명한 형상을 얻어 가고 있었다. 1917년 9월 따뜻한 어느 날, 학교 뒤편의 언덕으로 친구들과 놀러 가서 국가를 구하기 위해 무엇을 해야 하는가에 대해 논쟁하기 시작했을 때 마오쩌둥은 단호하게 말했다. "양산박(梁山泊)의 영웅들을 본받자!"[38] 그것은 그가 좋아하는 『수호전』에 나오는 농민 반란군들을 본받자는 뜻이었다.

4

황량한 계곡의 발자국 소리

1918년 5월 양창지는 이미 잘 알려진 교육자이자 베이징 대학 총장인 차이위안페이(蔡元培)로부터 거부하기 어려운 교수 자리를 제의받았다. 베이징 대학은 중국 대학들 가운데 최고이자 가장 진보적인 대학으로 알려져 있었다. 6월 초 마오쩌둥과 양창지는 헤어졌다. 하지만 그달 말 양창지는 자신의 학생에게 보낸 편지글에서 마오쩌둥에게 베이징에서 자신과 함께 지낼 것을 권유했다고 썼다. 베이징의 젊은 남녀 그룹은 프랑스로 여행할 준비를 하고 있었다. 그곳에서 그들은 학업과 일을 병행할 생각이었다. 양창지는 마오쩌둥과 그의 친구들에게 세계를 경험하고 배울 수 있는 좋은 기회를 놓치지 말라고 조언했다.[1]

당시 마오쩌둥은 정치와 조직 활동에 여념이 없었다. 그는 이미 자신의 조직력을 발휘한 바 있었다. 1915년 가을, 창사에 있는 몇몇 학교에 서신(징우계사(徵友啓事))을 보내 애국 운동에 관심이 있는 젊은이들은 연락해 줄 것을 요청했다. "진정으로 친구가 되기를 바란다." 그는 글 첫머리에 이렇게 썼다. 마오쩌둥은 "고통 속에서 단련하며 조국을 위해 모든 것을 전적으로 희생할 각오가 되어 있는" 이들을 포함하여 자신이 알고 있는 이들의 범위를 더욱 확대

하고자 했다. 그는 우리가 이미 보았던 '이십팔획생'이란 필명을 사용했다.[2]

대여섯 명이 회답을 보내왔지만 그중 세 명만 애국주의 운동에 참가할 의사를 밝혔을 뿐이다.[3] 한 명은 자신을 일본인 이름인 다테 우치로(武侠)로 소개한 열아홉 살의 청년 뤄장룽(羅章龍)이었다. 그는 친구에게 소식을 듣고 즉시 마오쩌둥에게 편지를 보냈다. 몇 년 후 뤄장룽은 중국 공산주의 운동의 중요 지도자 가운데 한 명이 되었지만 1931년 스탈린의 독재를 반대했다는 이유로 당에서 축출당했다. 마오쩌둥의 단체에 참가한 다른 두 젊은이는 나중에 극단적인 반동분자가 되었다.

마오쩌둥은 또 다른 인물인 리룽즈(李隆邽)에게서 회답 또는 "절반쯤의 응답"을 받았는데, 그는 창사에서 중학교를 다니고 있는 열여섯 살의 학생이었다. 뤄장룽은 마오쩌둥에게 그를 직접 만나 볼 것을 권유했다. 마오쩌둥의 말에 따르면, "리룽즈는 내가 하는 말을 모두 들은 후 별다른 제안도 없이 나가버렸다. 이후에도 우리의 우정은 전혀 발전하지 않았다."[4] 시골 고향에서 이제 막 창사로 온 리룽즈는 나중에 당시 마오쩌둥이 잘 가르치려고 애썼지만 자신은 그저 적절치 않다는 느낌을 받았을 뿐이라고 말했다.[5] 그런 느낌은 5~6년 후 리룽즈가 리리싼이라는 필명으로 중국 노동 운동의 중요 조직가로 활동하면서 사라지게 된다. 1928년 그는 중국공산당의 영수가 되었으며, 1930년 말까지 마오쩌둥도 복종해야 하는 중국공산당의 실질적인 영도자로 활약했다.

그러나 아주 미래의 일이다. 마오쩌둥은 뤄장룽과 몇몇 친구의 도움을 받아 애국 청년을 한데 모으는 일에 주력했다. 그 과정에서 우스운 일도 벌어졌다. 지방 여자 학교의 행정 직원이 마오쩌둥의 글을 방탕한 젊은이가 잠자리 대상을 찾는 것으로 오인한 것이다. 그래도 제1사범대학의 총장이 마오쩌둥을 보증하여 사건은 별 무리 없이 일단락되었다.[6] 얼마 후 사람들 몇 명이 마오쩌둥의 주변에 모여들었다.[7] 그들 중 한 명이 마오쩌둥에게 말했다. "(당신의) 편지는 광막한 계곡에서 들리는 발자국 소리 같았어요. 당신의 발자국 소리를 들으면서 내 얼굴에는 기쁨이 넘쳐 났지요."[8]

당시 모임에 대해 마오쩌둥은 이렇게 기억했다.

태도가 엄숙한 이들이었다. 그들은 자질구레하게 신변잡기에 대해 이야기하지 않았다. 그들의 말 한마디 행동 하나는 모두 나름의 목적이 있어야만 했다. 그들은 연애나 사랑에 대해 노닥거릴 시간이 없었다. 그들은 시국이 다급하며, 지식을 구하는 일 역시 절박하다고 생각했기 때문에 여인네나 개인 문제에 대해 이야기하는 것을 허락하지 않았다. 나 역시 여자에 대해 관심이 없었다. ……우리 또래 젊은이들의 생활에서 여성의 매력을 이야기하는 것은 일반적으로 중요한 위치를 차지한다. 하지만 내 동학들은 그런 이야기에 관심이 없을뿐더러 일상생활의 평범한 일에 대해서도 논의하지 않았다. 한번은 한 친구의 집에 놀러 간 적이 있는데, 그 친구가 고기를 먹자며 내 앞에서 하인을 불러 상의하더니 고기 한 근을 사 오라고 하는 것이었다. 나는 화가 잔뜩 나서 더 이상 그 친구를 보지 않았다. 친구들과 나는 큰일, 즉 인간의 천성이나 인류 사회, 중국, 세계, 우주 등에 대해 담론하기를 원했다.[9]

1917년 6월 마오쩌둥은 학교에서 가장 뛰어난 학생으로 이름을 날렸다. 매년 봄 학기가 끝날 무렵 이러한 영예로운 명칭을 수여했는데, 때로 마흔아홉 명의 학생 대다수가 마오쩌둥에게 지지표를 던질 때도 있었다.[10] 얼마 후 그는 또다시 조직 능력을 증명해 보였다. 1917년 9월 샹탄 동학회를 설립하여 학생회를 좀 더 활동적인 단체로 만들었으며, 그 자신이 회장으로 추대되었다.[11]

학생회의 중요 임무는 6개월 전 사범학교에서 처음 시작되어 1917년 가을에 문을 닫은 야간 노동자 학교를 되살리는 것이었다. 주로 일을 찾아 도시로 몰려든 실업 노동자들인 102명의 학생이 마오쩌둥의 노력 덕분에 11월 9일 수업을 들을 수 있게 되었다.[12] 당시 마오쩌둥은 일반 대중에 대한 인식이 바뀌어 있었다. 그는 전보다 성숙했고, 비록 사회적 지위 면에서 여전히 우월 의식은 있었지만 더 이상 그들을 무시하지 않았다. "식물이나 나무, 조류나 동물 등 모든 것이 그들 자신의 부류를 먹여 살리고 돌봐 준다." 그는 계속해서 이렇게 말했다. "사람들도 똑같은 일을 해야 하지 않을까? ……그들 가운데 어떤 이들은 (노동자 학생)은 가난한 가정에서 태어나 학교를 다닐 수 없었을 것이고, 또 어떤 이들은 불행한 주변 상황 때문에 그럴 수도 있을 것이다. 그렇기 때문에 인류애를 지닌 사람이라면 그들을 위해 그들에게 책임을 떠넘기기보다는 관심을 보여 주는 것이 마땅하다."[13] '인류애'를 지닌 마오쩌둥은 그 학교에서 중국사 과목을 맡아 처음으로 남을 가르치는 경험을 하게 된다.[14]

1917년 11월 마오쩌둥은 학생 자위대를 조직하기 위해 적극적인 활동을 벌였다. 중국의 다른 지역과 마찬가지로 후난 역시 혼란스러운 상황이 지속되고 있었다. 내전이 발발한 상태에서 군인들이 때로 학교 건물을 점거하고 학생들, 특히 여학생들에게 적절치 못한 행동을 하곤 했다. 당연히 학생들의 분노와 항의가 잇따랐다. 1917년 11월부터 푸량쭤가 통치하면서 성립 제1사범학교는 교육 시설을 병영으로 사용하길 원하는 군대의 요구에 맞서고 있었다. 샤오쯔장의 말에 따르면, "마치 국방부의 허가를 받은 것처럼" 책임을 지고 자위대를 조직한 사람은 바로 마오쩌둥이었다.[15] 다른 교사나 학생들과 달리 그는 군대 경험을 조금 한 적이 있었다. 11월 상황은 점차 긴장 상태로 돌입했다. 푸량쭤의 군대가 궤멸된 후 철수하는 군인들이 현지 주민들을 공포로 몰아넣고, 학교를 공격하겠다고 위협했다. 마오쩌둥은 또다시 주도적으로 나서 지역 경찰과 자신의 도움 요청에 응한 이들과 연계했다. 비록 죽창과 나무 몽둥이가 전부였지만 나름대로 무장한 학생 자위대가 조직되었다.

퇴역 군인이자 학생회 대표로서 마오쩌둥이 직접 지휘에 나섰다. 학생과 경찰들은 군인들이 학교 정문으로 들어오기를 기다렸다. 그리고 마침내 그들이 들어오자 마오쩌둥이 유일하게 진짜 총을 가지고 있던 경찰에게 발포할 것을 명했다. 학생들이 빈 깡통에 담은 폭죽을 터뜨리고 크게 소리치기 시작했다. "만약 무기를 내려놓으면 아무 일도 없을 것이다!" 군인들은 놀라 도망치기에 바빴다.[16] 1917년 11월 학교 잡지에 다음과 같은 기사가 실렸다. "후난 남부의 전투는 대단히 중요한데 큰 장애물이 있다. 학생들이 주야로 순찰을 돌기 위해 순찰대를 조직했다. 자위의 임무는 대단히 중요한 일이다."[17]

샤오쯔장은 마오쩌둥이 당시에 특히 군사 문제에 많은 관심이 있었다고 회고했다.[18] 중국뿐 아니라 전 세계가 전쟁 중이었다. 마오쩌둥은 자신이 직접 구독하고 있던 《북경일보》나 상하이와 후난의 신문을 매일 읽고, 유럽 영화를 통해 중요 사건을 자세하게 살펴보았다. 마오쩌둥의 회고에 따르면, 그는 부친이 보내 주는 돈의 30퍼센트를 서적이나 정기 간행물을 구입하는 데 썼다.[19] 그는 이상한 습관이 있었다. 신문을 처음부터 끝까지 다 읽은 다음에 신문의 흰색 가장자리 부분을 잘라 실로 꿰맸다. 샤오쯔장의 말에 따르면, "마오쩌둥은 신문에서 지리적 위치를 나타내는 지명을 골라 그것들을 흰색 가장자리에 써넣었다."[20]

1917년 겨울, 마오쩌둥과 친구들은 뜻이 맞는 친구들끼리 좀 더 체계를 갖춘 단체를 조직할 생각이었다. "나는 다른 지역과 도시에서 많은 학생과 친구들의 폭넓은 호응을 얻었습니다." 마오쩌둥은 에드거 스노에게 말했다. "나는 점차 더욱 엄밀한 형식을 갖춘 조직이 필요하다는 것을 느꼈어요."[21] 이렇게 해서 1918년 4월에 성립된 것이 바로 신민학회(新民學會)였다. 마오쩌둥과 동료들은 그 이름을 중국의 개혁파가 요코야마에서 처음 출간한 량치차오의 잡지 《신민총보》에서 따온 것이 분명하다. 샤오위가 제안하고, 다른 이들도 모두 쾌히 동의했다.[22]

학회 창립 모임은 1918년 4월 14일 일요일 아침, 샹장 강 좌안에 자리하고 있는 잉완전(榮灣鎭) 차이허썬의 집 류자타이즈(劉家臺子)에서 열렸다. 열세 명의 회원이 울창한 나무숲 그늘에 숨어 엉성한 판잣집에 모여 앉았다. "날씨가 쾌청했다." 마오쩌둥은 이렇게 회고했다. "온난한 산들바람이 푸른 강물과 강가의 비취색 풀밭 위로 불어왔다. 그곳은 회의에 참가한 모든 이의 뇌리에 잊지 못할 인상을 남겼다."[23] 주인인 차이허썬과 마오쩌둥 이외에 샤오 형제와 뤄장룽 등 다른 참석자들 역시 오랜 친구들이었다. 새로운 얼굴도 보였는데, 그중에는 1913년 마오쩌둥과 성립 제4사범학교에 함께 입학했던 마흔두 살의 허수형(何叔衡)도 있었다. 그는 4개월 후에 졸업하고 1914년부터 창사의 한 소학교에서 국어를 가르치고 있었다. 그는 다부지고 넓은 어깨를 지녔으며, 신중하고 온화한 성격의 소유자였다. 크고 둥근 안경을 끼고 있던 그는 주위 여러 젊은 친구들 사이에서 존경을 받았다. 젊은 친구들은 그를 농담 삼아 '털보 허

(何胡子)'라고 불렀는데, 검은 수염이 난 모습이 마치 옛날 봉건 신사(紳士)처럼 보였기 때문이다. 그는 실제로 농촌 출신의 지식인으로 열여덟 살에 이전 봉건 시대 과거의 첫 번째 관문을 통과하여 수재(秀才)가 된 인물이었다. 마오쩌둥과 샤오위는 1917년 여름 방학에 만나 친교를 나누었다. 당시 마오쩌둥과 샤오위는 여러 성을 돌아다니며 여행을 하던 중이었는데, 고향인 닝샹(寧鄉)에 가서 그를 방문한 적이 있었다.[24] 사욕이 없고 언제나 활기 충천한 모습에 예리한 눈빛을 지닌 허수형은 마오쩌둥의 인생에서 큰 역할을 맡았다. 그는 1920년 후난에서 공산당 단체를 조직할 때 마오쩌둥의 가장 가까운 조언자였고, 1921년 중국공산당 제1차 전국대표대회에 참가하기도 했다.[25] 허수형은 마오쩌둥을 '특별한 인물'로 여겼으며, 비록 나이 차이가 많이 났지만 언제나 그를 존중하고, 우세를 다투지 않았다.[26]

숲속 모임에서 그들은 조직의 장정(章程)을 논의했다. 초안은 마오쩌둥과 다른 사회 성원들이 지난 3월에 마련한 것이었다. 그 일부 내용을 보면 다음과 같다. "학회의 주된 목적은 학술을 혁신하고 품행을 갈고닦으며 인심과 풍속을 개량하는 데 있다. ……모든 회원은 반드시 다음과 같은 규율을 지켜야 한다. 첫째, 거짓을 행하지 않는다. 둘째, 나태하지 않는다. 셋째, 낭비하지 않는다. 넷째, 도박하지 않는다. 다섯째, 매음하지 않는다." 회원 다섯 명 또는 그 이상의 추천을 받지 못하면 누구도 학회에 참가할 수 없었으며, 회원이 되려면 누구나 1은원을 입회비로 내야 했다. 후보자 입회는 조직원의 과반수 이상이 찬성을 해야만 가능했다. 모든 회원은 회비로 매년 1은원을 냈다.[27]

장정을 채택한 후 대표자를 선출했다. 샤오위가 총간사(總幹事)로 임명되었다. 동생 샤오싼의 말에 따르면, 처음에는 마오쩌둥에게 총간사를 맡기려고 했는데 마오쩌둥이 이를 고사하고 총간사 샤오위의 보좌역 가운데 하나를 맡았다고 한다.[28] 학회 참가 인원은 대략 일흔 명에서 여든 명 사이였으며, 그중에는 후난 잠업 강습소 학생인 리쓰안(李思安), 제1사범학교 학생으로 양창지의 애제자 가운데 한 명인 타오이(陶毅), 차이허썬의 동생인 차이창(蔡暢), 차이허썬의 여자 친구인 샹징위(向警豫) 등 여러 명의 여성도 포함되어 있었다.

학회 회원들은 나중에 중국 공산주의 운동을 이끄는 지도자가 되었으며, 또한 많은 이가 신중국을 위한 투쟁 과정에서 희생되었다.[29]

모든 회원은 "개인과 전체 인류의 삶을 향상시킨다."라는 공동의 꿈을 달성하기 위해 애썼다. 그들이 자신들의 모임을 '신민학회'라고 이름 지은 것은 바로 이러한 이유다. 그들은 비록 '낭만'을 거부했지만 그들 스스로가 낭만적이었던 것이다. 마오쩌둥은 이렇게 썼다. "새로운 사상과 새로운 문학이 이미 우리나라에 생겨났다. 이제 우리는 낡은 사상과 낡은 윤리, 낡은 문학을 우리 마음속에서 완전히 씻어 냈다. 우리는 우리를 정적이고 고독한 삶으로 이끄는 것은 모두 그릇된 것이며, 이와 반대로 활동적이고 집체적인 삶을 추구하는 것이 필요함을 돌연 깨닫게 되었다. ……우리는 끊임없는 노력과 향상을 강조하는 인생관을 확고히 했다."[30]

학회 회원들은 곧 조직의 목표에서 변화를 추구했다. 더는 학술 연구나 도덕 교육을 재건하는 데 만족하지 않았다. 이제 그들이 원하는 것은 다름 아닌 "중국과 세계의 변화"였다.[31] 그리고 진정으로 그들 스스로 변화하기를 갈망했다. 좀 더 순수하고 영리해지기 위한 고결한 의도 이외에도 그들은 인류에게 기쁨을 줄 수 있어야 한다고 생각했다. 하지만 아직까지 구체적인 방안이 마련된 것은 아니었다. "우리는 소자산 계급 지식인 조직으로 시작하여 '자강'과 '호조(互助, 상호 부조)'를 추구했다." 당시 학회에 참가했던 리웨이한(李維漢)은 이렇게 회고했다. "회원 대다수는 개혁을 믿고 진보를 열렬히 갈망하는 젊은이들이었다. 그렇다면 그러한 개혁을 어떻게 수행할 것인가? 진보를 어떻게 달성할 것인가? 앞날을 모색하면서 우리는 아직 그 점까지는 생각하지 못했다."[32] 샤오쌴의 말에 따르면, 전체적으로 우리의 계획은 "유학과 칸트 철학의 혼합물이었다."[33] 마오쩌둥의 평가도 기본적으로 같다. "당시 내 마음속에는 자유주의와 민주적 개량주의, 공상적 사회주의 사상이 기묘하게 혼합되어 있었어요. 나는 19세기식 민주주의와 공상적인 사회 개량주의, 그리고 뒤떨어진 자유주의에 대해 다소 막연한 열정을 품고 있었지만, 반(反)군국주의와 반제국주의의 입장만큼은 뚜렷했습니다."[34]

1919년 6월 마오쩌둥은 사범학교를 졸업했다. 딸의 말처럼 그는 기로에 놓였다.[35] 아무 일도 하지 않았으며, 일자리를 찾을 생각도 하지 않았다. 몇몇 친구, 예를 들어 차이허썬 등을 따라 샹장 강의 왼쪽 강변에 정착하여, 그곳에서 함께 일하고 과학의 본질을 파악하기 위해 "동료들과 함께 일하고 함께 공부하는 사회", 즉 일종의 공사(公社, 코뮌)를 조직할 꿈을 꾸고 있었다.[36] 파산 직전에 처했지만 그렇다고 이 문제가 그를 괴롭힌 것은 아니었다. 친구들이 놀렸다. "호주머니에 한 푼도 없으면서 전 세계에만 관심이 있네!"[37] 그는 하루 종일 주변을 돌아다니거나 자연을 만끽하면서 생각에만 몰두했다.

웨루 산정(山頂)에서 바라본 창사는 그야말로 장관이었다. 문묘(文廟)의 황금빛 지붕이 햇살 아래 반짝이고, 여덟 개의 높은 보루가 장엄하게 하늘 위로 솟구쳐 있었다. 그 아래로 샹장 강이 여유롭게 산자락을 따라 흘러가고 있었다. 마오쩌둥은 행복을 느꼈다. 주변에는 그를 영수로 여기는 친구들이 많았다. 몇 년 후인 1925년 시사(詩詞)를 좋아했던 마오쩌둥은 그곳을 다시 방문하여 과거를 회상하며 다음과 같은 시를 썼다.

차가운 겨울 홀로 섰네.
샹장 강이 북쪽으로 흐르는 쥐즈저우(橘子洲) 머리맡.
온 산은 붉은색, 층층 숲마다 붉게 물들고
기나긴 강은 푸른색, 앞다투어 배들 흐르네.
소리개 창공을 치고, 고기 떼 얕은 바닥에서 튀어 오르니
찬 서리 가을인지라 온갖 만물 자유롭기만 하여라.
적막에 서글픈 마음 망망한 대지에 묻노니
이 세상 부침을 주재하는 이 누구신가?

벗들과 손잡고 노닐던 곳, 지난날 돌이켜 보니 다사다난했던 시절이여.
젊은 동학들 출중한 풍채에 뛰어난 재기
서생의 의기로 모든 것 다 물리치고 청운을 꿈꾸었지.

강산(나라)을 걱정하고 격양된 문장을 지어

당대의 만호후(萬戶侯, 군벌)를 똥거름처럼 여겼네.

기억나시는가? 우리, 격류에서 수영하던 때

물보라에 질주하던 배들도 짐짓 멈춰 서던 것을.[38] *

비교적 활동이 뜸하던 시기에 마오쩌둥은 스승인 양창지에게서 젊은 남녀 학생들을 프랑스로 보내 학업과 근로를 함께할 수 있는 기회(근공검학(勤工儉學))를 제공한다는 내용의 편지를 받았다. 그는 차이허썬과 샤오 형제와 여러 친구들에게 소식을 알렸다. 특히 차이허썬과 샤오위가 그 기회를 기쁘게 생각했다. 그들은 오랫동안 외국을 여행하는 꿈을 꾸었으며, 프랑스를 가장 이상적인 목적지로 생각했다. 무엇보다 프랑스가 확고한 혁명 전통을 지닌 민주 국가라는 점 때문이었다. 곧바로 신민학회 회의가 소집되었고, "프랑스에 가서 학습 운동을 하며 이를 도모하기 위해 노력할 필요가 있다."라는 결론에 이르렀다.[39] 참석했던 대다수가 프랑스로 가고 싶다는 의사를 밝혔다.[40] 샤오위는 곧바로 양창지에게 편지를 써서 베이징에 있는 단체에서도 더 많은 인원을 찾아보겠다고 말했다. 일주일 후 답신이 도착했다. 양창지는 베이징 대학 총장 차이위안페이를 이미 만나 근공검학 프로그램에 후난 젊은이들이 참가하는 건에 대해 허락을 받았다고 말했다.[41]

1912년에 처음 시작된 근공검학 프로그램은 프랑스에서 교육을 받은 거의 최초의 중국인인 리스청(李石曾)과 우즈후이(吳稚暉), 두 무정부주의자들이 계획한 것이었다. 그들은 교육과 혁명의 변증법적 관계를 믿고 있는 프랑스 무정부주의자 엘리제 르클뤼(Élisée Reclus)의 추종자이자 중국인 제자들이었다. 나름의 이유를 가지고 그들은 사회의 혁명적 진보는 과학과 교육의 광범위

* 「심원춘(沁園春)·창사(長沙)」. "獨立寒秋, 湘江北去, 橘子洲頭. 看萬山紅遍, 層林盡染, 漫江碧透, 百舸争流. 鷹擊長空, 魚翔淺底, 萬類霜天競自由. 悵寥廓, 問蒼茫大地, 誰主沈浮. 携来百侶曾游, 憶往昔峥嶸歲月稠, 恰同學少年, 風華正茂, 書生意氣, 揮斥方遒. 指點江山, 激揚文字, 糞土當年萬户侯. 曾記否, 到中流擊水, 浪遏飛舟." ── 옮긴이

한 발전이 밑받침되지 않으면 불가능하다고 주장했다. 1905년 리스청과 우즈후이는 프랑스 파리에서 중국 무정부주의자 단체를 결성했으며, 1912년 프랑스에서 값싸게 교육받을 수 있는 방법을 모색하기 위해 '유법검학회(留法儉學會)'를 설립했다. 그들은 참가한 학생들에게 "1년 일하고, 2년 공부한다."라는 원칙에 따라 프랑스 기업에서 일하면서 경비를 벌어 학비에 충당하도록 했다.

학회는 젊은 중국인들을 프랑스로 유학시키고, 그들에게 일자리를 마련해주는 일을 책임졌다. 노동자와 지식인 중에서 '새로운' 남녀를 교육하기 위해 서구 교육 체계의 장점을 이용하자는 것이 핵심적인 생각이었다. 무정부주의자들이 생각하기에 이렇듯 새로운 이들만이 중국을 회생시킬 수 있었다. 1912년과 1913년 그들은 100명의 중국인을 프랑스로 보냈다. 그러나 1913년 '유법검학회'는 어쩔 수 없이 운영을 끝내야만 했다. 위안스카이가 중국 학생들이 프랑스에서 공부하는 것은 말도 안 되는 일이라고 단언했기 때문이다.[42] 하지만 1917년 8월 중국이 제1차 세계 대전에 연합국의 일원으로 참가하면서 근공검학 프로그램이 고비를 넘기고 되살아났다. 중국은 전투에 직접 참가하지는 않았지만 전투에 필요한 참호를 파기 위해 14만 명의 중국인 노동자를 송출하기로 프랑스와 협약을 맺었다.[43] 이를 통해 중국의 무정부주의자들은 다시 활기를 띠기 시작했다.

리스청은 프랑스에 유학하여 근공검학하는 운동을 재가동하기 위해 최선의 노력을 다했다. 그는 베이징 대학 총장 차이위안페이와 프랑스의 유력 인사들을 직접 만나 중국과 프랑스의 문화 협력을 강화하는 한편 프랑스에서 중국인들을 가르치는 교육 체계의 발전을 촉진하기 위해 베이징에 화법교육회(華法教育會)와 유법근공검학회(留法勤工儉學會)를 조직했다. 무정부주의자들은 노동자 운동에 대한 '지식인'의 참여를 촉진하기 위해 중국인 학생들을 유럽으로 끌어모으려고 애썼다. 조직 분회가 베이징과 광저우, 상하이에 세워졌다. 근공검학 운동에 따라 프랑스로 유학하는 학생들을 위한 예비 학교가 1918년과 1919년 초에 베이징, 청두(成都), 충칭(重慶), 바오딩(保定) 등지에 설립되었다. 예비 학교는 열네 살 이상의 학생들을 모집했다.[44]

중국인 학생들이 유럽 교육에 매료된 것은 나름 몇 가지 이유가 있었다. 차이위안페이는 이에 대해 다음과 같이 말했다. 첫째, 중국에 고등 교육 기관이 부족하고, 현재의 교육 수준이 아쉬운 점이 적지 않다. 둘째, 중국에 자질이 뛰어난 교원이 충분하지 않다. 셋째, 중국 교육부와 관련 기구에 도서관, 박물관, 식물원, 동물원 등이 적기 때문에 학생들을 위해 효과적이고 실질적인 연구를 조직하기 위한 자원이 부족하다.[45]

양창지의 편지를 받은 차이허썬은 양창지와 리스청, 차이위안페이를 직접 만나기 위해 베이징으로 떠났다. 6월 30일 그는 마오쩌둥를 포함한 학회 회원들에게 프랑스 유학 가능성을 확신하는 편지를 보냈다. 그리고 친구들에게 서둘러 베이징으로 오라고 말했다.[46]

그러나 마오쩌둥은 집안일을 먼저 돌봐야만 했다. 모친 원치메이가 1916년부터 중병이 들어 고생을 하고 있었기 때문이다. 위궤양으로 오랫동안 힘들어했는데, 나중에는 림프샘염으로 위중한 상태였다. 마오쩌둥은 모친을 극진히 사랑했고, 항상 미안한 마음을 지니고 있었다. 창사에서 공부할 때는 정기적으로 모친을 찾아보곤 했다. 지난 몇 년간 부모는 정확한 이유는 알 수 없으나 사이가 틀어진 상태였다. 소문에 따르면, 부친이 며느리를 첩으로 들인 것을 모친이 도저히 용서할 수 없었기 때문이었다. 다른 이유가 있었을 수도 있다. 마오쩌둥의 부친은 나이가 들수록 성질이 고약해졌기 때문에 모친의 입장에서 도저히 같이 살기 힘들었을 것이다. 결국 짐을 싸서 탕쟈퉈(唐家沱)의 고향 마을에 살고 있는 오빠 집으로 이사했다. 완고한 전통주의자인 마오이창은 유가의 도덕 준칙에 위배되는 아내의 반란을 도저히 참을 수 없었을 것이다.

마오쩌둥은 항상 모친 편이었다. 1918년 8월 초 모친을 만나러 외삼촌 댁으로 갔다. 그는 모친에게 자신과 함께 병원에 가서 진찰을 받아 보자고 권했다. 모친은 사랑하는 아들을 성가시게 하고 싶지 않았던 까닭인지 거절했다. 창사로 돌아온 마오쩌둥은 외삼촌에게 편지를 보내 모친을 자신이 살고 있는 도시로 모시고 싶다고 말했다. 그는 모친이 가을쯤에 동생 마오쩌민과 함께 올 것이라 믿었다. 편지에서 그는 자신이 베이징에 갈 생각이라고 썼다. "그저 구경을 하러 가는 것일 뿐 다른 이유는 없다."라고 하면서 프랑스 유학에 대해서는 아무 말도 하지 않았다.[47] 사실 그는 그저 누구도 속상하게 만들고 싶지 않았다. 그는 친구들과 함께 프랑스 유학을 떠나는 데 대해 전혀 의심하지 않았으며, 장차 다가올 모험을 앞두고 흥분한 상태였다.[48]

8월 15일 마오쩌둥은 창사를 떠나 스물다섯 명의 친구들과 함께 베이징으로 향했다. 그들은 우한까지 작은 배를 타고 간 다음에 기차를 타고 여행을 계속했다. 당시 기차 여행은 거의 1300킬로미터에 달할 정도로 긴 여행이었고, 처음으로 타는 기차이기도 했다.

그들은 황허 강(黃河)이 범람하는 바람에 허난 성(河南省)의 작은 도시인 쉬창(許昌)에서 이틀을 묵었다. 마오쩌둥은 아주 신이 났다. 쉬창은 그가 좋아하는 소설 『삼국지』에 나오는 조비(曹丕)가 세운 중국 고대 위(魏)나라의 수도였다.[49] 마오쩌둥이 제안하여 친구들은 그 오래된 도읍지를 살펴보기로 결정했다. 그들은 성벽 저 너머에 고대 도읍지의 폐허가 있는 것을 발견했다. 당시 마오쩌둥이 얼마나 흥분했는지 충분히 짐작이 가고도 남는다. 그는 세계를 정복하기 위한 도상에 있었으며, 흘러간 시대의 영광으로 가득한 역사적 장소를 방문하는 것은 자연히 상징적인 의미가 있었다. 그것은 마치 고대의 이름난 영웅이 조국의 영광과 권세를 위한 위업을 성취할 것을 자극하는 듯했다.

5

홍루몽

마오쩌둥과 친구들은 1918년 8월 19일 베이징에 도착하여 성문에서 그리 멀지 않은 도시 북쪽에 사는 양창지의 집으로 곧바로 향했다. 양창지는 크게 기뻐하며 마오쩌둥을 포함한 네 명의 제자들에게 편의를 제공해 주었다.[1] 양창지와 부인 샹중시(向仲熙), 스무 살 먹은 아들 양카이즈(楊開智), 이제 막 열일곱 살이 된 딸 양카이후이(楊開慧, 이름을 풀이하면 '지혜를 연다'는 뜻이다.)는 좁고 더러운 골목에 자리한 작은 집에서 살고 있었다.[2] 마오쩌둥은 창사에서 스승인 양창지의 집을 자주 방문했기 때문에 식구들과 이미 안면이 있는 상태였다. 1916년 마오쩌둥은 양창지의 초대를 받아 반창(板倉)에 있는 그의 고향에서 며칠 동안 머문 적이 있었다. 마오쩌둥은 거의 32킬로미터가 넘는 길을 짚신을 신고 걸어갔는데 막상 도착한 곳은 그다지 호감이 가지 않는 벽돌집이었다고 당시를 회상했다.[3] 샤(霞)라는 애칭으로 불리던 양카이후이는 당시 겨우 열다섯 살이었는데(1901년 11월 6일생이다.)[4] 멋쩍은 마오쩌둥은 그녀와 한마디도 나누지 못했다. 심지어 양창지의 아내와도 말을 하지 않았다. 아마도 잘 알지 못하는 여자와 대화를 나누는 것이 적절치 않다고 여겼기 때문일 터였다.

그는 존중의 뜻으로 고개를 숙여 인사만 했다. 하지만 스승과 대화를 나누고자 하는 욕망에 흠뻑 빠져들었다. 특히 방대한 책을 소장하고 있는 스승의 서재가 그를 기쁘게 했다. 그 뒤로도 양카이후이를 여러 차례 만났지만 마오쩌둥은 여자에 관심이 별로 없었기 때문에 어린 여자아이가 젊은 여인으로 변화하는 모습을 전혀 눈치채지 못했던 것이 분명하다.

다시 그녀를 만났을 때 그는 자신의 감정을 억제할 수 없었다. 그 앞에 서 있는 이는 아름다운 입술과 매혹적인 검은 눈을 지닌 젊고 아름다운 처녀였다. 마오쩌둥의 친구들도 깊은 인상을 받기는 마찬가지였다. "그녀는 몸집이 작고 얼굴이 둥글었다. 어딘가 아버지를 닮은 듯했다." 샤오위는 이렇게 회고했다. "(아버지와) 똑같이 그녀는 눈이 움푹 들어가고 작았지만 피부가 아주 희었다."[5] 한편 '샤' 역시 아버지가 가끔 칭찬하던 "지적이고 예의 바른" 사오산 출신의 젊은이에게 사랑의 포로가 되었다. "나는 그의 수많은 성과에 대해 들으면서 이미 그에게 흠뻑 빠져들었다." 그녀는 세월이 흐른 후 이렇게 회상했다. "나는 그를 사랑했지만 내 감정을 드러내 보일 수 없었다. ……나는 누구든 스스로 자신의 사랑을 찾아야 한다고 굳게 믿었다. 그렇지만 희망과 꿈을 버릴 수 없었다. ……설사 무슨 일이 있더라도 결코 다른 사람과 결혼하지는 않겠다고 결심했다."[6]

실망스럽게도 양카이후이와 마오쩌둥의 관계는 그다지 순조롭게 풀리지 않았다. 두 사람의 운명이 뒤섞이기까지 벌써 2년하고도 6개월이라는 세월이 흘렀다. 마오쩌둥은 여전히 부끄러워했고, 독립 생활을 할 만큼 경제적인 여유가 있는 것도 아니었다. 양창지에게 더부살이한다는 것은 자존심이 허락지 않았다. 며칠간 양창지의 집에서 지낸 마오쩌둥과 친구들은 초대해 준 스승에게 감사의 뜻을 전하고 인근에 있는 방 세 개짜리 작은 집으로 거처를 옮겼다.* 그들은 너무 가난해서 아무것도 살 수 없었다.[7] 종이를 바른 큰 창문이 달린 단

---

* 나중에 에드거 스노와 이야기하면서 마오쩌둥은 방이 한 개밖에 없었다고 말했다. 아마도 당시 자신이 얼마나 가난했는지를 강조하기 위해 그렇게 말한 것 같다.

층 목조 건물에는 네 명의 다른 친구들이 이미 자리를 잡고 있었다. 매일 밤 여덟 명의 젊은이들은 벽에서 벽까지 집의 거의 절반을 차지하고 있는 낮고 평평한 온돌바닥에서 끼어 자야만 했다. 중국의 전통적인 가옥은 날씨가 추워지면 온돌에 뜨거운 열기를 집어넣어 난방을 하곤 했다. 뜨거운 공기는 온돌 내부의 빈 공간을 한 바퀴 돌아다닌 후에 집 밖에 있는 작은 구멍(굴뚝)을 통해 배출된다. 하지만 마오쩌둥과 친구들은 땔감을 살 만한 여유가 없었기 때문에 서로 바짝 붙어 자면서 온기를 나누었다. 여덟 명 가운데 솜을 넣은 두툼한 외투를 입은 사람이 한 명밖에 없었기 때문에 추운 겨울 내내 밖에 나갈 때면 번갈아 외투를 빌려 입곤 했다. 넉 달 후에야 비로소 두툼한 외투를 두 벌 더 장만하고, 방 안에 있는 작은 난로로 음식을 해 먹었다.[8]

조그마한 정원이 딸린 작은 집은 베이징의 싼옌징(三眼井) 후퉁(胡同, 좁은 골목)에 있었는데, 베이징 대학에서 아주 가까운 곳이었다. 인근에는 유명한 인공 호수인 베이하이(北海)가 있고, 황제 푸이의 영원한 거주지였던 쯔진청이 자리하고 있었다.

마오쩌둥은 종종 베이징의 먼지 풀풀 나는 거리와 포장되지 않은 골목길을 따라 걸었다. 창사의 거리와 달리 베이징은 상업 중심지가 아니었으며, 상가마다 표지나 광고판이 가득 붙어 있지도 않았다. 하지만 거리마다, 특히 상가가 밀집한 왕푸징(王府井)은 인파로 가득했다. 베이징에는 창사보다 다섯 배나 많은 100만 명의 사람들이 살고 있었다.[9] 수많은 인력거가 빠른 속도로 달리고, 거리는 물론이고 골목까지 사람들로 넘쳐 났다.[10] 열여섯 살부터 쉰 살까지 베이징 사람들의 6분의 1이 인력거로 생계를 유지했다. 대부분이 인력거를 임대했는데, 그중에서 솜씨 좋은 인력거꾼은 인력거를 빌리는 값을 제외하고 매달 은냥으로 15위안 정도 벌었다. 당시 베이징 대학 도서관 사서의 월급이 8위안이었으니 상당한 수입이었다.[11]

인력거꾼은 아직 자동차가 흔치 않던 시절에 넓은 거리를 따라 달리면서 경쾌한 경적 소리를 울리곤 했다. 한편 마부들은 털이 텁수룩한 몽골 말을 끌면서 행인들에게 길을 비켜 달라고 소리를 쳤다. 빈 인력거를 끄는 인력거꾼들은 "선생님! 부인!" 하고 시끄럽게 소리치며 호객을 했다. 그 소리는 견디기 힘들 정도로 커서, 그 소음이 베이징을 찾은 여행객들의 귀를 먹먹하게 했다. 가끔씩 멀리 몽골 초원에서 베이징까지 이르는 낙타 상대(商隊)를 볼 수 있었다. 그들이 나타나면 거리는 더욱 혼란스러워졌다.[12]

그렇기는 하지만 도시는 놀라우리만치 좋은 인상을 주었다. 웅장한 건축물과 독특한 건축 양식의 궁전과 사원이 마치 공원처럼 조화롭게 자리 잡아 사람들에게 큰 기쁨을 선사했다. 마오쩌둥 역시 수도 베이징의 풍부한 시적 정취에 흠뻑 빠졌다. "공원과 오래된 궁전에서 나는 북쪽의 이른 봄을 보았다." "나는 아직 얼음이 녹지 않은 베이하이에서 하얀 매화꽃을 보았다. ……베이징의 수없이 많은 나무를 바라보며 나는 호기심과 감탄이 절로 났다."[13]

베이징은 중국의 오래된 도시 가운데 하나다. 4000년에서 5000년 전 생겨난 이 도시는 전설에 나오는 황제(黃帝) 시절 유도(幽都)라고 불렸다.* 북방의 수도라는 뜻에서 베이징이라고 부르기 시작한 것은 1421년 남쪽의 수도를 뜻하는 난징에서 베이징으로 천도한 때부터다. 영락제의 명에 따라 690헥타르의 광활한 평지의 한중간에 웅장한 건축물이 새롭게 건설되었다. 당시 공식 명칭은 쯔진청이었다. 영락제는 베이징의 쯔진청 남쪽에 아름다운 천단(天壇)을 세워 황제가 선조들에게(상제에게) 제사를 지내는 곳으로 삼았다.

1644년 원나라 몽골족이 베이징을 차지했을 때 도시 외곽 서북쪽에 우아한 여름 궁전(離宮)을 만들었다. 340헥타르의 광활한 공원에 자리하고 있는 이 궁은 '완벽한 아름다움'을 뜻하는 원명원(圓明園)이란 이름이 붙었다. 그러나 아쉽게도 1860년 제2차 아편 전쟁 때 '문명화'된 영국과 프랑스 연합군이 베이징을 침략하면서 야만적인 약탈과 방화를 자행했다. 그 당시 조정의 대권을 좌지우지하던 서태후는 폐허로 변한 원명원을 복구하는 대신에 인근의 또 다른 공원에 이화원(頤和園)이라는 웅장하고 호화스러운 여름 별장을 지을 것을 명

---

* 저자가 어떤 근거에서 이런 말을 했는지 알 수 없다. 다만 『상서(尙書)』 「효전(舜典)」에 따르면, 고대 구주(九州) 가운데 하나인 유주(幽州)가 지금의 베이징 일대였다고 한다. ―옮긴이

령했다.

　불행하게도 당시 마오쩌둥은 이화원을 즐길 수 없었다. 베이징의 돈 많은 부자들조차 황제의 궁전을 참관할 수 없을 정도로 입장료가 비쌌기 때문이다. 그러나 마오쩌둥은 전혀 의기소침하지 않았다. 처음으로 베이징을 방문했다는 것만으로도 충분했기 때문이다.

　20세기 초 베이징은 중국의 문화 중심지이자 지식인들의 중심지이기도 했다. 1898년 광서제가 「명정국시조(明定國是詔)」를 반포하고 무술변법(戊戌變法)을 시행하면서 조서에서 처음으로 경사대학당(京師大學堂)을 언급했는데, 그해 7월 량치차오가 「주의경사대학당장정(奏擬京師大學堂章程)」을 만들면서 정식으로 경사대학당이 창립되었다. 그리고 1911년 신해혁명 이후 베이징 대학이라고 이름을 바꾸었다. 사람들은 보통 '베이다(北大)'라고 불렀다. 1916년 가을, 진보적인 인물인 차이위안페이가 총장으로 임명된 후 '신문화 운동'이 베이징 대학을 포함한 전국의 여러 교육 기관과 학술 기구에서 펼쳐지기 시작했다. 운동의 발기인은 전통적인 신앙 숭배 대신에 이성 숭배를 주장했던 18세기 프랑스 철학자들처럼 중국에서 전통 대신 이성을 강조했다. 이른바 계몽 운동이 마침내 중국에 상륙한 것이다. 베이징 대학은 이 운동의 보루가 되었다. 신문화 운동은 중국의 경제적, 정치적, 사회적 위기를 타파하기 위한 새로운 이론적 접근법을 찾으려는 새로운 중국의 지식인들에게 영감을 주고자 했다.

　운동의 대변지 역할은 《신청년》이 맡았다. 마오쩌둥이 1917년 4월 체육 문화에 관한 논문을 기고했던 바로 그 잡지였다. 당시 편집장은 베이징 대학 문학원장을 맡고 있던 천두슈(陳獨秀)였다. 《신청년》은 새로운 문화 운동을 발기하면서 전통적인 유가 사상을 공격 목표로 삼았으며, 민주주의와 인도주의, 최신 과학 이론 등 서구 사상을 전파하는 가장 영향력 있는 매체 가운데 하나가 되었다. 유가의 도덕에 반대하고 서구 개인주의와 자유주의를 널리 알리는 데 역점을 두었으며, 아울러 사회의 정신적 개조를 위한 분명한 메시지를 전달했다. 또한 너무 어려워 중국의 일반 대중이 쉽게 읽거나 배울 수 없는 중국의 전통적인 문언 대신에 백화(白話, 보통화)를 보급하는 데 중요한 역할을 맡았다.

《신청년》과 차이위안페이가 대변하고 있는 이상(理想)은 자연스럽게 청년 마오쩌둥의 마음에 절실하게 다가왔다. 그는 차이위안페이를 비롯한 베이징 대학의 교수 리다자오(李大釗)와 후스(胡適), 그 밖의 여러 대중 운동 지도자들을 존경했으며, 특히 천두슈를 숭배했다. 베이징 대학, 좀 더 정확하게 말해서 사탄(沙灘)에 새롭게 지은 대학 본부 건물은 당시 마오쩌둥이 살던 곳에서 15분 정도 거리에 있었다. 4층 반짜리 큰 건물은 마치 자석처럼 마오쩌둥을 매료시켰다. 2층 위로 검붉은 벽돌이 뒤덮여 있었기 때문에 당시 교수나 학생들이 18세기 청대 소설가 조설근(曹雪芹)의 유명한 소설 『홍루몽(紅樓夢)』의 느낌을 준다고 하여 홍루몽이라 불렀는데, 마오쩌둥도 이미 그 사실을 알고 있었다.

양창지가 베이징 대학에 자리를 마련해 주었을 때 마오쩌둥은 몹시 기뻐했을 것이 틀림없다. 양창지는 당시 베이징 대학 도서관 주임이자 경제학과 교수였던 리다자오에게 마오쩌둥을 추천하는 편지를 보냈다.

마오쩌둥과 마찬가지로 리다자오 역시 부유한 농촌 집안 출신으로 마오쩌둥보다 네 살이 위였다. 그는 1889년 10월 29일 베이징에서 그다지 멀지 않은 러딩 현(樂亭縣) 다헤이퉈춘(大黑坨村)에서 태어났다. 고향 사숙(私塾)에서 마오쩌둥과 마찬가지로 유가 경전을 공부한 그는 1907년 베이징 인근의 대규모 상업 도시 톈진에 있는 북양(北洋) 법정전문학교에 입학했다. 1911년 혁명 전야에 이미 정치 사회 활동에 열심이었으며, 1913년 스물네 살에 애국 시와 문장을 발표하여 사려 깊은 지식인들의 주목을 끌었다. 1913년 졸업과 동시에 외국으로 나가 계속 공부하기를 원했던 그는 일본 도쿄에 있는 유명한 와세다(早稻田) 대학에 입학했다. 1916년 귀국한 그는 그 즉시 신문화 운동에 참여했다. 1917년 베이징 대학에 초빙되어 경제학과 교수가 되었으며, 1918년 도서관 주임을 맡았다. 얼마 후 천두슈의 제안을 받아들여 잡지 《신청년》의 편집진에 참여했다.[14] 1918년 12월 말 천두슈와 함께 《신청년》보다 좀 더 예리한 시각으로 정치 문제를 논의하는 또 다른 잡지 《매주 평론(每週評論)》을 창간했다.

리다자오는 키가 크고, 항상 만면에 웃음을 띠고, 둥근 금테 안경에 긴 수염이 잘 어울리는 다정다감한 사람이었다.[15] 매사에 정확하고, 우아하게 옷을 입었으며, 다른 대부분의 베이징 대학 교수들과 달리 가끔씩 빳빳하게 풀을 먹인 흰색 셔츠에 양복을 입고 넥타이를 매는 것을 좋아했다. 그래서 누구보다 사람들의 주목을 끌었다.

리다자오는 마오쩌둥에게 도서관 사서보 월급으로 8위안을 주겠다고 제안했다.[16] 많은 봉급은 아니었지만 마오쩌둥은 물질적인 문제로 걱정하지 않았다. 그는 기쁜 마음으로 제안을 받아들였으며, 인생에서 처음으로 자신만의 책상을 가지게 되었다. 나중에 그는 친척들에게 자신이 베이징 대학에서 근무한다고 자랑스럽게 이야기했다.[17]

리다자오는 천두슈나 차이위안페이보다 훨씬 많은 책을 읽었다. 특히 당대 서구 철학이나 정치와 경제 분야의 경우는 더욱 그랬다. 그는 마르크스주의의 새로운 교의가 과연 중국에서 어떤 의미가 있는가에 대해 진지하게 관심을 보인 첫 번째 사람이다. 이미 19세기 말에 마르크스 사회주의에 관한 소식이 전해지기는 했지만 리다자오 이전까지 중국에서 마르크스에 대해 정확하게 아는 이가 거의 없었다고 해도 과언이 아니다. 1903년 『공산당 선언(*The Communist Manifesto*)』에서 발췌한 일부 내용이 일본인 후쿠다 준조(福田準造)가 중국에서 발간한 《근세 사회주의(近世社會主義)》라는 잡지에 인용문 형태로 처음 실렸다.* 1908년 중국의 무정부주의자**들이 프리드리히 엥겔스의 1888년 영문판 서문의 번역문을 사회주의 강습회*** 기관지인 《천의보(天義報)》에 게재했다. 이것이 중국에서 완전한 형태로 출판된 마르크스주의 창시자의

---

* 현재 중국 관방의 의견에 따르면, 쑨중산이 영국 유학 시절 대영 박물관에서 『공산당 선언』을 비롯한 마르크스주의 논저를 처음 접했으며, 1899년 3월 상하이 《만국공보(萬國公報)》에 실린 영국 사회학자 벤저민 키드(Benjamin Kidd)의 『사회의 진화(*Social Revolution*)』(중국 서명 '대동학(大同學)')라는 글에 처음으로 『공산당 선언』의 일부 내용이 언급되었다고 한다. 이후 1905년 주즈신(朱執信)이 동맹회 기관지 《민보》 제2호에 「독일 사회 혁명가 소전(德意志社會革命家小傳)」을 실으면서 마르크스와 엥겔스의 생명과 학설에 대해 소개하고 처음으로 『공산당 선언』의 집필 배경과 역사적 의의에 대해 밝혔으며, 아울러 일문과 영문을 참고하여 제2장 10대 강령 전문을 번역하여 게재했다고 한다. 1908년 류스페이(劉師培)가 선수(申叔)라는 필명으로 《천의보》에 「공산당 선언 서문」을 발표했다. ─ 옮긴이

** 류스페이를 말한다. ─ 옮긴이

*** 류스페이가 창립한 단체로 무정부주의와 사회주의 이론을 선전했다. ─ 옮긴이

첫 번째 작품이다. 당시 중국 지식인 대다수는 과연 마르크스주의의 실체가 무엇인지 정확하게 알지 못했으며, 마르크스가 주장하는 사회주의를 그 밖의 다른 사회주의 교의와 제대로 구분하지도 못했다.[18] 마오쩌둥 역시 1945년 4월 이렇게 이야기한 바 있다.

> 일부 해외에서 유학한 학생들을 제외하고 중국에서 마르크스주의를 제대로 이해하고 있는 이들은 거의 없었다. 나 자신도 마르크스라는 사람이 있었다는 사실조차 모르고 있었다. ……당시 우리는…… 제국주의나 무슨 마르크스주의라는 것이 세상에 존재한다는 사실에 대해 전혀 몰랐다. ……예전에 량치차오나 주즈신 등이 마르크스주의에 대해 언급한 적이 있었다고 한다. 그들은 잡지에서 엥겔스의 『공상에서 과학으로』를 번역한 사람도 있었다고 했다. 일반적으로 말해 당시 나는 그런 책을 보지 못했다. 만약 내가 보았다 할지라도 그저 대충대충 훑어보고 그다지 관심을 보이지 않았을 것이다.[19]

리다자오는 중국에서 마르크스주의에 대해 처음으로 관심을 보였을뿐더러 볼셰비키의 경험이 지닌 세계적인 중요성에 대해 주목한 첫 번째 인물이다. 1918년 그는 볼셰비키의 입장에서 대대적으로 러시아 공산주의를 선전하기 시작했다. 1918년 7월 그는 「프랑스와 러시아 혁명 비교(法俄革命之比较观)」라는 글에서 이렇게 말했다.

> 러시아 혁명은 단지 러시아인들만이 아니라 20세기 전체 인류의 보편적인 심리 변화를 분명하게 보여 주고 있다. ……우리는 러시아의 금일의 사변(事變, 러시아 혁명)을 세계의 새로운 문명의 서광으로 고개를 들어 영접하고, 자유와 인도주의를 바탕으로 한 새로운 러시아의 소식에 귀를 기울여야 한다. 그렇게 함으로써 우리는 이 세계의 새로운 조류에 적응할 수 있을 것이며, 목전의 일시적인 혼란 상태로 인해 헛되이 비관에 빠지지 않을 수 있을 것이다.[20]

이러한 꿈이 바로 '홍루몽'의 정적 속에서 잉태되고 있었던 것이다.

얼마 후 마오쩌둥은 도서관 사서로 정식 채용되었으며, 리다자오를 통해 볼셰비키 사상의 기본적인 내용을 알게 되었다. "세상에 자본가는 극히 소수이지만 노동자는 압도적으로 다수를 차지하고 있다. ……일하지 않고 다른 이들이 만든 음식만 먹는 자는 강도다." 그렇기 때문에 우리는 반드시 "불공평"을 종식시켜야 한다. 리다자오는 계속해서 이렇게 주장했다. "우리는 이런 조류(러시아 혁명으로 야기된 새로운 흐름)를 이용하여 모든 이에게 강도가 아니라 노동자가 될 수 있는 기회를 주어야 한다." 그렇다면 어떻게 해야 하는가? 러시아 공산주의자들이 시작한 세계 사회주의 혁명의 길을 통할 수밖에 없다. 그는 볼셰비키에 대해 이렇게 설명했다.

그들은 독일의 경제학자이자 사회주의자인 마르크스를 종지로 받들고 있다. 그들의 목적은 현재 사회주의의 장애가 되는 국가의 경계를 타파하는 것이자 자본가의 이익 독점을 야기하는 제도를 깨부수는 것이다. ……볼셰비키는 자신들의 전쟁은 계급 전쟁(계급 투쟁)이며, 전 세계 무산 서민(프롤레타리아)의 세계 자본가(부르주아지)에 대한 투쟁이라고 생각한다. ……그들은 세계의 무산 서민들이 연합하여 자신들이 지닌 막강한 저항력으로 자유로운 향토를 창조하고자 하는데, 이를 위해 먼저 유럽 연방 민주국을 건설하여 세계 연방의 토대로 삼고자 한다. ……이는 20세기 세계 혁명의 새로운 신조다.

새로운 신조에 심취한 리다자오는 이렇게 썼다.

트로츠키는 러시아 혁명의 도화선으로 세계 혁명의 불을 붙이자고 생각했다고 이해할 수 있다. ……수많은 대중 혁명이 연이어 폭발할 것이다. ……이것은 모두 러시아를 모델로 한 혁명이자 20세기 혁명이다. ……인문주의의 경종이 이미 울렸다. 자유의 서광이 이미 도래했다. 미래의 세계는 홍기(red flag)의 세계다. ……러시아 혁명은…… 지구의 변화를 예시하고 있다. ……볼셰비키의 승리는

20세기 인류의 보편적인 각성에 기반을 둔 새로운 정신의 승리다.[21]

리다자오는 실제적인 정치 활동에 자신의 조력자를 끌어들이고자 했다. 그는 마오쩌둥을 소년중국학회(少年中國學會)라는 애국 단체의 조직준비위원회 모임에 초대했다. 단체의 목적은 신민학회(인민개조연구학회)와 일치했다. 1918년 11월 마오쩌둥은 리다자오가 베이징 대학에서 마르크스주의 연구를 위해 창립한 또 다른 모임(마르크스주의연구학회)에도 참가했다.[22]

물론 리다자오와 만나기 전에 이미 마오쩌둥은 중국의 지방 신문이나 전국에 배포되는 중앙 일간지 등에서 러시아 혁명에 관한 기사를 접한 적이 있었다. 1917년 11월 17일 창사 《대공보(大公報)》는 러시아에서 일어난 사건을 기사화했는데, 마오쩌둥은 이를 통해 당시 볼셰비키의 지도자 이름을 알았을 것이다.[23] 1917년 11월 제2차 소비에트 전국대회에서 트로츠키와 레닌이 행한 연설의 요약문이 당시 《민국시보(民國時報)》와 《사실신보(事實新報)》에 게재되었고, 마오쩌둥은 분명 이를 읽었을 것이다. 당시 기사에는 세계 대전을 당장 중지하고 농부들에게 토지를 분배하고 경제 위기를 종식시켜야 한다는 레닌의 제안이 실려 있었다. 1918년 레닌과 트로츠키, 볼셰비키에 관한 정보와 러시아의 10월 혁명에 관한 기사가 중국 일간지에 종종 등장하여 상당한 관심을 야기하고 있었다. 하지만 마오쩌둥은 이러한 것들이 "새로운 시대의 여명"이라는 사실을 전혀 생각할 수 없었다.[24] 리다자오가 말한 내용은 마오쩌둥에게 모두 새로웠다. 그는 이제까지의 교육이 충분하지 않았다는 생각이 들었다. 그래서 베이징 대학에서 강의를 듣기로 결심했다.

1919년 초 마오쩌둥은 강의를 듣기 위해 철학회와 신문학회(新文學會), 신문학연구회(新聞學硏究會) 등 세 개의 학회에 참가했다.[25] 나중에 그는 베이징 신문편역사(北京新聞編譯社)와 베이징의 일간지 《경보(京報)》를 창간한 저널리스트이자 신문사 사주인 사오퍄오핑(邵飄萍)과 알게 된다. 이는 대단히 유용한 만남이었다. 사오퍄오핑은 마오쩌둥을 진정한 저널리즘의 세계로 인도했다. 소년중국학회 모임에서 마오쩌둥은 베이징 대학 문학과 학생인 덩캉(鄧康)

에게 마음이 끌렸다. 키가 크고 말랐으며, 부드러운 미소와 장난기 어린 눈빛을 지닌 그는 중국 전통 복장을 하고 있었는데, 유난히 긴 목이 돋보였다. 마오쩌둥이 특히 관심을 보인 것은 후난 말투 때문이었을지도 모른다. 아무튼 그들 두 사람은 또래 젊은이였으며, 기본적으로 같은 생각을 지니고 있었기 때문에 곧 친구가 될 수 있었다. 마오쩌둥의 오랜 친구 차이허썬과 마찬가지로 덩캉 역시 마오쩌둥의 삶에서 중요한 역할을 차지하게 되는데, 나중에 덩중샤로 개명한 그는 중국에서 처음으로 노동자 운동을 조직화한 인물이자 중국공산당의 중요 영도자 가운데 한 명이 되었다.

하지만 그에게 "영향을 준" 사람은, 마오쩌둥의 말에 따르면, 여전히 "그 누구보다도" 천두슈였다.[26] 1936년 마오쩌둥은 잘 모르는 미국인 기자 에드거 스노에게 그렇게 고백하면서 전혀 부끄러워하지 않았다. 비록 당시 천두슈가 상당히 곡절 많은 인생 역정을 거치면서 중국의 트로츠키파로 변질했음에도 불구하고, 스탈린이 국제공산주의운동을 이끌면서 거의 편집광적으로 반트로츠키 운동을 가열차게 펼치고 있었지만, 마오쩌둥은 그런 고백을 할 정도로 진정 천두슈를 존경했던 것이다.

천두슈의 사람됨은 다른 이들에게 일종의 최면술과 같았다. 일찍이 1917년 마오쩌둥과 친구들은 사범학교 재학 시절 천두슈가 러시아 작가 톨스토이 못지않다고 하면서, 톨스토이와 마찬가지로 그 역시 자신의 개인 인생뿐 아니라 저작을 통해 "다른 사람들이 뭐라고 말하든지 간에 진리를 추구하고 진리 안에서 살았던" 인물이라고 논한 적이 있다.[27] 사실 천두슈는 1879년 10월 8일에 태어났으니 1918년 겨우 서른아홉 살로 상당히 젊은 나이였지만 당시 애국 청년들에게 대단한 존경을 받고 있었다.

안후이 성(安徽省) 화이닝(懷寧, 지금의 안칭(安慶))에서 태어난 천두슈는 어린 시절 전통적인 유가 교육을 받았다. 1900년에서 1902년까지 그는 중국과 일본에서 현대적인 교육 기관을 통해 서양 과학에 관한 약간의 지식을 얻었다. 1903년 봄 귀국한 후에는 상하이와 안후이에서 진보적인 신문과 잡지 창간에 간여하면서 격렬한 혁명 운동에 빠져들었다. 1915년 9월 중순 상하이 국제 조계지에서 잡지《청년》을 창간한 이가 바로 천두슈였다. 1년 후 그 잡지는《신청년》으로 이름을 바꾸었다. 천두슈는 1916년 11월 말 베이징 대학에 초빙되었으며, 얼마 후 문과대 학장에 임명되었다.[28]

리다자오와 마찬가지로 천두슈 역시 양복 입기를 즐겼다. 회색 정장과 바짝 풀 먹인 와이셔츠, 그리고 넥타이는 마치 비즈니스 스쿨의 미국인 교수처럼 보였다. 하지만 외양과 달리 교제에 능하고, 달변에다가 재치까지 넘쳤다. 때로 논쟁하면서 독단적인 경우도 있었지만 그렇다고 다른 이를 무시하지는 않았다. 천두슈와 리다자오는 나이 차이가 있음에도 불구하고 친구가 되었으며, 특히 천두슈는 젊은 동료를 상당히 존경했다.

천두슈는 정식 학생이 아닌 마오쩌둥을 리다자오를 대할 때와 마찬가지로 차별 없이 대했다. 마오쩌둥은 그의 마력에 빠져들지 않을 수 없었다. 몇 개월 후 그는 이렇게 썼다. "우리는 천두슈 선생을 사상계에서 환하게 빛나는 별과 같다고 여겼다. 천 선생이 말씀하실 때면 이성적인 사람은 누구나 그의 의견에 동의했다."[29] 다만 리다자오와 달리 천두슈는 아직 볼셰비키나 마르크스주의 지지자가 아니었다.《신청년》독자의 질문에 답하면서 그는 중국처럼 산업이 거의 발전하지 않은 나라에서 사회주의에 대해 언급한다는 것은 아무런 의미가 없다고 말했다.[30] 그는 지속적으로 개인의 자유와 민주주의, 그리고 인문주의를 적극 옹호했다.

천두슈의 사상적 입장은 마오쩌둥에게 많은 의미가 있었다. 도서관 사서로서 도서관장인 리다자오를 존경한 것은 분명했으나 또한 천두슈를 절대적으로 신임했다. 그렇기 때문에 여전히 볼셰비즘에 대해 회의적이었다. 공산주의의 다양한 조류 가운데 마오쩌둥은 무정부주의에 관심이 많았다. 무정부주의가 개인주의를 강조했기 때문이기는 하나 이보다는 천두슈와 리다자오가 무정부주의 사상에 상당히 동정적이었기 때문이다.[31]

1916년부터 1920년까지 중국에서 무정부주의가 크게 유행했으며, 베이징 대학도 예외는 아니었다. 무정부주의는 중국에서 수많은 추종자를 배출한 최초의 서구 사회 사상이다. 중국의 무정부주의자들은 다른 이들과 달리 노동자의 생활에 관심을 쏟았으며, 처음으로 노동조합을 조직하기 시작했다. 중국의 무정부주의자들은 각기 다양한 학설을 지지하고 있었는데, 표트르 크로폿킨(Pyotr Kropotkin)의 상호 부조, 미하일 바쿠닌(Mikhail Bakunin)의 자발적 혁명, 피에르 프루동(Pierre Proudhon)의 무정부주의 노동조합 운동, 그리고 주로 일본의 무정부주의자들이 주장하는 이념, 즉 외딴 산이나 숲속에서 자급자족이 가능한 새로운 정착지를 건설하여 사회를 중건한다는 것 등이 바로 그것이다. 그들 중에서 크로폿킨이 가장 큰 영향력을 발휘했다. 그는 사람들의 자유로운 자체 조직에 기반을 둔 연합 형식의 공산주의 사회를 조직하여 집중화하는 방식으로 국가와 사회를 개조할 것을 주장했다. 중국의 무정부주의자들은 일반적으로 다양한 유형의 무정부주의 사상을 한데 섞어 무엇보다 절대적인 개인의 자유를 추구했다. 그들은 이에 대해 당대 사회와 완전한 단절을 의미한다고 생각했다.

마오쩌둥은 베이징 대학 도서관에서 무정부주의에 관한 상당한 양의 저작을 발견했다. 이를 통해 수많은 무정부주의자들을 알게 되었으며, 또한 매료되었다.[32] 마침내 그는 당시 무정부주의자들이 주도하던 "프랑스 근공검학 운동"에 참여하기 위해 베이징으로 왔다. 베이징 생활을 회고하면서 마오쩌둥은 이렇게 말했다. "정치에 대한 관심이 날로 증가했으며, 내 생각 역시 점차 급진적으로 변하기 시작했다. ……당시 나는 여전히 혼란 속에서 길을 찾고 있었다. ……나는 무정부주의에 관한 소책자를 읽으며 영향을 받았다. 가끔 나를 찾아오던 추쉰페이(주첸즈(朱謙之))라는 학생과 무정부주의에 대해, 그리고 중국에서 무정부주의의 가능성에 대해 토론하곤 했다. 당시 나는 무정부주의의 여러 가지 제안에 대해 흥미를 느끼고 있었다."[33] 특히 마오쩌둥은 크로폿킨에게서 많은 영향을 받았다. 확실히 마오쩌둥의 꿈은 리다자오보다 덜 공상적이었다.

신민학회 회원들 가운데 오직 마오쩌둥만 베이징 대학에서 일자리를 얻었다. 나머지 대다수는 비정기적인 수입으로 연명해야 했다. 그들은 프랑스 유학 후보자 선발에 대비하기 위해 다양한 교육 기관에서 예비반에 등록하여 공부했다. 그들 가운데 몇몇은 베이징 대학 부속 중학교에 등록했으며, 베이징에서 남서쪽으로 160킬로미터 떨어진 바오딩에 있는 학교에 등록한 이들도 있었다. 차이허썬은 바오딩 남쪽에 있는 학교에서 공부했다. 그들 젊은 남녀 이외에 두 명의 나이 든 이도 진지하게 프랑스 유학을 준비하고 있었는데, 그들 가운데 한 명은 이미 앞서 언급한 바 있는 창사 제1사범학교의 교사 쉬터리이며, 다른 한 명은 일반적으로 꺼란잉(葛蘭英)이라고 알려져 있는, 차이허썬의 모친 꺼젠하오(葛健豪)다. 주된 교과목은 프랑스어였다. 근공검학에 선발되기 위해서는 먼저 시험에 통과해야만 했는데, 시험은 구두로 실시되었으며, 그다음 신체검사가 있었다.[34]

베이징에서 자신의 상황(처지)을 잘 알고 있었기 때문에 마오쩌둥은 프랑스 파리로 가겠다는 생각을 바꾸었다. 과연 무슨 생각을 했을까? 에드거 스노와 대화하면서 그는 이렇게 말했다. "비록 내가 프랑스 유학생회를 조직하는 데 도움을 주기도 했지만…… 나는 유럽행을 원치 않았다. 나는 내 나라에 대해 충분히 알지 못하고 있었다. 그래서 중국에서 더 많은 시간을 보내는 것이 훨씬 이익이 된다고 믿었다."[35] 그렇다면 왜 베이징에 가려고 했던가? 왜 도서관에서 일하기 시작했는가? 마오쩌둥의 진술은 상당히 의심적다. 잠시 과거로 돌아가 처음 양창지에게 프랑스 유학에 관한 이야기를 들었을 때 마오쩌둥이 얼마나 기뻐했는가를 생각해 보자. 분명 마오쩌둥이 프랑스행을 원치 않았던 또 다른 이유가 있을 것 같다. 물론 당시 그에게 충분한 돈이 있을 리 만무였다. 하지만 필요하다면 누군가에게 손을 내밀 수는 있었다. 적어도 양창지는 자신이 아끼는 제자에게 필요한 경비를 빌려줄 수 있었을 것이다. 그러니 여행 경비는 문제가 되지 않는다. 게다가 마오쩌둥의 친구들도 돈이 없기는 마찬가지였고, 결국 프랑스 여행 경비는 기부금으로 충당되었다.[36] 문제는 다른 데 있었다. 선천적으로 언어 능력이 부족했던 그는 프랑스어 시험을 통과할 수 없었다. 사범대학 시절 그는 아침마다 암기식으로 영어를 공부했다.[37] 하지만 결과적으로 아무런 효과가 없었다. 그렇다면 프랑스어와 무슨 차이점이 있겠는가? 설사 프랑스 유학생으로 선발되었다고 할지라도 외국에서 자신감을 느낄 수 없었을 것이다. 그는 결코 이류에 머물 사람이 아니었다.

그가 프랑스 유학을 포기한 가장 큰 이유는 자존심 때문이었다. 자존심이 강하고 오만할 정도로 개성이 넘친 마오쩌둥은 결코 자신이 다른 이들보다 못하다는 느낌을 받고 싶지 않았다. 특히 당시 엘리트들이 모여 있는 베이징에서 그는 항상 마음이 편하지 않았을 것이다.

물론 리다자오나 천두슈, 사오퍄오핑 등이 잘 대해 주기는 했지만, 설사 그렇다 할지라도 교육을 거의 받지 못한 지방 촌놈같이 생각이 드는 것은 어쩔 수 없었다. 그는 리다자오와 나이 차이가 거의 없었지만 그들 사이에는 건널 수 없는 거대한 간극이 존재했다. 베이징 대학에 머물던 5개월 동안 그는 끊임없이 굴욕을 당하는 느낌이었다. 하지만 창사에서 그는 누구보다 뛰어난 학생이었으며, 공인된 리더였다. "내 임무 가운데 하나는 신문을 읽으러 오는 학생들의 이름을 기록하는 것이었다." 마오쩌둥의 회고다. "하지만 그들 대다수에게 나는 중요한 인물이 아니었다. ……그들에게 정치나 문화를 화젯거리로 대화를 건네기도 했지만 모두 바쁜 사람들이었다. 그들은 일개 사서가 남방 사투리로 하는 말을 들을 시간이 없었던 것이다."[38]

흔히 그렇듯이 그들은 사회적으로나 정치적으로 성공의 문턱에 이르렀기 때문에 오만한 모습을 숨기지 않는 젊은이들이었다. 푸스녠(傅斯年)과 뤄자룬(羅家倫) 등 베이징 대학 학생회 간부들에게 후난에서 올라온 도서관 사서가 눈에 들어올 리 없었다. 이미 저명한 철학 교수로 명성을 떨치고 있던 후스의 경우 사실 마오쩌둥보다 두 살밖에 많지 않았으나 마찬가지로 마오쩌둥이라는 존재에 대해 전혀 관심을 보이지 않았다.[39] 마오쩌둥은 신문학연구회 모임에서 천궁보(陳公博)와 탄핑산(譚平山)을 알게 되었는데, 얼마 지나지 않아 중국 공산당 창립에 중요한 역할을 하게 되는 그들 역시 마오쩌둥을 전혀 주목하지 않았다. 1919년 초 애국적인 활동을 통해 베이징 대학 학생들 사이에서 유명해진 장궈타오 역시 마오쩌둥에게 전혀 관심이 없었다. 1950년대와 1960년대에 쓴 자서전에서 장궈타오는 마오쩌둥을 처음 만난 때조차 기억하지 못했으나 마오쩌둥은 아주 분명하게 기억하고 있었을뿐더러 장궈타오가 자신을

무시했다는 것도 잊지 않고 있었다.[40]

1919년 1월 샤오위가 제일 먼저 프랑스로 떠났고, 나머지 후난 친구들은 그해 3월 여행을 준비하느라 바빴다. 바로 그때 마오쩌둥은 모친의 건강이 크게 악화되었다는 소식을 전해 들었다. 그의 말에 따르면, 그는 "서둘러 어머니를 돌보기 위해 고향으로 돌아가야만 했다."[41] 그런데 이상하게 서둘렀다는 느낌이 든다. 그는 3월 12일 베이징을 떠났지만 4월 6일에도 아직 창사에 도착하지 않았다. 대신에 4월 28일 숙부에게 자신이 돌아가는 중이라는 편지를 보냈다. 그때까지 그는 여러 가지를 생각하고 있었지만 특히 사랑하는 병든 모친에 대한 생각이 절절했을 것이다. 그는 프랑스로 떠나는 학생들과 함께 처음으로 상하이에 갔다. 그리고 그곳에서 20일 동안 머물렀다. "저는 그곳에서 업무로 인해 꼼짝달싹하지 못했습니다." 마오쩌둥은 숙부에게 이렇게 설명했다.[42] 그렇다면 무슨 업무였을까? 그 업무란 사랑하는 친구들의 프랑스 유학을 기다려 배웅하는 것일 뿐이었다. 그러는 동안에도 모친의 병은 날로 심각해졌다. 효자에게는 아무래도 이상한 행동이 아닐 수 없었다.

그는 왜 갑자기 이처럼 냉담해졌을까? 수도 베이징에서 마오쩌둥이 견뎌야만 했던 모욕을 생각해 본다면 능히 이해할 수 있는 대목이다. 심리적으로 그는 떠나는 친구들을 배웅하기 위해 그들과 함께 상하이로 갈 필요가 있었다. 더군다나 총간사를 맡고 있던 샤오위가 이미 출발한 상태였기 때문에 마오쩌둥이 앞장서서 지금까지 중요한 정치적 활동을 함께해 온 단체 회원들을 배웅해야만 했다. 그는 다시금 중요한 인물이나 지도자, 정치 활동가가 되고 싶다는 생각이 들었다. 그는 열정적으로 명예와 권력을 갈망했다. 하지만 또한 죄의식에 시달렸을 것이다. 이것이 바로 에드거 스노와 인터뷰를 하면서 모친이 자신이 베이징으로 떠나기 전인 1918년에 사망했다고 거짓말을 한 이유였을 것이다.[43] 그는 양심에 찔렸을 것이다. 하지만 허영심과 권력에 대한 탐욕이 양심을 눌러 버렸다.

마오쩌둥의 불행한 모친은 1919년 10월 5일 쉰세 살의 나이로 세상을 떴다. 비통함과 어쩌면 수치심 속에서 마오쩌둥은 모친의 마지막 여행에 고별을 고하기 위해 집으로 돌아갔다. 모친의 묘지 앞에서 그는 자신이 쓴 애도문을 읽으며 마음을 진정시켰다. 그는 만련(輓聯, 죽은 사람을 애도하는 대련)에서 이렇게 썼다.

　　병세 위급한 상황에서 아들을 찾으시니 어머니의 사랑 가없어라. 가득 남은 여한 모두 갚아야만 하리라.
　　평생 불교를 믿으시고 이승의 짧은 인생 다하셨나니 자애로운 모습 어디에서 찾아야 하리?

　이어지는 제2연에서 그는 이렇게 읊었다.

　　봄바람 부는 남쪽 언덕에 햇살 머물고, 사오산의 가을비 끝없는 눈물 뿌리네.[44]

　채 넉 달이 되기 전에 마오쩌둥의 부친도 발진티푸스로 인해 마흔아홉 살(쉰두 살이라는 설도 있다.)로 사망하고 말았다. 그는 앞서간 아내의 묘소에 합장되었다.[45] 당시 마오쩌둥은 베이징으로 되돌아가 중요한 정치 문제에 몰두하느라 장례식에 참석하지 못했다.

6

민중의 대연합

_____

창사에 돌아온 마오쩌둥은 자신의 활동 무대로 돌아왔다는 느낌이 들었다. 베이징과 달리 이곳에서만은 누군가에게 애써 자신을 증명할 필요가 없었다. 이미 그는 교육받은 많은 이에게 존경을 받고 있었으며, 샤오위가 부재한 상황에서 신민학회의 리더로 간주되고 있었기 때문이다.

그는 슈예(修業) 소학교에서 비교적 수월하게 역사 교사 자리를 얻었다. 중국에서 항시 그렇듯이 이 역시 '관시(關系)'를 통해 얻은 것이었다. 오랜 친구인 저우스자오(周世釗)가 자신이 재직하고 있던 학교에 마오쩌둥을 추천했기 때문이다. 마오쩌둥은 일주일에 6시간 수업을 하고 나머지는 자유 시간이기 때문에 별로 부담이 없었다. 한 달에 4위안 정도(은원으로 4원에 상당한다.)의 적은 봉급을 받았지만 먹고사는 데 큰 지장이 있는 것은 아니었다. 그는 관례에 따라 학교에서 살았다.[1] 교육학 원칙에 의하면, 교사는 학생들에게 수업을 할 뿐 아니라 행동의 모범이 되어야만 했다.

1919년 봄은 동란의 시대였다. 마오쩌둥이 창사로 막 되돌아온 4월 말 후난을 포함한 중국 전역에서 정치적 상황이 극도로 긴장된 상태에 돌입했다. 그해

1월, 제1차 세계 대전에서 승리한 스물여덟 개 전승국은 독일과 평화 조약을 이끌어 내기 위해 파리에서 회의를 소집했다. 이른바 파리 강화 회의에서 연합국 대표단은 1898년 이래로 독일에 의해 조차되었다가 1914년 11월 일본이 강점하고 있던 중국 칭다오 항과 인근 자오저우 만 일대를 1917년 독일에 선전 포고하고 연합국의 일원이 된 중국에 되돌려 주어야 한다는 중국 대표단의 정당한 요구를 거절했다. 이에 중국인들이 격분을 금치 못해 들고일어났다. 그러나 일본은 이전 독일 조차지를 자신들이 계속 차지하기를 원했다. 회의에 참가한 중국 대표단은 서구 열강 대표단이 일본을 지지하는 것에 대해 대단히 실망했다. 1917년 2월부터 3월까지 비밀리에 협약을 맺은 일본과 영국, 프랑스, 이탈리아 등 연합군은 내부적으로 갈등 관계가 조성되는 것을 원치 않았다. 비밀 협약은 일본이 연합국에 도움을 주는 대가로 중국에 있는 독일 조차지에 대한 일본의 권리를 인정하는 것이었다. 또한 서구 지도자들은 소련에 맞서는 새로운 전쟁에서 일본이 중요한 역할을 맡아 주기를 원했다. 미국 대표단이 중재에 나섰지만 실패하고 말았다.

파리 강화 회의에서 중국인들은 중국이 새로운 전후 국제 질서에서 동등한 회원국으로 인정받을 수 있기를 기대했다. 하지만 의화단의 난 때 독일이 강탈해 간 고대 천문 기기를 되돌려 받는 문제만 해결했을 뿐이었다. 이에 중국인들은 당연히 모욕감을 느꼈다. 학생들 또한 대단히 분노했다. "일본이 칭다오와 자오저우를 강탈하려고 하는데 우리 중국인은 무엇을 할 것인가? 별만 쳐다보고 있을 것인가?" 학생들은 격렬히 항의했다. 파리 강화 회의의 중국 대표단으로 파견된 왕정팅(王正廷)이 보내온 전보가 1919년 3월 하순 상하이 일간지에 게재되면서 불에 기름을 붙는 격이 되고 말았다.

우리는 주장한다. ……21조 요구와 기타 비밀 협정은 폐기되어야 한다. ……사적이고 금전적인 이해관계 때문에 양보를 자행한 몇몇 중국인은 정말 최악이다. ……그들은 우리나라 반역자들의 심복들이다. 우리는 이러한 반역자들과 투쟁함으로써 우리에게 강요하는 조약을 파기할 기회를 얻으려는 민의가 전국적으

로 일어날 것이라는 희망을 표시하고자 한다.[2]

왕정팅의 발언은 그야말로 비옥한 토양에 씨앗을 뿌린 것이나 마찬가지였다. 항일 애국 운동이 전국적으로 전개되기 시작했으며, 왕정팅이 전보에서 언급했던 반역자에 대한 색출 운동도 따라서 시작되었다. 혐의는 제일 먼저 친일 분자들에게 떨어졌다. 교통 총장 차오루린(曹汝霖), 전 주일 공사 장종상(章宗祥), 폐제국(幣制局, 조폐국) 총재이자 중일 합작 중화회업은행 총리를 맡았던 루중위(陸宗輿) 등이 매국적(賣國賊)으로 지목되었다.

형세가 날이 갈수록 악화되더니 마침내 폭발하고 말았다. 5월 3일 토요일 저녁, 학생들이 베이징 대학에 모여 다음 날인 일요일 쯔진청 정문 앞 텐안먼(天安門) 광장에서 대규모 집회를 거행하기로 결정했다. 이날 회의에서 법대 학생 한 명이 격정적인 연설을 한 다음 칼로 손가락을 베어 광목에 혈서를 썼다. "우리에게 칭다오를 반환하라!" 그가 혈서를 쓴 현수막을 머리 높이 들어 올리자 열렬한 박수 소리가 광장이 떠날 듯 울려 퍼졌다.[3]

5월 4일 아침 10시쯤 베이징의 여러 학교에서 출발한 3000여 명의 학생들이 광장으로 모여들었다. 중국에서 상중임을 표시하는 흰색 깃발이 도처에서 펄럭이고, 거기에는 칭다오 지도와 선동적인 표어가 가득 적혀 있었다. 교육부, 베이징 경비 사령부, 경찰국 등에서 나온 관리들의 경고에도 불구하고, 시위에 참가한 학생들은 베이징 공사관 지역으로 몰려갔다. "위대한 아메리카"를 믿고 있던 학생들은 베이징의 각급 학교 학생 1만 1500여 명이 서명한 청원서를 미국 공사에게 제출할 생각이었다. 이러한 학생들의 믿음은 우드로 윌슨(Woodrow Wilson) 미국 대통령이 1919년 1월 8일 국회에 제출한 이른바 민족 자결주의 원칙에 기반을 둔 것이었다. 그는 '세계 평화'를 위해 열네 개 조항의 원칙을 제시하면서 비밀 협상을 거부하고, "모든 식민지의 권리에 관한 자유롭고 개방적이며 또한 절대적으로 공평한 조정"을 요구했다. 공사관 경비는 학생들의 출입을 제지했다. 다만 네 명의 대표만 미국 대사관 직원과 만날 수 있도록 허락했다.

대사관 측의 거절로 인해 대중이 더욱더 흥분하기 시작했다. 누군가는 당장 매국적을 만나 담판을 짓자고 주장했다. 그래서 인근에 있는 차오루린의 저택 쪽으로 방향을 틀어 난입을 시도했다. 광란의 파괴가 이어졌다. 학생들은 닥치는 대로 깨부수고 정원 연못으로 뛰어들었다. 차오루린은 가까스로 피신했지만, 때마침 현장에 있던 장종샹은 학생들에게 붙잡혀 두들겨 맞았다. 학생들은 차오루린의 집을 불태우고 오후 5시가 되어서야 해산했다.[4] 처음에는 순수한 애국적 연설로 시작되었으나 어느새 폭력적인 난동으로 변질되고 말았다. 경찰은 서른두 명의 학생들을 체포했지만 여론의 압력에 못 이겨 곧 석방해 주고 말았다.

이것이 끝이 아니었다. 5월과 6월 베이징의 학생들은 계속해서 들고일어났다. 그들은 동맹 파업을 했고, 시위에 나섰으며, 계속해서 모임을 가졌다. 하지만 더 이상의 폭력 사태는 없었다. 5월 4일 사태에 대한 신문 보도가 전국으로 전해졌다. 상하이와 그 밖의 여러 도시에서 학생뿐 아니라 수많은 상인과 중산층 시민, 노동자까지 모두 일어나 베이징 학생들에게 동조 의사를 표했다. 애국심이 투철한 인력거꾼들은 일본인의 탑승을 거절했다. 많은 지역에서 파업이나 시위를 통해 자신들의 반일 감정을 드러냈다. 창장 강(長江)을 오가는 연안 부두 노동자들도 작업을 중지했으며, "칭다오를 우리에게 반환하라!" "국가의 치욕에서 벗어나자!" "세 명의 매국적을 타도하자!" 등의 포스터를 도처에 써 붙였다. 베이징 상업중앙회의 요청에 부응하여 일본 상품 불매 운동이 전국적으로 거세게 불기 시작했다. 군중은 일본 제품을 판매하는 상점의 창문을 깨부수고 일본 상품을 빼앗아 불태우기도 했다. 신문 편집부는 일본 제품 광고나 선박 운행 시간표, 심지어 일본 엔화의 환율 정보도 싣지 않았다.[5] 중화민국 대총통 쉬스창(徐世昌)이 차오루린과 장종샹, 루쭝위를 사직시켰지만 소요는 가라앉지 않았다. 전국적인 소요는 6월 28일 중국 대표단이 연합국이 독일과 맺은 불공정한 베르사유 강화 조약에 서명을 하지 않았다는 소식이 전해진 후에야 비로소 잠잠해지기 시작했다.

창사의 학생들 역시 베이징의 학생들과 연대하여 반일 시위대를 조직했다.

5월 7일 수천 명의 사람들이 창사 시내로 쏟아져 나왔다. 그들은 상인들의 지지를 받았다.[6] 그러나 시위는 1년 전부터 창사에서 공포 정치를 실시하고 있던 '장독(張毒)' 장징야오가 이끄는 군대에 의해 순식간에 해산되었다. 마오쩌둥이 당시 시위에 참가했는지 여부는 정확히 알 수 없지만, 아마도 참가하지 않았을 공산이 크다. 만약 참가했다면 마오쩌둥의 연대기 편집자들이 그의 참석을 영예로 삼을 기회를 놓쳤을 리가 없다.

물론 마오쩌둥이 학생 운동에 관심이 없었을 가능성은 거의 없다. 하지만 일시적인 저항 운동은 그다지 와 닿지 않았다. 그는 단순한 자발성만으로는 부족하며, 이를 변화시키는 것이 무엇보다 필요하다고 믿었다. 위대한 지도자의 의지에 따라 함께 단결하여 굳건하게 선봉에 설 수 있는 조직이 필요했던 것이다. 마오쩌둥은 프리드리히 파울젠의 책을 헛되이 읽은 것이 아니었다. "도덕적 행위는 감정과 의지에 의존한다. 그것은 도덕적 행위에 앞서는 것이다." 마오쩌둥은 이러한 신조를 배반하지 않았다.[7]

1919년 5월 초 마오쩌둥은 창사의 학생 애국 운동을 지도할 수 있는 효과적인 조직 결성을 진지하게 고려하고 있었다. 1919년 5월 당시 신민학회에는 대략 일흔여 명의 회원이 있었으나, 그들 가운데 많은 이가 프랑스로 유학을 떠나 없는 상태였기 때문에 그다지 유효한 조직이라고 할 수 없었다.[8] 5월 중순 마오쩌둥은 베이징에서 창사로 돌아와 베이징 현지 학생 운동에 대해 상세하게 알려 준 덩중샤와 함께 상황을 논의하였다. 마오쩌둥과 덩중샤, 털보 허(허수형)는 중국 내 수많은 도시와 성의 유사한 조직의 예를 따라서 후난 학생연합회를 기반으로 폭넓은 조직을 결성하기로 마음먹었다.[9] 학생연합회 회원들은 정치적 목적을 현저하게 드러내는 의견을 제시했다. "학생들이 발휘할 수 있는 모든 권력을…… 이용하기 위하여" "국가의 자주권을 회복하고, 조국을 배반한 자들을 응징한다."[10]

5월 25일 스무 명이 넘는 창사 학생 대표들이 회의를 하기 위해 허수형의 숙사에 모였다. 그들 가운데 많은 수가 신민학회 회원들이었다. 마오쩌둥이 덩중샤를 소개했다. 그는 자신이 베이징에서 5·4 운동에 참여하면서 경험한 것에 대해 이야기하는 한편, 후난의 학생들도 베이징의 학생들과 연대하여 파업을 선언하기를 바란다고 말했다. 덩중샤의 연설에 학생들은 현기증을 느낄 정도였다. 젊고 지적이며, 무엇보다 뛰어난 연설가인 그의 모습에서 학생들은 깊은 인상을 받았다. 현재의 생활은 실제적인 의미를 지니게 되었다. 그것은 투쟁과 자기희생, 영예를 요구했다. 사흘 후 후난 학생연합회가 정식으로 성립되었다. 후난 상업학교 학생으로 마오쩌둥과 가까운 친구였던 펑황(彭璜)이 연합회의 회장으로 선출되었다.

6월 3일 후난 학생연합회는 창사에 있는 스무 개 학교 학생들이 참가하는 동맹 휴학을 선포했다. 전례 없는 동맹 휴학에 고무된 지방 신문 《정의보(正義報)》는 6월 4일 동맹 휴학한 학생들의 호소문을 신문에 게재했다. "외교 실패로 나라가 쪼개지고 말았다. 적시에 조치를 취하여 나라를 구하지 않으면 멸망하고 말 것이다." 호소문은 또한 정부에 베르사유 조약에 서명하지 말 것과 21개조 요구를 무효화할 것을 요구했다." 상황은 점점 긴급하게 변하고 있었다. 하지만 여름 방학이 곧 시작되면서 당국과의 마찰은 피했다. 많은 학생들이 귀향길에 올랐지만 조직은 계속 작동하고 있었다. 귀향한 학생들은 선전대를 조직하여 생동감 있고 이해하기 쉬운 방법으로 마을에서 일본 상품 불매 운동을 벌이는 등 다양한 활동을 전개했다. 당시 학생들이 조직한 일종의 단막극과 같은 애국 활동은 실제로는 상당히 초보적이었으나 중국에서 크게 유행했다. 그들은 문맹인 농민들이나 도시 대중에게 강한 인상을 남겼다.

많은 학생들이 불매 운동을 강요하는 상인 조합의 대표자들을 따라 점검반에 가입했다. 7월 7일 노동조합과 상인연합회는 일본 상품 불매와 파괴를 요구하기 위해 조심스럽게 계획한 또 하나의 대규모 시위 운동을 거행했다. 시위에 참가했던 저우스자오는 당시를 이렇게 회상했다.

앞에서 시위 대열이 "일본 상품을 불태우자! 동포들이여, 경계하라!" "어떤 일이 있어도 일본 상품을 사지 마라!" 등을 써넣은 현수막을 들고 걸어갔다. 학생들은 일본 상품을 어깨에 메고 걸었으며, 그 뒤로 비단 가게 점원들이 따라갔다. 국산품 보호 조합 회원들과 학생연합회 회원들이 맨 뒤에 서서 조합 깃발을 들고 걸어갔다. 시끄러운 거리를 따라 걸어가는 시위 대열은 교육위원회 앞에서 대열을 멈추었다. 학생들은 일본 상품을 내려놓고 그 위에 석유를 부은 다음 불을 붙였다. 얼마 후 상품이 모두 재로 변하자 시위대도 해산하여 각자 흩어졌다.[12]

이틀 후 학생연합회 대표의 제의로 공공 조직 대표 대회가 개최되었으며, 주민들의 모든 분야를 아우르는 후난 학생연합회를 결성하기로 결정했다.[13]

마오쩌둥이 볼 때 이것만으로는 부족했다. 그는 선전이 대중을 선동하는 가장 효과적인 수단이라고 확신했다. 비록 당시에는 전혀 알지 못했지만 마오쩌둥의 발언은 레닌과 닮았다. 그는 이렇게 말했다. "내가 볼 때 우리의 모든 행동의 출발점이자 우리가 추구하는 조직 결성의 첫걸음이며, 확고한 발전 속에서 우리를 인도할 수 있는 가닥이자 조직을 더욱 심화시키고 확장시킬 수 있는 길은 바로 정치 신문을 발간하는 것이다."[14] 마오쩌둥은 물론이고 동료들 역시 신문을 발간할 수 있는 수단이 아무것도 없었다. 그래서 천두슈나 리다자오의《매주 평론》과 마찬가지로 후난 학생연합회의 기관지 형식으로 발간하기로 결정했다. 마오쩌둥은 잡지의 목적을 화려하고 열정적인 언사로 다음과 같이 정의했다. "새로운 사조가 호호탕탕하게 이미 샹장 강의 양안을 따라 세차게 밀려오고 있다."[15]

《상강 평론(湘江評論)》 창간호는 10여 일에 걸친 편집을 마치고 1919년 7월 14일 출간되었다. 편집자로서 마오쩌둥은 창간 선언에서 이렇게 말했다. "모든 전설과 미신의 속박을 받지 않고 무엇이 진리인가를 찾아야 한다. 대인 관계에서 우리는 군중 연합을 주장하며 강권자들에게 지속적인 '충고 운동'을 펼쳐야 한다." 그가 말하는 '강권자'의 범주에는 관료와 군벌, 자본가까지 포함된다. 확실히 베이징에서 보낸 시간이 헛된 것이 아니었다. 그는 여전히 무정부주의에 심취했으며, 리다자오의 사회주의에 대한 강의 역시 깊은 흔적을 남겼다. 그는 여전히 신중했으며, 폭력을 숭배하지 않았고, 민주주의와 자유주의를 강조했다. "우리는 '함성의 혁명(呼聲革命)'을 실행해야 한다. 그것은 빵을 달라는 함성, 자유의 함성, 평등의 함성으로 '무혈 혁명'이다." 그는 계속해서 이렇게 말했다. "큰 혼란을 야기해서는 안 되며, 효과 없는 '폭탄 혁명', '유혈 혁명'을 추구하지 않는다." 일본에 관해서조차 폭력보다는 "학생들의 동맹 휴업(罷課), 상인들의 동맹 철시(罷市), 노동자의 동맹 파업(罷工), 일본 제품 불매 운동"이 효과적이라고 생각했다.[16]

창간호에는 마오쩌둥의 우상인 천두슈가 베이징 군벌에게 체포된 것에 관한 신랄한 기사도 실렸다. 천두슈는 1919년 6월 11일 학생 운동 기간에 '산둥 문제'에 관한 중국 대총통과 총리의 대내외 정책을 예리하게 비판하고 있는 「베이징 시민 선언」을 배포했다는 이유로 유치장에 수감되었다. 그는 유치장에 83일 동안 구금된 후에야 풀려났고, 이후 베이징을 떠나 상하이로 거주지를 옮겼다. 천두슈의 체포에 충격을 받은 마오쩌둥은 중국 사회를 강력하게 비난했다.

현재 중국은 그야말로 위험천만이다. 그 위험은 군사력이 취약하고 재정이 부족하기 때문이 아니며 내란으로 인해 사분오열되고 있기 때문도 아니다. 진정한 위험은 전국 인민의 사상계가 심각하게 텅 비고 부패한 데에 있다. 중국의 4억 인민 가운데 약 3억 9000명이 미신을 믿고 있다. 귀신을 믿고 물상을 믿으며 강권을 믿는다. 개인과 자신, 진리가 존재한다는 것을 전혀 인지하지 못하고 있다. 이는 과학 사상이 발달하지 못한 까닭이다. 중국은 명목은 공화(共和)이지만 실제는 전제(專制)로, 마치 한 왕조가 다른 왕조로 대체되는 것처럼 악화 일로를 걷고 있을 따름이다. 이는 군중의 마음속에 민주의 그림자가 존재하지 않기 때문이며, 민주가 과연 무엇의 결과인지 모르기 때문이다. 천 선생*이 평소 두 가지(과학과 민주)를 표방한 바 있다. 그는 일찍이 우리가 사회의 노여움을 사는 이유는 '사이언스(賽因斯, 과학)'와 '데모크라시(克莫克拉西, 민주)' 때문이 아닌 경우가 없다고 말했다. 천 선생은 바로 이 두 가지 때문에 사회로부터 미움을 받았으며, 사회는 그

---

* 본문에는 천 군(陳君)으로 되어 있다.

에게 체포와 구금으로 되갚았다.[17]

스승과 연대한다는 의미에서 마오쩌둥은 천두슈의 반정부 유인물을 자신의 기사에 전재했다.

같은 호에서 마오쩌둥은 처음으로 볼셰비키에 관해 간략한 설명문을 실었다. 구체적인 판단은 피했지만 그는 중국인들이 러시아의 경험을 배울 필요가 있다고 썼다. "우리 모두는 조심스럽게 급진적인 정당(볼셰비키, 러시아 사회민주노동당)이 어떤 것인지 살펴볼 필요가 있다. ……눈 깜빡할 사이에 모든 이를 놀라게 한 급진적인 정당이 러시아 전역에 확산되고 있다는 점에서 그들을 피할 수 없게 되었다."[18]

창간호 2000부가 금세 동나자 7월 말 2000부를 다시 인쇄했는데, 그마저도 사흘 만에 모두 팔렸다. 7월 21일 창간호 증보판과 제2호 5000부가 동시에 나왔다. 일주일 후 제3호 5000부가 발간되었다. 당시 창사에는 아홉 종의 일간지가 있었는데 그중에서 제일 잘나간다는 《정의보》가 2300부에서 2400부 정도 인쇄되었고, 나머지는 100부에서 500부 정도였다.[19] 그러니 《상강 평론》 발간 부수는 상당히 대단한 것이 아닐 수 없다. 마오쩌둥이 편집한 잡지는 다섯 권이었지만 그 가운데 출간된 것은 네 권이었다. 제4호는 8월 4일에 판매되었으며, 이전과 같이 전체 5000부가 모두 팔렸다. 제5호는 후난 독군(督軍) 군벌 장징야오가 군인들을 보내 인쇄기를 압수하기 전에 이미 인쇄를 마친 상태였다.[20]

《상강 평론》은 마오쩌둥의 발명품이나 다를 바 없었다. 저우스자오에 따르면, 마오쩌둥은 그야말로 거의 모든 시간을 잡지 편집에 쏟아부었다. "늦은 밤깨어나면 벽 틈 사이로 그의 방에서 새어 나오는 불빛을 볼 수 있었다." 저우스자오는 이렇게 회상했다. "기사 작성이 끝나면 편집을 하고, 다시 인쇄기 모형에 직접 조판해 본 후 교정을 보았다. 때로 거리로 나가 잡지를 팔기도 했다."[21]

《상강 평론》에는 주로 마오쩌둥이 직접 쓴 표제로 '동방대사술평(東方大事述評)', '서방대사술평(西方大事述評)', '상강잡평(湘江雜評)', '세계잡평(世界雜

評)', '방언(放言)', '신문예(新文藝)' 등 다양한 난을 통해 간단한 설명과 총평을 실었다. 그의 유려한 붓끝에서 나온 글 가운데 「민중의 대연합(民衆的大聯合)」 과 같은 문장은 전국적으로 주목을 받았다. 당시 그의 사상이 지닌 광범위하고 개성적인 특징은 제2호부터 제4호까지 매주 발간된 세 권에 그대로 드러나고 있다. 그는 혁명가 세대를 괴롭혀 온 가장 근본적인 문제, 예를 들어 무엇을 할 것이며, 언제 "국가의 파괴와 인류의 고통, 사회의 암흑이 극에 달할 것인가" 에 대한 답변을 시도했다.

마오쩌둥이 제시한 해결책을 보면 당시 그의 혁명 비전이 의심할 바 없이 여전히 온건한 것이었음을 알 수 있다. 그는 글 첫머리부터 중국을 비롯한 여 러 나라가 곤경에 빠진 이유에 대해 언급하면서 이는 강권자, 즉 귀족이나 자 본가들이 연합하여 민중에 대항하고 있기 때문이라고 했다. 그래서 "그 사람 의 방법으로 그 사람을 다스린다.(以其人之道, 還治其人之身.)"라는 말처럼 연합 으로 대응할 수밖에 없다고 주장했다. '강권자들'의 폭력에 직접적으로 대항 할 수 있는 거대한 연합, 즉 '민중의 대연합'만이 나라를 구할 수 있다. 본질적 으로 그는 농민, 노동자, 학생, 여자, 소학교 교사, 차부(車夫, 인력거꾼) 등을 모 두 포함한 피억압 계층에게 연합할 것을 제의했다. 마오쩌둥은 그들을 "부유 하고 강한" 계층에 반대하는 "가난하고 약한" 계층으로 여겼다. 그들 억압받 는 이들의 이해에 따른 작은 연합이 모든 불행한 이들의 '대연합'을 촉진시킬 것이라고 믿었다. 한번 조직되기만 하면 중국의 일반 민중은 귀족과 자본가들 보다 수십 배나 수적으로 우세하기 때문에 쉽게 그들을 깨부술 수 있을 터였 다. 일반 민중이 오직 연합하여 함께 일어나 큰 목소리로 소리친다면, "반역자 (奸人)들은 곧 몸을 일으켜 벌벌 떨면서 목숨을 다해 도망칠 것이다."[22]

마오쩌둥의 이러한 논리는 비록 "10만의 용감한 러시아 병사들이 돌연 황 제의 깃발을 홍기(紅旗)로 바꾼" 투쟁이라고 잘못 생각하고 있기는 했으나 크 로폿킨의 '상호 부조론'에 깊이 영향을 받은 것이라고 할 수 있다. 그는 군벌에 충성하는 중국의 병사들 역시 이 예를 따라 줄 것을 요청했다. 중국의 병사들 도 자신들이 평범한 일반 인민의 "아들이자 형이며, 또는 남편"이라는 사실을 깨달을 때가 되었다고 하면서 계속해서 이렇게 말했다. "손을 맞잡고 함께 귀족과 자본가에 대항하는 맹장이 되어야 한다." 마오쩌둥은 러시아나 다른 유럽 여러 나라의 경우와 마찬가지로, 중국에서도 억압받는 민중의 세계 투쟁의 일환으로 사회 혁명이 발발할 것이라고 했다. 리다자오의 영향을 받아 마오쩌둥은 이렇게 썼다.

세계 전쟁(제1차 세계 대전)의 결과로, 그리고 생활고로 인해 세계 여러 나라 민중이 돌연 다양한 활동을 전개하고 있다. 러시아는 귀족을 타도하고 부자들을 내쫓았으며, 노동자와 농민들이 위탁 정부(委辦政府, 소비에트 정부)를 성립하고, 홍기군(紅旗軍, 붉은 군대)이 동서로 치달으며 수많은 적을 소탕하니 협약국(동맹국)이 이로 인해 안색이 달라지고, 전 세계가 이로 인해 크게 놀랐다. ······우리는 알았다! 우리는 각성했다! 천하는 우리의 천하다. 국가는 우리의 국가다. 사회는 우리의 사회다. 우리가 말하지 않는다면 누가 말할 것인가? 우리가 행하지 않는다면 누가 할 것인가? 수많은 민중의 대연합은 절대로 미룰 수 없으니 반드시 적극적으로 나아가야 할 것이다.[23]

마오쩌둥의 발언은 어딘가 순진한 것 같다는 느낌이 든다. 하지만 베이징에서 5월 4일 일어난 '대연합'이 유혈 충돌 없이 마침내 '매국적' 차오루린, 장종샹, 루쭝위 등의 사임을 강제했다는 것을 상기한다면, 마오쩌둥이 '대연합'에 얼마나 고무되었는가를 이해하는 것도 어려운 일이 아니다. 그가 생각하는 사회 혁명에는 유혈 폭동이 포함되어 있지 않다. 오히려 사회 혁명의 핵심은 "위대하고 강력한 함성"으로 강권자들의 귀를 먹먹하게 만드는 "일반 민중 대연합"의 평화롭고 일치단결된 행동이었다. 하지만 어쩌면 그는 어느 때보다 진리에 근접해 있었는지도 모른다. "우리는 강권자들 역시 사람, 우리와 똑같은 인간이라는 사실을 받아들여야 한다. ······만약 우리가 억압을 뒤엎기 위해 억압을 사용한다면······ 그 결과 우리는 여전히 억압 속에 있을 것이다."[24] 이후 9개월이 채 되지 않아 마오쩌둥은 근본적으로 젊은 시절의 이상을 내던지고 조건 없이 마르크스와 레닌의 기본 개념을 받아들인다.

한동안 모든 것이 평화로웠다. '민중의 대연합'도 곧 달성할 것처럼 보였다. 첫 번째 작업은 작지만 상호 부조의 원칙에 따라 긴밀하게 연대할 수 있는 동지를 규합하는 일이었다. 1919년 말 마오쩌둥은 창사를 가로지르는 샹장 강 좌안에 농업 공사를 세우겠다는 오랜 생각을 다시 꺼내 들었다. 여전히 무정부주의의 이상, 특히 상호 부조에 기반을 둔 크로폿킨의 공산주의 사상에 경도되어 있던 마오쩌둥은 "웨루 산 아래에 새로운 농촌을 건설하겠다."라는 자신의 바람을 공고히 했다. 그는 친구들이 적극적으로 도와줄 것이라고 확신했다. 그는 마을에 학교를 세우고 그곳에서 사회 과학을 가르치며 '새로운 사람'을 교육하기를 원했다. 물론 아무것도 이루어진 것은 없었다. 하지만 마오쩌둥은 몇 개월 내내 이런 꿈을 간직하고 있었다.

《상강 평론》, 특히 마오쩌둥의 글 「민중의 대연합」은 중국 몇몇 도시의 민주 인사들에게 열정적인 찬사를 받았다. 9개월 전만 해도 일개 도서관 사서에 불과했던 마오쩌둥에게 전혀 관심이 없었던 후스나 뤄자룬과 같은 지식인들 역시 지나치다 싶을 정도로 찬사를 보냈다.[25] 마오쩌둥이 얼마나 좋아했는지는 보지 않아도 알 수 있을 듯하다. 시골뜨기 젊은이가 이제 전국적인 정치 무대로 진입한 것이다. 사람들은 그의 글을 읽었고, 그에 대해 이야기하기 시작했다. 게다가 잡지 제5호가 몰수되자 오히려 그의 명성은 더욱 치솟았다. 그는 이제 조악한 정부 당국의 희생자가 되었던 것이다.

그러나 그는 체포되거나 수감되지 않았으며, 자신의 정치 활동을 계속해 나갔다. 1919년 8월 중순 마오쩌둥과 후난 학생연합회의 대표들은 장징야오를 반대하는 다양한 조직과 연계하기로 결정했다. 후난 군벌이자 독군 겸 서성장(署省長)으로 있던 장징야오는 거의 강도나 다름없었다. 그와 군정(軍政)에서 고위직을 차지하고 있던 세 명의 동생들은 휘하 군인을 대동하고 농민들을 착취하고, 공공 재산을 제멋대로 차지하고, 상인들에게 돈을 빼앗고 납치와 살인을 일삼았다. 또한 부녀자를 강간하고, 아편 무역을 하고, 교사들의 월급을 갈취하는 등 온갖 나쁜 짓을 도맡아 했다. 그들은 후난을 마치 정복지로 여겼으며, 사람들은 공포 속에서 하루하루를 힘들게 살아야만 했다. 경제는 엉망이 되고 물가는 날이 갈수록 치솟았다. "만약 장독(張毒) 세력을 뿌리 뽑지 못하면 후난은 망하고 말 것이다." 사람들은 너나없이 이렇게 말했다.[26]

9월 초 마오쩌둥은 중미 합작 병원인 샹야(湘雅)에서 발간하는 주간지 《신호남(新湖南)》*의 편집장 제의를 받았다. 《신호남》은 이미 제6호가 발간된 상태였으나 아직 제 목소리를 찾지 못하고 있었다. 마오쩌둥은 자신이 잡지의 방향을 정하겠다는 조건을 걸고 제의를 수락했다. 그는 무엇보다 미국인들이 자유의 가치를 위해 투쟁하고 있다는 점에 깊은 인상을 받았기 때문에 수락한 것이었다. 마오쩌둥은 자신이 편집한 첫 번째 잡지에서 다음과 같이 나름의 목표를 정했다. 첫째, 사회 비평. 둘째, 사상 개조. 셋째, 학술 소개. 넷째, 문제 토론. 그는 계속해서 이렇게 말했다. "맡은 바 할 수 있는 일에 진력할 것이며, 이러한 네 가지 원칙에 따라 행하되 그것의 성공과 실패, 순조로움과 난관은 당연히 우리가 고민할 일이 아니다. 왜냐하면 우리의 신조가 '어떤 희생이 뒤따를지라도 절대로 원칙을 저버리지 않는다.'이기 때문이다."[27] 4주 후에 잡지가 폐간된 것도 그리 놀랄 만한 일은 아니다.[28]

전제(專制)에 저항하는 전사의 낭만적인 분위기와 저널리스트로서 타고난 재능, 날로 높아 가는 전국적인 지명도로 인해 스물다섯 살의 잘생긴 마오쩌둥은 특히 여성들에게 인기가 있었다. 양카이후이는 멀리 떨어져 있어 애틋한 감정이 식은 상태였다. 1919년 가을 마오쩌둥은 양창지가 아끼는 여학생 타오이**와 사귀기 시작했다. 마오쩌둥보다 세 살 어린 타오이는 나름의 목적의식과 타고난 지혜로 지금껏 알고 지내던 여자들과 달랐다. 마오쩌둥은 자신을 압도하는 열정에 어찌할 바를 몰랐다. 사랑은 "불가항력의 자연스러운 역량이다." "사

---

* 1919년 4월 2일 주간 《학생구국보(學生救國報)》가 후난 창사에서 창간되었는데, 6월 5일 제4호부터 《신호남》으로 명칭을 바꾸었다. 제7호부터 마오쩌둥이 샹야 의학전문학교(지금의 중난(中南) 대학 샹야 의학원) 학생자치회에서 편집하기 시작했다. ─ 옮긴이

** 자는 쓰융(斯咏). 샹탄 출신으로 부유한 상인 집안에서 태어나 저우난(周南) 여중을 졸업한 재원이며 샹징위, 차이창 등과 함께 '저우난의 삼걸(周南三杰)'로 불렸다. 마오쩌둥이 1920년 7월 문화서사(文化書社)를 만들 당시 타오이는 투자자 가운데 하나였다. ─ 옮긴이

람의 사랑에 대한 욕구는 그 어떤 세력보다 거대하다. 어떤 특별한 세력이 있는 것이 아니라면 이를 막을 수 있는 것은 없다. ……독서군자(讀書君子) 이외에 대다수 지식이 없는 부녀자나 농민, 노동자, 상인 들의 정신 세계를 지배하고, '부모의 명령'이나 '매파의 말'이라는 간판을 마치 수호자처럼 내걸어 바다를 가로지르는 거대한 조류와 같은 사랑의 욕구를 막을 수 있는 것은 다른 것이 아니라 바로 '미신'뿐이라고 나는 생각한다."[29]

사랑은 폭풍처럼 강렬했지만 짧게 끝나고 말았다. 1920년 여름 불같이 타오른 만큼 돌연 식어 버렸다. 두 사람의 사랑이 깨진 것은 사상 문제 때문이었다. 당시 마오쩌둥은 이미 공산주의에 기울고 있었으나 타오이는 볼셰비키의 교조적 이념을 받아들일 수 없었다. 그들이 헤어지고 얼마 후 타오이는 창사를 떠나 상하이로 가서 여자 학교를 설립했다. 그리고 1930년 서른다섯 번째 생일을 며칠 앞두고 세상을 떠났다.[30]

1919년 가을까지만 해도 두 사람의 애정극에 대한 아무런 징조도 보이지 않았다. 타오이와 마오쩌둥은 자유주의와 민주주의, 자유연애 신봉자였다. 당시 마오쩌둥은 애정과 결혼에 관한 몇 편의 글을 써서 창사의 중요 일간지《정의보》에 실었다. 작은 마을에서 일어난 한 사건에서 기인한 것이었다. 같은 해 11월 14일 창사 난양가(南陽街)에서 안경점을 하던 자오(趙) 씨의 스물한 살 된 딸 자오우전(趙五貞)이 자신을 늙고 부유한 상인의 첩으로 보내려는 부모의 강요에 맞서 시집가는 날 신랑 집으로 가는 꽃가마 안에서 면도칼로 목을 베어 자살하고 말았다. 기쁜 마음으로 그녀의 도착을 기다렸던 이들은 경악하지 않을 수 없었다. 동네 사람들조차 아예 말을 잊은 양 아무 말도 하지 못했다. 많은 이들이 유교의 가르침을 따르지 않은 그녀를 비난했지만 또한 동정하는 이들도 적지 않았다. 당연히 마오쩌둥과 타오이, 그리고 동지들은 자오우전의 편에 섰다. 특히 마오쩌둥은 격분하여 이렇게 썼다. "이번 사건의 배후는 혼인 제도의 부패, 사회 제도의 암흑, 개인 사유의 불가능, 연애의 자유 불가능 등이다."[31]*

---

* 「자오 여사 자살에 대한 비평(對於趙女士自殺的批評)」. — 옮긴이

애정과 결혼 문제가 심각했지만 그렇다고 독군과 그의 깡패 집단을 내쫓으려는 마오쩌둥과 동료들의 목표를 단념할 수는 없었다. 그해 가을 내내 마오쩌둥은 사람들이 장징야오를 반대하도록 하기 위해 애썼다. '민중의 대연합' 정신을 기반으로 마오쩌둥은 만약 후난의 모든 이가 피비린내 나는 철권 통치를 받아들일 수 없다는 것을 증명한다면 베이징을 설득하여 장징야오를 소환할 수 있을 것이라고 생각했다. 동시에 일본 상품 불매 운동을 계속 벌여 나갔으며, 후난 학생연합회를 통해 장징야오가 인쇄기를 몰수하고 폐간시킨 《상강평론》을 지하에서 계속 운영했다.

11월 중순 마오쩌둥은 신민학회 재건을 위한 회의를 소집했다. 학회의 내부 조직을 '자문처(본질적으로 입법부에 해당한다.)'와 학교, 편집, 여성, 해외 교육 등 몇 개 기구로 구성된 집행부로 재편했다. 집행위원회도 설립되었다. 신민학회는 이전까지 확실한 형태를 갖추지 못하고 있었으나, 사흘간에 걸친 회의를 통해 집중적인 정당의 성격을 지니기 시작했다. 털보 허수형이 집행위원장을 맡았다. 마오쩌둥, 타오이, 저우스자오를 포함한 몇 명이 자문처를 맡았다.[32] 그러나 불행하게도 야심 차게 계획된 변신은 실패로 끝나고 말았다. 11월 회의 직후 많은 회원이 혼란한 상황에 직면했으며, 그 가운데 몇몇은 창사를 떠나지 않을 수 없었기 때문이다.

조직은 1년여 동안 와해 상태에 처해 있었다. 11월 말 푸젠 성(福建省)에서 일본 군대와 중국의 애국 청년들 사이에 충돌이 있었다는 소식이 전해지자 또다시 여론이 끓기 시작했다. 창사 학생들은 즉각 연대 시위를 통해 반일 감정을 표출하기로 결정했다. 그때 지역의 국산품 보호위원회는 일본 상품 불매 운동 기간에 창사의 한 창고에 밀수한 일본산 피륙이 가득 채워져 있는 것을 발견했다. 위원회는 즉각 몰수와 더불어 피륙을 불태우기로 결정했다. 12월 2일 5000여 명의 학생, 교사, 노동자, 점원 등이 거리로 뛰쳐나와 교육위원회 빌딩이 있는 곳까지 시위를 벌였다. 저우스자오는 당시 상황을 이렇게 회고했다.

청명한 날씨였다. ……겨울 햇살이 젊은이들의 얼굴을 환하게 비추었으나 그들의 심장은 격렬한 분노로 가득 찼다. ······군중은 외국 물건을 파는 상점을 지나면서 "밀수품을 없애 버리자!" "한간(漢奸) 상인들을 타도하자!"라고 외쳤다. 그함성 소리가 사방을 진동시켰다. ······오후 1시 시위대는 교육위원회 정문에 도착했다. 사람들이 일본산 피륙 제품을 쌓아 놓자 학생들과 주변에서 구경하는 이들까지 합쳐 1만여 명에 달하는 이가 몰려들어 소각하기를 기다렸다.

그 시각······ 장징야오 군대의 참모장이자 동생인 장징탕(張敬湯)이 말을 타고군도를 휘두르며 사방으로 뛰어다니면서, 사병들과 기마병들에게 대열을 맞추라고 명령했다. 그는 병사들에게 학생들을 포위하도록 한 후 단상으로 뛰어 올라가 소리쳤다. "방화하여 물건들을 소각하는 것은 토비나 하는 짓거리다. 불을 지른다면 너희는 강도나 진배없으니, 강도들과 어찌 대화를 나눌 수 있겠느냐? 도대체 말을 알아듣지 못하면 두들겨 팰 수밖에 없다!" 그는 이렇게 말한 후 곧바로기마병들에게 학생들을 해산시키고 쫓아내라고 명령했다. 그러고 나서 다시 크게 소리쳤다. "학생 제군! 빨리 너희 자리로 돌아가라!" 수백 명의 병사들이 칼날을 학생들에게 겨누고 당장 광장에서 떠날 것을 강요했다. 우리는 분개하면서 학교로 돌아올 수밖에 없었다. ······우리는 무엇을 어떻게 해야 할지 몰랐다.[33]

마오쩌둥과 다른 애국 운동 대표자들은 즉각 반발했다. 다음 날인 12월 3일신민학회와 후난 학생연합회 간부들은 창사 교외 남문 밖에서 긴급회의를 소집했다. 그들은 동맹 휴업을 선포하고 장징야오를 즉각 소환할 것을 요구하기로 결정했다. 12월 4일 속개된 회의에서 장징야오를 축출하기 위한 전국적인활동을 펼치기 위해 베이징, 톈진, 상하이, 한커우, 창더(常德), 헝양(衡陽), 광저우 등지에 대표단을 보내기로 결정했다.[34]

12월 6일 동맹 휴업이 시작되면서 창사의 일흔다섯 개 학교 가운데 일흔세개가 문을 닫았다. 1200여 명의 교사와 1만 3000여 명의 학생들이 동맹 휴업에참가했다. "우리는 '장독'이 후난에서 물러나기 전에는 교실로 돌아가지 않겠다." 그들은 단호하게 선언했다.[35] 당일 마오쩌둥과 몇몇 지역 활동가들이 베이징으로 떠났다. 마오쩌둥은 비나 햇빛을 가릴 지우산과 갈아입을 내의 한

벌, 약간의 책을 들고 여정에 나섰다.[36] 대략 두 주를 예상하고 있었다. 12월 18일 마오쩌둥은 재차 베이징에 들어섰다.

확실히 도시는 그가 떠날 때와 그다지 변화한 것이 없어 보였다. 얼마 전까지만 해도 도심을 뒤흔들었던 학생들의 열정은 이제 찾아볼 수 없었으며, 사람들의 삶도 정상적인 일상생활로 복귀한 상태였다. 베이징을 떠나 상하이로 갈 수밖에 없었던 천두슈는 더 이상 베이징 대학에서 가르치지 않았지만 리다자오는 계속해서 도서관을 책임지고 있었다. 그런데 평온했던 양창지의 집안에 비극이 찾아왔다. 마오쩌둥이 베이징을 방문하기 몇 개월 전 덕망 있는 양창지는 위암에 걸렸다는 사실을 알았다. 이미 말기로 치달아 수술조차 할 수 없는 상태였다. 그는 시설이 좋은 독일 병원에 입원했지만 병세가 점차 악화되면서 서서히 죽어 가고 있었다.[37] 마오쩌둥은 도착하자마자 경애하는 스승에게 달려가 병문안을 하며 위로했지만, 양창지는 이미 자신이 더 이상 병석에서 일어나지 못할 것임을 알고 있었다.

마오쩌둥은 양창지의 병실에서 양카이후이와 재회했다. 두 사람은 큰 슬픔에 젖어 아무 말도 나누지 못했다. 당시만 해도 그들은 아무런 관계가 아니었다. 나중에 양카이후이는 두 사람이 떨어져 있는 동안 마오쩌둥이 자신에게 끊임없이 연서(戀書)를 보냈다고 말했지만 사실 여부는 정확하지 않다.[38] 증명할 만한 연서도 남아 있는 것이 없다. 게다가 당시 마오쩌둥은 타오이에게 흠뻑 빠져 있었다. 그는 그녀의 여성스러움을 좋아했으며, 그녀를 "매우 개명되고 목적의식을 지닌 여성"이라고 생각했다.[39] 주지하다시피 마오쩌둥은 그녀에게 연서를 보냈고, 심지어 미래의 계획에 대해 언급하기도 했다.[40]

양창지는 1920년 1월 17일 새벽 세상을 떠났다. 가족들은 재정적으로 어려운 상황에 봉착했다. 큰아들은 아직 학생이었고 모친과 동생들을 부양할 능력이 없었다. 고인의 친구들과 학생들이 유가족을 보살펴야 하는 부담을 지게 되었다. 물론 마오쩌둥도 존경하는 스승의 유가족을 지원하기 위한 기금 마련에 적극적으로 동참했다.[41]

마오쩌둥은 자신이 베이징에 온 이유를 잊지 않았다. 후난 대표로서 총통부와 국무원, 외교부, 재정부, 농상부 장관에게 후난의 상황을 알리는 문서를 보냈다. 대표단은 정부에 "법률을 수호하고 대중을 재앙에서 구원하기 위해" 즉각 장징야오를 파면할 것을 간청했다.[42] 또한 장징야오와 그 형제들이 저지른 범죄를 소상하게 열거했다. 대표단의 한 사람으로서 마오쩌둥은 다음과 같이 말했다. "지난해 후난에 온 이후로 장징야오는 굶주린 이리 떼와 같은 군인들을 풀어놓아 강간과 방화, 약탈, 살인을 자행했으며, 정부에 모든 권한을 주어 마치 흉악한 호랑이처럼 공익과 무관하게 약탈과 사기를 일삼고 과도한 세금을 거두었다."[43]

하지만 모든 것이 헛수고로 끝나고 말았다. 부패하고 범죄 집단이나 다를 바 없는 정부는 장징야오에 대해 심각하게 문제를 삼을 생각이 전혀 없었다. 마오쩌둥과 동료들이 유일하게 성사시킨 일은 정부 관리로부터 '비밀 조사'를 위해 '누군가'를 파견하겠다는 약속을 받아 낸 것뿐이었다.[44] 마오쩌둥은 대단히 실망했다. '민중의 대연합'은 중앙 정부와 밀접한 관련을 맺고 있는 지방 정부 앞에서 아무런 힘도 발휘할 수 없었다. 장징야오가 1920년 6월 후난에서 물러난 것은 군벌 사이에서 흔히 벌어지던 '의자 놀이'의 결과였다. 창사는 또다시 자신의 지위를 되찾은 탄옌카이가 장악했다.[45]

당시 중국에서는 오직 군벌만 의미가 있었다. 총은 권력의 산파였다. 한편 마오쩌둥은 당시 정황이 어떻게 돌아가는지 알고 있었지만 이를 확실히 장악하지 못하고 있었다. 그는 욱하는 성격이라 때로 친구에게 보내는 편지글에서 자신이 "너무 감정적이고…… 격하다."라고 스스로 비판하고, 발작적인 조증(躁症)이 자신을 힘들게 한 적도 있지만[46] 그렇다고 손가락을 잘라 애국적인 내용의 혈서를 쓸 정도는 아니었다고 했다. 그는 여전히 과학과 교육, 문화를 중시했으며, 공정한 저널리즘의 가능성과 공적인 영역에서의 활동이 무엇보다 중요하다고 믿었다. 이러한 신념은 그가 "구름 속에서 살고 있던" 몇 년 동안 지속적으로 유지되었다. 주목할 만한 부분은 장징야오가 도망쳤다는 사실을 알았을 때 마오쩌둥이 자신의 글에서 표현한 것을 보면 순진함의 극치를 달리고 있었다는 점이다. "후난인은 한 걸음 더 나아가 군벌 정부를 몰아내기 위한 운동을 해야 한다. ……후난인들이 장징야오를 축출한 것은 그들 자신의 결정이며, 어떤 암흑의 힘에 의한 것이 아니다. 만약 진정으로 군벌 축출이 필요하다고 깨닫게 된다면 그들 스스로 간단하게 몰아낼 수 있다."[47] 실제는 달랐다. 장징야오 군대가 창사에서 철수할 당시 창사의 시민들은 집 안에 들어앉아 꼼짝도 하지 않았으며, 감히 거리로 나와 얼굴을 내보이지 않았다. 군벌 총독의 직위를 가진 이가 누구든지 과연 그들이 진정으로 반대하고 있었던 것일까?

그해 겨울 마오쩌둥은 전면적인 내전으로 들끓고 있는 러시아의 볼셰비키에 대해 많은 것을 가르쳐 준 리다자오, 덩중샤와 자주 만났다. 러시아에서는 붉은 깃발 아래 연대한 노동자와 농민들이 주축을 이룬 불가사의하고 과격한 정파가 마오쩌둥이 증오하는 귀족과 부자들을 상대로 투쟁하고 있었다. 리다자오의 권유로 마오쩌둥은 공산주의에 관한 문건을 읽는 데 주력했다. 그는 리다자오의 영향을 받아 천두슈도 공산주의 쪽으로 돌아섰다는 것을 알고 있었다. 일찍이 1919년 4월 20일 천두슈는 《매주 평론》에 러시아의 볼셰비키 혁명에 관한 글을 쓴 적이 있다. 그는 볼셰비키 혁명이 "인류 역사에서 새로운 시대의 시작을 알리는 것"이라고 말했다. 마오쩌둥은 이전보다 더욱 진지하게 새로운 이론을 습득하는 데 열심이었다.

마오쩌둥은 중국어 이외에 아는 언어가 없었기 때문에 번역본을 읽을 수밖에 없었는데, 당시 중국에서 출간된 책은 극히 드물었다. 마르크스에 대해 유일하게 읽을 수 있는 글은 《매주 평론》에 실린 『공산당 선언』 축약본과 공개적으로 자산 계급의 지배를 폭력으로 전복하고 노동자 계급의 독재 정권 수립을 요구하는 논쟁적인 소책자 『고타 강령 비판(The Critique of the Gotha Programme)』뿐이었다. 그리고 레닌의 저작 가운데 유일하게 1917년 4월 초 볼셰비키의 지도가 쓴 「러시아의 정당과 프롤레타리아의 임무」를 접했다. 이외에 1919년 3월 볼셰비키가 결성한 세계 각국 공산당의 연합 조직인 코민테른 제1차 대회를 위해 트로츠키가 쓴 「세계의 프롤레타리아를 위한 국제 공산당 선언」의 번역본도 있었다.

공산주의 이념을 설명하고 있는 몇 권의 저작물도 세심하게 읽었다. 그중에는 독일 마르크스주의자 카를 카우츠키(Karl Kautsky)의 『계급 투쟁(*Class Struggle*)』과 영국 철학자이자 페이비언 사회주의(Fabian socialism) 학자인 토머스 커크업(Thomas Kirkup)의 『사회주의사(*History of Socialism*)』 등이 포함되었다. 그는 나중에 에드거 스노에게 이렇게 말했다.

나는 두 번째 베이징 여행에서 러시아의 사정에 관한 많은 책을 읽었으며, 중국에서 구할 수 있는 몇 권 되지 않는 공산주의 관련 문헌을 열심히 찾아보았다. 그중에서 특히 내 마음에 깊이 각인된 세 권의 책은 내가 마르크스주의에 대한 신념을 세우는 데 결정적이었다. ……그 책들은 천왕다오(陳望道)가 번역한 것으로 중국에서 최초로 출간된 마르크스주의 서적 『공산당 선언』과 카우츠키의 『계급투쟁』, 커크업이 쓴 『사회주의사』였다. 1920년 여름에 나는 이론적으로 그리고 어느 정도는 행동적으로 마르크스주의자가 되었다. 그리고 이때부터 나는 스스로를 마르크스주의자로 간주하기 시작했다.[48]

마오쩌둥은 에드거 스노에게 자신의 사상적 전환과 관련한 사실을 이야기하면서 미화한 부분이 있다. 사실은 훨씬 복잡했는데, 무엇보다 상기한 저작물이 그의 의식을 즉각적으로 변화시키지는 않았다는 사실을 언급하지 않은 것은 분명하다. 게다가 천왕다오가 번역한 『공산당 선언』은 1920년까지 아직 출간되지 않은 상태였다. 그러니 그해 여름에 그 책을 읽었다는 것은 말이 안 된다.* 10월 실험(러시아의 10월 혁명)을 대중에게 널리 알린 리다자오와 천두슈의 저작물은 마오쩌둥의 사고를 형성하는 데 결정적이었다.[49] 하지만 이미 볼셰비키의 이념을 받아들인 리다자오나 덩중샤와 만나 대화를 나눈 것뿐 아니라 베이징의 또 다른 젊은 지식인들과의 만남 역시 마오쩌둥의 사상을 변화시

---

* 공정하게 말하면, 우리는 마오쩌둥이 또 다른 판본의 『공산당 선언』을 읽었을 가능성에 대해서도 언급해야 할 것이다. 이는 나중에 베이징 대학 학생이 등사한 뤄장룽의 회고록에 따른 것이다. 과연 그것이 사실인지 여부는 확실치 않다.

키는 데 기여했다.

1919년 5월 4일 이후로 베이징 학생들의 분위기가 달라졌다. 전시 체제하에서 중국의 애국자들이 공유하고 있던 영미 자유주의에 대한 환상은 이미 사라졌다. 이는 중국 전역, 특히 베이징에서 자유주의 사상의 위기를 몰고 왔다. 지식인들 사이에 사상적이고 정치적인 노선의 구분이 심화되었다.[50] 아울러 역사상 처음으로 산업 노동자들이 중국 역사의 전면에 나서기 시작했다. 수십만의 노동자들이 5·4 운동에 동참했다. 노동자들의 자각은 이미 마르크스주의에 익숙한 중국 혁명가들에게 "세계 노동자 계급(프롤레타리아)의 역사적 임무"에 관한 마르크스주의 이론의 진리를 명징하게 확인시켜 주는 것으로 간주되었다.[51] 하지만 마르크스주의에 관한 중국 내 여론의 향배를 결정짓는 데 보다 관건이 된 것은 러시아에서 성공리에 마무리된 10월 혁명의 특징 때문이었다. 그들에게 10월 혁명은 근본적으로 소비에트 정부의 반제국주의적이고 반자본주의적인 정책의 승리였으며, 또한 제국주의의 내정 간섭과 국내 반혁명 분자들에 대한 붉은 군대의 승리였다. "러시아 혁명을 통해 마르크스주의는 그것이 세계를 변혁할 수 있는 힘이라는 사실을 보여 주었다." 리다자오는 1919년 이렇게 강조했다.[52] 본질적으로 그의 말은 정확했다.

러시아 공산주의가 달성한 성과는 마르크스주의를 자신들의 행동을 이끌어 내는 이념으로 이해하고자 하는 갈망을 불러일으켰다. 중국의 애국적 지식인들은 중국을 움직일 지렛대로 삼기 위해 볼셰비키의 경험을 배우기 시작했다. 마르크스주의는 볼셰비키 경험의 프리즘을 통해 중국에 전파, 수용되기 시작했다. 몇 년 후 마오쩌둥은 이렇게 썼다. "중국이 마르크스주의를 발견한 것은 러시아를 통해서다. ……러시아인들이 걸어간 길, 즉 그들의 결론을 따라간 것이다."[53] 중국의 선두적인 지식인 대다수는 마르크스주의의 광범위한 경향 중에서도 유독 볼셰비키의 사상을 빌려 왔다. 볼셰비즘의 신봉자들은 사회 발전의 규율에 관한 의지주의적 세계관을 바탕으로 인류 사회의 자연스러운 역사적 진화의 원리를 과소평가하고, 역사에서 대중의 역할과 계급 투쟁을 절대적인 것으로 간주하는 경향이 강하며, 재산권과 개인의 권리를 완전히 부정하고, 폭력을 옹호하고, 윤리와 도덕, 종교, 시민 사회 등 공인된 관념을 포함한 인류의 보편적 가치를 부정하고 있다는 점에서 다른 이들과 구별된다. 그들은 자본주의와 그 이전 사회의 사회 경제와 정치, 사상 구조에 대해 간략하면서도 표피적으로만 이해했기 때문에 사회 체제의 다양성을 충분히 고려하는 데는 실패했다. 세계 발전에 대한 그들의 관점은 사실상 세계주의를 표방한다고 말할 수 있는데, 그들이 기꺼이 받아들이고자 했던 유일한 명제는 세계 사회주의 혁명의 필연성이었다.

조국의 약점과 굴욕을 민감하게 느끼고 있던 일부 중국 청년들은 특히 볼셰비키의 강철 의지에 매료되었다. 그들은 레닌이 표방하는 전혀 규제받지 않는 프롤레타리아의 공포 정치를 아무도 싸워 이길 수 없는 역량의 표현으로 여겼다. 그것이 바로 중화 제국에는 부족한 역량이었다. 1920년 초 자유주의를 추구하는 영국의 철학자 버트런드 러셀(Bertrand Russell)은 중국을 방문한 후 당시 수많은 중국의 젊은이가 "공포에 매료되고 있음"을 알고 큰 충격을 받았다. 러셀은 소비에트 러시아를 먼저 방문한 다음에 중국으로 왔다. 그의 러시아 여행에 관한 기행문을 천두슈가 《신청년》에 실었다.[54] 러셀은 러시아 공산주의자들의 행동은 객관적이고 또한 철저하다고 평했다.[55] 좌파의 한 사람으로서 여러 강연과 저작물을 통해 "세계 발전을 위한 볼셰비키의 실험이 지닌 거대한 의의"를 강조했으며, 모든 사회주의자들이 소비에트 러시아를 지지해야 한다고 주장했다. 동시에 그는 한 명의 자유주의자로서 민주주의 원칙과 양립할 수 없다고 여기는 볼셰비키의 행위와 그들이 촉발한 공포에 대해 섬뜩한 느낌을 받았다. 중국에서 연설하면서 러셀은 비록 공산주의 이념에 긍정적이라고 말하기는 했지만, 노동자와 농민의 전정(專政)에 대해 거리낌 없이 비판했다. 그는 부자들도 일정한 교육을 통해 삶의 방식을 바꿀 수 있을 것이라 확신한다고 주장했다. 그렇게 된다면 "자유를 제한하거나 전쟁이나 유혈 혁명에 더 이상 기대지 않아도 될 것"이라고 말했다.[56] 그러나 청중인 젊은 중국 학생들은 러셀이 볼셰비키를 질책한 것에 대해서만 그야말로 게걸스럽게 받아들였다.

1920년 겨울과 봄, 베이징에 머물고 있던 마오쩌둥은 의식적인 면에서 아직 근본적인 변화를 느끼지 못했다. 확실히 마르크스주의나 특히 볼셰비즘이 강철의 의지와 같은 말을 통해 인상적으로 다가와 러시아 공산주의에 대해 보다 많은 것을 생각하게 만들었지만, 마오쩌둥은 1920년 봄까지 아직 어떤 형태의 마르크스주의자도 아니었다. 이는 1920년 3월 중순에 친구인 저우스자오에게 보낸 편지에서도 여실히 드러난다. "솔직하게 말해서 지금 나는 여러 가지 주의나 다양한 학설에 대해 비교적 명확한 개념이 서지 않은 상태일세."[57]*
그의 생각은 아직 뒤죽박죽인 상태였다. 그는 소비에트 러시아를 "세계에서 문명화된 나라 가운데 하나"라고 생각했지만, 여전히 창사의 어느 곳에서 집을 빌려 친구들과 함께 스스로 공부하는 일종의 '쯔슈 대학(自修大學)'을 세우고 싶다는 꿈을 꾸고 있었다. 그는 유토피아적인 공사(公社, 코뮌)에서 함께 생활하는 이들을 위한 구체적인 임무를 작성하여 다음과 같이 말했다. "우리는 이 대학(쯔슈 대학)에서 공산(公産)의 생활을 실행한다. 생활비를 마련하는 방법에 관해 대략 다음 몇 가지를 정한다. ……모든 수입은 완전히 공공으로 사용한다. 많이 번 사람은 적게 번 사람을 보조하며 충분히 소비할 정도에서 그친다."[58] 마오쩌둥은 자신이 읽고 들은 소비에트에 관한 모든 것의 영향하에서 그곳으로 가기를 원했다. 그리고 1920년 2월 타오이에게 자신들과 함께 1년이나 2년 정도 소비에트에 갈 수 있겠느냐고 완곡하게 의견을 물었다. 그러나 1920년 6월 말 갑자기 이런 의견을 공표했다. "새로운 문화의 작은 꽃망울이 북극해 연안의 러시아에서 출현했다. 수년간 강풍과 폭우의 시련을 겪고 있으니 우리는 과연 그것이 성공적으로 발전할지 아직 알 수 없다."[59]

마오쩌둥은 옛 스승인 리진시(黎錦熙)에게 보내는 서한에 이렇게 썼다. "최근 저의 공부는 영문과 철학, 신문 세 가지입니다. 철학은 '현대 3대 철학가'로부터 시작하여 점차 다른 철학자로 영역을 넓혀 가고 있습니다." 그가 말한 '현대 3대 철학가'는 레닌과 같은 부류가 아니라 버트런드 러셀과 앙리 베르그

---

* 「저우스자오에게 보내는 서신(致周世書信)」.—옮긴이

송(Henri Bergson), 존 듀이(John Dewey) 같은 자유주의 지식인들이다.[60] 그는 "지식에 목말라한다"라고 고백했지만 그의 학습은 그다지 체계가 없었고, 독서 또한 목적이 불분명했다. "저는 아쉽게도 마음을 진정하기 어렵고 끈기가 없습니다. 바꾸려 해도 쉽게 바꿀 수 없으니 정말 한스러운 일이 아닐 수 없습니다."[61] 그는 모든 학문을 맛보려고 애썼다. 철학과 언어학, 심지어 불학(佛學)에도 흥미를 보였다. 리다자오에게 배우기는 했으나 아직까지 볼셰비즘을 유일하고 진정한 세계관으로 받아들이지 않고 있었던 것이다.

4월 11일 마오쩌둥은 베이징을 떠났다. 1년 전에 그랬던 것처럼 여정에 돌입했다. 이번에는 제일 먼저 베이징에서 동쪽으로 기차를 타고 2~3시간 정도 걸리는 톈진으로 갔다. 그리고 산둥의 성회이자 물이 풍부한 샘물의 도시 지난(濟南)으로 갔다. 그런 다음 짬을 내어 공자의 탄생지에 들러 아름다운 취푸(曲阜)를 감상했다. 신성한 산인 타이 산(泰山) 정상을 오른 그는 그곳에서 일출의 장엄한 모습을 바라보았다. 하산한 후 또 한 명의 위대한 사상가인 맹자의 고향 쩌우청(鄒城, 추읍)을 방문했다. 그다음에 난징을 거쳐 상하이로 갔다. 상하이에서 할 일이 있었다. 그의 여정은 25일이나 걸렸다. 앞으로 닥칠 정치 투쟁을 위해 휴식을 취하고 힘을 모으기에 충분한 시간이었다.

7

세계 혁명을 호흡하다

1920년 5월 5일 상하이에 도착한 마오쩌둥은 시내 서쪽 지저분한 거리에 있는 작은 이층집에서 후난 친구들과 함께 지냈다. 그는 그곳에서 2개월 반 동안 생활했다.[1] 언제나 그렇듯 마오쩌둥은 친구들과 마찬가지로 거의 빈털터리였다. 겨우겨우 살아가기 위해 스스로 '지식인의 습관'이라고 부르던 것을 포기하고 육체노동을 해야만 했다. 마오쩌둥은 다른 사람의 옷을 세탁하는 일을 하게 되었다.[2] 세탁소 종업원으로 반나절을 일하고, 나머지 자유 시간은 정치 공작을 하거나 도시 주변을 돌아다니며 보냈다.[3]

그는 상하이 주변을 두루 살펴보았다. 양쯔 강(揚子江, 창장 강)의 지류 가운데 하나인 황푸 강(黃浦江) 제방에 위치한 상하이는 이미 중국은 물론이고 동아시아에서 가장 큰 산업과 상업의 중심지로 떠올랐다. 영국이 본격적으로 등장하기 시작한 1842년부터 시작하여 상하이는 1920년까지 인구 23만 명의 자그마한 마을에서 베이징의 두 배에 달하는 200만 명이 거주하는 대도시로 변모했다. 상하이는 중국에서 가장 중요한 개항장이 되었다. 황푸 강 좌안을 따라 수없이 많은 부두와 창고가 늘어섰다.

상하이는 전체 여섯 개의 구역으로 나뉘어 있다. 그 가운데 다섯 곳은 난다오(南刀), 자베이(閘北), 우쑹(吳淞), 공공 조계, 프랑스 조계로 황푸 강 왼쪽(또는 서쪽) 제방에 자리했고, 나머지 한 곳인 푸둥(浦東)은 오른쪽(또는 동쪽)에 자리하고 있었다. 북쪽 기차역 근처, 황푸 강의 지류였던 작은 강 우쑹(쑤저우 강(蘇州河)으로 부르기도 한다.)의 왼쪽 제방으로 자베이 노동자 지부가 있는 곳에 산업 시설이 늘어서 있었다. 그곳은 19세기 중반에 처음 시작된 새로운 시가지였다. 난다오는 상하이에서 가장 오래된 지역으로 당나라(618~907년) 때에 마을이 들어서기 시작했으며, 황푸 강과 남쪽 기차역 사이에 자리하고 있었다. 자베이의 남쪽, 그리고 황푸 강의 북쪽과 서쪽에는 영국이 통치하는 외국인 거주지가 이어져 있다. 남쪽 공공 조계 옆이 프랑스 조계다. 이렇듯 외국인이 거주하는 조계지는 상하이 왼쪽 제방을 이등분하고, 난다오와 자베이 사이에 끼어 있는 기다란 띠 모양의 넓은 지역으로 이루어져 있었다. 공동 조계와 프랑스 조계 서쪽, 쑤저우 강 상류에 우쑹 구가 남아 있었다.

도시의 3분의 1 정도 되는 56제곱킬로미터 면적에 외국인들이 거주하고 있었다. 외국 법률이 외국인 거주 지역(조계지)에 통용되고, 외국 군대와 경찰이 상주했다. 중국인들도 그 지역에 거주가 허용되었다. 부유한 중국인들과 지식인들은 중국 정부가 이 기회를 이용하는 것에 반대했다. 사실 공공 조계나 프랑스 조계에 살고 있는 중국인들이 외국인보다 몇 배나 더 많았다.* 정치적 환경 면에서 볼 때 그곳은 중국의 그 어느 곳보다 자유로웠으며, 전반적인 생활 수준 또한 상당히 높았다. 난징루(南京路)에 줄지어 서 있는 상점들은 중국에서 흔히 볼 수 없는 독특한 풍경이었다. 상하이 공공 조계와 프랑스 조계에 유럽과 미국계 대형 은행의 지점이 자리했고, 인근에 값비싼 호텔과 빌라가 들어섰다.

상하이의 건축물 형태는 다른 중국 도시들의 건축물과 선명하게 대조되었

---

* 예를 들어 1885년 상하이 공공 조계의 중국인과 외국인의 비율은 35대 1이었고, 프랑스 조계에는 중국인이 2만 5000명, 외국인이 300명이었다.

다. 부두는 수많은 석재 고층 빌딩과 하늘 높이 솟구친 첨탑으로 강렬한 인상을 주기에 충분했다. 사방에서 생기가 넘쳐 나고, 온갖 광고판에서 휘황찬란한 네온사인이 반짝이며 거리마다 차량들이 빠른 속도로 위태롭게 달려갔다. 인력거꾼들이 앞뒤로 몰려들고 여러 나라에서 온 배들이 항구에서 짐을 부리거나 실었다. 우아하게 차려입은 귀부인들이 세련된 신사와 함께 부두 한복판이나 녹음 우거진 강가를 산책했다. 많은 사람들이 난징루와 근처 거리, 골목길을 서로 밀치며 걸어 다녔다. 수많은 가게와 음식점, 영화관과 도박장이 부유한 시민들을 끌어모았다.

상하이에서는 영어나 프랑스어는 물론이고 러시아어도 도처에서 들을 수 있었다. 1925년 상하이에는 2766명의 러시아인이 살았으며 최소 6000명의 영국인, 1500명의 미국인, 1000명이 넘는 프랑스인이 거주하고 있었다. 전체적으로 상하이에 3만 7758명의 다양한 국적을 가진 외국인이 살고 있었다. 그중에서 일본인이 다수를 점유하였는데, 1925년 1만 3804명의 일본인이 거주하고 있었다.[4] 하지만 그 도시에 낙인을 찍은 러시아, 영국, 프랑스 사람들로 인해 상하이는 유럽 도시의 분위기가 물씬 풍겼다. 조계 지역의 건축물은 뉴욕이나 런던의 건축물과 약간 달랐다.

마오쩌둥은 비록 난징루나 부두에서 멀리 떨어진 곳에 살았지만 외국인들이 중국인들을 어떻게 보고 있는지 눈치채지 않을 수 없었다. 그는 공공 조계와 프랑스 조계를 잇는 과학 기술의 경이인 전차를 이용했다. 또한 고객을 만나 더러운 세탁물을 받거나 깨끗하게 세탁한 옷 꾸러미를 배달하기 위해 전차를 애용했다. 하지만 이를 위해 그렇지 않아도 적은 수입의 대부분을 허비할 수밖에 없었다.[5]

당시 장징야오를 반대하는 활동가들이 상하이에 모여 있었다. 후난 개조연맹은 후난 출신의 부유한 이주민들이 만든 조직으로 1918년 12월 상하이에서 활동하기 시작했다. 그 밖에 후난 출신들이 장징야오의 하야를 촉구하기 위해 만든 조직도 상하이에서 지속적으로 활동하고 있었다. 1920년 봄 후난 출신의 저명한 정치가이자 중화민국 대총통부 고문을 역임한 쉬포쑤(徐佛蘇) 역시 상

하이에 머물고 있었다.[6]*

　상하이에서 마오쩌둥과 그 밖의 후난 애국 인사들이 여러 활동을 하며 애썼지만 얻은 것은 아무것도 없었다. 하지만 마오쩌둥은 여전히 아무 소용도 없는 일에 매달렸다. 분명한 것은 좀 더 복잡한 방법으로 투쟁에 접근하고 있다는 점이었다. 그는 부패한 독재자를 몰아내는 일뿐 아니라 그러한 폭군을 만들어 내는 사악한 체제의 변화를 시도했다. 1920년 봄과 가을 사이에 그가 쓴 선언문에서 그는 후난인에 의한 자치라는 유토피아적 열정을 드러내고 있다. 그는 후난의 완전한 독립을 주창하면서 더러운 수렁 속에 빠진 중국에서 떨어져 나와야 한다고 말했다. 그리고 후난 인민헌법회의를 소집하고 후난 헌법을 제정해야 한다고 제안했다. 이것이야말로 진정한 민주 정체라는 것이었다. 마오쩌둥은 나중에 이렇게 회고한 바 있다. "북양 정부를 싫어했기 때문에 후난이 베이징과 관계를 맺지 않으면 훨씬 빨리 발전할 수 있을 것이라고 믿었다. 그래서 우리는 독립을 부르짖었던 것이다. 당시 나는 미국의 먼로주의와 개방 정책에 대한 열렬한 지지자였다."[7] 마오쩌둥은 에드거 스노에게 1920년 여름에 마르크스주의자가 되었다고 말했는데, 그런 사람이 이렇게 말했다는 것은 어딘가 이상하다.

　'후난 독립'은 그리 새로운 생각이 아니다. 1911년 혁명 전야에 후난의 혁신적인 민주주의자였던 양서우런(陽守仁)은 자유 후난이 중국 다른 성의 모델이 되어 궁극적으로 새로운 연방제의 원칙에 따라 연합함으로써 중화 민족의 부흥을 이끌어 낼 수 있다고 주장했다.[8] 당연히 그의 생각은 마르크스주의나 볼셰비즘과 아무런 관련도 없다. 오히려 그것은 몇몇 서구 유럽 국가나 미국의 연방제 전통에 어울렸다. 당시 마오쩌둥은 이를 수용하지 않았다. 1920년 3월만 해도 그는 후난의 독립 가능성에 대해 회의적이었다. "후난은 중국의 한 성이기 때문에 후난인이 독립 정권을 세우기는 쉬운 일이 아닐 것이다. ……우리

---

* 이는 저자의 착각인 듯하다. 쉬포쑤는 1879년 태어나 1916년에 죽었기 때문에 1920년에는 이미 고인이 된 상태였다. ― 옮긴이

의 상황은 미국이나 독일과 같아질 것이다."[9] 그런데 얼마 후 그는 열렬한 지지자가 되었다. 그는 다음과 같이 전제하고 이야기를 시작했다. "중국은 지나치게 방대하다. 각 성은 정서나 관심, 대중의 지적 수준에 이르기까지 서로 크게 다르다. ……동시에 후난은 지리적으로나 대중의 재질 면에서 상당한 잠재력을 가지고 있다. 만약 그들이 전국적인 조직으로 흡수된다면 그들의 우세한 역량은 약화될 것이며, 보다 나은 발전도 억제될 것이다."[10]

마오쩌둥은 고향인 후난 사람들의 창조적 능력을 신뢰했다. "만약 이번에 후난인이 앞장선다면 산시, 푸젠, 쓰촨(四川), 안후이 등 똑같은 상황에 놓인 성들도 그 뒤를 따를 것이며, 10여 년 또는 20년 후에 함께 모여 전국적인 문제에 대한 총체적인 해결 방안을 얻을 수 있을 것이다."[11] 그는 군벌 정부나 군대 없이 자유로운 민중이 자신의 나라를 직접 통치하여 교육과 산업, 무역을 촉진할 수 있는 사회로서 특별한 '후난 문명'을 창조하기를 원했다.[12] 또한 후난을 스위스, 일본 등과 비교하기도 했다.[13] 마오쩌둥은 특히 후난의 성회인 창사 시민들이 독립과 민주 운동의 선봉대가 되어야 한다는 점을 강조했다. "그 책임은 필연적으로 30만 창사 시민들의 어깨에 떨어졌다."[14]

1920년 6월 마오쩌둥은 가장 존경하는 천두슈에게 후난의 부흥과 재건에 대한 자신의 계획을 보냈다.[15] 당시 천두슈는 《신청년》 편집부가 있는 프랑스 조계의 한적한 골목에 자리한 중국 전통식 벽돌집에서 살고 있었다. 천두슈가 어떤 답변을 했는지는 알려지지 않았지만 아마도 마오쩌둥의 순진한 계획에 별로 관심이 없었던 듯하다. 그렇지 않았다면 마오쩌둥이 자신의 글에서 그의 반응에 대해 언급했을 것이 틀림없다. 그와 달리 천두슈는 마오쩌둥을 마르크스주의의 '진정한 길'로 인도하려 했다. "나는 상하이를 두 번째 방문했을 때 천두슈와 만나 내가 읽은 마르크스주의 책에 대해 이야기를 나누었다. 그의 확신에 찬 단언은 인생에서 가장 중요한 시기에 있었던 나에게 강렬한 인상을 남겼다."[16]

천두슈는 중국에서 최초로 볼셰비키 세포 조직을 만드느라 바빴다. 코민테른의 일원인 소련공산당은 그에게 직접적으로 재정과 사상적인 원조를 제공했다. 레닌의 창도하에 1919년 3월에 만들어진 코민테른은 볼셰비키 원칙을 채택한 모든 급진적인 혁명당과 연대하고 협조하고 있었다. 코민테른은 세계 공산주의 운동의 주된 이념과 조직의 중심으로 세계 혁명의 총본부였다.

코민테른은 막강한 정보망을 구축하여 각국에 고문과 정보원을 파견했다. 코민테른은 외국인과 소련공산당으로 구성된 자체 관료 체계를 갖춘 코민테른 집행위원회에 선출된 이들의 지시를 따랐다. 모스크바 크렘린 궁전 바로 맞은편 사포즈콥스키 광장에 자리하고 있는데, 그곳에서 지구 반대편 먼 곳까지 명령과 지시를 수행하기 위한 고문을 파견했으며, 더욱 중요한 것은 볼셰비키가 이전 러시아의 귀족이나 부르주아지에게 빼앗은 재화를 통해 공산주의 혁명을 위한 자금을 보내는 일이었다. 그 자금은 주로 유럽과 아시아, 아프리카, 미국의 공산당 조직과 지하 신문 발간, 당교(黨校) 운영, 그리고 파업 노동자와 전문 혁명가들에게 제공되었다. 레닌, 트로츠키, 그리고리 지노비예프(Grigorii Zinovyev), 스탈린 등 볼셰비키 영도자들은 소련 이외의 공산주의 운동을 위해 지원을 아끼지 않았다. 소련 정권 초기에 그들은 낙후된 러시아의 사회주의 건설을 전 세계적인 무산 계급 혁명의 승리와 연결시킬 수 있기를 희망했다.

당연히 그들은 중국을 주목하지 않을 수 없었다. 러시아의 수년에 걸친 내전 기간에는 모스크바에서 중국에 직접적인 영향력을 발휘할 수 없었다. 그래서 1920년 봄에야 비로소 그리고리 보이틴스키(Grigorii Voitinsky)가 이끄는 볼셰비키들이 코민테른의 지시에 따라 소련 원동에서 중국으로 파견되었다. 중국 이름으로 우팅캉(吳廷康)이라 불리던 보이틴스키는 키가 크고 맵시 좋고 검은 곱슬머리에 사려 깊은 눈빛을 지닌 에너지 넘치는 스물일곱 살의 젊은이였다. 그는 탁월한 지적 능력과 재치, 온유하고 단정한 모습으로 나타나 사람들을 놀라게 했다. 게다가 그의 유창한 영어 실력은 큰 자산으로 작용했다. 당시 급진적인 중국의 지식인들은 서양 언어라면 영어나 프랑스어만 생각했을 뿐 러시아어는 아직 안중에 없었기 때문이다. 보이틴스키와 만나면서 사람들은 이 매혹적인 젊은이가 시베리아와 러시아 원동 지역 공산주의 운동의 주요 조직가이자 무엇보다 강철처럼 단단하고 혁명의 적들에게 무자비한 볼셰비키

라는 사실을 도무지 상상할 수 없었다.[17]

원래 이름이 자르킨(Zarkhin)인 보이틴스키는 자신과 마찬가지로 볼셰비키이자 노라라는 별명으로 불리는 부인 마리아 쿠즈네초바(Maria Kuznetsova)와 함께 중국에 왔다. 보이틴스키의 통역을 맡은 이는 노동자 출신의 회계사로 1901년부터 블라디보스토크에 살고 있던 양밍자이(楊明齋)였다. 코민테른 대표단은 1920년 4월 베이징에 도착했다. 그들 앞에는 특별한 비밀 임무가 맡겨졌다. 중국의 급진적인 활동가들이 공산주의 단체를 조직할 수 있도록 그들과 정기적인 연락 관계를 맺으라는 것이었다. 이처럼 그들은 체제 전복을 기도하는 공작을 원조하기 위해 충분한 자금을 확보하고 있었다.

그들은 상당히 운이 좋았다. 무엇보다 베이징 대학에서 러시아 문학을 가르치고 있으며, 당시 소비에트 러시아에 대해 동정적이던 러시아 출신의 망명자 세르게이 폴레보이(Sergei A. Polevoi)가 리다자오와 만남을 주선했기 때문이다. 소련의 볼셰비키는 리다자오에게 중국에 공산당을 창당한다는 숨 막힐 만한 계획을 말해 주었다. 리다자오는 자신은 이에 대해 전적으로 동의하지만 우선 천두슈와 만나 상의할 것을 제안했다. 러시아 망명자 폴레보이에게 천두슈에 대한 사전 정보를 얻은 양밍자이 역시 천두슈를 만나 볼 것을 보이틴스키에게 권유했다. 보이틴스키와 쿠즈네초바, 양밍자이 세 사람은 리다자오가 써준 추천서를 들고 4월 말 상하이에 도착했다.

중국에서는 돈도 중요하지만 인간관계도 중요하다. 그렇기 때문에 보이틴스키가 리다자오와 폴레보이를 교묘하게 활용한 일은 대단히 유효한 것이었다. 이미 상하이에 건설되어 있던 소련 공산주의자 그룹은 보이틴스키 일행과 접촉했고, 함께 소련공산당과 연맹할 준비가 되어 있는 천두슈와 관계를 '구축'하기 시작했다. 그들은 《신청년》을 공산주의 이념을 전파하는 강단으로 삼아 이를 중심으로 급진적인 혁명 역량을 결집한다는 목적에 부응하기로 결정했다.[18]

마오쩌둥이 천두슈를 방문한 것은 바로 그즈음이었다. 마오쩌둥은 천두슈와 만나 이야기를 나누면서 많이 혼란스러웠다. 물론 천두슈에 대한 믿음은 변하지 않았으나, 자치와 진보를 토대로 성의 독립 선포를 지지하는 후난 민중을 단결시키려는 자신의 계획 또한 포기할 수 없었기 때문이다. 그해 7월 후난으로 돌아온 마오쩌둥은 여전히 혼란 상태에 놓여 있었다.

마오쩌둥은 친구들과 공동으로 투자하여 사회 과학과 정치 관련 서적을 보급하는 중국 최초의 협동조합 서점을 만들고자 했다. 서점 이름은 문화서사(文化書社)로 9월에 개업하여 다양한 종류의 가치 있는 서적과 정기 간행물, 신문 등을 부담 없는 가격에 판매하기 시작했다. 이를 통해 후난 민중 계몽에 기여하기 위함이었다.[19] 문화서사는 당시 지역 유명 인사들의 주목을 끌기에 충분했다. 간판은 1920년 11월 하순까지만 해도 후난 성장 자리에서 내쫓으려고 했던 탄옌카이가 써 주었다.[20] 서점은 마오쩌둥과 동료들이 중미 합작 병원인 샹야로부터 임대한 방 세 개짜리 2층 건물에 자리했다. 초기 투자금은 고작 519위안이었다. 그러나 마오쩌둥과 동료들은 1920년 10월 말까지 러셀과 크로폿킨, 다윈, 플라톤, 후스 등의 저작물과 마오쩌둥이 좋아했던 커크업의 『사회주의사』를 포함해 다양한 책을 서점에 비치할 수 있었다.[21] 마르크스의 『자본론』 초판 서문을 소책자뿐 아니라 중국 독자들에게 지난 17년간의 러시아 공산주의 운동사에 대해 처음으로 상세하게 설명하고 있는 사오퍄오핑의 『새로운 러시아 연구(新俄國之研究)』도 판매했다.[22] 이외에 마흔다섯 종의 정기 간행물과 세 종의 신문도 배급했는데, 그중에는 천두슈와 리다자오가 발간하던 공산주의 간행물과 《신청년》, 《소년 중국》, 《신조(新潮)》, 《노동계(勞動界)》 같은 사회주의 간행물도 있었다. 1921년 4월 문화서사는 후난에 일곱 군데 지점을 개설했으며, 후난 교육 기관 네 곳에 판매소를 설치했다.[23]

1920년 8월 말 리다자오, 천두슈와 만나 대화하면서 많은 영향을 받은 마오쩌둥은 창사에서 러시아 연구회(俄羅斯研究會)를 창립했다.[24] 그리고 전략적인 이유 때문에 자유주의자로 잘 알려진 장지환(姜濟寰)을 연구회 총간사로 선발했지만 실제로는 마오쩌둥이 주도했다. 연구회의 야심 찬 목표는 러시아의 개인과 집체 연구, 접근 가능한 문헌 수집, 러시아에 관한 연구서 발간, 그리고 연구를 위해 모스크바 방문을 원하는 이들을 위한 특별반(근공검학) 후원이었다.

연구회는 서점과 같은 지역에 있었다.[25]

마오쩌둥도 러시아에 가고 싶은 꿈이 있었다. 베이징에서 리다자오를 비롯한 몇몇과 이에 대해 의논한 적이 있으며, 심지어 폴레보이의 강의를 듣기도 했다.[26] 상하이에 있을 때도 계속해서 러시아에 대해 연구하고, 자신에게 러시아어를 가르쳐 줄 수 있는 또 다른 망명자를 찾아보기도 했다. 프랑스에서 무정부주의자에 의해 시도된 근공검학 프로그램과 유사한 방식으로 소비에트 러시아에서 일도 하고 공부도 할 수 있다는 생각이 뇌리에서 계속 맴돌았다.[27] 마오쩌둥은 당시 천두슈와 보이틴스키가 상하이에서 이를 적극적으로 준비하고 있다는 소식을 들은 것이 분명하다. 1920년 9월 천두슈와 보이틴스키는 모스크바에서 공부하기를 원하는 사회주의 성향의 젊은이들에게 러시아어를 가르칠 외국어 학교를 조직하고 있었다.[28] 『공산당 선언』을 중국어로 번역한 천왕다오가 매주 한 차례씩 마르크스주의에 대해 강의를 했으며,[29] 보이틴스키는 졸업생들에게 러시아를 여행할 수 있는 경비를 대 주었다.

이 모든 것이 마오쩌둥에게 강한 인상을 남겼다. 하지만 아직 볼셰비즘을 수용할 준비가 되어 있지 않았다. 리다자오와 천두슈를 깊이 존경하고 그들의 관점을 중시했지만 자신의 자유주의와 무정부주의 사상을 버리는 것도 쉬운 일이 아니었다. 1920년 여름과 가을 내내 후난 민중의 역량을 일깨우기 위한 대중 계몽을 고무시키는 데 전력하면서 후난과 자신의 고향인 샹탄 지역에서 몇몇 연구회 조직에 참가했다.[30] 그는 계속해서 지역 신문에 후난인의 자결을 고무하는 글을 발표했다. 10월 초 창사에서 성 교육위원회가 소집한 '제2차 자치 운동을 위한 각계 연계를 위한 준비 회의(第二次籌備自治運動之各界聯係會議) 의장을 맡아 회의를 주재했으며, 거기서 그는 후난 인민헌법회의를 개최하여 후난 헌법을 제정하고 새로운 후난을 건설하라는 청원서를 기초하여 서명을 촉구했다. 당시 청원서에 서명한 이들은 신문 기자, 과학자, 교육자, 상인, 심지어 노동자까지 전체 430명이었다.[31] 10월 10일 중국 국경절에 동원된 1만여 명의 거창한 시위대가 거리를 누비는 동안 탄옌카이에게 결의안이 전달되었다.[32] 11월 7일 창사에서 벌어진 또 다른 대규모 시위에서 마오쩌둥은 "위대

한 후난 만세"라고 쓴 현수막을 들었다.[33]

그러나 그의 과감한 독립 요구를 통해 얻은 것은 하나도 없었다. 개별적인 시위나 모임, 심지어 대규모 시위조차도 혁명을 이끌어 내지는 못했다. 한참 뒤 마오쩌둥은 당시 일을 회상하면서 다음과 같이 자조 섞인 말을 내뱉었다. "탄옌카이는 후난 독립 운동을 자신의 목적에 이용한 자오헝티(趙恒惕)에게 축출되고 말았다. 그는 중국의 자치주 연합을 주창하면서 후난 독립을 지지했지만 권력을 거머쥐기가 무섭게 강력한 무력으로 민주주의 운동을 탄압하기 시작했다."[34]

공정하게 말하면, 자오헝티는 1922년 1월 1일 성의 헌법을 인정한 중국 최초의 장군이다. 하지만 마오쩌둥이 정확하게 지적한 것처럼 그가 그렇게 한 것은 당시 성장으로서 역할을 감당할 만한 군사적 역량이 충분하지 않았기 때문이다. 그의 군사 독재를 감추기 위한 헌법은 마오쩌둥이 적극적으로 옹호하던 민중의 역량과 아무런 관계가 없었다. "후난 헌법은 수명에 한계가 있다. 이러한 상황에서 성 자치를 위한 연맹 실현은 거의 가능성이 없다." 마오쩌둥은 이렇게 예언했다.[35]

처음부터 이런 곤란에 봉착하게 되자 마오쩌둥을 적극적으로 지지하던 많은 이들이 후난 자치 운동을 포기하기 시작했다. 이전에는 누구보다도 큰 소리로 외치던 이들조차 집에 칩거하는 것이 차라리 낫다고 여겼다. 한동안 마오쩌둥이 적극적으로 옹호해 왔던 것이 한꺼번에 무너지고 말았다. 무엇보다도 마오쩌둥을 혼란스럽고 환멸감을 느끼게 만든 것은 대중의 무관심이었다. 그가 의지하고 신뢰하던 사람들이 소극적으로 바뀌었다는 것을 알게 되자 마오쩌둥은 자신감을 잃었다. 오랜 친구인 샹징위에게 보낸 편지에서 그는 분노를 숨기지 않았다. "지난 몇 개월 동안 이미 간파했네. 정계는 이미 무기력하고 심하게 부패하여 정치 개혁의 희망은 거의 없다고 말할 수 있네."[36]

리다자오와 천두슈가 자신에게 했던 말에 대해 진지하게 생각하기 시작한 것은 바로 이때였다. 좋다! 그는 마침내 마음을 정했다. "우리는 오직…… 새로운 길을 개척하고 새로운 환경을 창건해야 한다."[37] 프랑스 몽타르지의 남자 중학교에서 프랑스어를 배운 차이허썬 역시 그에게 권유했다. 차이허썬은 유럽에서 직접 보고 경험하면서 이미 극렬한 볼셰비키로 변신한 상태였다. 그는 마오쩌둥에게 다음과 같은 편지를 보냈다.

나는 당대의 세계 혁명이 승리를 얻을 수 있는 유일한 방법이라고 생각하네. 나는 사회주의가 자본주의의 반영임을 똑똑히 보았네. 그 중요한 사명은 자본 경제 제도를 타파하는 것이며, 그 방법은 무산 계급 전정(프롤레타리아 독재)일세. 그것으로 사회 경제 제도를 바꿔야 한다는 것이지. ……그래서 나는 향후 중국을 개조하는 데 사회주의의 원리와 방법이 가장 적당하다고 생각하네. ……나는 먼저 당, 즉 공산당을 조직해야 한다고 생각하네. 그것이야말로 혁명 운동의 발동자이자 선전자이고, 선봉대이자 작전부이기 때문일세.[38]

바로 그때 천두슈와 보이틴스키, 리다자오가 그런 당을 만들기 위해 움직이고 있었다. 1920년 5월 천두슈와 보이틴스키는 천두슈와 가까운 세 명을 포함해 이른바 '혁명국(革命局)'을 만들었다.[39] 그리고 당원을 모집하기 시작했다. 1920년 7월 19일 가장 적극적인 활동가들이 상하이에서 모임을 갖고 천두슈가 영도하는 공산주의 소조(小組)를 결성하기로 결정했다.[40] 아울러 8월 22일 상하이에서 중국사회주의청년단(中國社會主義青年團)이 성립되었으며, 곧이어 베이징, 톈진, 우창 등지에서 유사한 조직이 결성되었다. 10월 베이징에서 리다자오가 영도하는 공산주의 소조가 세워졌고, 11월에는 중국사회주의청년단이 정식으로 선포되었다.

중국 최초의 공산당원들은 주로 학생이거나 젊은 교사, 기자 들이었다. 그들 중에 농민이나 노동자는 없었다. 가장 나이가 많은 사람은 '노인'으로 불리던 천두슈로 마흔두 살이었으며, 가장 젊은 사람은 열여덟 살의 베이징 대학 학생으로 러시아어를 조금 할 줄 아는 류런징(劉仁静)이었다. 그들이 하나로 묶일 수 있었던 것은 모든 수단을 총동원하여 자신의 조국에서도 러시아에서 발생한 사회주의 혁명을 가능한 한 빨리 이루겠다는 열정적인 갈망 때문이었다. 1920년 11월 천두슈는 합법적인 기관지 《공산당(共産黨)》을 창간했다. 공산당 성립의 이념을 지속적으로 전파하기 위함이었다. 잡지는 코민테른, 즉 코민테른의 문건과 더불어 중국 내 볼셰비키 혁명의 전망에 관한 글을 실었다. 또한 노동자를 위한 잡지 《노동계》를 창간하여, 교육을 받지 못한 노동자들을 대상으로 간단하고 쉬운 문장으로 마르크스의 자본과 잉여 가치에 관한 이론을 설명했다.

마오쩌둥 역시 "주의(主義, ism)로 연대한 단체"를 만들 필요가 있다고 생각했다.[41] 고도의 응집력을 지닌 정치 조직의 중요성에 대해 한 번도 의심한 적이 없었지만 신민학회는 확실한 형태가 없는 조직이었고, 후난 학생연합회는 이미 오래전에 없어진 상태였다. 모든 것을 다시 시작해야 했다. 마오쩌둥은 신민학회를 볼셰비키의 노선을 따라 재조직하기로 마음먹었다. 그는 베이징에서 볼셰비키 조직에 참여하고 있던 뤄장룽에게 편지를 보내 의견을 말했다.

우리는 진정으로 강력한 새로운 분위기를 조성해야 하네. ……이러한 분위기를 만들려면 각고의 노력과 굳센 의지를 지닌 '사람(人)'이 필요하며, 특히 모든 이가 공동으로 믿고 지켜 나갈 '주의(主義)'가 있어야만 하네. 주의가 없다면 이런 분위기는 조성할 수 없네. 나는 우리 학회가 그저 맹목적으로 사람들의 집합이 되어 감정적으로 결합하고 있는 것이 아니라 '주의'의 결합이 되어야 한다고 생각하네. ……주의는 깃발과 같네. 깃발이 올라가면 비로소 사람들이 희망하는 것이 생기게 되고, 나아갈 바를 알게 되는 것이니, 학형의 생각은 어떠하신지?[42]

마오쩌둥은 1920년 5월 상하이에 머무는 동안 정형화되지 못한 학회(신민학회)의 폐단을 바꾸기 시작했다. 그는 당시 상하이에 있던 열두 명의 학회 회원을 소집하여 조직을 강화하기 위한 새로운 규칙을 채택했다. 하지만 "공통의 '주의'"에 대한 어떤 논의가 있었던 것은 아니다.[43]

그즈음 상황이 드라마틱하게 변했다. 마오쩌둥은 말로만 급진적인 변화를 이야기하는 이들과 어떤 대가를 치르더라도 자신이 확신하고 있는 것을 실행에 옮기기 위해 준비하는 이들을 확실하게 구분할 필요가 있다고 믿었다. 그는 충분히 가변적이었고, 포용성을 확보하고 있었다. 1920년 11월 마오쩌둥은 세계 사회주의 혁명 프로그램을 가지고 있는 볼셰비즘을 자신이 선택한 '주의'로 확정 지었다. 하지만 오랜 친구들이 모두 그의 의견에 동조한 것은 아니었다. 1920년 10월 프랑스에서 귀국한 샤오위는 볼셰비키의 계획을 받아들이지 않았다. 마오쩌둥에게 보낸 편지글에서 그는 신랄한 어조로 이렇게 말했다. "우리는 대다수의 행복과 맞바꾸기 위해 일부 사람들이 희생될 수 있다는 것을 받아들일 수 없네. 나는 교육을 수단으로 삼는 혁명, 일반 대중의 행복을 추구하면서 노동조합과 협동조합을 통해 개혁을 진행하는 그런 점진적인 혁명을 지지하네. 나는 러시아식 마르크스주의자들의 혁명을 정당하다고 생각하지 않네."[44] 마오쩌둥은 이미 결심이 확고한 상태였다. 무정부주의와 자유주의에 빠진 적이 있었지만 남은 것은 실망뿐이었다. 그 역시 원칙적인 면에서 "평화적인 방법으로 모든 행복을 추구한다."라는 샤오위의 의견에 동의했다. 하지만 당시 이러한 관념은 그저 유토피아적인 환상에 불과했다. 그는 자신의 입장을 다음과 같이 말했다. "목전의 절대적 자유주의나 무정부주의, 심지어 민주주의조차도 이론적으로 상당히 좋은 이야기인 것만은 틀림없다. 하지만 실제로 실현 가능한 것이 아니다." 현재 세계의 교육이 자본가나 지주, 그 대리인의 수중에 놓여 있는데 어찌 착취자의 재교육에 의지할 수 있단 말인가? 마오쩌둥은 계속해서 이렇게 말했다. "자본가 계급이 공장과 은행을 장악하고 의회와 군대, 경찰을 통제하고 있으니, 그 어느 곳에 공산주의자를 위한 방이 존재하는가?" 결코 불가능하다. "러시아식의 혁명만이…… 모든 수단과 방법을 이미 다 써 보았기 때문에 유일한 수단이다. 물론 좀 더 나은 수단을 반대한다는 것이 아니라 폭력 전략을 사용하기를 원할 따름이다."[45] 다시 말하면 당시 상황에서 볼셰비즘보다 나은 선택은 없으며, '자비'는 아무 소용이 없다는 뜻이다. 마오쩌둥은 이렇게 자신의 의견을 결론지었다. "내가 생각하기에 러시아 혁명과 여러 나라에서 급진적인 공상주의자들이 날로 증가하고 더욱 단단하게 조직되고 있다는 사실은 사태의 자연스러운 과정을 명쾌하게 보여 주고 있다."[46]

볼셰비즘에 대한 그의 접근은 의도적이었다. 그가 '폭력 전략'을 선택한 것은 주변 환경의 변화에 압력을 느꼈기 때문이다. 당시 그는 일반 대중의 창조 역량과 자치 능력이 환상에 불과했음을 깨달았고, 이에 환멸을 느끼고 있었다. 시민의 자유를 부정하는 볼셰비키 스타일의 전체주의는 모든 영역에서 공산 당의 독재를 요구했으며, 볼셰비키의 광신주의와 비타협성은 젊은 급진주의 자의 문제를 해결하는 이론적 해답이었다. 그것은 또한 마오쩌둥 개인의 요구에도 부합했다. 우리는 마오쩌둥의 의식 속에 '의지'와 '권력'이 그 어떤 개념 보다 앞선다는 것을 상기할 필요가 있다.

그가 공산주의를 받아들인 것은 보편적 평등의 낭만 때문이 아니다. 그를 끌어들인 것은 폭력에 대한 옹호이자 의지의 승리이며, 권력에 대한 축하라고 말할 수 있다. 마침내 그는 선택했다. 그것은 비도덕적인 것이었으나 그렇다고 전혀 이해할 수 없는 것은 아니다. 비록 1912년 황제의 권력이 사라졌다고 하나 시민 사회가 부재하고, 전체 4억 인구 가운데 3억 9000만 명이 여전히 문맹으로 남아 있는 나라에서 과연 자유주의나 민주주의를 제대로 말할 수 있을까? "공화국이 무엇인지조차 제대로 알고 있는 이들이 드물었다."[47] 물론 자본 주의가 대중의 일상생활 영역에 철저하게 파고든 상태도 아니었으며, 역사에 알려진 모든 형태의 경제 구조가 공존하고 있었다. 그곳은 야만적이고, 여전히 부권이 우세한 가부장 사회였다. 심각한 무기력 상태에 빠진 나라를 움직이려 면 어떤 권력이 필요한 것일까?

마오쩌둥이 볼셰비즘에 매료된 것은 중국의 다른 급진적 혁명가들과 마 찬가지 이유 때문이었다. 10월 혁명 때까지 볼셰비즘에 정신없이 빠졌던 그들은 사실상 어떤 비판적인 인식조차 부재한 상태에서 볼셰비키의 경험을 받아 들였다. 심지어 마르크스주의를 창시한 이들의 서적을 직접 읽음으로써 한편 으로 볼셰비키 이론과 실제의 현저한 차이를 파악하고, 다른 한편으로 마르크 스의 사적 유물론 개념을 정확하게 파악할 수 있는 이들조차도 여전히 러시아 공산주의자들의 행동을 진정한 '마르크스주의'로 보는 경향이 우세했으며, 오히려 마르크스의 사적 유물론에 '결함'이 있는 것으로 결론지었다. 마르크스와 엥겔스의 교의에 관해서 중국의 급진적인 젊은이들은 자본가에 대한 노동자의 계급 투쟁과 자본주의에 반대하는 사회주의 혁명, 무산 계급의 독재 등 강렬한 혁명 사상을 쉽게 받아들였다.[48] 마르크스주의 경전 중에서 당시 중국의 젊은 지식인들에게 가장 익숙한 책은 젊은 시절의 마르크스와 엥겔스가 혁명 행동에 직접 뛰어들 것을 열정적으로 호소하면서 공개적으로 정치적 선전을 하기 위해 쓴 『공산당 선언』이었다. 젊은 지식인들은 볼셰비키의 급진주의를 연상케 하는 그들의 극단주의에 빠져들었다. 중국의 공산주의 지지자들이 볼셰비키 이론에서 정통 마르크스주의의 특징을 확인할 수 있었던 것이 바로 『공산당 선언』이다. 천두슈가 1921년 7월 1일《신청년》에 게재한 「사회주의 비평」이 그 전형적인 예다. 천두슈는 『공산당 선언』과 『고타 강령 비판』의 내용을 주로 인용하면서 이렇게 결론을 내렸다. "오직 러시아만이 마르크스의 본래 면모를 되돌릴 수 있으며, 공산주의라고 말할 수 있다. ……오직 러시아 공산당만이 명의나 실질 면에서 진정한 마르크스주의다."[49]

중국 내 볼셰비키 추종자들은 운동의 직접적인 목적은 그들 나름의 10월 혁명을 준비하는 것이라고 생각했다. 그들이 보기에 중국의 무산 계급 혁명은 봉건 군벌 세력의 통치 종식과 더불어 자본주의적 관계 발전을 끝내야만 했다. 따라서 기존의 오래된 착취 계급과 더불어 민족 자본가를 포함한 새로운 자산 계급도 상대해야 했다. 동시에 외국 자본의 중국 지배를 전복시키기 위해 제국주의와 투쟁해야 했다. 물론 중국에서 이러한 혁명의 궁극적 목적은 프롤레타리아 독재 체제 수립이었다.[50]

마침내 마오쩌둥은 이와 유사한 결론에 이르렀다. 이제 그는 더 이상 망설이거나 의심하지 않고 볼셰비즘을 받아들였다. 1920년 11월 중순 마오쩌둥은 지하 조직을 결성하라는 임무를 부여받고 창사로 돌아왔다. 그는 10월에 이미 상하이와 베이징에서 후난 현지 사회주의청년단을 조직하라는 명령을 받은 상태였다.[51] 이에 따라 조직 준비에 들어갔다. 신학기가 시작되면서 그는 창사 제1사범 부설 소학교의 교장으로 일하기 시작했다. 무엇보다 젊은이들과 접촉

할 수 있었기 때문이다.*

마오쩌둥이 적절한 작업을 수행하기 위한 '동지 포섭'에 관해 처음으로 이야기한 이는 이전에 슈예(修業) 학교에서 가르쳤던 학생 장원량(張文亮)이었다.[52] 장원량은 당시 후난 제1사범학교 학생이었는데, 스승의 길을 따르는 학생이었음에 틀림없다. 마오쩌둥은 창사에 있는 제2중학과 후난 상업학원 학생들 가운데 적당한 젊은이들을 물색하기 시작했다.[53] 그는 신중하게 처신했으며, 장원량에게도 그렇게 하도록 충고했다. 장원량은 일기장에 이렇게 썼다. "선생님께서 청년단에 대해 이야기하셨다. 진정한 동료를 찾는 것이 무엇보다 중요하다고 말씀하셨으며, 지나치게 서둘지 말고 천천히 하는 것이 좋다고 하셨다."[54] 12월 초까지 스무 명 정도의 젊은 학생들을 모집하는 데 성공했다. 얼마 후인 1921년 1월 13일 사회주의청년단 후난 지부가 정식으로 성립되었다.[55]

1920년 11월 언젠가 마오쩌둥은 천두슈에게 창사에서도 상하이와 같은 공산주의 소조를 조직하는 것이 좋겠다는 권고 편지를 받은 적이 있었다.[56] 천두슈의 제안은 마오쩌둥뿐 아니라 털보 허(허수형)와 펑황, 저우스자오, 슝진(熊瑾)을 비롯한 여러 친구들, 그리고 당시 촨산(船山) 중학의 교장으로 있던 허민판(賀民範)에게도 마찬가지로 흥미가 당기는 일이었다. 보안상의 이유로 그들은 공동묘지에서 만났다. 이제 시작 테이프를 끊은 셈이었다. 앞에 놓인 임무는 신민학회의 회원들에게 볼셰비즘을 받아들이게 하여 아직까지 정치적 견해를 확정 짓지 않은 신민학회를 공산주의자 조직으로 탈바꿈시키도록 하는 일이었다.

한동안 모든 일이 순조롭게 진행되었다. 마오쩌둥은 최소한 창사에 있는 회원은 물론이고 다른 회원들도 설득할 수 있기를 원했다. 마오쩌둥은 개인적으로도 사정이 많이 좋아졌다. 9월 말 그는 이미 고인이 된 양창지의 딸 양카이후이를 만났다. 그녀는 부친이 작고한 후 모친과 동생을 데리고 1920년 1월에

---

* 1920년대 중국의 교육 체계는 독특해서 초급, 중급, 고급 등 3단계로 나뉘어 있었다. 가장 높은 고급 단계를 졸업한 학생들이 열여섯 살에서 열일곱 살쯤 되었다.

창사로 돌아왔다. 관례에 따라 고인의 유해를 고향인 창사에 안장하기 위함이었다. 존경하는 양창지의 유골은 창사에서 북쪽으로 32킬로미터 정도 떨어진 작은 마을 반창에 안장했다. 정해진 애도 기간을 끝낸 후 양카이후이는 학업을 계속하기 위해 창사로 왔다.[57] 오랜만에 다시 만난 두 사람은 여전히 낯설어했다. 그래서 그는 그녀와 강변을 걸을 때면 장원량이나 이미 애정이 식은 타오이 등을 동반하곤 했다. 마오쩌둥은 여자와 사귄 경험이 있었지만 양카이후이와 만나면 여전히 수줍음을 탔다.

그들은 만나면 사랑보다는 주로 정치 이야기를 했다. 마오쩌둥은 소비에트 러시아와 볼셰비키 혁명에 대해 이야기했으며, 자신이 알고 있는 범위 내에서 그녀가 마르크스주의의 기본을 숙지할 수 있도록 도와주었다. 그의 영향을 받아 양카이후이도 사회주의청년단에 가입했다. 하지만 마침내 두 사람 사이에 감춰져 있던 감정이 밖으로 솟구쳐 나왔다. "나는 그의 마음을 보았어요. 그도 분명하게 나의 마음을 보았지요."[58] 양카이후이는 나중에 이렇게 회고했다.

확실히 그들은 천생연분의 짝이었다. 마오쩌둥의 자유연애에 대한 순진한 신념은 어떻게 된 것일까? 1920년 겨울 그는 양카이후이와 결혼했다.[59] 젊은 신랑 신부는 두 사람 모두 전통적인 혼례에 반대했다. 신부의 지참금이나 붉은 가마도 필요하지 않았다. 그들은 그러한 것들이 소자산 계급의 속물근성이라 여기고 모두 없애 버렸다.[60]

결혼 전후로 양카이후이는 남편과 타오이의 관계를 몹시 질투했다. 그녀가 보기에 두 사람은 여전히 애정 관계를 유지하고 있는 것 같았다.[61] 특히 오랫동안 남편을 보지 못할 때면 두려움은 배가되었다. 부부는 신혼집을 빌릴 돈이 없었기 때문에 계속 이전처럼 떨어져 살면서 일요일에 한 번씩 만났다. 그들이 며칠 동안 마음 편히 함께 있었던 것은 사오산충으로 신혼여행을 갔을 때뿐이었다. 1921년 2월 초 그들은 그곳에서 마오쩌둥의 동생들과 함께 춘절을 보냈다. 마오쩌둥의 육촌으로 그의 부모가 1912년 수양딸로 삼은 마오쩌젠(毛澤建)[62]과 동생의 부인인 제수 왕수란(王淑蘭)이 당시 함께 있었다.[63] 1921년 10월이 되어서야 그들은 칭수이탕(淸水塘) 교외 연못가에 방 세 개짜리 작은 목조

가옥을 빌릴 수 있었다. 그곳은 창사 동문 너머였다. 양카이후이는 시골에 살고 있던 모친 샹전시(向振熙)를 모시고 와서 함께 살았다. 부모와 함께 사는 것은 중국의 오래된 관습이었다. 몇 세대가 한 지붕 아래에서 사는 경우도 있었다.[64] 마오쩌둥은 집세를 내기 위해 당의 기금을 빌렸다. 당시 그는 신민학회를 공산화하는 일뿐 아니라 볼셰비키의 지하 활동을 다방면으로 확장하기 위해 노력하는 중이었다.

8

러시아의 길을 따르다

___

1921년 1월 1일 이른 아침, 열 명쯤 되는 사람들이 창사 중심에 있는 차오쭝제(潮宗街) 56호 2층 문화서사에 모였다. 준합법 조직인 신민학회 회원들은 학회 대표자인 허수형과 마오쩌둥의 요청에 따라 모인 것이었다. 그날부터 사흘 동안 그들은 다음과 같은 중요한 문제를 토론했다. 조직의 보편적인 목적은 무엇으로 할 것인가? 어떤 방법으로 이러한 목적에 도달할 것인가? 당장 착수해야 할 것은 무엇인가? 회의는 털보 허가 주재했다.

마오쩌둥은 첫 번째 발언에 나서서 다음과 같이 말했다.

몇몇 회원이 공산당 조직을 제안했으며, 다른 회원들은 노동과 철학 학습을 실천하면서 교육 개조를 원하고 있습니다. ……현재 중국에는 사회 문제를 해결하기 위한 두 가지 주장이 존재합니다. 하나는 개조이고, 다른 하나는 개량입니다. 전자는 천두슈 등이 주장하는 것이고, 후자는 량치차오, 장둥순(張東蓀, 량치차오 지지자) 등이 주장하는 것입니다.[1]

주제 토론은 격렬한 논쟁으로 이어졌다. 회의에 참석한 이들은 향후 조직의 정치 노선이 다수의 표결에 의해 결정된다는 것을 잘 알고 있었다. 핵심은 볼셰비즘을 수용할지 여부였다. 오전 내내 일반적인 문제에 대한 토론이 진행되었으나 핵심적인 문제는 전혀 처리하지 못했다. 오전 11시 30분 회의가 결론 없이 끝나자 주요 안건은 다음 날 논의하기로 했다. 1월 2일 오전 9시 흥미로운 논의를 지켜보기 위해 몇몇이 새롭게 끼어든 가운데 전체 성원이 회의에 참가했다. 전체 열여덟 명이 모인 회의는 어제와 마찬가지로 털보 허가 주재했다.

의제 순서에 따라 과반수 득표로 이전에 공식화한 "중국과 세계를 개조한다."라는 일반 목표를 계속 유지할 것을 결정했다. 그리고 새로운 의제로 옮겨 갔다. 다시 마오쩌둥이 첫 번째로 발언했다. 그는 혁명적인 레닌주의 해결법을 포함하여 사회 정책, 사회 민주주의, 온건적인 공산주의(루소의 주의), 무정부주의 등 사회 문제를 해결하는 여러 가지 방법에 대해 이야기했다. 그러고는 참가자들이 돌아가면서 의견을 제시할 것을 요청했다. "나는 급진적인 방법을 지지하오." 털보 허가 먼저 말했다. "한 번의 격변이 20년 동안의 교육보다 가치가 있소이다." 그 즉시 마오쩌둥이 지지하고 나섰다.

사회 정책은 결함을 보완하는 정책이므로 방법이 될 수 없습니다. 사회 민주주의는 의회를 개조 수단으로 삼지만 사실상 의회의 입법부는 언제나 유산 계급(자산 계급)만 보호할 뿐이지요. 무정부주의는 권력을 부정하고 있으니 이런 주의는 영원히 현실화될 수 없을 것입니다. 온건적인 공산주의는 루소 등이 주장한 것으로 극단적인 자유와 자본가 방임을 요체로 하는데 이 역시 영원히 이루어질 수 없는 것입니다. 급진적인 공산주의, 이른바 노동주의는 계급 전정(專政)의 방법을 말하는 것으로 효과를 예측할 수 있으니 우리가 채용하기에 가장 적절한 방법이라고 할 수 있소이다.

대다수 참석자들은 사회주의의 러시아식 변종을 채택하는 것에 동의했다. 왜냐하면 "중국이 사회는 냉담하고, 인성은 타락한 상태이기 때문이다. ……중국 사회에는 조직력과 훈련이 부족하다." 후난의 젊은 급진주의자들은 "만약 인민이 그들 스스로 행복해질 수 없다면 강철과 같은 손으로 그들을 행복으로 이끌어야 한다."라는 극단적인 공식을 선호했다. 마지막으로 열여덟 명의 참석자들 가운데 열두 명이 볼셰비즘에 찬성표를 던졌다.[2]

마오쩌둥은 축하할 충분한 이유가 있었다. 창사에서 공산주의 조직을 창건하는 데 결정적인 역할을 했기 때문이다. 하지만 많은 이들이 그렇듯이 그 역시 성공하기가 무섭게 우울증에 빠져들었다. 며칠간의 긴장으로 인해 신경 쇠약에 걸린 것 같았다. 예전에 스스로 자기 분석을 했을 때와 마찬가지로 절망의 심연에 빠졌다. 이러한 최악의 상황하에 그는 평황에게 보낸 편지에서 무엇보다 자신이 열정적으로 갈망했던 진정으로 뛰어난 인물, 즉 위대한 지도자가 되기 위해 반드시 피해야 하는 여덟 가지 '단점'을 바로 자신에게서 발견했다고 말했다. 그가 말한 '단점'은 다음과 같다. (1) 지나치게 감정적이어서 이성이 통제하지 못한다. (2) 주관적인 판단을 하는 경향이 있다. (3) 허영심이 약간 있다. (4) 오만하다. (5) 자기 성찰이 부족하고 자신보다 남에게 책임을 미룬다. (6) 말을 많이 하고 조리가 부족하다. (7) 자신을 과대평가하고 일을 너무 쉽게 본다. (8) 의지가 박약하다.[3]* 그는 특히 맨 마지막 부분, 즉 의지가 박약하다는 것을 인정하기가 부끄럽다고 말했는데, 이는 그가 누구보다 강인한 의지를 지니기 위해 노력했기 때문이다. 마오쩌둥은 솔직하게 자신의 결점을 인정하는 편지의 마지막 문장에서 그럼에도 자위하는 것은 그 자신이 "진정한 자아를 희생하고 싶지 않으며, 자신이 스스로 꼭두각시가 되는 것을 원치 않는다."라는 사실이라고 말했다.[4] 마오쩌둥의 자기 비하적인 생각은 나오기가 무섭게 곧 사라졌다. 그는 결코 다시는 자신이 소유한 권력의 권한을 의심하지 않았다. 이러한 편지가 지금까지 남아 있다는 것이 놀라울 따름이다.

1921년 여름까지 중국 내에서 여섯 군데 공산당 소조가 생겨났다. 상하이

---

* 1921년 1월 28일 평황에게 보낸 편지다. 여기서 마오쩌둥은 자신의 결점에 대해 구구절절 이야기한다. 그가 제시한 인간의 결점은 총 열한 가지이며, 자신은 그중에서 여덟 가지를 가지고 있다고 고백한다. — 옮긴이

와 베이징, 창사 외에도 광둥과 우한, 지난에 소조가 결성되었다. 상하이에서 일본으로 유학을 떠난 두 명의 중국인에 의해 일본에서 소조가 결성되기도 했다. 천두슈는 "회의를 위한 의사 일정과 장소, 시간을" 결정하기 위해 모든 조직 구성원에게 서신을 보냈다.[5] 중국공산당 창립 대회를 위한 장소는 상하이로 결정되었다.

1921년 6월 3일 새로운 코민테른 대표단이 중국에 도착했다. 대표단 단장은 네덜란드 로테르담 출신의 유대인으로 코민테른 집행위원회에서 파견한 마링(Maring)이었다. 당시 서른여덟 살의 마링은 네덜란드 사회민주당과 철도노동조합에서 사회 활동을 시작한 후 네덜란드 공산당에 가입했다. 그는 중국에서 마린(馬林)이라고 불렸는데, 이 외에도 가명이 많았으며, 상하이에 올 때는 앤더슨(Mr. Anderson)이란 가명을 썼다. 본명은 헨드리퀴스 스니블리트(Hendricus Josephus Franciscus Marie Sneevliet)다. 얼마 전 중국을 떠난 보이틴스키와 달리 새로운 코민테른 집행위원회(ECCI)의 특사는 어떤 사람인지 전혀 알려진 바가 없었다. 그는 무엇보다 레닌과 트로츠키, 지노비예프 등과 함께 크렘린 주변을 걸은 적이 있으며, 모스크바에서 파견한 특사로서 자신의 가치를 잘 알고 있었다. 그는 네덜란드뿐 아니라 1913년부터 1918년까지 네덜란드의 지배를 받던 동인도와 자바에서 탁월한 노동자 조직가로 명성을 떨친 바 있었다. 인도네시아 민족 해방 투쟁 초기 단계에 뛰어난 활동을 하기도 했다. 그가 코민테른의 지도자가 된 것은 바로 이런 경험 때문이었다. 1920년 6월 모스크바에 도착한 마링은 크렘린의 중요 지도자들에게 환영을 받았으며, 1920년 8월에 개최된 코민테른 제2차 대회에서 코민테른 집행위원회와 민족식민문제위원회 서기로 선출되었다. ECCI의 위원으로 선출되어 코민테른 조직을 이끌게 되면서 보이틴스키를 훌쩍 뛰어넘었다.

마링은 예의가 없었기 때문에 중국 공산주의자들에게 그다지 환대를 받지 못했다. 양복 정장에 조끼를 입고 보타이를 맨 우아하면서도 오만한 신사였던 그는 사람들에게 자신들이 투쟁하는 대상인 거만한 식민주의자의 모습을 연상시켰다. 적어도 장궈타오에게 비친 모습은 그러했다. 첫 만남에서 장궈타오는 마링에 대해 이렇게 말했다. "서양 귀신(洋鬼子)처럼 오만하여 대화를 나누기가 힘들었다. 그는 입만 열면 아시아 인민이 낙후했다고 말했으며, 동방 사회주의자들이 유치하다고 했다. 그래서 동인도 식민지에서 지주 노릇을 하는 네덜란드인의 분위기가 풍겼다. 그는 코민테른 동방 문제의 권위로 자부했고, 때로 레닌과 코민테른 제2차 대회에서 함께 식민지 문제를 결의했던 일을 꺼내곤 했다. 이런 표현 때문에 그는 마치 아시아 인민을 해방시켜 주려고 온 사람처럼 보였으며, 사회주의 백인의 우월감을 지닌 것처럼 느껴졌다."[6]

　　나중에 중국공산당 제1차 전국대표대회에 참가한 또 한 명의 코민테른 특사 블라디미르 네이만(Vladimir Neiman, 일명 바실리 베르그(Vasilii Berg))은 1921년 1월 코민테른 집행위원회의 원동서기처 대표로 이르쿠츠크에서 상하이로 날아왔다. 중국에서 니콜스키(Nikolsky)로 알려진 그는 아내를 동반하고 왔다.[7] 그러나 천두슈는 상하이에 있지 않았다. 1920년 12월 그는 2개월 전 중국 광둥을 장악한 군벌 천중밍(陳炯明)의 광둥 교육위원회 주석을 맡아 달라는 요청을 받아들여 그곳으로 간 상태였다. 군벌 천중밍은 전략적인 이유로 자유주의자로 위장하고, 민주주의를 위해 최선을 다하겠다고 맹세했다. 그의 이런 모습에 천두슈뿐 아니라 1916년 6월 위안스카이가 사망한 후 일본 망명 생활을 끝내고 2년 6개월 만에 중국으로 돌아온 쑨중산도 보기 좋게 속아 넘어갔다. 당시 쑨중산은 광둥에 거주하고 있었다. 한편 중국의 새로운 총통이 된 리위안훙은 처음부터 전임자가 짓밟은 헌법을 회복하려고 애썼으나 북방 군벌(장쉰(張勳))의 압력을 받아 국회를 해산시키고 말았다. 1917년 6월 총통의 행위에 분노한 의원들이 광저우에서 쑨중산을 중심으로 단결하여 1917년 9월 의회를 재건했다. 이로써 중국에는 정식으로 두 개의 권력이 등장했다.(우리가 알고 있다시피 실제 상황은 훨씬 복잡하다. 당시 중국은 해체된 상태로 각지의 군벌들이 사실상의 독립을 선언했다.) 1917년 10월 3일 쑨중산은 중국 남방의 대원수로 선출되었다. 하지만 그때까지도 쑨중산은 군대가 없었기 때문에 또 다른 군벌에게 대원수에서 물러날 것을 강요받아 상하이로 갈 수밖에 없었다. 쑨중산은 1920년 11월까지 상하이에 머물렀다. 그러던 차에 쑨중산의 국민당 당원인 천중밍이 10월 하순 광둥에서 정권을 장악하자 불운한 총통은 그의 초청을 받아 광둥으로 되돌아갈 수 있었다. 1921년 4월 7일 쑨중산은 중화민국의 임시 총통에 취임했다.* 하지만 실제로는 광둥과 그 인근을 통제할 수 있을 따름이었다. 스스로 혁명가를 자임했던 천중밍은 심지어 세계적으로 유명한 코민테른의 똑똑한 대표자들을 우롱하기도 했다. 그중에는 보이틴스키도 포함된다.[8](1년 6개월이 채 되기도 전인 1922년 6월 천중밍은 불운한 총통 쑨중산에게 반기를 들었으며, 쑨중산은 어쩔 수 없이 2개월 후에 상하이로 다시 쫓겨났다.)

하지만 한동안 광둥에 새로운 시대가 열리는 것처럼 보였다. 천두슈가 천중밍의 제의를 받아들여 광둥으로 내려갔기 때문이다. 코민테른 집행위원회 대표의 제안에 따라 중국공산당 창립 대회는 천두슈가 없는 상태에서 개최하는 것으로 결정되었다. 베이징 대학에서 업무를 담당하고 있는 리다자오도 상하이로 올 수 없는 상황이었지만 마링과 니콜스키는 아랑곳하지 않았다. 1921년 6월 상하이에서 활약하고 있던 공산주의자 리다(李達)가 천두슈를 대신하여 전국 각지의 공산주의 소조에 통지문을 보내 두 명의 대표자를 상하이에서 개최하는 대표대회(중국공산당 창립 대회 겸 중국공산당 제1차 전국대표대회)에 파견할 것을 요청했다.[9] 얼마 후인 7월 9일 마링은 모스크바에 비밀 보고서를 보냈다. "나는 7월 말에 소집하려고 하는 대회가 우리 사업에 대단히 유용하기를 바란다. 동지들의 소규모 조직이 연합하게 될 것이다. 이후에 우리는 중앙 집권화하는 작업을 시작할 것이다."[10] 7월 23일 모든 준비가 끝났다. 상하이, 베이징, 우한, 창사, 지난 등지에서 각기 두 명씩 파견한 대표들과 광둥에서 파견한 한 명의 공산주의자가 모두 모였다. 그들 중에는 마오쩌둥과 털보 허도 있었다.

마오쩌둥과 허수헝은 6월 29일 저녁 배에 몸을 싣고 일주일 후 상하이에 도착했다. 그들은 상하이의 연락책인 리다의 부인 왕후이우(王會悟)를 만났다. 왕후이우는 창당 대회에 참가하는 대표자 안내와 사무 등의 임무를 맡았다. 그

---

* 5월 중화민국 총통이 되었다. — 옮긴이

녀는 상하이 프랑스 조계지인 바이얼루(白爾路)*에 있는 '박문(博文)' 여학교의 빈 기숙사로 대표단을 안내했다. 박문 여학교 교장은 그녀와 안면이 있는 황사오란(黃紹蘭)이었다. 그녀는 그곳에서 무엇을 하는지 전혀 알지 못했으며, 그저 가욋돈**이 생긴다는 생각에 기꺼이 방을 내주었다. 왕후이우는 어떤 학술 단체에서 개최하는 학술 토론회에 참가하는 교수와 학생들이 임시로 묵을 방이라고 말했다. 방문한 '교수와 학생'들은 기숙사에 침대가 없었기 때문에 그냥 바닥에서 자야만 했다.[11]

7월 23일 같은 기숙사의 다른 방에서 개막된 대회에 참가한 사람은 모두 열다섯 명이었다.[12] 열두 명의 대표와 마링, 니콜스키, 그리고 천두슈가 특별 대표로 파견한 바오후이썽(包惠僧)이었다. 이틀 후 대회는 참가자 가운데 한 명인 리한쥔(李漢俊)의 집에서 가까운 곳으로 장소를 옮겨 진행되었다. 마링이 안전을 이유로 그곳을 선택했기 때문이다. 리한쥔은 상하이의 거부들 가운데 한 명인 리수청(李書城)의 친동생이었는데, 그들 형제는 프랑스 조계지에 잇닿은 두 채의 가옥을 소유하고 있었다. 중국공산당 창립 대회는 베이러루(貝勒路) 수더리(樹德里) 3호***에서 속개되었다. 마링은 비밀 첩자들이 끼어들어 방해하는 일이 없기를 바랐다. 리한쥔의 가옥은 현재 중국공산당 제1차 전국대표대회(약칭 일대(一大)) 기념관으로 민간에 개방되고 있다.

1921년 7월 말 중국에서 신속하게 권력을 장악할 전망은 거의 제로에 가까웠다. 당시 중국공산당에 가입한 사람은 쉰세 명뿐이었다.[13] 리한쥔의 집에 모인 사람들은 향후 사회주의 혁명을 위한 유혈 투쟁에 관해 희미한 윤곽만 잡고 있을 따름이었다. 베이징 대표로 참가한 장궈타오가 대회 주석으로 선출되었고,[14] 마오쩌둥과 일본에서 온 저우포하이(周佛海)가 서기로 임명되었다. 초안 마련에 바쁜 까닭인지 마오쩌둥은 회의에서 적극적으로 발언하지 않았다.

---

* 현재는 타이창루(太倉路) 127호. — 옮긴이
** 실제로 대회가 끝난 후 방값으로 20위안을 지불했다. — 옮긴이
*** 나중에 왕즈루(望志路) 106호로 개칭되었으며, 현재는 싱예루(興業路) 76호다. — 옮긴이

그는 대회에서 단 한 번 창사의 볼셰비키 조직에 관해 간단하게 보고했을 뿐이다. 장궈타오의 회고에 따르면, 당시 마오쩌둥은 "안색이 약간 창백했다." 하지만 "상당히 문질빈빈한 모습이었다. 장삼의 넉넉한 옷을 입고 있었는데, 어딘지 모르게 시골에서 올라온 도사처럼 보였다. ……그는 일반 지식이 상당히 풍부했지만 마르크스주의에 대한 이해는 왕진메이(王盡美)나 덩은밍(鄭恩明)만큼 많지 않았다. 그는 대회 이전이나 대회 중에도 구체적인 주장을 내놓지는 않았다. 하지만 달변으로 논쟁을 좋아했으며, 사람들과 한담할 때 함정을 만드는 것을 좋아하여 만약 상대가 유념하지 않고 있다가 그 안에 빠져 자가당착 상태가 되면 득의한 듯 크게 웃음을 터뜨렸다."[15]

장궈타오는 리한쥔, 바오후이썽, 류런징 등과 마찬가지로 대단한 열정을 보였다. 집주인을 뺀 나머지 대회 참가자 대부분은 프롤레타리아 독재를 새로운 신앙의 핵심 주의로 굳건하게 지지했다. 마르크스주의 경제학에 정통한 리한쥔이 비교적 낙후한 나라에서 사회주의 혁명을 서두르는 것에 대해 반대 의견을 제시했지만 곧 묵살되었다. 볼셰비즘의 '순수한 숨결'이 편집위원회가 준비한 대회 문서에 그대로 전해졌다. 중국공산당의 강령은 다음과 같다.

1. 혁명 군대는 반드시 무산 계급과 함께 자본가 계급의 정권을 전복시키고, 노동자 계급의 국가를 건설하여 사회 계급 구분이 완전히 사라질 때까지 노동자 계급을 원조한다.

2. 계급 투쟁의 종식, 즉 사회 계급 구분이 소멸할 때까지 무산 계급 전정을 승인한다.

3. 자본가의 사유제를 없애고 기계와 토지, 공장, 반제품 등 생산 수단을 몰수한다.

4. 제3인터내셔널과 연합한다.[16]

당의 강령은 또한 대회에서 지지한 전략 노선에 대해 다음과 같이 규정했다. "우리 당은 소비에트 관리 제도를 승인하며, 노동자, 농민, 병사를 조직하고,

아울러 사회 혁명을 정책의 중요 목적으로 삼는다. 중국공산당은 자산 계급의 황색 지식 분자 및 그와 유사한 기타 당파와 어떤 관계도 철저하게 차단한다."[17]

이 외에 당시 대회에서 통과된 「현재 실제 공작에 관한 결의(關於當前實際工作的決議)」는 보다 발전적인 내용을 담고 있다. 「결의」는 총 여섯 부분으로 나뉘는데, 그 가운데 다섯 번째 '현재 존재하는 정당에 대한 태도'의 내용은 다음과 같다.

현재 존재하고 있는 정당에 대해서는 반드시 독립적이고 도전적이며 배제적인 태도를 취한다. 정치 투쟁에서 군벌주의와 관료 제도를 반대하는 투쟁 및 언론과 출판, 집회의 자유를 쟁취하는 투쟁을 통해 시종일관 독립적인 입장에서 무산계급의 이익을 보호하고 다른 정당과 어떤 관계도 건립하지 않는다.[18]

중국공산당원들은 쑨중산이 영도하는 중국 민족주의 혁명가에 대해서도 독립적인 자세를 견지했다. 대회 대표자들은 광둥의 쑨중산 정부에 천두슈가 장관 가운데 한 명으로 있음에도 그들 역시 북방의 군벌 정부보다 나을 것이 없다는 점을 강조했다.[19] '혁명의 순수성'에 대한 그들의 단언은 공식적으로 자유주의와 결별을 선언한 중국의 좌익 급진주의자들이 얼마나 자신들의 이념과 조직 면에서 자주성을 선언하고 싶었는지를 정확하게 대변하고 있다.

마링과 니콜스키 역시 혁명적 열정에 들떠 있기는 마찬가지였다. 마링은 자신이 네덜란드 식민지였던 인도네시아와 자바 등지에서 현지 사회민주연맹과 지역 민족주의자의 합작을 촉진한 것을 포함하여 여러 가지 활동에 대해 이야기했다.[20] 그는 민주당파도 다양한 종류가 있다고 설명하고, 자신의 관점을 보강 설명하기 위해 자신이 1년 전 코민테른 제2차 대표대회에서 채택한 민족과 식민지 문제에 대한 기본적인 해결책을 인용하기도 했다.[21] 일찍이 1919년 11월 말 모스크바의 레닌과 그 밖의 다른 혁명 영도자들은 볼셰비키의 이론을 소련의 동쪽 국경 너머로 전파하려다가 심각한 장애에 봉착했음을 인식했다.

극소수의 좌파 급진 분자들을 제외하고 동방에서 볼셰비즘을 받아들이려는 이들이 거의 없는 것처럼 보였기 때문이다. 대다수 지식인들은 민족주의의 관점을 견지하고 있었다. 민족주의 이념이 코민테른이 적극 지지하는 국제주의라는 추상적 관념보다 훨씬 대중에게 다가서기 쉬웠다.

1920년 여름, 레닌은 사회주의 혁명 준비를 목적으로 삼는 '순수' 볼셰비키의 전략만으로는 동양에서 성공을 거둘 수 없다는 것을 깨달았다. 그래서 러시아 공산주의자들은 러시아보다 산업적으로 낙후되거나 식민지 혹은 반식민지에 처한 국가에서 자신들의 이론을 어떻게 적용할 것인가에 대해 진지하게 고민하기 시작했다. 그들은 세계 사회주의 혁명이 모든 나라에서 부르주아지와 투쟁하는 혁명적 프롤레타리아의 투쟁이라고 하기보다는 차라리 모든 식민지나 국가, 그리고 세계 제국주의에 저항하는 종속국의 억압받는 민중의 투쟁이라고 보는 것이 옳다는 시각을 갖기 시작했다.[22] 이러한 생각은 1920년 레닌이 제정한 반식민주의 혁명 이론에 토대를 둔 중국의 새로운 코민테른 정책에 포함되었다.

본질적으로 레닌은 산업화가 뒤떨어진 동양의 식민지나 반식민지 국가에서 대다수가 농민인 노동자 계급 해방의 전제는 해당 국가에서 외국의 제국주의 통치를 전복시키는 것이라고 주장했다. 그렇기 때문에 중국을 포함한 동양에서 혁명은 자연스럽게 사회주의가 아니라 민족주의적인 것이 될 수밖에 없다. 대중의 확고한 지지를 얻기 위해 지역 공산주의자들은 식민지나 종속 국가에서 부르주아지의 자유주의 운동을 적극 지원해야 한다. 공산주의자들은 고립되기보다는 민주 운동에 참여함으로써 대중에 대한 영도 지위를 확보하고, 나아가 농촌 소비에트와 착취받는 노동자 소비에트 사상을 선전함으로써 민족주의 운동을 새로운 형태의 혁명으로 전환시킬 수 있다. 여건이 허락하는 곳에서 그들은 노동 대중을 기반으로 소비에트를 건설할 수 있을 것이다.

1920년 코민테른 제2차 대표대회에서 연설하면서 레닌은 새로운 방향에서 일시적이고 완전히 전략적인 특징에 대해 강조했다. 그는 공산당원들은 오직 순수한 민족주의 혁명가들을 지원할 것이라고 천명했다. 그런 사람들은 공산주의자들이 확대 대중을 보다 혁명적으로, 다시 말해 공산주의자로 교육하고 조직하여 지주와 모든 봉건주의 잔재에 대한 투쟁을 지원할 것이다. 레닌은 가장 근본적인 형태로서 프롤레타리아 운동의 조직적 독립성은 반드시 유지해야 한다고 주장했다. 그리고 만약 '부르주아지 민주 정치'가 공산주의자들의 조직 활동을 방해한다면 그들에 대항하여 투쟁해야 한다고 덧붙였다.[23] 쉽게 말해 그들의 주장은 국민 혁명가를 지지할 수는 있되, 다만 똑같은 국민 혁명가와 투쟁하기 위해 대중을 조직하는 것을 방해하지 않는다는 조건하에서만 그렇게 하겠다는 뜻이다. 이러한 개념은 동방 여러 나라의 반식민지 혁명의 승리는 발전 과정에서 그들을 '비자본가' 부류로 전환시킬 수 있다는 생각과 관련이 있다.

마링은 중국에서 볼셰비키의 정책은 융통성이 있어야 한다고 강조하면서 이처럼 오묘한 이론을 대회에 모인 대표자들에게 전달하려고 애썼다. 하지만 그의 연설은 아무런 감명도 주지 못했다. 참가자들은 부르주아지에 대항하는 프롤레타리아의 계급 투쟁 이론을 파악함과 동시에 반제국주의자들과 협력해야 한다는 개념을 이해하는 것이 쉽지 않았다. 모든 볼셰비즘은 거짓에 기초한다는 말도 이해할 수 없었다. 한동안 레닌의 옹호자들이 역설하던 '부정직(不正直)의 권리'는 그들을 혼란스럽게 만들었다. 그들이 공산주의에 매료된 것은 주로 혁명의 매력과 계급 투쟁의 낭만, 평등주의 이념 때문이었다.

대회의 마지막 결론을 준비하던 7월 30일 저녁에 갑자기 검은색 장포를 입은 중년 남성이 대회 참가자들이 모여 있는 곳으로 들어왔다. 누구냐고 묻자 출판사 장 사장을 만나러 왔다고 혼잣말로 중얼거렸다.(중국에서 장 씨는 가장 흔한 성이다.) 그가 사라지자 마링이 크게 동요하면서 당장 해산할 것을 명했다. 사람들이 흩어지고 집주인과 광둥 대표로 올라온 천궁보만 남았다. 채 15분도 되기 전에 프랑스 경찰이 집 안으로 난입했다. "주인이 누구요?" 프랑스 경위가 물었다. "접니다." 프랑스어를 잘하는 리한쥔이 대답했다.

"집에서 회의를 한 사람들이 누구요?"

"아무 회의도 하지 않았습니다."

리한쥔이 시치미를 뗐다.

"베이징 대학에서 온 몇몇 교수분이《신시대(新時代)》편집자와 계획을 의논하고 있었어요.(1921년 6월까지 실제로 그런 잡지가 있었다. 코민테른의 비밀 재정 지원을 받는 잡지였지만 공식적으로 공산주의자들과 아무런 관련도 없었다.)"

"집에 왜 이렇게 책이 많지요?"

"나는 선생입니다. 당연히 수업에 필요한 책들이지요."

"왜 이렇게 사회주의에 관한 책이 많냐는 뜻이오."

"나는 편집자로 일하고 있기도 합니다. 사람들이 보내온 것이니 안 읽을 수 없지요."

"외국인 두 사람은 누구요?"

"두 분 다 영국인으로 베이다에서 온 교수입니다. 여름 방학을 맞아 이곳에 와서 잠시 이야기를 나누는 중입니다."

경위는 천궁보에게 영어로 심문하기 시작했다. 천궁보가 프랑스어를 모르기 때문이었다. 그가 몇 가지 물었다.

"일본인이오?"

"아닙니다. 광둥에서 왔습니다."

"상하이에는 왜 왔소?"

"나는 광둥 법학원 교수입니다. 여름 방학이라 상하이에서 휴가를 즐기는 중입니다."

"어디에 머물고 계시오?"

"여기서 묵고 있습니다."

경찰들은 한참 동안 서성거리면서 집 안을 구석구석 탐색했다. 하지만 아무것도 나오는 것이 없었기 때문에 더는 찾지 않았다. 때마침 리한쥔의 침실 책상에 「중국공산당 계획 초안」이 놓여 있었는데 경찰은 그곳까지는 찾아보지 못했다. 겨우 위기를 모면한 셈이었다.

늦은 밤 리다와 왕후이우가 머물던 천두슈의 집에 대회 참가자들이 모여들었다. 상하이에서 더 이상 회의를 속개한다는 것은 무리였다. 마오쩌둥은 좀 더 먼 곳으로 가서 회의를 해야 하겠다고 생각했다. 왕후이우가 고향인 자싱 (嘉興)에서 다시 모일 것을 제안했다. 남쪽으로 56킬로미터 떨어진 저장 성(浙江省)의 난후(南湖) 근처였다. 작은 배를 빌려 호수에서 마지막 회의를 열기로 했다. 모든 이가 동의했지만 몇몇은 여러 가지 이유로 인해 가지 않기로 했다. 예를 들어 천궁보는 지나치게 놀란 상태였다. 젊은 부인과 함께 상하이에 왔는데, 자칫하면 신혼여행이 비극적 결말을 맺을 수도 있었다. 그는 리다에게 이야기한 후 곧바로 부인과 함께 상하이에서 160킬로미터 넘게 떨어진 저장의 성회 항저우(杭州)로 떠났다. 경찰이 집을 감시하고 있기 때문에 리한쥔 역시 상하이를 떠날 수 없었다. 마링과 니콜스키도 다른 이들의 이목을 끌 수 있다는 이유로 상하이를 떠나지 않기로 결정했다.

이튿날인 7월 31일 마오쩌둥을 포함한 나머지 참가자들은 자싱행 열차에 몸을 실었다. 이번에도 왕후이우가 동행했다. 당시 상하이에 있다가 마오쩌둥에게 대회 이야기를 들은 샤오위는 대회가 어떻게 마무리되는지 보기 위해 함께 가기로 결정했다. 왕후이우는 당시 상황에 전혀 어울리지 않는 이름의 상당히 고급 여관(위안후(鴛湖) 여관)에 방을 잡고, 그곳에서 배를 빌렸다. 세수하고 아침 식사를 한 후 샤오위를 제외하고 마오쩌둥과 다른 이들은 오전 10시에 호숫가로 나갔다. 그들이 빌린 배는 여러 개의 방이 있는 상당히 넓고 쾌적한 화방(畵舫)이었다. 배를 타고 호수 한가운데로 나갔다. 그들은 운이 좋았다. 날씨가 그리 좋지 않아 부슬비가 내리고 있어 호수에는 몇몇 관광객만 눈에 띌 뿐이었다. 점심 후에는 그마저도 보이지 않았다.

코민테른 대표가 참석하지 않은 상황에서 대표자들은 최종적으로 진화한 형태의 극좌파 선언이라고 할 수 있는 「현재 실제 공작에 관한 결의(중국공산당 제1결의)」를 채택했다. 그들은 영웅처럼 아무런 두려움도 없어 보였다. 만장일치로 천두슈를 당 중앙국의 서기로 선출했다.(1922년의 서기라는 명칭은 1925년에 중앙집행위원회 주석으로 개칭되었으며, 천두슈는 1927년까지 주석으로 있었다.) 이 외에 중앙국에 선출된 두 명 가운데 장궈타오는 조직 관리, 리다는 선전 책임을 맡기로 했다. 천두슈가 출석하지 않았기 때문에 일단 서기의 임무는 저우포하이가 맡았다.

　이미 저녁 6시가 넘었지만 아무도 돌아갈 마음이 없었다. "중국공산당 만세!" "제3인터내셔널 만세!" "공산주의 만세!" "인민 해방 만세!" 배에 앉은 이들이 누가 먼저라고 할 것 없이 큰 소리로 외쳤다.[24] 외침의 메아리가 있었는지는 알 수 없다.

9

볼셰비키 전술의 교훈

대회 대표자들이 코민테른 대표부의 방향과 반대로 행동하고 있다는 소식이 곧 마링의 귀에 들어왔다. 그는 마치 사춘기 청소년 같은 정치 초년병들의 불복종을 관대하게 받아들이기를 거부했다. 그래서 천두슈에게 즉각 상하이로 돌아와 당의 올바른 지도를 맡을 것을 요구했다.[1] 천두슈는 광둥으로 중국공산당 총부를 옮기려는 나름의 생각을 하고 있었으나[2] 그렇다고 마링의 명령을 어길 수는 없었다. 1921년 9월 그는 광둥 교육위원회의 주석 자리를 사직하고 상하이로 돌아왔다.

한편 중국공산당 대회의 결의안을 무시하고 있던 마링은 반제국주의를 위해 중국공산당과 쑨중산의 통일 전선을 조직하기 위한 가능성을 타진하려고 남중국으로 떠났다. 1921년 12월 말 그는 광시 성 구이린(桂林)에서 쑨중산과 만났다.[3] 그들은 국민당과 소비에트 러시아 사이에 비밀 동맹을 맺을 가능성에 대해 토론했다. 마링은 대중의 지지를 얻기 위해 국민당을 새롭게 재편하고, 중국 혁명을 위한 군사 장교를 훈련시킬 학교를 건립하며, 국민당을 다양한 사회 영역의 대표자들과 함께할 수 있는 강력한 정치적 정당으로 개편할 것을 제안했다. 그는 쑨중산에게 충성하고 있는 군 장교들을 대상으로 소비에트 러시아에 관해 연설했다.

쑨중산과 그 밖의 다른 국민당 지도자들, 그리고 천중밍과 회담하면서 마링은 국민당이 노동자 운동 조직에 나름의 성과가 있다는 것을 알게 되었다. 이는 중국공산당 영도자들이 "국민당에 대한 배타적인 태도"에서 벗어나도록 하기 위한 그의 해결책을 강화하는 데 도움을 주었다. 국민당에 대한 보다 협조적인 태도가 쑨중산의 지지자들이 세력을 형성하고 있는 남중국의 노동자, 군인 들과 중국공산당의 유대 구축을 좀 더 용이하게 만들 것이 분명했다. 마링은 중국공산당이 "독립성을 포기할 필요는 없되 다른 한편으로 동지들이 함께 국민당 내에서 어떤 전술을 취해야 할 것인가에 대해 결정해야만 할 것"이라고 강조했으며, 아울러 "그들이 국민당과 관련을 맺지 않는 한 소규모(공산주의자) 조직에 의한 선전 선동의 전망은 극히 어둡다."라고 결론지었다.[4] 공산주의자들을 국민당에 참여시키려는 마링의 계획은 국민당 내부에서 공산당원들의 선전을 방해하지 않겠다고 장담했던 쑨중산과 몇몇 국민당 지도자의 동의를 얻어 냈다. 그러나 쑨중산은 국민당과 중국공산당 간의 협력 전망에 대해서는 비관적이었다.[5]

상하이로 돌아온 마링은 쑨중산과 나눈 대화를 중국공산당 지도자들에게 설명하고, 국민당 내의 중국공산당을 발전시키기 위한 자신의 새로운 제안을 생각해 볼 것을 권유했다. 마링의 제안은 천두슈와 다른 중국공산당 지도자들을 경악시키기에 충분했다. 실제로 천두슈가 당시 모스크바에 있던 보이틴스키에게 즉각 보고하자 마링의 제안은 곧바로 폐기되었다.[6] 천두슈의 행동에 극도로 화가 난 마링은 이에 대해 항의하기 위해 1922년 4월 말 모스크바로 떠났다. 그는 상하이에 있을 당시 잠시 사귀던 여자 친구를 제외하고 중국의 지인들 가운데 아무에게도 작별 인사조차 하지 않았다.[7]

통일 전선에 관한 논쟁에서 마오쩌둥은 창사의 다른 공산당원들과 마찬가지로 스승이었던 천두슈를 확고하게 지지했다. 중국 볼셰비키의 다수를 점유하고 있던 광둥, 상하이, 베이징, 후베이의 당 세포 조직(소조)은 국민당과의 어떤 협력 체제에도 찬성하지 않았다.[8] 그들의 주된 목적은 당 조직을 건설하고 공산당의 지도 아래 노동 운동을 발전시키는 것이었다.

창사에 도착한 후 마오쩌둥은 당내 활동을 활발히 전개하고 노동조합을 조직하는 데 열심이었다. 그는 타오이가 난징 둥난(東南) 대학에서 예과*를 다니고 있는 난징에 며칠간 머물렀는데 고향에 돌아간 것은 8월 중순 단 한 차례였다.[9] (양카이후이가 남편 마오쩌둥이 여전히 타오이와 관계를 맺고 있다고 의심했는지 여부는 알려진 바 없다.) 창사에서 그는 전중국노동조합 서기부 후난 지부를 설립했다. 노동조합 서기부 본부는 중국공산당 전국대표대회 수립에 관한 결의안에 따라 상하이에 막 건설된 터였다.[10] 그는 후난 노동 운동의 진정한 개척자인 지역 무정부주의자들과 즉각 만났다. 지도자는 황아이(黃愛)와 팡런취안(龐人銓)이었으며, 그들이 1920년 11월에 조직한 조합은 후난 노공회(湖南勞工會)로 대중 주간지인 《노공 주간(勞工周刊)》을 매주 발간하고 있었다. 창사에서 가장 큰 방직 공장에서 2000여 명이 동원된 대규모 파업에 참가한 노동자들은 가장 활동적인 회원들이었다.[11]

그처럼 영향력 있는 노동조합과 경쟁할 수 없다는 것을 잘 알고 있던 마오쩌둥은 그 상황에서 가장 합리적인 일을 맡았다. 그는 황아이, 팡런취안과 함께하면서 그들을 자기편으로 만들고자 애썼다. 1921년 11월 말 마오쩌둥은 무정부주의자들의 잡지에 「노동조합에 희망하며(所希望於勞工會的)」라는 흥미로운 글을 썼다. 기사에서 그는 넉살 좋게 지난 1년간 그 조직을 지지하고 있었다고 말하면서 자신의 볼셰비키적 관점을 밀어붙이려 했다. "노동조합의 목적은 단순히 파업 수단을 통해 노동자들이 보다 나은 임금을 받고 노동 시간을 단축시키려는 데 있는 것이 아니라 계급 의식을 고취시켜 전체 계급이 대동단결하여 전체 계급의 근본 이익을 도모하는 데 있다. 이것이 바로 노동조합의 종지(宗旨)이니 여러분은 특히 이 점을 주의해 주기 바란다."[12]

설득과 아첨을 통해 마오쩌둥은 마침내 1921년 12월 황아이와 팡런취안을

---

* 난징 진링 여대(南京金陵女大). ― 옮긴이

사회주의청년단에 가입시킬 수 있었다. 하지만 1922년 1월 노동연합회 지도자였던 그들은 후난 성장 자오헝티를 위해 일하는 폭력배들에게 체포되어 "토비(土匪)와 사통하고 무기를 밀매했으며, 조폐국에서 주조하는 동전은 군인들의 봉급과 배급품을 위한 것으로 어떤 조업 중단도 있을 수 없는 일임에도 불구하고 연말에 조폐국에서 파업을 유도"했다는 죄목으로 사형을 당하고 말았다.[13] 황아이와 팡런취안의 사업은 마오쩌둥의 손으로 넘어왔다. 이제 후난의 노동운동은 중화전국총공회(中華全國總公會, 전신은 노동조합 서기부)의 후난 지부가 도맡아야만 했다.

마오쩌둥이 공산주의 조합을 조직하는 데 개인적으로 크게 도움을 준 이는 리리싼이었다. 사실 그는 1915년 가을 후난 제1사범학교의 '전지전능'한 학생이었던 마오쩌둥을 처음 만난 자리에서 부끄럽고 쑥스러워 선뜻 뜻을 함께하겠다고 말하지 못했던 부끄러움 많은 학생이었다. 그래서 마오쩌둥은 당시 창사에 있는 학교에 동지를 모집한다는 광고를 냈을 때 회답한 학생이 '세 명 반(三個半人)'이었다고 하면서, 리다자오를 '반인'이라고 말했던 것이다. 세월이 흐르면서 리리싼 역시 많은 경험을 쌓았다. 근공검학 운동의 일환으로 프랑스에서 유학하면서 넓은 세계를 보고 아울러 사회주의 이념도 맛보았다. 1921년 11월 창사로 돌아온 그는 자신을 열렬하게 환영하는 마오쩌둥의 집을 찾아갔다. 프랑스에서 리리싼은 차이허썬과 친교를 맺었으며, 이런 그의 모습은 그에 대한 마오쩌둥의 생각을 바꾸기에 충분했다. "손님이 퉁팅 호(洞庭湖)로 돌아왔네." 마오쩌둥은 20세기 초반까지 교육받은 이들 사이에 여전히 존재하고 있던 관습을 그대로 따라 대련(對聯)의 첫 구절로 그를 환영했다. 리리싼 역시 우아하게 대구로 답했다. "샤오샹(瀟湘)에서 오랜 친구를 만났네."[14]

그들은 친구가 되지는 않았지만 한동안 동지 관계를 유지했다. 공산당에 가입하고 얼마 후 리리싼은 격정적인 연설가이자 확고한 인물로 노동자들 사이에서 인기가 있었다. 1921년 12월 말 마오쩌둥은 그와 함께 장시 서쪽, 후난과 경계 지역에 있는 안위안(安源) 탄광으로 갔다. 노동자 운동 조직을 결성하기 위해서였다. 그 기회에 마오쩌둥은 리리싼에게 안위안에 남아 노동자 조직

을 맡으라고 했다.[15]

그동안 마오쩌둥은 창사와 후난의 다른 도시에서 노동조합 조직에 전념했다. 마르크스주의의 영향을 받아 마오쩌둥은 노동자를 미래 혁명의 주력군으로 간주했으며, 후난에 산업 노동자가 거의 없다는 사실에도 불구하고 전혀 당혹스럽게 생각하지 않았다. 당시 후난에는 대규모 산업체가 세 군데밖에 없었으며, 그 가운데 하나인 제1사주창(第一絲綢廠)은 노동자 대다수가 아홉 살에서 열다섯 살까지의 어린아이들이었다. 비철 금속을 생산하는 공장도 있었지만 고용된 노동자들이 그리 많지 않았다. 중국 공산주의자들이 처음에 노동 계급으로 간주하던 노동자 대부분은 쿨리나 인력거꾼처럼 최근 들어 시골에서 올라와 수공업에 종사하고 있는 임시직 노동자나 계절 노동자들이었다. 마오쩌둥의 관점에서 볼 때 "대다수 사람들이 자신의 양손이나 머리로 일하는 노동자들이었다."[16] 물론 엄격한 사회학 관점에서 본다면 이는 맞는 말이 아니다.

1923년 중반에 마오쩌둥과 동료들은 광부, 철도 노동자, 인쇄공, 공공사업 노동자, 조폐국 노동자, 인력거꾼, 이발사가 주를 이루는 노동자 구락부(工人俱樂部)라고 부르던 스물두 개의 노동조합을 결성하는 데 성공했다.[17] 마오쩌둥은 그 가운데 여덟 개 노동조합의 서기로 선출되었다.[18] 비록 대부분 노동조합이 규모가 작아 리리싼이 안위안에서 결성한 노동자 구락부와 비교할 수 없었지만 거의 3만여 명에 달하는 노동자가 참가하고 있었다. 리리싼이 노동조합을 조직한 것은 1922년 5월 1일로, 전체 1만 1000여 명이 가입하여 창사 노동조합 가운데 가장 강력한 조직이었다. 당시 인력거꾼 조합은 2000여 명 정도가 가입한 상태였다.[19] 수적으로 많은 것은 아니었지만 공산당의 선전에 힘입어 모든 노동조합이 계급 투쟁에 적극적으로 참여했다. 마오쩌둥은 1922년 초 창사와 그 밖의 지역에서 격렬한 노동 운동이 활발하게 전개되었다고 회고한 바 있다.[20] 노동 운동은 1922년 가을 최고조에 달했는데, 마오쩌둥의 추산에 따르면 대략 2만 2000여 명의 노동자가 파업에 동참했다.[21]

마오쩌둥은 파업에 직접 간여하거나 참여했다. 그는 1921년 공산당에 가입한 임신한 아내 양카이후이와 함께 가끔씩 후난 동북부와 장시 서부 지역으로 달려가곤 했다. 그는 수이커우 산(水口山)의 흑연 및 아연 광산과 안위안 탄광, 웨저우(岳州)와 신허(新河)의 철도역, 창사와 헝양 공장의 노동자 강당에서 연설을 했다.[22] 양카이후이뿐 아니라 1918년부터 창사에서 함께 살고 있던 동생 마오쩌탄, 육촌 동생 마오쩌젠, 그리고 마오쩌탄의 여자 친구 자오셴구이(趙先桂)의 도움을 받았다. 1921년 말 마오쩌둥은 후난 제1사범학교 부속 중학교에서 공부하고 있던 동생 마오쩌탄과 창사의 공립 여학교에 다니는 육촌 동생 마오쩌젠을 설득하여 사회주의청년단에 가입시켰다. 1923년 3월 마오쩌둥은 동생 마오쩌탄을 수이커우 산의 흑연 광산으로 파견했다. 그해 10월 마오쩌탄은 그곳에서 중국공산당에 가입했고, 연말에 창사로 돌아온 후 중국사회주의청년단 시위원회 서기가 되었다. 1923년 마오쩌젠과 자오셴구이도 중국공산당에 가입했으며, 그다음 해 자오셴구이는 마오쩌탄과 결혼했다.[23]

부친이 사망한 후 사오산에 살면서 집안을 꾸려 가던 둘째 마오쩌민은 형제들 가운데 가장 이성적이고 냉철한 사고를 지닌 이였으나 그 역시 형의 뛰어난 감언이설에 넘어가고 말았다. 그래서 집을 뺀 나머지 땅을 모두 팔아 버리고 고향을 떠나 1921년 2월 창사로 이주하여 정치에 빠져들었다. 마오쩌둥은 마오쩌민을 후난 제1사범학교 부속 소학교에 취업시켰다. 마오쩌민은 재무를 담당하는(일설에는 급식 담당) 한편 학교 기숙사에서 살았다. 마오쩌둥은 오랫동안 밤마다 마오쩌민과 그의 부인 왕수란에게 정치학의 기초적인 내용에 대해 설명해 주었다. 1922년 가을 마오쩌민은 중국공산당에 가입했다. 얼마 후 마오쩌둥은 중국공산당 후난 위원회의 명의로 그를 안위안 철도와 광산에서 활약하고 있는 리리싼에게 보냈다. 그곳에서 마오쩌민은 광산 인부들과 숙식을 같이하고 야간에는 교원으로 학생들을 가르치면서 1923년 3월 노동자 소비 합작사를 창립했다. 부인 왕수란은 6개월 전인 1922년 5월 5일 딸을 낳아 기르느라 남편과 함께 가지 못했다. 그 딸이 마오쩌둥의 조카 마오위안즈(毛遠志)였다. 왕수란은 그 이후로 계속해서 사오산에 살았다.[24]

마오쩌둥의 지도하에 후난의 많은 공산당원이 노동자 시위와 노동조합 조직에 참가했다. 그들의 노력은 결실을 맺었다. 1922년과 1923년 상반기에 열

군데에서 파업이 일어났으며, 그중 아홉 군데는 노동자의 완전 또는 부분적인 승리로 끝났다. 그중에서도 9월에 발생한 우창과 창사, 주저우(株洲)와 핑샹을 잇는 철도 파업은 안위안 광산의 파업만큼이나 강력했다.

파업의 절대적 다수는 본질적으로 경제적 이유 때문이었다. 파업에 참가한 이들은 하루 8시간 노동과 임금 인상, 노동 조건 개선을 요구했다. 그들의 요구는 당연하고 정상적인 것이었다. 당시 그들의 생활은 거의 견딜 수 없을 정도였다. 노동자들은 하루에 12시간에서 13시간씩 일하면서도 더럽고 누추한 막사에 살면서 쥐꼬리만 한 임금에 만족해야 했다. 그들은 정치에 대해 관심이 없었으며, 누군가를 타도한다는 생각도 없었다. 그와는 정반대로 이른바 중재위원회를 만들어 권력의 비호를 받고 있는 고용주와의 분쟁을 해결하고자 했다.[25] 파업은 일반적으로 평화롭게 진행되었으며, 고용주 측과 유혈 충돌이 일어나는 경우는 거의 없었다.

수차례 파업에 성공하면서 노동자들 사이에 마오쩌둥의 영향력이 막강해졌다. 아울러 전중국노동조합 서기부 후난 분부(分部) 내에서의 권위도 따라서 강화되었다. 1922년 11월 5일 마오쩌둥은 조직을 확대하여 노동조합 후난 지부를 결성하고 서기를 맡았다.[26] 이제 후난 성장 자오헝티도 그를 무시할 수 없었다. 12월 중순 마오쩌둥은 노동조합 후난 지부를 대표하여 성장을 만나 4시간 30분 동안 노동자와 관련된 경제 문제에 대해 논의했다. 무엇보다 중요한 목적 가운데 하나는 자오헝티가 조직과 시위에 대한 노동자의 기본권을 재인식할 수 있도록 하는 것이었다. 회견이 끝난 후 마오쩌둥은 즉시 《정의보》에 회담 내용을 실었다.[27]

하지만 마오쩌둥과 동료들은 노동자들에게 공산주의 이념을 이식하는 일은 성공하지 못했다. 비록 마오쩌둥이 후난 성장과 만나 이야기하면서 "노동자들은 사회주의가 진정으로 자신들에게 이롭다고 여기기 때문에 사회주의를 바라고 있다."라고 했지만 실제는 그렇지 않았다.[28] 이런 상황은 후난만이 아니라 상하이를 포함해서 전국적으로 마찬가지였다. 천두슈는 모스크바에 이렇게 보고했다. "노동자 대부분은 여전히 오래된 공예품 공장에서 일하는 장인(匠人)들이다. ……그들은 정치에 관심이 없다. 현대적인 의미의 노동자들은 매우 적다. ……우리가 그들에게 사회주의나 공산주의에 대해 이야기하려고 하면 불안하게 생각한다. ……그들 가운데 소수 인원만이 우리 당에 가입했는데 그것도 주로 친구 간의 우정 때문이다. 공산주의나 공산당에 대해 이해하고 있는 이들은 훨씬 적다."[29]

마오쩌둥은 노동 운동이 보다 급진적이길 원했지만 이를 위해 구체적인 노력을 기울이지는 않았다. 그렇기는 해도 군벌 정권에 대한 노동자들의 일상 투쟁을 연대하는 데 노력을 집중시켰다. 당시 자오형티가 마오쩌둥을 인정하고 그에게 출판을 허락했으며 자신의 집에서 그를 만났을 때 "장래에 사회주의가 실현될 수도 있을 것"[30]이라고 말하기도 했지만, 마오쩌둥은 "후난 성장 자오형티가 자신이 지지하는 생각을 배반했으며, 특히 민주주의에 대한 모든 요구를 폭력적으로 진압했다."[31]라고 여겼다. 더 이상 노동조합 운동에 기댈 수 없다고 판단한 마오쩌둥은 혼신의 노력을 다했던 중국공산당 후난 위원회와 사회주의청년단 조직을 활용하기 시작했다.

1921년 10월 10일 중국공산당 후난 위원회가 정식으로 성립되었다. 굳이 그 날짜를 선택한 이유는 1911년 신해혁명이 발발한 지 10년이 되는 해에 10월 10일 같은 날을 따른 것이었다. 물론 마오쩌둥이 서기를 맡았다. 당위원회는 시외의 칭수이탕 인근에 방을 얻었다. 동쪽 기차역에서 멀지 않은 곳이었다. 1922년 5월 말 중국공산당 중앙국의 발의에 따라 후난과 장시 서부 지역의 공산당원 서른여 명을 중심으로 한 샹취(湘區, 후난 지역) 집행위원회가 만들어졌다. 마오쩌둥은 이 집행위원회에서도 서기를 맡았다.[32] 또한 1922년 6월 중순에 성립한 창사 사회주의청년단 집행위원회도 이끌고 있었다.[33] 이렇게 해서 그는 후난의 지하 볼셰비키 운동을 대부분 주도하게 되었다. 얼마 후 중국공산당과 중국사회주의청년단은 창사는 물론이고 형양, 평장(平江), 창더 등 대도시의 학교와 안위안 광산까지 소조를 확대할 수 있었다.[34] 그들은 모두 떠오르는 공산주의 지도자의 '강철 같은 의지'를 보여 주었다. 1922년 11월 후난의 공산당원과 청년 사회주의자는 이미 230명을 넘어섰다. 상하이의 공산주의자는

110명이었으며, 광둥은 마흔 명, 지난은 스무 명, 안후이는 열다섯 명으로 훨씬 적은 숫자였다.[35]

당시 마오쩌둥이 처리해야 할 일이 지나치게 많았던 것은 분명한 사실이다. 여전히 3~4년간 러시아에서 공부할 수 있기를 희망했지만 일에 치여 도저히 시간을 낼 수 없었다.[36] 그는 마르크스주의를 배우는 대신에 다른 이들을 가르쳐야만 했다. 1921년 8월 그와 털보 허는 창사에서 공산당 간부를 교육시키는 학교를 설립했다. 쯔슈(自修) 대학이라는 이름으로 개교한 학교는 합법적으로 인가를 받았으며, 현지 지식인의 도움을 얻어 혐오하던 자오헝티 정부로부터 보조금 400위안을 받아 설립했다.[37] 마오쩌둥이 총책임을 맡았고, 동생 마오쩌민이 재무를 주관했다. 두 사람은 제1사범학교 부속 소학교에서 맡고 있던 직책에서 사임했다.[38]

이와 동시에 중국공산당은 중요한 정치적 전환기를 맞이했다. 1922년 초 중국의 정치가들이 볼셰비키 지도자들의 초청을 받아 모스크바와 페트로그라드를 방문했다. 그 가운데 중국공산당 제1차 전국대표대회에 참가한 이는 장궈타오와 털보 허 두 명이었다. 그들은 코민테른이 찬조하는 원동 각국 공산당 및 민족 혁명 단체 대표대회(遠東各國共產黨及民族革命團體代表大會, 약칭 원동노고인민대회(遠東勞苦人民大會))에 참가했다. 주로 식민지와 반식민지 국가의 민족 통일 전선 문제에 중점을 둔 대회에서 중국 공산주의자들은 적지 않은 영향을 받았다. 공산주의자와 민족 혁명가 사이에 협력이 필요하다는 코민테른 지도부의 주장은 대표단에게 깊은 인상을 남겼다. 특히 코민테른 집행위원회 주석인 그리고리 지노비예프는 격동적으로 발언했다. 중국과 한국, 일본의 공산주의자들은 "아직까지 소수의 조직"이라고 단언하면서 그는 이렇게 말했다. "고립되지 말고 아직 공산주의자가 되지 않은 죄인이나 세리들을 멸시하지 말아야 한다. 오히려 중국에서 투쟁하고 있는 수백 수천만의 인민, 민족 독립과 해방을 쟁취하기 위해 싸우는 이들과 함께하기 위해 보다 두터운 계층으로 들어가야 한다."[39] 이는 레닌의 메시지이기도 했다. 그는 장궈타오, 덩페이(鄧培), 그리고 국민당 대표인 장치우바이(張秋白) 등 중국 대표단을 만났다. 당시 레닌은 병석임에도 불구하고 중국 대표단을 만나 자신이 제기한 국민당과 중국공산당의 합작 가능성에 대해 장궈타오와 장치우바이에게 의견을 물었다.[40]

당연히 중국공산당 지도부는 재고하지 않을 수 없었다. 지노비예프와 레닌은 마링과 같은 급이 아니었다. 그들은 영도자이자 교사이며, 멘토였다. 그렇기 때문에 장궈타오와 허수헝, 그리고 대회에 참가한 다른 공산주의자들은 반제국주의 혁명 세력과 합작을 요구하는 내용이 담긴 「원동 각국 공산당 및 민족 혁명 단체 대표대회 선언」에 서명했다.[41] 1922년 3월 중국으로 돌아온 대표단의 장궈타오는 중국공산당 중앙국에 다음과 같이 보고했다.

모스크바의 대다수 영도자들은 중국 혁명을 제국주의와 그들과 결탁한 국내 군벌 및 반동 세력에 반대하는 것이라고 생각하고 있다. ……중국 혁명은 반드시 서로 다른 혁명 중국 세력의 역량을 단결해야 한다. 최종적으로 국민당과 중국공산당이 합작해야 한다는 결론에 도달했다. 레닌이 직접 이 점을 명확하게 강조했다.[42]

천두슈는 보고를 받고 혼란스러웠다. 하지만 이 문제를 꼭 해결해야만 했다.

그래서 1922년 5월 초 광둥에서 합법적으로 개최된 중국사회주의청년단 제1차 전국대표대회에서 양당의 합작이 제국주의에 대한 혁명 투쟁을 지원하고 민족의 독립과 인민의 자유 성취를 위해 필요하다는 의견을 조심스럽게 제시했다.[43] 천두슈가 인정하지 않는 한 결의안 채택은 불가능했다. 한 달이 지난 6월 15일 천두슈는 「중국공산당의 시국에 대한 주장(中國共産黨對於時局的主張)」이라는 글을 발표했다. 천두슈는 쑨중산이 이끄는 광둥의 국민당 정부는 남중국의 노동자를 기꺼이 지원했다고 하면서 문장 마지막에 이렇게 주장했다. "국민당 제군(諸君)은 혁명적 민주주의자들이며, 반드시 시종일관 민주주의를 위해 투쟁해야 한다. ……당신들의 민주 혁명을 완성하겠다는 일심만 가지고 있으면 된다. 중국공산당의 방법은…… 국민당 등 혁명 민주파와 혁명적 사회주의 각 단체를 초청하여 연석회의를 개최하고 앞서 제시한 원칙을 토대로 민주주의 연합 전선을 함께 건설하는 것이다."[44]

물론 이 글은 상당히 무거운 마음으로 쓴 것이 분명하다. 코민테른이 제시한 민족 전선이란 말 대신에 보다 급진적인 느낌의 민주주의 연합 전선이란 말을 사용한 것은 우연이 아니다. 6월 30일 천두슈는 보이틴스키에게 서신을 보내, 중국공산당은 국민당이 "재편의 필요성(공산주의자와 정치적 급진파가 연합하는 것을 말한다.)을 재인식하고 우리와 함께 손잡고 나아가야 한다고 간절히 희망하고 있지만 그럴 가능성은 거의 없다."라고 말했다.[45] 이는 코민테른의 정책을 그대로 해석한 것과 다를 바 없다. 실제로 모스크바는 국민당이 공산주의자와 손을 잡고 나아갈 것이라고 믿지 않았으며, 다만 이제 겨우 195명밖에 되지 않는 공산주의자들이 1만여 명의 당원을 확보하고 있는 쑨중산의 훨씬 막강한 국민당과 반제국주의 연합을 형성해야 한다고만 믿고 있었다.

그럼에도 긍정적인 변화가 보이기 시작했다. 1922년 7월 16일부터 23일까지 상하이에서 열린 중국공산당 제2차 전국대표대회에서 중국공산당의 새로운 노선이 공식화되었기 때문이다. 마오쩌둥은 당시 상하이에 있었지만 대회에 참석하지 않았다. 그의 말에 따르면, "대회가 열리는 장소의 이름을 잊었고, 다른 동지들을 찾을 길이 없어 참가하지 못했다."[46] 마오쩌둥이 이미 수차례 방문한 적이 있는 천두슈의 집 주소만큼은 기억하고 있었을 것이라는 점에서 조금 이상한 핑계다. 하지만 그의 불참에 대해 좀 더 설득력 있는 설명은 찾을 수 없었다.[47]

당시 대회가 상당히 중요한 사안을 다루었기 때문에 마오쩌둥 개인에게 유감스러운 일이었을 것이 틀림없으나 그는 더 이상 찾아보지 않고 창사로 돌아갔다. 대표자들은 중국공산당의 영도 조직을 재편하여 기존의 중앙국 대신에 천두슈가 영도하는 중앙집행위원회를 만들었다. 그리고 새로운 당 기관지 《향도 주간(嚮導週刊)》을 발간하기로 결정했다. 그들은 '민주주의' 연합 전선을 구축하는 문제를 주된 의제로 다루었다. 열두 명의 참석자 가운데 다섯 명은 '원동 각국 공산당 및 민족 혁명 단체 대표대회'를 준비하고 참석한 이들이었다. 장궈타오는 대표대회에서 모스크바와 페트로그라드에서 결정된 안건에 대해 동의 서명하고, '민주주의 연합 전선'에 대한 비밀 결의문과 선언문이 확정된 후 코민테른 집행부와 만나 이야기한 내용을 참석자들에게 보고했다.[48] 결의 문과 선언문은 공산당과 국민당 양당의 통일 전선 수립의 필요성을 정당화했다.[49] 선언문에 따르면, 계급적인 면에서 통일 전선은 프롤레타리아와 빈농, 민족 자산 계급과 "외국 제국주의와 부패한 베이징 정부에 대항하는 세력과 연합할 수 있는 단체"의 "임시 연합"으로 간주되었다.[50] 대표대회는 공산당원들이 국민당에 들어가야 한다는 마링의 제안을 무시했다.

1922년 8월 12일 마링이 중국으로 돌아왔다. 그는 승리의 예감에 도취되었다. 자신에게 비우호적인 중국 공산당원들이 찍소리조차 하지 못할 두 개의 문건을 가지고 왔기 때문이었다. 하나는 코민테른 집행위원회 서기로서 중국 공산주의자들이 국민당에 가입해야 한다는 마링의 계획을 적극 지지하고 있던 카를 라데크(Karl Radek)가 쓴 지령이었다. 문건은 중국공산당이 국민당 내에서 완전히 독립을 유지하면서 대중 정치 조직으로 발전할 때까지 남아 있어야한다는 점을 강조했다. 두 번째 문건은 당시 코민테른 원동국 책임자로 있던 보이틴스키가 보낸 지시 내용이었다. 보이틴스키의 지시는 단호했다. "중국공산당 집행위원회는 7월 18일 코민테른 주석단의 결의 내용에 따라…… 필립(Philipp)과 비밀 접촉하여 모든 과업을 수행하시오."[51](필립은 마링의 많은 필명 가운데 하나다.)

장궈타오에 따르면, 마링은 상하이로 돌아온 직후 공산당 지도부에 다음과 같이 통지했다. "코민테른은 중국 공산당원들이 국민당에 가입하는 것을 인가하며, 이를 연합 전선 달성을 추구하기 위한 새로운 노선으로 간주한다."[52] 8월 25일 그는 천중밍의 배반으로 인해 광저우에서 쫓겨나 상하이에 거주하고 있던 쑨중산을 방문했다. 쑨중산의 은밀한 집무실에서 코민테른 집행위원회 대표는 국민당을 영도하고 있는 쑨중산에게 모스크바에서 중국 공산당원들이 국민당에 가입할 것을 권고하고 있다는 사실을 알려 주었다. 그리고 노동자와 농민의 반제국주의 운동에 보다 많은 관심을 가질 것을 건의했다.[53] 자신과 동맹을 맺은 군벌 천중밍의 배반에 심히 혼란스러운 상태였기 때문에 쑨중산은 마링의 건의를 받아들여 국민당을 재편하는 데 동의했다. 당시 쑨중산은 중국 혁명의 미래에 대해 진지하게 숙고하는 중이었다. 그의 말을 빌리면, "지금까지 그가 믿어 왔던 일에 대해 실망하고" 있었다. 전우나 다를 바 없던 천중밍의 쿠데타에 실망하고 있던 터라 쑨중산은 "소련이 중국 혁명의 유일하고 진정한 친구라고 확신했다."[54]

마링은 기뻐할 만했다. 하지만 천두슈는 그리 쉽게 투항할 생각이 없었다. 중국공산당 제2차 전국대표대회에서 대표로 선출된 천두슈를 지지하는 중앙 집행위원회 회원들도 마찬가지였다. 장궈타오는 물론이고 1922년 초 프랑스에서 돌아온 차이허썬, 새로 설립한 중국공산당 기관지 《향도 주간》의 주편인 가오쥔위(高君宇), 중앙집행위원회의 후보 위원인 리다자오 역시 천두슈와 생각이 같았다. 마링의 요청에 따라 8월 29일 항저우에서 회의가 개최되었다. 참가자들은 중세기에 지어진 아름다운 탑들이 즐비한 환상적인 산으로 둘러싸인 시후 호(西湖)에서 배를 빌려 그곳에서 이틀 동안 숙식을 해결하며 회의를 진행하기로 했다. 호수의 잔잔한 수면 위로 붉은 연꽃이 만발하여 아름다움의 극치를 보여 주었지만 상황이 상황인지라 평화로운 기억을 환기시키지는 못했다. 배는 시후 호 안에 있는 대나무로 뒤덮인 작은 섬 사이로 유유하게 떠다녔지만 마링과 중앙집행위원회 위원, 그리고 마링의 통역을 맡은 장타이레이(張太雷)가 참석한 회의는 격렬한 언쟁이 오가며 극적인 광경을 연출했다. 천두슈의 회고에 따르면, 회의에 참가한 중앙집행위원회 위원들은 코민테른 집행위원회에서 결의한 내용을 즉각 시행해야 한다는 마링의 제안에 대해 반대 의사를 분명히 했다. 처음에는 중앙집행위원이 아닌 장타이레이만 크렘린 대표를 지지했을 뿐이었다. 마링은 격노했다. 그의 논의는 강력한 저항에 부닥쳤다. 결국 분을 참을 수 없었던 그는 논의의 방향을 바꾸기로 결심했다. 마링은 코민테른에 반대하는 이들은 축출할 수밖에 없다고 위협했다. 아울러 참석자들에게 코민테른의 규율에 복종할 것을 강력하게 요구했다.[55]

그 순간 천두슈는 정확하게 알아챘다. 자신들이 모스크바의 볼셰비키와 평등하다는 환상은 아무런 의미가 없었다. 아직 유아기에 불과한 그의 당은 절대적인 복종을 요구할 뿐인 모스크바에 전적으로 의지할 수밖에 없는 상황이었다. 천두슈는 출판 활동을 통해 볼셰비키 단체를 유지하는 데 필요한 자금의 대부분을 조달했다. 하지만 중국공산당을 만들기 위한 자금의 부족은 거의 재앙 수준이었다. 공산당원의 지출은 계속 증가했다. 1921년 초만 해도 200위안 정도면 충분했으나 그해 말에는 거의 1만 8000위안이나 필요했다.[56] 한동안 중국공산당 지도부는 코민테른의 원조 없이도 활동할 수 있다고 믿을 정도로 순진한 상태를 유지했다.[57] 그러나 곧 불가능한 것으로 판명되었다. 1921년 코민테른은 중국공산당이 자체적으로 어렵게 1000위안을 모았을 때 1만 6650위안을 한 번에 제공했다. 1922년 중국공산당은 그해 말까지 모스크바로부터 1만 5000위안을 제공받았지만[58] 자체적으로 한 푼도 조달할 수 없었다. 크렘린은 다달이 30위안을 천두슈에게 제공했을 뿐 아니라 지역 당 조직가들에게도 자금을 보냈다. 상황이 이러했기 때문에 그들의 선택은 아주 명료하고 간단했다. 모스크바 당국에 굴복하여 이전과 마찬가지로 자금 지원을 받을 것인가? 아니면 지시에 불복하고 한 푼도 받지 못할 것인가? 이 두 가지였다. 자신들의 처지를 되돌아보면서 참가자들은 유일하고 합리적인 결론에 도달했다. 만장일치로 국민당 가입에 동의한 것이다.

그들은 심정적으로 견디기 힘들었을 것이 분명하다. 시후 호는 아름다운 곳이었지만 우울은 쉽게 가시지 않았을 터였다. 남송의 위대한 장군으로 시후 호 북서쪽 한편에 마지막 안식처를 얻은 악비(岳飛)의 동상이 그들을 조용히 바라보고 있었다. 중국공산당이 외국 정치가의 순종적인 도구로 바뀌는 운명적인 만남이 애국주의로 유명한 불굴의 장군 묘소(악비묘)에서 이루어졌다는 것은 참으로 아이러니가 아닐 수 없다.

2부 | 혁명가

10

국민당 가입

쑨중산은 국민당에 가입하겠다는 중국공산당 중앙집행위원회의 결정을 공개적으로 지지했다.[1] 천두슈의 요청에 따라 리다자오와 린보취(林伯渠) 등 국민당 지도부와 폭넓게 관련을 맺고 있는 공산당 활동가들은 쑨중산과 협상을 시작했다. 당시를 회상하면서 리다자오는 그들이 "중국의 부활을 이루기 위해 국민당의 부활 문제를" 논의했다고 기록했다. 다시 말해 그들은 정치적, 조직적 관점에서 국민당을 재조직하는 것에 대해 토론했다. 그 안에는 공산주의자를 당원으로 받아들이는 것을 허가하는 내용도 있었다. 1922년 9월 초 쑨중산은 천두슈와 리다자오, 차이허썬, 장타이레이의 당 가입을 환영했다.[2]

1922년 9월 4일 국민당 중앙과 상하이 지역 지도자들은 당 재편 문제를 논의했다. 공산주의자들도 참가했다. 쑨중산은 국민당의 향후 계획과 법규 초안을 마련하는 아홉 명의 특별위원회 위원에 천두슈를 포함시켰다. 다른 한편으로 그는 소비에트 외교 대표단의 단장으로 8월에 베이징을 방문한 볼셰비키 아돌프 요페(Adolf Joffe)와 집중적으로 서신 연락을 하기 시작했다.

코민테른 역시 국민당에 대한 공산당원들의 부정적인 태도를 완화하기 위해 노력했다. 1922년 가을 천두슈는 격정적인 열혈남아인 좌익 류런징을 데리고 모스크바의 소환에 응했다. 두 사람은 그해 11월과 12월에 개최된 코민테른 제4차 세계대회에 참가했으며, 코민테른 지도자들과 만나 반제국주의 통일 전선 전략에 대해서도 의논했다. 천두슈의 마음을 돌리기 위해 코민테른은 그를 동방문제위원회의 위원으로 선출했다.[3] 그 결과 천두슈와 류런징은 중국으로 돌아오자마자 '민주주의 전선'이란 구호를 취소하고 대신 '반제국주의 민족혁명전선(반제통일전선(反帝統一戰線))'을 수립하자는 구호를 내걸었다.

1923년 1월 1일 쑨중산은 국민당 개조 선언문을 발표했다. 이튿날 상하이에서 개최된 회의에서 당의 사무와 일정 및 조례에 관한 논의가 이루어졌다. 쑨중산의 유명한 삼민주의가 새롭고 좀 더 급진적인 표현으로 발표되었다. 쑨중산은 반제국주의와 노동자의 권익 보호, 중국의 민주적 전환을 강조했다.[4] 그는 천두슈, 장타이레이, 린보취, 그리고 광둥의 공산주의자로 일찍이 혁명연맹에 가담했던 탄핑산을 초청하여 국민당 중앙 및 지역 준비 공작을 맡겼다.

1월 26일 쑨중산과 요페는 소비에트 대표부가 쑨중산에게 말한 것처럼 민국(民國)의 통일과 완전한 국가 독립을 보장한다는 내용의 공동 성명서를 발표했다. "중국은 당연히 러시아 국민의 진지하고 열렬한 공감을 얻게 될 것이고, 러시아의 원조를 제공받을 수 있을 것이다." 쌍방은 중국과 러시아의 관계에 대해 "전적인 동감"을 표시했으며, 필요조건이 결핍되어 있기 때문에 "현재 공산당 조직이나 심지어 소비에트 제도도 사실상 중국에 적용할 수 없다."라는 점을 강조했다.[5] 중국공산당 및 소비에트 러시아와 관계 개선을 하겠다는 쑨중산의 생각은 자신에게 충성하는 지역 병사들이 자신을 배신한 천중밍의 권력을 광둥 밖으로 내몰면서 더욱 굳어졌다. 쑨중산은 그해 2월 남중국 정부를 영도하기 위해 광둥으로 돌아왔다.

비록 당시 사건이 이후 권력 부상과 관련이 있기는 하지만 마오쩌둥은 아무런 역할도 하지 않았다. 후난으로 돌아간 그는 1923년 4월까지 계속해서 창사와 인근 지역의 노동자 파업과 시위 운동을 조직하느라 정신없이 바빴다. 1922년 10월 24일 첫아들 마오안잉(毛岸英)이 태어났다. 양카이후이가 갓난아이를 데리고 집으로 돌아왔을 때 마오쩌둥이 직접 지은 이름이었다. 행복한 얼굴로 아내를 바라보던 마오쩌둥이 물었다. "자, 그럼, 아이의 이름을 뭐라고 지을까?" 그리고 아내의 답변을 기다리기도 전에 이렇게 말했다. "안잉이라고 짓지!"(안은 '강변', 잉은 '영웅'의 뜻이다.) "사회주의의 기슭에 도달한 영웅! 어떻게 생각해?"[6] 양카이후이는 행복한 얼굴로 미소를 지었다.

하지만 마오쩌둥은 한가하게 아이를 돌볼 여유가 없었다. 당의 모든 공작이 전적으로 그에게 의지하고 있었기 때문이다. 2월 7일 '노동자의 친구'로 가장한 군벌 우페이푸(吳佩孚)가 철도 노동자들에 대해 대대적인 유혈 진압을 감행하면서 중국의 상황이 극적으로 변화하고 있었다. 서른두 명이 사망하고, 200여 명이 부상을 입었다. '백색 테러'의 파도가 허난과 허베이 일대에 넘실대고 있었다. 수많은 노동조합과 노동 구락부가 파괴되었다. 마오쩌둥은 즉각 행동에 돌입했다. 2월 8일 책임자 처벌을 요구하며 창사에서 우창까지 연결되는 철도 노조의 총파업을 주도했다. 같은 날 희생자 추모회를 개최하여 2000여 명의 노동자와 학생들을 동원했다. 수많은 지역 노동조합에서 회의가 열리고, 안위안 광산에서 대규모 시위가 발발했다.

3월 29일 마오쩌둥이 이끌고 있는 샹취 특별위원회(후난 위원회)와 창사 공공 조직에서 대규모 반일 시위를 주도했다. 대략 6만여 명의 사람들이 시내 중심가에서 가두시위를 벌였다. 이는 중국 뤼순(旅順)과 다롄(大連) 항에 대한 일본의 조차 만료 기간과 때를 같이하여 벌어진 전국적 규모의 시위였다. 중국 인민들은 다시 한 번 21조에 대한 무효 선언을 강력하게 요구했다.[7]

마오쩌둥의 행동은 후난 성장이 인내할 수 있는 범위를 벗어났다. 결국 자오헝티는 4월 노조 지도부를 엄중 단속하는 한편 마오쩌둥을 체포하라는 별도 지시를 내렸다.[8] 마오쩌둥은 도피할 수밖에 없었다.

다행스럽게도 1923년 1월 중국공산당 집행위원회는 창사에 있던 마오쩌둥을 불러들이기로 결정했다. 천두슈는 그를 불러 상하이 중앙당에서 일하도록 했다. 마링과 천두슈는 후난에서 마오쩌둥의 활동에 만족하여 특별히 이런 조치를 취한 것이었다. 1922년 11월 마링은 지노비예프와 요페, 보이틴스키에게 보낸 편지에서 후난의 당 조직이 중국에서 가장 뛰어나다고 칭찬한 바 있었다.[9] 이제 마오쩌둥은 후난에서 경험한 것을 중국 전역에 전파하는 임무를 맡게 되었다.

마오쩌둥의 자리는 신민학회 시절부터 오랜 친구였던 리웨이한이 맡기로 결정되었다. 마오쩌둥은 약간의 행장을 꾸린 후 배를 타고 상하이로 출발했다. 양카이후이가 임신 중이었기 때문에 마오쩌둥은 혼자 떠날 수밖에 없었다. 언제 다시 만나게 될지 알 수 없는 상황이었다.

마오쩌둥은 일주일 후 상하이에 도착했다. 하지만 천두슈는 그곳에 없었다. 3월 쑨중산과 직접 연계하기 위해 광둥으로 떠났기 때문이다. 마오쩌둥은 상하이의 노동자들이 모여 사는 더럽고 시끄러운 자베이(閘北)의 중앙집행위원회로 향했다. 중앙집행위원회도 이사할 준비를 하고 있었다. 코민테른은 당의 중앙 기구 역시 주석이 거주하는 광둥으로 옮겨야 한다고 결정했다. 6월 초 마오쩌둥은 마링을 따라 남부로 떠났다.[10]

그곳에서 중국공산당은 쑨중산의 보호 아래 처음으로 공개적으로 활동할 수 있었다. 마오쩌둥에게 비밀회의나 암호는 이미 지난 일처럼 보였다. 그는 통일 전선 구축과 관련된 합법적인 작업을 하느라 정신이 없었다. 창사에 있을 당시 이미 중앙집행위원회에서 전보나 서신을 통해 상황 변화에 대해 들었기 때문에 마오쩌둥은 국민당에 대한 부정적인 태도를 바꾼 상태였다. 실제 경험 역시 결정적이었다. 마오쩌둥은 우페이푸가 한커우 철도 노동자들에게 가한 대학살과 후베이, 허난, 허베이의 노동조합 조직 붕괴로 인해 크게 흔들렸다. 특히 자오헝티의 반동 정책으로 인해 후난의 노동자 운동이 붕괴된 것에 큰 충격을 받았다. 그렇기 때문에 쑨중산과 노동자 운동에 동정적인 삼민주의 원칙에 주목하지 않을 수 없었다. 1922년 1월 쑨중산의 광둥 정부는 홍콩의 노동자와 어민들의 파업 시위에 지원을 아끼지 않았다. 본질적으로 반제국주의 성격을 띤 어민들의 파업은 민족 부르주아지를 포함한 광둥 전체 인민의 적극적인 지지와 연대에 의지하여 부분적인 성공을 이루어 냈다. 하지만 공산주의자들의 선동에 의해 들고 일어난 한커우 철도 노동자들은 사회 구성원의 적극적인 지지를 얻지 못해 결국 실패하고 말았다.

1923년 4월 10일 마오쩌둥은 창사를 떠나기에 앞서 처음으로 반제국주의에 대한 지지를 공개적으로 표시했다. 쯔슈 대학에서 출간한 《신시대》에서 그는 이렇게 말했다.

만약 국내 각파 세력을 분석한다면 오직 세 가지 파벌, 즉 혁명적 민주파, 비혁명적 민주파, 반동파가 있을 따름이다. 혁명적 민주파의 주체는 당연히 국민당이며, 새롭게 부상하는 공산파는 국민당과 합작한 것이다. ……마찬가지로 공산당은 잠시 그들의 급진적인 주장을 포기하고 비교적 급진적인 국민당과 합작해야 한다. 우리가 알고 있다시피 지금은 결코 평화로운 시대가 아니라 혼란의 시대이며, 정치는 더욱 반동적이고 혼란스럽기만 하다. 하지만 이것이 평화 통일의 근원이며, 혁명의 어머니이고, 민주 독립의 묘약이라는 사실을 모든 이가 알지 않으면 안 된다.¹¹

마오쩌둥이 마링이나 코민테른 집행위원회처럼 통일 전선의 강력한 옹호자가 된 것은 아니었다. 현재까지 그는 공산당원들이 국민당에 가입해야 한다는 것에 대해 아무 말도 하지 않았다. 그러나 공산당과 노동자의 고립, 노동조합 운동의 심각한 위기로 인해 크게 위축된 것은 분명하다. 그는 국민당을 동맹으로 간주했다. 비록 이상적인 것은 아니었지만 처한 상황에서 볼 때 어쩔 수 없는 일이었다. 상하이에서 마링과 만난 후 마오쩌둥은 암울한 생각을 떨쳐 버릴 수 없었다. 마링은 당시 마오쩌둥이 전체 인구 3000만 명인 후난에서 조직 노동자가 3000명도 되지 않는다는 사실에 실망하고 있다고 보고했다. 마링은 마오쩌둥에 대해 "그는 노동조합 조직이 어떤 방법도 내놓을 수 없다는 사실로 인해 중국을 구원할 유일한 길은 러시아의 간섭뿐이라고 생각할 만큼 몹시 비관적이었다."라고 말하면서 소비에트 러시아가 중국 서북 지역에 '군사 기지'를 세울 것을 제안했다. 그리고 이렇게 덧붙였다. "여전히 가부장 사회의 오랜 전통이 뿌리 깊은 중국 사회에서는…… 공산주의자는 물론이고 민족주의자들도 현대적인 대중 정당을 발전시킬 수 없다."[12]*

하지만 광저우에 도착한 마오쩌둥은 상당히 고무되었다. 전환점은 1923년 6월 12일 광저우 교외에서 합법적으로 개최된 중국공산당 제3차 전국대표대회였다. 대회는 천두슈가 주재했으며, 마링이 적극적인 역할을 맡았다. 사람이 살지 않는 것처럼 보이는 한적한 집에 투옥 중인 110명(전체 공산당원의 4분의 1)을 포함해 중국 공산당원 420명을 대표하는 마흔 명이 모였다.[13] 제2차 전국대표대회 이후 225명의 당원이 더해지면서 규모 면에서 지난번보다 두 배 정도 커졌다. 중국공산당 당원들은 열아홉 명의 여성을 제외하고 모두 남자였으며, 지식인이 주도적인 위치에 있었다. 노동자 출신은 164명에 불과했다. 당 소조는 광둥, 상하이, 베이징, 창사, 안위안, 탕산(唐山), 지난, 항저우, 한커우, 베이징 근처 창신뎬(長辛店) 기차역과 난징 근처 푸커우(浦口) 기차역, 그리고 해외 모스크바 소조[14](모스크바 소조는 1921년 코민테른의 특별 교육 기관으로 모스크바에 설립한 동방노동자공산주의대학(Communist University of the Toilers of the East, KUTV, 스탈린 학교) 학생들로 이루어져 있었다.)가 운영되고 있었다.[15] 그 가운데 마오쩌둥이 영도하는 소조가 가장 활동적이었으며, 인원도 전체 중국 공산당원의 절반이 넘을 정도로 가장 많았다. 천두슈는 보고서에서 "유일하게 후난의 동지들만이 사업을 잘했다고 말할 수 있다."라고 칭찬했다.[16]

대회에서는 특히 전술과 통일 전선의 형태에 대한 논의가 뜨겁게 달아올랐다. 마오쩌둥은 처음에는 어렵게만 느껴졌던 구체적인 문제를 파고들었다. 후난의 경우 국민당원이 공산당원에 비해 훨씬 적은 숫자였으며, 통일 전선을 이루어 함께 일하는 경우가 거의 없었다. 당시 중국에서는 일반적으로 공산당이 활발하게 활동하는 곳은 국민당의 영향력이 상대적으로 미미했다. 쑨중산의 국민당은 기반을 두고 있는 광저우나 비교적 큰 조직을 운영하는 상하이를 제외하고 나머지 대도시에는 거의 당원이 없었다. 주변부에서 온 대표자들은 쑨중산을 일컬어 대포라고 했다.(실제로 사람들은 쑨중산을 손대포(孫大砲)라고 불

---

* 「외부 세력과 군벌, 그리고 혁명(外力, 軍閥與革命)」, 《신시대》 창간호, 1923년 4월 10일자. — 옮긴이

렀다.) 그는 대포처럼 큰 소리를 냈지만 실제는 아무것도 없었다.[17] 그렇다면 왜 우리가 국민당과 합작해야 하는가? 국민당 지부는 손가락으로 헤아릴 정도밖에 되지 않는데 도대체 어떤 조직과 합치라는 말인가? 공산당원들이 자발적으로 국민당 조직을 건설하고 그들과 합작하는 것은 어리석은 짓이 될 터였다.

장궈타오나 차이허썬 같은 당 주요 인사들은 이러한 주장을 펼쳤다. 그들은 국민당 가입 전술에 대해 원칙적으로 더 이상 반대하지 않았다. 다만 후에 차이허썬이 회고한 것처럼 그들은 "그 방향으로 너무 많이 나아가는 것"을 원치 않았다. 완전히 그들과 반목하던 마링은 천두슈와 리다자오, 장타이레이, 그리고 몇몇 모스크바에 복종하는 대표자의 지지를 얻고 있었다. 그들은 "국민당의 봉건적 책략에 대한 비판"이 필요하다고 믿었다. 동시에 "당을 혁명 선전의 노선으로 이끌어 가면서 그 안에 노동자와 농민 좌익을 형성해야만" 했다. 그렇기 때문에 "국민당을 전국적으로 발전시킬" 필요가 있었다.[18] 마링과 천두슈는 "모든 당원이 국민당에서 활동해야 한다."라는 슬로건을 제출했다.[19]

이 문제에 관한 한 마오쩌둥은 장궈타오와 차이허썬을 지지했다.[20] 그는 차이허썬과 수년 동안 우정을 나누었고, 그에게 어느 정도 영향을 받았다. 게다가 대회 초반만 해도 그는 중국에서 대중 정당과 노동 운동의 발전 전망에 대한 비관적인 생각을 떨쳐 버릴 수 없었다. 그는 장궈타오나 차이허썬만큼 비타협적이지는 않았다. 확실히 당시에 그는 모순적이었다. 회의 석상에서 그는 이렇게 말했다. "국민당은 소자산 계급이 지배하고 있다. ……소자산 계급은 현재 시점에서 혁명을 이끌 수 있다. 이것이 우리가 국민당과 합작하려는 이유다. ……우리는 합작을 걱정해서는 안 된다."[21] 그러나 결정적인 순간에 천두슈의 결의에 반대했다. 공산당원들이 중국 전역에서 국민당 조직을 확대하는 것을 도와야 한다는 결의안이 반대 17, 찬성 21로 통과되자 그는 "기꺼이 대다수의 결정을 받아들이겠다고 선언했다."[22] 결의안은 "국민 혁명 운동의 총부로 강력한 중앙당을 건설할" 필요성에 대해 강조했지만 그 역할은 국민당만 할 수 있는 것으로 인정했다. 결의안은 "아직 노동 계급이 강력한 역량을 갖고 있지 않기 때문에" 공산당이 가까운 미래에 대중 조직으로 바뀔 수는 없다

고 공언했다.[23]

대중은 마오쩌둥이 마지막에 반대 의견을 철회했다는 사실을 잊지 않았다. 마링과 천두슈의 추천을 받아 마오쩌둥은 처음으로 중앙집행위원회 위원에 피선되었다. 집행위원회는 아홉 명의 위원과 다섯 명의 후보 위원, 비선출직 위원으로 구성되었다. 중앙집행위원회 선거에서 그는 서른네 표를 얻었다. 만장일치로 선출된 천두슈를 제외하고 마오쩌둥보다 많은 표를 얻은 사람은 차이허썬과 리다자오뿐이었다.[24] 게다가 천두슈가 맡고 있는 정치국처럼 다섯 명만으로 구성되어 있는 독자적인 중앙국에 들어가게 되었다.[25] 더욱 중요한 사실은 그가 조직부의 책임자 겸 집행위원회 서기로 선출되었다는 점이다. 특히 후자는 장궈타오의 자리를 이어받은 것인데, 장궈타오는 코민테른 집행위원회의 노선과 첨예하게 대립함으로써 탈락하고 말았다. 다시 말해 이제 마오쩌둥은 중국공산당의 이인자가 된 셈이다.

마오쩌둥은 인생에서 처음으로 자신의 스승과 대등한 자리에 서게 되었다. 이제 그는 한 명의 언론인이자 전국적인 범위에서 활동하는 공산당원이 되었다. 상하이에 있는 소비에트 고문 가운데 한 명인 솔로몬 빌드(Solomon Vil'de, 필명은 블라디미르(Vladimir))가 보이틴스키에게 서신을 보내면서 마오쩌둥은 "의심할 바 없이 탁월한 노동자"로 알려지기 시작했다.[26]

당시 대회에서 마오쩌둥은 처음으로 농민 문제를 진지하게 다루기 시작했다. 그때만 해도 이 문제는 그에게 전혀 낯선 주제였지만 점차 그의 이름과 떼려야 뗄 수 없는 것이 되었다. 물론 그는 중국 농촌의 빈곤한 삶에 대해 누구보다 잘 알고 있었다. 하지만 그때까지 농민을 조직하는 일에 참여하는 것에 대해 진지하게 생각해 본 적이 전혀 없었다.

후난에서 마오쩌둥은 대지주에 대항하여 소작농을 조직한 적이 두 차례 정도 있었지만 아무 성과 없이 끝나고 말았다. 그와 탄평산은 농촌 문제에 관한 결의문 초안을 작성하는 위원회에 배치되었다. 그는 당의 농민 관련 정책 토론에도 참가했다. 대회에 참가한 다른 이들과 달리 마오쩌둥은 뜻밖에도 이 문제에 대해 예리한 이해력을 보여 주었다. 그는 이렇게 말했다. "어떤 혁명이든 농촌 문제는 가장 중요하다. ……국민당은 광둥에서 기금 같은 것을 만들었다. ……농민 운동 그 자체와 농민으로 구성된 군대의 점유율에 따라 당이 광둥과 유사한 상황을 만드는 것은 어려운 일이 아니다."[27]

당시에 누구도 그의 예언에 주목하지 않았다. 대표자들이 채택한 결의안은 아무런 방향성도 제시하지 않고 두루뭉술하며 허세로 가득했다. 결의안은 이렇게 주장했다. "우리는 당의 제3차 전국대표대회 결의안을 통해 중국을 압제하는 제국주의에 대항하는 소농과 고용농, 농업 노동자와 합작할 필요가 있다고 단언한다. 이는 농민의 이익을 보호하고 국민 혁명 운동의 발전을 도모하기 위해 무엇보다 군벌과 부패한 관리를 타도하고, 토비와 토호열신을 내쫓기 위함이다."[28] 5월 24일 모스크바에서 제3차 전국대표대회에 보낸 지시 사항이 6월 18일 도착하면서 농촌 운동에 진지하게 참가하라는 지령이 전달되었다. 지령에는 "정책의 핵심 사안은 바로 농촌 문제"라고 정확하게 적혀 있었다.[29]

이러한 공식화는 볼셰비키 정치국 후보 위원으로 코민테른 사업에 적극적으로 참여하던 니콜라이 부하린(Nikolai Bukharin)의 작품이었다. 그러나 아직까지 서면으로 된 성명에 불과했으며, 중국공산당이 실제 행동을 취할 상황은 아니었다. 제3차 전국대표대회에서 이는 관심 밖에 놓여 있었고, 농민 문제에 관한 마오쩌둥의 연설조차 하찮은 것으로 취급받았다.

중국공산당 내에서 거의 유일한 동조자는 일찍이 1922년 봄부터 농민 조직에 참가하기 시작한 광둥의 펑파이(彭湃)였다. 친구들은 이렇게 말했다. "그건 아무짝에도 소용없는 노력 낭비일 뿐이다. 농민은 대부분 분산되어 있기 때문에 조직하기 힘들고 무지로 인해 선전에 둔감할 수밖에 없다."[30] 펑파이는 광둥 동부에서 몇 군데 농민 조합을 성공적으로 만들어 냈다. 하지만 1923년 토지 임대료 인하 운동을 추진하여 결국 천중밍에게 짓밟히고 말았다.[31]

제3차 전국대표대회 이후 노동자와 농민 운동의 실패로 인해 비록 공산당 전원은 아니었지만 많은 수가 국민당에서 일하는 것에 대해 관심을 가졌다. 중국공산당 집행위원회조차도 국민당 조직을 중국 북부와 중부의 주요 거점으로 확대하는 계획을 마련했다.[32]

마오쩌둥 역시 통일 전선 형성에 기쁨을 감추지 않았다. 제3차 전국대표대회가 아직 끝나지 않은 상태에서 마오쩌둥은 자유 시간에 리다자오, 장타이레이와 함께 탄옌카이와 동맹 가능성에 대해 대화를 나누었다.[33] 전 후난 성장이었던 탄옌카이는 자오헝타이와 불구대천의 원수였는데, 대표대회가 열리는 곳에서 도보로 2~3분 정도 떨어진 호화스러운 삼층집에 살고 있었다. 그는 국민당원으로 쑨중산과 좋은 관계를 유지하고 있었다. 그렇기 때문에 그와 동맹을 맺는다면 공산주의자들에게도 대단히 유리한 일이 분명했다. 제3차 전국대표대회가 끝난 후 마오쩌둥은 곧 국민당에 입당했다.[34] 또한 쑨중산의 전우 가운데 한 명인 탄전(覃振)을 후난으로 보내 국민당 당부(黨部)를 조직하자는 의견을 적극 지지했다. 그는 탄전을 통해 리웨이한에게 지령을 보내 중국공산당 상취 집행위원회(나중에 중국공산당 후난 위원회로 개칭했다.)에서 쑨중산의 특사에게 전폭적인 도움을 제공하라고 지시했다.[35]

소비에트 볼셰비키 역시 중국의 반제국주의 통일 전선을 적극적으로 지지했다. 1923년 3월 모스크바는 "중국의 통일과 민족 독립을 위한 사업"에 200만 골드 루블에 달하는 재정 원조를 제공해 달라는 쑨중산의 요청에 성취감을 느꼈다. 5월 1일 요페는 쑨중산에게 통지하면서 모스크바는 남중국 정부 수반에 "우리의 원조에 대해 엄격하게 비밀을 유지해 줄 것"을 요구하고 있다는 점을 강조했다.[36] 1923년 6월 다섯 명으로 이루어진 첫 번째 군사 고문단이 소련(蘇聯)*을 떠나 광둥으로 왔다. 임무는 쑨중산을 도와 국민당 군대를 창설하는 것이었다. 마오쩌둥을 포함한 중국공산당 지도부의 입장에서 볼 때 이는 "새로운 방식과 공화국 수호를 위한 우호 정신으로" 무장한 "새롭고" 진정한 "인민의" 군대가 되어야만 했다. 그들이 쑨중산에게 요구한 것은 바로 이것이었다.[37]

---

* 1917년 10월 혁명을 통해 러시아에 소비에트 정부가 들어섰고, 볼셰비키가 정권을 잡은 직후인 1918년 1월 제3차 전(全) 러시아 소비에트 대회에서 러시아 소비에트 연방 사회주의 국가가 탄생했다. 1922년 12월 30일 러시아, 우크라이나, 벨라루스, 자카프카지예 소비에트 사회주의 공화국이 합쳐지면서 '소비에트 사회주의 공화국 연맹'이 성립되었다. 이를 간칭하여 '소련'이라고 한다. ─ 옮긴이

7월 31일 스탈린의 제안에 따라 러시아 공산당(볼셰비키) 정치국은 원로 볼셰비키이자 코민테른 집행위원회 위원인 미하일 보로딘(Mikhail Borodin)을 쑨중산의 정치 고문으로 중국에 파견할 것을 결정했다.[38] 그는 "국민당 고위급 고문" 겸 마링을 대신하여 중국공산당 집행위원회의 새로운 코민테른 대표직을 맡았다.

1884년에 태어난 미하일 보로딘은 1903년 볼셰비키 당원이 되었다. 그는 제1차 러시아 혁명(1905년)에 참가하여 레닌과 친분이 있었고, 1906년 스톡홀름에서 개최된 러시아 사회민주노동당의 제4차 대회에 참가했다. 이후 가족들과 국외로 이주했는데, 영국에서 살다가 다시 미국으로 건너가 1918년까지 살았다. 해외에서 오래 살았기 때문에 보로딘은 상당히 서구화된 인상을 주었다. "키가 크고 외모가 단정하며 사자 머리(獅頭)에 당당한 풍채를 지녔다." 쑨중산의 처제 쑹메이링(宋美齡, 장제스의 부인)은 보로딘의 인상적인 외모에 대해 이렇게 말하면서 흠잡을 데 없는 매너가 특히 많은 이의 주목을 끌었다고 회고했다. 그녀의 말에 따르면, 그는 "말쑥하고 단정하며 약간 곱슬거리는 짙은 갈색 머리카락이 목 뒷덜미까지 내려왔고, 프랑스 장군처럼 자연스럽고 멋진 수염을 길렀다. 영어는 러시아 억양이 전혀 없었으며, 미국 중부 사람의 발음을 닮았다. 대화할 때면 중저음의 목소리가 낮고 분명했으며, 논의할 때면 침착하고 여유가 있었다. 그는 자제력과 그만의 매력을 갖춘 대단한 인물이었다."[39]

소비에트 러시아의 비밀 첩자인 세르게이 달린(Sergei Dalin)은 이렇게 기억했다. "별로 말이 없었으며, 자신이 말하기보다는 먼저 남의 말을 듣고, 이후에 몇 마디 말로 자신의 관점을 제시하면서 상대에게 응수했다."[40] 동료인 필립(마링)과 달리 보로딘은 중국 공산주의자들에게 훨씬 참을성 있게 대했다. 장궈타오의 말에 따르면, 바로 그런 이유로 "그는 마링과 격이 달랐다."[41] 보로딘의 원래 성은 구르젠베르그(Gruzenberg)였다. 하지만 코민테른의 다른 성원들과 마찬가지로 여러 차례 이름을 바꾸었으며, 중국에서는 바오루팅(鮑羅廷) 또는 바오 고문(鮑顧問)이라고 불렀다.

8월 16일 쑨중산은 혁명 동맹 시절부터 공화주의 운동에 적극적으로 참가하여 특별히 신임하는 장군 장제스를 단장으로 한 특별 대표단을 소련에 파견했다. 대표단에는 이 외에 국민당원 한 명과 장타이레이를 포함한 공산당원 두 명이 포함되었다. 대표단은 9월 2일 모스크바에 도착해 이후 3개월 동안 러시아 공산당 중앙위원회를 포함한 당 조직 구조에 대해 익혔다. 소비에트의 기능에 대해 연구하고 군사 시설을 방문했으며 트로츠키, 지노비예프, 레프 카메네프(Lev Kamenev), 게오르기 치체린(Georgii Chicherin) 등 소련의 중요 지도자들을 만났다.[42] 서른여섯 살의 장제스는 짧게 자른 머리에 똑똑하고 훌륭한 교육을 받은 인물로 모스크바 지도자들에게 좋은 인상을 주었다. 당시 그는 좌파의 견해를 가지고 볼셰비키에 대한 자신의 '폐쇄성'을 증명하려고 애썼다.[43] 물론 러시아 당국이 검열했기 때문일 수도 있으나 여하간 그는 아내에게 보낸 편지에서 쉬는 시간이면 마르크스의 『자본론』을 읽었다고 말했다. 그는 이렇게 말하기도 했다. "나는 처음에 이번 일이 상당히 어려울 것이라고 생각했지만 후반으로 가면서 깊이 빠져들고 있소." 다른 편지글에서는 이렇게 열변을 토하기도 했다. "나는 트로츠키를 좋아하게 되었소. 그는 혁명가로서 자질이 충분한 사람으로 인내심이 많고 활동적이오." 이후에 코민테른은 장제스에게 공산당에 가입하기를 희망한다는 의사를 넌지시 던졌다. 장제스는 원칙적으로 반대하지 않았지만 먼저 쑨중산의 허락을 얻어야 한다고 말했다.(설사 당시 그가 좌파였다 할지라도 기본적으로 공산당에 가입할 의사가 없었다.)[44]

장제스의 요청에 따라 코민테른 집행위원회는 1923년 11월 쑨중산의 삼민주의에 대한 새로운 해석을 포함해 중국과 국민당의 민족 문제에 관한 새로운 결의안 초안을 작성했다. 코민테른은 국민당에 반제국주의와 국민 민주주의 혁명을 위한 합당한 계획안을 제시했다. 중요한 특징은 철저한 농민 혁명과 산업의 국유화였다.[45] 11월 28일 코민테른 집행위원회에서 채택된 결의안이 장제스에게 건네졌다. 장제스는 적어도 형식적으로는 토지 개혁 문제를 제외하고 코민테른의 제안을 거의 모두 받아들였던 쑨중산에게 결의안을 전달했다. 쑨중산은 코민테른 집행위원회의 결의안을 1924년 1월 국민당 제1차 대표대회에서 비준하게 될 선언문 두 번째 항목의 토대로 삼았다.

1923년 8월 말 보로딘과 레프 카라한(Lev Karakhan)이 소련 정부의 특사 자격으로 중국에 도착했다. 카라한은 베이징에 그대로 남고, 보로딘은 상하이를 거쳐 10월 초 광둥에 도착했다. 곧이어 소련의 정치 군사 고문단이 남중국 정부를 돕기 위해 도착했다.[46] 그들과 회담하면서 쑨중산은 국제 사무에서 러시아의 역할과 지위 문제뿐 아니라 소비에트 러시아의 당과 국가, 군대 창설 경험에 관해 강한 흥미를 보였다. 보로딘은 특히 강렬하고 긍정적인 인상을 남겼다. 그 결과 11월 쑨중산은 국민당 개조에 관한 선언문과 새로운 당강(黨綱)의 초안을 발표했다. 12월 1일 광둥에서 열린 회의에서 그는 국민당을 군대뿐 아니라 시민 대중에 의지하는 대중 정당으로 재편한다고 말했다. 일부 발언을 발췌하면 다음과 같다.

현재 우리의 좋은 친구 보로딘이 러시아에서 우리를 찾아왔다. ……러시아인들은 혁명 과정에서 자신들의 이념을 성공적으로 현실화시켰으며, 날로 막강해지는 혁명 정부를 만들어 냈다. ……그들은 군대의 도움을 받아 전당이 투쟁에 참가함으로써 승리를 얻었다. 우리가 혁명에 성공하려면 러시아의 방법과 조직, 훈련 방법을 배워야만 한다. 그래야만 성공할 희망이 있다.[47]

당시 마오쩌둥은 광저우를 떠난 상태였다. 7월 말 천두슈의 요청하에 마오쩌둥은 상하이로 돌아왔다. 그는 친구 차이허썬과 뤄장룽, 샹징위와 함께 시내 북쪽 샹산로(香山路) 인근 자베이에 거주했다. 9월 초 중국공산당 중앙집행위원회 위원들은 광저우에서 상하이로 되돌아왔다. 국민당과 합작 관계가 무르익고 있었지만 천두슈는 쑨중산과 일정한 거리를 두고자 했다.[48] 분명 중국공산당의 중앙집행위원회가 "국민당에 종속되는 것"을 원치 않았기 때문일 것이다.[49] 집행위원회는 마오쩌둥과 일행이 거주하고 있는 바로 그 집에 사무실을 두었다.

이전까지 마오쩌둥은 자신이 가진 모든 역량을 통일 전선 사업에 쏟아부었다. "중국에서 목전의 정치 문제는 단지 국민 혁명 문제뿐이다. 인민의 역량을

동원하여 군벌을 타도하고, 사악한 행위를 일삼는 군벌과 한통속인 외국 제국
주의를 전복시켜야 한다. 이는 중국 인민의 역사적 사명과도 같다. ……우리는
우리 자신과 민족을 구원할 수 있는 유일한 방법이 바로 국민 혁명이라는 믿음
을 가져야 한다."[50] 9월 중순 마오쩌둥은 국민당 지부 설립을 돕기 위해 창사
로 갔다.[51] 쑨중산이 특사로 파견한 탄전은 후난에 도착하고 2개월 반이 지나
도록 아무 일도 할 수 없었다. 후난 공산주의자들은 국민당 지부를 건설하려는
시도를 고의적으로 방해했다. 마오쩌둥 역시 옛 전우들의 저항과 방해를 극복
하기 힘들었다. 무엇보다도 조직적인 일을 진행하려면 적어도 "한 달에 100위
안 정도가 필요했지만" 재원이 부족했다.[52] 그의 임무는 자오헝티와 탄옌카이
사이에 새로운 전쟁이 일어나면서 더욱 복잡해지기 시작했다. 9월에 군벌 우
페이푸 장군이 자오헝티를 편들며 적극적으로 개입하자 형세는 더욱 악화되
었다. 물론 마오쩌둥은 탄옌카이 쪽에 동정적이었지만 탄옌카이는 결국 실패
하고 말았다. 후난은 또다시 공포의 심연으로 빠져들고 말았다. 자오헝티는 계
엄을 선포하고 쯔슈 대학을 폐쇄했으며 노동조합연합회를 해산시켰다. 그는
자신이 직접 마오쩌둥과 그 밖의 노동 운동 지도자들을 체포하라는 명령을 내
렸다.[53] 마오쩌둥은 지하로 더 깊이 숨어들어 어린 시절에 썼던 이름 가운데 마
오스산(毛石山)이란 별명을 사용할 수밖에 없었다.[54] 당시 마오쩌둥에게 유일
한 즐거움의 원천은 가족이었다. 아들 마오안잉이 건강하게 자랐고, 양카이후
이는 11월 13일 둘째 아들을 낳았다. 부부는 아이에게 '사회주의 해안에 도착
한 젊은이'라는 뜻에서 안칭(岸靑)이란 이름을 지어 주었다.

　　마오쩌둥이 창사에 있는 동안 1923년 11월 중국공산당 중앙집행위원회 전
체회의가 상하이에서 개최되었다. 중국 중부와 북부에 국민당 조직을 건설한
다는 계획은 실패로 끝나고 말았다. 유일하게 성립된 곳은 베이징뿐이었다. 공
산당원들도 4분의 3이 줄어들어 100여 명밖에 남지 않았다. 천두슈 역시 당이
위기에 처했다는 사실을 인정했다. 전체회의는 통일 전선 정책의 '좌경착오
(左傾錯誤)'를 비판하고, 국민당 개조에 대한 공산당원의 실질적 참여 관련 결
의안을 채택했다. 공산당원들이 중국공산당 내에서 신분을 그대로 유지하면

서 현존 국민당 조직에 가담하고, 국민당 조직이 존재하지 않는 곳, 특히 중국 북부와 중부에서 국민당 소조를 건설할 것을 강조하는[55] 결의안이 '국민운동 과 국민당 문제에 관한 결의'라는 제목으로 비준되었다.

또한 전체회의는 공산당과 사회주의청년단 회원들이 통일 전선 내부에 자 신들의 비밀 조직을 만들어 그들의 정치적 발언이나 행동에 관해 중국공산당 의 영도를 반드시 따를 것을 요구했다. 공산당원의 임무는 "국민당에서 핵심 적인 위상을 차지하기 위해" 투쟁하는 것이었다.[56]

쑨중산이 1924년 1월 말 국민당 제1차 전국대표대회 개최를 준비하면서 국 민당을 개조하려는 노력도 서서히 진행되었다. 마오쩌둥의 노력 덕분에 마침 내 후난에서 국민당 조직이 결성되었다. 하지만 지역 소조는 창사에 한 명, 닝 샹과 안위안에 각기 한 명씩 총 세 명뿐이었다.[57] 그해 12월 말이 되자 후난의 국민당원은 거의 500여 명을 헤아릴 정도였는데 그중에서 공산당원들이 가장 활동적이었다. 그들은 또한 후난 집행위원회 전체 아홉 명 가운데 여섯 명을 차지할 정도로 압도적인 우위를 점하고 있었다.[58] 그렇기 때문에 그해 연말 마 오쩌둥이 당 대표로 선발되어 국민당 제2차 전국대표대회에 출석한 것도 우연 한 일이 아니다.

그는 또다시 가족을 떠나야만 했다. 차마 아내와 떨어지기가 아쉽고 고통 스러웠다. 전날 마오쩌둥과 아내 사이에 그다지 유쾌하지 않은 일이 벌어졌다 고 하는데 과연 어떤 일인지는 알 수 없다. 그는 상하이로 가는 기선에 올라 멀 어져 가는 창사를 물끄러미 쳐다보았다. 그는 낮은 목소리로 이렇게 읊었다.

손 흔들며 나는 떠나네.
처연히 서로 바라보던 눈길 견디기 힘들어라.
고통스러운 심정 더욱더 괴롭히네.
그대 눈가에 원망 가득, 뜨거운 눈물 가득했네.
그 편지로 인해 오해가 생겼음을 알고 있지.
하지만 운무는 영원하지 않다네.

인간 세상에 나와 그대뿐인걸.

사랑이 병이 들면 하늘도 알까?

오늘 아침 서리 낀 동문로

반쯤 걸린 달빛이 연못과 하늘을 비추나 처연하고 황량하기만 하여라.

뱃고동 소리에 애끓나니, 아득한 하늘가로 홀로 떠나는 길.

시름과 원망의 가닥 끊어야 하리라.

쿤룬 산 무너져 절벽 생기고, 태풍에 온 세상 깨끗해지리니

이제 두 날개 활짝 펴고 구름 따라 날아올라야 하리.[59] *

11

희망과 실망

1920년대 초중반, 국민당 진보 세력의 지배 아래 광저우는 차원이 다르기는 했지만 상하이만큼이나 매력적인 도시였다. 세르게이 달린은 이렇게 적었다. "남방은…… 분위기가 달랐다. '노동자' 조합, 공산당, 사회주의청년단이 모두 합법적으로 활동하고 있었다."[1] 대기에도 혁명의 냄새가 가득했다. 모임과 집회, 시위가 끝없이 이어졌다. 또 한 명의 크렘린 특사인 베라 비슈니아코바 아키모바(Vera Vishniakova-Akimova)는 이렇게 말했다. "정치 생활이 무르익고 있었다. 담장과 전신주마다 표어나 전단이 붙었으며, 행인들 머리 위로 장대에 매달린 국기가 나부꼈다. 표어가 가득 적힌 가늘고 작은 천 조각이 하늘 위로 거리를 가로질러 뻗어 있었다."[2] 국민당 제1차 전국대표대회 준비 기간 내내 혁명의 열기를 곳곳에서 감지할 수 있었다. "사람들은 대회 준비로 바빴다. 평소보다 많은 연회가 도처에서 열렸다. 마치 대가족 집안에서 잔칫날을 준비하는 것 같았다."[3] 장궈타오는 이렇게 회고했다. 2000년이 넘는 역사를 지닌 오래된 도시가 새로 태어나고 있는 것처럼 보였다.

영국 식민지 홍콩에서 145킬로미터 정도 떨어진 주장 강(珠江) 상류, 붉은 유사(流砂)로 물든 강물이 흐르는 왼편에 자리하고 있는 광저우는 남중국의 수도로 알려져 있다. 광저우는 넓고 인구 밀도가 높으며 번화한 곳이다. 사람들은 구불구불 이어지는 상가와 시끌벅적한 시장, 안개 자욱한 항구를 따라 생활하고 있었다. 하지만 상하이와 달리 현대적인 공장은 거의 없었다. 몇 군데 작은 규모의 방직 공장과 자개로 만든 장신구나 칠기 조각상 등 다양한 제품을 생산 판매하는 수공업 공방이 대부분이었다.

이 도시는 18세기 프랑스 여행객에 의해 캔턴(Canton)이라고 명명되었는데, 이는 성(省)의 이름인 광둥을 지역 방언으로 읽은 것을 그대로 음역한 데에 불과했다. 광저우는 상하이에 비해 외국인들이 훨씬 적었다. 광저우에 외국인 조계지가 생긴 것은 1842년이었으며, 영국과 프랑스가 차지한 조계지는 주장 강이 두 개의 지류로 갈라지는 바이어 만(白鵝灣) 근처 사몐(沙面)이란 작은 섬에 자리하고 있었다. 거의 3미터나 되는 강폭에 의해 도시의 주 거주지와 나누어져 있는 그곳은 우아한 서양식 건축물로 확연하게 차이가 났고, 거리도 대칭적으로 질서정연하게 정비되어 있으며, 녹음이 우거진 공원이나 정원이 곳곳에 자리했다. 그래서 햇빛 쏟아지는 거리에 사람들이 북적거리는 중국인의 또 다른 광저우와 선명한 대조를 이루었다. "광저우는 밤늦도록 문을 닫지 않는 큰 시장처럼 활발하게 살아 움직이는 곳이다. 중국의 모든 도시는 그 옛날부터 길이 좁아 너비가 2미터에서 3미터 정도밖에 되지 않았다. 더욱 놀라운 것은 영어로 적힌 안내판이 전혀 보이지 않는다는 점이다. ……거리는 항상 시끄럽고 도처에서 중국 전통 음악 소리가 들렸다. 그리고 광저우의 도심이라고 할 수 있는 부두에 짙게 화장한 여인들이 있었다."[4]

1920년대 초 광저우 인구는 50만 명이 넘었으며, 해상에서 이른바 '삼판(三板, 세 개의 목판이라는 뜻이다.)'이라고 부르는 배에서 생활하는 이들이 20만 명을 헤아렸다. 3~4미터 깊이의 바다에 수백 척의 삼판이 해안을 따라 열을 지어 정박해 있었다. 이렇게 회고하는 사람도 있었다. "그들은 상당히 가난해 보였다. ……모든 식구가 그곳에서 함께 살았다. 꼬맹이 녀석들이 고개를 내밀고 호기심 가득 찬 얼굴로 우리 쪽을 쳐다보았다. 젊은이들은 다리에 밧줄을 단단히 묶고 독특하게 구명대 대신 마른 나무를 차고 있었다."[5]

1924년 1월 중순 마오쩌둥은 국민당 대표대회의 대표 자격으로 광저우에 돌아왔다. 그는 곧바로 1월 20일 중요한 회의가 열릴 예정인 도심의 원밍루(文明路)로 갔다. 그곳에서 며칠 동안 주변 거리를 돌아보았다. 광저우 시내는 볼거리도 많았고 사람도 많았다. 넓고 환한 원밍루를 따라 좁고 더러운 길가에는 집 없는 거지와 쿨리, 소상인이 가득했다. 그들은 늦은 밤 도시가 조용해지면 인도 한쪽에 거적을 깔고 잠을 청했다. 나무 상자를 임시 거처로 삼아 지내는 사람도 있었고, 다른 사람의 집 앞에서 웅크린 채 잠을 자는 사람도 있었다. 창사를 포함한 남중국의 여러 도시에 이처럼 가난에 찌든 이들이 수도 없이 많았다. 국민당 대표대회에 대해 알고 있다 할지라도, 그들이 대표대회를 통해 자신들의 삶에 어떤 변화를 가져올 수 있기를 기대하리라고 생각할 수 없었다. 믿는 이들은 거의 없었다. 생각하는 이들은 거의 없었다. 여론에 널리 스며든 혁명 분위기는 그들 도시 빈민의 삶과 거리가 멀었다.

도시 주변을 돌아다니면서 마오쩌둥은 그들의 삶을 목격하지 않을 수 없었다. "중국에서는 어떤 자산 계급의 혁명도 가능하지 않다. 모든 배외(排外) 운동은 자산 계급이 아니라 배고픈 사람들에 의해 이루어졌다."[6] 마오쩌둥은 점차 이러한 확신을 지니게 되었다. 중국공산당 제3차 전국대표대회에서 이런 문제를 언급한 적이 있는데, 그 후로 그런 생각에서 벗어난 적이 없었다. 그는 국민당과 동맹을 맺는 것을 지지했다. 하지만 한계와 더불어 전략적 융통성을 잘 이해했다. 때로 국민당원들과 발전적인 협력 관계에 도취되기도 했으나 그럴 때에도 회의와 실망이 교차하며 나타났다. 그는 무산 계급 독재만이 중국을 구원할 수 있을 것이라는 굳은 신념을 결코 잊은 적이 없었다.

마오쩌둥이 광저우에 도착하자 광둥, 장시, 후난, 후베이 등지에서 1만 1000여 명의 국민당원들이 그곳으로 모여들었다.(국내 다른 지역에서는 그런 숫자를 확보할 수 없었다.) 광저우가 8218명으로 가장 많았고, 장시는 주로 상하이에서 온 이들로 2000여 명이었다. 이 외에 후베이와 후난이 각기 500여 명, 한커우는 300명이 조금 넘었다.[7] 한편 중국공산당은 100명이 조금 넘는 수준이었다. 물론 국민당 통합 대회 때까지 대다수 공산주의자들이 이미 국민당에 가입했기 때문이라고 말하는 이들도 있다. 하지만 실제로는 그렇지 않다. 공산당은 여전히 국민당의 작은 지부처럼 보였으며, 당원 역시 쑨중산이 이끄는 국민당의 1퍼센트도 되지 않았다.

그러나 공산주의자들은 1월 20일부터 30일까지 대회가 열리는 기간 동안 대회장 안팎에서 대단히 활동적으로 움직였다. 전체 198명 중 165명의 대표자들이 출석했는데 스물세 명이 중국 공산당원이었으며, 이는 전체 인원의 14퍼센트였다. 그들 가운데 이미 상당한 지명도를 지닌 이들도 적지 않았다. 천두슈, 리리싼, 린보취, 리웨이한, 샤시(夏溪), 그리고 좌파인 장궈타오가 그들이었다. 리다자오와 탄핑산, 마오쩌둥이 가장 활동적이었다. 공산주의자들은 우리가 알고 있는 거의 모든 대회 조직에 참가했다.[8]

주석단과 위원회 조직으로 볼 때 우익과 좌익(공산주의자를 포함하여)의 역량은 대체적으로 균형을 이루었다. 격렬한 논쟁을 통해 공산주의자들의 국민당 내 신분 문제를 해결했다. 대표대회 개막식 연회에서 우익 국민당원인 마오쭈취안(茅祖權)은 단언했다. "만약 공산당이 우리 계획안을 수용한다면 그들은 자신들의 당직에서 떠나야 할 것이다." 불행하게도 규율위원회에서도 허스전(何世楨)이란 우익 대표가 국민당원들이 다른 당에 속하는 것을 금지해야 한다고 주장했다. 마지막으로 당장(黨章, 중국공산당장정(中國共産黨章程))에 관해 토론하면서 열렬한 반공산주의자인 팡루이린(方瑞林)과 펑즈요우(馮自由)가 국민당원의 자격에서 다른 당의 회원들은 배제해야 한다고 주장했다. 이에 대해 리다자오는 다음과 같이 분명히 위선적인 발언을 마다하지 않았다.

우리나라에서…… 오직 국민당만이 위대하고 보편적인 국민 혁명당이 되어 민족 해방, 민권 회복, 민생 안정의 중차대한 임무를 맡을 수 있다. 그래서 의연히 본당(本黨, 국민당)에 가입한 것이다. ……우리가 본당에 가입한 것은 본당에 공헌하고, 국민 혁명 사업에 공헌하기 위함이다. ……우리가 본당에 가입한 것은 본당의 정강(政綱)을 수용하기 위함이지 본당이 공산당의 당강(黨綱)을 접수할 것을 강요하기 위함이 아니다. 본당의 규정한 정강을 한번 보시라! 공산주의에 관한 것이 전혀 없으니, 본당이 우리 일부 사람들이 가입하여 곧 공산당으로 변하지는 않을 것임을 알게 될 것이다.[9]

동시에 리다자오는 통일 전선에서 코민테른의 일부인 공산당이 자주적인 역량으로 활동할 것임을 숨기지 않았다. 그러나 이 역시 중국공산당이 쑨중산의 당과 세계 혁명 운동을 연결하는 데 이바지하는 것이기 때문에 국민당에 이로울 것이라고 주장했다. 텐진에서 온 대표자가 리다자오와 논쟁을 벌였지만 우파는 오히려 소수로 몰렸다.[10] 랴오중카이(廖仲愷), 왕징웨이(汪精衛), 후한민(胡漢民) 같은 쑨중산의 오랜 전우들까지 포함하여 많은 이가 공개적으로 우파에 반대했다.[11] 랴오중카이는 이렇게 말했다. "다른 혁명 정당과 연합해야만 우리의 혁명을 성공적으로 완수할 수 있다는 것을 알아야 할 때가 왔다."[12]

쑨중산의 입장은 이미 결정된 상태였다. 대회 기간에 그는 국민당 정책의 변화를 추진했다. 그는 소비에트 러시아와 러시아 공산당의 경험을 받아들이기로 마음먹고 공산주의자들의 국민당 가입에 찬성한다고 말했다.[13] 결론적으로 절대다수가 공산주의자들의 국민당 가입을 찬성했다. 다만 그들이 당내 규율을 제대로 지키는지 살펴볼 것이라는 단서를 달았을 뿐이다. 열 명의 공산주의자들이 마흔한 명(스물네 명의 위원과 열일곱 명의 후보 위원)으로 구성된 국민당 중앙집행위원(CEC)에 피선되었다.

리다자오와 탄핑산, 베이징 조직을 대표하는 위수더(于樹德) 등이 중앙집행위원회의 정위원이 되었다. 탄핑산은 당의 최고 조직인 중앙상임위원회(정치국) 위원이 되었다. 그는 중앙집행위원회의 핵심 부서 가운데 하나를 영도하는 책임을 맡았다. 마오쩌둥과 여섯 명의 다른 공산주의자들은 중앙집행위원회의 후보 위원이 되었다. 그들 가운데 마오쩌둥과 마찬가지로 중앙집행위원회에서 투표할 권한이 없는 위원은 린보취와 장궈타오, 그리고 앞서 언급한 바 있는 젊고 대단히 활동적인 저널리스트 취추바이였다. 스물네 살밖에 되지 않은 젊은 청년 취추바이는 이때부터 중국인들에게 강렬한 인상을 심어 주기 시작했다. 그의 성공은 코민테른 집행위원회의 신임에 기인했다.(취추바이는 1921년 1월부터 1923년 봄까지 2년 넘게 《신보(晨報)》 모스크바 특파원으로 일한 적이 있다.) 코민테른 관계자들은 1922년 봄 모스크바에서 중국공산당에 가입한 젊고 똑똑한 젊은 중국인을 주목하고, 곧이어 천두슈와 류런징의 제4차 코민테른 대회 참가를 돕는 임무를 맡겼다. 천두슈는 그를 좋아하여 중국공산당 제3차 전국대표대회의 대표자로 선발했다. 그리고 그를 《신청년》과 새로운 당 기관지 《전봉(前鋒)》의 주편(主編, 편집장)으로 선임했다. 1923년 여름에 취추바이는 장타이레이와 함께 마링의 비서로 활동했다.[14] 미하일 보로딘이 1923년 8월 하순 중국에 도착하자 그는 그의 통역 겸 보좌관 가운데 한 명이 되었다.*

통일 전선은 공산주의자들의 국민당 가입이 허용됨으로써 가능했다. 이는 국민당의 제1차 전국대표대회에서 가장 중요한 결과물이었으며, 회기 중에 새로운 선언문으로 발표되었다. 마오쩌둥을 포함한 대다수 공산주의자들은 이러한 결과에 대단히 만족했다. 그들은 통일 전선의 성공적인 전개로 말미암아 활기를 북돋울 수 있었다. 보로딘은 중국 동지에게 이렇게 말했다. "국민당 조직의 창출을 더욱 확대하는 것이 공산당의 중요한 임무다."[15]

중국공산당으로 유입되는 소비에트 자금이 날로 증가하면서 보로딘의 지시가 더욱 용이하게 전달, 파급되었다. 시후 호에서 개최된 대표대회에서 크렘린의 압력에 굴복한 이후로 중국 공산당원들은 자신들에게 주어진 환경에 재빠르게 적응했다. 그들은 모스크바와 불평등한 관계를 받아들이는 한편 코민테른과의 관계에서 특히 재정적인 방면으로 적극적이었다. 마링의 냉소적인 가르침이 전혀 헛된 것은 아니었다. 시후 회의 이후 중국 공산당원들은 소비에트나 코민테른에 원조를 요청하는 것에 대해 전혀 부끄럽게 생각하지 않았다. 마링의 추론에 따르면, 공산당원 대다수가 오직 당을 위해 일할 때에도 아무리 많아야 당원의 10분의 1만, 그것도 겨우 한 번씩 당비를 냈을 뿐이다.[16]

---

* 중국 공산주의자들 가운데 러시아어를 아는 이들은 모두 보로딘을 위해 일했다. 취추바이와 함께 일했던 이는 장타이레이, 모스크바 동방노동자공산주의대학을 졸업한 그의 아내 리중우(李仲武, 량치차오의 조카), 황핑(黃屛), 푸다칭(傅大慶), 부스치(卜士奇)였다.

"우리는 당신의 지시에 따라 이미 반제국주의 사업을 시작했습니다." 천두 슈는 1924년 11월 초 베이징 주재 소련 대사인 레프 카라한에게 영문으로 편지를 보냈다. "하지만 우리는 당신이 약속한 필요 자금을 받지 못했습니다. 상하이에서 필요한 예산은 600달러입니다. 가능한 한 빠른 시일 내에 알 수 있기를 바랍니다. 공산당 동지로 경의를 표하며. T. S. Chen,* 중국공산당 집행위원회 서기."

이는 리다자오가 레프 카라한에게 보낸 영문 편지에서도 그대로 반복되고 있다.

> 친애하는 동지에게
>
> (중국공산당) 장자커우(張家口) 지역위원회에서 북부 위원회에 바오터우(包頭)에서 《신민보(新民報)》 사업을 하고 있는 텐텅슈(田藤修), 마제량(馬潔亮), 푸은주(傅恩祖) 동지의 한 달 생활비를 지급해 달라고 요청하고 있습니다. 북부 위원회는 군사 공작을 위해 파견된 그 세 명의 동지를 위한 공작금이 오랫동안 당신 쪽에서 지원되고 있음을 알고 있습니다. 그러니 당신께서 안배하시어 답변을 주시기 바랍니다. 동지로 안부를 묻습니다. 중국공산당 북방구(北方區) 위원회 서기, T. C. Li(다자오, 리)[17]

이 외에도 많은 실례를 인용할 수 있다. 여하간 이러한 식객 노릇으로 인해 중국공산당은 1930년대 중반까지 제 기능을 하기 위해 크렘린에서 달마다 제공하는 미화 3만 달러에 의존할 수밖에 없었다.[18] 소련의 재정 지원은 정말로 모든 것을 아우를 정도였으며, 1페니 아래 사소한 부분까지 이르렀다. 코민테

---

* 당시 중국 지식인들 사이에서 서양인들처럼 로마자로 자신의 이름 머리글자를 앞에 쓰고 가족 이름(성)을 뒤에 붙이는 것이 관례처럼 되었다. 이른바 웨이드 자일스 방식(Wade-Giles system)을 따랐는데, 이는 표기법을 발명한 영국 교수 토머스 프랜시스 웨이드(Thomas Francis Wade)와 허버트 앨런 자일스(Herbert Allen Giles)의 이름을 딴 것이다. 이는 1970년대 유엔이 채택한 표기법과 상당히 다르다. 웨이드 자일스 방식에 따르면, T. S. Chen은 Tu-siu Chen, 즉 천두슈, T. C. Li는 Ta-chao Li(리다자오), 그리고 T. T. Mao는 Tse-tung Mao(마오쩌둥)를 말한다. ─ 옮긴이

른과 소련 대사관은 심지어 월급을 받고 일하는 중국공산당 조직의 사무실 보조원 봉급까지 지급한 것이 분명하다.

젊은 공산주의자도 이런 면에서 결코 당에 뒤지지 않았다.(1925년 초 사회주의청년단은 공산주의청년단, 약칭 공청단(共靑團)으로 이름을 바꾸었다.) 1920년대 초 러시아에서 유학하고 돌아와 중국공산주의청년단 총서기 겸 조직부 주임을 맡고 있던 런비스(任弼時)는 1926년 2월 2일 소련 대사 카라한에게 러시아어로 쓴 서신을 보냈다. "우리의 사업을 보다 강화하기 위해서는 적절한 재정 지원이 필요합니다. 우리는 이미 중국 돈으로 500위안 정도 누적된 빚이 있는데, 가능한 한 빠른 시일 내에 갚으려고 합니다. ……귀측에서 우리에게 다달이 물질적 원조를 제공하시어 이를 토대로 삼을 수 있도록 하시는 것이 바람직하다고 생각합니다."[19]

소련의 재정 원조에 전적으로 의지하게 되자 중국공산당 지도부는 소련 대사 미하일 보로딘에게 맞설 수 없었다. 예를 들어 국민당 대회 기간이었던 1924년 1월 보로딘과 회담에 참가한 모든 공산주의자들은 철저한 농민 혁명의 시기가 무르익지 않았다는 말에 '만장일치'를 표시했다.[20]

그해 2월 중순 광저우에서 상하이로 돌아온 마오쩌둥은 '우파' 노선을 지지했다. 1924년 2월 25일 그는 몇몇 다른 국민당 활동가와 함께 쑨중산이 살고 있는 곳에서 멀지 않은 프랑스 조계지 환룽제(環龍街) 44번지에 국민당 상하이 당부(上海局 黨部)를 마련했다. 조계의 치안을 맡고 있는 프랑스 경찰은 상당한 뇌물을 받아먹고 프랑스 당국이 제재 조치를 취할 경우 사전에 정보를 주기로 약속했다.[21] 마오쩌둥은 공산당 서기로 활동하는 이외에도 국민당 상하이 당부에서 일을 하기 시작했다. 제1차 대회에서 조직부 서기(조직부장)로 선출된 그는 기록 판공실 주임 업무를 맡았다. 얼마 후 후보 위원으로 정치국 상무위원회에 합류했다.[22] 전보다 훨씬 많은 일이 그를 기다리고 있었다. 그해 3월 중국공산당 중앙집행위원회 대표 자격으로 사회주의청년단의 중앙집행위원회 대표대회에 참가했다. 그곳에서 국제공산청년동맹 대표부 세르게이 달린을 만났다. 나중에 마오쩌둥이 국민당에 관해 지나칠 정도로 낙관적이라는 인상을

받았다고 보고한 바로 그 사람이다. 마오쩌둥의 열정과 상관없이 그는 전국대
표대회 직후 곧바로 보이틴스키에게 이렇게 보고했다.

중국공산당 중앙집행위원회 서기 마오쩌둥(의심할 여지 없이 마링이 박아 넣
은 사람입니다.)의 말을 들어 보면 정말로 모골이 송연해질 것입니다. 예를 들어
그는 국민당은 과거에도 그렇고 지금도 마찬가지로 무산 계급의 정당이기 때문
에 코민테른은 마땅히 국민당을 하나의 지부로 승인해야 한다고 말했습니다. 농
민 문제에 관해 그는 계급 노선은 폐기되어야 하며, 빈곤한 농민과 우리가 할 수
있는 일은 아무것도 없고, 우리는 반드시 지주나 신사(紳士, 관료) 등과 연계해야
한다고 말했습니다. 이런 작자가 청년단에 당 대표로 있으면서, 대표대회에서 이
러한 자신의 관점을 비록 관철하지는 못했지만 끝까지 고집스럽게 밀고 나갔습
니다. 저는 이미 당 중앙집행위원회에 새로운 대표자를 임명해 줄 것을 요청하는
서신을 보냈습니다.[23]

당시 중국공산당 지도부 대다수가 보로딘의 영향 아래 거의 비슷한 생각을 하
고 있었다는 점에서 달린의 보고서는 별것도 아닌 것을 가지고 소란을 피운 셈
이었다. 1924년 2월 중국공산당 중앙집행위원회조차 특별한 '국민운동에 관한
결의안'을 비준했다. 결의안은 국민당의 확대와 '정치적 과오'의 수정을 공산
주의자들의 중요 임무로 상정하고 있을 뿐 아니라 노동자와 농민, 도시 중산층
대표까지 당원으로 영입함으로써 국민당의 대중 기반을 확대시키는 내용을
포함하고 있었다. 중국공산당은 국민당 안에서 합법적인 지위를 얻은 후에 비
밀리에 당의 영도권을 인수할 준비를 하고 있었다.

코민테른 집행위원회는 이러한 '일탈'에 대해 신랄하게 비판하면서 교정
에 나섰다. 1924년 4월 코민테른은 보이틴스키를 중국에 파견하여 중국공산당
지도자들에게 국민당 내에서 활동하는 것은 공산당을 강화시켜 국민당 밖에
서 국민당과 국가 권력을 쟁취하기 위한 향후 투쟁을 대비하는 "수단이지 목
적이 아니"라고 설명했다.[24] 1924년 5월 보이틴스키가 준비하고 참석한 중국

공산당 중앙집행위원회 확대회의가 개최되어 중앙집행위원회의 2월 결의안을 공식적으로 폐기시켰다.[25]

　　이번 이후로 당 지도부는 완전히 다른 쪽으로 방향을 선회했다. 1924년 7월 13일 천두슈는 이미 모스크바로 돌아간 보이틴스키에게 다음과 같은 편지를 보냈다.

　　국민당의 현재 형세를 볼 때 우리는 그곳에 단지 우파와 반공(反共)만 있다는 것을 발견하게 된다. 만약 소수의 좌파 인사가 있다면 그들은 우리의 동지다. 쑨중산 선생과 그 밖의 일부 영도자들은 중간파이지 좌파가 아니다. ……국민당을 지지한다는 것은 단지 국민당 우파를 지지하는 것을 의미할 따름이다. 왜냐하면 당의 모든 기관이 그들(우파)의 수중에 넘어갔기 때문이다. ……당신은 반드시 즉각 보로딘 동지에게 전보를 보내 실제 정황에 대한 보고를 요청해야 할 것이다. 우리는 새로운 코민테른의 정책이 이러한 토대 위에서 발전할 수 있기를 기대한다. 국민당에 대한 지지는 기존의 방식 그대로 따를 수 없다고 생각하며, 반드시 선택적으로 행동을 취해야 한다. 다시 말해 우리는 어떤 조건이나 제한 없이 무조건 국민당을 지지할 수는 없으며, 좌파가 장악하고 있는 모종의 활동 방식만 지지한다는 뜻이다. 그러지 않으면 우리는 우리의 적을 돕고 스스로 반대파들을 거두어들이는 꼴이 될 것이다.[26]

　　이후 천두슈와 마오쩌둥은 7월 21일 위험을 무릅쓰고 자발적으로 하급 당 조직에 비밀 통지문을 보냈다.*

　　현재 오직 소수의 국민당 영도자들, 예를 들어 쑨중산과 랴오중카이만이 아직 우리와 헤어질 결심을 하지 않은 상태인데, 그들 역시 우익 분자들의 기분을

---

* '중공중앙통고 제15호'라는 제목의 비밀 통지문은 7월 21일에 전달되었다. 저자는 6월 21일로 착각하고 있다. ― 옮긴이

상하게 할 마음은 없을 것이다. ……혁명 역량의 통일을 위하여 우리는 분열을 자초하는 언행이 절대로 우리 주변에서 일어나지 않도록 해야 한다. 우리는 반드시 힘을 다해 관용하면서 그들과 합작해야 한다. 하지만 국민당의 혁명 임무를 고려하면서 우리는 비혁명적인 우경(右傾) 정책을 용인하거나 개정하지 않을 수 없다. ……우리는 반드시 우리 손안에 노동자와 농민, 학생, 공민(시민)의 모든 조직을 영도하는 진정한 역량을 확보하여 유지할 수 있도록 노력해야 할 것이다.[27]

이리하여 국민당 내에서 조직 공작에 열을 올리던 중국공산당 지도부의 열정은 몇 달 만에 끝나고 말았으며, 국민당에 그 어떤 심각한 영향력도 끼치지 못했다. 코민테른이 보이틴스키를 통해 확실하게 그들을 지지하자, 그들은 적절하게 점차적으로 "노동자, 농민, 군인의 총파업(工農兵總罷工)에 대비하기 위해 지금 광저우를 벗어날" 필요가 있다고 주장하면서 보로딘의 지시를 뭉개기 시작했다. 이런 분위기는 특히 마오쩌둥의 친구인 차이허썬에 의해 첨예하게 나타났다.[28]

코민테른 중앙집행위원회는 또다시 개입을 서둘렀다. 모스크바는 통일 전선 수립을 위해 많은 노력과 자금을 투자한 이래로 반제국주의 통일 전선을 유지하는 데 많은 관심을 가졌다. 1923년 소련은 쑨중산에게 무기와 군수품, 자금을 지원하기 시작했다. 1924년 약 스무 명의 소련 군사 고문단이 광저우에 파견을 나와, 국민당이 군사 학교를 설립하여 새로운 '당의 군대'를 이끌어 나갈 장교를 육성하는 데 도움을 주었다. 소비에트 정부는 1924년 6월 16일 정식으로 문을 연 군사 학교를 위해 쑨중산에게 90만 루블을 보냈다.[29] 황푸군관학교(黃浦軍官學校)*는 이렇게 해서 국민당의 국민혁명군 간부를 육성하는 요람이 되었다. 쑨중산은 장제스를 교장, 랴오중카이를 학교 당 대표로 임명했다. 프랑스에서 갓 돌아온 젊은 공산주의자 저우언라이는 정치부 주임으로 임

---

* 정식 명칭은 중국국민당육군군관학교(中國國民黨陸軍軍官學校)이며, 간략하게는 황푸군교(黃埔軍校)라고 부른다. ― 옮긴이

명되었다. 스물여섯 살의 저우언라이는 5·4 운동 시절에 톈진의 학생 지도자로 이름을 떨친 인물로 애국주의 청년의 모임인 각오사(覺悟社)를 창립했으며, 1922년부터 1923년까지 프랑스와 독일에서 근공검학하면서 여구(유럽)중국소년공산당(旅歐中國少年共産黨)*을 조직한 사람 가운데 한 명이다. 큰 키에 건장한 체격으로 유럽인처럼 이목구비가 뚜렷한 그는 모든 이들에게 한결같고 신중한 노동자라는 느낌을 주었다. 그는 질 좋은 교육을 받았으며, 일본어를 포함하여 프랑스어, 영어, 독일어 등 외국어에 능통하고, 겸손하면서도 위엄이 있었다. 그는 곧 뛰어난 인물로 인정받았다.

1924년 5월부터 7월까지 파벨 파블로프(Pavel Pavlov)가 소련 군사 고문단을 이끌었는데, 비극적인 사고로 죽고 말았다. 그를 대신하여 10월 새로운 수석 군사 고문 바실리 블류헤르(Vasily Blyukher)가 광저우에 도착했다. 그는 소련의 주요 군사 지휘관이자 향후 원수가 될 터였다. 그와 쑨중산은 국민당 통치 아래에서 전국을 통일하기 위한 군사 작전 계획을 상의하기 시작했다. 그는 치료를 위해 소련으로 돌아가기 전인 1925년 7월까지 광저우에 남아 있었다.[30] 당연히 모스크바는 중국공산당의 과도한 '좌경화'를 고무하지 않았다. 1924년 11월 보이틴스키는 천두슈와 그 동료들의 열정을 식히기 위해 중국으로 되돌아왔다. 이러한 목표 달성을 위해 중국공산당 제4차 전국대표대회가 상하이에서 열렸다.

그즈음 공산주의자들과 쑨중산의 추종자들 사이에서 심각한 모순이 수면 위로 떠오르기 시작했다. 특히 그들은 상하이에 깊이 뿌리박고 있는 이들이었는데, 다시 상하이로 옮겨 온 중국공산당 중앙집행위원회는 그런 그들을 잘 알고 있었다. 마오쩌둥은 환경 변화에 특히 예민하게 반응했다. 국민당 내에서 공작이 어려워지면서 그는 거의 기진맥진했다. 그해 5월 그는 정신적으로나 육체적으로 몹시 힘들어했다. 7월 들어 국민당과의 '마찰'이 심신을 더욱 힘들게 했다. 거의 신경 쇠약에 걸릴 정도였다. 그래서 조직부의 서기직을 사임했

* 나중에 여구중국사회주의청년단(旅歐中國社會主義青年團)으로 개칭했다. ― 옮긴이

다.[31] 공산당원 펑수즈(彭述之)의 회고에 따르면, 당시 "그는 보기에도 몸 상태가 좋지 않았다. 심하게 말라 평소보다 키가 커 보일 정도였다. 얼굴이 창백하고 병색이 짙어 푸른빛이 돌았다. 나는 그가 다른 동료들처럼 폐결핵에 걸린 것은 아닌지 걱정했다."[32]

봄과 초여름 내내 그는 중국공산당 중앙집행위원회가 있는 더럽고 매연이 심한 자베이에서 생활했다. 6월 초 양카이후이와 모친, 그리고 두 동생이 상하이로 왔다. 중앙집행위원회에서 자산을 담당하고 있던 샹징위가 마오쩌둥과 그의 가족을 위해 별채를 한 칸 마련해 주었지만 몹시 비좁았다. 결국 그들은 그곳을 떠나야만 했다. 다행스럽게도 이주한 곳은 국제 조계지의 비교적 조용한 골목에 위치한 집으로 이전보다 훨씬 좋았다. 양카이후이는 할 수 있는 한 최선을 다해 사랑하는 남편을 도왔다. 그녀는 저녁에 노동자를 위한 야간 학교에서 가르치는 일을 구했다.[33] 상하이에 처음 왔기 때문에 그녀는 대도시의 매혹에서 자유로울 수 없었다. 호화스러운 도시는 매력적인 서비스를 무궁무진하게 제공해 주었다. 하지만 아이들과 함께 사진 찍는 일을 가장 하고 싶었다. 당시 그녀가 아이들과 함께 찍은 흑백 사진이 지금도 남아 있다. 양카이후이는 다소 애수 어려 보였으나 차분한 모습을 하고 있다. 무릎 위에 앉은 둘째 아들 마오안칭의 아주 조그맣고 위로 솟구친 머리카락이 귀엽기만 하다. 옆에 서 있는 큰아들 마오안잉은 볼에 통통하게 살이 올랐으며, 앞을 응시하는 모습에서 결단력을 엿볼 수 있다. 그런 점에서 아버지를 많이 닮았다.

한편 가을도 중반으로 접어들 무렵 마오쩌둥은 견디기 힘들 정도로 상태가 악화되면서 신경 쇠약에 시달리기 시작했다. 10월 10일 국경절에 상하이국에서 열린 회의에서 국민당 우파 두 사람이 좌파에게 주먹을 날리면서 싸움이 일었다. 이 사건을 계기로 공산주의자들과 쑨중산의 추종자들 사이에 반목의 골이 깊어졌다.[34] 게다가 광저우에서 보내 주던 재정 지원마저 끊겼다. 그 결과 상하이국의 사업도 멈추고 말았다. 12월 말 마오쩌둥은 중국공산당 중앙집행위원회에 병가를 제출했다. 천두슈의 허가를 얻어 마오쩌둥은 가족을 데리고 환영받지 못한 상하이를 떠나 창사로 향했다. 그들은 먼저 반창에 있는 장모의 집으로 갔다가 2월 초 다시 사오산으로 갔다. 그와 양카이후이, 그리고 아이들은 2개월 전에 맹장염 때문에 안위안에서 창사로 돌아온 마오쩌민과 함께 고향으로 돌아갔다. 얼마 후 마오쩌둥의 동생 마오쩌탄과 그의 아내 자오셴구이가 고향 사오산에 합류했다.[35]

마오쩌둥은 고향 집에서 7개월 동안 지냈다. 그는 매일 반복되는 통일 전선에 관한 짜증 나는 논쟁과 '자산 계급 민족주의자'들과 벌여야만 했던 대외 협상, 수도 없이 일어나는 정치 게임과 쟁론에 몹시 지친 상태였다. 초기의 행복한 느낌이 가라앉자 우울증이 뒤를 따랐다. 그가 상하이를 떠나고 2주가 지난 1925년 1월 11일부터 22일까지 개최된 중국공산당 제4차 전국대표대회조차 참가하지 않은 것은 우연이 아니었다. 그는 여하간 중앙집행위원회 서기로서 공산당의 이인자나 다를 바 없었지만 모두 팽개치고 떠난 것이었다.

확실히 그는 "심하게 훼손된" 정책에 대한 책임을 감당할 정도는 아니었다. 또한 모스크바의 끊임없는 간섭이 그를 성가시게 했다. 마오쩌둥은 지나치게 충동적인 것으로 유명하다. 그는 대표대회에 앉아 '똑똑한' 보이틴스키가 또다시 천두슈를 세뇌하는 것을 들어 줄 만큼 여유롭지 못했으며, 전혀 즐거울 수 없었다. 그래서 '사퇴'를 요청했던 것이다. 이는 야심가의 행동이 아니다.

중국공산당 제4차 전국대표대회는 보이틴스키의 영도에 따라 개최되었다. 유연한 천두슈는 또다시 자신의 '과오'를 제출하고 정정해야 했다. '좌파'는 첨예한 비판의 대상이 되었다. 중국 공산당원 994명을 대표하는 스무 명의 대표자 가운데 반대를 표명하는 이는 거의 없었다. 이의를 제기하는 순간 코민테른에서 트로츠키와 투쟁하면서 했던 방식 그대로 '트로츠키파'라는 꼬리표가 붙을 것이 분명했기 때문이다.[36] 마오쩌둥은 새로 구성된 중앙집행위원회에서 배제되었다. 보로딘의 '오른팔'인 취추바이가 그의 자리를 대신했다. 취추바이는 천두슈, 장궈타오, 차이허썬, 그리고 이전에 중국공산당 모스크바 지부의 전임 지도자 가운데 한 명인 펑수즈과 함께 중앙집행위원회 중앙국원이 되었다.[37] 그는 또한 당 기관지로 주간지 《열혈일보(熱血日報)》를 창간했다. 선전국은 물론이고 기관지의 내용도 모스크바의 정책에 따랐다.

하지만 이런 변화는 마오쩌둥에게 전혀 영향을 끼치지 못했다. 그는 가족의 단란한 품에서 평화롭고 안정된 생활을 즐기고 있었다. 물론 활동적인 성격으로 인해 그저 팔짱만 끼고 앉아 있을 수는 없었다. 그는 상당 기간 조직가로서의 생활에 익숙했다. 처음에는 아주 오랜 옛날부터 흙과 함께 살아온 이웃들에 대한 지식인의 멸시를 극복하기가 쉽지 않았다. 그는 오래전에 고향을 떠났으며, 한참 동안 고향 사람들을 '어리석고 가증스럽게' 생각하고 있었다.[38] 마르크스주의는 그에게 농촌의 빈궁한 농민들이 아니라 도시 노동자를 '인류의 해방자'로 존경해야 한다고 가르쳤다. 농민들과 함께 일하는 것은 당시 마오쩌둥에게 전혀 매력적으로 다가오지 않았다. 마오쩌둥은 국민당 제1차 전국대표대회에서 이렇게 말한 적이 있다. "우리는 농촌에서 강력한 세포 조직을 확보했다고 확신하기 전까지, 그리고 상당한 기간 동안 시위를 주동하기 전까지 부유한 지주에 대해 과격한 조치를 감행할 수 없다. 중국에서 일반적인 계급 차이는 아직까지 그러한 투쟁을 시작할 만한 단계에 이르지 않았다."[39] 또한 마오쩌둥 자신도 지주 계급이었다. 비록 그다지 부유한 지주는 아니었지만, 고향을 떠날 때까지 상당한 정도로 소작농의 노동에 기댔으며, 임대 수입이 있었다는 것은 분명하다.* 모친 역시 창사의 작은 마을인 반창에서 상당한 토지를 소유하고 있었다. 물론 공산주의자로서 그는 농촌의 가난한 농민들을 동정했으며, 이러한 사회 환경에서 자란 사람으로서 농촌 문제를 잘 이해했다. 그러나 도시 생활을 맛본 노동자들보다 훨씬 혹사당하고 무지한 농민들과 어울리는 일이 그에겐 여전히 어려운 일이었다. 최초로 농민 폭동을 주도한 평파이도 처음에는 농민들에게 미친놈 취급을 받았듯이 마오쩌둥 역시 그 모든 것을 경험해야 했다.[40]

마오쩌둥은 마오이창의 맏아들로 빈틈이 없으며 무엇보다 농민들을 설득하는 능력이 뛰어난 먼 친척 마오푸쉔(毛福軒)의 도움을 받아 마침내 이웃 농

---

* 마오쩌둥의 부친은 22무(대략 1.4헥타르)의 토지를 소유했다. 부친이 세상을 뜬 후 세 아들이 토지를 물려받았다.

민들과 접촉하기 시작했다. 그는 마르크스의 정치 경제와 볼셰비키의 전략에 대해 간단하고 쉬운 말로 설명했다. 그는 자신의 집이나 주변 산언덕에 자리한 가족 사당처럼 외진 곳에서 그들을 만났다. 주변에 살고 있는 농민들 대다수는 집안 친척들로 그에게 큰 도움을 주었다.(지금도 사오산 주민의 60퍼센트가 마오 씨 성을 가지고 있다.)[41] 아내 양카이후이, 동생 마오쩌탄, 제수 왕수란과 자오셴구이는 물론이고 둘째 동생 마오쩌민(그러나 그는 마을에 오래 머물지 않았다.) 역시 최선을 다해 마오쩌둥을 도왔다. 1925년 5월 마오쩌민은 샹취 위원회(후난 위원회)의 지시에 따라 창사로 돌아갔다. 그리고 그해 7월 중국공산당의 제안에 따라 국민당 집행위원회가 1924년 7월 말 설립한 농민운동강습소 단기 학습 과정에 입학하기 위해 광저우로 갔다. 강습소는 농민 조합을 위한 선동가와 조직가를 훈련시키기 위해 만든 기관이었다.

마오쩌둥을 따라 그와 동료들은 1925년 봄 약 스무 명의 농민을 조합원으로 하여 농민 조합을 만들었다.[42] 확실히 고무적인 결과였다. 이전까지 샹탄 지역에 있는 농민 조합은 1925년 2월에 만들어진 단 한 곳에 불과했다. 그해 7월 농민을 위한 야간 학교(農民夜校)가 사오산에 설립되었으며, 양카이후이가 중국어와 산수를 가르쳤다. 처음 등록한 사람은 바로 마오쩌민의 아내 왕수란이었다.* 이후 두 사람의 노력 덕분에 많은 이가 야간 학교를 다니게 되었다. 그들은 집집마다 돌아다니며 이렇게 노래를 불렀다.

농민의 생활 정말 힘드네.
힘들게 경작한 곡식 지주에게 몽땅 바치네.
우리는 1년 내내 열심히 일하지만
곳간은 언제나 비어 있네.[43]

구호처럼 간단한 내용이지만 어떤 당의 결의문보다 효과적이었다. 대략 같은

---

* 왕수란은 당시 전족을 하고 있을 정도로 봉건적인 농민 집안 출신이었다. — 옮긴이

시기에 마오쩌탄은 인근 지역에서 또 하나의 농민 야학을 조직했다. 7월 중순 마오쩌둥은 사오산에 공산당 지부를 설립하고, 마오푸쉔을 서기로 임명했다. 또한 소규모의 청년단을 조직하기도 했다.[44] 의외로 농민과 함께 일하는 것이 마음에 들었다. 그는 머지않아 가치를 따질 수 없을 만큼 중요한 것으로 밝혀지는 새로운 경험을 하고 있었다. 물론 아직까지 무지하고 대다수가 문맹인 소작농을 귀하게 여기기 시작한 것은 아니지만 혁명을 완수하기 위해서는 수없이 많은 불행한 농민들에게 의존할 수밖에 없다는 확신이 생기기 시작한 것만은 분명하다.

12

장제스와 암투를 벌이다

사오산 밖에서는 엄청난 변화가 일어나고 있었다. 1925년 3월 12일 쑨중산이 시국 수습을 위한(전국 통일을 위한) 국민대표대회에 참가하기 위해 베이징에 갔다가 그곳에서 지병인 간암으로 세상을 떠났다. 그는 전임 우페이푸와 마찬가지로 군벌 출신이며 1924년 10월 국민당의 수호자로 변신한 펑위샹(馮玉祥)의 초청을 받았다. 펑위샹은 쑨중산에 대한 적극적인 지지를 표명하면서, 자신이 소유하고 있는 군대를 국민당을 따라 국민군(國民軍)으로 개칭하고 베이징을 점령하여 내전을 종식시키자고 호소했다. 그는 모스크바에 도움을 요청하여 크렘린에서 저명한 소련 군사 고문단을 제공받았다.

쑨중산의 죽음은 큰 손실임에 틀림없지만 그렇다고 중국의 총체적인 상황이 더욱 복잡해진 것은 아니었다. 국민당 내부에서 권력을 쟁취하기 위한 파벌 투쟁이 일어났으나 얼마 가지 않아 국민당 좌파가 승리를 거두었다. 쑨중산의 가장 가까운 조력자이자 국민당 좌파의 우두머리이며, 선전부장을 맡고 있는 왕징웨이가 국민당의 실질적인 영도자이자 광둥 정부의 수반이 되었다. 펑샹위와 국민당, 소련의 우호 관계가 지속적으로 유지되었다. 3월 말 '좌파' 장제스가 이끄는 '당군(黨軍)'이 광둥 동부를 평정하면서 그곳에 대한 광둥 정부의 통제를 확고하게 다졌다. 그리고 얼마 후인 6월 윈난과 광시 군대의 폭동을 진압했다. 샛별처럼 장제스가 급속히 부상하고 있었다.

1925년 5월 30일 상하이에서 일어난 사건으로 인해 5·4 운동 이래로 볼 수 없었던 중국인의 민족 감정이 다시 폭발했다. 공산당원이자 노동자인 구정홍(顧正紅)이 일본 공장장에게 살해된 것에 항의하기 위해 난징루에서 시위하는 대중에게 영국 경찰이 발포했기 때문이다. 구정홍의 불행한 죽음은 상하이 시민의 공분을 일으켰다. 수많은 공장 노동자가 파업을 선언했고, 학생들은 동맹 휴업에 들어갔다.

5월 24일 구정홍의 장례식이 치러치던 날 수만 명의 사람들이 모여들어 반일 시위를 했다. 시위는 별다른 사고 없이 끝났다. 하지만 5월 28일 칭다오에서 일본 기업가들의 요청에 따라 출동한 중국 군대가 상하이 방직 공장(면사 공장) 노동자와 연대하여 시위를 벌이던 노동자들을 향해 발포했다. 두 명의 시위 참가자가 사망하고, 열여섯 명이 부상을 당했다. 이에 대한 격렬한 항의 시위가 잇달았다. 5월 30일 2000명의 학생들이 국제 조계지 중심에 위치한 난징루로 모여들었다. 그들은 "제국주의 타도!" "중국인을 위한 상하이!" "조계지를 반환하라!" "중국인이여, 단결하라!" 등 구호를 외치기 시작했다. 많은 이들이 체포되었지만 오후 3시가 되자 더욱 많은 군중이 모여들어 순포방(巡捕房, 파출소) 앞에서 체포당한 이들을 석방하라고 요구했다. 영국 순포(경찰)가 발포를 명령하여 열 명이 사망하고 수십 명이 부상을 입었다.[1] 이 사건으로 인해 거센 후폭풍이 일어났다. 5월 31일 상하이 노동 운동가들은 즉각 회의를 열어 리리싼을 위원장으로 하는 상하이 총공회(總工會)를 결성했다. 그의 요청에 따라 20만 명의 상하이 노동자들이 연장을 내려놓고 파업에 동참했다. 다른 한편으로 26개국에서 파견한 외국 전함이 황푸 강으로 들어왔으며, 미국과 영국, 이탈리아 해군이 상륙했다. 또다시 유혈 충돌이 일어나 마흔한 명의 중국인이 죽고 120명이 다쳤다.[2]

상하이 대학살은 5·30 운동의 시작이자 국민 혁명의 시작을 알리는 신호였다. 시위와 항의 집회, 외국 기업의 파업이 줄을 이었다. 사람들은 외국 상품을 사지 말자고 외치기 시작했다. 6월 19일 홍콩의 노동자들이 상하이 노동자를 지지하는 시위를 벌였으며, 이틀 후 사몐(沙面)의 노동자들도 시위에 동참했다. 25만 명이 넘는 노동자들이 파업에 참여했다. 식민지의 중심이라고 할 수 있는 상하이에서 멀리 광저우와 인근 도시로 대규모 탈출(공장에서 벗어남, 즉 파업)이 줄을 이었다. 국민당 정부는 시위자들을 지지했다. 아울러 홍콩과 사몐 봉쇄를 선언하고, 국민당 중앙집행위원회 공인부(工人部, 노동부)의 지시에 따라 홍콩·사몐 파업위원회(광둥·홍콩 파업위원회)를 결성했다. 위원장은 광둥 출신의 수자오정(蘇兆徵)이 맡았다. 그는 파업 전날인 1925년 봄, 중국공산당에 가입했다. 부위원장은 덩중샤였다.*

광저우를 중심으로 반제국주의 투쟁이 날로 가열되기 시작했다. 왕징웨이를 수반으로 하는 중국 국민정부는 7월 1일 광둥 정부의 설립을 정식으로 선언했다. 왕징웨이는 국민정부 군사위원회 주석이 되었으며, 국민당에 충성하는 군대는 전체 6군의 국민혁명군(간칭 국군)으로 통합되었다.** 장제스는 황푸군관학교 출신으로 구성된 제1군의 사령관을 맡았고, 전 후난 성장인 탄옌카이는 제2군을 맡았다. 저우언라이는 제1군 정치부 주임으로 임명되었다. 다른 군단에도 적지 않은 공산당원들이 들어가 있었다.³ 혁명의 파고가 전국을 휩쓸면서 중국 국민당과 공산당 연맹은 불가항력적인 역량 속에서 굳건한 연대를 이어 갔다.

7월이 되자 애국 운동의 여파가 사오산까지 이르렀다. 마오쩌둥은 즉시 농민 조합을 토대로 비록 그가 처음 사용한 명칭은 아니지만 '설치회(雪恥會, 치욕을 되갚는 모임을 뜻한다.)'란 이름의 협회를 조직했다. 유사한 협회가 우후죽순처럼 이곳저곳에서 설립되었다. 창사에서는 2만 명이 모인 반제국주의 집회를 통해 6월 초 조직이 결성되었다. 7월 초 마오쩌둥은 1년 전에 시작한 국민당

---

* 저자의 착오인 듯하다. 당시 부위원장은 허야오취안(何耀全)이며 랴오중카이, 덩중샤 등은 고문이었다. — 옮긴이

** 1926년 7월 북벌 선언 당시에 전체 8군으로 확대되었고, 전체 병력은 10만 명 수준이었다. — 옮긴이

사오산 지부를 부활시켰다.[4] 사오산 지부 비밀회의에서 구 단위 '설치회'가 스무 개 이상의 작은 조합 형태로 만들어졌다. 마오쩌둥은 이를 반제국주의 선전 활동에 적극적으로 활용했다. 그와 동료들은 청년들로 선동 조직을 구성하여 농촌에 들어가 농민 대중에게 외국 물품 불매 운동에 대해 설명했다.[5]

그러나 8월에 하순 성장 자오헝티가 마오쩌둥을 체포하라는 명령을 내렸다. 성장을 짜증 나게 만든 것은 마오쩌둥의 혁명 선동보다는 천(陳)이라는 지역 거물(지주)을 상대로 한 마오쩌둥의 행동 때문이었다. 사오산에 가뭄이 들자 농민들은 흉작을 면치 못했다. 그래서 지역 유지이자 대지주인 천 씨에게 곳간에 있는 곡식을 살 수 있도록 해 달라고 요청했다. 그는 도시에 내다 팔면 더 높은 값을 받을 수 있다는 생각에 농민들의 요청을 거절했다. 마오쩌둥은 즉각 공산당 사오산 지부와 농민 협회의 연석회의를 개최했다. 회의 결과에 따라 두 명의 회원이 천 씨를 만나 대화를 나누었지만 아무런 소득이 없었다. 오히려 천 씨는 아예 배를 빌려 상탄까지 나가 식량을 팔 준비를 했다. 그러자 마오쩌둥의 지시에 따라 수백 명의 농민들이 괭이와 장대, 몽둥이를 들고 야밤을 틈타 '흡혈귀' 천 씨의 곳간으로 쳐들어갔다. 농민들은 당장 곳간을 열고 합리적인 가격에 식량을 팔 것을 요구했다. 천 씨는 굴복했지만 즉시 성장에게 통보했다. 마오쩌둥은 또다시 도망치지 않을 수 없었다. 친구들은 그에게 체포될 것이라고 경고했다. 다행히 지역에서 일하는 우호적인 직원이 자신의 상사에게 보낸 자오헝티의 전보를 우연히 보게 되었다. 전보에는 "마오쩌둥을 체포하여 그 즉시 처형하라!"라고 적혀 있었다. 그는 이를 마오쩌둥에게 알려 주었다. 왕수란의 제안에 따라 마오쩌둥은 의사로 가장한 채 가마를 타고 사오산을 벗어났다. 그는 떠나기에 앞서 동생 마오쩌탄에게 자오헝티가 체포 명령을 내리기 전에 자신을 따라 광저우로 오라고 지시했다.

다음 날 마오쩌둥은 창사로 갔다가 9월 초 남쪽으로 떠났다. 그는 또다시 신경이 날카로워져 힘들어했다. 이리저리 옮겨 다니면서 적어 놓았던 기록을 두려움으로 인해 어느 날 저녁 모두 불태웠다. 9월 중순 마침내 광저우에 도착한 그는 둥산 병원에 입원하여 2주 동안 휴식을 취했다. 그는 완전히 기진맥진한 상태였다.[6] 얼마 후 동생 마오쩌탄도 남중국 수도로 와서 황푸군관학교와 중국공산당 광둥 위원회에서 일하기 시작했다.[7]

이러저러한 좌절에 덧붙여 마오쩌둥은 그해 10월 또 다른 충격에 휩싸였다. 오랜 친구인 차이허썬과 샹징위가 전혀 예상치 못한 이유로 헤어졌기 때문이다. 그들의 추문은 공산당 전체의 도덕적 분위기에 찬물을 끼얹었다. 차이허썬과 샹징위는 중국공산당 내에서 가장 모범적인 부부(모범 부처(模範夫妻))로 유명했다.

마오쩌둥의 친구들 가운데 그들은 자유연애가 중국의 자유분방한 젊은이들 사이에 유행처럼 번지기 훨씬 전부터 서로 사랑한다는 이유만으로 자산 계급의 도덕 따위는 무시하고 별도의 결혼식도 치르지 않고 함께 살기 시작한 최초의 부부였다. 둘 다 내성적이고 실무적이며 신중하고 또한 누구보다 도덕적인 이들이었다. 공산당 내 여성 동지들 중에서 활달하고 교태 넘치는 이들은 끊임없이 자신들에게 도덕에 대해 설교를 해 대는 샹징위를 무서워했다. 그렇기 때문에 그들이 헤어졌다는 사실은 마른하늘에 날벼락과 같았다.

9월 중순 차이허썬이 베이징에 가고 없을 때* 광저우에 있던 샹징위는 남편을 놔두고 잘생긴 펑수즈**와 바람을 피웠다. 그녀 자신도 놀랄 만한 일이었다. 당시 펑수즈의 비서를 맡고 있는 정차오린(鄭超麟)은 이렇게 회고했다.

중추절 저녁 명절을 축하하기 위한 풍성한 저녁 식사를 하고 '저녁 모임(晚會)'을 했다. 이는 우리가 러시아에서 배웠는데, 일종의 오락을 즐기는 것이었다. 주인 식구 세 명 이외에 장보젠(張伯簡), 선쩌민(沈澤民), 그의 부인 장친치우(張琴秋)가 참석했다. ……손님들이 모두 흩어진 후 나는 잠을 자기 위해 다락방으로 돌아왔다. 하지만 샹징위는 펑수즈의 방에서 나오지 않았다. 날씨가 더워 다락방과 앞방의 방문을 모두 열어 놓았다. 문득 잠에서 깼는데 샹징위의 목소리가 들렸

---

* 당 사업으로 인한 피로 누적으로 천식과 위병이 도져 베이징에 치료하러 갔다. ― 옮긴이

** 당시 중앙선전부장을 맡고 있었다. ― 옮긴이

다. 전혀 뜻밖에도 펑수즈에게 사랑한다고 말했다. 얼마 후 그녀는 3층으로 올라 갔다. 펑수즈가 내 방에 와서는 이렇게 말했다. "정말 괴이한 일일세! 괴이한 일이야!" 그는 나에게 방금 전에 샹징위가 한 말을 전해 주었다.

"난 정말 꿈에도 생각하지 못한 일이야." 그가 말했다.

"안 될 일일세. 우리 조직의 사업에 영향을 줄 수도 있어!"

나는 이렇게 경고했다. 그러자 그가 다시 입을 열었다.

"물론이지. 나도 전혀 뜻이 없네. 그녀도 안 될 일이라는 것을 잘 알고 있어. 그녀가 말하더군. 그저 마음속에 간직한 말을 나에게 했을 뿐이라고."

펑수즈의 말은 사실이었다. 이후로 샹징위는 항상 3층에서 펑수즈의 방으로 내려가 대화를 나누곤 했다. 어떤 때는 몇 시간씩 함께 있는 경우도 있었다. 처음 며칠 동안 펑수즈는 이야기한 내용을 나에게 알려 주면서 "어떻게 하면 좋을까?" 의논하기도 했다. 나는 그가 점점 동요하는 것을 보고 경고의 수위를 높였다. 이후 그는 더 이상 나와 의논하지 않았고, 샹징위의 사랑을 받아들였다.[8]

결국 말이 새어 나가고 말았다. 샹징위는 차이허썬에게 자신의 불륜을 인정했으며, 차이허썬은 중앙집행위원회 확대회의에서 이 일에 대해 언급하지 않을 수 없었다. 정차오린의 회고에 따르면, 충격적인 소식에 천두슈와 취추바이, 장궈타오를 비롯한 중국공산당 지도부는 어안이 벙벙하여 그야말로 경악했다. 결국 천두슈가 나서서 사건을 종결시키기로 마음먹었다. 중앙집행위원회는 차이허썬과 샹징위 두 사람을 모두 모스크바에 보내기로 결정했다. 차이허썬은 중국공산당 상주(常駐) 대표 자격으로 코민테른 집행위원회에 보내고, 샹징위는 모스크바 동방노동자공산주의대학에 입학하도록 했다. 회의가 끝난 후 천두슈는 이번 사건에 대해 기밀을 엄수해 줄 것을 요청했다. 특히 취추바이에게 부인인 양즈화(楊之華)한테 절대로 말하지 말 것을 당부했다. 하지만 취추바이는 자신을 억제하지 못했다. 결국 당내 모든 이가 그 사실을 알게 되었다. 샹징위의 동료, 특히 여성 공산당원들은 그녀의 불행을 고소하게 여겼으며, 남자들은 의견이 갈렸다. 평소 펑수즈를 싫어했던 취추바이와 장궈타오는 그를 중앙집행위원회에서 축출해야 한다고 주장했지만 천두슈는 간통한 자를 두둔하고 보호했다.

한번 엎질러진 물은 다시 담을 수 없는 법이다. 1925년 12월 모스크바에 도착하자마자 피해자인 차이허썬은 샹징위를 차 버렸다. 그리고 리리싼의 아내와 정분이 나고 말았다. 리리싼과 리이춘(李一純) 부부는 '모범 부처'와 함께 모스크바로 갔다. 리리싼은 차이허썬과 함께 코민테른 집행위원회 제6차 확대회의에 참가할 예정이었다. 순진한 리리싼은 가는 길에 부인에게 아내의 불륜으로 힘들어하는 차이허썬을 위로해 주라고 말했다. 그러나 위로가 사랑으로 변하면서 리리싼은 자신이 예상했던 것 이상을 얻은 꼴이 되었다. 결국 차이허썬과 리리싼의 부인은 공개적으로 함께 살기 시작했다. 리리싼은 혼자 중국으로 돌아왔고, 샹징위는 모스크바 동방노동자공산주의대학에서 몽골 출신 남자와 사귀고 있었다.

한편으로 차이허썬, 다른 한편으로 펑수즈와 리리싼의 개인적인 관계에 부담을 주었지만 당의 고위층을 와해시키는 것이 아닌 이상 크게 문제 될 것은 없었다.* 이야기는 여기서 끝나지 않고 속편으로 이어진다. 애인이 떠나고 비탄에 빠진 펑수즈는 허구한 날 술독에 빠져 아예 술병을 옷에 감추고 다닐 정도였다. 매혹적인 천비란(陳碧蘭)이 새롭게 그의 인생에 들어오지 않았다면 아마도 알코올 중독자가 되고 말았을 것이다. 불행한 일은 펑수즈를 만나기 전부터 그녀가 당내 또 한 명의 중량급 인사인 뤄이눙(羅亦農)과 사귀고 있었다는 것이다. 당시 뤄이눙은 장저(江浙, 장쑤·저장) 위원회 서기로 있었다. 결국 뤄이눙은 펑수즈의 연적이 되고 말았다.[9] 이러한 개인적이고 사소한 알력과 다툼으로 인해 중국공산당 지도부는 보다 긴급한 사안에 집중할 수 없었다. 하지만 '자유연애'를 역설했던 '변함없고 확고한 공산주의자'도 여하튼 사람이었으며, 인간적 요인이 정치에서 가장 덜 중요한 것은 전혀 아니었다.

---

* 사건이 있고 난 후 중국공산당 내에서 리리싼이 아내를 버리기 위해 일부러 그녀에게 차이허썬을 유혹하도록 했다는 소문이 자자했다. 풍문에 따르면, 당시 그는 자신의 어린 여동생을 미친 듯이 좋아했다. 과연 사실인지 지금의 우리로서는 알 길이 없다. 다만 리리싼과 차이허썬이 서로 증오했던 것만은 분명하다.

마오쩌둥은 이러한 사태에 나름의 반응을 보이지 않을 수 없었다. 그가 샹
징위를 책망했는지는 알 수 없다. 하지만 친한 벗인 차이허썬과 비난받고 있던
펑수즈를 동정했다는 것은 의심할 여지가 없다. 그는 리리싼과 어울리는 대신
차이허썬의 편을 들었다. 어쨌든 애정에 관한 스캔들이 마오쩌둥의 건강 회복
에 도움을 준 것은 하나도 없었다. 그는 여전히 신경 쇠약으로 고생하고 있었
다. 다행히 12월 말 양카이후이가 모친과 아이들을 데리고 광저우로 와서 둥산
근처 조용한 곳에 거처를 마련했다.[10] 마오쩌둥은 비로소 옛 모습을 회복하기
시작했다.

그는 더 이상 병석에 누워 있을 수만은 없었다. 양카이후이가 오기 전 10월
에 이미 퇴원한 그는 정치 활동에 전념했다. 1924년 초 그는 억누를 수 없는 애
국적 충동을 극복하고 다시금 국민 혁명의 목표를 가장 기본적인 것으로 간주
하며, 사회 변혁의 임무를 당분간 유보하기로 마음먹었다. 그는 1925년 가을
자신의 정치적 신조에 대해 다음과 같이 말했다.

본인은 공산주의를 믿으며 무산 계급 사회 혁명을 주장한다. 하지만 현재 국
내외 억압은 하나의 계급 역량만으로 뒤엎을 수 없기 때문에 무산 계급, 소자산
계급, 중산 계급의 좌익이 합작한 국민 혁명을 활용하여 중국 국민당의 삼민주의
를 실행함으로써 제국주의 타도, 군벌 타도, 매판 지주 계급(다시 말해 제국주의,
군벌과 밀접한 관계를 맺고 있는 중국 대자산 계급 및 중산 계급 우익) 타도를 이루
어 무산 계급, 소자산 계급, 중산 계급 좌익의 연합 통치, 즉 혁명 민중의 통치를
실현할 것을 주장하는 바다.[11]*

10월 초 왕징웨이가 그를 불러 국민당 중앙집행위원회의 일을 맡김과 동
시에 선전부 책임자로 임명했다. 왕징웨이는 마오쩌둥이 능력을 갖춘 편집자
이자 선동가라는 것을 잘 알았다. 마오쩌둥은 곧 선전부에서 기관지 편집 일을

---

* 「소년중국학회개조위원회 조사표(少年中國學會改組委員會調査表)」. ─ 옮긴이

시작했다. 《정치 주보(政治週報)》를 통해 그는 통일 전선과 국민 혁명 문제에 관한 자신의 의견을 개진하고 아울러 국민당 내 '우익' 분자들을 공격했다.[12]

마오쩌둥이 추구하는 입장은 중국공산당 지도부가 주장하는 내용과 정확하게 일치했다. 그는 천두슈를 비롯한 집행위원회 다른 위원들과 어떤 이견도 가지고 있지 않았다. 중국공산당의 다른 지도자들과 마찬가지로 그 역시 주기적으로 방침을 바꾸었다. 국가와 사회의 요소*를 적절하게 조화시켜 정치를 수행하는 일은 결코 쉬운 일이 아니었다. 중국공산당 지도부의 전술적인 갈지자형의 행태는 1925년 확실한 정치적 노선의 성격을 띠기 시작했다. 그것은 당연히 모스크바에서 규정되고, 개념적으로 근거가 마련된 것이었다. 천두슈와 다른 중국 공산주의자들은 이에 굴종해야만 했다.

새로운 정책의 핵심은 다음과 같다. 크렘린의 이론가들을 따라 지금부터 중국공산당은 국민당 내에 소속되어 있다는 장점을 최대한 활용하여 국민당을 대중 정치 조직으로 개편하고 아울러 당내 권력을 확보한 국민당 좌파와 공산당원을 통해 국민당의 계급적, 정치적 성격을 급진적으로 변화시켜야 한다. 새로운 정책에 따라 중국 공산당원들은 국민당 내에서 자신들의 존재를 최대한 이용하여 가능한 한 국민당을 '좌익'의 당, '인민(노동자·농민)의 당'으로 변혁시키려고 했다. 그들은 먼저 '자산 계급 대표들'을 지도부 자리에서 끌어내려 국민당에서 축출하는 일부터 시작했다. 그다음 중국에서 공산당이 직접 하는 것이 아니라 국민당을 통해 '무산 계급 헤게모니'를 창출하기 위해 '소자산 계급(소부르주아)'을 자신들의 영향력 아래 두고자 했다.

이러한 새로운 전략적 노선은 1925년 보이틴스키가 윤곽을 잡은 것이었다. 기본적으로 보이틴스키의 제안보다 새로운 점은 없었다. 중국공산당 지도자들도 1924년 2월 처음으로 이러한 노선을 지지했다. 하지만 당시 보이틴스키는 아직 그러한 정책을 비준할 준비가 되어 있지 않은 까닭에 분수를 알고 잠자코 있을 수밖에 없었다. 보이틴스키는 쑨중산의 유산을 둘러싼 당내 파벌

---

* 국민당과 공산당이 추구하는 노선을 말한다. ─ 옮긴이

싸움이 한창이어서 국민당 내부에 유리한 상황이 만들어졌다고 믿었다. 1925년 보이틴스키는 스탈린에게 자신의 의견을 제안할 수 있었다. 1925년 4월 22일 그는 자신과 스탈린의 대화 내용을 요약해서 중국 소련 대사 카라한에게 보냈다. "그(스탈린)는 공산당이 자체 조직을 가져야 한다는 우리의 설명을 듣고 크게 놀랐습니다. ……공산당원들은 국민당 내부에서 비판의 권리를 향유하고 있으며, 국민당의 사업 대부분을 우리 동지들이 수행하고 있다고 말했습니다."[13] 보이틴스키가 말한 내용에 깜짝 놀란 스탈린은 곧바로 중국의 국민 혁명 운동의 전망에 관한 자신의 의견을 제시했다. 굳이 말할 것도 없이 스탈린은 자신의 '계시'를 위한 공을 보이틴스키에게 돌리지 않았다. 새로운 개념의 저작권은 당연히 일개 직원이 아닌 지도자에게 귀속되어야만 했다. 결국 지도자는 보편적 의미를 자신이 공을 들인 이론으로 간주했으며, 그것을 중국의 문제 해결책뿐 아니라 아시아의 문제를 해결하기 위한 만병통치약으로 삼았다. 다시 말해 민족주의 운동에서 공산당의 패권을 보다 용이하게 수립하려는 전략으로 삼았다는 뜻이다. 이를 위해 그는 국민당과 동방의 다른 여러 나라 민족주의 혁명당을 '노동자와 농민' 또는 '인민의' 당으로 변화시키는 것에 대해 진지하게 고민하기 시작했다.

그가 인도에서 수행되고 있는 공작에 대한 코민테른 집행위원회 제5차 확대회의(1925년 3~4월)의 결의안 초안을 분석한 것은 바로 이러한 시각에서였다.(당시 대회에서 중국에 관한 특별 결의안은 채택되지 않았다.) 결의안 초안에 대해 언급하면서 그는 향후 인도 '인민의 당' 내 공산주의자들의 헤게모니 확립에 관한 주제만 지목했다.[14] 스탈린의 지시는 즉시 코민테른에 의해 집행되었으며, 아울러 중국에 전달되었다.

1925년 5월 스탈린은 동방노동자공산주의대학 개교 기념일 연설에서 공개적으로 이 문제를 언급했다.

민족 자산 계급이 혁명당과 유화적인 당으로 분리되어 있는 이집트와 중국 같은 나라에서…… 공산주의자들은 민족 통일 전선 정책을 노동자와 소자산 계급의 혁명적 연맹 정책으로 전환해야 한다. ……이러한 연맹은 일당(一黨)의 형태를 취할 수 있을 것이다. 그러나 국민당과 같이 실제로는 두 개의 역량, 즉 공산당과 혁명적 소자산 계급의 당을 대변하는 독특한 정당으로서 노동자와 농민의 당이 되어야만 한다. 이러한 복합적인 당은 필요할뿐더러 편리하다. ……그것은 공산당에 의한 실질적 혁명 영도를 용이하게 한다.[15]

스탈린의 사상을 지도 이념으로 취하여 코민테른 집행위원회는 다시 한 번 즉시 반응했다. 이러한 정신은 코민테른 집행위원회 제6차 전체회의(1926년 2~3월)에서 특별한 '중국 문제에 관한 결의안'으로 채택되었다.

무산 계급 정치의 출현은 나라의 모든 혁명적 민주 조직, 무엇보다도 인민의 혁명당, 국민당, 그리고 광저우의 혁명 정부를 가일층 발전시키고 강화시키는 데 강력한 동력을 제공할 것이다. ……노동자와 농민, 지식인, 도시의 민주 인사들의 혁명적 연대를 상징한다. ……(이는) 제국주의 외세와 군벌에 대한 투쟁이자 민족 독립과 혁명적 민주 역량의 통일을 위한 것이다.[16]

어쩌면 스탈린은 자신이 이전의 노선을 발전시켰다고 생각했을지도 모른다. 하지만 실제로 그는 어리석을 정도로 완전히 바꿔 버렸다. 그의 이론은 국민당과 당내에서의 협력 자체를 목적으로 삼았기 때문이다. 스탈린은 공산당이 국민당 내의 '자산 계급 대표'를 당과 영도 지위에서 축출하는 데 성공할 것이라고 판단했다. 하지만 만약 우호적인 여건이 지속적으로 마련되지 않는다면, 다시 말해 국민당원들이 공산주의자들보다 막강하다고 판가름 나면 어떻게 할 것인가? 그렇게 된다면 공산주의자들은 자신들의 주권과 정치적 독립을 제한하고자 하는 국민당 영도자들에게 양보할 수밖에 없다. 국민당에 잔류하기 위해서든 아니면 국민당에서 나오기 위해서든 간에 '인민의' 당은 국민당을 '노동자와 농민의 당'으로 변화시키려는 자신의 희망을 묻어야만 할 것이다.

통일 전선의 개념은 지극히 관료주의적인 것으로 국민당 내 세력 균형에 관한 탁상공론식 계산에 전적으로 의지한다. 당내 음모에 익숙한 사람으로서 스탈린은 볼셰비키당 지도부에서 자신의 적대 세력을 제거하는 데 열중하면서 자신의 정책이 필연적으로 성공할 수밖에 없다고 확신했다. 하지만 국민 혁명의 불꽃이 가열하게 타오르는 중국에서는 효과적일 수 없었다. 타락한 러시아 공산당과 달리 국민당은 혁명 정당이었으며, 내부에 반공(反共)을 주창하는 군부 세력이 장교단뿐 아니라 중국 사회의 중요 분야에서 인기가 있었기 때문이다. 그들을 정치 조직에서 쥐어짜는 것은 근본적으로 불가능했다.

중국공산당은 객관적으로 볼 때 스탈린 노선의 인질이나 다를 바 없었다. 그들은 소련의 재정 원조에 전적으로 기대고 있었기 때문에 스탈린의 노선을 수용하지 않을 수 없었다. 그러나 통일 전선의 결렬을 걸지 않는 한 국민당을 공산화하라는 명령을 수행하는 것 역시 불가능했다.[17] 장궈타오의 회고에 따르면, 중국공산당 지도부도 결국 이런 사실을 알게 되었는데, 억지로 교묘한 술책을 쓰거나 허세를 부리면서 맞추려고 애썼다.[18] 그러나 이 같은 태도가 항상 도움이 되는 것은 아니었으며, 유일한 결과는 실패뿐이었다.

사실 처음부터 드라마틱한 사태 전환의 조짐이 없었던 것은 아니다. 공산주의자들과 국민당 '좌익'이 당을 '노동자와 농민'의 당으로 변화시킬 기회가 정말로 있는 것처럼 보였다. 반제국주의 운동이 전국을 석권하고 노동자들의 투쟁이 격렬해지면서 국민당의 '좌익' 지도자들은 분명히 중국공산당과 소련, 코민테른과 좋은 관계를 유지 발전시켜야 한다고 역설했다. 실제로 중국 국민 혁명군의 장교들이나 국민당 지도부 대다수는 지주 계급에 속해 있었지만 국민당 내부에서 어느 누구도 지주 계급을 타도해야 한다는 마오쩌둥의 급진적인 선전을 방해하지 않았다.[19] 8월 20일 국민당 '좌익' 지도자인 랴오중카이가 테러리스트에게 암살당하면서 '우익'의 위상이 약화된 것은 분명한 사실이다. 랴오중카이를 애도하는 글에서 왕징웨이는 이렇게 말했다. "제국주의에 반대하는 사람들은 왼쪽(좌익)으로 가고, 불평등 조약 아래 중국이 영원히 반식민지로 세계에서 제국주의가 영원히 세력을 유지할 수 있도록 돕기를 원하는 이들은 오른쪽(우익)으로 가라!"[20] 낙담한 '좌익'은 베이징 교외 시산(西山) 비원

쓰(碧雲寺, 당시 쑨중산의 유해가 있던 곳)에서 자칭 국민당 1기 제4차 중앙전체 회의라는 우파만의 단독 회의를 소집했다.* 공산당이 지지하는 왕징웨이, 장제스, 탄옌카이, 그리고 당내 많은 지도자들은 우익에 반대한다는 의사를 분명히 밝혔다. 11월 27일 마오쩌둥은 국민당 중앙집행위원회의 명의로 당내 모든 동료에게 시산 회의파(西山會議派)를 통렬히 비판하자는 내용의 초안을 작성했다. 그의 호소문은 12월 5일 《정치 주보》 첫 호에 실렸다. 볼셰비키의 냉소를 띠고 그는 이렇게 선언했다. "현재의 혁명은 세계 혁명과 반혁명 양대 세력 간의 마지막 결정적인 투쟁에서 하나의 삽화다. ……우리는 오늘날의 상황에서 혁명이 아니라 반혁명을 추구하는 이를 정확히 알아봐야 한다. 중간에서 중립적인 지점은 전혀 존재하지 않는다."[21]

마오쩌둥은 1925년 12월 1일 발간된 중국 국민혁명군 제2군 기관지 《혁명(革命)》 반월간 제4호에 게재된 「중국 사회 각 계급의 분석(中國社會各階級的分析)」에서 중요 공작에 대해 훨씬 체계적으로 자신의 관점을 피력했다. '분석'이란 제목이 달려 있기는 하지만 학술적으로 사회 분석을 한 것은 아니다. 당시 중국공산당의 경우 중국의 계급 구조에 관해 진지하게 분석한 이는 거의 없었다. 주도적인 사회학자나 경제학자도 없었다.[22] 하지만 마오쩌둥은 전혀 그런 부류의 글쓰기를 원한 것이 아니었다. 그는 엄격한 선전 선동가로서 중국 사회의 성질 면에서 혁명의 적은 수적으로 극소수이기 때문에 결국 '좌익' 연맹이 승리할 수밖에 없음을 입증하려는 확고한 정치적 목표를 가지고 있었다. 그는 중국 사회를 대자산 계급, 중산 계급, 소자산 계급, 반(半)무산 계급, 무산 계급으로 간단하게 구분했다. 그는 중국 사회를 전혀 어울리지 않는 선진 자본주의 사회의 계급 관계 제도에 적용하고 있다는 사실을 무시했다. "누가 우리의 적이고, 누가 우리의 친구인가?" 그는 지극히 정치적인 질문을 던진 후 결론 부분에서 이렇게 답했다.

* "국민당 내 공산당원의 당적을 취소하고" "고문인 보로딘을 해고"한다는 등 반소·반공·국공합작 반대 의안을 통과시켜 광저우 국민당 중앙집행위원회의 직권을 중지시켰다. 시산 회의파의 분열 활동은 강력한 반대에 부딪혔으며, 1926년 1월 국민당 제2차 전국대표대회에서 탄핵을 받았다. ― 옮긴이

제국주의와 결탁한 모든 군벌 관료, 매판 계급, 대지주, 반동파 지식 계급, 이른바 중국 대자산 계급은 우리의 적, 우리의 진정한 적이다. 모든 소자산 계급, 반무산 계급, 무산 계급은 우리의 친구, 우리의 진정한 친구다. 중산 계급은 끊임없이 동요하고 있는데, 우익은 그들을 우리의 적으로 삼고자 할 것이다. 지금 적이 아닌 이들도 적과 멀지 않다. 좌익은 그들을 우리의 친구로 삼을 수 있다. 다만 진정한 친구는 아니다. 우리는 때로 그들을 막아 그들이 우리의 진영을 혼란스럽게 만들지 않도록 해야 한다.(그는 문장의 다른 부분에서 이렇게 말했다. "그들은 반반혁명(半反革命)의 입장이다.")

마오쩌둥은 도시 쿨리(하층 노동자)는 물론이고 룸펜 프롤레타리아(토지를 잃은 유민(游民)과 일자리를 잃은 수공업 노동자)도 '진정한 친구'로 간주하고, "이들은 용감하고 분투할 수 있는 이들이기 때문에 제대로 인도한다면 혁명 역량으로 변화시킬 수 있다."라고 말했다.

마오쩌둥은 계급 분석을 인상적인 도표로 결론짓고 있다. 3억 9500만의 친구(소자산 계급·반무산 계급·무산 계급), 100만의 적(대자산 계급), 400만의 동요자(중산 계급).[23] 그는 각종 사회 군체의 실제 구성에 관한 통계 수치에 대해 전혀 신경 쓰지 않았다. 모든 수치는 추산이었으며, 중국의 총인구수조차도 임의로 4억이라고 정한 것이었다. 1922년 인구 조사에 따르면, 총인구는 이미 4억 6300만을 넘어섰다. 그러나 그는 생산 관계 체계에서 각종 사회 계급의 실질적인 경제 역할을 설명하는 부담을 질 필요가 없었다.[24] 그럼에도 그의 문장은 그 자체의 정치적 성격으로 인해 상당히 환영을 받았다. 그래서 1926년 2월 중국 국민당 중앙집행위원회 농민부에서 주관하는《중국 농민(中國農民)》제2호에 약간 수정을 가한 후 실렸다.

마오쩌둥은 제2차 국민당 대회 준비 작업은 물론이고 행사에도 적극적으로 참석했다. 회의는 장제스의 병력이 군벌 잔여 세력을 내쫓고 광둥 전체를 차지한 지 얼마 지나지 않은 1926년 1월에 개최되었다. 그는 선전과 농촌 문제에 관한 결의안 초안을 마련하는 위원회에 속해 있었다. 그는 2년간의 당 선전 결과에 관한 방대한 보고서를 발표했다.[25] 그래서 제2차 국민당 대회가 공산당과 국민당 '좌익'이 연대를 더욱 강화하자는 구호에 따라 개최되고 있다는 사실을 나름 자랑스럽게 생각했다. 새로운 중앙집행위원회 선거에서 마오쩌둥은 또다시 후보 위원으로 선출되었다. 이로써 국민당 최고위급 조직에서 공산당의 숫자는 기존의 열 명에서 열세 명으로 불어났다. 중앙집행위원회에서 완전한 투표권을 행사할 수 있는 공산당 수도 제1차 대회 세 명에 비해 일곱 명으로 늘어났다. 이는 왕징웨이 개인의 지시에 의한 것이었다. 중국공산당 지도부는 중앙집행위원회에 두 명의 공산주의자를 추천했다. 공산당 소속의 탄핑산과 린보취가 중앙집행위원회 상임 위원으로 선출되었다. 그리고 또 한 명의 공산주의자가 국민당 중앙감찰위원회에 속하게 되었다.

보기에는 어떤 문제도 발생할 조짐이 없었다. 전체 대회 기간에 공산주의자들보다 훨씬 '좌경'인 왕징웨이는 크렘린 특사 베라 비슈니아코바 아키모바를 초대했다.[26] 왕징웨이는 보고서에서 공산주의자와 반공주의자들이 전쟁터에서 함께 피를 나눌 것이며 그들은 하나로 연합하여 어떤 것도 그들을 둘로 나눌 수 없을 것이라고 단언했다.[27] 소련의 대리인은 상당히 기분이 좋았다. "대회 폐막을 앞두고 주석단의 성원들이 제3인터내셔널(코민테른)에서 보낸 '세계 피압박 인민 단결, 제국주의의 족쇄를 내던지자!'라는 금빛 찬란한 글자가 적힌 붉은 깃발을 휘날렸다. ······참패를 당한 우익들은 침묵을 지켰다."[28] 대회 후 마오쩌둥은 중앙집행위원회 선전부장 대리로 확고한 자리매김을 했다.[29] '좌익의 경축 행사'는 국민당 영도자 가운데 한 명인 후한민이 2월 17일 코민테른 집행위원회 제6차 전체회의에서 연설을 끝낸 이후에도 지속되다가 1926년 3월 말에야 끝이 났다. 쑨중산의 전우인 그는 이렇게 말했다. "세계 혁명만 존재할 뿐이며, 중국 혁명은 그 일부분일 따름이다. 우리 위대한 영도자 쑨중산의 가르침은 마르크스 레닌주의와 근본적으로 일치한다. ······국민당의 구호는 '인민 대중을 위하여!'이다. 이는 노동자와 농민이 정치권력을 장악해야 한다는 뜻이다."[30] 당시 국민당 중앙집행위원회는 심지어 코민테른 집행위원회 주석단에 국민당의 코민테른 가입을 요청하기도 했다. 그들은 코민테른에 보내는 서신에서 '국민당이 이미 30년 동안 직면하고 있는 중국 혁명의 임무, 즉 민족주의에서 사회주의 혁명으로 이행하는 과도기적 임무를 달성하기 위해 애쓰고 있다'는 점을 강조했다.[31]

그야말로 눈앞이 빙빙 돌 정도로 혼란스러웠다. 1926년 2월 소련공산당과 코민테른 집행위원회 영도자들은 진지하게 이러한 요청을 검토했으며, 중앙 정치국의 대다수 성원들조차 국민당을 동조 정당으로 받아들이는 것에 동의를 표했다.[32] 하지만 신중해야 한다는 의견이 지배적이었기 때문에 모호한 답변이 국민당 중앙집행위원회에서 작성되어 후한민에게 전해졌다.[33] 이에 따르면, 코민테른 집행위원회 주석단은 "국민당을 세계 제국주의와 투쟁하는 진정한 맹우(盟友)로 여기고" 있으며, 만약 국민당 위원회가 계속해서 그 주제를 강조한다면 다가올 코민테른 제6차 대표대회에서 국민당의 코민테른 가입 문제를 의제로 삼을 것이라고 약속했다.[34]

그러나 사건은 코민테른이나 중국공산당이 추진하는 방향으로 전개되지 않았다. 오히려 그 반대로 코민테른의 결의안은 국민당 공산화에 목표를 두었기 때문에 필연적으로 광둥의 반공 군사 세력, 즉 1926년 우경화되기 시작한 장제스의 군대를 끌어들일 수밖에 없었다.

반공의 기치를 앞세운 장제스의 거사는 코민테른 집행위원회 제6차 전체 회의가 끝나고 닷새가 지난 3월 20일에 발생했다. 일찍이 3년 전 코민테른 당 직자에게 공산당 가입을 권유받은 적이 있던 장제스는 중국 내 소련과 중국 공산주의자들의 활동에 대해 회의적이었다. 그는 1923년 가을 러시아를 여행하고 돌아온 후 볼셰비키의 "국제주의와 세계 혁명이라는 상표는 외부 세계를 오히려 혼란스럽게 만들기 때문에 전제 정치의 또 다른 이름일 뿐"이라고 결론지었다.[35] 1923년 12월 하순 중국으로 돌아온 그는 쑨중산에게 다음과 같이 보고서를 올렸다. "중국 내 그들의 정책에 관해 저는 이렇게 생각합니다. …… 그들은 궁극적으로 중국의 소비에트화를 바라고 있습니다."[36] 그는 한동안 자신의 생각을 밖으로 드러내지 않았다. 쑨중산에게 아무런 응답도 받지 못했기 때문에 더욱 그러했다. 장제스는 교묘하게 처신했기 때문에 요령이 있는 보이틴스키조차 그를 동지로 여길 정도였다.[37] 그러나 1926년 봄 장제스는 소련에서 파견된 전문가 그룹의 오만방자한 행태를 더 이상 참고 넘어갈 수 없었다. 특히 중국에서 키산카(Kisanka)라는 별명으로 알려진 남중국 고문단의 단장 니콜라이 쿠이비셰프(Nikolai V. Kuibyshev) 사령관에게 격노했다. 실제로 소련 고문단은 막강한 실권에 도취된 오만하고 아둔한 전문가들이었다. 베라 비슈니아코바 아키모바에 따르면, 키산카는 공공연하게 중국 군대를 멸시하고 외교 관례를 무시했으며 뻔뻔스럽게도 국민혁명군을 통제하려 했다.[38] 그는 장제스를 무시하고 대신에 왕징웨이와 군사 문제를 처리했다. 왕징웨이는 장제스의 평판을 떨어뜨리기 위해 키산카를 이용했다. 통일 전선의 뒤편에서 국민당의 두 지도자가 심각하게 반목하고 있었던 것이다. 왕징웨이는 투박한 군인인 장제스를 참을 수 없었고, 장제스는 포동포동한 얼굴에 머릿기름(포마드)을 잔뜩 바른 수다쟁이 왕징웨이가 말 그대로 역겹기만 했다. 오직 보로딘만이 어느 정도 국민당 집행위원회 내에서 미묘한 세력 균형을 유지하고 있었다. 중국공산당의 불행은 바로 이러한 균형이 깨지고 왕징웨이와 키산카를 확실하게 지지한 것에서 시작되었다.

2월 하순부터 정부의 '좌경' 행보에 불만을 품은 이들이 장제스를 중심으로 모여들기 시작했다. 장제스와 그의 반대편에 있는 왕징웨이, 쿠이비셰프, 키산카 사이의 개인적 알력이 정치적 색채를 띠기 시작했다. 3월 20일 장제스가 공격을 시작했다. 그는 광둥에 계엄령을 선포하고 공산주의자들을 체포하는 한편 소련 군사 고문단이 거주하는 곳으로 군대를 보내 에워쌌다. 그는 중산함(中山艦)의 함장인 공산주의자 리즈룽(李之龍)에게 중산함을 황푸군관학교로 보내라는 명령을 하달함으로써 고의로 사건을 일으켰다. 리즈룽이 전함을 몰고 황푸군관학교 인근 항구 정박지로 들어오자 돌연 '반도(叛徒)'로 낙인찍혔으며, '공산당 음모'설이 날조되었다.[39] 광저우 전역에 장제스의 포고문이 붙었다. "나는 공산주의를 믿고, 거의 공산주의자나 다를 바 없다. 그러나 중국 공산주의자들은 러시아에 팔려 '그들의 개'가 되고 말았다. 그렇기 때문에 나는 그들을 반대한다."[40] 장제스는 곧 키산카를 내쫓고 자신이 신뢰하는 블류헤르를 복귀시킬 수 있었다. 사건은 평화롭게 해결되었다. 이미 목적을 달성한 장제스는 체포한 이들을 풀어 주고 키산카를 제외한 나머지 소련 군사 고문단은 광저우에 계속 체류할 수 있도록 했다. 1926년 5월 말 블류헤르가 돌아왔다.

그렇지만 장제스의 정변은 의심할 여지 없이 중국과 소련 공산당에 맞서 국민당 '우익'과 국민정부의 통제를 받고 있는 지역의 중도파에 의한 군사 독재 수립을 표명한 것이었다. 그 결과 공산당과 왕징웨이를 중심으로 모여 있는 국민당 '좌익'의 위상이 크게 약화되었다. 왕징웨이는 병가를 내고 재빨리 해외로 나가 버렸다. 광둥 시골 마을의 농민 조합들도 해체되기 시작했다. 중국공산당에 가장 심각한 결과를 가져온 것은 국민당 내부에서 공산주의자들의 정치적, 조직적 자치 제한을 목적으로 한 요구 사항의 형태를 띤 일련의 조치였다. 장제스는 1926년 5월 국민당 중앙집행위원회 제2차 전체회의에서 이러한 요구 사항을 제출했다. 쑨중산과 그의 지도 내용을 비판할 수 없다는 내용이 포함된 요구 사항은 다음과 같다. 공산당원은 국민당 각부의 부장을 맡을 수 없다. 국민당 고위급 당부(중앙집행위원회 등), 성과 시당 위원회에서 고위 직책을 맡을 수 있는 공산당 인원은 해당 당부 전체 위원의 3분의 1을 초과할 수 없다. 국민당에 가입한 공산당 명단을 전부 제출한다.[41] 대회가 끝나고 얼마 후 장제스는 모든 권력의 실마리를 자신의 수중에 차지할 수 있었다. 그는 국민당 중앙집행위 상무위원회 주석을 맡았으며, 국민정부 군사위원회와 국민당 중앙위원회 군사부장을 맡았다. 가장 핵심적인 문제는 그가 국민혁명군 총사령관에 임명되었다는 것이다.[42]

5월 회의 전날 장제스가 국민당 내에서 중국공산당의 향후 지위에 관한 문제를 제기할 것이라는 사실을 알고 있던 공산당 지도부는 모스크바에 무엇을 해야 하는가에 대해 물었다. 천두슈는 공산당의 독립을 희생하고 싶지 않았기 때문에 국민당에서 나가는 쪽으로 기울었다. 보이틴스키나 트로츠키, 지노비예프도 동의했다. 그러나 스탈린은 아니었다. 그는 자신의 전술 방안에 혼란을 가져올 수 있다는 이유로 그 제안을 받아들이지 않았다. 크렘린 지도자의 입장에서 보면, 불과 2주 전만 해도 '노동자와 농민의 국민당'은 권력을 장악하기 바로 직전이었다. 어찌 정복한 자리를 그처럼 쉽게 내줄 수 있단 말인가? 스탈린의 논리에 따르면, 이는 국민당 '우익'에 무조건 투항하는 것과 다를 바 없었다.[43] 모스크바는 군대를 재조직하기 위해 국민당 내부에서 공격의 템포를 조금 늦추라고 중국공산당에 지시했다. 스탈린은 "인원을 정비하는 문제에 있어 '국민당 좌파'에게 내부 조직상 양보할" 필요가 있다는 점을 인정했다.[44] 하지만 그것은 '좌익'의 문제일 뿐이었다.

소련 정치국은 장제스의 정변을 공산당원과 객관적으로 자신들의 동료로 간주되는 국민당원들 사이에 일어난 충돌이라고 보았다.(당시 소련 지도부는 장제스를 '우파'로 생각하고 있었다.) 중국과 소련 공산당이 도가 지나쳤다고 생각하고 있던 보로딘도 장제스의 시위를 단순히 질서를 잡기 위한 목적일 따름이라고 여겼다. 그는 장궈타오와 개인적인 대화를 하면서 이렇게 말했다. "쑨 박사(쑨중산)가 살아 있었다면 그 역시 공산당 활동을 제한하는 확실한 조치를 취했을 것입니다."[45] 중국 공산주의자들은 1926년 5월 소련 정치국이 코민테른 집행위원회와 정부에 "가능한 모든 수단을 동원하여 중국공산당에 대한 개인적, 재정적 원조를 강화하라."라는 지시를 내렸기 때문에 다시 한 번 굴복하지 않을 수 없었다.[46]

동료 공산당원으로 국민당 집행위원회 위원인 탄핑산과 린보취를 좋아했던 마오쩌둥은 선전부장 대리 자리에서 물러났다. 장궈타오의 회고에 따르면, 마오쩌둥은 상당히 불만을 가지고 보로딘의 후퇴 정책을 비난했다. 장궈타오와 사석에서 이야기하면서 마오쩌둥은 보로딘을 '서양 귀신'이라고 부르기도 했다.[47] 장제스가 조직부를 장악하면서 선전부와 농민부는 국민당 '좌익' 가운데 한 명이 맡았다.[48]

그렇다고 마오쩌둥이 아무런 직책도 맡지 않은 것은 아니었다. 3월 중순 정변이 일어나기 나흘 전인 3월 16일 그는 조직 개편으로 전국에서 학생을 모집하고 있던 농민운동강습소 제6기 소장으로 임명되었다. 5월 3일 327명의 새로운 학생들이 등록하고 입학식이 거행된 후 5월 15일부터 수업을 시작했다. 4월 초부터 시작해서 당원들과 광둥의 젊은 선동가들에게 농민 문제에 관해 가르쳤다.[49] 그는 1925년 여름 이래로 사실상 자신의 주된 사업이 된 중국 농민 조직을 위해 모든 것을 바칠 수 있었다.

그의 소장 임명은 전혀 우연이 아니다. 사오산으로 돌아온 마오쩌둥은 피곤한 줄도 모르고 농민 운동의 문제 해결을 위해 고민했으며, 국민당 기관지에 관련 글을 투고하고 연설할 때도 끊임없이 그 문제를 제기했다. 그는 이렇게 단언했다.

> 우리는 도시인들에게 지나치게 집중하느라 농민에 대해 소홀히 대했다. ……
> 농민에 대한 억압을 빨리 풀어야만 국민 혁명도 더욱 빨리 달성할 수 있다. ……
> 만약 우리가 국민 혁명의 토대를 더욱 공고하게 하기를 원한다면 무엇보다 먼저
> 농민을 해방시켜야 한다. ……중국 농민의 해방 운동을 지지하는 사람만이 당의
> 충성스러운 혁명 당원이라고 할 수 있을 것이다. 만약 그렇지 않다면 그들은 반혁
> 명 분자들이다.[50]

공산당 내에서 마오쩌둥은 진정한 농민 운동 전문가로 알려졌다. '우파' 성향의 국민당 지도자들도 '후난의 왕(王)'(중국공산당 내에서 농담 삼아 마오쩌둥을 이렇게 불렀다.)을 '농촌 문제 전문가'로 간주했다. 보로딘의 말에 따르면, 그들 스스로 "그(마오쩌둥)를 농촌 문제에 관한 위원회의 회원으로 추천했다."[51] 일찍이 1926년 1월 마오쩌둥은 「중국 농민 각 계급의 분석과 그들의 혁명에 대한 태도(中國農民中各階級的分析及其對於革命的態度)」라는 긴 제목의 짧은 글을 《중국 농민》 제1호에 발표하여 중국 농민의 상황에 대해 다루었다. 비록 중국 사회의 계급 문제에 관해 이전에 발표한 내용이 중복되고 있기는 하지만 국민당 좌파는 그의 논점에 환영 의사를 표했다. 혁명가에게 필요한 것은 학술적인 논문이 아니라 정치적으로 시사하는 바가 크고 전투적이고 분명한 선언문이었다. 그들은 바로 이런 것을 원했다. 게다가 12월에 발표한 글과 달리 중국 농촌의 사회 구조를 좀 더 명확하게 소개하고 있다. 이전에 그는 중국의 사회 계급을 대자산 계급, 중산 계급, 소자산 계급, 반무산 계급, 무산 계급으로

간단하게 구분했는데 이번에는 농촌 사회를 여덟 계급으로 구분했다. 즉 대지주, 소지주(이전의 대자산 계급에 속한다.), 자경농(自耕農, 소자산 계급), 반(半)자경농, 반익농(半益農, 농사 도구를 가지고 있는 소작농), 빈농(농사 도구가 없는 소작농), 고농(雇農) 및 향촌 수공업자(이유는 알 수 없으나 마오쩌둥은 이들을 포함시켰다.), 유민(游民)이다. 여전히 정확한 분석이라고 말할 수는 없지만 이전에 비해 보다 현실에 가깝다. 마오쩌둥은 여전히 자신이 중국 농촌의 자본주의의 발전 정도를 지나치게 과장하고 있다는 사실을 의식하지 못했다.

문장을 자세히 읽어 보면 새로운 점을 발견할 수 있다. 이전에 마오쩌둥은 구걸이나 도둑질을 하고 때로 억지로 군벌 군대에 끌려가기도 했던 수백만의 유랑자에게 특히 동정적이었다. 이전과 마찬가지로 그는 그들을 "용감하게 싸울 수 있는" 협력자로 간주했지만 다음과 같은 문구를 넣어 제한하지는 않았다. "유민(遊民) 무산 계급의 경우 그들에게 농민 협회를 돕도록 권하고 실업 문제를 해결하기 위해 혁명의 대운동에 참가하도록 해야 한다. 또한 그들이 적에게 넘어가 반혁명파의 역량이 되도록 해서는 안 된다."

그는 여전히 농민들 가운데 다섯 개 계층(자경농, 반자경농, 반익농, 빈농, 고농 및 수공업 노동자)의 '단일 조직'에 희망을 가졌다. 그는 그들이 부를 독차지하고 있는 대지주(그는 500무(32헥타르)의 토지를 소유한 자를 대지주라고 불렀다.) 만이 아니라 지주 계급 전체와 투쟁할 것을 요구했다. "지주 계급에 대해서는 원칙적으로 투쟁을 통해 그들에게 경제적, 정치적 양보를 요구해야 한다. 하지만 특별한 환경, 예를 들어 하이펑(海豊)이나 광닝(廣寧) 같은 곳에서 가장 반동적이고 가장 흉악하며 인민을 유린하는 토호열신과 마주칠 경우 반드시 그들을 완전히 타도해야 한다."[52]

대략 같은 시기인 1926년 1월《정치 주보》에 발표한 글에서도 마오쩌둥은 지주 계급은 모두 제국주의자, 관료, 매판 자본가 등 적의 진영에 있다고 강조했다. "오직 소자산 계급과 반무산 계급, 무산 계급 등 세 가지 계급의 동맹만이 진정한 혁명가 그룹이다." 그는 이렇게 결론을 내리면서 이번에는 유민을 프롤레타리아의 범주에 포함시켰다. 전체 문장은 지주 계급과의 투쟁에 초점을 맞추고 있다. 마오쩌둥은 소지주 계급에 대해서도 통렬하게 비판했다. "다른 계급은 고통에서 해방되기 위해 혁명을 원하지만 그들은 더욱 부자가 되기 위해 혁명을 원한다. 다른 계급은 자신들의 해방을 이룩하고 미래에 계급적 억압으로부터 영원한 자유를 보장받기 위해 혁명을 원하지만 그들은 새로운 압제자가 되기 위해 혁명을 원한다."[53]

이러한 '좌익주의'는 당시의 특징이기도 했다. 장제스의 쿠데타가 아직 두 달이나 남은 때였다. 중국공산당 지도자들은 거의 모두 마오쩌둥의 의견에 동의했다. 1925년 10월 중국공산당 집행위원회 확대회의는 농촌의 첨예한 '계급 투쟁'을 나아갈 방향으로 명확히 규정지었다.[54] 이는 중국 공산당사에서 처음으로 토지 문제에 대해 심각하게 논의하고 중앙집행위원회 안에 토지 문제에 관한 특별 부서를 설치하기로 결정한 회의였다.(하지만 특별 부서는 1926년 11월까지 설치되지 않았다.)[55]

1926년 2월 중순 마오쩌둥은 병가를 제출하고 선전부 부장 대리 직책을 선옌빙(沈雁冰, 본명은 선더훙(沈德鴻), 자는 옌빙(雁冰), 필명은 마오둔(茅盾)이다.)에게 넘긴 다음에 2주 동안 광둥 북부와 후난 남부의 농민 운동 조사를 지휘했다. 선옌빙은 후에 저명한 문학가로 문명을 날리게 된다. 조사 활동 이후 그는 국민당 제2군 군관학교의 학생들에게 농민 문제에 관한 강연을 했다.[56]

공산당원과 좌익을 제거하면서 장제스는 군벌을 진압하고 중국을 통일하기 위해 쑨중산이 구상하고 있던 군사 작전, 즉 북벌을 감행할 준비를 착실히 하고 있었다. 장제스와 다른 중국의 장군들과 사이가 좋았던 블류헤르는 이를 위해 막대한 원조를 제공했다.

3월 말 북벌에 대한 준비가 막바지로 치닫고 있을 때 마오쩌둥은 국민당 집행위원회 농민부에서 개최하는 회의에 참가했다. 당시 농민부는 공산당원인 린보취가 계속 맡고 있었다. 마오쩌둥은 국민혁명군의 출현이 수백만 농민들을 국민 혁명에 끌어들일 좋은 기회라는 것을 잘 알고 있었기 때문에 국민당 군대가 지나가게 될 지역, 예를 들어 장시, 허베이, 즈리, 산둥, 허난 등지에서 농민 운동 활동가들이 좀 더 관심을 가지고 전념할 수 있도록 하는 계획안을 제출했다.[57] 어떤 연유인지 그는 고향인 후난을 언급하지 않았는데, 아마도 광둥 인근에 있는 후난에서 농민 운동을 조직할 필요성에 대해서는 아무도 의심하지 않았기 때문인 것 같다.

7월 초 10만 명의 국민혁명군이 북쪽으로 움직이기 시작했다. 그리고 1924년 10월 쑨중산에 대해 지지를 천명한 펑위샹의 명령에 따라 북벌에 참가한 15만의 국민군은 객관적으로 볼 때 우군이 분명했다. 1926년 5월 펑위샹은 국민당에 가입했다. 하지만 당 동료들을 도울 수 없었다. 왜냐하면 북벌을 하기 3개월 반 전 북부 군벌의 손에 참패의 아픔을 당했기 때문이다. 세 개의 군벌 세력은 모두 장제스를 반대했다. 그들 가운데 가장 유력한 군벌은 1923년 2월 7일 한커우에서 파업 중인 노동자에게 발포를 명령한 우페이푸였다. 이 외에 중국 동부는 군벌 쑨촨팡(孫傳芳), 중국 북부와 동북부는 장쭤린(張作霖)이 차지하고 있었다. 우페이푸와 쑨촨팡의 군대는 각기 20만 명이었으며, 이에 비해 장제스 사령관은 35만 명을 동원할 수 있었다. 병력 면에서 분명 열세였지만 장제스는 운이 좋았다. 1926년 2월 우페이푸와 한패인 후난 성장 자오헝티의 군대에서 내분이 발발했기 때문이다. 당시 제4군 사령관 탕성즈(唐生智)는 폭동을 일으킨 후 부하들을 이끌고 광둥 정부에 투항했다. 그는 광둥 정부의 지원을 받아 자신을 창사에서 내쫓은 자오헝티를 공격했다. 1926년 3월 창사로 진격한 탕성즈는 스스로 후난 성장 자리에 올랐지만 그 즉시 방어망을 확고하게 만들 수는 없었다. 이에 우페이푸가 군대를 동원하여 진격하자 도시(창사)를 포기하고 물러났다.

이런 상황에서 장제스는 정확한 작전을 구사하고 있었다. 5월 19일 그는 국민혁명군 중에서 유일하게 공산당원이 이끌고 있는 연대 병력 2000명을 후난으로 진격하도록 했다. 연대는 탕성즈를 위기에서 구했다. 6월 초 탕성즈는 국민혁명군 제8군으로 재편성되었다. 이는 북벌 초기의 성공을 예감하는 것이었다. 북벌이 시작된 지 불과 이틀 만인 7월 11일 제4군과 제7군, 제8군 연합 부대가 창사를 재탈환했다. 8월 중순 탕성즈는 장제스와 회담하고 북벌군에 참가하기로 결정했다. 서부군의 목표는 우한, 동부군은 장시의 성회인 난창(南昌)

이었다. 장제스는 동부군을 이끌고, 탕성즈는 서부군을 이끌었다. 8월 17일 북벌이 재개되었다.[58]

국가 통일을 위한 대전이 시작되었으나 마오쩌둥은 계속 광저우에 남아 있었다. 그는 고향인 후난이 이미 국민혁명군에 의해 해방되었는데도 그곳에 갈 수 없었다. 할 일이 너무 많았기 때문이다. 그는 계속해서 농민 운동에 대해 강연해 달라는 요청을 여러 회합에서 받고 있었다. 모든 이가 농촌에서 대중 혁명의 봉기를 기대하고 있었다. 4개월 넘게 농민운동강습소를 운영하면서 그는 세 가지 학습 주제를 잡았다. 농민 문제(일주일에 23시간), 농촌의 교육 사업(9시간), 지리(4시간). 국민당 광둥 위원회 산하 농민위원회의 초청에 따라 그는 위원회가 군관을 위해 후원하는 강좌에서 토지 문제와 코민테른 역사, 소련에 대해 강의했다. 7월에는 일주일 동안 농민운동강습소 청강생들과 함께 후난과 경계 지역인 광둥 북부에서 농민들을 대상으로 선전 선동하느라 몹시 바빴다. 9월 초에는 황푸군관학교에서 간부 후보생들에게 강의를 했다. 동시에 그는 농민 문제에 관한 유인물을 편집하고 출간 준비를 서둘렀다.[59]

마오쩌둥은 자신의 급진적인 관점을 바꾸지 않았다. 사실상 지주의 아들들이 북벌 전쟁을 수행하고 있음에도 불구하고 그는 여전히 전 지주 계급의 타도를 주장하고 있었다. "농민 문제는 국민 혁명의 핵심적인 문제"라고 주장하면서 그는 이렇게 말했다.

만약 농민이 일어서지 않으면, 만약 그들이 국민 혁명에 참여하고 옹호하지 않으면 국민 혁명은 성공을 기약할 수 없다. ……경제적으로 낙후된 반식민지 사회에서 혁명의 가장 큰 적은 향촌의 봉건 종법 계급(지주 계급)이다. ……만약 농촌에서 농민들이 들고일어나 봉건 종법 지주 계급의 특권에 반대하고 투쟁하지 않는다면 군벌과 제국주의자들의 권력 종식은 불가능할 것이다.

마오쩌둥은 현재의 가장 중요한 임무는 "농민 운동을 신속하게 전개하는 것"이라고 결론지었다.[60] 이는 그가 청강생들에게 가르친 것이자 그 자신이 전

심전력한 일이기도 하다. 혁명에 앞서 허심탄회하게 밝힌 그의 전망은 전혀 어두워 보이지 않았다. 수백만의 억압받는 농민들은 천하를 무너뜨릴 준비를 하고 있는 것처럼 보였다.

13

통일 전선의 붕괴

1926년 가을 후난과 허베이에서 우페이푸 군대를 격파한 국민혁명군 서부 군이 양쯔 강(창장 강)에 도착했다. 9월 6일 한양, 9월 7일 한커우, 10월 10일 국경절에 우창을 연이어 함락했다. 이로써 통칭하여 우한이라고 부르는 세 도시가 국민혁명군의 수중으로 넘어왔다. 중국 중심부에 있는 가장 큰 도시로 전체 인구는 대략 50만 정도였다. 지리적으로 중국 중부 평원에 위치한 이곳은 중국 전역에서 가장 중요한 교통 중심지로서 사방으로 연결되는 교차점이기도 하다. 창장 강이 서쪽에서 동쪽으로 흐르고 베이징에서 한커우, 우창에서 창사로 이어지는 간선 도로가 여기에서 만나기 때문에 전략적으로도 대단히 중요했다. 우한은 19세기 말부터 외국인들에게 개방되었고, 한커우에 외국인 조계가 건설되었다. 이후 중국 중부에서 가장 상업적인 도시로 개발되었으며, 특히 한커우와 인근에 있는 한양에 산업 시설이 대거 들어서기 시작했다. 하지만 세 개의 도시 가운데 공적으로나 문화적으로 중심이 되는 곳은 역시 후베이의 성회인 우창이다.

국민당 군대는 우한 함락을 가장 위대한 승리 가운데 하나로 여겼다. 11월 초 국민당 중앙집행위원회 정치회의에서 국민정부의 중앙 당부를 광저우에서 우한으로 이전하기로 결정했다. 한 달 후 주로 좌익인 부장급(장관급) 인사들이 보로딘을 따라 새로운 곳으로 옮겨 왔다. 1927년 1월 1일 우한이 공식적인 국민당의 수도가 되었다.[1] 이제 반혁명 군벌에 대한 국민당의 전국적 승리가 임박했다.

11월 초 마오쩌둥은 광저우를 떠났다. 그러나 우한이 아니라 상하이로 갔다. 중국공산당 중앙집행위원회가 그에게 중앙당 기구에서 계속 일할 것을 요구했기 때문이다. 당시 중국공산당은 마오쩌둥에게 농민 운동을 위해 새롭게 조직한 위원회를 맡아 펑파이 등과 협력하라고 지시했다. 펑파이는 광둥에서 농민 운동가로 널리 알려진 인물이며 이미 공산당에 가입한 후였다. 농민 운동에서 탁월한 능력을 검증받은 여섯 명이 마오쩌둥 아래에서 함께 일하게 되었다.[2] 마오쩌둥은 그들 여섯 명, 특히 펑파이에 비해 농민 운동 경험이 상당히 부족했으나 그들의 경험과 배경을 공유했다. 그는 실제 사실을 이론적으로 개괄하는 능력, 자신의 사상을 산뜻하고 명확하게 설명하고 그것을 교묘하게 개념적인 형태로 만드는 재능, 선전 선동가로서 대단한 재질을 갖추고 있는 점에서 남들과 달랐다. 농민 문제에 관한 그의 견해는 극좌인 중국공산당 지도부의 의견과 일치했다. 예를 들어 1926년 9월 중국공산당 중앙국원인 취추바이는 "혁명의 가장 큰 적" "지주 봉건 종법 계급"에 대한 농민 투쟁은 마오쩌둥의 이론에 근거하라고 집행위원회 선전부에 권고했다. 취추바이는 보이틴스키와 마찬가지로 마오쩌둥을 농민문제위원회 서기로 임명하는 데 중요한 역할을 했다.[3]

보이틴스키는 1926년 6월부터 최근에 조직된 코민테른 집행위원회 원동국의 책임자로 상하이에 주재하고 있었다. 북벌이 본격적으로 진행되고 있는 상황에서 보이틴스키는 자신의 권한에 따라 중국공산당 중앙집행위원회가 농촌 문제에 관해 급진적인 정책을 집행하도록 이끌었다.[4] 이는 상당한 위험을 감수해야 하는 일이었다.

총서기 천두슈가 마오쩌둥의 임명에 반대했는지 여부는 알 수 없다. 아마도 그러지 않았을 것이다. '어르신네(老先生, 천두슈)'는 여전히 당내 지도부에서 큰 존경을 받고 있었기 때문에 마오쩌둥이 그의 승인 없이 그런 자리를 받았다는 것은 의심스러운 일이 아닐 수 없다. 누구보다 좌경 의식이 투철한 천두슈는 변함없이 임기응변의 술책에 뛰어났다. 그는 좌익 보이틴스키의 말을 경청하면서도 통일 전선을 위협하는 극단주의를 추구하는 스탈린이 더는 지지를 얻지 못할 것이라고 확신했다. 북벌이 시작되고 얼마 후 천두슈는 상하이에서 중앙집행위원회 회의를 별도 소집했다. 장궈타오의 말에 따르면, 그 회의에서 농민 운동에 관한 '무기력'한 의결안을 채택했다.[5] 농민들에게 단순히 조세나 금리 인하, 세금 부담 경감, 투기 금지 등을 위해 투쟁하라는 것이었다. 의결안은 농민 운동의 구호를 다음과 같이 제시하고 있다. "전체 농민이여, 궐기하여 탐관오리와 토호열신에 맞서, 군벌 정부의 가혹한 세금과 착취에 맞서 투쟁하라!"[6] 이것이 전부였다.

취추바이와 장궈타오, 탄핑산은 물론이고 다른 공산당원들은 불만이 가득했다. 천두슈의 아들로 당시 광둥 당 조직을 맡고 있던 천옌녠(陳延年)조차 당시 당 총서기에게 반대 입장을 표명했다. 그들은 "농민들의 조직적인 활동을 동기화할 수 있도록" "북벌의 성공적인 발전과 연계하여" "'농민들에게 땅을 나누어 주자'는 농민 혁명의 구호"를 제시해야 한다고 주장했다.[7] 하지만 중국에서 스탈린의 정책을 완전무결하게 시행하는 책임을 맡고 있던 총서기는 자신의 의지대로 할 수 있는 일이 없었다. 어쩌면 그가 마오쩌둥의 임명에 동의한 것은 암암리에 잘 알려진 농민 운동 '전문가'의 도움을 받아 코민테른을 우회하여 '좌익' 쪽을 도울 수 있기를 희망한 것일지도 모른다.

마오쩌둥이 이러한 책략에 나름의 감각을 지녔다는 것은 의심할 여지가 없다. 농민운동강습소 제6기 강습은 그가 상하이를 방문하기 두 달 전에 모두 끝났다. 그래서 가벼운 마음으로 새로운 임무를 맡을 수 있었다. 당시 그의 가족은 계속해서 광저우에 남아 있었다. 양카이후이는 임신한 지 5개월이 다 되었다. 그녀는 남편 마오쩌둥과 상의하여 모친과 아이들을 데리고 창사로 돌아가기로 결정했다.[8] 또다시 헤어지게 되었지만 양카이후이는 불평하지 않았다.

혁명이 남편인 마오쩌둥을 필요로 한다는 것을 잘 이해하고 있었기 때문이다.

당내 내분을 눈치챈 마오쩌둥은 상하이에서 오래 머물지 않았다. 집행위원회의 상황은 날로 긴박해지고 있었다. 당내 지도부도 지속적인 논쟁으로 의견이 갈린 상태였다. 게다가 중국공산당 지도부 내 급진파와 중도파의 세력 균형도 깨지고 말았다. 마오쩌둥이 상하이로 가는 동안에 보이틴스키는 모스크바로부터 지시를 받고 경악했다. 북벌의 결과를 염려한 스탈린이 국민당 '우익'에게조차 양보하는 훨씬 퇴보적인 전략으로 전환할 것을 지시했다. 스탈린은 중국 내에서 전개되는 군사 형세로 인해 공산당에 대해 비우호적인 국민당 내에서 점차 세력 균형이 이루어졌으며, 이것이 바로 공산당이 '반공주의'를 표방하는 이들을 제거할 수 없었던 이유라고 판단했다. 10월 26일 소련공산당 정치국은 코민테른이 지금까지 '우익'으로 간주했던 자산 계급과 봉건 지식인들에 대한 투쟁 전개를 금지하라고 지시했다. 그러나 스탈린은 물론이고 그 지지자들 역시 장제스의 당(국민당)을 적화하겠다는 희망을 접은 것은 아니었다. 그것은 단지 전술 변화의 문제이거나 그저 말뿐이었다. 실제로 10월 26일의 지시는 중국에 대한 새로운 정책을 의미했는데, 이는 바로 원동국이 이해하고 있는 방법이기도 했다.[9]

지시를 받은 후 마오쩌둥이 상하이에 도착한 11월 5일 저녁부터 그다음 날까지 원동국과 중국공산당 중앙집행위원회는 당시 진행되고 있는 상황에 대해 논의했다. 천두슈는 코민테른과의 게임에서 자신이 옳았다는 사실을 비통하게 언급했다. 그가 보이틴스키와 취추바이의 건의에 따른다면 그 즉시 속죄양이 될 것이 분명했다. 보이틴스키의 결단에 따라 "국민당이 혁명의 길로 좌회전하도록 압력을 넣되…… 조급하게 공황에 빠지거나 도망칠 수 없는 방식으로 해결하기"로 결정했다. 간단히 말해서 어떤 상황이든 농민 운동을 급진적으로 수행하기는 불가능하다는 것이었다. 결의안은 즉각 모스크바로 보내졌다. 그 주된 내용은 단지 대지주나 군벌, 토호열신으로부터 토지를 몰수하고, 차후에 국유지와 마찬가지로 농민들에게 분배한다는 것이다. 하지만 스탈린은 이처럼 완화된 결의안조차 거부하고 계속해서 반혁명 분자들에 대한 정

치적 토지 몰수를 의미 없는 희망으로 대체할 것을 주장했다.[10]

이것이 마오쩌둥이 상하이에서 마주친 현실이었다. 그는 자신의 주장을 포기할 의사가 없었지만 그렇다고 파란을 일으킬 생각도 없었다. 당시 권력의 정점에 오르지 않은 상태에서 그것은 무모한 짓이 아닐 수 없었다. 그는 곧 자신이 속한 부서에서 일상적인 회의에 참석하기 시작했다. 그리고 1926년 3월 하순에 발표했던 내용을 토대로 구체화한 '현 단계 농민 운동의 발전 계획'을 제안했다. 그 계획은 중국공산당이 '농민 운동을 전개하는 데 노력을 집중시킨다는 원칙"을 충실하게 채택한 것이었다. 다른 말로 하면 국민당뿐 아니라 국민당 군대가 싸우고 있는 곳, 특히 후난, 후베이, 장시, 허난 일대에서도 농민 조직을 우선적으로 고려해야 한다는 뜻이다. 또한 쓰촨을 포함하여 장시와 저장 성 등 앞으로 국민혁명군이 싸우게 될 곳에서도 농민 조직을 위해 '중요한 노력'이 이루어질 터였다.[11] 이는 혁명 대중의 영도권을 확보할 기회를 잃지 않겠다는 뜻이었다.

1926년 11월 15일 중국공산당 중앙국이 이러한 계획을 채택하자 마오쩌둥은 한커우 농민운동위원회를 대표하여 상하이에서 우한까지 배를 타고 11월 말까지 여행을 시작했다. 떠나기에 앞서 중앙당 기관지 《향도 주간》에 장쑤 성(江蘇省)과 저장의 농민 운동에 관한 글을 써 보냈다. 거기서 그는 지금은 지주 계급 전체가 아니라 토호열신을 상대로 투쟁해야 한다고 말했다.[12] 그는 열정적으로 행동했지만 코민테른은 그를 억제시키려고 했다. 혁명은 전국적으로 확산되고 국민당 군대가 연달아 대도시를 함락하면서 이제 승리가 바로 눈앞으로 다가왔다. 그의 풍부한 상상력은 아마도 농민 대중의 봉기와 "피를 쥐어짜는" 지주에 대한 혁명 재판, 제국주의 세력과 고리대금업자, 지주의 붕괴를 떠올리게 했을 것이다.

그러나 한커우에서 그는 기분이 호전되었다. 그곳은 광저우보다 훨씬 좌경화된 상태였다. "조용한 외국 조계지를 제외하고 오래된 도시 한커우는 혁명의 새로운 옷을 입고 있었다." 목격자들은 이렇게 말했다. "청천백일기(靑天白日旗), 즉 국민당 깃발이 도처에 펄럭이고 있었다. ……온갖 형태의 혁명 조직이 우후죽순처럼 늘어났으며, 연이어 지하에서 벗어나 공개적으로 활동하기 시작했다. ……심지어 상공업 자본가들조차 '세계 혁명 만세'를 외쳤다."[13]

보로딘도 곧 우한에 도착했다. 그는 조급해 보였다. 스탈린의 10월 지시는 그의 카드를 뒤죽박죽으로 만들고 말았다. 10월 초 그는 현재 국민당 '우익' 지도자인 장제스의 절대 권력을 억제하는 계획을 생각해 냈다. 3월 20일에 일어난 사건을 잊을 수 없었던 보로딘은 이미 오래전에 장제스에게 등을 돌린 상태였다. 10월 하순 보로딘은 국민당 중앙집행위원회와 주로 '좌익'으로 이루어진 성과 특별시 당위원회 대표자들이 함께 참석하는 연석회의를 소집했다. 물론 마오쩌둥도 참가했다. 회의는 국민당을 위한 새로운 계획을 채택했는데, 그중에는 소작료와 금리 인하(감조감식(減租減息))를 주 내용으로 하는 중국공산당의 농민 문제에 관한 온건한 요구 사항도 포함되었다. 아울러 당시 프랑스에 체류 중인 왕징웨이에게 귀환을 호소하는 내용도 담겨 있었다.

정확하게 장제스를 겨냥한 공격을 준비하면서 보로딘은 그것이 성공의 발판이 되기를 원했다. 보로딘은 모스크바의 훈령을 무시하고 우한에 도착하자마자 국민혁명군 서부군 사령관인 탕성즈를 만나 자신은 더 이상 장제스를 신뢰하지 않으며 오직 탕성즈만 믿는다고 말했다. "쑨 박사(쑨중산)의 유지를 충실하게 계승할 사람만이 중국에서 가장 위대한 인물이 될 수 있다." 그가 아첨을 떨자 탕성즈는 이렇게 대답했다. "나는 당신의 지시를 따를 만반의 준비가 되어 있습니다."[14] 보로딘은 장제스에 대한 투쟁에 사로잡혀 더는 스탈린의 10월 지시를 듣지 않았다.

동시에 보로딘은 우한에서 심각한 문제에 봉착했다. 군벌, 그중에서도 탕성즈의 부대가 국민당 군대에 편입되면서 전혀 자유주의의 보루가 될 수 없는 군관들이 점차 보수화되기 시작했기 때문이다. 탕성즈도 기본적으로 전혀 '좌익'을 옹호할 만한 인물이 아니었다. 그는 오직 혁명에 참가하여 중국공산당과 국민당 좌익의 도움을 받아 장제스를 몰아내고 자신이 총사령관이 될 욕심뿐이었다. 그래서 국민혁명군의 편성 변화는 실질적으로 국민당 내에서 급속도로 '우익' 영향의 확산을 촉진했다. 보로딘은 대항할 힘이 없었다. 장궈타오가 말한 것처럼 당시 도시의 상황은 "아름다운 황혼"으로 묘사될 만큼 최상이었다.[15] 좌파가 말하는 혼란은 실제 세력 균형과 아무런 관련이 없었다.

1926년 11월 장제스는 난창을 취한 후 북벌에 성공할 것이라고 크게 고무되어 보로딘과 직접 맞섰다. 이에 응대하기 위해 보로딘은 자신이 직접 나서서 12월 13일 이른바 당과 정부 조직의 '임시 연석회의'를 우한에서 소집하고 국민당이 통제하는 지역의 모든 세력을 망라한 척했다. 국민당 '좌익' 이외에 세명의 공산당원이 조직에 참가했다. "당의 권위를 제고시키자!" "왕(왕징웨이)과 장(장제스)의 합작을 요구한다!" "왕징웨이의 귀국을 환영한다!"라고 쓴 포스터가 도처에 나붙었다. 사실 왕징웨이는 아직 중국으로 돌아오지 않은 상태였지만 아무도 그것을 문제 삼지 않는 것 같았다. 초기에 도시 곳곳에 붙어 있던 "우리는 장제스 사령관을 지지한다!"라는 표어가 "우리는 중앙 정부의 영도를 지지한다!"로 바뀌었다.[16] 이제 우한의 좌익과 난창의 우익 사이에 결별은 돌이킬 수 없는 것이 되고 말았다.

보이틴스키와 보로딘을 포함한 중국공산당 중앙국원들은 12월 13일 저녁 끊임없이 변화하는 상황에 대해 논의했다. 마오쩌둥을 포함한 당 지도자들이 모두 참석했으며, 격렬한 논쟁이 오갔다. 천두슈는 10월 지시의 정신에 입각하여 '정치 보고'를 하면서 통일 전선 분열의 '지극히 심각한' 위험성에 대해 언급했다. 그는 "현재 국민당 대다수"의 정치적, 군사적 역량이 우익의 손에 장악되었다고 주장하면서 비록 "노동자 농민 운동을 진정시키는 것이 절실하게 필요하지만…… 공개적으로 반제국주의 운동을 막을 수는 없다."라고 말했다. 천두슈는 "현재의 우파를 구하기 위해" 모든 것을 해야 하며, 그들이 "인민과 함께 무장 세력을 조직"하도록 설득해야 한다고 말했다. 이런 면에서 그는 '좌경적' 착오를 범한 이들을 매섭게 비판하면서 도시와 농촌에서 계급 투쟁을 완화하고 국민당을 자극하는 급진적인 구호를 철회할 것을 요구했다. "우리는 점원과 노동자들에게 지나치게 과도한 요구를 할 수 없을 것이라고 설명해야만 한다." 그는 이렇게 말하면서 "당면한 감조감식 투쟁은 토지 문제를 풀기보다는 농민들에 대한 압력을 가중시킬 뿐"이라고 덧붙였다.[17]

마오쩌둥은 천두슈가 공산당원의 관점에서 볼 때 전혀 생각할 수 없는 내용을 보고한 것에 대해 실망감을 감추기 힘들었다. 그렇다면 그는 동료들에게 자신조차 믿을 수 없는 내용을 거의 강요하듯이 설득하는 천두슈가 혐오감을 느끼고 있다는 것을 알았을까? 하지만 조만간 중국에 있는 이들은 물론이고 모든 공산당원이 위선에 관한 단순한 예술을 배워야만 했다.

당시 마오쩌둥은 싸워 보지도 않고 투항할 마음의 준비가 되어 있지 않았다. 비록 천두슈가 그를 개인적으로 비난한 것은 아니지만 마오쩌둥은 격노했다. 천두슈의 제안은 또한 대중 동원의 필요성을 주창한 광둥과 후난에서 온 대표자들의 반대에 맞닥뜨렸다. 마오쩌둥이 그들을 변호했지만 그들의 주장은 참석한 대다수에 의해 무시되고 말았다.[18] 회의 말미에 채택된 '정치 보고에 관한 의결안(關於政治報告議決案)'은 통일 전선을 위협하는 두 가지 위험한 경향에 대해 다음과 같이 지적했다. "한편으로 민중 운동은 날로 '좌' 쪽을 향하고 있으며, 다른 한편으로 군사 정권의 민중 운동에 대한 탄압과 공포는 날로 '우' 쪽을 향하고 있다." 그렇기 때문에 중국공산당은 국민당 정부에 압력을 행사하여 "국민당 정부가 대내외적으로 계속해서 도시와 농촌에서 반봉건 세력과 투쟁하고, 도시와 농촌에서 민주주의 선전 활동을 확대하도록 촉구하고, 국민당 좌파 영수들이 정부와 당의 영도 지위를 얻을 수 있도록 도와 국민당의 군사 정권이 좌향하도록 추진하며, 적어도 더 이상 우향하지 못하도록 한다." 동시에 대중을 끌어들여 "그들이 약간이라도 우파에 기대도록 만들어야 한다."[19]

그렇다고 해서 현실이 바뀔 수는 없었다. 보이틴스키는 난창에서 장제스와 회담을 했지만 아무런 소득도 없었다. 한커우로 돌아온 그는 장궈타오에게 "지금 상황은 전혀 희망이 보이지 않는다."라고 말했다.[20] 1926년 12월 31일 광저우에서 '좌경화'한 우한으로 이주하기를 원치 않는 탄옌카이를 비롯한 국민 정부 수뇌부 보수파들이 난창의 장제스와 합류했다. '좌익'이 우한을 중국 국민당 정부의 새로운 수도로 선언했지만 국민당 내 우익은 날마다 더욱 강해지고 있었다. 1927년 1월 3일 장제스와 그 지지자들은 우한에 반대하는 권력의 핵심으로 임시중앙정치위원회를 설립하기로 결정했다. 2월 초 장제스는 모스크바에 보로딘을 소환하고 더불어 자신과 친한 사람(카를 라데크 또는 레프 카라한)으로 대체해 줄 것을 요청했다.[21]

얼마 후 마오쩌둥은 후난에서 열리는 제1차 농민대회에서 강연을 하기 위해 우한을 떠났다. 당 수뇌부의 결정에 크게 실망했기 때문에 여행은 오히려 시기적절했다. 12월 17일 창사에 도착하자 그를 위한 성대한 연회가 준비되어 있었다. 고향이기도 한 그곳에서 많은 이가 그를 기억하고 존경하며 가치를 인정해 주었다. 더구나 공산당원들이 국민당 지역 조직을 지배하고, 그들 대다수가 마오쩌둥을 지방 출신으로 대단히 성공한 사람으로 존경하고 있기 때문에 더욱 그러했다. 아무튼 마오쩌둥이 이미 국민당 중앙집행위원회 후보 위원이므로, 다시 말해 영도자의 반열에 올랐기 때문에 어쩌면 당연한 일이었다. 주로 중국 공산당원들로 이루어진 대회 조직위원회는 그에게 정중한 초청장을 보냈다. "마오 선생께서는 혁명을 위해 동분서주하면서 탁월한 성과를 이룩하셨습니다. 특히 농민 운동을 각별히 중시하고 계십니다. ……농민대표대회를 개막하면서 선생께서 샹(湘, 후난)으로 돌아오시어 모든 것을 지도 편달해 주시기 바랍니다."라고 하면서 "귀하는 농민 운동에 풍부한 경험을 가졌으니 우리는 하루라도 빨리 귀환하시기를 고대하고 있으며, 이곳에서 우리에게 많은 것을 영도해 주시리라는 희망을 마음 깊이 간직하고 있습니다."라는 내용의 전보를 보냈다.[22] 조직위원회는 그가 중국 국민당 중앙당부 요직을 맡았고 농민 운동에 풍부한 경험이 있다는 것을 잘 알고 있었다. 그렇기 때문에 하루라도 빨리 후난으로 돌아와 지도해 주기를 갈망했던 것이다.

사흘 후 마오쩌둥은 후난 제1차 노동자대표대회와 제1차 농민대표대회 연합대회에서 주요 연설을 했다. 300여 명의 관중이 임시 강연장인 현지 환등장(幻燈場, 극장)으로 강연을 듣기 위해 모여들었다. 그는 '중국 혁명의 지도자'로 소개되었다. 하지만 그의 연설은 대다수 극렬 좌파의 대표자들이 좋아하는 것에 비해 그다지 혁명적이지 않았다. 스탈린의 10월 지시와 중국공산당 중앙집행위원회의 12월 결의안 이후 그가 어찌 공식 석상에서 스탈린과 당의 지시를 무시하고 다른 이야기를 할 수 있었겠는가? 게다가 코민테른 집행위원회 원동국 대표가 대회 주석단으로 자리하고 있는 상황이었다.(그는 보리스 프라이어(Boris Freier, 중국명 부리츠(卜禮慈))였다.) 당시 마오쩌둥은 다음과 같은 이야기를 했다. "지주를 전복시킬 시기는 아직 도래하지 않았다. ……지금은 소작료와 금리를 인하하고 소작농의 임금을 올리기 위해 제국주의자들과 군벌, 지역의 토호열신을 타도할 때다. ……국민 혁명 기간에 우리는 토지를 몰수하지 않을 것이다." 그는 일찍이 그랬던 것처럼 자연스럽게 농민 투쟁의 중요성을 강조했다. "국민 혁명은 모든 계급의 연합 혁명이지만 중심 문제가 하나 있다. 국민 혁명의 중심 문제는 바로 농민 문제다. 모든 것은 농민 문제의 해결에 달려 있다. ……장차 농민 문제를 해결하게 된다면 나머지 노동자, 상인, 학생, 교직원 등의 문제도 해결될 수 있다."[23]

마오쩌둥의 연설에 소비에트 대표자는 만족을 표했다.[24] 하지만 후난 공산당원들은 분명 실망한 기색이 역력했을 것이다. 급진주의자로서 그들은 "인민의 힘으로 토지를 재분배해야 한다."라는 이야기를 듣고 싶었기 때문이다.

후난은 물론이고 허베이와 장시 역시 아직 농민들 스스로 봉기하여 지주에 대항하는 일은 벌어지지 않았다. 국민혁명군 대오가 진격하면서 얻은 결과는 농촌 지역에서 힘을 얻은 소작농의 자발적인 운동이 아니라 오히려 농촌 인구의 일부로서 오랜 옛날부터 사회의 가장 파괴적인 이들로 간주되었던 농촌 부랑 노동자*의 폐해였다.

중국 농촌 생활의 가장 특징적인 것 가운데 하나는 사회가 서구처럼 단순히 귀족과 농민으로 분할되는 것이 아니라 부유할뿐더러 그들 스스로 먹고살 수 있는 이들을 포함한 토지 소유자와 토지가 없는 농촌 부랑 노동자라는 적대적인 두 계층으로 구분된다는 점이다. 중국은 지나치게 많은 농촌 인구로 인해 모든 이를 충족시킬 만한 토지가 부족했다. 그렇기 때문에 소작농조차도 아무리 가난하다 할지라도 시골길을 정처 없이 떠도는 남루한 옷차림의 유민들보

---

* 농촌 무산 계급, 유맹(流氓), 즉 유민을 말한다. ― 옮긴이

다 상대적으로 행복감을 느끼기 마련이었다. 일반 농민과 아무런 재산이 없는 농촌의 부랑 노동자의 차이는 실로 엄청나다. 실제로 부농과 빈농의 경제적 소득은 대략 100배 정도 차이가 났다.

가장 중요한 이유는 중국에서 '농민'과 '지주' 같은 공식적인 계급 구분이 존재한 적이 없었다는 점이다. 농민들은 오직 그들이 재화를 생산함으로써 얻는 수입의 수준으로 구분되고, 대소 지주나 농민으로 범주화될 따름이다. 물론 그것이 지주 계급 내부에 아무런 모순도 존재하지 않는다는 의미는 아니다. 하지만 그러한 모순 역시 일반적으로 부랑 노동자들의 위험에 비해 상대적으로 심각하지 않다. 후자의 범죄와 폭력은 농민들에게 위협이 아닐 수 없으며, 이것이 토지가 없는 소작농조차 지주 쪽으로 기울게 되는 근본 원인이었다.

이러한 상황은 농촌 지역의 강력한 씨족 구분에 의해 악화된다. 농민들은 주로 전통적인 유대 관계로 인해 내부적으로 연결된 공동체 사회에서 살고 있다. 모든 사람들이 공동체 내부에서 가깝거나 멀거나 간에 서로 관련을 맺고 있으며, 때로 같은 성을 공유하기도 한다. 동일한 비밀 결사에 속해 있는 경우도 흔하다. 따라서 자연스럽게 씨족 내부에서 각기 위치나 수입이 다를 수밖에 없으며 공동체 내에도 대지주가 있는가 하면 가난한 소작농이 있게 된다. 이러한 환경으로 인해 일상생활에서 불협화음을 내는 경우가 그리 흔치 않다. 농민들의 혈연관계는 계급 의식보다 훨씬 강하다. 또한 씨족 공동체에서 부유한 집안 사람들은 같은 집안의 소작농을 심하게 착취하지 않았으며, 관례에 따라 비교적 유리한 조건으로 토지를 빌려주었다. 가난한 친척은 씨족에 속한 토지(문중 토지)를 유리한 조건으로 빌릴 권리를 누리는 경우도 있다. 그들은 무장한 민병대, 이른바 민단(民團)의 보호를 받았는데 민단은 주로 마을의 가장 높은 어른의 지원을 받았다.

이러한 자체 보호 장치는 특히 농민과 토비 간의 충돌이 발생할 때는 물론이고 씨족 간의 분쟁이 있을 때도 큰 역할을 했다. 실제로 이러한 충돌이나 분쟁은 빈번하게 발생했고, 특히 전통적으로 씨족 간의 빈부 격차가 비교적 큰 남중국이 더욱 그러했다. 비교적 빈궁한 씨족들은 주로 몇 세기 이전에 북쪽에서 남쪽으로 내려온 이들로 구성되었으며, 기존의 지역민과 문화적으로나 사회적으로 완전히 동화하지 못했다. 심지어 20세기에도 남방 사람들은 북방에서 내려온 사람들을 하카(Hakka), 즉 커자(客家)라고 부르며 멸시했다. 원래이 말은 새로 이주한 사람을 뜻하는데, 북쪽에서 이주한 사람들뿐 아니라 원주민 이외의 다른 거주자들에게도 똑같이 사용했다. 중국 전역에 대략 3000만 명이 넘는 커자인들이 있는데, 그들은 대부분이 서쪽으로 쓰촨, 동쪽으로 푸젠에 이르기까지 광대한 지역에 분산하여 살고 있다. 오만하고 고압적인 지역민들(본지인(本地人))은 이주자들에게 비옥한 토지에 접근할 기회를 주지 않았기 때문에 커자들은 어쩔 수 없이 경작하기 힘들거나 부적합한 구릉 지대에 주로 살아야만 했다. 결국 대대로 그들은 이주민들을 이용하려는 오래된 원주민들에게 토지를 빌릴 수밖에 없었다.

새로 이주한 이들 가운데 4분의 1 정도는 할 일이 없어 토비가 되거나 구걸로 연명했다. 커자인들은 대다수가 쌀밥조차 진미로 여길 만큼 빈곤에 허덕였다. 극심한 빈궁보다 더욱 괴로운 것은 매일매일 겪어야 하는 치욕과 멸시였다. 토착민들은 여러 가지 이유로 그들을 멸시했다. 그 가운데 하나는 사투리를 사용한다는 것이었고, 여인네들이 전족을 하지 않은 것도 하나의 이유였다. 무엇보다 큰 것은 커자인들이 이미 오래전에 자신들의 가원(家園)을 '내팽개쳤다'는 것이었다. "고향을 떠나면서 그들은 자신들의 조상을 저버렸다." 본지인들이 보기에 이것이야말로 가장 나쁘고 못된 일이 아닐 수 없었다. 이런 점에서 본다면, 끊임없는 억압에 시달려 온 씨족들이 때로 반란을 일으켜 목숨을 건 싸움을 마다하지 않고 때로 씨족의 멸망까지 이르게 한 이유를 능히 이해할 수 있을 것이다.*

대체적으로 농촌의 부랑 노동자(마오쩌둥은 이들을 적빈이라고 불렀다.)나 속인 집안의 사람들은 누구도 토지 재분배를 요구하지 않았다. 그들이 갈망하는

---

* 중국에서 하카(커자인)의 반란은 많지 않았다. 가장 유명한 것이 태평천국의 난(1851~1864년)이다. 이로 인해 거의 2000만 명이 목숨을 잃었다.

것은 한마디로 말해서 '권력'이었다. 그들은 자신들보다 형편이 조금 나은 이들조차도 모두 지배하고 굴욕감을 주며 아예 갈아서 먼지로 만들고 싶어 했다. 농촌의 부랑 노동자들은 생산 방식에 대해 전혀 관심이 없었으며, 좀 더 가난한 농민 공동체에서 살고 있는 이들은 자신들의 문제를 풀 수 있는 유일한 방법은 부자 집안 사람을 마지막 한 사람까지 모두 몰살시키는 것뿐이라고 확신했다. 서방과 달리 중국에는 귀족들의 장원 같은 광대한 토지가 없다. 모든 토지는 토지를 소유하고 있는 농민 자신이 직접 개간하거나 소작을 통해 개간하는 수밖에 없다. 이런 상황에서 똑같은 조건으로 모든 이에게 전면적인 토지 재분배를 실시한다는 것은 가족을 먹여 살리는 중요한 생계 수단인 농지를 여러 사람과 똑같이 나누어야 하는 소작인이나 가난한 농민들에게 적지 않은 위협이 아닐 수 없었다. 어쩌면 이로 인해 자신의 토지를 몰수당해 손해를 볼 수 있기 때문에 더욱 그러했다. 전면적인 토지 재분배에 관심을 갖는 유일한 이들은 극도로 가난한 빈농들이었다. 그들은 토비나 농촌 부랑 노동자들과 달리 아직까지 생산 노동에 대한 습관이나 감각을 잃지 않고 있었다. 하지만 대대수가 생활 면에서 종법 관념에 속박되어 있기 때문에 지주의 땅에서 일하기 위해 손 하나 까딱하지 않았다. 가장 좋은 상황, 아니 좀 더 정확하게 말해서 가장 나쁜 상황이 되면 그들은 부자들에게 재물과 식량을 약탈하는 농촌 부랑 노동자들에게 동질감을 느꼈다.

농촌 부랑 노동자나 빈민들로 인한 위험 때문에 씨족 간의 모순이 자연스럽게 완화되었지만 그렇다고 완전히 사라진 것은 아니었다. 중국에서 생활이 끊임없는 씨족 간의 전쟁으로 빠져들지 않은 것은 농촌의 부랑 노동자들 때문만이 아니라 모든 농민이 정부라는 또 하나의 공동의 적을 가지고 있었기 때문이다. 농촌의 경우, 지주든 소작인이든 간에 누구를 막론하고 정부의 과다한 세금과 부패 관리, 군벌로 인해 고통을 받았다. 납세의 부담이 가중되면 세금을 내야 하는 지주들은 소작료를 인상하기 일쑤였으며, 무력을 가진 군벌은 말그대로 백성들을 강탈했다. 세금은 단순히 토지세만 있는 것이 아니었다. 관개(灌漑)를 위한 세금도 내야 하고, 자연재해가 발생하면 이에 따른 세금도 만만치 않았다. 이렇듯 수십 가지 세금이 징수되었고, 때로 몇 년치를 앞당겨 한꺼번에 내는 경우도 있었다.* 또한 농민들은 관리들에게 뇌물을 강요받았고, 값비싼 음식을 제공하거나 다른 일을 떠맡기도 했다. 유일하게 이러한 압박과 고통에서 자유로운 이들은 가문이나 또는 다른 이유로 관리 혹은 군인들의 보호를 향유하는 마을 토호나 유지 계층이었다.[25]

확실히 문제는 복합적이고 쉽게 풀 수 있는 것이 아니었다. 중국 농촌에서 공산당원의 실질적인 협력자는 농촌 부랑 노동자들이었다. 마오쩌둥은 이미 오래전부터 이를 알고 있었다. 그래서 1926년 1월 농민 조합에 그들을 가입시킬 것을 요구했다. 하지만 그는 조합 규칙상 유민이나 직업이 명확하지 않은 이의 가입이 금지되어 있다는 사실을 알고 있었을 것이다. 농민들은 농촌 유민들이 조직에 들어오는 것을 원치 않았기 때문에 그들과 타협해야 하는 국민당조차 '토비'의 조합 가입을 제한하는 특별 결의안을 채택했다. 농촌의 부랑 노동자들도 조합원들이 도박을 하지 않겠다고 맹세한 이래로 농민 조합에 들어가겠다고 시끄럽게 떠들어 대지 않았다.[26] 이처럼 사회에서 소외된 이들 이외에도 중국공산당은 커자인의 지원을 무조건 신뢰했다. 이는 부유한 집단에 속한 가장 가난한 농민 일부에 대한 동정심에 의존한 것일 수 있다. 다만 동정심은 특별히 숙련된 선전 기술 같은 것이 필요했다. 그렇기 때문에 중국공산당은 혁명의 주도권을 차지하기 위해 싸우면서 과연 빈민이나 농촌의 부랑 노동자, 가난한 씨족(예를 들어 커자인)을 중심으로 나머지 농민들과 대항할 것인가 아니면 농민의 재산과 지주의 특권을 방어하기 위해 군벌과 싸우는 국민당에 동조할 것인가 하는 중대한 갈림길에 직면했다.

바로 이런 점에서 스탈린의 10월 지시에 앞서 향후 공산당의 전정(專政)을 희망하는 후난을 포함한 지역 공산당원들이 의식적으로 농촌 지역에서 골육상잔의 참혹한 전쟁의 불꽃을 점화한 것도 이해할 수 있다. 마오쩌둥도 대량

---

* 예를 들어 후난의 경우 스물세 가지 부가 세금이 있었으며, 이웃하고 있는 허베이는 예순한 가지였다. 장시의 동쪽에 있는 성에서는 147가지가 넘었다.

학살을 사주하는 데 기여한 바가 있다. 마오쩌둥은 빈민이나 농촌 부랑 노동자들이 통일 전선에 문제를 야기할 것이며, 이는 '우익'인 국민혁명군 관리들만큼이나 심각할 것이라는 주장에 동의하지 않았다.

후난의 경우 북벌 초기 농민들은 수동적이었으며, 국민혁명군에 대해 진정으로 지지를 보낸 적이 거의 없었다. 그러나 새로운 정부가 성립되자 대중 운동이 거의 두 배나 성장했고, 이는 공산당원들을 크게 고무시켰다.(1926년 말까지 대략 110명의 공산당 조직가들이 후난 농촌에서 활동하고 있었는데, 그 가운데 국민당에서 온 사람은 스무 명에 불과했다. 게다가 조직가 중에는 공산주의청년단 출신도 상당히 많았다.)[27] 또한 공산당원들의 호소와 구호는 주변 사람들을 흥분시키기에 충분했으며, 공산당원들이 직접 갈 수 없는 곳에서조차 자발적인 운동이 급증하는 효과를 낳았다. 농촌 부랑 노동자들의 농민 협회 가입을 금지하는 모든 금령이 철폐되었다. 그 결과 수많은 농민 협회가 일반 지역 주민들에게 공포를 자아내는 단체인 홍창회나 가로회와 같은 토비 중심의 비밀 결사에 의해 장악되었다.[28] 가난한 씨족 출신을 포함한 마을 전체 구성원들이 집단으로 가입했다.

"농민의 계급 조직"은 우후죽순처럼 쑥쑥 성장을 거듭했다. 1926년 7월 후난의 각종 농민 조직에 가담한 이가 거의 40만에 이르렀으며, 12월에는 130만 명을 돌파했다.[29] 이런 상황을 틈타 폭도들이 부자들의 집을 약탈하고 방화하기 시작했고, 공산당원들은 이를 기쁘게 여겼다. 농촌에서 계급 투쟁이 시작된 것이다! 공산당원이 통제하는 농민 협회의 한 회원은 "후난에서 일자리를 잃은 농민들이 가장 용감하며 가장 영웅적으로 선봉에 섰다."라고 말했다. "그들은 (토호열신에게) 고깔을 씌워 온 마을을 끌고 다녔으며, 벌금과 기부금을 받아 내고, 두들겨 패고, 청산(淸算)* 등의 방식으로 자신들을 억압하던 계급을 맹렬하게 공격했다. ……현재 봉건 계급은 거의 공황 상태에 빠졌다."[30] 비슷

---

* 토호열신이 착복한 공금을 받아 내거나 그들의 죄상을 폭로하여 정치적, 사회적 지위를 없애는 것을 말한다. — 옮긴이

한 '혁명적' 고조 분위기가 국민혁명군이 점령하고 있는 다른 성에서도 관찰되었다. 토비의 폭거는 대규모로 이루어졌다. 빈부 격차가 큰 집안 사이에 끔찍한 충돌이 이어졌으며, 어떤 곳은 마을 전 주민이 도살되기도 했다.

1926년 12월 이러한 사태가 잦아들기 시작했다. 무엇보다 코민테른의 정책이 바뀌었기 때문이다. 하지만 과연 누가 피에 굶주린 '혁명 전사'들에게 그들이 적으로 간주했던 이들이 사실은 아군이라고 말해 줄 수 있겠는가? 또한 누가 이것이 새로운 당의 정책이라고 설명할 수 있겠는가? 마오쩌둥은 확실히 여기에 참가할 뜻이 없었다. 하지만 그러기 위해서는 당 지도부, 만약 가능하다면 스탈린과 논쟁을 해서라도 우익에 맞서지 말고 물러서라는 정책이 착오라는 점을 설득할 수 있어야만 했다. 그는 자신의 급진적 관점을 확인할 수 있는 증거 자료를 수집하기 위해 후난의 몇몇 지역을 조사하기로 마음먹었다. 몇 년 후 유사한 상황에 직면해서 그는 이렇게 말할 것이다. "조사를 하지 않았다면 말할 자격이 없다." 이는 '이론가'들도 자신의 사무실이나 연구실에서 시간을 덜 보낼수록 이익이라는 뜻임에 틀림없다.[31]

마오쩌둥은 1927년 1월 4일부터 2월 5일까지 후난 다섯 군데 지역(샹탄, 샹샹, 형산(衡山), 리링(醴陵), 창사 등 다섯 개 현)을 조사하면서 대중 운동 발전에 필요한 대량의 자료를 수집했다. 그의 말에 따르면, 직접 만나 이야기를 나눈 농민들은 주로 '경험이 많은 농민'과 '농민 운동 동료'들이었다. 그 결과물이 바로 창사에서 쓰기 시작한 「후난 농민 운동 시찰 보고(湖南農民運動考察報告)」다. 양카이후이가 자료를 정리하는 데 도움을 주었으나 그렇다고 그 공헌을 지나치게 과대평가하기는 어렵다. 아이들은 마오쩌둥과 양카이후이가 12월에 고용한 간호사가 돌보았다.

마오쩌둥은 창사 중심에서 멀지 않은 왕루이완(望麓園)이란 오래된 지역에 살고 있었다. 작은 목조 건물은 샹장 강 건너편에 우뚝 솟은 웅장한 웨루 산이 보이는 언덕에 서 있었다. 시인이라면 누구나 사랑과 축복의 시를 쓰고 싶을 것만 같은 풍광이었다. 마오쩌둥은 시적 감수성을 느낄 겨를이 없었다. 불행한 일반 대중의 농민 혁명을 수호하기 위해 써 내려간 그의 붓끝에는 분노만 가득했다.

"나는 지금껏 들어 보지 못한 신기한 일을 보고 들었다." 그는 시찰 보고서 첫머리에서 이렇게 말했다. 그리고 자신의 주제에 대해 다음과 같이 말했다.

농민 운동을 반대하는 모든 비판(견해)은 신속하게 바로잡아야 한다. 농민 운동에 관해 혁명 당국이 채택하고 있는 각종 그릇된 조치 역시 하루빨리 고치지 않으면 안 된다. ……단시일 내에 수억 명의 농민이 중국의 중부, 남부, 북부의 여러 성에서 일어날 것이다. 그 기세는 폭풍취우(暴風驟雨)와 마찬가지로 심히 급격하고 맹렬하여 어떤 힘으로도 억누를 수 없을 것이다. 그들은 자신들을 얽어매는 모든 속박의 그물을 끊어 버리고 해방의 길로 달려 나갈 것이다. ……모든 혁명 당파와 혁명 동지들은 그들 앞에서 검열을 받아 취할지 버릴지가 결정될 것이다. 그들 앞에 서서 그들을 영도할 것인가? 아니면 그들 뒤꽁무니에 서서 손가락질하며 그들을 비난할 것인가? 그도 아니라면 그들에게 맞서 반대할 것인가? 모든 중국인은 세 가지 가운데 선택할 자유가 있지만 지금의 시국은 어느 쪽이든 신속하게 선택하기를 강요한다.

그렇다면 마오쩌둥은 어떤 '농민'에 대해 이야기하고 있는가? 그가 영도하고자 하는 이들은 누구인가?

요컨대 이전까지만 해도 신사(紳士, 지방 유지·토호)들로부터 멸시받던 모든이와 신사들에 의해 구렁텅이에 처박혀 사회에서 아무런 지위도 없고 발언권도없는 이들이 지금은 당당하게 고개를 들고 다닌다. 고개를 들고 다닐뿐더러 권력까지 장악하고 있다. 그들은 향(鄕) 농민 협회(농민 협회 가운데 가장 낮은 조직)에서 왕 노릇을 하며, 향 농민 협회는 그들 손에서 아주 흉악한 것이 되었다. 그들은 거칠고 거무튀튀한 손으로 신사들의 머리를 짓누르고 있으며, 열신(劣紳, 악덕 유지)을 새끼줄로 꽁꽁 묶고 높은 고깔을 씌운 상태에서 온 마을로 끌고 다닌다.(샹탄이나 샹샹에서는 이를 유단(游團)이라 부르고, 리링에서는 유롱(游籠)이라 부른다.)

사정없이 꾸짖는 거친 목소리는 매일같이 지주들의 귀청까지 파고들었다. 그들은 호령을 하고 모든 것을 지휘하면서 모든 이의 위에 서게 되었다. 그들은 이전까지만 해도 모든 이의 아래에 서 있었기 때문에 이를 반상(反常), 즉 세상이 뒤바뀌었다고 하는 것이다.

부농은 '빈농'을 불한당(痞子)으로 낙인찍었다. 결국 농민 협회로 흘러들어 간 빈농들은 그리 부유하지 않은 마을 사람(중농)들조차 못살게 굴었다. 빈농들은 다양한 구실을 들어 중농이나 부농들이 농민 협회에 참가하지 못하도록 했다. 마오쩌둥도 이렇게 이야기하고 있다. "그들은 이런 말을 했다. '만약 땅이 있다면 나도 토호가 되었을 것이다. 모든 신사는 악마다.' 어떤 곳에서는 대략 50무의 경지를 지닌 이들조차 토호로 지목되었으며, 장포를 입은 이들은 열신으로 간주되었다." 거의 무법 상태에서 빈농의 무리는 토호열신에게 벌금을 부과하고 악덕 지주들에게 배상금이나 기부금을 강요했을 뿐 아니라 가마꾼들을 착취한다는 이유로 가마를 사용하는 이들을 구타하고 가마를 부수었다.(부농이나 지주들은 여행을 하거나 이동할 때 주로 가마를 타고 다녔다.) 빈농들은 또 상대적으로 부유한 사람들(토호열신)의 집으로 몰려가 시위를 하고, 그 집 돼지를 잡아먹거나 곡식을 내놓게 했다. 심지어 "그들은 토호열신의 어린 딸과 아내의 화려한 침상에 뛰어 올라가 뒹굴기도 했다." 그들 무리는 부자들을 죽이고도 눈 하나 까딱하지 않았다. 적빈을 포함한 빈농이 대거 들어가 있는 농민 협회 사람들은 부자들을 조롱하고, 사당 같은 신성한 장소를 훼손시키기도 했다. 마오쩌둥의 말에 따르면, "형산의 바이궈(白果) 지역 여자들은 떼를 지어 사당으로 몰려가 주저앉아서 술과 음식을 먹었는데, 문중 어른들도 그 행태를 지켜보는 수밖에 없었다. 어느 지방에서는 사당에 들어가 술 마시는 것을 금지시키자 빈농들이 무리를 지어 몰려와 마음껏 먹고 마셔 댔다. 그러자 장포를 입은 점잖은 토호열신들이 그만 겁을 먹어 줄행랑을 놓고 말았다."
마오쩌둥의 결론은 다음과 같다.

수천 년 동안 지속되었던 봉건 지주의 특권은 산산조각이 났으며, 그들의 체면과 위풍은 모조리 사라지고 말았다. 지주의 권력이 붕괴되자 농회(農會, 농민 협회)가 유일한 권력 기관이 되었으니, 이는 진정으로 "모든 권력은 농민 협회로 귀속시킨다."라는 목표를 달성한 것이다. 심지어 부부 싸움 같은 사소한 일까지도 농민 협회로 몰려가 해결했다. 어떤 일이든 농민 협회 사람이 참여하지 않으면 해결되지 않았다. 농민 협회는 향촌에서 모든 일을 처리하고 있으니 진실로 "말을 꺼냈다면 마땅히 실천에 옮겨야 한다."라는 말처럼 모두 독자적으로 해결하고 있는 것이다. ……만약 우리가 민주주의 혁명 완수를 10으로 본다면 도시 사람들과 군대의 성과는 그 가운데 3 정도이고, 나머지 7은 마땅히 농촌의 농민 혁명이 거둔 성과로 돌려야 한다.*

7년 전만 해도 폭력과 피비린내 나는 혁명은 아무런 효과가 없다고 주장하면서 자유주의를 신봉하던 열정적인 젊은이가 지독한 증오와 원한을 자신의 글에 쏟아붓는 모습을 보면 정말로 등골이 오싹할 정도다.

혁명은 손님을 대접하는 일도 아니고 글을 쓰는 일도 아니며, 그림을 그리거나 자수를 놓는 것과 다르다. ……혁명은 폭동이며 한 계급이 다른 계급을 전복시키는 폭력적인 행동이다. ……반드시 신사(紳士)의 권력을 타도하고, 그들을 땅에 쓰러뜨리고, 심지어 발로 밟아야 한다. ……솔직히 말해 모든 농촌에서 당분간 공포 현상을 조성할 필요가 있다. 그렇지 않으면 농촌에서 반혁명파의 활동을 도저히 진압할 수 없으며, 신사의 권력을 절대로 타도할 수 없다. 잘못을 고치려면 지나치지 않을 수 없고, 지나치지 않으면 잘못을 고칠 수 없다.[32]**

보고서가 거의 끝나가자 마오쩌둥은 우한으로 돌아갈 채비를 했다. 창사

---

* 마지막 문장은 「후난 농민 운동 시찰 보고」에 나오지 않는다. 저자의 착오이거나 아니면 별도의 판본을 사용한 것으로 보인다. — 옮긴이

** 「후난 농민 운동 시찰 보고」. — 옮긴이

를 떠나면서 그는 알 수 없는 미래를 향해 분주하게 움직였다. 그는 다시 한 번 "흐름을 거슬러 올라갈" 생각이었으며, 뒤로 물러나기를 원치 않았다. 이제 자신의 역류를 도와줄 사람들, 절망 속에서 분노를 키운 사람들과 함께하기로 마음먹은 것이다.

마오쩌둥은 2월 12일 우한으로 돌아왔다. 나흘이 지난 후 그는 중국공산당 중앙집행위원회에 보고서 초안을 보냈다. "봉건 지주 계급에 대한 농민들의 모든 행동은 적절하다. 비록 일부 과도한 점이 있기는 하지만 여전히 적절하다."[33] 초안을 발표하고 그는 다시 돌아와 보고서를 완성하는 데 주력했다. 얼마 후 양카이후이가 아이들과 간호사를 데리고 도착했다. 그들은 우창의 보다 넓은 집으로 이사했다. 한동안 당 동료들도 그곳에서 함께 생활했다.[34]

2월 말 원고를 마감한 마오쩌둥은 당 지도부에 보고서(「후난 농민 운동 시찰 보고」)를 보냈다. 전혀 예상치 못한 일이 발생했다. 급진적이고 과격한 그의 보고서를 본 중국공산당 중앙국원들 대다수가 크게 찬사를 보냈을뿐더러 모스크바에서도 열렬한 환대를 받았기 때문이다. 1927년 3월 보고서의 1장과 2장(보고서는 전체 3장으로 되어 있다.)이 당 기관지 《향도 주간》에 실렸으며, 전문이 후난 성 창사의 공산당 주보인 《전사(戰士)》(제35·36호 합본)에 실렸다. 보고서 발췌문이 좌익 계열 국민당 신문에 게재되고, 4월에는 한커우의 출판사에서 그의 보고서에 취추바이의 서문을 넣어 소책자로 발간했다. 1927년 5월과 6월에는 보고서의 1장과 2장이 러시아어와 영어로 번역되어 코민테른 정치 기관지인 《코민테른(Kommunisticheskii Internatsional: Communist International)》에 게재되었으며, 같은 내용이 소비에트아시아연구협회 기관지인 《동방혁명(Revoliutsionnyi Vostok)》에 전재되었다. 마침내 1927년 5월 스탈린의 가장 가까운 동지이자 크렘린의 실질적인 이인자인 부하린이 코민테른 집행위원회 제8차 회의에서 마오쩌둥의 보고서에 대해 긍정적인 평가를 내렸다.

이러한 반응에 대한 대략적인 설명이 필요할 것이다. 마오쩌둥이 후난 여러 지역을 돌아다니고 있을 때 모스크바는 탕성즈와 장제스의 권력 투쟁이 격화되고 있음을 고려하여 전략상 후퇴를 중지하기로 결정했다. 중국공산당은 농촌에서 계급 투쟁이 첨예화하는 가능성에 대해 두려워하지 말라는 훈령을 받았다. 스탈린은 코민테른 집행위원회 제7차 확대회의(1926년 11월 22일~12월 16일)에서 중국 상황에 대한 보다 적극적인 결의안을 채택하도록 압력을 넣었다. 비록 문건에는 당면한 농민 혁명에 관해 구체적으로 언급하고 있지 않지만 "국민 혁명 운동 문제에서 중요한 위치"에 대한 의문이 제기되었다. 또한 반제 국주의 통일 전선의 약화를 우려할 필요 없다는 점을 강조하고 있기도 하다.[35] 중국에 대한 구체적인 지시에서 구현되고 있는 새로운 전술이 1926년 12월 17일 보로딘에게 전달되었다.[36] 또한 정확하게 2개월 후 스탈린은 국민당 내부에서 공세를 취하기 시작했다. 1927년 2월 19일 중국공산당의 지도 아래 일어난 상하이 노동자 총파업은 그의 손에서 촉발된 것이었다. 사흘 만에 파업은 군벌 쑨촨팡에 대항하는 무장 폭동으로 발전했다. 비록 이틀 만에 진압되기는 했지만 나라 전역에 전체적인 상황이 급격하게 격화되고 있는 것처럼 보이기에 충분했다.

그해 2월 소련공산당 정치국은 국민당 내 좌익 대표자인 왕징웨이의 귀국을 서둘렀다. 국민당 안에서 좌익 세력을 강화시키기 위함이었다. 왕징웨이는 귀국길에 모스크바를 들러 그곳 관리들과 중국 문제에 대해 논의했다.[37] 새로운 전술은 아래와 같다.

> 적극적으로 농민, 소자산 계급, 노동자를 좌파 국민당의 토대로 삼아야 한다. ……국민당 우익을 제거하기 위해 그들을 정치적으로 불신임하고 체계적으로 그들을 지도부에서 축출한다. ……군대에서 중요한 위치를 차지하기 위해…… 군대에서 국민당과 공산당 조직 사업을 강화한다. ……노동자와 농민을 무장시키고, '지역농민위원회를 실질적인 권력 기관이자 무장 자위대로 전환시킨다.' ……자발적인 반(半)합법적 정책은 수용할 수 없다. '공산당은 대중 운동의 걸림돌이 되어서는 안 된다.' ……그렇지 않으면 혁명은 심각한 위험에 처할 것이다.[38]

간단히 말해 마오쩌둥은 운이 좋았다. 그의 보고서는 모스크바의 새로운 결의안에 부합하는 것이었다. 하지만 축하하기에는 시기가 아직 일렀다. 우한의 정치 상황이 안정되지 않았으며, 과격한 농민 운동이 정상화에 도움이 되지 않았기 때문이다. 1927년 봄 농민 운동은 수습이 불가할 정도가 되었다. 중국 공산당 중앙집행위원회에서 마오쩌둥의 보고서에 회의적인 일부 위원들 가운데 한 사람인 장궈타오의 말에 따르면, 농민 운동은 "광기 상태에 이르렀다." 주요 도시에서 벌어지는 이른바 노동자 규찰대의 행동도 역시 극단적이었다. 떼를 지어 조직에 들어온 불한당들은 국민당 유력자와 공산당원의 친척까지 공격하기 일쑤였다. 창사에서는 탄옌카이의 사위가 체포되어 벌금을 내야만 했는데, 그는 1927년 2월 이후로 장제스와 거리를 두고 우한의 '좌파'로 넘어온 상태였다. 국민당 좌파의 보루로 간주되고 있던 탕성즈 사령관의 부친까지 타도 대상이 되었다.* 1927년 2월 창사를 방문한 탕성즈가 일본 영사와 비공식 담화에서 다음과 같이 짜증 섞인 발언을 한 것도 놀랄 일은 아니다. "비록 지금 성 정부가 일시적으로 공산당원의 손에 넘어가기는 했지만 그들이나 그들이 야기하는 갈등은 곧 처리되고 과도한 행위도 억제될 것입니다. 결국 그들 정권은 곧 끝나고 새로운 정부가 들어서겠지요."[39]

국민당 중앙집행위원회 제3차 대표대회가 1927년 3월 10일부터 17일까지 우한에서 개최되면서 기름에 불을 끼얹는 꼴이 되고 말았다. '좌익'과 공산당원의 압력을 받은 대회 대표자들은 장제스 사령관을 당 중앙집행위원회 상무위원회 주석을 포함한 모든 직책에서 쫓아냈다. 아울러 국민정부 내각을 개편하고 공산당원에게 두 개의 자리를 제공하기로 결정했다. 중앙집행위원회 후보 위원 다섯 명과 마찬가지로 투표권을 부여받은 마오쩌둥은 적극적으로 대회 회의에 참가하여 여러 차례 발언을 했다. 그와 두 명의 국민당 '좌익'이 농민 문제에 관한 결의안과 호소문의 초안 작성을 도왔다. 그는 특히 직접적으로 농민들에게 농민 혁명을 요구하는 급진적인 내용을 담은 후자의 문건 작성을

---

* 당시 우한에서 떠돈 유언비어에 따르면, 후난의 리링에서 농민 협회가 농촌 교사인 리리싼의 부친을 토호열신이라는 죄목으로 처형했다. 그러나 다행스럽게도 이는 거짓말로 판명되었다.

책임졌다. 간략하게 말하면, 농민 운동의 보다 발전된 형태는 "군벌과 제국주의자, 토호열신"에 대항하는 것일 뿐 아니라 전체 "봉건 지주 계급"의 특권에 대항하는 것이라는 내용이었다.[40]

장제스는 대회에 참석조차 하지 못한 채 대회의 결정에 대해 지지를 선언하라는 강요를 받았다. 하지만 당시 그는 '우한의 강도'들에게 결정적인 타격을 입힐 순간만을 기다리고 있었다. 마찬가지로 우한의 공산당원들 역시 장제스를 처리할 적절한 시기를 기다리는 중이었다. 대표대회가 끝나자마자 그들은 창장 강 우안에서 국민혁명군을 지휘하고 있는 청치엔(程潛) 장군에게 기회를 엿보아 장제스를 체포하라는 지령을 보냈다.[41] 이렇게 해서 대표대회는 당내 대립만 격화된 상태로 끝이 나고 말았다.

그런데 갑자기 3월 21일 상하이에서 새로운 대중 봉기가 폭발했다. 지역 군벌 쑨촨팡을 성공적으로 몰아내고 얼마 되지 않은 때였다. 3월 22일 저녁 국민혁명군이 이미 노동자들에 의해 해방된 상하이로 들어왔다. 국민혁명군은 다음 날 난징까지 차지했다. 너무 급작스럽게 이루어진 일이었기 때문에 우한에 있는 이들조차 잠시 국민당의 승리가 임박했다고 생각했다. 4월 1일 왕징웨이가 유럽에서 자유를 되찾은 상하이로 돌아와 많은 이들에게 열렬하게 환대를 받았다. 4월 10일 그는 우한에 도착했다.

다른 사람들과 마찬가지로 마오쩌둥 역시 국민당 군대의 성공을 기뻐했다. 하지만 여전히 농촌 문제에 집중하고 있었다. 3월 초 중앙농민운동강습소가 우창에 설립되면서 국민당 집행위원회는 그를 책임자로 임명했다. 그는 교안 준비와 강사 초빙, 재무 처리로 인해 바빴으며, 자신이 좋아하는 과목인 '농촌의 교육 사업'과 '농민 문제'를 가르쳤다. 그는 광저우에 있을 때보다 세 배나 많은 800여 명 학생들의 일상생활을 책임지고 있었다.[42] 이 외에도 계속해서 중국공산당의 농민운동위원회에서 일하면서 강연하고 국민혁명군 총정치국을 포함한 여러 조직에 보고서를 제출했다. 3월 말 마오쩌둥은 새로 성립한 중국농민협회의 영도자 가운데 한 명으로 임명되었으며, 한커우에서 열리는 전국농민대표대회 소집을 위한 준비 모임에서 조직부를 맡았다. 중국농민협회

는 농민 조합과 더불어 전국 열일곱 개 성의 농민 운동을 관할했다.[43]

회의에서 마오쩌둥은 장시의 농민 운동 조직가인 펑파이와 팡즈민(方志敏), 그리고 "두 명의 러시아 공산당원 요크(York)와 보렌(Volen)"*이 보는 앞에서 "광범위한 토지 재분배"에 대해 역설했다. 분명 아무도 그의 극단적인 계획에 대해 반대하지 않았다. 당원들은 그가 제안한 안건에 동의하고 중국공산당 중앙집행위원회에 통지했다. 회의 참석자들은 이 문제를 임박한 제5차 대표대회에서 논의해 줄 것을 요청했다.[44] 4월 2일 마오쩌둥은 국민당 토지위원회 위원 자격으로 중앙집행위원회 상임위원회 회의에 참석하여 "농민들에 대한 토지 분배"를 시행하는 방법에 대해 발언했다. 모든 것이 그가 요구하는 대로 진전되는 것 같았다.

마오쩌둥 집안에 새 식구가 생겼다. 1927년 4월 4일 셋째 아들이 태어났기 때문이다. 마오쩌둥은 이름을 안민(安民)이라고 지었다가 나중에 안룽(安龍)으로 바꾸었다. '룽'은 그에게 농민 운동을 의미했는데, 중국 민간에서 전래되는 이야기처럼 강력한 힘을 지닌 영웅이 되어 천지를 뒤흔들라는 뜻이었다.

얼마 후 충격적인 소식이 우한에 전해졌다. 난징 외국인 거주지(조계)를 공격하여 영국 영사를 포함한 몇 명이 부상을 입었다는 이유로 영국과 미국의 함대가 3월 24일 국민혁명군이 점령하고 있는 난징에 포격을 가했다는 것이다. 곧이어 상하이에 도착한 장제스는 1926년 3월 20일 사건을 재연하려는 의도가 분명했다. 보이틴스키는 2월 말 장제스의 의도에 대해 모스크바에 보고한 바 있었다.[45] 장제스 군대와 노동자, 농민 무장대 사이에 충돌이 잦아졌다. 여러 곳에서 장제스의 군대가 공회(工會, 노동조합) 조직을 파괴했다. 스탈린은 장제스를 자극하지 않으려고 또다시 뒷걸음질을 쳤다. 1927년 3월 하순 소련 정치

---

* 중국 문제 전문가 예브게니 시지스문도비치 이올크(Evgenii Sigismundovich Iolk, 1900~1937 또는 1942)는 중국에서 요한(Johan), 요한슨(Johanson)이라는 가명으로 볼린(Mikhail Volin, 1896~1938, 원래 이름은 세먼 나타노비치 벨렌키(Semen Natanovich Belen'kii))과 함께 활동했다. 1926년부터 1927년까지 그들은 보로딘의 참모로 중국의 토지 문제를 다루었다. 1927년 초 그들은 보로딘이 편찬한 영문 문헌 연구서 『광둥의 농민 문제』를 출간했다. 또한 볼린은 마오쩌둥의 「중국 사회 각 계급의 분석(中國社會各階級的分析)」에 관한 서평을 소비에트 고문단 잡지에 싣기도 했다.

국은 장제스에게 양보하는 새로운 안건을 통과시켰다. 중국공산당 중앙집행위원회에 전달된 지령은 "어떤 대가를 치르더라도 국민혁명군과 상하이의 영도자들과 충돌을 피하라."라는 것이었다.[46] 그러나 이미 때가 늦었다. 스탈린의 정책은 완전히 파산 지경에 이르렀다. 4월 12일 상하이 재계와 청방(靑幇) 두목의 지지를 확보한 장제스는 상하이와 중국 동부 여러 지역에서 피비린내 나는 백색 테러를 촉발시켰다. 장제스 군대와 깡패 조직이 합세하면서 쿠데타가 일어난 지 겨우 이틀 만(12일과 13일)에 5000여 명이 죽고 그만큼의 사람들이 체포되었다.

아이러니하게도 4월 12일은 마오쩌둥이 국민당 중앙집행위원회 토지위원회 회의에서 시급하게 농민 혁명을 실시해야 한다고 연설했던 날이다. 불한당 토비들의 폭동에 심리적으로 동요하고 있던 장제스의 군관들은 공산당원들에게 잔뜩 주눅이 들었지만 마오쩌둥은 계속해서 급진적인 농민 운동을 주장했다. 그는 분명 새로운 스탈린의 지시를 거스르고 있었다. 그는 이렇게 선언했다. "이른바 토지 몰수란 소작료를 내지 않는다는 뜻이다. 이것이 전부다. 현재 후난과 후베이의 농민 운동은 이미 농민들 스스로 소작료 지불을 중지하고 권력을 장악하는 시점에 이르렀다. 이는 진실로 토지 문제를 해결하고 법적 토대를 마련하기 위해 필요한 것이다."[47]

상하이 사건은 불에 기름을 부은 것이나 마찬가지였다. 4월 15일 광저우에서 반공 쿠데타가 일어났다는 소식이 전해졌다. 지역 관할 사령관들은 장제스의 길을 택했다. 사흘 후 장제스가 난징에서 새로운 국민정부 설립을 선언했다. 마오쩌둥은 더욱 불안하기만 했다. 그는 토지위원회 회의에서 몇몇 국민당 '좌익'의 지지를 얻어 토지 문제를 해결하기 위한 결의안을 초안했다. 그러나 그의 초안은 농민 운동의 '지나침'을 피할 필요가 있다고 여기던 왕징웨이와 탄옌카이, 허젠(何鍵) 등에게 비판을 받았기 때문에 위원회의 모든 작업이 헛수고로 끝나고 말았다.[48] 토지위원회는 "문제가 너무 방대하고 복잡해서 여러 성의 상황에 대한 자료 분석이나 서로 다른 관점을 고려하지 않으면 해결하기 어려울 것이다. ……토지 문제의 근본적인 해결은 중앙집행위원회의 권한 밖의 일"⁴⁹이라고 주장했다. 마오쩌둥은 이런 결과에 몹시 실망했다. "국민당 지도부는 아무것도 없이 그저 말만 그럴듯하게 할 뿐 농민의 요구를 만족시킬 능력도 없고 의지도 없다." 이것이 그의 결론이었다.⁵⁰

마오쩌둥의 의향은 장제스가 쿠데타를 일으키고 얼마 후 코민테른을 통해 하달된 스탈린의 새로운 지시와 부합했다. 스탈린은 중국공산당에 즉각 국민당 '좌익'을 급진적으로 만들고 왕징웨이 지지자들이 진정한 사회 변혁을 추구하도록 시급히 '압력'을 넣는 데 최선을 다하라고 주문했다. 새로운 정책을 시행하기 위해 스탈린은 인도 출신 공산당원이자 코민테른 집행위원회 위원으로 중국에 파견하는 새로운 대표 마나벤드라 나트 로이(M. N. Roy)에게 희망을 걸었다. 그는 1927년 3월 중국으로 파견되었다. 정력적이고 활동적인 로이는 4월 초 한커우에 도착하여 즉시 보로딘과 중국공산당 지도자들에게 일련의 급진적인 문제에 대해 설명했다.⁵¹(공산당 집행위원회는 장제스의 쿠데타 이후 한커우에 새롭게 정착했다.) 당연히 로이는 공산당 내 일부 급진주의자들의 요구가 오히려 '좌익' 계열의 국민당 장군들을 반공 대열에 참가하게 만드는 우를 범할 수 있다고 직감한 보로딘과 마찰을 빚었다. 보로딘은 스탈린의 새로운 정책을 시행하게 되면 결국 피비린내 나는 참혹한 결과를 낳을 뿐이라고 생각하던 천두슈의 지지를 받았다. 4월 12일 이후로 천두슈는 "하루 종일 열심히 이것저것 고민하면서 부지런히 움직였지만 알 수 없는 불안과 우울에서 벗어날 수 없었다."⁵² 그는 자신이 공산당과 관련해 불가피하게 일어날 수 있는 모든 것에 대해 스탈린과 청산해야 할 일이 있다는 사실을 잘 알고 있었다. 아마도 중국공산당에서 천두슈는 어느 누구보다도 중국에 관한 스탈린의 정책을 잘 이해하고 있는 사람이었을 것이다. 그는 지난 몇 년간 착실하게 그 길을 따랐으며, 바로 그 때문에 처음부터 실패가 예정되어 있었다. "그는 최선을 다해 개선하기 위해 애썼다. 하지만 역량이 부족했으며, 더 이상 기적은 일어나지 않았다."⁵³ 장궈타오는 이렇게 말했다.

이런 상황에서 중국공산당 제5차 전국대표대회가 4월 27일 우창에서 개최되었다. 상하이에서 쿠데타가 발생한 지 2주 만의 일이다. 대회는 성황리에 진행되었다. '좌익' 국민당 영도자들은 물론이고 왕징웨이, 탄옌카이, 쉬젠, 쑨커 (孫科) 등 국민정부 영도자들이 공산주의자들을 환영했다. 연설도 많았다. 지금까지 개최되었던 중국공산당 대표대회 중 가장 규모가 컸다. 곳곳에 현수막이 걸리고 깃발이 펄럭이는 가운데 대형 홀에 전체 중국 공산당원 5만 7967명을 대표하는 여든 명의 대표자와 스무 명의 외빈이 참석했다.(1925년 1월 중국공산당 제4차 전국대표대회 당시 중국 공산당원은 994명이었다.) 양적인 성장은 분명 인상적이었다. 하지만 대회에서 발표된 숫자에는 중국에서 가장 큰 도시인 상하이와 광저우의 당원이 포함되지 않았다. 전국대표대회 전날 당 조직이 거의 궤멸되고 말았기 때문이다. 경축은커녕 상황은 최악으로 치닫고 있었다. 그런데도 대표대회는 아무것도 할 수 없었다. 마오쩌둥은 당시 대표대회에 대해 이렇게 기억했다.

우한에서 중국공산당 제5차 전국대표대회가 개최되었을 때 당은 아직 천두슈의 지배 아래에 있었지요. 장제스가 이미 반혁명을 이끌면서 상하이와 난징에서 공산당을 공격하기 시작했지만 천두슈는 여전히 우한 국민 정부에 대해 계속 자제하고 양보하는 입장을 취했습니다. ……나는 당의 정책에 너무 실망했어요. 특히 농민 운동에 대해서는 더욱더 그러했지요. ……하지만 천두슈는 격렬하에 반대했어요. ……결과적으로 제5차 전국대표대회는 대혁명이 위기에 처한 상황에서 열렸는데, 적절한 토지 계획안을 통과시키는 데 실패했습니다. 토지 투쟁을 신속하게 강화시키자는 나의 의견은 논의조차 되지 않았어요. 천두슈가 장악하고 있던 중앙위원회가 내 의견에 대한 심의를 거부했기 때문이지요. 당 대회는 지주를 "500무(33헥타르) 이상의 토지를 소유한 이들로" 규정함으로써 토지 문제를 묵살한 꼴이 되고 말았지요. 이는 계급 투쟁을 전개해 나갈 토대로서 전혀 부적절하고 비현실적이었으며, 중국 농촌 경제의 특수한 성격을 완전히 도외시한 것이었어요.[54]

당 지도부 내부 그룹 가운데 천두슈를 지지하는 이는 아무도 없었다. 이전과 마찬가지로 취추바이는 마오쩌둥 편이었다. 전국대표대회 기간에 취추바이는 '우경 기회주의'를 직접 겨냥한 소책자『중국 혁명의 논쟁거리(中國革命中之爭論問題)』를 나누어 주었다. 그는 천두슈의 이름을 직접 거명하지는 않았지만 천두슈의 측근이자 선전부장으로 있던 펑수즈를 지목했다. 펑수즈는 천두슈의 양보 정책을 맹렬하게 옹호한 바 있다. 마찬가지로 마오쩌둥의 가장 가까운 친구인 차이허썬은 마오쩌둥을 강력하게 옹호했다.

이처럼 영향력 있는 이들이 마오쩌둥을 적극 지지하자, 중앙국은 마오쩌둥을 중국공산당 중앙위원회 후보 위원으로 선출했다.(대표대회는 당의 최고 조직을 중앙집행위원회에서 중앙위원회로 개명하는 결의안을 통과시켰다.) 마오쩌둥은 당 조직에서 서열 서른두 번째가 되었으며, 대회가 끝난 후 더 이상 농민운동위원회를 맡지 않았다.

장제스와 광둥 장군들의 '배반'은 마오쩌둥에게 공식적이고 정치적인 이유뿐만 아니라 개인적으로도 문제가 아닐 수 없었다. 4월 12일 쿠데타 기간에 동생 마오쩌민은 상하이에 있었으며, 마오쩌탄은 광저우에 있었다. 마오쩌둥은 그들이 걱정되지 않을 수 없었다.

마오쩌민은 광저우의 농민운동강습소를 졸업한 후 1925년 11월 이래로 노동자들이 많이 사는 자베이에서 일했다. 그는 중국공산당 중앙위원회의 출판 발행부 경리(經理, 책임자)로 당의 인쇄소와 책방을 책임지고 있었다. 상하이에서 같은 부서의 동료이자 두 번째 부인인 양쩌(陽澤, 본명 첸시쥔(錢希均))와 함께 살았다. 마오쩌탄은 1927년 4월 광둥의 농민 조합에서 일하고 있었다. 그 역시 두 번 결혼했는데, 1925년 10월 첫 번째 반려자인 자오셴구이는 당의 명에 따라 코민테른에서 중국 혁명을 위해 새로 설립한 교육 기관인 중산대학(中山大學)에서 수학하기 위해 창사를 떠나 모스크바로 갔다.[55] (118명의 중국 공산당원과 국민당원이 중산대학에 입학하기 위해 '붉은 수도' 모스크바로 갔다. 그중에는 장제스가 첫 번째 부인에게 얻은 열여섯 살 된 아들 장징궈(蔣經國)도 있었다.) 마오쩌탄은 광저우에 홀로 남았지만 독신 생활은 오래가지 않았다. 1926년 여름 마오쩌탄은 사회주의청년단에서 알게 된 둥근 얼굴의 열여섯 살 난 저우원난(周文

楠)에게 연락하여 그녀의 어머니와 함께 창사에서 광저우로 오게 했다.* 마오쩌둥의 동생인 마오쩌탄은 아내가 모스크바로 떠나기 전부터 그녀가 마음에 들었다. 광저우에 온 지 네다섯 달 후에 두 사람은 결혼했다.(당시 혁명적인 젊은이들은 정식 이혼 같은 고리타분한 개념에 전혀 개의치 않았다. 아내가 모스크바로 떠나자 마오쩌탄은 완전한 자유를 느꼈다.) 결혼하고 여섯 달 만에 새로운 애인은 공산주의청년단에 가입했고, 얼마 후 공산당에 가입했다. 1927년 4월 그녀는 임신한 지 5개월이 되었다.

마오쩌탄과 아내는 행복한 생활을 영위했다. 그들은 상하이와 광저우에서 권력을 잡고 있는 '백색' 장군들을 교묘하게 따돌리고 마침내 우창에 도착했다. 마오쩌둥과 양카이후이는 그들을 따뜻하게 맞이했다. 그들이 도착하고 얼마 후 마오쩌민은 《한커우 민국일보(漢口民國日報)》의 발간인을 맡았다. 마오쩌탄은 육군 상위(上尉, 대위) 신분으로 국민혁명군 제4군 정치국에 배속되었다. 공산당원이 가장 많은 부대였다.[56]

한편 중국공산당의 입장에서 볼 때 형세는 더욱 악화 일로에 있었다. 4월 말 베이징에서 리다자오가 4월 28일 군사 법정의 판결에 따라 처형되었다는 소식이 전해졌다. 그는 베이징 공사관 밀집 지역에 있는 소련 공사관으로부터 멀리 떨어지지 않은 곳에서 중국 경찰에 체포되었다. 리다자오 외에도 중국공산당과 국민당 북부국 소속 열아홉 명의 지도자들이 북양 군벌 정부의 감옥에서 극심한 고문에 시달리다가 끝내 처형되고 말았다. 그중에는 여성 당원도 포함되어 있었다.[57] 마오쩌둥은 비통에 잠겼다. 그는 리다자오를 언제나 스승으로 생각했다. 열닷새가 지난 5월 13일 국민혁명군 독립 제14단을 맡고 있는 샤뒤인(夏斗寅) 사단장이 우한 정부에 반기를 들었다. 그는 우한을 공격했지만 국민혁명군 제4군 독립단(중국 공산당원이 영도한 최초의 사단) 사단장인 예팅(葉挺)의 초인적인 노력에 의해 격퇴당하고 말았다.(참고로 당시 마오쩌둥도 우

---

* 사실 마오쩌탄이 저우원난을 처음 알게 된 것은 1924년 종손녀인 저우궈잉(周國英)의 담임을 맡아 그녀의 집을 방문하면서부터다. ── 옮긴이

한 방어 전투에 참가했다. 그는 중앙농민운동강습소 학생들을 중심으로 무장 자위대를 조직했다.)[58] 5월 21일 새로운 사건이 터졌다. 창사에 주둔하고 있는 국민혁명군 제35군 제33단 단장인 쉬커샹(許克祥)이 후난의 수도에서 피의 축제를 벌인 것이다.

도저히 분노를 억제할 수 없었던 스탈린은 중국공산당에 불가능한 일을 요구했다. 즉 혁명적 농민과 노동자를 "여덟 개 내지 열 개 사단"으로 조직하고, 만약 "혁명적인 자코뱅파를 배우지 않는다면 결국 인민과 혁명에서 내쫓기고 말 것"이라고 왕징웨이의 지지자들을 설득하여 모든 성에서 농민 혁명을 시행하도록 '좌익' 국민당에 지시하라는 것이었다.[59] 스탈린은 중국에서 세력의 상관관계를 이해하는 데 실패했다. 그는 이렇게 주장했다.

농민 혁명 없이 승리는 불가능하다. ……우리는 아래로부터의 토지 몰수를 확고하게 지지한다. ……우리는 더 나아가 아래로부터 새로운 농민과 노동자를 국민당 중앙위원회에 끌어들일 필요가 있다. ……우리는 국민당의 현재 구조를 바꿔야만 한다. 우리는 국민당의 수뇌부를 갈아 치우고 농민 혁명에 매진할 새로운 지도자를 초빙하여 노동자와 농민 협회의 수백만 명을 끌어들여 주변부를 확장해야 한다. ……우리는 신뢰할 수 없는 장군들에 대한 의존을 끝내야 한다. ……지금이야말로 행동할 때다. 잡종들을 징벌하자![60]

장궈타오의 말에 따르면, 스탈린의 서신이 중앙위원회 정치국 회의에서 낭독되자 "모든 이가 그야말로 울지도 못하고 웃지도 못하는 반응을 보였다. ……이 상황에서 어떻게 믿지 못할 장군들을 제거한단 말인가?"[61] 천두슈는 그저 고개를 저을 뿐이었다. "이전에 지노비예프는 부르주아지와 협조해야 한다고 말하더니 지금 스탈린은 당장 24시간 내에 농민 혁명을 전개하라고 말하고 있다."[62]

이처럼 어수선한 시기에 마오쩌둥은 형제들과 함께 모여 시국 상황에 대해 논의했다. 아내인 양카이후이를 속상하게 하지 않기 위해 그들은 마작을 하는 척했지만 사실은 이후에 무엇을 해야 할지 결정하는 중이었다. 왕징웨이가 곧 장제스의 전철을 밟을 것이라고 생각하던 마오쩌둥은 이렇게 말했다. "적들이 우리를 죽일 때까지 맥 놓고 기다릴 수는 없다. 우리는 군대를 따라 떠나든지 (당시 제4군은 장시와 허베이의 경계에 있는 우창 동남쪽 주장(九江)을 공격하고 있었다.) 아니면 후난으로 돌아가는 것이 좋겠다." 마오쩌둥은 마오쩌탄이 제4병단을 맡고 있는 동안 후난으로 임무를 띠고 떠나는 것으로 결정했다. 마오쩌탄의 임신한 아내는 양카이후이를 따라 아이들과 함께 가능한 한 빠른 시일 내에 우창을 떠나 창사로 가도록 했다.[63]

얼마 후 마오쩌둥은 구할 수 있는 것이 무엇이든지 최선을 다해 재건할 수 있도록 후난으로 보내 달라고 천두슈에게 요청했다. 차이허썬도 후난 당위원회를 재조직하도록 마오쩌둥을 책임자로 보내는 것이 좋다는 의견을 제시했다. 천두슈는 쓰촨에서 당 사업을 맡으라고 했다. 마오쩌둥은 그의 제안을 거절했다. 6월 24일 정치국 상임위원회가 차이허썬의 제안을 채택하자 마오쩌둥은 즉시 창사로 떠나 얼마 후 동생 마오쩌민과 합류했다.

한편 통일 전선은 누가 보기에도 매듭이 풀린 듯 흐트러진 상태였다. 6월 중순 국민당 '좌익'이자 코민테른에서 가장 신뢰할 수 있는 장군으로 간주하고 있던 펑위샹이 장제스의 뒤를 따르기 위해 적극적으로 나서기 시작했다. 며칠 뒤 펑위샹은 허난의 성도인 정저우(鄭州)에서 쿠데타를 일으켰다. 우한의 상황은 점차 복잡하게 전개되었다. 경제는 마비되고 상점이 문을 닫았으며 공장도 가동을 멈추었다. 우한은 모든 면에서 위협받고 있었다. 물가가 폭등하고 통화가 팽창하면서 생활이 점차 곤궁해지자 주민들의 불만도 커져만 갔다. 정국 또한 암흑 속 혼란의 연속이었다. 중국공산당 중앙위원회 위원 대다수는 "폭풍우 몰아치는 야밤에 비 새는 방 안을 배회하는 것 같은" 느낌이었다.[64]

이런 상황에 후난에서 당을 재건하라는 결의안이 통과되고 열흘 만에 천두슈가 마오쩌둥을 우한으로 소환했다. 마오쩌둥의 말에 따르면, 천두슈는 마오쩌둥이 우한의 지배자인 탕성즈에 반대하는 봉기를 조직하고 있다고 비난하면서 즉시 돌아오라는 명령을 내렸다. 그의 과격한 행동으로 탕성즈가 반란을 일으킬까 두려워했다는 뜻이다.[65] 천두슈는 이미 모든 것이 다 허물어졌음에도 끝까지 버틸 수 있기를 바랐다. 그는 한커우에 있는 보로딘의 집에서 중앙위원회와 정치국 확대회의를 소집하여 로이, 보로딘과 함께 당면한 상황에 대해 논의했다. 하지만 아무런 소득 없이 헛수고로 끝나고 말았다. 모스크바의 압력으로 인해 그는 7월 12일 자리에서 물러날 수밖에 없었다. 그리고 정확하게 사흘 후 왕징웨이가 공산당과 결별했다. 중국공산당과 중국에 대한 스탈린 노선의 패배는 끝내 현실로 다가오고 말았다.

마오쩌둥은 큰 충격을 받았다. 그렇다면 당시 그는 무슨 생각을 하고 있었을까? 만약 당이 농민들에게 토지를 분배했다면 모든 것을 구할 수 있지 않았을까? 농민과 노동자들이 무장을 했다면? 당이 국민당을 떠났다면? 아마도 그는 이런 질문을 하고 있었을 것이다. 어쩌면 국민혁명군이 상하이와 난징을 점령했을 때 얼마나 행복했던가를 떠올렸을지도 모른다. 또 어쩌면 사랑하는 '작은 여명(양카이후이)'이 셋째 아들을 낳았을 때 기뻐했던 자신의 모습을 상기했을 수도 있다. 3월과 4월만 해도 모든 것이 가능해 보였으며, 모든 것이 승리를 상징하는 듯했다. 그가 고향에서 멀지 않은 곳에 하늘 높이 솟아 있는 황학루(黃鶴樓)에 오른 것은 봄날의 정취가 가득하고 미래의 희망에 부풀어 있던 바로 그때였다. 그는 끊임없이 흘러가는 창장 강을 한참 동안 바라보았다. 그리고 이전의 수많은 시인과 마찬가지로 그 역시 끓어오르는 시흥을 주체하지 못하고 이렇게 읊었다.

> 망망한 창장 강 아홉 갈래* 갈라져 중국을 굽이치며 흐르고
> 침침한 한 갈래 철도는 남북을 가로지르네.**
> 자욱한 안개 가득한 곳에 구이 산(龜山)과 서산 산(蛇山)만 저 강을 지키네.***

---

* '아홉 갈래'는 창장 강의 아홉 개 지류를 말한다.(일설에 따르면 '많은 지류'라는 뜻이다. ― 옮긴이)
** 베이징과 한커우, 우창과 창사를 잇는 철도가 우한에서 교차한다.
*** 구이 산과 서산 산은 창장 강 양쪽에 맞보고 서 있는 산이다. 전자는 한양, 후자는 우창에 있다. 황학루는 서산 산에 자리하고 있다. ― 옮긴이

황학은 어디로 가고 유객(遊客)만 남았는가.*

도도한 강물에 술 한잔 바치니 내 마음 물결 따라 높아만 가네.[66]

茫茫九派流中國, 沈沈一線穿南北.

煙雨莽蒼蒼, 龜蛇鎖大江.

黃鶴知何去, 剩有游人處.

把酒酹滔滔, 心潮逐浪高.

---

* 전설에 따르면 아주 오래전 우창에 사는 신(辛) 아무개라는 젊은이가 술집을 하고 있었다. 어느 날 친한 도교 도사에게 술 한 병을 선사했는데, 그 도사가 감사하는 뜻에서 술집 벽에 학을 한 마리 그려 주었다. 그런데 신기하게도 사람이 박수를 치면 황학이 아름다운 춤을 추는 것이었다. 소문이 퍼지면서 이를 보기 위해 술을 먹으러 오는 이들이 문전성시를 이루어 젊은 주인은 기쁘기 그지없었다. 몇 년이 지난 어느 날 다시 그 도사가 술집에 들렀다. 그가 피리를 꺼내 연주하자 벽 속에 있던 황학이 홀연 튀어나와 하늘 높이 날아갔다. 술집 주인은 이를 기념하기 위해 술집 터에 황학루를 지었다. 역사 기록에 따르면, 황학루는 223년에 처음 건축되었다. —— 옮긴이

14

소비에트의 길

중국 공산주의자들이 실패한 주된 원인은 중국공산당이 설립된 이래로 소비에트 공산당에 단단히 묶인 상태에서 강력한 통제와 사상 압력을 벗어나지 못했다는 데에 있다. 천두슈와 중앙위원회에는 전략이나 술책의 자유가 없었다. 그들은 무슨 문제든 모스크바의 지시를 요구했으며, 만약 즉각적인 해결이 필요한 상황일 경우 보이틴스키, 마링, 보로딘, 로이 같은 코민테른 대표들에게 자문을 구했다. 사실 중국 문제를 정확하게 이해하지 못하고 있던 그들 러시아 보스는 동료인 중국인들의 의견에 거의 관심을 두지 않았으며, 중국 혁명의 핵심 문제에 관한 지시만 내릴 뿐이었다. 이로 인해 괴롭고 귀찮은 것은 중국인들이었다. 코민테른의 거물들은 자신들이 전 세계 혁명 운동의 전문가라고 자부하고 있었다. 장궈타오는 이렇게 말했다. "우리는 그것이 비이성적이라는 생각이 들었기 때문에 그런 방식에 분개했다. 하지만 중국공산당 중앙위원회는 처음부터 모스크바를 존중하는 전통을 따랐다. 우리는 체념하고 조용히 그것을 받아들였다. ……코민테른의 지령은 그것이 큰 문제든 아니면 작은 문제든 간에 무조건 복종해야만 했다."[1] 지령 중에는 때로 실현 불가능한 경우

도 있었다. 특히 스탈린이 '좌파' 국민당에 대해 결정적인 공격을 가할 것을 중
국공산당에 요구했을 때 심각한 상황이 발생하고 말았다.

중국공산당의 몰락을 가속화시킨 또 다른 요인은 무산 계급 테러가 공산주
의의 영향을 받은 어리석은 빈민들에 의해 농촌 곳곳에서 빈번하게 발생했다
는 점이다. 유죄 여부를 막론하고 무고한 자들까지 약탈하고 살해하는 등 미친
대중의 야만적인 행동은 의심할 바 없이 통일 전선을 약화시키는 가장 심각한
요인이었다. 그들의 행동은 '좌파'를 포함한 국민당의 기반인 중소 지주를 겨
냥한 경우가 대부분이었다. 따라서 '적색' 테러에 고통받는 가족들이 있는 국
민당 장교의 폭동은 불가피한 일이었다.

'적색' 테러 못지않게 치명적인 '백색' 테러가 중국 사회를 뒤흔들었다. 농
민 자위대(민단)와 그들 편으로 전향한 비밀 결사 회원들의 지지를 받고 있는
국민혁명군의 장교단은 오직 복수를 위해 가장 잔인한 수단과 방법을 동원했
다. 후난과 후베이, 장시, 광둥은 물론이고 이 외에 국민당이 통치하는 여러 성
에서 학살이 자행되었으며, 그들이 흘린 피가 강물이 되어 흘렀다. 쉬커샹의
군대가 사변을 일으키고 겨우 20일 만에 창사와 인근 지역에서 1만여 명이 피
살되었다.[2]* 희생자들은 주로 중국공산당 지역 책임자와 농민 협회 사람들이
었다. 마오쩌둥의 고향인 샹탄과 창더에서도 1만여 명의 사람들이 처형당했
다. 샹탄에서는 회자수(劊子手, 망나니)가 "총공회 우두머리를 참수하고, 그의
머리를 발로 찼으며, 배에 경유를 뿌리고 불을 질렀다." 후베이에서 부농들은
국민당 군대의 도움을 받아 마을 사람들을 모두 몰살시키기도 했다. 그들은 사
람의 눈을 파내고, 혀를 자르고, 머리를 자르고, 뼈를 박살냈으며, 사지를 소나
말에 묶어 찢어 죽이는 거열형(車裂刑)을 자행하고, 살아 있는 사람에게 석유
를 뿌려 산 채로 태워 죽이거나 붉게 달군 인두로 맨살을 지지기도 했다. "여자
의 경우는 가슴을 밧줄로 꿰서 발가벗긴 채로 거리를 돌아다니게 하거나 아예

---

* 마일사변(馬日事變). 1927년 5월 21일 발발한 이 사건으로 인해 공산당과 혁명 군중이 학살당했
다. ─옮긴이

난도질을 하여 도막을 냈다." 사변이 일어난 첫 주에 후베이의 세 개 현에서 살해된 사람만 해도 수천 명이 넘었다.[3]

서양인의 관점에서 보면 전혀 있을 법하지 않은 형태로 복수가 행해졌다. 국민당 장교인 허젠은 부친이 농민들에게 붙잡혀 고초를 당했다는 이유로 1927년 사오산으로 군대를 보내 마오쩌둥 부친의 분묘를 파헤치고 유골을 꺼내어 산속 아무 데나 던져 버리라고 지시했다. 오래된 민간 신앙에 따르면, 이렇게 함으로써 마오쩌둥의 풍수(風水)에 엄청난 영향을 줄 수 있었다. 그러나 허젠의 군대는 마오쩌둥 부친의 묘소가 정확하게 어디인지 알 수 없었다. 마을 농민들에게 도움을 청했지만 한사코 거절하는 바람에 애를 먹었다. 병사들이 겁을 주자 한 농민이 나서 간단하게 그들을 속여 먹었다. 마오쩌둥 부친의 분묘 대신에 지역 토호의 조상 무덤을 알려 주었기 때문이다. 허젠의 군대가 그 무덤을 파헤친 것은 물론이다.[4]

조직이 엉성하고 무장력이 빈약한 농민 협회는 국민당 군대의 공격 한 방에 그대로 무너졌다. 자신들을 통제하는 농촌 유랑민 집단에 대한 두려움에서 농민 협회에 가입한 농민들은 굳이 자신들의 이익과 상관없는 것을 위해 싸울 마음이 없었다. 국민당이 호의적으로 투항할 기회를 주자 그들은 바로 무기를 내려놓고 도망쳤다. 수백만에 달하는 농민 협회가 결국 '종이호랑이'에 불과하다는 것이 판명 나자 쉬커샹은 휘하의 1000명 남짓한 병력으로 창사 전체를 통제할 수 있었다.[5]

당시 상황을 냉정하게 바라볼 수 있는 공산당 지도자는 마오쩌둥밖에 없었다. 이것이 바로 마오쩌둥이 권력의 정점으로 부상하는 데 결정적인 요소가 되었다. 1927년 6월 말과 7월 초에 후난을 여행하면서 마오쩌둥은 중국 공산주의자들이 권력 투쟁에서 승리하려면 중국공산당 자체 군대를 조직하는 수밖에 없다고 확신했다. 어떤 정치적 게임이나 통일 전선, 대중 운동도 그것이 없으면 그저 웃기는 소리일 뿐이었다. 군사화한 중국에서 "정치권력은 총구에서 나온다."[6]*

---

* "槍杆子裏面出政權." 1927년 8월 7일 중국공산당 중앙위원회가 후베이의 한커우에서 개최한 긴급회의

재미 삼아 폭동을 일으킬 수는 없는 일이며, 홍군을 조직하기 위해 퇴각해야 한다. 공산당의 군대는 어디에서 오는가? 마오쩌둥이 이미 오래전에 답한 바 있다. "꾸준히 투쟁"할 수 있는 사람들, 즉 빈민과 농촌 무산 계급이다.

후난에서 막 돌아온 마오쩌둥은 7월 4일 한커우에서 열린 중앙정치국 상무위원회 회의에서 당을 살릴 유일한 방법은 후난의 농민 조합에 "산으로 갈 것"을 명령하는 것이라고 말했다. 왜냐하면 산으로 들어가야만 "군사 근거지를 마련할 수 있기 때문이었다." "상황이 바뀌자마자(마오쩌둥은 왕징웨이의 필연적인 쿠데타를 넌지시 암시하고 있다.) 군사 조직을 확보하지 못한다면 우리는 힘을 잃게 될 것이다." 회의 직후에 그는 가장 친한 친구인 차이허썬과 이 문제를 논의했다. "우리는 마냥 앉아서 누군가 해결해 주기를 기다릴 수만은 없네." 그는 흥분해서 말했다. 차이허썬은 천식으로 고생하고 있었지만 그의 의견에 동조하면서 같이 분개했다. 마오쩌둥의 제안을 받아들여 그는 즉시 정치국 상무위원회에 "군사 계획에 착수할 것"을 요구하는 서신을 보냈다.[7]

그러나 계획은 실패로 돌아갔다. 천두슈가 여전히 권력을 쥐고 있었으며, 우울증이 7월 초 거의 정점에 이르렀기 때문이다. 게다가 또 다른 문제가 그의 어깨를 짓누르고 있었다. 7월 4일 큰아들 천옌녠이 상하이에서 국민당에 의해 처형당한 것이다. 이후 천두슈는 "거대한 암흑에 직면했고, 이로 인해 자신의 자리를 보다 유능한 인재에게 넘겨줘야만 했다."[8] 그 '유능한 인재' 가운데 하나인 장궈타오의 말이다.

천두슈가 사직한 후 새로운 당 지도부(임시정치국)는 마오쩌둥의 보호자인 취추바이가 이끌었다.* 새로운 당 지도부는 "산으로 가야" 한다는 마오쩌둥의 주장을 긍정적으로 재검토했다. 그러나 끝내 실현되지 못하고 대비책으로 남았다. 심각한 위기에 봉착한 1927년 여름, 공산주의자들은 퇴각할 수밖에 없었다. 가까운 시일 내에 반격을 시도하려던 노력은 새로운 희생자만 남길 뿐이었

에서 혁명이 실패한 원인을 총결하며 마오쩌둥이 한 말이다. 당시 회의에서는 천두슈, 코민테른 대표, 소련 고문들이 국민당, 농민 토지, 무장 투쟁에서 우경화 경향을 보인 것에 대한 비판이 있었다. — 옮긴이

* 새 지도부는 취추바이 이외에도 장궈타오, 장타이레이, 리웨이한, 리리싼, 저우언라이 등으로 구성되었다.

다. 하지만 취추바이를 포함한 대다수 당 지도자들은 끓어오르는 분노를 참을 수 없었고, 결국 무모한 줄 알면서도 전투를 계속 밀고 나갔다. 8월 중순 그들은 후난, 후베이, 광둥, 장시, 그리고 유명한 국민당 제4로군(제4야전군)과 일련의 전투를 치르기로 결정했다. 그들은 국민당의 피를 맛봐야겠다는 욕망에 사로잡혔다.[9]

코민테른 역시 가능한 한 빨리 무장봉기를 조직할 것을 주장했다. 하지만 코민테른의 지시 내용은 순수한 공산당 사업으로서의 무장봉기가 아니라 "국민당 내 좌익을 선동하여 국민당 최고 지도부에 대항할" 필요가 있다는 뜻이었다. 모스크바는 "오직 국민당의 혁명적 변혁이 전혀 희망이 없는 것으로 밝혀지거나, 이러한 실패가 새롭고 심각한 혁명 고조와 동시에 일어난다면" 그때 가서 "소비에트 수립"이 필요할 것이라고 강조했다.[10] 다시 말해 모스크바는 '좌파' 국민당이라는 구호 아래 '반역자' 왕징웨이를 타도하기 위한 봉기를 요구했던 것이다.

지시는 터무니없었지만 공산당 지도부는 수용하지 않을 수 없었다. 특히 당의 비극적인 패배로 인해 스탈린의 영향에서 벗어나 자주적으로 활동할 수 없었다. 오히려 이미 약해질 대로 약해진 공산당은 스탈린이 골치 아픈 비난을 중국공산당 지도부에 돌릴 때에도 더욱더 모스크바에 의존했다. "중앙위원회(중국공산당)에는 현재 일어나고 있는 사건의 토대(사회적 토대)를 이해할 수 있는 마르크스주의자의 사고방식을 가진 이가 단 한 명도 없었다." 스탈린은 1927년 7월 초 뱌체슬라프 몰로토프(Vyacheslav Molotov)와 니콜라이 부하린에게 이렇게 적어 보냈다. 언젠가 스탈린은 중국공산당 중앙위원회와 각 지역 당 조직에 소속된 '당 고문'이란 특별한 체계를 통해 중국공산당의 기운을 북돋아 주는 것에 대해 숙고한 적도 있었다. 스탈린이 보기에 이러한 일종의 '보모'가 "필요한 단계라고 생각했다. 왜냐하면 현재 중국공산당이 나약하고 냉철하지 못하며, 정치적으로 확실한 형태를 갖추지 못한 데다가 현행 중앙위원회의 자질이 부족하기 때문이었다."[11]

6월 말, 스탈린은 로이를 대신해 그가 가장 신뢰하는 동지 가운데 한 명인 조지아 출신의 비사리온 로미나제(Vissarion V. Lominadze)를 파견했다.[12] 그는 더 이상 로이나 보로딘을 신뢰하지 않았다. 블류헤르*는 모스크바가 8월 말까지 중국 병동에 자금을 공급하는 전달자 역할을 맡았다. 이후 블류헤르가 중국을 떠나면서 '재무 담당'의 역할은 로미나제에게 이양되었다.[13] 7월 23일 스탈린의 새로운 특사가 도착했다. 도착한 직후 취추바이, 장궈타오와 대화를 나누었다. 이것이 바로 나중에 이른바 '최악의 대화'로 기억되고 있는 바로 그 만남이었다.

비사리온 로미나제는 열다섯 살의 나이로 혁명에 참가한 거친 성격의 소유자였다. 혁명 전문가로서 그는 자신은 물론이고 타인의 죽음에 대해서도 경멸하고 무시하는 태도를 보여 사람들을 놀라게 했다. 그는 상당히 일찍 스탈린의 핵심층에 들어갔으며, 스탈린의 적극적인 지지 속에서 코민테른의 주도 세력으로 빠르게 성장했다. 서른 살이 되기 전에 이미 관료주의 체제하에서 권력의 맛에 물들었고, 서서히 부패하기 시작했다. 180센티미터의 건장한 키에 굵고 검은 머리카락을 지닌 로미나제는 근시로 인해 아니면 다른 이유로 인해 눈을 자주 깜빡이기는 했지만 상당히 인상적인 인물임에 틀림없었다.[14] 그런데 로미나제의 관료주의적인 태도와 명령하는 습관으로 인해 중국공산당 지도부와 사이가 틀어지기 시작했다. 니콜라이(또는 베르너(Werner). 모두 그가 중국에서 사용하던 이름이다.)는 동양의 예의 격식을 전혀 존중하지 않았기 때문에 취추바이나 장궈타오가 근거 없는 비난을 퍼붓게 되는 빌미를 제공했다. "로미나제는 처음 도착했을 때 자신은 코민테른의 전권 대사로서 중국공산당 중앙위원회와 코민테른 개인들에 의해 과거에 저질러진 수많은 착오를 바로잡기 위해 왔다고 말했다." 장궈타오는 이렇게 적었다. 로미나제는 "즉시 중국공산당 중앙위원회가 우경 기회주의에 따른 심각한 착오를 범했으며, 코민테른의 지시를 위반했다고 단정 지었다."[15] 그는 가능한 한 빠른 시일 내에 당 지도부를 개편하기 위한 임시 당 대회를 소집할 것을 요구했다.

---

* 소련 군사령관으로 중국에 파견되어 군사 고문을 맡았다. — 옮긴이

당연히 그의 요구는 취추바이와 장궈타오를 격분하게 만들었다. 하지만 그들이 무엇을 할 수 있었겠는가? 여전히 모스크바의 돈이 절대적으로 필요했기 때문에 코민테른의 규율에 손발이 꽁꽁 묶인 셈이 되고 말았다. 게다가 당시 계획 중인 무장봉기를 위해 소련의 무기가 필요한 상황이었다. 운 좋게도 소련 정치국은 "한 개 사단을 무장시킬 수 있는" 충분한 원조를 중국공산당에 제공하는 결의안을 채택했다. 그들은 무려 110만 루블의 거금을 들여 소총 1만 5000정과 탄약 1000만 통, 기관총 30정, 이동에 편리한 산포(山砲)와 2000발의 포탄을 제공했다. 무기와 탄약이 곧 블라디보스토크에서 출발하여 공산주의자들이 무장봉기를 통해 점령한 중국 내 항구로 운송될 예정이었다.[16] 때문에 취추바이와 장궈타오는 로미나제의 모욕을 속으로 삼킬 수밖에 없었다.

그날 저녁, 중앙위원회는 허난 지역위원회로부터 편지를 받았다. 마오쩌둥의 오랜 친구이자 지역 당위원회 서기인 이리룽(易禮容)의 노력에도 불구하고 악화되고 있는 지역 상황을 어떻게 해서든지 안정시켜야 한다는 내용이었다. "우리 마오쩌둥 서기가 떠난 후 지역위원회의 모든 부서 상황이 위태롭게 변하고 말았습니다." 지역위원회 위원들은 편지에서 이렇게 말했다. "우리는 마오쩌둥 동지가 다시 돌아오기만을 희망하고 있습니다."[17] 하지만 취추바이는 곧 다가올 당 대회에서 마오쩌둥의 지지 확보가 중요했기 때문에 그가 떠나는 것을 원치 않았다. 그는 농민 문제에 대한 권위자로서 마오쩌둥이 필요했다. 7월 말부터 8월 초까지 무장 농민을 폭동에 참가시키기 위한 준비가 거의 과열 수준으로 준비되고 있었으며, 마오쩌둥 역시 참여하고 있었다. 이론상으로 소작인과 지주가 토지 임대 계약을 체결하는 가을 수확기에 소작농이 봉기하여 땅 주인인 지주들을 타도하도록 하자는 것이었다. 공산주의자들은 설사 불법일지라도 채무를 갚을 필요가 없다고 선언함으로써 간단하게 가난한 소작농들을 선동할 수 있을 것이라고 믿었다.

한편 7월 31일부터 8월 1일까지 난창에 주둔하고 있는 국민혁명군 사이에서 중국공산당이 조심스럽게 준비한 무장봉기가 일어났다. 국민혁명군 제2방면군으로 국민당 내 좌파 장군인 장파쿠이(張發奎) 휘하의 군대였다. 물론 장파쿠이는 작전에 참여하지 않았다. 오히려 무장봉기가 일어나기 바로 이틀 전 제2방면군 내부의 공산주의자들을 축출할 것을 논의한 '좌파' 국민당원 회의에 참가했다. 봉기는 언제나 자제력을 지녔으면서도 열정적이고 효율적으로 일을 처리할 줄 아는 저우언라이가 장궈타오와 펑파이 등의 적극적인 지지를 받아 주도했다.(당시 저우언라이는 중국공산당 중앙군사위원회를 이끌었다.) 하지만 난창 봉기를 현장에서 직접 이끈 사람은 국민혁명군 제20군 사령관인 허룽(賀龍, 본명은 허원창(賀文常))이었다. 한때 후난 서부에서 비적 노릇을 하기도 했던 그는 공산주의자들에 대해 동정적이었다. 다른 한 사람은 공산주의자로 일찍이 유명한 제4군 독립단(독립 부대) 지휘관을 역임한 예팅이었고, 마지막 한 사람은 지역 정치서기국을 맡았으며, 제3군 군관 교육단 단장과 제9군 군단장을 맡고 있던 공산주의자 주더(朱德)였다.

약 2만 명에 달하는 봉기군은 도시를 점령하는 데 성공했다. 그렇지만 그곳에 그대로 남을 수 없었다. 중국공산당 임시중앙위원회에서 수립한 계획에 따라 광둥(광저우를 말한다.)을 공략하여 그곳에서 새로운 혁명 정부 수립을 선언하기 위해 즉각 출발해야만 했다. 8월 3일 봉기군은 허룽의 지휘 아래 제2국민혁명군으로 재편성되어 난창을 떠났다. 하지만 남쪽으로 진격하기가 쉽지 않았다. 1927년 9월 말부터 10월 초에 봉기군이 소련에서 제공하는 무기와 탄약을 받기로 한 광둥 근처 산터우(汕頭)에서 크게 패했기 때문이다. 패배한 부대는 뿔뿔이 흩어지고 허룽은 홍콩으로 도피했다. 예팅과 펑파이는 군사 근거지를 마련하기 위해 광둥의 루펑(陸豊)으로 피신한 상태였으며, 주더는 1000여 명의 군사를 이끌고 광둥과 장시 접경지대에서 고단한 행군을 하고 있었다.

마오쩌둥은 난창 봉기를 준비하는 데 참여하지 않았지만 봉기에 합류하고 싶은 마음이 적지 않았다. 8월 초에는 심지어 중앙위원회에 자신이 '농민군'을 이끌고 허룽을 돕겠다고 말한 적도 있다. 이에 취추바이는 8월 3일 마오쩌둥을 상난 특별위원회(湘南特別委員會) 서기로 임명했다. 그러나 그날 바로 자신의 결정을 취소했다. 아마도 마오쩌둥의 계획이 비현실적이라고 판단했기 때문인 듯하다.[18]

결국 '후난의 왕'은 우한에 그대로 머물러 있어야만 했다. 8월 7일 그는 중국공산당 중앙위원회 긴급회의*에 참가했다. 회의는 우한 정부가 초빙한 소련 고문 미하일 라주모프(Mikhail Razumov)의 자택에서 비밀리에 진행되었다. 라주모프는 한커우의 이전 러시아 소유의 조용한 외국인 거주지에서 부인과 함께 살고 있었다.(소련은 국민당과 공산당의 통일 전선이 붕괴한 후에도 한동안 국민당과 관계를 유지했으며 한커우와 창사, 광저우 등을 포함한 여러 도시에 소련 대표부와 영사관을 두었다.) 라주모프가 사는 집은 유럽 스타일의 삼층집 2층에 있었다. 마오쩌둥은 8월 7일 아침 일찍 그곳에 도착했다. 역시 회의에 참가하기 위해 온 취추바이는 안색이 영 좋지 않았다. 오랫동안 결핵으로 고생하던 그는 그간 겪었던 수많은 일로 인해 지칠 대로 지친 상태였다. 그는 입을 열 때마다 평소 논쟁할 때와 마찬가지로 침이 튀었다. 그래서 방 안은 마치 "결핵균이 자욱한 것"처럼 보였다.[19] 마오쩌둥을 포함해서 로미나제, 취추바이 등 전체 스물다섯 명이 회의에 참가했다. 그중에는 '니콜라이' 이외에 두 명의 소련인들도 있었다. 방은 북적거렸고 무덥고 열기가 가득했다.

참가자들 중 당의 지도부는 30퍼센트 미만이었다. 천두슈는 한커우에 있었음에도 불구하고 회의에 초대받지 못했다.[20] 대신 공산주의청년단에서 세 명, 중앙군사위원회에서 한 명, 후난과 허베이 지역위원회에서 두 명이 초대를 받았다.[21] 대다수 참가자들은 마오쩌둥이 이전부터 오랫동안 알고 지낸 이들이었고 몇몇은 낯선 이들이었다. 낯선 이들 중에는 중앙위원회 서기처**의 새로운 책임자도 있었다. 그는 겸손하면서도 상당히 유능한 스물세 살의 젊은이였다. 키가 150센티미터로 마오쩌둥의 어깨밖에 닿지 않을 만큼 단신이었다. 1년 전 소련에서 모스크바 중산대학을 다녔고, 그 이전에는 근공검학의 일환으로 프랑스에서 낮에는 일하고 밤에는 공부하는 생활을 한 적이 있었다. 본명은 덩셴성(鄧先聖)이며, 다섯 살 때 덩시셴(鄧希賢)이란 새로운 이름을 갖게 되었다.

---

* 통칭 8·7 회의라고 한다. ─ 옮긴이
** 공산당사는 '당의 서기장'이라고 했지만 사실은 서기 겸 회의 문서 처리를 맡았다. ─ 옮긴이

비밀 업무를 위해 우한에 도착한 그는 그다지 주의를 끌지 못하는 아주 평범한 덩샤오핑으로 이름을 바꾸었다. 아마도 마오쩌둥은 키 작은 그에게 별다른 관심이 없었던 듯하다.[22] 설사 그를 주목했을지라도 쓰촨에서 온 매력적인 단신의 남자가 자신이 죽은 후 그가 평생 목표로 삼았던 사회주의 중국의 운명에 결정적인 작용을 하리라고는 전혀 예상하지 못했을 것이다.

회의를 주도한 것은 임시중앙위원회 위원이자 후난 당위원회 전 서기였던 리웨이한이었다. 마오쩌둥은 이미 오래전부터 그를 알고 있었다. 모두 발언에서 로미나제는 중국 공산주의자들이 "중대한 과오"를 범했으며, 그 뿌리가 "매우 깊다."라고 예리하게 비판했다. 이어서 리웨이한이 참석자들에게 각자 의견을 발표해 달라고 요청했다.

마오쩌둥은 코민테른 대표의 주장을 지지하는 발언을 했다. 그는 오랫동안 당의 정책을 좀 더 과격하게 변화시켜야 한다고 주장하면서 종종 천두슈의 견해에 반대 입장을 견지했다. 참석자들은 그가 농민 혁명을 위해 얼마나 과격하게 투쟁했는지 모두 알고 있었다. 이제 때가 온 것 같았다. 그는 농민 운동에 관한 이전 지도부의 과오에 대해 지적했다. "당 내외 확대 군중은 혁명을 요구하고 있지만 당의 지도와 운영은 혁명적이지 않습니다. 실제로 반혁명의 혐의가 있어 보입니다." 그는 천두슈의 이름을 전혀 거론하지 않았다. 사실 회의에 참석한 그 누구도 천두슈를 개인적으로 비난할 수 없었다. 스탈린이 그를 부정적으로 본 것은 사실이나 중국인들에게는 여전히 "집안의 어른"이었기 때문이다. 오직 로미나제만은 그의 이름을 직접 거명하면서 비난했다. 비판이 끝나고 마오쩌둥은 당의 기본 업무에 대하여 입을 열었다. 그는 공식적인 자리에서 처음으로 자신이 가장 근심하고 있던 마음속 현안, 즉 군사 분야에 특별한 관심을 가져야 한다는 주장을 설파했다.

군사 방면에서 우리는 종전까지 중산(쑨중산)이 군사 운동에 전념한다고 비난하면서 우리는 정반대로 군사 운동은 팽개치고 민중 운동에만 전념했습니다. 장제스와 탕성즈는 모두 총구에서 일어났지만 우리만 (군사 문제)에 관심을 두지 않고 있습니다. 현재는 조금 관심을 두고 있다고 하지만 여전히 확고한 개념이 서 있지 않습니다. 예를 들어 추수 폭동은 군사력이 없으면 불가합니다. 이번 회의는 마땅히 이 문제를 중시해야 하며, 새로운 정치국 상무위원들은 더욱더 강력하게 이 문제를 주목해야 합니다. 이번 후난의 실패는 완전히 서생(書生)의 주관적인 착오에 기인하는 것이니 이후에는 군사 문제에 더욱 주의를 기울여야 합니다. 정치권력은 총구에서 얻을 수 있다는 사실을 반드시 알아야만 합니다.[23]

이는 결코 가볍게 흘려들을 연설이 아니었으며, 심지어 볼셰비키에 반대하는 것처럼 들리기도 했다. 코민테른은 혁명 운동은 기본적으로 대중에 의지해야 한다고 공산주의자들에게 가르쳤다. 가장 우선적인 대상은 산업 노동자이고, 그다음이 가난한 소작농이었다. 이는 마르크스주의의 규범에 따른 것이었다. 혁명과 내전에서 볼셰비키들이 경험한 것은 그와 정반대였다. 하지만 결정적으로 중요한 군사적 요인은 무시되었다. "수백만 명이 참여한 러시아의 프롤레타리아 사회 혁명은 군사 쿠데타로 여겨질 수 없었던 것이다."

참석자들이 각자 발언한 후 취추바이가 발언권을 얻어 자아비판을 담은 보고서를 전달했다. 그다음 참석자들은 농민 투쟁과 노동자 운동, 그리고 로미나제가 초안을 작성하고 취추바이가 번역한 「모든 당원에게 호소함」이라는 다소 긴 글이 첨부된 조직 문제 등 세 가지 결의안에 관한 토론으로 들어갔다. 다시 발언권을 얻은 마오쩌둥은 약 5분간 짧게 발언했지만 상당히 중요한 내용을 담고 있었다. 농민 문제에 관한 그의 가장 근본적인 관점을 이전에 비해 보다 전면적으로 설명했기 때문이다.

1. 대지주와 중지주(중간 지주)의 표준을 반드시 설정해야 한다. 그러지 않으면 우리는 누가 대지주이고 중지주인지 알 수 없을 것이다. 나는 개인적으로 50무(畝, 3.3헥타르)를 한계로 삼아서 땅이 비옥하든 척박하든 간에 모두 몰수해야 한다고 생각한다.

2. 소지주 문제는 토지 문제에서 가장 핵심적인 사안이다. 곤란한 점은 소지주의 토지를 몰수하지 않았다는 데에 있다. 대지주가 없는 지역의 농협(농민 협회)은 활동을 멈출 수밖에 없다. 따라서 근본적으로 지주제를 무효화하려고 한다면 소지주에 대해 나름의 방법이 있어야 할 것이다. 지금 소지주 문제를 해결해야 마땅하다. 그래야만 인민을 안심시킬 수 있다.

3. 자경농 문제에서 부농이나 중농의 토지 권리는 같지 않다. 농민들은 부농을 공격하고 싶어 한다. 따라서 정확한 방향을 설정해야 한다.

4. 토비(土匪)는 대단히 큰 문제다. 지금 회당(會黨, 민간 비밀 결사)이나 토비가 상당히 많기 때문에 우리는 이에 대한 책략을 서둘러 강구해야 한다. 몇몇 동지는 그들을 이용하기만 하면 된다고 생각하는데 이는 중산(쑨중산)의 방법이다. 우리는 그렇게 하면 안 된다. 우리는 오직 농민 혁명을 실행해야만 그들을 영도할 수 있다. 우리는 그들을 형제로 여겨야지 손님으로 생각해서는 안 된다.[24]

이는 마오쩌둥이 혁명 투쟁을 위해서 세운 기본적인 프로그램의 본질이다. 그가 말한 내용을 요약하면 다음과 같다. 우리는 지주와 농민의 땅을 모두 몰수함으로써 우리에게 호감을 가지고 있는 토비, 빈농, 빈민과 도시 룸펜 프롤레타리아로부터 군대를 조직해야 한다.(도시의 룸펜 프롤레타리아의 눈에는 일하는 농민들은 모두 '부농'으로 보일 것이다.) 몇 달 후 그는 자신의 생각을 다음과 같이 간결한 말로 도식화했다. "많은 쪽에서 뽑아 적은 쪽을 보충하고, 살진 부분을 빼어 마른 부분을 보완하자.(抽多補少, 抽肥補瘦.)" 여러 가지 변화가 있었지만 그는 평생 이러한 공식에서 벗어난 적이 없었다.

마오쩌둥의 발언은 지나치게 과격하여 몰인정하기로 유명한 로미나제조차 반대할 정도였다. "우리는 도시 소시민 계급을 중립화할 필요가 있다." 그는 이렇게 단언했다. "만약 우리가 모든 토지를 몰수하기 시작한다면 도시의 소시민 계급이 동요하여 결국 우리에게 등을 돌리게 될 것이다. ……마오쩌둥 동지가 제기한 비밀 결사의 문제에 관해 말하자면 우리는…… 그들 비밀 결사를 우리에게 좋은 쪽으로 이용할 수 없을 것이다.[25]

로미나제가 그의 의견에 반대하기는 했지만 어조는 상당히 부드러웠다. '마오쩌둥 동지'의 발언이 비록 지나치게 멀리 나가기는 했지만 그가 좌파라는 것만은 분명했다. 그는 분명 기회주의자 천두슈와 같지 않았다. 이 점은 다른 이들도 마찬가지로 느끼고 있는 부분이었다. 천식으로 인해 숨 쉬기조차 불편한 차이허썬은 어릴 적 친구를 변호하기까지 했다. 차이허썬은 마오쩌둥을 "농민 문제에 관해 중앙위원회의 정책에 동의하지 않은 인물"이자 "농민 혁명의 즉각 시행을 주장한 과격파의 대표적인 인물"로 치켜세우면서 그를 정치국에 포함시킬 것을 제안했다. 그리하여 마오쩌둥의 이름이 로미나제가 작성한 중앙위원회 임시정치국 위원 및 후보 위원 명단에 올랐다. 마오쩌둥은 6개월 후로 예정된 제6차 대표대회가 소집되기 전까지 당을 이끌 조직의 후보 위원이 되었다. 임시중앙위원회 정치국 위원으로 열다섯 명이 선임되었다. 아홉 명은 정위원, 여섯 명은 후보 위원이었다. 그중에는 취추바이, 리웨이한, 펑파이, 덩중샤, 저우언라이, 장타이레이, 장궈타오, 리리싼 등 익숙한 이름이 들어가 있다. 다만 차이허썬이 포함되지 않았다는 것이 흥미롭다.[26]

취추바이는 만족스러웠다. 지도부의 교체가 순조롭게 이루어졌다. 천두슈는 제거되었고, 로미나제를 공개적으로 반대하는 이는 아무도 없었다. 대부분 공산주의자들이 모스크바에 복종하는 것에 익숙했다. 그러나 많은 이가 천두슈에 대한 깊이 뿌리박은 존경심을 떨쳐 낼 수 없었다. 그들은 중국공산당의 설립자나 다름 바 없는 천두슈에 대한 로미나제의 비판을 그저 형식적으로 받아들였을 뿐이었다. 실제로 취추바이는 로미나제에게 알리지 않은 채 늦은 밤 '원로(천두슈)'를 찾아가 향후 문제에 대해 그의 충고를 들었다.[27]

회의가 끝난 후 취추바이는 마오쩌둥에게 상하이로 가서 중앙위원회에서 일하는 것이 어떻겠냐고 물었다. 노동자 계급의 "세계 역사적 역할"에 관한 마르크스의 고전적 개념을 바탕으로 운영되고 있는 코민테른 집행위원회에서 상하이를 다시금 당의 사령부로 삼기로 결정했기 때문이었다. 마오쩌둥은 후난으로 보내 달라고 요청했다. "나는 큰 도시로 나가 높은 빌딩에서 살고 싶지 않아요. 시골로 가서 산에 올라 녹림 친구들을 사귀고 싶습니다."[28] 장궈타오에 따르면, 마오쩌둥은 "자발적으로 후난에 가는 위험을 감수했다." 사실 중국 공산당 지도부에서 기꺼이 지방으로 가려는 이들은 거의 없다고 해도 과언이 아니었다.[29] 8월 9일 취추바이는 가을 추수 폭동을 준비하기 위해 마오쩌둥을 중앙위원회의 특별 대표로 후난에 파견하기로 결정했다. 후난 남부를 중심으로 계획이 세워졌고, 중국공산당 후난 위원회가 개편되었다. 새로 개편된 후난 위원회 위원으로 임명된 열혈 청년 펑공다(彭公達)가 마오쩌둥과 동행했다. 그는 마오쩌둥과 마찬가지로 중앙위원회 임시정치국 후보 위원이었다. 펑공다라는 이름은 쉬커샹의 유혈 쿠데타 직후 30만 명의 무장 농민들을 동원하여 후난의 성도인 창사 공격을 계획하면서 크게 유명세를 얻었다.

8월 12일 창사에 도착한 마오쩌둥은 쉬커샹이 공산주의자 타도에 깊이 간여했다는 사실을 알았다. 이전까지 3000여 명에 달하던 당원 가운데 살아남은 자들은 겨우 100여 명밖에 되지 않았다.[30] 쉬커샹은 몇 년 후 이렇게 말한 바 있다. "공산주의자들을 대하는 방법은 한 가지뿐이다. 말 그대로 거칠게 다루는 것이다. 왜냐하면 그들이 알고 있고, 또 진정으로 두려워하는 것은 오직 힘밖에 없기 때문이다."[31] 마오쩌둥은 지체할 여유가 없었다. 그는 당 지도부의 특별 지시를 수행해야 했다. "폭동의 목적은 농민 혁명을 시행하고 반동 정권을 전복시키기 위함이다."[32] 그는 창사 주재 소련 영사이자 코민테른 지역 대표인 블라디미르 쿠추모프(Vladimir Kuchumov, 가명은 메이어(Mayer),* 중국 이름은 마커푸(馬洛夫)이다.)와 함께 협력했다. 그는 로미나제가 중국으로 올 때 함께 왔다.[33]

마오쩌둥이 창사에 도착하고 처음으로 한 일은 후난 위원회 서기인 이리롱을 만난 것이었다. 이리롱은 중국의 '기회주의적' 과오를 받아들일 만한 용기가 부족한 코민테른을 공개적으로 비판했던 몇 안 되는 공산주의자 가운데 한

---

* 그의 가명은 때로 'Meyer'로 잘못 옮겨지기도 한다.

명이었다.[34] 당연히 로미나제는 그에게 특히 비우호적이었다. 마오쩌둥은 오랜 친구인 그와 인연을 끊을 이유가 없었다. 오래간만에 만난 두 사람은 가까운 시일 내에 지역위원회 모임을 소집하기로 결정했다. 이후 마오쩌둥은 처자식이 살고 있는 반창으로 갔다. 가족들은 우창에서 살다가 그곳으로 이주한 상태였다. 그는 16일이나 17일쯤 창사로 돌아오려고 했지만 예상했던 날짜보다 더 오래 머물렀다. 창사에서 기다리던 이들은 결국 8월 16일 그가 없는 상태에서 회의를 열었다.

마오쩌둥은 처자식과 더불어 아이들과 양카이후이를 돌봐 주던 늙은 유모를 데리고 창사로 돌아왔다. 양카이후이는 왠지 그를 홀로 떠나보내기 싫었다. 양카이후이는 이제 남편과 함께 있을 시간이 그리 많이 남지 않았다는 것을 직감하고 있었는지도 모른다. 그들 여섯 명은 양카이후이의 부친이 남겨 준 옛 집에서 지냈다.[35]

돌아온 즉시 마오쩌둥은 임시당위원회의 새로운 회의를 소집하고, 폭동 조직을 위한 중요 임무를 개략적으로 설명했다. 8월 7일 한커우 회의에서 그는 중국공산당의 주요 슬로건은 토지의 전면 몰수가 될 것이라고 주장했다.

중국에는 대지주가 많지 않지만 소지주는 아주 많다. 만약 우리가 오로지 대지주의 토지만 몰수한다면 몇 안 되는 지주들만 영향을 받을 것이며, 몰수한 토지도 극히 적을 것이다. 토지를 원하는 빈농은 매우 많으니, 만일 우리가 대지주의 토지만 몰수한다면 농민들의 요구와 기대를 충족시켜 줄 수 없다. 만약 우리가 모든 농민을 설득하기를 원한다면 모든 지주의 토지를 몰수하여 농민들에게 분배해야 한다.[36]

당시 모임에서 그는 자경농의 토지를 몰수할 필요에 대해서는 아무 말도 하지 않았다. 하지만 자신의 입장을 재고하지 않았다. 8월 20일 중국공산당 중앙위원회에 보낸 서신에서 그는 다음과 같이 주장했다.

후난 농민들은 토지 문제에 관한 완전한 해결을 절대적으로 원하고 있습니다. ……나는…… 소지주와 자경농을 포함해 모든 토지를 몰수하여 공유화하고 농민 협회가 '공작 능력(노동력)'과 '소비량', 두 가지 표준에 따라 토지를 얻고자 하는 모든 향촌민에게 공평하게 분배해야 합니다.(다시 말해 각 가정의 장유(長幼), 다과(多寡)에 따라 실제 소비량을 정한다는 뜻이다.)[37]

그는 대부분의 소작농과 자신이 애정을 가지고 있는 시골 룸펜 프롤레타리아 대다수가 전혀 토지를 원하지 않는다는 것을 잘 알고 있었지만 자신의 방식을 고집했다. 전자는 세금과 임대료 삭감을 원했고, 후자는 다른 이들의 소유물을 나눠 가지기를 원했다. 그가 급진적인 토지 문제를 제기한 것은 궁핍한 극빈자들과 가난한 소작인들, 힘들고 가난한 커자인들을 만족시키기 위해서였다고 할 수 있다. 중국의 시골 지역에는 그런 이들이 많았고, 커자인들만 해도 거의 3000만 명에 달했다. 그럼에도 불구하고 전혀 중요하게 여겨지지 않았다. 1927년에 이르러 마오쩌둥의 개성이 확고해지면서 지도자로서 습관이 생기기 시작했다. 많은 지도자들이 명령에 익숙해지듯이 그 역시 밑에 있는 사람들의 운명을 결정짓는 권한을 지녔다는 점은 의심할 여지가 없었다. 그는 자신이 과연 무엇이 필요한지 어떤 농민들보다 잘 알고 있다고 확신했다. 이것이 바로 토지에 대한 전면 몰수를 주장하고 며칠 되기도 전에 로미나제에게 비판을 받은 이유였다. 하지만 마오쩌둥은 후난 지역 코민테른 대표인 쿠추모프가 있는 자리에서도 자신의 주장을 반복했다. 그는 중국이 이미 볼셰비키 혁명을 수행할 기회가 무르익었다고 여겼다.[38] 그렇기 때문에 '지주'나 '부르주아'에게 관대할 아무런 이유가 없었던 것이다.

마오쩌둥은 이후에도 계속해서 좌파적 급진 정책을 밀고 나갔다. 물론 나름의 책략을 활용하고 환경에 적응하면서 우회적으로 접근할 수밖에 없었지만 보편적 평등이라는 자신의 유토피아적 이상을 저버린 적이 없었다. 그러면서 책략을 쓰고, 순응시키고, 이를 우회적으로 만들었다. 하지만 완전 평등에 관한 자신의 유토피아적 이상을 배신하지 않았다. 마치 보험을 드는 것처럼

"이해가 느린" 농민들이 그의 요구에 실제로 반응하지 않을 가능성에 대비하여 그는 회의 석상에서 특히 군사적 요인의 중요성에 대해 문제를 제기했다.

　　만약 우리가 이번 폭동을 조직하고 촉발시키려면 오로지 농민들에게만 의존해서는 안 됩니다. 군사적 지원이 있어야 합니다. 적어도 한두 개 연대의 도움이 있어야 폭동이 일어날 수 있습니다. 그렇지 않으면 결국 실패로 끝나고 말 것입니다. ……만약 정권을 탈취하는 데 군사력의 도움 없이 하고자 한다면 이는 자기기만에 불과할 것입니다. 우리 당이 이전까지 저질렀던 과오는 군사를 무시한 데서 나왔습니다. 이제 우리의 힘 가운데 60퍼센트를 군사 운동에 집중해야 합니다.

결론적으로 마오쩌둥은 "총구를 통해 정권을 장악하고 수립한다는 기본 원칙을 수행해야 한다."[39]는 자신이 즐겨 쓰는 공식을 또다시 적용했던 것이다.

후난 당위원회의 대다수는 믿음직스러운 고향 사람 마오쩌둥을 적극 지지했다. 다만 이리룽만은 주의할 필요가 있다고 하면서 이렇게 말했다. "만약 우리가 소지주들의 땅을 몰수한다면 그들은 혁명을 반대하는 대지주들의 진영에 설 것입니다. 그러니 지금은 그들의 땅을 몰수할 시기가 아닌 것으로 보입니다."[40] 그러나 아무도 그의 말에 신경을 쓰지 않았다. 모든 이가 대중에 영합하는 포퓰리즘 카드를 꺼낼 때라고 확신했다. "민주적 혁명 정부를 수립하자는 구호는 모두 실패로 돌아갔다."라고 그들은 주장했다. 공산주의자들은 '좌파' 국민당이 아니라 자신들의 기치 아래에 일어서서 소비에트 수립을 선포하고 지주로 간주되는 모든 이를 참수하기를 원했다. 그들은 과연 농민들이 이를 원하고 있는지에 대해 관심조차 없었다. "우리의 목표는 위로부터 혁명을 추구하여 이를 군대로부터 농민들까지 확대하는 것이다."[41] 펑공다는 이렇듯 마오쩌둥의 주장에 동조했다.

로미나제가 통제하고 있는 임시정치국은 이를 반대했다. 후난 동지들에게 보내는 긴급 서한에서 그는 군사적 요인과 대중 운동의 관계에 관한 마오쩌둥의 관점을 '군사 모험주의'로 지칭하면서 "중앙위원회는 무엇보다 대중에 의

지해야 하며, 군대는 그다음이라고 믿고 있다."라고 덧붙였다. 이렇게 해서 즉각적이고 전면적인 토지 재분배에 대한 마오쩌둥의 견해는 또다시 거부당했다. "현재 우리의 구호는 대지주의 토지를 몰수한다는 것이다." 로미나제는 서신에서 이렇게 말했다. 임시정치국은 또한 모든 사업은 '좌파' 국민당의 기치 아래에서 지속될 것을 요구했다. 구호 변경에 관한 지령은 아직 모스크바에서 도착하지 않은 상태였다. 후난 당위원회는 어느 누구 하나 이에 대해 동의하지 않았지만 정치국이 강력하게 지시 이행을 요구하자 마오쩌둥과 그의 지지자들은 굴복할 수밖에 없었다.[42] 그러나 일을 진행해 나가면서 그들은 그저 형식적으로 했을 뿐이었다.[43]

한편 추수 폭동에 대한 준비가 재빠르게 진행되었다. 8월 말 후난 당위원회는 창사 동부에 주둔하고 있는 '농군(農軍, 핑장·류양(瀏陽) 농군)'과 공산당의 지시를 받고 있는 국민혁명군 제4군단 제2방면군 총지휘부 경위단(警衛團), 안위안 탄광의 실업 광부들을 하나의 사단으로 합치고, 그들을 동원하여 후난 중심부를 주된 타격 목표로 삼기로 결정했다. 혁명 구호는 간단했다. "지역 반동분자를 처형하고, 그들의 재산을 몰수하며, 그들의 가옥을 불태우고 교통과 통신망을 파괴한다." 주된 목표는 창사 점령이었다. 러시아 혁명의 경험을 주입받은 대다수 공산주의자들은 도시에 근거지를 마련하지 않은 혁명은 상상조차 할 수 없었다. 그렇다면 마오쩌둥은 성의 중심 도시를 공격할 마음이 있었을까? 아마도 아닐 것이다. 펑공다의 기억에 따르면, 마오쩌둥은 폭동의 범위를 제한하자고 주장했다.[44] 마오쩌둥은 폭동 자체에 관심이 있는 것이 아니었다. 그는 오래전부터 공산주의 혁명이 실패를 거듭하고 있는 현 단계에 대해, 그리고 군사를 모아 봉기를 일으킨 다음에 재빨리 도망치는 기존의 방식이 이미 시대착오적이라는 것에 대해 알고 있었다. 그러나 정치국의 결정에 복종해야 했다. 적어도 동지들이 무엇을 생각하고 있는지 전혀 개의치 않고 자신의 의지대로 그들을 강제할 수 있을 때까지 이는 어쩔 수 없는 일이었다.

추수 폭동을 주도하기 위해 두 개의 위원회가 조직되었다. 군사 문제를 담당하기 위한 전적위원회(前敵委員會)와 폭동 지구당의 책임을 맡기 위한 행동위원회(行動委員會)가 만들어졌다. 마오쩌둥은 전자, 이리룽은 후자의 서기가 되었다. 8월 31일 새벽 마오쩌둥은 창사를 떠나 허난과 장시 접경 지역으로 향했다. 추수 폭동의 시작이었다.

다급한 마음으로 마오쩌둥은 양카이후이를 마지막으로 안았다. 그녀와 아이들과 유모는 모친이 살고 있는 반창으로 가기로 했다. 헤어지기에 앞서 양카이후이는 마오쩌둥에게 새로 삼은 짚신을 건네면서 조심할 것을 당부했다. 며칠 전 반창에서 창사로 오면서 마오쩌둥이 다리를 다쳐 아직도 절고 있는 것을 알고 있었기 때문에 더욱더 걱정이 앞섰다. 그녀는 기차역까지 따라 나가지 않았다. 대신 그녀의 사촌인 카이밍(開明)이 배웅하겠다고 나섰다. 그들은 다시는 못 만날 것을 직감하고 있었을까? 그날 아침이 영원한 이별의 시간이었다는 것을 알았을까? 마오쩌둥은 바로 그날 기차를 타고 창사역으로 떠나면서 "위대한 조국의 구세주", "라오스(老師, 스승)", "영도자"로서 새로운 인생을 살게 되었으며 양카이후이는 과거의 인물로 남게 되었다.

한동안 양카이후이와 아이들은 반창의 고향 집에서 비교적 안전한 생활을 할 수 있었다. 그곳은 고향이었으며, 고향 사람들은 그녀를 여전히 존중하고 보호해 주었다. 지역 관리나 군부대 장교들 역시 누구나 존경하는 스승이자 교육자인 양창지의 딸을 함부로 대할 수 없었다. 그녀는 돈이 없었기 때문에 상하이에 있는 마오쩌둥의 동생, 즉 시동생인 마오쩌민이 이따금씩 보내는 돈으로 생활했다. 그녀는 남편을 그리워하며 시를 썼다.

음침한 겨울 삭풍 불어와 한기가 뼈까지 스며드네요.
언제나 멀리 떠난 그대 생각에 내 마음은 파도처럼 일렁이지요.
다리는 다 나셨을까? 옷은 따뜻하게 입고 계신가?
외로운 밤 누가 돌볼까? 처량한 괴로움을 느끼시지는 않을까?
편지를 보내도 전할 수 없고, 근황을 물어도 아는 이가 없어요.
날개라도 있으면 당신에게 날아갈 텐데.
멀리 계신 그대 볼 수 없으니 사념의 정 사라지지 않네요.

마음속엔 괴로움만 가득, 언제 우리 다시 만날 수 있을까요?[45]*

마오쩌둥이 이끄는 홍군이 후난 당국을 자극하자 그들이 그녀를 체포했다. 1930년 8월 공산당 군대가 창사를 점령하고 얼마 후에 후난의 국민당 군대를 이끌고 있는 사령관 허젠이 체포하라는 명령을 내렸다. 그녀에게 1000위안의 현상금이 붙었다. 1930년 10월 24일 그녀는 체포되어 수감되었다. 이제 막 여덟 살이 된 큰아들 마오안잉도 유모와 함께 체포되었다. 그녀가 체포되었을 때 둘째 아들 마오안칭이 서럽게 울면서 그 작은 손으로 군인의 군복을 움켜쥐자 군인 가운데 한 명이 둔기로 아이의 머리를 내리쳤다. 그로 인해 불쌍한 마오안칭은 심각한 뇌진탕을 일으켰다. 이후로 그는 군인들과 조우했던 충격에서 결코 벗어날 수 없었다.

허젠은 양카이후이에게 남편과 의절할 것을 요구했다. 마오쩌둥의 아내가 공식적으로 의절을 표명한다면 많은 공산주의자들이 경찰에 투항할 것이라고 생각했기 때문이다. 그녀는 사랑하는 남편을 배신할 수 없었다. 양카이후이 모친의 간곡한 요청에 따라 베이징 대학 전 총장인 차이위안페이가 석방을 호소했지만 군사 법정에 회부되었다. 재판은 10분도 걸리지 않았다. 재판장은 몇 가지 형식적인 질문을 하더니 붉은 잉크병에 담긴 붓을 꺼내 들고 판결문을 적은 다음 그대로 내던졌다. 중국 법원에서 사형을 언도하는 방식 그대로였다. 1930년 11월 14일 군인들이 그녀를 사형장으로 끌고 나갔다. 함께 있던 마오안잉이 울음을 터뜨렸다. "괜찮아, 아무 일도 없어. 아들아, 내 소중한 아들아. 아버지에게 말씀드리렴. 엄마의 죽음을 슬퍼하시지 말라고. 윤지(潤之, 마오쩌둥)의 사업(혁명 승리)이 곧 이루어질 거야." 그녀는 이렇게 말하면서 "내가 죽고 난 뒤에 자산 계급처럼 장례를 치르지 말기를 바란다."라고 덧붙였다.

양카이후이는 창사 남쪽 교외에 있는 스쯔링(識字嶺)에서 총살되었다. 그

---

* 양카이후이, 「우감(偶感)」. "天陰起朔風, 濃寒入肌骨. 念妓遠行人, 平波突起伏. 足疾可否瘥? 寒衣是否備? 孤眠誰愛護, 是否亦凄苦? 書信不可通, 欲問無人語. 恨無雙飛翮, 飛去見妓人. 妓人不得見, 惆愴無已時, 心懷長鬱鬱, 何日重相逢." ─ 옮긴이

곳은 사촌 카이밍이 처형당한 곳이기도 했다. 목격자들에 따르면, 인력거로 사형장에 이송되었으며 무장한 군인들이 양쪽에서 호송했다고 한다. 여러 발의 총탄을 맞고 그녀가 쓰러지자 사형 집행인 가운데 한 명이 재빨리 다가와 신발을 벗겨 멀리 던져 버렸다. 이는 망자가 다시 돌아와 자신을 죽인 자에게 해코지를 하지 못하도록 하기 위해 행하던 중국의 오랜 풍습이었다. 사형 집행을 마친 군인들이 식사를 하기 위해 막사로 돌아왔다. 그런데 사형을 지켜보던 마을 사람 가운데 누군가가 다가와 "죽은 이"가 아직 살아 있는 것처럼 보인다고 말했다. 한참 밥을 먹고 있던 일곱 명의 사형 집행인들이 사형장으로 다시 돌아갔다. 그들은 경련을 일으키며 떨리는 손으로 땅바닥을 긁으면서 마지막 숨을 몰아쉬는 양카이후이의 모습을 숨죽이며 지켜보았다.

그날 밤 그녀의 시신이 반창의 친지들에게 돌아왔다. 그녀는 고향 집에서 멀지 않은 언덕의 소나무 그늘 아래 안장되었다. 지역에서 활동하고 있던 지하당원이 간수에게 뇌물을 주고 마오안잉과 유모를 감옥에서 꺼냈다. 한 달 후 신문을 통해 아내의 죽음을 알게 된 마오쩌둥은 그녀의 모친에게 비석을 세우라고 30은원을 보냈다. "양카이후이의 죽음은 내가 백번 고쳐 죽는다고 할지라도 갚을 길이 없다."[46] 그는 그녀의 죽음 앞에 이렇게 썼다.

하지만 이미 그는 창사를 떠난 지 2개월 후에 만난 다른 여인과 살고 있었다. 마오쩌둥에겐 "사랑을 갈구하는 인간의 욕망이 어떤 것보다 중요하다."라는 말이 딱 맞았다. "어떤 특별한 역량"을 제외하고 그 어떤 것도 "파도처럼 몰아치는 사랑에 대한 갈구"를 막을 수 없었다. 1929년 봄 그의 새로운 여인이 딸을 낳았다. 그가 양카이후이의 무덤에 비석을 세우기 위해 보낸 30은원은 순전히 상징적인 것이었다.

15

징강 산의 붉은 깃발

1927년 8월 31일 마오쩌둥은 기차를 타고 창사 남쪽에 있는 작은 마을 주저우로 향했다. 그곳에서 그는 지역 당위원회 사람들과 무장봉기 계획을 의논했다. 주저우의 공산당원들은 샹장 강을 가로지르는 철교를 폭파하여 적의 시선을 다른 곳으로 돌리기로 했다. 마오쩌둥은 장자완(張家灣)이란 마을에서 열리는 중요 군사 회의에 참석하기 위해 안위안에 도착했다. 당 활동가들은 약 5000명의 병사로 이른바 노동자농민혁명군(약칭 노농(勞農)혁명군, 일명 공농(工農)혁명군) 제1군 제1단을 조직하기로 결정했다.

투지에 넘친 마오쩌둥은 공산당을 지지하는 군인들과 빈농들에게 제1사단 제3단(團, 연대) 파견 분대(독립단) 조직을 결정했다는 사실을 통지하기 위해 안위안의 북쪽에 있는 퉁구(銅鼓)로 향했다. 그는 이미 자신을 반군의 지도자로 여기고 있었다. 그의 마음 깊은 곳에서 새로운 시상이 떠올랐다.

노동자 농민의 군대라 부르세.
도끼와 낫으로 장식된 우리의 깃발*

루산 산(廬山)에서 멈추지 않고

샤오장 강(瀟江), 샹장 강까지 곧바로 전진하리라.

지주의 모진 억압, 농민들 모두 원수로 여기나니.

추수 때에 이르러 가을 구름 짙어지니

우레처럼 폭동의 함성 들리리라.[1]**

모든 일이 순조롭게 진행되는 것처럼 보였다. 그런데 도중에 마오쩌둥과 현 당 서기는 전혀 뜻밖에도 현지 농민 민단(민병대)에게 발목이 잡히고 말았다. 사실 민병대는 그들이 체포한 이들이 누구인지 잘 몰랐다. 하지만 일단 체포했으니 상부에 보고하는 것이 당연했다. 누가 봐도 확실히 끔찍한 상황이었다. 백색 테러가 여전히 광풍처럼 몰아치는 상황에서 사형을 당할 것이 분명했다. 나중에 마오쩌둥은 에드거 스노에게 당시 사건에 대해 이렇게 이야기했다.

민단 본부로 나를 끌고 오라는 명령이 떨어졌는데, 그곳에 가면 죽을 게 분명했어요. 한 동지에게 수십 위안을 빌려 나를 풀어 달라고 호위병에게 뇌물을 주었습니다. 일반 병사들은 용병이어서 나를 죽이는 데 별다른 관심이 없기 때문에 나를 풀어 주기로 했지요. 책임을 맡고 있는 하급 장교는 풀어 주기를 거부했어요. 그래서 도망치기로 마음먹었지만 좀처럼 기회를 잡을 수 없었어요. 그러다가 마침내 민단 본부를 약 200미터 남겨 둔 곳에서 기회를 얻어 그대로 들판으로 내달았지요.

나는 주위에 풀이 제법 자란 호수 위 높은 곳에 이르러 해가 질 때까지 숨어 있었습니다. 병사들이 나를 추적했는데, 나중에는 농민들까지 강제로 동원하여 찾도록 했지요. 그들은 여러 차례 내 바로 옆까지 다가왔고, 한두 번은 거의 몸이 닿을 정도로 가깝게 접근했지요. 이제는 잡히나 보다 싶어 대여섯 차례나 희망을

---

* 당시 중국공산당 깃발에 그려져 있는 망치는 종종 도끼로 오인되곤 했다.

** 마오쩌둥, 「서강월(西江月)·추수기의(秋收起義)」. "軍叫工農革命, 旗號鐮刀斧頭. 匡廬一帶不停留, 要向瀟湘直進. 地主重重壓迫, 農民個個同仇. 秋收時節暮雲愁, 霹靂一聲暴動." ─ 옮긴이

포기하기도 했지만 용케 발각되지 않았어요. 날이 어두워지자 그들도 결국 수색을 포기했어요. 나는 즉시 산을 넘어 밤새워 걸었지요. 신발도 신지 않았기 때문에 두 발은 상처투성이가 되고 말았어요. 길을 걷다가 한 우호적인 농부를 만났는데, 그가 나에게 은신처를 제공하고 나중에 가까운 현으로 안내해 주었지요. 나는 수중에 있던 7위안으로 신발과 우산, 그리고 먹을 것을 샀어요. 마침내 농민보위대에 안전하게 도착했습니다. 그때 내 호주머니에는 겨우 동전 두 닢밖에 남아 있지 않았습니다.[2]

9월 9일부터 세심하게 준비한 폭동은 참패로 끝나고 말았다. 이는 이미 예견된 것이었다. 농민들은 수동적이었고, 철도와 광산 노동자들은 사기가 저하된 상태였으니 반군과 군관들에게 실질적인 도움을 줄 수 없었다. 펑공다가 말한 것처럼, "영도자가 결심이 서지 않으면 농민들은 일어서지 않는다."[3] 이런 상황에서 9월 15일 마오쩌둥과 후난 당위원회는 성도(창사)를 공격하지 않기로 자체적으로 결정했다. 무의미한 행동은 손실만 가져다줄 뿐이었다. 지금은 후퇴할 시기이지 영웅 노릇을 할 때가 아니었다.

잔여 부대를 이끌고 창사에서 동쪽으로 약 100킬로미터 떨어진 원자 시(文家市)에 도달한 마오쩌둥은 후난과 장시의 경계 지역을 따라 남쪽으로 관통하여 험준한 산악 지대인 징강 산(井岡山)으로 향하겠다고 선언했다.[4] 뤄샤오 산맥(羅霄山脈) 중부에 위치하여 쉽게 접근하기 어려운 그곳은 예로부터 반군이나 토비의 은신처가 되었다. 마오쩌둥은 그곳을 "유격전에 가장 적합한 근거지"라고 여겼다.[5] 그곳은 하늘로 치솟은 산봉우리와 깎아지른 듯한 벼랑이 교묘하게 조합을 이루어 이상적인 피난처가 아닐 수 없었다.

9월 21일 제1사단의 잔여 세력인 1500명의 피곤에 절은 전사들이 반군의 표시로 목에 붉은 띠를 매고 고단한 여정을 시작했다. "군기는 엉망이고 정치 훈련도 거의 밑바닥 수준이었으며, 일반 사병이나 군관들 사이에 동요하는 이들이 적지 않았다."[6] 한 사병은 당시 암울했던 분위기를 이렇게 회상했다. "우리 부대는 주위 환경에 익숙하지 않았고, 준비도 전혀 되어 있지 않았다. 1년

중 가장 더운 시기에 행군을 하느라 열병이 유행했으나 기본적인 것이 태부족하여 손실이 상당했다."[7] 10월 27일 마오쩌둥 부대는 병력의 3분의 1을 잃는 고단한 행군 끝에 마침내 징강 산의 주된 근거지인 츠핑전(茨坪鎭)에 도착했다. 그들은 해발 1737미터인 우즈 산(五指山, 다섯 봉우리가 있다.)에서 가장 높은 징강 산 아래에 근거지를 구축했다. 상당히 넓은 분지가 조성되어 있으며, 벼 농사가 가능한 곳이었다. 사방이 높은 산으로 둘러싸여 깎아지른 듯한 산봉우리 위로 푸른 하늘만 보일 뿐이었다.[8]

한 달 후 마오쩌둥은 주도적으로 두 개의 정치권력 기관을 설립했다. 하나는 노동자와 농민, 병사를 대표하는 입법 기관이고, 다른 하나는 인민대표대회를 표방한 행정 기관이었다. 한동안 그는 소비에트(soviet, 중국어로 쑤웨이아이(蘇維埃))라는 말을 사용하지 않았지만 실질적으로 소비에트나 다를 바 없었다. 일단 근거지를 확보했으나 곧이어 여러 가지 문제에 봉착했다. 우선 때로 초대받지 않은 손님들에게 적대적이기도 한 원주민들 사이에서 새롭고 전혀 알 수 없는 환경에 적응하는 것이 무엇보다 시급했다. 더구나 마오쩌둥을 포함한 대부분의 군인들이 사투리를 썼기 때문에 지역민들과 소통하는 데 문제가 있었다.

그곳은 후난과 장시의 행정 구역에서 멀리 떨어진 가난한 지역으로 오랜 세월 나름의 전통적인 관습에 따라 살고 있었다. 마오쩌둥의 말에 따르면, 경제적으로 "여전히 절구와 절굿공이의 시대였다."[9] 산골에 사는 농민들이 벼 껍질을 벗기기 위해 절구와 절굿공이를 사용한 것을 빗댄 말이다. 계곡 아래쪽에 방앗간이 있었지만 그마저도 수동이었다.

당시 징강 산 일대는 위안원차이(袁文才)와 왕쭤(王佐)가 이끄는 비적이나 다를 바 없는 무법 집단이 권력을 행사하고 있었다. 낡은 소총과 창검으로 무장한 600여 명의 군도 집단이 15만 명이 사는 닝강(寧岡)을 지배하고 있었던 것이다.[10] 그렇기 때문에 마오쩌둥은 '징강 산의 주민'이 되기 전에 그곳에서 약탈을 일삼는 무법자들과 우호적인 관계를 수립하는 것이 급선무였다. 그는 실제로 그들과 우호적인 관계를 맺고, 그의 말마따나 '산의 왕'이 되었다.[11]

마오쩌둥이 "숲속의 형제들"과 우호적인 관계를 맺은 역사에 대해 좀 더 구체적으로 살펴보는 것도 좋을 듯하다. 위안원차이와 왕쭤는 광둥 또는 푸젠에서 이주한 가난하고 종속적인 커자인의 후손이다. 그들이 정착했을 때는 이미 원주민들이 계곡에 비옥한 전답을 마련한 후였다. 그들은 비록 그곳에서 태어났지만 원주민들에게 여전히 이방인 취급을 받았다. 그렇기 때문에 계곡에 살고 있는 원주민들에게 우호적일 수 없었다. 현지 주민들은 새로운 이주민들을 멸시했으며, 악독하게 착취를 일삼았다. 이것이 바로 위안원차이와 왕쭤가 일찍이 그들과 마찬가지인 '이방인'들로 구성된 반도 집단 '마도회(馬刀會)'에 참여하게 된 이유다. 그들은 마도회에서 주도적인 자리를 차지하고 지역민들에게 공물을 강제로 거두었으며, 반항하는 이들을 잔혹하게 제압했다. 때로 가장 심하게 반항하는 이를 참수하여 본보기로 삼기 위해 장대에 목을 내걸기도 했다. 그중에서도 위안원차이가 주된 역할을 맡았기 때문에 왕쭤는 그를 '형님'이라고 불렀다. 그들의 우의는 피로 맺어진 것이었다.

1927년 10월 초 징강 산에 들어온 마오쩌둥은 위안원차이에게 한번 만나자는 정중한 편지를 보냈다. 그는 만약 위안원차이가 자신들이 지역에 정착하는 것을 허락해 준다면 기꺼이 100정의 소총을 선사하겠다고 말했다. 겨우 구식 소총 예순 정이 전부인 비적의 입장에서 그 제의는 거절하기 힘들 터였다. 하지만 자존심이 있지 아무런 대가도 치르지 않고 공짜로 무기를 받을 수는 없는 노릇이었다. 마오쩌둥을 만났을 때 위안원차이는 1000은원을 건넸다. 호방하고 관대한 모습은 전형적인 중국인의 그것이었다. 전통에 따르면, 선물을 받은 주인은 그 100배로 답례하는 것이 관례였다. 그러지 않으면 "체면이 깎이는 일"이며, 손님 또한 주인에게 뭔가 문제가 있다고 생각할 수 있었다. 마오쩌둥은 그의 보답에 찬사를 보냈다. 마오쩌둥의 간결하면서도 예의를 갖춘 모습에 위안원차이는 만족했다. 위안원차이는 이미 공산당 지도자 가운데 마오쩌둥이란 인물이 있다는 이야기를 들은 적이 있었다. 그처럼 중요한 인물이 깍듯하게 예의를 갖추어 대하니 자신도 모르게 우쭐해졌다. 큰 감동을 받은 위안원차이는 마오쩌둥에게 자신이 이미 1년 전에 공산당에 가입했다고 말했다. 사실 여부는 알 수 없었지만 마오쩌둥은 믿는 척했다. 그는 위안원차이를 통해 왕쭤와도 친분 관계를 맺고 소총 일흔 정과 탄약을 선물로 보냈다. 해박한 지식을 갖춘 공산당 지도자의 모습은 교육을 받지 못한 왕줘에게 강한 인상을 남겼다. "마오쩌둥 위원은 정말 교육받은 사람이 분명해! 그와 이야기를 해 보면 10년 동안 아무것도 하지 않고 책만 읽은 것 같은 느낌이 든다니까!"[12] 왕줘는 이렇게 말했다. 그는 자신이 직접 마오쩌둥에게 츠핑전에 근거지를 만들라고 충고했다. 이웃하고 있는 위안원차이의 고향 마오핑(茅坪)에 의무대가 설치되었다. 마오쩌둥이 위안원차이와 왕줘보다 다섯 살 위였기 때문에 그들은 '마오 따거(毛大哥, 마오 형님)'라고 불렀다. 관례에 따라 형제 결의를 기념하기 위해 돼지고기와 술을 준비하여 조촐한 잔치가 벌어졌다.

　모든 일이 순조롭게 진행된 것만은 아니었다. 마오쩌둥의 부대와 위안원차이, 왕줘의 토비 사이에 충돌이 빚어지기도 했다. 특히 의심 많은 왕줘가 주로 사단을 일으켰는데 그 역시 나름의 이유가 있었다. "만약 마오쩌둥이 우리 세력을 모두 빼앗으면 어떻게 할 텐가?" 왕줘는 언젠가 위안원차이와 이런 이야기를 나누었다. "그자는 우리를 먹어 치우고 티조차 내지 않을 거요." 교활한 위안원차이는 마오쩌둥을 묶어 두기 위해 나름의 계책을 생각해 냈다. 오랜 친구의 매력적인 여동생 허쯔전(賀子珍)을 마오쩌둥에게 소개해 준 것이다. 명목은 지역 사투리에 능한 그녀가 믿을 만한 통역사라는 것이었다. 당시 그녀는 이제 막 열여덟 살로 얼마 전에 위안원차이 부대에 들어왔다. 위안원차이뿐만 아니라 그 부인 역시 그녀를 아끼고 좋아했다. 왕줘도 호의적이어서 모제르총 한 자루를 선물로 주기도 했다. 그녀는 열여섯 살에 공산당에 가입했으며, 이후 고향 마을에서 '국민당'이 정권을 잡자 징강 산으로 들어왔다. 책을 많이 읽고 정치적 소양이 풍부했다. 무엇보다 매혹적이고 활력이 넘치며, 활발하고 또한 대범했다. 사랑스러운 둥근 얼굴에 크고 반짝이는 두 눈, 고운 피부의 소유자였다. 어린 시절 이름이 구이위안(桂圓)이었던 것도 우연한 일은 아니다. 그녀는 마오쩌둥에 대해 긍정적인 인상을 받았으며, 비록 나이가 열여섯 살이나 많았지만 그를 좋아하게 되었다. 그녀는 마오쩌둥이 직접 말한 대로 이미 결혼하여 아이가 셋이나 된다는 사실을 알고 있었다. 하지만 그것이 장애가 될 수는 없었다. 마오쩌둥은 여인을 기쁘게 하는 방법을 알고 있었다. 당시 그는 가냘픈 몸매에 넓은 이마, 검은 머리, 우수에 찬 검은 눈을 가진 그녀에게 흠뻑 빠졌다. 허쯔전 역시 그에게 반했다. 그는 체력과 지적 능력이 탁월했을뿐더러 감성적이고 시를 지을 줄 알았으며, 문학과 민속에 정통했다. 아직 어린 허쯔전은 이전까지 그런 사람을 만나 본 적이 없었다. 그렇다면 과연 그들은 서로 사랑했던 것일까? 아니면 단지 성적인 매력에 이끌렸던 것일까? 그들을 아는 사람들은 저마다 생각이 달랐다.

1928년 이른 봄, 마오쩌둥은 허쯔전에게 원고 정리를 도와 달라고 요청했다. "제 글씨체가 형편없다고 생각하지 않으신다면 도와 드릴 수 있어요." 그녀는 이렇게 답했다. 다음 날 그녀가 그를 찾아왔다.(당시 마오쩌둥은 산속에 있는 수도원에 거주하고 있었다.) 그때부터 함께 살기 시작했다. 5월 말 중매를 선 위안원차이와 동료들이 모인 자리에서 일종의 '혼례'가 거행되었다. 그들은 사탕과 땅콩을 먹고 차를 마셨다. 웃고 떠들면서 혼례를 축하했다. 아무도 두 눈 뜨고 시퍼렇게 살아 있는 양카이후이를 생각하는 이는 없었다.

공교롭게도 양카이후이는 남편의 배신을 알고 있었다. 몇 달 동안 남편의 소식을 듣지 못했고, 결국 지금과 같은 일이 벌어지고 만 것이다! 충격이 너무 커서 자살을 생각할 정도였다. 아이들만 없었다면 정말로 자살했을지도 모를 일이었다.[13] 그녀는 2년 후 자신의 생명이 다할 때까지 모욕을 참고 견뎌 냈다.

한편 중국공산당은 폭풍우와도 같은 힘들고 어려운 상황에 직면했다. 9월 19일 스탈린은 최종적으로 국민당에서 빠져나오기로 결정하고, 중국 내에 소비에트를 건설하기 위한 투쟁에 돌입했다. 취추바이는 이튿날 한커우의 소련 영사관을 통해 스탈린의 지령을 받았다. 9월 말 중국공산당 지도자들은 배를 타고 한커우를 떠나 공산당원들이 여전히 지하 활동을 하고 있는 상하이로 떠났다.[14] 로미나제가 곧 그들과 합류했다. 10월 코민테른 집행위원회에서 파견한 또 한 명의 대표자, 독일 출신의 공산당원인 하인츠 노이만(Heinz Neumann, 가명은 모리츠(Moritz) 또는 구르베(Gruber)로도 불린다.)이 나중에 광저우 코뮌(Canton Commune)으로 알려진 새로운 폭동을 준비하기 위해 홍콩과 광저우를 거쳐 상하이에 도착했다. 하지만 이번 폭동도 실패로 끝나고 말았다. 수많은 희생자 중에는 보로딘의 통역관이었던 장타이레이도 있었다. 백색 테러와 중국공산당의 모험주의 정책은 값비싼 대가를 치러야만 했다. 1927년 말 전체 공산당원의 5분의 4를 잃어 5만 8000명에서 겨우 1만 명 정도밖에 남지 않은 상황이었다.

이것이 1927년 겨울부터 1928년 초까지 마오쩌둥을 포함해 수많은 공산당원들이 농촌 지역으로 퇴각할 수밖에 없었던 근본 이유다. 대도시와 멀리 떨어지고 쉽게 다가갈 수 없는 곳에서 그들은 소비에트의 기치를 높이 들고 새로운 투쟁을 준비했다. 이는 모스크바의 지시에 따른 것이었다. 마오쩌둥은 그 첫 번째 인물이었기 때문에 그에 따른 적지 않은 문제에 봉착했다. 예를 들어 동료들은 그를 이해하지 못했고, 시기하는 사람들에게 미움을 받았으며, 좌경주의자와 우경주의자 양쪽에서 퍼붓는 비난을 감수해야만 했다. 마오쩌둥은 같은 해 9월 이미 창사 주재 소비에트 영사이자 코민테른 대표 가운데 한 명인 쿠추모프에게 창사에 대한 공격을 거절했다는 이유로 엄청난 비판을 받은 적이 있었다. 쿠추모프는 후난 당위원회의 '직무 유기'를 수치스러운 배신 행위이자 비겁한 일로 규정짓고 정치국에서 즉각 후난 당위원회 지도부를 교체할 것을 요구했다. 소비에트 영사는 창사 폭동이 성공했다면 펑궁다와 마오쩌둥이 "중국식 속물주의의 커다란 실례(實例)"를 드러내지는 않을 것이라고 확신했다. 이에 취추바이는 창사에서 즉각 행동을 취할 것을 명령했다. 동시에 자신의 전권 대표인 런비스를 창사에 파견했다. 런비스는 펑궁다를 비서로 유임시켰지만 대대적으로 당위원회 지도부의 조직 개편을 단행했다. 그러나 런비스의 노력은 당시 상황에 아무런 도움도 주지 못했다. 또한 그는 자신이 창사에서 "폭동의 시기를 놓치고 말았다."라는 사실을 인정할 수밖에 없었다.[15]

마오쩌둥은 1927년 11월 7일부터 14일까지 상하이에서 열린 임시중앙정치국 확대회의에서 다시 한 번 타격을 입었다. 모스크바에서 온 두 명의 특사가 회의를 주재했다. 그 가운데 한 명인 로미나제는 회의가 끝나기 전인 11월 10일 소련으로 떠났고, 나머지 한 명은 올가 미케비치(Olga Mitkevich)로 적색

노동조합 인터내셔널의 대표자였다. 그들이 회의에 직접 참여했다는 것은 수치스럽게 폭동에 실패한 조직가에게 돌아갈 처벌 정도를 예견하는 것이었다. 또다시 스탈린은 희생양을 요구했고, 실패에 대한 어떤 책임도 받아들일 생각이 없었다. 회의에서 채택된 「정치기율결의안(政治紀律決議案)」은 마오쩌둥과 그 동료들에 대해 이렇게 말하고 있다.

후난 당위원회의 농민 폭동 지도는 완전히 중앙(중국공산당 중앙위원회)의 책략에 위배되는 것이다. 중앙은 후난 폭동이 농민 군중을 주력으로 삼아야 한다고 여러 차례 지시했다. 아울러 성위원회 서기 펑공다 동지에게 군사적 기회주의의 과오에 대해 직접 경고하고 성위원회가 이런 과오를 시정하여 폭력의 주력을 농민 군중으로 삼고 중앙의 양호(兩湖, 후난·후베이) 추수 폭동 계획에 따라 착실하게 준비할 것을 요구했다. 당시 반복적인 논쟁을 통해 결국 펑공다 동지가 이를 억지로 수용했으나 성위원회의 지도는 여전히 기존의 군사적 기회주의의 과오를 수정하지 않았다. ……임시중앙정치국 확대회의는 이상에 열거한 과오 정책을 집행한 당부(黨部) 집행 기관과 책임을 맡은 동지들에 대해 다음과 같은 처벌을 결정했다. ……후난 위원회 위원 펑공다, 마오쩌둥, 이리룽, 샤밍한(夏明翰)은 성위원회 위원에서 제명하며, 펑공다 동지는 중앙정치국 후보 위원 자격을 박탈하되 당적은 유지하여 6개월 동안 관찰을 받도록 한다. 마오쩌둥 동지는 '팔칠(八七)' 긴급회의 이후 중앙이 후난에 파견하고 성 위원회를 재편하여 중앙의 추수 폭동 정책을 집행할 것을 지시한 특파원으로 사실상 후난 위원회의 중심이었다. 따라서 마오쩌둥 동지는 후난 위원회가 저지른 과오에 대해 엄중한 책임을 져야만 하기 때문에 중앙 임시정치국 후보 위원 자격을 박탈한다.[16]

중국공산당 중앙위원회에서 '마오주의', 즉 마오쩌둥의 책략을 '군사 기회주의'라는 말로 규정하여 유포시킨 것도 바로 이때였다.

마오쩌둥은 자신이 정치국에서 쫓겨났다는 소식을 4개월 후인 1928년 3월 후난 남부의 새롭게 재편된 당위원회로부터 특별한 전권을 부여받은 저우루

(周魯)가 그를 만나러 왔을 때 처음 알았다. 자신감 넘치는 청년 저우루는 자신이 후난 남부의 군대를 책임지고 있기 때문에 그의 중요성을 확신했다.[17] 그가 대표하는 당위원회는 3개월 전인 1927년 12월에 만들어졌다. 중앙위원회는 징강 산의 공산당 지도부 재편에 관한 임무를 당위원회에 맡겼다.(그때까지 창사에 있는 후난 당위원회는 거의 국민당이 장악하고 있었다.)

상하이의 지도부는 마오쩌둥의 독립을 받아들일 수 없었다. 1927년 12월 31일 그들은 전적위원회 지도부에서 마오쩌둥을 배제할 것을 요구했다. 평소 차분한 인물로 정평이 나 있는 중앙군사위원회 서기 저우언라이가 특히 마오쩌둥에 대해 불만을 표시했다. 어쩌면 이는 자신의 과오 때문인지도 모른다. 여하간 그는 실패한 난창 봉기에 책임이 있었다. "마오쩌둥의 부대는 토비들처럼 이곳저곳을 돌아다닌다." 저우언라이는 이렇게 말하면서 다음과 같이 덧붙였다. "그런 지도자(마오쩌둥)는 일반 군중의 역량을 믿지 않기 때문에 '군사적 기회주의'에 빠지기 쉽다."[18] 후난 당위원회의 나머지 위원들도 마오쩌둥의 부대는 완전히 '유랑자'들로 구성되어 있다고 하면서 그의 의견에 동의했다.[19] 상하이에 있는 코민테른 원동국 위원들이 마오쩌둥 부대에 대해 내린 판단은 역시 확실했다.(그리고 정확했다.) 예를 들어 코민테른 집행위원회 비밀국제연락부 대표 알렉산드르 알브레히트(Aleksandr Al'brecht)는 1928년 2월 말 모스크바에 이렇게 보고했다.

홍군 창설 문제가 대단히 중요하다. 그들의 군대는 근거지도 없고 지원도 받지 못하기 때문에 농민들에게 많은 부담을 지우고 있다. 일부 병사는 출신으로 볼 때 반(半)토비나 다를 바 없다. 마오쩌둥의 부대를 예로 들자면, 그들은 시간이 흐르면서 흩어지고 그들 스스로 농민들이 등을 돌리게 만들었다. 특히 우려할 점은 그들 부대가 군벌을 공격하기 위해 번번이 농민에게서 멀리 떠난다는 것이다.[20]

당 중앙의 제재 소식은 마오쩌둥에게 큰 충격이 아닐 수 없었다. 특히 마오쩌둥을 철저하게 부정하려는 저우루가 중앙위원회에서 마오쩌둥을 당에서 제명시키기로 결정했다고 말했기 때문에 더욱 그러했다. 그것은 분명 뻔뻔스러운 거짓말이었다. 하지만 마오쩌둥은 이를 확인할 수 없었고, 또 마냥 부정할 수만도 없었다. 저우루는 마오쩌둥의 모든 당 업무를 정지시키고 그를 제1단 사단장으로 전출시켰다.* 당적을 잃고 '당외 인사'로 사령관이 된 마오쩌둥은 당이 모든 것을 지도하고 이끌었기 때문에 정치 문제는 물론이고 군사 문제 또한 전혀 결정할 수 없었다. 저우루는 전적위원회를 해산시키고 제1사단의 당권을 자신이 좋아하는 제1단(연대) 제3영(營, 대대) 당 대표(정치위원)인 스물두 살의 허팅잉(何挺穎)에게 넘겼다. 확실히 특별 전권 대사 저우루는 젊고 경험이 부족한 허팅잉을 자신이 마음대로 주무를 수 있을 것이라고 생각했다. 하지만 이는 계산 착오였다. 추수 폭동과 원자에서 징강 산에 이르는 힘든 행군을 함께하는 동안 마오쩌둥과 친숙해진 허팅잉은 마오쩌둥을 권위 있는 지도자로 생각했기 때문이다.²¹ 또한 저우루는 제1사단에 젊은 허팅잉 이외에도 마오쩌둥이 신뢰하는 이들이 적지 않다는 사실을 간과했다.

징강 산에서 마오쩌둥이 가장 신임하는 사람 가운데 한 명은 동생 마오쩌탄이었다. 왕징웨이의 정변 전야에 그는 형 마오쩌둥의 말에 따라 우한을 떠나 장시와 후베이 경계에 있는 주장(九江)의 제4군과 함께 출발했다. '좌익' 국민당에서 공산당원을 숙청하면서 국민혁명군이 그를 추격하고 있다는 소식이 전해졌다. 위험에 직면한 그는 제4군 참모장으로 있던 예젠잉(葉劍英)의 권고를 받아들여 난창으로 도피한 다음 허룽의 부대와 합류하여 봉기에 참가하기로 했다. 하지만 그가 그곳에 도착했을 때는 이미 공산당원들은 사라지고 도처에 국민당 군대가 자리하고 있었다. 그는 난창 입구에서 순찰대에게 붙잡혔지만 간단한 심문을 받고 곧 풀려났다. 난창을 떠날 수밖에 없었던 그는 남쪽으로 방향을 틀어 200킬로미터 정도 내려갔다가 그곳에서 반란군의 초소병과 조우했다. 그들은 그를 저우언라이에게 데려갔고, 저우언라이는 보자마자 마

---

* 나중에 마오쩌둥은 당시를 회상하면서 반어적으로 이렇게 말한 적이 있다. "그래서 나는 민주 인사(제명되었기 때문에)가 되자마자 사단장을 맡을 수 있었다."

오쩌둥의 동생이라는 것을 알아챘다. 마오쩌탄은 예팅 휘하의 정치부로 보내 졌다. 그는 다른 이들과 함께 산터우 공격에 가담했으며, 이후 주더 부대에 합 류하여 광둥과 장시 접경 지역에서 고단한 행군에 참가했다. 1927년 11월 중 순 주더의 병사들은 국민당 군대 주력군에 의해 고립되어 산속을 헤매던 마오 쩌둥 사단 소속 병사들과 합류했다. 주더와 마오쩌탄은 그들을 통해 추수 봉기 이후 마오쩌둥이 징강 산에 근거지를 마련했다는 소식을 들었다. 주더는 마오 쩌둥과 연계하기 위해 마오쩌탄을 그에게 보내기로 결정했다. 마오쩌탄이 가 지고 온 편지에서 주더는 이렇게 말했다. "우리는 군사력을 합쳐 명확한 군사 및 토지 정책을 실시해야 한다."[22]

　11월 말 마오쩌탄은 안전하게 츠핑전에 도착하여 형제들과 재회의 기쁨을 맛보았다. 그는 마오쩌둥과 함께 머물면서 모든 면에서 그에게 적극적인 도움 을 주었다. 확실히 그는 한동안 허쯔전의 환심을 사기 위해 애썼지만 결국 헛 수고로 끝나고 말았다. 한편 아내 저우원난은 6개월 전에 태어난 어린 아들 마 오추슝(毛楚雄)과 함께 창사의 감옥에 갇힌 상태였다. 그녀는 1928년 3월 한 배 신자의 고발로 인해 그곳으로 보내졌다. 마오쩌탄은 그런 사실을 알고 있었을 까? 아마도 몰랐던 것 같다. 하지만 지난번 우창에서 만났을 때 임신 중이었다 는 사실은 분명히 기억하고 있었다. 그래서 9월쯤에 아버지가 된다고 생각하 고 있었다. 아이는 감옥에서 중병에 걸려 강제로 감옥에 있는 진료소로 이감되 었다. 거의 죽은 것이나 다름없었으나 용케 목숨을 부지한 아이는 몇 개월 후 조모의 품에서 자랐다. 아이를 보호하기 위해 조모는 아이의 성을 마오에서 저 우(周)로 바꾸었다.(아이가 열 살이 되었을 때 부친이 누구인지 알려 주었다.) 1930 년 7월 홍군이 잠시 창사를 점령했을 때 저우원난은 비로소 자유의 몸이 되었 다. 하지만 그때까지 참을 수 없었던 마오쩌탄은 이미 새로운 연애 대상을 찾 은 상태였다. 마오쩌둥의 애인인 허쯔전에게 거절당한 그는 그 동생 허이(賀 怡)에게서 위안을 얻었다. 두 사람은 1931년 초 결혼했다.*

――――――――
* 당시 마오쩌탄의 첫 번째 부인인 자오셴구이가 생명의 위험을 무릅쓰고 창사에서 지하 활동에 전념하

마오쩌둥 형제에 관한 일은 가정생활에 전혀 도움이 되지 않았다. 둘째 마오쩌민 역시 남편으로서나 아버지로서 모범적인 인물은 아니었다. 그는 첫째 부인 수란을 버렸고, 그들 사이에서 태어난 세 살배기 아이와 끝내 만날 수 없었다. 수란 역시 많은 고통을 견뎌야만 했다. 두 차례 체포되었는데, 첫 번째는 1927년 5월 말 쉬커샹의 반란이 있은 직후였다. 다행히 곧 풀려났다. 현지인이 그녀를 알아보고 이미 오래전에 마오쩌민과 이혼한 상태라고 말해 주었기 때문이다. 그러나 1929년 5월 다시 체포되어 창사에 있는 지방 교도소에 수감되었다. 홍군은 1930년 7월 마오쩌탄의 첫째 부인이었던 그녀를 구해 냈다. 하지만 그녀는 혼자 나오지 않았다. 그녀는 아홉 살배기 아이를 데리고 나왔는데, 아이를 함께 데리고 나가 교육시켜 달라는 자신의 세포 조직의 간절한 요청을 받아들였기 때문이다. 아이의 이름은 마오화추(毛華初)였다. 이후로 그녀는 자신과 마오쩌민 사이에서 태어난 딸 위안즈와 화추를 데리고 함께 살았다. 그녀는 잡다한 일을 하면서 가까스로 생활하다가 1931년 늦여름에 그곳 생활을 청산하고 아이들과 함께 상하이로 갔다. 전남편이 상하이에서 새로 가정을 꾸렸다는 소문을 들었기 때문이다. 마오쩌민을 만날 수는 없었다. 동료들은 마오쩌민이 새로운 부인인 시쥔과 1931년 7월 중앙위원회의 지령에 따라 홍콩으로 갔다고 솔직히 이야기해 주었다. 결국 수란은 고향으로 발길을 돌리는 수밖에 없었다. 그녀는 가난했고, 거의 반기아 상태에 처했지만 누구에게도 도움을 받지 못했다.*

이것이 단순히 마오 형제의 무정함 때문이라고 말할 수는 없다. 그들만이 그런 방식으로 살았던 것은 아니다. 당시만 해도 일부다처는 흔히 볼 수 있는

고 있었다는 사실을 주목할 필요가 있다. 그녀는 1927년 봄 모스크바에서 돌아온 후 모스크바에서 배운 농민 운동 조직, 좀 더 구체적으로 말해서 빈민과 농촌 유랑 무산자 운동을 후난에서 직접 실천에 옮기기 시작했다. 1927년 5월 21일 쉬커샹의 반란이 발생하면서 체포되어 압송되었으나 이듬해 1월 석방되었다. 1931년 초 안전상의 이유로 이름을 자오링잉(趙凌鷹)으로 바꾸고 우한을 떠났다. 얼마 후 상하이에 파견되었으며, 잠시 후 난징을 거쳐 산둥의 성회인 지난으로 갔다. 그곳에서 산둥 당위원회 서기와 재혼했으나, 1932년 여름 남편이 체포된 후 곧이어 국민당에 체포되어 처형되었다.

* 그녀는 혁명이 승리할 때까지 살아남았다. 이후 잠시 사오산의 마오쩌둥 기념관에서 일했으며, 창사로 옮겨 갔다. 그곳에서 1964년 7월 병환으로 사망했다. 향년 68세였다.

일이었으며, 심지어 중국 부녀 해방의 열광적인 지지자였던 중국공산당의 남자 당원들 사이에도 비록 잠재의식적인 측면이라고 할지라도 여전히 '여성들을 업신여기는 관념'이 남아 있었다. 그들은 여성을 동료라기보다 성적 대상으로 여겼다. 그러니 아이들에 대해 누가 생각이나 했겠는가? 공산당이 관심을 가지고 있는 빈민이나 농촌 유랑 무산자 중에는 자식들, 특히 딸의 경우 마치 자신에게 부담이 되는 짐처럼 여기는 경우도 허다했다. 물론 빈농들과 달리 중국공산당 지도자들이 자녀들에게 냉담했던 것은 단지 경제적인 문제 때문만이 아니었다. 그들은 근본적으로 자녀들을 돌볼 시간적 여유가 없었다. 주요 관심사가 혁명, 내전, 피압박 민중 해방에 있었기 때문이다. 전체적인 면에서 볼 때 아이들의 눈물, 설사 그것이 자기 자식의 눈물이라고 할지라도 거의 살필 수가 없었던 것이다.

당내 투쟁의 경우는 달랐다. 마오쩌둥을 보더라도 혁명 투쟁보다 결코 뒤떨어지지 않는 노력을 경주했다. 마오쩌둥의 새로운 경쟁자로 1928년 3월 징강 산에 등장한 저우루는 권력에 심취했다. 그는 마오쩌둥에게 군대를 츠핑전에서 후난 남부로 재배치하여 현지 농민 운동을 지원하라고 명령했다. 마오쩌둥은 명령에 따랐다. 아직까지 그는 공개적으로 당 대표의 명을 거역할 만큼 강력한 지위에 있지 않았다. 불과 1개월 후 마오쩌둥은 후난 동부에서 복귀하도록 저우루를 설득할 수 있었다. 후난에는 더 이상 농민 운동이 없었지만 마오쩌둥은 주더의 부대가 장시에서 후난 남부로 재배치되었으며, 현재 징강 산 쪽으로 접근 중이라는 소문을 들었다. 그는 가능한 한 빠른 시일 내에 그를 만나기 위해 준비했다.

마오쩌둥은 주더와 합류해야 한다는 생각에 사로잡혔다. 주더는 이미 오래전에 공산당원이 되었으며, 군사 전문가로서 2000명이 넘는 막강한 군대를 지휘하고 있었다. 일찍이 1927년 12월 중순 마오쩌둥은 후난 당위원회에 통합 계획을 제출한 적이 있었는데, 이후 비준을 받아 중앙위원회에서 그런 의미의 명령을 주더에게 보낸 바 있었다. 하지만 1928년 4월이 되어서야 통합 가능성이 엿보이기 시작했다. 두 지도자의 역사적인 만남은 1928년 4월 21일 또는 22일 징강 산 서쪽에 있는 링현(酃縣)에서 이루어졌다. 사나흘 후 그들의 부대가 완전히 통합되자 후난 위원회는 그들에게 특별히 중국공농혁명군 제4군이란 명칭을 부여했다.[23] (1928년 6월 중국공산당 중앙위원회의 결정에 따라 공농혁명군은 홍군으로 개칭되었다.)

마오쩌둥은 일곱 살 연상인 주더라는 이상적인 동료를 얻은 셈이었다. 마오쩌둥과 마찬가지로 주더 역시 쓰촨의 농민 출신이다. 커자인의 후손인 부친은 가족은 물론이고 자신조차 건사할 수 없을 정도로 생활이 곤궁했다. 그래서 자녀 다섯 명을 자신의 손으로 연못에 빠뜨려야만 했다.[24] "나는 내 어머니를 사랑했지만 아버지는 두려워하고 미워했다." 주더는 1937년 미국 저널리스트인 아그네스 스메들리(Agnes Smedley)에게 이렇게 고백했다. "나는 아버지가 그토록 잔인한 것을 결코 이해할 수 없었다."[25] 다행스럽게도 살기등등한 아버지를 대신해서 비교적 형편이 나은 친척이 여섯 살의 그를 데려가 키웠다. 그는 그곳에서 양질의 교육을 받을 수 있었다.

1909년 스물세 살이 된 주더는 윈난푸(雲南府, 지금의 쿤밍(昆明))에 자리한 윈난 군사학원(윈난 강무당(講武堂))에 입학했다. 같은 해 주더는 쑨중산의 민주혁명동맹에 가입하여 "공화국을 위한 투쟁"에 헌신했다.[26] 그 역시 당시 중국 사회 각 계층을 막론하고 상호 연계되어 있는 비밀 결사 가로회 회원이기도 했다. 주더는 1911년 반청 혁명에 적극 가담했으며, 윈난 군벌(차이어(蔡鍔)) 군대의 여단장으로 부상했다. 1921년 9월 윈난 경찰국장에 임명되었다. "그는 처첩들과 자녀들을 위해 윈난의 성도에 궁궐 같은 집을 지었다." 에드거 스노는 계속해서 이렇게 말했다. "그는 남들이 원하는 모든 것, 즉 부와 권력, 사랑과 자녀, 아편의 꿈, 탁월한 지위, 안정된 미래를 손에 넣었다. 그런데 단 한 가지 정말로 좋지 않은 습관이 있었다. 바로 이 때문에 물러나고 말았다. 독서를 좋아했던 것이다."[27] 그는 자신의 모든 것을 포기할 정도로 볼셰비즘에 매료되어 마침내 유럽으로 떠나게 되었다. 먼저 프랑스에 도착한 그는 이후 독일로 가서 군사학을 배웠다. 그곳에서 저우언라이를 만나 1922년 10월 중국공산당에 가입했다. 1925년 7월 주더는 소련으로 여행을 갔다가 다닐로프라는 필명으로 동방노동자공산주의대학 학생이 되었다. 그곳에서 본격적으로 볼셰비키 사회학과 경제학에 대해 연구하기 시작했다. 얼마 후 비밀 소련 군사학교로 전학했으며, 1926년 여름 중국으로 돌아왔다. 그는 북벌 전쟁에 참여했고, 오랜 동료인 저우언라이가 주도한 난창 봉기에 참가하여 큰 공헌을 했다.

그는 신체가 건강하고 농구를 즐겼으며, 일반 병사들과 마찬가지로 축축한 땅바닥에서 숙영도 마다하지 않았다. 일반 병사들과 똑같이 생활하고 똑같은 옷을 입었으며 고난도 함께했다. 그를 아는 이들은 그의 겸손하면서도 유쾌한 모습에 강렬한 인상을 받았다. 그가 지닌 가장 큰 덕목은 전혀 정치적 야심이 없다는 것이었다. 주더는 마오쩌둥이 정치에 관한 한 모든 면에서 자신보다 뛰어나다고 생각했으며, 마오쩌둥은 처음부터 군사 분야에서 주더의 의견에 이의를 달지 않았다. 그렇기 때문에 모든 면에서 그들은 가장 이상적인 조합이라고 할 수 있다.[28]

주더와 마오쩌둥이 군사력을 모아 하나가 된 후 뤄샤오 산맥 중부에 위치한 이전의 징강 산 근거지로 돌아가는 데 동의했다. 그들은 츠핑전 북쪽 롱스(聾市)에 사령부를 구축했다. 저우루는 더 이상 방해물이 될 수 없었다. 징강 산으로 돌아온 후 그는 국민당에 체포되어 처형되었다. 마오쩌둥과 주더의 목표는 그들의 소비에트 근거지를 공고하게 만든 이후 후난, 장시, 광둥과 인접한 여섯 군데 지역에서 자신들의 영향력을 확대하는 것이었다. 마오쩌둥에 따르면, "우리의 주요 임무는 우리가 보기에 두 가지다. 토지 분배가 그 하나이고, 다른 하나는 소비에트 건설이다. 우리는 이러한 임무를 보다 가속화하기 위해 대중을 무장시킬 필요가 있다."[29]

마오쩌둥은 주더와 만나면서 그를 통해 아무도 자신을 당에서 축출한 적이 없었다는 사실을 알게 되었다. 이 역시 두 사람의 만남에서 주목할 부분이다. 게다가 마오쩌둥은 얼마 후 장시 위원회로부터 새로 성립된 후난, 장시 접경지대 특별위원회(상공변계특위(湘贛邊界特委)) 서기로 임명되었다. 위원회가 성립되자 그는 다시 징강 산 근거지에서 정치적, 군사적 역량을 자신의 수중에 집중시킬 수 있었다. 당연히 그는 흡족했다.(1928년 11월 마오쩌둥은 중앙위원회에서 다시 부활시킨 전적위원회(前敵委員會)* 서기로 임명되면서 자신의 역량을 더욱 강화할 수 있었다. 전적위원회는 잠시 당위원회에 직접 보고할 수 있는 특별 기구로 상공변계특위 상부 조직이었다.)

공산당의 맹우인 빈민과 농촌 유민 무산자(遊民無産者, 유랑민 출신 프롤레타리아)들이 주더의 군대를 따라 징강 산에 속속 도착했다. 그들은 수개월 동안 후난 남부 지역에서 약탈과 살육을 일삼던 이들이었다. 지역 경제가 거의 재앙 수준에 놓였기 때문에 후난 남부에 주둔하고 있던 주더의 군대는 군량을 조달하기 위해 아편을 싼값에 매입하여 되팔기도 했다.³⁰ 공산당원들은 마약을 불법 유통하는 것이 나쁜 일이라는 사실을 잘 알고 있었다. 하지만 그 외에 다른 방도가 없었다. 노동 대중의 인권을 위한 투쟁을 계속하면서 그들은 다른 한편으로 무자비하게 인민을 아편에 중독시켰던 것이다. 주더가 결국 자신의 군대를 후난 남부에서 철수시켜 징강 산으로 갈 수밖에 없었던 것도 바로 이러한 경제적인 어려움 때문이었다.

1928년 5월 징강 산에 1만 8000여 명의 전사들이 집결했다. 마오쩌둥은 그들 대다수를 "규율이 갖추어지지 않은 엉망인 사람들"로 간주했다.³¹ 당장 처리해야 할 급선무는 그들 무장 대중에게 엄격한 통제를 가하는 것이었다. 하지만 정기적으로 군량과 군복을 지급할 수 없다면 이 또한 불가능한 일이 아닐 수 없었다. 의약품 지급도 시급했다. 적어도 징강 산에 주둔하고 있는 전체 병력의 3분의 1 이상이 병에 걸렸거나 부상을 당한 상태였기 때문이다. 무기와 탄약을 조달하는 일도 필요했다. 당시 징강 산에는 1만 8000명의 병력이 주둔하고 있었지만 2000정의 소총과 약간의 기관총이 무장력의 전부였다. 이런 상황에서 마오쩌둥은 확대된 규모로 사회 경제적 개혁, 보다 구체적으로 말하면 토지 개혁을 실시하기로 결정했다. 1927년 10월부터 당시까지 마오쩌둥의 군대는 위안원차이와 왕쭤의 토비들과 마찬가지로 필요한 물품을 구하기 위해

---

* 군사 조직에 대한 당의 정치적 통제 기구로 군대 내부에서 당의 우위를 확보하기 위한 위원회를 말한다. 이후 군대에서 '정치위원' 제도로 정착되었다. — 옮긴이

낡은 방식을 그대로 사용하고 있었다. 그들은 인근 마을의 농민들에게 세금을 거두어들였으며, 토호열신들의 가산을 몰수하여 필요한 자금을 마련했다. 하지만 노략질만으로 모든 것을 충당할 수는 없었다. 마오쩌둥은 자신의 병사들에게 하루에 동전 세 개를 지급하기도 힘든 상황이었다. 너무나 적은 액수였기 때문에 새로운 방안이 무엇보다 시급했다.

마침내 그는 당시 중국 사회에 대해 오랫동안 품어 왔던 생각을 실행에 옮길 수 있었다. 그의 관점은 근본적으로 평등한 것이었으나 본질적으로는 소작농의 이익에 반하는 것이었다. 징강 산에 있는 소작농과 지주 소유의 모든 토지를 몰수하여 접경 지역 소비에트 정부의 노동자, 농민, 병사에게 나누어 주는 것이었는데, 우연하게도 이 일련의 조치는 비적인 위안원차이에 의해 주도되었다. 토지는 엄격한 평등주의에 입각하여 정권을 지지하는 농촌 거주자들에게 가구의 식구 수에 근거하여 배분되었다. 토지 매매는 금지되었으며, 토지를 받은 사람은 반드시 '농사를 지어야만' 했다. 모든 것은 마오쩌둥 개인의 명령에 따라 진행되었다. 아직까지 법률적인 조치가 마련되지 않은 상태였기 때문이다. 일련의 조치에 대한 준입법적 토대가 마련된 것은 1928년 12월 징강 산에서 제4병단이 떠나기 1개월 전 지역 소비에트 정부가 '징강 산 토지법'을 소급 적용하면서부터다. 물론 그 역시 마오쩌둥이 기초한 것이었다. 징강 산에서도 마오쩌둥은 자신의 생각과 관념에 충실했다. 1927년 4월 12일 그는 공개적으로 다음과 같이 단언한 바 있다. "중국 토지 문제의 해결은 무엇보다 먼저 사실(실천)이 있어야 하며, 그런 다음에 법률로써 그것을 승인하면 된다." 그는 자신이 말한 대로 실천에 옮겼다.[32]

1928년 11월 25일 마오쩌둥은 중국공산당 중앙위원회에 제출한 보고서에서 1928년 6월까지 관할 지역 대부분의 토지를 몰수하여 재분배했다고 밝혔다. 나머지 토지 역시 그해 가을까지 계속 배분되었다. 이처럼 임시변통으로 재분배를 했기 때문에 당연히 상당한 저항이 따랐다. 평등주의를 혐오하던 지주 계급은 물론이고 농민 대중, 무엇보다 비교적 부유한 토착민에 속하는 자작농의 경우도 마찬가지였다. '씨족 공동체 성격이 강한 농촌의 경우 가장 다루기 곤란한 이들은 토호열신이 아니라 바로 중간 계급이다.' 마오쩌둥은 이렇게 생각했다. 실제로 홍군은 적극적으로 나서서 재분배를 방해한 몇몇 지역민을 사살하기도 했다. 이후로 농민들은 징강 산에서 도망치거나 토지 개혁 실시를 고의로 지연시켰다.

인심이 이처럼 이반된 까닭은 홍군의 도움을 받고 있는 커자인들이 모든 토적(土籍, 본지인)들을 살해할 것이라는 두려움 때문이었다.* "대다수 본지인, 즉 토착민들이 흰 천 조각을 달고 백군(白軍, 홍군의 적, 즉 국민당군)을 안내하여 마을을 불태우고 산속을 수색했다." 마오쩌둥은 중앙위원회에 보내는 보고서에서 이렇게 비관적인 내용을 적고 있다. 이후 홍군이 백군을 격파하면서 토착민들이 백군을 따라 도주하자 이번에는 "이주민(커자인)들이 토착민들의 돼지와 소, 의복, 그리고 그들의 재산을 서둘러 몰수했다."³³ 이후 홍색 지구와 백색 지구가 대립하여 적대 관계를 이루면서 국민당 백군의 엄밀한 봉쇄와 토착민, 특히 소자산 계층에 대한 탄압으로 인해 두 지역 간에 무역이 완전히 단절되었다. 이로 인해 소금, 피륙, 약재 등 일용 필수품이 부족해졌으며, 목재나 동백기름 등 농산물을 반출할 수 없어 농민들의 현금 수입도 완전히 두절되고 말았다. 공산당은 어쩔 수 없이 징발을 통해 물자를 조달해야 했다. 약탈과 살인에 기반을 둔 정치와 경제는 일상적인 생활조차 유지할 수 없게 만들었다. 병사들에게 하루치 군량에 필요한 3전에서 5전(동전)을 지급하려면 다달이 1만 은원 이상의 자금이 필요했다. "만약 체포한 토호열신들이 우리에게 돈을 내놓지 않으면 우리는 쓸 돈이 없었다." 마오쩌둥은 중앙위원회에 이렇게 보고했다. 결국 자금은 "전적으로 지방 토호의 재물을 몰수한 것에 전적으로 의지했다. 하지만…… 토지나 재물 몰수도 지역마다 한 차례뿐이었다. 결국 나중에는 거둘 곳조차 없었다."³⁴

그 결과 "변계(邊界, 접경 지역)의 투쟁은 완전히 군사 투쟁이었으며, 당과 군중이 함께 군사화되지 않을 수 없었다. 어떻게 적에 대항할 것이며, 어떻게

---

* 이는 토착민 토호들의 선전에 따른 것이었다. ─ 옮긴이

작전을 세울 것인가? 이것이 일상생활에서 가장 중심적인 문제가 되었다."[35] 그렇기 때문에 공포가 유일한 생존 수단이 되었다. "농촌 투쟁에서 우리의 총체적 전략은 현재…… 지주와 토호열신, 그들의 앞잡이들을 가차 없이 학살하고, 부농들을 적색 테러 수단을 통해 위협하여 더 이상 지주 계급에 동조할 수 없도록 하는 것이다." 마오쩌둥은 이렇게 썼다. 공포(테러)를 적절하게 이용하기 위해 특별히 "용맹한 노동자와 농민"으로 구성된 '홍색행형대(紅色行刑隊)'를 꾸려 야간에 게릴라식으로 마을을 습격하는 일을 맡도록 했다.[36] 대다수 빈민이나 농촌 유민 무산자, 이주민(커자인)으로 구성된 홍군은 이러한 정책을 열정적으로 환영했다. "유민이 너무 많으면 물론 좋지 않다. 하지만 매일매일 전투가 있고 사상자가 많이 발생하는 데다 유민은 오히려 전투력이 강하므로 그들을 찾아 보충하는 것도 결코 쉬운 일이 아니다."[37] 일반적으로 호전적인 집단인 커자인은 특히 용감하게 싸웠다.

지역 내 일상생활의 군사화 덕분에 홍군은 여름 막바지에 이르러 국민당과 싸워 여러 차례 소소한 승리를 거두었다. 특히 인상적인 것은 츠핑전 서북쪽의 황양제(黃洋界)* 전투에서 홍군이 국민혁명군 제8병단을 궤멸시킨 일이다. 크게 고무된 마오쩌둥은 새로운 시를 지어 자축했다.

산 아래는 온통 저들의 깃발이 펄럭이고
산 위로 서로 알리는 북소리 들리누나.
적군은 겹겹으로 우리를 에워싸고 있지만
나는 거대한 산처럼 미동도 하지 않네.

삼엄한 방어 진지 이미 구축하고
뜻 뭉쳐 성곽처럼 단단히 이루었나니.

---

* 징강 산을 둘러싼 암봉의 하나로, 국민당과 치열한 전투를 치렀던 현장에 참호 등이 보존되어 있다. ─ 옮긴이

황양제 위로 포성이 울리더니

적은 어둠 타고 도망갔다고 하네.[38]*

그러나 자축하기에는 너무 일렀다. 공포 정책에도 불구하고 군대에 필요한 물자 조달이 여전히 심각한 문제로 남아 있었다. 홍군은 주로 호박으로 연명했으며, 쌀은 오히려 별미였고, 그 밖에 다른 것은 없었다. 매운 음식에 익숙한 후난 사람들은 특히 힘들어했다. "자본주의를 타도하고 호박을 먹자!" 병사들은 이런 구호를 외쳐 댔다. 그들이 겪는 위통은 주로 이런 먹거리에 기인했다. 마오쩌둥의 딸에 따르면, 당시 마오쩌둥은 변비로 고생하고 있었다. 그는 자극이 없는 밋밋한 음식을 먹는 것이 고역이었다. 물론 그곳에는 그가 좋아하는 매운 고추도 없었다. 그는 허쯔전의 도움을 받아 비눗물로 관장을 하곤 했다.[39]

전적으로 농민에 반(反)하는 정책이 지속되면서 마침내 심각한 위기가 닥쳤다. 늦가을 중국 사회를 '전시(戰時) 공산주의'로 이끌려는 시도는 오히려 마오쩌둥의 군대를 고립시켰으며, 대다수 민중을 반대편에 서게 만들고 말았다. 마오쩌둥은 상황을 잘 인지하고 있었다. 하지만 자신의 극단주의 관점을 재검토할 생각이 없었다. 그의 거대한 능력이 그를 계속 앞으로 이끌었다. 투쟁의 목적과 낭만이 그를 눈멀게 했으며, 거대한 의지가 모든 장애물을 극복할 수 있도록 했고, 독재 권력에 대한 신념 또한 노정의 전환을 허락하지 않았다. 그가 직면한 어려움은 자신의 계획을 끝까지, 설사 어떤 희생이 따를지라도 완수할 것이라는 투지를 강화시킬 뿐이었다.

오랫동안 그는 자신이 예외적이며 결코 실수하지 않는 절대 확실한 인물이라고 느꼈다. 이런 자신감에 무슨 근거가 있을까? 후난 벽지에서 농민의 자식으로 태어난 그는 이미 많은 것을 이룬 상태였다. 그는 말 그대로 입신출세했으며, 수많은 이가 그를 존경하고 심지어 두려워하게 되었다. 그러니 어찌 그

---

* 마오쩌둥, 「서강월·징강 산」. "山河旌旗在望, 山頭鼓角相聞. 敵軍圍困萬千重, 我自巋然不動. 早已森嚴壁壘, 更加衆志成城. 黃洋界上炮聲隆, 報道敵軍宵遁." ― 옮긴이

가 자신을 믿지 않을 수 있었겠는가?

　그는 징강 산을 떠날 마음이 없었다. 후난과 장시의 접경지대에 위치하며 높고 험준한 산으로 둘러싸여 있어 어느 곳보다 뛰어난 전략상의 요충지였다. 적의 포위 공격에서 벗어나 장기간 방어할 수 있었다. 다른 곳에서는 "들판의 호랑이(예를 들어 제4군)가 개들의 공격을 받을 수 있었다."[40] 그럼에도 불구하고 마오쩌둥은 그곳을 떠나지 않을 수 없었다. 1928년 12월 초에 이르자 징강 산의 경제적 재원이 완전히 바닥나고 말았다. 몇 개월 전 편성된 홍군 제5군단(홍5군)이 12월 징강 산에 도착했다. 병사들은 그들의 모습에 충격을 받았다. 제5군단 사령관 펑더화이(彭德懷)는 당시 정황에 대해 이렇게 회고한 바 있다. "홍군 제4군단(홍4군) 병사들은 아직도 여름옷에 짚신을 신고 있었다. 겨울옷이 전혀 없었으며, 식량을 저장하는 데 필요한 소금도 없었고, 일일 군량에 필요한 동전 세 닢조차 지급할 돈이 없었다."[41] 1928년 5월 마오쩌둥 휘하의 병사들 1만 8000여 명은 이제 6000명도 채 남지 않았다. 마오쩌둥이나 주더, 펑더화이가 보기에 황폐해진 징강 산을 떠나 "자신들이 직면한 어려움을 극복할 수 있는" 새로운 약탈 장소를 찾는 것이 유일한 방안이었다.[42]

　1929년 1월 초 마오쩌둥과 주더는 장시 남부, 푸젠 접경지대로 기지를 옮기기로 결정했다. 비록 마오쩌둥은 그곳이 지나치게 궁벽한 오지라고 생각했지만 장시와 푸젠 접경지대가 공산당원들에게 상당한 이점이 있다는 것을 고려하지 않을 수 없었다. 이주민들이 밀집해서 살고 있는, 중국에서 '커자 향촌(客家鄉村)'이라고 부르는 곳이었다. 삼림이 우거지고 기후가 온화한 그곳은 공업지대와 멀리 떨어져 있어 국민당의 통제가 느슨하기 때문에 마오쩌둥 부대가 새롭고 보다 강력한 근거지를 마련할 좋은 기회였다. 대다수 빈곤한 커자인들은 공산주의 혁명에 동정적이었으며, 그들 가운데 많은 이가 홍군을 마치 일가친척처럼 대하기도 했다.

　1929년 1월 14일 마오쩌둥과 주더가 이끄는 3600여 명의 병사들이 징강 산을 떠나 남쪽으로 향했다.[43] 의기소침하고 거의 탈진한 상태였다. 그들은 징강 산의 실험이 결국 실패로 끝났다는 것을 알고 있었다. 마오쩌둥도 중국공산당 중앙위원회에 보내는 서신에서 이 점을 인정했다.[44] 징강 산에는 펑더화이가 이끄는 홍5군 다섯 중대가 제4군 제30연대로 재편성되어 잔류하기로 결정했다. 그들은 제4군의 병들거나 부상당한 병사들, 그리고 위안원차이와 왕줘의 군대와 합류했다. 잔류 병력의 총지휘는 제4군의 부사령관으로 임명된 펑더화이가 맡았다.

주더와 마오쩌둥의 군대가 출발하기 며칠 전에 제4군과 제5군의 통합을 기념하는 행사에서 불길한 조짐처럼 불유쾌한 일이 발생했다. 회의를 위해 서둘러 단상을 마련했는데, 마오쩌둥과 주더를 포함한 여러 지도자가 단상에 오르자 갑자기 삐거덕거리면서 무너지고 말았던 것이다. 사람들이 크게 놀라 웅성거리자 주더가 나서서 안심시켰다. "염려할 필요 없소. 설사 떨어진다 해도 우리는 다시 일어나 싸울 것이오. 자, 다시 만들도록 합시다."[45] 회의는 속개되었지만 병사들 사이에서 여전히 불안감은 가시지 않았다. 새로운 시도를 앞두고 불운이 어른거리는 것만 같았다.

허쯔전은 군사 작전 내내 마오쩌둥을 수행했다. 오히려 떨어져 있었다면 위험했을 것이다. 양카이후이의 비참한 운명이 이를 증명한다. 허쯔전은 나중에 친구에게 당시 마오쩌둥이 "그녀에게 과분"하다는 생각을 하고 있었기 때문에 그냥 징강 산에 남으려 했다고 말한 적이 있다. 그녀에 따르면, 마오쩌둥이 호위병에게 "어떤 대가를 치르더라도" 그녀를 데려가라고 명령했으며 그녀는 줄곧 울음을 그칠 수 없었다.[46] 하지만 이런 발언은 다소 의심스럽다. 마오쩌둥과 헤어진 후(그들은 1937년에 헤어졌다.)에 친구에게 말한 것이기 때문이다. 1929년 1월 그녀는 임신 5개월이었다. 이런 상황에서 남편을 떠날 아무런 이유가 없었다.

16

한 점 불꽃이 요원의 불길이 되다

징강 산에서 마오쩌둥과 주더가 농민 혁명을 시행하고 있는 동안 장제스는 중국에서 자신의 권력을 점차 견고하게 구축하고 있었다. 1928년 중반 북벌 전쟁이 종식되면서 국민당 지배 아래 나라가 통일 국면에 들어섰다. 난징이 중화민국의 수도가 되었으며, 장제스의 동료인 옌시산(閻錫山)이 차지하고 있던 베이징은 베이핑(北平)으로 개칭되었다.* 며칠 전 베이징 정부의 대수반이자 만주 일대의 군벌 거두인 장쭤린이 국민당과의 전쟁에 소극적인 태도에 불만을 품은 일본군에 의해 암살당했다.[1] 후계자인 스물일곱 살의 장쉐량(張學良)이 만주 지역의 새로운 통치자로 부상했으며, 공식적으로 장제스의 인정을 받았다. 1929년 1월 1일 군사 통치가 막을 내리고 향후 6년간에 걸친 새로운 훈정(訓政) 시기가 막을 열었다. 이는 쑨중산이 제창한 개념, 즉 군사 통치에서 훈정 시기를 거쳐 민주주의로 이행하는 진정한 민주주의의 이행 단계에 따른 것

---

* 국민당 정부는 명대 개국 황제의 예를 그대로 따라 난징을 수도로 정한 후 기존의 수도인 베이징을 베이핑으로 바꾸었다.

이었다. 이리하여 1925년부터 1927년까지 혁명의 근본이념이 공식적으로 이루어져 전국적 규모의 중국 정부가 수립되었다. 물론 군벌과 충돌이 없지 않았으나 장제스의 엄청난 노력으로 내란에서 승리를 얻게 된 것이다.

한편 중국은 여전히 외국 열강의 정치적, 경제적 속박에서 벗어나지 못한 상태였다. 비록 1928년과 1930년 사이에 난징 정부와 대다수 주요 국가 사이에 협정이 체결되어 관세 부가권을 중국에 되돌려 주는 등 일련의 조치가 있었지만, 치외 법권을 포함한 불평등 조약이 완전히 무효화된 것은 아니었다.

국제공산주의운동이나 중국공산당 내부에서도 현저한 변화가 생기기 시작했다. 1928년 2월 코민테른 집행위원회 제9차 확대회의가 모스크바에서 열렸다. 참석자들은 혁명의 조류가 이미 쇠퇴했음을 인지하고, 폭동을 통한 맹동주의 정책에 반대하며 "대중의 지지를 확보하는 힘든 일"을 중국공산당에 넘길 것을 선언했다. 몇 개월 후인 1928년 6월과 7월 사이에 중국공산당 제6차 전국대표대회가 개최되었다. 당시 중국 내 백색 테러로 인해 회의는 모스크바에서 열렸다. 전체 118명의 대표들이 참석했으며, 그 가운데 여든네 명은 정식 위원이었고, 나머지 서른네 명은 후보 위원이었다. 정식 대표 중에는 취추바이, 저우언라이, 리리싼, 장궈타오, 차이허썬 등 익숙한 이름이 포함되었다. 물론 마오쩌둥은 참석하지 않았다. 그는 징강 산에서 "혁명에 반대하는" 농민들과 투쟁에 몰두하고 있었다. 당시만 해도 당원에 관한 믿을 만한 통계가 없는 상태였다. 1927년 11월 중국공산당 중앙정치국 확대회의의 결의안에 따라 당원증이나 명단을 모두 폐기했기 때문이다. 당원의 개략적인 숫자는 4만 명에서 5만 명 정도라고 알려졌지만 실제와 크게 동떨어진 수치였다.[2]

대표대회(中共六大)는 이른바 '맹동주의(좌경 맹동주의)'를 비판한 코민테른 집행위원회 제9차 전체회의와 연대할 것을 표명했다. 1927년 말부터 시작된 중국공산당의 봉기 정책은 '과오'로 비판을 받았다. 물론 결함이 있는 정책을 시행한 모든 책임은 당의 최고 책임자인 취추바이에게 돌아갔으며, 스탈린과 코민테른은 다시 한 번 책임 추궁에서 벗어날 수 있었다.

소련의 지시에 따라 대표들은 민족 자산 계급의 '배반'에도 불구하고 중국 혁명의 현 단계를 '자산 계급 민주주의'로 규정하는 결의안을 채택했다. 핵심은 아직까지 낙후한 '반봉건' 상태의 중국에서 방앗간이나 공장을 국유화하고, 소자산 계급이나 부농을 배제하고, 부농에 대한 '투쟁을 첨예화'하는 등 순수한 공산주의 정책을 시행하기 불가능하다는 것이었다. 중국공산당 지도자들은 모스크바 지도자들의 의견에 따랐다. 모스크바 지도자들은 특정한 국가에서 공산주의 개혁의 이행 여부는 사회 경제 발전 수준에 의해 결정된다는 사적 유물론에 충실하다는 것을 입증하길 원했다. 그렇게 언명함으로써 그들은 레닌 자신이 마르크스주의 해석을 거부했다는 사실을 완전히 잊어버렸다. 그들은 공산주의자들이 실제로 어떻게 활동해야 하는가와 전혀 공통점이 없는 일종의 신성한 종교 의식을 광신적으로 관찰하고 있던 것이다.

그렇기 때문에 대표대회에서 마오쩌둥의 급진적인 사상은 혹독한 비판의 대상이 되었다. 후난에서 온 대표는 이렇게 발언했다.

후난에 관해 나는 이렇게 말하고자 한다. ……그곳에는 일탈이 있으니 마오쩌둥 동지의 특별한 이론이 그것이다. 그는 전체적으로 체계적인 사상을 가지고 있다. 그가 우리에게 말한 것이 무엇인가? 그는 우리에게 지금 당장 노동자, 농민 혁명에 들어가야 한다고 말했다. 다시 말해 국민당의 깃발이 이미 검은 깃발이 되었으며, 우리는 우리의 붉은 깃발을 내려야 한다는 것이다. ……분명히 말하지만, 혁명은 이미 사회주의 혁명이 되었다는 마오쩌둥 동지의 견해가 대중 사이에 널리 유포되고 있다.[3]

취추바이는 아마도 마오쩌둥을 염두에 두고 토지 문제에 관한 몇몇 '동지'의 입장을 비판했다. "우리의 투쟁 구호는 농민의 토지를 징발하는 데에 있는 것이 아니다. 그러나 실제로 지난가을 우리 동지들 사이에 이러한 잘못된 생각들이 있었다. 중앙위원회는 이에 대해 반대했으며, 이러한 잘못된 관점을 지적하도록 지시를 내린 바 있다."[4] 하지만 마오쩌둥에 대한 비판은 정치적으로 파괴적일 정도는 아니었다. 무엇보다 당시 당 중앙은 마오쩌둥이 징강 산에서 추진하는 정책에 대해 보고를 받지 못한 상태였다. 그래서 이미 도태된 과거의 잘못에 대해 그를 비판했을 뿐이었다. 저우언라이는 이렇게 말했다. "우리는 토지 개혁과 소비에트 조직에 대한 그들(마오쩌둥과 주더)의 태도가 무엇인지 정확히 알 수 없었다. ……우리는 마오쩌둥과 주더가 채택한 투쟁 방식이 무엇인지도 몰랐다." 한 대표가 마오쩌둥을 두둔하고 나섰다. "현재 마오쩌둥은 상황이 많이 개선되었다. 이전에 그는 중국공산당의 정책에 대해 모르고 있었지만 지금은 당위원회에서 마오쩌둥과 접촉하면서 그에게 지시 사항을 전달하고 있다. 그래서 그들은 이미 이런 작업을 하기 시작했다. 군대의 경우도 마찬가지로 방식 전환이 이루어져 대중을 동원하기 시작했다.[5]

마오쩌둥이 당시 중국공산당 제6차 대표대회에서 비판을 받아 축출되지 않고 오히려 출석도 하지 않은 상황에서 중앙위원회 정식 위원이 된 근본 이유다. 아무튼 그는 중국공산당의 근거지를 조직한 당원이었으며, 코민테른 역시 중국 홍군의 발전을 중요하게 생각하고 있었다. 마오쩌둥뿐만 아니라 스물세 명의 다른 당원 역시 중앙위원회 정식 위원이 되었으며, 열세 명은 후보 위원이 되었다. 코민테른 집행위원회의 추천에 따라 노동자 운동의 지도자인 마흔 여덟 살의 샹중파(向忠發)가 중앙위원회 총서기로 선출되었다. 그는 단 한 차례도 중요한 정치적 인물로 거론된 적이 없었지만 코민테른은 출신 성분이 무산 계급이라는 이유로 적극 지지를 보냈다. 당시 모스크바는 공산당이 재앙에 가까운 피해를 입은 것은 지도부에 너무 많은 지식층이 포진해 있기 때문이라고 비난하고 있었기 때문이다. 그럼에도 불구하고 코민테른 집행위원회는 샹중파를 보완하기 위해 저우언라이, 리리싼 등 주요 지식인을 당의 최고 지도부에 포함시켰다. 취추바이와 장궈타오는 최고 당 조직 내에서 위치를 유지할 수 있었지만 '맹동주의'에 대한 징벌 차원에서 중국으로 돌아가지 못하고 소련에 그대로 머물러야만 했다. 취추바이는 새로 개편한 중국공산당과 공산주의청년단, 그리고 국제공산주의운동에서 가장 높은 조직인 중화전국총공회 대표단을 이끌게 되었다. 장궈타오는 부주석이 되었다.*

마오쩌둥은 한참 후에야 중국공산당 제6차 전국대표대회 제9차 회의 결의안에 대해 알게 되었다. 그는 1928년 11월 2일에야 중앙위원회에서 보낸「코민테른 2월 결의안」을 수신했는데, 이는 같은 해 6월 4일에 보낸 것이었다. 1929년 1월 초 징강 산을 떠난 지 얼마 되지 않아 제6차 전국대표대회의 결의안이 그에게 도착했다. 결의안은 그의 정책을 부정하는 내용이었지만 정치적으로 상황 판단이 빨랐던 그는 당의 결정을 충심으로 받아들이는 척했다. 그는 어떤 것도 바꿀 의향이 없었던 것이다. 그는 자신이 당 지도부를 대놓고 반대할 수 없다고 느끼는 한 계속해서 이런 방식을 취했다.

그는 곧 중앙위원회에 회답을 보냈다. "우리는 중국 문제에 관한 국제 공산당의 결정에 전적으로 동의한다. 오늘날 중국은 여전히 자산 계층 민주주의 혁명 단계에 놓여 있다고 할 수 있다. ……지난 1년 동안 각지를 전전하는 과정에서 우리는 전국 혁명 조류의 퇴조를 절실히 느낄 수 있었다."[6] 그는 물론 다른 이들, 주로 이미 세상을 떠난 저우루의 지나친 행동에 대해 비난했다. 마오쩌둥에 따르면, 그로 인해 좌경 노선을 견지하지 않을 수 없었다는 것이다. "3월 닝강에 온 후난 남부 특별위원회 대표(저우루)가 철저하게 불태우고 죽이지 않으며, '소자산자를 무산자로 전환시킨 후 그들에게 혁명을 강요하는 정책'을 실시하지 않고 지나치게 우경화로 흐른다고 우리를 비판했다." 마오쩌둥은 중앙위원회에 보내는 보고서(「징강 산 투쟁」)에 이렇게 썼다. 그리고 계속해서 이렇게 말했다. "자작농의 토지를 몰수하지 않은 것은 토지 전체를 이미 접경 지역의 독립된 영토로 몰수했기 때문이다. 따라서 이러한 문제는 더 이상 생기지 않을 것이다."[7] 다시 말해 나는 당연히 당신의 주장에 동의하지만 뒤집기에는 이미 시간이 너무 늦었다는 뜻이다.

---

* 여덟 명으로 이루어진 대표단. 세 명(취추바이, 장궈타오, 황핑(黃屛)은 코민테른 집행위원회에서 중국공산당을 대표했으며, 두 명(루(陸)와 유(劉) 아무개)은 중국공산주의청년단을 대표했다. 나머지 두 명(덩중샤와 위페이(余飛)은 중화전국총공회를 대표했다. 이러한 대표단은 처음 만들어진 것이며, 그 이전에는 모스크바에 있는 인사가 개인 자격으로 중국공산당을 대표했다.

1929년 4월 장시 남부*에서 새로운 토지법을 시행하면서 마오쩌둥은 '징강 산 토지법'과 비교해 적어도 한 가지 기본적으로 바뀐 것이 있다고 말했다. "토지 자산의 완전 몰수"라는 대목이 "일체 공동 소유의 토지와 지주 계층의 토지를 몰수한다."로 대체된 것이다. 그들이 사실상 자산 계급 민주주의 혁명의 원칙에 따르지 않았음에도 토지 매매 금지와 토지의 동등한 재분배는 기본적으로 식구 수에 따라 결정된다는 부분만은 그대로 유지되었다.

제9차 회의의 결정과 제6차 대표대회의 결의안은 당의 활동가 모임에 대해서도 결의했다. 하지만 마오쩌둥은 대표대회의 두 가지 결의안(농촌 문제와 소비에트 권력의 조직 문제)을 포함한 중국공산당의 전략에 관해 산적들(위안원차이와 왕쭤) 앞에서 공개적으로 토론하지 않았다. 그들은 기존의 산적들을 어떻게 하면 중국공산당에 포섭할 것인지에 대해 관심을 두었지만 동시에 폭동에 도움을 준 이들을 포함한 모든 지도자급 인사들은 제거될 것이라고 주장하고 있었다.[8] 마오쩌둥은 위안원차이와 왕쭤 앞에서는 이런 문제에 대해 거의 언급하지 않았다.

마오쩌둥이 징강 산 지역을 떠나고 몇 개월 후 위안원차이는 어떻게든 두 가지 결의안의 복사본을 찾기 위해 애썼으며, 문맹인 왕쭤에게 가장 중요한 부분을 읽어 주었다. 왕쭤는 "아무리 충성해도 그들은 우리를 믿지 않는다."라며 크게 화를 냈다. 1930년 2월 두 패의 산적들이 징강 산에서 펑더화이의 부대를 공격했다. 위안원차이와 왕쭤는 마을 근처 부교(浮橋)에서 그들과 합류했다. 그들은 서둘러 공격한 후 산으로 도망치려고 했다. 하지만 운이 없었다. 그들 가운데 한 명은 부교에서 살해되었으며, 다른 한 명은 물에 빠져 죽었다. 수백 명의 산적이 공산당의 포로가 되었다.[9] 커자인에 따르면, 위안원차이와 왕쭤는 자연사한 것이 아니기 때문에 영혼과 정신(사람에게는 세 개의 영혼과 일곱 개의 정신이 있다고 믿었다.)이 평온을 찾을 수 없으며, 하늘이 그들을 데리고 가지도 않을 것이라고 했다.[10]

---

* 싱궈(興國)의 토지법. — 옮긴이

1936년 에드거 스노와 대담하면서 마오쩌둥은 위안원차이와 왕줘에 대해 경멸스럽다는 듯이 말하면서 그들이 농민들에게 살해당했다고 주장했다.[11] 그러나 세월이 한참 흐른 후인 1950년대 초 위안원차이와 왕줘의 명예 회복이 이루어져 그들의 이름이 혁명 영웅 명단에 올랐다. 마오쩌둥의 비준이 없었다면 불가능한 일일 것이다. 마오쩌둥 역시 그들에게 신세를 졌다는 사실을 잊어버리지 않았던 것 같다. 1965년 5월 29일 징강 산을 방문했을 때 마오쩌둥은 위안원차이의 미망인인 셰메이샹(謝梅香)과 왕줘의 세 미망인 가운데 한 명인 뤄샤오잉(羅曉瀅)을 만났다. 미망인들과 만난 자리에서 마오쩌둥은 "위안원차이와 왕줘는 중국 혁명의 승리에 헌신"했다고 말했다. 나중에 중국 역사가들은 위안원차이와 왕줘가 "반역 음모"로 인해 죽었다고 쓰기 시작했다.[12] 1929년 1월 마오쩌둥도 위안원차이와 왕줘가 1년 후 그런 운명에 처할 것이라고는 전혀 생각하지 못했다. 그들은 따뜻하고 좋은 관계 속에서 헤어졌다.

마오쩌둥과 주더의 군대는 즉시 남쪽으로 진격했다. 1929년 2월 1일 그들은 커자인 향촌의 중심지로 푸젠과 광둥, 장시가 서로 접하고 있는 뤄푸장(羅福嶂) 산간 지대에 도착했다. 전체 인구의 70퍼센트가 넘는 소작인의 절반 정도가 굶어 죽을 정도로 빈곤한 지역이었다.[13] 그곳에서 머문다는 것은 참기 힘든 생활을 해야 한다는 뜻이었으며, 국민당군이 홍군의 바로 발꿈치까지 다가온 상황이었다. 그들의 추적에서 벗어나기 위해 홍군은 급히 북쪽으로 선회한 다음 동쪽으로 갔다가 다시 남쪽으로 향하는 등 장시 남부와 푸젠 북부 지역을 돌아다니며 작은 도시와 취락지를 공격하여 재물을 약탈하고 마을을 불태웠다. 그들은 장기적인 근거지를 수립할 수 없었다.[14] 절반 넘는 수가 당원으로 구성되어 있는 홍군은 가는 곳마다 유민 무산자들과 가난한 소작농들에게 다른 사람들의 토지를 빼앗도록 시켰다. 빌리는 것도 아니었고, 그렇다고 채무를 인정한 것도 아니었다. 아울러 게릴라 분대를 조직했다. 그들은 모든 '반동파'를 체포하여 바보 모자를 씌운 채 마을로 끌고 다니며 조롱하거나 가차 없이 즉결 처분하기도 했다. 사람들을 위협하고 공포 분위기를 조성하기 위해 산적이나 비적들이 하는 방식대로 적의 시신을 공개적으로 전시했다. 안후이와 후

베이, 광시와 광둥의 공산당원들도 마찬가지였다. 대다수가 '오직 살인과 방화'의 원칙에 따라 행동했다. '착취 계급' 분쇄와 '방화' 등 파괴적인 행동이 표준 작전 과정이 되었다.[15]

마오쩌둥과 주더는 중국공산당 제6차 대표대회의 결의안은 아랑곳하지 않고 '반동파'의 뿌리를 뽑는다는 명목으로 소자산 계급과 부농, 상인 들에 대한 투쟁 강화에 몰입했다. 그들은 토비나 다를 바 없는 병사들을 거창한 말로 위장했다. "홍군은…… 노동자와 농민의 권익을 쟁취하기 위해 싸운다." 마오쩌둥과 주더는 그들이 점령한 상업 지역 거주민들에게 보내는 서신에서 이렇게 썼다.

　　홍군은…… 상인들을 보호하기 위해 모든 노력을 다하고 있으며, 엄격한 규율을 시행하여 함부로 침범하지 못하도록 하고 있다. 현재 우리는 양식을 구할 현금이 부족한 처지이기 때문에 서신을 보내 당신들이 우호적으로 우리를 위해 병사들에게 지급할 5000대양(大洋)과 7000켤레의 짚신과 양말, 300필의 백포(白布), 200명의 노동자를 모집해 줄 것을 요청한다. 이러한 물품은 시급하게 필요한 것이니, 오늘 저녁 8시 이전까지 총본부로 운반해 주기 바란다. ……만약 우리의 요청을 무시한다면, 닝두(寧都) 상인들이 반동파와 결탁하고 있음을 증명하는 것으로 판단할 것이다. ……그럴 경우 우리는 어쩔 수 없이 당신들의 배반을 경고하는 의미에서 닝두의 모든 반동파 상점을 불태울 것이다. 사전에 경고하지 않았다고 말하지 않기 바란다.[16]

예전과 마찬가지로 공산당원들은 개인 호주머니를 채우기 위해 아편 밀매에 깊이 간여했다.[17]

1929년 5월 하순 허쯔전이 룽옌(龍巖)에서 딸을 낳았다. 그곳은 잠시 홍군이 점령했으나 장기적으로 머물 가능성이 희박했다. 적들이 점차 다가오자 마오쩌둥과 주더는 서둘러 떠날 수밖에 없었다. 마오쩌둥은 바쁜 와중에 새로 태어난 아이에게 진화(金花)라는 이름을 지어 주었다. 마오쩌둥은 태어난 지 채 30분도 되지 않은 갓난아이를 15위안의 양육비를 주고 농민 가족에게 맡기자고 말했다. 허쯔전의 말에 따르면, 그녀는 그 말에 눈물조차 보이지 않았다고 한다.[18] 허쯔전은 분명 고통스러웠겠지만 그만큼 강인했으며 자신의 감정을 숨길 줄 알았다. 얼마 후 그녀는 자신의 이름에서 자아를 나타내는 '自'를 '子'로 바꾸었다. 자식을 귀중하게 여긴다는 뜻이기 때문이다. "혁명에서 승리한 후 되찾아 오도록 합시다." 마오쩌둥은 허쯔전에게 이렇게 말했다. 하지만 그는 약속을 지킬 수 없었다. 마오쩌둥이나 허쯔전 모두 아이를 찾을 수 없었기 때문이다.

마오쩌둥은 아이를 돌볼 시간이 없었다. 특히 홍군이 전례 없는 어려움에 봉착했기 때문에 더욱 그러했다.[19] 국민당 군대와 지역 농민 자위대 등과 지속적인 전투를 치르면서 홍군은 급속도로 병력이 감소하고 있었다. 불과 두 달 만에 제4군은 600명 이상의 병력 손실을 보았다. 당내 분란이 일어나면서 또다시 문제를 야기했다. 그해 4월 저우언라이가 2월에 쓴 편지가 도착했다. 마오쩌둥과 주더를 긴급하게 소환하는 내용이었다. 아무런 이유도 적혀 있지 않았다. 또한 중앙위원회는 제4군을 소부대로 분할하여 농민 혁명이 불붙기 시작한 도처에 재배치할 것을 요구했다.[20] 물론 마오쩌둥은 공산당 중앙 기관의 새로운 지도자들이 자신과 주더의 독립성과 무장력을 걱정하고 있다는 사실에 불만을 터뜨렸다. 서신에는 은연중에 이런 뜻이 담겨 있었다. '그들이 무엇을 하려는지 누가 알겠는가? 그들이 돌연 떨치고 일어나(반기를 들어) 통제할 수 없는 것은 아닐까? 분명 그들은 군사력을 확보하게 될 것이다. 그들이 새로운 군벌이 되기 전에 아예 뿌리부터 뽑아내는 것이 낫다.'

마오쩌둥은 이런 논리를 즉각적으로 파악했다. 그렇기 때문에 마오쩌둥은 물론이고 주더 역시 명령을 따르지 않았던 것이다. 홍군을 작은 단위로 나누어 농촌에 분산시키라는 지시에 마오쩌둥은 격앙된 감정을 숨기고 이렇게 대답했다. "작은 단위로 나누면 지도부가 불안정해지고 열악한 환경에 대처할 수 없게 되어 실패하기 쉽다." 같은 편지*에서 마오쩌둥은 중앙위원회에 자신과

---

* 「홍군 제4군 전적위원회가 중앙에 보내는 서신(紅軍第四軍前委給中央的信)」. ─ 옮긴이

주더가 실행했던 유격 전술의 지도 원칙에 대해 다음과 같이 설명했다.

첫째, 병력을 분산시켜 군중을 선동하고, 병력을 집중시켜 적에게 대항한다. 둘째, 적이 진격하면 우리는 후퇴하고, 적이 점령하면 우리는 그 후방을 교란하며, 적이 피로해지면 우리는 공격하고, 적이 후퇴하면 우리는 추격한다. 셋째, 안정적인 구역을 확충하기 위해 파상적으로 정책을 추진하고, 강한 적이 추격해 올때 선회하는 회전 정책을 사용한다. 넷째, 최단 시간 내에 최선의 방법으로 최대의 군중을 선동한다.

마오쩌둥은 계속해서 이렇게 말했다. "이러한 전술은 마치 그물을 치는 것과 같아서 수시로 그물을 치고 또 수시로 걷어야 한다. 그물을 쳐서 군중을 쟁취하고 걷어 내 적에게 대항해야 한다는 뜻이다."[21]

이는 그가 오랫동안 따랐던 원칙이다. 이러한 유격 전술은 이후 인도차이나를 비롯한 여러 식민지와 아시아, 아프리카, 라틴아메리카 등지에서 인민 전쟁을 수행한 공산주의자들이 채택한 원칙이기도 했다.

놀라운 일은 마오쩌둥의 회신이 중앙위원회와 갈등을 증폭시키지 않았다는 사실이다. 마오쩌둥에게는 또다시 행운이 찾아왔던 셈이다. 4월 말 전혀 뜻밖에도 위원회 지도자들의 태도를 일시적으로 유연하게 만드는 소식이 모스크바에서 전해졌다. 1929년 4월 니콜라이 부하린이 "우경 쿨라크(kulak, 부농) 옹호 관점"으로 인해 맹렬한 비판을 받았으며, 소련에서 자경농을 주요 목표로 삼는 대규모 집체화(농업 집단화) 운동이 시작되었다는 것이다. 스탈린은 이모든 변화를 책임지고 있었다. 소련에서 진행 중인 일련의 새로운 과정은 자연스럽게 코민테른의 토지 정책에 영향을 끼쳤다. 그해 7월 부하린은 코민테른 의장직에서 해임되었으며, 1개월 후 스탈린은 당의 '부농 옹호' 정책을 변화시키기 시작했다. 러시아어로 '쿨라크'는 특정한 사회 계층(농촌의 자산 계급)을 나타내는 말인데, 중국에는 이와 상응하는 말이 없었다. 그래서 중국공산당의 문건에는 이를 '부농(富農)'이라 적었고, 오직 재산의 의미만을 부각시켜 '부유한 농민'으로 번역했다. 그렇기 때문에 이를 소작농 중에서 별도의 범주 정도로 간주함으로써 필연적으로 공산주의자들의 반(反)농민 정책 활성화를 불러일으키고 말았다. 6월 7일 코민테른 집행위원회 정치국은 중국공산당 중앙위원회에 보낸 서신에서 농촌 문제를 언급하며 "중국 동지들은 엄중한 과오를 범하고 있다."라고 지적하면서 부농에 대해 정확하게 처리하는 것이 중요하다는 사실을 강조했다. 쿨라크는 운동에서 "공개적이거나 또는 은밀하게 반혁명주의자 역할을 맡고 있어" 그들과 결단성 있게 싸워야만 했기 때문이다. 서신은 공개적으로 마오쩌둥과 주더의 활동에 대해 칭찬을 아끼지 않았다. "(그들의) 유격대는…… 비록 반동파 쪽에서 지속적으로 그들을 진압하려고 시도했지만 간부급 동지들을 보호하려 애썼으며 무엇보다 푸젠에서 최근에 두드러진 성공을 거두었다."[22]

중국 '부농'에 대한 투쟁을 강조한 모스크바의 지시 내용은 상당한 영향력을 발휘했다. 달리 말하면, 모스크바는 지주뿐만 아니라 일반 농민에 대해서도 투쟁할 것을 요구한 것이다. 그들이 부농인가 빈농인가는 차후 문제라는 뜻이다. 중국 공산주의자들은 스스로 '부자'가 누구인가를 정의 내린 바 있다. 그리고 우리는 이미 그들이 실제로 어떻게 했는가를 보았다.

서신의 번역본은 1929년 11월 중국공산당 기관지 《공산(共産)》에 발표되었다. 마오쩌둥은 뛸 듯이 기뻤다. 1930년 2월 7일 모스크바의 지지를 얻은 그는 도합 세 번째인 새로운 토지법(공서남토지법(贛西南土地法))을 선포했다. 이는 장시 중부의 한 마을인 피터우(陂頭)에서 열린 홍군 연석회의*에서 채택된 것이었다. 지주의 부동산 전체를 몰수하는 것 외에도 마오쩌둥은 다음과 같은 내용을 덧붙였다. "호신(豪紳)과 지주(地主) 계급 및 사당과 묘우 사회의 전답과 산림, 저수지나 연못, 가옥을 즉각 몰수하여 소비에트에 귀속시키며, 만약 자급에 필요한 것 이상의 잉여물이 있을 경우에는 현지 농민 대다수가 몰수를 요

---

* 홍4군 전위, 공서특위, 홍군 제5군, 제6군 군사위원회 연석회의로 일명 2·7 회의 또는 피터우 회의라고 한다. — 옮긴이

구하고 소비에트가 농민들의 요구를 비준한 다음 잉여 부분을 몰수하여 재분배한다." 이전과 마찬가지로 토지법은 토지의 평등 분배를 근간으로 삼았다. 마오쩌둥은 이를 "많은 쪽에서 뽑아 적은 쪽을 보충한다."라는 말로 생동감 있게 표현했다. 6개월 후 그는 다음과 같은 말을 덧붙였다. "살진 부분을 빼어 마른 부분을 보완하자."[23]

가난한 커자인들은 당연히 이러한 토지법을 크게 환영했으며, 대다수가 농민 혁명에 참가했다. 장시 남부 쉰우(尋烏)는 1930년 5월 토지의 80퍼센트가 이미 재분배되었다. 지역 활동가들은 커자인을 포함한 많은 이들 사이에서 유행한 노래를 작곡하기도 했다.

> 한 해 농사 아이구 남은 게 없네!
> 남은 게 없어 마음만 상하네.
> 가난한 형제 한마음으로
> 가난한 자매 하나로 뭉쳐
> 단결하여 홍군이 되세.
> 홍군이 되어 적을 죽이세![24] *

모스크바의 도움은 시기적으로 그보다 더 적절할 수 없었다. 1929년 6월부터 11월까지, 크렘린이 자신의 위치를 인정하고 있다는 사실을 알기까지 마오쩌둥은 심한 우울증에 시달렸다. 그는 여전히 중앙위원회와 정기적인 연락을 할 수 없는 상황이었고, 중앙정치국이 2월 서신에서 촉발된 마오쩌둥에 대한 비판을 거부했다는 사실조차 제대로 파악하지 못하고 있었다.[25] 게다가 6월에 그는 또 다른 어려움에 봉착했다. 그와 주더의 관계가 점차 악화되고 있었던 것이다. 주더는 마오쩌둥이 그가 맡고 있는 병권에 대해 사사건건 간여하는 것

---

* 간난(贛南)의 민가 「월광광(月光光)」으로 마오쩌둥이 1930년 5월에 쓴 『쉰우 조사(尋烏調査)』에 나온다. "一年耕到又阿嗨! 又阿嗨, 會傷心. 窮兄窮弟愛團結 窮姐窮妹愛團結 團結起來當紅軍. 當到紅軍殺敵人!" ─ 옮긴이

에 대해 불만을 표시했다. 전적위원회 서기의 '가부장적인 태도' 역시 화를 돋우었다. 몇몇 하급 단위 지휘관은 주더를 지지했다.

그들은 마오쩌둥이 장교와 병사들을 대중 선전 선동에 동원하는 데 대해 특히 불만이 많았다. 하지만 마오쩌둥은 이를 날로 중시했다. 자신의 평등주의 관점을 포기하거나 농민 혁명을 수행하는 과정에서 생긴 착오를 인정할 생각이 없었기 때문에 그는 자신의 지나치게 급진적인 정책의 실패를 농민들, 즉 '우둔한' 시골뜨기들에게 돌렸다. 그래서 장시 남부와 푸젠 서부에서 농민들을 대상으로 혁명적 선전 선동 운동을 전개하고 있었던 것이다. 그의 군대에 이미 수백 명의 선전 대원이 존재했지만 그는 병사들도 참가할 것을 독려했다. 홍군에 우호적인 농촌 거주민들에게 공산주의 혁명 사상을 주입하기 위해 마오쩌둥은 장시와 푸젠에서 시행하는 실험이 성공하기를 바랐다. 그는 이러한 선전 활동이 그들의 군사 임무를 전용하는 것일지라도 전혀 개의치 않았다.

마오쩌둥과 주더는 의견 불일치를 봉합할 수도 있었다. 그런데 1929년 5월 초 상하이 중앙위원회 군사부에서 특파원이 어설프게 끼어들면서 갈등이 재연되기 시작했다. 중앙에서 파견한 특파원 류안공(劉安恭)은 1년간 모스크바의 보병 학교(홍군 고급 사격 학교)에서 수학하고 막 중국에 돌아온 서른 살의 자신만만한 젊은이였다. 그는 군사 전문가이자 위대한 마르크스주의 이론가로 자처했다. 그는 마오쩌둥에게 악랄하게 대했다. 상황에 대한 이해도 없이 무조건 주더를 지지했으며, 마오쩌둥에게 '분파주의자'라는 정치적 딱지를 붙였다. 몇몇 지휘관의 의견에 따라 그는 마오쩌둥을 제4군의 당 조직에서 '가장제(家長制, 가부장제)'를 전파했다고 비난했다. 확실히 그의 소련인 선생들은 보병 학교 간부 후보생들에게 '적들'과 어떻게 투쟁할지를 가르쳤을 것이다. 류안공은 도착하여 제4군 군사위원회 서기 겸 정치부 주임으로 임명되기가 무섭게 갈등을 증폭시키기 시작했다. 특히 마오쩌둥을 화나게 만든 것은 류안공이 장시의 상황에 대해서는 아무것도 모르면서 '모스크바'에서 교육받은 내용을 끊임없이 떠벌리고 있다는 점이었다. 분명한 것은 그가 마오쩌둥을 거슬리게 한 것도 그리 오래가지는 않았다는 사실이다. 1929년 10월 전투에서 류안공이 치명적인 부상을 입었기 때문이다.[26] 그러나 여전히 마오쩌둥은 무례한 소련 보병 학교 졸업생에 대한 적대적인 감정을 버리지 않았다. 얼마 후 류안공과 같은 이들을 주제로 「서적주의를 반대하자(反對本本主義)」를 썼다. 1930년 5월에 작성된 이 글은 그해 8월 '조사 공작(調查工作)'이라는 제목으로 출간되었다. "어찌 공산당원으로서 눈을 감고 허튼소리만 지껄여서야 되겠는가?" 이러한 힐책에는 류안공은 물론이고 상하이의 여러 지도자도 모두 포함되었다. 그는 다음과 같이 덧붙였다. "뜻밖에도 공산당 내에서 문제를 토론할 때에도 툭하면 '책을 가져오라.' 하는 이들이 있다. ……물론 우리는 마르크스주의 이론을 학습해야 한다. 하지만 중요한 것은 그의 이론을 반드시 우리의 실정에 결부시켜야 한다는 점이다. 우리는 '서적'이 필요하지만 실정을 떠난 서적주의는 반드시 시정해야 할 것이다."[27]

1929년 6월 중순 갈등이 심각할 정도로 격화되자 마오쩌둥은 전적위원회에서 사직하기로 결정했다. 6월 14일 그는 짜증을 내면서 이렇게 말했다. "나는 육체적으로 너무 지쳤으며, 내 지혜나 지식도 다 바닥나고 말았다. 그러니 중앙위원회에서 나를 모스크바로 파견하여 공부도 하면서 잠시 쉬도록 해 주었으면 좋겠다."[28]

실제로 그의 영향력은 모든 논쟁으로 인해 약화되었다. 육체적으로나 정신적으로 피폐해지면서 곧 말라리아에 감염되고 말았다. 그해 6월 말 일단 하던 일을 잠시 중단하고 허쯔전과 함께 푸젠의 구톈(古田)에서 얼마 멀지 않은 곳에 두 칸짜리 집을 마련하여 남은 여름을 지냈다. 그는 병을 치료하는 한편 책을 읽고 시를 썼다. 때로 당 회의에 참가한 적도 있었다. 그는 여전히 전적위원회 소속이었지만 서기는 저우언라이의 오랜 친구이자 1923년 당원이 된 스물여덟 살의 천이(陳毅)로 대체되었다. 7월 하순 천이는 상하이에 상황을 보고하고 지시를 요청했다. 8월 말 중앙위원회에 마오쩌둥과 주더의 제4군이 어떤 상황인지에 대해 보고했다.[29] 당시 저우언라이나 리리싼을 포함한 여러 지도자는 이미 마오쩌둥을 지지하는 쪽이었다. 다만 마오쩌둥만 그런 사실을 모르고 있었다. 그렇기 때문에 그는 그저 기다리고 걱정할 뿐 별도로 할 일이 없었다.

한편 그의 군대는 계속해서 커자인 향촌을 지배하고 있었다. 그들이 지나가는 곳은 어디든지 화염과 재만 남았다. "집문서며 차용증, 과세 문서(과세표나 문건) 등 모든 것이 완전히 불타고 말았다." 당시 상황에 대해 누군가는 이렇게 말했다.

> (지주에게 바치는) 지대도 없고, (국민당 당국에 내는) 세금도 없으며, (고리대금업자에게 뜯기는) 채무도 없다는 슬로건이 시행되었다. 과거의 모든 세무서는 파괴되고 세리들은 죽임을 당했다. 폭동이 일어나자 노동자, 농민, 병사 들이 날카로운 칼로 토호, 신사(향촌의 지식인), 군벌, 국민당 관리, 위원회 위원, 제국주의의 앞잡이인 신부와 선교사들을 살해했다.[30]

하지만 마오쩌둥은 여전히 낙담한 채였다. 8월 말 그와 허쯔전은 산속의 대나무로 만든 집으로 이사하여 요양 중이었다. 외떨어진 농가 대문 위에는 '요풍서방(饒豊書房)'[31]*이라는 친필 팻말이 걸려 있었다. 침울하고 비통한 분위기 속에서 그는 문득 자신에게 충실했던 아내 양카이후이가 생각났다. 물론 허쯔전은 젊고 아름다웠지만 고집이 셌다. 커자인 출신 여인들은 일반적으로 독립적이고 자존심이 강했는데, 그녀 역시 커자인 여인의 성격을 그대로 이어받았다. "당신이 철이면 나는 강철이오." 마오쩌둥이 허쯔전에게 이렇게 말했다. "만약 우리가 충돌하면 징 소리가 날 것이오." 나중에 그는 1937년에 태어난 딸 리민(李敏)에게 "사소한 말다툼이 언쟁으로 비화되곤 했다."라고 술회한 적이 있다. 그런 일이 생길 때면 마오쩌둥이 "때로 '유리한 입장'에 서서 '정치적 권위'를 들먹이며 그녀를 제압하려고 했다. 그는 큰소리를 지르면서 자신에게 순종하지 않는 아내를 당에서 제명시키겠다고 위협하기도 했으며, 말로 야단치기도 했다. 그러나 언제나 마오쩌둥이 먼저 화해를 청했다. 그는 끝내 허쯔전의 기를 꺾지 못했던 것이다.[32]

---

* 풍요로운 서재. 영역본은 '책을 사랑하는 이의 피난처'로 번역했다. ― 옮긴이

이것이 아마도 이른 새벽에 순종적인 '작은 여명(양카이후이)'을 그리워하고 그들의 아들이 그에게 어떤 위안도 가져다줄 수 없었던 이유일 것이다. "나는 나의 사랑스러운 버드나무를 잃어버렸다.(我失驕楊.)" 그는 세월이 흐른 뒤 「접련화(蝶戀花)·이숙에서 답하다(答李淑)」라는 사(詞) 첫 구절에서 이렇게 썼다.[33] (버드나무(楊)는 양카이후이를 뜻한다.) 11월 말 마오쩌둥은 상하이에 있는 리리싼에게 편지를 보내 동생 마오쩌민에게 양카이후이의 주소를 알고 싶다는 말을 전해 달라고 청했다. "비록 많이 나았다고 하나 기력이 완전히 회복된 것은 아니다. 가끔씩 양카이후이와 마오안잉, 그리고 다른 식구들이 생각난다. 그들과 연락을 하고 싶다."[34] 그는 리리싼에게 이렇게 말했다. 내전으로 인해 고초를 당하면서도 그 역시 인간으로서 가족에 대한 절절한 감정을 잊을 수 없었던 것이다. 불길한 예감이라도 든 것일까? 1년 후 그의 전처는 비참한 죽음을 맞이한다.

그즈음 천이가 오랫동안 기다리던 중앙위원회의 결의문을 가지고 상하이에서 돌아왔다. 주더가 아니라 마오쩌둥의 자리가 옳음을 인정하는 내용이었다. 천이와 주더는 마오쩌둥에게 돌아올 것을 요청했다. 마오쩌둥은 1개월에 걸친 협상을 끝내고서야 비로소 자신의 은신처를 떠났다. 그는 다시 한 번 전적위원회를 맡으면서 거의 무한에 가까운 권력을 차지할 수 있었다. 적수들을 지위에서 물러나게 한 후 그는 과거의 이견을 청산하기로 마음먹었다. 주더는 다시금 순종적인 자세를 취했고, 제4군의 장병들 역시 마오쩌둥에게 복종했다. 수많은 난관과 시험이 그들 앞에 놓였으며, 설욕해야 할 일도 있었다. 1929년 11월 28일 마오쩌둥은 상하이에 이렇게 통지했다. "홍사군(紅四軍, 홍군 제4군) 당내의 단결은 중앙의 정확한 지도 아래 아무런 문제도 존재하지 않는다. ……유일한 문제는 당원들의 이론과 상식이 너무 부족하다는 것인데, 이를 위해 우리는 신속하게 교육을 실시해야 할 것이다."[35] 1929년 12월 푸젠 서쪽 구톈에서 중국공산당 홍사군 회의가 개최되었다. 그 자리에서 마오쩌둥은 홍사군 당내에 잔존하고 있는 단순한 군사적 관점과 극단적 민주화 등의 과오 경향에 대해 구체적으로 열거하며 비판하고, 아울러 위기에서 벗어날 출로를 암시하기도 했다.[36] "환자를 구하려면 병을 치료해야 한다." 마오쩌둥은 나중에 푸젠 서부에서 실험했던 방법을 이렇게 묘사했다.

모든 것이 완전히 중국인다운 방식이었다. "적을 죽인다고 해서 그가 나쁘다는 것이 증명되지는 않는다." 이는 중국의 명언이다. "상대의 체면을 깎아라! 만약 적이 수치심을 견뎌 낸다면 당신은 당신의 의지대로 그를 처리할 수 있을 것이다. 이제 당신은 그의 '체면'을 살려 줄지 말지를 결정하기만 하면 된다. 이로써 상대에게 자신의 방법을 교정할 기회를 주는 것이다." 중국에서 이는 적수를 상대하는 가장 교묘한 방식이다. 물론 마오쩌둥이 언제나 이런 방법을 사용한 것은 아니다. 그는 중국인이지만 또한 공산당원이기도 했다. 그렇기 때문에 피비린내 나는 처형을 아무렇지도 않게 생각하는 볼셰비키 방식을 '정확'한 것으로 여겼다. 하지만 그는 그런 방식을 주로 도저히 구제할 수 없다고 생각되는 '계급의 적'이나 그가 보기에 '체면'이란 말조차 필요 없는 이들에게만 사용했다.

말이 나온 김에 한마디 한다면, 이는 또한 국민당이 사용하는 방법이기도 했다. 일반적으로 공산당원을 체포한 경찰은 그들에게 죽음과 포기(공산주의 포기), 두 가지 가운데 하나를 선택할 기회를 주었다. 만약 변절이라는 수치스러운 길을 선택할 경우 석방될 수 있었다. 변절만 하면 굳이 이전 동지들을 고발하도록 강요하지 않았다.[37] 중국 경찰이 요구한 것은 배반이나 변절 그 자체가 아니라 이를 통해 공산당원의 체면을 깎겠다는 것이었다. 과거를 뉘우치고 공산당에서 탈퇴할 것을 맹세한 사람들에게 직장을 마련해 주기도 했는데 때로 상당히 책임 있는 지위를 맡기기도 했다. 스스로 부끄러움을 느끼는 사람은 예외적으로 특별한 대우를 받는다는 것을 모든 이가 알고 있었다.

군 내부 관계를 정리한 후 마오쩌둥은 정치 문제에 집중할 수 있었다. 소련의 전면적인 집체화와 연관된 소련공산당 내부 '반우파' 투쟁의 심화는 전 세계 민족 해방 운동에 대한 코민테른 정책의 급진화를 몰고 왔다. 1929년 7월 모스크바에서 거행된 코민테른 집행위원회 제10차 대표대회의 결의안은 전체 공산당을 위협할 수 있다는 '우파의 위험'을 적시하는 데 목적이 있었다. '우파'의 주된 과오는 세계의 새로운 혁명 고조의 상황을 제대로 인식하지 못했다는 데 있었다. 다시 말해 그들이 혁명 대중보다 '낙후'했다는 뜻이다. 러시아어로 작성된 대회 결의안이 상하이에 도착한 것은 그해 9월 하순이었다. 결의안은 중국공산당 중앙위원회 내부에서 혼란을 일으켰다. 목격자의 증언에 따르면, "처음 결의안을 접수했을 때 중앙위원회 대다수 성원들은 지시 사항을 조심스럽게 해석하는 경향이 있었다. ……만약 그들이 문건을 지나치게 좌익의 입장에서 해석할 경우 그들 스스로 벽에 머리를 박는 상황에 처할 수도 있었기 때문이다."[38] 중국인들은 '고조'와 '상승'이라는 이중적인 의미를 지닌 '포뎀(pod'em)'이라는 러시아어를 어떻게 받아들여야 할지 곤혹스러웠다. 그들은 이번만큼은 소련 지도자들에게 흠잡힐 일이 없을 것이라고 확신했다. 그런데 갑자기 코민테른이 그들의 '맹동주의'가 아니라 수동적인 태도를 비판하고 나섰다. 제10차 대표대회는 이미 명확하게 '우파의 위험'을 국제공산주의 운동의 중요한 문제로 지목하고 있었다.

1930년대 초반 중국공산당 지도부 사이에서는 이런 상황이 지배적이었다. 사람들은 중국공산당의 독립에 대해 전혀 이야기할 수 없었다. 모스크바에 전적으로 재정을 의존하는 상황에서 중국 내 공산주의 운동 지도자들은 무력할 수밖에 없었다. 대다수는 중국에 파견된 코민테른 대표에게 비우호적이었지만 그렇다고 크렘린에 반대하는 것은 아니었다. 주로 특수 국제 연락부를 통해 상하이에 전달되는 자금은 꾸준히 늘어나고 있었다. 1920년대 말과 1930년대 초반에는 달러나 루블로 수십만에 달했고, 심지어 수백만에 이를 때도 있었다. 또한 소련은 중국노동자손일선대학(中國勞動者孫逸仙大學)*이라는 명칭으로 1925년 건립한 중국노동자공산주의대학에 재학 중인 중국 혁명가들을 교육시키기 위해, 1930년까지 이미 500만 루블을 썼다.[39] 1930년 2월부터 9월까지 7개월 동안 중국공산당은 모스크바로부터 22만 3000멕시코 달러를 받았으며(멕시코 달러는 중국에서 위안과 동등한 값어치가 있었다.) 그해 10월에 또다시 미화 1만

---

* 1928년 중국노동자손일선공산주의대학으로 바뀌었고, 모스크바 중산대학이라 통칭한다. — 옮긴이

달러를 받았다.[40] (당시 1달러는 3.6위안이었다.) 같은 시기에 공산주의청년단 중앙위원회는 같은 곳에서 7만 위안을 받았고, 혁명 전사를 원조하는 국제 조직의 중국 지사(러시아어 약자로 MOPR), 중국공산당 지하당원과 수감된 혁명가를 원조하는 특별 코민테른 조직 역시 1만 1400위안을 받았다.[41] 이런 상황에서 어떻게 모스크바의 지시나 명령에 따르지 않을 수 있겠는가?

1929년 12월 8일 대표대회 문건에 대한 철저한 토론이 끝난 후 중앙집행위원회는 「소련을 무장 보호하기 위한 실제 책략(執行武裝保護蘇聯的實際策略)」이란 제60호 문건을 통고했다. 이 문건은 새롭고 도전적인 혁명 정책을 개괄적으로 설명하고 있다. 중국공산당 지도자들은 분명 "교황보다 더 천주교 교리에 엄격하기"를 원했다.* 그들은 모든 당원이 농촌 지역의 무장 투쟁과 도시의 새로운 폭동을 결합함으로써 "혁명 전쟁의 고조에 적극 협조할 것"을 요구했다. 이처럼 도시와 농촌의 무장 역량을 결합시킨 근본 목적은 "중국의 중요 거점을 확보"하는 것이었다. 문건의 초안 작성은 리리싼과 저우언라이가 맡았다.

당시 세계 각지의 형세는 제10차 대회 결의안의 내용이 '정확하다'는 것을 증명하는 듯했다. 1929년 10월 말 뉴욕 증시가 붕괴했다. 대공황이 순식간에 여타 자본주의 국가를 덮치자 공산주의자들은 그 속에서 새로운 희망을 품었다. 세계 자본주의의 필연적인 멸망이 곧 닥칠 것만 같았다. 경제 위기는 중국 경제에도 직접적인 영향을 끼쳤다. 기업과 공장이 문을 닫고 실업률이 급상승했다. 재앙에 가까운 인플레이션이 발생했으며, 빈곤이 증가하고 빈부 격차가 날로 심화되었다. 이 외에도 국민당 내부 여러 파벌 간의 내분이 격화되었다. 국민당 개편을 주장하는 이들을 대표하는 왕징웨이는 당의 개혁을 긴급하게 요구했다. 이런 상황에서 코민테른은 중국 역시 "혁명 고조의 시기가 도래했다."라고 결론을 내렸다.

12월 중순 상하이에 모스크바의 새로운 지령이 떨어졌다. 10월 26일 세계 금융 시장이 요동치고 있을 바로 그때 코민테른 집행위원회에서 발송한 문건

---

* 스탈린보다 엄격한 공산당원이 되고자 했다는 말로 그만큼 위선적이라는 뜻이다. — 옮긴이

이었다. 새로운 지령은 당 지도자들에게 중국에서 "일체의 모순이 격화되고 있음"에 주목하라는 것이었다.

중국이 가장 심각한 민족 위기의 시기로 진입했으며, 그 현저한 특징은 "1927년의 심각한 실패에 따른 침체 상황에서 벗어나고 있는 노동자 운동의 부활이다." 문건 작성자들은 혁명 운동의 "점진적인 고조의 진실되고 중요한 징후"를 감지하고 중국공산당에 다음과 같이 요구했다. "확대 군중이 자산 계급과 지주의 연합 권력에 대해 혁명적 전복을 달성할 수 있도록 준비하고, 대규모 정치 파업, 혁명 시위, 게릴라식 기습 공격 등 계급 투쟁의 혁명적 방식을 적극적으로 개발하고 지속적으로 확대함으로써 소비에트(노동자 농민 대표회의) 형식의 노동자 계급과 농민의 전정 수립에 대비해야 한다." 문건은 다음과 같은 위협성 발언으로 결론을 맺었다. "현재 당내에서 가장 위험한 것은 우경 기회주의 태도다. ……(그들은) 농민 전쟁의 중요성을 과소평가하고 혁명적 열정과 결단력을 과소평가하여 제동을 걸고 있으며, 무산 계급과 공산당의 독립적이고 지도적인 역할을 하찮게 여긴다."[42]

중국공산당 중앙위원회는 비록 이러한 지시를 실행에 옮기고자 열성을 다해 애를 썼지만 역량이 부족했다. 다음 해 2월 말 새로운 문건 제70호(「현재 정치 형세와 당의 중심 책략(目前政治形勢與黨的中心策略)」)가 통고되었다. 그 내용에 따르면, "현재 중국은 양광(兩廣, 광시·광둥)에서 즈리(直隸, 허베이), 쓰촨에서 장저(장쑤·저장)에 이르기까지 군벌 정치의 피해를 입지 않은 곳이 없으며…… 이로 인해 확대 군중 투쟁이 날로 고양되고 혁명의 주관적 역량이 강화되고 있다. ……군중 투쟁은 전국적으로 널리 진행되고 있다. ……현재 혁명 정세에서 볼 때 하나 또는 몇몇 성에서 우선 승리의 전도를 엿볼 수 있으며, 특히 우한(우창)과 그 인근 지역의 경우는 가능성이 현저하다." 그래서 중앙위원회는 대도시 공격과 점령을 위해 홍군을 배치할 필요가 있다고 생각했던 것이다.[43]

중앙위원회는 1930년 4월 3일 제4군 전위(前委, 전적위원회)에 보낸 편지에서 이러한 내용을 상세히 설명하면서 이렇게 말했다. "현재 우선 승리의 전도가 가장 현저한 지역은 장시, 후베이, 후난, 우한을 중심으로 한 지역이다."[44] 그들은 모두 거의 필사적으로 극좌파로 보이길 원하는 것 같았다. 그들의 주장은 이미 1년 전에 마오쩌둥이 중앙위원회에 보낸 서신의 내용을 떠올리게 한다. 당시 마오쩌둥은 1년 동안 장시와 저장, 푸젠 서부의 인접 지역을 점령할 것을 제안했다.[45] 그에게 비판적이었던 당시 중앙위원회는 그 요청에 전혀 응답하지 않았다. 그런데 지금 그러한 의견이 오히려 확대되어 중앙에서 하달되었다. 그렇다고 중앙에서 마오쩌둥과 주더의 "농민 의식(촌티)과 산적 같은 짓"을 비판하지 않은 것은 아니었다. 그러나 중국공산당 지도자들 역시 전국 규모의 피비린내 나는 학살 계획을 준비하면서 산적처럼 행동하지 않았던가?

마오쩌둥은 새로운 상황 변화에 흡족했다. 그는 어느 정도 변하기는 했지만 자신이 지난해에 장시를 점령하고자 의도했다는 사실을 부인하지 않았다. 그는 1930년 1월 초 주더와 함께 징강 산으로 돌아왔던 젊고 능력 있는 군사령관 린뱌오(林彪)에게 보낸 편지에서 이렇게 말했다. "장시 탈취 계획에서 잘못은 기한을 1년으로 규정한 점이다. ……장시의 주관적이고 객관적인 조건에 대해 말한다면 확실히 주목할 만하다."

마오쩌둥은 제70호 문건이 나오기 3주 전인 2월 초에 이미 주도적으로 제4군 당 회의에서 장시 서부의 가장 큰 도시인 지안(吉安)을 공격하기로 결정했다.[46] 리리싼이나 저우언라이를 비롯한 여러 공산당 지도자와 마찬가지로 그역시 흥분되는 엄청난 일들을 경험했으며, 기쁜 마음으로 혁명의 폭발을 기대했다. "중국은 온 나라가 마른 나무로 뒤덮여 있으니 곧 세찬 불길이 타오를 것이다." 그는 린뱌오에게 보낸 편지에서 이렇게 말했다. "한 점의 불꽃이 온 들판을 태울 수 있다는 중국의 옛말이 맞다. ……현재 상황은…… 해안가에 서서 멀리 바다를 바라볼 때 수평선 너머 돛대가 보이는 배와 같고, 높은 산마루에 서서 멀리 동녘 하늘을 바라볼 때 사방을 환히 비추면서 막 솟아오르려는 아침 해와 같으며, 또한 그것은 어머니 배 속에서 꿈틀거리며 이제 곧 태어나려는 갓난아이와 같다."[47]

한편 중국공산당 지도자들은 계속해서 혁명 준비에 정신이 없었다. 1930년

3월 초 저우언라이가 보고서를 전달하기 위해 소련으로 떠났다. 리리싼은 중국공산당의 실질적인 영도자로 중국에 남았다. 활발하고 신경질이며 또한 주도적인 인물인 리리싼은 중앙위원회 선전선동부를 이끌고 있었다. 그의 주도 아래 전 중국 소비에트 대회가 1930년 5월 말 상하이에서 개최되어 약 마흔 명의 대표자가 참가했다. 당시에는 장시와 푸젠 외에도 후베이와 후난, 광둥, 광시에 소비에트가 존재했다. 리리싼의 영향 아래 회의 참석자들은 중국 소비에트 노동자들에게 "반혁명 부농(쿨라크)"에 대항하는 "사회주의를 위한 투쟁을 시작할 것"을 호소했다.[48] 마오쩌둥은 만사를 제쳐 놓고 상하이로 오라는 리리싼의 간청에도 불구하고 회의에 참석하지 않았다.* 회의에 참석하는 것은 위험한 일일 수 있었다.

마오쩌둥은 리리싼이 자신을 구금하지 않을 것이라고 확신했을까? 마오쩌둥은 중앙위원회가 어떻게 자신과 주더를 군대에서 소환하려고 했는지 기억하고 있었다. 그럼에도 불구하고 그는 회의 결의안에 전혀 반대하지 않았다. 특히 중요한 것은 군단의 숫자를 감축하여 네 개 군단으로 편성함으로써 홍군 개별 부대를 통합한다는 결정이었다. 제1군은 주더와 마오쩌둥이 이끄는 것으로 결정되었다. 소식을 들은 주더와 마오쩌둥은 6월 13일 장시 서남부와 푸젠 서부에서 작전 중인 부대 전체를 통합시켰다. 2만여 명의 장병이 그들의 명령에 따르게 되었다. 병력이 군단을 편성하기에 충분하지 않았기 때문에 그들은 휘하의 부대를 제1로군(路軍, 제1야전군)으로 불렀다. 하지만 엿새 후 중앙위원회에서 정한 명칭, 즉 제1군단으로 개칭했다. 명칭 문제로 상하이와 다투고 싶지 않았기 때문이다. 린뱌오가 지휘하는 제4군 이외에도 마오쩌둥과 주더의 부대가 주둔한 곳에서 멀리 떨어지지 않은 곳에서 작전하고 있는 홍군 제6군, 제12군도 제1로군, 즉 제1군단에 통합되었다.

얼마 후인 6월 21일 리리싼의 특사가 제1군단에 도착하여 사령관에게 놀랄 만한 정치국의 결정을 통보했다. 중국공산당 중앙정치국 회의에서 통과한 결

---

* 회의에 참석하지 않은 마오쩌둥과 주더는 부재 상태인데도 불구하고 명예 주석으로 피선되었다.

의안은 리리싼이 초안을 작성한 것으로, '새로운 혁명 고조와 하나 또는 몇몇 성에서 우선 승리(新的革命高調與一省或幾省首先勝利)'라는 제목이 붙었다. 결의 문에서 리리싼은 공산당원들에게 가까운 시일 내에 혁명적 권력 투쟁을 촉발할 것을 지시했다. "중국은 제국주의 통치 세계의 쇠사슬이 가장 약한 고리이자 세계 혁명의 화산이 터지기 가장 쉬운 곳이다."[49]

낭비할 시간이 없었다. 다음 날 주더와 마오쩌둥은 장시에서 가장 큰 도시인 주장(九江)과 난창을 공격하는 작전 명령을 하달했다. '위대한 혁명'이 시작되었으며, 아무도 실패할 것이라고 생각하지 않았다. 그러나 난창은 고사하고 주장 공격도 실패하고 말았다. 펑더화이가 이끄는 7000명에서 8000명의 제3군 단이 몇몇 전투에서 승리를 거두었을 뿐이었다. 그들은 창사를 점령하고 열흘간 머물면서 철저하게 약탈을 일삼았다. 얼마 후 양카이후이가 체포된 것은 바로 이 때문이었다.

1930년 8월 말부터 9월 초 사이에 마오쩌둥은 펑더화이가 이끄는 제1방면 군 3만여 명과 합세하여 다시 한 번 창사 인근에 주둔하고 있는 제3군단의 승리를 재연하고자 했다.* 하지만 그는 물론이고 펑더화이 역시 후난의 성회인 창사를 함락할 수 없었다. 도시의 노동자 대중은 공산당에 대한 지지를 보류한 채 소극적인 자세로 일관했다. 결국 제1방면군은 엄청난 재앙에 직면하고 말았다.[50]

마오쩌둥을 포함한 중국공산당 지도자들은 정치 군사 문제를 완전히 오판했다. 중국이 위기 상황에 직면한 것은 분명했으나 중국공산당이 권력을 잡기에는 아직 역량이 부족했다. 물론 중국공산당도 지난 3년간 당원이 6만 명으로 확대되는 등 나름 성장했지만 여전히 충분하지 않았다. 홍군은 전체 병력이 5만 4000명이 채 되지 않았는데, 그 가운데 절반만 소총을 소지하고 있었다.[51] 마오쩌둥뿐만 아니라 리리싼의 경우에도 전 세계에 "혁명의 화약이 터지고 혁명의 서광이 곧 비출 것이다."라고 단언하는 것은 시기상조였다.[52] 세계 혁명

---

* 주더는 제1방면군의 사령관이었고, 펑더화이는 부사령관이었으며, 마오쩌둥은 정치위원이었다.

은 여전히 거리가 있었다. 이제 필요한 것은 다시 물러나 군대를 재편성하는 것이었으며, 무엇보다 지구전 전략으로 전환하는 것이 시급했다. 아울러 징강 산처럼 접근이 쉽지 않으면서도 훨씬 넓은 지역에서 또 다른 근거지를 확보할 필요가 있었다. 작은 지역에서는 더 이상 먹고살 수 없었기 때문이다. 마오쩌둥은 오랫동안 그런 근거지를 수립할 필요성에 대해 숙고해 왔다. 하지만 야전 지휘관들 대다수가 그의 주장을 지지하지 않았다. 그들은 자유롭게 돌아다니면서 기습 위주의 작전을 펼치는 비적(산적)의 전술을 신조처럼 여겼다. 다시 말해 유격 전술에 따른 기습 위주의 작전을 선호했다. 그들의 단세포적인 군사학은 공격과 약탈, 그리고 소탕 후에 다른 지역으로 옮겨 가는 것이었다. 가장 대표적인 사령관이 바로 린뱌오였다. 마오쩌둥은 그를 뛰어난 지휘관으로 칭찬했지만 소비에트 근거지를 확보하는 데 열의를 보이지 않는다고 비판했다.[53] "정권 수립 같은 고된 사업 수행을 헛수고라고 생각하는 것처럼 보인다." 마오쩌둥은 계속해서 이렇게 말했다.

비교적 간단하고 유동적인 유격 행동으로 정치적 영향력을 확대하다가 전국 각지에서 대중을 쟁취하는 사업이 성공하거나 또는 어느 정도 달성된 다음에 전국적으로 무장봉기를 일으키고, 그때 홍군의 역량을 강화하여 전국적 범위의 대혁명이 되기를 바라고 있다. 그러나 전국적 범위에서 먼저 대중을 쟁취하고 이후에 정권을 수립한다는 (당신들의) 이론은 중국 혁명의 실정에 맞지 않는다.

마오쩌둥은 그런 이론에 대해 확실하게 아니라고 답했다. 오직 전국 각지에 소비에트 권력 기관을 계획적으로 창설하는 것만이 "제국주의 국가들이 서로 쟁탈하고 있는"[54] 반식민지 상태에 처한 중국에 적합하다고 주장했다. 그리하여 한 점 불꽃이 요원의 불길이 될 터였다.

17

코민테른의 날개 아래에서

마오쩌둥은 장시 북동쪽에 소비에트 근거지를 마련하기로 결정했다. 그곳은 간장 강(贛江) 중류에 자리한 곳으로 전략적 요충지였다. 마오쩌둥은 여전히 성회인 난창을 공격하는 계획을 버리지 않았는데, 새로 마련한 근거지는 이전 징강 산보다 난창에서 가까웠다. 또한 제1방면군 휘하의 부대가 작전 중이었다. 구릉과 일부 산악 지형으로 이루어져 유격 전술을 펼치기에 딱 알맞은 곳이었다. 숲이 우거진 산은 부유한 상업 지역과 거주지를 장악하고 있는 적을 마음대로 타격할 수 있는 은신처를 마련해 주었다. 중심지인 지안은 인구 5만여 명의 상업 도시로, 장시에서 세 번째로 큰 곳이자 약탈하기에 딱 맞는 부유한 상인들이 많이 사는 곳이었다. 게다가 총기 제작이 가능한 소규모 대장간도 많았기 때문에 막강한 소비에트 지구를 건설하기에 적합했다.

마오쩌둥은 1930년 10월 4일 그곳을 점령했다. 그리고 곧 장시 소비에트 정부의 수립을 발표했다. 마침내 그는 휘하 장병에게 그들이 원하는 모든 것을 제공할 수 있게 되었다. 지안을 점령한 후 홍군은 주민들에게서 멕시코 은화 800만 페소와 금괴를 빼앗았다.[1] 제1방면군 앞에 장밋빛 전망이 펼쳐지는 듯했

다. 하지만 마오쩌둥과 중앙위원회의 상급자들은 곧 심각한 문제에 직면하게
된다.

1930년 가을, 리리싼과 동료들은 코민테른이 자신들의 모험주의 정책에 심
히 불만이라는 사실을 알게 되었다. 모스크바에서 저우언라이와 면담한 후부
터 코민테른 집행위원회는 중국공산당 중앙위원회가 모스크바의 지시를 해석
하는 데 좌측으로 "지나치게 경도"되었다고 의심하기 시작했다. 비록 회의적
이기는 했지만 코민테른 집행위원회는 중국 정치국 극좌주의자들이 주장하는
「새로운 혁명 고조와 하나 또는 몇몇 성에서 우선 승리」에 대해 별다른 반응을
보이지 않았다. 원칙적으로 모스크바는 "하나 또는 몇 군데 산업 및 행정 중심
지를 점령한다."라는 생각에 반대하지 않았다. 그 목적이 단순히 홍군을 강화
하기 위한 것이라고 보았기 때문이다.[2] 그런데 7월 말부터 9월 초까지 중국공
산당이 심각하게 패배하면서 상황이 급격히 바뀌고 말았다. 스탈린은 실패자
를 좋아하지 않았으며, 영원히 그들을 용서하지 않았다. 심각한 패배로 인해
상황이 근본적으로 바뀌었다. 게다가 바로 그 시기에 그는 리리싼이 일국 사
회주의 건설에 관한 자신의 개념을 반박하는 세계 혁명에 관해 언급했다는 말
을 들었다. 8월 초 창사를 점령했다는 소식에 도취된 리리싼은 중국에서 벌어
지고 있는 혁명적 사건에 소련이 직접 참여하기를 요구했다. 계산은 단순했다.
그의 확신대로 소련에서 세계 대전이 촉발되면 당연히 소련이 승리를 거두게
될 것이고, 그렇게 되면 중국 혁명은 '위대한 세계 혁명'의 도화선이 될 것이기
때문이다. 스탈린은 또한 당 지도부의 좁은 범위 안에서 리리싼이 코민테른에
대해 험담하고, "한커우를 점령하면 우리는 코민테른과 다른 조의 노래를 부
를 수 있을 것"이라면서 모스크바에 대한 충성과 중국 혁명에 대한 충성의 균
형을 잡으려고 애쓴다는 사실을 알았다.

스탈린은 트로츠키주의의 기미를 알아채고 리리싼에게 "당장 이곳(모스
크바)으로 올 것"을 명했다.[3] 1930년 9월 말 코민테른 집행위원회의 지시에 따
라 "집체 자아비판을 통해 과오를 시정하기 위해" 중국공산당 중앙위원회 전
체회의(중국공산당 6기 3중전회)가 상하이에서 열렸다. 취추바이와 저우언라이

가 상하이 원동국 대표인 독일 출신 공산주의자 게르하르트 아이슬러(Gerhard Eisler)와 함께 회의를 주재했다. 회의에서 리리싼의 정책을 공개적으로 폭로하지는 않았다. 당내에서 리리싼의 권위가 취추바이나 저우언라이, 심지어 아이슬러조차 어쩌지 못할 정도로 여전히 막강했기 때문이다. 회의에서 리리싼의 "가차 없는" 자아비판이 이루어졌다. 하지만 그는 샹중파, 취추바이, 저우언라이 등 세 명으로 이루어진 정치국 상무위원회에서 물러나기는 했어도 여전히 정치국 위원직을 유지할 수 있었다. 회의 말미에 가서야 그는 코민테른 노선을 시행하면서 "부분적으로 전략적이고 조직적인 과오"가 있었다는 점을 시인했다.[4]

이 소식을 들은 스탈린은 인내심이 한계에 도달했다. 그는 즉각 소련 정치국에서 중국통으로 알려진 파벨 미프(Pavel Mif)를 상하이에 파견했다. 미프는 당의 명령에 따라 중국 전문가가 된 냉정하고 잔인한 인물이었다. 1930년 당시 스물아홉 살로 아직 젊은 나이였지만 코민테른은 물론이고 중국공산당 내에서도 나름의 명성을 얻은 상태였다. 그는 고속 승진을 거듭하여 1928년 중국노동자공산주의대학으로 개칭한 모스크바 쑨중산 중국노동대학을 맡았으며, 이후 채 1년이 되지 않아 코민테른 집행위원회 동방부 부장이 되었다. 그는 빠른 승진으로 우쭐대기 시작했다. 동료에 따르면, "코민테른의 수석 중국 전문가"는 마치 오만하고 고압적이며 자신만만한 관료처럼 행동했다. "그는 매우 야심적인 인물이었고…… 스탈린의 전략 기술에 능숙했다." 그를 "부도덕하고 기회주의적인 인물"로 낙인찍은 장궈타오는 이렇게 말했다.[5]

미프는 1930년 10월 페테르 셰프스키라는 가명의 독일 상인으로 위장하고 상하이에 들어왔다.(안전을 이유로 독일에서 성형 수술을 받았다.) 곧바로 원동국 책임자를 맡은 그는 중국공산당의 내부 업무를 간섭하기 시작했고, 근본적으로 지난 9월 대회의 결정을 파기했으며, 리리싼이 "학습을 위해" 모스크바로 떠나 부재한 상태에서 새로운 당 토론회를 개최하기 위한 준비에 열을 올렸다. 그의 임무는 11월 16일 리리싼을 반대하는 문건이 받아들여지면서 더욱 용이하게 추진되었다. 「리리싼주의에 대한 코민테른 집행위원회의 서신」에서 그는 '반마르크스주의', '반레닌주의', '기회주의자'로 비판을 받았고 '본질에 있어서' 트로츠키파로 규정되었다. 당시 공산당원들에게 이 말은 일종의 판결과도 같았다. 중국공산당 중앙위원회는 짓밟히고 말았으며, 미프는 마음먹은 대로 무엇이든 할 수 있었다.

미프는 당을 '구원'할 유일한 방법은 당 지도부의 개편뿐이라고 생각했기 때문에 1931년 1월 초(1월 7일) 상하이에서 새로운 확대회의(중국공산당 제6기 4중전회)를 소집했다. 그는 권위를 내세워 중앙위원회 위원도 해 본 적이 없는 제자 천사오위(陳紹禹)를 정치국원으로 뽑았다. 아울러 또 다른 제자인 선쩌민을 중앙위원회 후보 위원이라는 주요 보직에 임명했다. 그리고 자신의 결정을 지지하기 위해 모스크바 중산대학 재직 시절 제자였던 일군의 사람들을 회의에 초청했다. 그 젊은이들은 중앙위원회 위원이 아니었지만 전체회의 참석자 가운데 16.2퍼센트에 달했다. 그들 중에는 천사오위와 선쩌민 이외에 보구(博古, 친방셴(秦邦憲)), 왕자샹(王稼祥), 천위안다오(陳原道) 등이 포함되어 있었다.[6] 그들은 곧 중국공산당은 물론이고 마오쩌둥의 삶에도 중요한 역할을 하게 된다.

미프는 오랫동안 리리싼 노선에 반대해 온 장궈타오가 부재중임에도 그를 상무위원으로 임명했다. 취추바이는 지난 9월 대회에서 리리싼에게 '양보'함으로써 명성에 오점을 남겼다는 이유로 당 최고 기구에서 배제되었다. 취추바이는 리리싼과 마찬가지로 정치국에서 쫓겨났으나 두 사람 모두 중앙위원회 위원직은 유지했다. 회의가 끝나고 며칠 후 미프는 모든 규범을 무시하고 천사오위를 상무위원회에 앉혔다. 또한 1931년 3월 중국공산주의청년단을 그의 의지대로 개편하고, 보구를 공산주의청년단 중앙위원회 서기로 임명했다.

미프의 '혁명'은 중국공산당에 바람직한 결과와는 거리가 멀었다. 그가 가장 신임했던 천사오위와 보구는 지난 모스크바 시절, 특히 그들이 적극적으로 참여했던 반트로츠키 투쟁에 얽매였다. 그들 가운데 가장 중요한 인물은 넓은 이마에 체격이 다부지고, 미프와 마찬가지로 정력적이고 제멋대로이며 타협할 줄 모르는 천사오위였다. 외국어에 천부적인 재능을 지닌 그는 1925년 11월 하순 모스크바 중산대학에 입학하고 몇 개월 만에 상당한 수준의 러시아어를 구사할 수 있었다. 이는 그에게 비장의 무기와도 같았다. 다른 학생들이 키릴 알파벳을 배우느라 정신이 없을 때 천사오위는 중국어를 모르는 대학교수들에게 호감과 지지를 얻고 있었다. 비록 나이가 어렸지만(1904년생이다.) 1925년 9월 청년단에 가입하고 1926년 공산당원이 되었으니 누구보다 빨리 공산당원이 된 셈이다. 그는 대학에서 레닌주의를 가르쳤던 미프의 통역 겸 조수가 되었다. 1926년 9월 미프는 그를 학생 공사(公社, 코뮌)의 주석 자리에 앉혔으며, 같은 해 말 트로츠키 반대 투쟁에 참여하도록 했다.[7] 마침내 천사오위와 동료들은 미프의 도움으로 모스크바 중산대학에서 학생들을 자신들의 지배 아래 두는 데 성공했다.

1929년 중국으로 돌아온 천사오위는 아내 멍칭수(孟慶樹)와 함께 상하이에 머물면서 소소하고 그다지 중요하지 않은 임무를 맡고 있었다. 얼마 후 행운이 찾아왔다. 새로 중국에 부임한 미프가 천사오위를 비롯한 모스크바 중산대학 출신들에게 의지하기 시작했기 때문이다. 당연히 원로 당 간부들은 심한 불만을 표했지만 대다수가 침묵하고 있었다. 불만을 토로한 이들은 기율위원회에 회부되거나 심지어 출당당하기도 했다. 이리하여 코민테른의 권력이 1931년 최고봉에 이르렀다. 저우언라이는 당시 상황을 이렇게 회고했다. "리리싼이 코민테른에 대항하자 리리싼의 반코민테른 노선에 대한 견책이 이어졌다. 이후 중국 공산당원들은 코민테른 집행위원회 대표의 모든 지시를 절대적인 권위로 간주했다."[8]

마오쩌둥이 9월 전체회의 소식을 들은 것은 1930년 12월 초였다. 그는 일이 마무리되고 2주 후 새로운 1월 회의에서 어떤 일이 벌어졌는지 알았지만 '리 동지'가 굴욕적인 '학습' 처분을 받아 모스크바로 갔다는 소식은 1931년 3월이 되어서야 들었다. 마오쩌둥은 일련의 사건에 대해 나름의 견해를 가지고 있었다. 그는 결코 리리싼을 좋아하지 않았기 때문에 그를 안쓰럽게 생각할 이유가 없었다. 마오쩌둥은 '하루 천하'를 누렸던 그가 지난 몇 달 동안 얼마나 자신을 매도했는지 기억하고 있었다. 리리싼이 그에게 군대를 떠나 상하이로 돌아오라고 지시한 것도 기억했다. 특히 최근인 1930년 6월 15일 리리싼이 자신에게 쓴 편지는 생생하게 뇌리에 남아 있었다. 무한 권력에 사로잡힌 리리싼은 편지에서 마오쩌둥이 화를 낼 수밖에 없는 무례한 표현을 서슴지 않았다. 리리싼은 가장 오래된 당원 가운데 한 명인 마오쩌둥에 대해 '농민 의식'에 사로잡혀 있다고 하면서, 전체 혁명 정세의 변화를 이해하지 못하고 과거의 노선에만 집착하며, 중앙위원회의 지시를 따르지 않는다고 비난했다. 마오쩌둥은 9월 전체회의에서 정치국 후보 위원이 되었고, 새로운 1월 전체회의에서도 계속해서 후보 위원으로 선출되었다는 것에 크게 고무되었다. 또한 자신에게 헌신적인 주더가 비록 후보 위원이기는 하지만 중앙위원회에 새롭게 선출된 사실에 크게 기뻐했다.

마오쩌둥은 자신에 관한 전체회의의 결정이 모스크바의 압력에 대응하여 취해진 것이라는 사실을 알았을까? 마오쩌둥은 스탈린이 자신을 중국공산당의 향후 영도자로 간주하기 시작했다는 것을 이해했을까? 아마도 아닐 것이다. 그래도 짐작은 하고 있었을지 모른다. 당시 모스크바는 마오쩌둥의 진보에 적극적인 도움을 주고 있었다. 1920년대 말부터 시작하여 스탈린의 코민테른은 마오쩌둥을 지지하기 시작했으며, 중국공산당 지도층에서 고집스러운 후난인을 비난할 때마다 주기적으로 그를 방어하기도 했다. 원동국은 중앙에 보내는 보고서에서 주더와 마오쩌둥의 군대를 모든 면에서 '최고'라고 극도로 칭찬했다.[9] 이러한 정보와 소비에트 지역의 발전 과정을 살펴보면서 스탈린은 1930년 7월 다음과 같은 결론에 이르렀다. 현재 중국의 여건하에서 "전투태세를 갖추고 정치적으로 성숙된 홍군의 창설이야말로…… 혁명의 강력한 발전을 보장할 수 있는 최우선 과제일 것이다."[10] 스탈린은 바로 이런 이유로 마오쩌둥을 주목하기 시작했다. 심지어 소련에서 한동안 마오쩌둥과 주더를 찬양하는 캠페인이 벌어지기도 했다. 소련 일간지에서 그들을 '두 명의 영웅'으로 쓰기 시작한 것도 바로 이때다. "그들은 그 이름만으로 수많은 중국인을 대경실색하게 만들고 전전긍긍하게 만든 뛰어난 공산당원이자 유격대 지도자다. 그들은 중국 밖에서도 잘 알려져 있다."[11]

1930년 마오쩌둥을 가장 막강한 홍군 제1방면군*의 총정치위원, 중국공산당 홍군 제1방면군 총전적위원회 서기에 임명한 중국공산당 정치국의 결정을 적극 지지한 것은 상하이에 있는 코민테른 집행위원회 원동국의 명의를 빌린 모스크바였다. 얼마 후인 10월 17일 모스크바는 중국공산당의 통제하에 농촌 지역의 모든 당 사업을 집중하기 위해 새롭게 만든 당 기구인 소비에트 지구(蘇區) 중앙국의 국원으로 마오쩌둥을 선출하는 것을 적극적으로 지지했다.[12] 그런 다음 모스크바는 마오쩌둥을 모든 소비에트 지구를 총괄하는 일종의 지방 정부와 같은 중앙혁명군사위원회의 주석이나 위원으로 임명할 것을 제안했다.** 아래 인용문은 코민테른 집행위원회 원동국에서 1930년 11월 10일 중국공산당 정치국에 보낸 서신이다.

우리 홍군의 지도자(마오쩌둥·펑더화이)는 정부와 어떤 연관도 없었다. 정부와 군대가 별도로 움직였던 것이다. ……말할 필요도 없이 이런 상황은 적절치 않다. 우리는 마오쩌둥이 군대의 여건이나 작전을 책임질 뿐만 아니라 정부에 참여하여 정부 사업에 일정한 책임을 지도록 할 필요가 있다. 그는 정부의 일원(혁명군사위원회 주석)으로 임명되어야 할 것이다. 이러한 인사 조치의 장점은 토론할 여지 없이 명확하다.[13]

소비에트 지구 중앙국 서기로 임명된 저우언라이와 또 한 명의 주요 당 지도자인 샹잉(項英)이 장시에 도착하기에 앞서 마오쩌둥은 모스크바의 계획에 따라 중앙국 지도를 위임받았다. 당연히 그는 이러한 지지에 흡족했으며, 전체

---

* 홍1군단과 홍3군단을 통합하여 홍군 제1방면군으로 편성했다. —옮긴이
** 중앙혁명군사위원회 수립을 위한 중국공산당 정치국의 결정은 중앙국이 만들어진 1930년 10월 17일 통과되었다. 당시 마오쩌둥이 장악한 지구는 중앙 소비에트 지구로 불렸다. 그보다 이전인 1930년 6월부터 장시 소비에트 지구에서 이른바 중국혁명군사위원회가 운영되고 있었으며, 그해 8월 중국공농혁명위원회로 개칭되었다. 위원회는 마오쩌둥의 통제하에 있는 지역 안에서 최고 군사 및 관료 권력 기관이었으며, 중국공산당의 지역 무장력은 물론이고 장시 소비에트 정부 역시 이에 종속되었다. 시작부터 마오쩌둥은 주석을 맡았다. 하지만 그는 행정 문제에 관심이 없었다. 그의 관심은 애오라지 정치와 군사 문제였다.

회의의 결정을 받아들였다.

다른 한편으로 중국공산당 창설자 중 한 사람으로서 마오쩌둥은 모든 규칙을 건너뛰고 지도부에 입성한 미프의 '영리한 강아지'들을 적대시한 것이 분명하다. 그는 소련 국제 학교 졸업생들을 지나치게 무시하는 경향이 있었다. 모스크바에 유학하면서 러시아인들을 닮아 무례한 학생들의 교조적인 방식은 무엇보다 자신이 일한 현장에서 공들여 조사하고 연구한 정황에 근거하고 있는 마오쩌둥의 방식과 선명한 대조를 이루었다. "사실을 토대로 올바른 길을 찾는다(實事求是)." 그는 1943년 말 자신이 1920년대와 1930년대에 지역을 조사했던 내용을 총정리하면서 이렇게 썼다. 하지만 마오쩌둥은 언제나 자신의 결론을 자신의 급진적인 견해에 적합하도록 조정했다. 그 결과 실천이 진리의 표준이 된 것이 아니라 좌경 사상이 현실의 기준이 되고 말았다.

1930년 마오쩌둥은 장시 남부와 서부 여러 마을에서 현장 연구를 진행했다. 물론 그 결과는 동일했다. 혁명의 적은 지주만이 아니라 마오쩌둥 자신이 "지나치게 돈과 토지가 많은" 이들이라고 분류한 부유한 농민들이라는 것이다. 그는 그들이 지주와 달리 자기 힘만으로 생계를 유지한다는 것을 알고 있었다. 그들은 누군가에게 자신을 위해 일하라고 강요하지도 않으며, 누군가에게 땅을 세놓는 일도 없었다. 그들은 아침 일찍 일어나 밤늦게까지 열심히 일하며 피땀 흘려 번 돈으로 얻은 작은 땅뙈기에서 일했다. 일반적으로 그들은 부지런하고 열심히 일하는 이들이었다. 그런데 그것이 바로 그들의 문제였다. 마오쩌둥은 그들 "잘사는 농민들"의 근면성이 그들의 생계를 위해 필요한 것 이상의 생산을 유도하며, 결국 시장에 자신의 잉여 농산물을 내다 팔거나 가난한 이웃에 빌려주게 된다고 믿었다. 바꿔 말하면, 기아 상태에 허덕이는 가난한 농민 대중과 유별하기 때문에 결국 많은 빈농의 미움을 사게 된다는 뜻이다. "대다수 빈농들은 부농들에 반대하며 '토지의 균등화'와 '빚 문서 파기'를 외치고 있다." 마오쩌둥은 이렇게 썼다.

만약 공산당이 빈농들의 이러한 활동을 중지시키려 한다면 가난한 농민들은 공산당을 미워할 수밖에 없을 것이다. 그렇기 때문에 우리는 부농들과 마찬가지로 반(半)지주들을 타도할 것을 결정할 수밖에 없을뿐더러 부농들의 토지를 균등하게 나누고, 부농들의 채권을 파기하고, 부농들의 식량을 분배해야 한다. 의심할 여지 없이 우리는 반드시 이렇게 해야만 한다. 이를 행해야만 비로소 빈농 대중을 확보할 수 있을 것이다.[14]

그의 새로운 조사는 그가 여러 차례에 걸쳐 주장한 가설, 즉 농촌의 유맹(유민)과 "날씨가 추워도 걸칠 것이 없어 누더기를 걸친" 부랑자들의 막강한 혁명 역량을 실증하고 있었다.[15] 지역에서 홍군에 체포된 이들 중에는 범죄자나 거지들도 있었는데 그들 모두 "혁명을 환영"했다고 마오쩌둥은 강조했다. "그들은 농촌의 악랄한 이들이 타도되고 토지 재분배가 이루어졌다는 소식을 듣고 몹시 기뻐했다."[16]

모든 공산주의자들이 그의 결론에 동의한 것은 아니다. 1930년부터 1931년까지 마오쩌둥은 토지 문제를 다룰 때마다 당내에서 심한 반대에 부딪쳤다. 장시 지역 공산당원들도 자작농에 대항하기 위해 유맹들을 적극 받아들여야 한다는 그의 관점에 동의하지 않았다. 갈등이 격화하면서 중국 공산당사에서 적대 파벌 간 최초의 피비린내 나는 투쟁으로 알려진 무력 충돌이 일어나기도 했다. 그것이 바로 마을 이름을 따 명명한 '푸톈(富田) 사변'이다. 1930년 12월 초에 일어난 이 사건은 장시 파견 부대가 '반혁명 분자' 색출에 바쁜 마오쩌둥 지도부를 공격한 것을 말한다.

갈등이 처음 표출된 것은 1930년 2월 홍4군 전적위원회가 소집한 간시(贛西, 장지 서부) 특별위원회와 홍5군, 홍6군 군사위원회의 연석회의*가 열렸을 때였다. 회의는 장시 중부에서 가장 인구가 많은 둥구(東固)에서 그다지 멀지 않은 피터우에서 개최되었다. 회의는 2월 7일 토지의 균등 분배 원칙을 수립한 토지법(공서남토지법)을 채택했다. "많은 쪽에서 뽑아 적은 쪽을 보충하고, 살

---

* 2·7회의, 피터우 회의라고 한다. — 옮긴이

진 부분을 빼어 마른 부분을 보완하자." 마오쩌둥의 이러한 주장에 대해 장시 공산당원들은 평균주의라고 비판했다. 그들은 농민이 아닌 지주들의 토지만 분배할 것을 요구했으며, '식구 수'에 따른 분배 대신 가족의 가용 노동력에 따라 분배해야 한다고 주장했다.[17] 마오쩌둥은 이러한 주장을 강력하게 반대해야만 하는 '우익 편향'으로 보았다. "지역 당 지도부는 모든 직급마다 지주와 부농으로 가득 차 있다." 마오쩌둥은 이렇게 말하면서 다음과 같이 결론을 내렸다. "당의 정책은 완전히 기회주의적이다."[18]

그는 자신이 옳다고 확신했다. 특히 회의가 열리기 몇 주 전 농민 문제와 관련해 1929년 6월 중국공산당 중앙위원회에 보낸 코민테른 집행부의 '반쿨라크(反富農)'에 관한 서신을 받았기 때문에 더욱 그러했다. 장시 공산당원들은 장시 서부 특별위원회와 홍6군 군사위원회 대표로 회의에 참가했다. 그들 부대에는 마오쩌둥의 부대가 도착하기 이전부터 지역에서 유격대 활동을 하던 이들도 포함되어 있었다. 그들을 중앙위원회의 지시에 따라 홍6군으로 재편성하면서 마오쩌둥은 후난 출신인 마흔 살의 류사오치를 홍군 정치위원 겸 상무위원회 서기로 임명했으며, 동생 마오쩌탄을 홍군 정치부 주임으로 임명했다. 그는 신뢰할 수 없는 장시 출신을 확실한 통제하에 두기를 원했다. 만일 대다수 농민과 당원들이 장시 남부, 푸젠 서부, 광둥 북동부 등지에서 모인 '커자인 지역'의 제4군 병력을 환영했다면 장시 중앙 지구와 서부, 북서부 접경지대의 상황이 달라졌을 것이다. 그곳 사람들은 스스로 장시 현지인(本地)이라고 여겼으며, 남부에 사는 커자인들에 대해 대대로 적대적이었다. 중국공산당의 지역 조직과 유격대, 그리고 공산당의 지원을 받는 비밀 조직인 삼점회(三點會),* 장시 분회 등은 모두 이런 환경에서 살았던 병사들이 주도적인 역할을 하고 있었다. 제4군 병력의 50퍼센트가 후난인이었으며, 20퍼센트는 장시와 푸젠 서부에서 온 병사였기 때문에 현지인들은 그들을 이방인, 커자인으로 간주하고 신뢰하지 않았다. 이것이 장시 당 조직에서 마오쩌둥이 제안한 급진적인 토지법

---

* 반청복한(反淸復漢)을 주창한 지하 조직을 말한다. — 옮긴이

을 한사코 반대한 이유다.[19]

그러나 피터우 회의에서 장시 집단은 소수였기 때문에 토지법이 그대로 통과되었다. 마오쩌둥은 "불과 칼로" 장쑤 중부와 서부 지역에서 토지 혁명을 추진하기 시작했다. 마오쩌둥과 주더는 "부농을 완전히 멸종시키자."[20]라는 구호를 앞세워 진격하기 시작했다. 이것이 갈등의 악화를 불러왔다.

상황은 1925년부터 1926년까지 지역 국민당원들이 창단하여 반공을 모토로 장시 지역에서 활동하던 AB*단(團)으로 인해 더욱 악화되었다.(A와 B는 성과 지역의 등급에 따른 회원의 각기 다른 등급을 표시한다.) 그들의 주요 목적은 공산주의자 이단을 적발하는 것이었다. 공산주의 운동을 방해하기 위해 공산당 조직에 간첩이나 공작원을 침투시키는 것을 포함하여 온갖 추잡한 방법을 마다하지 않았다.[21] 그들의 활동은 장제스가 장시 소비에트 지구에 대해 대대적인 공격을 시작한 1930년 10월부터 12월 사이 최고조에 이르렀다. 국민혁명군 제9군단과 이에 배속된 보충 부대를 포함하여 전체 10만여 명의 병력이 동원된 군사 작전은 첫 번째 초비전역(剿匪戰役)으로 불렸다. 이때 AB단의 간첩들이 중요한 역할을 맡았다.

당연히 스파이나 앞잡이들을 색출해야만 했다. 하지만 어떻게 할 것인가? 실제로 적군과 아군을 구분하는 것은 거의 불가능에 가까웠다. 간첩을 색출하기 위해서는 무엇보다 시간이 필요했다. 당장이라도 긴급 행동을 취해야만 하는 홍군에게 치명적인 위험이 아닐 수 없었다. 장제스의 공격으로 인한 두려움과 공포가 우려스러울 정도로 커져 갔으며, 지역 공산주의자들과 '신입(장시 지역에 새로 들어온 공산주의자)'의 관계가 점점 나빠지기 시작했다. 장시 공산당원 내 두 파벌은 AB단을 공격하는 것을 빌미 삼아 서로 상대방을 공격했다. 대규모 숙청이 홍군과 당내에서 벌어졌으며, 범죄자뿐만 아니라 무고한 자들도 예외 없이 체포를 면할 수 없었다. 마오쩌둥이 이를 주도적으로 시행했다. 장시 공산주의자들은 마오쩌둥과 그의 커자인 군대에 대항할 기회조차 갖

---

* Anti-Bolshevik, 반볼셰비크. — 옮긴이

지 못했다. 1930년 10월 장시 당 조직 내 1000명이 넘는 이들이 테러에 의해 희생되었다. 서른 명당 한 명꼴인 셈이다.[22] 마오쩌둥은 자신이 치료해야 할 '병'은 당내 '병든' 동지들이 아니라 심각한 음모를 꾸미고 있는 국민당 간첩들이라고 믿었다. 그는 말 그대로 간첩이 도처에 깔려 있다고 생각했다. "최근 장시 서남부의 당 전체가 심각한 위기 상황을 보여 주고 있다." 그는 10월 중순 중앙위원회에 보낸 보고서에서 이렇게 말했다. "전당(全黨)이 완전히 부농 노선에 의해 영도되고 있다. ……각급 지도 기관 대부분은 내외를 막론하고 대다수 AB단과 부농이 영도 기구를 가득 채우고 있다.[23] ……장시 서남당이 근본적으로 변화하지 않는 이상 이러한 위기를 만회할 수 없을 것이다."[24] 장시 당 지도부는 모든 힘을 다해 저항했다. "마오쩌둥은 자신의 수중에 권력을 집중시키려고 한다." 그들은 중앙위원회에 이렇게 불만을 털어놓았다.[25]

푸텐 사변은 바로 이런 상황에서 벌어졌다. 1930년 12월 7일 새벽 홍군 제1군단이 수적으로 우세한 국민당 부대를 맞이하여 싸우고 있을 때 마오쩌둥의 측근인 리사오주(李韶九)가 이끄는 홍군 제1방면군(홍일방면군)이 간장 강 동쪽 강안에서 1.6킬로미터 정도 떨어진 작은 마을 푸텐으로 들어갔다. 임무는 푸텐에 근거지를 두고 있는 홍군 제20군(홍20군)의 정치부 수뇌를 포함하여 AB단과 관련이 있다고 의심되는 지역 공산주의자들을 체포하는 것이었다.(홍20군은 1930년 6월 홍6군을 토대로 편성한 부대이며, 주로 장시 출신 병사들로 이루어져 있었다.)[26] 마오쩌둥의 명령은 상당히 간결했다. "주요 지도자들을 너무 빨리 죽이지 말고 (최대한) 정보를 뽑아내도록 하라. ……그들이 제공한 단서를 이용하여 계속해서 다른 지도자들을 색출하라."[27]

처음에는 모든 일이 순조롭게 진행되었다. 홍20군 사령부가 포위되었고, 혐의자에 대한 수감과 심문이 이어졌다. 물론 그들은 죄행을 부인했다. 리사오주는 그들을 고문할 것을 지시했다. 구금된 상태에서 지속적으로 고문이 자행되었다. 홍군이라고 예외는 아니었다. 마오쩌둥은 나중에 당시 사건에 대해 다음과 같이 자인한 적이 있다. "1930년에 심문 과정에서 구타하는 경우가 많았다. 나도 피의자들이 어떻게 매를 맞았는지 직접 본 적이 있다."[28]

구금과 고문을 통해 얻은 증거는 예상을 크게 상회했다. 마치 홍20군 주요 지휘관은 물론이고 장시 당 조직, 공산주의청년단 지역위원회 전체, 장시 소비에트 정부 지도자 전체가 'AB단 소속'인 것처럼 보였다. 확실히 거대한 음모를 적발한 리사오주는 12월 8일 푸톈에서 열릴 장시 당 긴급회의에 파견된 모든 대표자를 체포하라고 즉각 지시했다. 전체 120명이 체포되어 수감되었다. 광란의 바쿠스 축제는 이제 피날레를 향하고 있었다. 당시 목격자의 증언을 들어보면 다음과 같다.

리사오주가 큰 소리로 외쳤다. "너희는 중농도 언제든지 반항할 수 있다는 것을 알아야 한다. 너희에게 남은 것이라곤 오로지 자백뿐이다. ……당은 물론 의심할 바 없이 너희에게 과오를 시정할 기회를 줄 것이다." ……그다음에 그들은 등불 심지로 지지는 등의 고문을 당했다. 어떤 심문도 이럴 수는 없었다. 이는 단지 고문일 뿐이었다. 게다가 그들은 끊임없이 질문에 답해야만 했다. "AB단에 언제 가입했는가? 어떤 조직에 있는가? 전략은 무엇인가? 지도자는 누구인가? 오직 진실만 말해야 한다." 만약 심문과 고문 과정에서 어떤 자백도 나오지 않으면 고문이 더욱더 심해졌다. ……동지들의 손톱이 고문으로 뭉개졌으며, 불로 지져 온몸이 상처투성이가 되었다. ……사람들은 고문으로 인해 수감자들이 끊임없이 외치는 비명 소리를 들어야 했다. 몇몇 지도자의 부인도 체포되었다. 그중에는 장시 서남부 당위원회 총서기인 바이팡의 부인도 있었다. 그들 역시 고문을 당하고 발가벗겨졌다. 날카로운 대나무를 손톱 안으로 집어넣거나 향불로 음부를 포함해 온몸을 지지는 고문을 당했다. 심지어 예리한 칼날로 유방을 자르거나 두 손을 묶어 거꾸로 매달기도 했다. 그들에게 가해지는 비인간적인 고문의 공포에 사로잡혀 사람들은 마치 암송하듯이 무엇이든 자백할 수밖에 없었다. 심문을 받았든 아니든 간에 체포된 모든 이는 팔다리가 묶인 채로 분리 감금되었다. 그리고 총검을 부착한 소총을 든 병사들이 삼엄하게 경비했다. 그들은 총검을 가지고 작업할 때도 거의 소리가 들리지 않았다. 체포된 이들에게는 병사들이 먹다 남은 음식이 제공되었다. ……쉰 명이 처형되어 먼저 세상을 떠났다.[29]

이후 리사오주는 푸톈과 이웃하고 있는 둥구로 옮겨 가 숙청을 계속했다. 하지만 그의 운은 그것으로 끝이었다. 체포된 사람들 가운데 훙20군 정치부 간부인 류디(劉敵)라는 이가 있었다. 그는 가학적인 리사오주에게 어렵사리 자신의 무죄를 설득시키는 데 성공했다. 리사오주는 인정을 베풀듯 그를 석방했다. 이는 그의 성격과 전혀 어울리지 않는 행동이었다. 일단 자유를 얻은 류디는 곧바로 반란을 일으켜 리사오주와 그 수행원들을 체포하고, 12월 12일 400여 명의 부대원을 이끌고 푸톈을 공격했다. 하루 밤낮이 꼬박 걸린 전투에서 류디는 체포된 이들이 갇혀 있는 건물을 장악하는 데 성공하여 수감자들을 모두 방면시켜 주었다. 그리고 100여 명의 경비병을 모두 죽였다.

3000명이 넘는 훙20군 장병 거의 대부분이 류디의 거사를 지지했다. 긴급 회의 결과 푸톈을 포기하고 간장 강 서쪽 안전지대(융양(永陽))로 철수하는 결의안이 채택되었다. 그들은 다음과 같은 구호를 내세웠다. "노동자와 농민을 살해하고 기만하고 억압하는 마오쩌둥을 타도하자!" "주더, 펑더화이, 황공뤼에(黃公略) 만세!"(황공뤼에는 훙군 제3군 사령관이다.) 흥미로운 점은 그들이 피에 굶주린 리사오주와 그 부하들을 석방했다는 것인데, 이는 훙군 제1방면군 지도부가 이를 선의의 표시로 간주하기를 원했기 때문이었다.

며칠 후 장시 공산당원들은 당 동지들에게 그동안 일어난 일에 대해 보고하고 모든 책임을 마오쩌둥에게 돌렸다. 그들은 마오쩌둥에 대해 "당내 동지들을 파멸시키려는 교묘한 책동을 획책했다"고 비난했다. 마오쩌둥은 "완전히 100퍼센트 우경* 기회주의자이자 계급 투쟁 전개의 범죄자가 되었다." 그들은 계속해서 이렇게 단언했다. "마오쩌둥은 자신의 우경 기회주의적 목적과 도피자의 관념, 온갖 더럽고 치욕적인 목표를 달성하기 위해 애쓰고 있다. ……마오쩌둥은 줄곧 중앙위원회를 반대했다. ……자기 자리를 유지하기 위해 당 지도부와 장시 공산주의청년단 간부들을 물리적으로 파괴하여 중앙위

---

* 당시에는 상대 적수를 '좌'적 일탈보다 '우'적 일탈로 비난하는 것이 효과적이었다. 그래야만 확실하기 때문이었다.

원회에 대항하는 무장 투쟁의 무기로 삼고 마오쩌둥 집단만을 위한 배타적인 당을 건설하고자 했다."[30]

마오쩌둥은 둥구와 푸톈에서 발생한 사건을 반혁명 반란으로 규정했다. 주더와 펑더화이, 황공뤄에 역시 동의했다. 하지만 마지막 결정은 중앙위원회 지도부와 코민테른 대표부에 달려 있었다. 마오쩌둥은 이에 대해 즉각 보고했다. 1931년 1월 그는 당 중앙위원회 지도자들에게 다음과 같은 호소력 있는 편지를 보냈다.

그들 반란자의 음모는 첫 번째로 마오쩌둥을 전복시키기 위해 주더와 펑더화이, 황공뤄에를 끌어들이는 것이었다. 그래서 제일 먼저 한 사람을 전복시키는 데 자신들의 병력을 집중시킨 다음 차례로 다른 이들까지 전복시키려는 것이다. 결정적인 계급 투쟁의 관건이 되는 이 같은 시기에 장제스는 외부에서 '마오쩌둥 타도'를 외쳐 대고, AB단과 청산주의자(淸算主義者)들은 혁명 대열 안에서 '마오쩌둥 타도'를 외쳐 댔다. 그들이 서로 다른 목소리로 외쳐 대는 모양이 복제하듯 어찌 이리 같을 수가 있는가?[31]

류사오치가 이끄는 후난 동남부 당에서 마오쩌둥을 지지하는 특별 대표단이 상하이에 이 서신을 전달했다. 후난 공산당원이 상하이로 가지고 온 문서에는 마오쩌둥의 호소문, 주더와 펑더화이, 황공뤄에가 마오쩌둥을 변호하기 위해 쓴 성명서와 제20군 홍군 병사들에게 보내는 호소문 이외에도 결코 적지 않은 돈인 5만~6만 멕시코 달러(일설에 따르면 10만 멕시코 달러) 등이 포함되어 있었다. 마오쩌둥이 대표단을 통해 중앙에 보낸 자금은 예기했던 효과를 발휘하기에 충분했다. 1931년 2월 중순 '푸톈 문제'를 검토한 정치국과 파벨 미프는 만장일치로 마오쩌둥의 손을 들어 주었다.[32] 한 달 후 코민테른 집행위원회 원동국과 중국공산당 정치국에서 이 문제에 관한 결의안이 채택되었다.[33]

처음에 푸톈의 사변 처리를 맡은 사람은 정치국원으로 1930년 10월 중앙 소비에트 지구에 도착한 샹잉이었다. 그는 마오쩌둥을 대신하여 소비에트 지구 중앙국 서기를 맡기 위해 파견되었다.(중앙국 총서기인 저우언라이는 미프와 원동국의 관원들이 그(마오쩌둥)가 당 사업을 전환하기 위해 어쩔 수 없었다고 믿을 때까지 상하이에 머물렀다.)[34] 푸톈 사변에 대해 거의 아는 것이 없었기 때문에 그는 원칙 없이 옥신각신 논쟁을 계속했으며, 쌍방이 잘못을 범했다고 단언했다. 그리고 "이번 사건을 평화적으로 해결할 필요"가 있다고 주장했다.[35]

샹잉의 결론은 마오쩌둥을 만족시키지 못했다. 제1방면군 사령관도 불만족스럽기는 마찬가지였다. 방직 노동자 출신인 서른두 살의 샹잉은 제1방면군 내에서 자신의 권위를 확보하기 위해 매우 힘든 시간을 보내야만 했다. 마오쩌둥에게 다행스러운 일은 중앙위원회의 새로운 대표로 미프의 제자인 정치국원 런비스와 왕자샹이 1931년 4월 초 중앙 소비에트 지구에 왔다는 것이다. 저우언라이가 "상황을 정리하기" 위해 파견한 이들이었다.[36] 두 사람은 저우언라이, 장궈타오, 선쩌민과 마찬가지로 푸톈 사변에 관한 특별위원회 위원으로 새로 조직된 소비에트 지구 중앙국 상임위원회에 참가했다. 물론 샹잉과 마오쩌둥 역시 상임 위원이었다. 그들은 '반란자'들을 강력하게 규탄했다. 그리고 곧 푸톈 사변에 대한 정치국의 결정이 중앙 소비에트 지구에 전달되었다. 다시 한 번 마오쩌둥이 승리한 셈이다. 4월 16일(일설에는 17일) 중국공산당 소비에트 지구 중앙국 제1차 확대회의를 통해 마오쩌둥이 충분히 만족할 만한 결의문이 채택되었다.[37] 1931년 5월 샹잉은 마오쩌둥에게 중앙국 서기 대리 자리를 넘겨주었으며, 6월 말에는 중앙혁명군사위원회 주석 자리마저 마오쩌둥에게 넘겨주었다.[38]

숙청은 계속되었지만 '반소비에트 폭동'을 조직하거나 참가한 이들에 초점이 맞추어졌다. 1932년 봄까지 장시 서남 지역 간부 가운데 거의 90퍼센트 이상이 피살되거나 구금되거나 정직 처분을 받았다.[39] 주모자인 류디는 비참한 운명을 맞이했다. 1931년 4월 주더가 주재한 군사 법정은 그에게 사형을 선고하고 참수형에 처할 것을 명했다.

물론 리사오주는 별 탈 없이 빠져나왔다. 1932년 1월 저우언라이가 영도하는 소비에트 지구 중앙국은 그에 대해 "확대화"*를 지적하고, 당내 처벌로 국한시켰다. 아울러 당에 잔류시키되 6개월간 관찰 처분을 내리고, 하층으로 내려가 군중 사업을 할 것을 지시했다. 같은 해 6월 그는 제1방면군을 책임지는 지휘관(총사령부 서기장) 자리에 다시 올랐으며, 10월에는 푸젠 서부 소비에트 지구 가운데 한 곳의 책임자(푸젠 군구장(福建軍區長))로 임명되었다. 그리고 1935년 봄, 커자인들이 많이 살고 있는 푸젠 서부에서 국민당 군대와 싸우다 "영웅적으로 자신을 희생했다."⁴⁰

고등 법원은 장시 소비에트 지구에 치명적인 위험이 닥친 순간에 홍군 전력을 분열시킨 류디를 비롯한 반란자들을 용서할 수 없었다. 한편 홍군 제1방면군은 장제스의 제1차 포위 토벌(圍剿)을 막아 내는 데 성공했다. 이는 "적이 진격하면 우리는 후퇴하고, 적이 점령하면 우리는 그 후방을 교란하며, 적이 피로해지면 우리는 공격하고, 적이 후퇴하면 우리는 추격한다."라는 마오쩌둥과 주더의 검증된 전술이 새로운 여건 아래에서도 효과적임을 보여 주는 것이었다. 제1차 포위 토벌 반격 작전은 인상적인 승리로 끝났다. 제1방면군은 국민당 장병 1만 5000여 명을 섬멸하고 3000여 명을 포로로 잡았으며, 소총 1만 정과 기관총 40여 정, 박격포 4문, 그리고 아무도 조작 방법을 몰랐던 무선 송신기를 획득했다. 이 외에 국민당 정부군 제18사단장 장후이잔(張輝瓚)을 포로로 잡았다. 홍군은 그의 머리를 잘라 나무 상자에 넣은 다음 간장 강 지류인 헝장 강(橫江)에 띄워 보냈다. 그들은 나무 상자가 난창으로 흘러가 그곳에 주둔하고 있는 장제스의 손에 들어갈 것이라고 생각했다.⁴¹

승리를 축하하면서 마오쩌둥은 그 기쁨을 사(詞)에 담았다.

산천초목 서리 맞아 붉게 물들고
천병(天兵, 홍군)의 노한 기세 하늘을 찌를 듯하네.
안개 룽강(瀧岡) 만학천봉 깊은 골 에워쌌는데

---

* 숙청이 지나쳤다는 뜻이다. — 옮긴이

일제히 울려 퍼지는 환호성, 적장 장후이잔을 잡았다네.*

이십만 적군 또다시 간장 강을 건너 침범하니
사방에 봉화 일어 하늘을 가렸네.
천만 노동자 농민 불러 모아 함께 싸우니
부주산 아래 홍기 바람에 펄럭이네.[42]**

제1차 포위 토벌이 끝난 후 홍군 제1방면군은 1931년 4월부터 5월, 7월부터 10월까지 장제스 군대의 두 차례에 걸친 추가 포위 토벌 공격을 성공적으로 막아 냈다. 장제스는 자신의 정예 부대를 '공비(共匪)'를 토벌하는 데 동원했다. 제2차 포위 토벌은 국방부장 허잉친(何應欽)이 총사령관이 되어 지휘했고, 제3차는 장제스가 직접 이끌었다. 하지만 모두 실패로 끝났다. '공비'가 승리했다는 소식은 평화를 사랑하는 일반 시민들에게 공포심을 불러일으켰지만 난징 정부는 할 수 있는 것이 없었다. 마오쩌둥이 주창한 지구전 이론이 현실화되었다.

한편 마오쩌둥이 실시한 사회 경제 정책이 장시 서남 지역의 적대적인 사람들로 인해 실패하고 말았다. 징강 산에서도 자경농에 대해 새로운 관계를 수립하려는 그의 새로운 시도가 또 다른 재앙이 되고 있었다. 어쩌면 그들이 징강 산을 떠나기 며칠 전부터 마오쩌둥과 주더의 토대가 붕괴하는 조짐이 있었는지도 모른다.

제1차 포위 토벌이 여전히 한창 진행 중이고 푸톈 사변이 터지기 이전 마오쩌둥은 장시 근거지를 포기하고 동남쪽 푸젠(커자인의 땅)으로 이전할 것을 건

---

* 1930년 12월 30일 룽강 부근 마을의 결정적인 전투에서 홍군은 국민당 군대를 격퇴하고 사단장 장후이잔을 체포했다.

** 「어가오(漁家傲)·제1차 포위 토벌을 반격하며(反第一次大圍剿)」, "萬木霜天紅爛漫, 天兵怒氣冲霄漢. 霧滿龍岡千嶂暗, 齊聲喚, 前頭捉了張輝瓚. 二十萬軍重入贛, 風烟滾滾來天牛. 喚起工農千百萬, 同心幹, 不周山下紅旗亂." ── 옮긴이

의했다. 펑더화이가 이끄는 홍3군의 지휘관들이 반대했다. 이는 중앙위원회에서 마오쩌둥에게 "약간 남쪽으로" 이동할 것을 건의한 1월 말에 변화하기 시작했다.[43] 하지만 푸텐 사변이 그에게 유리한 쪽으로 전개되기 전까지 자신의 주장을 철회한다는 것은 "몰염치한" 장시인들에게 항복한다는 것을 의미했다. 마오쩌둥은 정치국이 자신에게 유리하게 돌아간다는 것을 알게 되자 푸젠 접경지대로 사령부를 이전하는 것이 가능하다고 판단했다. 그것은 홍군 병사들이 다음과 같은 노래를 지어 부르기 시작한 때였는지도 모른다.

위원장이 우리를 식량이 있는 곳으로 이끄시네.
모든 것이 잘될 것이라고 확신하시지.
우리는 온갖 난관 극복할 수 있나니
모든 적들을 쳐부수리라.[44]

푸텐 사변은 마오쩌둥이 양호한 사회 환경, 특히 양호한 민족 환경에서만 승리를 확신할 수 있다고 믿었음을 보여 준다. 커자인의 마을은 바로 이러한 두 가지를 만족시키는 이상적인 곳이었다. 1931년 3월 말 장제스의 제2차 포위 토벌 직전에 마오쩌둥과 주더는 마침내 장시 동남쪽, 푸른 연못이란 시적인 이름을 가진 칭탕(靑塘, 닝두)으로 이주했다. 깊은 계곡에 자리한 마을은 전략적으로 유리한 위치를 차지하고 있었으며, 사방으로 열대 삼림이 우거진 높고 험한 산에 둘러싸여 있었다. 하지만 장제스의 제2차 포위 포벌로 인해 마오쩌둥과 주더는 그곳을 포기하고 여러 차례 사령부를 옮겨야만 했다. 제3차 포위 토벌을 격퇴한 후 그들은 9월 하순에 루이진(瑞金) 북쪽으로 수 킬로미터 떨어진 예핑(葉坪)에 근거지를 마련했다. 그곳은 커자인의 주요 상업 지역 가운데 한 곳이었다.

상하이의 상황은 날로 악화되고 있었다. 1931년 4월 미프가 모스크바로 떠난 후 정치국과 코민테른 원동국이 심각한 타격을 입었다. 특히 절박한 사태는 4월 말 중국공산당 비밀 특무 조직인 중공중앙특과(中共中央特科)의 책임자 구순장(顧順章)이 체포되면서 시작되었다. 그의 부서는 국민당이 통치하고 있는 도시에서 적색 테러를 조직하는 일을 맡았다. 소련 비밀경찰 조직에서 정치 보위(保衛) 업무를 배우고 돌아온 그는 국민당 앞잡이, 반역자는 물론이고 중앙위원회에서 사형을 선고한 중국공산당의 적을 제거하는 책임을 맡았다. 또한 간첩 활동과 당 고위층 보위 업무까지 맡고 있었다. 그는 1931년 4월 24일 장제스 암살을 준비하기 위해 한커우에 갔다가 그곳에서 체포되었다. 당시 그는 한커우의 신(新)시장 오락장에서 화광치(化廣奇)라는 이름의 떠돌이 마술사로 분장하고 연희를 하다가 국민당 특무에게 발각되고 말았다. 현장에서 체포된 그는 국민당 우한 수정공서행영(綏靖公署行营, 지방 경찰 업무를 담당하는 관서)으로 압송되었다. 전문 킬러인 그는 마치 상하이 난봉꾼처럼 특무의 위협에 굴복하여 곧 "체면을 잃고 말았다."⁴⁵* 그는 장제스 측에 정치국과 장쑤와 후베이 당위원회의 비밀 주소까지 전부 제공했다. 그해 5월부터 6월까지 3000여 명의 중국 공산주의자들이 체포되었으며, 많은 수가 총살당했다. 중앙위원회 총서기인 샹중파도 그 희생자 가운데 하나다.** 구순장은 고문에 못 이겨*** 결국 자백하고 말았지만 그렇다고 목숨이 그리 오래 연장된 것은 아니었다. 국민당은 그처럼 탁월하지만 이미 끝장난 인물이 더 이상 필요하지 않았던 것이다.

공산당은 구순장에게 매서운 복수를 가했다. 그를 직접 벌줄 수는 없었기 때문에 처와 장인, 장모를 포함한 전 가족을 몰살하는 방법을 택했다. 일설에 따르면 총 열일곱 명이 죽었으며, 서른 명이라는 설도 있다. 가족과 함께 살았던 늙은 보모도 예외일 수 없었다. 극도로 잔인하고 무의미한 살해 명령은 얼마 전까지만 해도 마오쩌둥과 그 '토비'들이 "아무런 목적도 없고 적절치 않은 대학살"⁴⁶에 참여했다고 비난하던 저우언라이에 의해 내려졌다. 구순장이 체

---

* 변절했다는 뜻이다. — 옮긴이

** 샹중파는 체포된 후 변절을 시도했으나 결국 처형되고 말았다. 저우언라이는 그에 대해 "정절이 기녀만도 못하다."라고 비난했다. — 옮긴이

*** 중국 관방 자료에 따르면, 이전부터 변절의 기미가 있었으며 고문도 받지 않은 상태에서 스스로 자백했다고 한다. — 옮긴이

포된 후 저우언라이는 중앙위원회에 특무위원회를 새롭게 조직하고 모든 비밀 업무를 통합시켰다. 구순장의 가족 살해를 지시받은 5인조 살수들은 배신자의 열두 살배기 아들은 죽이지 않고 살려 주었다.* 아이까지 살해할 마음은 아니었던 것이다.** 구순장은 1934년 12월 이중 첩자 노릇을 했다는 이유로 처형되었다.***

구순장의 배신으로 6월 중순 상하이 경찰은 원동국의 중요 인물 두 사람을 체포했다. 코민테른 집행위원회 대외연락부 협력자인 야코프 루드닉(Yakov Rudnik)과 부인 타티아나 모이젠코벨리카이아(Tatiana Moiseenko-Velikaiia)였다. 그녀는 놀렌스(Noulens)라는 가명을 썼다. 그들은 상하이에 살면서 메트로폴리탄 무역 회사라는 유령 회사를 설립하고 그 계좌를 통해 코민테른에서 중앙위원회와 원동국에 자금을 제공하는 통로 역할을 하고 있었다. 따라서 그들이 체포되었다는 것은 조직 운영을 전적으로 코민테른 자금에 의지하고 있는 당과 공산주의청년단의 재정이 불안정해졌다는 것을 의미했다. 1930년 8월부터 1931년 5월까지 코민테른 집행위원회는 매달 미화 2만 5000달러를 중앙위원회에 제공했다.[47] (1929년보다 매달 5000달러가 인상된 금액이다.)

얼마 후 코민테른은 현금을 제공하는 새로운 방식을 찾았다. 1931년 9월부터 12월까지 상하이 당 조직은 모스크바에서 미화 1만 300달러를 받았다.[48] 그해 말까지 코민테른 집행위원회에서 중국공산당에 지급된 자금은 28만 달러에 달하는 100만 위안을 상회했다.[49] 하지만 백색 테러로 인해 원동국이 완전히 마비되면서 1931년 여름 관련 업무를 크게 축소할 수밖에 없었다.

9월 중순 모스크바의 주요 대표자인 이그나티 릴스키(Ignatii Rylsky)는 중국공산당 지도부를 또다시 재편하기로 결정했다. 당시 정치국 주요 성원들은

---

* 관방 자료에 따르면, 여덟 살배기 딸도 무사했다. — 옮긴이

** 세월이 흐른 후 저우언라이의 부관 가운데 한 명이 당시 범죄에 대해 간단하게 설명한 적이 있다. 구순장이 변절하기 이전 당내 최고 지도부 회의가 그의 집에서 자주 열렸기 때문에 그 가족들은 개인적으로 중국공산당 지도자들을 모두 알고 있었다. 그들이 비밀을 지킨다는 것은 불가능했다.

*** 중국 관방 자료에 따르면, 구순장은 공산당과 내통했다는 죄목으로 1935년 쑤저우 감옥에서 처형되었다. — 옮긴이

상하이 밖에 거주하고 있었다. 몇 명은 수감 중이었으며, 북방에서 지하공작을 지휘하는 이들도 있었다. 4월 초부터 장궈타오는 후베이와 허난, 우한 북쪽 안후이 접경지대에 있는 소비에트 지구에서 중앙국을 이끌고 있었다. 전직 선원 출신인 또 한 명의 정치국원 천위는 1931년 6월부터 폴레보이(Polevoi)라는 가명으로 코민테른 집행위원회에서 중국공산당을 대표하고 있었다. 천사오위는 체포될까 두려워 중국에서 모스크바로 도피하려고 했다. 저우언라이의 회고에 따르면, "코민테른 집행위원회의 지시에 따라 당 사업을 책임질 임시중앙위원회가 상하이에 수립되었다."⁵⁰ 1931년 9월 말 임시중앙위원회가 꾸려지자 천사오위는 부인과 함께 '미프의 어린 새'들이 중국공산당의 새로운 대표단을 이끌고 있는 모스크바로 떠났다. 그는 그곳에서 중국공산당과 코민테른 역사에서 잘 알려진 이름, 즉 왕밍이란 가명을 사용했다.(중국공산당 중앙위원회나 다른 공산당과 암호로 연락을 주고받을 때는 밴쿠버(Vancouver)라는 가명을 쓰기도 했다.) 얼마 후 저우언라이는 목사로 가장하고 상하이를 떠나 장시 남부에 있는 마오쩌둥과 합류했으며, 그곳에서 중앙국을 이끌었다.⁵¹

상하이에서 여러 가지 일이 전개되고 있을 때 마오쩌둥은 자신의 역량을 모으는 데 집중했다. 스탈린 방식으로 중국공산당 간시 특별위원회로부터 '토호'들을 처리하고 국민당의 세 차례에 걸친 포위 토벌을 격퇴했기 때문에 그는 당내 자신의 위치를 신속하게 강화할 수 있었다. 이제 유일한 바람은 스탈린의 축복뿐이었다. 스탈린은 그를 지지하면서도 아직까지 결정적으로 호의를 보인 것은 아니었다. 권모술수에 누구보다 뛰어난 통찰력을 지닌 크렘린의 영주(스탈린)는 다음 세 그룹을 토대로 중국공산당 연합 지도부를 수립했다. 본토 유격대(마오쩌둥과 그 지지자들), 모스크바 유학생(천사오위(왕밍)·보구), 코민테른 원로 간부(저우언라이·장궈타오·샹잉) 들이었다. 그들 그룹 가운데 어느 누구도 다른 그룹을 저울질할(판단할) 기회를 얻지 못했다.

마오쩌둥은 진정한 도박사처럼 인내심을 가지고 기다려야 했다. 그는 나름의 복안이 있었다. 하지만 스탈린과 달리 훨씬 정교했다. 자신이 "스탈린 동지의 가장 충성스러운 학생"이라는 것을 증명하고자 했으며, 아울러 모든 경쟁자를 제거하기 위해 기회가 무르익기를 기다렸다. 그는 마지막 사소한 것 하나까지 챙길 줄 아는 음모의 대가였다.

무한한 권세에 대한 갈망이 언제나 그를 사로잡았으며, 그칠 줄 모르는 동력이 그를 앞서 나가도록 만들었다. 매일매일 피비린내 나는 권력 투쟁에서 그는 점점 더 격정에 사로잡혀 피해자가 되어 가고 있었다. 장제스, 당내 반대파, 계급의 적, 그리고 '착각'에 빠진 동지들에 대한 투쟁은 그에게 남은 인간미의 마지막 흔적까지 없애 버렸다. 사랑, 선량함, 충성심, 신뢰 등은 모두 사라지고 그를 숨 막히게 하는 가장 강력한 감정 속으로 녹아들어 갔다. 그 결과 마오쩌둥의 마음은 단단하게 굳어 버렸으며, 삶 역시 키마이*를 추구하는 쪽으로 변하고 말았다.

자식들은 모두 다른 이들이 돌보고 있었다. 그들은 어떻게 살고 있을까? 그들은 무엇을 느끼고 있을까? 그는 이에 대해 아는 것이 없었다. 다만 분명한 것은 고난의 삶을 견디는 것이 그들의 운명이라는 사실이다. 양카이후이가 죽은 후 현지 지하당원이 간수를 매수하여 어렵게 여덟 살배기 큰아들 마오안잉을 구해 냈다. 그와 일곱 살배기 동생 마오안칭, 세 살배기 동생 마오안룽은 반창의 조모 집에서 살게 되었다. 물론 경찰이 수시로 감시하고 있었다. 마오쩌둥이 자식들에게 애정이 있으리라 여긴 경찰은 아이들을 이용해 그를 체포할 수 있을 것이라고 생각했다.

하지만 아무리 시간이 흘러도 마오쩌둥은 물론이고 그가 보낸 사람조차 한 명 나타나지 않았다. 그러던 어느 날 춘절(1931년 2월 16일)을 하루 앞둔 저녁나절, 경찰을 포함하여 모든 이가 명절을 준비하느라 바쁜 시간에 낯선 이가 조모 샹전시의 집 대문을 두드렸다. 바로 양카이후이의 오빠 양카이즈(陽開智)의 부인으로, 아이들과 같은 집에 살고 있는 리충더(李崇德)에게 보내는 마오쩌민의 편지를 가지고 왔다. 마오쩌둥의 동생 마오쩌민은 안전을 이유로 조카들을

---

* 사자 머리에 염소 몸통, 뱀 꼬리를 한 그리스 신화 속의 괴물이다. 불가능한 생각이나 희망을 뜻한다. — 옮긴이

상하이에 있는 자신이 데리고 있겠다고 말했다. 당시 둘 사이에 아이가 없었던 그의 아내 첸시쥔은 조카들의 안위를 걱정했다. 그래서 남편인 마오쩌민에게 편지를 쓰게 했던 것이다. 리충더는 나중에 이렇게 회고했다. "심장이 쿵쿵 뛰는 가운데 등잔 밑에서 소포를 펼치고 마오쩌민이 직접 쓴 편지를 보고는 크게 놀랐다. 그는 나에게 마오쩌둥의 세 아들을 상하이로 보내 달라고 요청하면서 날짜와 장소, 그리고 그곳에서 사람들과 접선하는 방법에 대해 알려 주었다." 친척들과 상의한 끝에 리충더는 그 말에 따르기로 결정했다. 안전 때문에 아이들에게 새로운 이름을 지어 주고 맏이인 마오안잉에게 반드시 외우도록 했다. 마오안잉은 융푸(永福), 둘째 마오안칭은 융서우(永壽), 막내 마오안룽은 융타이(永泰)였다. 성도 외할아버지의 성을 따라 양(楊)으로 바꾸었다. 리충더는 모친으로 위장하고 아이들을 데리고 상하이를 향해 출발했다. 조모 샹전시도 그들과 동행했다.

며칠 동안 힘든 여행이 계속되었다. 피곤에 지친 상태에서 마침내 작은아버지 마오쩌민의 집에 도착한 아이들은 그제야 울음을 터뜨렸다. 그들은 아버지에게 데려다줄 것이라고 생각했지만 그 대신 국제 조계지 안에 있는 공산당의 비밀 유치원(다퉁 유치원(大同幼稚園))에서 생활하게 되었다. 이는 저우언라이의 결정에 따른 것이었다. 혁명 전사를 후원하는 코민테른 국제 조직의 자금을 받아 중국공산당 간부와 열사의 자제들을 위해 상하이에 세운 이 유치원 세 아이의 새로운 은신처가 되었다. 아이들을 위한 이상적인 장소는 아니었지만 다른 선택의 여지가 없었다. 당시 서른여 명의 아이들이 생활하고 있었는데, 그중에는 리리싼과 차이허썬의 딸들도 있었다. 유치원 교사 가운데 하나는 리리싼의 부인이었다. 하지만 마오쩌둥의 아이들은 그곳에 가기를 원치 않았다. "아빠랑 같이 있고 싶어요." 마오안잉이 흐느껴 울며 말했다. "엄마의 복수를 해야만 해요." 아이들은 리충더의 옷을 부여잡고 집에 보내 달라고 애원했다. "아이들의 울음소리가 내 가슴을 칼로 도려내는 듯했다." 리충더는 이렇게 회상했다. 그녀는 아이들을 진정시키려고 애썼지만 마치 조카들에게 아직 닥치지 않은 최악의 상황을 예감이라도 한 양 함께 울음을 터뜨리고야 말았다.

은신처에 도착하고 얼마 후 막내 마오안룽이 병에 걸렸다. 복통을 호소하고 설사를 하더니 열이 오르기 시작했다. 이질이었다. 진단을 받고 얼마 후 끝내 세상을 뜨고* 말았다.** 이후 구순장이 배신하고 은신처가 알려지면서 유치원은 문을 닫았다. 작은아버지 마오쩌민과 작은어머니 첸시쥔은 소비에트 지구 가운데 한 곳으로 떠났다. 마오쩌둥의 아이들을 챙긴 것은 유치원 원장이자 중국공산당 중앙위원회 특과에서 비밀 정보 공작원을 겸하고 있던 둥젠우(董健吾)***였다. 그 외에 아무도 아이들을 데려가길 원치 않았기 때문인데, 그는 한동안 아이들을 자신의 집에서 데리고 살았다. 그러나 얼마 후 그 역시 우한으로 떠날 수밖에 없었다. 아이들은 전처인 황후이광(黃慧光)에게 맡겼다. 그녀는 아이들이 누구의 자식인지 전혀 알지 못했으며, 그들에게 신경 쓸 겨를이 없었다. 이미 네 명의 아이들이 있었기 때문이다.

마오안잉과 마오안칭은 이제나저제나 아버지의 소식만을 기다렸다. 그들은 작은아버지 마오쩌민이 상하이를 떠날 준비를 하고 있을 당시 그를 통해 아버지에게 편지를 보낸 적이 있었다. 하지만 아버지는 편지를 받았음에도 불구하고 그들을 구하기 위해 아무 일도 하지 않았다. 1932년 여름이 끝나 갈 무렵 그들은 황 이모(황후이광)의 집에서 나왔다. 이후 4년 동안 거리를 헤매고 다니며 쓰레기통을 뒤져 남들이 버린 채소나 꽁초를 주웠고, 상점에서 푼돈을 벌거나 신문팔이를 하면서 근근이 생활했다. 때로 다른 아이들에게 매를 맞거나 모욕을 당하기도 했다. 상하이 당 조직에서 그들을 발견한 것은 1936년 봄이었다. 때마침 스탈린이 아이들에 관한 이야기를 듣게 되면서 상황이 호전되기 시작했다. 중국공산당 중앙위원회는 스탈린의 동의를 받아 아이들을 홍콩과 마르세유, 파리를 거쳐 소련에 보내기로 했다. 운명의 장난인지 그들의 여행 준비를 책임진 이는 이미 친숙한 왕 목사였다.[52]

---

* 일설에는 실종되었다고 한다. — 옮긴이

** 1960년대 중국 전역 여러 성에서 갑자기 수십 명의 '마오안룽'이 나타났다는 보고가 있었다. 그러나 스스로 '마오안룽'이라고 주장하는 이들은 공안당국의 조사를 통해 거짓으로 판명되었다.

*** 일명 왕 목사로 알려졌다. 성공회 목사이며 적색 목사로 불리기도 했다. — 옮긴이

한편 마오쩌둥은 당과 군 사업에 총력을 기울이고 있었다. 1931년 아이들의 편지를 받았지만 대수롭지 않게 여겨 한쪽에 놔두었다. 그 밖에도 할 일이 산처럼 쌓여 있었다. 무엇보다 중앙 소비에트 지구를 강화해야만 했고, 또한 중화소비에트 제1차 전국대표대회를 준비하는 일도 결코 만만치 않았다. 이는 전국의 '홍색' 지구를 모두 연결시켜 중화소비에트공화국을 성립하는 기점이 되는 중요한 대회였다. 중앙혁명군사위원회 주석으로서 마오쩌둥은 대회 개최와 감독을 직접 책임졌다. 대회 개최지로 예핑이 확정되었다. 600여 명의 대표자들이 모이기 때문에 그들이 먹고 잠자는 것 이외에 보안이 상당히 중요했다. 마오쩌둥 부대는 일찍이 1929년 봄부터 푸젠 접경지대에서 가깝고 장시 남동부 산악 지대 깊은 곳에 자리한 루이진 일대 여러 마을을 점령했다. 국민당과 공산당은 거의 2년 6개월 동안 지역을 뺏고 뺏기는 상황을 연출했는데, 현재는 마오쩌둥이 확고하게 자리를 잡은 상태였다. 마오쩌둥은 모스크바의 동의를 얻어 중앙집행위원회 주석 겸 인민위원회 주석, 또는 당시 명칭으로 중화소비에트공화국 중앙집행위원회 인민위원회 주석이 될 예정이었다.[53]

러시아 10월 혁명 기념일인 11월 7일(10월 혁명 승리 제14주년 기념일) 만반의 준비가 끝났다.

대회의실에 망치와 낫이 그려진 붉은 깃발이 걸려 있었다. 실내에서 기술자들이 전선을 설치하고 1년 전에 지안에서 빼앗은 발전기와 연결시켰다.

전구를 밝힐 시간이 되자 농민들이 반신반의하면서 모여들기 시작했다. ……대회장에 수백 개의 전구가 일제히 불을 밝혔다.

몇몇 허약한 농촌 부녀자는 놀라 현장에서 졸도하기도 했다. ……대회장은 전선 이외에도 푸른 소나무 가지와 여러 대중 조직에서 보내온 깃발과 현수막으로 가득 찼으며, 소비에트와 관련한 구호가 천장을 떠받치는 기둥마다 가득 붙어 있었다. ……건물 사방에 하나씩 네 개의 입구가 마련되었고, 가장 큰 문은 맨 앞에 있었다. 정문 밖 두 개의 붉은 천에 망치와 낫을 수놓은 깃발이 걸려 있었는데 하나는 소련을, 다른 하나는 공산당을 상징하는 것이었다. 입구 바깥쪽은 소나무

가지를 깔고 그 위에 커다란 오각형 별 두 개를 끼워 넣었다. 별은 소비에트 지역에서 대량 생산되고 있는 은으로 만든 것이었다.[54]

11월 7일 토요일 오전 7시 폭죽이 터지는 가운데 대표들이 입장하기 시작했다. "단상에서 악대가 「국제가」를 연주했다." 대표들은 특별히 하이칼라가 달린 상의에 푸른 면바지로 이루어진 홍군 특유의 정장을 입고 축제 분위기를 자아냈다. 상의 왼쪽 소매에는 붉은 별, 오른쪽 소매에는 대표자의 번호를 수놓은 진홍색 비단 삼각형이 붙어 있었다. 그리고 군모에 '중화소비에트 제1차 전국대표대회'라고 적힌 띠를 두르고 있었다.

2주 동안 계속된 회의에서 대표자들은 '중화소비에트공화국 헌법 대강'을 제정하고 지주와 자영농의 동산과 부동산의 평등 분배를 강화하는 토지법('중화소비에트공화국 토지법'),* 노동법('중화소비에트공화국 노동법'), 그리고 몇 가지 법안('중화소비에트공화국 경제 정책' 등)을 통과시켰으며 마오쩌둥과 저우언라이, 주더 등이 포함된 예순여섯 명의 위원으로 중앙집행위원회를 구성했다.

일주일 후 중앙집행위원회 제1차 회의에서 계획에 따라 마오쩌둥이 최고 입법 기관의 주석이 되었고, 장궈타오와 샹잉은 부주석으로 임명되었다. 중앙집행위원회 아래 인민위원회를 조직하여 중화소비에트공화국 중앙 행정 기관으로 삼았으며, 마오쩌둥은 자동으로 인민위원회 주석에 선임되었다. 아무도 인지하지 못하고 있던 공화국의 중요한 분야인 외교 부문은 미프의 제자 왕자상이 차지했다. 군사 분야는 당연히 주더에게 돌아갔고, 교육 분야는 취추바이가 맡았다.(그러나 취추바이는 폐결핵에 걸려 상하이에 머물면서 대회에 참가하지 않아 마오쩌둥의 옛 은사인 쉬터리가 중화소비에트공화국의 인민 교육을 맡았다.) 루이진이 중화소비에트공화국의 수도로 채택되었다.

---

* 토지법은 (부농보다 많은) 농민 토지의 몰수에 대해 직접적으로 언급하고 있지 않다. 그러나 그것은 지주 토지뿐만 아니라 "자신의 토지를 직접 경작하는" '대사영농(大私營農)'의 토지도 몰수하는 것에 관한 법 조항을 해석할 수 있는 유일한 방법이다. 지주는 누구도 자신의 토지를 경작하지 않았으며, 오직 자영농만 토지를 직접 경작했다. '대'의 의미는 누구도 혼동하지 않았다. 토지를 가졌다면 제아무리 가난한 농촌 빈민일지라도 '대'토지 소유자였기 때문이다.

오래된 도시에 공산당 군대가 도착하자 인구가 6만 명으로 증가했다. 그곳은 서쪽에서 동쪽으로 약 1.6킬로미터 길이로 뻗어 있으며, 주변이 산으로 둘러싸여 있었다. 방직 및 기계 관련 작업장이 몇 군데 있고, 주변에 사는 농민들이 직접 경작한 농산물을 판매할 수 있는 큰 시장이 있었다. 몇몇 사당이나 절은 공산당이 몰수하여 사무실로 사용했다. 비록 루이진은 상하이와 달랐지만 정부 소재지로 손색이 없었다.

마오쩌둥은 마침내 권력의 정점에 오른 듯했다. 하지만 현실은 꼭 그런 것만도 아니었다. 곧이어 격렬한 권력 투쟁이 시작되었다. 왕밍의 군단, 그중에서도 중국공산당 여러 지도자가 떠난 뒤 정치국의 실질적인 일인자가 된 보구는 마오쩌둥에게 승리의 월계관을 내줄 생각이 없었다. 이제 겨우 스물네 살인 보구는 공산당에 가입한 지 6년밖에 되지 않았지만 친구인 왕밍만큼이나 야심만만한 청년이었다. 깡마르고 키가 큰 그는 마오쩌둥이 싫어하는 모스크바 어정뱅이의 특징을 모두 지니고 있는 인물이었다. 모스크바에서 귀국한 미프의 제자들과 마찬가지로 그 역시 전지전능한 소비에트의 경험을 철석같이 확신하고 있었다. 만약 남을 지배하기 좋아하는 성격이나 난폭하고 독재적인 태도만 아니라면, 그의 헝클어진 머리며 바퀴처럼 큰 안경(그는 갑상선 질환을 앓아 안구가 돌출했기 때문에 이를 감추려고 안경을 착용했다.)을 쓴 모습을 보거나 어딘가 불안하고 긴장한 듯한 웃음과 목소리를 들었을 때 마치 오랜 학문 연구에 지친 공붓벌레 같다는 생각이 들었을 것이다. 그는 누구보다 스탈린을 숭배했으며, 그를 모방하여 파이프 담배를 즐길 정도였다. 크렘린의 우상과 마찬가지로 그 역시 사람의 생명에 대해 아랑곳하지 않았다. '계급의 적'이든 당내 동지든 상관없었다. 마오쩌둥을 지지하는 모스크바의 정책을 공개적으로 비난할 수 없었기 때문에 보구는 자신의 지지자들을 통해 상대의 영향력을 약화시키고 스탈린이 좀 더 낮게 평가하도록 자신이 할 수 있는 모든 일을 했다. 보구는 위대한 유격 대장인 마오쩌둥의 후광에서 벗어나기 힘들었다.

18

골육상쟁, 공산주의자의 스타일

총애를 잃고 있다는 징조는 1931년 8월 30일 상하이로부터 온 서신에서 처음 드러나기 시작했다. 서신에서 마오쩌둥에 대한 비판은 이전 리리싼 시기의 것보다 훨씬 매서웠다. 마오쩌둥이 이끄는 소비에트 지구 중앙국이 극단적으로 심각한 좌경 기회주의의 과오를 범했으며, 이는 영도자에게 "명확한 계급 노선"이 부재함을 증명하는 것이라는 비판이었다. 과연 중앙 영도자들 가운데 누가 이런 서신을 썼는지 정확하게 확인할 수 없다. 분명한 것은 서신의 내용이 당시 당무를 주재하기 시작한 새로운 세대의 영도자들, 즉 미프의 사람들이 지닌 관점을 반영하고 있다는 점이다. 특히 마오쩌둥이 농촌 개혁을 추진하면서 '부농 노선'을 견지했다는 점을 중점적으로 비판했다. 서신 작성자가 지적하려는 것은 "많은 쪽에서 뽑아 적은 쪽을 보충하고, 살진 부분을 빼어 마른 부분을 보완하자."라는 마오쩌둥의 원칙이 균등한 토지 분배를 의미한다는 것이었다. 새로운 영도자들은 지주에게 당연히 가장 나쁜 토지를 분배하고, 좋은 토지는 모두 빈농에게 분배해야 한다고 생각했다.

마오쩌둥의 '유격대' 전략은 홍군이 세 차례에 걸친 국민당의 포위 공격을 격퇴하는 데 결정적인 역할을 했지만 오히려 임시 중앙정치국으로부터 호된 비판을 받았다. 마오쩌둥의 성공이 새로 부상한 지도부의 권위를 약화시켰기 때문이다. 그들은 극히 중요하고 "상대적으로 큰 도시"를 신속하게 점령함으로써 소비에트 지구를 '확장'해야 한다고 주장했다.[1] 거슬러 올라가 1930년 10월 중순부터 지금까지 마오쩌둥은 지나치게 큰 도시의 점령 계획은 어떤 것도 거절하기로 마음먹은 상태였다.[2]

모스크바에서 돌아온 학생들은 확실히 마오쩌둥이나 리리싼보다 훨씬 좌경에 치우쳤다. 그들이 다른 이들을 리리싼주의로 몰아붙이기 위해 발버둥 친 것은 단지 천사오위(왕밍), 왕자샹 등이 자신들의 권력을 확고하게 다지기 위한 시기를 확보하기 위함이었다. 그들은 중국으로 돌아온 후 리리싼과 다른 '원로'들에 대한 비밀 투쟁을 전개하였는데, 특히 1930년 여름에 본격적으로 활동하기 시작했다. 그들은 미리 약속한 대로 암호를 사용하여 러시아어나 영어로 교장 선생인 미프와 편지를 주고받았다. 그들이 싫어하는 것은 정치국의 모험주의가 아니었다. 리리싼을 비난할 때도 좌익주의란 말은 쓰지 않았다. 모스크바에서 가장 경멸하는 것이 무엇인지 잘 알고 있었기 때문이다. 그들은 리리싼이 세계 혁명이란 터무니없는 책략을 주장할 때도 그를 '우'적 과오를 범했다고 비난했다. "의사는 대담성이나 지식이 결핍되어 있고 또한 좋은 약도 부족하기 때문에 계속해서 오른쪽 폐가 아픕니다." 왕자샹은 1930년 6월 11일 중국공산당 정치국에서 리리싼의 주도하에 「새로운 혁명 고조와 하나 또는 몇몇 성에서 우선 승리」에 관한 극좌파의 결의안을 채택하기 사흘 전 미프에게 보낸 서신에서 이렇게 말했다. "치료약을 보내 주실 수 있습니까?" "주인들이 대부분 오른쪽 어깨에 심한 고통을 받고 있습니다." 천사오위는 자신의 이름을 덧붙였다. 그들이 함께 쓴 편지에는 이런 내용도 담겨 있었다.

주인의 추악함은 우뇌에 질환이 있기 때문입니다. 이런 질환은 빈곤한 중국에서 받기 어려운 최고의 치료를 필요로 합니다. 우리는 가능한 한 빨리 좋은 의사와 약품으로 질환을 치료하고 회사의 지위를 개선할 수 있기를 바랍니다.[3]

재미있는 내용으로 굳이 암호를 해독하지 않아도 쉽게 이해할 수 있다.

천사오위를 비롯한 모스크바 유학생들은 '좋은 의사'(미프를 지칭한다.)가 필요한 '조치'를 취한 이후에도 도발적인 정책을 계속 추구했다. 확실히 그들은 1월 회의를 통해 '뇌에서 병든 부분'을 완전히 제거하지 못했다고 믿었다. 이것이 바로 8월 편지의 이유다.

서신을 받고 얼마 되지 않은 10월 중순 샹잉과 런비스, 왕자샹은 중앙 소비에트 지구로 들어갔다. 소비에트 대회 전야에 임시중앙정치국은 루이진에서 당 대회를 개최했다. 대회에서 폭풍 같은 비난이 마오쩌둥에게 쏟아졌다. 마오쩌둥의 본래주의를 반대하는 주장은 "협의의 경험론"이자 "극단적인 우경 기회주의", "많은 쪽에서 뽑아 적은 쪽을 보충하고 살진 부분을 빼어 마른 부분을 보완하자."라는 주장은 "부농 편향", 그의 유격 전술은 "유격주의"로 비난을 받았다. 마오쩌둥은 지역 여건을 언급하면서 자신을 변호하고자 애썼지만 아무 소용이 없었다. 대회에 참가한 몇몇 지역 서기를 제외한 대다수가 중앙에서 온 서면 지시를 지지했다. 마오쩌둥은 소비에트 지구 중앙국의 임시 서기직에서 물러났으며, 샹잉이 그의 자리를 대신했다.[4]

모든 일이 소비에트 제1차 전국대표대회 바로 직전에 일어났다. 마오쩌둥은 그 대회에서 중화소비에트공화국 중앙집행위원회 주석 겸 인민위원회 주석으로 '선택'될 터였다. 그를 '선택'할 필요가 있다는 내용을 담은 전보는 이미 모스크바의 비준을 받은 것으로 10월 말 예핑에 도착한 상태였다.[5] 그렇다면 결국 중화소비에트공화국 중앙집행위원회 주석으로 임명될 예정인 인물에 대해 왜 공격을 했던 것일까?

유일한 해석은 상하이 지도부와 장시 남부에 주재하는 그 대리인들이 새로 선출하는 주석이 아니라 중앙위원회와 중앙국의 서기가 이전과 마찬가지로 모든 것을 통제한다는 사실을 당원들에게 보여 주길 원했기 때문이라는 것이다. 주석은 최고 지도부와 거리가 있는 당의 군인일 뿐이었다. 이렇게 함으로써 중앙집행위원회와 인민위원회의 주석은 유명무실한 명목상의 지위로 떨어지고 말았다. 중화소비에트공화국 역시 소련과 마찬가지로 당이 정부를 통제하는 형태였던 것이다.

11월 25일 대회 직후 마오쩌둥은 전체 열다섯 명의 총정치국을 맡고 있는 가운데 중앙혁명군사위원회 주석 자리에서 물러났다. 그 대신 주더가 주석을 맡았고, 왕자샹과 펑더화이가 부주석에 임명되었다. 동시에 홍군 제1방면군은 중앙혁명군사위원회가 직접 지휘하는 두 개의 군단(홍3군단·홍4군단)과 홍5군으로 재편성되었다. 제1방면군 총사령부는 폐지되었으며, 마오쩌둥이 맡고 있던 총정치위원과 총전적위원회 서기직도 모두 취소되었다.[6] 이 같은 심각한 타격으로 당과 군부 내에서 마오쩌둥의 영향력은 대폭 감소될 수밖에 없었다.

마오쩌둥은 자신을 둘러싼 악화된 분위기를 감지했다. 형제와 처자 외에 그와 가까운 이들은 아무도 남지 않았다. 그나마 다행스러운 것은 형제들이 여전히 중앙 소비에트 지구에 남아 있었다는 것인데, 마오쩌민이나 마오쩌탄 모두 중앙위원회 위원이 아니었다. 자부심 강하고 격정적이고 쉽게 굴복하지 않는 성격을 지닌 샹징위는 1928년 5월 초 한커우에서 총살당했으며, 전남편이자 마오쩌둥의 오랜 친구인 차이허썬은 1931년 8월 초 광둥에서 처형되었다. 그는 특히 잔혹하게 살해되었는데, 그를 처벌한 자들은 비인간적인 고문을 자행했다. 그를 독방에 가두고 벽에 매달아 쇠못을 박은 후 마지막에 예리한 칼날로 가슴을 수차례 찔러 댔다. 결국 쇠못 위에서 시신이 축 늘어진 뒤에야 비로소 고문을 멈췄다. 2년 전인 1929년 8월에는 펑파이가 상하이에서 죽었다.

1931년 12월 말 저우언라이가 루이진에 오자 상황은 더욱 나빠졌다. 샹잉을 대신하여 중앙국 서기가 된 저우언라이는 계속해서 반마오쩌둥 노선을 견지했다. 1월 7일 중앙국 제1차 회의에서 그는 중앙국이 반혁명 투쟁*에서 과오를 범했으며, "자아비판 정신으로 책임을 져야 할 것"이라고 말했다.[7] 비록 저우언라이의 비판이 골수에 사무칠 정도로 깊은 상처를 주었지만 마오쩌둥은 이의를 달지 않았다.

이틀 후 임시중앙정치국에서 선전을 담당하고 있는 보구와 그의 동료 뤄푸

---

* 과거 AB단에 대한 투쟁을 말한다. ─ 옮긴이

(洛浦)가 「한 개의 성과 몇몇 성에서 우선적인 혁명 승리를 쟁취하기 위한 결의안(關於爭取革命在一省與數省首先勝利的決議)」을 발표했다. 그들은 자신들이 발표한 제목이 리리싼이 제기한 악명 높은 결의안과 거의 같다는 사실에 전혀 개의치 않는 듯했다. 그들은 또다시 홍군에 난창과 지안(吉安) 등 장시의 주요 도시를 공격할 것을 명령했다. 아울러 이를 의심하는 이들에게 다음과 같은 경고를 잊지 않았다. "우경 기회주의는 여전히 목전의 주요 위험으로 남아 있다. 우리는 반드시 우경을 반대하는 데 화력을 집중해야 한다."[8]

저우언라이는 이를 통해 다시 한 번 마오쩌둥에게 타격을 주었다. 성질이 불같은 후난인들은 성과 없는 토론에 끼어들기를 싫어한다는 것을 알고 있었기 때문에 중앙국의 새로운 서기는 중앙국 위원들에게 장시에서 두 번째로 큰 도시 간저우(贛州)를 우선 쟁취할 것을 제안했다. 그곳은 중앙 소비에트 지구와 징강 산 중간에 위치한 곳으로 중국공산당 소속 개별 부대가 여전히 작전 중이었다. 요새화된 방어 거점을 점령하면 '홍색 지구'를 확대할 기회를 선점할 수 있었다. 다만 저우언라이는 물론이고 중앙국의 대다수 지도자들 역시 그 작전이 홍군에게 얼마나 어려운 것인지 제대로 알지 못했다. 당연히 마오쩌둥은 이에 반대했으며, 이로 인해 또다시 비판을 받아야 했다.[9] 마오쩌둥의 적수들은 마오쩌둥이 "항상 과오를 범해" "체면을 잃은" 사실에 만족스러웠다.

그때 마오쩌둥은 국제 정치 문제와 관련해 싸우기로 결심했다. 중국의 국제적 지위는 일본의 확장주의로 인해 날로 악화되었다. 1931년 9월 18일 만주(중국 동북 지대)에 주둔하고 있던 일본 관동군이 사변을 일으켰다. 관동군은 자신들이 폭파시킨 남만 철도 폭발을 빌미로 삼아 만주에서 가장 큰 도시인 펑톈(奉天)과 지린 성(吉林省)의 성회인 장춘(長春)을 점령했다. 일본 관동군은 그해 늦가을까지 인구 3000만 명인 만주 대부분 지역을 점령했다. 장제스는 소비에트 지구에 대한 군사 작전에 전념하느라 아무런 저항도 하지 않았다. 하지만 전국적으로 광범위한 반일 운동이 거세게 불기 시작했다. 애국주의가 고조되자 마오쩌둥은 1932년 1월 중국공산당이 이 기회를 '활용'해야 한다는 결론에 도달했다. 대중의 반일 정서를 일본의 만주 침략에 대해 아무런 방어 태세도 갖추지 않고 있는 장제스 쪽으로 돌릴 수 있을 것이라는 계산이었다. 12월 중순 장시 닝두에서 전혀 예기치 않은 사건이 터졌다. (공산주의자들과 싸우기 위해 전투에 참가한) 국민당 제26로군이 반란을 일으킨 것이다. 마오쩌둥은 크게 고무되었다. 제26로군 장병들이 반란을 일으킨 것은 일본에 대해 '타협'하는 장제스의 정책에 반대했기 때문이었다. 이렇게 하여 루이진에서 16킬로미터 정도 떨어진 닝두는 곧바로 '홍색 지구'가 되었다.[10]

1932년 1월 중순 중앙국 회의에서 마오쩌둥은 이렇게 말했다. "일본 제국주의자들이 중국을 멸망시키기 위해 대거 침략함으로써 전국적으로 인민의 항일 정서가 고조되고, 국내 계급 관계에도 변화가 발생할 것이다." 의심할 바 없이 누구든 이 상황을 이용하는 것이 당연했다. 그렇다면 구체적으로 어떻게 해야 할 것인가? 이것이 바로 그가 토론하려던 문제였다. 과연 무엇이 도발적이란 말인가? 그런데도 중앙 대표단은 오히려 격노하여 비난을 퍼붓기 시작했다. 그들은 마오쩌둥의 주장을 공산당의 이익을 꾀하기 위해 일본의 침공을 이용하려는 범죄나 다를 바 없다고 주장했다. 사실 코민테른은 만주 사변이 소련 공격의 교두보 마련을 위한 일본 군부의 의도라고 판단한 상태였다. 그렇기 때문에 그들은 소련의 정세 파악을 바탕으로 이렇게 비난한 것이다. 회의 참석자 가운데 누군가가 마오쩌둥을 '우경 기회주의자'라고 비난했다. 그 순간 죽은 듯 고요한 적막이 흘렀다. 마오쩌둥은 화가 치밀어 목이 멜 지경이었다.

그는 더 이상 중앙국의 성원으로 일할 생각이 없었다. 그래서 회의가 끝난 후 병가를 신청했다. 이는 1929년 그가 주더나 제4군 전적위원회와 갈등을 빚을 때부터 즐겨 쓰던 술법이었다. 그는 정부의 직무를 샹잉에게 넘겨주고 부인과 경호원을 데리고 떠났다. 그때 그는 또 한 번 타격을 입게 된다. 왕자샹이 그가 마지막으로 가지고 있던 중앙혁명군사위원회 총정치부(당시 중국공농홍군(中國工農紅軍) 총정치부로 이름을 바꾸었다.) 주임 자리에서 내쫓았기 때문이다.

마오쩌둥은 깊은 우울에 빠졌다. 둥화 산(東華山)에 자리한 폐사(廢寺) 어두운 골방에서 며칠을 보냈다. 때로 단소를 불기도 했다. 그가 단소를 불기 시작한 것은 징강 산 시절부터였다. 산사는 습기가 많고 추웠기 때문에 허쯔전은 옆 동굴로 옮기자고 채근했다. 그래도 그는 계속 그곳에 남아 단소를 불며 소일했다. 그러나 이 평온한 생활도 안정을 가져다주지는 못했다. 시사(詩詞) 역시 도움을 주지 못했다." 지난 일을 되돌아보면서 마오쩌둥은 앞으로 닥칠 권력 투쟁은 지금까지 경험하지 못한 잔혹한 것이 되리라는 느낌이 들었다.

최근 중국공산당 지도부의 '좌경 노선'은 모스크바와 직접적으로 연관된 것이었다. 왜냐하면 입만 열면 오로지 '우익의 위험'에 대해서만 이야기하는 모스크바에서 전략과 전술에 관한 지령을 지속적으로 받고 있었기 때문이다.

부하린과 그의 지지자들을 제거한 후 스탈린은 1930년 12월 추가적으로 이른바 '우파'를 숙청하기 시작했다. 이는 '우파' 조직을 만들어 소비에트에 반대하고 파업을 주도했다는 이유로 과학자와 기술자, 경제학자 들을 기소한 이른바 '산업당(産業黨)' 재판으로 이어진다. 대다수 코민테른이 '우파의 위험'이 실재한다고 믿었다는 사실은 그리 놀라운 일이 아니다. 특히 스탈린이 소련의 사회주의 건설이 가속화되면서 계급 투쟁이 첨예화하고 자본주의의 도전과 침략이 더욱 커지면서 세계적인 위기가 심화되고 있다고 주장했기 때문에 더욱 그러했다. 이러한 전제 아래 1931년 3월부터 4월 사이에 개최된 코민테른 집행위원회 제11차 대표대회는 "혁명의 고조가 증가하고 있다."라고 강조하면서, 그중에도 "중국 대륙 주요 지역에서 소비에트와 홍군의 발전과 확대…… 그리고 식민지 혁명 운동의 강화"가 중요하다고 설명했다.[12]

7월 31일 코민테른 집행위원회는 중국공산당 중앙위원회에 특별 결의안을 보내면서 다음과 같이 지적했다. "국가가 혁명적 위기에 직면하고 일부 지역에서 소비에트 권력이 성공하고 있는 (공산주의) 운동의 현 단계에서 계급 투쟁의 성과는 무엇보다 공산당 자체에 의존할 수밖에 없다. ……중국공산당은 광범위하게 좌경 기회주의 관점을 적발해 내고, 이론과 실천 면에서 끝까지 투쟁을 완수해야 할 것이다."[13]

문건은 부농과 빈농에게 토지를 균등하게 분배하지 말 것을 요구했지만 그렇다고 마오쩌둥을 지명하여 비판한 것은 아니었다. 마오쩌둥과 첨예하게 갈등을 빚게 된 것은 중국공산당의 새로운 지도자들이 당을 배타적으로 운영하면서 모험을 마다하지 않았기 때문이다. 사실 결의안에는 도시에 대한 새로운 공격을 지시하는 내용이 없었다. "한 군데 또는 두 군데 중심 도시"를 공격하는 계획은 실제로 1932년 초 장시 남부 간저우에서 피비린내 나는 전투로 실행에 옮겨졌는데, 이는 코민테른의 관점에 따른다고 강조하던 상하이 지도부의 단독 작품이었다. 임시중앙정치국에서 8월 지령을 하달하고 두 달 반이 지난 어느 날 미프는 스탈린에게 중국의 주요 도시를 점령하는 것에 관한 제안을 써 보냈다.[14] 스탈린은 그의 제안을 받아들였다.

중앙국 지도부의 주장에 따르면, 이런 상황에서 '유격 전술'을 이야기하는 것은 불가능했다. 중앙국의 다른 국원들과 마찬가지로 저우언라이 역시 코민테른이 기본적으로 인정하고 있는 중앙위원회의 지시를 성실하게 수행하기 시작했다. 마오쩌둥은 이에 반대했다. 단순히 도시를 공격하는 것에 반대했기 때문만이 아니었다. 그 역시 물자가 풍부한 상업 도시에 주목했다. 다만 『수호전』에 나오는 영웅들과 마찬가지로 방어 태세가 갖추어지지 않은 작은 도시를 급습하여 약탈한 다음에 안전한 근거지로 퇴각하는 것을 선호했다. 그러나 그의 관점과 주장은 예전과 마찬가지로 중국 혁명은 오로지 중심 도시를 확보함으로써 이길 수 있다고 믿는 지도부의 화를 돋우기에 충분했다. 그럼에도 불구하고 두려움을 모르는 그는 다시금 조류를 거스르기 시작했다. 자신의 배후에 어떤 막강한 힘이 존재한다고 느끼고 있었던 것일까?

이번에도 행운의 여신은 그의 편이었다. 간저우 공략이 철저하게 실패로 끝나고 말았기 때문이다. 그제야 홍군 지도자들은 마오쩌둥이 이번 공격을 반대한 것이 옳았음을 깨달았다. "병력 1만 4000의 제3군단이 출동했으나 요새화한 방어 시설에 막강한 화력을 갖춘 적을 이길 수 없었다." 펑더화이는 나중에 이렇게 회고했다. "주둔하고 있는 적의 실제 상황을 파악하기도 전에 요새화된 도시를 공격한다는 것은 심각한 과오였다." 더욱 불운한 것은 거의 두 달(1932년 1월부터 3월까지) 동안 지속된 간저우 공략이 국민당 제19군이 방어하고 있는 상하이에 대한 일본군의 침략과 거의 동시에 이루어졌다는 점이다.[15] 이로 인해 마치 공산주의자들과 일본이 협력하고 있는 것처럼 보였다.

중앙국 지도자들은 자신들의 오만을 거두어들일 수밖에 없었다. 3월 초 비가 억수같이 쏟아지던 어느 날 샹잉이 마오쩌둥의 은신처에 모습을 드러냈다. 그는 중앙혁명군사위원회와 저우언라이 개인의 이름으로 그에게 휴양을 잠시 중단하고 '복귀'할 것을 요청했다. 마오쩌둥은 기쁨을 감출 수 없었다. 비에 흠뻑 젖은 채로 탐탁지 않은 임무에 굴욕감을 보이는 그의 모습에 측은한 느낌이 들었다. 마오쩌둥과 허쯔전은 그날 저녁 짐을 꾸려 산에서 내려와 루이진으로 들어갔다. 즐겨 불던 단소도 잊지 않고 군장 주머니에 넣었다. 앞으로도 얼마나 자주 단소를 연주해야 할지 누가 알겠는가? 수치와 불명예에서 벗어났지만 그렇다고 모든 것이 변한 것은 아니었다. 권력 투쟁은 여전히 계속되었다.

그러나 현재 그는 즉시 루이진에서 95킬로미터 정도 떨어진 간 현(贛縣) 장커우(江口) 전선 지휘부로 떠났다. 그곳에서 그가 유일하게 매진할 수 있는 일은 중앙국과 정부 인사들에게 일본의 중국 침략에 관한 성명서를 제출하는 것이었다. 이는 일본군의 폭격 직후인 1월에 이미 대략 작성한 것이었다. 문건은 다음과 같은 내용을 담았다. 중국 소비에트 정부는 공식적으로 일본에 선전 포고를 해야 한다. 물론 공산당 군대는 만주나 상하이에서 멀리 떨어진 곳에서 작전을 하고 있기 때문에 이러한 조치는 본질적으로 형식적일 수밖에 없다. 하지만 정치적 의의는 대단하다. 선전과 선동을 통해 일반 대중의 반일 정서를 대담하게 활용함으로써 중국공산당은 중국인들에게 진정한 애국적 민족주의자로 간주될 것이며, 이는 국민당과 투쟁하는 데 도움을 줄 것이다. 장시간에 걸친 논쟁 끝에 4월 15일 마오쩌둥이 제안한 문건(「대일전쟁선언(對日戰爭宣言)」)이 동지들에 의해 최종 통과되었다. 대일 선전 포고문은 엿새 후 중앙집행위원회와 중화소비에트공화국 인민위원회 공식 기관지인 《홍색중화(紅色中華)》에 게재되었다.[16]

당시 마오쩌둥은 루이진에서 멀리 떨어진 곳에 있었다. 3월 내내 장시 남부에서 지내며 그는 심각한 사태를 해결하기 위한 방안 마련에 몰두하다 푸젠의 린뱌오 군대와 합류했다. 6월 말까지 그는 푸젠 남부와 남서부에서 군사 작전에 참여했다. 그는 부대를 이끌고 험한 산길을 따라 루이진에서 240킬로미터 정도 떨어진 장저우(漳州)의 부유하면서도 방어 태세가 빈약한 상업 도시를 급습했다. 그곳에서 그는 산적의 낭만을 만끽할 수 있었다. 장저우와 인근 여러 마을을 약탈한 후 장시 남부로 돌아왔다. 돌아오면서 병사들은 평상시대로 지주와 부농은 물론이고 일반 농민들과 본지(本地, 커자인이 적으로 간주하는 현지민)를 죽이고 마을을 불살랐으며 재산까지 몰수했다. 그들이 지나간 자리에는 황무지만 남았다. 1년이 지난 후 그곳을 지나게 된 이의 회고에 따르면, "논은 온통 진흙으로 뒤덮였고, 밭은 잡초가 우거져 아무것도 자랄 수 없게 되었으며, 대지의 집들은 모두 불타 버려 인적조차 드물었다."[17]

작전이 성공을 거둠으로써 군대에서 마오쩌둥의 위상 또한 크게 강화되었다. 그의 '영웅적' 군사 행동은 그렇지 않아도 간저우 공격에 실패하여 풀 죽은 장병들과 지휘관들에게 기쁨을 안겨 주었다. 물론 작전 실패의 책임은 새로운 지도자들의 몫이었다.[18]

그러나 그에게는 아직까지 해결해야 할 문제가 남아 있었다. 중앙국 성원들과 전술에 대한 힘든 논쟁을 해야만 했기 때문이다. 그의 맞수들 역시 약탈이나 살상에 반대하는 것은 아니었다. 다만 소규모 전투로 적을 자극하기보다는 성 전체를 점령하기 위한 대규모 작전을 지휘하는 것을 최종 목표로 삼아야 한다고 믿었다. 논쟁은 점차 첨예해졌다. 저우언라이와 다른 사람들이 1932년 5월 3일 중국공산당 중앙위원회에 보낸 전문에서 당시 일련의 사건이 암시하는 내용을 엿볼 수 있다.

우리는 중앙 소비에트 지구와 홍군의 행동을 확대하는 방침에 동의하지 않는다. 작년 말 소비에트 지구의 중국공산당 중앙국 회의에서 마오쩌둥은 푸젠 접경 지역인 광둥, 장시, 후난의 세 군데 산악 지역에 소비에트 지구를 건설하자고 제안했다. 왕자샹은 그 계획에 반대하며 당면한 정치 상황에서 이는 대도시 점령을 벗어난 전략이라고 주장했다. ……모스크빈(Moskvin, 저우언라이)이 도착했을 때 마오쩌둥은…… 중심 도시를 공격하는 것에 반대 의견을 제시했다. ……이러한 정치 노선은 완전히 기회주의적이다. 현재의 상황을 저평가하는 것이자 코민테른과 중국공산당의 지시와 완전히 상충되는 것이기도 하다. ······우리는 마오쩌둥의 과오에 대항하여 싸웠으며, 당내 기구에서 그를 비판했다.[19]

9일 후 중앙국은 마오쩌둥이 루이진에 없는 상황에서 회의를 개최하여 마오쩌둥의 '실패주의 노선'을 다시 한 번 비판했다. 회의가 끝난 후 마오쩌둥의 지도 아래 있던 중앙국이 "지난 3차 전쟁 승리 이후로 목전의 정치 형세에 대한 판단에서 극히 엄중하고 일관된 우경 기회주의의 과오를 범했다."라는 내용의 결의안을 채택하고 아울러 "중앙국의 과거 사업에서 발생한 우경 기회주의의 과오를 시정할 필요가 있다."라고 주장했다. 결의안은 즉각 상하이에 전달되었으며, 임시중앙정치국은 마오쩌둥과 불일치하는 새로운 의견을 코민테른 집행위원회에 고지했다. 그들(28인의 볼셰비키)의 보호자인 미프는 마침내 마오쩌둥과의 투쟁에서 종지부를 찍을 수 있을 것이라고 믿었다.[20]

중앙의 반응은 소극적이었다. 미프보다 훨씬 강력한 권력을 지닌 이들이 마오쩌둥 문제에 개입했다. 과연 그들이 왜 그랬는지는 추측만 가능할 뿐 정확한 연유를 알 수 없다. 아무튼 1932년 5월 15일 코민테른 집행위원회의 최고위 조직, 즉 정치서기국의 정치국원이자 믿을 만한 스탈린주의자들인 오토 쿠시넨(Otto Kuusinen), 드미트리 마누일스키(Dmitry Manuilsky), 요제프 피아트니츠키(Josef Piatnitsky), 빌헬름 피에크(Wilhelm Pieck) 등이 루이진의 갈등에 대해 검토하기 시작했다. 마오쩌둥은 모스크바의 보호 아래 있게 된 것이다.[21]

중국공산당 임시정치국과 소비에트 지구 중앙국은 비록 실패를 인정하지 않았지만 일단 한발 뒤로 물러나지 않을 수 없었다. "모든 문제는 정확하게 해결되었다." 저우언라이는 1932년 6월 9일 실질적으로 마오쩌둥을 지지하는 정치서기국 정치국원이 보낸 전보를 받은 후 중국공산당 중앙위원회에 이렇게 써 보냈다. "우리의 토론은 동지적 분위기에서 진행되었으며, 중앙국원들로 제한되었다. 주된 내용은 마오쩌둥이 영도하는 사업을 방해하지 않는다는 것이었다."[22]

장시에 있던 보구와 그 동료들은 그나마 모스크바가 다만 공식적인 비판만 막아 주고 있다는 점에 위안을 받았다. 아직까지 그의 유격 전술에 동의한 것은 아니었다. 이것이 바로 저우언라이가 루이진에서 떨어져 있는 마오쩌둥에게 지도부의 동의를 보내면서 다른 한편으로 중앙국에 또 다른 전보를 보낸 이유다. 6월 10일 그는 이렇게 썼다. "마오쩌둥은 심신이 쇠약해져 있다. 그는 여전히 높은 산중에서 일하며, 불면증과 식욕 부진으로 고생하고 있다. 하지만 군대와 함께 있으면 언제나 활력이 충만하고 군사 작전을 지휘하는 데 탁월하다. 중국공산당 소비에트 지구 중앙국은 군사 작전을 지휘하도록 그를 전선에 보내기로 결정했다. 그 역시 전선으로 가기를 원하고 있다."[23]

정말 이상한 전보가 아닐 수 없다. 마오쩌둥은 장시 남부에서 루이진의 '높은 산악 지대'로 가려고 애쓴 적이 없다. 그러나 저우언라이의 말대로라면 그는 이미 몸이 불편하여 먹는 것이나 잠자는 것조차 제대로 할 수 없는 상황이라고 할 수 있다. 아마도 이는 마오쩌둥이 중앙집행위원회와 인민위원회 주석으로 복귀하는 것에 대해 중앙국의 성원들이 그다지 달가워하지 않았기 때문일 것이다. 당시 마오쩌둥은 루이진으로 돌아갈 생각이 없었다. 6월 중순 그는 장시 남부 자신의 부대로 돌아간 상태였다. 그곳에서 임시중앙위원회 정치국의 명령에 따라 제1방면군을 재편성한다는 소식을 들었다. 주더가 총사령관을 맡고 왕자샹이 총정치국 주임을 맡았다. 그들과 마오쩌둥이 합세하여 제1방면군을 이끌고 소비에트 지구를 공격하는 국민당 군대에 맞서야만 했다.[24]

이제 마오쩌둥은 탁월한 외교 능력을 발휘해야 했다. 그는 주요 경쟁자 가운데 한 명인 왕자샹과 같은 지도부에 있으면서 모든 정치가들이 즐겨 이용하는 전술인 '분할 통치'를 활용했다. 마오쩌둥은 1931년 4월 왕자샹이 런비스와 함께 청탕에 있는 자신의 집으로 찾아와 처음 만난 이래로 둥근 안경을 쓰고 어깨가 구부정하며 자신보다 열세 살이 어린 그를 주의 깊게 살폈다. 천사오위 일파와 마찬가지로 러시아어를 유창하게 했지만 다른 이들과 달리 야심이 그리 많지 않았다. 그 역시 러시아의 경험을 맹신하는 교조주의자였지만 마음 깊은 곳에는 여전히 중국 일반 농민의 모습이 그대로 남아 있었다. 때로 거칠고 참을 수 없을 때도 있었지만 그에게서는 공통의 언어를 발견할 수 있었다.

마오쩌둥은 이미 4월 하순부터 그의 환심을 사려고 애썼다. 하지만 실질적인 결과를 얻는 데는 실패했다.[25] 그는 다시 주더의 도움을 받아 감언이설을 재개했다. 그리고 마침내 '완고한 젊은이'를 자기편으로 만드는 데 성공했다. '환심을 사기' 시작했다. 그해 7월 중순 저우언라이가 그들의 사령부에 모습을 나타냈다. 그때 마오쩌둥은 주더와 왕자샹의 도움을 얻어 저우언라이를 자기편으로 만들기 위해 전력을 다했다. 이인자 노릇에 익숙했던 저우언라이는 지속적인 압력을 끝내 견디지 못했다. 마오쩌둥이 그를 압도했다. 마오쩌둥과 주더, 왕자샹, 저우언라이는 중앙위원회 중앙국에 간저우를 공격하는 새로운 계획을 취소할 것을 요청하는 전보에 서명했다. 같은 날 네 사람은 중앙국에 제1방면군, 특히 마오쩌둥의 총정치위원 자리를 회복시켜 줄 것을 제안하는 우편물을 보냈다. 그들은 정부 주석 자리를 아예 없애는 것도 가능하다고 생각했다.(마오쩌둥은 총정치위원과 정부 주석 자리를 겸직할 수 없었다.)[26]

마오쩌둥은 온갖 굴욕을 잊을 수 있었다. 하지만 왕자샹과 저우언라이를 자기편으로 만든 것은 권력 쟁취를 향한 첫 번째 발걸음일 뿐이었다. 목적을 달성하기 위해서는 어떤 수단도 가릴 필요가 없었다. 지금 그에게 필요한 것은 이전의 적수였던 두 사람이었다. 그는 그들의 도움을 받아 새로운 당 지도부가 그의 주위에 만들어 놓은 소외의 울타리를 돌파할 수 있기를 원했다. 하지만 여전히 루이진에 남아 있는 중앙국 성원, 그들 가운데 특히 보구와 뤄푸의 압력을 받고 있는 런비스는 관계를 개선할 의도가 전혀 없었다. 그들은 정치국의 실질적인 책임자로 마오쩌둥을 지명한 것은 받아들였지만 동시에 그의 유격전술을 계속 비판했으며, 관건이 되는 대도시를 공격해야 한다는 자신들의 주장을 철회하지 않았다.

갈등이 더욱 심화되었다. 임시정치국의 지시를 맹목적으로 좇는 런비스의 군사 사상은 마오쩌둥과 크게 달랐다. 중앙국은 중앙집행위원회와 중화소비에트공화국 주석의 '기회주의'에 대해 또다시 의문을 제기했다. 마오쩌둥을 향한 비판은 거의 정점에 이르렀다. 루이진에 있는 중앙국 성원들은 너나없이 모두 마오쩌둥을 비판했다. 런비스 외에도 중앙 소비에트 지구의 비밀 업무를 맡고 있는 샹잉과 덩파(鄧發), 공산주의청년단 중앙 서기를 맡고 있는 구쭤린 (顧作霖) 등이 핵심적인 인물이었다. 그들은 마오쩌둥이 대규모 전투를 회피하기 위해 산속으로 들어가 군대를 분산시키고 있다고 비난했다. 달리 말하자면 "현시점에서 공격보다는 방어 전술"을 선호하고 있다는 뜻이다.[27] 마오쩌둥의 행동에 화가 난 런비스와 동료들은 1932년 9월 "마오쩌둥은 마르크스주의를 이해하지 못하고 있다."라고 결론 내렸다.[28] 그리고 그의 직위를 박탈하고 공개 비판할 것을 결정한 후 즉시 중앙위원회에 통지했다.

마오쩌둥 동지는 중앙 소비에트 지구를 확장하고 주요 도시들을 점령하며 한 개 또는 몇몇 성에서 우선적 승리를 달성하기 위한 투쟁을 주저하고 있다. ……그의 기회주의 노선은…… 지속되고 있으며 때로 당 지도부를 무시하고 당의 공익보다는 개인적인 친분 관계를 토대로 이를 관철하려 애쓰고 있다. 비록 모스크빈 (저우언라이) 동지가 전면에 있기는 하지만 그가 중앙국의 관점에 따라 실천에 옮기면서 급격하게 자신들의 행동을 바꾸기는 사실상 어렵다. ……군 지도부의 의견을 통일하기 위하여 우리는 마오쩌둥 동지의 과오를 공개적으로 비판하며 그를 후방으로 소환하여 중앙 소비에트 정부에서 일하도록 할 것을 요청한다.[29]

중앙위원회나 코민테른 집행위원회 대표부의 허락도 기다리지 않고 런비스와 샹잉, 덩파 등은 9월 말 "(중국공산당 소비에트 지구) 중앙국 전체회의(통칭 닝두 회의(寧都會議))를 개최하기 위해" 전방(닝두)으로 갔다. 그들은 10월 초 샤오위안(曉園)의 한 마을에서 열린 전체회의에서 마오쩌둥의 "유격대 심리 성향"과 "우경 기회주의"를 통렬하게 비판했다. 그리고 저우언라이, 주더, 왕자샹 등 "타협론자(유화론자)"들이 "혁명의 승리를 확신하지 못하고 홍군의 전력을 과소평가"했다고 맹렬히 비난했다. 결국 마오쩌둥은 또다시 "질병을 이유로" 전선에서 물러날 수밖에 없었다. 런비스와 그 동료들은 마오쩌둥이 "요양차 전방에서 떠나는 것"을 기쁘게 생각했다. 마오쩌둥은 닝두 남쪽으로 140킬로미터쯤 떨어진 산속 깊은 곳에 자리한 병원으로 떠났다.

한편 중국공산당 임시중앙정치국 지도자들은 상하이에서 회의를 열었다. 루이진에서 온 전문은 마오쩌둥을 실각시키기 위해 애썼던 그들을 기쁘게 했다. 닝두 회의는 분명 기회였다. "우리는 당 내부에서 마오쩌둥의 관점에 반대하는 투쟁을 활발하게 전개해야 한다." 보구는 열변을 토했다. "마오쩌둥을 소비에트에서 일할 수 있게 후방으로 보내는 것이 좋다." 뤄푸가 재청하며 이렇게 말했다.[30] 다른 지도자들도 동의했다. 하지만 스탈린과 코민테른 집행위원회가 어떻게 반응할지 걱정했다. 그들은 모스크바가 또다시 격한 반응을 보일까 두려웠다. 해결책은 간단했다. 지도자들은 두 개의 서로 다른 문건을 준비했다. 하나는 중국어로 써서 소비에트 중앙국에 보냈다.(문건은 마오쩌둥이 닝두를 떠난 후에 도착했다.) 다른 하나는 영어로 쓴 다음 중앙국의 전보 번역문을 덧붙여 코민테른 집행위원회에 보냈다.(두 개의 문건은 10월 16일 모스크바에 도착했다.) 코민테른에 보낸 문건은 마오쩌둥을 겨냥한 '공개적인 토론'은 없을 것이라는 점을 강조했다. 장시로 송달된 문건은 이와 정반대로 "마오쩌둥의 관점에 대해 토론을 시작"하라고 지시했다.[31]

중앙정치국의 답변을 받은 후 런비스와 동료들은 마오쩌둥이 부재한 상황에서 총정치위원 직위를 박탈하여 홍군 내부에서 더 이상 영향력을 발휘할 수 없도록 만들었다. 그리고 후임으로 저우언라이를 임명했다. 2주 후 상하이 중앙정치국은 그들의 결정을 확정 지었다.[32]

소식을 들은 마오쩌둥은 자제력을 잃고 말았다. 마오쩌둥은 정부(소비에트 공화국 정부)의 명예직은 결코 대단한 것으로 여기지 않았다.[33] 그러니 실제 업무에서 완전히 배제된 셈이다. "교조주의가 사람들을 망하게 만드는구나! 그들은 실제 상황이 어떠한지 아무것도 모르고 있어. 농민이든 노동자든 한 명도 만나 본 적 없지. 그저 오른쪽으로 가라, 왼쪽으로 가라 지시만 하면서 행정 업무에만 몰두하고 있지 않은가! 이런 방식으로 어떻게 국민당과 싸워 승리를 거둘 수 있겠는가? 과연 그들은 농민들이 왜 혁명을 위해 봉기했는지 알기나 하는 것일까?"[34] 허쯔전의 말에 따르면, 마오쩌둥은 이렇게 울분을 토해 냈다.

당시 그에게 유일한 큰 기쁨은 새로운 아들의 탄생이었다. 1932년 11월 허쯔전이 아들을 낳았다. 이름은 마오안홍(毛岸紅)이었다. 아이를 품에 안고 허쯔전은 행복했다. 하지만 그것도 잠시였다. 당시 학질을 앓던 그녀는 의사의 말에 따라 더 이상 아이를 품에 안고 있을 수 없었다. 마오쩌둥의 지시에 따라 호위병이 인근에 사는 아낙네를 보모로 데리고 왔다. 순박한 농촌 아낙네는 아이들을 모두 '샤오마오마오(小毛毛)'라고 불렀다. 마오쩌둥은 그녀가 하는 말을 듣고는 활짝 웃으며 허쯔전에게 말했다. "이거 봐! 사람들이 나를 '라오마오(老毛)'라고 부르는데 우리 아들은 '샤오마오마오'라고 부르네. 나보다 마오가 더 많으니* 분명 앞으로 나보다 강한 인물이 될 거야."

힘들고 어려운 상황에서 이러한 농담이 오히려 그에게 여유를 주었다. 대나무 단소 역시 마찬가지였다. 그가 연주하는 슬픈 가락에 아내인 허쯔전은 비애에 젖곤 했다.

다시 한 번 모스크바가 마오쩌둥에게 구원의 손길을 보냈다. 좀 더 정확하게 말해 구원은 모스크바의 중국 주재 대표, 즉 보구나 뤄푸 같은 이들은 그앞에서 잽싸게 차려 자세를 취해야 하는 인물에게서 왔다. 1932년 가을 새로운 코민테른 대표가 부인과 함께 상하이에 도착했다. 아더 에른스트 에베르트(Arthur Ernst Ewert)라는 독일인이었다. 물론 중국에서는 누구도 그가 에베르트라는 것을 몰랐다. 그는 해리 버거(Harry Berger)라는 이름으로 미국 여권을 가지고 중국에 들어왔다. 중국공산당 안에서는 '짐', '아더'라는 가명으로 불렸다. 독일공산당 원로 당원인 마흔두 살의 에베르트는 코민테른에서 상당히 높은 지위에 있었다. 1928년 코민테른 제6차 대회에서 집행위원회 후보 위원으로 선출되었으며, 1929년 코민테른 원동국 책임자가 되었다. 대부분의 독일인과 마찬가지로 그 역시 세세한 규칙을 중시하고 꼼꼼한 성격이었다. 그러나 술고래였다. 중대한 시점에 에베르트는 마오쩌둥의 인생에서 상당히 중요한

---

* 그의 농담은 문자 유희다. 샤오마오마오는 함의가 다중적이다. '털이 보송보송하게 난 아이'를 의미하기도 하고, '자그마한 털로 만든 공'이란 뜻이기도 하다. 그렇기 때문에 중국인들은 갓난아이를 그 머리카락을 형용하여 '샤오마오마오'라고 부른다. '마오'를 털이 아니라 마오쩌둥의 성으로 본다면 '자그마한 쌍모(雙毛)'로 해석할 수 있다. 마오쩌둥은 자신보다 '마오'가 하나 더 있으니 자신보다 강할 것이라고 말한 것이다. ─옮긴이

역할을 연출했다. 마오쩌둥의 군사 전략이 "위험천만이고" "수동적이며" "편향적"이라고 생각했지만 그가 내부의 적과 싸울 때 지원을 마다하지 않았다. "마오쩌둥의 전반적인 접근 방식은 잘못되었다.(방어의 효과와 산속 은폐를 지나치게 강조하는 것 등이 그러하다.)" 그는 코민테른에 이렇게 보고했다.

소비에트 중앙국에서 보내온 전문을 보고 난 후인 1932년 10월 8일 그는 코민테른 집행위원회 비서인 요제프 피아트니츠키에게 "장시 당 지도부가 사전에 어떤 준비도 없이 마오쩌둥을 공개 비판하여 그를 자리에서 몰아내려고 결정했다."라고 보고했다. "현재 상황에서 그런 방식은 굳이 말할 필요도 없이 적들에게 우리의 약점을 드러낼 뿐이다." 그는 이렇게 지적하면서 "사전에 진지한 준비 없이(상부의 비준은 말할 것도 없고) 그런 결정에 의지할 수는 없다. 마오쩌둥은 여전히 대중의 영도자로 남아 있다. ……우리는 결의안 일부를 반대하며, 영도 조직 내 의견 불일치를 뿌리 뽑을 것을 요구하고, 현시점에서 마오쩌둥을 몰아내는 것에 반대한다."[35] 에베르트는 자연스럽게 중국공산당 중앙위원회 지도부에 자신의 지위에 대해 통보했다.

그 결과, 보구와 뤄푸는 일단 한발 물러났다. 하지만 여전히 마오쩌둥을 군사 업무에서 배제시켰다. 당 지도자들은 확실히 그를 참을 수 없었다. 또한 그를 상대하지 않을 수 없었다. 1933년 초에 그들은 직접 마오쩌둥을 만나기도 했는데, 이후로 그들의 방향이 뒤섞이면서 개인적인 만남을 피할 수 없게 되었다. 1933년 1월 말 보구와 뤄푸, 그리고 또 한 명의 정치국 위원인 인쇄공 출신의 천윈(본명은 랴오천윈(廖陳雲))은 중앙 소비에트 지구에 재배치되었다.[36] 왕밍에 따르면, 그들이 상하이에서 중앙 소비에트로 옮겨 간 것은 백색 테러로 인해 어쩔 수 없었으며, 이는 "공산당 영도 중심이 더이상 상하이에 존재할 수 없다는 것을 의미했다."[37] 이로써 소비에트 지구의 중앙국이 정리되고, 전체 당 지도부가 보구의 수중에 들어가게 되었다. 이전 소비에트 지구 중앙국과 중국공산당 임시정치국이 해체되고 중국공산당 중앙국이란 이름으로 합병되었다.[38] 실질적인 권력은 여전히 중국공산당의 기본 정치 노선을 계획하는 코민테른 집행위원회의 지시에 복종하는 보구의 손에 있었다.

이러한 이동 배치로 인한 당 내부 투쟁의 재점화를 우려하여 에베르트를 통해 중앙위원회에 보낸 전문에서 코민테른 집행위원회 정치비서처는 "마오쩌둥의 문제"에 대해 특별한 관심을 보였다. "마오쩌둥에 대해서는 당 중앙국의 지도하에 책임질 수 있는 직무를 수행할 충분한 기회를 제공하여 최대한 인내하고 동지로서 영향력을 발휘하는 것이 중요하다."[39] 루이진에 이러한 지시사항을 전달하면서 에베르트는 자신의 의견을 첨부했다. "우리는 당신이 마오쩌둥과 친밀한 관계 속에서 사업을 수행할 것을 요구한다. 하지만 당신은 우리 군대가 임무를 완수할 수 있도록 그를 예의 주시할 필요가 있으며, 그것이 대규모 토론이나 동요에 의해 훼손되어서는 안 될 것이다."[40]

1933년 1월부터 코민테른 집행위원회나 원동국이 중국공산당의 당내 업무에 영향력을 끼칠 수 있는 기회가 점차 줄어들기 시작했다. 임시중앙위원회 정치국이 상하이에서 루이진으로 이전한 후 그들과의 연계가 위축되었다. 에베르트가 루이진에 무선 전보를 보내곤 했지만 그것이 코민테른 특사와 보구 및 다른 당 지도자들이 직접 대면하여 논의하는 것을 대신할 수 없었다. 1934년 10월 초 또다시 결정적으로 상하이 조직이 붕괴되면서 상하이의 공산주의자 활동은 사실상 절멸하고 말았다. 얼마 후 코민테른 집행위원회는 원동국을 폐쇄했다.[41]

루이진의 당내 투쟁이 끊임없이 달아오르기 시작했다. 보구는 마오쩌둥에 대해 부정적이었기 때문에 처음부터 그와 만나기를 꺼려했다. 1933년 1월 마오쩌둥이 요양 중인 마을을 지날 때도 '환자'를 병문안하는 것조차 단호하게 거절했다. "잠깐이라도 들러 그를 보는 것이 좋겠다."라는 동료의 간청에 보구는 딱 잘라 말했다. "마오쩌둥에게 그렇게 할 만한 가치가 도대체 뭔데?"[42] 물론 마오쩌둥이 병을 핑계 삼은 것은 다른 의도가 있었다. 영리한 마오쩌둥은 결코 그의 행동에 괘념치 않았다. 무엇보다 그는 더욱 신중했기 때문이다.

마오쩌둥을 '보러 가는 것'은 나름 좋은 이유가 있었다. 그는 국민당과 오랫동안 싸워 온 노장이었다. 이것이 바로 고급 당원들이 정기적으로 그의 조언을 얻고자 했던 이유다. 그들 중에는 푸젠 당위원회 서기 대리인 뤄밍(羅明)도 있었다. 한차례의 방문으로 유격 전투의 열렬한 신봉자가 된 그는 당위원회에서 마오쩌둥의 전술을 공개적으로 지지하는 데 성공했다. 이는 자연스럽게 큰 반향을 일으켰다. 1933년 2월 화가 난 보구는 이른바 뤄밍 노선에 대한 광범위한 당내 반대 투쟁을 전개했다. 투쟁이 점차 가열되는 상황에서 마오쩌둥의 동생인 마오쩌탄이 자리에서 쫓겨나고 말았다. 몇몇 마오쩌둥을 지지하는 이들과 마찬가지로 그 역시 뤄밍 못지않게 비난의 화살을 집중적으로 받았다. 결국 1933년 5월 군사 업무에서 손을 뗄 수밖에 없었다. 당시 중앙 소비에트 지구에 있던 그의 친인척들 대다수도 마찬가지 운명이었다.

1933년 봄, 인민위원회 서기 대리로 있던 허쯔전은 직책에서 쫓겨나 중앙위원회 당교에서 재교육을 받아야만 했다. 그녀의 동생이자 마오쩌탄의 부인인 허이는 임신한 지 6개월이 된 몸으로 그곳에 보내졌다.(허쯔전도 또 임신을 했다. 1933년 가을 사내아이를 낳았는데 아이는 얼마 살지 못하고 죽었다.) 허이는 남편이 '기회주의자'라는 사실을 폭로하라는 강요에 시달리다 아이를 낳자마자 중병이 들고 말았다. 그들은 그녀가 가식적으로 시치미를 떼고 있다고 여겼다. 이에 보구가 직접 그녀를 당에서 축출하는 문제를 거론했다. 하지만 당의 원로이자 중앙당 상무위원회 서기, 당교 부교장을 겸임하던 둥비우(董必武)가 나서서 변호하자 축출 문제도 슬그머니 사그라들었다. 그녀는 견책 처분을 받고 겨우 곤경을 모면했다. 그러고 얼마 되지 않아 허쯔전의 오빠인 허민쉐(賀敏學)가 사단장 대리 직책에서 물러나 홍군학교(정식 명칭은 중국공농홍군학교(中國工農紅軍學校))에 입교하여 재교육을 받게 되었다. 당내 경쟁자들의 압박은 심지어 마오쩌둥의 장인과 장모, 즉 허쯔전의 연로한 부모들도 예외가 아니었다. 그들은 당시 중앙 소비에트 지구 북부의 둥구(東谷) 마을에 살았는데, 재직하고 있던 지역 당위원회에서 두 사람 모두 해임되고 말았다.[43]

이와 동시에 "뤄밍 동지를 대표로 하는 기회주의 노선"에 대한 엄중한 비판은 1931년 8월부터 중앙 소비에트 지구에서 다양한 직무를 수행하고 있던 장시 위원회 선전부장 덩샤오핑에게까지 파급되었다. 마오쩌둥이 자신의 개성을 드러내며 마오쩌둥의 적수 앞에서 고개를 숙이지 않는 덩샤오핑을 주목

하기 시작한 것은 바로 이때였다.[44]

마오쩌둥의 생활은 생지옥이나 다를 바 없었다. 2월 중순 뤄밍에 대한 반대 운동이 고조되는 시기에 예핑으로 돌아온 그는 완전히 고립되었다는 느낌을 지울 수 없었다. 때로 그의 집을 방문하던 허이는 울면서 자신의 인생에 대해 원망을 털어놓곤 했다. 마오쩌둥은 그녀를 동정했지만 아무것도 해 줄 수 있는 것이 없었다. "그들은 나 때문에 너를 제거하려고 하는 거야. 너의 모든 것을 나와 연계시키려는 것이지." 그는 비통한 심정으로 이렇게 말했다.[45] 그는 실질적으로 모든 업무에서 배제되었으며, 정치국 회의에도 참석할 수 없었다. 사람들은 그를 만나는 것조차 두려워했다. 그는 하루 종일 집에 머물면서 가족들과 시간을 보내야만 했다. 세월이 흐른 뒤 그는 이렇게 회고했다. "나는 나무로 만든 부처처럼 똥통에 빠졌다가 끄집어낸 악취 나는 인형 꼴이 되고 말았다. 당시에는 사람은커녕 귀신조차 내 집 문턱을 넘는 이가 없었다. 그저 내가 하는 일이라곤 먹고 자고 싸는 일뿐이었다. 하지만 적어도 그들은 내 목을 자를 수 없었다."[46]

그나마 다행은 마오쩌민과 부인 첸시쥔을 건드리지 않았다는 것이다. 천성적으로 과묵하고 맡은 일에 충실하며 신뢰를 받고 있던 그는 정부(소비에트공화국)에서 일하고 있었다. 1932년 3월부터 중국 국가은행(國家銀行, 중화소비에트공화국 임시중앙정부은행)의 제1대 은행장으로 일하면서 내부 분쟁에는 개입하지 않았다. 첸시쥔은 임시중앙정부기관 당지부 서기를 맡고 있었다. 물론 심적으로는 형을 깊이 동정하고 있었지만 공개적으로 도울 수 없는 처지였다.

주더와 저우언라이, 왕자샹은 예핑에서 멀리 떨어진 전선에 나가 있었다. 1933년 2월 말부터 장제스 군대와 격렬한 전투를 벌였다. 한 달에 걸친 전투에서 홍군은 허잉친이 지휘하는 국민당의 제4차 포위 공격을 격퇴했다. 난징 정부가 50만의 대병력을 공산주의자 공격에 동원하면서 상황이 급박해졌다. 주더와 저우언라이, 왕자샹이 적을 격퇴시키려면 이미 마오쩌둥이 제시한 바 있는 전술, 즉 "적을 깊은 곳까지 유인하는 전술(誘敵深入)"을 사용할 수밖에 없었다. "적이 진격하면 우리는 후퇴하고, 적이 점령하면 우리는 그 후방을 교란하며, 적이 피로해지면 우리는 공격하고, 적이 후퇴하면 우리는 추격한다.”
‘마술’과 같은 공식(전술)이 또 한 번 홍군을 구원했다. 3월 말 제4차 포위 공격을 격퇴했지만 주더와 저우언라이는 그대로 부대에 남았다. 왕자샹은 5월 초 루이진으로 이동했다. 하지만 마오쩌둥은 그와 직접 대면할 수 없었다. 4월 말 전투에서 파편을 맞아 복부에 심한 부상을 입었기 때문이다. 그는 상처가 아물지 않았기 때문에 어쩔 수 없이 야전 병원에 입원했다. 파편이 몸속을 돌아다녀 심한 고통에 시달렸다. 유일한 처방은 아편뿐이었다.

1933년 가을 원동국 성원인 독일 공산당원 오토 브라운(Otto Braun)이 중앙 소비에트 지구에 도착했다. 그는 에베르트를 많이 닮았다. 술을 좋아하는 것도 똑같았다. 보구처럼 키가 크고 빼빼 말랐으며 크고 둥근 안경을 썼지만 파란 눈에 머리카락은 옅은 색이었다. 그는 옛 독일군 주임 상사 같은 분위기를 물씬 풍겼는데, 자신과 다른 의견을 참지 못하고 대단히 자부심이 강했으며, 무엇보다 거칠었다. 그는 루이진에 중국공산당 중앙위원회 군사 고문 자격으로 오긴 했지만 홍군의 전략 전술에 관한 문제에서는 누구보다 권위자임을 자처했다.

무엇보다도 소련 총참모부 정보부 소속 특무 출신의 브라운이 왔다는 사실은 마오쩌둥에게 그리 좋은 전조가 아니었다. 여전히 군사 전술 방면에서 유격대장과 중앙위원회, 그리고 코민테른 사이에 근본적인 모순이 존재했기 때문이다. 브라운은 1932년 가을 상하이에 도착했을 때 이미 마오쩌둥의 ‘기회주의적’ 관점에 대해 인지하고 있었다. 브라운과 친밀한 관계를 유지하고 있던 보구는 그 독일인에게 마오쩌둥에 대한 적대적인 감정을 심어 주었다. 브라운은 “줏대 없는 타협주의자”로 루이진에 거의 나타나지 않는 주더나 저우언라이와 마찬가지로 마오쩌둥에 대해서도 적대적이었다.[47] 비록 브라운은 코민테른의 공식적인 대표가 아니었지만(에베르트가 1934년까지 대표로 있었다.) 보구의 지지하에 “홍군의 지휘권을 장악했다.”[48] 그래서 수년 후 코민테른 지도자들 앞에서 자신의 ‘죄악’을 참회하면서 이를 자신의 활동으로 특징지었던 것이다. 중국어도 모르고 “중국에서 홍군의 투쟁을 특징짓는 상황”에 대해서도 알지 못했기 때문에 그는 다른 이들을 제외하고 자신이 러시아어로 이야기할 수 있는 보구와 소련 교육 기관을 졸업한 학생 위주로 친밀 관계를 유지했다. 중국으로 오기에 앞서 브라운은 소련의 고급 군사 교육 기관인 모스크바 프룬제 군사 아카데미(Frunze Military Academy)에서 4년간 수학했다. 고압적이고 엄격한 그는 군사는 물론이고 정치 분야의 모든 문제에 대해 자신의 의견을 제안하기 시작했다. "다른 의견은 묵살되고 전방 지휘관들의 계획도 종종 무시되었다." 브라운도 그 사실을 인정했다. "나는 지나칠 정도로 완고하고 융통성이 없다고 할 만큼 엄격했다. ……조금의 자아비판도 없이 오직 나의 관점만을 위해 싸웠다."[49]

보구와 브라운이 마오쩌둥에게 치명상을 가하는 데 실패한 것은 조용하지만 감지할 수 있는 홍군 지도자들과 지역 당 서기들의 지지가 있었기 때문이다. 중국공산당 중앙위원회와 관계가 약화되기는 했지만 이전과 마찬가지로 모스크바의 입장이 무엇보다 중요했다. 최고위급 지도자들이 모두 마오쩌둥을 중국공산당에서 가장 중요한 지도자로 간주하는 것은 아니라는 사실로 인해 코민테른의 상황이 복잡해지기는 했지만 그렇다고 모스크바의 영향력 있는 권부 실세들이 마오쩌둥 타도에 관심이 있는 것은 아니었다. 동방서기처 원동국과 그 책임자인 파벨 미프는 모스크바의 고급 교육 기관에서 수학한 중국 졸업생들에게 중국공산당의 중요 보직을 차지하도록 끊임없이 독려했다. 왕밍이 1931년 코민테른 중국공산당 대표단의 단장이 되고, 보구가 당 최고 지도자가 된 것도 미프의 도움이 있었기 때문이다. 그렇지만 코민테른의 다른 간부들이나 소련 중앙위원회 위원, 코민테른 집행위원회 원동국 위원들 역시 "미프의 어린 새"들이 실제 경험이 부족하다는 사실을 인지하고 있었다. 몇몇 관리는 저우언라이, 샹잉, 장궈타오 등 코민테른의 원로 간부들에게 의지했다. 당시 코민테른 기관 안에는 몇 개의 파벌이 존재했다. 막후에서 그들 파벌은 필사적인 투쟁을 그치지 않았다. 중국공산당을 감시하는 사람들에게 단결이란 존재하지 않았다. 예를 들어 미프와 동방서기처 부주임인 루트비히 마디아르(Ludwig Mad'iar) 사이에 충돌이 빈번하게 일어났다.[50] 그렇기 때문에 코민테른 집행위원회의 다양한 파벌은 각기 중국공산당 내에서 "자신들의 사람"을 적극 지원했다. 돌이켜 보면, 스탈린은 처음에 코민테른 집행위원회나 중국공산당 지도부 내의 파벌 가운데 어떤 쪽에도 편향적이지 않았다. 마오쩌둥은 1930년대 초반 기본적으로 자신의 위치를 강화하면서 단순히 저우언라이, 샹잉, 장궈타오, 왕밍, 보구, 뤄푸의 견제 세력으로 부상하게 된 것이다.

1930년대 중반이 되어서야 스탈린은 마오쩌둥에게 결정적으로 호의를 보이기 시작했다. 1934년 1월 중순 모스크바의 지지 아래 마오쩌둥은 중국공산당 중앙위원회 정기대표대회(제6기 5중전회)를 통해 중국공산당 중앙정치국 후보 위원에서 정위원으로 피선되었다.[51] 마오쩌둥은 이전과 마찬가지로 몸이 아프다는 핑계로 회의에 참가하지 않았다.(보구는 오토 브라운에게 마오쩌둥이 주기적으로 '외교 실조증(外交失調症)'을 앓는다고 빈정대듯이 말했다.) 언제나 마오쩌둥의 권위를 짓밟고자 했던 중국공산당 중앙국은 「소비에트 운동과 그 임무」에 관한 보고서를 정상적인 절차에 따라 중앙집행위원회와 인민위원회 주석인 마오쩌둥의 명의로 회의에 배포하는 것이 아니라 보구 파벌이 마오쩌둥을 대신하여 인민위원회 주석으로 지명한 당내 이인자 뤄푸의 이름으로 배포하기로 결정했다.[52] 이것이 마오쩌둥이 병을 핑계 삼아 회의에 참가하지 않은 이유다. 회의는 중국공산당 중앙위원회의 새로운 정치국 상임위원으로 다음 일곱 명을 선출했다. 총서기로 지명된 보구 이외에 뤄푸, 저우언라이, 천윈, 장궈타오, 왕밍, 샹잉이었다.

1월 말 제2차 전국소비에트대표대회가 개최되었다. 전체 693명의 대표와 여든세 명의 후보가 참석한 가운데 당의 결의안을 비준했으며, 별다른 이의 없이 마오쩌둥을 중앙집행위원회 주석으로 재선임하는 안을 통과시켰다.[53] 대회 직후 중앙집행위원회 첫 번째 회의에서 뤄푸가 마오쩌둥을 대신하여 중화소비에트공화국(당시에는 중앙 정부 인민위원회라고 불렀다.) 주석으로 임명되었다.[54] 놀랍게도 마오쩌둥을 교체한 것은 모스크바에 알리지 않고 이루어졌다. 독특한 현상이었다.[55] 이 사실을 전혀 몰랐기 때문에 마오쩌둥은 크게 상심했다.

중앙집행위원회 회의가 끝나자 그는 또다시 "병을 핑계로" 업무에서 손을 뗐다. 보구와 오토 브라운과 그 지지자들만 기뻐하는 꼴이었다. 1934년 이른 봄 그들은 에베르트에게 마오쩌둥의 '병'에 대해 보고했고, 에베르트는 코민테른 집행위원회 비서 미프에게 보고하고, 피아트니츠키와 왕밍을 특파했다. "마오쩌둥은 상당 기간 아픈 상태이며, 모스크바로 보내 줄 것을 요구하고 있다. 그를 제7차 대표대회의 대표로 보내는 것이 가능하다고 생각하는가?(코민테른은 제7차 대표대회를 모스크바에서 개최할 계획이었다.) 대표부(에베르트)와 상하이국(중국공산당 중앙위원회)은 그의 여행에 안전을 보장하기 어려울 것이라고 생각했다. 게다가 정치적 결과에 대해서도 고려할 필요가 있다."[56]

물론 코민테른 집행위원회는 마오쩌둥을 모스크바로 보내려는 의도가 이번 기회에 고집 세고 막강한 적수를 제거하려는 보구의 머리에서 나왔다는 사실을 잘 알고 있었다. 4월 초 코민테른 정치비서처 정치위원들은 다음과 같은 결의안을 채택했다.

그(마오쩌둥)의 소련 여행은 적절치 않다. 소비에트 중국에서 그를 치료하기 위해 모든 노력을 경주해야 할 것이다. 다만 소비에트 중국에서 그를 치료하는 것이 절대적으로 불가능하다고 판명되면 소련으로 올 수 있다. …… 우리는 마오쩌둥이 여정으로 인해 여러 가지 위험에 노출되는 것을 원치 않기 때문에 그의 여행에 반대하는 것이다. 설사 많은 비용이 든다 할지라도 소비에트 지구에서 그를 치료하는 것이 절대적으로 필요하다. 다만 국부적으로 치료하는 것이 전혀 불가능하고 질병으로 인해 치명적인 위험이 닥친다면 우리는 그가 모스크바로 오는 데 동의할 것이다.[57]

보구는 이에 반대를 표명하려 했다. 그의 지시에 따라 1934년 중화소비에트공화국 농업부장으로 모스크바에 간 가오즈리(高自立)가 또다시 마오쩌둥 문제를 끄집어냈다. 그는 마오쩌둥이 "큰 문제에 대해 과오를 저지르고 오직 작은 일만 성공하고 있다."라고 한 보구의 말을 왕밍에게 전달했다.[58]

그때 공교롭게도 모스크바에서 마오쩌둥의 영웅 이미지가 소개되고 있었다. 1934년 러시아판《코민테른》과《자 루베좀(Za rubezhom)》(해외판)에 중앙집행위원회와 인민위원회의 사업과 관련해 제2차 전국(전 중국)소비에트대표대회에 보고한 내용이 게재되었다. 마오쩌둥의 보고서는 러시아어와 중국어로 된 별도의 소책자로 편집되어 5000부가 출간되었다. 그리고 마오쩌둥의 연설문과 논문을 선별한 첫 번째 선집이 이미 출간된 소책자 5000부와 마찬가지로 러시아어와 중국어로 동시에 출간되었다.[59] 1934년 11월《자 루베좀》은 '동시대의 초상'이라는 난에서 게오르기 보리소비치 에렌부르크(Georgii Borisovich Ehrenburg)가 쓴 마오쩌둥에 관한 첫 번째 소개의 문장을 실었다. 이전까지 소련의 독자들이 마오쩌둥을 알 수 있는 기사는 중국 주재《프라우다》특파원 알렉세이 이바노프가 아이빈(Ivin)이란 필명으로 쓴 기사 한 편밖에 없었다. 게다가 그에 관한 단독 보도가 아니라 주더와 함께 거명되었을 따름이다.[60]

바람의 방향을 알게 된 코민테른 집행위원회 중국공산당 대표 왕밍과 캉성은 1934년 9월 중국공산당 중앙위원회에 "주더와 마오쩌둥의 실례를 따라 직접 유격대에서 활동"하라고 권고했다.[61]

하지만 보구와 오토 브라운은 여전히 반대 의사를 굽히지 않았다. 마오쩌둥은 군과 당에서 투표권도 부여받지 못했다. 갈등이 폭발 일보 직전이었다. 중앙 소비에트 지구의 군사 전략적 위상도 거의 재앙 수준으로 악화되었다. 1934년 10월 최근에 중앙 홍군으로 개명한 제1방면군은 장제스 국민당 군대에 맞서 싸우다 심각한 패배를 맛보았다.

중앙 소비에트 지구 공산주의자들은 거의 1년 동안 국민당의 맹공격을 막아 내기 위해 안간힘을 다했다. 오토 브라운이 도착하기 2주 내지 3주 전인 1933년 9월 말부터 제5차 포위 공격이 시작되었다. 장제스가 친히 100만 대군을 이끌고 '적비(赤匪)' 섬멸에 나섰다. 그의 독일 군사 고문인 폰 팔켄하우젠(Von Falkenhausen)은 접경 지역에 2~3킬로미터 정도 거리를 두고 견고한 돌로 수천 개의 보루(토치카)를 구축하여 중화소비에트공화국으로 접근해 가는 전술을 제안했다. 중국공산당을 마지막으로 완전히 제거하기로 결정한 상태에서 장제스는 신중에 신중을 기했다. 그의 병사들은 '홍구(紅區)'를 향해 하루에 겨우 1.6킬로미터 정도의 느린 속도로 진격하면서 새로 확보한 지역을 강화하는 한편 포위망을 좁혀 가기 시작했다. 국민당 군 사령관은 장제스의 전략 특징*에 대해 "연못에서 물고기를 낚는 것과 같다."라고 말한 바 있다. 장제스는 군사 작전뿐만 아니라 정치적 방안 마련에도 고심을 거듭했다. 그는 군사 방면이 30퍼센트라면 나머지 70퍼센트는 정치에 투자하겠다(七分政治 三分軍事)고 말했다. 우선 그는 새로 점령한 지역에서 상호 책임제라고 할 수 있는 전통적인 보갑제(保甲制)를 부활시키고, 지역 농민들이 스스로 외적의 침입을 방어할 수 있는 자경단을 다시 만들었다. 공산당 우두머리를 체포할 경우에 상응하는 보상이 이루어졌다. 예를 들어 마오쩌둥의 머리에는 100만 위안의 현상금이 붙었다. 또한 1934년 장제스가 주도적으로 발의하여 도덕과 예의를 근간으로 하는 유교 규범을 부활시키는 목적으로 일련의 국가 부흥 계획이 발표되었다.[62]

이러한 조치는 상당한 효과를 보았다. 홍군은 전투마다 패전을 거듭하면서 완전히 소진 상태가 되고 말았다. 보구의 지지를 받은 오토 브라운이 "한 치의 땅도 양보할 수 없다!"라는 슬로건 아래 홍군을 몰아넣고 말도 안 되는 전술을 펼치면서 상황은 더욱 악화되었다. 그는 러시아와 근본적으로 다를 수밖에 없는 중국 특유의 여건에 대해 전혀 파악할 수 없었다. 프룬제 군사 아카데미에서 브라운은 공격 작전을 어떻게 전개해야 하는가에 대해 배운 적이 있었다. 그곳에서 그는 전광석화와 같은 습격 작전의 마술 같은 효과에 매료되었다. 그래서 계속해서 홍군을 요새화하고 기관총으로 무장한 적진을 향해 돌격하도록 독려했다. 물론 얻은 것은 전혀 없었다. 아무런 발언권이 없는 마오쩌둥은 그저 무력하게 바라만 볼 뿐이었다. 비록 군사 학교를 졸업하지는 않았지만 직접 유격전을 치르면서 다양한 경험을 쌓은 마오쩌둥은 오토 브라운의 전략이 틀렸다는 것을 누구보다 잘 알고 있었다. 나중에 그는 이렇게 회고했다. "우리

---

* 지구전과 보루주의(堡壘主義). ― 옮긴이

가 막강한 병력이나 비축한 탄약이 부족하고 오직 소비에트 지구에서 실전에 투입할 홍군만 있는 상태인 이상 진지전(陳地戰)은 기본적으로 유용하지 않다. 우리에게 진지전은 방어는 물론이고 공격에도 일반적으로 적용될 수 없다."[63] 그러나 보구와 브라운은 그에게 전혀 관심을 두지 않았다.

결국 1934년 초여름이 되었을 때 희망은 거의 찾아볼 수 없었다. 아더 에베르트는 이렇게 썼다. "끊임없는 전투와 전리품 부족으로 인해 우리 군대의 보급 물자가 눈에 띄게 줄어들었다. 우리의 손실은 엄청났다. 이탈자들이 점점 늘고 있었다.(탈영병이 속출했다.)" 5월에 중국공산당 중앙서기처 회의에서 홍군 주력 부대를 중앙 소비에트 지구에서 철수시키기로 결정했다. 모스크바로 긴급 전문이 날아갔다. "우리의 주력군을 다른 방향으로 재배치하는 것을 준비함과 동시에 마지막 순간까지 중화소비에트공화국을 방어하기 위해 누구를 남겨야 하는가?"[64] 약품과 군복을 구입하기 위해 무려 100만 멕시코 달러에 달하는 물자 원조를 요청하는 또 다른 전보가 그 뒤를 따랐다.[65] 보구와 뤄푸, 저우언라이로 구성된 3인단(三人團, 3인조)이 작전 지도부가 되었다.[66] 하지만 오토 브라운의 기억에 따르면, 근본적인 문제들은 보구와 저우언라이, 브라운이 "개인적인 대화"를 통해 해결했다.[67]

6월 8일 코민테른 집행위원회 정치비서처 정치위원들은 중국공산당 지도자인 보구 등이 제안한 계획을 승인하고, 에베르트에게 중앙 소비에트 지구에서 주력군을 철수시키는 것은 "일시적"이고, "국민당 군대의 공격으로부터 생명력을 보존하기 위함"이라는 점을 강조했다. "중국 동지"들은 멕시코 달러 대신 20만 루블을 제공받았다. 멕시코 달러로 15만 달러에 달하는 액수였다.[68]

마오쩌둥은 일련의 상황을 전혀 몰랐다. 3인단이 철수 계획을 그에게 비밀로 했기 때문이다. 당시 마오쩌둥과 좋은 관계를 유지하고 있던 저우언라이 역시 한마디도 하지 않았다. 저우언라이는 항상 바람이 불어오는 쪽에 섰는데, 이번 바람은 마오쩌둥 쪽에서 부는 것이 아니었던 셈이다. 10월 초 루이진에서 철수하기 바로 직전이 되어서야 3인단은 마오쩌둥에게 이 사실을 알릴 필요가 있다고 생각했다. 당시 마오쩌둥은 수도인 루이진에서 서쪽으로 약 100킬로미터 떨어진 위두(于都)에서 제1군과 함께 생활하고 있었다. 9월 말부터 그는 말라리아로 고생하고 있었는데 아직까지 상태가 좋아지지 않았다. 병마에 시달린 탓에 초췌하고 피곤한 모습이 역력했다.

3인단은 또다시 그와 사전 의논 없이 당 지도자의 아내를 비롯한 서른 명의 여성 동지가 부대를 따라 철수할 것이라는 결정을 통보했다.(그들 이외에 주로 간호사와 행정 인원인 여성 스무 명만 장정 참여가 허락되었다.)[69] 그나마 다행인 것은 허쯔전이 서른 명 안에 포함되었다는 점이었다. 그녀는 의무 행정 위생여단에 소속되었다. 하지만 마오쩌둥과 허쯔전은 이제 겨우 두 살이 된 아들 '샤오마오마오' 안훙과 헤어져야만 했다. 3인단이 아이는 누구든 데려갈 수 없다고 못 박았기 때문이다.

마오쩌둥은 급하게 사람을 보내 이 사실을 아내에게 전했다. 그녀는 루이진에서 서남쪽으로 20킬로미터 떨어진 윈산(雲山)의 산사에서 아들과 함께 지내고 있었다. 1934년 7월 적기의 공습을 피하기 위해 중앙집행위원회와 인민위원회 간부들과 함께 그곳으로 거처를 옮겼기 때문이다. 마오쩌둥은 아이를 집안 식구나 다름없는 유모에게 맡기라고 권유했다. 하지만 교외 먼 곳에 살고 있었기 때문에 허쯔전이 아이를 데려다줄 시간 여유가 없어 마오쩌둥의 동생 마오쩌탄과 살고 있는 여동생 허이와 상의했다. 그녀의 부모는 장정에 따라가지 않아 허이와 마오쩌탄은 다른 당과 군 간부들과 마찬가지로 샹잉과 천이가 지휘하는 근거지에 남기로 했다. 마오쩌탄은 독립 부대를 지휘하기로 예정되어 있었다.

허쯔전은 여동생에게 마오안훙을 맡아 줄 수 있겠느냐고 물었다. 허이는 쾌히 승낙했다. "떠나더라도 너무 걱정하지 말아요." 그녀는 허쯔전을 안심시켰다. "내가 부모님과 조카를 잘 돌볼게요." 허이는 가능한 한 빨리 아이를 유모에게 보내기로 약속했다. 하지만 마오쩌둥이나 허쯔전은 이후로 아이를 볼 수 없었다. 며칠 후 홍군 주력 부대가 중앙 소비에트 지구에서 서쪽으로 그 유명한 장정을 개시했다. 10월 25일 홍군은 첫 번째 포위망을 뚫고 후난 남부로 이동했다. 그때 허이는 이미 마오안훙을 교외에 살고 있는 유모에게 맡긴 터였다. 허이는 한동안 부모 집에 살았다. 그곳에는 홍군 몇 명이 함께 기거했다. 그녀는 또 임신을 했기 때문에 남편을 따라 산속으로 떠날 처지가 아니었다. 얼마 후 조카의 안전을 염려한 마오쩌탄이 좀 더 믿을 만한 곳으로 아이를 옮기기로 결정했다. 그의 비밀 지시에 따라 아이는 루이진에 살고 있는 그의 호위병 집에 맡겨졌으며, 그곳에서 자랐다. 그 후 몇 개월이 지난 1935년 4월 마오쩌탄이 매복 공격을 받아 전사했다. 그의 죽음으로 인해 마오안홍이 어디에 있는지 아는 이가 없었다.

혁명이 승리한 후인 1949년 가을, 허쯔전은 동생 허이, 오빠 허민쉐와 함께 아이가 사는 곳을 찾아 헤맸지만 끝내 찾지 못했다. 특히 허이는 언니에게 죄책감이 들어 더욱 열심히 찾아다녔다. 그 와중에 기묘한 일이 벌어졌다. 한참 찾아다니다가 마오쩌탄이 전사한 곳에 이르렀는데 공교롭게도 타고 있던 지프차가 산길에서 전복되고 말았다. 허이는 끝내 의식을 회복하지 못하고 세상을 떠났다.[70]

19

장정

11월 초 홍군은 국민당 군대의 제2봉쇄선을 뚫고 후난 동남부로 진입했다. 8만 6000명에 달하는 홍군 병력은 다섯 개 군단(제1·3·5·8·9군단)과 야전 종대로 불리는 참모 종대(비밀 암호는 붉은 별, 즉 홍성(紅星)이다.)와 병참 종대(비밀 암호는 붉은 명령(紅章)이다.)로 구성되었다. 제1종대에는 마오쩌둥을 포함한 중앙혁명군사위원회 위원들이 포함되었고, 제2종대는 중앙위원회, 중앙집행위원회, 인민위원회, 그리고 의무대를 포함해 다양한 복무원으로 이루어졌다. 허쯔전도 위생 부대의 일원이었다. 제2종대는 군용 물자를 운반하기 위해 하루에 50전(0.5위안)을 주기로 하고 고용한 실업 농민들로 구성된 '예비 사단'과 함께 행군했다. 오토 브라운의 말에 따르면, 그들은 "수백 개의 전단 꾸러미와 은괴,* 무기류를 운반했다. ……실질적인 목적이 따로 있었던 예비 부대원들은 대부분 비무장이었는데, 그들이 운반하는 장검이나 단도, 창 등이 셀 수 없을 만큼 많았기 때문이다." 전투원과 비전투원의 비율은 대략 3대 1이었다.

---

* 공산당이 자금 확보를 위해 모아 놓은 것이다. ─ 옮긴이

병사들은 4만 정의 소총, 1000정이 넘는 경기관총과 중화기로 무장했다. 약간의 중포(重砲)도 구비하고 있었지만 전진에 방해가 되고 포탄도 떨어졌기 때문에 결국 얼마 가지 않아 포기하고 말았다. 모든 병사는 2주 동안 버틸 수 있는 쌀과 소금을 지급받았다.[2]

장정의 최종 목적지는 정해지지 않았다. 토치카로 이루어진 봉쇄선을 돌파하고 나면 모든 것이 분명해질 것이라고 생각했다. 하지만 상하이 중앙국이 마지막으로 붕괴한 후부터 1934년 10월 초까지 코민테른 집행위원회와 연락 가능한 무선 통신 장치조차 없었다. 상하이국 서기처의 비밀 아지트가 발각된 후 국민당 경찰이 중국공산당 중앙위원회, 원동국, 코민테른 집행위원회를 연결하는 유일한 통신망인 무선 통신 시설을 압수했기 때문이다.[3] 다른 소비에트 지구와도 연락할 방법이 없었다. 홍군 제2군단, 제6군단 병력이 허룽의 지휘 아래 후난과 후베이, 쓰촨 접경지대 어딘가에서 작전 중이라는 소식이 중앙위원회에 전해졌다. 부대의 당위원회 서기는 1933년 5월에 허룽과 합류한 런비스였다. 1932년 10월 장제스 군대의 공격을 받아 쓰촨 서북쪽으로 퇴각한 것으로 알려졌던 장궈타오의 유격대, 이른바 제4방면군에 관한 소식도 간헐적으로 전해졌다. 하지만 누구도 그 소식이 정확한지 알 수 없었다. 유일하게 분명한 사실은 부대가 서쪽으로 광시와 후난, 구이저우(貴州)가 접하고 있는 삼각지대로 이동해야 한다는 것이었다. 쓸 만한 정보에 따르면 브라운이 말한 것처럼 "적의 방어 시설이 없는 곳"이기 때문이었다.[4] 진지하게 계획한 경로는 홍군을 해방군으로 환영하는 커자인들이 모여 사는 지역을 통과하는 것이었다.[5] 그들의 적극적인 지지 덕분에 홍군은 여러 장애를 극복하고 그해 12월 구이저우에 도착했다. 국민당 군대는 홍군 주력 부대를 공격할 정도로 위험을 무릅쓰지는 않았다. 무엇보다 자신들 나름의 종법(宗法) 규율에 따라 생활하면서 국민당 정부의 권위를 인정하지 않는 커자인들의 봉기를 두려워했기 때문이다.

비록 몇 겹으로 요새화된 적의 포위망을 뚫고 지금은 장정(長征)으로 알려진 대대적인 퇴각의 첫 번째 단계를 비교적 안전하게 완수했지만 군대는 여전히 침체되었다. 장병들은 불평을 털어놓았고, 행군 내내 온갖 어려움이 속출하면서 불만이 더욱 깊어 갔다. 매일매일 탈영병과 낙오자가 늘어났다. 그나마 남아서 계속 행군하는 이들도 거의 한계점에 도달한 상태였다. 마오쩌둥에게 는 오히려 이것이 권력을 되찾을 호기였다. 전체 분위기를 잘 이용하여 적절하게 돌릴 수 있다면 보구에게 복수할 수 있을 것 같았다. 대담하게 행동할 필요가 있었다. 그는 우선 3인단 지도자들이 서로 등을 돌리게 하고 정치국의 다른 위원들이 보구와 오토 브라운과 함께 힘의 균형을 이루도록 했다. 그는 결단력 있게 행동을 취해야만 했으나 지나치게 자신을 드러내지는 않았다.

마오쩌둥은 자신의 계획을 탁월하게 해냈다. 구이저우에 도착한 후 그는 당내 지도부 대다수의 지지를 얻었다. 홍군 총사령관들도 거의 그의 편에 섰다. 무엇보다 중요한 사실은 이전까지 보구의 가장 친한 전우이자 헌신적인 친구였던 뤄푸와 비밀리에 손을 잡았다는 것이다. 마오쩌둥은 1920년대 초반 상하이에서 당시 사람들에게 장원톈(張聞天)으로 알려진 그를 처음 만났다. 그는 중국에서 학교를 다니다 일본과 미국으로 유학하여 서양 문학은 물론이고 물리학과 수학, 사회 과학에 능통한 다재다능한 기자이자 소설가로 이름을 날렸다. 마오쩌둥보다 일곱 살이 아래였으며, 보구와 같은 나이였다. 뤄푸는 중국 공산주의 운동사에서 두 가지 획기적인 시대를 상징한다. 하나는 미래에 중국 공산당 창시자가 될 사람을 따라 5·4운동에 참가한 것이고, 다른 하나는 "미프의 어린 새"들과 함께 1925년부터 1930년까지 모스크바 중산 대학에서 공부한 것이다. 그는 보구, 브라운과 마찬가지로 키가 크고 말랐지만 뛰어난 기지가 있다는 점에서 달랐다. 두터운 안경알 뒤로 지식인의 예리하고 지적인 눈을 지니고 있었던 것이다.[6]

마오쩌둥은 장정을 시작하기 몇 개월 전 중앙 소비에트 지구에서 벌써 뤄푸의 환심을 사기 시작했다. 군사 형세가 악화되면서 마오쩌둥은 뤄푸가 오토 브라운과 보구의 권위적인 방식에 점차 신경질적으로 반응하고 주기적으로 불만을 토로하는 것에 주목했다. 마오쩌둥은 이 기회를 이용하기로 마음먹었다. 그러던 어느 날 전혀 뜻밖에도 군사 문제를 '상의'하기 위해 뤄푸가 마오쩌둥을 방문했다. 사실 뤄푸는 군사 문제에 대해 좀 더 자세히 알고 싶었다. 그들은 마주 앉아 이야기를 나누었다. 만남이 끝난 후 마오쩌둥은 거의 참가하지 않던 정치국 회의에 참석하여 의도적으로 뤄푸를 지지했다. 한편 뤄푸는 보구와 더욱 갈등을 빚었다. 4월 말 홍군이 또다시 심각할 정도로 패배를 당하자 뤄푸는 보구를 직접 비판하면서 물의를 일으켰다. 오토 브라운은 보구를 지지했고, 입원한 상태에서 중앙 소비에트의 군사 행동을 열심히 따르던 왕자샹은 뤄푸를 지지했다.[7]

퇴각 초기 마오쩌둥이 뤄푸와 왕자샹에게 같은 종대에 있기를 제안하자 이를 흔쾌히 수용하면서 세 사람의 관계는 견고해졌다.[8] 마오쩌둥은 모든 것을 완전히 돌려놓았다. 오토 브라운의 말에 따르면, 장정 첫 번째 단계가 마무리될 즈음 마오쩌둥의 영향으로 인해 "음모가"들이 "정치 지도부를 구성하고…… 당과 군 지도부의 체제 전복 투쟁을 전개하는 파당이 되었다."[9] 그들 세 사람은 부지런히 홍군 지휘관과 당 지도부 성원을 대상으로 밀접한 관계를 구축하기 시작했다. 위통을 비롯하여 몇 가지 이유로 짜증을 잘 내며 불안한 상태였던 왕자샹이 특히 적극적이었다.[10] 저우언라이는 한동안 보구의 편에 있었지만 그렇다고 완전히 그편은 아니었다. 마오쩌둥은 저우언라이가 융통성이 있고 신중한 사람임을 알고 있었기 때문에 강한 쪽으로 붙게 될 것이라는 점을 의심하지 않았다.

마오쩌둥의 생각은 틀리지 않았다. 구이저우에서 홍군이 처음으로 점령한 리핑(黎平)에서 열린 중국공산당 중앙위원회 정치국 회의에서 뤄푸와 마오쩌둥, 왕자샹은 보구에게 즉각 국민당의 제5차 포위 공격에 대항한 전투 결과를 토론하는 대회를 개최할 것을 요구했다. 회의를 주재하던 저우언라이가 이를 적극 지지하자 보구는 그 회의가 자신과 오토 브라운을 겨냥한 줄 뻔히 알면서 동의할 수밖에 없었다.

이후 3주 동안 홍군은 구이저우에서 두 번째로 큰 상업 도시인 쭌이(遵義)를 향해 북상했으며, 쌍방은 결정적인 정치 투쟁을 준비했다. 정보에 의하면 쭌이는 점령하기가 어렵지 않았기 때문에 그곳에서 대회를 열기로 결정했다. 지도자들이 당내 분쟁을 해결할 동안 홍군 병사들은 휴식을 취할 수 있었다.

1935년 1월 7일 월요일 비가 내리는 새벽에 홍군은 쭌이를 점령했다. 오랜 행군으로 피곤하고 허기진 데다 비에 젖어 한기를 느끼던 병사들은 오래간만에 휴식을 취하면서 음식을 먹을 수 있어 행복했다. 규정에 따라 배급된 2주 치 식량은 이미 오래전에 바닥이 났고, 마을의 가난한 커자인들은 자신들이 먹을 음식조차 부족했다. 산악 지형에 자리 잡은 구이저우는 비가 많이 오고 습하기 때문에 농사를 짓기에 적절치 않아 대다수 지역민들이 가난에서 벗어나지 못했다. 그래서 민간에 우스갯소리가 떠돌았다. "구이저우에는 사흘 동안 비 오지 않는 날이 없고, 3리 평야가 없으며, 동전 서푼 찾기 힘들다." 2500킬로미터의 고된 행군에 지친 병사들은 며칠이라도 전투 없이 평화롭고 따뜻한 시간을 보내고 싶었다. 1월 9일 마오쩌둥, 보구, 그리고 다른 당과 군 지도부가 쭌이에 입성했다. 마오쩌둥과 뤄푸, 왕자샹은 구이저우 군 여단장이 살던 넓은 개인 주택*에 짐을 풀었다. 홍군 병사들이 작은 식당에서 오래간만에 맛보는 닭고기며 배추 등에 쓰촨의 매운 고추를 넣어 만든 음식으로 주린 배를 채울 무렵 세 명의 '음모가'는 다가올 회의의 전략을 세우느라 고심하고 있었다. 보구 역시 나름 적극적으로 준비했다. 여전히 보구의 충성파 가운데 한 명인 카이펑(凱豊)의 요청에 따라 홍군의 중요 정치위원인 녜룽전(聶榮臻, 당시 제1군단 정치위원이었다.)과 몇 차례 '교화' 회담을 열었다. 하지만 녜룽전은 보구에 대한 지지를 단호하게 거절했다.[11]

　　모든 것이 사전에 결정되었다. 보구와 오토 브라운이 디디고 섰던 토대가 서서히 침식되고 있었다. 그렇지만 마오쩌둥은 회의 전날 격양된 왕자샹이 이미 점찍어 놓은 지지자들과 비밀 회동을 가졌다. "우리가 만날 때 그들을 내치게 될 것이다." 그는 이렇게 단언했다.[12]

　　마침내 결전의 날이 왔다. 1월 15일 새벽 열아홉 명이 구이저우 군구 사령관인 바이후이장(柏輝章)의 집 2층 작은 방에 모였다.(그들은 곧 또 다른 사람과 함께하게 된다.) 그들은 중앙 홍군 부대와 함께 장정에 참가한 정치국원과 후보

---

* 검군여장(黔軍旅長) 이샤오취안(易少荃)의 저택이다. ─ 옮긴이

위원, 그리고 홍군 사령관과 정치위원이었다. 오토 브라운이나 그의 통역관과 마찬가지로 대회 전날 다시 중앙위원회 비서장으로 임명된 덩샤오핑도 참석했다. 오토 브라운과 그의 통역을 제외한 나머지 사람들은 낡은 등유 램프를 올려놓은 커다란 직사각형 테이블에 둘러앉았다. 회의가 장시간 지속될 수도 있기 때문에 램프를 준비했던 것 같다. 옅은 색깔의 유리창 밖으로 희미한 불빛이 비쳤다. 때마침 밖에는 비가 부슬부슬 내리고 있었다.

회의는 보구가 국민당 제5차 포위 공격에 패배한 이유를 담은 보고서를 낭독하면서 시작되었다. 저우언라이가 뒤를 이어 보충 보고를 했다. 두 사람은 자신들의 행동을 정당화하려고 시도했다. 보구는 객관적인 상황에 모든 책임을 돌렸으며, 저우언라이는 주관적인 원인*을 강조했다. 그때 뤄푸가 자신은 물론이고 마오쩌둥과 왕자샹을 대변하여 발언하기 시작했다. 그는 총서기의 군사, 정치 노선에 대해 혹독한 비판을 가했다. 그의 발언이 끝나자 마오쩌둥이 거의 1시간 가까이 말했다. 오토 브라운의 말에 따르면, "그의 평소 습관과 다르게 공들여 준비한 원고를 사용했다." 이는 그리 놀랄 만한 일이 아니다. 그만큼 당시 회의가 그에게 중요했기 때문이다. 보구와 저우언라이의 주장을 완전히 무너뜨리기 위해 마오쩌둥은 중앙 소비에트 지구에서 퇴각하는 데 결정적인 책임을 지고 있는 브라운과 그 두 사람을 맹비난했다. 마오쩌둥은 그들이 처음에 피동적인 "순수 방어 노선"을 견지하여 "진지전으로 전환했으며", 이후 결정적인 순간에 "몸을 돌려 도망쳤다"고 비난했다. 그리고 이러한 행동을 "유치한 전쟁놀이"라고 했다. 그는 또한 보구와 브라운의 "지도 기량에 대한 공격"도 멈추지 않았다.[13]

그가 발언을 끝내기가 무섭게 이번에는 마오쩌둥과 뤄푸를 전적으로 지지하는 왕자샹이 나섰다. 이 외에도 많은 이가 발언하기를 원했다. 결국 회의는 사흘간 지속되었다. 특히 브라운의 군사 방법과 보구의 정치 지도에 대해 주더와 펑더화이, 녜룽전, 그리고 평소 브라운의 전술을 "멍청하고 우둔한 짓"이라

---

* 군사 노선의 과오를 지적했다. — 옮긴이

고 폄하하던 린뱌오 등이 나서서 예리하게 비판했다.[14] 보구를 방어하는 사람은 젊은 공산당원이자 미프의 사람인 카이펑 한 사람뿐이었다. 그는 특히 마오쩌둥에 대한 세간의 비난에 초점을 맞추었다. 다시 말해 그가 마르크스 레닌주의에 대해 무지하다는 것이었다. 마오쩌둥은 나중에 이렇게 회고했다.

준이 회의에서 카이펑이 나에게 이렇게 말했다. "당신의 전술 방식은 그리 현명한 것이 아니다. 그저 『삼국지연의』와 『손자병법』에 토대를 두었을 따름이다. 어떻게 그런 책에 의존하여 전쟁을 수행할 수 있겠는가?" 당시 나는 『삼국지연의』만 읽었을 뿐 『손자병법』은 아직 읽지 못했다. 그런데 그 동지는 확신을 가지고 내가 읽었다고 말하는 게 아닌가! 나는 『손자병법』이 전체 몇 장이며, 첫 장에서 말하고 있는 것이 무엇이냐고 물었다. 그는 대답하지 못했다. 그 책을 읽지 않은 것이 분명했다. 나중에 나는 다른 일은 모두 제쳐 두고 『손자병법』 읽기를 주업무로 삼았다.[15]

마오쩌둥이 발언하는 동안 오토 브라운은 담배를 연달아 피우면서 문 옆에 가만히 앉아 있었다. 그가 끔찍한 느낌이 들었던 것은 단지 이번 회의가 "기본적인 암시"라는 생각이 들었기 때문만이 아니라 학질에 걸려 고통을 받고 있었기 때문이다. 보구는 비록 병에 걸리지는 않았지만 그보다 더 나을 것도 없었다. 호시절이 끝나 가면서 그는 끊임없이 이빨을 드러내며 신경질적인 미소를 짓고, 앙심이 가득한 눈빛으로 참석자들을 노려보았다. 저우언라이는 즉시 자신이 서야 할 자리를 되찾았다. 두 번째 발언에 나선 그는 마오쩌둥과 그 지지자들의 주장이 정확하다고 전적으로 인정했다.[16] 하지만 발언을 삼가던 브라운은 "마오쩌둥이 그렇게 격찬한 중국 내전을 전방에서 직접 경험하여" 자신이 "더 나은 것을 얻을 수 있도록 제1군과 약간의 시간을 보내게 허락해 줄 것을 요청했다."[17]

결론적으로 마오쩌둥은 완전한 승리를 거두었다. 뤄푸는 결의안 초안을 작성하면서 보구의 보고서는 "근본적으로 부정확"하다고 주장하고 중앙 소비에트가 포위 공격을 받은 주된 이유는 군사 지휘와 전략 전술상의 착오 때문이라고 단언했다. 결의안은 그대로 채택되었다.[18]

쥰이 회의가 끝나고 곧이어 정치국은 마오쩌둥을 상임위원회 위원으로 임명하는 것을 포함한 별개의 조직 인선 작업에 들어갔다. 마오쩌둥은 더 이상 그에게 위험이 되지 않는 총정치위원 저우언라이의 조수로 임명되었다. 보구는 이전 직위를 그대로 유지했지만 마오쩌둥과 뤄푸, 왕자샹의 새로운 3인단이 주도적인 위치를 차지했다.[19]

조직 인선이 끝난 후 마오쩌둥은 심하게 뛰는 가슴을 부여잡고 허쯔전에게 달려갔다.

"회의 끝났어요? 어떻게 되었어요?" 그녀가 흥분되어 물어보자 마오쩌둥은 웃음을 터뜨렸다.

"모든 것이 잘되었소. 이제 나도 말할 권리를 갖게 되었지."

세월이 흐른 어느 날 그는 딸 리민에게 당시 그들이 승리를 어떻게 축하했는지 말해 주었다.

그날 네 어머니가 아주 오랫동안 날 기다렸단다. 내가 집으로 돌아가자 앉을 틈도 주지 않고 질문을 퍼부었지. 처음에는 짐짓 아닌 척 속일 생각이었는데 너무 기뻤어. 사람이 기쁘거나 행복하면 말이 많아지는 법이거든. 나는 뒷짐을 지고 방 안을 어슬렁거리면서 천천히 말했지. "사람들이 나 같은 부처도 아직 쓸 만하다고 여겼던 모양이야. 그랬으니 나를 환한 곳으로 끄집어내어 중앙위원회 정치국 상임 위원으로 앉혔겠지. 이는 그들이 아직까지 라오마오를 존경하고, 자신들에게 뭔가 좋은 사람이라고 여기고 있다는 뜻이지. 나는 그럴 자격이 없어, 그래, 자격이 없다고! 그들이 나를 중앙 상임 위원으로 선임한 것은 그저 빈자리를 메우기 위해서라고 생각해. 확실히 나는 겸손하지 못했어. 국가의 운명이 위급한 상황에 있을 때는 모든 일반 농민들이 자신의 역할을 다해야만 해!"

네 어머니는 나를 유심히 쳐다보며 귀를 기울였단다. 그날 저녁은 정말 행복했지.[20]

딸에게 이야기하면서 그는 한 가지를 빠뜨렸다. 그녀의 모친은 당시 또 임신을 하고 있었는데 남편의 권력 투쟁과 고된 행군의 여파가 겹치면서 크게 건강을 해친 상태였다는 점이다. 허쯔전은 이미 심신이 모두 소진된 상태였다. 곧 아이를 낳을 예정이었지만 자신이 아이를 끝까지 지킬 수 없다는 것을 알았다. 장정이 계속되는 한 아이들은 불필요한 짐이나 다를 바 없었다. 남편인 마오쩌둥은 이는 생각하지 않고 그저 승리에 도취해 있었던 것이다.

허쯔전은 1935년 2월 구이저우 북쪽 작은 마을의 가난한 이족(彝族) 출신 농부의 초가집에서 아이를 낳았다. 쓰촨과 윈난 접경 지역으로 한족이 아닌 소수 민족이 많이 살고 있었다. 그 가운데에서도 이족이 가장 많았다. 그들은 한족을 싫어했는데, 국민당이든 공산당이든 그들에게는 모두 한족일 뿐이었다. 그래서 가끔 홍군 소부대를 공격하기도 했다. 그러다가 홍군 대부대가 접근하면 가축이며 식량, 세간살이를 모두 가지고 깊은 산속으로 도망쳤기 때문에 홍군에게 남는 것은 그저 빈집뿐이었다. 허쯔전은 바로 그런 빈집에서 딸을 낳았다. 갓난아이가 큰 소리로 울어 댔지만 그녀는 산고를 겪느라 아이를 제대로 돌볼 수 없었다. 당시 의무대 지휘관은 이렇게 회고했다. "아이를 깨끗이 씻기고 흰 무명천으로 잘 싼 다음 (다음에 어떻게 할 것인가에 대해) 원로 둥비우에게 상의했다.* 둥비우는 몇 글자를 쓴 다음 천에 30위안을 끼워 넣었다. '행군 중인 군대는 새로 태어난 아이를 데리고 갈 수 없다. 그렇기 때문에 당신이 데리고 가서 손녀처럼 키우도록 놔두고자 한다. 대신에 아이가 장성하면 당신을 잘 보살필 것이다.' 대략 이런 내용이었다."[21] 갓난아이는 무명천에 싸서 태어난 바로 그 자리에 눕혔다. 약간의 돈과 쪽지를 남긴 채로 말이다. 그리고 허쯔전을 포함하여 모든 이가 방에서 나왔다. "강철 대오"는 계속해서 서쪽으로 나아갔다. 감정을 추스를 시간조차 없었다.

아직 이름도 지어 주지 못한 아이는 어떻게 되었을까? 전혀 알려진 바가

---

* 당시 중앙당무위원회 서기이자 고급 당교 교장을 맡고 있던 둥비우는 과거에 허쯔전의 동생인 허이를 옹호한 적이 있다.

없다. 소문에 의하면, 공산주의자들이 떠난 후 집주인이 아이에게 왕슈전(王秀珍)이란 이름을 지어 주고 키웠는데 석 달 후 악성 종양으로 인해 죽고 말았다.[22] 하지만 이 또한 사실인지 전혀 확인할 길이 없다.

마오쩌둥은 새로 태어난 딸의 얼굴조차 보지 못했다. 아무튼 그는 그 딸아이에게 특별한 느낌이 없었다. 권력 투쟁은 이후에도 계속되었다. 보구는 물론이고 브라운 역시 자신의 실수를 인정하지 않았다. 카이펑은 툭하면 호전적인 기질을 드러냈다. 정치국의 일부 국원들도 비록 마오쩌둥과 뤄푸, 왕자샹의 새로운 삼두 체제(三頭體制)를 받아들이기는 했지만 적극적으로 지지하는 것은 아니었다. 그렇기 때문에 그들은 좀 더 적극적이고 단호하게 행동할 필요가 있었다. 마오쩌둥과 뤄푸는 전력을 다했다.

2월 초 상무위원회 회의에서 뤄푸가 갑자기 보구에게 총서기 자리를 자신에게 양도할 것을 요구했다. 마오쩌둥은 그를 지지했다. 자리에 참석한 천윈과 저우언라이도 반대하지 않았다. 자제력을 잃은 보구는 투항할 수밖에 없었다. 한 달 후인 3월 4일 새로운 당 지도부가 혁명군사위원회를 통해 중요한 결정을 시행했다. "작전을 강화하고 통일하기 위해 이번 전투에서 전적사령부(前敵司令部)를 특설하여 주더 동지에게 전적 사령원을 맡기고 마오쩌둥 동지에게 전적 정치위원을 맡긴다."[23]라는 것이었다. 주더는 전체 중앙 홍군 총사령관을 유임하고, 저우언라이도 형식적으로 총정치위원을 계속 맡게 되었다. 다음 날 중앙혁명군사위원회 명의로 주더와 저우언라이, 왕자샹이 상황을 정확하게 설명했다. 전투 준비가 완료된 부대만 전적 사령부 사령관 소속으로 남고 비전투원들은 새로 성립된 야전 사령부의 작전 지휘부에 배속된다는 뜻이었다.[24]

마침내 마오쩌둥은 1932년 10월 닝두에서 잃은 지위를 완전히 되찾았다. 비록 공식적으로 총정치위원 자리에 오른 것은 아니지만 홍군의 모든 권력은 전적 정치위원인 그의 수중에 들어온 것이나 다를 바 없었다. 정상에 선 그는 더욱더 신중해야 했다. 아래에 남은 이들이 시기할 수도 있었기 때문이다. 확실한 통제를 위해 마오쩌둥은 군사 업무를 담당할 군부 트로이카 임명에 관해 뤄푸와 상의했다. 그는 저우언라이를 주석으로 임명하고 자신과 왕자샹을 성원으로 임명할 것을 제안했다.[25] 저우언라이가 명목상 최고 지도자에 올랐지만 결정적인 목소리는 역시 마오쩌둥의 것이었다. 그가 군대를 지휘했지만 저우언라이와 왕자샹의 허영심은 누그러질 수밖에 없었다. 두 사람은 그에게 유용한 이들로 입증되었다.

한편 장정의 목표도 점차 윤곽을 드러내기 시작했다. 다시 말해 쓰촨 북서부에 있는 장궈타오의 부대와 합류하는 것이었다. 마오쩌둥은 자못 기분이 좋았다. 2월 말 또는 3월 초에 그는 새로운 사를 지었다. 「누산관(婁山關)」이란 작품이었다.

> 차가운 서풍 매섭게 불어오는데
> 큰 기러기 울어 대고 새벽달 걸렸네.
> 서리 자욱한 새벽 달빛 아래 말굽 소리 부서지니
> 장엄한 진군나팔 낮게 울려 퍼지네.
>
> 우뚝 솟은 관문 철통같다고 말하네만
> 지금 큰 걸음으로 뛰어넘으리라.
> 성큼 걸어 정상에 오르니
> 망망한 청산은 대해와 같고
> 저녁노을은 피처럼 붉구나.[26] *

그의 군대는 하루에 40킬로미터에서 50킬로미터까지 빠른 속도로 행군했다. 하지만 목적지는 아직도 멀었다. 황량한 폐허로 변한 쭌이를 떠난 지 이미 오래되었다. 한 목격자의 증언에 따르면, 홍군이 떠나기 직전 "도시는 황량함 그 자체였다." 한때 번성했던 상업 지역은 폐허로 변했다.[27] 마오쩌둥은 가난

---

* 「억진아(憶秦娥)·누산관」. "西風烈, 長空雁叫霜晨月. 霜晨月, 馬蹄聲碎, 喇叭聲咽. 雄關漫道眞如鐵, 而今邁步從頭越. 從頭越, 蒼山如海, 殘陽如血." — 옮긴이

한 마을에 남은 거주민들은 안중에 없었다. 그에게 중요한 것은 군대가 그곳에서 휴식을 취하고 약간의 물자를 보충했다는 점이었다.

하지만 장병들은 여전히 여러 가지 어려움에 시달렸다. 특히 군복과 보급품이 크게 부족했다. 오토 브라운은 이렇게 회고했다. "행군은 주로 밤에 이루어졌다. 낮에는 국민당 공군이 지속적으로 폭탄을 퍼붓고 기총 소사를 해 댔기 때문이다." 허쯔전도 공습으로 큰 부상을 당했다. 당시 제거하지 못한 파편이 두고두고 그녀를 괴롭혔다.(나중에 엑스레이를 찍어 보니 몸속에 열일곱 개의 파편이 박혀 있었다.)[28] 결국 그녀는 남은 행군 기간 내내 들것 신세를 져야 했다.

"선발대는 물론이고 측면이나 후방 부대 역시 수십 차례의 공격을 받았다. 때로 한꺼번에 전방위로 공습을 받기도 했다." 브라운은 이렇게 적었다.

상황은 구이저우와 윈난 접경 지역의 겹겹으로 둘러싸인 산악 지대를 통과하면서 더욱 악화되었다. 낭떠러지 사이로 좁은 길이 이어졌다. 수많은 말이 낭떠러지 아래로 떨어지거나 다리를 다쳤다. 그나마 노새들은 별 탈이 없었다. 윈난으로 진격할 때 무엇보다 식량이 가장 큰 문제가 되었다. 산속에는 먹을 것이 거의 없었다. 병사들은 죽은 말의 생고기를 뼈가 보일 때까지 잘라 먹었다. 심지어 평원에서도 채소나 벼를 전혀 발견할 수 없었다. ······당시 홍군의 모습이 어떠했는지 능히 짐작이 갈 것이다. 병에 걸리거나 탈진하여 죽는 병사들의 숫자가 전투에서 싸우다 죽은 전사자의 숫자를 넘어섰다. 이런 일이 매일같이 벌어졌다. 연초에 수천 명의 새로운 지원자가 충원되었지만 대오는 눈에 띄게 줄어들었다.[29]

중앙 소비에트 지구에서 처음 장정을 시작할 때 8만 6000명의 병력이던 것이 쓰촨에 도착했을 때는 2만 명으로 줄어들었다.

생존자들은 전진을 멈추지 않았다. 5월 초 그들은 현지인들이 창장 강이라고 부르는 너른 강폭의 진사 강(金沙江)을 폭풍우가 쏟아지는 가운데 건넜다. 한 달 후 시장(西藏, 티베트) 접경 지역을 따라 전진을 계속한 그들은 다두허(大渡河)라는 또 하나의 거대한 강을 건너야만 했다. 폭이 300미터나 되는 다두허는 수심이 깊고 물살이 세찬 데다 양쪽이 깎아 세운 듯한 바위벽으로 이루어져 있기 때문에 건너기가 쉽지 않았다. 다행히 다두허에 루딩차오(瀘定橋)라는 다리가 있어 그곳으로 협곡을 건너기로 했다. 길이 400여 미터인 루딩차오는 18세기 초반에 만들어진 현수교로 높다란 산 아래 소용돌이치는 다두허의 북쪽과 남쪽을 연결하는 다리였다. 홍군이 다리 근처에 접근했을 때는 이미 적군이 쇠사슬로 연결된 다리의 나무판자를 걷어치운 상태였다. 홍군 특공대가 나무판을 놓기 위해 다가가자 국민당 소속 쓰촨 군 수비대가 기총 소사를 쏘기 시작했으며, 하늘에서는 국민당 공군기가 무자비하게 폭탄을 퍼부었다. 그럼에도 홍군 전사들은 강 건너편을 제압하고 다리를 건너는 데 성공했다.

일단 위험한 고비를 넘긴 그들 앞에 인적이 드물고 샛길조차 없는 험준한 산악 지대가 펼쳐졌다. 당시 홍군 사병들은 간편한 슬리퍼나 짚신을 신고 있었는데 날씨는 날이 갈수록 추워졌다. 앞을 가로막은 산을 통과해야만 쓰촨 북서 고원에 이를 수 있었다. "홍수가 나 불어난 강물이 도도하게 흐르고 우거진 원시림과 위험한 습지, 황량한 숲을 가로질러 4000미터에서 5000미터나 되는 높은 산을 넘어야 했다." 브라운은 이렇게 회고했다. "우리가 행군하는 좁은 길가에 병사들의 시신이 줄을 이었다. 병사들은 동상이 걸리고 기진맥진했다. 우리는 모두 믿을 수 없을 정도로 들끓는 이 때문에 시달림을 당했다. 출혈성 이질이 창궐했고, 처음으로 발진티푸스에 감염된 사례까지 나타났다."[30]

6월 중순 마침내 중앙 홍군 선두 부대가 쓰촨 서쪽 마오궁(懋功, 지금의 샤오진(小金))의 협곡을 가로지르는 좁은 다리에 접근했다. 그곳에서 오랫동안 기다리고 있던 장궈타오의 선발대*와 합류했다. 장궈타오와 그 부대는 이웃 마오 현(茂縣)에 주둔하다가 소식을 듣고 급히 온 것이다. 6월 25일 마침내 마오쩌둥과 장궈타오가 서로 만나 얼싸안았다. 그날 저녁에 간단한 환영 만찬이 열렸다. 그날은 아무도 장정이나 쭌이 회의 또는 제4방면군의 모험에 대해 이야기하지 않았다. "매운 고추를 좋아하는 후난 사람인 마오쩌둥은 고추를 즐겨

---

* 장궈타오와 쉬샹첸(徐向前)이 지휘하는 제4방면군. ― 옮긴이

운 만찬의 화제로 삼아 혁명가는 매운 고추를 먹을 수 있어야 한다고 장황하게 이야기했다. 그러자 장쑤가 고향으로 고추를 먹지 못하는 친방셴(보구)이 반박했다. 재미있는 대화를 나누면서 서로 편하고 유쾌한 분위기가 이어졌다."[31] 마치 장정이 끝난 것처럼 보였다. 하지만 아직 많은 시련이 남아 있었다.

공산주의 운동의 노장인 서른여덟 살의 장궈타오는 절대 권력에 대한 욕망에 사로잡혀 타협을 원치 않았다. 큰 키에 광대뼈가 튀어나오고 턱이 약간 앞으로 돌출한 그는 상당히 호전적인 인물로 보였다. 그는 다혈질로 곧잘 욱하는 성질 때문에 중국공산당 고위직에 오랫동안 재임하면서 처음에는 마링, 그다음은 로미나제, 그리고 취추바이까지 여러 지도자와 매사에 충돌이 잦았다. 그렇기 때문에 지하 트로츠키파에 대한 투쟁이 고조될 때에도 그들이 도움을 전혀 받을 수 없었다.[32] 하지만 코민테른에서는 전적으로 존경받았다. 물론 비난을 받을 때가 있었지만 이는 주로 영원히 모든 이를 의심하는 볼셰비키의 의무나 다를 바 없었다. 그는 충성파로 간주되었으며, '숙청'되기 3년 전인 1927년 11월 '중국 혁명의 용감한 전사'로서 소련의 전투 홍기 훈장을 받기도 했다. 그러나 이전 모스크바 쑨중산 노동대학을 졸업한 뤄푸, 보구, 왕자샹, 카이펑 등은 아니 땐 굴뚝에 연기 나겠느냐면서 장궈타오를 '늙은 기회주의자'이자 '감춰진 트로츠키파'라고 의심했다. 그 또한 공산당 창당의 주역 가운데 한 명으로서 미프를 통해 갑자기 급상승한 어정뱅이들에 대해 멸시하는 태도를 애써 숨기지 않았다.

그렇기에 서로 만나 '기쁨'을 나누는 듯했지만 속마음은 서로 달랐다. 지도부의 새로운 갈등은 불가피했으며, 그 와중에서 마오쩌둥만이 승자가 될 수 있었다. 장궈타오를 제거하고자 했던 '모스크바의 학생들'은 마오쩌둥과 힘을 모을 수밖에 없었다. 오직 마오쩌둥만이 전혀 희망이 보이지 않는 상황에서도 음모를 계획하고 책략을 발휘할 능력을 지니고 있었다. 그들의 관점에서 볼 때 마오쩌둥만이 적절한 힘의 균형을 보장할 수 있었던 것이다.

마오쩌둥은 장궈타오를 경계했다. 장궈타오가 당장 마오쩌둥의 권위를 확고하게 만든 쭌이 회의의 결정에 대해 이의를 제기하고 있지는 않지만 분명 어떤 형태든 도전이 있을 것이라고 예견했다. 그는 장궈타오가 자신을 '상황의 전문가'로 여기는 것을 알고 있었다. 장궈타오는 중앙 홍군에서 마오쩌둥보다 일고여덟 배나 많은 병력을 가지고 있었다. 그의 병사들은 제대로 무장하고, 군량도 제때에 보급을 받았으며, 군복이나 군화도 비교할 수 없을 정도로 질이 좋았다. 장궈타오는 부대 사령관이나 정치위원들 사이에서 결코 무시할 수 없는 권위를 누렸으며, 그의 부대는 결코 전투력을 잃지 않았다. 그의 부대를 남루한 몰골로 피곤에 지쳐 완전히 전투 능력을 상실한 것이나 다를 바 없는 마오쩌둥의 부대와 비교하는 것 자체가 무리였다. 게다가 간신히 마오공에 도착한 1만 명의 병력 가운데 2000명은 비전투원이었다.[33]

이런 상황에서 마음속에서 우러나오는 '자발적인 우애'는 곧 소멸되고 말았다. 장궈타오는 구체적으로 권력을 요구하기 시작했다. 7월 그의 부대가 마오쩌둥의 파견 부대와 일련의 군사 충돌을 일으키면서 자기들 사령관의 요구에 힘을 실어 주었다.[34] 마오쩌둥과 그 밖의 다른 공산당 지도자들은 일단 뒤로 한발 물러났다. 7월 중순 뤄푸가 총서기 자리를 장궈타오에게 양도하려 했으나 장궈타오는 당시 더 중요한 자리, 즉 곧이어 전체 아홉 개 군단으로 재편예정인 연합 홍군의 총정치위원 자리를 택했다.(네 개 군단은 홍1방면군, 다섯 개 군단은 홍4방면군에 할당되었다.) 저우언라이는 홍군 총정치위원 자리에서 물러났고, 마오쩌둥은 전적 정치위원을 다시 넘겨주었다. 군 통제권은 장궈타오가 차지했다. 장궈타오 휘하 사령관들은 장궈타오에게 중앙혁명군사위원회 주석 자리를 넘겨야 한다고 요구했다. 장궈타오는 자비를 베풀어 주더가 계속 유임하도록 했지만 중앙혁명군사위원회의 권력은 이미 장궈타오의 수중에 집중되었다.[35]

한편 장정은 계속 이어졌다. 연합 홍군은 북상하여 중국공산당 중앙정치국이 새로운 소비에트 지구(근거지)를 건설하기로 결정한 쓰촨, 간쑤(甘肅), 산시 접경 지역으로 이동했다. 쓰촨 서부에 그대로 남아 있는 것은 불가능했다. 현지인들이 약탈을 일삼는 공산주의자들을 몹시 싫어했기 때문이다. 그곳은 모든 것이 부족한 데다 거칠고 위험했다. 홍군은 식량이 필요했다. 브라운은 이렇게 썼다. "좋든 싫든 우리는 무엇이든 먹을 것을 찾지 않을 수 없었으며, 끊임없이 인원을 징발하여 조를 짜서 산속으로 보내 길 잃은 가축들을 사냥해 오도록 했다."[36] 이 또한 오래가지 못했다. 도전적인 산민(山民)*들이 고통과 슬픔만 주는 홍군 병사들을 계속 공격했기 때문이다.

그 무렵 마오쩌둥과 뤄푸는 장궈타오에게 반격하기로 결정했다. 저우언라이가 총정치위원 자리를 장궈타오에게 넘기고 며칠이 지난 7월 20일쯤 홍군은 행군을 잠시 멈추고, 정치국원들이 주요 회의를 위해 모두 모였다. 어느 날 뤄푸가 조용한 목소리로 장궈타오에게 그가 1931년 4월 상하이를 떠나 후베이, 허난, 안후이 성 접경지대의 소비에트 지구로 왔을 때부터 수행한 과업에 대해 보고해 줄 것을 요청했다.(장궈타오는 장제스의 공격에 직면하여 1932년 10월 퇴각하지 않을 수 없었다.) 장궈타오의 보고가 끝난 후 마오쩌둥은 그가 이전 근거지의 포위 공격 당시 심각한 과오를 범했다고 예리하게 질책했다. 장궈타오가 모든 혐의를 부인하자 회의는 아무런 결론 없이 끝나고 말았다. 이로써 새로운 당내 갈등이 다시 불붙기 시작했다. 2주 후 뤄푸는 장궈타오가 쓰촨 북부의 새로운 근거지를 포기했다고 비난했다. 이에 장궈타오가 벌컥 화를 내며 말했다. "전체 중앙 소비에트 지구를 잃은 것은 당신들 아니오. 어째서 당신들 노선이 옳단 말이오?"[37] 그제야 그는 마오쩌둥과 뤄푸가 의도적으로 갈등을 부추기고 있다는 것을 알았다. 그래서 자신에게 유리한 시기까지 어떤 해명도 하지 않기로 마음먹었다.

우선 그는 군대를 둘로 나누어 간쑤 남부로 전진할 것을 제안했다. 한쪽은 앞에 가로놓인 습지대의 왼쪽을 따라 나아가고, 다른 한쪽은 오른쪽을 따라간다는 것이었다. 그들은 쓰촨 경계에서 150킬로미터 정도 떨어진 간쑤에서 다시 합세하기로 했다. 8월 10일 장궈타오와 주더가 이끄는 좌로군이 선발대로 떠났다. 마오쩌둥과 대다수 정치국 위원들을 포함한 우로군은 대기했다. 저우언라이가 7월부터 학질에 걸려 건강 상태가 좋지 않았기 때문이다. 의사들이

---

* 티베트족인 번민(蕃民)을 가리키는 것 같다. ─ 옮긴이

최선을 다해 치료했지만 여러 날 동안 위험한 순간이 거듭되었다.

마침내 저우언라이의 병이 호전되자 8월 말 우로군(右路軍)도 행군을 시작했다. 그들 앞으로 경이로울 정도로 아름다운 푸른 초원이 끝없이 펼쳐져 있었다. 하지만 그 아름다움 속에는 치명적인 위험이 도사리고 있었다. 오토 브라운은 당시 상황에 대해 이렇게 회고했다.

푸른 초원처럼 우리를 현혹하는 곳에 검고 질척거리는 습지가 숨어 있었다. 그곳을 통과하는 이들은 살얼음이 깨지면서 빠져들었고, 좁은 길에서 방향을 잃고 헤맸다. 나는 노새들이 그렇게 심연을 알 수 없는 늪에 빠져 죽어 가는 비참한 모습을 여러 차례 목격했다. 우리는 본능적으로 위험한 길을 피하는 현지 소나 말을 앞세웠다. 대지 위로 회색빛 구름이 가실 날이 없었다. 하루에도 몇 차례씩 차가운 비가 내렸으며, 저녁이 되면 진눈깨비로 변하곤 했다. 마땅히 몸을 누일 공간은커녕 주변에 큰 나무나 관목조차 보이지 않았다. 우리는 습지 위 작은 언덕에 쭈그리고 앉은 채 잠을 잤다. 얇은 모포와 큰 밀짚모자, 종이우산, 혹은 훔친 망토가 우리의 유일한 보호물이었다. 추위와 기아로 인해 아침이 되어도 끝내 깨어나지 못하는 이들도 있었다. ……우리가 취할 수 있는 유일한 영양분은 비축해 둔 부족한 식량과 돌 위에서 말린 소량의 고기에서 나왔다. 늪지의 물은 마시기에 적합하지 않았다. 하지만 물을 끓일 나무가 없었기 때문에 그대로 마시는 수밖에 없었다. 이전 시캉(西康)에서 잠시 주춤했던 출혈을 동반한 이질과 발진티푸스가 또다시 창궐했다. ……그나마 다행인 것은 적도 육상이든 공중이든 우리를 공격할 수 없다는 점이었다.[38]

습지를 가로지르는 데 며칠이나 걸렸다. 피곤에 지친 병사들이 마침내 단단한 땅을 밟게 되었을 때 장궈타오와 주더, 참모장 류보청(劉伯承)으로부터 되돌아간다는 명령이 떨어졌다. 부대는 습지에서 오도 가도 못 하는 신세가 되고 말았다. 그들의 앞길을 가로질러 흐르는 거대한 협곡을 건널 수 없었기 때문이다. 장궈타오와 주더, 류보청은 다시 남쪽으로 돌아가기로 결정하고 마오쩌둥의 부대도 함께하기를 요구했다. 하지만 그럴 수는 없는 일이었다. 9월 8일 그들은 우로군의 저우언라이, 뤄푸, 마오쩌둥 지도부와 사령관, 정치위원 들이 연명한 전보를 받았다. "형(兄)들께서 심사숙고하시어 아바(阿壩)와 줘커지(卓克基)에서 양식을 보충한 뒤에 방향을 바꾸어 북진할 것을 즉각 결정해 주시기를 바라 마지않습니다."[39] 다시 말해 정치국에서 장궈타오에게 그의 명령에 따를 수 없음을 통보한 것이었다.

이 상황에서 장궈타오가 치명적인 실수를 했다. 그가 이전에 제4방면군에 있다가 지금은 우로군 지휘관으로 있는 동지에게 정치국에 대한 "투쟁에 착수할 것"을 요청하는 비밀 전보를 보냈는데[40] 마오쩌둥이 이런 사실을 알았기 때문이다. 마오쩌둥은 즉각 긴급 상무위원회를 소집했다. 마오쩌둥과 뤄푸, 저우언라이, 보구, 왕자샹 등은 중앙위원회의 명의로 「북상 방침을 집행하기 위해 동지들에게 고하는 글(爲執行北上方針告同志書)」을 발표하여 우로군과 좌로군 전원에게 남쪽으로 행군하라는 명령에 복종하지 말고 "중앙위원회의 전략 방침을 굳게 옹호하며 신속하게 북상하여 산시, 간쑤, 쓰촨에 새로운 소비에트 지구를 건설하자."라고 말했다. 쌍방은 어느 쪽도 양보하지 않았다. 격분한 장궈타오는 마오쩌둥의 부대가 간쑤 남부에 진입할 때 남쪽으로 방향을 틀어 진군했다. 홍군과 중국공산당 지도부의 분열은 기정사실이 되었다.

9월 중순 간쑤의 데부 현(迭部縣) 어제(俄界)에 도착한 후 열린 정치국 확대 회의에서 홍1군, 홍3군, 그리고 군위(軍委, 군사위원회) 종대를 이른바 중국공농홍군섬감지대(中國工農紅軍陝甘支隊, 병력 6000명)로 재편성하고 펑더화이를 사령관, 린뱌오를 부사령관, 마오쩌둥을 정치위원으로 임명했으며, 정치부는 왕자샹이 주임, 양상쿤(楊尙昆)이 부주임을 맡았다. 장정의 새로운 목표가 정해졌다. 필요한 원조를 얻기 위해 간쑤 동북쪽이 아니라 그보다 더 멀리 떨어진 소련 접경지대로 전진한다는 것이다. 마오쩌둥은 이렇게 말했다. "장궈타오가 남쪽으로 감으로써 중국 혁명에 중대한 손실을 야기했다. 그럼에도 불구하고 우리는 절대로 낙담하지 말고 전진해야 한다. ……산시 북부와 간쑤 서북부가 바로 우리가 가야 할 곳이다."[41]

그때까지 모스크바와 전혀 연락이 닿지 않았다. 그래서 9월 20일 멀리 떨어진 신장(新疆)으로 두 명의 당 대표를 파견하여 그곳에서 코민테른과 연락망을 확보하고 장정 기간에 일어난 사건에 대해 코민테른에 보고하기로 결정했다. 병참 부대에 있는 마오쩌둥의 동생 마오쩌민이 특사 가운데 한 명으로 선출되었다.[42]

그러나 곧 계획이 급히 변경되면서 신장 파견이 보류되었다. 마오쩌둥과 동료들은 간쑤 동북부에서 가까운 산시 서북쪽에 상당히 큰 소비에트 지구가 있으며, 그곳에 류즈단(劉志丹)이 이끄는 홍군 부대가 작전 중이라는 놀랄 만한 소식을 들었기 때문이다.[43]* 마오쩌둥 부대 주둔지에서 400킬로미터 정도 떨어진 곳이었다.

그 소식은 운명의 선물과 같았다. 마오쩌둥은 내심 장정이 미리 계획된 작전의 일환이며, 일본의 침략 위협에 직면하여 공산당 근거지를 임시로 이전하는 목적에 따른 것으로 알려지기를 원했다. 1935년 가을, 일본은 북중국에 대한 압력을 더욱 높이기 시작했다. 만주를 점령한 후 그들은 계속 남진하여 만주 남쪽 러허(熱河)를 손에 넣었다. 그리고 2년 후 허베이 동쪽으로 세력을 넓혔다. 일본 제국주의 군대는 허베이의 베이핑(베이징)과 톈진을 직접 공격할 수 있는 거리까지 접근했다. 일본의 계획은 아주 분명했다. 북중국 전역을 합병하여 이미 만주에서 했던 것처럼 '독립' 국가로 전환하는 것이었다. 중국 전역에 걸쳐 어느 때보다 반일 정서가 고양되었다. 이러한 일반 대중의 감정을 교묘하게 이용한다면 마오쩌둥은 일거양득의 효과를 볼 것이 분명했다. 북중국을 향한 '반일 행군'은 부패한 난징 정부에 대항하는 권력 투쟁에서 공산당의 위상을 강화시킬 것이고, 다른 한편으로 이를 통해 장궈타오를 완전히 분쇄할 수 있기 때문이다. 결국 '분열파'들은 북쪽으로 가는 것을 원치 않았다.

9월 22일 산시, 간쑤 지대 간부 회의에서 마오쩌둥은 이렇게 단언했다. "민족의 위기가 날로 심화되고 있는 상황에서 우리는 반드시 계속 북쪽으로 행군

---

* 흥미롭게도 마오쩌둥은 국민당에서 발행하는 신문을 통해 그 사실을 알았다. ─ 옮긴이

하여 일본과 대항한다는 원래 계획을 완성해야 한다. 우선 우리는 류즈단의 홍군이 작전 중인 산시 북쪽으로 갈 것이다."[44]

마지막 목표는 한 달 안에 달성되었다. 10월 중순 홍군 산시, 간쑤 지대 제1종대가 산시 북쪽 접경지대를 통과하여 바오안의 좁다란 산골짜기에 위치한 우치 진(吳起鎭)에 도착했다. 현지인을 통해 그들은 홍군 사령부가 동쪽으로 80킬로미터 떨어진 현청 소재지 바오안에 자리하고 있음을 알았다. 선발대가 급히 류즈단과 접촉하려고 달려갔다.[45] 그러는 동안 10월 22일 우치 진에서 소집된 중국공산당 중앙정치국 회의에서 마오쩌둥은 장정이 끝났음을 선포했다.*

8만 6000명의 홍군 장병들이 중앙 소비에트 지구를 떠난 지 정확하게 1년이란 세월이 흘렀다. 그들은 열한 개의 성(省)을 가로질러 9700킬로미터를 행군했으며, 만년설로 뒤덮인 다섯 개의 설산을 비롯하여 수많은 산을 넘고 또 넘었고, 스물네 개의 큰 강을 건넜다. 그리고 마지막으로 위험하기 이를 데 없는 습지대를 통과했다. 성공도 위대했지만 성공의 대가 역시 엄청났다. 산시 북부까지 모든 행군을 마친 장병은 5000명을 넘지 못했다.

그러나 이는 진정 영웅적인 '철류(鐵流)'였다. 장정을 완수했다는 자부심에 마오쩌둥은 승리의 기쁨을 이렇게 읊조렸다.

> 홍군은 장정의 어려움 두렵지 않나니
> 높은 산, 깊은 물도 그저 평범한 일이었네.
> 우링(五嶺) 산맥은 그저 작은 언덕
> 기세등등한 우멍 산**도 작은 진흙 덩어리일 뿐이었지.
> 진사 강물 운해 위로 솟구쳐 따스한데

---

* 일설에는 옌안(延安) 남쪽 50킬로미터 떨어진 샹비쯔완(象鼻子灣)이란 작은 마을에 도착하여 비로소 장정 종료를 선언했다고 한다. 그러나 관방 자료에 따르면, 본문의 일자가 맞다. — 옮긴이

** 우멍(烏蒙)은 구이저우, 윈난, 쓰촨 남부의 옛 이름이다. 우멍 산은 윈난과 구이저우에 가로놓여 진사 강을 굽어보고 있다.

412

다두허 가로지르는 쇠사슬 흔들흔들 차갑기만 하구나.

천리 눈 덮인 민산 산*이 더욱 기쁜 것은

홍군이 넘은 후에 얼굴에 웃음꽃 피었기 때문일세.⁴⁶**

---

* 민산 산(岷山)은 간쑤, 산시, 쓰촨 경계에 걸쳐 있는 산맥이다. 이를 넘으면 산시가 나온다. 장정 마지막에 넘은 산이기도 하다.

** 마오쩌둥, 「장정(長征)」. "紅軍不怕遠征難, 萬水千山只等閑. 五嶺逶迤騰細浪, 烏蒙磅礴走泥丸. 金沙水拍雲崖暖, 大渡橋橫鐵索寒. 更喜岷山千里雪, 三軍過後盡開顔." — 옮긴이

20

시안 사건

마오쩌둥 군대가 산시에서 류즈단의 부대와 합류할 무렵 장궈타오는 쓰촨 서북부를 떠돌고 있었다. 거의 40여 일 만에 그의 부대는 늪지에서 겨우 벗어 났다. 10월 5일 그는 쓰촨의 리판(理番) 쥐무댜오(卓木碉)에서 새로운 중국공산 당 중앙위원회(중공중앙)와 중앙 정부, 중앙군사위원회를 수립하고 마오쩌둥 과 저우언라이, 뤄푸, 보구 등 중앙 위원을 당에서 '제명'했다.[1] 이는 우둔하기 이를 데 없는 짓이었다. 또한 그는 자신의 행동에 반대하는 지휘관과 정치위원 을 징벌하거나 심지어 총살시켰다.[2]

중앙정치국은 이미 산시 북부에 자리를 잡은 상태였다. 1935년 12월 중순 마오쩌둥과 다른 지도자들은 인근에서 유일한 중심지라고 할 수 있는 와야오 바오(瓦窯堡)로 이주했다. 브라운의 말에 따르면, 그곳은 "홍군의 손에 완전히 장악되었다. ……우리는 우리 앞에 펼쳐진 가난하고 부분적으로 석회화된 땅 에 주목했다."[3] 수십 개의 작은 마을과 촌락은 거의 폐허 상태였으며, 한때 비 옥했을 토지도 황무지나 다를 바 없었다. 드문드문 떨어진 민가에 살고 있는 이들은 이런 환경에서 힘겹게 생계를 꾸렸다. 수년간에 걸친 군벌 전쟁과 토비의 약탈, 연이은 흉작과 전염병은 지역 경제를 거의 재앙 수준으로 몰고 갔다. 1928년에서 1933년까지 마오쩌둥 부대가 아직 도착하기 전 전체 인구의 절반 이상이 기아로 목숨을 잃었다. 대부분의 마을에서 열 살 미만의 아이들을 찾아볼 수 없었다. 산시 북부는 거의 무인지경이라고 해도 과언이 아니었다.[4] 북중국 대부분의 지역과 마찬가지로 그곳 역시 커자인과 본지인(현지인) 사이에 어떤 차별도 존재하지 않았다. 심각한 빈곤에 허덕이는 이들은 모두 기아로 인해 죽음의 문턱에 이른 상태였기 때문에 중국공산당에는 '커자인 지역'과 마찬가지로 대단히 좋은 조건이 마련된 셈이었다.

좁은 골짜기와 누런 평원이 깊은 상처처럼 협곡 사이로 끝없이 펼쳐졌다. 그런 풍경 위로 죽은 듯 적막한 고원이 우중충하게 솟아 있고, 그 안에 전쟁과 기아에서 요행히 살아남은 자들이 굴을 파고 살았다. 실제로 누구나 부드러운 황토에 동굴을 파고 살 수 있었다. 마오쩌둥과 허쯔전을 비롯한 중국공산당 지도자들도 동굴을 거주지로 삼았다. 칙칙한 북방 풍경은 우울함을 더했다. 하지만 마오쩌둥은 감정에 흔들리지 않았다. 쭌이, 특히 장궈타오가 파멸하면서 마오쩌둥은 모든 이에게 권위 있는 지도자로 존중을 받게 되었다.

가을과 겨울 내내 그는 새로운 지역에서 권력 조직을 수립하는 한편 군사력을 강화하는 데 많은 노력을 기울였다. 지역 유격대를 합병하여 홍군은 1만 410명으로 늘어났다.[5] 11월 초 마오쩌둥은 기존의 제1방면군이란 명칭을 부활시켰다. 당시 주더가 아직 장궈타오 진영에 있었기 때문에 사령관 자리는 펑더화이에게 돌아갔다. 마오쩌둥은 정치위원 자리를 차지했다. 소비에트 지구를 엄중히 다스리기 위해 서북혁명군사위원회를 수립했다. 마오쩌둥이 주석이 되었으며, 병석에서 일어난 저우언라이, 그리고 명목상으로 주더가 부주석이 되었다.(마오쩌둥은 '라오주(老朱, 주더의 존칭)'가 무엇보다 당 지도부에 복종한다는 것을 잘 알고 있었기 때문에 그가 장궈타오 편에 설 수 없을 것이라고 믿었다.) 주로 경제 문제에 주력하는 정부는 중화소비에트 중앙 정부 북서판사처(北西辨事處)라고 불렸다. 보구는 맨 꼭대기 주석 자리를 얻었고, 마오쩌둥의 동생 마오쩌민이 경제 및 외교부장을 맡았다. 마오쩌둥은 필요한 사람이라면 설사 이

전에 적수였다고 할지라도 어떻게 관계를 개선해야 하는지 잘 알았다. "환자를 구하기 위해 병을 치료한다."라는 원칙은 계속해서 풍성한 열매를 맺었다. 감격한 보구는 기꺼이 마오쩌둥에게 헌신했다.

다만 다루기 힘든 장궈타오와 1년이 지나도록 관계가 호전되지 않았다. 그러다가 1936년 11월 말에서야 장궈타오는 주더를 대동하고 화해를 청하기 위해 산시 북부에 모습을 드러냈다.[6] 당시 장궈타오는 쓰촨과 시캉, 간쑤 남부에서 끊임없는 전투를 치르느라 병력이 바닥난 상태였다. 마오쩌둥은 관대하게 그를 환영했다. 이미 '체면을 잃었으니' 더 이상 위험한 인물이 아니었다. 실패자는 아무도 따르는 이가 없었다. 설사 '반당' 활동을 위해 그가 뽑은 인물의 경우도 마찬가지였다. "우리는 이야기하면서 서로 기뻐했다." 장궈타오는 이렇게 썼다. "그때 우리는 과거가 아니라 우리의 미래에 대해 논의했다."[7] 마오쩌둥은 장궈타오를 혁명군사위원회 부주석으로 앉히고 홍군 총정치위원에 임명했다. 아울러 주더는 중국공농홍군 총사령관이 되었다. 분열은 봉합되었다. 장궈타오의 굴복은 그의 제4방면군 잔여 병사가 마오쩌둥의 군대로 합쳐졌다는 것을 의미했으며, 또한 1936년 6월 후난과 후베이 지역에 있는 근거지에서 시캉까지 오랜 여정을 완수한 허룽과 런비스의 제2방면군이 합류했다는 뜻이기도 했다.

공산주의자들의 미래가 환하게 밝아 오는 듯했다. 일본의 침략에 저항하는 중국 인민들의 애국심이 날로 고조되었다. 1935년 12월 반일 학생 시위의 거대한 물결(이른바 12·9 시위)이 전국을 강타했다. 국민당 군대 내에서도 일본에 대한 국민당 정부의 유화 정책에 불만의 소리가 커져 갔다. 이처럼 반일을 표방한 공산당의 태도는 여론의 공명을 얻기 시작했다.

마오쩌둥은 강렬한 애국주의 정서에 호소해야만 공산당이 대중의 폭넓은 지지를 얻을 수 있다는 것을 알았기 때문에 더욱더 반일 여론에 힘을 썼다. 물론 그는 계급 투쟁을 포기할 생각이 없었다. 다만 전략적인 면에서 발언의 수위를 낮출 필요가 있었다. 비적처럼 재물을 분할하는 방식은 지금까지 실패를 거듭했을 뿐이다. 여전히 장제스가 주적인 것은 분명하지만 지금 그들의 투쟁에서 가장 중요한 요소는 바로 중국인의 애국심에 호소하는 것이었다.

다행히 그의 새로운 정책은 코민테른의 노선과 일치했다. 1935년 여름, 독일과 일본이 소련을 침략할 것을 걱정하던 스탈린은 자신의 정책을 대폭 수정했다. 이후 공산주의자들은 통치 계급의 전복을 추구하는 대신 그들과 새로운 연합 전선, 즉 서양에서는 반파시스트 연합 전선, 동양에서는 반일 연합 전선을 조직하는 쪽으로 나아갔다. 하지만 내심 스탈린은 세계 패권이라는 공산주의 운동의 전략 목표를 재고하지 않았다.[8] 단지 가능한 한 많은 동맹국을 자기 편, 그리고 동시에 여러 공산당의 편으로 끌어들이기 위한 전략을 취한 것일 따름이었다. 이는 1935년 7월부터 8월 사이에 개최된 코민테른 제7차 대회에서 결정되었다. 8월 1일 그곳에서 왕밍은 중화소비에트공화국과 중국공산당 중앙위원회의 이름으로 연설하면서 동포들에게 내전을 멈추고 항일 투쟁을 위해 단결할 것을 호소했다. 그러나 그가 말한 '동포'에는 장제스와 그 내각 성원들은 배제되었다.[9]

모스크바와 연락이 두절된 상태였기 때문에 마오쩌둥과 다른 중앙 위원들은 이러한 변화를 감지하지 못했다. 따라서 사실 그들의 행동은 위험을 무릅쓴 것이었다. 그들 가운데 누구도 모스크바가 중국공산당과 연락 관계를 재건하기 위해 애쓰고 있다는 사실을 몰랐다. 모스크바는 쭌이 회의의 결과에 대해 알고 있었으며, 회의 결과를 전적으로 지지했다. 회의 참가자 가운데 한 명인 천윈이 코민테른 제7차 대회가 끝나고 얼마 되지 않은 1935년 9월 하순 모스크바에 도착하여 코민테른 관리에게 간략히 회의 내용을 알려 주었기 때문이다. 천윈은 쭌이 결의문 사본을 가지고 있지 않았기 때문에 그 내용을 문건으로 확인할 수 없었다. 모스크바는 나중에야 결의문을 받아 보았다. 하지만 모스크바가 이미 중국공산당 정치국의 결정에 긍정적이었기 때문에 결의문 사본 자체는 그리 중요한 것이 아니었다.[10]

1935년 9월 코민테른은 이미 마오쩌둥에 대한 개인숭배 작업에 착수했다. 코민테른 제7차 대회에서 그는 코민테른 집행위원회 총서기인 불가리아 공산주의자 게오르기 디미트로프(Georgii Dimitrov)와 마찬가지로 세계 공산주의 운동의 '기수' 가운데 한 명으로 선포되었다.[11] 물론 이는 중국공산당 대표로 참가한 텅다이위안(滕代遠)의 발언이지만 모스크바 지도부의 허가 없이 텅다이위안이 단독으로 그런 말을 한다는 것은 불가능에 가깝다. 제7차 대회는 공산당 지도자의 권위를 제고하는 데 신경을 많이 썼다. 1935년 8월 말 코민테른 중국공산당 대표단 연석회의에서 대표단을 이끌고 있는 왕밍은 이렇게 말했다. "누구의 권위를 끌어올릴 것인가? 물론 정치국 위원 가운데 있다. …… 누가 첫 번째인가? 마오쩌둥과 주더 동지의 권위다."[12]

왕밍은 마오쩌둥에게 충성심을 전혀 보이지 않았으며, 또한 자신이 당 지도자라는 환상을 가지고 있었다. 얼마 후 그의 참모 가운데 한 명인 궈자오탕(郭紹棠, 가명(아파나시 가브릴로비치 크리모프(Afanasii Gavrilovich Krymov))이 왕밍의 직접 지시에 따라 마오쩌둥에 관한 특별 문건의 초안을 작성하여 코민테른에 보냈다. 이는 마오쩌둥을 유격대 지도자로 긍정적으로 보고 있는 스탈린의 평가를 깎아내리기 위함이었다. 거기서 그는 이렇게 말하고 있다.

사회적 배경이 소지주라는 것은(이 문건을 읽은 누군가는 이 말에 붉은 펜으로 물음표를 표시했다.) 어떤 체계적인 실수가 아니다. (마오쩌둥은) 매우 열심히 노력하는 노동자이자 유능한 선동가이며 조직가로 대중의 두꺼운 벽을 어떻게 뚫고 들어가 대중 사업의 좋은 지도자가 되는지 알고 있다. 농촌 운동과 유격 전투에서 풍부한 경험을 가졌으며, 힘들고 매우 어려운 여건에서 사업을 수행했다. 그는 활동적으로 과업을 수행했다. 개인적으로 대중과 함께하는 것을 좋아하고 선전 사업에 충실하면서도 사사롭지 않다. 이상 언급한 긍정적인 측면 이외에 단점도 있다. 즉 이론적인 준비가 부족하다는 점이다. 그래서 개인적으로 정치적 과오를 범하는 경향이 있지만 정확하고 확고한 당 지도 아래에서 쉽고 빠르게 자신의 과오를 시정한다.(누군가 마지막 문장에 붉은 펜으로 밑줄을 치고, 여백에 물음표를 해 놓았다.)[13]

리리싼이나 자오이민(趙毅敏)을 포함한 코민테른 중국공산당 대표부 전현직 위원들은 왕밍이 "소련에서 중국 동지들 가운데 마오쩌둥의 권위를 떨어뜨리고 있다."라고 고위급 인사들에게 통지했다. 1940년 2월 17일 리리싼은 코민테른 집행위원회 간부와 대화하면서 이렇게 말했다.

내가 보기에 마오쩌둥이 정치 지도자가 될 만한 인물이 아니라는 소문을 퍼뜨린 사람은 왕밍인 것 같다. 그는 나와 자오이민, 그리고 몇몇 사람에게 마오쩌둥은 사람은 좋지만 이론 문제에 취약하다고 말했다. 나와 자오이민을 만난 자리에서 소비에트 제2차 대표대회에 제출한 마오쩌둥의 보고서를 언급하면서 보고서 안에 많은 약점이 있지만 자신이 수정하여 많이 좋아졌다고 말했다. 중국에서 받은 문건들도 마찬가지로 수정되었기 때문에 수정된 문건은 중국의 원래 판본과 달랐다.[14]

아마도 왕밍이 맞수인 마오쩌둥의 권위를 높일 수밖에 없었던 것은 코민테른 지도부의 압력에 따른 것일 터다. 중국공산당이 여전히 소련에 재정적으로 의존하고 있었기 때문에 중국 공산주의자들 가운데 어느 누구도 이런 결정에 이의를 제기할 수 없었다. 소련의 막대한 자금이 중국공산당 중앙위원회로 흘러들어 갔다. 1934년 6월 8일 코민테른 집행위원회 정치서기국 정치위원회는 중국공산당 미사용 자금에서 10만 루블, 비축 기금에서 10만 루블을 보내기로 결정했다.[15] 1934년 7월 1일 모스크바에서 중국공산당이 1934년 매달 미화 7418달러를 받는 것으로 결정되었다.[16]

제7차 대회 이후에 마오쩌둥 격상 운동이 소련에서 본격적으로 시작되었다. 1935년 12월 초 코민테른의 이론적 정치 기관지《코민테른》에 '마오쩌둥, 중국 노동자의 지도자'라는 제목으로 장문의 찬양 기사가 실렸다.[17] 무기명으로 된 그 기사는《프라우다》의 외신부 부부장인 알렉산드르 모이세예비치 카마단(Aleksandr Moiseevich Khamadan)*이 작성한 것이다. 얼마 후인 1935년 12

---

* A. M. 카마단(본명 Faingar)은 1908년 카스피 해 근처의 데르벤트에서 태어난 유대인이다.《프라우다》

월 13일 같은 글이 공산당 기관지인《프라우다》에 실렸다.[18] 마오쩌둥에 대한 간단한 전기는 주더와 푸젠 중국공산당 군대 사령관으로 1935년에 전사한 팡 즈민의 전기와 더불어『중국 인민의 지도자와 영웅들』이란 소책자로 국가사 회경제출판사에서 출간되었다.[19]

1935년 11월 중순 코민테른 주재 중국공산당 대표단에서 보낸 특사이자 린 뱌오의 사촌인 원로 공산당원 린위잉(林育英)이 산시 북부에 도착한 후에야 마 오쩌둥은 제7차 대회 결의안(「8·1 선언」을 포함하여)을 볼 수 있었다. 물론 그 안에는 그에 대한 분명한 찬사의 글이 적혀 있었다.[20] 며칠 동안 제7차 대회의 문건에 대한 논의가 끝난 후 중국공산당 지도자들은 스탈린의 새로운 정책에 따라 자신들의 기본적인 정치 방향을 바꾸는 것으로 결론을 내렸다. 뤄푸는 부 농에 대한 당의 정책을 바꿀 필요성에 대해 언급하면서 그들과 지주를 구분해 야 한다고 주장했다. 린위잉은 이에 동의했다. 마오쩌둥은 비록 농촌의 계급 문제에 대한 근본적인 해결책이 당장 급한 것은 아니라는 사실을 알고 있었지 만 소작농과의 관계를 바꿀 생각이 없었다. 12월 1일 그는 뤄푸에게 자신의 견 해를 피력한 편지를 보냈다. "나는 근본적으로 부농에 대한 전략이 바뀌어야 한다는 점에 동의하오." 계속해서 그는 이렇게 썼다.

그러나 결의안(1935년 12월 6일 중공중앙에서 발표한「부농 책략 전환에 관한 결 정(關於改變對富農策略的決定)」을 말한다.)에서 빈농과 중농이 부농의 토지를 균등 하게 배분할 것을 요구하면 당은 마땅히 그들의 요구를 지지해야 한다는 것을 지 적해야 하오. 부농이 빈농, 중농과 같이 토지를 배분받을 수 있다는 이전의 토지 배분 원칙은 옳지 않소. …… 토지 문제에서 부농에 대한 책략은 중농에 대한 것과 다소 구분되어야 할 것이오. …… 우리는 마땅히 투쟁이 심화되면 부농이 필연적 으로 지주 편에 설 것이라는 사실을 지적해야 하오. 이는 중국의 반(半)봉건적인

___

에서 근무한 후《신세계(Novy mir)》로 옮겨 편집부 부편집장을 역임했다. 제2차 세계 대전이 발발하자 타 스(TASS) 통신 기자로 활약했으며, 1942년 크림 반도 세바스토폴에서 나치에 의해 수감되었다. 전쟁포로 수용소에서 미하일로프라는 가명으로 지하 공작을 지휘하다가 체포되어 1943년 처형당했다.

부농 계층의 특징이기도 하오.[21]*

마오쩌둥의 제안은 '기본적으로' 받아들여졌을 따름이다. 뤄푸는 만약 '투쟁 과정에서' 그들이 부농의 토지를 동등하게 배분할 것을 요구한다면 빈농과 중농을 적극 지지해야 한다는 마오쩌둥의 주요 논제에 동의하지 않았다. 마오쩌둥의 입장은 코민테른의 연합 전선 정책과 대조적이었다. 12월 6일 마오쩌둥이 부대(홍1방면군)를 떠나 와야오바오로 간 사이에 중앙정치국 확대회의에서 뤄푸가 제안한 결의안인 「부농에 대한 책략 변화에 관한 결정」이 비준되었다.[22] 9일 뒤 마오쩌둥은 충돌을 피하기 위해 중화소비에트공화국 중앙집행위원회 명의로 이에 상응하는 지시를 내렸다.[23] 하지만 그는 여전히 '부농' 문제에 관한 견해를 바꾸지 않았다.

이틀 후 와야오바오에서 뤄푸가 정치국 확대회의(통칭 와야오바오 회의)를 소집했다. 코민테른의 새로운 노선과 연계한 정치 및 군사 문제를 토론하기 위함이었다. 이번 회의를 통해 중국공산당의 새로운 노선의 토대가 마련되었다. 다시 말해 "국내 전쟁과 민족 전쟁을 결합시키고" 국민당을 포함한 모든 애국 역량으로 "혁명적 민족 통일 전선"을 형성하여 일본과 장제스 양쪽에 직접 맞서 싸운다는 것이다. 「8·1 선언」의 정신에 따라 일본과 싸우기 위해 단결하자고 했지만 유독 장제스와 그 측근 세력은 배제되었다.[24] 마오쩌둥은 이렇게 강조했다. "민족 위기가 심각한 지경에 이르러 국민당 내부에서 분열이 생길 것이다. ……이런 상황은…… 혁명에 유리하다. …… 우리는 적 내부의 싸움과 분열, 모순을 우리에게 유리하게 전환하여 목전에 있는 우리의 주적(일본 제국주의를 말한다.)과 대항하는 데 이용해야 한다."[25]

중국공산당 지도자들은 회의 이전부터 이미 본격적인 작업을 시작한 상태였다. 1935년 11월 말 마오쩌둥이 먼저 나서서 산시에 주둔하고 있는 국민당

---

* 「부농에 대한 책략 변화 문제에 관해 장원톈에게 보내는 편지(關於轉變對富農的策略等問題給張聞天的信)」. ― 옮긴이

사령관에게 휴전하고 함께 일본에 대항할 것을 제안했다.[26] 이는 기본적으로 시베이(西北) 지역에서 가장 유명한 군사가인 장쉐량을 향한 선의의 표시였다. 이전에 만주 군벌로 동북 지역을 호령하던 장쉐량 장군의 부대는 일본의 압박으로 인해 만주에서 퇴각하여 지금은 산시 남부와 중부에 주둔하고 있었다. 그는 중국의 권력 균형에 아주 중요한 역할을 했다. 20만 명에 달하는 동북 군 사령부는 산시의 성회인 시안(西安)에 있었다. 1936년 서른다섯 살이 된 장쉐량은 나이가 아직 젊었기 때문에 중국 정계나 경제계에서 '샤오솨이(少帥, 젊은 원수)'라고 불렸는데, 일본이라고 하면 치를 떨 만큼 일본 혐오가로 유명했다. 그는 일본에 대해 특별히 갚아야 할 묵은 원한이 있었다. 1928년 일본 정보국이 만주에서 자주적인 정책을 추구하던 그의 부친 장쭤린을 살해했기 때문이다. 1931년 일본 관동군은 9·18 사변(만주 사변)을 일으킨 후 장쉐량이 물려받은 유산을 모두 차지했다. 결국 그는 쫓기다시피 산시로 도망칠 수밖에 없었다. 그곳에서 그는 누구든지 일본을 만주에서 내쫓는 데 도움을 주기만 한다면 협력하기로 마음먹었다.

파시스트에 동정적이었던 순진한 원수(元帥)는 일 두체(Il Duce, 이탈리아 파시스트 당수인 무솔리니의 칭호)에게 특히 희망을 가졌다. 베니토 무솔리니(Benito Mussolini)처럼 강철과 같은 전제주의 독재만이 중국을 위기로부터 구해 낼 수 있다고 믿었기 때문이다. 그는 두체의 딸인 에다 무솔리니(Edda Mussolini, 결혼 후에는 에다 키아노(Edda Ciano)로 바뀌었다.)에게 도움을 청하기도 했다. 그녀의 남편은 상하이 주재 이탈리아 총영사로 이후 외무 장관을 지낸 키아노 백작이었다. 장쉐량은 여성들에게 인기가 많았다. 젊고 잘생겼으며, 특히 콧수염과 검은 머리카락이 잘 어울렸다. 그는 나이트클럽이나 카바레를 즐겨 다니고, 뛰어난 춤 솜씨로 여인들의 환심을 샀다. 열정적인 이탈리아 여성인 에다도 잘생기고 돈 많은(말이 난 김에 말하자면 대략 5000만 달러 정도였다.) 그를 거절할 수 없었다. 사실 그녀만 비난할 수는 없는 일이었다. 남편인 키아노 백작은 그녀를 무시했을 뿐만 아니라 상하이의 고급 술집이나 기원(妓院)을 들락날락하는 데 정신이 팔려 있었기 때문이다. 에다와 장쉐량의 연정은 그리 오래가지 못했다. 1932년 에다가 남편과 함께 로마로 떠났기 때문이다.

1933년 4월 장쉐량도 이탈리아로 향했다. 무솔리니의 딸은 비록 그에게 매료되었지만 딱히 도움을 줄 수 있는 것이 없었다. 그녀의 부친 무솔리니는 일본 군국주의에 대해 아무런 비난도 하지 않았다. 일 두체에 대한 환상은 깨졌지만 전제주의에 대한 신앙은 여전했다. 그는 독일을 여행하면서 아돌프 히틀러(Adolf Hitler)와 헤르만 괴링(Hermann Göring)을 만났다. 하지만 그들에게서 아무것도 얻을 수 없었다. 그는 다시 프랑스로 발길을 돌렸다. 그곳에서 소련 외무부 인민 위원인 막심 리트비노프(Maksim Litvinov)와 만나게 된다. 그는 공산주의자들에게서 혹여 도움을 얻을지도 모른다는 희망으로 리트비노프에게 모스크바를 여행할 수 있도록 도와 달라고 요청했다. 일본과 관계가 복잡해지기를 원치 않았던 스탈린은 이를 거절했다.[27]

장쉐량은 마침내 외국으로부터 도움을 얻을 수 없다는 사실을 알고 1934년 1월 중국으로 돌아왔다. 한참 시간이 흐른 뒤인 1935년 11월 마오쩌둥이 그의 휘하 사령관에게 휴전을 제의하면서 마침내 일본에 보복할 기회가 찾아왔다. 1936년 4월 9일 장쉐량이 직접 나서서 중국공산당 대표, 그중에서도 저우언라이와 담판을 벌였다. 마침내 장쉐량은 공산주의자들에 대한 군사 행동을 중지하는 데 동의했으며, 심지어 그들에게 무기를 제공하기로 약속했다.

이번 합의를 통해 소비에트 지구 경계의 대치 상황이 완화되었다. 하지만 일정 정도만 그러했을 따름이다. 1936년 6월 국민당 육군 제86사 사단장인 가오솽청(高雙成)이 장제스의 지시를 받고 공산당 지도부가 있는 와야오바오를 점령했다. 마오쩌둥과 뤄푸, 그리고 다른 지도자들은 와야오바오에서 145킬로미터나 멀리 떨어진 바오안으로 도망쳤다. 바오안은 거의 버려지다시피 한 작은 마을로 400여 명의 주민이 폐허나 다를 바 없는 곳에서 살고 있었다.[28]

비록 이런 일이 발생하기는 했지만 통일 전선을 구축한다는 당의 정책에는 변함이 없었다. 마오쩌둥은 당시 그를 만나기 위해 바오안에 도착한 에드거 스노에게 이런 사실을 분명하게 말했다. 1936년 7월 15일 첫 번째 인터뷰에서 그는 "오늘날 중국인들 앞에 놓인 근본적인 문제는 일본 제국주의에 대항하여

투쟁하는 것"이라고 말했다.[29]

마오쩌둥이 낙관적인 데는 나름의 이유가 있었다. 와야오바오의 피해는 전략 형세에 거의 영향을 주지 않았다. 홍군의 병력은 이미 2만 5000명으로 늘어났으며, 반일 전선 또한 점차 형태를 갖추었다. 장쉐량의 구애는 중국공산당 지도자들조차 그를 비밀리에 입당시킬 것을 고려할 정도로 적극적이었다.(장쉐량도 공산주의자가 되고 싶다고 한 적이 있다.)[30] 6월 하순부터 7월 초에 모스크바와 무선 연락망이 복구되자 마오쩌둥은 제일 먼저 스탈린에게 중국공산당에 대한 원조를 매달 200만 멕시코 달러 증액해 줄 것을 요청하는 전보를 보냈다. 비행기, 대포, 유도탄, 보병 화기, 대공포, 부교 등도 요구했다. 동시에 그는 스탈린에게 장궈타오의 '기회주의적 착오'에 대해 보고했다.[31]

마오쩌둥은 곧 원조를 받았다. 스탈린은 200만 루블을 보냈으며, 몇 달 후 다시 미화 50만 달러, 그리고 1166톤의 연료와 군사 장비 및 전략 물자를 제공했다.[32] 이보다 이른 8월 15일 스탈린은 코민테른 집행위원회 정치비서처 명의로 마오쩌둥의 정책을 승인한다는 통지문을 보냈다.

8월 15일에 보내온 전보에서 스탈린은 연합 전선의 확대를 제안했다. 그는 마오쩌둥에게 장제스에 대한 부정적인 태도를 지양하고, 그가 입당을 금지시켰던 장쉐량만이 아니라 국민당과 홍군 사이에 "군사 작전을 중지하는 수순을 밟을 것"을 권고했다. "우리는 장제스를 일본 침략군과 동일하게 처리하는 것은 옳지 않다고 생각한다." 그는 이렇게 말하면서 다음과 같이 지적했다. "……일본 제국주의는 중국 인민의 주적이기 때문이다. 현 단계에서는 무엇보다 그들과의 투쟁을 중시해야 한다."[33] 스탈린의 이런 태도는 쉽게 이해할 수 있다. 이는 무엇보다 1934년 이래 정기적으로 오게페우(OGPU, KGB(국가안전위원회)의 전신인 연방국가정치보안부) 외무부와 소련군 정보국으로부터 일본의 소련 침략 가능성에 관한 정보를 받고 있었기 때문이다. 마오쩌둥은 물론 이러한 소련의 비밀 첩보 활동에 대해 전혀 모르고 있었지만 어떤 경우에도 스탈린에게 이의를 제기하지 않았다. 열흘 후 그는 최대한 공손하게 국민당 중앙집행위원회에 내전을 중지하고 협상할 것을 제안하는 서신(「중국공산당이 중국국민당에 보내는 글(中國共産黨致中國國民黨書)」)을 보냈다.[34] "우리 정책의 핵심은 일본에 대항하기 위해 장제스와 연합하는 것이다." 그는 이어서 중국공산당 당원들에게도 이를 천명했다.[35]

하지만 중국 정치 무대에서 주인공은 공산주의자들이 아니라 장제스였다. 중국 주재 소련 영사 드미트리 보고몰로프(Dmitrii Bogomolov)는 "오직 일본과의 전쟁 전야에…… 그것도 소련과 합의를 맺은 후에야" 장제스는 공산주의자들과 동맹에 동의할 것이라고 보고했다.[36] 한편 장제스는 일본과 대규모 충돌이 불가피한 상황에 직면했음에도 불구하고 국가 지도자로서 권위를 강화하기 위해 공산주의자들에 대한 제6차 포위 공격을 준비하고 있었다.

장제스는 장쉐량과 공산주의자들의 협상에 대해 알고 있었으며, 반복해서 장쉐량에게 공산주의자들은 믿을 수 없다고 경고했다. 하지만 헛수고였다. 1936년 12월 장제스는 직접 장쉐량을 만나기로 결심했다. 아직 서툴고 어리석은 젊은이를 직접 만나 이야기하면 정확한 이치를 깨달을 것이라고 믿었기 때문이다. 1936년 12월 4일 그는 야전 사령부가 있는 뤄양(洛陽)에서 비행기를 타고 시안으로 날아갔다. 그는 당나라 황제 현종이 머물던 그림처럼 아름다운 화칭츠(華淸池)에 처소를 마련했다. 산으로 둘러싸이고 미네랄이 풍부한 온천 지역이다. 그 옛날 황제의 넋을 잃게 만든 야심만만한 여인 양귀비가 특히 좋아하던 곳이기도 하다.

장제스는 공원 동남쪽 언덕 위에 있는 오젠팅(五間廳)이란 이름의 어두컴컴한 단층 별관에 머물렀다. 그곳에서 제17야전군 사령관으로 사전에 공모한 양후청(楊虎城)을 대동한 장쉐량을 만났다. 장쉐량은 항일 투쟁을 위해 공산주의자들과 연합할 필요가 있다고 주장했다. 장제스는 공산당을 섬멸하는 것이 외부의 침략을 성공적으로 막아 내는 데 가장 중요한 관건이라고 주장하면서 반대 의사를 분명히 했다. 논의는 얼마 가지 않아 교착 상태에 이르렀다.

12월 9일 수요일 분위기가 바뀌면서 팽팽한 긴장감이 감돌았다. 일본 군부의 전쟁 위협에 대응하여 시안 학생 1만여 명이 시위대를 조직했다. 그날은 1935년 12월 9일에 일어난 전국적인 항일 반대 시위 1주년이 되는 날이기도 했다. 학생들은 즉각 내전을 중지하고 항일 투쟁에 역량을 결집할 것을 요구했다. 학생들은 시안에서 출발하여 장제스가 머물고 있는 곳에서 멀지 않은 린퉁(臨潼)까지 시위를 벌이다가 경찰과 충돌했다. 경찰이 시위대에 총격을 가해 두 명이 부상을 당했다. 운명의 장난인지 부상당한 학생은 하필 동북군 장교의 아들이었다.[37]

장쉐량은 화를 벌컥 냈다. 12월 11일 금요일 오후 10시 그는 동북군 고위급 장교에게 장제스 체포를 명령했다. 12일 새벽 5시 장쉐량의 위대영(衛隊營, 호위 부대) 영장(營長, 부대장)인 스물여덟 살의 쑨밍주(孫銘九)가 200명의 병사들을 이끌고 장제스의 처소를 습격했다. 총소리가 들리자 장제스는 침실 창문을 넘어 눈 덮인 언덕의 좁은 틈새에 숨었다. 2시간 후 발각된 그는 맨발에 잠옷만 걸친 상태였다. 추위에 덜덜 떨어 처음에는 말 한 마디조차 할 수 없었다. 어찌나 서둘렀는지 틀니도 챙기지 못했다. 부대장은 군대 예절에 따라 장제스를 대했다. 잠시 생각을 가다듬은 장제스가 입을 열었다.

"만약 네가 내 동지라면 당장 나를 쏘고 끝내 다오!"

"쏠 수 없습니다." 쑨밍주가 대답했다. "우리는 단지 일본에 대항하기를 원할 따름입니다. 그렇게 된다면 우리가 앞장서서 총사령관을 환호할 것입니다."(장제스는 1928년 10월에 국민정부 주석, 군사위원회 주석 겸 육해공군 총사령이 되었다.)

"장 장군(장쉐량)을 불러 다오. 내가 내려가겠다." 장제스가 말했다.

"장 장군은 여기에 안 계십니다. 부대가 시내에서 봉기를 일으켜 우리가 총사령관을 보호하기 위해 왔습니다."

그의 말에 총사령관은 마음을 진정하고 산을 내려갈 수 있도록 말을 준비해 달라고 요청했다.

"이곳에는 말이 없습니다. 제가 업고 산 아래까지 모시도록 하겠습니다."

그가 장제스 앞에 무릎을 꿇고 등을 내밀었다. 장제스가 힘겹게 몸을 일으켜 등에 업혔다. 아래서 대기하고 있던 차로 대원수를 모시고 가는 동안 장쉐량의 호위 부대장이 장제스에게 말했다.

"과거는 과거일 뿐이지요. 지금부터 중국을 위해 새로운 정책이 있어야 할 것입니다."

"장 장군이 중국을 위한 뛰어난 정책을 가졌을 것이라고 확신한다." 장제스가 말했다.

"지금은 국난 상황입니다." 쑨밍주가 받아넘겼다. "우리는 총사령관께서 인민의 요구를 받아들여 주시기를 바랍니다."

"나는 언제든지 장 장군의 요구를 받아들일 준비가 되어 있다." 장제스가 단언했다.

"중국이 직면한 가장 긴박한 임무는 일본에 저항하는 것입니다. 이는 서북 지구 모든 병사의 단합된 요구이기도 합니다. 그런데 왜 원수께서는 일본과 싸우지 않고 홍군과 싸우라고 명령을 내리시는 것입니까?"

"나는 일본과 싸우지 말자고 말한 적이 없다." 장제스가 분연히 말했다.

"하지만 동북군은 가능한 한 빨리 일본과 싸우기를 요구하고 있습니다. 적에게 고향을 빼앗겼고, 이로 인해 전 중국이 고통을 받고 있기 때문이지요."

"나는 전체 중국인의 지도자다." 장제스가 화를 버럭 내며 말했다. "나는 국가를 대표한다. 내 정책은 결코 틀린 것이 아니며 옳다고 생각한다."

"만약 중국 인민을 대표한다면 왜 일본과 싸우지 않는 것입니까? 이는 전체 중국 민족이 요구하는 것입니다. 어떻게 그들의 요구를 받아 주지 않으면서 그들을 대표한다고 주장하실 수 있습니까?"

"나는 혁명가일 뿐이다."

장제스가 논쟁을 끝낼 요량으로 다시 입을 열었다.

"나는 항상 나 자신을 희생할 준비가 되어 있단 말이다. 나는 내 생각을 바꿀 마음이 없다. 설사 나를 감옥에 넣는다고 할지라도 내 정신은 결코 다른 이들에게 굴복하지 않을 것이야."[38]

장제스는 시안으로 이송되었다. 그곳에서 장쉐량은 불가피하게 불편을 끼친 것에 대해 사과하고 다시 한 번 공산주의자들에 대한 전쟁을 중지하고 거국적으로 일본에 저항할 것을 요구했다. 한편 학생 시위를 해산시킬 것을 명령한

산시 정부 주석 샤오리쯔(邵力子)도 장제스의 수행원 10여 명과 함께 체포, 수감되었다.³⁹

　장제스가 체포되었다는 소식이 바오안에 있는 공산당 지도부에 알려진 것은 12월 12일이었다. 마오쩌둥을 비롯한 중국공산당 지도자들은 의기양양했다. 당시 마오쩌둥의 비서의 회고를 들어 보자.

　12월 12일 이른 아침 나는 통신대 당직 사관이 달려오는 바람에 잠에서 깨어났다. 그는 시안에 있는 장쉐량과 양후청이 마오쩌둥에게 "긴급을 요하는" 무선 전보를 보내왔다고 말했다. 암호가 아닌 거의 일상어로 적힌 전보 내용은 아주 간단했다. 다른 것은 거의 기억이 나지 않지만 '병(兵)'이란 글자와 '간(諫)'이란 글자는 지금도 생생하다. 나는 아직 잠자리에 들지 않은 마오쩌둥에게 황급히 전보를 전했다. 마오쩌둥은 전보를 읽은 후 기쁜 얼굴로 말했다. "아주 잘했어. 잠자리에 들 시간이야. 내일 좋은 소식이 있겠군!"⁴⁰

'병'과 '간' 두 글자는 장쉐량이 장제스에게 '간언'하기 위해 무력을 사용하기로 결정했음을 의미했다. 이는 샤오샤오가 마오쩌둥에게 전하려는 내용이기도 했다. 마오쩌둥이 일어났을 때 도시 전체는 흥분의 도가니였다. 중국공산당 중앙위원회 건물 가까운 곳에 살고 있던 오토 브라운 역시 바오안 전체를 휩싸고 있는 고양된 분위기에 뒤섞였다. 평소 밤에 일하고 늦게 일어나는 것이 습관처럼 된 마오쩌둥이 그날은 이전과 달리 아침 일찍 일어났다고 그는 적었다. 마오쩌둥의 동굴에 설치된 야전 전화기는 당과 정부, 홍군 사령관들에게 끊임없이 걸려오는 전화벨 소리로 분주했다. "그 소식은 거의 빛의 속도로 전 지역에 퍼져 나갔다." 오토 브라운은 이렇게 회상했다.

　진정으로 모든 이가 황홀한 기쁨에 빠져들었다. 장제스는 중국공산당이나 홍군 모두가 가장 싫어하는 인물이었다. ……노천에서 거행된 회의에 당원과 홍군 병사, 그리고 바오안과 인근 지역에서 활동하고 있는 이들이 모두 모였다. ……마오쩌둥이 가장 먼저 발언에 나섰다. ……그가 행한 연설의 요점은…… 중국의 국익에 반하는 반역자 장제스를 청산하고 그를 인민재판에 내세울 시간이 되었다. …… 국가 전체와 모든 무장 세력은 일본과 국민당 내 장제스의 공범과 투쟁하기 위한 전쟁에 동원될 것이다.[41]

수많은 이가 모인 회의에서 "반역자 장제스를 '군중 재판'에 회부한다."라는 결의안이 채택되면서 마을 전체가 격정의 환희에 사로잡혔다.[42] 12월 13일에 열린 정치국 회의에서 흥분한 마오쩌둥은 장제스 체포는 혁명적이고 항일 반매국적(抗日反賣國賊)인 거사로 긍정적인 의미가 있다고 말했다.[43] 정치국은 장제스를 재판에 회부하여 사형을 언도해야 한다고 만장일치로 결정했다.[44] 나중에 마오쩌둥은 자신이 직접 그간의 경과를 코민테른에 보고했다.[45]

12월 13일 시안 사건 소식을 들은 모스크바 코민테른 지도자들도 놀라기는 마찬가지였다. 게오르기 디미트로프는 소식을 듣고 미친 듯이 기뻐했다. "장 쉐량에 대한 낙관적이고 호의적인 평가. 소련은 시안 사건과 관련하여 반소련 운동을 교묘하게 억제하고 대응할 필요가 있다." 그는 일기에 이렇게 썼다.[46] 다음 날 그는 믿을 만한 동료들과 중국 사무를 논의하기 위해 회의를 소집했다. 그다음에 스탈린을 만났다.

그러나 다음날 아침 그는 서안사변을 일본의 음모로 간주하고 있는《프라우다》와《이즈베스치아》의 사설, 그리고 타스 통신의 보도를 읽었다. 기사 내용은 그에게 스탈린의 입장을 명확하게 보여 주고 있었다. 보스(스탈린)는 장제스의 석방을 원한다는 뜻이었다. 디미트로프는 부득이 자신의 낙관적 평가를 바꿔야만 했다. 그는 즉시 측근들과 중국 관련 문제를 논의하기 위해 회의를 소집하고 스탈린에게 편지까지 썼다. "그들(중국공산당)에게 독립적인 입장을 취하고 내부 투쟁에 반대하며, 분쟁에 대한 평화적 해결, 협의와 공동 조치, 중국의 완전성과 독립성을 대표하는 모든 당파와 단체를 위한 민주적 정견을 견지하도록 권고할 것이며, 아울러 국민당에게 편지를 보내고 마오쩌둥과 직접 만나 당이 채택한 입장을 강조할 것입니다.[47]

그러나 몇 시간 후 스탈린이 한밤중에 디미트로프에게 전화를 걸어 화가 잔뜩 난 목소리로 말했다. "도대체 왕밍이란 작자가 누구요? 첩자요? 그가 장제스를 죽이라는 전문을 보내길 원했소."

놀란 디미트로프가 자신은 그런 이야기를 들은 적이 없다고 대답했다.

"내가 전보를 확인했소!" 스탈린은 이렇게 말하고 전화기를 내던졌다.[48]

사실 그는 전보를 찾지 못했다. 어쩌면 그런 전보는 아예 없었으며, 누군가 스탈린에게 잘못된 정보를 흘렸을 수도 있다. 또 그가 장제스를 처형하기 위해 지시를 내리려 한다는 사실을 알고 스탈린이 디미트로프를 겁주려고 한 것일 수도 있다. 어떤 경우든 보스는 불만이었고, 자신의 분노를 숨기지 않았다.

잠시 후 뱌체슬라프 몰로토프가 전화를 걸었다.

"내일 3시 30분에 스탈린 동지 사무실로 오시오. 중국에 관한 문제를 논의할 것이오. 오직 당신과 드미트리 마누일스키만 참석하고 다른 사람에게는 비밀로 하시오."[49]

스탈린의 사무실에서 어떤 이야기가 오갔는지는 전혀 알려진 바 없다. 다만 보스가 디미트로프, 마오쩌둥, 왕밍, 그리고 코민테른 관료들과 중국공산당 중앙위원회 위원들의 정치적 근시안에 불만을 표했을 것이라고 추측만 가능할 따름이다. 몰로토프는 그저 고개만 끄덕일 수밖에 없었다. 스탈린의 관점은 장제스를 체포하여 처형하면 필연적으로 중국 사회의 분열이 심화될 수밖에 없고, 스탈린에게도 점점 힘들어질 뿐이라는 것이었다. 1936년 11월 시안 사건이 일어나기 한 달 전에 나치 독일은 소련을 겨냥하여 일본과 방공 협정(코민테른에 대항하기 위해 독일·일본·이탈리아 삼국이 체결한 협정)을 체결했다. 그렇기 때문에 스탈린에게는 장제스를 자기편으로 끌어들여 동맹국으로 삼는 것이야말로 생사가 걸린 문제였다. 그는 12월 12일 난징 정부에서 국민당 중앙집행위원회 상무위원회와 정치위원회가 소집되었으며, 회의에서 장쉐량의 반란을 무력으로 진압하는 결의안이 채택되었다는 사실을 알고 있었다. 누구보다 장제스에게 몸과 마음을 다 바쳐 충성하고 있는 국방부장(국방부 장관) 허잉친은 이미 시안 공중 폭격과 토벌을 위해 군대를 파견할 준비를 끝냈다. 국민당

폭격기가 벌써 산시의 인구 밀집 지역을 향해 공습을 시작하고 있었다.

12월 15일 스탈린과 만난 다음 날 디미트로프는 사건을 평화적으로 해결하라는 보스의 지시를 코민테른 집행위원회에 전달했다. 그다음 날 그는 크렘린으로 들어가 중국공산당 중앙위원회에 보내는 코민테른의 지시 문건에 대해 스탈린과 그의 고위급 참모들과 상의했다. 지시 내용은 중국공산당에 "결단성 있게 충돌을 평화적으로 해결할 것"을 권유하는 것이었다.[50]

이러한 지시를 받고 마오쩌둥이 어떤 반응을 보였는가는 능히 상상할 수 있다. 굴욕, 치욕, 실망. 어쩌면 세 가지 모두였을 수도 있다. 에드거 스노의 말에 따르면, 마오쩌둥은 "장제스를 석방하라는 모스크바의 지시가 떨어지자 격노했다. 욕설을 퍼붓고 발을 동동 구를 정도였다." 스노가 'X'라고 불렀던 이가 그에게 마오쩌둥의 반응을 전해 주었다.[51]

가장 체면을 구긴 일은 마오쩌둥이 평화적으로 충돌을 해결할 필요성에 대해 인지하고 있을 때 모스크바의 지령이 떨어진 것이었다. 기술적인 문제로 인해 12월 16일에 보낸 디미트로프의 전보는 17일 또는 18일 아침까지 바오안에 도착하지 않았다. 게다가 일부 내용은 전송에 실패했다. 12월 20일이 되어서야 그는 모스크바의 지시 전문을 읽을 수 있었다.[52] 그때는 이미 소련의 언론 보도를 통해 코민테른의 입장을 알게 된 후였다. 더구나 마오쩌둥은 장제스를 죽일 생각이 없다는 장쉐량의 「국민에게 호소함」이란 글도 받은 상태였다. 샤오샤오 장쉐량의 목적은 장제스로 하여금 일본에 저항하도록 하려는 것뿐이었다. 12월 17일 시안에 도착한 저우언라이는 장쉐량, 양후청과 함께 협상에 들어갔다. 장제스는 장쉐량의 제안을 거부했으며, 그들과 만나는 것조차 원치 않았다. "자네 자신과 이 나라를 위하여 자네가 할 수 있는 유일한 일은 당장 회개하고 나를 난징으로 돌려보내는 것일세." 그는 장쉐량에게 이렇게 말했다. "자네는 공산주의자들이 쳐 놓은 함정에 빠져서는 안 되네. 빠진 다음에는 후회해도 너무 늦어!"[53]

상황은 점점 긴박해졌다. 12월 19일 마오쩌둥은 사태가 이미 결판이 났다는 것을 깨달았다. 몹시 실망스러워 그날 정치국 회의에서 자신을 통제할 수 없을 지경이었다. "그날 논의 주제가 장제스와 관련된 문제가 아니라 항일에 관한 것"이었음을 알고 있었지만 그는 갑자기 불쑥 끼어들어 이렇게 말했다. "일본은 (장제스) 체포가 소련이 계획한 것이라 말하고, 소련은 그것을 일본이 억지로 꾸민 것이라 말하고 있다. 양쪽 모두 사건의 본질을 왜곡하고 있다."[54] 정치국은 충돌을 평화적으로 해결하기 위한 결의안을 채택했다. 12월 20일 오후 8시 마오쩌둥이 저우언라이에게 전달한 모스크바의 지시 내용은 바뀐 것이 전혀 없었다. 그러나 외부에서 볼 때 마치 마오쩌둥이 스탈린의 명령을 마지못해 받아들이는 것처럼 보였다. 마오쩌둥은 코민테른의 지시를 시행하는 것에 관한 보고서가 필요했다. 하지만 당내 동지들 앞에서 체면을 깎이고 싶지 않았다. 그래서 객관적인 여건이나 모스크바의 지시를 공식적으로 인정했음에도 불구하고 항일 연합 전선 구축에 관해 장제스와 협정을 맺는 데 적극적이지 않았다. 영국과 미국 군사 참관단이 쌍방을 중개하기 위해 시안에 도착하여 적극 권유했지만 장제스 역시 중국공산당과 동맹을 결성하는 데 서두를 이유가 없었다.

12월 22일 장제스의 처남인 쑹쯔원(宋子文)과 부인 쑹메이링이 시안으로 날아왔다. 그제야 위기 상황이 종료되었다. 여성에게 정중한 기사 장쉐량은 매혹적인 쑹메이링의 청을 거절할 수 없었다. 성탄절에 그는 쑹메이링에게 선물을 보냈다. 자신이 직접 그녀와 남편을 난징까지 모시겠다는 것이었다. 그는 이토록 순진했다.

비행기가 난징에 도착한 후 장제스는 그 즉시 반역자를 군사 법정에 세웠다. 법원은 10년형을 선고했다. 1937년 7월 중일 전쟁이 발발하면서 모든 정치범을 사면했다. 하지만 장제스는 결코 그를 용서하지 않았다. 장쉐량은 감옥에서 나온 뒤 가택 연금 상태가 되었다. 1949년 장제스는 패망하여 타이완으로 도주할 때에도 그를 데려갔다. 그곳에서 장쉐량은 1975년 장제스가 사망할 때까지 경비병의 감시하에 갇힌 생활을 해야 했다. 그가 완전히 자유를 얻은 것은 1990년 그의 나이 여든아홉 살 때의 일이다.

한편 장제스는 계속해서 제6차 반공 작전을 준비했다. 12월 말 새로운 군사력을 산시 북부 소비에트 지구 접경지대에 배치하기 시작했다. 이를 참을 수 없었던 마오쩌둥은 1937년 1월 6일 저우언라이와 보구에게 전보를 보내 국민당에 대한 "대담한 공격을 준비할" 필요가 있다고 말했다.[55] 이러한 바오안의 호전적인 분위기는 코민테른의 역반응을 야기할 수밖에 없었다. 1937년 1월 16일 디미트로프는 스탈린에게 중국공산당 중앙위원회에 보내는 새로운 지령 초안을 전달했다. 사흘 후인 1월 19일 디미트로프와 소련 정치국원인 몰로토프, 안드레이 안드레예프(Andrei Andreev), 안드레이 즈다노프(Andrei Zhdanov), 니콜라이 예조프(Nikolai Yezhov) 등이 중국 상황에 대해 논의하기 위해 스탈린의 사무실에 모였다. 지시 초안의 내용은 상당히 신랄했다.

우리는 시안 사건의 평화적 해결을 특별히 중시한다. 하지만 그 결과가 일본 제국주의자들의 음모와 온갖 수단을 통해 내전을 촉발하려는 그들의 대리인들에 의해 훼손될 수 있다. 이는 중국공산당의 잘못된 정책의 결과이기도 하다.

이제 당의 이전 정책이 부정확하다는 사실이 보다 명확해졌다. 다시 말해 장제스를 배제하고 난징 정부를 전복함으로써 연합 전선을 구축하려는 시도가 틀렸다는 뜻이다. ……현재 당의 주된 임무는 내전을 효과적으로 마무리 짓는 일이다. ……당은 공개적으로 국민당과 난징 정부의 모든 조치를 적극 지지하는 정책을 선포하고 확고하게 실천에 옮겨야 할 것이다. ……일본의 침략으로부터 중국의 영토 보전과 독립을 보위하기 위해 중국인의 모든 역량을 단결시켜야 한다.[56]

스탈린의 재촉으로 1월 20일 디미트로프는 마오쩌둥에게 중국에서 당의 사업 방향을 달리할 필요성에 관해 개별 서신을 보냈다. 코민테른 집행위원회 정치비서처의 명의로 디미트로프는 마오쩌둥에게 "소비에트 체제를 민주적 토대에 바탕을 둔 인민 혁명 규율에 맞는 체제로 전환할 것을 고려"하라면서 "소비에트를 도심지에만 유지하되 권력 조직이 아니라 대중 조직으로 전환할 것"을 요청했다.[57]

1월 19일 모스크바에서 보내온 전문의 단정적인 어조에서 마오쩌둥은 다시 한 번 크렘린에 충성을 보임으로써 그들을 안심시킬 필요가 있다는 점을 확인했다. 며칠 후 마오쩌둥은 디미트로프에게 조언을 구하기 위해 중국공산당 중앙위원회가 2월 15일 난징에서 개최될 예정인 국민당 제5기 중앙집행위원회 제3차 대표대회에 보낸 전문 초안을 보냈다.

디미트로프는 답변을 보내면서 소비에트 정치국에 답한 자신의 초안을 덧붙였다. 그것은 약간의 수정을 거쳐 승인된 내용이었다. 2월 5일 디미트로프가 마오쩌둥에게 통보하고 며칠 뒤 중국공산당 정치국 상임위원회에서 국민당 집행위원회 제3차 대표대회에 전문을 보냈다. 그 일부를 보면 다음과 같다.

우리 당은 진심으로 국민당 제3차 대표대회에서 정부 정책으로 다음과 같은 원칙을 채택할 수 있기를 희망한다.

1. 내전을 완전히 중지하고 국력을 집중시키며 일치단결하여 외국의 침략에 대항한다.
2. 언론, 집회, 결사의 자유를 보장하고, 모든 정치범을 사면한다.
3. 모든 정당과 단체, 사회 계층, 각 군의 대표회의를 소집하고 전국의 인재를 집중시켜 공동으로 조국을 구원한다.
4. 항일 전쟁을 위한 모든 준비 공작을 신속하게 전면적으로 완수한다.
5. 인민의 생활을 개선한다.

중국공산당 중앙위원회는 전국적인 범위에서 국민정부를 전복시키기 위한 무장 폭동을 중지할 것을 약속했다. 이는 소비에트 정부를 중화민국 특구(特區) 정부로, 그리고 홍군을 국민혁명군으로 개명할 준비가 되었다는 뜻이기도 했다. 이렇게 되면 소비에트 정부와 홍군은 국민당 중앙 정부와 난징 군사위원회에 직접 종속될 것이다. 이 외에도 지주 재산 몰수 정책을 중지하고 특구 내에서 민주적인 절차에 따른 보통 선거를 실시하는 데 동의했다.[58]

마오쩌둥은 이제 마흔네 살 중년의 나이에 접어들었다. 그는 전국적으로 정치적 인물로서 거대한 명성을 얻었으며, 당내에서 거의 필적할 상대가 없을 만큼 위상이 높아졌다. 하지만 모스크바에 대한 의존은 여전히 줄어들지 않았다. 코민테른에 종속된 중국공산당의 처지 역시 마찬가지였다. 비록 중국 혁명에 관한 모스크바 지도부의 이해가 종종 바뀌었지만 이전과 마찬가지로 중국공산당은 코민테른과 소비에트 연방(소련) 공산당에 밀접하게 연계되었다. 중국공산당에 대한 소련의 이념적 영향력은 거의 압도적이었다. 시안 사건은 오히려 이를 강화시켰다. 마오쩌둥이 그동안 당한 모욕과 내심의 불만을 토로하기는 했지만 그 역시 여전히 위대한 스탈린의 순종적인 학생이었다.

1937년 초 허쯔전이 딸을 낳았다. 생애 다섯째 아이였다. 저우언라이의 부인 덩잉차오(鄧穎超)는 그 아이를 쟈오쟈오(嬌嬌, 아름답다는 뜻이다.)라고 불렀다. 나중에 딸이 열세 살이 되자 마오쩌둥은 중국 전통에 따라 리민이라는 새로운 이름을 지어 주었다. '민'이란 한자는 공자의 말씀에서 따왔다. "군자는 말할 때는 어눌하나 행동할 때는 민첩하다.(君子欲訥於言而敏於行.)" 동시에 그녀의 성을 마오에서 리(李)로 바꾸었다. 이는 그가 즐겨 사용하던 가명 리더성(李得勝), 즉 "승리를 얻는다."라는 뜻의 이름에서 따온 것이다.[59]

1937년 1월 13일 딸아이가 태어나고 얼마 후 아직 체포되기 전인 장쉐량과 협의한 대로 중국공산당 중앙위원회는 바오안의 동굴 사령부에서 약 100킬로미터 남쪽에 자리한 옌안으로 옮겼다. 산시 북부에서 가장 큰 도시였다. 떠나기 직전 갓난아이를 팔에 안은 그가 아이에게 말했다. "예쁜 아이야, 네가 시대를 따라가는구나. 이제 우리는 도시에서 살게 되었단다."[60]

21

바람난 철학가

엔안으로 옮기면서 마오쩌둥의 일상생활도 큰 변화를 겪게 되었다. 실제 도시 생활의 안락함을 누리게 된 것이다. 새로운 '홍색' 수도는 거의 모든 가옥이 폐허나 다름없는 외지고 지저분한 시골 마을 바오안과 크게 달랐다. 엔안은 대단히 활기찬 곳이었다. "농민과 소상인들이 노천 시장에서 고기며 달걀, 채소 등 식재료를 팔았다." 오토 브라운은 회상했다. "작은 상점과 음식점, 심지어 상당히 괜찮은 시설물이 장사를 위해 문을 열었다. 요컨대 엔안은 그야말로 평화롭고 평범한 도시를 그대로 보여 주고 있었다. 우리는 우리에게 낯선 일반인들의 생활을 만끽했다."[1]

길게 이어진 협곡을 따라 넓지만 그리 깊지 않고 바위가 많은 옌허 강(延河) 남쪽 강안에 자리한 엔안은 황토 구릉이 주위를 에워싸고 있었다. 그리고 거대한 성벽이 마을 주위를 둘러싸고 직사각형의 뾰족한 탑이 하늘을 향해 솟아 있었다. 남쪽과 북쪽에 각기 하나씩, 그리고 동쪽에 크고 작은 두 개의 문이 나 있으며, 서쪽과 서남쪽에는 문이 없었다. 성벽은 구릉의 등선을 따라 쭉 이어져 원치 않는 이방인들로부터 도시를 보호했다.

도시는 좁고 번화한 거리가 서로 이어지고, 주택가에는 기와를 얹은 호화스러운 저택과 살림집이 연이어 늘어서 있었다. 대부분 주인이 버리고 떠난 집들이었다. 무엇보다도 인근 높은 곳에 하늘 높이 치솟은 9층 탑이 자리했다. 옌안(오랜 평안이란 뜻이다.)은 마오쩌둥과 그 동지들이 한숨을 돌리기에 안성맞춤인 곳이자 오랫동안 갈망하던 약속의 땅처럼 보였다. 국민당과의 평화 협정은 점차 현실이 되어 가고 있었다.

도시에는 3000명이 넘는 사람들이 살고 있었지만 빈집이 넘쳐 났기 때문에 당 지도자들은 만족할 만한 거주지를 찾는 데 어려움이 없었다. 마오쩌둥과 허쯔전은 중앙위원회의 다른 위원들과 마찬가지로 마을 서쪽 평황 산(鳳凰山) 기슭에 자리한, 인근에서 유명한 상인 혹은 지주의 집에 보금자리를 마련했다. 집주인들은 공산당 군대가 들어온다는 소문을 듣기가 무섭게 마을을 떠나고 말았다. 마오쩌둥과 허쯔전은 부유한 상인의 집을 접수했다. 넓고 햇살 가득한 방은 주인이 떠났음에도 깨끗했다. 저 멀리 지평선 너머까지 곱사등이처럼 생긴 구릉이 물결치듯 뻗어 있는 황토 고원이 잘 보이는 전망 좋은 집이었다. 거실 겸 안방으로 사용되는 방에 달린 창문 바로 옆에는 나무로 만든 침상이 자리했으며, 그 옆으로 전통적인 온돌방이 하나 있었다. 책상과 몇 개의 의자, 서가, 그리고 큰 나무통으로 만든 욕조가 가구의 전부였다. 문서를 넣을 큰 서류함이 부족했지만 호위병들이 가져다준 몇 개의 빈 석유통으로 대신했다.(석유통은 스탠더드 오일사에서 만든 것으로 여기에 중국식 장식을 가미했다.)[2] 뤄푸, 주더, 저우언라이, 펑더화이 등이 이웃집에 거주했다.

멀지 않은 곳에 강 양쪽으로 황토 고원의 가파른 언덕을 파서 만든 수많은 동굴이 있었다. 동굴은 마을 북쪽을 따라 길게 이어져 있었는데 멀리서 보면 마치 제비집이나 박쥐 동굴처럼 보였다.[3] 홍군의 장병들은 주로 그곳에서 살았다. 몇몇 고위급 지도자는 마오쩌둥과 저우언라이 등이 선택한 비교적 호화스러운 곳보다 동굴에서 검소하게 생활하는 것을 선호했다. 그들 중에는 마오쩌둥과 그 동료들이 자신에게 악감정을 가지고 있음을 눈치챈 장궈타오도 있었다.

극좌파 미국 기자이자 남자 같아 보이는 여권 운동가로 부르주아의 도덕을 경멸하고 스탈린을 숭배하던 마흔다섯 살의 아그네스 스메들리가 1937년 2월 초 옌안에 도착하여 앞서 말한 동굴 가운데 하나에서 생활했다. 그녀는 정식 공산당원은 아니었지만 산시 북부에 도착하기 이전부터 코민테른과 미국 공산당과 비밀리에 접촉하고 있었다. 1930년대 초반 중국 내 코민테른 집행위원회의 비공식 대표 역할을 맡았으며, 코민테른 밀사가 자금을 전달하거나 중국공산당에 지시를 내릴 때 중개하곤 했다. 안나(Anna)라는 가명으로 활동하던 그녀는 상하이에서 활동하던 소련 스파이망에 걸려들었다. 특히 존슨(Johnson)이란 가명으로 알려진 소련 국제연락부(코민테른의 정보 조직)의 리하르트 조르게(Richard Sorge)와 가깝게 지냈다. 1930년 스메들리는 사귀던 여자들에게 "잘생긴 헤라클레스(handsome Hercules)"라고 불리던 리하르트 조르게의 수많은 연인 가운데 하나가 되었다. 그녀는 옌안에 도착하고 얼마 후 정식으로 중국공산당 입당을 신청했지만 정중하게 거절당했다. 공산주의 운동에서 보다 큰일을 하기 위해서는 공식적으로 중국공산당 밖에 유능한 언론인으로 남아 있는 편이 훨씬 이롭다는 중국인 친구의 권유에 동의하기는 했지만 그녀에게는 큰 충격이 아닐 수 없었다.[4]

스메들리의 동굴 옆에는 그녀의 통역사이자 이제 막 옌안에 도착한 매력적인 연극 배우 우광웨이(吳光維)가 살고 있었다. 아그네스 스메들리는 그녀를 리리(莉莉)라고 불렀는데 아주 잘 어울리는 이름이었다. 둥근 보름달처럼 생긴 얼굴에 호수에 핀 한 떨기 꽃처럼 우아한 스물여섯 살의 리리는 옌안의 다른 이들은 물론이고 스메들리와도 많이 달랐다. 당시 옌안에 살던 여자들 가운데 오직 그녀만이 시안에서 가져온 화장품을 사용했다. 그녀는 길고 검은 머리카락을 잘 가꾸어 어깨 아래로 풍성하게 내려뜨렸으며, 피부와 손톱을 정성껏 다듬었다. 그러니 젊은이들은 물론이고 기혼자들까지 관심을 보이는 것은 당연한 일이었다.

마오쩌둥 역시 그녀의 매력에 흠뻑 빠졌다. 처음에는 리리와 순수한 관계였다. 그는 때로 그녀와 이웃(스메들리)을 청해 잡담을 하거나 카드를 하고 커피나 청주를 마셨다. 위궤양을 앓고 있던 스메들리가 항상 가지고 다니던 살짝 구운 비스킷을 먹기도 했으며 몇 번이나 저녁 식사를 위해 머물기도 했다. 표면상 그는 그녀를 혁명 투쟁에 상당히 도움이 되는 재능 있는 여배우로 존중하는 것처럼 보였다. 당시 리리는 막심 고리키의 장편 소설 『어머니』를 각색한 연극에서 닐로브나 역을 맡아 무대에서 열연하고 있었다.

하지만 시간이 흐르면서 소문이 퍼지기 시작했다. 특히 기혼 여성들이 불만을 터뜨렸다. 적극적인 당원으로서 그들은 남편과 함께 내전과 장정, 국민당의 봉쇄, 기아와 폭격, 그리고 무엇보다 아이와 이별하는 온갖 고통과 시련을 겪어 왔다. 그들 대부분은 자신이 혁명적 도덕가라는 사실을 결코 의심하지 않았다. '매력'이나 '여성'이란 어휘는 그들에게 어울리는 말이 아니었다. 화려한 옷과 화장품, 머리 모양은 그저 멸시의 대상일 뿐이었다. 낯선 남자와 일상적인 대화를 나누는 것조차 간통이나 다를 바 없다고 여겼다. 그들은 남편까지 포함하여 만나는 남자들을 함께 투쟁하는 동지로 여겼다. 그들은 남자들과 똑같이 입고 똑같은 형태로 머리를 깎았으며, 극히 겸손하면서도 독립적으로 행동했다. 대체적으로 엄격한 유격대식 청교도주의나 마찬가지였다.

옌안의 여성들이 아그네스 스메들리와 많은 시간을 같이하지 않은 것은 단순히 그녀가 리리와 친했기 때문만이 아니었다. 스메들리의 개성이나 스타일이 그들과는 너무나 달랐다. 화장은 물론 하지 않았으며, 남자처럼 옷을 입고 언제나 수수하고 가식이 없었다. 오직 공산당만을 열렬하게 사랑했다. 하지만 상당히 거칠고 자신감이 넘쳤으며 지나치게 독립적이었다. 자유로운 '혁명적' 사랑을 신봉했기 때문에 결혼을 반대했다. 결혼이야말로 여성을 노예로 만드는 수단이라고 생각했다. 피임 운동을 벌이기도 했다.(스메들리는 농촌 부녀자들을 대상으로 벌인 피임을 위해 질을 세척하는 운동을 멈추지 않을 수 없었다. 왜냐하면 옌안의 여성들이 피임을 위한 레몬 향의 액체를 음료수처럼 마셨기 때문이다.) 스메들리는 공개 석상에서도 전혀 거리낌 없이 노골적으로 말했으며, 인터뷰를 위해 자신의 동굴에서 남자와 함께 몇 시간이고 이야기를 나누었다. 주더의 부인으로 고집 세고 정력적인 캉커칭(康克清)*은 특히 그녀를 멸시했고, 이 역시 나

---

* 1929년 3월 마흔세 살의 주더와 결혼했다. 그녀의 나이 열여덟 살이었다. — 옮긴이

름의 이유가 있었다. 스메들리는 옌안에 도착하자마자 주더의 전기를 쓰기 시작했는데, 당시 이미 그와 사랑에 빠진 상태였다. 그녀는 주더를 "세상에서 가장 좋은 친구"라고 부르면서 그를 향한 감정을 전혀 숨기지 않았다.

캉커칭과 허쯔전은 스메들리와 리리를 반대하는 조직을 만들기 시작했다. 얼마 되지 않아 옌안의 혁명 여성들이 모두 참가했다. 하지만 아그네스와 리리는 전혀 신경 쓰지 않고 여전히 주더와 마오쩌둥을 개별적으로 만나 사담을 주고받았다. 이 외에도 두 명의 다른 여성이 위험한 게임에 참가했다. 한 명은 유명한 공산주의 계열 작가이자 전통의 속박에서 벗어난 자유인 딩링(丁玲)이었으며, 다른 한 명은 때때로 모임에 참가한 에드거 스노의 부인 헬렌 포스터 스노(Helen Foster Snow)였다. 친구들 사이에서 페그(Peg) 또는 페기(Peggy)로 불리던 그녀(필명은 님 웨일스(Nym Wales)이다.)는 남편과 마찬가지로 미국 기자이며, 4월 말 옌안에 들어왔다. 그녀는 할리우드의 여배우만큼이나 매혹적이었지만 겸손하기 이를 데 없었다. 그녀는 그들과 아무런 문제가 없었기 때문에 여전히 스메들리의 저녁 모임에 모습을 드러내곤 했다.

마오쩌둥과 주더, 그리고 리리, 스메들리, 딩링, 페기 스노의 만남이 언제나 순수했던 것만은 아니다. 때로 마오쩌둥이 있는 앞에서 그녀들은 아주 쾌활하게 옌안의 남자들 가운데 가장 잘생긴 인물에 대해 이야기하기도 했다.(스메들리와 페기 스노는 중국어를 약간 할 줄 알았다.) 웃음 가득한 얼굴로 누구는 너무 뚱뚱해서, 또 누구는 너무 말라서 안 된다고 이야기했다. 그리고 가장 멋진 남자로 "고전적인 미소년"인 린뱌오와 근육질의 군인 쉬하이둥(徐海東)을 꼽는 데 동의했다. 그들은 마오쩌둥도 잘생겼다고 여겼으며, 미국의 링컨 대통령과 비교하기도 했다. 그러면서 두 손을 저으며 이렇게 말했다. "좋은 사람들이긴 한데. 아휴! 그들 부인네들과 우리는 경쟁이 되질 않아!" 그러자 스메들리가 농담 삼아 이렇게 말했다. "만약 당신 같은 당 지도자가 아내의 발뒤꿈치에서 자유로울 수 없다면 어떻게 중국을 해방시킬 수 있겠어요?"

분명 부인과 침대를 같이 사용하는 데 싫증이 난 마오쩌둥은 겨우겨우 감정을 억제했고, 여성들과의 만남이 더욱 잦아졌다. 그는 거의 매일 저녁 그들을 만나 최근 들어 다시 짓기 시작한 시를 큰 소리로 읽어 주거나 스메들리와 낭만적인 사랑에 대해 이야기를 나누곤 했다.(그녀는 항상 리리를 대동했다.)

얼마 후 그와 스메들리는 댄스 교습소를 조직하는 방법을 고안해 냈다. 마침 낡은 유성기와 몇 장의 폭스트롯(사교댄스의 일종) 음반을 가지고 있었기 때문에 사람들이 도시로 떠나 더 이상 예배를 보지 않는 교회당에서 음악의 밤을 열기로 계획했다. 명백한 '방탕'에 분개한 당 지도자들의 부인들은 댄스 교습을 거부하기로 결정했지만 남편들은 즐겁게 참가했다. 주더와 저우언라이, 허룽 등이 특히 미국 사교댄스를 배우고 싶어 했다. 금욕적인 생활로 유명한 펑더화이조차 무슨 일이 벌어지는지 보기 위해 모습을 드러냈다. 교습이 몇 주간 지속되면서 마오쩌둥과 리리는 더욱 가까워졌다.[5]

헬렌 포스터 스노는 당시를 이렇게 회상했다.

5월 31일 나는 미국 언론인 아그네스 스메들리의 초청에 응해 언덕배기에 있는 그녀의 넓고 안락한 동굴로 갔다. ……나는 집 밖에 있는 작은 화로에다 감자 두 알을 구웠다. 그리고 호위병에게 파인애플 통조림 두 통만 사다 달라고 청했다. 리리 우(우광웨이)는 피망과 달걀로 요리를 준비했다. 아그네스 스메들리는 음식점에서 양배추 수프와 약간의 음식을 시켰다.

마오쩌둥이 도착했다. ……그는 그날 저녁 기분이 좋아 보였다. 사진에서 볼 수 없는 매력적인 자질과 풍부한 표현력, 활력이 돋보였다. ……아그네스는 크고 푸른 두 눈에 흠모의 정을 가득 담고 열정적인 눈빛으로 그를 바라보았다. 리리 우 역시 마치 영웅을 숭배하듯이 그를 쳐다보았다. 잠시 후 나는 리리가 마오쩌둥의 의자 곁으로 다가가 앉으면서 (수줍게) 그의 무릎에 손을 올려놓는 것을 보고 어안이 벙벙했다. 리리는 자신이 술을 많이 먹은 것 같다고 말했다. ……마오쩌둥 역시 놀란 것 같았으나 무례하게 그녀를 밀쳐 냈다면 상당히 비열한 남자가 되고 말았을 것이다. 분명 그도 즐거워 보였다. 그도 너무 술을 많이 마신 것 같다고 말했다. 그러자 리리가 용기를 내어 그의 팔을 살며시 잡았다. 그녀는 저녁 내내 가끔씩 그런 짓을 되풀이했다.[6]

다음 날 허쯔전이 전날 일어난 일을 알게 되었다. 아마도 허쯔전 동지는 존경하지만 리리는 좋아하지 않던 마오쩌둥의 호위병들이 혹시라도 그녀의 행동이 마오쩌둥에게 영향을 끼칠까 걱정되어 허쯔전에게 알려 주었을 것이다. 여전히 사회 관습이 엄연하던 당시 중국에서 남자와 여자가 공개 석상에서 서로 신체 접촉을 한다는 것은 그야말로 말도 되지 않는 일이었다. 그런데 리리는 공개적으로 결혼한 남자에게 추파를 던졌으니 이는 명백히 유혹하려는 의도였다. 허쯔전은 남편이 너무나도 침착하다는 것을 잘 알고 있었다. 마오쩌둥은 여성이 애정을 표시하면 따르는 편이었다. 그는 아름다움을 중요시했고, 무엇보다 자발적이고 적극적인 여인을 사랑했다. 그런 면에서 리리야말로 모든 것을 갖춘 여성이었다. 모욕을 당한 듯 가슴이 쓰린 허쯔전은 이야기를 듣는 즉시 문을 박차고 나와 동굴 가옥이 밀집해 있는 곳으로 달려갔다.

허쯔전이 리리의 동굴에 도착한 것은 이미 오래전에 해가 지고 야심한 밤이 된 후였다. 그녀는 불륜을 저지른 남편이 그곳에 있을 것이라고 믿어 의심치 않았다. 다음은 스메들리에게 들은 당시 상황을 에드거 스노가 나중에 서술한 내용이다.

그날 늦은 밤 아그네스는 이미 깊은 잠에 빠져들었다. ……그녀는 다급하게 산으로 올라오는 소리를 들었다. 리리의 동굴집 문이 열리고 여인의 날카로운 목소리가 정적을 깨뜨렸다. "야, 이 개자식아(混蛋)! 네가 어떻게 나를 속이고 몰래 저 소자산 계급의 댄스홀 기녀 집으로 기어들 수 있어!" 스메들리는 침대에서 벌떡 일어나 외투를 걸치고 옆 동굴로 달려갔다. 가서 보니 마오쩌둥의 부인이 옆에 앉아 있는 마오쩌둥을 긴 손전등으로 마구 치고 있었다. 그는 탁자 옆 의자에 앉아 있었는데, 여전히 면 모자와 군복을 착용한 상태였다. 그는 전혀 저지하지 않았다. 호위병도 곤혹스러운 얼굴로 입구에서 쳐다보기만 할 뿐이었다. 마오쩌둥의 부인은 격분하여 통곡하면서 계속 그를 때리고 숨이 넘어갈 듯 고함을 질러 댔다. 마오쩌둥이 마침내 몸을 일으켰다. 피곤한 듯 보였는데, 목소리는 오히려 차분하고 엄숙했다. "쯔전, 이제 그만 조용하시오. 우 동지와 나의 관계에서 부끄러운 일은 전혀 없었소. 우리는 그저 이야기를 하고 있었을 뿐이오. 당신은 지금 공산주의자로서 자신을 그르치면서 부끄러운 짓을 하고 있는 것이오. 다른 당원들이 이 사실을 알기 전에 빨리 집으로 돌아가시오."

그녀가 마치 호랑이 앞에서 겁을 집어 먹은 고양이처럼 벽에 웅크리고 있던 리리 쪽으로 갑자기 몸을 돌렸다. 그리고 리리를 향해 쏘아붙였다. "댄스홀의 갈보 같은 년! 아무나하고 붙어먹는다더니 이제는 주석(主席, 마오쩌둥)까지 우롱하고 있네!" 그녀는 이렇게 말하면서 리리에게 다가가 들고 있던 전등을 휘둘렀다. 한 손으로 리리의 얼굴을 할퀴면서 다른 한 손으로 머리카락을 잡아당겼다. 리리는 머리에 피를 흘리면서 아그네스에게 달려가 그 뒤에 숨었다. 그러자 그녀는 곧바로 아그네스에게 욕설을 퍼붓기 시작했다.

"제국주의자!" 그녀가 소리쳤다. "네가 바로 모든 일의 원흉이야! 네년의 동굴로 돌아가!" 그녀는 이렇게 말하면서 '서양 귀신'을 손전등으로 내려쳤다. 그러자 스메들리가 모욕감을 참지 못하고 그녀에게 주먹을 날려 쓰러뜨리고 말았다. 바닥에 쓰러져 상처를 입은 것보다 수치스러움이 더욱 컸던 그녀는 악에 받쳐 소리쳤다. "도대체 네가 무슨 남편이야? 네가 도대체 무슨 남자냐고? 당신 공산주의자 맞아? 내가 당신 눈앞에서 제국주의자에게 맞아 쓰러졌는데 마냥 잠자코 있어?"

마오쩌둥이 그녀를 나무라며 다시 입을 열었다. "그녀는 당신에게 아무런 짓도 하지 않았는데 왜 당신이 그녀를 때리지? 그녀는 자신을 방어할 권리가 있다고. 당신이야말로 우리를 수치스럽게 하고 있어. 당신은 지금 그 못된 미국 영화에 나오는 부잣집 마나님처럼 행동하고 있다고."

마오쩌둥은 애써 화를 참으면서 호위병에게 당장 허쯔전을 일으켜 세워 집으로 모셔 가라고 명령했다. 그녀는 계속 소란을 피우며 호의를 뿌리쳤다. 마오쩌둥이 호위병 두 사람을 더 불러내 발악하는 그녀를 방에서 데리고 나가도록 했다. 그녀가 언덕 아래로 내려가자 마오쩌둥도 아무 말 하지 않고 방을 나와 동굴 앞에서 놀란 얼굴로 쳐다보는 수많은 이를 지나쳐 집으로 돌아갔다.[7]

몇 시간 안 되어 동굴에 사는 이들을 포함하여 모든 마을 사람들이 무슨 일이 일어났는지 알게 되었다. 스메들리와 에드거 스노의 말에 따르면, 마오쩌둥은 신속하게 당 지도부 회의를 열어 이번 사건을 비밀에 부치고 절대로 외부에 발설하지 말도록 함구령을 내렸다. 하지만 허쯔전은 도저히 평정을 유지할 수 없었다. 그녀는 중앙위원회에 스메들리와 리리, 그리고 당시 현장에 있었던 마오쩌둥의 호위병에 대한 징계를 요구했다. 그리고 마오쩌둥의 호위병이 자신을 배제시키기 위해 음모를 꾸몄다고 비난했다. 현장에서 모든 것을 직접 보면서도 전혀 개입하지 않았다는 이유였다. 며칠 내내 그녀는 당 지도자들의 부인이자 동료인 여러 친구들에게 불충한 남편과 "몰염치한 여자" 우광웨이(리리), "제국주의자 뚜쟁이" 스메들리에 대한 비난을 늘어놓았다. 당연히 그들은 동정적이었다. 그들은 스메들리가 휘두른 주먹에 맞아 생긴 검은 멍 자국을 바라보면서 허쯔전의 손을 잡고 위로의 말을 건넸다.[8]

부인의 분노를 가라앉히기 위해 마오쩌둥은 리리를 내보내기로 결정했다. 7월 어느 비 오는 날 아침 리리는 극단 사람들, 그리고 딩링과 함께 말을 타고 산시를 떠났다. 떠나기 직전 그녀는 북받쳐 오르는 감정을 감추며 행복했던 그날 저녁에 마오쩌둥이 써 준 시가 적힌 종이를 자신이 지낸 동굴 앞 마당에서 태워 버렸다.

마오쩌둥은 스메들리에게도 옌안을 떠나 달라고 요구했다. 허쯔전이 그녀의 호위병에게 스메들리를 쏘아 죽이라고 사주했다는 소문이 마을 전체에 퍼졌다. 마오쩌둥은 소문을 잠재우려 애썼지만 그럴수록 더욱 널리 퍼졌다. 그래서 스메들리에게 옌안을 떠날 것을 요청했던 것이다. 하지만 그마저 실패하고 말았다. 스메들리와 마오쩌둥이 이야기를 나누고 며칠 후 그녀의 말이 발을 헛디디면서 같이 넘어져 척추를 다쳤기 때문이다. 뼈가 으스러질 정도로 심한 부상 때문에 6주 동안 방에 누워 꼼짝도 할 수 없었다. 결국 그해 9월 10일까지 머무를 수밖에 없었다. 페기 스노는 그녀보다 사흘 먼저 옌안을 떠났다.[9]

마오쩌둥의 노력에도 불구하고 도저히 당시 상황을 잊을 수 없었던 허쯔전은 결국 그와 이제 막 말을 떼기 시작한 어린 딸을 놔둔 채 옌안을 떠나 시안으로 갔다. 적절한 치료가 필요하다는 명목이었다. 물론 몸속에 박힌 포탄 파편이 그녀를 괴롭힌 것은 사실이나 그것이 가장 주된 이유는 아니었다. 오히려 마오쩌둥의 낭만적인, 그러나 분방한 연애 행각이 주된 이유였다.

한편 국내외에서 정치적 사건이 계속 빠른 속도로 전개되었다. 스탈린은 1937년 상반기 내에 중국공산당과 국민당의 새로운 통일 전선을 구축하겠다는 목표를 향해 열심히 달려가고 있었다. 이를 위해서는 막대한 자금이 필요했는데 그는 이에 관한 한 전혀 인색하지 않았다. 그는 중국공산당에 자금을 보낼 수 있는 방법을 찾았다. 스탈린의 재정 공급 루트 가운데 하나는 쑨중산의 미망인인 쑹칭링(宋慶齡)을 통하는 것이었다. 그녀는 당시 코민테른의 비밀 금융 업무에 참여하고 있었다. 마담 수지(Suzy)와 리아(Leah)라는 가명으로 자금 중개 역할을 맡고 있었으며, 코민테른으로부터 막대한 자금을 중국공산당에 전달했다. 정식 공산당원은 아니었지만 완전히 좌익인 것만은 분명했다.(디미트로프의 말에 따르면 "거의 공산당원이다.")[10] 그녀는 비공식적이기는 하지만 1925년부터 1927년까지 혁명 기간에 공산당 지도부와 지속적인 관계를 맺고 있었다.* 예를 들면 1936년 11월 중국공산당의 재정적 어려움을 호소하던 마오쩌둥의 서신을 받은 후 그녀는 코민테른 대표부가 미화 5만 달러를 당시 중앙위원회 지도자 가운데 한 사람으로 국민당 점령 지구에서 비밀 특무를 지휘하던 판한녠(潘漢年)을 통해 중국공산당에 전달하도록 도와주었다.[11] 1936년 11월 12일 코민테른 집행위원회에서 중국공산당 중앙위원회로 보낸 전문에 따르면, 중국공산당에 제공된 재정 지원은 대략 미화 55만 달러로 결정되었다. 그 일부인 15만 달러가 쑹칭링을 통해 상하이에 있는 판한녠에게 11월 말 전달되었다. 그리고 1937년 3월 초 모스크바는 그해 중국공산당에 대한 재정 지원을 160만 달러로 증액할 것을 약속했다. 결론적으로 1937년 코민테른이 중국공산당에 지원한 자금은 미화로 200만 달러에 이르렀다.[12]

1937년 3월 10일 스탈린은 디미트로프에게 장제스의 아들인 장징궈를 모

---

* 1926년부터 1927년까지 보로딘은 쑹칭링을 "국민당 내 좌익 가운데 유일한 남자"라고 말할 정도였다.

스크바로 소환하라고 명령했다. 당시 장징궈는 우랄 지역의 스베르들롭스크*에서 정치 망명자 신분으로 살고 있었다. 소련에서 생활하던 당시 그는 니콜라이 블라디미로비치 엘리자로프(Nikolai Vladimirovich Elizarov)라는 소련 이름을 사용했으며, 1925년 쑨중산 중국노동대학에 입학했다. 그는 볼셰비키당에 참가했을 뿐만 아니라 러시아 여성과 결혼까지 했다. 스탈린은 그를 장제스에게 돌려보내기로 마음먹었다. 장징궈가 일본의 침략에 맞서기 위해 공산주의자들과 관계를 개선할 필요성에 대해 부친인 장제스를 설득하는 데 일정한 영향력을 발휘할 것이라고 생각했기 때문이다.[13]

그러나 국민당과 공산당의 합작은 장징궈의 귀국이 계기가 된 것이 아니라 국내 정치 형세에 따라 이루어졌다. 1937년 봄 일본은 병력을 증원하여 베이징에서 얼마 떨어지지 않은 곳까지 진군했다. 상황의 심각성을 염려한 장제스는 그해 3월 말 항저우에서 중국공산당 대표인 저우언라이, 판한녠과 회담했다. 회담에서 그들은 중국공산당이 4만여 명에 달하는 세 개 사단의 무장 병력을 계속 유지하는 데 동의했다. 이전과 마찬가지로 중국공산당은 자신들이 점령한 지역을 통제할 수 있되 난징의 장제스 정부의 명령을 따라야만 했다.[14] 4월 초 장시간에 걸친 논의 끝에 중국공산당 중앙정치국은 이러한 결정을 비준했다.

공산당과 합작하는 조건으로 장제스는 소련 정부와 국민당에 대한 물자 제공을 내용으로 하는 합의서를 확보하기를 원했다. 그래서 1937년 4월 3일 상하이 주재 소련 대사 드미트리 보고몰로프와 비밀 회담을 열었다.

5월 29일 국민당 중앙집행위원회의 반(半)공식 대표단(국민당 중앙 고찰단)이 옌안을 방문했다. 그들을 환영하는 만찬에서 마오쩌둥은 이렇게 말했다. "지난 10여 년 동안 양당(兩黨)이 단결하지 않았으나 지금은 상황이 바뀌었다. 만약 양당이 단결하지 않는다면 국가가 멸망하고 말 것이다."[15] 국민당 대표단 장의 제안에 따라 회담에 참가한 양당의 대표자들이 중국 전설상의 임금인 황제(黃帝)의 묘 앞에서 맹세하기로 했다. 그들은 상징적인 의례로 함께 황제 묘

---

* 러시아 북서부에 있다. 현재 주도(州都)는 예카테린부르크이다. ― 옮긴이

소 앞에 있는 묘비를 깨끗이 닦고 향후 적대적인 양당의 차이를 없애자고 맹세했다. 이에 만족한 마오쩌둥은 그들의 방문이 희망적이었다고 말했다.[16]

황제의 묘소를 함께 방문했다는 것은 중국공산당과 국민당 사이에 군사 충돌이 공식적으로 종식되었음을 상징했다. 6월 8일 장제스와 저우언라이의 공식적인 회담이 장시에 있는 루산 산의 휴양지에서 재개되었다. 6월 15일까지 이어진 회담에서 양측은 내전 종식에 합의하는 한편 쑨중산의 3대 원칙을 합작의 기본 원칙으로 받아들이기로 했다.[17]

하지만 항일 민족 통일 전선이 정식으로 성립된 것은 1937년 7월 7일 중국과 일본 사이에 전면전이 발발한 직후였다. 이른바 항일을 위한 국공 합작의 직접적인 도화선은 8월 13일 장제스 정권과 영미 투자자들의 경제 중심지인 상하이에 대한 일본의 대규모 공습이었다. 며칠 후인 8월 22일 일본에 의해 막다른 골목으로 몰린 장제스 총통은 일본 공습에 대항하는 중국의 항일 투쟁에 도움을 주기로 약속한 소련과 불가침 조약을 맺기로 결론을 내렸다.[18] 동시에 그는 국민혁명군 조직에 홍군을 포함시키는 명령을 하달했다. 공농혁명군은 국민혁명군 팔로군(八路軍, 국민혁명군 제8로군)으로 개칭되었으며, 린뱌오 휘하의 제115사단, 허룽 휘하의 제120사단, 류보청 휘하의 제129사단으로 구성되었다. 주더는 육군 사령관, 펑더화이는 부사령관으로 임명되었다. 국민 정부는 기존의 중화소비에트 산간닝(陝甘寧) 변구정부(邊區政府)를 산간닝 특구정부(特區政府)로 개칭했다. 관할 지역은 산시, 간쑤, 닝샤(寧夏)의 열여덟 개 현이었다.[19] 장제스는 린보취를 주석으로 임명했다. 린보취는 이미 중국공산당 중앙위원회 조직부의 책임자로 전근된 보구를 대신하여 그곳을 책임지고 있었다.[20] 한 달 후인 9월 22일 중국공산당은 국민당의 주도적인 역할을 인정하는 성명서를 발간했으며, 그다음 날 장제스는 전국의 모든 정파가 항일을 위한 통일 전선을 수립하는 것에 관한 성명서를 발표했다. 이는 스탈린에게 경축할 만한 일이 아닐 수 없었다. 비록 형식적이긴 하나 중국이 항일을 위해 합작함으로써 일본의 소련 침략 가능성이 상당히 감소되었기 때문이다.

그러나 진정한 통일을 위해서는 여전히 문제가 남아 있는 상태였다. 장제스는 물론이고 마오쩌둥 역시 상대를 믿지 않았으며, 두 사람 모두 진정한 통일 전선을 원치 않았기 때문이다. 마오쩌둥은 난징 협상에 동의했으나 이는 스탈린의 지시와 독려에 따른 것이었다. 그는 국공 합작을 통해 자신들이 우세를 점할 수 있을 것이라는 계산이 끝난 후에야 마지못해 정책을 받아들였다. 각기 다른 정당의 지도자들 역시 통일 전선에 대해 서로 다른 관점을 가지고 있었다. 실제로 당내 의견이 달랐기 때문에 일본의 공격에 어떻게 대항할 것인가에 대해서도 서로 다른 방안이 제기되었다. 장제스를 믿지 않았을뿐더러 항일 전쟁이 끝난 후 민주 혁명(민족 혁명 전쟁)의 영도권(주도권)을 잡기 위한 국민당과의 싸움을 위해 전력을 아껴야만 했던 마오쩌둥은 일정한 위치에서 방어망을 구축하여 진지전(고정적인 작전선과 진지전)을 벌이는 것을 원치 않았다. 다시 말해 전선에서 일본군과 직접 교전하는 것을 원치 않았다는 뜻이다. 또한 그는 일본군과 싸우는 어떤 형태의 정규전이나 유격전도 국민당 총통의 지휘를 받고 싶지 않았다. 물론 "우호적인 정규군"을 돕는 것을 거절하지 않았다. 하지만 국민당과 독립되게 일본군 후방에서 팔로군 독자적으로 유격전이나 운동전(運動戰, 사방으로 옮기면서 작전하는 일종의 유격전)을 벌이는 것이 적절하고, 또 마땅히 그래야만 한다고 생각했다. 이 역시 주도권을 차지하기 위함이었다. 그는 이러한 전투 방식이 "좀 더 자유롭고 활동적이며 훨씬 효과적"이라고 생각했다. 이 외에도 이전 홍군 주력 부대에서 항일 전쟁에 투입할 병력은 전체 병력의 75퍼센트를 넘으면 안 된다고 주장했다. 나머지 25퍼센트에 달하는 병력은 장제스의 공격 가능성에 대비하여 특구 지역을 방어하기 위함이었다. 장제스는 그런 사실에 대해 전혀 알지 못했다.[21] 마오쩌둥의 중요한 동지가 된 뤄푸는 그의 의견에 전적으로 동의했다.[22]

저우언라이, 보구, 주더, 장궈타오, 펑더화이는 문제를 다르게 보았다. 그들은 유격전이 중화기로 무장한 일본군을 격퇴하기에 부족하다고 생각했다. 그들은 중앙 정부 군대와 긴밀한 협력 관계를 유지하기를 원했으며, 팔로군이 운동전에 참가하면 일본군에 심각한 손실을 가할 수 있을 것이라고 단언했다.[23]

1937년 8월 22일 옌안에서 남쪽으로 80킬로미터 정도 떨어진 뤄촨(洛川) 인근 펑자춘(馮家村)에서 뤄푸와 마오쩌둥의 주재로 중국공산당 중앙위원회 정치국 확대회의가 열렸다. 통칭하여 '뤄촨 회의'라고 부르는 확대회의에서 항일 전쟁을 수행하기 위한 전략에 관해 중요한 논의가 이루어졌다. 확대회의는 당 지도부는 물론이고 주요 군사 지도자들을 포함하여 스물두 명이 참가했다. 나흘간에 걸친 논쟁에서 마오쩌둥이 승리를 거두었다. 뤄푸가 초안한 결의안은 팔로군이 난징 정부의 '신임'과 일반 대중의 여론을 확보하기 위해 다른 조직 단위와 협력하여 운동전을 전개한다는 내용을 채택했다. 만약 일본에 의해 전선에 구멍이 뚫린다면 공산당의 통제 아래 병력을 독립적으로 전환시켜 유격전을 전개하며, 이로써 일본이 점령하고 있는 북중국까지 군사 작전의 범위를 확대한다는 것이다.[24]

마오쩌둥은 승리에 고무되어 결의안을 더욱 확실하게 만들었다. 뤄촨 회의가 끝나고 이틀 만에 열린 중앙정치국 상임위원회에서 마오쩌둥은 이렇게 말했다.

(국민당과) 연합하여 항일 전쟁을 치르는 상황에서 우리는 민족 혁명과 사회 혁명을 병행시켜야만 한다. 통일 전선이 장기화하는 과정에서 국민당은 계획적이고 전방위적으로 공산당과 홍군에 영향을 주면서 자기편으로 끌어들이려 애쓸 것이다. 이에 우리는 정치적 경각심을 고조시키고, 농민과 소자산 계급이 우리 당을 따르도록 해야 한다. 국민당 내부에 국공 양당 사이에서 동요하는 인사들이 일부 있다. 이는 우리가 국민당을 끌어들이는 데 유리하게 작용할 것이다. 공산당이 국민당을 끌어들일 조건이 존재하고 있다는 뜻이다. 양당 사이에 서로 끌어당기는 문제는 투쟁을 통해 해결될 것이다.

결론 부분에서 마오쩌둥은 당대의 중요한 위험은 '우경 기회주의'라고 지적했다.[25](그가 말하는 것은 국민당에 '투항'하는 것과 사회주의 혁명 투쟁에서 물러서는 것을 뜻한다.)

그는 회의가 끝나고 며칠 후 옌안에서 개최된 고위급 당 활동가 회의(중국

공산당 활동분자회의)에서도 당시 연설의 주요 내용을 반복하면서 공산당의 전쟁 과정에서 "노동자, 농민, 자산 계급의 민주공화국을 건설한 후 사회주의 이행을 위한 준비를 해야만 한다."라고 강조했다. 이렇듯 당시 그는 이러한 문제를 일본과의 전쟁보다 더욱 중요하게 생각하고 있었다. "우리가 그들(국민당)을 이길 것인가? 아니면 그들이 우리를 이길 것인가?" 그래서 그는 중국공산당 군대는 "자주적이고 독립적으로" 산악 지대의 유격전만 참가하여 군사력을 절감하고, 절대로 장제스의 손에 놀아나는 괴뢰가 되어서는 안 된다는 주장을 굽히지 않았던 것이다. 항일 전쟁은 지구전이 될 것이다. 일본군이 전력을 상실할 때까지 인내하고 기다려야 한다.[26] "적이 진격하면 우리는 후퇴하고, 적이 점령하면 우리는 그 후방을 교란하며, 적이 피로해지면 우리는 공격하고, 적이 후퇴하면 우리는 추격한다." 그는 자신이 제일 좋아하는 유격 전술의 지도 원칙을 거듭 언급했다. 그것은 이후 '인민전쟁'의 공식이 되었다.

물론 그의 말에는 많은 함의가 포함되어 있다. 중국의 다른 군인들과 마찬가지로 마오쩌둥 역시 자신의 역량이나 심지어 존재까지도 전적으로 군대의 역량에 의지한다는 것을 잘 알고 있었다. 이전과 마찬가지로 정치권력은 바로 총구에서 나오는 것이었다. 이런 상황에서 그가 어찌 자신의 군대를 일본군의 공격 앞에 내세울 수 있었겠는가? 만약 그들을 잃게 된다면 장제스는 그 즉시 통일 전선을 종결하고 자신의 군대로 마오쩌둥을 완전히 제압할 것이다. 그의 반대자들이 그런 명백한 사실을 인지하지 못하고 있었다는 것은 경악스러운 일이 아닐 수 없었다.[27] 하지만 뤄촨 회의 이후 그를 반대하는 이들이 크게 줄어들었다. 주더와 펑더화이를 비롯하여 다른 많은 이들이 그의 '유격전' 계획을 받아들였기 때문이다.

한편 국민당 군대는 후퇴를 거듭하면서 계속 치명적인 손실을 입고 있었다. 1937년 7월 일본군이 베이징과 톈진을 점령했고, 11월에는 산시 성(山西省)의 성회인 타이위안(太原)까지 진군했다. 그다음은 상하이였다. 계속되는 일본군의 공세는 거칠 것이 없었다. 그래서 전혀 막을 수 없는 것처럼 보였다. 소련은 협정을 이행하기 위해 장제스에게 군사 고문단과 자금, 무기를 제공했다.

그것은 1920년대 중반 대혁명 기간에 했던 것처럼 그들이 할 수 있는 최선이었다. 하지만 아무 소용이 없었다. 장제스의 군대는 계속 후퇴를 거듭했다. 스탈린이 장제스에게 얻은 것은 일본과 단독 강화를 하지 않겠다는 맹세뿐이었다. 장제스는 장기전을 치를 준비를 하고 있었다.

바로 그 시점에 중국 전선에서 희극적인 사건 전개를 바짝 따라가던 스탈린은 중국공산당의 전략을 재고할 필요성이 있다는 사실을 깨달았다. 1937년 11월 11일 그는 코민테른 집행위원회에 파견된 중국 대표단을 접견했다. 왕밍과 캉성, 왕자샹이 왕밍과 캉성의 귀국과 관련하여 접견을 요구했기 때문이다. 1933년 4월 상처를 치료하기 위해 모스크바에 온 왕자샹은 장리에(張烈)라는 가명으로 코민테른 중국공산당 대표부 단장 대리로 남아 있기로 했다. 당시 접견에는 디미트로프도 참석했다.

스탈린은 중국으로 돌아가는 이들에게 자세한 지시를 내렸다. 항일 통일 전선과 항일 전쟁 문제가 가장 우선되어야 한다는 것이었다. 디미트로프의 일기에 따르면, 스탈린은 중국공산당이 국민당과 공동으로 민족 항일 전쟁을 수행하는 데 주도적인 역할을 해야 한다고 강조하면서 혁명에 관한 일은 잠시 중지하고 국내의 적대 세력보다 외부의 적 일본과 싸우는 데 중점을 두어야 한다고 말했다. 그는 중국인들이 일본에 반대하는 데 전적으로 협력하고 있기 때문에 1918년부터 1920년까지 러시아 내전에서 볼셰비키가 외부의 간섭자들과 투쟁하던 시절보다 훨씬 유리한 조건을 갖추고 있다면서, 그렇기 때문에 자신은 중국의 승리를 확신한다고 말했다. 스탈린은 중국이 군수 산업을 발전시키는 데 도움을 주겠다고 약속했다. "만약 중국이 자체 군수 공장을 확보하게 된다면 아무도 그들을 패퇴시킬 수 없을 것이다."

그는 또한 중국공산당의 군사 전략에 대한 자신의 생각을 설명하면서, 팔로군의 경우 포병이 부족하다는 점을 고려할 때 중국공산당 당원들은 정면 공격을 피하는 것이 좋겠다고 말했다. "(팔로군의) 전략은 적을 산발적으로 괴롭히는 데 두어야 할 것이다. 그들을 국내로 끌어들여 후방을 공격하는 것이다. 일본군이 사용하는 통신망과 철도, 교량을 파괴할 필요가 있다." 그는 중국공산당 군대를 서른 개 사단으로 확대 편성할 것을 요구했다. 스탈린은 결론적으로 이렇게 말했다. "중국공산당 전국대표대회에서 이론적인 토론에 치중하게 되면 오히려 역효과를 낼 수 있다. 전쟁이 끝날 때까지 향후 일정 기간은 이론적인 문제는 일단 차치해 두어야 한다. 중국의 발전에서 비자본주의자(예를 들어 사회주의자)의 노정에 대해 거리낌 없이 이야기할 가능성은 이전보다 훨씬 악화된 상태다.(결국에는 자본주의가 중국에서 발전하게 될 것이다.)"[28]*다시 말해 스탈린은 중국공산당이 항일 전쟁에서 승리할 때까지 사회주의의 길을 배제한 새로운 정치 노선을 제정할 것을 요구한 것이다. 중국공산당 대표단은 이에 대해 중앙위원회, 특히 개인적으로 마오쩌둥에게 보고할 책임이 있었다.

11월 14일 왕밍(천사오위)과 아내 멍칭수(로자 블라디미로브나 오세트로바(Rosa Vladimirovna Osetrova)라는 가명을 썼다.), 캉성과 아내 차오이오우(曹軼歐, 러시아어 이름 리나(Lina))가 모스크바를 떠나 신장을 거쳐 11월 29일 옌안에 도착했다. 신장에서 그들과 동반하여 옌안까지 안내한 이는 정치국 상임위원회 위원인 천원이었다. 대장정에 참가하고 대단히 정력적으로 일하는 동지로 알려진 그는 1937년 4월 이래로 신장에서 코민테른 수석 대표 및 중국공산당 중앙위원(신장 주재 중국공산당 대표)으로 일하고 있었다. 디미트로프의 승인을 받아 천원을 그곳으로 보낸 이는 왕밍이었다.

마오쩌둥과 뤄푸, 그리고 다른 당 지도자들은 비행장으로 직접 나가 그들을 열렬히 환영했다. 마오쩌둥은 심지어 왕밍을 "하늘에서 내려온 축복"이라고 치켜세우기도 했다.[29] 그러나 별다른 의미가 있는 것은 아니었다. 마오쩌둥은 그가 지금까지 만났던 인물 가운데 가장 교활하고 사악하며 몰인정한 권력의 맞수라는 것을 잘 알고 있었다.

오만하고 자부심이 강하며 무엇보다 권력에 대해 탐욕적인 왕밍은 스탈린의 충실한 학생이었다. 물론 그 자신도 그렇게 여기고 있었다. 중국으로 떠나기 사흘 전인 1937년 11월 11일 그는 스탈린에게 "중국공산당 지도 행동에서

---

* 스탈린은 중국공산당 당원들이 다음 달 중국공산당 제7차 전국대표대회를 개최할 것이라고 생각했다.

트로츠키파의 흔적"을 제거하기 위한 "조치를 시행"하라는 지시를 받았다. 스탈린은 "모든 가용 수단을 총동원하여 트로츠키파 투쟁을 강화할 것"을 제안했다. "트로츠키파는 전원 체포하여 총살시킴으로써 완전히 멸해야 한다. 그들은 국제 간첩이며 파시즘의 가장 악랄한 앞잡이들이다."[30] 스탈린은 왕밍을 신뢰하여 그에게 '트로츠키파'가 중국 공산주의 운동을 퇴보시킬 가능성과 관련한 모든 문제에 대해 직접 알려 주었다. 왕밍은 스탈린의 인정을 받음으로써 중국공산당을 자신의 전적인 통제하에 둘 수 있을 것이라는 점에서 전혀 의심하지 않았다.

옌안에 도착한 왕밍은 마오쩌둥과 다른 당 지도자들에게 스탈린의 최신의 군사적, 정치적 지령을 고지했다. 그는 직면한 상황을 논의하기 위해 정치국 긴급회의를 개최할 것을 요구했다. 마오쩌둥과 뤄푸 등은 제안을 받아들일 수밖에 없었다. 회의는 12월 9일부터 14일까지 엿새 동안 지속되었다. 그리고 왕밍이 주도하는 사실상의 지도부가 꾸려졌다. 그러지 않았다면 어떻게 되었겠는가? 아무튼 그는 스탈린의 특사였던 것이다.

왕밍은 아주 분명한 어조로 뤄촨 회의의 주요 결의안에 대해 비판을 가하면서 마오쩌둥의 정책을 정면으로 반대하고 나섰다. 전쟁이 중국공산당의 중요 관심사이고 "민족 독립과 자유, 그리고 국가와 인민의 통일을 위한 투쟁"이 지상 명령이기 때문에 모든 것은 통일 전선에 종속될 수밖에 없다는 것이었다.[31] 왕밍은 "중국 인민의 역량을 집결시키기 위해 최선을 다해 장제스 국민당과 밀접한 협력 관계를 구축할 필요가 있다고 단언했다. 아울러 일본 침략자들과 대항함에 있어 통일 전선에 해가 될 수 있는 독립적인 행동을 자제해야 한다고 주장했다.[32]

왕밍과 디미트로프는 중국공산당의 전도에 대해 전혀 고려하지 않았다. 그들의 주된 공작 목표가 중국 내에서 일본을 적극 방어함으로써 궁극적으로 소련을 보다 안전하게 만드는 것이었기 때문이다. 마오쩌둥은 이에 반대했으며, 그의 관점을 철학적으로 타파하려고 애썼다. 옌안으로 들어오기 두 달 전 그는 볼셰비키 사상에 대해 많은 관심을 기울였다. 1937년 7월 초까지 시 창작 이

외에 계속해서 이에 대해 연구했다. 주로 『소비에트 대백과사전(*Great Soviet Encyclopedia*)』에 실린 논문과 두 권의 소련 교과서 중국어 번역본에 의존했다. 저작물은 소련 공산주의 아카데미(소련 과학원)에 소속되어 있는 레닌그라드의 철학자 이반 시로코프(Ivan Shirokov)와 아널드 아이젠베르그(Arnold Aisenberg), 그리고 모스크바의 '중요 권위자'인 마르크 보리소비치 미틴(Mark Borisovich Mitin)과 이사크 페트로비치 라주모프스키(Isaak Petrovich Razumovskii) 등이 저술한 것이다.[33]* 그들은 모두 철두철미한 스탈린주의자들이다. 미틴은 그들이 다른 이들과 다른 점에 대해 이렇게 말했다. "우리는 오로지 한 가지 지도 사상을 따른다. 그것은 우리가 경애하는 명철한 교사 스탈린 동지의 말씀과 사상을 가장 잘 이해하는 방법은 무엇이고, 어떻게 이를 철학 문제에 대한 해결 방안으로 전환하고 적용시킬지를 강구하는 것이다."[34]

두 권의 책과 한 편의 논문은 비록 장문이기는 해도 마오쩌둥을 위대한 사상가로 전환시키기에는 역부족이었다. 하지만 그는 근면한 학생이었다. 그는 열심히 공부하여 스탈린주의 사회 과학을 대표하는 그들의 정언적인 논리와 정치적이고 변증법적인 표현 방법에 대해 인지할 수 있었다. 그는 특히 소련 철학가들이 유물론의 토대로 정의한 대립물의 통일과 투쟁 법칙에 강렬한 인상을 받았다.[35] 그가 책을 통해 얻은 결론은 "철학을 공부하는 목적은 호기심을 만족시키기 위함이 아니라 세계를 변혁시키기 위함이다."[36]라는 마르크스주의 정신과 전적으로 일치했다. 그는 마르크스주의 공식을 자신이 살고 있는 나라의 현실에 접목시켰다.

1937년 봄과 여름, 마오쩌둥은 얼마 전에 옌안에서 개교한 항일군사정치대학의 학생들을 대상으로 변증법적 유물론에 관한 일련의 강의를 한 적이 있다.** 그의 글은 출처를 밝히지 않았지만 앞서 언급한 책 내용과 밀접한 관련이 있

---

* 흥미로운 일은 대다수 학자들이 마오쩌둥에게 영향을 준 철학서 가운데 한 권의 저자가 훨씬 유명한 철학자이자 이후 1945년부터 1946년까지 레닌그라드 시당(市黨) 위원회 선전부장으로 근무한 당 관료 이반 미하일로비치 시로코프임에도 불구하고 또 다른 인물인 M. 시로코프로 잘못 알고 있다는 점이다.

** 주요 내용은 『모순론(矛盾論)』에 실려 있다. — 옮긴이

으며, 특히 소련 철학자들의 기본 명제를 그대로 차용하고 있다. 그는 다시 한 번 이를 중국 혁명의 임무와 연관시켰다. "목전의 자산 계급 민주 혁명을 가정할 때 중국의 무산 계급은 반드시 변증법적 유물론을 사상 무기로 활용해야 한다."[37] 그는 이렇게 말했다.

그의 포괄적인 발표 내용은 많은 청중에게 엄청난 영향을 끼쳤다.(매 강좌가 4시간 동안 지속되었으며, 전체 강의는 110시간이었다.) 학생들은 자신들이 이해할 수 없었던 내용을 정확하게 파악하고 있는 마오쩌둥에 대해 큰 존경심을 표했다. 얼마 후 그의 강연 내용 일부가 대학 학보에 발표되었다.[38]

마오쩌둥은 새로운 변증법적 명제에서 출발하여 그해 12월 9일부터 14일까지 개최된 중국공산당 중앙정치국 회의에서 자신의 주장을 펼쳤다. "통일 전선에서 '평화(和)'와 '투쟁(爭)'은 대립적 통일이다. ……국민당과 공산당 사이에 누가 누구를 압도할 것인가 하는 문제가 존재한다. 국민당을 공산당에 흡수해야 한다는 말이 아니라 국민당이 공산당의 정치적 영향을 받아들이도록 해야 한다는 뜻이다. …… 총괄컨대, 상대적으로 집중적인 지휘가 가능하고 (국민당으로부터) 독립적이고 자주적인 산지 유격전을 진행해야 한다."[39] 그러나 왕밍의 선동이 그의 논리를 앞질렀다.[40] 캉성과 천윈을 비롯하여 정치국 몇몇 위원의 지지를 얻은 왕밍은 모스크바의 지시에 대한 진정으로 유일한 해석자로 자처함으로써 마오쩌둥의 위상을 약화시켰다. 나중에 마오쩌둥은 왕밍이 귀국한 후 자신의 "권위가 동굴 밖을 벗어나지 못했다."라고 회고한 바 있다.[41](허쯔전이 떠난 후 마오쩌둥은 옌안에 있는 집을 놔두고 종종 동굴집에서 생활했다.)[42]

마오쩌둥은 1938년 1월 자조적으로 이렇게 썼다. "나는 군사 문제를 연구하기 시작했지만, 그 분야에 대한 글을 쓰는 것은 여전히 불가능한 상태다. 철학서를 좀 더 연구한 후에 쓰게 되면 더욱 좋아질 것이다. 지금 당장 시급한 일이 있을 것 같지는 않다."[43]*

---

* 아이쓰치(艾思奇, 1930년대 변증법적 유물론의 주요 학자다.)에게 쓴 편지에 나온다. ― 옮긴이

물론 그렇다고 해서 마오쩌둥이 왕밍과의 논쟁에서 패배했음을 인정한 것은 아니다. 오히려 1937년 겨울부터 이듬해 봄까지 반격을 준비하고 있었다. 그가 내부 투쟁에 전념할 수 있었던 이유 가운데 하나는 허쯔전이 멀리 떠난 것도 있었다. 1938년 1월 그녀는 간쑤와 신장을 거쳐 소련으로 향했다. 그곳에서 혁명 전사를 원조하기 위한 국제 조직 중앙위원회의 중국 당 학교에 등록했다. 학교는 모스크바 외곽의 작은 마을 쿠치노(Kuchino)에 자리하고 있었다. 아울러 크렘린의 제1종합병원에서 몸에 박힌 파편을 제거하기 위한 검사를 받았다. 의사는 파편이 뼈와 근육 조직 깊은 곳에 박혀 있어 제거하기가 어렵다고 말했다.[44] 게다가 곧 해산을 해야만 했다. 그녀는 옌안을 떠나기 바로 직전인 1937년 8월에 임신한 상태였다. 떠날 당시 자신이 임신 중이라는 사실을 모르고 있었다.

1938년 4월 6일 모스크바 세체노프 산부인과 병원에서 료바(Lyova)라는 이름의 남자아이가 태어났다.[45] 허쯔전의 여섯째 아이였다.[46] 그러나 아이는 출생 후 10개월 만에 폐렴으로 죽고 말았다. 비통에 잠긴 그녀는 모스크바 인근 공동묘지에 아이를 묻었다.[47] 그녀는 아이를 구하지 못했다는 사실을 자책하면서 평생 고통스러워했다. 마오쩌둥과의 사이에서 낳은 마지막 아이였다.

한편 마오쩌둥의 생각은 다른 곳에 가 있었다. 왕밍과 권력 투쟁을 하느라 모든 정력을 다 소진할 지경이었다. 일단 왕밍은 스탈린의 이름을 통해 첫 라운드를 승리한 상태였다. 하지만 마오쩌둥은 이미 많은 이를 굴복시킨 것처럼 정적들도 굴복시키기로 마음먹었다.

1937년 말부터 이듬해 초까지 마오쩌둥은 1937년 11월 11일 크렘린의 독재자가 발표한 스탈린주의 통일 전선의 진정한 의미를 파악한 듯 보였다. 평소와 마찬가지로 스탈린의 전술은 기만에 근거했다. 스탈린은 중국공산당이 일본군의 전력을 묶어 두기 위해 일본군의 후방에서 유격전을 전개하여 침략자들을 중국 내륙으로 깊이 들어오도록 유도하기를 원했다. 동시에 당에서 전후 중국의 발전을 위한 새로운 길을 선전하도록 했다. 대다수 민중의 지지를 받지 못하는 급진 좌파보다 좀 더 온건한 민주 혁명의 길을 밟도록 하겠다는 것이다. 스탈린은 중국의 발전에서 사회주의자들의 노정에 대해 거리낌 없이 이야기할 가능성이 이전보다 훨씬 '악화'된 상태라고 단언했다. 이러한 정책 변화는 공산당원이든 국민당원이든 간에 어떤 종류의 독재에 대해서도 반대하고 있는 대다수 중국인을 끌어들임으로써 공산당의 대중 조직이 확대될 수 있는 기회를 부여할 것이 분명했다. 또한 이러한 지그재그식 노정은 자연스럽게 프롤레타리아 독재를 표방하고 있는 소련으로부터 표면상 거리를 둘 수밖에 없음을 의미하는 것이기도 했다.

마오쩌둥은 스탈린의 이러한 인식을 정확히 이해했다. 그래서 1938년 3월 초 영국 작가이자 주로 분쟁 지역을 중심으로 세계를 두루 돌아다닌 여행가 바이얼릿 크레시마르크스(Violet Cressy-Marcks)를 옌안의 자택에서 접견하면서 새로운 중국공산당 이론의 기본적인 원리를 내보였다. 중국공산당이 러시아의 길을 모델로 삼고 있느냐는 질문에 대해 마오쩌둥은 이렇게 대답했다.

"마르크스·레닌주의 원칙에서는 그렇지만 러시아와 아주 많이 다르다. ……쑨중산의 원칙과 마르크스·레닌주의는 인민을 보다 잘살게 하기 위함이다. 지금까지 중국에서는 두 가지 원칙이 일치하고 있다."

"만약 실천 과정에서 그렇지 않다는 것이 발견되면 어떻게 하겠는가?"

그녀가 캐물었다.

마오쩌둥은 처음에 사회주의의 하나로 민주 혁명의 발전을 언급하지는 않았지만 "나중에 인민들에게 자신들이 원하는 것을 말하도록 맡겨야 할 것이다."라고 대답했다.

"집단 농장이 좋다고 생각하십니까?" 질문이 계속되었다.

"만약 러시아의 경우처럼 우리나라에서도 인민들에게 시행할 수 있게 된다면 분명 좋을 것이다."

마오쩌둥의 대답 속에는 중국의 경우 사회주의에 도달하기 위해 가야 할 길이 아직 많이 남았다는 뜻이 포함되어 있었다.[48]

5월 초 마오쩌둥은 미국 대사관의 무관으로 옌안을 방문한 해군 장교 에번스 칼슨(Evans Carlson)과 만났을 때 이러한 주제에 대해 더욱 명확하게 밝힌 바 있다. 다음 인용문은 칼슨이 프랭클린 루스벨트(Franklin Roosevelt)에게 보고한 내용이다.*

　　나는 2시간가량 마오쩌둥과 대화를 나누었습니다. 그는 몽상가이고 물론 천재입니다. 문제의 핵심을 파고드는 데 믿기 어려운 능력의 소유자이기도 합니다. 나는 전쟁이 끝난 후 중국공산당의 계획에 대해 물었습니다. 그는 계급 투쟁과 토지 혁명은 나라가 민주주의 준비 단계를 거칠 때까지 일단 보류될 것이라고 말했습니다. 그는 지금 나라에 필요한 것은 광산과 철도, 은행 등을 보유하는 것이며 합작사가 건설되고 사기업도 장려될 것이라 생각하고 있었습니다. 외국 자본에 관해서는 중국과 동등한 관계에서 기꺼이 만나고자 하는 나라들의 투자를 적극 장려할 것으로 보고 있습니다. 그는 우호적이고 친절했습니다.[49]

2년 후 마오쩌둥과의 대담을 회고하면서 칼슨은 이렇게 말했다. "그는 '공산주의가 직접 목적은 아니다. 왜냐하면 그것은 수십 년의 발전 단계를 거친 후에야 이루어질 수 있기 때문이다. 공산주의는 강력한 민주주의에 의해 선도되어야 하며, 그 뒤를 따라 사회주의 적응기가 이어질 것이다.'라고 말했다." 그리고 이와 관련하여 다음과 같이 단언했다. "이러한 문제에 관한 한 급진적인 일은 없을 것이 분명하다."[50]

　　마오쩌둥과 회견하기 이전 1937년 12월부터 이듬해 2월까지 그는 산시 일대 일본군 후방에서 적과 교전 중인 팔로군을 시찰한 적이 있다. 그는 주더를 비롯하여 마오쩌둥과 친한 여러 사람을 만나 대화를 나누었다. 그는 그들과 만나면서 다음과 같이 나름의 결론을 내렸다. "(이른바) 중국공산당은 우리가 익숙한 그 단어의 함의로 볼 때 전혀 공산주의적이지 않다. ……오히려 나

---

* 1930년대 중반 칼슨 대위는 루스벨트의 경호원으로 복무하면서 그와 친구가 되었다. 1937년 7월 중국으로 떠나기 전에 그는 대통령으로부터 중국에서 진행되고 있는 상황에 대해 사적으로 알려 달라는 편지 한 통을 받았다. 보안 유지를 위해 칼슨은 대통령의 비서인 마거리트 '미시' 러핸드(Marguerite 'Missy' LeHand)를 수신인으로 해서 보내야만 했다.

는 그들을 자유민주당원 또는 사회민주주의당원(물론 나치당원은 포함되지 않는다.)으로 부르고자 한다. 그들은 기회의 평등과 정직한 정부를 추구하고 있다. ……그것은 그들에게 익숙한 의미에 따른다면 공산주의가 아니다."[51] 우리는 과연 루스벨트가 전직 경호원의 말을 믿었는지 여부는 알 수 없지만 중국 혁명의 새로운 개념이 최종 형태를 갖추기 시작했다는 것만은 분명하다. 마오쩌둥은 자신의 견해를 공유하는 주더와 몇몇 중국공산당 지도자와 함께 효과적으로 이를 전파하기 시작했다.

한편 전쟁터의 상황은 계속해서 악화되었다. 12월 13일 수도인 난징이 함락되었다. 그리고 며칠 동안 거의 30만 명에 달하는 수많은 민간인이 일본 군대에 의해 학살되었으며, 2만여 명의 부녀자가 강간당했다. 중앙 정부는 난징을 떠나 우한으로 피난했다.

얼마 후인 12월 17일 중국공산당 중앙위원회 창장국(長江局) 서기로 선출된 왕밍이 옌안의 경우와 유사한 권력 기반을 확보하기 위해 우한으로 향했다. 그곳에서 그는 말로는 통합을 주장하면서도 국내 권력 투쟁을 강조하는 마오쩌둥의 형태와 달리 장제스와 협력을 강조하는 통일 전선을 적극 옹호했다.[52] 1936년부터 국민당과 협력 관계를 수립하고 강화하는 임무를 맡았던 저우언라이는 여전히 융통성을 발휘하여 캉성이나 장궈타오와 마찬가지로 즉각 왕밍의 편에 섰다. 1938년 2월 말부터 3월 초까지 옌안에 있는 왕밍 추종자들은 정치국 회의에서 마오쩌둥을 지지하는 이들과 공개 논쟁을 시작했다. 하지만 쌍방 어느 쪽도 다른 쪽을 완전히 제압할 수는 없었다. 한동안 당내 지도부의 권력이 거의 평형을 이루었다.

그 시점에서 마오쩌둥은 동지 한 사람을 모스크바에 파견하여 상황을 설명하고 지시를 요청하기로 결정했다. "실패는 경험을 낳는다."라는 법칙에 근거한 것인 양 그는 런비스를 선택했다. 건강으로 인해 언제나 우울하던 런비스는 그렇지 않아도 1930년대 초반 마오쩌둥에 대한 무고한 박해에 동조했다는 이유로 마오쩌둥에게 죄의식을 지니고 있었다. 3월 5일 그는 부인 천충잉(陳琮英, 천쑹(陳松)으로 부르기도 한다.)과 이미 고인이 된 차이허썬의 여동생 차이창(러시아 이름은 로자 니콜라에바(Rosa Nikolaeva)이다.)과 함께 간쑤의 성회인 란저우(蘭州)를 떠나 3월 중순 신장을 거쳐 비행기를 타고 모스크바로 향했다. 중국공산당 안에서 결코 나누어 가질 수 없는 마오쩌둥의 권력 투쟁이 이제 마지막 단계에 접어들었다.

22

중국공산당에 대한 통제 강화

왕밍의 야심에도 불구하고 마오쩌둥은 거의 동요하지 않았다. 약삭빠른 왕밍은 어떻게 하면 모스크바 인맥을 통해 자신의 인상을 부각시킬 수 있는가를 잘 알고 있었지만 스탈린은 그를 중국공산당 영도자로 여기지 않았다. 소련에서는 오히려 마오쩌둥을 우상화하는 선전 활동이 계속 이어졌다. 하지만 마오쩌둥과 스탈린의 관계가 순풍에 돛 단 듯 순조롭기만 한 것은 아니었다. 시안 사건 때는 상당한 긴장 관계가 지속되었다. 게다가 왕밍이 교묘하게 자신을 크렘린의 사람으로 내세우고 있었기 때문에 마오쩌둥은 모스크바에 사람을 파견할 당시 '위대한' 스탈린이 중국공산당 내부 문제에 어떻게 반응할 것인가에 대해 생각하지 않을 수 없었다.

런비스는 모스크바에서 아주 복잡하고 미묘한 임무를 수행했다. 그는 스탈린의 전략에 대해 마오쩌둥이 이해하고 있는 것이 정확한지 분명치 않았기 때문에 공개적으로 왕밍을 반대할 수 없었다. 하지만 중국공산당의 주요 영도자로서 마오쩌둥에 대한 결정적인 인정을 확보하는 것이 무엇보다 필요했다. 그는 조심스럽게 움직이기 시작했다. 모스크바에 도착하고 얼마 되지 않은 4월 중순 중국공산당에 관한 광범위한 보고서를 코민테른 주석단에 제출했다. 그는 '왕 동지'가 도착한 후 코민테른의 지시를 전달받아 중국공산당은 기존의 여러 가지 과오를 시정하고 현재 마오쩌둥을 중심으로 한 중앙위원회가 모든 일을 정확하게 처리하고 있다고 말했다.

그는 자신의 보고에 관해 어떤 회답도 받지 못했다. 5월 중순 초조해진 그는 다시 장문의 보고서를 코민테른 주석단에 보냈다. 보고서에서 왕밍을 찬양하며 마오쩌둥에 대한 코민테른 지도부의 의혹을 해소하기 위해 애썼다. 그는 마오쩌둥이 왕밍에 비해 모스크바에 대한 충성이 부족한 것은 아니며, 통일 전선에도 전혀 문제가 없기 때문에 중국공산당 지도부를 교체하지 않는 것이 최선이라는 메시지를 전달했다. 마오쩌둥이 계속 당을 장악할 수 있도록 해 달라는 뜻이었다.[1]

그의 노력 덕분에 코민테른은 결국 마오쩌둥이 요구하는 결의안을 채택했다. 디미트로프와 스탈린이 6월 중순 협의를 끝낸 후 코민테른 집행위원회는 "중국공산당의 정치 노선에 전폭적으로 동의한다."라고 선언했으며, 일본군 후방에서 유격전을 수행하며 통일 전선에서 공산당의 정치적이고 조직적인 자주성을 확보할 수 있어야 한다는 마오쩌둥의 전략에 대해서도 지지를 표명했다.[2] 아울러 뤄푸 대신 마오쩌둥을 중앙위원회 총서기로 선출한 것도 비준했다. 1938년 7월 초 디미트로프는 코민테른 주재 중국공산당 대표 대리로 귀국 예정이던 왕자샹에게 결의안을 전달했다. 왕자샹의 뒤를 이어 대표를 맡은 런비스가 같이 참석했다.[3] 당시 디미트로프는 이렇게 말했다.

모든 이에게 중국공산당 영도자로 마오쩌둥을 적극 지지할 필요가 있다고 말하시오. 그는 실제 투쟁을 통해 단련된 인물이니 왕밍과 같은 이들이 영도권을 가지고 투쟁해서는 안 될 것이오. ……중국공산당이 단결해야만 (통일된) 신념을 창출해 낼 수 있소. 중국에서 항일 민족 전쟁의 핵심은 항일 통일 전선이며, 통일 전선의 관건은 중국공산당의 단결이오. 통일 전선의 승리는 당의 단결과 지도부의 화합에 달려 있소.[4]

중국으로 돌아온 왕자샹은 9월 14일 개최된 정치국 회의에서 모스크바의 결정에 대해 보고했다.[5] 당시 회의에 참가한 리웨이한은 이렇게 회고했다. "회의에서 왕자샹이…… 디미트로프가 중국인의 지도자는 마오쩌둥이라고 웅변적으로 역설한 내용(사실 이는 그의 관점이 아니라 스탈린의 관점이며, 그는 스탈린의 대변인 역할을 한 것이다.)을 전달했다. 디미트로프의 말은 회의에 참석한 이들에게 상당히 커다란 영향을 주었다. 이후 우리 당은 마오쩌둥의 지도적 위상을 보다 분명하고 정확하게 이해할 수 있었다. 또한 당 지도부의 통일 문제도 해결되었다."[6] 마오쩌둥은 몹시 기뻤다. 몇 년 후인 1945년 6월 제7차 전국대표대회에서 그는 "만약 코민테른의 지시가 없었다면 (지도권에 대한) 문제를 해결하는 데 어려움이 많았을 것이다."[7]라고 했다. 당시 왕자샹의 중앙위원 선임을 지지하면서 마오쩌둥은 참석자들에게 이렇게 말했다. "모스크바에서 돌아오면서 그는 코민테른의 노선을 거의 완벽하게 성공적으로 전달했다."[8]

마침내 마오쩌둥은 승리를 축하할 수 있게 되었다. 이후 당내에서 마오쩌둥에 대항할 만한 이는 더 이상 존재할 수 없었다. 여섯 달 전인 1938년 4월 소외감을 견딜 수 없었던 장궈타오는 당을 버리고 옌안에서 한커우로 떠났다. 마오쩌둥과 뤄푸, 그리고 다른 지도자들은 공식적으로 그의 출당을 비준하는 한편 그를 '기회주의자'라고 비난했다. 코민테른 집행위원회는 이런 결정을 긍정적으로 받아들였다.[9]

1930년대 중반 마오쩌둥을 선택한 이후로 스탈린은 계속해서 중국공산당에 대한 직접적인 통제를 강화하려고 노력했다. 중국공산당을 소련 스타일, 즉 영도자에게 당의 모든 권력을 집중시키는 방식(당의 스탈린주의화)으로 전환시켜야만 향후 국민당과의 내전에서 승리를 보장받을 수 있었기 때문이다. 중국공산당을 스탈린 방식대로 전환하기 위해서는 영도 사상가의 개인숭배를 강화하는 한편, 날조한 것으로 진정한 의미의 야당이라고 할 수 없을지라도 반대당을 철저하게 억눌러야만 한다. 이런 모든 부분에서 스탈린은 전폭적으로 마오쩌둥을 도왔다.

1938년 소련에서 마오쩌둥에 대한 개인숭배 열풍이 다시 불었다. 중국공산당의 영도자는 항일 유격전의 "탁월한 이론"으로 인해 세계 군사 사상을 더욱 풍부하게 한 "영명한 전략가이자 전술가"로 소개되었다. 특히 마오쩌둥이 주장한 "적이 진격하면 우리는 후퇴하고, 적이 점령하면 우리는 그 후방을 교란하며, 적이 피로해지면 우리는 공격하고, 적이 후퇴하면 우리는 추격한다."라는 전략은 마치 신비한 의미가 있는 것처럼 포장되었다.[10] 에드거 스노의 『중국의 붉은 별』 요약본이 서둘러 번역되어 출간되기도 했다. 물론 마오쩌둥이 어린 시절과 청년 시절에 대해 스스로 비판한 내용은 삭제되었으며, 마오쩌둥을 비교적 위대한 인물로 간주하는 스노의 주된 관점은 아주 분명하게 부각되었다. 스노는 마오쩌둥에 대해 이렇게 쓴 바 있다.

마오쩌둥은 중국 고전에 조예가 상당한 학자이자 두루 관심을 갖고 닥치는 대로 읽는 독서가이며, 철학과 역사에 깊은 관심을 지닌 학생이자 훌륭한 연설가이고, 비범한 기억력과 비상한 집중력의 소유자다. ……한 가지 흥미로운 사실은 수많은 일본인이 그를 현존하는 중국의 전략가 가운데 가장 유능한 인물로 간주하고 있다는 점이다. ……그는 과대망상의 기미는 전혀 보이지 않는 데 반해 개인의 존엄성을 깊이 인식하고 있었으며, 또한 그에게는 자신이 필요하다고 생각할 경우 냉혹한 결단을 내릴 수 있다는 느낌을 주는 뭔가가 있었다.[11]

몇 달 전 스노의 책에 나오는 마오쩌둥의 전기 부분이 번역되어 《국제 문학》 잡지사에서 출간되었다.[12] 1939년 국가출판협회에서 스노의 개정판에 근거한 마오쩌둥의 전기 요약본을 발간했다. 이는 당시 가장 공식적인 전기물로 코민테른 집행위원회의 자료에 따라 약간 수정한 내용을 담고 있었다.[13] 『마오쩌둥과 주더 ― 중국인의 영도자』라는 소책자도 모스크바의 서점에 등장했다. 이 책자는 창사에서 마오쩌둥과 함께 공부한 에미 샤오(Emi Siao, 샤오싼)가 쓴 것인데, 당시 모스크바에서 살고 있던 그는 마오쩌둥을 중국 공산주의 운동과 항일 투쟁의 가장 전형적인 '모델'로 간주했다.[14]

스탈린의 찬사를 받았다는 소식을 접한 마오쩌둥은 그 즉시 자신의 개인숭배를 선전하는 데 열을 올렸다. 중요한 이정표는 1938년 9월 개최된 중국공산당 확대 제6기 6중전회(제6차 중앙위원회 전체회의)였다. 9월 29일부터 11월 6일까지 연장되어 속개된 회의에서 마오쩌둥은 장시간에 걸쳐 연설을 했다. 많은 문제가 해결되었는데, 특히 중요한 내용은 그의 독재에 대한 이론적 토대를 만드는 것이었다. 마오쩌둥은 임무를 충실하게 완수했다. 사흘 동안 계속된 그의 장문의 보고서는 참석자들을 놀라게 하기에 충분했다. 전체 여덟 개 내용 가운데 일곱 번째 '민족 전쟁 중 중국공산당의 지위'가 특히 그랬다. 마오쩌둥은 여기서 이후 중국공산당사에서 하나의 기준이 된 내용을 발표했다.

대체적으로 지난 17년 동안 우리 당은 마르크스·레닌주의를 사상 투쟁의 무기로 삼아 두 가지 방면에서 당내 잘못된 사상을 반대하는 법을 배웠다. 하나는 우경 기회주의에 대한 반대이고, 다른 하나는 '좌'경 기회주의에 대한 반대다.

당의 제6기 5중전회(중앙위원회 제5차 전체회의) 이전까지 우리 당은 천두슈의 우경 기회주의와 리리싼 동지의 '좌'경 기회주의를 반대했다. 두 차례에 걸친 당내 투쟁에서 승리함으로써 당은 위대한 진보를 거두었다. 5중전회 이후 또다시 역사적인 의의를 지닌 두 차례의 당내 투쟁이 있었는데 하나는 쭌이 회의에서 이루어진 투쟁이고, 다른 하나는 장궈타오를 출당시키기 위한 투쟁이었다.

쭌이 회의에서 제5차 '포위 섬멸'에 저항하면서 범했던 '좌'경 기회주의 성격의 심각한 원칙의 과오를 교정하여 당과 홍군이 단결함으로써 당중앙과 홍군 주력 부대가 장정을 승리로 완수했으며, 항일의 전진 배치로 전환하여 항일 민족 통일 전선이라는 새로운 정책을 시행할 수 있었다.[15]

결론적으로 말해 마오쩌둥이 최고 영도자로 부상하기 이전까지 당내에서 저질러진 수많은 과오가 지금에 이르러 시정되었으며, 마오쩌둥의 영도 아래 정확한 노선으로 단결하고 있다는 뜻이다.

지금 당원들, 특히 간부들에게 요구되는 것은 무엇인가? 학습과 연구, 보다 많은 학습과 연구다. "정치 노선이 확정된 후에는 간부가 결정적인 요인이 된다.” 마오쩌둥은 스탈린의 말을 인용하면서 이렇게 말했다.* “수많은 새로운 간부를 지속적이고 계획적으로 양성하는 것은 우리의 전투적 과업이다.”[16] 무엇을 학습할 것인가? 마르크스, 엥겔스, 레닌, 스탈린의 이론이다. 하지만 마오쩌둥은 레닌의 말을 차용하여 이렇게 말하고 있다. “이러한 이론을 교조적으로 간주할 것이 아니라 행동 지침으로 삼아야 한다.” 이것이 그의 정치 보고에서 가장 중요한 부분이다. 마오쩌둥은 “마르크스주의의 중국화”가 필요하다는 자신의 논조를 공식화했다. 다시 말해 그것을 중국의 현실에 적용시켜야 한다는 뜻이다. “우리의 역사 유산을 학습하고 마르크스주의의 방법론으로 비판적으로 총결하는 것이 바로 우리가 학습할 또 하나의 임무다. 수천 년의 역사를 지닌 우리 민족은 그 특징과 수많은 진귀한 유산을 가지고 있다. ……마르크스주의는 반드시 우리나라의 구체적 특성과 결부되고, 또한 일정한 민족 형식을 통해야만 실현될 수 있다. 마르크스·레닌주의의 위대한 힘은 바로 그것이 각 나라의 구체적인 혁명적 실천과 연결되어 있다는 데 있다. 중국공산당의 입장에서 말한다면, 마르크스·레닌주의 이론을 중국의 구체적인 환경에 적용시키는 것을 배워야 한다. ……위대한 중화 민족의 일부이자 민족과 혈연으로 연결된 공산당원으로서 중국의 특성을 떠나 마르크스주의를 운운한다는 것은 추상적이고 텅 빈 마르크스주의에 지나지 않을 것이다.”** 마오쩌둥은 한 걸음 더 나아가 이렇게 말했다. “우리는 양팔고(洋八股, 새롭게 등장한 무의미하고 형식적인 문장)를 폐지해야 한다. 또한 공허하고 추상적인 소리를 중단하고 교조주의를 버려야 한다. 그리하여 신선하고 활기차며 중국 인민이 선호하고 즐기는 작풍과 기풍으로 이를 교체해야 한다.”[17]

---

* 1940년대 말에서 1950년대 초에 중국어로 번역된 이 말은 별도의 인용 부호가 없다. 다시 말해 마오쩌둥 자신의 말로 기록되었다는 뜻이다. 이는 나중에 경전 어록이 되었다. 내용은 다음과 같다. “정치 노선이 수립된 후에 결정적인 요인은 간부다.”

** 여기서 주목할 부분은 마오쩌둥이 6중전회 이전 변증법적 유물론에 대해 강의하면서 전혀 상반된 의견을 제시했다는 점이다. 그는 이렇게 말했다. “우리는 중국에 현존하는 모든 진부한 철학과 투쟁하고 전체 중국의 사상 전선에서 비판의 깃발을 높이 올림으로써 고대 중국의 철학 유산을 청산해야 한다.” 확실히 그는 한쪽에만 머물러 있었던 것이 아니다.

마오쩌둥의 정치 보고는 얼마 후 모스크바에 알려졌는데(1939년 1월 말 신병 치료와 연구를 위해 모스크바를 방문한 린뱌오가 가지고 갔다.)[18] 별다른 부정적인 의견은 들리지 않았다. 또 그럴 수도 없었다. 무엇보다 '중국식 마르크스주의'의 이론적 토대에 관한 마오쩌둥의 정책은 스탈린의 전술 노선에 부합했기 때문이다. 게다가 새롭게 축복받은 중국공산당 지도자가 바라는 것이 바로 자신을 위대한 이론가로 부각시키는 것임을 스탈린도 잘 알고 있었기 때문이다.

마오쩌둥의 개인 생활도 정치 생활과 마찬가지로 점차 제자리를 잡아 갔다. 1937년 겨울부터 이듬해 봄까지 혹한이 지나고, 한동안 가정불화로 끊임없이 다퉈야만 했던 아내도 결국 떠나고 말았다. 지난 과거를 한탄하거나 고독 속에서 시간을 보낸다고 해서 무슨 의미가 있었겠는가? 이미 수많은 젊은 여성들이 경향 각지에서 옌안으로 물밀듯이 들어왔다. 혁명적이고 당의 사업에 헌신하고자 하는 매력적인 여성들이었다. 새롭게 들어온 여성 가운데 특히 두 명이 두드러졌다. 한 명은 상하이 영화사의 란핑(藍苹)이고, 다른 한 명은 광둥어 가수인 리리롄(李麗蓮)이었다. 그들은 1937년 8월 말 허쯔전이 떠나기 얼마 전에 옌안으로 왔다. 당시 마오쩌둥은 가정 문제에 깊이 빠져 있었기 때문에 그들에게 관심을 가질 만한 여유가 없었다. 하지만 캉성과 오토 브라운은 그 기회를 놓치지 않았다. 게다가 캉성은 란핑과 구면이었다. 1930년대 초반 그의 정부였기 때문이다. 옌안에서 그녀를 만나 옛정이 되살아난 캉성은 오랜 연인과 다시 왕래를 시작했다. 오토 브라운은 리리롄이 마음에 들었다. 유부녀였지만 그것이 그를 막지는 못했다. 옌안에 머물면서 그는 고독을 되씹어야만 했다. 쭌이 회의에서 패배한 후 더욱더 고통스러운 나날이 계속되었다. 그는 1936년 7월 에드거 스노와 함께 산시로 들어와 중국 공산주의자들과 머물던 미국 출신 의사 조지 하템(George Hatem, 마하이더(馬海德))과 좁은 방에서 함께 생활하고 있었다.[19] 하템과 브라운은 그들만큼 성격이 판이한 사람을 찾을 수 없을 정도로 달랐다. 하지만 우호적인 의사인 하템은 사랑에 눈이 먼 브라운에 대해 비교적 동정적이었다. 하템은 사교적이고 선량했으며 "올리브처럼 검고 애수에 찬 유대인의 눈빛을 지닌 이였다."²⁰ 이에 반해 브라운은 공손함과는 거리가 먼 전형적인 아리아인이었다. 그는 아그네스 스메들리나 페기 스노를 포함하여 모든 외국인을 거부하고 자산 계급의 특무로 간주했다. 유일한 예외가 바로 룸메이트이자 사냥을 함께 가곤 했던 조지였다. 그는 소련으로 돌아가길 원했지만 모스크바가 허락하지 않았다. 그즈음 활달한 여성 리리렌을 만나게 된 것이다. 그녀는 미식가였고, 탁구와 사교댄스를 즐겼으며, 정치와 예술에 대해 논하기를 좋아했다. 1938년 그녀는 남편을 버리고 애정 공세로 자신을 사로잡은 오토 브라운과 재혼했다.²¹

란핑은 나름대로 꿈이 있었다. 그녀는 캉성이 유부남이고 이혼할 의사가 전혀 없었기 때문에 그와는 더 이상 미래가 없다는 사실을 잘 알고 있었다. 그녀는 좀 더 항구적인 상대를 찾아야만 했다. 아직 젊고 이미 경험이 있는 그녀는 과감하게 자신의 모든 것을 걸기로 작정했다. 그녀가 목표로 삼은 이는 바로 마오쩌둥 주석이었다. 란핑은 야심만만하고 허영심이 강하며 목적 지향적인 인물이었다.

그녀는 1914년 3월 산둥의 주청(諸城) 둥관(東關)에서 태어났다. 부유한 목수였던 부친 리더원(李德文)은 순수하고 순박하라는 의미로 수밍(淑蒙)이라는 아명을 지어 주었다. 하지만 그녀의 앞날은 결코 그렇게 단순하거나 조용하지 않았다. 알코올 중독자였던 부친이 허구한 날 모친과 그녀를 두들겨 팼기 때문에 모녀는 집을 뛰쳐나오고 말았다. 10년 가까이 고단한 삶을 살다가 그들은 산둥의 성회로 변화한 도시인 지난의 할아버지 집에서 살게 되었다. 주청에서 살던 시절 유일하게 남은 좋은 기억은 일곱 살 무렵 얻은 윈허(雲鶴)란 이름뿐이었다. 그녀는 소학교에서 전통 유가 교육을 받았다. 당시 소학교의 젊은 담임 교사는 마르고 키가 크며 동그랗고 큰 안경을 쓰고 있었다. 그녀는 그가 자신을 어떤 눈으로 쳐다보았고, 어떻게 말하고, 무슨 이유로 그녀에게 화를 냈으며, 그녀와 모친을 왜 집으로 초대했는지 기억하고 있었다. 집안일을 도와줄 하녀가 필요했던 그는 잠시 머뭇거리다 그녀의 모친에게 그 일을 부탁했다. 아직 어린 소녀의 심장은 그의 그윽한 눈빛과 말소리에 녹아들어 심하게 두근거렸다. 그의 성은 장(張)이었다. 몇 년이 흐른 뒤 그녀는 칭다오에서 그를 다시 만났다. 두 사람은 자신들도 모르게 서로 끌렸다. 자오룽(趙溶)으로 개명한 그는 얼마 후 다시 캉성으로 이름을 바꾸었다. 집을 떠나 칭다오로 온 윈허는 성숙한 여인이 되어 영화사에 출입하고 있었으며, 1930년대 초 이미 유명 여배우로 이름을 날렸다. 그녀는 결혼했지만 여전히 사랑을 찾아 떠돌며 보헤미안과 같은 삶을 살았다. 오른 발가락이 여섯 개라는 신체적 약점도[22] 그녀의 많고 많은 숭배자에게는 아무런 문제가 되지 않았다.

캉성은 칭다오에서 그녀를 낯선 혁명 정치의 세계로 이끌어 공산당 지하 조직에 소개했다. 그녀는 캉성의 동료와 다시 결혼했으며, 남편의 영향을 받아 1933년 2월 공산당에 가입했다. 두 달 후 남편이 체포되자 황급히 상하이로 도망쳤다. 지난 흔적을 지우려고 이름을 리허(李鶴)로 바꾸었지만 그녀 역시 1934년 가을 체포되었다가 여전히 풀리지 않는 석연치 않은 상황하에서 석 달 만에 석방되었다. 그녀가 나중에 주장한 것처럼 그들이 아름다운 여인의 "무죄를 믿었던 것일 수도 있고" 아니면 자백했기 때문일 수도 있다. 어쨌든 그녀는 석방되고 얼마 후 상하이 연극 무대와 영화계에서 란핑이란 이름으로 널리 알려졌다. 특히 명성을 얻게 된 것은 헨리크 입센(Henrik Ibsen)의 연극 「인형의 집」에서 부르주아 가치관을 거부하는 주인공 노라의 역할을 맡으면서부터다. 또한 항일을 주제로 한 영화 「노총각 왕씨」와 「20센트」 같은 작품에 출연하면서 주목을 받았다. 그녀의 앞날은 탄탄대로인 것처럼 보였다. 새로운 남편을 얻었고, 많은 연인을 거느렸으며, 자신을 숭배하는 수많은 대중을 확보해 나갔다. 무엇보다 화려하고 풍족한 생활을 누릴 수 있었다. 하지만 1937년 8월 일본이 상하이를 공격하면서 모든 것이 한순간에 끝나고 말았다.

애국심과 열정, 누구보다 뜨거운 격정에 사로잡힌 낭만적인 란핑은 「인형의 집」 연출가인 새로운 연인과 함께 옌안으로 출발했다. 다른 좌익 예술가들에게 그러했던 것처럼 항일을 위한 통일 전선을 구축하자는 공산당의 호소가 그녀에게 큰 반향을 일으켰기 때문이다. 그리고 옌안에서 일생에 가장 크고 위대한 역할을 맡을 운명에 처했다. 그것은 지도자의 헌신적이고 부드러우며 세심한 새로운 애인이 되는 일이었다. 그녀는 상당히 총명하고 교활했다. 산에서 피는 야생화처럼 섬세하고 우아했지만 또한 엄청난 내적 역량과 불굴의 에너지를 지닌 여인이기도 했다.

오랜 친구이자 연인이었던 캉성은 그녀가 그 일에 착수하는 데 큰 도움을 주었다. 런비스가 모스크바로 떠나고 얼마 후 캉성이 마오쩌둥 쪽에 붙었다. 그는 자신의 목적을 위해 충실한 여자 친구를 이용하기로 마음먹었다. 4월 말 좋은 기회가 찾아왔다. 마오쩌둥이 정치적으로 믿을 만한 문화 공작자들을 배양하기 위해 새롭게 만든 교육 기관인 루쉰 문예학원(魯迅文藝學院)에서 강의를 하기로 되었기 때문이다. 새롭게 학원 교수로 임명된 란핑은 시간에 맞춰 강의실에 도착하여 마치 자랑하듯이 두꺼운 노트를 펴 들고 맨 앞자리에 앉았다. 그녀는 주석이 하는 말을 열심히 들으면서 거의 속기나 다를 바 없이 빠르게 받아 적었다. 마오쩌둥도 자연스럽게 그런 그녀의 모습에 주목했다. 검게 그을린 농민들 사이에서 부드럽고 하얀 얼굴이 선명하게 두드러진 것은 당연한 일이었다.

강의가 끝나고 란핑이 마오쩌둥에게 다가갔다.

"아직도 배워야 할 것이 너무 많습니다." 그녀가 작은 목소리로 말했다. "하지만 감사드려요. 저도 지식을 좀 더 향상시킬 수 있다는 것을 알았습니다."

"좋아요. 뭐든지 잘 이해할 수 없는 부분이 있다면 부끄러워할 필요 없어요. 언제라도 나를 찾아와 함께 이야기해 보도록 합시다." 마오쩌둥이 위아래로 쳐다보면서 대답했다. 그녀는 날씬하고 겸손했으며, 두 갈래로 땋은 머리카락을 리본으로 묶고 있었다.

그다음은 캉성이 맡았다. 그는 그녀가 같은 마을 출신이라는 사실을 이점으로 활용하여 마오쩌둥에게 주청 출신 여성들이 뛰어나다고 칭찬을 늘어놓았다. 며칠 후 그는 마오쩌둥과 만나는 자리에 란핑을 초대했다. 하지만 란핑이 마오쩌둥의 애인이자 비서 가운데 한 명이 된 것은 넉 달 후인 1938년 9월의 일이다. 얼마 후 그녀는 이름을 바꾸기로 결정했다. 지난 일은 모두 과거로 흘러갔다. 그녀는 마오쩌둥에게 좋아하는 인물의 이름을 알려 달라고 했다. 그중에서 푸른 강을 뜻하는 장칭(江靑)을 골랐다.* 하지만 옌안에서 마오쩌둥의 새로운 애정 행각은 험담에 가까운 가십거리가 되었다. 특히 청교도적인 당내 간부 부인들은 충격을 감추지 않았다. 그들은 온갖 어려움과 환난을 같이했던 허쯔전을 동정했으며, 이와 반대로 장칭에 대해서는 험담을 주고받았다. 그러던 차에 상하이 당 조직의 지도자 가운데 한 명인 류샤오(劉曉)가 당중앙위원회에 장칭에 대한 보고서를 보냈다. 보고서는 불에 기름을 부은 꼴이 되었다. 그의 보고에 따르면, 원허, 즉 란핑이 감옥에서 '부적절한 방식'으로 행동했으며, '국민당 특무(간첩)'일 가능성이 있다는 것이었다.

다시 캉성이 끼어들어 장칭의 정치적 신뢰성을 모든 이에게 장담했다. 결국 마오쩌둥이 직접 나서서 당원들에게 "나는 그녀와 결혼하겠다."라고 말하면서 모든 논란을 잠재웠다. 결혼식은 1939년 11월 19일 치러졌다.[23] 왕밍을 배반하는 대신 장칭을 통해 마오쩌둥의 신임을 얻게 된 캉성이 혼례를 진행했다. 얼마 후 그는 마오쩌둥의 지근거리에서 당의 비밀 업무를 담당할 만큼 가장 가까운 인물 중 하나가 되었다.

가련한 허쯔전! 그녀는 일찍이 양카이후이의 경우와 마찬가지로 쓰디쓴 잔을 비워야만 했다. 남편의 새로운 욕정에 대해 들었을 때 그녀는 망연자실했다. 마오쩌둥은 정식 이혼을 통보했고, 2년 후 모스크바에 머물던 그녀에게 딸을 보냈다. 이로써 두 사람의 관계는 완전히 끝나고 말았다. 그녀의 희망도 모두 사라져 버렸다. 그녀는 3년 6개월 넘게 보지 못했던 딸을 만나 무엇보다 기뻤다. 하지만 쓰라린 기쁨일 뿐이었다. 처음에는 치료를 받고 있던 모스크바 인근 모니노(Monino)의 한 요양소에서 딸 쟈오쟈오와 함께 살았다. 혁명 전사를 돕는 국제조직에서 운영하는 요양소였다. 그녀는 공공사업이나 정치 학습에 염증을 느꼈으며, 더 이상 아무것도 하고 싶지 않았다. 그래서 마르크스·레닌주의 기초 이론 시험에서 간신히 C 학점을 받았다.

---

* 후에 세월이 많이 흐른 뒤 미국 작가 록산느 위트케(Roxane Witke)와 만나 대화를 나누면서 마오쩌둥이 그녀의 새로운 이름을 생각해 낸 것이 아니라고 부정했다. 그녀는 그 이름을 자신이 직접 지었다고 주장했다. 하지만 장칭의 발언은 다른 원전의 내용과 다르다.

1941년 가을 제2차 세계 대전이 발발하자 허쯔전은 딸과 함께 이바노보(Ivanovo)에 있는 국제 고아원으로 이주했다. 그곳에서 가정교사로 새롭게 일을 시작했으며, 쟈오쟈오는 학교를 다니기 시작했다.(고아원에서 마오쩌둥의 딸 쟈오쟈오는 타냐 차오차오(Tanya Chao Chao)로 불렸다.)[24] 1936년 가을 모스크바로 온 마오쩌둥의 두 아들 마오안잉과 마오안칭도 그곳에서 생활하고 있었다. 그들은 상하이에서 출발하여 홍콩, 마르세유, 파리를 거쳐 거의 여섯 달 만에 모스크바에 도착했다. 두 명의 '영웅'은 1936년 11월 마침내 '사회주의의 해안가'에 도착하였으며, 이후 이바노보의 고아원에 각기 세르게이 윈푸(Sergei Yunfu), 니콜라이 윈서우(Nikolai Yunshou)라는 이름으로 등록했다.[25] 그들은 1938년 봄에야 허쯔전을 알게 되었고, 이후로 허쯔전을 '어머니'라고 부를 정도로 친근하게 대했다. 그들 역시 부친이 새로 결혼했다는 소식을 들었다. 하지만 소문이 정말 사실인지 여부는 알 수 없었다. 어떤 일이 있어도 모친에게 그런 일에 대해 묻지 않으려고 했다. 마오안잉과 마오안칭은 나중에 이렇게 회고했다. "우리는 어떻게 해서든지 어머니가 다른 곳에 신경을 쓰도록 애썼다. 우리는 어머니에게 여러 가지 재미있는 이야기나 일화를 말해 주었고, 국내외 상황에 대해 말해 주곤 했다. 마오쩌둥이란 이름은 언제나 우리의 마음 깊은 곳에 자리하고 있었지만 한 번도 우리의 대화에 언급되지 않았다."[26]

여동생 쟈오쟈오를 통해 부친이 편지를 보낸 것은 1941년 1월 31일이었다. 오랫동안 편지를 전하지 못한 데 대해 궁색한 변명을 한 후 그는 자식들이 정치보다는 자연 과학 연구에 초점을 맞출 것을 주문했다. 그래야만 다른 이들의 존경을 얻고 행복할 수 있다는 이유였다. 어쩌면 당내 투쟁에서 온갖 풍상을 거친 노련한 정치가가 자식들만큼은 자신이 정치 무대에서 참고 견딜 수밖에 없었던 심리적 충격을 겪지 않도록 하고 싶었기 때문인지도 모른다. 마오쩌둥은 같은 편지글에서 "너희 일에 간섭하고" 싶지는 않다고 말하면서도 호기심 어린 희망을 피력하면서 자식들을 많이 걱정하고 있다고 말했다. 그는 계속해서 그들에게 자신들의 미래를 결정할 책임이 있다고 적었다. 물론 마오쩌둥은 유가의 '효'라는 울타리에서 벗어나기 위해 부친과 투쟁한 적이 있었다. 하지만 사실상 가혹한 운명으로 내몬 것이나 다를 바 없는 자식들은 상황이 달랐다. 편지에서 거의 드러나지 않는 부모의 사랑 대신 그는 아이들에게 젊은 시절 무엇보다 소중한 동반자였던 책들을 보내겠다고 약속했다.[27]

이는 1927년 8월 31일 이른 아침에 헤어진 이후로 두 아들에게 보낸 두 번째 편지였다. 겨우 일곱 줄인 간단한 메모 형식의 첫 번째 편지는 1년 6개월 전인 1939년 8월 26일에 보냈다.[28] 때마침 신병 치료차 부인과 양녀를 데리고 모스크바로 향한 저우언라이 편에 보낸 것이었다.

첫 번째 편지는 한마디 따뜻한 위로의 말조차 없었으며, 이미 장칭과 결혼하여 다섯 달 전에 딸을 낳았음에도 불구하고 새로운 결혼에 대해 일언반구도 없었다. 1940년 8월 3일 옌안의 한 병원에서 마오쩌둥과 장칭의 딸 리나(李訥)가 태어났다. 마오쩌둥은 큰딸 쟈오쟈오에게 그러했던 것처럼 자신의 가명인 리더성의 성을 따서 리나라는 이름을 지어 주었다. 그는 아이의 이름을 『논어』의 다음 구절에서 따왔다. "군자는 말은 천천히 하나 행동은 민첩하다.(君子欲訥於言而敏於行.)"[29]

리나가 태어날 즈음 마오쩌둥은 중국공산당에서 완전히 권력을 장악했으며, 그의 군대가 일본군 후방의 유격전 작전 지역 몇 곳을 통제했다. 거의 2년 전 일본 제국 군대는 중국 북부와 동부, 중부는 물론이고 남부와 남동부 몇몇 주요 항구까지 모두 점령했다. 1938년 10월 말 광저우와 우한이 적의 수중에 떨어지자 국민당 정부는 서둘러 쓰촨의 충칭으로 수도를 옮겼다. 물론 투항할 의도는 아니었지만 대규모 공세에 저항할 역량이 부족했다. 마오쩌둥은 일단 전선이 안정된 때를 이용하여 일본군 후방 깊은 곳에 있는 몇몇 지역에서 공산당 정권을 수립하고자 했다. 당시 일본 제국 군대는 일부 도시와 주요 전략 요충지를 점령하고 통신망만 구축하고 있었다. 그렇기 때문에 일본군은 농촌 지역에서 거의 군량을 확보할 수 없었으며, 국민당 관리들은 농촌 지역에 대한 통제력을 완전히 상실한 상태였다. 마오쩌둥은 이러한 권력 공백을 채우기 위해 농촌 지역에 무장대를 파견했다. 그의 전략은 성공적이었다. 1940년 무렵, 일본군 후방에서 중국공산당은 열 군데가 넘는 곳에 거점을 확보하여 선전에 열을 올렸다. 이

로써 공산주의자들이 '해방구'라고 부르던 거점이 급속도로 확대되었다.[30]

한편 옌안에서 마오쩌둥은 중국 해방 운동 발전의 특별한 단계로서 '신민주주의 혁명'을 이념화하는 일에 힘을 쏟았다. 그는 뛰어난 능력의 소유자로 1937년 옌안에 와서 그의 비서로 일하고 있는 천보다(陳伯達)에게 도움을 받았다. 1938년 "짝짝이인 큰 귀, 움푹 들어간 두 눈에 안경을 걸치고 몸집이 뚱뚱하며 어딘가 투박한 느낌을 주는"[31] 천보다는 마오쩌둥의 지시에 따라 중국 공산주의 운동에 관한 이론 문제를 다루기 시작했다. 마오쩌둥은 1939년 12월 중순 '중국 혁명과 중국공산당'이라는 제목으로 새로운 이론을 제시했다. 교재로 사용하기 위해 만든 논문은 "몇몇 동지"와 함께 썼다고 적었는데, 그중에는 뤄푸와 천보다 등도 포함되어 있었다. 이후 그는 이 주제를 발전시켜 1940년 1월 『신민주주의론』이란 소책자로 발간했다. 그가 이런 명제로 시작한 것은 중국이 "식민지·반식민지·반봉건" 사회에 처해 있어(이는 뤄푸가 쓴 글이다.)[32] 사회주의보다는 오히려 그가 '신민주주의'라고 불렀던 혁명을 달성하는 것이 우선적으로 필요하다고 여겼기 때문이다. 그는 중국 동포들에게 사회적 분투보다 민족주의적 감성에 호소하기 위해 쑨중산의 삼민주의 원칙에 입각한 사회 개혁의 필요성에 대해 언급했다. 그는 삼민주의 원칙을 상당히 광범위하게 해석하여 혁명 이후 사유 재산권을 보장하고 국민의 기업가 정신을 고취시키는 한편 보호 무역 정책을 추구하여 외국 투자자를 받아들이되 국가의 엄격한 통제를 실시할 것이라고 약속했다. 또한 감세(減稅)와 다당제의 발전, 연합 정부 조직(혁명적 동맹의 민주 공화국), 민주와 자유의 실현을 주장했다. 신민주주의 이론은 서구의 낡은 민주주의와 다르다. 마오쩌둥에 따르면, 이는 공산당의 영도하에서 이루어지기 때문이다. 하지만 공산당은 더 이상 노동자 계급만을 위한 정치 조직이 아니라 "모든 혁명적 인민"을 단결시키는 혁명적 통일 전선 조직이다. 그렇기 때문에 미래의 중국은 무산 계급의 독재가 아니라 "모든 혁명적 계급이 연합한 독재 국가다." 새로운 국가의 경제는 국영과 합작, 사유 자본 제도가 공존할 것이다.[33]

마오쩌둥은 국민당과 투쟁하면서 중국 사회의 민주 전통에 기대었다. 사실 20세기 전반기만 해도 민주주의는 중국에서 매우 낯선 개념이었다. 그 기간에 중국의 정치 문화를 진흥하는 데 결정적인 역할을 한 요인이 적지 않았다. 가장 먼저 거론할 것은 1911년 군주제 반대를 표방한 공화혁명, 즉 신해혁명이다. 이어서 1912년 1월 1일 공화국 성립 선포, 1912년 헌법 채택, 최초의 의회 선거와 의회 토론, 군주제로 복귀하려는 위안스카이를 막기 위한 쑨중산의 투쟁, 1915년 신문화 운동, 1919년 5월 4일에 일어난 반일 운동, 1924년부터 1927년까지 첫 번째 국공 합작 기간에 이루어진 중국공산당과 국민당의 합작과 대항, 그리고 이 외에도 여러 가지가 있을 수 있다. 이러한 일련의 사건으로 인해 중국의 지식인들은 민주주의에 더욱 경도되기 시작했으며, 사회 일각에서 신민주주의를 보다 열정적으로 받아들일 것이라는 예상이 가능했다.[34]

자신의 개념을 공고히 하기 위해 마오쩌둥은 자신이 1938년 일련의 강연에서 발전시킨 바 있는 스탈린의 1937년 11월 지시 내용을 활용했다. 그는 새로운 강연이나 문장에서 이러한 논의를 확대 부연했지만 원칙 면에서 새로운 것은 없었다. 그의 새로운 정책은 전적으로 스탈린의 지정학적 전략과 완전히 일치했다. 마오쩌둥이 자신의 개념을 공고히 하고 있을 당시 스탈린은 코민테른 해체에 대해 고려하기 시작했다는 사실을 주목할 필요가 있다.[35] 이는 단순한 우연의 일치만이 아니다.

1930년대 하반기에 스탈린은 국제공산주의운동을 위한 새로운 전략 마련에 고심했다. 1937년 11월 왕밍, 캉성 등과 나눈 대화에서 그 증거를 찾아볼 수 있다. 그는 중국의 지식인이나 장제스는 물론이고 서구 전체 부르주아까지 모두 속아 넘어가도록 기만적인 전략을 목표로 삼았다. 물론 이제 막 제7차 코민테른 대표대회가 시작된 소련공산당을 제외하고 모든 공산당이 사회주의 투쟁을 접고 '인민 민주주의'에 따른 인도주의적 사회의 이상으로 대체했다고 모든 이가 믿기를 원했다.(스탈린은 '인민 민주주의', 마오쩌둥은 '신민주주의'를 주장했는데, 양자는 명칭만 다를 뿐 본질적인 차이가 존재하지 않는다.) 공산주의 조직은 전후 시기에 권력을 장악하기 위해 국민의 '민주적' 정파로 가장함으로써 광범위한 민족주의 세력의 연합을 통제할 가능성을 향상시킬 수 있을 것이다.

스탈린은 자본가 계급을 '기만'할 수 있기를 원했기 때문에 그가 코민테른을 해체시킨 것은 주효하고 또 정확한 수순이었다. 그는 1943년 5월에 그 일을 했지만 이미 1940년부터 그런 생각을 하고 있었다.[36] 스탈린의 '인민 민주주의'의 토대를 만들고 사적인 자리에서 전우인 볼셰비키 지도자들과 거리낌 없이 이야기했던 것은 모두 속임수였다.[37] 늘 그렇듯 마오쩌둥은 행운아였다. 그가 신민주주의에 대해 주장하기 시작한 것이 바로 그즈음이기 때문이다. 그렇기 때문에 그는 크렘린 지도자에게 더욱 좋은 인상을 주었던 것이다.

한편 1940년대 초 마오쩌둥은 당내 업무로 돌아올 수 있었다. 그는 당의 중요 이론가로서 이미 자리매김한 상태였으며, '반대파'를 제압하고 개인숭배를 더욱 공고하게 만들 필요가 있었다. 그러지 않을 경우 스탈린과 비슷한 유형의 마오쩌둥 역시 자신이 진정한 독재자라는 느낌을 받을 수 없을 것이다.

트로츠키주의자를 청산하는 것이 가장 쉬웠다. 하지만 그들은 중국에서 그다지 대단한 존재가 아니었다. 1930년대 말, 그리고 1940년대에 이미 중국 내 트로츠키주의자들은 소수에 불과했다. 가장 큰 조직이라는 중화혁명당만 해도 겨우 스무 명에서 서른 명 수준이었다. 이렇듯 실제 트로츠키주의를 주장하는 적들은 허상에 불과했기 때문에 왕밍이 스탈린의 특사로 중국 내 트로츠키주의자 문제를 해결하는 임무를 맡았지만 결국 아무런 의미조차 없었다. '파벨 미프의 어린 새'라는 경력도 이제 끝나 가고 있었다. 이제 그는 새로운 '위대한 영도자'가 짓밟기로 작정한 적대 세력의 지도자가 될 운명이었다.

스탈린이 비준하지 않았다면 마오쩌둥은 왕밍에 대한 반대 운동을 시작할 수 없었을 것이다. 하지만 얼마 후 그는 반대 운동을 계속해도 좋다는 허락을 받았다. 1939년 말과 1940년 초 코민테른 집행위원회는 다가올 중국공산당 제7차 전국대표대회에서 중국공산당 중앙위원회 조직 문제에 관한 권고안을 준비했다. 원래는 저우언라이가 1940년 3월 말 마오쩌둥과 중앙위원회 다른 위원들에게 권고안을 구두로 전달하기로 되어 있었다.* 코민테른 수석 대표 디

---

* 런비스 부부는 저우언라이 부부를 따라 옌안으로 돌아왔다. 대신 1939년 1월 신병 치료차 소련을 방문

미트로프는 1940년 3월 17일 마오쩌둥에게 보낸 전문에서 이렇게 말했다. "저우언라이가 개인적으로 당신에게 우리가 중국 사무에 관해 논의하고 동의한 모든 내용을 알려 줄 것입니다. 당신은 진지하게 모든 문제를 심사숙고하고 전적으로 당신 스스로 과감한 조치를 취할 필요가 있습니다. 우리의 생각과 일치하지 않는 문제에 대해서는 우리에게 즉시 알려 주고 나름의 이유를 말해 주기 바랍니다."[38]

코민테른 집행위원회 인사부에서 디미트로프에게 중국공산당의 개인 인사 기록에 관한 문건이 전달되었다.

우리는 왕밍이 당의 원로 간부들 사이에 권위가 없다는 사실을 반드시 기억하고 있어야 한다. ……그는 중국공산당 4중전회(1931년 1월)에서 미프의 도움으로 당 지도부에 들어갔다.(이 문서를 작성할 당시 미프는 OGPU(연방국가정치보안부)의 뒤를 이어 1934년부터 1946년까지 운영된 소련의 비밀경찰 NKVD(내무인민위원회)에 체포되어 '인민의 적'으로 사형당했다.) ……중국공산당 지도부는 왕밍에게 영도 역할과 당내 지도부 내의 선도적 위치를 부여하지 않는 것이 좋다. 당 지도부에 현재 정치국원인 캉성, 정치국 후보 위원 덩파는 배제하고, 아울러 중앙위원회 위원(서북국 위원)인 관샹잉(關向應)과 정치국 또는 서기처에 있는 양상쿤도 개인적으로나 조직적으로 또는 비밀 업무에 임용하지 않는 것이 좋다.

중앙정치국원이자 중앙서기처 서기인 보구와 중앙위원회 위원인 뤄마이(羅邁, 리웨이한), 천창하오(陳昌浩), 장하오(張浩, 린위잉), 쿵위안(孔原)은 중앙위원회에서 배제하고 당의 중앙 조직에서 개인적이거나 조직적인 업무를 하지 못하도록 하는 것이 좋다. ……코민테른 집행위원회 인사부의 문건과 저우언라이, 천린(陳林, 즉 런비스), 마오쩌민, 그리고 다른 이들과의 대화를 통해 중국공산당 제7차 전국대표대회에서 당 지도부에 참여하게 될 스물여섯 명의 인원에 대한 평가서

한 린뱌오가 코민테른의 중국공산당 대표로 남았다. 그는 1941년 8월까지 책임을 맡았으며, 이후 옌안으로 돌아왔다. 코민테른 집행위원회와 협의를 거쳐 중국공산당 중앙위원회는 더 이상 모스크바에 대표를 파견하지 않았다.

가 작성되었다.(첨부함.) 기본적으로 그들은 힘든 지하 공작과 내전에서 살아남아 현재 당과 군사 및 군사 정치 사업을 지도하고 있는 신뢰할 만한 이들로 풍부한 경험 속에서 단련된 당 간부들이다. 스물여섯 명의 동지 가운데 특히 두드러진 이들은 다음과 같다. 린뱌오, 허룽, 류보청, 네룽전, 샤오커(小柯), 쉬샹첸, 천광(陳廣), 덩샤오핑, 그리고 예젠잉이다. 그들은 당내뿐만 아니라 전국적으로 당 지도자이자 팔로군 사령관으로 유명하다. 덩잉차오(저우언라이의 부인), 마오쩌민, 가오강, 쉬터리, 천이, 류샤오, 장치치,* 쩡산(曾山) 등은 당의 중요 관리로서 경험이 풍부하고 이미 점검을 마친 이들이다. ……

마오쩌둥은 의심할 바 없이 중국공산당에서 가장 중요한 정치인이다. 그는 중국과 인민에 대해 중국공산당의 다른 지도자들보다 훨씬 많은 것을 알고 있으며, 정치를 이해하고 총체적으로 주제를 정확하게 잡아낼 수 있다.[39]

추천받은 대다수는 마오쩌둥의 지지자들이었다. 모스크바가 거절한 이들은 왕밍의 추종자들로 간주되었다. 다시 한 번 코민테른 집행위원회와 그 배후에 있는 스탈린은 마오쩌둥이 권력을 공고히 하는 데 도움을 주었다. 이번에는 지나친 감이 없지 않았다. 마오쩌둥은 이미 공개적으로 자기편으로 돌아선 캉성은 물론이고 당 간부들 가운데 몇몇 사람 또한 적이라고 생각하지 않았다. 그는 디미트로프에게 보내는 답신에서 "캉성은 믿을 만하다."[40]라고 말하면서 적극적으로 그를 변호했다.

소련의 재정 지원 역시 중국공산당 내에서 마오쩌둥의 권위를 높이는 데 한몫을 했다. 1940년 3월 저우언라이는 모스크바에서 미화 30만 달러를 마오쩌둥에게 전달했다.[41] 그것이 마지막 선물은 아니었다. 소련은 나치 독일이 1941년 6월 22일 소련을 침공하기 전까지 계속해서 도움을 주었다. 러시아 문서 보관소에는 소련공산당 정치국에서 작성한 특별 문서에 놀랄 만한 기록이 보존되어 있다. 이에 따르면, 1941년 7월 3일 정치국은 중국공산당 중앙위원회

---

* 류사오치를 오기한 것으로 보인다. — 옮긴이

를 원조하기 위해 미화 100만 달러를 코민테른 집행위원회에 전달하기로 결정했다.[42] 집행위원회는 정치국에 200만 달러를 요청했지만 100만 달러로 만족해야 했다.[43] 스탈린이 처음으로 독일의 침략 정도를 인지한 바로 그날, 정치국은 중국공산당 중앙위원회에 100만 달러를 보내기로 결정한 것이었다.[44]

한편 마오쩌둥은 1941년 자신에 대한 개인숭배를 위해 당의 역사를 새로 쓸 것을 주장했다. 확실한 영도자는 국가의 구원자이며 중국공산당이 위기에 직면했을 때 누구보다 필요한 선지자이자 교사로 등장해야만 한다. 또한 위대한 조타수의 출현은 공산주의 운동의 전체 과정을 준비하기 위해 획기적인 사건이 되어야 한다. 여기서 마오쩌둥은 이전과 마찬가지로 스승인 스탈린의 가르침을 따랐다. "역사는 때로 교정되어야 한다." 스탈린은 이렇게 말함으로써 무심코 비밀을 누설하고 말았다.[45] 마오쩌둥은 이 점을 의심할 여지 없이 받아들였다. 1938년 말과 1939년에 옌안에서 번역된 『소련공산당(볼셰비키) 간사교정(簡史敎程)』이 그의 모델이 되었다.[46]

1941년 9월 8일 중앙위원회 서기처 공작 회의에서 마오쩌둥의 영도하에 당의 역사 문제를 진지하게 탐색하기 위한 학습 소조를 조직하는 결의안을 채택했다. 주된 초점은 마오쩌둥에게 가장 어려웠던 시기, 즉 1931년 1월 중앙위원회 4중전회부터 1935년 1월 쭌이 회의까지 일정 기간에 맞추어졌다.[47] 이틀 후 열린 정치국 확대회의에서 마오쩌둥은 1931년부터 1934년까지 교조주의, 종파주의, '좌경 기회주의'에 초점을 맞춘 당내 투쟁사에 대해 보고했다.(비록 왕밍의 이름을 직접 거론하지 않았지만 그가 마음속에 둔 인물이 누구인지 모두 알고 있었다.) 보고에서 마오쩌둥은 이렇게 말했다. "마르크스주의를 중국화할 수 있는 교사만이 좋은 교사다. ……마르크스, 엥겔스, 레닌, 스탈린의 사상 방법론 연구, 소련 공산당사 연구는 우리 연구의 중심이 되어야 하며, 우리는 주관주의와 종파주의에 반대하는 서적을 더 많이 읽어야 한다."[48] 그는 지나치게 비판적이어서 출간하기조차 꺼릴 정도로 '좌경 기회주의' 문제에 관한 장문의 글을 준비했다. 결국 그 글은 그의 가장 가까운 동지만 열람할 수 있었다.[49]

마오쩌둥의 발언은 영도자에 대한 개인숭배를 확고하게 하기 위한 목적 아래 당의 역사를 재검토하는 운동을 발동시켰다. 이는 1942년 2월 당의 '정풍 (整風)' 운동으로 규모가 확대되었다. 주요 목표는 스탈린이 이미 쓰레기통으로 던져 버린 왕밍이었다. 왕밍은 여전히 모스크바에서 활동할 당시에 좋은 친구가 된 디미트로프의 신임을 얻고 있었다. 그래서 코민테른 집행위원회 서기장인 디미트로프는 마오쩌둥의 적대자가 된 오랜 친구의 운명을 크게 걱정했지만 스탈린의 비준이 없는 한 그를 도울 방법은 없었다.

보구와 뤄푸를 비롯하여 "인민의 적" 미프의 학생들이 '정풍'의 대상이 되었으며, 과거 마오쩌둥을 반대했던 저우언라이도 안심할 수 없었다. 하지만 정풍 운동은 1937년 소련에서 진행된 숙청과 달랐다. 1943년 1월 마오쩌둥은 이렇게 말했다. "현재 중국공산당 지도부는 과거 소련에서 이루어진 숙청의 잘못된 점을 고려하고 있다. 지금 우리에게 필요한 것은 현재 특별 구역에서 진행되고 있는 것과 같은 '정신적 정화'다."[50] "병을 치료하여 병자를 구한다.(治病救人.)"라는 자신의 원칙에 충실하게 그는 무조건 체포하고 처단한 것이 아니라 사상 교육(목격자 가운데 한 명은 이를 '심리적 건강 체조'라고 불렀다.)에 치중했다.[51] 옌안에서는 '교조주의자'로 낙인찍힌 이전 마오쩌둥 반대파들이 지도자의 '지혜'에 아낌없는 찬사를 늘어놓으며 자백과 자아비판에 몰두하는 온갖 회의와 집회, 토론회가 잇달아 열렸다. 정풍을 주도하기 위해 마오쩌둥이 임명한 캉성이 이끄는 특별위원회는 관련 문서를 정리하여 기록 보관소에 모아 놓았다.

주석(마오쩌둥)의 초청으로 1942년 12월 옌안에 온 류사오치는 새로운 사상 운동에서 중요한 역할을 맡았다. 마오쩌둥은 이미 오래전부터 그를 알고 있었지만 1940년대 초까지 그와 친밀한 관계를 유지한 것은 아니었다. 처음 만난 것은 1922년 여름이었다. 당시 스물네 살의 류사오치는 모스크바 동방노동자공산주의대학에서 6개월 과정을 마치고 창사로 돌아와 노동조합에서 일하고 있었다. 마오쩌둥은 그를 잠시 서쪽 탄광촌인 안위안으로 보내 노동자 구락부(工人俱樂部)를 조직하고 있던 리리싼을 돕도록 했다. 류사오치는 마오쩌둥보다 다섯 살이나 어리지만 특히 조직 능력만큼은 결코 뒤떨어지지 않았다.

가냘프고 허약한 모습이었으나 끝없는 정열과 결단력, 굳센 용기의 소유자였다. 마오쩌둥과 마찬가지로 후난의 농민 가정에서 태어났으며, 1921년 12월 유학 중이던 모스크바에서 공산당에 가입했다. 그는 곧 노동 운동의 중요 지도자 가운데 한 명이 되었으며, 1925년 제2차 전국노동대회에서 중화전국총공회 부위원장으로 선출되었다. 그리고 1927년 중국공산당 중앙위원회 성원이 되었다. 1931년 1월 중국공산당 제6기 중앙위원회 제4차 전체회의(4중전회)에서 미프의 추천으로 정치국 후보 위원이 되었다. 하지만 미프의 후원이 그의 정치적 지위를 반영하는 것은 아니었다. 1935년 1월 쭌이 회의에서 마오쩌둥을 지지하면서 마오쩌둥의 주목을 받기 시작했으며, 몇 가지 책임 있는 직위에 올랐다. 중일 전쟁이 발발하자 마오쩌둥은 그를 중국 동남부 일본군 후방 공산당 근거지에서 정치 사업을 하도록 파견했다. 1939년 7월 옌안을 방문했을 당시 마르크스 레닌 학원에서 '공산당원의 수양에 관해 논함(論共産黨員的修養)'이라는 제목으로 두 차례 강연을 했다. 마오쩌둥과 마찬가지로 그는 모든 당원에게 일상적으로 자기 교육에 몰두할 것을 요구하는 한편, "한 공산당원이 어떤 상황에서 자기 개인의 이익을 절대적이고 무조건적으로 당의 이익에 복종시킬 수 있는지 여부가 바로 그 당원이 당과 혁명에 충성하고 공산주의 사업에 충성하는가를 시험하는 표준이 된다."[52]라고 강조했다. 2년 후인 1941년 7월 류사오치는 중국공산당 중앙위원회 화중국(華中局)에서 교조주의에 반대하는 내용의 「당내 투쟁에 대해 논함(論黨內鬪爭)」이란 보고서를 제출했다. 마오쩌둥은 그의 보고서에 대해 특별히 칭찬했다.[53]

마오쩌둥이 그를 옌안으로 부르는 것은 그가 당내 업무에 관한 한 '전문가'였기 때문이다. 1943년 3월 마오쩌둥의 새로운 총신이 런비스와 함께 새로 조직된 중앙위원회 서기처에 합류했다. 류사오치는 또한 마오쩌둥을 보좌하는 중국공산당 중앙위원회 혁명군사위원회 부주석으로 임명되었으며, 조직부와 중앙위원회 조사국을 맡게 되었다.[54] 그는 비록 공식적으로 정치국의 정식 성원은 아니었지만 영향력이 날로 강화되었다. 마오쩌둥은 중국공산당 제7차 전국대표대회를 준비하기 위한 중요한 책임을 그에게 맡겼다. 7중전회는 원래

1941년 봄에 개최하기로 했으나 계속 연기되다가 결국 1945년 4월에 열려 6월에 끝났다. 1941년 옌안에 도착한 대표들은 2년에서 3년 내내 류사오치와 캉성이 통제하는 정풍 운동에 참가해야만 했다. 자아비판에 참여하기를 거절한 유일한 사람은 바로 왕밍이었다.[55]

1943년 초 마오쩌둥은 정풍을 피하기 위해 병가를 낸 왕밍에 대한 압박의 수위를 높였다. 1943년 1월 15일 디미트로프는 옌안으로부터 왕밍의 병세가 심각하다는 불안한 소식을 전해 들었다.[56] 그 소식은 소련 정보원인 페트르 블라디미로프(Petr Vladimirov)가 보내온 것이었다. "그는 청두나 소련에서 요양할 필요가 있다. 그런데 마오쩌둥과 캉성은 자신들에 대해 비우호적인 정보를 제공할 것이라는 두려움 때문에 그를 옌안에서 내보내려고 하지 않는 것처럼 보인다."[57]

디미트로프가 무엇을 할 수 있겠는가? 그는 독립적인 배우가 아니었기 때문에 스탈린의 정책을 수행하는 수밖에 없었다. 과연 그가 주도적으로 마오쩌둥과 관계를 악화시킬 위험을 감내하고 나름의 조치를 취할 수 있었을까? 발뺌을 하기 위해 그는 홍군 정보국에 중국 공산주의자들의 내부 문제에 간섭하지 말라고 건의했다.[58] 이는 왕밍을 만족시킬 수 없었다. 1943년 1월 말 왕밍은 옌안에 있는 소련 의사 안드레이 올로프(Andrei Orlov)와 블라디미로프를 통해 상세한 서신을 스탈린과 디미트로프에게 보냈다. 주된 내용은 마오쩌둥이 '레닌주의에 반대'하며 '트로츠키파'의 행동을 하고 있다는 것이었다. 서신이 모스크바에 도착한 것은 2월 1일이었다.[59] 그러나 2월 3일 디미트로프는 왕밍에 대한 예리한 비판을 담은 마오쩌둥의 전보를 받았다.[60] 확실히 마오쩌둥은 적의 비방에 신속하게 반격해야 한다는 것, 다시 말해 최선의 방어는 바로 공격이라는 것을 알고 있었다.

충돌은 점점 격화되었다. 2월 11일 소련 내무인민위원회(비밀경찰) 정치위원인 블라디미르 데카노조프(Vladimir Dekanozov)가 뜻밖에 디미트로프를 불러 왕밍에 대해 이야기했다. 그는 왕밍에게 즉각 중국 주재 소련 대사 알렉산드르 파뉴시킨(Alexander Panyushkin)과 연락하여 장제스에게 왕밍의 출국을 요청하라고 디미트로프에게 알려 주었다.[61] 분명 데카노조프는 정보망을 통해 디미트로프가 왕밍과 친분 관계를 유지하고 있다는 것을 알았기 때문에 서둘러 이를 처리하고자 했을 것이다. 그것이 아니라면 우연한 도발이었을까? 외교적 조치라고 하기에는 너무 이상하다. 왜 마오쩌둥이 아니라 장제스의 허락이 필요했던 것일까? 어쩌면 데카노조프가 디미트로프를 시험한 것인지도 모른다. 다시 말해 디미트로프가 국제공산주의운동의 이익보다 개인적인 관계를 우위에 두고 있는 것이 아닌지 살펴보고자 했다는 뜻이다. 결국 디미트로프는 오랜 친구를 희생시킬 수밖에 없을 것이다. 그는 실제로 아무것도 하지 않았다. 결국 1943년 12월 13일 그는 왕밍에게 비관적인 소식을 전했다. "자네의 당내 문제에 관해 자네가 해결할 수 있도록 최선을 다하게. 이곳에서 간여한다는 것은 지금 상황에서 적절치 않네."[62] 이로써 왕밍의 운명은 결정된 것처럼 보였다.

말 그대로 비극적인 전보를 보내고 며칠 후인 1943년 12월 22일 디미트로프는 마오쩌둥에게 왕밍을 핍박하지 말 것을 권유하는 한편 저우언라이를 건드리지 않는 것에 대해 질문하는 내용을 담은 개인 서신을 보냈다. "나는 저우언라이와 왕밍을 대상으로 행해지는 운동이 정치적으로 정당하지 않다고 생각합니다." 그는 계속해서 이렇게 썼다. "저우언라이나 왕밍 같은 인물을 당과 단절시키면 안 됩니다. 오히려 그들을 가능한 한 보호하고 활용하는 것이 당을 위해 좋습니다."[63] 디미트로프는 스탈린의 지시를 받았거나 아니면 적어도 그의 비준을 받았을 것이다.

과연 9일 동안 무슨 일이 일어난 것일까? 왜 스탈린은 왕밍을 보호하기로 결정했을까? 왕밍을 향후 마오쩌둥의 견제 세력으로 활용할 생각이었을지도 모른다. 그것이 아니라면 '트로츠키파'에 대한 투쟁에서 왕밍이 세운 '공로'를 기억했기 때문일까? 1943년 12월 말 혹심한 추위가 지속되던 때 과연 무엇이 크렘린 독재자의 마음을 움직였는지는 지금까지 아무도 모르고 있다.

12월 22일에 보낸 디미트로프의 편지는 그냥 지나칠 수 있는 것이 아니었다. 마오쩌둥은 이에 대한 응답으로 1944년 1월 2일과 7일 각기 한 통씩 전문을 보냈다. 첫 번째 전문에서 그는 이렇게 말했다. "저우언라이와 관계가 매우 좋습니다. 우리는 그를 당에서 축출하려는 어떤 의도도 가지고 있지 않습니다. 저우언라이는 이미 거대한 성공을 거두고 진보를 이루었습니다." 하지만 왕밍의 문제에 관해서는 물러설 생각이 없었다.

왕밍은 여러 가지 반당 활동에 간여했습니다. 이는 당의 모든 간부가 이미 주시하고 있는 바입니다. 하지만 우리는 당원 대다수에게 이런 사실이 알려지기를 원치 않습니다. ……당의 고위급 간부들은 왕밍의 과오를 연구하면서 결과적으로 훨씬 더 가깝게 단결하고 결집하게 되었습니다. ……나는 왕밍이 믿을 수 없는 인물이라고 생각합니다. 왕밍은 일찍이 상하이에서 체포된 적이 있습니다. 몇몇 사람은 그가 감옥에 있을 당시 자신이 공산당에 가담했다는 것을 자백했다고 말했습니다. 그 이후에 석방되었지요. 그들은 또한 왕밍이 미프와 의심스러운 관계를 맺고 있다고 말했습니다. 왕밍은 상당히 많은 반당 활동을 해 왔습니다.

그러나 닷새 후 마오쩌둥은 한 걸음 물러났다. 그는 자신이 진정으로 부응해야 할 사람에 대해 잘 알고 있었던 것이다.

당내 문제: 이 분야의 정책 목표는 통일과 단결을 목적으로 삼고 있습니다. 왕밍에 대해서도 우리는 똑같은 정책을 추구할 것입니다. 1943년 하반기에 수행한 사업의 결과에 따라 당내 형세와 당의 단결이 상당히 개선되었습니다.

마음을 놓아도 좋습니다. 나에게는 당신의 생각과 관심이 모두 소중합니다. 무엇보다 내 생각과 느낌이 근본적으로 같기 때문입니다.[64]

마오쩌둥이 여봐란듯이 자신의 기존 채널이 아니라 블라디미로프를 거쳐 보낸 1월 7일의 전문을 받은 후 디미트로프는 겨우 안도할 수 있었다. 마오쩌둥은 여전히 모스크바에 충성을 다했다. 디미트로프는 2월 25일 마오쩌둥에게 서신을 보냈다. "나는 당신의 두 번째 전문을 받고 특별히 고무되었습니다.

나는 당신이 나의 우호적인 의견에 대해 신중한 주의를 기울이면서 당과 우리 공동 목적의 이익에 따라 적절한 조치를 취할 것임을 전혀 의심하지 않습니다."[65]

1월 19일 디미트로프는 왕밍에게 마오쩌둥과의 관계에 관한 전문을 보냈다. 박해를 당하고 있는 친구에게 마오쩌둥과의 성공적인 협상 내용을 알려 주기 위함이었다.[66] 왕밍이 전적으로 만족했으리라 단언하기는 어렵다. 분명한 것은 그가 스탈린과 디미트로프로부터 더 이상 아무런 도움도 기대할 수 없음을 알게 되었다는 점이다. 크렘린의 수령은 그를 중국공산당의 지도자로 간주하고 싶지 않았으나 마오쩌둥이 그를 산산조각 내도록 놔둘 생각도 없었다. 이제 그가 굴복을 선언할 시간이 되었다. 3월 7일 디미트로프는 오랜 친구에게서 답신을 받았다.

G. M.(디미트로프)께!

12월과 1월에 당신이 보내신 두 통의 전문을 받았습니다. 중국공산당과 나에 대한 당신의 관심에 감사드립니다. 나와 마오쩌둥의 관계는 예전처럼 유지되고 있습니다. 과거 우리 사이에 항일을 위한 통일 전선 정책의 세부적인 문제로 인해 불화가 있었고, 지난 1년 동안 당내에서 진행된 엄중한 운동이 주로 나를 겨냥한 것이었지만 내가 그를 당의 지도자로 전적으로 지지하고 있기 때문입니다.

어떤 동지가 나에게 말하길, 그가 당신에게 이 문제에 관해 상세하게 이야기했다고 하더군요.

사실 나는 당신이 어떤 부분에 흥미를 느꼈으며, 어떤 문제가 불분명한지 정확히 잘 모르겠습니다.

나에게 알려 주시면 대답해 드리겠습니다. 지난 1년 동안 당에서 마오쩌둥의 사상과 활동에 근거하여 당의 전체 역사를 재검토하는 운동이 지속되었습니다.

그는 중국 볼셰비키의 정책(과격주의)과 마르크스·레닌주의의 중국화에 앞장선 주요 대표자입니다.

나는 코민테른이 없는 상황에서 당신이 우리 당의 위신을 제고할 수 있다는 점을 인지하고 있습니다. 국가의 무산 계급 정당으로서 중국공산당이 무엇보다 중요하기 때문에 나는 이러한 운동을 전적으로 지지합니다.

그래서 나는 리리싼주의에 대한 투쟁과 항일 통일 전선에 관한 새로운 정책의 진보가 내가 일찍이 믿고 있었던 것처럼 내가 아니라 마오쩌둥의 공헌이라는 점을 마오쩌둥과 중앙위원회에 구두와 문서로 보고한 바 있습니다.

나는 또한 모든 정치적 이견을 단념했습니다.

나는 당신과 로자(디미트로프의 부인)께서 오랫동안 내 딸을 보살피고 가르쳐 주신 것에 진심으로 감사를 드립니다.[67]

마침내 1945년 4월 23일부터 6월 11일까지 중국공산당 제7차 전국대표대회(7중전회)가 옌안에서 개최되었다. 저우언라이와 왕밍도 중앙 위원에 속했으며, 저우언라이는 심지어 당 고위직으로 위상이 높아졌다. 마오쩌둥은 특유의 성격대로 그의 명령에 따라 '병석에 누운' 왕밍이 들것에 들려 대회장에 참석하기 전까지 제7차 전국대표대회를 개회하지 않았다. 마침내 대회가 열리자 마오쩌둥은 이렇게 몇 마디를 덧붙였다. "나는 왕밍과 왕자샹 동지(당시 그 역시 병이 들어 들것에 실려 나왔다.)를 초대했습니다. 이로써 우리의 대회가 진정한 단결 대회가 되었습니다."[68]

왕밍과 저우언라이가 중앙 위원이 되었다고 해서 마오쩌둥의 권한이 축소된 것은 결코 아니었다. 굴욕을 당한 왕밍은 더 이상 주요 정치인이 아니었으며, 벌써부터 저우언라이는 완전히 복종하는 자세를 취하고 있어 공산당의 위대한 영도자가 그가 지닌 능력의 가치를 인정할 정도였다. 마오쩌둥의 승리는 완전하고 결정적이었다. 그는 공산당의 다른 지도자들이 감히 넘볼 수 없는 위치까지 올랐다. 따라서 그에 대한 개인숭배도 완숙된 상태였다.

제7차 전국대표대회에서 중앙위원회 위원을 선출한 것은 다름 아닌 마오쩌둥이었다. 그는 모든 회의를 지배했으며 사업 방향과 이에 따른 결정을 확정했다. 그는 신민주주의에 대한 자신의 계획을 재천명하는 '연합 정부를 논함

(論聯合政府)'이라는 제목의 정치 보고를 했다.[69] 왕밍을 제외하고 120만 당원을 대표하는 754명의 대표자들은 진정으로 마오쩌둥을 당의 양심으로 생각하는 것 같았다. 그들은 충심으로 영도자를 믿었으며, 그를 위해 기꺼이 목숨을 내놓을 수 있다고 생각했다.[70]

중국공산당 제7차 전국대표대회가 성공리에 마무리되기 직전 또 하나의 중요한 회의, 즉 중앙위원회 제7차 확대전체회의에서 「약간의 역사 문제에 관한 결의(關於若干歷史問題的決議)」가 그의 요청에 따라 채택되었다. 당의 새롭고 전형적인 역사에서 주도적인 역할은 물론 마오쩌둥에게 돌아갔다. 쭌이 회의 이전 중국공산당의 모든 역정은 마오쩌둥의 정확한 노선과 편차를 보이며 처음에는 우경, 나중에는 좌경으로 탈선을 일삼는 일련의 착오 노선으로 묘사되었다. 그런 이유로 실제 또는 가정된 적대자들(천두슈, '반역자들', 리리싼, 왕밍, 보구, 장궈타오, 그리고 심지어 1931년 마오쩌둥이 아니라 정치국에 반대했던* 오랜 친구 뤄장룽까지 모두 포함된다.)은 오명을 뒤집어썼다.[71]

이번 대회에서 이루어진 중요한 조치 가운데 하나는 새로운 당장(黨章, 중국공산당 장정) 채택이었다. 류사오치는 타의 추종을 불허할 정도로 참가한 대표자들을 모두 제치고 마오쩌둥을 한없이 격상시키는 내용의 보고를 했다. 당장은 '마오쩌둥 사상'을 중국공산당의 이념적 토대로 삼는다는 점에서 주목할 만했다. 이에 따르면, "중국공산당은 마르크스·레닌주의 이론과 중국 혁명의 실천, 즉 마오쩌둥 사상을 결합한 지도 사상에 따라 전체 사업을 이끈다."[72]

'마오쩌둥의 사상' 또는 '마오쩌둥 사상'이란 개념은 1943년 7월 왕자샹이 처음 사용했다. 그는 《해방일보(解放日報)》에 발표된 글 「중국공산당과 중국의 자유의 길(中國共産黨與中國民族解放的道路)」에서 처음으로 '마오쩌둥 사상'이란 용어를 썼다. 그 이전 1940년 9월부터 당 문건에서 이와 유사한 개념, 예를 들어 '마오쩌둥 동지의 이론', '마오쩌둥 동지의 사상', '마오쩌둥 이론과 전략', '마오쩌둥 동지의 이론과 전략', '마오쩌둥 동지의 관점', '마오쩌둥 동지

---

* 6기 4중전회의 합법성을 부인했다. ─ 옮긴이

의 의견', '마오쩌둥 동지의 정책', '마오쩌둥 동지의 노선', '마오쩌둥 동지의 길', '마오쩌둥의 풍격', 심지어 '마오쩌둥주의'라는 말이 심심치 않게 등장했다. 수많은 아첨꾼이 '마오쩌둥주의'라는 말을 언급했지만 왕자샹의 문구는 어떤 것보다 강력하게 사람들의 마음을 사로잡았다.

4년 후 1949년 3월 13일 중국공산당 제7기 2중전회에서 마오쩌둥은 '중국공산당의 이념'을 이즘(주의)으로 부를 수 없는 이유에 관한 질문을 던졌다.

어떤 이는 스탈린의 사상을 주의가 아니라 학설로 칭하는 것은 스탈린이 겸손했기 때문이라고 말합니다. 나는 겸손으로 해석할 수 없다고 생각합니다. 왜냐하면 소련에는 이미 레닌주의가 존재하고 있으며 스탈린의 사상 역시 이러한 주의에 부합하는 것이자 실제 정책에서 이를 관철하고 있기 때문입니다. 그렇지 않다면 레닌주의와 스탈린주의, 두 개의 주의가 있게 됩니다. 이는 중국 혁명의 사상과 노선, 정책을 다시 주의로 만드는 것과 같아 혁명에 불리합니다. 그렇기 때문에 우리는 마르크스·레닌주의의 분점이 되는 것이 좋다고 생각합니다.[73]

물론 또 다른 이유가 있다. 1927년 '마오쩌둥주의'는 중국공산당에서 군사적 기회주의라는 말과 동의어로서 부정적으로 사용된 적이 있었기 때문이다. 이른바 한때 이견을 지닌 마르크스주의자로 알려진 예칭(葉靑)*도 1940년대 정통 마르크스주의의 관점에서 중국공산당을 공격할 때 부정적인 의미로 이 말을 사용한 적이 있다. 그는 충칭에서 출판된 《항전과 문화(抗戰與文化)》라는 잡지에서 마오쩌둥은 마르크스주의나 레닌주의의 내용이 전혀 없다고 하면서 오직 하나의 이즘(주의), 즉 "농민 소자산 계급을 대표하는 주의만" 있을 뿐이라고 말했다.[74] 예칭의 저작물은 중국공산당원들 사이에서 잘 알려져 있었기 때문에 마오쩌둥 역시 이를 무시할 수 없었다.

---

* 1922년 중국공산당에 가입했다가 1927년 국민당 정부에 체포된 이후 반공주의자로 돌변하여 국민당 중앙선전부 부부장에 올랐다. —옮긴이

최종적으로 '마오쩌둥주의'를 선택하게 된 가장 중요한 이유는 마오쩌둥이나 그 추종자들이 통일 전선 사상과 같은 것으로 무산 계급은 물론이고 지주와 민족 자본가 일부까지 망라하는 중국의 모든 사회 계층의 이익을 똑같이 표현할 수 있는 순수 중국적 이념을 창출하고자 했기 때문이다. '주의(이즘)'와 대조적으로 '사상'이라는 말은 계급을 초월하는 중국 민족 사상과 완전히 부합한다. 실제로 '주의'라는 말과 달리 '사상'은 원래 중국에서 기원한 것이다. 일본인들이 19세기에 중국 고전에서 빌려 온 이 개념은 원래 '이해하다', '생각하다', '기억하다' 등의 뜻이다. 그런데 일본인들이 서구의 'ideology', 'idea' 등의 번역어로 차용했다. 이렇게 해서 '사상'이란 개념은 함의가 훨씬 풍부해져 다시 일본에서 중국으로 되돌아왔다. 하지만 '주의'라는 말은 중국 전통과 아무런 관련이 없다. 19세기 일본인들이 서구의 'doctrine', 'principles', 'cause'라는 개념을 전달하기 위해 한자의 '주'와 '의'를 결합시켜 새로운 글자를 만들었기 때문이다. 이렇듯 '주의'라는 말은 이전까지 전혀 알려지지 않은 새로운 단어로 중국에 이전된 셈이다. 과거는 물론이고 근대에 이르기까지 중압감에 시달려 온 중국의 일반 대중에게 '주의'라는 말보다 '사상'이라는 말이 더욱 친근하고 이해하기 쉬운 것은 당연한 일이었다.

중국의 경우 새롭거나 전혀 알려지지 않은 전문 용어로 표현되거나 전파되는 견해, 심지어 신성시되는 견해나 주장은 때로 부정적 반응이나 저항을 불러일으키는 일이 흔했다. 같은 이유로 혁신적인 개념이나 이론도 전통적인 어휘나 개념을 활용할 경우 보다 많은 대중이 이해하고 지지하기 마련이다. 우리가 알고 있다시피 마오쩌둥은 중국의 정치 문화에 대해 깊고 풍부한 지식을 지닌 인물이다. 게다가 그는 글을 쓰면서, 특히 신민주주의에 관한 글에서 중국의 일반 대중이 찬양하고 존중하는 고대 경전에 나오는 구절을 많이 인용했다.[75]

마오쩌둥의 작업 방식은 스탈린 정책에 완전히 부합했기 때문에 전혀 불만을 야기하지 않았다. 오히려 정반대로 세계 공산주의 운동의 막강한 권력을 장악하고 있는 스탈린은 중국공산당이 자신의 '영명한' 전략 전술을 파악하고 모든 면에서 충실하게 자신을 모방하는 지도자를 중심으로 단결하고 있다는 점이 인상적이었다.

중국공산당 제7기 중앙위원회 1중전회에서 마오쩌둥은 중국공산당 중앙위원회 주석 겸 정치국과 서기처 주석에 임명되었다. 그리고 1945년 8월 말 정치국 확대회의에서 새롭게 재편한 중앙군사위원회 주석에 피선되었다. 이렇게 해서 그는 모든 권력을 수중에 넣었다. 1945년 8월 초 제7기 중앙위원회 1중전회 제2차 회의에서 6기 7중전회와 7대(중국공산당 제7차 전국대표대회)에서 토론을 거쳐 약간 수정된 「약간의 역사 문제에 관한 결의」와 「중국공산당 당장」을 새롭게 채택했다. 이는 마오쩌둥의 역할과 중요성을 보다 생생하게 보여 주고 있다.[76] 이로써 중국공산당은 이념적, 정치적, 조직적으로 완전히 무장하고 중일 전쟁의 마지막 단계에 진입했다.

23

스탈린, 마오쩌둥,
그리고 중국의 신민주주의 혁명

스탈린은 친근하게 마오쩌둥을 '동굴 속 마르크스주의자'라고 언급하곤 했는데, 어쩌면 이 때문에 마오쩌둥은 스탈린이 자신을 신뢰하지 않는다고 여겨 기분이 나빴을 수도 있겠다. 하지만 스탈린이 과연 누군가를 믿은 적이 있었던가? 그는 가장 헌신적인 심복들조차 무시하고 심지어 경멸하지 않았던가? 그가 과연 누구를 위대한 마르크스주의자라고 생각했는가? 그들은 모두 스탈린에게 단지 체스판의 말에 불과했다.

스탈린은 사무실을 서성이며 몇 가지 포석을 동시에 생각하고 있었다. 중국에서는 복잡하고 중요한 잔치가 벌어지고 있었다. 그곳에서 승리하는 일이야말로 그의 평생 사업의 성패를 가름하는 것이었다. 중국공산당의 승리는 세계 무대에서 힘의 역학 관계를 근본적으로 소련에 유리한 쪽으로 변화시킬 터였다. 만약 그와 마오쩌둥이 미국의 우려를 불식시키고 워싱턴과 그 동맹국들이 중국 공산주의자들이 내놓은 신민주주의 계획을 액면 그대로 받아들일 수 있다면. 그리하여 만약 루스벨트나 해리 트루먼(Harry Truman)이 신민주주의 개념을 수용하고 공산당을 지지하게 된다면, 중국공산당은 점진적으로 장제스와 그 지지자들을 권력의 자리에서 '몰아내고' 국민당 좌파와 자유주의자들을 책동하여 마침내 정권을 장악할 수 있을 것이다.

게임은 거대한 현장에서 진행되고 있었다. 마오쩌둥은 인터뷰와 글, 연설을 통해 자신의 역할을 해내고 있었다. 에드거 스노와 헬렌 포스터 스노, 아그네스 스메들리를 비롯한 여러 언론인, 그리고 에번스 칼슨의 보고서 등이 모두 이러한 목표에 정확하게 들어맞았다. 마오쩌둥과 동료들에게 열광적인 이들, 예를 들어 영국 언론인 프리다 어틀리(Freda Utley)와 클레어(Claire), 윌리엄 밴드(William Band), 미국 기자 비손(T. A. Bisson), 해리슨 포먼(Harrison Forman) 등이 쓴 이야기는 일반 대중에게 강렬한 인상을 남겼다. 그들은 세계 모든 이를 향해 한목소리로 중국공산당과 마르크스·레닌주의는 전혀 다르다고 단언했다.[1] 수많은 미국인이 보기에 '자유 민주주의적'인 민족주의자 마오쩌둥과 그의 '인민' 정부로 인해 못된 독재자 장제스와 그의 정권은 점차 설 자리를 잃고 말았다.

1944년부터 1945년까지 마오쩌둥과 저우언라이, 주더, 그리고 중국공산당 지도부의 여러 고위급 인사들이 미국 관리들과 직접 대화를 나누면서 게임은 최고조에 달했다. 아홉 명의 승객을 태운 더글러스 C-47 군용기가 옌안 비행장에 착륙한 1944년 7월 말부터 이러한 작업이 본격적으로 이루어졌다. 당시 옌안에 내린 이들은 이른바 딕시 사절단(Dixie Mission)의 일원으로 미국 국무원과 전쟁부(국방부가 조직되기 전의 군사 기구), 미국 중앙정보국(Central Intelligence Agency, CIA)의 전신인 미국 전략사무국(Office of Strategic Services, OSS)에서 처음으로 중국에 파견되었다. 사절단은 충칭에서 무관을 지냈던 쉰네 살의 땅딸막한 데이비드 배럿(David D. Barrett) 대령이 인솔했다. 그는 중국 전문가로 중국사와 문화에 조예가 있었으며, 무엇보다 중국어를 유창하게 말할 줄 알았다. 두 번째 주요 인물은 존 스튜어트 서비스(John Stewart Service)로 충칭 주재 미국 대사관의 이등 서기관이었다. 당시 대사였던 클래런스 고스(Clarence Gauss)는 그를 "우리 정부(미국 정부)에서 중국 공산주의에 대해 가장 정통한 전문가"라고 말했다. 8월 초 딕시 사절단의 두 번째 파견

인원이 도착했다. 이번에는 외교관인 레이먼드 P. 러든(Raymond P. Ludden)이 사절단을 이끌었다. 이후 미국인의 옌안 방문이 점점 잦아졌다. 심지어 몇몇 '해방구'를 여행하는 단체를 조직하기도 했다. 1945년 7월 말 이른바 미국 감시단(American Observer Group) 서른두 명이 옌안을 방문하기도 했다.[2]

딕시 사절단을 이끈 배럿이나 서비스를 비롯한 여러 사람들은 옌안에 도착하여 마오쩌둥과 회견하고 개인적인 관찰 기록을 남겼다. 그 일부를 살펴보면 다음과 같다.

중국공산당은 한때 소련 지향적이었지만 지금은 이미 과거의 일처럼 보인다. 공산주의자들은 자신들의 사상과 계획을 현실적으로 중국화하려 애쓰고 있으며, 미국의 인정과 호의적인 지원을 기대하면서 민주적인 정책을 수행하고 있다.

경제적으로 중국 공산주의자들은 일반 인민의 경제 수준 향상이라는 주요 목적을 달성하기 위해 중국 경제의 신속한 발전과 산업화를 추구하고 있다. 그들은 현재 중국의 여건상 외국의 대규모 지원을 동반한 자본주의를 통해야만 이러한 목적을 수행할 수 있음을 잘 알고 있다. 그들은 이러한 경제 원조가 가능한 나라는 소련이 아니라 미국이라고 생각하며, 효율성의 이유뿐만 아니라 미국의 투자를 끌어들이기 위해서라도 미국의 참여에 보다 많은 자유를 부여하는 것이 현명하다는 점을 인지하고 있다.

결론은 중국공산당 지도자들이 끊임없이 말하고 있듯이 미국과 우호적인 관계를 유지하고 지지를 얻는 것이 러시아보다 중국에 훨씬 중요하다는 것이다.

사절단 구성원들은 미국 정부에 중국공산당에 대한 방침을 변화시킬 것을 권고하는 한편 "만약 그들이 미국이 지원하고 있는 국민당의 공격으로부터 살아남기 위해 어쩔 수 없는 상황에 처한다면 또다시 소련으로 되돌아갈 것"[3]이라고 경고했다.

마오쩌둥이나 저우언라이를 비롯한 중국공산당 지도자들이 경험이 풍부한 미국 정보 요원을 그처럼 쉽게 속일 수 있었다는 것은 정말 놀라운 일이 아닐 수 없다. 실제로 그들은 많은 것을 약속했다. 워싱턴의 우려를 불식시키기 위해 마오쩌둥은 1944년 공산당의 명칭을 신민주주의당으로 바꿀 생각까지 했더랬다. 1946년 10월 '해방구'의 공산주의청년단을 개명한 것도 바로 이러한 이유 때문이었다. 실제로 1949년 4월 전체 중국공산주의청년단은 신민주주의청년단으로 이름을 바꾸었다. 최종적으로 당의 이름까지 바꾸지는 않았지만 여하간 이러한 변화는 모두 미국인들을 바보로 만들기에 충분했다.

한편 능수능란하고 냉소적인 스탈린과 외무부 장관 몰로토프는 외교 전선에서 미국인들을 능숙하게 조종했다. 몰로토프는 소련 주재 미국 대사 윌리엄 해리먼(W. Averell Harriman)과 1944년 9월 초 중국 주재 미국 대사로 새로 부임한 패트릭 헐리(Patrick J. Hurley) 전직 장군에게 이렇게 말했다. "이른바 중국 공산주의자들은 실제로 전혀 공산주의자들이 아니다. ……소련 정부는 중국 공산주의자들을 지원하고 있지 않다." 그는 1945년 4월 15일 스탈린이 참석한 회의 석상에서도 똑같은 말을 재차 언급했다. 패트릭 헐리는 그 즉시 이를 워싱턴에 보고했다.[4]

해리먼이나 헐리는 스탈린의 간교한 속임수에 넘어가지 않았다. 또한 워싱턴의 정보 요원은 공산주의자들을 믿지 않았다. 중국에서 정보 요원이 보내온 보고서와 중국공산당에 대한 막대한 양의 자료를 면밀하게 분석한 후 1945년 여름 미국 전쟁부의 군사정보국 관리들은 다음과 같은 결론을 냈다. "중국 공산주의자들은 공산주의자인 것이 맞다. ……중국 공산주의자들이 말하는 '민주주의'는 소련의 민주주의를 말한다. ……중국 공산주의 운동은 국제공산주의운동의 일부이며, 모스크바가 지원하고 이끈다."[5] 결국 이러한 분석으로 인해 마오쩌둥이나 스탈린 모두 미국 지도부를 속이는 데 실패하고 말았다.

1945년 8월 중순 제2차 세계 대전이 끝났지만 중국은 여전히 분열된 상태였다. 국민당 중앙 정부는 미국의 지원을 받고 있었지만 국토의 3분의 2만 통제하는 정도였다. 반면 공산당은 중국의 북부와 동부, 남부의 인구 9550만 명이 사는 '해방구' 열여덟 곳과 산시, 간쑤, 닝샤 특구에 속해 있는 서른 개 현을 장악했다.[6] 중국 동북 지역(만주)은 소련군에 점령된 상태였다. 하지만 수년 사이 처음으로 평화롭고 민주적인 통일의 가능성이 엿보였다. 미국과 소련은 중국에서 새로운 전쟁이 일어나는 것을 원치 않았으며, 자칫 심각한 충돌로 인해 또다시 세계 대전과 같은 대규모 전쟁으로 확대되는 것을 우려했다.[7]

1945년부터 1949년까지 스탈린은 지정학적인 문제로 핵무기를 독점하고 있는 미국을 결코 무시할 수 없었다. 미국의 핵무기 공격에 견뎌 낼 수 있는 상황이 아니었기 때문에 그는 워싱턴을 자극하지 않기 위해 애썼다.[8] "미국이 떨어뜨린 두 발의 핵폭탄은 스탈린에게 충격을 주었으며, 그를 타협에 매달리게 만들었다." 저우언라이는 나중에 이렇게 회고했다.[9] 1945년 2월 강대국 간에 얄타 협정(일본에 관한 소련·미국·영국 삼국 협정)이 체결되고, 얼마 후 1945년 8월 14일 소련과 국민당 정부가 모스크바에서 '중소우호동맹조약(中蘇友好同盟條約)'을 체결하면서 크렘린 독재자의 계획도 틀어지기 시작했다. 조약을 통해 소련은 경제적으로나 정치적으로 상당히 중요한 원동(遠東) 영토를 양보받았다. 특히 중요한 것은 스탈린이 '불평등'하다고 말했던 장제스 국민당과의 조약이었다.[10] 소련과 국민당 간에 이루어진 협의 내용에 따라 소련은 향후 30년 동안 뤼순 항에 해군 기지를 유지하고, 중국 동북의 다롄 항을 통제하며, 중동 철도(中東鐵道)를 공동으로 운영할 수 있는 권리를 확보했다.[11] 이것이 제2차 세계 대전 이후 스탈린이 중국공산당의 집권 능력을 의심하기 시작한 이유다. 그는 항일 전쟁에서 미국과 중국의 도움을 얻은 것을 중국공산당에 대한 무조건적인 지원으로 위태롭게 할 생각이 없었다. 심지어 마오쩌둥에게 장제스와 '임시 협약'을 맺을 것을 권유하고 충칭으로 가서 불구대천의 원수인 장제스와 개인적으로 만나야 한다고 주장하기도 했다. 이를 성사시키기 위해 새로운 내전이 중국을 파멸로 이끌 수도 있다는 말을 서슴지 않았다.[12]

마오쩌둥은 스탈린의 '배신'에 경악했지만 일단 승복하고 장제스와 회담하기 위해 충칭으로 갔다. 나중에 마오쩌둥은 "스탈린이 고집을 부렸기 때문에 갈 수밖에 없었다."라고 술회했다.[13] 1945년 8월 23일 중앙정치국 확대회의에서 그는 말했다. "소련은 세계 평화를 도모하고 중소 조약에 묶여 있기 때문에 우리에게 원조를 제공할 수 없을 것이다."[14] 8월 28일 그는 중앙위원회가 여러 당내 조직으로부터 국민당과 협상하는 데 반대한다는 서신을 받았음에도 불구하고 저우언라이와 함께 충칭으로 날아갔다.[15] 며칠 전 옌안에 도착한 국민당 장군 장즈중(張治中)과 미국 대사 헐리가 중국공산당 지도자들과 동행했다. 공항에서 마오쩌둥은 장칭과 정치국 위원들에게 웃으며 작별 인사를 했다. 하지만 소련 정보원 블라디미로프에 따르면, 그다지 기쁜 얼굴은 아니었던 것 같다. 마오쩌둥은 마치 "처형장에 끌려가는 사람처럼" 비행기 트랩으로 다가 갔다. 그는 다른 이들 앞에서 전혀 거리낌 없이 공개 석상에서 처음으로 장칭에게 입을 맞췄다.

협상은 별다른 성과가 없었다. 물론 마오쩌둥은 충칭에 6주간 머물면서 장제스와 국민당 지도부, 진보적인 인사들과 만나 평화 협정까지 체결했다. 하지만 그는 자신의 권력 투쟁을 포기할 생각이 전혀 없었다. 다만 소련이 군사와 경제 원조를 제공해야만 중국공산당이 과업을 성공적으로 완수할 수 있다는 사실을 잘 알고 있었기 때문에 스탈린에게 마지못해 양보했을 뿐이었다.

지금은 스탈린(마오쩌둥은 나중에 그를 "위선적인 서양 귀신"이라고 불렀다.)[16] 이 마음을 바꾸기를 기다릴 때였다. 동시에 그는 만주에 주둔하고 있는 소련군 사령관 로디온 말리노프스키(Rodion Malinovskyii)의 지시도 따라야만 했다. 스탈린이 고집을 부렸기 때문에 말리노프스키는 소련군이 철수할 때까지 팔로군이 동부 여러 도시를 점령하는 것을 거부했다. "우리는 중국 내정에 간섭하지 않는다. 중국 국내 문제는 중국인 자신들이 풀어야 할 것이다."[17] 그는 이렇게 말했다.

스탈린은 마오쩌둥이 중국공산당은 직면한 모든 어려움을 극복할 수 있다고 단언하자 서서히 자신의 '일탈'에서 벗어나기 시작했다. 1945년 가을 중국 공산주의자들은 북중국에서 주도적으로 국민당 정부군을 연이어 격파했다. 스탈린은 동요하기 시작했다. 1945년 10월 그는 만주에서 소련군 포로가 된 일본 관동군의 무기를 중국공산당 군대에 보내기로 결정했다. 스탈린은 중국 내전 참여를 현실로 받아들이기 시작했음에도 불구하고 군이 이를 널리 알릴 생각이 없었던 것이 분명하다. "우리 측 모든 군관과 연락원, 그리고 이 외의 모든 인원을 가능한 한 빨리 옌안과 마오쩌둥 군대가 장악하고 있는 지역에서 철수시켜야 한다." 당시 그는 보좌관들에게 이렇게 말했다. "중국 내전은 심각한 변화를 맞이하고 있다. 나는 우리의 적들이 그 지역에서 실제로 아무런 통제권도 없는 우리 측 인원들이 중국 내전을 선동하고 있다고 비난할 것을 우려한다. 아무래도 가능한 한 빨리 철수하는 것이 좋을 듯하다."[18]

1946년 2월부터 3월까지 스탈린이 중국공산당에 무조건적인 지원을 하는 방향으로 소련에 대해 근시안적인 정책을 펼친 것은 얄궂게도 당시 우익의 압력을 받고 있던 장제스 자신이었다. 국민당은 물론이고 국내 여론에서도 동북 지역에서 소련 군대가 보여 준 행태에 대한 불만이 터져 나왔다. 소련 점령군이 무자비한 약탈을 자행했다는 것은 의심할 여지가 없다. 그들은 대규모 산업 시설은 물론이고 일본인뿐만 아니라 중국인들의 재산까지 빼앗아 소련으로 보냈다. 그 결과 만주의 산업은 전체적으로 8억 5800만 달러에 달하는 손실을 입었다. 3월 6일 중화민국 외교부장(장관)은 이에 대해 항의하는 공문을 보내는 한편 소련군의 즉각 철수를 요구했다.[19] 장제스는 소련군이 철수할 경우 중국 공산주의자들이 그들을 대체할 것이라는 사실을 알고 있었을까? 아마도 몰랐을 것이다. 미국의 지원을 받아 소련군 철수로 인해 공백이 된 여러 도시를 점령할 수 있다고 생각했던 것이 분명하다. 하지만 그의 오판이었다.

일주일 후인 3월 13일 스탈린은 철군을 시작했고, 5월 3일 철수 작전이 끝났다. 동시에 그는 중국 동지들에게 보다 적극적이고 공개적으로 행동할 것을 주문했으며, 심지어 미국에 대해 지나치게 순종적인 자세를 취한다고 비난하기도 했다.[20] 다시 말해 중국공산당의 만주 진입을 허가했다는 뜻이다. 뿐만 아니라 마오쩌둥의 군대가 가능한 한 빨리 그곳을 점령할 것을 요구했으며, 소련군에 국내 통신망 구축을 위해 중국 공산주의자들과 협력할 것을 명령했다.[21]

당시에 냉전이 시작되자 스탈린은 본격적으로 중국공산당 군대에 대한 지원을 아끼지 않았다. 만주는 중국공산당의 근거지가 되었다. 1946년 6월 중국에서 또다시 전면적인 내전이 발발했다.

처음에는 공산당에 크게 불리했다. 병력 면에서 국민당 정부군은 430만 명으로 중국공산당의 120만 명보다 수적으로 월등히 우세했다. 첫 달에 공산당 군대는 105개에 달하는 도시와 마을을 포기해야만 했다. 장제스는 서쪽으로 산시에서 동쪽 태평양 연안에 이르는 전선 전역에서 대규모 공격을 감행했다. 만주에서도 전투를 개시했다. 미국인들은 확실히 장제스의 군사 작전이 지나치다고 생각했다. 특히 전선을 확대함으로써 "통신망이 노출되어 공산당 유격대의 공격 목표가 되고" 병사들이 "퇴각하거나 또는 미국이 제공한 무기와 탄약을 공산당에 넘겨주는 꼴이 되고 말았기 때문에" 결국 "중국을 경제적으로 혼란스럽게 만들고 국민정부를 패망으로 몰고 갈 것"이라고 경고했다.[22]

한편 공산주의자들은 여전히 패배에 패배를 거듭했다. 1947년 3월 12일 장제스의 공군이 옌안과 인근 동굴 진지를 향해 연신 폭탄을 퍼부었다. 도시는 1938년 11월부터 시작된 일본 공군의 지속적인 폭격으로 초토화되어 거의 남아 있는 것이 없을 정도였다. 옌안에 남은 것이라곤 무너진 성벽과 두세 개의 거리뿐이었다. 당 지도부는 이미 시내 외곽의 북쪽 산자락에 파 놓은 동굴로 옮긴 지 오래되었으며, 마오쩌둥 역시 그곳에 거처하고 있었다. 장제스 공군은 그곳을 중요 목표로 삼아 B-24, P-52 폭격기로 융단 폭격을 가했다. 옌안 상공에서 쉰 대가량의 폭격기가 일주일 내내 쉬지 않고 폭탄을 퍼부은 후 남쪽으로부터 국민당 보병이 대대적으로 쳐들어오기 시작했다.[23]

3월 18일 국민당 군대가 옌안 인근 수 킬로미터까지 진격해 왔다. 마오쩌둥은 옌안을 포기할 것을 명령하고 장칭과 딸 리나를 데리고 그날 저녁에 동굴을 떠났다. 낡은 군용 지프차에 오르기 전 마오쩌둥은 철수 책임을 맡은 펑더화이에게 모든 동굴을 깨끗하게 청소하고 가구들도 부수지 말라고 당부했다.[24] 국민당 군대에 공산주의자들이 황망하게 허겁지겁 도망쳤다는 인상을 주지 않기 위함이었다.[25]

그는 산시 북부를 향해 떠났다. 그곳에서 여름과 가을, 그리고 겨울 내내 산길을 따라 피곤에 지친 군대를 이끌었다. 1947년 3월 군대는 중국인민해방군(Chinese People's Liberation Army, PLA)으로 이름을 바꾸었다. 1946년 1월 초 소련에서 귀국한 마오쩌둥의 큰아들 마오안잉도 퇴각의 쓴맛을 함께 보았다.

키가 크고 잘생겼으며 친절하고 우수에 찬 눈을 지닌 스물세 살의 청년은 나이에 어울리지 않게 온갖 풍상을 겪었다. 1942년 5월 국제 아동원(兒童院)을 졸업하고 국제주의자에게 자극을 받아 나치와 싸우기 위해 전선으로 보내 달라고 스탈린에게 편지를 썼다. "나는 피살된 수천수만의 소련군을 위해 복수하고 싶습니다."[26] 그는 프룬제 군사학교에서 군사학을 배운 다음 1944년 세르게이 윈푸라는 이름으로 중위로 임관하여 제2전선 벨라루스(백러시아), 체코, 폴란드 전투에 참가했다. 그곳에서 4개월 동안만 복무했지만 "화약 냄새를 맡기에" 충분한 시간이었다. 1944년 11월 그는 모스크바로 소환되어 동방 학원(Institute of Oriental Studies)에서 공부했다.[27] 그는 계속해서 중국으로 보내 줄 것을 요청했다. 마침내 1945년 말 스탈린의 허가를 받았다. 마오안잉이 떠나기 전날, 스탈린은 크렘린에서 그를 만났다. 스탈린은 그에게 잘 돌아가라고 격려하면서 의장을 새겨 넣은 리볼버 권총 한 정을 선물로 주었다.[28] 마오안잉은 리볼버 권총을 지닌 채 옌안으로 돌아왔으며, 이후 죽을 때까지 항시 권총을 지니고 다녔다.

마오안잉은 부친과 관계가 상당히 복잡했다. 어려서 마오쩌둥과 헤어졌기 때문에 아버지에 대한 기억이 거의 없었으며, 그 대신 모친에 대해서는 상당히 동정심을 지니고 있었다. 마오안잉은 자신을 못마땅하게 여기고 마오쩌둥에게 불만을 털어놓는 계모 장칭과 관계가 악화되지 않도록 항상 조심했다. "부자간의 의견 차이가 곧 이념 문제로 부상할 것 같다." 소련 정보원은 보고서에서 이렇게 적었다.

마오쩌둥은 아들을 이론만 알 뿐 중국의 생존 여건이나 사업에 익숙지 않은 '교조주의자'라고 여겼다. 그는 소련의 교육이 아들을 망쳐 버렸다고 생각했으며, 아들이 받은 교육에 대해 불만을 표시했다. 1946년 4월 마오쩌둥은 중국의 "삶을 가르치기 위해" 아들을 농촌에 보내 부농인 우만요우(吳滿有)의 일꾼으로 일하도록 했다. 마오안잉은 그곳에서 석 달 동안 노동자로 열심히 일했다.[29]

그제야 부친은 만족했다. "모든 이는 자신의 삶에서 고통을 맛봐야만 한다."[30] 마오쩌둥은 아들에게 이렇게 말하면서 다음과 같이 덧붙였다. "너는 어려서부터 빵과 우유를 먹고 자랐지만 지금 중국에서는 산시 북부의 좁쌀죽을 먹어야 한다. 건강에도 아주 좋을 것이다."[31]

이후 그는 아들을 중앙위원회 선전부에서 일하도록 했다. 1947년 3월 마오 안잉은 중앙위원회 다른 직원들과 함께 옌안을 떠났으며, 부친을 따라 산시 북부 산악 지대로 들어갔다. 곧이어 마오쩌둥의 다른 아이들, 즉 마오안칭과 쟈오쟈오가 허쯔전과 함께 소련에서 중국으로 돌아왔다. 그들은 하얼빈(哈爾濱)에 도착하여 현지 중국공산당의 보호를 받았다. 아이들은 러시아어로 재잘거렸지만(그들은 중국어를 거의 몰랐다.) 허쯔전의 심정은 두렵기만 했다. 지난 2년 동안 그녀는 일종의 트라우마에 시달렸다.

1945년 쟈오쟈오가 갑자기 병에 걸려 사경을 헤맸다. 아이는 폐렴에 걸려 얼마 살지 못할 것이라는 진단을 받았다. 허쯔전은 자신의 마지막 아이를 잃을까 두려워 병원에서 아이를 데리고 나왔다. 딸은 겨우 회복되었지만 허쯔전은 거의 정신이 이상할 지경에까지 이르렀다. 그녀는 가혹한 시련을 너무나도 많이 겪어야만 했다. 딸이 겨우 건강을 회복한 후 허쯔전은 이바노보 시에서 서북쪽으로 약 30킬로미터 떨어진 마을 지노보의 정신 병원에 감금되었다. 그녀는 1947년 3월에야 정신 병원에서 나올 수 있었다. 이는 당시 신병 치료를 위해 부인과 함께 모스크바에 와 있던 왕자샹이 허쯔전을 자신들이 돌보겠다고 여러 차례 요청함에 따라 이루어진 것이었다. 그제야 비로소 그녀는 딸을 다시 만날 수 있었다. 쟈오쟈오(리민)는 당시를 다음과 같이 술회했다. "나는 무슨 호텔 같은 곳으로 갔다. 방문을 열고 들어가니 중년 여인이 눈에 들어왔다. 정말 당황했다! 엄마? 창백하고 여위었으며 완전히 초췌하기 이를 데 없었다. 미소조차 가냘프고 눈빛은 생기가 없었다."[32] 두 달 후 모녀는 왕자샹 부부의 도움을 받아 고국으로 돌아왔다.[33] 허쯔전은 하얼빈에 도착하자 흐느끼기 시작했다. "마침내 외국인에게 의존해야만 하는 삶, 두렵기만 한 시간에서 벗어났다. 이제 나는 자유다!" 그녀는 이렇게 소리쳤다.[34]

한편 마오쩌둥은 1947년 여름 야심 찬 계획을 실행에 옮겼다. 중부 평원 다볘(大別) 고산 지대에 새로운 군사 근거지를 구축하기 위해 장제스 군대의 후방에 일부 병력을 파견했다. 적의 주의를 분산시켜 장제스가 중부 평원의 주요 도시인 우한, 주장, 난창, 상하이, 그리고 수도인 난징을 방어하기 위해 서북과 동북 전선의 부대를 재배치하도록 만들기 위함이었다. 이로 인해 장제스 총통의 전략 계획은 수포로 돌아갔다. 이번 작전으로 전쟁은 새로운 국면, 즉 중국 공산당 군대의 반격으로 전환되었다.[35] 1948년 4월 25일 공산당이 옌안을 수복했다. 1948년 6월 공산당 인민해방군 병력은 280만 명으로 증가했으나 국민당군은 오히려 365만 명으로 줄어들었다.[36]

1948년 봄 황허 강의 얼음이 녹기 시작하자 마오쩌둥은 군대를 이끌고 산시로 진입한 후 계속해서 허베이 서쪽으로 진군했다. 류사오치와 주더가 이끄는 중앙위원회 공작위원회는 1947년 봄부터 그곳에 자리했다. 류사오치와 주더는 베이징 서남쪽에서 약 560킬로미터 떨어진 곳으로 타이항 산맥(太行山脈)에서 비교적 근접한 시바이포(西柏坡)에 살았다. 1948년 5월 말 마오쩌둥 군대가 시바이포에 도착했다. 이후 내전 내내 시바이포는 중국공산당의 새로운 수도가 되었다.

시바이포에서 마오쩌둥과 장칭은 정원 바닥에 돌이 깔려 있는 아늑한 단층집에서 생활했다. 가구조차 제대로 갖추어지지 않았으나 마오쩌둥은 생필품만으로도 만족했다. 그는 대부분의 시간을 큰 나무 탁자가 놓인 사무실에서 네 개의 굽은 다리가 달린 타원형 팔걸이의자에 앉아 보냈다. 그곳에서 당 동료와 만나고 주더와 군사 작전을 논의했으며, 당 문서를 작성했다. 그곳에서 1948년 6월 오랫동안 부자간에 음영이 드리워 있던 큰아들과 유쾌하지 않은 대치 상황을 만들기도 했다. 직설을 마다하지 않지만 또한 유약한 마오안잉은 극도로 화가 치밀어 부친에게 '우상 숭배'를 조장하고 있다고 비난했으며, 심지어 '그릇된 지도자'라고 말하기도 했다. 그는 이미 당내에서 주변 여건과 상황을 눈치챌 수 있을 만큼 성장했다.

장칭과 저우언라이가 마오안잉을 비판하지 않는 대신 그에게 설명할 기회를 주는 것으로 상황이 끝났는지는 정확하게 알 수 없다. 여하간 개인숭배와 맞선 전사는 결국 승자의 자비에 모든 것을 맡길 수밖에 없었다. 그는 "내 행동 이…… 아버지의 권위를 떨어뜨렸다."라고 인정하면서 자신의 '자만심'은 소련에서 생활하는 동안 특별한 대우를 받았기 때문이라고 설명했다. "나는 '작은 영도자'로 대우받았으며…… 물질적으로 상당히 좋은 여건에서 생활했기 때문에 힘든 일을 거의 경험한 적이 없었다." 마오쩌둥과 저우언라이, 장칭은 그의 특수한 상황을 고려하여 "마오안잉을 천보다(마오쩌둥의 비서)의 통제하에 중앙위원회 조직 내에서 비교적 낮은 수준의 기술적인 사업에 활용하기로 결정했다. 그의 "생활 여건은 같은 수준의 다른 노동자들과 전혀 차이가 없어야 한다."라고 규정되었다. 마오쩌둥은 1949년 2월까지 아들을 만나기를 거절했다. 마오안잉은 부친의 집에 허가 없이는 들어갈 수 없었다.[37]

물론 마오쩌둥은 집안 문제로 장제스와의 권력 투쟁에 관한 생각이 달라지지 않았다. 당시 국민당 군대는 미국의 지원을 받아 막강한 전력을 자랑하고, 반대로 인민해방군은 기술이나 무장 면에서 크게 뒤떨어졌지만 시바이포에 자리 잡은 주더와 저우언라이, 류사오치를 비롯한 여러 당내 지도자는 국민당 군대를 궤멸시킬 전략을 마련하느라 골몰했다. 1948년 9월부터 이듬해 1월까지 다섯 달 동안 공산당은 세 차례에 걸쳐 중요한 전략 작전을 수행했다. 첫 번째는 만주, 두 번째는 동중국, 세 번째는 베이징과 톈진이었다. 이로써 50만 명이 넘는 국민당 병사들을 살상했으며, 베이징을 비롯한 여러 도시를 빼앗았다. 한두 해 전만 해도 이런 일이 가능하다고 믿는 사람이 거의 없었다. 1946년 8월 미국 기자 안나 루이스 스트롱(Anna Louise Strong)과 인터뷰할 당시 마오쩌둥이 "모든 반동파는 종이호랑이에 불과하다."라고 말했지만 사람들은 그저 웃기만 했다.* "우리는 그저 소총에 의지하고 있지만 역사는 우리의 소총이 전

---

* 몇 년 후인 1949년 초 병적으로 의심이 많은 스탈린이 마오쩌둥에게 서신을 보냈다. "우리는 미국 작가 안나 루이스 스트롱이 미국 첩자라는 믿을 만한 정보를 가지고 있소. ……오랫동안 미국 첩자로 활동해 왔소. 그러니 그녀를 당신네 심장부나 공산당이 점령하고 있는 지역으로 끌어들이지 말기를 권고하오." 물론 이는 전형적인 스탈린식 허튼소리다. 실제로 안나 루이스 스트롱은 중국 공산주의 운동의 열렬한 지지자였다. 그녀는 1958년 아예 중화인민공화국으로 이주하여 죽을 때까지 그곳에서 살았다.(그녀는 1970년

투기와 탱크로 무장한 장제스의 군대보다 강력하다는 것을 증명하게 될 것이다." 이러한 마오쩌둥의 발언은 웅변적이고 논쟁적이며 과장된 언사로 여겨졌다.[38] 그러나 인민해방군은 실제로 계속 승리를 구가했다. 1949년 1월 31일 베이징을 방어하고 있던 푸쭤이(傅作義) 장군과 협의한 끝에 인민해방군은 평화롭게 베이징으로 진입했다. 난징은 4월 23일, 상하이는 5월 27일, 칭다오는 6월 2일 인민해방군이 차지했다. 국민당 정부는 처음에 광저우로 도망쳤다가 다시 충칭과 청두를 거쳐 결국 타이완으로 넘어가고 말았다. 소련 정부는 중국 혁명을 위해 수천만 달러를 지불했다. 이제 중국 대륙은 공산주의 독재 정부가 장악하게 되었다.

중국공산당이 승리한 원인은 무엇일까? 인민해방군은 어떻게 적진을 돌파하는 데 성공했을까? 무엇보다 가장 중요한 것으로 마오쩌둥 군대가 전쟁 초기 단계에서 적극적으로 활용한 전통적인 유격대 방식을 거론하지 않을 수 없다. 처음 한 달 동안 공산주의자들은 적군이 더욱 바쁘게 돌아다니도록 만들었다. 목적은 "적을 극도의 피로와 식량 부족 상태로 몰아넣은 다음에 섬멸할 기회를 포착하는 데 있었다." 마오쩌둥은 이를 "귀찮게 달라붙는 전술(蘑菇戰術)"이라고 불렀다.[39] 일찍이 1947년 여름부터 인민해방군은 적의 진지를 공격하기 시작했다.[40]

둘째, 국민당 군대는 내적으로 분열된 상태였으며, 장군이나 장교들은 이러한 상황을 개선하는 데 무력했다. "중국 공산주의자들은 열정이 넘쳐 거의 광적인 수준에 이른 데"[41] 반하여 국민당 정부군 사병들의 사기는 완전히 땅에 떨어진 상태나 다를 바 없었다. 장제스의 군대는 완전히 전의를 상실한 상태였다. 특히 부패와 지역주의가 모든 부대에 만연했다. 군국주의의 잔재도 여전히 강하게 남아 있었다. 지휘관들은 근본적으로 자기 부대를 사회에서 자신의 정치적 영향력이나 축재의 원천 정도로 간주하고 있었기 때문에 굳이 휘하 부대

사망했다.) 그러고는 베이징 시내 바바오 산 혁명공묘(八寶山革命公墓)에 묻혔다. 묘비에는 다음과 같은 글이 적혀 있다. "중국 인민의 친구이자 진보적인 미국 언론인." 말이 나온 김에 한마디 더 하자면, 아그네스 스메들리 역시 1950년 사망한 후 바바오 산에 묻혔다.

를 위험에 노출시킬 생각이 없었다.

셋째, 국민당 정부는 경제 발전을 촉진시킬 만한 능력이 없는 것이 분명해 보였다. 1946년 인플레이션이 전국을 강타했다. 1945년 9월부터 1947년 2월까지 위안화의 가치가 거의 30분의 1 수준으로 폭락했으며, 1947년 물가 상승률은 매달 26퍼센트에 달했다. 경제 위기가 날로 악화되었다. 당시 목격자의 증언은 다음과 같다. "인플레이션으로 인해 심각한 금융 위기가 찾아왔다. ……인플레이션은 아침에 계란 세 알을 살 돈으로 오후가 되면 겨우 계란 한 알을 살 수 있을 만큼 심각한 수준이었다. 사람들은 수레에 돈을 싣고 다녔으며, 미곡 가격이 특히 높아 평상시 같으면 도둑질은 꿈도 꾸지 않던 시민들조차 미곡상에 난입하여 곡식을 훔쳐 달아나기도 했다."[42]

파업도 점차 늘어났다. 1946년 상하이만 해도 1716건의 파업이 발생했다. 1948년 봄, 정부는 주요 도시에서 식량 배급제를 도입했으며 곡식 비축량을 늘리기 위해 강제적으로 싼 가격에 곡식 수매를 시작했다.[43] 이러한 조치로 인해 국민당의 원군이자 오랜 맹우라고 할 수 있는 부유한 농민들이 등을 돌리기 시작했다. 대다수 국민들도 장제스의 국내 정책에 대해 불만을 키워 갔다. 중국 공산당은 이러한 형세를 틈타 주변의 정치 역량을 단결시키는 데 총력을 기울였다. 그들은 사회주의나 공산주의 또는 스탈린주의의 깃발이 아니라 신민주주의라는 구호하에서 권력을 장악할 수 있었다. 이것이 결정적으로 중요한 요인이었다.

넷째, 소련의 태도도 중요했다. 비록 스탈린이 처음에 중국의 내부 갈등에 대해 신중한 입장을 취하기는 했지만 일부 역사학자들이 잘못 판단하고 있는 것처럼 중국의 공산주의 혁명을 반대한 것은 결코 아니었다.[44] 처음에 그는 중국을 양쯔 강(장창 강)을 경계 삼아 양쪽으로 분할하는(북쪽은 중국공산당, 남쪽은 국민당) 가능성에 대해 분명히 언급한 바 있다.[45] 그러나 장제스 정부로부터 몇 차례의 제안이 있었음에도 불구하고 교전 쌍방 사이에서 어떤 형태의 조정이나 중재도 거절했다.[46] 비록 여러 차례 중국 주재 대사관에 단정적인 훈령을 전달하여 중국 내 무력 충돌에 개입하지 말 것을 요구했지만 국민당을 구원할 생각이 있었던 것은 결코 아니다.[47] 난징 함락 이전에 주중 대사 니콜라이 로시친(Nikolai Roshchin)에게 미국과 영국 대사가 수도에 그대로 남아 있는 상황에서 장제스를 따라 광저우로 내려갈 것을 명령한 것은 분명한 사실이다. 그러나 그의 말에 따르면, 그렇게 명령한 것은 "그(로시친)가 우리(스탈린)에게 양쯔 강 이남의 상황과 국민당 수뇌부 및 그들의 미국인 고문들에 대해 정기적으로 보고할 수 있도록 정보를 확보하기 위함이었다."[48] 스탈린은 비밀리에 마오쩌둥에게 이러한 사실을 통보했다. 1948년 초 마오쩌둥이 시바이포에 도착하기도 전에 이미 스탈린은 크렘린에서 불가리아와 유고슬라비아 전국대표대회단과 만나 회담하면서 중국 내전의 전망에 대해 평가하여 소련이 틀리고 중국공산당이 맞았다고 인정한 바 있다. 1949년 7월 비공식적으로 소련을 방문한 류사오치와 만났을 때도 이와 유사한 이야기를 나누었다. "1945년 8월 내가 당신네 해방 전쟁을 저지하기 위해 전보를 보냈소?" 그가 류사오치에게 물었다. 물론 류사오치는 당연히 그렇지 않다고 대답했다. 하지만 스탈린은 대화 상대자가 단순히 그를 기쁘게 하기 위해, 그리고 이전에 자신이 중국에 대해 취했던 신중한 정책(실책)에 책임이 없다는 뜻을 전하기 위해 그렇게 말하고 있다는 것을 느꼈다. 그래서 이렇게 덧붙였다. "이제 나도 많이 늙었소. 지금 내 관심사는 내가 죽은 후에 여러 동지들이(그가 지목한 이들은 클리멘트 보로실로프(Kliment Voroshilov) 장군과 몰로토프를 포함한 여러 사람들이다.) 제국주의를 두려워할 것이라는 점이오."[49]

스탈린은 중국의 내부 갈등과 충돌에 개입할 생각은 없었지만 중국공산당을 위해 무기를 제공하고 충고를 마다하지 않았다. 그는 특히 그 기간에 마오쩌둥과 다양한 방법으로 연락을 주고받았다. 비밀을 유지하기 위해 필리포프(Filippov)라는 러시아 가명이나 펑시(馮西)라는 중국식 가명으로 대리인을 통해 마오쩌둥에게 전달했다. 그들 대리인 가운데 한 명은 안드레이 올로프 박사이고, 다른 한 명은 일찍이 소련 교통인민위원을 역임했으며 1949년 1월 시바이포에 도착한 이반 코발레프(Ivan V. Kovalev) 장군이다. 스탈린은 미국이 중국 내전에 직접 간여할 가능성에 대해 염려하고 있었기 때문에 서방 세계를 기만하려는 전략을 계속 고집할 수밖에 없었다. 내전 내내 그는 중국공산당이 볼셰비키당으로부터 거리를 두고 있다는 것을 보여 주려고 애쓰는 마오쩌둥을 능가했다. 1947년 말부터 계속해서 마오쩌둥은 스탈린을 방문하고 싶다는 생각을 표출했다. 하지만 스탈린은 중국에서 군사 작전이 종결되기 전까지 그의 방문을 허락하지 않았다. 그는 서방 세계나 장제스가 마오쩌둥에게 '소련의 첩자'라는 꼬리표를 달 기회를 주고 싶지 않았다.

1946년부터 1949년까지 중국 내전 기간에 스탈린은 시종일관 마오쩌둥의 진정한 공산주의자로서의 열정을 식히려 했다. 문헌에 따르면, 그 기간에 마오쩌둥이 스탈린보다 훨씬 과격했음을 알 수 있다. 1946년부터 1949년까지 마오쩌둥은 이미 신민주주의 개념을 고수하는 데 소극적이었다. 그는 국민당을 패퇴시킬 수 있다는 것을 인지하기 무섭게 신민주주의에 대한 태도를 바꾸었다. 그가 중일 전쟁 당시에 전략적인 이유로 신민주주의 노선을 견지한 것은 무엇보다 중국공산당이 약했기 때문이었다. 이제는 상황이 바뀌었다. 그래서 장제스를 물리칠 수 있다는 자신감이 생기자 스탈린에게 기존의 노선을 포기하겠다고 요구하기 시작했다. 비록 공식적으로 모스크바의 지도자를 자극하지 않기 위해 기존의 노선(신민주주의 노선)을 계속 견지하는 것처럼 보였지만 마오쩌둥은 심심찮게 이를 반대하는 발언을 마다하지 않았다.[50] 스탈린이 여전히 신중한 태도를 보인 것은 미국과의 핵 충돌에 대한 두려움이나 워싱턴을 속이려는 그의 생각에서 볼 때 능히 해명 가능한 문제다. 러시아 민족 공산주의자로서 스탈린은 중국공산당이 승리하는 결과를 생각하면서 미래에 출현하게 될 강력한 공산주의 권력의 새로운 중심에 대해 염려하지 않을 수 없었을 것이다. 소련의 모델에 따라 독재 방식을 통해 신속한 경제 현대화를 이루게 된다면 공산주의 세계에서 그의 헤게모니를 위협할 수도 있었다. 마오쩌둥의 '민주주의적' 목표를 제한함으로써 스탈린은 마오쩌둥을 그에게 결속시키고 중국공산당의 전략 노선을 그의 정치적 행동 방침에 종속시킬 수 있었다.

중국공산당이 내전에서 승리할 가능성이 커져 감과 동시에 스탈린의 마오쩌둥에 대한 의심도 점점 짙어졌다. 특히 1948년 '유고슬라비아 충격' 이후, 즉 이전까지만 해도 소련의 가장 충성스러운 위성국 가운데 하나인 유고슬라비아의 지도자 요시프 브로즈 티토(Josip Broz Tito)가 돌연 소련과 결별하고 말을 듣지 않기 시작하면서 더욱더 스탈린의 의심이 증폭되었다. 이른바 '티토 사태' 이후 스탈린은 측근들과의 사적인 대화에서 이번에는 중국발 새로운 위협의 가능성에 대해 우려하는 발언을 하기 시작했다. "마오쩌둥은 도대체 어떤 인물이지? 그는 뭔가 특별한 세계관을 가지고 있는 것 같아. 일종의 농민적 세계관이라고 할까? 노동자를 두려워하는 것 같아. 그래서 그의 군대도 도시에서 떠난 것 아닌가?" 그는 골똘히 생각하며 혼잣말을 했다.[51] 스탈린의 오른팔로서 스탈린의 요청에 따라 마오쩌둥이 "어떤 인물인지" 직접 가서 보고 왔던 몰로토프 역시 스탈린과 이야기할 때 마오쩌둥을 '중국의 푸가초프(Emelyan Ivanovich Pugachov)'라고 하면서 의심의 눈초리를 거두지 않았다.* "그는 물론 마르크스주의자와 다릅니다." 몰로토프가 말했다. "그는 나에게 자신은 마르크스의 『자본론』을 읽어 본 적이 없다고 말한 적이 있지요."[52] 1949년 초 스탈린은 심지어 1923년부터 1927년까지 쑨원과 우한 정부의 '수석 고문'을 지냈던 보로딘에게 서신을 보내 마오쩌둥에 대한 의견을 요청한 적도 있었다. 편집증 환자나 다를 바 없는 지도자가 원하는 것이 무엇인지 분명히 알고 있었기 때문에 보로딘은 다음과 같이 써 보냈다.

독립적이고 개성적인 성격이며, 더욱이 '독불장군'과 같은 경향은 그간 몇 년 동안 이미 증명된 바 있습니다. 회의 중 다른 이들이 발언할 경우에는 무료해하고 관심을 두지 않지만 자신이 발언할 때면 마치 다른 이들은 누구도 자기 앞에서 말할 수 없는 것처럼 행동합니다. ……마오쩌둥 특유의 특징은 지나친 자심감에서 드러납니다. 이미 오래전부터 자신을 사회 과학에 공헌한 이론가로 자부하고 있습니다. ……그는 어떤 계급보다 농민이 우월하며…… 이에 따라 프롤레타리아(무산 계급)의 영도 역할을 과소평가하는…… 그릇된 관점을 가지고 있습니다. 마

---

* 푸가초프는 18세기 러시아에서 대규모 농민 반란을 주도한 유명한 카자크 출신 우두머리다.

오쩌둥은 나와 대화하면서 반복적으로 이러한 관점을 이야기했습니다.

1930년대 말부터 1940년대까지 중국공산당을 지도했던 KGB 대령 게오르기 모르드비노프(Georgii Mordvinov) 역시 마오쩌둥에 대해 호의적이지 않은 내용을 보고했다. 그는 "마오쩌둥의 가부장적인 성향, 병적인 의심, 비범한 야심, 과도한 권력욕이 결국 개인숭배로 발전했다."[53]라고 강조했다. 어쩌면 후자의 성격 묘사가 스탈린과 정확하게 맞아떨어지기 때문에 난처해지지 않았을까? 아무튼 보로딘의 평가로 인해 스탈린은 마오쩌둥에 대해 방어 자세를 취했다.

상황이 명확해질 때까지 스탈린은 비록 장칭과 딸 리나의 소련 입국을 허락했지만 마오쩌둥만은 허락하지 않았다. 모녀의 소련 방문은 극비리에 이루어졌다. 장칭은 마리안나 유수포바(Marianna Yusupova)란 가명을 썼다. 이번 여행의 공식적인 이유는 병 때문이었다. 옌안의 동굴 생활과 산시(山西)와 산시(陝西), 허베이에서의 진이 빠질 만큼 장기간에 걸친 고된 행군으로 인해 장칭은 몸 상태가 말이 아니었다. 키가 162센티미터인데 몸무게가 44킬로그램밖에 되지 않았다. 그래서 마오쩌둥은 치료 겸 요양차 장칭과 딸 리나를 소련에 보내기로 마음먹었던 것이다.[54] 한편 장칭은 소련에서 생활하며 주요 인사들과 접촉하기로 되어 있었다. 그녀의 방문에 대해 스탈린이나 마오쩌둥 두 사람은 이해관계가 일치했다.

장칭과 리나는 1949년 5월부터 8월까지 모스크바에 체류했다. 장칭은 5월 18일 그라노프스키 가(Granovsky Street)에 있는 크렘린 병원 이비인후과에 입원했다. 진찰 결과 만성 피로로 인한 심신 쇠약에 시달리고 있다는 진단을 받았다. 그곳에서 한 달 넘게 치료를 받았다. 그녀는 심신 쇠약 외에도 만성 피로, 위통, 간헐적인 설사, 불면증, 그리고 지나치게 흥분하는 과민 증세를 호소했다. 그녀는 병실을 항상 섭씨 18도 정도로 유지해 줄 것을 요청했다. 그녀는 자신이 이질로 인해 두 번이나 고통을 받았으며, 어린 시절부터 매년 몇 차례씩 협심증으로 발작 증세가 있었다고 말했다. 1949년 6월 13일 담당 의사와 상의한 끝에 편도선 제거 수술을 받았고, 2주 후 모스크바 외곽의 바르비카 요양원으로 이송되었다. 이후 딸과 함께 한동안 소련 정부 소유의 다차(dacha, 시골별장)에서 휴식을 취했으며, 8월 29일 크림으로 보내졌다. 스탈린은 여행 편의를 위해 특별 열차를 제공했다. 그녀는 러시아 제국의 몰락을 주도한 그리고리 라스푸틴(Grigorii Rasputin)*을 살해한 펠릭스 유수포프(Felix Yusupov) 대공**이 살았던 코레이즈(Koreiz)의 옛집에서 묵었다. 장청은 흥미로운 우연의 일치로 바로 그 집 옛 주인의 성을 러시아어 가명으로 공유하고 있었다. 그녀는 아래층 전체를 차지했고, 나중에 체코슬로바키아 대통령이 된 루드비크 스보보다(Ludvik Svoboda)와 그 부인 이레나(Irena)가 위층에서 지냈다. 장청은 대부분의 시간을 부부와 당구를 치거나 주변을 산책하면서 보냈다. 소련공산당 중앙위원회는 장청에게 젊은 직원 한 명을 배치해 주었다. 아나스타샤 카르투노바(Anastasia Kartunova)라는 이름의 젊은 직원은 2년 전 모스크바 동방학원을 졸업한 여성이었다.[55]

1949년 7월 류사오치를 단장으로 한 중국공산당 전국대표대회단이 소련을 비공식 방문했다.[56] 11월 말 마오쩌둥의 요청에 따라 소련 정부는 신병 치료를 위한 런비스의 방문을 허락했다.[57]

이전과 마찬가지로 스탈린은 중국의 상황 전개를 유심히 지켜보았다. 그는 심지어 중국공산당 정치국 내부까지 비밀 정보 제공자를 심어 두었기 때문에 어느 정도 중국공산당 지도부에 효과적으로 영향력을 발휘할 수 있었다. 마오쩌둥과 다른 중국공산당 지도자들은 나름대로 끊임없이 자신들의 계획과 의도를 스탈린에게 보고했으며, 중요한 문제는 물론이고 아주 사소한 문제까지 정기적으로 모스크바와 상의했다. 예를 들어 1949년 2월 그들은 중국 수도를 난징에서 베이징으로 이전하는 것에 관해 '필리포프 동지'의 의견을 요청했다. 9월 28일 중화인민공화국 선포를 앞둔 전날에도 그들은 세계 여러 나라와

---

* 러시아 정교회의 수사로 니콜라이 2세와 황후의 총애를 받았으며, 나중에 유수포프를 비롯한 황족들에게 살해되었다. — 옮긴이

** 제정 러시아의 황족이자 니콜라이 2세의 조카사위. — 옮긴이

외교 관계를 복원하기 위해 "라디오를 통해 포괄적으로 통지"할지 아니면 "개별 국가마다 별도의 전보로 통지"할지에 대한 스탈린의 생각에 관심을 보였다.[58] "최고 지도자 동지"*는 마오쩌둥이 모스크바에 비밀 전문을 보낼 때 스탈린을 칭하는 말이다. 물론 마오쩌둥이 스탈린에게 "대단한 호감"[59]을 지닌 것은 아니었을지도 모른다. 하지만 자신이 그에게 언어 표현이나 행동 면에서 각별히 충성스러운 모습을 보여야 한다는 것은 확실하게 알고 있었다. 특히 스탈린이 천성적으로 의심이 많다는 것을 알고 있었기 때문에 더욱 그러했다. 예를 들어 1948년 8월 28일 향후 소련을 방문하여 스탈린과 논의하고 싶은 내용에 대해 전문을 보내면서 마오쩌둥은 분명하게 말했다. "우리는 우리의 정치 노선이 소련과 완전히 일치하도록 하기 위해 양해가 이루어질 필요가 있다고 생각합니다."[60]

1949년 1월 스탈린은 마오쩌둥을 모스크바로 초청하는 대신 자신의 전국대표대회 대표자로 아나스타시 이바노비치 미코얀(Anastas Ivanovich Mikoyan)을 비밀리에 시바이포에 파견하여 주요 문제를 논의토록 했다. 미코얀은 성이 같은 두 사람을 대동했다. 그 가운데 한 명인 이반 코발레프는 우리가 앞서 접했던 인물이고, 다른 한 명인 예브게니 코발레프(Evgenii Kovalev)는 소련공산당 중앙국제외교정책부 원동처 처장을 맡고 있었다. 미코얀은 그들이 못마땅했는지 나중에 스탈린에게 이렇게 말했다. "한 명은 멍청이고 다른 한 명은 겁쟁이입니다."

스탈린이 그의 대표자들에게 위임하여 마오쩌둥과 논의하도록 했던 문제들 중 하나는 바로 중국 신민주주의의 본질에 관한 것이다. 1947년 11월 30일 마오쩌둥은 스탈린에게 전문을 보냈다. "중국 혁명의 결정적 승리 이후 소련과 유고슬라비아의 예를 따라서 중국공산당을 제외한 모든 정파는 정치 무대에서 떠나야 할 것입니다. 이는 중국 혁명을 크게 강화시키게 될 것입니다."[61] 이는 공개적으로 마오쩌둥 자신이 「연합 정부에 대해」라는 글에서 쓴 내용을

---

* 중국어로 '大老闆'이라고 썼다. — 옮긴이

부정한 것이자 중국에서 다당제를 창출하기 위한 목적으로 내세운 신민주주의 노선과 완전히 상반되는 것이다. 1948년 4월 20일 스탈린은 마오쩌둥의 제안에 이의를 제기하는 내용의 전문을 보냈다.

우리는 이에 대해 동의하지 않습니다. 우리는 중국인들 가운데 중산 계층을 대표하고 국민당 집단에 반대하는 다양한 반대 당이 오랫동안 존재해야 한다고 생각합니다. 그리고 중국공산당은 헤게모니, 즉 영도적 지위를 장악하면서 중국 반동파와 제국주의 열강에 대항하기 위해 그들과 협력 관계를 구축해야 할 것입니다. 그들 정파의 몇몇 전국대표대회자가 중국 인민 민주 정부에 참여할 수 있어야 하며, 정부도 국민들 속에서 토대를 확대하고, 제국주의자들과 국민당 정부의 주구(走狗)*를 고립시키기 위해 연합 정부가 되어야 합니다.[62]

마오쩌둥은 스탈린의 이런 관점을 전적으로 받아들였다. 4월 26일 전문에서 그는 현지 중국공산당 지도자들의 '좌파 경향' 때문이라며 책임을 뒤집어씌우고 "최고 지도자"에게 그런 경향은 "이미 철저하게 바로잡았다."라고 통지했다.[63] 그러나 1948년 9월 또다시 정치 노선을 급진화하기 시작했다. 이번에는 경제적인 면에서 문제에 접근했다. 9월 8일부터 13일까지 시바이포에서 속개된 중국공산당 중앙정치국 회의에서 마오쩌둥은 신민주주의 기간의 국민 경제에서 사회주의 요소가 주도적인 역할을 해야 한다고 지적했다. 왜냐하면 혁명 이후 관료 자본이나 관료 자본에 속한 거대 기업 역시 국가의 재산이 될 것이기 때문이다.[64] 1949년 1월부터 2월까지 시바이포에 체류했던 미코얀은 마오쩌둥과 여러 차례 만나 소련의 입장을 자세히 설명했다. 그는 권유를 한다기보다 지시에 가까울 정도로 오만하게 행동했다. 마오쩌둥은 기분이 상했지만 불만을 내색하지 않고 스탈린의 지시를 따르겠다고 말했으며, 미코얀에게 근본적으로 생각의 변화를 보여 주는 절충안을 제시했다. 2월 초 마오쩌둥

---

* 여기서는 전국대표대회 구성원을 말한다. — 옮긴이

은 미코얀과 중국공산당의 현재와 미래 정책에 대해 잡다하게 이야기를 나누었다. 그는 민족 자산 계급과 협력하는 문제와 '부농' 재산을 몰수하지 않고 토지 개혁을 실시하는 것에 대해 언급하면서 비록 연합 정부에 몇몇 '민주 당파'가 포함될지라도 향후 중국은 본질적으로 '무산 계급 전정(專政)'이 될 것이라고 강조했다. 그는 또한 신중국 건설은 소련의 경험을 토대로 이루어질 것이라고 단언했다.[65]

'최고 지도자'를 설득시키기 위해 마오쩌둥은 스탈린의 특사에게 자신의 이념적 공식은 중국 혁명의 본질에 관한 스탈린의 논지에서 얻은 것이라고 말했다.[66] 실제로 그의 절충적인 입장은 근본적으로 스탈린의 견해와 모순되는 것이 아니었다. 여러 가지를 고려한 결과 스탈린도 마음을 누그러뜨릴 수 있었다. 그는 향후 통일 중국에서 공산당의 역량을 충분히 위장할 수 있을 것인가에 대해 걱정하고 또한 중국 현대화의 잠재적인 속도에 대해 우려하고 있을 뿐이었다. 그렇기 때문에 자신의 지시가 공식적으로 받아들여진 것을 알고 대단히 만족했다.[67]

하지만 1949년 초 국민당에 대한 전승이 예견되는 상황에서 마오쩌둥은 또다시 자신의 급진적인 이념으로 되돌아가 신민주주의의 경계에서 벗어나려 했다. 1949년 3월 시바이포에서 열린 중국공산당 7기 2중전회에서 마오쩌둥은 '신민주주의' 개념 자체를 전혀 언급하지 않았고, 대신 인민 민주 혁명이라는 상투적인 문구를 사용했다. 2중전회를 총결하는 결의안은 마오쩌둥이 두 가지 개념을 어떻게 구분했는지를 보여 준다. 인민 민주주의를 "자본주의의 존재와 발전"이라고 부르는 동유럽 국가에서도 "자유 무역과 경쟁의 존재와 발전은…… 제한되고 억제되었다."[68] 이와 대조적으로 신민주주의는 상당한 경제적 자유를 암시하고 있다.[69] 2중전회 이후로 신민주주의 개념은 마오쩌둥의 연설이나 문장에서 거의 사라졌다. 1949년 6월 30일 중국공산당 창건 28주년을 기념하여 공포된 그의 강령적인 글은 '인민 민주주의 독재를 논함(論人民民主專政)'이라는 제목이 붙었다.[70] 몇 년이 지난 후 마오쩌둥은 이렇게 인정했다. "본질적으로 자산 계급을 소멸시키는 것에 관한 기본 명제는 중국공산당 7기 2

중전회의 결정에 포함되어 있었다."[71]

스탈린은 중국 혁명이 승리한 이후인 1949년 12월 이러한 입장을 바로잡을 수 있었다. 그럼에도 불구하고 그의 전술적 책략은 마오쩌둥이 장제스에 대해 인상적인 승리를 얻는 데 도움을 주었다. 1947년 말과 1948년 초 신민주주의자로 위장한 중국 공산주의자들은 중국공산당과 모스크바와 오랫동안 협력 관계에 있던 쑨중산의 미망인 쑹칭링의 도움을 얻어 국민당을 분열시키는 데 성공했다. 1948년 1월 1일 국민당 내 좌파들은 홍콩에서 만나 이른바 국민당 혁명위원회 구성을 선언했다. 쑹칭링이 명예 주석이 되었으며, 펑위샹과 탄핑산을 비롯한 유명 인사들이 지도부에 합류했다.

3월 23일 마오쩌둥과 중앙위원회 간부들은 시바이포를 떠나 두 달 전에 인민해방군 부대가 점령한 베이징으로 향했다. 출발에 앞서 마오쩌둥은 크게 웃으며 저우언라이에게 이렇게 말했다. "오늘은 우리가 시험을 보기 위해 수도로 가는 날이군."

"당연히 우리 모두 시험에 합격해야지요. 물러설 수 없지요." 저우언라이가 대답했다.

"물러선다는 것은 실패나 다를 바 없지. 하지만 이자성(李自成)*처럼 되면 안 될 것이오. 우리 모두 좋은 성적으로 합격하길 희망해 봅시다."[72]

마오쩌둥이 자못 심각하게 대답했다.

공산주의자들은 그들이 원하는 모든 것을 결국 해냈다. 1949년 9월 30일 그들은 다당제 연합 정부를 조직했다.** 마오쩌둥은 주석이 되었고, 류사오치와 주더, 쑹칭링이 부주석 자리에 올랐다. 10월 1일 중국공산당이 열흘 전 베이징

---

* 이자성은 명나라 말기 백성들이 대규모로 들고 일어났던 기의의 우두머리다. 1644년 시안을 점령하고 황제가 되었음을 선포했지만 끝까지 유지하지 못했다. 마오쩌둥의 비유적 표현에 따르면 그는 시험에 통과하지 못한 것이다. 결국 청나라 만주족의 공격으로 인해 패퇴할 수밖에 없었으며, 1645년 여름 살해당했다.

** 이후로 중화인민공화국에는 집권당인 중국공산당을 제외하고 공산주의자들과 연합 전선을 구축하고 있는 여덟 개의 군소 민주 정파가 존재하게 되었다. 그들은 중국공산당 일당 독재 체제하에서 진정한 야당으로서 존재하는 것이 아니라 일종의 진열장 장식일 뿐이다. 1950년대 초 그들 가운데 몇몇은 이른바 연합 정부의 직책을 얻기도 했다.

이란 예전 이름을 되찾은 그곳에서 중화인민공화국의 수립을 선언했다.

그날은 그에게 가장 멋진 시간이었다. 그는 예전 황제가 거처하던 쯔진청 앞에 우뚝 서 있는 톈안먼 성루의 주석 자리에 섰다. 그는 아래 중앙 광장에 가득 들어찬 군중을 바라보았다.(거의 40만 명에 달하는 이들이 경축 행사에 참가했다.) 그의 발 앞에 오랜 역사와 문화를 지닌 위대한 나라가 놓여 있었다. 이제 그는 가장 강력한 지배자가 되었다. 그는 무엇을 생각하고 있었을까? 고통스러운 투쟁의 나날이었을까? 이미 이 세상 사람이 아닌 친구와 동료들이었을까? 어쩌면 그와 오랫동안 고통을 당한 중국 인민의 미래에 대해 생각했던 것이 아닐까? 아쉽게도 지금 우리는 알 수 없다.

그 옆에 저우언라이, 류사오치, 주더, 그리고 공산당 지도부와 쑹칭링을 비롯한 연합 정부의 여러 성원이 서 있었다. 마오쩌둥은 쾌활하고 홀가분하여 치아가 드러날 정도로 밝게 웃었다. 자신의 승리를 애써 숨기고 싶지 않았던 것이다. 새로 마련한 짙은 갈색의 상의(중산복(中山服)) 왼쪽에 '주석(主席)'이란 노란 글자를 새긴 붉은 리본이 옷핀에 매달려 있었다. 이후 오랫동안 '주석'이란 말은 중화인민공화국에 살고 있는 모든 이의 삶에서 지극히 중요한 것이 될 터였다.

3부 독재자

24

붉은 메카를 방문하다

베이징에 온 마오쩌둥은 처음에 도시 서북쪽에 위치한 그림 같은 풍경을 지닌 샹산 산(香山)의 쌍칭(雙淸) 별장에 머물렀다. 우아한 건축물과 정원, 탑 등으로 이루어진 이곳은 오랫동안 중국의 지배자들이 고독을 즐기는 장소였다. 특히 18세기 청나라 건륭제는 이곳을 놀라울 정도로 아름다운 복합 정원으로 변신시켰다. 솔잎 향 그윽한 맑은 공기와 산들바람에 흔들리는 소나무 가지, 거기에 더해 푸른 호수의 매끄러운 수면, 모든 것이 평화로운 분위기를 자아냈다.

마오쩌둥은 1949년 3월 말 이곳에 도착했다. 베이징이 아직 황사로 뒤덮여 있을 때였다. 베이징은 몽골 평원*에서 불어오는 맹렬한 먼지바람으로 인해 숨을 쉬기조차 힘들었다. 하지만 샹산 산은 봄을 만끽하기에 충분했다. 주변 꽃들은 향기를 내뿜고 새들이 즐겁게 노래했다. 인근 산속에서 흘러내리는 샘물이 두 군데라는 뜻에서 취한 쌍칭이란 이름은 특히 사랑스러웠다. 공산주

---

* 고비 사막을 뜻하는 것 같다. — 옮긴이

의자들은 안전을 이유로 마오쩌둥이 거주하는 곳을 노동대학(勞動大學)이라고 부르거나 간칭하여 노대(勞大)라고 했다. 누가 그런 이름을 생각해 냈는지는 알 수 없으나 아주 적절한 명칭이 아닐 수 없다. '勞'의 성조를 조금만 바꾸어* '老'로 읽으면 나이가 들어 존경할 만한 인물이란 뜻이고, '大'는 위대하다는 뜻이 되기 때문이다. 주석만큼 이런 별칭이 어울리는 사람이 없지 않은가! 그러나 전쟁이 아직 끝나지 않았기 때문에 중국공산당의 최고 우두머리가 사는 곳은 여전히 비밀에 부쳐졌다.

쉰여섯 살이 된 마오쩌둥은 1936년 에드거 스노와 인터뷰할 당시처럼 강철 체력을 지닌 탄탄하고 늘씬한 젊은이가 아니었다. 이제는 체중이 불어 비대해졌고, 기력 또한 많이 쇠진한 상태였다. 예전과 달리 머리도 짧게 깎았다. 계속해서 불면증에 시달리고 자주 감기에 걸렸다. 몇 해 동안 혈관 신경증을 앓아 혈관 무기력에 따른 기능 장애가 있었으며, 이로 인해 땀을 많이 흘리고 고열과 두통, 현기증, 요통에 시달렸으며, 손가락과 발가락 등 관절에 신경 장애가 있었다. 때로 과민하여 신경질을 부리며 자제심을 잃기도 했다. 그는 주변 사람이나 의사들에게 "마치 솜 위를 걷는 느낌"이라며 불평을 늘어놓기도 했다. 때로 걸을 때 균형을 잃어 마치 허공을 움켜쥐듯이 팔을 휘두르기 시작한 것도 그즈음이었다. 그럴 때면 마치 지면이 발아래로 꺼지는 것처럼 "디딜 땅이 사라지는 듯한" 느낌이 들었다.[2]

그는 여전히 하루에 15시간에서 16시간씩 일했다. 그러니 피곤이 누적되는 것도 당연했다. 그는 이미 오래전부터 해 오던 일상적인 생활 습관을 결코 바꾸지 않았다. 오후 2시 혹은 3시까지 취침하고 저녁에 회의를 열었으며, 아침이 될 때까지 책을 읽거나 글을 썼다. 심한 골초여서 하루에 거의 세 갑 정도의 담배를 피웠는데 주로 미국산 체스터필드, 영국산 스리파이브(555), 중국 담배 홍싱(紅星)을 애용했다.

나이가 들면서 그는 젊고 활기가 넘치는 장칭에게 더욱더 애착을 가졌다.

---

* '勞'는 2성, '老'는 3성이다. ─ 옮긴이

그에게 그녀는 열정적인 애인이자 빈틈없는 비서이고 또한 가정주부였다. 그녀는 그의 건강과 일상생활을 돌보았으며 회견 일정, 의복, 식사, 산책까지 모두 도맡았다. 마오쩌둥은 정기적으로 무도회를 열고 장칭 역시 춤을 즐겨 추었는데, 그때마다 그녀는 마오쩌둥이 젊은 여자와 춤을 추도록 양보했다. 이렇듯 그녀는 허쯔전과 달리 질투를 하기보다 요령 있는 행동을 택했다. 나중에 그녀는 자서전에서 이렇게 말했다. "섹스는 처음 몇 번 사람을 미혹시키지만 지속적으로 사람을 미혹시키는 것은 권력이다."[3]

그녀가 없는 동안 마오쩌둥은 혼자 생활하기가 몹시 힘들었다. 부인과 떨어져 있다는 것은 큰 고통이었다. 어린 아들 마오안칭과 나중에 중국으로 귀국하여 '리민'이라는 새 이름을 지어 준 장녀 쟈오쟈오를 만났지만 별 도움이 되질 않았다. 그들은 장칭과 리나가 떠난 직후 부친과 함께 살기 위해 돌아왔다. 그들을 만주에서 데리고 온 이는 이반 코발레프였다.*

마오쩌둥은 아이들을 만나 따뜻하게 대했다.

"마오쩌둥 동지, 이들이 당신의 사랑하는 아이들입니다."

코발레프가 겁먹은 듯 주저하는 마오안칭과 쟈오쟈오의 손을 이끌며 마오쩌둥에게 말했다.

"아이들아 좀 더 가까이 오렴. 이분이 너희 부친이신 마오 주석이시다."

배석해 있던 관리 가운데 누군가가 말했다.

"나는 고개를 들어 전혀 알 수 없는 이를 보았다." 리민의 회상이다. "그는 느슨하게 풀려 있는 중산복에 검은색 천 슬리퍼를 신고 있었다. 평범하고 소박하여 전혀 지도자 같지 않았다." 리민은 부친을 만났을 때 상당히 다정했다고 기록했다. 마오쩌둥은 딸에게 다가가 입맞춤을 했다. 잠시 후 마오쩌둥이 뭐라고 말하자 그녀가 웃음을 터뜨렸다. 후난 사투리가 섞인 그의 말을 전혀 이해할 수 없었기 때문이다.

---

* 리민은 회고록에서 자신을 데려온 이는 소련의 전권 대사인 파벨 유딘(Pavel Yudin)이라고 했다. 하지만 그는 1950년까지 중국에 온 적이 없다. 1949년 스탈린의 전권 대사로 파견된 이는 코발레프이다.

하지만 곧 그들 사이가 잠시 냉랭해졌다. 리민이 부친을 따라 정원을 산책하면서 이렇게 물었기 때문이다. "아빠, 장칭이 저를 때리지 않겠지요?" 마오쩌둥은 어안이 벙벙하여 기이한 표정으로 딸을 처다보았다. 그리고 한참 동안 아무런 말도 하지 않았다. 리민이 계속 말을 이었다. "계모는 가끔씩 의붓자식들을 때린대요."[4]

장칭은 리민을 때리지 않았지만 그렇다고 마오쩌둥이 이전에 결혼하여 낳은 아이들과 가족처럼 친밀하게 지낸 것은 아니다. 아이들은 '엄마'라고 부르지 않으려 했으며, 장칭 역시 그들이 자신을 데면데면하게 대한다고 느꼈다. 그녀는 그들에게 똑같이 돌려주었다. 그녀는 자서전 집필을 위해 베이징에 온 젊은 미국인 록산느 위트케에게조차 리민에 대한 감정을 숨길 수 없었다. 그녀는 위트케에게 이렇게 말했다. "리민은 '민첩'하지 않아요."* 과연 그녀가 무슨 뜻으로 이런 말을 했는지는 여전히 미지수다.[5]

마오쩌둥은 가족 간의 미묘한 뉘앙스를 본격적으로 캐 볼 만큼 시간적 여유가 없었다. 그는 그저 장칭 편을 드는 것으로 끝나고 말았다. 결국 그는 대부분의 자유 시간을 주로 장칭의 딸이자 막내인 리나와 보냈으며, 이전 두 부인 소생의 아이들과는 비록 함께 살기는 했지만 그저 그렇게 대했다.[6]

1949년 9월 그는 마침내 아이들을 데리고 중국공산당 지도부 성원들과 함께 베이징 시내로 거처를 옮겼다. 그곳은 쯔진청 서쪽과 인접해 있고 벽돌 담장으로 둘러싸인 옛 궁전 중난하이(중하이와 난하이)였다. 그는 펑쩌위안(豊澤園)** 동쪽 이른바 쥐샹수우(菊香書屋)에 거처를 마련했다. 리민은 그곳을 이렇게 묘사했다.

펑쩌위안은 중앙에 오래된 아름드리 측백나무로 둘러싸인 전통적인 쓰허위안(四合院) 건물이다. 북쪽에서 남쪽, 동쪽에서 서쪽 두 개의 작은 길로 양분된 정

---

* 리민의 이름 '민'은 민첩하다는 뜻이다. 하지만 오히려 이름처럼 민첩하지 않고 행동이 굼뜨다는 뜻이다. ─옮긴이

** 민국 시절에 이녠탕(頤年堂)으로 개칭했다. ─옮긴이

원에 각기 똑같은 잔디밭이 조성되어 있었다. 아름다운 정원은 매우 조용하고 평화로웠다. 정원은 정확하게 대칭을 이루도록 설계되었다. 중앙에서 북쪽은 손님을 위한 응접실이고, 오른쪽과 왼쪽에도 방이 있었다. 장칭이 그 가운데 하나를 사용했고, 다른 방은 아버지를 위한 것이었다. 북쪽 방은 천장이 높고 넓었다. 아버지 방에는 큰 침대와 긴 의자, 안락의자, 책장, 책상이 있었다. 동쪽에도 세 개의 방이 있었다. 중앙은 거실 겸 식당이었다. 건물 맨 끝에는 학습을 하거나 별도의 목적으로 사용되는 응접실이 있었다. 남쪽에는 중앙에 현관이 있고, 양편에 마오 안칭과 동생 리나의 방이 자리했다. 구석에 있는 방은 처음에는 장칭의 응접실이었다가 나중에 우리가 탁구를 치거나 자유롭게 시간을 보내는 놀이방으로 사용되었다. 다른 구석방은 아버지의 서재였다.[7]

마오쩌둥은 큰 침실에서 대부분의 시간을 보냈다. 넓은 목제 침대에 누워 흩어져 있는 책들을 읽거나 문서 작업을 했으며, 부주석 류사오치나 중화인민공화국 수립 이후 행정 권력의 최고 기관인 국가행정위원회의 초대 총리 저우언라이를 포함해 정치국 위원들을 접견하기도 했다. 그 방에서 마오쩌둥은 신민주주의와 사회주의 건설기와 참혹한 결과를 낳은 대약진 운동 기간, 1960년대 초반 심각한 위기에 직면한 시절부터 이른바 무산 계급 문화대혁명 때까지 국가의 운명을 결정했다. 마오쩌둥은 1966년 8월까지 쥐샹수우에서 지내다가 문화대혁명 이후 중난하이의 유영지(游泳池, 수영장) 대청 오른쪽에 있는 작은 방으로 거처를 옮겼다.*(주석 경호실은 마오쩌둥과 그의 가족 등 주변 가까운 인물을 '제1조'라는 암호명으로 불렀다.)[8]

새로운 정부가 들어서고 한 달 동안 그는 중화인민공화국의 주요 발전 방향을 결정하면서 스탈린식의 국가 창조를 계획했다. 비록 혁명 승리 이후 3년 동안 형식적으로 신민주주의 공화국을 유지하면서 공식적으로 스탈린식 경제

---

* 이 방은 원래 마오쩌둥이 수영하기 위해 옷을 갈아입던 탈의실이었다. 그는 수영장 대청을 접견실 겸 서재로 이용했다. 닉슨과 다나카 총리를 만난 곳도 바로 여기다. — 옮긴이

와 정치 발전 모델을 그대로 따른 것은 아니었지만, 특히 소련 및 그 위성국과 밀접한 관계를 유지하고 제국주의에 대해 강력하게 반대했으며, 1950년부터 1953년까지 한국 전쟁에 적극 가담하여 미국과 무력 충돌을 마다하지 않았다. 신민주주의라는 허울 뒤에 소련을 본떠서 만든 냉혹한 공산주의 질서가 자리를 잡고 있었다. 마오쩌둥이 알고 있는 유일한 종류의 사회주의는 바로 『소련 공산당 간사 교정』 속성본을 통해 이루어진 것이다. 그는 스탈린을 스승을 여겼으며, 전 세계를 두려움에 떨게 한 소련을 본받아야 할 모델로 생각했다. 그는 스탈린주의에 따른 사회 정치 체제가 공산당에 의한 엄격하게 집중적이고 계급적인 전체주의, 제한 없이 전국적 범위에서 이루어지는 당 지도자에 대한 개인숭배, 공안 기관에 의한 시민들의 정치적·지적 생활에 대한 전반적인 통제, 사유 재산의 국유화, 완전히 중앙집권화된 계획, 중공업 우선 발전, 국방에 대한 막대한 지출 등을 의미한다는 것을 잘 알고 있었기 때문에 스탈린주의를 자신의 국가에 이식하려 했던 것이다.

그러나 중화인민공화국의 스탈린화는 1949년부터 1953년까지 중국에 대한 소련의 모순적인 정책에 의해 제약을 받았다. 중화인민공화국 수립과 동시에 스탈린은 강력하고 산업화된 중국이 출현함으로써 자신의 헤게모니를 위협할지도 모른다는 두려움을 느꼈다. 아울러 마오쩌둥은 물론이고 크게는 중국인 전체에 대한 광적인 의심도 점차 커지고 있었다. "스탈린은 우리를 의심하고 있었다. 그는 우리 모두에게 물음표를 쳤다." 마오쩌둥은 나중에 이렇게 회고했다.[9] 그는 크렘린의 독재자가 적어도 소련이 사회주의 체제의 경쟁국을 전혀 두려워하지 않을 정도로 강력해질 때까지 중국공산당의 사회주의 건설을 허락할 마음이 없다는 것을 확실하게 파악했다.

외부에서 볼 때 스탈린은 사회주의에 도달하기까지 시간이 얼마나 걸리는지는 혁명이 일어난 특정 국가의 사회 경제적 발전 수준에 달려 있다는 마르크스주의의 원칙을 고수하는 것처럼 보였다. 따라서 경제적으로 러시아보다 발전이 더딘 나라는 사회주의 건설을 위해 소련보다 오랜 노정을 따라야만 한다. 그런 나라들은 1920년대 소련의 신경제 정책(New Economic Policy, NEP)처럼 본격적인 사회주의를 완성하기 위한 과도기를 거쳐야 할 것이다.

마침내 스탈린은 마오쩌둥에게 초청장을 보냈다. 황감하게도 '인민의 아버지' 탄생 70주년을 기념하는 행사에 직접 참석하여 감축할 수 있는 기회를 허여한 것이었다.[10] 소련의 중국 정책을 직접 통제하던 스탈린은 중국 지도자의 방문을 대단히 진지하게 여겼다.[11] 1949년 12월 마오쩌둥이 방문하기 전날, 그는 또다시 '동굴 마르크스주의자'에 대한 정보를 요구했다. 이번에는 다행히 부정적인 보고에 덧붙여 마오쩌둥의 주치의였던 안드레이 올로프의 긍정적인 정보도 함께 제공되었다. "소련에 대한 그의 태도는 상당히 좋습니다." 올로프는 12월 10일 이렇게 보고했다. "이는 전체 공산당에 커다란 영향을 미치고 있습니다. ……중국 혁명과 중국 인민의 승리에 관한 소련과 스탈린 동지의 역할이 상당히 중시되고 있습니다. ……현재 마오쩌둥은 모든 희망을 소련과 소련공산당, 특히 스탈린 동지에게 걸고 있습니다."

스탈린은 천성적으로 자신의 정보원조차 신뢰하지 않는 성격이었기 때문에 이 보고서 역시 그의 두려움을 완전히 잠재울 수는 없었다. 올로프는 또한 마오쩌둥이 대단히 신중하고 화를 잘 내며 훌륭한 배우 같다고 말했다. "그는 감정을 숨길 줄 알며 자신의 역할을 잘 소화해 냅니다. 그는 이에 대해 측근(때로 저명인사)과 이야기를 하면서 자신이 제대로 해낼 수 있겠느냐고 웃으며 묻곤 했습니다."[12] 그렇다면 과연 '그 배우'가 스탈린 동지를 속였나?

12월 1일 소련 정치국은 '중국 정부 전국대표대회단의 도착, 체류, 전송에 관한 계획안'을 채택했다. 아주 사소한 세부 사항까지 세심하게 주의했다. 마오쩌둥을 위한 특별 객차를 포함한 특별 열차가 국경 오트포르(Otpor) 역에 준비되었다. 열차는 그를 수행하는 중국 측 인원을 위한 객차, 중국 주재 소련 대사 니콜라이 로시친을 위한 객차가 별도로 있었으며, 스탈린의 대리인으로 중국에 있던 이반 코발레프와 그 수행원을 위한 객차도 마련되었다. 이 외에 침실과 식당용 객차도 딸려 있었다. 정치국은 소련 국가안전부(MGB) 부장과 빅토르 아바쿠모프(Viktor Abakumov) 장관이 중국 전국대표대회단과 보안 요원들이 국경에 도착하여 다시 모스크바로 올 때까지 급식 제공의 책임을 맡도록 했다. 국가안전부는 또한 마오쩌둥과 수행원들이 묵을 거처를 모스크바 오스트로프스키 가 8번지에 마련하는 한편 최근까지 장칭이 딸과 함께 묵었던 자레치에(Zarech'e)의 다차 역시 마오쩌둥이 자유롭게 사용할 수 있도록 했다.[13]

소련 외교부 부부장(차관) 아나톨리 라브렌티예프(Anatolii Lavrent'ev)와 외교부 의전 담당 페도르 마트베예프(Fedor Matveev)가 오트포르 역까지 나가 전국대표대회단을 환영하기로 했다. 처음에는 소련 부장회의(장관회의) 부주석 니콜라이 불가닌(Nikolai Bulganin), 소련 외교부장 안드레이 비신스키(Andrey Vyshinskii), 국방부장 알렉산드르 바실레프스키(Aleksandr Vasilevskii), 그리고 외교부와 국방부의 고위급 관리들이 모스크바 야로슬라프(Yaroslav) 역에서 마오쩌둥을 직접 영접하기로 되어 있었다.[14] 그러나 마지막 순간에 스탈린은 환영 의식의 수준을 격상시키기로 결정하고, 당시 소련 부장회의 부주석인 뱌체슬라프 몰로토프를 역으로 보냈다.

마오쩌둥 역시 위대한 스승을 만나기 위해 나름의 준비를 갖추었다. 그는 상당히 긴장한 상태였다. 전혀 얼토당토않은 생각을 비롯하여 여러 가지 잡념으로 머리가 복잡했다. 그는 모스크바에서 살해될지도 모른다는 생각이 들기도 했다. 그래서 코발레프에게 자신의 안전을 위해 어떤 조치가 취해지고 있느냐고 여러 차례 묻기도 했다. 그는 무엇보다 스탈린을 직접 만나 탄생 70주년을 축하하고 자신이 직접 선택한 예물을 전달하고 싶었다. 그는 스탈린은 물론이고 몰로토프와 소련공산당 서기 안드레이 즈다노프 등과 많은 시간을 보낼 예정이었다. 아울러 휴식을 취하면서 의학적 치료를 받을 수 있기를 원했다. 하지만 무엇보다 중화인민공화국과 소련 사이에 우호, 동맹, 호조를 위한 협정을 체결하고 미화 3억 달러 차관이 원만하게 이루어지기를 기대했다. 소련 방문을 위해 마오쩌둥의 비서 천보다를 중심으로 또 한 명의 비서인 예쯔룽(葉子龍), 경위처 처장 왕둥싱(汪東興), 경호원 리자지(李家驥), 그리고 1920년대와 1930년대에 소련에서 오랫동안 살았기 때문에 러시아어가 능통한 통역 스저(師哲) 등이 포함된 소조가 조직되었다. 코발레프가 러시아어를 잘하는 마오안잉을 통역사로 추천했으나 마오쩌둥이 거절했다.[15] 비록 그가 공식적으로 '반란자'를 용서하고 토요일마다 중난하이를 방문하도록 허락한 것은 사실이지만 아들이자 장남인 그가 시바이포에서 보여 준 무례한 행동을 완전히 용서한 것은 아니었다.(마오안잉은 1949년 결혼했는데 류사오치가 중매를 섰다.)[16]

12월 초 마오쩌둥이 베이징을 떠날 때 소련 대사 니콜라이 로시친과 코발레프가 동행했다. 코발레프는 나중에 이렇게 회고했다. "인민해방군이 베이징에서 소련 국경에 이르는 철도 연변을 따라 보안 등급을 높여 경호를 강화했다. 일방통행만 가능한 철로 양쪽에 50미터 간격으로 무장 병사들이 바깥쪽을 보고 서 있었다. ……베이징에서 오트포르 역까지 자동 소총으로 무장한 병사들이 쇠사슬처럼 연이어 있었다."[17] 이런 경호는 불필요한 것이 결코 아니었다. 보다 강화된 보안 조치에도 불구하고 수류탄과 폭탄을 비롯한 여러 가지 폭발물이 톈진 역에서 발견되었다.[18]

12월 16일 정오 소련과 중국 국기로 장식한 특별 열차가 마오쩌둥을 태우고 야로슬라프 역으로 들어섰다. 추운 날씨 속에서 환영식은 무미건조하고 형식적으로 진행되었다. 그를 환영하는 사람들은 어떻게 해야 할지 모르는 것이 분명했다. 마오쩌둥을 끌어안고 입맞춤을 할 것인가? 아니면 악수만 할 것인가? 마오쩌둥은 당혹스럽기도 하고 모멸감이 들기도 했다. 플랫폼에 서서 그는 몰로토프를 비롯한 소련 정부 관리들을 향해 "친애하는 동지, 친구 여러분!"이라고 말문을 열었다.[19] 그러나 따뜻한 화답이 없었다. 사람들은 부자연스러웠고, 추운 날씨조차 이를 반영하는 듯했다. 추운 날씨로 인해 환영식도 축소될 수밖에 없었다.[20]

그날 오후 6시에 그는 스탈린의 초대를 받았다. 회담은 짧았지만 주목할 만했다. 처음에 세계의 '평화 전망'에 대해 언급한 스탈린은 골치 아프게 생각하는 문제, 즉 신민주주의와 사회주의의 관계에 관한 이야기를 꺼냈다. 그는 "중국공산당은 반드시 민족 자산 계급을 고려해야 할 것"이라고 강조했다. 또한 "중국이 굳이 영국과 갈등을 빚을 필요는 없으며…… 핵심은 돌진이 아니라 충돌을 피하는 것"이라고 지적하면서 서방 세계에 대한 마오쩌둥의 강경한 입장을 누그러뜨리려고 했다. 마오쩌둥은 "아직까지"[21] 민족 자산 계급과 외국 기업을 건드리지 않을 것이라고 스탈린을 안심시켰다.

이후 그는 교외에 있는 다차에서 사흘하고 반나절을 머물러 있어야만 했다. 스탈린은 더 이상 그를 초대하지 않았고, 마오쩌둥은 그가 무슨 생각을 하는지 알 수 없었다. 몰로토프와 불가닌, 미코얀, 비신스키 등이 의례상 마오쩌둥을 방문했지만 그들과의 만남이 만족스럽지는 않았다. 그들은 공식적인 의전에 따를 뿐이었다. 주최 측의 행태는 불신임과 낯선 경고의 뜻을 담은 것이 분명했다. "그들(몰로토프를 비롯한 소련 측 인사)은 잠깐 와서 의자 한쪽에 앉아 있기만 했다." 코발레프는 나중에 이렇게 회고했다. "더군다나 마오쩌둥이 함께 식사를 하자고 했으나 정중히 거절하고 떠났다. 이는 그에게 모욕감과 불쾌감을 안겨 주었다."[22]

12월 21일 스탈린의 생일, 마오쩌둥은 기념식에 참석하기 위해 볼쇼이 극장으로 향했다. 그는 상당히 불안했다. 심지어 머리가 어지러워 아트로핀 몇 알을 삼켜야만 했다. "위대한 지도자이자 스승"의 탄생을 기념하는 축사를 하기 전까지 몸 상태가 너무 안 좋았다. 그나마 마오쩌둥을 진정시키고 위안을 준 것은 스탈린이 그를 자신의 오른쪽 자리에 앉도록 권했다는 점이었다. 하지만 만찬 내내 전혀 즐겁지 않았다. 스탈린의 수행원들과 달리 마오쩌둥은 술을 거의 마시지 않았으며 밋밋하기만 한 러시아 음식이 입에 맞지 않았다.

그를 정말로 망연자실하게 만든 것은 만찬이 끝나고 다차에 돌아온 후 거의 한 달이 다 가도록 스탈린을 볼 수 없었다는 점이었다. 그동안 마오쩌둥은 모스크바의 자동차 공장을 방문하고 레닌그라드로 이동해 순양함 오로라호와 에르미타주 미술관을 방문했다. 그리고 역사를 주제로 한 수많은 소련 영화를 감상했다. 이 외에 진료차 병원을 찾기도 했다. 신년을 맞이하기 사흘 전부터 그는 치통으로 고통을 받았다. 마오쩌둥은 녹차로 입안을 헹구면 충분하다고 여겼기 때문에 칫솔질을 거의 하지 않았다. 그래서 치아가 고르기는 했지만 녹조가 들었으며 온통 충치로 벌집이 된 상태였다. 그는 피부과도 들렀다.

그는 오랫동안 손목이 가렵고 군데군데 발진이 나 있는 상태였다. 하지만 병원을 찾은 가장 큰 이유는 의사들이 전혀 고칠 수 없는 혈관 신경증 때문이었다. 그들은 그저 담배를 끊고, 저녁에 솔잎을 넣은 욕조에 몸을 담그고 푹 쉬고, 마사지를 받고, 비타민 B1을 섭취하고, 정기적으로 야외에서 산책을 하고, 주기적으로 판토크린 주사*를 맞고, 음식을 때에 맞춰 자주 먹으라고 권고할 따름이었다.[23]

1950년 1월 2일 환자를 진찰한 자문위원회는 다음과 같은 결론을 내렸다.

> 환자 상태는 전반적으로 동맥 경화 증세를 보이고 있으며, 특히 뇌혈관과 심장 동맥에 악영향을 미치고 있다. 이로 인해 환자는 다리의 불안정과 무력감을 느끼면서 주기적으로 또는 갑작스럽게 뇌혈관의 혼선을 경험하게 된다. 혈관 혼선은 때로 수 시간 동안 지속된다. 폐기종 증세가 보이며, 1948년 앓았다는 폐렴과 늑막염의 흔적이 여전히 남아 있는 상태다.[24]

마오쩌둥은 많은 시간을 허비하고 있음에 격노했다. 물론 그를 격분하게 만든 것은 의사들이 아니라 스탈린이 그를 무시하고 있다는 사실이었다. "당신들은 나를 모스크바로 초대하고 아무 일도 하지 않고 있소. 그렇다면 내가 왜 온 것이오?" 그는 코발레프에게 화를 냈다. "내가 왜 여기에 와서 그저 먹고, 자고, 배변하면서 지내야만 한단 말이오?" 그는 스탈린에게 전화를 걸었지만 자리에 없다거나 미코얀을 만날 것이라는 말만 들었을 뿐이다. "나는 이 모든 것에 모욕감을 느꼈다." 나중에 마오쩌둥은 이렇게 회고했다. "나는 아무것도 하지 않고 다차에서 끝까지 버티기로 작심했다." 그는 소련을 한번 돌아보라는 제안을 받았지만 "다차에서 밀린 잠이나 자겠다."라며 "그 제안을 단호하게 거절했다."[25] 당연히 그가 묵는 곳에는 도청 장치가 설치되어 있었는데[26] 마오쩌둥은 마음속에 있는 말을 불쑥불쑥 내뱉었다.[27]

스탈린과 어떤 회담도 성사되지 않자 마오쩌둥은 상당히 불안해했다. 그는

---

* 주사약은 시베리아 숫사슴의 뿔로 만든 것이다.

화가 나서 모스크바 체류에 대해 신랄한 비난을 쏟아 냈다. 코발레프는 나중에 이렇게 회고했다.

마오쩌둥은 자신이 한 국가의 수반일 뿐만 아니라 중국공산당의 주석으로서 형제와 같은 양당의 관계를 강화시키기 위해 왔음을 여러 차례 강조했다. 그렇다고 무슨 일이 일어난 것은 아니었다. 아무도 그에게 전화하지 않았으며, 그를 방문하는 이도 없었다. 설사 방문했다고 할지라도 그저 의례상 잠시 머물 뿐이었다. 한번은 마오쩌둥이 방문 일정을 앞당겨 곧 중국으로 돌아갈 예정이고, 이미 모스크바로 부른 저우언라이가 남아서 중소 협정과 기타 문건에 대한 초안과 서명을 맡게 될 것이라고 말한 적도 있다. 이런 언술에서 표현되는 마오쩌둥의 감정이나 분위기를 스탈린에게 구두나 문서로 보고하는 것이 내 임무였다.

스탈린은 전혀 상황을 바꿀 마음이 없었다. 결국 마오쩌둥은 코발레프에게 이렇게 단언했다. "나는 더 이상 참을 수 없습니다. 더 이상 나 자신을 통제할 수 없는 지경에 이르렀단 말입니다." 그는 침실 문을 잠그고 아무도 들어오지 못하도록 했다. 코발레프의 말에 따르면, 그는 "모스크바 방문이 아무런 결과 없이 끝날지도 모른다고 걱정하고 있었다. 그럴 경우 소련 방문을 반대했던 이들이 옳았다는 것을 확인하는 셈이며, 중국인들이 볼 때 그의 권위가 떨어질 것이 분명했다."[28]

스탈린은 자신의 방법에 따라 의도적으로 그렇게 행동했던 것이다. 그는 마오쩌둥에게 굴욕감을 주어 미래를 위해 한 수 가르치며 콧대를 꺾어 놓을 참이었다. 사실상 여기서는 내가 전부라고 말하고 있는 것이나 다를 바 없었다. 나는 세계 공산주의 운동의 위대한 지도자이고, 너는 아무것도 아니다. 너는 그저 내 가련한 학생으로 내가 하라는 대로 할 뿐이다. 스탈린이 마오쩌둥에게 좀 더 지나친 것은 사실이지만 다른 공산주의 국가의 지도자들도 예외가 아니었다. "우리가 너무 많이 나간 것 같군." 스탈린은 코발레프의 보고를 받은 후 이렇게 말했다.

마침내 협상 교섭이 최고위층 단계에서 이루어지기 시작했다. 스탈린은 다시 마오쩌둥을 크렘린에 초청하기로 하고 그를 쿤체보(kuntsevo)에 있는 자신의 다차로 불렀다. 하지만 만남을 통해 마오쩌둥이 마음의 평온을 되찾은 것은 아니었다. 스탈린은 여전히 신중하게 경계심을 풀지 않고 거의 말을 하지 않았다. "때로 그는 먼 곳에서 온 손님을 힐끗 쳐다보았다." 스탈린의 통역인 니콜라이 페도렌코(Nikolai Fedorenko)는 이렇게 회상했다. "회담이 진행되는 방은…… 뻔히 알면서 서로 속고 속이는 연극 무대와 같았다."[29] 마오쩌둥은 하나도 놓치지 않으려고 주의를 기울였다. 그런데 스탈린이 대놓고 중국에 대해 제국주의 정책을 강요한다는 느낌에서 벗어날 수 없었다. 마오쩌둥의 개인 통역을 맡았던 스저의 말에 따르면, 스탈린이 "일반적인 러시아인들보다 더욱더 강력하게" 그것을 피력했기 때문에 마오쩌둥은 스탈린의 '범러시아주의(pan-Russianism, 일국 사회주의)'를 분명하게 감지했다.[30] 그는 특히 스탈린이 자신과 공식적인 정부 간 협정 체결을 거절한 것을 모욕적인 일로 간주했다. 왜냐하면 스탈린이 국민당 정권과 맺은 기존의 협정만으로 이미 충분하다고 느꼈기 때문이다.[31] 곧 회수될 후자의 협정, 즉 국민당 정권과 맺은 협정은 중국 측에 불리하고 소련에 상당히 이로운 불평등 조약이었다. 이후 스탈린이 입장을 바꾸어 중소 우호, 동맹, 호조 조약을 체결하는 데 동의한 것은 1950년 1월 초 영국이 중화인민공화국을 인정하기로 결정했다는 소식을 접한 다음이었다. 하지만 그 역사적인 조약 문건은 2월 14일까지 조인되지 않았다. 하여간 마오쩌둥은 만족했으며, 스탈린의 결정에 '놀라움'을 표하지 않을 수 없었다. "조약을 바꾸는 것은 얄타 회담의 결정에 위배되는 것 아닙니까?" 마오쩌둥은 스탈린이 협정 체결에 관해 말할 때 썼던 바로 그 말을 상기시키며 짓궂게 물었다. "맞아, 그래. 어찌 되거나 말거나!"[32] 스탈린은 이렇게 응답했다.

중국공산당은 협정 체결을 환영했지만 그 기쁨은 마오쩌둥의 정치적 행동 노선은 물론이고 신중국의 경제까지 통제하려는 스탈린의 노골적인 욕망으로 인해 반감되지 않을 수 없었다. 스탈린의 진정한 의도가 담겨 있는 비밀 의정서가 협약서에 첨부되었다. 그 가운데 하나는 중국 동북 지역과 신장 지역에서 소련에 특권을 제공한다는 것이었다. 소련인을 제외한 모든 외국인은 그곳에서 떠나야만 했다. 심지어 스탈린은 해당 지역에 관한 소련의 통제를 강화하기 위해 변경 지역에 대한 별도의 상업 협정을 체결하기를 원했다. 하지만 마오쩌둥과 1월 20일 마오쩌둥의 부름을 받고 모스크바로 날아온 저우언라이는 강력하게 반대 의사를 표출했다.[33] 추가 협정 가운데 두 번째 내용은 중국의 경제 자원 개발에 따른 소련의 이익을 확보하기 위해 중국 내 네 개의 합자 회사를 설립하는 것을 목적으로 삼았다. 일종의 중소 합작 회사였다. 그 가운데 두 개는 희귀한 비철 금속과 석유 채굴을 위해 신장에 설립하는 회사이고, 나머지 두 개는 민간 항공과 선박 수리 및 건조를 위해 다롄에 설립하는 회사였다. 소련 측은 이를 위해 자본금의 50퍼센트를 출자하고 이익금 역시 50퍼센트를 받으며 전체 전국대표대회권을 행사하기로 했다.[34]

중국공산당은 또한 스탈린이 중국 창춘(長春) 철도에 관한 새로운 협정 체결을 강요하자 크게 당황하지 않을 수 없었다. 마오쩌둥과 저우언라이는 철도 운영위원회의 주요 직책을 중국인들로 채울 생각이었으며, 쌍방이 출자하는 자본금의 비율을 50대 50이 아니라 중국 51퍼센트로 바꾸려 했다. 스탈린과 몰로토프는 쌍방이 동등한 지위를 가져야 한다고 주장하면서 이러한 제안을 거절했다. 쌍방이 투자와 운영을 동등하게 해야 한다는 것이었다.[35] 중국 창춘 철도*와 뤼순 및 다롄에 관한 새로운 협정(「關於中國長春鐵路, 旅順口及大連的協定」)에 따라 소련은 철도와 뤼순의 해군 기지에 대한 통제권을 1952년 말까지 유보할 수 있었다.[36] 당시 다롄에 대한 소련의 법적 지위는 일본과 평화 협정을 맺은 후에 결정된 것이었다.[37]

스탈린은 중국 내정에 대해 더욱더 간섭했으며, 탐욕 또한 더욱 커져 갔다. 마오쩌둥에 대한 불신도 마찬가지였다. 스탈린의 후계자 니키타 흐루쇼프는 스탈린이 마오쩌둥과 만났지만 "결코 즐거워하지 않았다."라고 하면서 마오

---

* 1950년 3월 22일 소련공산당 정치국은 소련 부장회의가 발의한 「중국 창춘 철도의 합작 경영(關於中長鐵路共管)」에 관한 초안을 승인했다.

쩌둥을 언급할 때도 찬양하는 말투가 아니었다고 말했다. "대체적으로 마오쩌둥에 대해 오만한 태도를 보이는 것처럼 느낄 수 있었다."[38] 흐루쇼프는 이렇게 적었다. 크렘린의 두목은 농담인지 진담인지는 알 수 없으나 "중국에서 공산주의자들은 민족주의적이다. 마오쩌둥이 공산주의자이기는 하지만 그 역시 민족주의 경향이 있다."라고 말하여 마오쩌둥의 심기를 불편하게 만들기도 했다. "중국의 티토(유고슬라비아의 티토와 같은 유형의 중국 공산주의자)"가 출현할 위험성이 있다고 말하기도 했다. 마오쩌둥의 발언에 따르면, 그는 스탈린에게 퉁명스럽게 대답했다. "지금 말씀하신 모든 것은 실제와 부합하지 않습니다."[39] 마오쩌둥은 소련 소설가 콘스탄틴 시모노프(Konstantin Simonov)가 말한 바대로 스탈린이 대화 상대자를 위험에 빠뜨릴 수도 있는 거의 불가사의한 유머 감각의 소유자라는 것을 모르고 있었던 것이 분명하다.[40] 스탈린의 의혹을 불식시키기 위해 마오쩌둥은 스탈린에게 "소련 동지"들을 중국에 보내 자신의 저작물을 검토하고 편집해 볼 것을 요청했다.[41] 마오쩌둥은 스탈린이 자신이 신뢰하는 측근을 중국에 보내 직접 자신의 눈으로 중국 공산주의자들이 얼마나 빈틈없이 마르크스주의를 따르고 있는지 확인해 줄 것을 진정으로 원했다.[42]

조약(「중소우호동맹호조조약(中蘇友好同盟互助條約)」)과 협정(「중국 창춘 철도와 뤼순 및 다롄에 관한 협정」, 「중화인민공화국에 대한 차관 제공에 관한 협정(關於貸款給中華人民共和國的協定)」)을 체결한 후 마오쩌둥과 저우언라이는 2월 17일 모스크바를 떠났다. 다시 한 번 몰로토프가 업무에 충실하고 집중하는 열네 명의 마오쩌둥 일행을 역까지 배웅했다. 마오쩌둥은 여전히 소련 주최 측 인사들에게 "동지, 그리고 친구 여러분"이라고 부르길 고집하면서도 상당히 격식을 차렸다. 열차에 올라타기 전 그는 환송 나온 이들을 향해 이렇게 말했다. "위대한 사회주의의 수도를 떠나면서 우리는 진심으로 스탈린 원수를 비롯한 소련 정부 인사와 소련 인민들에게 감사를 표하는 바입니다. 중국과 소련의 영원한 우정과 협력을 위해 만세!"[43] 하지만 스탈린의 불신과 탐욕이 여전히 마음에 걸렸다. 그는 이 생각으로 잠을 이룰 수 없었으며, 두려움을 느껴 더욱 신경질

적이고 초조해졌다.[44]

　스탈린은 정말로 마오쩌둥의 자격을 확인하려는 듯이 마르크스주의 철학에 정통한 저명한 소련 학자 파벨 유딘을 1950년 봄 중국에 파견했다. 유딘은 러시아어와 중국어로 곧 출간 예정인 『마오쩌둥 선집(毛澤東選集)』 개정판의 "정밀하고 전략적으로 정확한" 편집 책임을 맡았다. 소련 전문가의 검열을 거치지 않은 초기 『마오쩌둥 선집』 중국어판은 1949년 하얼빈에서 출간되었으며 모스크바에서도 번역 출간되었다.

　유딘은 중국에 2년 동안 체류하면서 그 기간 마오쩌둥의 저작물에 대한 기록을 500여 개 남겼다. 대부분은 사적인 내용이었다. 그가 말하길, 그는 마오쩌둥의 논문이나 저작물에서 "마르크스주의나 레닌주의에 반하는 어떤 명제도 발견하지 못했다."[45] 귀국한 후 유딘은 정치국 회의에 참가했다. 당시 회의에서 스탈린이 그에게 물었다. "그래, 그들이 마르크스주의자들이던가?"(스탈린은 마지막 말 마르크스주의자를 강조했다.) "그들은 마르크스주의자들입니다. 스탈린 동지!"[46] 유딘은 대답했다. 그러자 '최고 지도자 동지'는 이렇게 결론지었다. "그러면 좋지! 우리도 안심할 수 있어. 이제 그들도 우리의 도움 없이 잘 살 수 있을 거야."[47] 지금 우리는 과연 스탈린이 정말로 마음을 놓았는지 여부를 알 수 없다. 하지만 얼마 후 마오쩌둥이 다시 한 번 크렘린의 지도자에게 충성심을 보여 준 것만은 분명한 사실이다.

25

한국 전쟁

1950년 10월 19일 마오쩌둥은 스탈린의 희망에 따라 몇 달 전 미국의 동맹 국인 남한을 침략한 북한 공산주의자들을 돕기 위해 중공군을 파견했다. 마오 쩌둥의 결정은 스탈린에게 상당히 중요했으며, 마오쩌둥 역시 이를 알고 있었 다. 세월이 흐른 뒤 마오쩌둥은 조선*의 김일성을 돕기 위해 항미 원조 전쟁 **에 참전한 후로 스탈린이 자신에게서 '의심스러운 티토주의자'라는 꼬리표 를 떼어 냈고, "중국 공산주의자들이 친미(親美)가 아니며 중국 혁명 또한 '민 족주의자들의 공산주의'와 다르다는 것"을 믿기 시작했다고 말하곤 했다.[1] 이 는 마오쩌둥이 군대를 보내기로 결정했다는 소식을 듣고 눈물을 흘렸다는 중 국 외교부장 천이의 말에서도 확인할 수 있다. "중국 동지들은 정말 좋아!" 연 로한 독재자는 두 번씩이나 이 말을 되풀이했다.[2] 마오쩌둥이 한국 전쟁에 참 전하기로 결정한 것은 적어도 부분적으로 크렘린의 두목에게 중화인민공화국

---

* 조선민주주의인민공화국, 이하 '북한'으로 통칭한다. —— 옮긴이
** 한국 전쟁. 중국은 이를 미국에 대항하고 북한을 돕는 항미 원조 전쟁이라고 일컫는다. —— 옮긴이

지도자가 헌신하고 있음을 의도적으로 보여 주려는 계산 같았다.

피비린내 나는 한국 전쟁은 1950년 6월 25일 북한 공산주의자들이 일으킨 것이었다. 중국은 북한 공산주의자들이 패배의 위기에 직면한 결정적인 시기에 참전했다. 김일성의 군대는 남한 군대뿐만 아니라 휴전을 위해 유엔 안전보장이사회에서 파견한 연합군과도 맞붙어야만 했다. 유엔군의 핵심 전력은 연합군 총사령관으로 임명된 더글러스 맥아더(Douglas MacArthur) 장군이 진두지휘하는 미군이었다.

전쟁 시작에 앞서 김일성과 스탈린 사이에 협의가 진행되었다. 스탈린은 적어도 27일 안에 남한을 완전히 장악할 수 있다는 김일성의 모험주의적인 계획을 지원하기로 마음먹었다.[3] 크렘린 독재자의 허가 없이 북한 지도자가 단독으로 한반도를 양분하는 삼팔선을 넘어설 수는 없었다. 크렘린의 두목은 고의로 미국을 전쟁에 끌어들였다. 유엔 안전보장이사회에서 북한의 침략에 관한 결정적인 투표가 있기 전날, 스탈린은 유엔 주재 소련 대사 야코프 말리크(Yacov Malik)에게 안전보장이사회에서 채택될지도 모를 결의안에 거부권을 행사하기 위해 회의에 참가할 것을 지시해 달라는 안드레이 그로미코(Andrei Gromyko) 외무부 제1부부장(차관)의 요청을 무시했다.[*] 소련은 1950년까지 이사회가 유엔 회원국으로서 중화인민공화국의 법적 지위를 승인하지 않고 있다는 이유로 안전보장이사회 회의를 거부했다. 북한이나 소련에 불리한 결의안을 막기 위해 야코프 말리크가 이사회로 돌아가야 한다는 안드레이 그로미코의 제안에 대해 스탈린은 강력하게 반대하면서 이렇게 말했다. "내 의견으로는 소련 전국대표대회가 안전보장이사회 회의에 참가해서는 안 되오." 그로미코가 소련 전국대표대회가 안전보장이사회에 참가하지 않으면 회의에서 남한에 유엔군을 파견할 수도 있을 것이라고 설명하면서 거듭 주장했으나 스탈린은 요지부동이었다. 심지어 개인적으로 그로미코에게 안전보장이사회에

---

[*] 당시 유엔 안전보장이사회는 전체 일곱 개 이사국으로 구성되어 있었다. 그 가운데 미국, 소련, 장제스의 중화민국, 영국, 프랑스 등 다섯 나라가 거부권을 행사할 수 있었다.

야코프 말리크가 출석하지 못하도록 하라고 지시를 내리기도 했다.[4]

스탈린은 이렇게 해서 "전쟁이 발발하자마자 미국의 참전이 불 보듯이 뻔한 상황"[5]이었음에도 불구하고 안전보장이사회에서 채택된 결의안을 거부할 수 있는 기회를 포기하고 말았다. 이로 인해 미국과 동맹국들은 전쟁이 발발한 6월 25일 그 즉시 북한의 즉각적인 적대 행위를 비난하고 철군을 요구하는 결의안을 채택할 수 있었다.(소련 전국대표대회의 불참으로 인해 북한을 비난하는 결의안이 유고슬라비아가 기권한 가운데 9대 0으로 채택되었다.) 이틀 후인 6월 27일 말리크가 결석한 가운데 열린 안전보장이사회에서 국제 평화와 북한 인민군의 불법 침략에 대항하기 위해 강력한 제재를 가하기로 결정했으며, 침략자를 격퇴하는 데 15개국이 동참하기로 결의했다.(53개국이 무력 사용을 승인했다.)[6]

스탈린은 동료들에게 자신이 '제국주의자'들을 한국 전쟁에 끌어들인 이유에 대해 설명하면서 완전히 냉소적이었다. 그는 1950년 8월 27일 체코슬로바키아 대통령 클레멘트 고트발트(Klement Gottwald)에게 전달하기 위해 체코슬로바키아 주재 소련 대사 미하일 실린(Mikhail A. Silin)에게 보낸 편지에서 이렇게 말했다.

우리가 일시적으로 안전보장이사회에 참석하지 않은 이유는 다음 네 가지입니다. 첫째, 소련과 신중국의 연대를 보여 주기 위함입니다. 둘째, 안전보장이사회에서 국민당 허수아비를 중국의 대표자로 간주하고 있는 미국의 정책이 어리석고 우둔하다는 것을 강조하기 위함입니다. 셋째, 양대 강대국이 불출석한 가운데 이루어진 안전보장이사회의 결정을 불법으로 만들기 위함입니다.(스탈린은 소련과 더불어 중화인민공화국을 염두에 두고 있었다.) 넷째, 미국 정부의 고삐를 풀어 안전보장이사회에서 주도권을 행사하게 함으로써 또다시 어리석은 짓을 저질러 여론이 미국 정부의 진면목을 정확하게 살필 수 있도록 하기 위함입니다.

나는 우리가 이러한 목적을 성공적으로 달성할 수 있다고 생각합니다.

우리가 안전보장이사회를 나오자 미국은 한반도에서 군사 개입에 휘말렸으며, 현재 자신들의 군사력과 도덕적 권위를 허비하고 있습니다. 정직한 사람이라면 누구나 군사적으로 자신들이 주장하는 만큼 강력하지 않다고 의심할 것입니다. 더구나 미국은 유럽에서 극동으로 시선을 돌린 것이 분명합니다. 세계 권력의 균형이라는 점에서 본다면 우리에게 도움이 되지 않겠습니까? 틀림없이 그럴 것입니다.

이런 가설이 가능합니다. 점점 더 극동과 중국에 몰입하게 될 미국 정부는 한반도의 자유와 자체 독립을 위한 투쟁에 빠져들 것입니다. 그 결과는 무엇일까요? 첫째, 다른 나라들과 마찬가지로 미국은 이미 막강한 군사력을 지닌 중국에 대응할 수 없을 것입니다. 아마도 미국은 이러한 충돌로 인해 국력이 약화될 것입니다. 둘째, 국력이 약화됨에 따라 미국은 단기간 내에 제3차 세계 대전을 치를 수 없게 될 것입니다. 이를 통해 우리는 유럽에서 사회주의를 강화하는 시간을 벌 수 있습니다. 미국과 중국의 투쟁이 극동 아시아 전역에서 혁명을 불러일으킬 것이라는 사실을 굳이 설명하고 싶지 않습니다. 이는 세계 권력의 균형이라는 점에서 우리에게 도움을 주지 않겠습니까? 절대적으로 그럴 것이라고 생각합니다.

당신이 보시는 것처럼 소련이 안전보장이사회에 참가할지 말지 여부는 처음 보고 느끼는 것처럼 그리 단순한 문제가 아닙니다.[7]

처음부터 스탈린은 한국 전쟁을 통해 미국을 북한은 물론이고 중국과의 무력 충돌에 끌어들여 그들의 힘을 약화시킬 목적이었다. "우리에게 죄가 없는 것은 아니라는 사실을 기억해야 합니다." 나중에 흐루쇼프는 마오쩌둥에게 이렇게 말했다. "남한에 미국을 끌어들인 것은 바로 우리입니다."[8] 바꾸어 말하면, 스탈린에게 한국 전쟁은 세계 혁명을 위한 새로운 글로벌 전략의 일환이었던 셈이다. 레닌의 '뛰어난 학생'인 스탈린은 비록 세계 혁명을 위해 러시아를 희생시키기를 마다하지 않았던 레닌과 달랐지만, 사회주의자가 세계를 인수해야 한다는 관념에서 벗어난 적이 없었다. 그는 세계 혁명을 러시아의 헤게모니를 확장하는 수단으로 여겼다. 1950년대 초 때마침 이러한 야심 찬 목표를 달성할 수 있는 마지막이자 새로운 기회가 나타난 것처럼 보였다. 유럽의 절반이 그의 발 앞에 놓였으며 중국과 몽골, 북한에 붉은 깃발이 펄럭였다. 인도차이나 반도에서도 모스크바의 위성국이 미국의 지원을 받는 프랑스 제국주의자들과 맞서 싸우고 있었다. 세계 혁명의 승리가 멀지 않은 것처럼 보였다.

마오쩌둥의 위치는 이런 면에서 그리 간단하지 않았다. 그는 군사적 충돌에 앞서 김일성과 스탈린을 전폭적으로 지지한 것이 분명했다. 그는 남침 1년전에 쌍칭을 방문한 북한 전국대표대회단을 통해 김일성의 계획에 대해 들은바가 있었다. 당시 그는 애매모호하게 군대 파견을 비롯한 원조를 약속했다. 다만 장제스와 내전이 끝난 이후라는 단서 조항을 붙이긴 했다.[9] 1950년 1월말 모스크바에서 이루어진 한 회담에서 스탈린은 "군사력 증강과 방어력 강화를 위해 북조선에 원조를 제공할 필요성과 가능성"에 대해 질문한 적이 있었다.[10] 그러나 남한에 대한 북한의 침략 가능성에 대해 전혀 언급하지 않았다. 그가 마오쩌둥에게 고의로 말하지 않은 것은 손님에 대한 또 하나의 모욕이자 무시였다.[11] 마오쩌둥은 스탈린의 불신으로 마음이 언짢았지만 끝내 아무런 답변도 하지 않았다. '북조선에 대한 원조 제공'에 관한 모호한 토론 대신 '위대한 영도자'는 직접적으로 자신이 원하는 것을 말할 수도 있었을 것이다. 하지만 스탈린은 계획된 침략에 대해 오직 김일성과 논의할 수 있다고 생각했다. 그는 '중국 동지'나 '북조선의 또 다른 지도자'에게도 당분간 기밀을 누설하지 않기로 김일성과 약속했다. "적에게 절대로 비밀을 유지할 필요가 있다." 그는 김일성에게 이렇게 편지를 보냈다.[12]

스탈린이 구체적으로 설명하지는 않았지만 마오쩌둥은 이런 계획이 오래전부터 준비되었다는 것을 눈치채고 있었다. 당시 스탈린은 이미 결정을 한 상태였지만 마오쩌둥의 동의가 반드시 필요하고 또한 장차 있어야만 했다. 마오쩌둥은 북한이 "방어력을 강화"하도록 돕겠다고 약속했다. 무엇보다 손님 입장에서 주인을 굳이 반박할 필요가 없었기 때문이며, 마오쩌둥도 사회주의 체제의 통일된 한반도를 원했기 때문이다. 어쩌면 마오쩌둥은 스탈린이 자신에게 세계 혁명을 위한 '돌격대(shock force)'의 역할을 맡겼다고 생각했을 수도 있다. 어떤 경우이든 그는 미국인이 두렵지 않았다. 그는 "미국인이 한반도같이 작은 지역을 위해 제3차 세계 대전을 벌이지는 않을 것"이라고 확신했다.[13]

1950년 1월 30일 마오쩌둥과 회담한 후 스탈린은 북한 주재 소련 대사 테렌티 시티코프(Terenty Shtykov)에게 전보를 보냈다. "그(김일성)는 남한과 관련하여 그가 착수하려는 것처럼 큰 문제는 상당한 준비가 필요하다는 사실을 알아야 한다. 지나치게 큰 위험에 봉착하지 않도록 고려해야 할 사안을 체계적으로 정리해야 한다. 만약 그가 이 문제에 대해 논의하고 싶다면 나는 언제든지 준비가 되어 있다. 이러한 내용을 김일성에게 전달하고, 이 문제에 관해 나는 이미 도울 준비가 끝났다고 말해 주기 바란다."[14]

3월 30일 김일성은 의기양양하게 모스크바로 떠났다. 그곳에서 스탈린과 비밀리에 세 차례 만났다. 스탈린은 "만약 긴급한 상황이 벌어지면 중화인민공화국에서 군대를 보낼 것이다."라고 장담했다. 그는 김일성을 진정시킬 요량으로 보류 사항을 덧붙였다. "우리는 워싱턴이 전쟁에 참여하지 않을 것임을 전적으로 확신해야 한다." 스탈린은 마치 소련이 미국의 개입을 막기 위해 무엇이든지 할 수 있음을 말해 주려는 듯했다. 하지만 실제로는 앞서 우리가 본 것처럼 미국이 전쟁에 개입하기를 원했다.

한편 크게 감동한 김일성은 자신의 스승이 양다리를 걸치고 있다는 사실을 전혀 몰랐다. '위대한' 스탈린 앞에 서자 소련 육군 대위 출신인 김일성은 비판적 사고력을 완전히 잃고 말았다. 그는 자신을 초대한 주인에게 기쁜 마음으로 말했다. "소련과 중국 동맹이 존재하는 한 미국은 큰 전쟁에 휘말리는 위험을 감수하지 않을 것입니다." 그는 스탈린의 지정학적 계획을 이해할 수 없었다. 그래서 이렇게 말했다. "조선인들은 자신들의 힘으로 나라를 통일시키는 길을 택할 것입니다. 우리는 성공할 것이라고 확신합니다." 그러나 스탈린은 재차 이렇게 충고했다. "당신은 아시아 문제에 정통한 마오쩌둥에게 의지해야 할 것이오."[15]

김일성은 마오쩌둥의 도움이 필요했지만 지나치게 중국에 의존할 생각이 없었다. 그는 공산주의자이자 조선의 민족주의자였다. 또한 중국을 경계했다. 그의 조국은 수 세기 동안 이웃하는 대국의 제국주의 패권을 감수해야 했다. 김일성은 그런 운명을 피하고 싶었다. 게다가 승리를 확신했다. 북한의 무력은 이승만 대통령이 이끄는 남한보다 훨씬 우세했다. 북한은 남한보다 두 배나 되는 병력과 무기를 소유하고 있었다. 기관총은 일곱 배, 자동 소총은 열세 배, 탱크는 여섯 배 반, 전투기는 여섯 배나 많았다.[16] 김일성은 스탈린의 말을 거역할 수 없었기에 약삭빠르게 손을 썼다.

1949년 봄, 그는 수석 보좌관을 베이징으로 보내 마오쩌둥, 주더, 저우언라이 등에게 자신이 '만국의 아버지'인 스탈린과 회담한 내용을 알리는 한편 인민해방군 내 조선인으로 구성된 세 개 사단 병력을 지원받고 싶다고 말했다. 중국공산당은 내전 기간에 만주 지역에 살고 있는 조선족을 중심으로 각기 1만여 명으로 구성된 세 개 사단 병력을 확보했다. 김일성은 영리하게 첫수를 두었다. 마오쩌둥은 요청한 내용의 진정한 뜻을 제대로 파악하지 못한 것처럼 행동하면서 김일성이 보낸 수석 보좌관에게 동의를 표하고, 우호적으로 다음과 같은 말을 덧붙였다. "필요할 경우 우리는 중국 병사들을 보낼 수 있다. 그들은 모두 검기 때문에* 아무도 그들이 다르다는 것을 모를 것이다."[17] 마오쩌둥은 즉각 대화 내용을 코발레프에게 통지했으며, 곧 스탈린에게 보고되었다.

5월 13일 마오쩌둥은 소련 항공기로 베이징에 도착한 김일성을 맞이했다. 다음 날 스탈린은 마오쩌둥에게 자신과 북한 지도자가 비밀리에 접촉했음을 통보했다.

마오쩌둥 동지! 북한 지도자 동지와 대화를 나누면서 필리포프(스탈린의 가명)와 동료들은 변화하는 국제 정세를 감안하여 통일을 추진하겠다는 조선의 제안에 동의하는 의견을 개진했소. 이 점에 있어서는 이미 자격을 갖추었다고 사료되며, 중국과 북조선 동지들이 최종적으로 이 문제를 함께 결정해야 할 것이오. 중국 동지들이 동의하지 않을 경우 문제에 대한 결정은 새로운 논의가 있을 때까지 연기될 것이오. 조선 동지들이 나와 대화한 자세한 내용을 당신에게 알려 줄 것이오. 필리포프.[18]

---

* 검은 머리카락을 말한다. — 옮긴이

이 전문은 마오쩌둥에게 알리지 않고 스탈린과 김일성 사이에 크렘린에서 이루어진 회담에 대해 언짢게 생각한 마오쩌둥이 5월 13일 스탈린에게 김일성과 만나야 하는 이유에 대해 '개인적 설명'을 요청한 후에 스탈린이 보낸 것이었다.[19] 주석의 관점에서 볼 때 이는 형식적인 절차에 불과했다. 왜냐하면 이미 오래전부터 스탈린이 조선에서 전쟁을 벌일 의도가 있다는 것을 알고 있었기 때문이다. 그는 지난 1월에 만났을 때 스탈린이 자신에게 솔직하게 털어놓지 않은 것에 대해 분개했다.

그럼에도 불구하고 마오쩌둥은 군사적인 수단을 동원한 한반도 통일에 전적으로 동의했다. 김일성은 마오쩌둥에게 전체적인 작전 계획을 알려 주었으며, 주석은 이를 전폭적으로 지지했다. 물론 그 계획은 이미 모스크바에서 협의를 거쳐 기본적인 윤곽을 잡은 것이었다. 마오쩌둥은 헤어지기에 앞서 김일성에게 이런 말을 빼놓지 않았다. "미국인들이 전쟁에 참여할지도 모릅니다." 하지만 마오쩌둥은 이전과 마찬가지로 이 점에 대해 특별히 염려하지는 않았다. "만약 미국이 군사 행동을 취한다면 중국이 북조선에 군대를 보낼 것입니다." 그는 이렇게 결론지었다.[20]

김일성과 마찬가지로 마오쩌둥 역시 잘못 판단했다. 결국 스탈린만 승자가 된 셈이다. 처음부터 모든 것이 그가 생각한 대로 진행되었다. 미국은 한국을 방어하기 위해 서둘러 참전했다. 미군이 6월 29일 처음 도착했을 때는 이미 북한 인민군 주력 부대가 삼팔선을 돌파하고 개전 사흘 만에 수도를 점령한 상태였다. 하지만 곧 유엔군이 반격에 나서 상황을 역전시키자 북한 인민군은 거의 괴멸되고 말았다. 그들은 포위망을 피해 급히 중국 국경 인근까지 퇴각했다.[21]* 9월 말 남한 군대는 아무런 저항 없이 삼팔선까지 접근했으며, 10월 1일 삼팔선을 넘어섰다. 그날 맥아더 장군은 북한 인민군 최고 사령관에게 즉각 무조건 항복할 것을 최후 통첩했다. 마침내 마오쩌둥이 행동에 나설 시간이 되었다. 이는 스탈린이 기다리던 순간이기도 했다. 이제 세계 혁명이 시작될 터였다.

---

* 1950년 9월 15일 인천 상륙 작전이 성공을 거두면서 인민군은 포위될 위기에 처했다. ― 옮긴이

10월 1일 흑해 연안 소치(Sochi)에 있던 스탈린은 마오쩌둥과 저우언라이에게 긴급 비밀 전보를 보냈다.

나는 당신이 목전의 상황에서 만약 북한을 돕기 위해 군대를 보내는 것이 가능하다고 생각한다면 우리의 북한 동지들에게 당신 군대의 엄호하에 북위 38도선 북쪽에서 전투 가능한 예비군을 조직할 기회를 주기 위해 최소 다섯 개에서 여섯 개 사단을 즉각 북위 38도선으로 파병해야 한다고 생각하오. 물론 중국에서 파견하는 사단 병력은 중국인이 지휘하는 지원자(志願者)로 간주되어야 할 것이오.[22]

스탈린은 마오쩌둥이 자신의 명령을 기다리고 있을 것이라고 확신했다. 그는 중국 주재 대사 로시친을 통해 유엔군이 북위 38도선을 넘을 경우 중국은 선양(瀋陽) 인근에 주둔하고 있는 12만 명을 활용할 것이라는 이야기를 들었다.

이제 결정할 순간이 왔는데 주석은 돌연 주저했다. 개입 여부에 따른 온갖 장단점을 저울질하면서 그는 자신이 미국을 과소평가하고 있다는 생각이 들었다. 중국은 현재 미국과 전면전을 치를 준비가 되어 있지 않았다. 국토는 거의 황폐해졌고, 국민들은 전쟁에 염증을 느끼고 있었다. 게다가 미국이 제공권을 확보하고 있는 데 반해 스탈린은 중국 지상군을 공중 엄호하겠다는 어떤 약속도 하지 않았다. 당시 중국은 이렇다 할 만한 공군이 부재한 상태였다. 모스크바의 이익을 위해 세계 혁명의 제단에 자신을 바치는 어리석은 짓을 하는 것이 아닐까? 10월 1일과 2일 양일간 마오쩌둥은 측근들과 한국 상황에 대해 논의했다. 중국 지도부 대다수, 특히 저우언라이는 대놓고 파병에 반대했다. 린뱌오를 포함한 군 장성들도 마찬가지로 참전을 반대했다. "최후의 수단으로서가 아니라면 전쟁에 참전하지 않는 것이 더 좋다." 그들은 이렇게 말했다.[23]

중국인들은 또한 김일성의 행위에 대해 불쾌하게 생각했다. 그는 그들에게 무력 개입을 요청하지도 않았고 심지어 얼마 동안 대항해야 하는지에 대해서도 통지할 필요성을 느끼지 못했다. 김일성은 중국공산당 지도자들에 대한 불신을 확연하게 드러내면서 먼저 스탈린에게 도움을 구걸했다. 분명 마오쩌둥의 지시에 따라 저우언라이는 소련 대사에게 이 일에 대해 거듭 불만을 털어놓았다. 스탈린도 이런 행동이 '비정상적'이라고 생각했지만 김일성은 그대로 견지했다. 9월 말까지만 해도 도움을 주겠다는 중국에 대해 그는 그저 "북조선 인민들은 장기전을 대비하고 있다."라고 응답했을 따름이다.[24]

북한 주재 소련 대사 시티코프는 1950년 9월 22일 그로미코에게 다음과 같이 보고했다.(암호 전문은 스탈린을 위해 만든 것이다.)

1950년 9월 21일 노동당 중앙위원회 서기이자 소련 공산당원인 허가이(許哥而)*가 나를 방문했습니다.

회담을 시작하자마자 허가이는 9월 21일 개최된 당 정치국 회의 내용에 대해 알려 주었습니다.

2시간 30분가량 진행된 회담은 현재 전개되고 있는 상황에서 중국 정부가 조선 정부에 제안한 내용에 관한 저우언라이의 질의에 어떻게 답변할 것인가 하는 논의였습니다. ……발언자들은…… 현재 상황이 어려우며, 그들만으로 미국을 감당할 수 없다는 동일한 결론에 도달했습니다. 그렇기 때문에 그들은 중국 정부에 북조선 파병을 요청할 필요가 있다고 결론지었습니다.

그러자 김일성은 그다음은 어떻게 되는 것이냐고 말하면서 다음과 같이 이야기했습니다. 우리는 많은 사람이 있기 때문에 자체 힘으로 꾸려 나갈 수 있을 것이다. 소련은 우리에게 우리가 요구하는 만큼 많은 군사 지원을 해 주었다. 무슨 근거로 우리가 중국인들에게 도움을 요청할 수 있겠는가?

그런 다음 김일성은 만약 중국이 북조선 편에서 참전한다면 과연 어떤 결과를 초래할 것인가에 대해 의문을 제기했습니다. 제3차 세계 대전이 일어날지도 모른다는 것입니다. ……

그는 스탈린 동지에게 편지를 보내 중국에 파병 요청을 하는 것에 대해 조언

---

* 소련 이름은 알렉세이 이바노비치(Aleksei Ivanovich)이다. 소련공산당 지방 간부였기 때문에 소련파로 분류되었으며, 1950년 11월 숙청되어 1953년 자살로 생을 마감했다. ─옮긴이

을 구하는 대신 중국 정부에 도움을 요청하는 결정을 당분간 보류할 것을 제안했습니다. 이와 관련하여 그는 소련이 고문단 형식의 인적 파견과 무기 원조가 불충분하다는 이유로 불쾌하게 생각할지도 모른다고 강조해서 말했다고 합니다.

또한 김일성은 시간만 주어진다면 신속하게 새로운 군대를 조직할 수 있을 것이며, 그럴 경우 중국에 의지할 필요가 없을 것이라고 단언했습니다. 하지만 그들은 그렇게 되지 않을 것을 우려하고 있었습니다.

이번 회담 결과 어떤 결론도 도출하지 못했습니다.[25]

격렬한 토론이 끝난 후 9월 28일 조선노동당 중앙위원회 정치국은 최종적으로 단지 "원조 요청을 암시하는" 내용을 담은 서신을 베이징에 보내기로 결정했다.[26] 북한은 여전히 "개인적으로 스탈린 동지에게" 희망을 걸었다. 그래서 9월 29일 전쟁에 직접 개입해 주기를 애원하는 서신을 보냈던 것이다.[27] 이에 대해 "지도자이자 스승"인 스탈린은 조선 문제의 가장 좋은 해결책은 중국군이 조선 영토로 들어가는 것이라고 짜증 섞인 답장을 보냈다. 그는 북한 지도자에게 가능한 한 빨리 중국과 협상을 시작하라고 조언했다.[28] 이런 상황에서 김일성은 더 이상 현실을 무시할 수 없었다. 10월 1일 깊은 밤, 그는 조선에 중국군 파병을 요청하는 자신의 의사를 마오쩌둥에게 즉시 전달할 수 있는지에 대해 북한 주재 중국 대사에게 타진했다. 아울러 자신의 채널을 통해 유사한 내용을 담은 전문을 베이징으로 보냈다.[29]

10월 2일 마오쩌둥은 중국 주재 소련 대사 로시친을 통해 스탈린에게 다음과 같은 내용의 전문을 보냈다. 스탈린은 그다음 날 전문을 받았다.

우리는 원래 적군이 삼팔선을 넘을 경우 조선 동지들에게 원조를 제공하기 위해 조선 경내에 몇 개의 지원군 사단을 이동시킬 계획이었습니다.

하지만 이 문제를 철저하게 고민한 결과 우리는 이러한 행동이 극히 심각한 결과를 초래할 수도 있다고 생각하고 있습니다.

우선 소수의 사단 병력만으로 조선 문제를 해결하기 어렵습니다.(우리 군대는 장비 면에서 상당히 열악하기 때문에 미군과의 군사 작전에서 승리할 확신이 서지 않습니다.) 이에 반해 적들은 우리를 퇴각시키기에 충분한 전력을 지니고 있습니다.

두 번째로 전쟁 참여는 미국과 중국의 공개적인 무력 충돌을 야기할 것이고, 결국 소련도 전쟁에 휘말리게 될 가능성이 농후하기 때문에 문제가 더욱 확대될 것입니다. 중국공산당 중앙위원회의 많은 동지는 신중을 기할 필요가 있다는 입장입니다.

물론 원조를 위해 군대를 보내지 않는다면 현재 어려움을 겪고 있는 조선 동지들에게 매우 불리할 것이기에 우리 역시 통절하게 생각하고 있습니다. 하지만 우리가 몇 개 사단을 진격시켜도 적들의 막강한 화력으로 인해 퇴각하지 않을 수 없을 것입니다. 이로 인해 미국과 중국 사이에 공개적인 무력 충돌이 벌어짐으로써 평화 구축을 위한 우리의 전체 계획 또한 완전히 어그러질 것이며, 국내 많은 이들이 불만을 가지게 될 것입니다.(전쟁으로 인한 상처가 아직 치유되지 않았고, 사람들은 평화를 요구하고 있습니다.)

그렇기 때문에 현재는 군대 파견을 억제하고 인내심을 발휘하며, 아울러 적극적으로 군사력을 준비하는 것이 좋으리라고 생각합니다. 이렇게 해야만 적과의 전쟁에서 훨씬 유리할 것입니다.

조선은 일시 패배하는 상황에서 유격전으로 투쟁 형태를 바꿀 것입니다.

우리는 곧 중앙위원회 회의를 개최할 것이며, 중앙위원회의 주요 동지들이 참석할 것입니다. 이 문제에 대한 최후 결정은 아직 나지 않았습니다. 전문은 사전 협의를 위해 미리 보내는 것입니다. 동의하신다면 즉시 저우언라이와 린뱌오 동지를 항공편으로 지금 계신 휴양지에 보내 이 일에 대해 상의하고 중국과 조선의 상황에 대해 보고드리겠습니다.

답장 기다리겠습니다.

마오쩌둥
1950년 10월 2일[30]

물론 스탈린에게 이의를 다는 것은 위험한 일이었다. 하지만 마오쩌둥은 객관적인 어려움을 근거로 보스를 설득할 수 있을 것이라고 생각했다. 어쨌든 같은 날인 10월 2일 마오쩌둥은 스탈린에게 보낸 전문과 전혀 다른 내용의 문서를 작성했다. 거기서 이렇게 말했다. "우리(중국공산당 중앙위원회)는 조선에 지원군의 명의로 일부 군대를 파견하기로 결정했다."[31] 그는 처음으로 스탈린의 마음 상태를 탐색하기로 결정한 후 한동안 이를 스탈린에게 알리지 않고 그냥 지니고 있었다.[32]* 스탈린이 그의 주장을 받아들일지도 모른다고 누가 말할 수 있었겠는가?

10월 4일 오후 마오쩌둥은 "중공중앙의 주요 동지들이" 참석한 정치국 확대회의를 개최했다. 그는 회의에 참석한 이들에게 이렇게 물었다. "조선에 군대를 파견하는 것과 관련하여 불리한 점을 열거해 보시오." 동시에 이렇게 덧붙였다. "만약 우리가 수수방관한다면 후회할 것이오."[33] 대다수 지도자들이 또다시 개입에 대해 반대 발언을 하면서 토론이 이어졌다.

그때 마오쩌둥은 자신이 보낸 전문에 격노한 스탈린의 답장을 받았다. 스탈린은 중국과 미국의 무력 충돌이 바로 자신의 목적이라고 노골적으로 말했다. 마오쩌둥이 10월 2일에 보낸 전문에 대한 답신으로 베이징에 타진한 비밀 전문은 솔직하고 불길한 내용으로 가득 차 있었다.

물론 나도 고려한 바 있소. ……미국이 비록 대전(大戰)에 대한 준비가 여의치 않지만 위신을 고려하여 전쟁에 끼어들지 않을 수 없을 것이오. 그런 다음에는 중국이 전쟁에 휘말릴 것이고, 소련도 중국과 호조(互助) 조약을 맺었으니 이에 따라 전쟁에 참여하게 되겠지요. 우리가 이를 두려워하겠습니까? 내 의견은 그렇지 않다는 것이오. 무엇보다 우리가 함께하면 미국이나 영국보다 강력하며, 이 외에 다른 유럽 국가들(현재 미국을 도울 수 없는 독일을 제외하고)은 심각할 정도의 군사력을 보일 수 없기 때문이오. 만약 전쟁이 불가피하다면 몇 년 후 일본 군국주

---

* 「지원군을 조선에 파견하여 참전하는 문제에 관해서(關於派志願軍入朝參戰問題)」라는 글은 『마오쩌둥 선집』에 수록되어 있다. 이는 원래 스탈린에게 보내는 전문이었으나 끝내 보내지 않았다. — 옮긴이

의자들이 미국의 우방으로 부활하고 미국과 일본이 이승만 정권의 조선 전체를 차지하는 형태로 대륙에 이미 만들어진 교두보를 확보할 때가 아니라 바로 지금 맞붙는 것이 순리일 것이오.[34]

일급비밀로 암호화된 전문은 1950년 8월 27일 체코슬로바키아 주재 소련 대사 미하일 실린에게 보낸 스탈린의 전문과 마찬가지로 스탈린의 지정학적인 의도를 드러낸다는 점에서 의심할 여지가 없다. 다시 말해 그는 세계 혁명을 위해 이미 제3차 세계 대전을 일으킬 준비를 하고 있었다는 것이다. 이전에 그가 평화 운운한 것은 단지 위장에 불과했다.

　10월 5일 의기소침한 마오쩌둥은 또다시 중국공산당 중앙정치국 확대회의를 개최하여 참전을 강력하게 옹호하고 있는 펑더화이에게 발언을 청했다. 펑더화이는 참석자들에게 만약 이번에 참전하지 않으면 미국이 타이완과 조선(압록강) 양쪽에 군대를 배치하여 중국을 공격할지도 모른다고 강조하며 "북조선을 돕기 위해 군대를 보낼 것"을 간청했다. "미국은 호랑이다. 결국은 사람을 잡아먹을 것이다." 그는 이렇게 말하면서 언젠가 잡아야 한다면 빨리 잡는 것이 좋다고 강조했다.[35] 펑더화이의 격양된 연설로 인해 난국이 타개되면서 확대회의 참석자들은 스탈린이 요구한 대로 결정했다. 마오쩌둥은 펑더화이를 아직 편제가 끝나지 않은 지원군 사령관으로 임명했다.(처음에 마오쩌둥은 린뱌오에게 사령관을 맡기려고 했는데 린뱌오가 아프다는 이유로 거절했다.)[36] 마오쩌둥은 스탈린이 전문에서 언급한 "본질적인 토대하의 연대 의식을 표명하고" 보스를 진정시키기 위해 "조선에 여섯 개가 아닌 아홉 개 사단을 파견할 것"이라고 전문을 보냈다. 그는 "당장 보내는 것이 아니라 얼마 후에 보낼 것"이라고 하면서 스탈린에게 "대표단을 보낼 테니 그들과 상세한 임무에 대해 논의해 달라."라고 요청했다.[37]

　스탈린이 그의 제안에 동의하자 마오쩌둥은 참전에 반대한 저우언라이와 린뱌오를 10월 8일 크라스노다르(Krasnodar)의 소치로 파견했다. 그는 보스가 과연 무슨 말을 할 것인지 인내심을 갖고 기다렸다. 아울러 스탈린의 환심을 사기 위해 펑더화이와 중공중앙 동북국(東北局) 서기이자 동북군구(東北軍區) 사령원과 정치위원을 겸직하고 있던 가오강에게 만주에 주둔 중인 군대를 중국인민지원군으로 재편할 것을 명령했다. 그리고 중국인민지원군에 즉각 조선으로 출병할 것을 명령했다.[38] 10월 8일 마오쩌둥은 펑더화이나 가오강이 비록 조선 전쟁 개입을 적극 찬성한 이들임에도 불구하고 "즉시 출동"할 수 없다는 것을 뻔히 알면서 김일성에게 자신의 명령을 통보했다.[39] 펑더화이나 가오강은 군대를 편성할 시간이 필요했다.

10월 10일 오후 7시 저우언라이와 린뱌오가 소치에서 스탈린과 만났다. 몰로토프, 게오르기 말렌코프(Georgii Malenkov), 라브렌티 베리아(Lavrentii Beria), 라자리 카가노비치(Lazar' Kaganovich), 니콜라이 불가닌, 아나스타시 미코얀 등 소련 지도부 주요 인사들이 참가한 회담은 쉽지 않았다. 평소와 마찬가지로 저우언라이는 냉정하고 침착했지만 몇 시간에 걸친 논의가 끝날 무렵 거의 녹초가 되었다. 배석한 스저에 따르면 린뱌오는 마치 시체처럼 보였다고 한다. 새벽 5시 스탈린이 연회를 열어 회담이 결론에 이른 것을 축하하자고 제의하자 린뱌오는 겁이 났다. 술이라면 누구에게도 지지 않을 자신이 있는 저우언라이와 달리 그는 술을 한 모금도 입에 대지 않았다. 그렇다고 연회 참석을 거절할 수는 없는 노릇이었다. 극심한 피로감에도 불구하고 그들은 초대에 응했다. 하지만 축하할 일이 정확하게 무엇인가? 우선 스탈린은 소련 공군이 아직 준비가 되지 않았다는 이유로 중국인민지원군에 대한 공중 엄호에 동의하지 않았다. 다만 두 달이나 두 달 반 후에 항공기를 보내겠다는 약속만 했을 따름이다. 그는 회담이 끝난 후 똑같은 내용을 마오쩌둥에게 보냈다.[40] 스탈린은 중국의 희생을 강요하면서도 정작 자신은 항공기 파견을 전혀 서둘지 않았던 것이다.

한편 한반도의 전쟁은 여전히 지속되었다. 10월 12일 상심한 마오쩌둥은 또다시 스탈린에게 조선에 파병할 수 없다고 통보했다. 같은 날 그는 출전 명령을 철회하고 협의를 위해 펑더화이와 가오강을 베이징으로 소환했다.[41]

이는 일종의 반란 사태나 다를 바 없었다. 중국 '티토주의'의 유령이 또다시 스탈린 앞에 나타난 것이다. 스탈린은 마오쩌둥에 대해, 그리고 앞서 저우언라이와 린뱌오가 수없이 언급했던 김일성의 애매모호한 행동으로 인해 격분하여 같은 날 북조선 지도자에게 당장 한반도에서 잔여 부대를 철수시키라고 명령했다. "중국인들이 또다시 군대 파견을 거절했소. 그러니 피난하여 군대를 북쪽으로 철수해야만 할 것이오."[42] 10월 13일 그는 되풀이해서 말했다. "우리는 계속 저항해도 희망이 없다고 생각하오. 중국 동지는 군사 행동에 임하기를 거절하고 있소. 이런 상황에서 당신은 중국이나 소련 쪽으로 완전히 철수할 준비를 해야만 할 것이오. ……향후 적과 교전할 가능성은 남겨 놓아야 할 것이오."[43] 그는 수행단에게 이렇게 말했다. "그래, 그것이 어쨌단 말이야? 우리는 그곳에 군대를 보내지 않을 거야. 그러면 이제 미국인들이 멀리 원동 지역에서 우리의 이웃이 되는 것이겠지. 그게 다야!"[44] 세계 혁명은 시작도 전에 끝나고 말았다.

그런데 갑자기 기적 같은 일이 벌어졌다. 스탈린이 김일성에게 "가망이 없다."라고 말했던 10월 13일 바로 그날, 마오쩌둥이 뜻밖에도 중국 주재 대사 로시친에게 "중국공산당 중앙위원회(사실은 중국공산당 중앙정치국이다.)에서 현 상황을 재론하여 비록 중국 군대의 무장이 불충분하기는 하지만 조선 동지에게 군사 원조를 제공하기로 결정했다."[45]라고 통보했기 때문이다. 그는 여전히 모스크바에 체류 중이던 저우언라이에게도 똑같은 내용의 전문을 보냈다. 로시친과 저우언라이는 급히 소련 지도부에 이 사실을 알렸다.[46] 마오쩌둥은 '지도자이자 스승'인 스탈린이 항공기 지원을 거절했음에도 불구하고 반기를 들지 못하고 최후의 순간에 물러서고 말았다. 그에 대한 스탈린의 영향력은 이처럼 거대한 것이었다. 전능한 크렘린 독재자의 그림자가 여전히 중난하이에 짙게 드리우고 있었다.

로시친에게서 좋은 소식을 들은 스탈린은 즉시 김일성에게 지시했다. "북조선 철수와 조선인민군 퇴각에 관해 어제 보냈던 전보의 시행을 잠시 유보하시오."[47] 그는 기쁨을 감출 수 없었다. 이제 모든 것이 계획대로 진행되었다.

엿새 후 중국인민해방군 네 개 야전군과 세 개 포병 사단이 펑더화이의 총

지휘 아래 마침내 한국 전쟁에 개입했다. 갑작스러운 중국의 참전으로 인해 동요한 유엔군은 남쪽으로 밀려나기 시작했다. 하지만 얼마 후 상황이 안정되었다. 한국군과 미군이 완강하게 저항하면서 펑더화이의 공격도 주춤할 수밖에 없었다. 전선은 삼팔선 근처에서 길게 펼쳐졌다.

초반에 중국군이 승리를 거두자 이에 고무된 마오쩌둥은 만약 장기전으로 돌입할 경우 이전 중국의 경우처럼 전쟁이 승리로 끝날지도 모른다고 생각했다. 그는 1951년 3월 1일 스탈린에게 보낸 편지에서 이런 자신의 느낌을 피력했다. 스탈린은 자신의 입장에서 이렇게 주장했다. "우선 장기전을 통해 중국 군대가 실제 전투 현장에서 현대전을 배울 기회를 마련할 수 있으며, 두 번째로 이번 전쟁이 미국 내 트루먼 정권을 동요시키고 영미 연합군의 군사적 위신을 떨어뜨릴 것이기 때문에 굳이 전쟁을 가속화할 필요가 없소."[48]

1951년 2월 스탈린은 중국공산당을 통해 인도네시아 공산당(PKI)에 무력을 이용해 정권을 탈취하기 위한 투쟁에 돌입할 것을 지시했다. 그는 류사오치를 통해 인도네시아 공산당 중앙위원회에 보내는 전문에서 "'향후 인도네시아 공산당의 근본적인 임무는 인도네시아의 진정한 독립 달성을 위해' 제국주의자들에 맞서 '민족 연합 전선을 가능한 한 최대로 확대하는 데 있는 것이 아니라, 토지에 관한 봉건적 잔재를 뿌리 뽑아 농민들에게 토지를 배분하는 데 있다."[49]라고 강조했다. 이렇듯 국제적인 분쟁이 급속도로 번지고 있었다.

스탈린이나 마오쩌둥은 전쟁으로 인한 막대한 희생에 대해 전혀 걱정하지 않았다. 3월 1일 같은 편지에서 마오쩌둥은 '스승'에게 중국인민지원군 가운데 10만 명이 전사하거나 부상을 입었으며, 향후 30만 명 정도의 병력 손실이 예상된다고 말하고, 결론적으로 "병력을 채우기 위해 30만 명이 더 필요할 것"[50]이라고 했다. 이것이 그가 말한 전부였다. 이는 마치 사람이 아니라 무생물의 통계치를 말하는 것처럼 들린다.

그러나 시간이 흐르면서 전쟁은 가망이 없는 듯 보였다. 100만 명으로 늘어난 중국인민지원군(별도로 100만 명이 군수 지원을 위해 동원되었다.)이 전사하거나 부상을 입는 상황이 지속되자 마오쩌둥도 마침내 한반도에서 빠져나올 방안에 대해 고민하기 시작했다. 1951년 초여름, 그는 끈질기면서도 조심스럽게 스탈린과 지속적으로 연락하면서 자신의 생각을 꺼내 보이기 시작했다.[51] 스탈린은 좀처럼 분쟁의 종식을 허락하지 않았다. 그는 여전히 전쟁이 필요했다. 왜냐하면 새로운 전쟁, 무엇보다 "극동 아시아 전역에서 혁명을 유발하고 유럽에서 사회주의를 강화하기 위해서는" 중국과 북한 군대가 한반도에서 현대전에 대비하기 위한 학교에 다니고 있을 필요가 있었기 때문이다.

북한도 1951년 여름쯤부터 전쟁을 끝내야 한다고 생각하기 시작했다. 6월 10일 마오쩌둥의 동의하에 김일성과 가오강이 모스크바로 날아갔다. 그리고 그곳에서 치료를 받던 린뱌오와 자리를 함께했다. 세 사람은 스탈린과 만나 적과 담판을 하는 데 동의하도록 설득했다. 하지만 크렘린의 독재자는 김일성과 마오쩌둥이 북한에서 화의를 체결하는 데 주도적인 역할을 하도록 놔두지 않았다. 1951년 7월 10일 시작된 정전 회담은 전쟁의 불꽃이 여전히 타오르는 가운데 천천히 움직이고 있었다.

마오쩌둥은 전쟁으로 인한 경제적 어려움에 대해 스탈린에게 불만을 늘어놓기 시작했다. 예를 들어 1951년 11월 14일 그는 이렇게 썼다.

금년의 경우 조선에 대한 원조와 미 제국주의자들에 대한 투쟁으로 인해 중국 정부 예산이 작년 대비 60퍼센트나 증가했습니다. 전체 예산의 32퍼센트가 조선 전쟁에 직접 투입되었습니다.(소련 정부가 제공한 군사 차관은 계산에 포함하지 않았습니다.) 만약 우리가 절약하지 않는다면 내년 예산은 불가피하게 우리의 재정 상황에 영향을 미치고, 고도의 물가 상승을 초래할 정도로 대폭 늘어날 것이며, 결국 경제 건설에서도 앞뒤로 많은 문제를 초래하게 될 것입니다. 따라서 담판을 통해 평화를 실현하는 것이 분명 우리에게 이익입니다.[52]

1952년 1월 북한 인민 10퍼센트가 기아에 허덕이고 있으며, 4월이나 5월이 되면 대부분의 농민들이 기근으로 인해 고통받을 것이라는 소식이 모스크바에 전해졌다. 마오쩌둥은 중국 자체의 식량 상황도 그리 여의치 않음에도 불구하고 배편을 이용해 북한에 식량을 원조하기로 결정했다. 그러나 스탈린은 의도적으로 전혀 고려하지 않은 것처럼 보인다. 1952년 8월 20일 그는 크렘린에서 저우언라이 등 중국 대표단을 만나 자신의 단호한 입장을 밝혔다.

이번 전쟁은 미국의 신경을 건드렸다. 북조선은 사상자를 제외하면 전혀 잃은 것이 없다. ……미국은 이번 전쟁이 자신들에게 이롭지 않다는 사실과 적어도 우리 군대가 중국에 잔류한다는 것이 명백해진 이후로 전쟁을 종결해야 할 것임을 알게 되었다. ……조선 전쟁은 미국의 약점을 보여 주었다. ……미국인들은 특히 조선 전쟁 이후로 대규모 전쟁을 수행할 수 없을 것이다. 미국은 작은 조선과 싸워 이길 수 없다. ……그리고 대규모 전쟁을 수행할 능력을 상실했다. 그들은 원자 폭탄과 공군력에 희망을 걸고 있다. 하지만 그것만으로 전쟁에서 승리할 수는 없다. 무엇보다 필요한 것은 보병이다. 그들은 보병이 많지 않으며, 그나마 보유하고 있는 보병도 약하다. 미군이 작은 조선과 싸우는 상황에서 미국인들은 눈물을 흘리고 있다. 만약 그들이 보다 큰 대규모의 전쟁을 일으킨다면 어떻게 될까? 아마도 거의 모든 이가 통곡할 것이다.[53]

마오쩌둥은 1953년 스탈린이 사망한 후에야 비로소 이처럼 곤란한 상황에서 '영예롭게' 벗어날 수 있었다. 그러는 동안에 한반도에서 벌어지고 있는 전쟁은 중국에 크나큰 부담이 아닐 수 없었다. 중국인민해방군은 참담한 소모전을 더 이상 이끌 생각이 없었다. 김일성 역시 종전을 원했다. 1953년 3월 11일 독재자가 사망하고 엿새가 지난 후 장례식 참석차 모스크바에 도착한 저우언라이는 소련 지도부의 말렌코프와 베리아, 흐루쇼프에게 정전 협정을 서둘기 위한 중화인민공화국의 긴급 요청을 전달했다. 새로운 소련 영도자들 역시 종전에 찬성했다.[54] 3월 19일 소련 부장회의는 스탈린 노선을 바꾸어 한국 전쟁에서 출로를 찾기로 결의했다.[55] 특별 대표단이 김일성에게 소련의 새로운 지시를 전달하기 위해 모스크바에서 평양으로 파견되었다.

1953년 7월 27일 오전 10시 한쪽에 북한과 중화인민공화국 대표가 앉고, 다른 한쪽에 유엔 사령관이 앉은 상태에서 정전 협정에 관한 서명이 이루어졌다. 중국인민지원군은 1958년 10월까지 북한에 잔류했으며, 이후 김일성의 압력을 받아 귀국길에 올랐다.[56]

관방 통계에 따르면, 이번 전쟁으로 인해 중국은 14만 8000여 명이 사망하고 30여만 명이 부상하거나 포로가 되고 또는 실종되었다.(또 다른 통계에 따르면, 전체 사상자 90여만 명 가운데 15만 2000여 명에서 18만 3000여 명이 전사자다.)[57] 북한 인민군은 52만여 명이 전사했고, 남한은 41만 5000여 명, 미군은 3만 6516명의 전사자를 포함하여 14만 2000여 명이 죽거나 부상당했다. 이에 비해 소련은 138명의 장교와 161명의 하사관 및 일반 병사를 포함하여 전체 299명을 잃었다. 비무장한 일반인들이 가장 많은 희생을 당했다. 여러 통계에 따르면, 한국 전쟁으로 인해 300만 명에서 400만 명에 달하는 민간인이 사망했다.[58]

전사자들 중에는 마오쩌둥의 큰아들 마오안잉도 있다. 1950년 여름 한국 전쟁이 발발하자 그는 육군에 입대했다. 이전에 파시스트와 싸울 때처럼 이번에도 전선으로 달려 나갔다. 어쩌면 여전히 냉정하게 대하는 부친에게 자신이 아직 가치가 있다는 것을 보여 주고 싶었는지도 모른다. 아무튼 그는 조선으로 달려갔고, 그곳에서 중국인민지원군의 총참모부에 배치되었다. 중국인민지원군 총사령관인 펑더화이는 그를 휘하에 데리고 있으면서 보호해 주려 했으나 결국 아무런 소용이 없었다. 1950년 11월 25일 미 공군이 펑더화이의 사령부를 폭격했고, 마오안잉은 그 와중에 전사하고 말았다. 겨우 스물여덟 살의 나이였다. 같은 날 펑더화이는 즉각 마오쩌둥에게 전보를 보냈다. 하지만 당시 주석의 비서였던 예쯔룽은 저우언라이의 동의하에 마오쩌둥에게 전보를 건네지 않았다. 마오쩌둥이 비통한 사실을 알게 된 것은 며칠이 지난 후였다.

수행 비서의 증언에 따르면, 당시 마오쩌둥은 전혀 눈물을 흘리지 않았다. "주석은…… 전혀 감정을 드러내지 않으셨습니다." 예쯔룽은 이렇게 회고했다. "하지만 얼굴은 상당히 초췌했지요. 그는 손을 흔들며 이렇게 말했습니다. '전쟁에는 항상 희생이 따르기 마련이다. 이것은 아무것도 아니다.'"[59] 그는 나중에 펑더화이를 만났을 때도 똑같은 말을 반복했다. "주석, 제가 마오안잉을 제대로 돌보지 못했습니다. 제 잘못입니다. 저를 벌해 주십시오." 펑더화이가 말했다. 마오쩌둥은 그저 눈을 감고 있을 뿐이었다. "희생이 따르지 않는 혁명 전쟁이 어찌 가능하겠소. ……단지 병사가 죽은 것일 따름이오. 마오안잉이 내 아들이라는 이유로 괜히 유난을 떨 필요는 없소."[60] 그러나 그가 큰 상실감을 느꼈던 것은 분명하다. 며칠 동안 거의 아무것도 먹지 않았으며 잠도 제대로 잘 수 없었다. 그는 팔걸이의자에 앉아 연신 담배만 태울 뿐이었다.

그때까지 그는 이미 너무도 많은 가족 구성원을 잃은 상태였다. 막냇동생인 마오쩌탄은 1935년 푸젠 서부*에서 국민당 군대와 싸우다 전사했고, 둘째 동생인 마오쩌민은 1940년 신장 군벌 성스차이(盛世才)를 돕기 위해 신장으로 갔다가 성스차이가 배반하는 바람에 1943년 참혹한 죽음을 맞이하고 말았다. 성스차이는 한동안 스탈린의 친구로 행세하면서 소련공산당에 입당 신청을 하기도 했다. 그러나 1942년 코민테른과 중국공산당이 자신을 전복시키려 한다는 이유로 소련과 관계를 끊었다. 그는 마오쩌민을 비롯한 중국공산당 신장 지부 조직원들을 체포하여 감옥에 넣었다. 수감된 공산당원들은 몇 달 동안 심문을 받고 고문을 당하다가 1943년 9월 27일 처형되었다. 처음에 그들은 무차별적인 곤봉 세례를 받다가 결국 질식사하고 말았다. 시신은 마대에 넣은 채로 깊은 산속에 매장되었다. 나중에 마오쩌둥은 성스차이가 마오쩌민을 살해하고 사흘 만에 시신을 다시 파내어 사진을 찍은 다음 이를 쑹메이링과 장제스에게 보냈다는 소문을 들었다.[61]

1929년 8월 마오쩌둥의 사촌 여동생인 마오쩌젠이 스물네 살의 나이로 국민당군의 손에 무참히 살해되었다. 양카이후이가 죽기 1년 6개월 전의 일이었다. 1946년 6월 이제 갓 열아홉 살이 된 마오추슝이 죽었다. 마오쩌둥의 유일한 조카이자 마오쩌탄의 유일한 아들이었다. 1930년 창사에서 양카이후이의 사촌 동생인 카이밍이 총에 맞았다. 이 외에도 1935년 대장정 기간에 마오쩌둥은 또 한 명의 처남인 허쯔전의 동생 허민런(賀敏仁)을 잃었다. 그는 시장(西藏) 라

---

* 루이진 훙린 산(紅林山)을 말한다. — 옮긴이

마교 사원을 훼손했다는 이유로 티베트인들에게 목숨을 잃었다.

마오쩌둥의 두 동생네 식구 중에서 마오쩌민의 아이 둘만 살아남았다. 마오안잉보다 한 살이 많은 마오위안즈는 마오쩌민이 첫 번째 부인인 왕수란과의 사이에서 낳은 딸이었고, 마오위안신(毛遠新)은 그 아들이었다. 1941년 2월 14일 마오위안신이 태어나고 얼마 후 마오쩌민은 두 번째 부인인 첸시쥔과 헤어지고 새로운 연인과 결혼했다. 세 번째 부인이 된 주단화(朱旦華)는 장칭과 마찬가지로 배우 출신이었다. 1943년 2월 그녀는 체포되어 어린 아들과 함께 감옥에 갇혔으며, 1946년 5월에야 비로소 풀려났다. 그해 7월 아들 마오위안신과 함께 옌안에 도착하여 마오쩌둥의 환대를 받았다. 마오쩌둥은 두 사람을 따뜻하게 대했다. 특히 자신의 딸 리나보다 여섯 달 정도 늦게 태어난 조카에게 지나치게 감상적이라고 할 만큼 많은 애정을 쏟았다. 어쩌면 자신의 아이들보다 조카들에게 관심을 더 쏟는 것을 의무처럼 느꼈을 수도 있다. 그는 이미 다 큰 마오위안즈에게도 각별히 신경을 썼다. 마오위안즈는 1945년 결혼하여 이듬해 아들을 낳았다. 비로소 마오쩌둥은 할아버지가 되었다는 것을 실감했다. 1951년부터 마오위안신은 마오쩌둥의 보호와 관리하에 성장했다. 주단화는 재혼한 후 마오쩌둥과 장칭의 요청에 따라 아들을 중난하이에 두고 남편을 따라 난창에서 활동했다.

마오안잉의 죽음으로 인한 마오쩌둥의 슬픔은 가라앉지 않았다. 딸이나 작은아들, 사랑하는 조카 들도 그의 아픔을 가라앉힐 수 없었다. 그것은 마치 그와 전사한 아들 사이에 여전히 해결되지 않은, 그리고 주기적으로 그를 괴롭히는 어떤 것인 듯했다.

마오안잉의 죽음은 누구보다도 마오안칭에게 슬프고 괴로운 일이 아닐 수 없었다. 그들은 단순한 형제 사이를 떠나 온갖 슬픔과 기쁨을 함께 겪어야 했던 서로에게 유일무이한 혈육이었다. 그들은 어머니의 죽음으로 함께 슬퍼했으며, 기아에 허덕이던 어린 시절을 함께 보냈고, 홍콩에서 모스크바까지 힘든 여행을 함께했고, 국제아동원에서 어머니 허쯔전과 함께 생활하던 추억을 함께 공유했다. 마오안칭은 신경이 예민하여 불안감에 시달렸으며 심리적으로 안정을 얻지 못했다. 어머니가 체포될 당시에 병사들이 머리를 가격하던 기억이 항상 뇌리에 남아 있었다. 형의 죽음은 그를 막다른 골목으로 몰고 갔다. 불면증에 시달리다 방 안을 이리저리 돌아다니기 시작했고, 혼자서 무어라 중얼거리는 일이 잦아졌다. 의사는 그가 정신 분열증을 앓고 있다고 진단했다. 이제 마오안칭은 더 이상 일을 할 수 없었다. 치료를 위해 소련으로 보내졌지만 별 소용이 없었다. 중국으로 되돌아온 후 다롄의 군대 요양원으로 보내졌으며, 의사의 보살핌 아래 지내야만 했다. 형수인 류쑹린(劉松林, 별명 류쓰치(劉思齊))과 그녀의 동생 사오화(邵華)가 특히 세심하게 보살폈다. 사오화는 나중에 다롄으로 거처를 옮겨 그를 돌보았고, 1960년 마오안칭과 결혼했다. 2년 후 그들은 베이징으로 돌아왔다. 마오안칭은 훨씬 나아졌지만 끝내 완전히 회복하지는 못했다.[62]

물론 마오쩌둥은 아들의 병세 때문에 언짢기도 하고 크게 실망하기도 했다. "이렇게 자손을 빼앗겨야만 하는 것인가? ……(한 아들은 전사하고 다른 하나는 미치고 말았다.)" 그는 비통하게 말했다.[63] 그러나 예전과 마찬가지로 그는 사적인 감정에 빠져들 시간적 여유가 없었다. 아버지로서의 감정보다 권력과 정치가 앞섰던 것이다.

26

신민주주의의 모순

마오쩌둥은 중국이 신속하게 현대화된 사회주의 국가로 발전하기를 원했다. 하지만 중화인민공화국 성립 초기 스탈린의 천성적인 의심증, 군림하려는 욕망, 교조주의가 결합하여 중국에 대한 소련의 원조를 제한했다. 설령 스탈린이 더 많은 원조를 하고 싶었다고 할지라도 소련 경제가 전쟁으로 인해 상당히 타격을 받은 상태여서 중국에 대한 지속적인 원조를 확대하기 어려웠을 것이다. 그러나 현재 접근 가능한 문서에 따르면, 스탈린의 중국에 대한 원조 제한은 경제적인 것보다는 정치적인 이유가 더 큰 것으로 보인다. 1952년 8월과 9월 스탈린과 저우언라이의 협상에 관한 소련 외무부 부부장 콘스탄틴 코발(Konstantin Koval)의 회상은 그런 면에서 웅변적이다.[1] "당신은 우리가 사회주의 중국을 건설하는 데 도움을 줄 것이고, 우리는 당신이 공산주의 소련을 수립하는 데 도움을 줄 것이다."[2] 저우언라이가 이렇게 말하자 스탈린은 그냥 무시해 버렸다. 스탈린은 1951년부터 1955년까지 제1차 경제 개발 5개년 계획*

---

* 약칭은 '일오(一五)'다. — 옮긴이

을 수립하려는 중국의 노력에 대해 비현실적이라는 이유로 찬성하지 않았다.[3] 1950년 2월 14일 체결된 협의문에 따르면 그가 중화인민공화국에 제공한 재정 원조는 전체 미화 3억 달러이며, 향후 5년 동안 연 1퍼센트인 저리의 조건이었다.[4] 만약 마오쩌둥이 말한 것처럼 "현재나 향후 몇 년 동안 더 많이 빌리는 것보다 덜 빌리는 것이 우리에게 낫다."[5]라고 한다면 이는 마오쩌둥이 요구한 금액일 것임에 틀림없다. 그러나 스탈린은 더 이상 제공하지 않았고, 중국은 한국 전쟁 기간에 소련 무기를 구매하기 위한 차관을 요청해야만 했다. 중국은 이를 불공평하다고 생각했다. 처음에 차관은 국내 경제 문제를 해결하기 위한 것이었으며, 자신들이 한국 전쟁에 참전한 것은 '국제주의자로서 의무'를 이행하는 것이라고 믿었기 때문이었다.[6]

1953년 3월 5일 스탈린이 사망할 때까지 소련 정부는 베이징 측에서 제안한 147개의 산업 프로젝트 가운데 쉰 개 항목만 정식으로 인정했고,[7] 그마저도 서둘러 시행한 적이 없었다.[8] 스탈린은 원조를 서둘러 달라는 중국의 요청을 거절했으며, 중국공산당 지도자들에게 현대화에 속도를 낼 필요가 없다고 권고했다. 1952년 9월 3일 중국이 제시한 5개년 계획에 대해 논의하기 위해 저우언라이와 만난 스탈린은 매년 20퍼센트의 산업 성장률을 달성하겠다는 중국의 요구에 불만을 표시했다. 관방 통계에 따르면, 제1차 5개년 계획 기간에 소련 경제는 18.5퍼센트밖에 성장하지 못했기 때문에 스탈린이 중국의 요구에 동의하지 않았던 것이다.* 경쟁을 이유로 스탈린은 저우언라이에게 전체 성장률을 15퍼센트로 하향 조정하도록 권유했으며, 다만 선전 구호로 활용할 경우 매년 20퍼센트로 계획을 잡는 것에 동의했다.[9] 1953년 2월 초 소련국가계획위원회 부주석인 미하일 사부로프(Mikhail Saburov)가 중국재정경제위원회 부주임으로 당시 모스크바에 있던 리푸춘(李富春)에게 중국의 제1차 5개년 계획 초안에 대한 소련 전문가들의 논평을 보냈다. 스탈린의 규율에 따라 사부로프는

---

* 서구의 중요 전문가들에 따르면, 제1차 경제 개발 5개년 계획 기간에 소련은 매년 12퍼센트의 성장률을 보였다. 하지만 스탈린은 서구의 통계를 신뢰하지 않았을 것이다.

중국 동지들에게 산업 성장률을 13.5퍼센트에서 15퍼센트 사이로 하향 조정하도록 권고했다.[10] 중국국가행정위원회는 어쩔 수 없이 동의했다.[11] 최종적으로 매년 산업 성장률은 14.7퍼센트로 확정되었다.[12]

스탈린은 1952년 10월 소련공산당 제19차 대표대회 기간에 중국 중앙인민정부 부주석이자 정치국원인 류사오치와 만난 자리에서도 중국의 사회주의 건설에 대한 경의와 더불어 우려와 경고를 잊지 않았다. 당시 스탈린은 향후 10년에서 15년 동안 중국 농촌에서 호조합작(互助合作)*을 추진하겠다는 마오쩌둥의 생각에 대해 반대하는 입장을 분명하게 밝혔다. 마오쩌둥은 한 달 전 개최된 중국공산당 중앙위원회 서기처 회의에서 처음으로 이런 구상을 제안했다.[13] 류사오치는 중국공산당 중앙위원회의 정책에 관해 보고하면서 이에 대해 스탈린에게 이야기했다.[14] 류사오치는 1953년 11월 소련 대사 바실리 쿠즈네초프(Vasily Kuznetsov)와 대담하면서 이렇게 회상했다. "스탈린 동지는 중국의 여건을 고려해 볼 때 농업의 조합화와 집단화를 서둘지 않는 것이 집단화 기간 소련에 보다 이로울 것이라고 조언했습니다."[15] 류사오치는 스탈린의 의견을 베이징에 전달했으며, 마오쩌둥은 이를 고려하지 않을 수 없었다.

하지만 마오쩌둥이 항상 스탈린의 지시를 따른 것은 아니다. 1949년과 1953년 사이에 그는 주체적으로 중국의 스탈린주의화를 가속화하는 데 초점을 맞춘 일련의 조치를 취했다. 중화인민공화국 수립을 선언하고 국민당의 잔여 군대를 타이완으로 축출한 후 공산당 정권은 내전 기간에 국민당을 지속적으로 지지하지 않았던 다양한 형태의 사회 세력들에 대해 정기적으로 군사 행동을 지속했다. 그중에는 빠른 시일 내에 혼란스러운 상황이 끝나기를 희망하는 전통적인 향촌 지식인들뿐만 아니라 내전 기간에 직접 간여하지 않고 방관자로 남아 있던 지방 세력 조직의 대표자들도 있었다. 국민당이 철저하게 패배한 후 마오쩌둥은 새로운 권력 조직을 수립하는 과정에서 기존의 지역 엘리트 대신 공산주의에 동조하는 지지자들에게 권한을 부여함으로써 각지 기층 조

---

* 노동조합 형식의 합작사를 통한 집단화. ─옮긴이

직에서 점차 자신의 권력을 다지기 시작했다.

당시 중국공산당은 사회 적대 세력의 격심한 저항에 부딪쳤으며, 내전은 수백만 명에게 영향을 미칠 만큼 대중적인 성격을 띠었다. 실제보다 적기 마련인 공식적인 숫자에 따르더라도 1951년 말까지 200만 명이 넘는 수가 투쟁 과정에서 목숨을 잃었으며, 그 외 200만 명에 달하는 이들이 감옥이나 강제노동 수용소로 보내졌다.[16] 내전이 지속되었지만 희생자 수에 대한 통계는 더 이상 발표되지 않았다. 러시아 출신 중국 전문가 고르바초프(B. N. Gorbachev) 대령이 모은 자료에 따르면, 중국인민해방군 서른두 개 병단, 또는 150만 명이 넘는 140여 개 사단 병력이 내전에 참가했다.[17] 가장 잔인한 것은 내전 기간에 중국공산당에 귀순한 국민당 군관들 가운데 불순분자들에게 가해진 행위였다. 북중국 군구 사령관의 고문인 게오르기 세메노프(Georgii Semenov)의 회고에 따르면, 인민해방군으로 전향한 베이징 수비대 푸쭤이 장군의 예전 부대에서 2만 2014명이 '휴전 기간'에 범죄자로 '적발'되었고, 정치위원회의 결정에 따라 그중 1272명은 즉결 처분, 1415명은 사형 선고 유예, 6223명은 군대에서 쫓겨나고 말았다.[18] 건국 후 첫해는 범죄에 대한 처벌을 규정하는 법률이 마련되지 않은 상태였기 때문에 상황은 더욱 복잡했다. 1949년부터 1954년까지 중국공산당은 법률이 아닌 정치 운동이나 군중 동원을 통해 나라를 통치했다.

가장 격렬한 투쟁은 농촌의 토지 개혁 과정에서 일어났다. 1948년까지 마오쩌둥은 토지 재분배뿐만 아니라 소작료와 이자 감면에 관한 구호까지 잠시 유보했다. 농촌 토지 소유자(지주)의 중립성을 보장하여 국민당을 사회 기층에서 고립시켜 패배를 가속화하기 위함이었다. 하지만 청산의 시간이 예정보다 빨리 도래했다. 이후 3년 동안 중국공산당은 북쪽에서 남쪽으로 토지 개혁을 점차 확대하기 시작했다. 말이 개혁이지 '위로부터'의 농민 혁명이라고 하는 것이 더 어울릴 정도로 파급 효과가 컸다. 수동적인 농민들 대신 당내 활동가로 구성된 특별한 소조가 매년 30만 명씩 전국 각지에 파견되었다. 그들은 농민 협회를 조직하고 새로운 지역 인재를 선발했으며, 특히 지주나 반혁명 분자로 낙인찍힌 이들을 가혹하게 몰아붙였다. 가혹한 형벌을 자행하는 인민재판정이 마을마다 생겨나고 사형 선고까지 내릴 수 있는 권력이 주어졌다. 저항하는 이들은 즉결로 총살되거나 강제수용소에 보내졌다. 중국공산당이 부농을 보호하겠다고 선언한 바 있으나 부농의 숫자가 급격히 줄어들었다. 농촌의 권력과 경제적 특권은 새로운 엘리트 '공산주의자'들에게 돌아갔다.

농촌의 부농들을 제거하고 나자 도시의 자산가들이 그다음 목표가 되었다. 1951년 12월 마오쩌둥은 자산 계급에 대한 반대 운동을 발동했다. 삼반(三反)은 부패한 관료에 대한 운동이고, 오반(五反)은 사영 기업가들에 대한 운동이었다. 사형을 선고할 권한을 부여받은 인민재판정이 도시에 세워졌다. 공개 재판이 벌어지고 때로 현장에서 공개 처형이 이루어졌다. 자산 계급을 압박하는 주된 방식은 그들의 경제적 지위를 심각하게 떨어뜨릴 정도의 과중한 세금을 부가하는 것이었다. 그 결과 1952년 9월 중국공산당 중앙위원회 서기처 회의에서 마오쩌둥이 말한 것처럼 공업 분야에서 국영 기업은 67.3퍼센트로 확대되었고, 상업 분야에서 국가가 40퍼센트를 확보할 수 있게 되었다. 그래서 중국 경제에서 사회주의 경제 점유율이 우세한 선도적인 자리를 차지했다.[19]

서서히 이념 운동의 목표가 지식 분자(지식인) 쪽을 향했다. 1951년 마오쩌둥은 영화 「무훈전(武訓傳)」에 대한 토론을 전개할 것을 주장했다. 명목은 영화와 관련된 것이었으나 실제는 마르크스주의를 대중에게 주입하기 위함이었다. 거지나 다를 바 없는 절망적인 빈곤 속에서 자수성가하여 학교를 세우고 가난한 집 아이들을 교육시켰던 19세기 유명한 교육자(무훈)를 찬양하는 이 영화는 뜻밖에도 영화 예술 전문가로 자처하고 있던 장칭을 격노하게 만들었다. 그녀는 영화를 본 후 마오쩌둥에게 이렇게 말했다. "무훈을 숭배하는 풍조가 지속된다면 대단히 위험한 일이 아닐 수 없어요. 그의 행위는 지주 계급을 타도하고 유학자를 매장시키고 개혁파를 진압하는 등 지금 국가에서 긴요한 문제들을 엉망으로 만들고 있기 때문이에요. ……교육이 계급 모순을 해결하고 사회 정치적 성공으로 이끈다는 것을 신조로 삼고 있다고요."[20] 마오쩌둥은 그녀의 의견에 동의했다. 운동은 이데올로기 면에서 의견을 달리하는 지식인들에 대한 비난으로 빠르게 바뀌면서 지식인들의 사상 개조 운동으로 변질되었다. 중화인민공화국에서 정신생활의 발전에 악역을 맡게 되는 이념적 테러 방식이 바로 이 시기에 이미 뚜렷해지기 시작했다.

일부 통계에 따르면, 중국 성립 초기 이러한 운동 기간에 400만 명이 넘는 '반혁명 분자'들이 탄압을 받았다.[21] 집권당도 이러한 투쟁에서 예외가 아니었다. 1951년 마오쩌둥은 이미 중국공산당 내에서 '이질적' 요소를 제거하기 위해 당원들에 대한 검증과 재등록을 실시하기로 결정했다. 1953년까지 전체 당원의 10퍼센트가 축출되었다.

사회주의의 과도기로서 신민주주의 시대에 마오쩌둥의 이러한 정책에 중국 지도부 전체가 동의한 것은 아니었다. 몇몇 최고위급 지도자는 신민주주의를 마오쩌둥과 전혀 다르게 생각하고 있었다. 특히 류사오치가 그러했다. 우리가 알고 있다시피 일찍이 1949년 초부터 스탈린은 중국공산당 중앙정치국원이자 동북국 서기인 가오강으로부터 류사오치가 '우경 편차(偏差, 오류·편향)'를 지니고 '중국 자본가를 과대평가'하는 착오를 저질렀다는 기밀 첩보를 받았다. 비록 가오강의 이름이 직접적으로 명시되지는 않았지만 그의 주장은 코발레프가 스탈린에게 제출한 「중국공산당 중앙위원회의 정책과 실천에 관한 몇 가지 문제」라는 극비 보고서에 언급되었다. 보고서에는 저우언라이를 비롯하여 중앙위원회의 펑전(彭眞), 리푸춘, 리리싼,* 보이보(薄一波), 린펑 등에 대한 비난도 포함되어 있다.[22] 스탈린은 이런 비판을 받아들이지 않았으며, 대신 "중국 내 민주당파 문제와 그 지도자들을 공산주의자로 간주할 필요에 관해" 언급하면서 "가오강 동지는…… 착오를 범했지만 공산주의자다. 저우언라이와 류사오치는 틀림없이 맞다."라고 말했다. 모스크바 인근 자신의 다차에서 마오쩌둥과 만났을 때 스탈린은 심지어 코발레프의 보고서 사본과 코발레프와 가오강에게 받은 또 다른 문건을 마오쩌둥에게 주었다.[23] 당시 병원에 입원하고 있던 코발레프는 마오쩌둥의 개인 통역으로 회의에 참석한 스저로부터

---

* 리리싼은 1945년 6월 제7차 당 대표대회에서 마오쩌둥의 발의로 중국공산당 중앙 위원으로 선출되었다. 주목할 만한 사실은 당시 그가 중국이 아닌 모스크바에 있었으며, 당에서 축출되어 당원조차 아니었다는 점이다. 하지만 마오쩌둥은 중국공산당을 통합하는 역할을 맡고 싶었다. 이것이 그를 용서한 이유다.

그런 사실을 알게 되었다.[24]

마오쩌둥은 스탈린의 행동을 중국공산당 중앙위원회에 대한 "불신과 의심"의 표현이라고 생각했다.[25] 또 다른 동기가 있을 수도 있다. 우선 스탈린은 중국공산당 지도부에서 의심스러운 성원들에 대해 정보를 제공해 온 가오강을 믿지 않았을지도 모른다. 가오강이 "정체를 폭로한" 사람들 중에는 마오쩌둥도 포함되어 있었다. 예를 들어 1949년 말 가오강은 코발레프를 통해 스탈린에게 마오쩌둥과 그 동료들이 소련에 반대하며 "우경 트로츠키파"의 경향을 띤다고 보고한 바 있다.[26] 그는 1952년 만주를 거쳐 소련으로 돌아가는 길에 자신을 방문한 유딘과 대화하면서 "비록 억제하고 삼가는 듯한 태도를 취했으나" 중국공산당 지도부에 대해 거듭 비난했다.[27] 스탈린은 아마도 이러한 비난을 중국공산당 당내 투쟁의 증거로 간주하고 전혀 관심을 두지 않았던 것 같다.

둘째로, 1949년 여름 스탈린은 류사오치를 단장으로 한 중국 대표단이 소련을 방문했을 때 대표단의 일원이었던 가오강이 대단히 어리석게 행동한 것에 대해 크게 실망했다. 당시 그는 마치 "교황보다 신성한" 흉내를 내며 다른 이들 앞에서 지대한 영향을 미칠 제안을 늘어놓았다. 그중에는 소련이 다롄 주둔군을 확대하고 칭다오에 해군 기지를 설치해야 한다는 내용이 포함되었으며, 특히 만주를 소련의 공화국으로 만들어야 한다는 내용도 있었다. 짜증이 난 스탈린은 그를 "장쭤린 동지"라고 부르면서 망신을 주었다.[28] (1928년 중국 중앙정부에서 독립하여 만주를 지배하고 있던 군벌 장쭤린을 연상시켰기 때문일 것이다.)*

셋째로, 만약 스탈린이 자신이 받은 정보를 믿었다면 마오쩌둥의 급진주의를 '포함하여' 자신의 정책에 도움을 줄 수 있는 한 류사오치의 '일탈 행위'를 유용한 것으로 간주했을 수도 있다.

결국 가오강은 중국 지도부 내에서 스탈린의 유일한 정보 제공자가 아니었던 것이다. 몇몇 소식통에 따르면, 류사오치도 스탈린에게 극비 정보를 제공한

---

* 코발레프는 가오강의 발언이 1949년 7월 27일 정치국 확대회의에서 있었다고 잘못 말했다. 하지만 정치국 회의는 7월 27일이 아니라 7월 11일에 개최되었다. 가오강의 발언은 소련 측에서 스탈린과 불가린, 비신스키, 중국 측에서 류사오치와 가오강, 왕자샹 등이 의견을 교환하는 과정에서 이루어졌다.

바 있다. 소련 국가안전부 전직 관리인 페테르 데리아빈(Petr Deriabin)은 류사오치가 1930년대 모스크바에서 프로핀테른(Profintern, 적색노동조합 인터내셔널)의 중국 대표로 있을 당시부터 소련을 위해 비밀 업무를 맡기 시작했다고 주장했다. 류사오치는 1940년대에도 계속해서 스탈린에게 비밀 정보를 제공했다.[29] 만약 데리아빈의 주장이 사실이라면 스탈린의 입장에서 볼 때 류사오치가 가오강보다 가치가 있을 것이라는 가설이 훨씬 논리적으로 타당하다. 왜냐하면 당시 그는 마오쩌둥 다음으로 중국공산당에서 상위에 자리하고 있었기 때문이다. 가오강을 희생시킴으로써 스탈린은 좀 더 중요한 정보원의 입지를 강화할 수 있었다.

어쨌든 가오강은 정확했다. 중국공산당 지도부는 신민주주의 문제에 관한 통합된 모습을 보이지 않았다. '신민주주의'라는 말을 포기했던 마오쩌둥과 달리 중국공산당의 다른 지도자들은 신민주주의 혁명이라는 개념을 계속 사용하고 있었다. 류사오치와 마찬가지로 저우언라이 역시 중국 사회주의의 점진적인 이행에 관한 스탈린의 경고를 심각하게 받아들였으며 신민주주의 국가, 신민주주의 건설, 문예에서 신민주주의의 추세 등 신민주주의에 대해 다양한 발언을 내놓았다.[30] 당시 그들은 신민주주의를 대단히 급진적인 방식으로 해석하는 마오쩌둥에 대해 신중한 반대의 입장을 형성하고 있었다.

이것이 그 당시 몇 년 동안 중국공산당의 정책이 무언가 모순적이었던 이유다. 사회의 민주적 이행에 관한 개념은 1949년 9월 말 베이징에서 개최된 중국인민정치협상회의(약칭 정협(政協), CPPCC)라는 전형적인 기구에서 마련한 통일 전선을 위한 공동 강령에 그대로 반영되었다. 통일 전선을 위한 조직으로서 정협은 일종의 제헌 의회와 같은 기능을 담당했으며, 물론 주석은 마오쩌둥이었다. 공산주의자들은 중국인민정치협상회의의 이름으로 국가 권력의 새로운 기구를 만들었고, 새로운 국가의 권한을 담은 계획적인 문건으로서 임시 헌법과 같은 기능을 하게 될 공동 강령을 채택했다. 이를 통해 민주의 가치를 선언함과 동시에 법적 지위를 부여받는 중국공산당의 영도적 역할을 인정하는 여덟 개 정당이 참가하는 다당제 체제에서 중국공산당의 영도적 역할을 강조했다. 또한 사유 재산에 대한 인민의 권리를 보장하고, 민족 자본가 개인의 기업 활동과 노동자와 자본가의 상호 유익한 관계 규정에 관한 조항도 포함되었다. 강령 문건은 국가의 민주적 발전을 위한 정책을 선언했다. 중국 사회의 사회주의 재건설에 관한 계획은 '사회주의'라는 말과 마찬가지로 전혀 보이지 않았다.[31]

정부는 1950년 6월 28일 토지 개혁법을 통과시켰다. 전적으로 인민 민주주의 정신에 입각한 내용이었다. 토지는 농부들에게 개인 재산으로 분배되었으며, 부농 경제도 존속되었다.[32] 류사오치는 1950년 6월 베이징에서 개최된 중국인민정치협상회의 전국위원회(약칭 전국정협(全國政協)) 보고에서 이렇게 발언했다. "이는 임시 정책이 아니라 장기적으로 계획된 것이다. 다시 말해 부농 경제는 신민주주의 전 기간에 걸쳐 지속될 것이다."[33]

새로운 정부 정책은 문맹 청산, 좀 더 정확하게 말해서 문맹자를 줄이기 위한 보통 교육 체제의 개혁과 발전, 새로운 고등 교육 기관 개설, 민주화를 위한 여건 마련, 과학자 육성과 현대적인 과학 연구소 체계 수립 등을 환영하는 애국지사나 민주주의자들에게 적극적인 지지를 얻었다.[34] 1950년에 채택된 혼인법과 가족법 역시 광범위한 대중의 지지를 확보했다. 이에 따라 여성도 시민의 권리를 누리게 되었고 실제적인 평등을 실현할 수 있게 되었다.[35] 중국 여론은 국가의 독립에 크게 고무되었으며, 심지어 한반도와 티베트*의 경우처럼 새로운 정부의 침략적이고 강경한 대외 정책에 대해서도 깊은 인상을 받았다.

1949년에서 1953년 사이에 류사오치와 저우언라이뿐만 아니라 천윈을 비롯한 중국공산당 중요 지도자들 역시 다른 공산주의 당파 대표자들과 만난 비공식 모임에서조차 신민주주의에 관해 온건한 입장을 드러냈다.[36] 마오쩌둥에 대해 무언의 반대 입장을 취했던 그들은 사회주의 건설을 서둘지 말 것을 조언한 스탈린의 권위에 의지했다. 그들에겐 실제 목표와 상관없이 정치적 지지가

---

* 시짱, 즉 티베트는 국민당 체제하에서 공식적으로 독립 상태로 남아 있었으나 1950년에서 1951년에 중국인민해방군에게 정복되었다.

특히 중요했다. 그것이 무엇보다 그들이 실천하고자 하는 사상을 위한 이념적 토대를 제공하기 때문이었다. 스탈린의 위상은 여전히 마오쩌둥과 그 동료들에게 영향력을 행사하고 있었으며, 그들 또한 '큰 형님'의 관점에 귀를 기울이지 않을 도리가 없었다. 이는 류사오치가 마오쩌둥과의 토론에서 패배한 후인 1953년 11월 소련 대사와 대화를 나눌 당시 스탈린의 권위에 호소한 것에서도 여실히 드러난다.

마오쩌둥이나 그 반대자들 모두 사회주의 이상을 받아들이고 있지만 이를 실현하는 방법 면에서 서로 달랐다. 아주 적절한 실례가 있다. 1951년 봄, 산시 당위원회 지도자가 농촌 합작화의 속도를 높이자고 제안했다. 류사오치는 선전부 회의에서 이를 비판했을 뿐만 아니라 1951년 7월 중앙위원회 명의의 문건에서 산시의 지역 사업을 "농촌 사회주의의 그릇되고 위험하며 공상적인 개념"이라고 단정했다. 그러나 마오쩌둥은 오히려 지역 활동가를 보호하면서 두 달 후에 류사오치가 준비한 문건을 거부했다.[37] 1952년 12월 저우언라이가 주재한 국가행정위원회 회의에서 재정부 부장 보이보가 마련한 새로운 세금 제도 초안이 제출되어 비준을 받았다. 세금 제도에서 혁신적인 부분은 모든 재산 형태에 대해 세금을 통일하도록 했다는 점이다. 이로 인해 국가와 협동조합의 재산은 세금 우대를 받지 못하고, 개인 자본가 부문은 오히려 경쟁에서 유리한 조건을 획득했다. 법률 초안은 중앙위원회의 허가를 얻지 못했는데 마오쩌둥은 이에 대해 모르고 있었다. 얼마 후인 1953년 1월 15일 마오쩌둥은 저우언라이, 천윈, 덩샤오핑 등 국무원 지도자들에게 분노 섞인 서신을 보냈다. 개인 기업가의 활동 재개를 목적으로 한 그들의 의도가 전혀 근거 없다는 내용이었다.[38] 이러한 논쟁은 마오쩌둥의 노선에 동의하지 않는 이들에 대해 집중적인 이념적, 정치적 운동을 야기했다. 2월 중순 우한에서 개최된 중앙위원회 남중국 지도자들과의 비공식적인 대담에서 마오쩌둥은 이렇게 말했다. "'우리가 신민주주의 질서를 강화해야 한다.'라고 말하는 이들이 있습니다. '네 가지 자유(四大自由, 농민들이 대출하고 토지를 임대하며 노동자를 고용하고 노조에 가입할 수 있는 네 가지 자유)'를 지지하는 이들도 있습니다. 나는 두 가지 모두 잘못되었다고 생각합니다. 신민주주의는 사회주의로 가는 과도기 단계입니다."[39]

　1953년 여름까지 마오쩌둥은 중국공산당의 '온건파' 지도자들에 대한 투쟁을 강화했다. 이념적 논쟁 사슬의 마지막 고리는 같은 해 6월 14일부터 8월 12일까지 베이징에서 개최된 전국재경공작회의에서 최고조에 이르렀다. 거의 모든 당과 정부 고위급 관리들이 참가한 회의에서 공식적으로 새로운 조세 제도에 관한 집중적인 논의가 이루어졌다. 사실상 이는 중국공산당의 전체 정치 전략을 다루는 것이나 다를 바 없었다. 저우언라이와 덩샤오핑, 가오강이 좌담회를 주재했다. 마오쩌둥은 개인적으로 가오강을 좋아하지 않았지만 이념 면에서 두 사람은 매우 가까웠다. 가오강은 류사오치와 그 지지자들의 위상을 떨어뜨리려고 애썼다. 가오강은 선양 주재 소련 총영사 안드레이 레돕스키(Andrei Ledovsky)와 대담하면서 류사오치가 "보이보의 잘못된 자산 계급 노선"을 지지하고 있으며, 사실 그 노선은 바로 류사오치에게서 나온 것이라고 말한 바 있다.[40]

　회의의 이념적 핵심 내용은 1953년 6월 15일 정치국 회의에서 행한 마오쩌둥의 발언에서 확연하게 드러난다. 마오쩌둥은 "신민주주의 사회 질서를 확립"하기 위해 애쓰는 당 지도자들을 예리하게 비판했다.[41] 마오쩌둥은 류사오치와 그 지지자들*이 민주 혁명이 승리한 이후에도 그들이 있던 그 자리에 그대로 남아 있다며 계속해서 이렇게 말했다. "그들은 혁명의 성격이 바뀌었다는 사실을 인식하지 못하고 사회주의 개조 대신에 '신민주주의'를 계속 밀어붙이고 있다. 이는 우경화의 과오로 이어질 것이다."[42] 특히 마오쩌둥을 격노시킨 것은 그들이 '사유 재산 유지'를 적극적으로 추진했다는 점이다.[43] 이러한 비판은 마오쩌둥이 처음으로 신민주주의 개념과 자신을 명확하고 직접적으로 분리해 생각한 것이자 신속하게 사회주의 혁명으로 이행하기를 바라고 있음을 밝힌 것이다.

---

*　마오쩌둥은 연설문에서 공식적으로 그들의 이름을 거론하지 않았지만 출판된 연설문에는 그 대상이 류사오치와 그 지지자들이라는 주석이 실려 있다.

경제 건설에 관한 가오강과 리푸춘의 보고와 개인 재산에 관한 리웨이한의 보고가 장황하게 이어졌으며 최고위급 지도자들이 모두 토론에 참가했다.

가오강이 가장 적극적이었다. 가오강은 보이보를 비판하면서 그가 '과오'를 범했을 뿐만 아니라 "당 노선에 맞서 투쟁하고 있다."라고 지적했다. 이는 사형 선고를 내리는 것과 다를 바 없었다. 그는 재정부의 유죄를 증명하기 위해 류사오치의 "착오적인" 발언 내용을 반복해서 인용했다. 틀림없다, 류사오치의 발언이라고 명확하게 밝히지 않았지만 보이보가 이렇게 발언했다는 식으로 에둘러 말했다.[44] 다시 말해 공개적으로 보이보를 비난하면서 은연중에 류사오치를 공격한 셈이다.(마오쩌둥은 그가 공개적으로 류사오치를 비판하는 것을 허락하지 않았을 것이다.) 류사오치를 포함하여 회의에 참석한 모든 이들이 이러한 전략을 정확하게 간파하고 있었다.

아무도 가오강이 마오쩌둥의 부추김을 받았는지 여부를 알지 못했기 때문에 '온건파'의 상황이 불길한 쪽으로 흘렀다. 7월 7일 저우언라이가 회의에 참석하지 않은 마오쩌둥에게 서신을 보내 회의에서 일어난 일에 대해 보고하고 지시를 요청했다. 류사오치와 저우언라이가 겁먹었다는 사실을 확인한 마오쩌둥은 중재자의 역할을 맡기로 마음먹었다. 실제로 그는 그들이 자신과 의견이 맞지 않는다는 것을 알고 있었지만 그렇다고 자리에서 내쫓을 생각은 아니었다. 다만 집주인이 누구인지 가르치고 싶었을 따름이다. 원하던 결과를 달성했기 때문에 그는 승리의 기쁨을 만끽할 수 있었다. 그래서 가오강의 행동에 대해 들으면서 저우언라이에게 이렇게 말했다. "공개적으로 투쟁을 전개해야지 문제를 해결하는 데 야비한 태도를 취하면 안 되오. 앞에서는 조용히 있다가 뒤에서 투덜대거나 직접 말하지 않고 괜히 에둘러 말하고, 구체적으로 지목하지 않고 암시하듯이 빗대어 말하는 것 등은 모두 옳지 않아요."[45](누군가는 마오쩌둥 자신이 항상 공개적으로 투쟁하고 결코 은근한 방식으로 류사오치를 비난한 적이 없다고 생각할지도 모른다.)

저우언라이는 즉각 '계시'를 모든 관계자들에게 전달했다. 보이보, 류사오치, 덩샤오핑, 저우언라이는 그들 자신이 당장 해야 할 일이 무엇인지 깨달았다. 류사오치, 덩샤오핑, 보이보는 토론에 참가하여 공개적으로 자아비판을 했다. 후자, 즉 보이보의 경우는 두 번씩이나 자아비판을 했다.[46] 저우언라이는 자신의 "정치적이고 조직적인 과오"와 "당 지도부로부터 고립된" 사실을 인정하는 한편, 가혹할 정도로 광범위하게 보이보를 질책했다. 그는 보이보가 "일정 기간에 걸친 과오를 인정하지 않았다."라고 비판했다.[47] 저우언라이에 따르면, "보이보의 '우경화'는 당의 정책인 마르크스·레닌주의를 받아들이지 않고, 노동 인민의 이익을 자신의 출발점으로 삼지 않았으며, 의식적이든 무의식적이든 간에 자산 계급의 의견과 관점, 습관을 반영했기 때문이다."[48] 저우언라이는 보이보가 "당에 대해 불성실"했다고 비판했다.[49]

마오쩌둥은 류사오치와 덩샤오핑이 자아비판을 하고 '자산 계급 노선'에 대한 비판을 지지한 것에 대해 찬사를 보내면서 이번 회의가 '성공'적이었다고 단언했다. 그리고 지난 회의에서 완수한 사업이 정치적, 이념적으로 상당히 중요하다는 점을 몇 번의 다른 연설에서 수차례 강조했다. 이러한 발언을 통해 그가 전국재경공작회의를 중국공산당과 중화인민공화국의 발전에 중요한 전환점으로 간주했음을 알 수 있다. 그래서 조세 문제가 결정적이라고 할 만큼 중요하다는 점을 매번 강조한 것이다. "새로운 조세 제도를 그대로 발전시키면 필연적으로 마르크스·레닌주의에서 이탈할뿐더러 당의 과도기 총노선에서 벗어나 자본주의로 발전하게 될 것입니다."[50] 마오쩌둥은 1953년 8월 12일 전국재경공작회의 연설에서 이렇게 단언했다. 당시 회의는 마오쩌둥이 생각한 대로 중국에서 이러한 위협을 제거하고 신민주주의의 환상에서 벗어나 국가의 사회주의 발전의 길로 나아갔다. 마오쩌둥은 나중에 전국재경공작회의가 이번에 세심하게 만들어 놓은 사회주의 건설을 위한 총노선을 확정하는 데 가장 중요한 회의였다고 지적하면서 이렇게 말했다. "그러나 7월과 8월의 재경공작회의 기간에 총노선 문제는 여전히 많은 동지들에게 해결되지 않은 상태로 남아 있었을 것이다."[51] 그래서 마오쩌둥은 중국공산당 지도부에 자신의 견해를 강요했던 것이다. 이렇게 해서 '소련을 모델로 한 사회주의 건설' 과정이 공식적으로 선포된 셈이다.

27

사회주의 공업화

___

전국재경공작회의에서 마오쩌둥이 승리한 데는 스탈린의 사망이 한몫을 했다. 이제 혁명적 변혁, 다시 말해 중국의 완전하고 결정적인 스탈린주의화를 가속화할 수 있는 사람은 마오쩌둥뿐이었다. 물론 그는 내밀한 감정을 드러내지 않았다. 오히려 크렘린의 옛 보스(스탈린)를 애도하기 위해 소련 대사관에 도착한 그는 거의 울 뻔했다. "그는 스스로 절제하며 어떤 감정도 드러내지 않으려고 했지만 끝내 그러지 못했다. 결국 눈가에 이슬이 맺혔다." 당시 목격자들은 이렇게 회상했다. 저우언라이는 새로 부임한 소련 대사 알렉산드르 파뉴시킨을 따라 슬피 울었다.[1]

하지만 마오쩌둥은 '민족의 어버이'의 장례식에 참석하지 않았다. 3월 초 모스크바에서 폐렴이 극성을 부렸기 때문일 수도 있고, 두 달 전 마오쩌둥이 중난하이에서 정치국 위원들과 나눈 대화 내용을 스탈린이 들어 알고 있다는 사실을 발견했기 때문일 수도 있다. 1950년 말 베이징에서 활약 중인 국가안전부의 비밀 첩자들이 마오쩌둥의 침실과 집 안에 소형 도청 장치를 설치했다. 내부에 조력자가 있는 것이 분명했다. 그것이 발견되었을 때 마오쩌둥은 격노했을뿐더러 스탈린에게 항의 표시를 하기도 했다. 스탈린은 국가안전부가 중국에서 어떤 비밀 활동을 하는지에 대해 아는 바가 없다고 내숭을 떨었다. 아울러 공식적으로 사과의 뜻을 전했다.[2] 그런데 스탈린이 죽기 1년 전에도 그와 마오쩌둥의 관계에 먹구름을 드리울 만한 불쾌한 일이 발생했다. 중국공산당 지도부의 입장에서 볼 때 부정적인 시각으로 중국 인민을 묘사한 니콜라이 프르제발스키(Nikolai Przheval'skii)의 기행을 다룬 영화가 모스크바에서 상영되었기 때문이다. 시나리오 작가는 "위선적이고 간사하고 교활하다."라는 이유로 중국인을 싫어했던 유명한 여행가 니콜라이 프르제발스키를 객관적으로 묘사하려고 애썼을 수도 있다.[3] 영화에 관한 한 누구보다 엄격한 검열관 노릇을 했던 스탈린은 전혀 문제가 될 것이 없다고 여겨 소련에서 영화 상영을 허가했을 뿐만 아니라 체코슬로바키아에서 개최하는 국제 영화제에 사본을 보냈다. 실망한 중국인들은 소련 동지들에게 영화를 상영하지 말 것을 요청했다. 그러자 스탈린은 영화예술부 장관인 이반 볼샤코프(Ivan Bol'shakov)의 명의로 중국인들의 비평이 "정확하지 않으며 심각한 과오를 범하고 있다."라고 신랄하게 비난하는 내용의 전문을 베이징에 보냈다. 비판에 익숙하지 않은 독재자는 중국인들의 민족주의에 대해 비난했다. 그는 이렇게 지적했다.

소련에서도 한동안 수많은 역사가와 예술가들 가운데 민족주의 신념을 지닌 이들이 역사를 미화하고 역사적 진실을 감추려고 시도하는 것을 목도했으며, 지금도 그런 이들이 존재한다고 말할 수 있습니다. ……우리 러시아 공산주의자들은 그런 사람을 위험하게 생각하며, 대중을 교육하는 공산주의 방식의 기반인 비판과 자아비판의 토대를 약화시키고 민족주의라는 독약을 대중에게 주입하는 맹목적 애국주의자로 간주합니다.[4]

마오쩌둥은 전문의 어조나 그 안에 담긴 비난성 발언에 비위가 상했다.

중앙위원회 회의에서 스탈린의 장례식에 참가할 중국 대표단의 단장으로 저우언라이를 선출했다. 그는 소련공산당의 새로운 지도부에 주석의 애도문을 전달하기로 했다. "우리는 스탈린 동지가 중국 인민을 친애하고, 중국 혁명의 역량이 놀랍다는 것을 확신했다는 사실을 알고 있다." 마오쩌둥은 이렇게 썼다. "그는 중국 혁명과 관련한 문제에 가장 영명한 지혜를 보여 주었다. …… 우리는 위대한 스승이자 진실한 벗을 잃고 말았다. ……이는 거대한 슬픔이 아닐 수 없다. 우리의 슬픔을 어찌 말로 다 할 수 있겠는가!"[5]

마오쩌둥은 또한 휴양과 치료를 위해 재차 소련에 머물고 있던 부인 장칭을 비공식적인 대표로 보냈다. 장칭은 스탈린의 죽음으로 비통함에 젖어 스탈린의 유해가 있는 소비에트 하우스*의 기념홀을 방문했다. 그녀는 고인의 관 옆에 설 수 있도록 허가를 받았다.[6] 3월 9일 저우언라이는 운구 대열에 참여했다. 외국인으로 유일하게 소련공산당 지도자들과 함께 영구를 운반하는 영예가 주어졌다.

3월 11일 저우언라이와 대표단 일행은 크렘린의 새로운 지도자들인 말렌코프, 베리아, 흐루쇼프 등과 만나 중국 경제 원조에 대해 의견을 나누었다.[7] 이번 회담을 통해 1953년 소련과 중국의 상품 교역에 관한 중요 의정서와 전력 발전소 건설을 위한 소련의 원조에 관한 협정이 마침내 체결되었다.[8] 그리고 1953년 5월 15일 소련과 중국은 보다 더 중요한 협정안에 서명했다. 소련이 1959년 말까지 중국에 아흔한 개의 대규모 산업체를 건설하기 위한 장비 일체와 기술 관계 서류를 제공할 책임을 진다는 것이었다.[9]

저우언라이는 말렌코프, 베리아, 흐루쇼프와의 협상을 통해 소련 측에서 이미 착수한 쉰 개 항목의 건설에 박차를 가하기로 했다. 마오쩌둥은 말렌코프에게 보낸 전문에서 소련 정부가 중국에 경제적, 기술적 지원을 제공하기로 협의한 것에 대해 충심으로 감사의 뜻을 전했다. "이는 중국의 공업화와 중국이 점진적으로 사회주의로 이행하는 데 특별히 중요할 것이며, 소련이 영도하는 평화와 민주 진영의 역량을 강화하는 데에도 큰 힘을 발휘할 것입니다."[10]

---

* 공산당 의회. 러시아 혁명 이후에 모스크바 노동조합협의회가 있던 건물로 의회가 개최되던 곳이다. ─옮긴이

3월 협상은 중국의 사회주의 공업화에 대한 소련 지도부의 급격한 태도 변화를 상징하는 것이었다. 스탈린 사후 복잡한 시대 상황에서 소련공산당 지도부는 중국에 대한 스탈린의 신중한 정책을 즉각 포기했다. 말렌코프와 베리아, 흐루쇼프 등은 스탈린 사후에 마오쩌둥이 소련의 감독에서 벗어날 것을 우려하여 그의 지지를 얻고자 했다. 위험을 감지한 그들은 마오쩌둥을 충족시켜 주기 위해 전력을 다했다. 중국이 유고슬라비아처럼 독립적인 사회주의 국가로 나아갈 가능성을 사전에 막고자 한 것이다. 적어도 흐루쇼프는 이제 고인이 된 독재자가 대외적으로 제국주의 정책을 추구했다는 것을 잘 알고 있었다. 외견상 그는 이러한 정책을 진정으로 바꾸려고 했던 것 같다.[11] 베리아와 말렌코프 역시 같은 생각이었을 것이다. 몰로토프나 미코얀과 달리 세 사람은 스탈린의 중국 정책에 직접적으로 참가한 적이 없었기 때문에 마오쩌둥에 대한 스탈린의 폄하에 아무런 책임이 없었다.

모스크바의 새로운 입장은 마오쩌둥이 사회주의 중국의 공업화 건설을 위해 소련의 대규모 원조에 깊이 의존할 수 있음을 의미했다. 소련의 정치적 지지와 경제적 협력을 통해 그는 마침내 신민주주의를 포기하려는 계획에 동의하지 않는 당내 반대파를 분쇄할 수 있었다. 전국재경공작회의의 논쟁과 결정은 이러한 새로운 이념적, 정치적 상황 변화를 반영하는 것이었다.

마오쩌둥이 1953년 여름에 '온건파'를 압도한 후 중국공산당의 어떤 논쟁도 강력한 사회주의 국가를 건설하는 데 초점을 맞춘 지배적인 이념 성향에서 벗어날 수 없었다. 사회주의 건설을 위한 당의 총노선이 중국공산당의 정치 강령을 대체할 수는 없었지만 구체적인 사회적, 정치적 목표를 규정하고 이러한 목표를 달성하기 위한 수단을 명확하게 했다.

총노선 채택은 당내에서 부가적인 갈등을 부추겼다. 새로운 과정의 공식화로 인해 유발된 논쟁은 논쟁 쌍방의 위치를 극명하게 보여 주었다. 마오쩌둥은 중국인민정치협상회의 비서장이자 중국공산당 중앙통일전선공작부(약칭 통전부) 부장인 리웨이한이 마련한 당과 자본주의 공상업의 관계에 관한 초안*을 숙지하고 1953년 6월 초 총노선에 관한 기본적인 정의를 내렸다.[12] 1953년 6월

15일 정치국에서 리웨이한의 초안에 관해 토론하면서 마오쩌둥은 이렇게 말했다. "중화인민공화국 성립부터 사회주의 개조의 기본적인 완성까지가 과도기다. 당의 과도기 총노선과 총임무는 '10년에서 15년 또는 그보다 더 오랜 기간' 내에 기본적으로 국가의 공업화와 농업, 수공업, 자본주의 공상업에 대한 사회주의 개조를 완성하는 것이다."[13] 확실히 그는 새로운 노정에 관해 정치국 전체 성원들의 공식적인 지지를 담보하기 위해 한동안 신중한 자세를 취하고 있었다. 그는 '온건파'를 위협할 생각이 없었으며, 심지어 사회주의 이행이 "점진적으로(逐步)" 이루어져야 한다고 말했다.[14] 하지만 혁명의 성질이 바뀌었다는 사실을 이해하지 못한 이들은 우경화의 함정에 빠질 수 있다고 매섭게 비판하는 한편, "과도기가 너무 길다고 여겨 조급하게 앞서 나가는 이들"에 대해서도 좌경화의 '오류'에 빠질 수 있다고 경고했다.

정치국은 마오쩌둥의 생각을 지지했다. 하지만 류사오치 같은 '온건파'는 본문에서 몇 가지 핵심적인 문자를 바꾸어 그들의 혁명적 충동을 완화하려고 했다. 1953년 6월 23일 전국재경공작회의에서 리웨이한은 정치국 명의로 다음과 같은 안을 제시했다.

중화인민공화국 성립 이후 우리나라는 점진적으로 사회주의 사회로 이전하는 과도기에 진입했다. 당의 과도기 총노선과 총임무는 장기간에 걸쳐 국가의 기본적인 공업화를 '점진적으로' 달성하고 농업과 수공업, 자본주의 공상업의 기본적인 개조를 '점진적으로' 달성하는 데 있다.[15]

새로운 공식 문건에서 새로운 과정의 기간을 명시한 것은 아니었다.(다만 10년에서 15년, 또는 그보다 오래 걸릴 수도 있다고 말했다.) 특히 '점진적'이란 말을 세 번씩이나 반복한 것이 중요한 부분이다.

---

* 「자본주의 공상업을 이용·제한·개조하는 것에 관한 약간의 문제(關於利用限制和改組資本主義工商業的若干問題)」. 마오쩌둥은 이 초안을 살핀 후 '改組'를 '改造'로 바꾸었다. ── 옮긴이

전국재경공작회의가 거의 끝날 무렵* 마오쩌둥은 또다시 경제 정책을 급진적으로 변화시키려고 했다. 8월 10일 저우언라이가 전국재경공작회의에서 보고할 「총결 보고(總結報告)」를 논의하기 위해 정치국 회의를 개최했다. 그 안에는 정치국의 공식적인 발표 내용이 담겨 있었다. 여기서 그는 '점진적'이라는 단어를 조심스럽게 피해 가며 세 가지 방안을 제시했다. 동시에 특정 기간을 명시하지 않는 것에 동의했다. 결론 내용의 나머지 부분은 바뀌지 않았지만 일반적인 의미가 바뀐 것은 분명했다. 마오쩌둥이 검열한 새로운 문건은 다음과 같다.

중화인민공화국 성립부터 사회주의 개조를 기본적으로 완성할 때까지가 과도기다. 당의 이러한 과도기 총노선과 총임무는 상당한 기간 내에 국가의 기본적인 공업화를 실현하고 농업, 수공업, 자본주의 공산업의 사회주의 개조를 실현하는 것이다.[16]

이런 의미를 받아들여 저우언라이는 자신의 결론 보고 내용을 적절하게 수정했다.[17] 1953년 9월 8일 저우언라이는 중국인민정치협상회의 전국위원회 상무위원회 확대회의에서 이를 발표했다.[18] 다른 '온건파'들도 가만히 있지 않았다. 1953년 12월 그들은 총노선에 관한 또 다른 문건을 제출했다. 마오쩌둥의 공식적인 문건에서 '실현한다'라는 동사에 '점진적'이라는 부사를 덧붙였으며, 새로운 총노선에 대한 정의를 과도기 총노선의 학습과 선전을 위한 제강(提綱)에 삽입시켰다. 제강은 중앙위원회 선전부 명의로 제출되었으며, 제목은 '일체 역량을 동원하여 우리나라를 위대한 사회주의 국가로 만들기 위해 투쟁하자(爲動員一切力量把我國建設成爲偉大的社會主義國家而鬪爭)'였다.[19] 1954년 2월 10일 공업화와 사회주의 이행을 '점진적'으로 실행하기를 요구하는 논제가 중국공산당 중앙위원회 제7기 4중전회에서 채택되었다.[20]

---

* 회의는 6월 13일에 시작하여 8월 13일까지 지속되었다. — 옮긴이

마오쩌둥은 회의에 참석하지 않고 항저우에서 휴식을 취했으며, 그 대신 류사오치가 회의를 주재했다. 류사오치는 "중국이 자본주의가 발달하지 않았기 때문에 고통받고 있다."라고 잘못 발언한 것에 대해 자아비판을 했다.[21] 이로써 타협이 이루어졌다. 마오쩌둥은 류사오치를 위시로 한 '온건파'가 자신들의 '우경화'에 대해 사과했기 때문에 총노선의 신중한 공식화를 수용했다. 하지만 곧 명백해진 것처럼 주석(마오쩌둥)은 권력의 평형을 유지할 생각이 전혀 없었다. 신민주주의는 이미 한물간 구식 관념이 되었으며, 중국은 스탈린식 사회주의 건설의 길을 따라 앞으로 나아가기 시작했다. 모스크바는 자애로운 태도를 취했다.

마오쩌둥은 이 외에도 당내 문제를 포함해 무수한 문제를 해결해야만 했다. 1953년부터 1954년까지 일어난 여러 가지 문제 가운데 가장 큰 것은 가오강을 '적발'한 일이다. 이전에 모스크바에서 정상 회담을 할 때 스탈린은 가오강을 '장쭤린 동무'라고 비꼬았던 적이 있다. 하지만 스탈린은 누구도 가오강에게 손대지 못하도록 했다. 독재자가 죽고 소련 지도부와 동등한 관계를 수립한 후에야 비로소 마오쩌둥은 "중앙위원회 배후에서 외국인에게 정보를 제공한" 반역자를 손볼 수 있었다.[22] 사실 가오강은 이념적으로 마오쩌둥의 적대자가 아니었다. 오히려 그는 열렬한 좌파 유격대 출신이었다. 1940년대 말 코발레프에게 보낸 전보에서 스탈린은 가오강을 극좌라고 비판한 적이 있을 정도였으며, 마오쩌둥 역시 1950년대 초 그를 '온건파'에 대한 투쟁에 활용한 적이 있다. 예를 들어 1952년 2월 16일 마오쩌둥은 '우경화'를 비판하는 내용으로 가오강에게 보내는 사적인 서신을 중국공산당 기관지인《인민일보(人民日報)》에 실은 적이 있다.[23] 가오강과 개인적으로 만난 자리에서 때로 류사오치와 저우언라이의 '보수주의'에 대해 불만을 털어놓기도 했다.[24] 하지만 그는 가오강이 스탈린의 정보원 역할을 하는 것을 기꺼이 용서할 마음이 없었다.

마오쩌둥의 본심은 모른 채 가오강은 주석과 '친밀한' 대화를 나누는 것을 특별한 신임의 표시로 귀하게 여겼다. 그래서 당내 지도부 고위층에서 '온건파'를 제거하는 방법을 찾느라 분주했다. 그는 중앙위원회에 "신뢰할 수 없는 두 부류, 즉 류사오치를 위시로 한 한 부류와 저우언라이를 포함한 다른 한 부류가 있다."[25]라고 소문을 내고 다녔다. 그는 중앙위원회 조직부장이자 일찍이 상하이 시위 서기였던 라오수스(饒漱石)와 그 밖의 중요 관료들을 자기편으로 끌어들이는 데 성공했다. 공모자들은 이미 자리를 나눠 먹기로 마음먹었다. 가오강은 류사오치의 자리를 대신할 생각이었고, 라오수스는 다음 총리 자리를 염두에 두었다. 가오강은 천윈과 덩샤오핑까지 자기편으로 만들려고 했다.[26] 하지만 현명한 방법이 아니었다. 천윈과 덩샤오핑을 통해 가오강의 계획을 알게 된 마오쩌둥은 말 그대로 격노했다. 비록 그와 '온건파' 사이에 불협화음이 있는 것은 사실이지만 마오쩌둥은 류사오치와 저우언라이를 가오강과 라오수스로 대체할 마음이 조금도 없었다. 덩샤오핑과 만난 자리에서 마오쩌둥은 화를 억누르며 저간의 상황에 대해 어떻게 생각하며 어떻게 처리하는 것이 좋을지 건의해 보라고 말했다. 마오쩌둥이 고전적인 경구를 좋아한다는 것을 잘 아는 덩샤오핑은 『논어』에 나오는 말로 대신 답했다. "정무를 담당한 이라면 응당 본분을 다할 것이지만 그 직분이 없는 자가 정무를 담당하고자 한다면 권력욕일 따름입니다."[27] 마오쩌둥은 그의 말에 크게 찬동했다. 1953년 12월 24일 정치국 회의에서 마오쩌둥은 가오강과 라오수스의 '음모' 행위에 대해 공격을 가했다. 1954년 2월 중국공산당 중앙위원회 제7기 4중전회에서 마오쩌둥이 건의한 「당의 단결 강화에 관한 결의」를 통과시키고, 류사오치가 이른바 가오강과 라오수스 사건에 대해 보고했다. 가오강과 라오수스는 '종파주의', '분파주의'라는 비난 이외에도 '독립 왕국'을 수립하고자 했으며 권력 장악을 위한 계획을 짰다는 이유로 비판을 받았다. 4중전회는 가오강과 라오수스를 비판했지만 당에서 축출하지는 않았다. 그럼에도 불구하고 가오강은 1954년 8월 17일 자살로 삶을 마감했다. 가오강은 류사오치와 저우언라이에 대한 계략을 꾸미면서 자신이 주석의 암묵적인 동의하에 행동하고 있다고 생각했기 때문에 마오쩌둥에게 강한 배신감을 느꼈을 것이 분명하다.[28] 1955년 3월 중국공산당 전국대표대회에서 '가오강과 라오수스 반당 연맹에 관한 보고'가 행해졌다. 대표대회는 두 사람의 당적을 박탈하고 마오쩌둥의 정치 노선을 재차 확인했다.

이는 실제로 마오쩌둥의 적을 모두 제거하겠다는 말이나 다를 바 없었다.[29] (라오수스는 수감되었고, 1975년 3월 폐렴으로 사망했다.)

마오쩌둥은 가오강과 라오수스 사건에서 승리를 거두었다. 하지만 당 지도부의 중요 구성원들은 주석과 논쟁하면 패배할 수밖에 없다는 점에서 중국 공산당사에 위험한 선례를 남기고 말았다. 이는 대단히 중요한 사건이다. 이후로 마오쩌둥에 대한 전국적 규모의 개인숭배 고취가 중국공산당 사상 사업의 기본 방향이 되었다. 마오쩌둥 주석 찬양 운동은 체계적이고 대단히 효과적으로 이루어졌다. 주석의 『마오쩌둥 선집』은 사상 주입의 가장 기본적인 수단으로 활용되었으며, 이에 대한 학습은 모든 국민의 의무가 되었다. 1954년 마오쩌둥이 이미 배부된 문건에서 '마오쩌둥 사상'이란 용어를 삭제하라고 제안한 것은 분명 사실이다. 이는 소련과 보다 적극적인 관계를 발전시키기 위한 전략적 이유 때문이었다. 중앙위원회 선전부는 다음과 같이 설명한 바 있다.

그러한 내용(마오쩌둥 사상)과 마르크스·레닌주의는 내용 면에서 동일하다. ……일찍이 채택된 당장(黨章)과 가장 중요한 당 문건을 설명하면서 우리는 예전과 마찬가지로 원전에 근거하여 계속 나아갈 것이며 후자(마르크스·레닌주의)를 대체하지는 않을 것이다. 하지만 내용 면에서 두 용어의 차이를 잘못 번역할 가능성을 피하기 위해 마오쩌둥 사상이 마르크스·레닌주의 사상과 같은 뜻을 지닌다는 사실을 지적할 필요가 있다.[30]

가오강과 라오수스, 그리고 그들과 관련된 자들에 대한 숙청은 당 내외에 '잠복한' 반혁명 분자들을 제거하기 위한 격렬하고 광범위한 운동을 야기했다. 중국 사회에서 간부(幹部)나 지식인을 포함해 정치적으로 적극적인 계층은 신민주주의를 쉽게 포기할 수 없었다. 그들은 중국공산당의 신민주주의 구호를 적극 지지했으나 1953년 급선회로 인해 방향을 잃고 말았다. 당 지도부는 1940년대 초 당내에서 전개되었던 악명 높은 '정풍' 운동부터 여러 차례 입증된 '학습'의 방식을 채용하여 이념적 테러에 응하기 시작했다. 1951년 마르크스주의 주입 기간 동안 마오쩌둥은 비슷한 방법을 사용한 적이 있다. 처음에는 이념적으로 낙후한 지식 분자 간부 교육을 겨냥하여 '교육적'으로 시작했지만 나중에는 탄압으로 이어졌다.

1954년에 일어난 또 한 번의 운동은 18세기 소설 『홍루몽』(우연히도 이는 마오쩌둥이 가장 좋아하는 소설이기도 하다.)에 대한 학술 토론으로 시작되었다. 학술 토론은 『홍루몽』에 가장 정통한 학자로 알려진 위핑보(俞平伯)에 대한 정치적 마녀사냥으로 발전했다. 하지만 이는 단지 시작에 불과했다. 마오쩌둥은 실용주의를 주창한 철학자로 타이완에 건너간 후스를 공격하기 시작했다. 한때 마오쩌둥이 가장 존경하는 학자였지만 지금은 졸지에 적대자 명단에 올랐다. 후스의 자유주의 철학은 공산주의 정권의 이념적 토대를 약화시켰다. 위핑보를 비롯한 문화계 인사들은 후스와 서구 자산 계급 이념에 동정적이라는 이유로 비판의 대상이 되었다.[31] 1954년 말 시인이자 산문가이며 문학평론가로 중국 좌익작가연맹(左翼作家聯盟, 약칭 좌련(左聯))의 영도자 가운데 한 명이었던 후펑(胡風)에 대한 투쟁이 전개되었다. 좌익 작가 가운데 이단자로 유명했던 후펑은 언론의 자유를 주장하면서 반혁명적 활동과 국민당 정권의 부활을 시도했다는 이유로 비판을 받았다. 마오쩌둥주의자(마오주의자)들은 문화에 대한 가혹한 지도 방식을 비판했던 그와 그 지지자들에게 더 이상 관용을 베풀지 않았다. 1955년 후펑과 일흔일곱 명의 자유파 지식인들이 체포되었다. 전체적으로 베이징과 상하이, 톈진, 난징 등지에서 2000명이 넘는 인원이 이번 사건에 연루되었다.[32](그들이 복권된 것은 25년 후의 일이다.)

동시에 중국공산당 지도부 성원의 주치의가 포함된 소위 의사 모의 사건이 조작되었다. 중난하이의 몇몇 의사가 고위급 환자들을 독살하려고 기도했다는 것이다. 목격자들의 말에 따르면, "이번 운동은 중국인들에게 혹독한 교훈이었다. 중국인들은 더 이상 어떤 권리도 없었다. 모든 이들이 '상급'에 무조건 복종해야만 했다. ……개개인은 거대하고 복잡한 기계의 작은 톱니바퀴에 지나지 않았다. 확립된 규범에 만족하지 않거나 벗어났다는 조그마한 징후만 있어도 그 톱니바퀴는 즉시 폐기되었다."[33]

지식인에게 맞선 마오쩌둥의 운동은 1955년 3월 시작된 반혁명 분자들에 대한 전국 규모의 대대적인 운동의 서막에 불과했다. 이는 사회주의 건설을 추진하는 그의 노선을 의심하는 모든 이들을 제거하는 것을 목적으로 삼았다. 이후 2년 동안 8만 명에 달하는 '반혁명 분자'들이 탄압을 받았다. 소련 대사관의 주목을 받고 있던 광둥 공산당 지도자의 발언에 따르면, 지방 정부와 당 기관의 관리들 가운데 7퍼센트가 "정도의 차이가 있을 뿐 모두 반혁명 사건에 연루되었다."[34] 당시 공포 분위기는 1955년 후반기까지 당원 19만여 명이 공개적으로 모욕을 당하거나 자발적으로 공안 기관을 찾아가 거짓 자아비판을 할 정도였다.[35] 4000여 명이 끝내 스스로 목숨을 끊고 말았다. 지식인들의 이념 운동도 가속화했다. 새로운 비판 대상 가운데 한 명은 량수밍(梁漱溟)이었다. 저명한 철학가로 특히 중국의 농촌 개혁으로 명성을 떨친 량수밍은 당시 베이징에 거주하면서 새로운 정부를 지지하기는 했으나 여전히 독자적인 관점을 견지하고 있었다. 그는 이념적 공포 분위기가 만연한 가운데 자신의 신념을 포기하지 않은 소수의 사회 과학자 가운데 한 명이었다. 한편 궈모뤄(郭沫若), 마오둔(茅盾), 저우양(周揚) 등 몇몇 문화계 인사는 이념 운동 초기에 이념적 공포가 얼마나 충격적인지를 보여 주는 역할을 맡았다. 탄압의 물결은 전국 곳곳으로 퍼져 나갔으며, 1954년부터 1955년까지 이전에 지주였거나 부농이었던 이들이 제일 먼저 탄압의 대상이 되었다.

결국 마오쩌둥은 승리를 얻었다. 소련 방식에 따른 중국식 스탈린주의화를 목적으로 삼은 총노선은 당과 폭넓은 계층의 지지를 받았다. 이는 대규모 탄압 운동뿐만 아니라 공산 정권이 소련의 원조를 통해 1950년대 전반기에 달성한 경제적 성공의 도움을 받았다. 1953년까지 공산주의자들은 국가 질서 수립에 매진했으며, 토지 개혁을 완수하고, 전쟁 기간에 완전히 파괴된 국민 경제를 회복시켰다. 그들은 1950년부터 1953년까지 철강의 경우 거의 80퍼센트, 석탄과 면화는 50퍼센트, 식량은 25퍼센트까지 증산하는 데 성공했다. 그 결과 1936년 수준까지 회복할 수 있었다. 또한 "수요를 억제하고 공급을 활성화하여" 인플레이션을 억제할 수 있었다. 물가 상승률은 "1951년 수십만 퍼센트에서 20퍼센트까지 떨어졌고 1952년에는 10퍼센트 아래로 내려갔다.[36] 마오쩌둥은 이에 열광한 나머지 총노선과 중국에서 소련의 경험이 얼마나 중요한가에 관한 내용을 이전까지 기본 법률로 활용되고 있던 중국인민정치협상회의의 공동 강령을 대체하게 될 중화인민공화국 헌법에 첨가시킬 것을 요청했다. 그는 류사오치가 보고한 헌법 초안 수정본에 넣을 적절한 문장을 제출했다.[37]

헌법은 1954년 9월 20일 새롭게 탄생한 전국인민대표대회(全國人民代表大會) 첫 번째 회의에서 채택되었다. 중화인민공화국의 최고 국가 기관이 재조직되었으며, 실질적 국가수반인 중화인민공화국 주석 자리가 마련되었다. 물론 마오쩌둥이 주석이 되었고, 주더는 부주석 자리에 올랐다. 류사오치는 전국인민대표대회 상무위원회 주석으로 선발되었고, 저우언라이는 국무원 총리가되었다.[38]

새로운 의회는 선거의 결과에 따라 구성되었다. 하지만 보편적인 것이 아니라 여전히 대중적 성격이 강했다.('계급의 적'은 물론이고 지주나 '반혁명 분자'들도 투표권이 없었다.) 따라서 중국공산당은 '국민의 위임'에 따라 권력을 얻은 것이 아니다. 이에 대해 소련이 그처럼 열광적으로 환영한 것은 바로 이 때문이었다.

1953년 9월 소련공산당 중앙위원회를 맡게 된 니키타 흐루쇼프는 중국에 대한 소련의 정책을 규정하는 데 결정적인 역할을 했다. 흐루쇼프는 권력 투쟁 과정에서 중국의 지지가 무엇보다 필요한 상황이었다. 이처럼 결정적인 순간에 마오쩌둥이 그를 도왔다. 중국공산당 지도자들은 스탈린의 최측근으로 내무장관을 맡고 있던 라브렌티 베리아에 대한 터무니 없는 고발과 체포, 물리적 제거를 전적으로 받아들였다. 말렌코프 제거도 아무런 이의 없이 받아들였다. 당시 마오쩌둥의 통역사였던 스저는 마오쩌둥이 이렇게 말했다고 회상한 바 있다. "우리는 (소련 지도층에서) 정상에 오른 이가 누구든 그를 지지할 것이다."[39] 그렇지만 이런 이유로 그러한 지지의 중요성을 폄하할 수는 없다.

흐루쇼프는 가오강과 라오수스에 대한 결의안을 사후에 승인함으로써 중국과 같은 방식으로 호응했다. 저우언라이와 류사오치가 소련 대사 유딘에게 가오강과 라오수스 사건에 대해 알려 준 것은 1954년 2월 초였다.[40] 그 이전인 1월 2일 마오쩌둥은 항저우에서 소련 부장회의 부주석인 이반 테보시안(Ivan Tevosian)하고 유딘과 대화하면서 그저 어떤 일이 일어났는지에 대해 암시만 했을 뿐이었다. 그는 중국 전국 시대에 진(秦)나라가 어떻게 초(楚)나라를 멸망시켰는가에 대해 이야기해 주었다. 그는 만약 그런 일이 일어나지 않았다면 "중국에서 혼란한 상황이 벌어졌을 것"이라고 말했다.[41] 물론 동석한 소련 손님들은 중국 고대의 이야기가 뜻하는 바를 이해하지 못했다. 하지만 마오쩌둥은 굳이 그들이 이해하도록 서두를 필요가 없었다. 몇 개월이 지나고 가오강이 사망한 후인 9월 1일 마오쩌둥은 흐루쇼프에게 개인적으로 그러한 사실을 통보했다.[42] 마오쩌둥은 모스크바의 승인 없이 행동했지만 그렇다고 비난을 받은 것은 아니었다. 주석과 그 동료들은 가오강과 라오수스를 숙청한 것이나 소련에서 베리아를 숙청한 것이 유사한 일이라고 여겼으며, 소련도 이의를 달지 않았다.[43]

그러나 얼마 후 소련과 중국의 협력 관계는 새로운 국면으로 접어들었다. 1954년 중국 정부로부터 중국의 중공업 발전을 위해 소련의 원조 규모를 확대해 달라는 요청을 받은 후 흐루쇼프는 규모 면에서 지금까지 없었던 막대한 원조 제공 계획에 착수할 것을 유관 부서에 지시할 만큼 상당한 열의를 보였다. 그는 신규 장기 신용 차관과 다양한 분야에서 광범위하게 경제 협력을 추진하는 등 마오쩌둥에게 진짜 선물을 보내기로 마음먹었다. 중국에 대한 소련의 원조는 소련공산당 제1서기가 직접 챙기면서[44] 자연스럽게 최우선 순위가 되었다.[45] 동시에 흐루쇼프는 소련과 중국의 관계에서 지난 시절에 빚어진 오해를 깨끗하게 청산하고 평등한 관계에서 새롭게 시작하려고 노력했다. "우리는 중국과 형제처럼 지낼 것이다." 그는 이렇게 거듭해서 단언했다. "그런 점에서 우리는 마지막 남은 빵 한 조각이라도 반씩 나눌 것이다."[46] 무엇보다 필요한 일은 마오쩌둥이 그를 스탈린의 계승자이며, 소련공산당뿐만 아니라 세계 공산주의 운동에서 가장 권위 있는 지도자로 인정하는 것이었다. 중국공산당 총서기는 전체 공산주의 세계에서 상당히 높은 명성을 향유했다. 게다가 마오쩌둥과 친밀한 관계를 유지함으로써 소련의 동쪽 국경 지역을 강화할 수 있었다. 악화 일로에 있는 냉전 상황에서 이는 결코 우습게 볼 일이 아니었다.

1954년 9월 말 흐루쇼프는 소련 지도층에서 자신의 중국 정책에 대한 지지를 확보하기 위해 소련공산당 중앙 주석단 특별회의를 소집했다. 그는 이렇게 말했다. "만약 중국의 사회주의 산업 발전을 위한 5개년 계획에서 가장 중요한 사업을 시행하는 데 도움을 주지 않는다면, 우리는 중국과 우호 관계를 수립하고 우의를 보다 돈독하게 할 수 있는 역사적인 기회를 놓치게 될 것이다."[47] 소련의 다른 지도자들이 이의를 철회할 수밖에 없었던 이유는 바로 흐루쇼프의 열정 때문이었다.

얼마 후인 9월 29일 흐루쇼프는 당과 정부 대표단을 이끌고 중화인민공화국 수립 제5주년을 경축하기 위해 베이징을 방문했다. 방문 기간에 고위급 회담을 통해 소련 측이 장기 외화 대출을 5억 2000만 루블로 늘리고, 141개 공장 건설을 위해 총 4억 루블에 달하는 기술 지원을 확대하며, 추가로 열다섯 개 산업 프로젝트를 추진하는 데 필요한 원조를 제공하는 것을 골자로 한 협정에 조인했다. 이 외에도 흐루쇼프는 네 개 합자 회사의 소련 지분을 포기하고* 소련군이 주둔하고 있던 뤼순의 해군 기지를 중국에 돌려주었다.(한국 전쟁 기간인 1952년 9월 15일 소련과 중국은 소련군의 뤼순 주둔 기간을 연장하는 데 동의했다. 소련군 철수는 1955년 5월 26일로 예정되었다.) 또한 만주와 신장에서 소련에 이권을 부여하는 비밀 협정을 무효화했다. 마지막으로 그는 중국의 핵무기 개발을 돕고 전문가를 훈련시키는 데 동의했다.[48] 요컨대 흐루쇼프의 방문은 사회주의 공업화를 위한 중국의 계획 실현을 가속화하는 데 결정적인 도움을 주었다.[49]

언뜻 보기에 마오쩌둥은 상당히 기뻤던 것 같다. "처음 흐루쇼프 동지를 만났을 때 우리는 매우 유쾌한 대화를 나누었다. ……그리고 상호 신뢰를 쌓았다."[50] 그는 심지어 흐루쇼프에게 감사의 뜻을 전하기도 했다. "우리는 이에 대해 그에게 감사한다. ……흐루쇼프 동지는 이전의 '합작사'를 폐지했다."[51]

---

* 소련은 1955년 1월 1일 그들의 지분을 중국 상품과 교환하는 조건으로 중국에 돌려주는 데 동의했다.

그러나 흐루쇼프는 너그러움이 도를 지나쳤다. 마땅히 이성적으로 처리해야 할 일을 감정에 치우쳐 놓치는 경우가 적지 않았다. 흐루쇼프는 항상 나라밖 세상을 돌아보고 싶어 했지만 스탈린이 그의 출국을 허락하지 않았다. 이제 스탈린도 사라지고 정권을 차지한 상황에서 좋은 기회가 생기자 앞뒤 재지 않고 경솔하게 새로운 일에 뛰어들고 말았다. 처음부터 치명적인 실수를 저질렀다. 그는 어떤 경우라도 자신이 먼저 마오쩌둥을 방문하는 대신 마오쩌둥이 먼저 방문하도록 만들어야만 했다. 그런데 중국을 방문할 기회가 생기자 흐루쇼프는 그렇지 않아도 활발하고 열정적인 충동을 제어할 수 없었다. 그는 아이처럼 기뻐했다.[52] 모스크바를 떠나면서 미코얀과 소련 노동조합 중앙위원회 위원장인 니콜라이 슈베르니크(Nikolai Shvernik)에게 "뱀고기를 먹어 볼 생각"[53]이라고 짓궂은 농담을 건네기도 했다. 그는 중국에 머무는 기간 내내 감정이 고양된 상태였다. 외교 의전을 무시한 채 마오쩌둥과 만나자마자 그를 끌어안고 입을 맞추어 중국인들을 경악시켰으며, 시도 때도 없이 농담을 하면서 심지어 베리아의 성 추문에 대해 언급하는가 하면 장사치처럼 수많은 것을 주겠노라고 약속을 남발했다.

스탈린과 마찬가지로 오로지 권력만 존중하는 마오쩌둥에게 그의 행동은 지나치게 비싼 선물 같아서 오히려 부정적인 반응을 일으켰다. 마오쩌둥은 흐루쇼프의 진심 어린 언동을 이해하지 못하고 이를 나약함의 표시라고 여겼으며, 새로운 소련의 지도자가 '멍청이'라고 확신하기에 이르렀다.[54] 이로 인해 마오쩌둥은 흐루쇼프가 일종의 도덕적 지원을 필요로 한다는 생각을 갖게 되었다.[55] 정상 회담을 하면서 마오쩌둥과 저우언라이는 흐루쇼프에게 이러저러한 온갖 질문과 요청을 퍼부으면서 끊임없이 그를 시험했다. 심지어 마오쩌둥은 원자 폭탄의 비밀에 대해 물어보았고, 중국에 잠수함 함대를 만들어 줄 것을 요청하기도 했다.[56] 물론 흐루쇼프는 일언지하에 거절했지만 연약한 상대라는 인상은 지워지지 않았다. 마오쩌둥의 입장에서 굳이 야단스럽게 서두를 이유가 없었다. 그는 흐루쇼프에게 부인을 소개해 줄 생각조차 하지 않았다. 10월 1일 건국 기념 행사 당일 천안문 성루에서 열병식을 관람하면서 저우언라이가 외교 의전에 따라 장칭을 흐루쇼프가 있는 쪽으로 안내하려고 하자 마오쩌둥이 그녀의 손을 잡아 연단 한편으로 보냈다.[57]

정상 회담은 흐루쇼프가 방문 끄트머리에 비로소 깨달은 것처럼 마오쩌둥이 소련의 감시와 보호에서 해방되고 구제되었음을 의미했다. 한참 세월이 흐른 뒤 그는 이렇게 회상했다.

1954년 중국으로 여행을 떠나 몇 차례 마오쩌둥과 회담하고 돌아온 후 나는 동지들에게 이렇게 말한 적이 있다. "중국과 미국의 충돌은 피할 수 없는 일이다." 나는 마오쩌둥이 했던 발언과 우리 대표단을 대하는 방식에서 그런 결론을 얻었다. 일종의 동양적 분위기라고 할 수 있는 역겨울 만큼 친절한 공손함이 우리 주위를 감싸고 있었다. 그들은 믿기 어려울 정도로 세심하게 신경을 썼지만 모든 것이 가식적이었다. 우리는 마오쩌둥과 포옹하고 입을 맞추었으며, 함께 수영장에서 수영을 즐기고 여러 가지 주제로 잡담을 나누면서 마치 정신적 반려와 마찬가지로 모든 시간을 함께 보냈다. 하지만 친절이 지나쳐 속이 느글거리고 역겨울 지경이었다. 게다가 다른 한편으로 몇몇 특별한 문제에 직면하면서 우리는 경계를 늦출 수 없었다. 무엇보다 중요한 것은, 당시에 이미 내가 여러 동지들에게 말했던 것처럼, 내가 느끼기에 마오쩌둥은 중국공산당이 아닌 다른 공산당이 세계 공산주의 운동에서 지배적이라는 사실을 받아들일 마음이 전혀 없다는 점이었다. 그는 그런 사실을 용납할 수 없었다.[58]

당분간 마오쩌둥은 속내를 드러내지 않았다. 더 정확하게 말하자면, 그는 아직까지 '형님'에 대한 존경심에서 벗어날 수 없었다. 또한 중국은 여전히 사회주의 건설을 위한 소련의 원조가 필요한 상황이었다.

그렇지만 흐루쇼프는 모스크바로 돌아온 후인 1954년 12월 중국에 중요 산업체 건설을 위한 1400가지 기술 관련 설계도와 2만 4000가지 과학 기술 관련 문서 일체를 무상으로 제공했다.[59] 1955년 3월 소련은 중국과 협정을 맺어 추가로 열여섯 가지 산업 프로젝트에 관한 재정 지원을 약속했다.[60] 한 달 후 소련과 중국은 중국의 평화적인 핵기술 개발을 소련에서 원조하기로 공식 합의했다.[61] 얼마 후 8월 소련 정부는 열다섯 개의 국방 산업 기지 건설과 열네 개의 새로운 산업 복합 단지 건설을 지원하는 것을 골자로 한 비망록을 중국에 보냈다. 그 얼마 전인 1954년 말 중국 정부는 중국의 국방과 연료 산업 발전에 대한 소련의 역할을 증대시킬 가능성에 관해 모스크바에 요청한 바 있었다.[62]

소련은 일찍이 1952년부터 중국이 자신들과 논의하기 시작한 제1차 경제 개발 5개년 계획 최종안 작성을 위해 중국과 계속 협력했다. 최종안은 1955년 2월 완성되었으며, 3월 21일 부총리 천윈이 전국당대표대회에서 중요 사항을 대표들에게 보고했다. 3월 31일 최종안이 인준되고, 7월 5일부터 6일까지 개최된 전국인민대표대회 제2차 회의에서 국가계획위원회 주임 리푸춘이 인민 대표들에게 보고했다. 7월 30일 전국인민대표대회 제2차 회의에서 최종안이 1953년부터 1957년까지 중국공산당의 공업화와 사회주의 건설 정책을 구현하게 될 중화인민공화국의 공식적인 경제 개발 계획으로 채택되었다.[63]

제1차 5개년 계획은 대규모 전력 발전소와 야금 및 기계 설비 공장, 중공업과 국방 산업의 신속한 발전을 위한 토대를 마련할 수 있는 복합 단지 등 694개의 주요 산업 항목을 완성하는 것을 목표로 삼았다. 또한 제1차 5개년 계획은 농촌 지역에서 합작 운동을 촉진시키는 것을 목적으로 삼았으며, 이는 1957년 말까지 농촌 가구의 3분의 1을 이른바 반(半)사회주의 초급 수준의 농업생산합작사로 조직하기 위함이었다. 합작사에 가입한 소농들은 공동 경제 체제하에서 함께 일하는 한편, 자신들이 합작사에 내놓은 토지와 경우(耕牛), 농기구의 지분에 관한 사유 재산권을 보호받을 수 있었다. 수입 배분은 노동량과 지분에 따르기로 했다. 이 외에 200만 명에 달하는 도시 수공업 노동자들을 합작사로 조직하는 계획도 있었다. 마지막으로, 그 계획안에는 개인 공장이나 시설, 사영 기업 대다수를 국영 기업이나 국가 통제하의 기업으로 전환하는 내용도 있었다. 아울러 정부는 산업 노동자의 임금을 3분의 1 정도 인상하기로 계획했다.[64]

스탈린 사후 소련의 지도층과 중국 지도자들의 밀접한 협력 관계를 통해 중국은 자국 국민 경제의 수요와 소련의 경제 능력에 부합하는 제1차 5개년 계획을 발전시킬 수 있었다. 중국의 공업화가 본격적으로 시작되면서 대다수 전문가들은 중국이 계획안에서 마련한 목표치를 성공적으로 완수할 수 있을 것이라고 생각했다.

중국의 공업 성장률은 계획했던 것보다 훨씬 높았다. 다양한 추정치에 따르면, 매년 성장률은 대략 16퍼센트에서 18퍼센트 정도였다. 공업 총생산은 두 배가 넘었으며, 특히 선철(銑鐵)*과 강철은 세 배나 되었다.[65] 소련의 원조는 말할 필요도 없이 매우 중요했다. 당시 소련이 직접 투자한 금액은 중국의 총 투자 금액 493억 위안의 3퍼센트인 15억 7000만 위안에 불과했지만 소련의 경제 원조가 지닌 중요성을 결코 과소평가할 수 없다.[66] 소련은 중국에 막대한 금액의 재정 원조 이외에도 당시 세계 시장에서 적어도 수억 달러에 달하는 기술 정보를 무상으로 제공했다. 또한 중국이 중점 산업 프로젝트의 중요 분야를 건설할 수 있도록 돕는 한편, 과학 기술 분야의 인재 양성에도 결정적인 역할을 자임했다. 1950년대 중국은 6000여 명의 학생과 7000여 명의 노동자를 소련에 파견했다. 또 1만 2000여 명의 전문가와 고문들이 소련과 동유럽에서 중국으로 배치되었다.[67]

소련의 원조가 중요한 몫을 했지만 중국의 공업이 신속하게 발전할 수 있었던 근본 이유는 경제 현대화를 위한 국가의 투자였다. 국가의 자본 투자는 경제의 기본 분야에 대한 전체 투자액의 97퍼센트에 달했다. 스탈린 통치 시절의 소련과 마찬가지로 농촌은 도시 공업화에 필요한 자본 축적의 원천이었다. 사회주의를 건설하면서 중국의 공산주의자들은 비록 몹시 잔혹한 것이었으나 분명 막대한 경제 효과를 현시하고 있는 소련의 경험을 이용하고자 했다.

---

* 철광석에서 바로 제조한 철로 불순물이 많다. ─옮긴이

28

위대한 전환점

___

제1차 5개년 계획에서 특히 농업 생산과 농촌 사회의 변혁 달성이 당 사업의 핵심이었다. 1950년부터 1953년까지 토지 개혁을 완수한 후 대다수 소작농이 중류 계층의 개별 자작농으로 바뀌었으며, 신분적으로도 당국의 독단과 전횡에서 크게 자유로워졌다. 그러나 개혁 이후 농촌은 농업 생산물이나 원자재 공급을 제대로 할 수 없었다. 중국의 생산력 낙후 이외에도 농촌 인구 과잉, 경지 부족, 그리고 이에 따른 소규모 가구의 존재, 농업 기반 시설 부족, 낡은 사회 관계 등이 그 근본 이유였다. 토지 개혁 결과에 따른 사회적 평준화는 농민들의 소비 증가와 시장의 흑자 감소로 이어지면서 생산 부족의 위기를 악화시켰다. 1953년 11월 9일 류사오치는 새로 부임한 소련 대사 바실리 쿠즈네초프에게 이렇게 말했다. "만약 넉넉하게 잘 먹고살게 된다면 농민들은 자신들이 필요한 식량만 생산할 테니 도시에 식량이 부족할 것입니다. ……현재 상황에서 우리는 농민들이 그들이 원하는 만큼 먹을 수 있도록 허락할 처지가 아닙니다."

당 지도부는 농촌 합작의 새로운 형태를 제정해야 하는 과제에 직면했다. 그들은 이미 시장 접근법을 포기한 상태였다. 사회주의 유토피아 사상이 정책을 이끌기 시작했다. 1953년 가을, 마오쩌둥은 농촌에서 신민주주의 시장 관계에 대한 공격에 착수했다. 목적은 분명했다. 차례대로 농민을 집단화하고 사유 재산을 국유화하며, 이를 기반으로 경제적으로 낙후한 후진국의 공업화를 달성하는 것이었다. 이 점에 관한 한 중국 지도부의 어느 누구도 이의를 제기하지 않았다. 일련의 계획을 추진하기 위해 그들은 중국 인민의 사회 경제적, 정치적, 이념적 삶에 대한 엄격한 통제를 확립했다. 당내에 약간의 이견이 있었지만 이는 계획 실행의 방식이나 속도에 관한 것일 따름이었다.

10월 16일 마오쩌둥의 발의로 중앙위원회에서 1953년 11월 16일부터 곡물에 대한 독점을 시행하기로 결정했다.[2] 이는 비교적 낮은 약정가로 농민들에게 곡물을 강제 수매하는 것을 의미했다.[3] 개인은 시장에서 곡물을 구매하거나 판매할 수 없었다. 이듬해 면화와 면제품, 식물성 기름에 대한 국가 전매가 발표되었다. 농민들은 국가의 소작인처럼 되고 말았으며, 어떤 재산권도 허용되지 않았다. 이러한 조치로 인해 중국 전역의 시장 경제가 크게 불안정해지고 도시에서 기본 소비재에 대한 배급제가 도입되었다. 배급제를 통해 비록 낮은 수준이지만 생필품에 대한 공급 보장이 가능해졌다. 도시 주민들은 국영 상점이나 배급소에서 배급표를 내고 일정량의 상품을 구매할 수 있었다.

강력한 국가의 고압적인 메커니즘이 기본 물품의 유통을 통제했다. 만약 1952년 국가 식량 비축량이 3300만 톤이었다면 당국은 1953년부터 1955년까지 4800만 톤, 5300만 톤, 5000만 톤으로 비축량을 끌어올렸다. 당국은 고율의 현물세와 강제적인 곡물 구매 등의 방식으로 비축량을 늘렸으며, 전자와 후자의 비율은 통상 2대 3 정도였다. 1954년과 1955년 중국의 곡식 수확량은 연간 1억 6000만 톤에 달했다. 당국은 전체 수확량 가운데 3분의 1을 농민들에게 거두었는데 통상 농민들이 시장에 내다 파는 것보다 6퍼센트에서 11퍼센트 정도 많은 양이었다.[4] 러시아 경제학자 보니(L. D. Bony)에 따르면, 그 결과 "중국 농민들이 살아가기 위해 반드시 필요한 소비량을 침해한 꼴이 되고 말았다. 이는 전국적으로 여러 곳에서 농민들의 소요가 발생했다는 사실에서 입증된다."[5] 마오쩌둥과 저우언라이도 나중에 공산주의자들이 농민들에게 그들이 생각했던 것보다 "조금 더 많은 곡식을 구매했"다는 사실을 인정했다.[6] 농민들의 소요는 1955년 봄까지 지속되었다.

국가의 수중에 공급을 집중했다고 기아 문제가 풀린 것은 아니었다. 공식 집계에 따르면, 1952년 중국은 일인당 평균 250킬로그램의 식량을 생산했으며, 1953년이나 1954년에도 상황은 크게 개선되지 않았다. 전체 농민 인구 가운데 10퍼센트는 식량을 자급자족할 수 없어 국가의 지원에 의존해야만 했다. 실제로 농촌 인구의 절반 이상이 반(半)기아 상태에 허덕였으며, 수백만 가구가 오직 국가의 지원에만 의지하여 생계를 유지했다.[7] 상황은 참으로 모순적이었다. 한편으로 국가는 식량과 생필품 조달을 집중화하면서 농촌 생산물의 상당량을 통제하고 경제 권력으로서 국가의 모습을 창출해 냈다. 하지만 다른 한편으로 국가는 가난한 지역의 수백만 농민들을 기아로부터 구제하기 위해 식량의 거의 3분의 2를 농촌으로 되돌려 보내야만 했다. 농업 발전을 지원하는 국가의 능력도 점차 줄어들기 시작했다. 국가가 필요로 하는 것이 늘어나면서 생산량을 늘리기 위한 농민들의 관심은 오히려 줄어들고 국가에 지원의 손길을 요구하는 이들은 날로 늘어났다. 이렇듯 반(反)시장 정책 자체가 악순환을 거듭하면서 마오쩌둥과 그 동료들 또한 덫에 걸리고 말았다.

국가가 사분오열되었다. 당국은 농촌에서 생산물 조달을 확대하기 위해 애썼고, 반면 농민들은 이에 적극적으로 저항했다. 마오쩌둥은 농민의 지지를 잃고 있었다. 1955년 그 역시 이러한 사실을 인정하지 않을 수 없었다.

과거 우리가 농민 혁명의 토대하에서 농민들과 함께 만든 연맹을 지금 농민들은 불만족스럽게 생각하며 당시 얻은 이익을 잊어버렸다. 지금 그들에게 주려고 하는 새로운 이익은 바로 사회주의다. ……이전에 지주들에게 반항하고 토호를 공격하며 토지를 분배했던 연맹은 일시적인 연맹으로 한때 안정되었으나 다시 불안정해지고 말았다.[8]*

이런 상황은 합작화 운동을 촉진했다.

　1950년부터 1953년까지 토지 개혁 기간에 중국공산당은 합작화를 가속하기 위해 거의 한 일이 없었다. 1951년 말까지 300여 개 또는 그보다 조금 많은 이른바 초급사(初級社)*가 형성되었는데, 대략 서른 가구에서 마흔 가구가 집체를 이루었다.[9] 신민주주의 정치 환경으로 인해 농촌을 사회주의로 전환하기 위한 적극성이 떨어졌기 때문이다. 개념 면으로나 실천 면에서 공히 중국공산당은 농촌 개혁 문제에 신중하게 접근했다. 이런 점에서 가장 전형적인 문건은 1953년 2월 13일 당중앙위원회에서 채택한 「농업 생산 호조합작에 관한 결의」이다. 중국공산당 중앙위원회 농촌 공작부에서 마련하여 주임 이름으로 중앙위원회에 보내진 문건의 초안은 농촌 공작부 부장이자 국무원 부총리를 겸하고 있던 원로 공산당원 덩쯔후이(鄧子恢)가 만든 것이다.

　문건은 당이 호조합작 운동을 실천하면서 정책적으로 좌와 우, 두 가지 편향의 위험에 대해 지적했지만 덩쯔후이는 그중에서 좌경화가 더 위험하다고 지적했다. "현재 호조합작 운동에서 제멋대로 나아가도록 방임하거나 조급해서 너무 급격하게 나아가는 두 가지 편향이 존재하는데 전국적으로 보면 지나치게 급격히 나아가는 것이 주된 편향이자 위험이다."[10] 그가 작성한 보고서는 중앙위원회의 비준을 받아 여러 가지 '좌경'의 과오를 시정하기 위한 투쟁의 기본 문건이 되었다.

　한편 당은 신민주주의 기간 중에 합작사 운동의 경험을 축적했다. 국민당 시절부터 시작된 공급수매합작사(供銷合作社)와 신용합작사가 개혁 이후에도 지역의 시장 관계 발전에 유기적인 요소가 되었다. 1952년 말까지 농촌 인구의 40퍼센트가 호조조(互助組)에 가입했다.[11] 그중에는 1937년부터 1945년까지 중일 전쟁 당시 공산당이 통치하던 '해방구'에서 처음 도입된 합작사의 특별한 형태도 있었다. 당 지도부, 특히 류사오치는 이러한 호조조를 자발적인 합작

---

* 초급농업생산합작사의 약칭이다. 반(半)사회주의 성격의 집단 경제 조직을 말한다. 농촌 경제가 개별 경제에서 사회주의 집체 경제로 전환하는 과도기 형식이다. ─옮긴이

화 운동에서 최종적인 조직, 경제적 토대로 간주했다. 반(半)사회주의를 지향하는 '초급 단계'의 합작사는 1953년 중앙위원회가 자발적인 가입 원칙을 위배하면서까지 양산되어 더 이상 발전 가능성이 없다고 판단한 합작사를 '대량 해산'시켰음에도 오히려 늘어나 1953년 말 1만 4000여 개가 넘었다.

마오쩌둥은 1953년 '온건파'에 대한 승리에 고무되어 집체화의 속도를 더욱 높이기 시작했다. 농민의 사회주의 개조 속도에 관한 문제가 당내 토론의 주요 주제가 되었다. "강철은 뜨거울 때 쳐야 한다." 마오쩌둥은 나중에 이렇게 회고했다. "이는 전술적으로 필요한 일이다. '휴식을 취하거나' '신민주주의 질서'를 수립하는 것은 불가능하다. 만약 우리가 그것을 창출하려고 했다면 나중에 이를 타파하기 위해 많은 힘을 낭비했을 것이다."[12]

1953년 가을, 마오쩌둥은 농촌 공작부 관리들과 만난 자리에서 그들에게 중국 농촌에서 '자본주의 경향'이 날로 강화되는 등 '위험한 상황'을 반격하면서 사회주의 개혁을 가속화할 것을 권유했다.[13] 그러나 마오쩌둥은 당내 몇몇 고위 관리의 반대를 진압하는 데 실패했다. 결국 절충 결과에 따라 1953년 12월에 채택된 「중국공산당 중앙위원회의 농업생산합작사 발전에 관한 결의(초안)」가 농촌의 사회주의 건설에 관한 강령과 같은 문건이 되었다.[14] 결의안은 농업 기계화에 따른 농민 가구의 계획적이고 점진적인 합작화를 구상했다. 중앙위원회 위원들은 농촌의 기술적 변화(농업 기계화)를 제외한 상태에서 합작화를 시행하는 것은 위험하다고 생각했다. 결의안에 따르면, 1954년 말까지 '초급 단계'의 합작사(초급사)는 3만 5800가구로 전체 농촌 가구의 1퍼센트에 못 미쳤다. 제1차 5개년 계획에서 달성할 과업도 대체적으로 적당했다. 처음에는 1957년 말까지 전체 농촌 가구의 20퍼센트를 합작화하기로 되어 있었다.[15] 그러나 최종 판본에서 33퍼센트까지 늘어났다. 이는 단지 '초급사'의 경우일 뿐이며, 이 외에 100가구에서 300가구에 달하는 개별 농민의 사유 재산 집체화에 기반을 둔 '사회주의' 집단 농장을 뜻하는 '고급' 또는 '선진' 합작 농장은 겨우 실험적인 단계에 머물렀다.

마오쩌둥은 이런 계획이 불만스러웠다. 또한 생산력 부족에서 확연히 드러나는 농촌의 기술력 낙후에 대해서도 그다지 신경 쓰지 않았다. "우리는 어떤 것보다 사회주의 혁명, 즉 농촌 합작화를 수행해야만 한다." 그는 1954년 7월 류사오치와 덩샤오핑에게 보내는 글에서 이렇게 지시했다. "기술 혁명을 수행하는 것, 즉 농촌 지역에 점진적으로 기계화를 도입하고 기술적인 변화를 이행하는 일은 두 번째 임무다. ……여러 가지 가능한 기술적 변화는 합작화의 토대에서 이루어져야만 한다."[16]

1954년 말까지 합작사가 일곱 배 늘어 10만 개가 되었음에도 불구하고 마오쩌둥은 계속해서 "속도가 늦다."라고 불만을 토로했다. 1954년 10월 마오쩌둥의 발의로 중앙위원회는 합작사 조직을 좀 더 가속화하는 결의안을 채택했다. 가속화를 위한 새로운 계획은 합작화 운동에서 대약진을 요구하는 일종의 초안이었다. 1955년 초급사가 여섯 배인 60만 개로 늘어났다. 하지만 1955년 봄에 이미 67만 개로 급증한 상태였다.[17] 저장 성만 해도 1954년 겨울부터 이듬해 봄까지 4만 2000개의 합작사가 조직되었으며, 이는 이전보다 일곱 배나 많은 숫자였다.[18]

당연히 합작화를 가속시키기 위해 동원된 간부들은 폭력을 사용하거나 잔혹한 명령을 마다하지 않았으며, 당의 과업을 완수하기 위해 전횡을 저질렀다. 많은 농촌에서 합작사 가입을 거절하는 농민들은 몇 시간, 심지어 하루 종일 한여름이면 뙤약볕 아래에서 더위를 먹고 한겨울이면 길바닥에서 꽁꽁 얼어 결국 기진맥진하여 '자발적으로' 가입할 때까지 마냥 서 있어야만 했다. 많은 지역에서 항의의 표시로 기르던 소, 돼지, 오리, 닭 등을 도살하는 일까지 벌어졌다. 저장 성의 경우에 돼지 사육량이 예전의 30퍼센트인 120만 두까지 줄었다. 중국식 햄인 휘투이(火腿)로 유명한 어느 지역은 생산량이 40퍼센트까지 뚝 떨어지기도 했다. 어떤 지역은 사료가 부족한 데다 전염병까지 유행하여 가축들이 떼죽음을 당하기도 했다. 1955년 초 수많은 농민이 토지를 잃고 굶어 죽었으며, 일부는 자살로 삶을 마감했다. 농민들은 고향을 떠나 도시로 향했고 공개적으로 불만을 표시하는 이들도 적지 않았다. "공산당이 국민당보다 더 나쁘다. 중국공산당이 우리를 죽음으로 몰아가고 있다. 공산당은 이미 타락했다."[19]

한편 일부 당 지도자들은 주석의 급진주의를 제지하기 위해 안간힘을 썼다. 중앙위원회 농촌 공작부 주임인 덩쯔후이는 합작사 계획 역시 제1차 5개년 계획에 맞추어 시행되어야 한다고 주장했다. 그의 부서는 1년 6개월 만에 거의 35만 개에 달하는 합작사를 조직할 정도로 빠른 속도를 늦추어야 한다고 제안했다. 또한 덩쯔후이는 발전 가능성이 없는 12만 개의 합작사를 해산시킬 생각이었다.[20] 류사오치와 덩샤오핑을 비롯한 정치국원, 특히 저우언라이가 그를 적극 지지했다.

마오쩌둥은 잠시 마음이 흔들렸다. "생산 관계는 생산력의 발전 수요에 부합해야 한다. 그렇지 않을 경우 생산력이 폭동을 일으킬 수도 있다. 지금 농민들이 기르던 돼지나 양을 도살하는 것은 바로 생산력의 폭동이다."[21] 일단 여섯 달 동안 합작화를 중지하기로 했다. 류사오치는 그의 결정을 지지하는 한편, 합작사를 17만 개로 축소할 것을 건의했다. 1955년 봄, 농촌 공작부는 자발적인 조직이 아니라 행정 수단을 통해 조직한 합작사를 해산시키기로 결정했다.

이런 결정은 전국 각지에서 합작화 운동을 강력하게 추진하는 지역 영도자들을 격분시켰다. "합작사 숫자를 줄일 필요 없다."[22] 그들은 이렇게 주장했다. 중국공산당 상하이국 지도자이자 원로 볼셰비키인 커칭스(柯慶施)가 특히 격노했다. 그는 당 간부 가운데 무려 30퍼센트 이상이 사회주의를 지지하지 않는다고 비난하면서 마오쩌둥 주석이 1955년 4월 상하이를 방문했을 때 직접 불만을 털어놓기도 했다.[23] 여러 성과 현의 관료들이 좌파의 정서를 쏟아낼 때 마오쩌둥은 16일 동안 중국 동부와 남부의 여러 성을 순시하고 있었다.

베이징에서 덩쯔후이는 전국농촌공작회의를 주재하면서 합작화의 속도를 늦추어야 한다고 적극 주장했다. 그를 포함한 '온건파'들은 시대에 부응하지 않았으며, 마오쩌둥은 더 이상 그들의 말을 듣고 싶지 않았다. 시찰 여행에서 성 지도자들이 보여 준 볼셰비키 정서에 고무되어 베이징으로 돌아온 주석은 신속하게 사회주의를 향한 '돌파구'를 마련하려는 자신의 흥취를 되살렸다.

그는 의혹을 걷어 내고 굳건히 일어섰다. 그는 덩쯔후이를 만나 이렇게 경고했다. "1953년에 합작사를 대량 해산시켰던 과오를 반복하지 말게. 그러지 않으면 자네는 자아비판을 해야 할 걸세."[24] 며칠 후 그는 이렇게 덧붙였다. "농민들은 '자유'를 원하겠지. 하지만 우리는 사회주의를 원하네. ……농민의 심사를 반영한다고 하면서 사회주의를 원치 않는 관료 무리가 있단 말일세."[25]

5월 중순 그는 중난하이에서 열다섯 개 성과 시의 당위원회 서기들을 소집하여 회의를 열었다. 농업 합작화와 관련하여 인민들이 원할 것이라고 믿는 것을 농촌 공작부 관계자들에게 주지시키기 위함이었다. 그는 합작화에 관한 '비관적인 정서'를 없앨 것을 주문했다. "만약 우리가 그것을 없앨 수 없다면 큰 착오를 범하게 될 것이오." 마오쩌둥은 침울한 어조로 이렇게 말했다.[26] 그리고 곧 다시 현장 조사를 위해 이번에는 항저우로 떠났다.

덩쯔후이는 그의 말을 유념하지 않았으며, 오히려 자신의 관점을 고수하고 있는 류사오치에게 의지했다. 6월 중순 류사오치가 주재한 정치국 회의에서 이 문제에 대한 심도 있는 논의가 이루어졌다. 대다수 참석자들은 농촌 공작부의 건의를 지지했다. 류사오치는 그 자리에서 이렇게 말했다. "내년 봄(1년 후)까지 합작사를 100만 개로 늘린 다음에 문을 닫아 중농(中農)이 자원해서 문을 두드리도록 처리할 것입니다. 관건은 중농의 자원 가입을 보증하는 것입니다."[27] 농촌 공작부는 1955년 중반까지 자생 능력이 없는 2만여 호조조를 해산시켰다. 그중에는 저장 성에서만 40만 농호를 아우르는 1만 5000개 합작사가 포함되어 있었다.[28]

마오쩌둥은 포기할 생각이 전혀 없었다. 그는 자신의 의견을 묵살한 정치국을 제치고 대신 전국의 당 간부들에게 직접 호소하기로 마음먹었다. 1955년 7월 31일 개최된 회의에서 그는 성과 시, 자치구 당위원회 서기들에게 자신의 계획을 지지해 줄 것을 호소했다. 그가 당시 보고한 「농업 합작화에 관한 문제(關於農業合作化問題)」는 당 활동가들에게 농업 합작화를 가속시킬 필요가 있음을 주지시키려는 목적에 따른 것이었다. 전국인민대표대회에서 이제 막 통과된 제1차 5개년 계획은 1957년 말까지 전체 농가 가운데 33퍼센트를 합작사에 등록시키려는 구상이었다. 그러나 마오쩌둥은 50퍼센트를 고집했다. 1956년 가을까지 합작사의 숫자를 자생 능력이 없는 합작사 해산 이후 남아 있는 65만 개에서 130만 개로 두 배 확충해야 한다는 것이었다.[29]

마오쩌둥이 당시 회의에서 연설한 내용에는 소련의 발전 경로에 대한 일관되고 긍정적인 평가가 그대로 노출되었다. 그는 연설에서 소련의 경험은 단시간 내에 대규모 집체화가 충분히 가능하다는 것을 보여 준다고 주장했다.[30] 주석은 여전히 소련의 모델에서 영감을 받고 있으며, 심지어 소련보다 사회주의 건설의 속도를 더욱 높일 생각을 하고 있음이 분명했다. 그는 소련 집체화 과정에서 저질러진 '경솔함'과 '조급함'에 대한 스탈린의 유명한 비판을 들먹이는 "몇몇 동지"를 비난하면서 이렇게 덧붙였다. "무슨 일이 있어도 우리는 소련의 경험을 뱀처럼 파행하는 속도로 움직여야 한다는 자신들의 주장을 보호하기 위해 이용해서는 안 된다."[31] 처음에 "더 많이, 더 좋게, 더 빠르게"라는 사회주의 건설 원칙을 제정할 당시만 해도 마오쩌둥은 이를 새로운 총노선에 집어넣지 않았다. 그는 소련의 모델을 받아들였지만 그들보다 빨리 달성할 수 있기를 원했다. 그는 주치의*에게 짜증을 내면서 이렇게 말한 적이 있다. "내가 '소련에서 배워야 한다.'라고 말했더라도 그게 소련에서 똥 싸고 오줌 누는 방법을 배우자는 뜻이 아니잖아. 그렇잖아?"[32] 흐루쇼프가 합작화의 속도를 너무 높이지 말라고 요구했으나 마오쩌둥은 듣지 않았다.[33] 그는 합작화 운동을 강력하게 고조시키는 데 대해 낙관적이었다. 당시 회의는 중국 공산당사에서 마오쩌둥이 정치국을 무시한 채 지역 공산당 간부들에게 직접 호소하고, 결의안을 통해 불만을 공개적으로 토로한 첫 번째 사건으로 기록할 만한 것이었다. 이후에도 마오쩌둥은 여러 차례 이런 일을 되풀이하게 될 것이다.

전체적으로 볼 때 그의 책략은 성공적이었다. 자신이 예견했듯이 "아래로

---

* 주치의의 이름은 리즈수이(李志綏)이다. 12년 넘게 마오쩌둥의 수행원으로 일했다. 1988년 기적적으로 중국을 떠나 미국으로 갔으며, 6년 후 회고록을 출간했다. 이 회고록에서 마오쩌둥을 비롯한 중국공산당 지도부 인사들의 비밀스러운 사생활에 대해 폭로하여 중국에서 폭풍 같은 분노가 폭발했다. 이후 1995년 1월 미국 텔레비전 방송국과 인터뷰를 하면서 또 다른 전기를 집필할 생각이라고 밝혔지만 불발로 끝나고 말았다. 인터뷰가 끝나고 몇 주 후 일리노이 주 캐롤 스트림에서 사망했기 때문이다.

부터" 지지를 확보함으로써 주석은 스탈린주의를 가속화하려는 계획을 당 지도부가 수용하도록 강요할 수 있었다. 1955년 10월 그는 자신의 정치 노선에 대한 공식적인 지지를 확보하기 위해 베이징에서 중국공산당 제7기 6중전회(확대회의)를 개최했다. 회의에 초청된 초급 및 중급 당 간부들의 숫자는 전체 중앙위원 숫자보다 열 배나 많았다. 당연히 회의에서 그의 정책 처방이 비준될 것이 확실했으며, 실제로 그랬다. "우리는 농촌 합작화 운동이 점차 고조되는 시기에 직면하고 있다." 결의안*은 다음과 같이 선포했다. "당의 임무는 대담하게 운동을 추진하는 것이다. ……한편 몇몇 동지들은 낡은 사상을 계속 견지하고 있다. ……그들은 사회주의 노선을 취하려는 대다수 농민들의 활동을 보지 못하고 있다."³⁴

저우언라이가 마오쩌둥을 무조건 지지하면서 덩쯔후이, 보이보, 리푸춘 등은 자아비판을 했다.³⁵ "덩쯔후이는 민주 혁명 기간에 우리를 지지했지만……해방 이후 다른 길을 갔다. 그는 전족을 한 여자처럼 걸을 때 앞뒤로 기우뚱거리며 어떤 때는 서쪽으로 어떤 때는 동쪽으로 가고 있다."³⁶ 마오쩌둥은 이렇게 투덜거리며 여전히 선동을 멈추지 않았다. 다만 한 해를 회고하면서 만족감을 보이기도 했다. "1955년은 생산 관계에서 소유권에 관한 한 기본적으로 승리를 얻은 한 해였다."³⁷

회의가 끝난 후 마오쩌둥은 당을 결집시키기 위해 효과가 입증된 선전 운동에 착수했다. 일반 당원들은 영도자가 제시한 유토피아적인 계획을 달성하기 위한 투쟁에 적극 참여했다. 그들은 마오쩌둥을 믿었고, 숭배했으며, 심지어 신격화하기도 했다. 이러한 개인숭배가 없다면 영도자 중심의 당은 존재할 수 없었다. 마오쩌둥은 신중국의 화신이자 사회주의 건설을 위한 총노선과 평등하고 풍요로운 찬란한 미래의 전형이었다. 그렇기 때문에 전면 합작화에 참여하는 것이 왜 대다수 일반 공산당원에게 그처럼 영예로운 일이 되었는지를

---

*「농업 합작화 문제에 관한 결의」. 제7기 6중전회에서 「농업생산합작사 시범 장정(초안)」이 통과되었다. ─옮긴이

충분히 이해할 수 있다.

1956년이 시작됨과 동시에 마오쩌둥과 그 지지자들은 합작화의 속도를 급격히 높이기 시작했다. 그해 전반기에 중국은 합작화의 기본적인 완성 단계에 접어들었다. 지역 당 간부들은 소규모 농가가 대다수인 빈농의 평등주의 심리를 교묘하게 이용했다. 공산당은 그들 사이에서 여전히 상당한 위신을 지녔으며, 빈농 대중 또한 공산당을 열정적으로 지지하고 있었다. 그들은 중국공산당의 정책이 토지 개혁 시절과 마찬가지로 자신들의 이익에 부합하기를 소망했다. 한편 중국 정부는 스탈린을 따라 자유롭게 억압적인 수단을 사용하기 시작했다. 1956년 농촌 주민들이 인근 합작사 이외 다른 곳으로 이전하는 것을 금지시킴으로써 농민들은 어쩔 수 없이 토지에 얽매이는 꼴이 되고 말았다.[38] 이로부터 농민들은 정부의 허가 없이 가까운 도시나 이웃 합작사를 여행하는 것조차 할 수 없게 되었다.

결론적으로 농업 사회주의는 성공을 이루었다. 1956년 6월 1억 1000만에 달하는 농가(전체 인구의 92퍼센트에 해당한다.)가 농업합작사에 참여했다. 그중에 6300만은 이미 '고급'(사회주의) 합작사의 사원이 되었다. 이는 특히 모든 농민이 합작사에 가입한 해의 하반기까지 계속되었다. 동시에 소규모 합작사는 합병되었고 초급 합작사는 고급 합작사로 바뀌었다. 1956년 말 전국 농가의 96퍼센트가 참여하는 75만 6000개의 농업생산합작사가 생겨났으며, 농가의 88퍼센트가 고급 합작사에 속했다.[39]

마오쩌둥은 거대한 정치적 승리를 거두었지만 개인적으로 그만큼의 대가를 치러야만 했다. 중국공산당 내부에서 첨예한 투쟁이 지속되는 동안, 특히 1955년 말에 이르면서 거의 잠을 자지 못했다. 이전에 간헐적인 불면증에 시달렸는데 당시에는 아예 며칠 동안 눈을 감을 수 없을 정도로 심해졌다. "그는 일하는 시간이 점점 더 길어졌다. 24시간 또는 36시간, 심지어 48시간 내내 한잠도 자지 않고 깨어 있다가 겨우 잠이 들면 10시간이나 12시간을 내리 잤다." 그는 상상할 수 없을 만큼 많은 양의 수면제(바르비투르, 일종의 신경 안정제)를 먹었지만 별로 도움이 되지 않았다. 피곤에 지쳐 녹초가 되었으며, 견딜 수 없는 가려움증과 점점 심해지는 현기증으로 몸이 이리저리 흔들릴 정도였다. 하지만 주치의는 도울 방법이 없었다. 그의 "불면증은 정치 투쟁의 결과"[40]였기 때문이다.

합작화의 성공으로 인해 또 다른 대가를 지불해야만 했다. 농민들이 합작사에 가입한 것은 마오쩌둥과 당이 아직 실현되지 않은 번영을 약속했기 때문이다. 얼마 후 실망한 농민들이 불평과 불만을 터뜨리기 시작한 것은 당연한 일이었다.[41] 2년 후 마오쩌둥도 합작화가 중국공산당과 '중도파 대중' 사이의 모순을 해결하지 못했다는 점을 인정했다.[42] 소련 전문가의 자료에 따르면, 이와는 반대로 곡물 전매제 도입 이후 누적되기 시작한 사회 모순이 격렬해지기 시작했다. "(중국에서) 농업 합작화는 농민들의 저항에 직면했다." 소련 경제학자들은 1957년 초 이렇게 결론을 내렸다.[43] 곳곳에서 소란이 일어나면서 새롭게 만든 합작사를 힘들게 했지만 마오쩌둥은 힘들고 어려운 고난 없이 "밝은 미래"를 수립할 수는 없다고 확신했다. "이 문제에 관한 한 우리는 비정할 수밖에 없다." 마오쩌둥은 이렇게 말했다. "이 문제에 관한 한 마르크스주의는 확실히 잔인하며 어떤 자비도 베풀지 않는다. 왜냐하면 제국주의, 봉건주의, 자본주의는 물론이고 소생산까지 완전히 뿌리를 뽑아야 하기 때문이다. …… 우리의 목적은 자본주의를 뿌리 뽑아 지구에서 영원히 소멸시키고 과거의 유물로 만드는 것이다. 무릇 역사에 등장한 것은 사멸되기 마련이다."[44] 그러나 농민들의 저항이 규모 면에서 집단화 기간에 소련에서 일어난 것과는 거리가 멀었다. 전체적으로 중국에서 사회주의는 훨씬 평화적으로 진행되고 있었다.

이와 동시에 중국공산당은 마오쩌둥의 발의에 따라 1955년부터 1956년까지 상공업 분야의 사회주의 개조에 착수했다. 이번 개혁 조치는 도시 자산 계급을 겨냥하여 1951년과 1952년에 취한 조치의 연장선상에 있었다. 1953년부터 1954년까지 중국공산당은 중요 소비재 판매에 대한 정부 통제를 실시했고, 이를 통해 시장 경제를 제한했다. 국가 산업과 국영 기업이 사기업을 몰아냈다. 공산주의자들은 다양한 형태의, 이른바 저급한 형태의 국가 자본주의를 이용했다. 그들은 일정 정도 국민당 정권이 1930년대와 1940년대에 써먹었던 방식을 되풀이했다. 그중에는 정부가 사영 기업의 생산물을 매점하는 것이나 국가가 정해진 가격에 원자재를 강제 납품하는 형태도 포함되어 있었다. 1955년 국가는 80퍼센트에 달하는 중소기업을 통제하에 두었다. 500여 명의 노동자와 직원을 고용하고 있는 대기업은 국가가 주식을 매입하는 방식으로 자본금을 투자하여 공사합영 기업으로 탈바꿈했다. 1956년 중반에 이르자 중국 전역에서 사유 재산이 기본적으로 사라졌다.[45] 마오쩌둥은 이를 경제 영역에서 사회주의 혁명의 승리이자 당의 총노선의 조기 완수로 간주했다. 동시에 그는 총노선이 재산권 문제의 해결을 목적으로 두어야 한다고 믿었다.[46]

결과적으로 중국공산당은 가능한 한 최단 시간에 중국 사회를 근본적으로 변혁시키는 데 성공했다. 이러한 전술은 도시나 농촌에서 공히 유효했고, 중국 내 부유층의 강력한 반대도 없었다. 자산 계급의 저항은 중국 정부에서 민영 기업의 재산을 '매입'한다는 결정에 따라 약화되었다. 1955년 10월 29일 마오쩌둥은 사회주의 개혁을 파괴하려는 책동을 하지 않는다는 조건으로 중국 자본가들에게 금전적 보상을 해 주고, 완전 고용과 더불어 그에 걸맞은 사회적 위상을 제공했다. 결국 자본가들은 자발적으로 자신들의 재산권을 정부에 넘기지 않을 수 없었다.[47] 이후 정부는 향후 7년 동안 매년 5퍼센트의 이자를 지급하기로 결정했다.[48](실제로 이자 지급은 1966년까지 좀 더 오랜 기간 지속되었다.)

중국공산당의 정책에 대한 저항이 가장 심했던 것은 뜻밖에도 노동자 계급이었다. 이는 무산 계급의 대의명분에 충성하기로 선언한 공산당에게 충격이 아닐 수 없었다. 사회주의 개혁은 오히려 노동자의 물질적 조건을 악화시켰다. 그들은 기업가에 대한 통제가 실시되면서 이전까지 누렸던 특권을 잃고 말았다. 1949년 공산주의자들이 승리한 이후 도입되었던 노동자들에 대한 통제 체계는 노동자의 이익을 옹호하는 데 도움을 주었다. 하지만 이런 체계는 짧게 끝나고 말았다. 실제 노동자들이 장악하고 있던 노동조합 대신 중국공산당이 세운 관방 노동조합이 만들어지고, 국가가 생산 수단을 취한 이후에 일어난 변화는 오히려 육체노동자들의 생활 수준을 떨어뜨렸다. 국가의 통제를 받는 관방 노동조합은 노동자가 아니라 정부를 옹호했다. 노동자들은 파업을 통해 불만을 표출했으며, 지역 당국은 이를 진압하느라 애를 먹었다. 관방 자료에 따르면, 1956년 8월과 1957년 1월 노동자가 주축이 된 크고 작은 파업이 1만 번 이상이었고, 학생들의 파업도 1만 번이 넘었다.[49] 중국 측 자료로 판단하건대 이전에 상하이의 사영 기업에 근무하던 노동자들이 특히 심했다. 1957년 봄 상하이의 587개 기업에서 거의 3만여 명이 참여한 '큰 소요'가 벌어졌다. 이 외에도 비록 규모 면에서 작기는 했으나 700군데 제분소와 공장에서 소요가 발생했다. 소요의 90퍼센트는 새롭게 국가의 통제를 받게 된 공장에서 일어났다.[50]

1956년 말 공업 발전을 가속화하고 사회주의 개조를 강제하면서 중국 경제는 원자재, 전력, 숙련 노동자의 부족으로 인한 여러 가지 난관에 부딪쳤다. 동시에 사회주의의 승리는 전체 사회에서 중국공산당의 엄격한 독재를 강화시켰다. 당의 관료 체제는 절대적인 정치적 권위뿐만 아니라 전체적인 경제력도 향유할 수 있게 되었다. 국민 경제가 완전히 국가의 통제를 받는 여건하에서 공산당 엘리트들은 모든 경제적 어려움을 타파하기 위해 강철 같은 의지로 보다 위험한 실험에 착수했다. 그리고 마오쩌둥은 "노동자, 볼셰비키가 격파할 수 없는 요새는 없다."라고 단언한 스탈린을 여전히 뒤따르고 있었다.[51]

29

의식 해방

1956년 또 다른 사건이 중국과 세계를 깊은 충격에 빠뜨렸다. 2월 25일 모스크바에서 열린 소련공산당 제20차 전국대표대회 비공개 회의에서 니키타 흐루쇼프는 스탈린의 개인숭배를 비난한 보고서를 전달했다. 고인이 된 독재자는 수많은 범죄로 비난받았다. 흐루쇼프는 스탈린이 제2차 세계 대전 초반에 수많은 실수를 저질렀고, 공동 리더십 원칙을 무시했으며, 독재자로 군림했다고 주장했다. 또한 국가주의와 농업 정책, 소련의 국제 관계에서 스탈린의 수많은 오류를 지적했다. 하지만 마오쩌둥에 대한 스탈린의 의심은 거론되지 않았으며, 다만 티토와 관련한 스탈린의 오류에 대한 내용만 언급했다.[1]

마오쩌둥은 이 대회에 참가하지 않았다. 주더, 덩샤오핑과 일부 당 관리들이 중국공산당을 대변했고, '충격적인 소식'을 마오쩌둥에게 전달한 것도 그들이었다. 마오쩌둥은 심한 충격을 받았다. 중앙위원회의 명의로 마오쩌둥은 제20차 소련공산당 대회에 축사를 보냈고, 항상 그러했듯이 스탈린에 대한 찬양을 잊지 않았다. 축하 서신에서 그는 레닌이 창시하고 스탈린이 키워 낸 소련의 "무적 공산당"에 대해 언급했다.[2] "신망 있는 주더"는 적지 않게 수치심을 느꼈다. 주더는 우레와 같은 박수를 받으며 대회 연단에 서서 축사를 대독했다. 흐루쇼프는 공산 세계에서 주더의 연설이 어떻게 받아들여질지 전혀 신경 쓰지 않은 듯한 인상이었다. 심지어 흐루쇼프는 다른 국가의 공산당원들에게 보고서 원문을 전달하지도 않았고, 마오쩌둥은 신화통신이 번역하여 3월 10일《뉴욕 타임스(The New York Times)》가 보도한 보고서를 통해 내용을 알았다.[3] 흐루쇼프는 단지 자신의 문제 해결에만 급급했다. 다시 말해 새로운 소련의 영도자는 스탈린주의를 비난하면서 오히려 스탈린처럼 행동했으며, 소련의 위성국들이 소련 크렘린에서 나온 모든 정책에 무조건 동의할 것이라고 굳건하게 믿었다.[4] 그들은 전혀 상상 밖에도 히틀러 독일과의 관계를 완전히 역전시킨 1939년 몰로토프-리벤트로프 협정(Molotov-Ribbentrop Pact, 독일·소련 불가침 조약)을 인정했으며, 스탈린에 대한 비난도 받아들였다.

심사숙고한 끝에 마오쩌둥은 언짢은 감정을 억누르기로 했다. 그러함에도 불구하고 소련의 전(前) 독재자 스탈린에 대한 비난은 마오쩌둥을 완전히 해방시키는 계기가 되었다. 마오쩌둥은 1954년 흐루쇼프의 방문에서 시작된 일련의 과정이 논리적인 결론에 도달하게 되었다.[5]

흐루쇼프의 공식적인 발표가 있은 지 얼마 안 되어 마오쩌둥은 '스탈린의 비방자' 역시 완전히 신뢰할 수 없다는 것을 깨달았다. 흐루쇼프는 분명히 마오쩌둥의 환심을 사려고 노력했다. 이는 마오쩌둥을 기쁘게 했고, 흐루쇼프를 나약한 상대로 보았던 첫인상이 옳았음을 확인했다. 스탈린과 관련한 결의안을 개인 서신을 통해 마오쩌둥에게 전달하면서 소련공산당 제1서기 흐루쇼프는 중국의 스무 개 군사 계획 수립과 세 개의 과학 연구소 건립을 돕겠다고 제안했다. 또한 신장 우루무치(烏魯木齊)에서 소련과 중국 국경까지 철도를 건설하는 데 협력하겠다는 의도를 비쳤다. 다시 말해 흐루쇼프는 마오쩌둥의 환심을 사고자 했던 것이다. 1956년 4월 7일 흐루쇼프의 특사인 아나스타시 미코얀은 로켓과 핵무기 생산 공장을 비롯한 쉰다섯 개 항목의 새로운 산업체 구축을 지원하는 계약을 중국과 체결했다.[6]

이로 인해 중국과 소련의 관계 양상이 크게 바뀌었다. 마오쩌둥은 더 이상 소련을 숭배하거나 소련의 경험을 모방할 의무감에 사로잡힐 이유가 없었다. 만약 1955년이나 1956년 초였다면 소련의 경우처럼 스탈린식 집체화를 추진하면서 단지 소련보다 빠르게 집체화(합작화)를 추진하겠다는 정도에서 그쳤을 것이다. 이제 마오쩌둥은 자신이 원하는 대로 개발을 추진할 수 있게 되었다. 마오쩌둥은 심지어 소련을 따라잡고 앞질러 가장 강력한 공업 국가로 변모시킬 야심을 갖기 시작했다.

3월 31일 흐루쇼프의 보고서를 접하자마자 마오쩌둥은 모스크바에서 열린 제20차 공산당 대회에 참가하고 중국으로 돌아온 소련 대사 유딘을 불렀다. 유딘도 마오쩌둥과 만나고 싶어 했다. 중국공산당의 지지가 절실했던 흐루쇼프가 앞서 유딘에게 마오쩌둥과 면담할 것을 지시한 바 있었다. 하지만 마오쩌둥은 몸이 아프다는 핑계로 면담 시간을 미루었다. 결국 만난 두 사람은 3시간 동안 대화를 나누었다. 마오쩌둥은 매우 들떠 있었고, 문제의 심각성에도 불구하고 간간이 농담을 던지기도 했다. 우여곡절을 거쳐 인생을 깨닫고 세상 풍파를 헤쳐 지나온 영도자의 이미지를 주려는 듯했다. 그럼에도 스탈린에 관한 이야기를 꺼내기란 그리 쉽지 않았다.

한참 뜸을 들인 후 마오쩌둥은 "의심할 바 없이 위대한 마르크스주의자이며 선량하고 솔직한 개혁자"로서 스탈린을 여전히 존중한다고 첫마디를 건넸다. 유딘에 따르면, 마오쩌둥은 "대회에서 보고된 문건에 대해 강한 인상을 받았다."라고 말했으며, "비판과 자아비판의 정신, 그리고 대회에 따라 형성된 분위기는 우리에게 도움을 주었다. ……이로 인해 우리는 보다 많은 문제에 대해 자유롭게 의사 표현을 할 수 있게 되었다. 소련공산당 측이 이 문제를 먼저 제기한 것은 잘된 일이다. 우리가 먼저 이를 주도하기란 쉽지 않았을 것이다."라고 강조했다.[7]

마오쩌둥은 자신이 말하고자 하는 것이 무엇인지 잘 알고 있었다. 우리가 알다시피 전체 중국 공산당사를 뒤돌아보면 마오쩌둥을 포함한 중국의 지도자들은 항상 이념이나 조직, 정치 면에서 소련에 의지했다. 스탈린의 배신행위가 마오쩌둥이 스탈린 사후에 안도감을 느낀 것보다 훨씬 심했지만 거의 습관적으로 마오쩌둥은 지도자이자 스승인 스탈린을 비판할 수 없었다. 마오쩌둥은 사실 스탈린이 행한 배신행위의 진상을 완전히 파악하지 못했다. 일례로, 마오쩌둥은 1938년 스탈린이 코민테른 성원을 대상으로 집단적인 정치 재판을 계획했다는 사실을 전혀 몰랐다. 스탈린이 정치 재판 대상자로 지목했던 당원은 저우언라이, 류사오치, 캉성, 천윈, 리리싼, 뤄푸, 왕자샹, 런비스, 덩파, 우위장(吳玉章), 양상쿤, 둥비우 그리고 심지어 1935년 국민당에 의해 이미 처형된 취추바이까지 포함되었다.[8] 소련 비밀경찰(NKVD) 소속 조사관인 알렉산드르 이바노비치 랑팡(Aleksandr Ivanovich Langfang)이 1938년 3월에 체포된 코민테른 집행위원회 인사부 관리 궈사오탕(郭紹棠)을 고문하여 그들을 무고하도록 했다.[9] 물론 랑팡이 그 일을 혼자 꾸민 것은 아니다.*

스탈린은 지노비예프와 카메네프, 라데크와 피아타코프(Piatakov), 부하린과 리코프(Rykov)를 목표로 삼은 세 차례의 재판을 열고, 연이어 1938년 늦은 봄 코민테른에 공개 재판을 제안했다. 이번 공개 재판의 주요 목표는 코민테른 집행위원회 서기인 요제프 아로노비치 피아트니츠키(Josef Aronovich Piatnitsky)였다. 이 외에도 코민테른 집행위원회 관료인 벨라 쿤(Bela Kun)과 빌헬름 크노린(Wilhelm Knorin)이 중요 목표가 되었고,[10] 중국공산당은 지원자 역할을 하는 것으로 예정되어 있었다. 코민테른 관리들을 대거 체포하라는 결정은 이미 1937년 5월에 내려졌다. 5월 26일 오전 1시 디미트로프는 내무인민위원장 예조프에게 소환되어 "코민테른 내부에 간첩이 활동하고 있다."라고 진술했다. 체포는 1937년 하반기와 1938년 상반기에 이루어졌다. 하지만 소련에서 활동하는 중국 당원은 대부분 체포되지 않았다. 정확하게 알 수 없으나 만약 스탈린이 그들에 대한 재판 회부 계획을 취소하지 않았다면 수많은 중국공산당 지도자들이 희생양이 되었을지도 모른다. 마오쩌둥은 숙청 명단에 오르지 않았지만 과연 명단이 얼마나 더 있었는지 전혀 알 수 없는 일이다.

---

* 소련 비밀경찰 조사관들은 결코 소신대로 조사를 진행하지 않는다. 이는 흐루쇼프의 보고서 「개인숭배와 그 대가(On the Cult of Personality and Its Consequences)」에서 입증된다

이러한 재판에 대해 전혀 모른 채 소련 대사와 면담하면서 마오쩌둥은 중국과 중국공산당 개혁에 관련해 스탈린의 정책 실수를 집중적으로 거론했다. 또한 스탈린과 접촉 시 그가 받은 모욕에 대해서도 털어놓았다.[11] 면담을 마치면서 마오쩌둥은 유딘에게 조만간《인민일보》에 소련의 개인숭배 문제와 관련한 기사가 게재될 것이라고 알려 주었다.

천보다가 집필하고[12] 마오쩌둥을 비롯한 몇몇 관계자(소수 정치국 위원)들이 검열한 기사는[13] 1956년 4월 5일에 발표되었다. 「프롤레타리아 독재의 역사적 경험에 관하여」라는 제목으로 발표된 이 기사는 일반 대중을 겨냥하여 작성한 것으로 기존의 공산당 우상에 대한 비난은 포함되어 있지 않았다. 중국 공산당 지도자들, 특히 마오쩌둥이 먼저 스탈린 반대 깃발을 꺼내 들었지만 그로 인해 중국공산당 독재에 반대하는 것을 원치 않았다. 이후 4월 28일 정치국 확대회의에서 마오쩌둥은 이렇게 말했다. "우리는 대중에게 스탈린과 제3인터내셔널이 저지른 모든 과오를 낱낱이 고발할 의향은 아니다."[14] 또한 마오쩌둥은 자신의 발전 방향 모색 계획을 공개할 생각이 없었다. 스탈린의 잘잘못은 7대 3으로 평가됐지만, 소련은 그럼에도 불구하고 "과거의 잘못을…… 자아비판했다."라는 이유로 찬사를 받았다.

다음 날인 4월 6일 마오쩌둥은 이틀 동안 중국을 방문하기 위해 온 흐루쇼프의 특사 미코얀에게 이런 점에 대해 언급했다. 신문 기사에서 마오쩌둥은 중국의 혁명과 관련한 스탈린의 '심각한 실수'에 대해 많은 부분을 지적했지만 "스탈린의 성과가 과오보다 많았다."라고 말했다.[15] 이에 응답하면서 미코얀은 마오쩌둥에게 소련을 방문해 줄 것을 요청했다. 주석이 왜 초대하느냐고 묻자 미코얀은 질문을 슬쩍 피하면서 이렇게 대답했다. "무언가 할 일이 있을 것입니다."[16] 마오쩌둥은 미코얀의 훈계 투에 기분이 상했다.

5월 1일 톈안먼에서 열린 노동절 가두 행진 참가자들은 여느 때와 다름없이 소련의 옛 지도자 스탈린의 대형 초상화를 들고 행진했다.[17] 중국 대도시 어느 곳이나 똑같은 상황이 연출되었다.

다음 날 마오쩌둥이 먼저 유딘에게 방문을 요청했다. 소련 외교관 콘스탄틴 크루티코프(Konstantin Krutikov)의 회상에 따르면, 마오쩌둥은 스탈린의 '성과와 과오'에 관한 정치국의 입장을 표명했다. 하지만 미코얀과 면담한 후 마오쩌둥은 이렇게 말했다. "왜 스탈린이 나를 신뢰하지 않았는지 확실히 알게 되었다. ……스탈린은 분명 최측근인 보로실로프, 몰로토프, 심지어 미코얀까지 외국의 제자들보다 하찮은 존재로 간주했다."[18] 마오쩌둥이 미코얀을 초대한 주된 이유는 흐루쇼프가 제20차 소련공산당대회에서 제출한「두 가지 제도의 평화 공존」과「현 단계 전쟁 방지의 가능성」이라는 보고서 내용에 반대한다는 뜻을 전달하는 데 있었다. 이때까지 중국공산당 정치국은 동일한 보고서에 들어 있는 '자본주의에서 사회주의로의 평화로운 전환'의 가능성에 관한 내용에도 동의하지 않았다.[19] 그래서 소련공산당 제20차 전국대표대회 개최에 관한 1956년 2월 19일자《인민일보》기사에서 흐루쇼프의 주장을 의도적으로 게재하지 않음으로써 조용하게 반대 의사를 표출했다.[20]

이제 마오쩌둥이 '평화로운 공존'에 대한 입장을 표명할 차례였다. 마오쩌둥은 직접적인 공격이나 비판 대신에 신중하게 처리했다. 마오쩌둥은 소련 대사에게 중국 삼국 시대(220~280년)에 전쟁으로 인해 전체 인구가 4000만 명까지 줄어들었고, 당나라 현종 시절 안사(安史)의 난(안록산과 사사명의 난) 때는 인구가 더 많이 줄었다고 말했다. 마오쩌둥이 이런 말을 한 이유는 제국주의자들이 핵전쟁을 일으킨다고 해도 전혀 두려워할 것이 없다는 뜻이었다. 설사 제국주의자들이 소련의 유럽 지역이나 중국 연안을 점령할지라도 사회주의가 궁극적으로 승리할 것이라면서 제국주의는 '종이호랑이'에 불과하다고 결론 내렸다.[21] 어떤 이유인지 모르겠지만 마오쩌둥은 '종이호랑이(紙老虎)'라는 표현을 좋아하여 종종 사용하곤 했다. 심지어 농담 삼아 장칭을 '종이호랑이'라고 부르기도 했다.[22] 마오쩌둥은 1955년 1월 말 핀란드 대사인 칼 요한 순스트롬(Carl-Johan Sundstrom)에게 이런 말을 한 적이 있다. 이번에는 은연중에 이를 반복했을 따름이다.

미국의 원자탄 위협은 중국 인민을 놀라게 만들 수 없다. 중국은 6억의 인구와 960만 제곱킬로미터의 방대한 면적을 가진 나라다. 미국은 얼마 안 되는 핵무기로 중국을 소멸시킬 수 없다. ……미국이 제3차 세계 대전을 일으킨다고 할지라도 길어야 8년이나 10년쯤 전쟁이 지속될 테니 결국 미국과 영국, 그리고 그 밖에 원흉을 돕는 나라의 통치 계급은 깨끗이 소멸하고 세계 대부분 지역이 모두 공산당이 영도하는 나라로 바뀔 것이다. ……그들이 전쟁을 좀 더 빨리 일으킬수록 그들이 지구에서 소멸하는 날도 그만큼 빨라질 것이다.[23]

마오쩌둥은 1954년 10월 중국을 방문한 인도 총리 자와할랄 네루(Jawaharlal Nehru)와 회담하면서 똑같은 메시지를 더욱 간결하게 표현한 바 있다. 당시 마오쩌둥은 "인도 정부가 핵폭탄으로 완전히 파괴된다면……"이라고 운을 뗐다. 그의 말에 놀란 수상을 안심시키며 마오쩌둥은 계속해서 말했다. "그럴 경우 인도 국민은 새로운 정부를 세우고 또다시 평화 협상을 진행하게 될 것입니다."[24] 마오쩌둥은 흐루쇼프가 미국 제국주의를 과대평가한다고 여겼으며, 흐루쇼프에게 이런 사실을 알리고 싶어 했다.

1956년 4월 말 마오쩌둥은 나흘간 개최된 정치국 확대회의에서 흔치 않은 연설을 했다. 4월 25일 발표된 그의 연설문 「열 가지 주요 관계를 논함(論十大關系)」은 그 파급 효과가 대단했다. 연설은 마오쩌둥의 전체 세계관이 뒤바뀌는 전환점으로, 중국공산당에서 형성 중인 새로운 의식 해방의 분위기를 물씬 풍겼다. 또한 소련 모델과 다른 방향으로 사회주의를 건설하는 것과 관련된 중국공산당의 새로운 정책에 대해 언급했다. 마오쩌둥은 소련의 과거 경험에 대해 맹렬한 비난을 퍼부었고, 중국공산당이 새로운 길을 모색할 것을 공개적으로 촉구했다.

우리는 사업 진행 과정에서 몇 가지 짚고 넘어갈 문제가 있다. 특별히 주목할 만한 일은 최근 소련 측이 사회주의 건설 과정에서 불거진 일부 결점과 오류를 드러냈다는 점이다 그들이 지나온 굽은 길(잘못된 길)을 당신들도 갈 생각인가? 과거 우리는 그들의 경험과 교훈을 통해 굽은 길을 피해 갈 수 있었으며, 지금도 물

론 이를 경계로 삼아야 할 것이다.[25]

분명 마오쩌둥은 혁신이 부족하고 소련의 경제 개발 속도를 뒤처지게 한 스탈린식 모델에 의구심을 갖기 시작했다.

마오쩌둥은 중국식 사회주의 건설에 대한 구체적인 프로그램은 제시하지 않았지만 여러 전략적인 요소를 지적했고, "보다 빠르고 좋고 더욱 경제적으로"라는 원칙을 강조했다.* 마오쩌둥이 생각한 것은 경공업과 농업의 자본 투자 확대와 내륙의 급속한 발전, 국방 부문에 대한 투자 삭감, 전반적인 경제 건설 가속화였다. 또한 노동에 대한 물리적인 성과 지급보다는 정신적인 면을 강조했고, 중앙 집중화된 관료 행정을 통해 경제 범위를 축소하고 상대적으로 자율적인 생산 단지 개발에 대해 언급했다. 마오쩌둥은 새로운 전략이 기존 소련의 전략과 차이가 있음을 감추려 하지 않았다.

하지만 반드시 분석적이고 비판적으로 배워야지 맹목적으로 배워서는 안 되며, 모든 것을 그대로 베끼거나 기계적으로 옮겨 사용할 수 없다. 그들의 단점이나 결점은 당연히 배워서는 안 된다. ……혹자들은 어떤 사물에 대해 분석하지 않고 완전히 '바람(風)'을 기준으로 삼고 있다. 그는 오늘 북풍이 불면 북풍파가 되고, 내일 서풍이 불면 서풍파가 되며, 나중에 다시 북풍이 불면 또다시 북풍파가 된다. 주견이 하나도 없기 때문에 때로 하나의 극단에서 또 다른 극단으로 간다. ……만약 어떤 말, 설사 마르크스의 말일지라도 그대로 따르면 안 된다. ……그래서 대다수 소련 사람들은 오만하고 꼬리를 높이 들어 올린 듯 건방지다.[26]**

---

* 마오쩌둥의 연설은 부정확한 속기로 작성된 보고서와 일부 편집된 원본, 두 가지 버전이 존재한다. 속기로 작성된 연설문의 번역본은 1970년대에 들어와서야 비로소 서방과 소련에 소개되었다. 공식 자료는 1976년 중화인민공화국에서 발간되었다. "보다 빠르고 좋고 더욱 경제적으로 사회주의를 건설하자."라는 슬로건은 속기 버전에만 등장한다. 하지만 『마오쩌둥 선집』 제5판 편집자들은 주석에서 당시 마오쩌둥이 연설을 통해 사회주의 건설을 위한 기초 이념으로 이러한 원칙을 제시했다고 확인한 바 있다.

** 영문 원저에 생략된 부분은 다음과 같다. "우리의 혁명은 후진적이다. 비록 신해혁명으로 황제를 타도한 것은 러시아보다 일렀지만 당시에는 공산당이 없었으며, 혁명도 실패했다. 인민혁명의 승리는 1949년이니 소련의 10월 혁명에 비해 30여 년이나 뒤진 셈이다. 이런 점에서 우리는 오만할 수 없다. 소련은 우리

마오쩌둥의 연설이 당시에 공개되지 않은 것은 전혀 놀랍지 않다. 마오쩌둥은 단순히 소련을 공개적으로 비판한 데 그치지 않았다. 마오쩌둥은 중국 지도자들의 사상까지 정면으로 공격했다. 그중에는 류사오치, 저우언라이,* 천윈도 포함되었다. 덩샤오핑 역시 이를 간파하지 못했다.[27] 일례로 1956년 4월 말 저우언라이는 정치국 확대회의에서 마오쩌둥이 수도 건설을 위해 20억 위안을 투자할 것을 요청하자 공개적으로 마오쩌둥에게 이의를 제기했다. 저우언라이는 그럴 경우 인민 대중에게 생필품을 공급하는 데 차질이 발생하고 도시 인구의 급속한 팽창을 야기할 것이라고 주장했다. 마오쩌둥은 이에 찔끔했으며,[28] 5월 2일 최고 국무회의에서 참석자들에게 새로운 생각들을 제안했다.[29]

이런 상황에서 중앙위원회는 4월 25일 마오쩌둥이 행한 연설의 내용을 중급과 고위급 간부들에게만 공개하기로 결정했다.** 당시 저우언라이나 천윈, 그 밖의 경제 전문가들은 제2차 5개년 계획을 준비하느라 분주했기 때문에 마오쩌둥의 독특한 견해를 정확하게 파악하지 못하고 있었다. 솔직히 말하면 마오쩌둥을 무시한 셈이었다. 류사오치나 덩샤오핑도 마찬가지였다. 그들은 일상적인 당과 정부 업무에 바빴고, 마오쩌둥의 새로운 생각에 관해 '위대한 이론가'와 논의할 시간이 없었다.

마오쩌둥은 새로운 제안에 대한 미지근한 반응에 화가 났다. 1956년 중반 그는 또다시 시찰을 위해 베이징에서 광저우로 가서 예전처럼 현지 당원들의 호응을 얻어 낼 수 있기를 희망했다. 광저우는 날씨가 무척 덥고 모기떼가 극성을 부렸다. 마오쩌둥이 머물던 곳은 냉방 시설이 없어 후덥지근했지만 서둘

와 다르다. 우선 차르 황제 시절의 러시아는 제국주의이고 나중에 10월 혁명이 있었다." ─ 옮긴이

* 저우언라이가 "보다 빠르고 좋고 더욱 경제적인 원칙에 따른 사회주의 건설"을 처음으로 주장했다. 저우언라이는 1955년 12월 6일 마오쩌둥이 제시한 아이디어를 보완하여 1956년 1월 14일 중앙위원회가 소집한 지식 분자 문제에 관한 회의에서 발표한 보고서(「關於知識分子問題的報告」)를 통해 또다시 이러한 원칙을 제창했다. 저우언라이는 이러한 원칙에 '혁명적' 의미를 부여하지는 않았다

** 이렇게 조심했음에도 연설 내용이 외부로 유출되었다. 유고슬라비아 공산당 대표단이 1956년 9월 마오쩌둥과 면담할 당시 '열 가지 주요 관계'에 대한 언급이 있었다.

러 베이징으로 돌아오지 않았다. 마오쩌둥은 해결해야 할 문제가 많았다. 자신에게 필요한 당원들을 만나고 그들의 마음 자세를 가늠해야 했으며, "끈질긴 온건파"들과의 싸움에서 자신을 옹호할 지지자들을 확보해야만 했다. 그들(정치국 내부의 온건파)은 마오쩌둥이 부재한 틈을 타 "경솔하고 맹목적인 급진주의"를 비판하는 사설을 게재했다. 이에 대해 마오쩌둥은 "읽지 않겠다. 나를 놀리는 기사를 왜 읽느냐?"라며 유치한 반응을 보였다.[30]

그렇다면 마오쩌둥은 "용기와 결단력"이 완전히 결여된 "노예 정신에 사로잡힌 강시(殭屍, 미라)"들로 인해 걱정하고 있었는가?[31] 아니다. 마오쩌둥은 그들보다 자신이 훨씬 막강하다는 사실을 보여 주어야 했다.

마오쩌둥은 광저우의 주장 강, 창사의 샹장 강, 우한의 양쯔 강*을 헤엄쳐 건너겠다는 오래된 꿈을 실현하기로 마음먹었다. 마오쩌둥은 수영을 잘했지만 그 생각은 터무니없는 것이었다. 주장 강과 샹장 강, 창장 강은 폭이 넓었으며 특히 창장 강은 소용돌이와 급류가 많았다. 하지만 마오쩌둥의 생각을 접게 하는 것은 시간 낭비였다. 1956년 5월 말 마오쩌둥은 강폭이 2.5킬로미터가 넘는 주장 강의 탁한 물속으로 풍덩 뛰어들었다. 마오쩌둥과 함께 수영할 수밖에 없었던 주치의는 나중에 "물이 정말 더러웠다."라고 회고한 바 있다. "물에 똥 덩어리가 떠다니는 것이 보였다. 마오쩌둥은 전혀 개의치 않았다. 마오쩌둥은 배영을 했다. 큰 배가 둥근 풍선처럼 떠올랐고, 다리도 소파에서 쉬는 것처럼 편해 보였다. 그는 주로 강의 물살을 따라 흘러가면서 앞으로 나아가기 위해 간간이 팔다리를 움직일 뿐이었다."[32] 마오쩌둥은 2시간 가까이 약 10킬로미터 이상을 떠다녔다. 곧 광저우를 떠나 창사로 향했다. 창사에서 마오쩌둥은 폭이 1.6킬로미터가 넘는 샹장 강을 헤엄쳐 건넜다. 샹장 강은 주장 강보다 아마도 두 배 이상 더러웠을 것이다. 하지만 마오쩌둥은 기분이 좋았다. 수영을 끝낸 마오쩌둥이 외쳤다. "샹장 강은 너무 작아! 이제 창장 강에서 수영하고

---

* 창장 강. 원문은 양쯔 강이라고 했으나 창장 강을 말한다. 양쯔 강은 일반적으로 창장 강 중 장쑤의 양저우에서 황해까지를 일컫는 말이다. 외국인들은 주로 상하이를 중심으로 살았기 때문에 창장 강 전체를 양쯔 강이라고 부르는 데 익숙하다. — 옮긴이

싶다. 창장 강으로 가자!"³³

마오쩌둥은 6월 초 우한에 도착했다. 마흔 여 명의 경호원이 호위하고 있는 가운데 마침내 창장 강 강둑에 우뚝 섰다. 하지만 마오쩌둥은 창장 강을 헤엄쳐 건널 수 없었다. 헤엄쳐 건넌다는 것 자체가 터무니없는 일이었다. 만약 헤엄을 쳐서 건너려고 한다면 창장 강의 물결이 너무 세서 그대로 급류에 휩쓸려버릴 것이다. 그는 주장 강의 경우와 마찬가지로 그저 물결에 몸을 맡겼다. 그리고 28킬로미터 이상을 떠다녔다. 마오쩌둥은 대단히 기뻤다. 더군다나 "우리의 경애하는 조타수"께서 위대한 창장 강을 정복했다는 "좋은" 소식을 전하기 위해 수많은 기자들이 대기하고 있었기 때문에 더욱더 그러했다. 우한에서 머무는 며칠 동안 마오쩌둥은 창장 강에서 세 번이나 헤엄을 쳤다.³⁴ 이후 마오쩌둥은 자신만만하게 말했다. "마음만 먹으면 못 할 게 없다."³⁵ 그가 염두에 둔 것은 정치국의 '온건파(수정주의자)'들이었다.

감격에 겨운 마오쩌둥은 또다시 붓을 들었다.

이제 막 창사의 물을 마시고 또다시 우창의 물고기를 먹는구나.

만 리 창장 강 가로질러 건너니 초나라 너른 창공 두 눈에 가득하구나.

바람에 물결 인다 한들 무슨 상관이랴

뜨락 거니는 것과 진배없거늘.

오늘 마침내 마음껏 즐기리니.

공자도 강가에서 말씀하시지 않았던가

세월이 유수와 같다고!

강에 돛단배 질주하고 구이 산(龜山)과 서산 산(蛇山) 고요하게 서 있나니

원대한 구상 가슴속에 일어나도다.

대교(창장 강 대교) 높이 솟아 남북을 가로지르니 천연 요새가 탄탄대로로 바뀌었네.

강 서쪽에 석벽(큰 댐)을 세워 우산 산(巫山) 운우가 빚은 홍수 막아 내고

깊은 협곡 평평한 호수로 만들 것이니.

신녀는 여전히 잘 계시길, 혹여 달라진 세상에 놀라실라.[36] *

하지만 베이징에서는 또 다른 실망이 마오쩌둥을 기다리고 있었다. 중국 공산당 제8차 전국대표대회 준비로 한창 바쁜 정치국의 '온건파'들은 개인숭배 문제를 토론 안건에 올릴 준비를 하고 있었다. 베이징의 분위기는 한층 고조되었고, 마오쩌둥은 황해 연안의 한적한 베이다이허(北戴河) 휴양지에서 휴식을 취하며 당내 문제에서 당분간 손을 뗐다. 마오쩌둥은 여러 가지 계획에 관해 반대자들을 시험하기 위해 그들에게 재량권을 주기로 마음먹었다. 어쩌면 "적이 진격하면 우리는 후퇴하고, 적이 점령하면 우리는 그 후방을 교란하며, 적이 피로해지면 우리는 공격하고, 적이 후퇴하면 우리는 추격한다."라는 자신의 어록을 되새기며, '어디 얼마나 자신이 있는지 두고 보자! 해볼 테면 해봐라! 두고 보자!' 하고 생각했을지도 모른다. 더성(德勝), 즉 '승리의 이름으로 일단 후퇴'라는 뜻을 지닌 마오쩌둥의 가명도 그냥 지어진 것이 아니었다. 여름이 끝나 갈 무렵 마오쩌둥은 건강상의 이유로 중국공산당 총서기에서 물러난다고 발표했지만 중앙인민위원회 주석 자리는 그대로 유지했다.[37]

류사오치를 비롯한 일부 정치국 위원들은 마오쩌둥을 무시하는 것처럼 보이지 않기 위해 베이다이허로 따라갔다. 예전과 다름없이 마오쩌둥은 여전히 영도자였다. 다만 그들이 원하는 것은 집단 지도 체제였다. 마오쩌둥은 이를 허락할 수 없었다. 마오쩌둥은 나약한 흐루쇼프로 인해 중국뿐만 아니라 전체 사회주의의 명분 자체가 위협받고 있기 때문에 중국은 어느 때보다 자신을 중심으로 똘똘 뭉쳐야 한다고 확신했다.

중국공산당 제8차 전국대표대회는 두 가지 관점이 대립하는 가운데 개최되었다. 공식 회의는 9월 15일부터 27일까지 베이징에서 열렸다. 1173만 당원을 대표하여 정식 위원 1026명과 후보 위원 107명이 회의에 참석했다. 공식 회

---

* 「수조가두(水調歌頭)·유영(游泳)」. "才飮長沙水, 又食武昌魚. 萬裡長江橫渡, 極目楚天舒. 不管風吹浪打, 勝似閑庭信步, 今日得寬餘. 子在川上曰, 逝者如斯夫! 風檣動, 龜蛇靜, 起宏圖. 一橋飛架南北, 天塹變通途. 更立西江石壁, 截斷巫山雲雨, 高峽出平湖. 神女應無恙, 當驚世界殊."─옮긴이

의는 비공개 토론(이른바 예비 회의)으로 8월 29일부터 9월 12일까지 앞서 진행되었으며, 비공개 토론에서 기본 결정이 내려졌다. 정식 위원들은 비공개 석상에서 모든 결의문과 보고서 초안 및 연설문 내용을 토론하고 선정했다. 동시에 그들은 개인적인 사안까지 해결했다.

당시 마오쩌둥은 매우 조심스럽게 행동했다. 예전처럼 적의 의향을 넌지시 떠보았을 뿐 회의를 주재하지도 않았고, 단 한 편의 보고서도 쓰지 않았다. 마오쩌둥은 가장 활동적인 역할을 류사오치, 저우언라이, 덩샤오핑에게 넘기고 정작 자신은 '신중함'을 보였다. 마오쩌둥은 8월 30일 예비 회의와 9월 15일 전국대표대회 개막식 등 두 번의 공식 석상에서 짤막한 연설로 참가자들을 맞이했다.[38] 동시에 그는 자신의 생각과 계획을 참석자들에게 주지시키기 위해 온갖 애를 다 썼다. 특히 두 번의 짧은 연설문에서 마오쩌둥은 '열 가지 주요 관계'와 관련된 자신의 생각을 또다시 언급했고, 류사오치가 보고할 예정인 「중국공산당 제8차 전국대표대회 정치 보고」 초안을 수정하여 다음과 같은 내용을 추가했다.

중국 혁명과 중국의 (사회주의) 건설은 당연히 처음부터 중국 인민의 손에 달렸다. 우리는 이 점을 분명히 짚고 넘어가야 한다. 외국의 원조는 부차적인 일이다. 신념을 잃고 스스로 아무것도 할 수 없다고 생각하는 것은 절대로 옳지 않다. 중국의 운명이 중국 인민의 손에 달려 있지 않고 외국의 원조에 완전히 의존해야 한다는 가정 역시 틀렸다.[39]

소련의 가부장주의에 대한 거부감을 의식적으로 드러내며 마오쩌둥은 심지어 흐루쇼프가 보낸 대표단의 대표 미코얀이 연설한 9월 17일 대회에도 참가를 거부했다.[40]

당 대회의 기조는 마오쩌둥이 의도한 바와 달랐다. 류사오치, 저우언라이, 덩샤오핑의 지휘하에 대회 참가자들은 소련 모델을 공정하게 대했으며, 스탈린화 성과를 가속화하는 데 초점을 맞춘 마오쩌둥의 사회적 실험만 지지했다.

전국대표대회는 대외적으로 중국의 '프롤레타리아 사회주의' 혁명이 성공을 거두었다고 공포했다. 모든 연설자들이 농촌과 도시에서 공히 달성한 사회주의 개조의 성과에 대해 침이 마르게 찬양했다.

가장 괄목할 만한 점은 당 대회에서 마오쩌둥을 매우 당혹하게 한 결의문이 채택되었다는 것이다. 미코얀이 대독한 흐루쇼프의 연설로 고무된 새로운 분위기 속에서 대표들은 중국공산당의 "모든 업적은 마오쩌둥 사상의 영도에 따른다."*라는 문구를 당장(黨章)에서 삭제하는 데 동의했다.[41] 이는 "중국공산당은 마르크스·레닌주의에 따른다."라는 문구로 교체되었다.[42]

「당의 장정 개정에 관한 보고(關於修改黨的章程的報告)」라는 보고서에서 덩샤오핑은 "개인 우상 숭배와 찬양 배척"의 필요성에 대해 특히 강조했다. 덩샤오핑은 "우리 당은 개인을 신격화하는 생소한 개념을 배격한다."라고 선언했다. 덩샤오핑은 분명히 마오쩌둥이 중국공산당 내에서 개인숭배를 배척하기 위해 중요한 역할을 했다고 강조했지만 이런 말을 곧이곧대로 믿는 사람은 없었다.[43] 당 대회에서 중국공산당 총서기 직책을 부활시킨 것은 상당히 놀랄 만한 일이다. 결국 마오쩌둥이 덩샤오핑에게 총서기를 맡도록 제안했다. 덩샤오핑은 '열 가지 주요 관계'가 무엇인지 정확하게 이해하지 못했지만, 마오쩌둥이 보기에 덩샤오핑은 류사오치나 저우언라이처럼 눈에 띄게 마오쩌둥의 모험주의에 반감을 드러내지 않았기 때문에 오히려 '솔직한 사람'이라는 인상을 주기에 충분했다.[44]

마오쩌둥의 실험에 반기를 든 반대자들은 류사오치가 제7기 중앙위원회를 대표하여 작성한 정치 보고를 기반으로 만든 「중국공산당 제8차 전국대표대회의 정치 보고에 관한 결의(中國共産黨第八次全國代表大會關於政治報告的決意)」를 통과시킬 만반의 준비를 갖추었다. 아울러 결의안에 다음과 같은 내용이 첨가되었다.

---

* 1945년 제7대에서 처음 삽입되었다. ─ 옮긴이

국내의 중요 모순은 발전된 산업 국가를 건설하려는 인민의 요구와 농업 국가로서 낙후한 여건 사이의 모순이며, 또한 경제 문화의 신속한 발전에 대한 인민의 요구와 현재 인민들의 요구를 만족시킬 수 없는 경제적, 문화적 상황 사이의 모순이다.[45]*

전국대표대회가 끝나고 1956년 11월 무역부 간부 회의에서 부총리 천윈과 일부 경제 전문가들은 경제 건설과 인민의 삶의 수준 향상을 이성적으로 결합시켜야 한다고 주창했다.[46]

마오쩌둥은 전국대표대회에서 통과된 결의에 대해 불만이 적지 않았다. 그 가운데 개인숭배에 관한 문제가 가장 골칫거리였다. 당 대회가 끝난 지 얼마 안 되어 마오쩌둥은 반격을 하기로 마음먹었다. 유고슬라비아 공산당 대표를 접견하면서 마오쩌둥은 슬쩍 지나가는 말을 던졌다. "중국에서 나를 공개적으로 비난한 사람은 거의 없습니다. 중국인들은 내 결점과 실수를 용납하고 있으며, 이 때문에 나는 중국 인민을 위해 봉사하고 그들을 위해 좋은 일을 하려 노력하고 있지요." 그의 발언은 마치 자신을 반대하는 이들에게 경고의 메시지를 보내는 것처럼 들렸다. 특히 '보스 정치'는 중국에서 크게 문제가 되지 않는다는 말을 덧붙이면서 더욱 그런 느낌이 들게 만들었다. "나를 비난하는 자들은 오히려 지도자를 존경하지 않는다는 비난을 듣게 될 것입니다."[47] 그는 이렇게 덧붙였다. 동시에 그는 측근들에게 흐루쇼프의 반 스탈린 정책에 대한 진지한 비판을 토로하기 시작했다. 스탈린은 "비판받을 수 있으나 그렇다고 죽일 수는 없다." 마오쩌둥은 통역관인 리웨란(李越然)에게 이렇게 설명했다. 또 다른 통역관인 옌밍푸(閻明復)에게는 흐루쇼프에 대해 화를 내듯이 말하기도 했다. "거대한 나라를 이끌 만큼 성숙한 사람이 아니야." 또 다른 측근에게는 흐루쇼프 같은 인물은 "마르크스·레닌주의를 신봉하지 않는다."라고 말하기도 했다.[48]

---

* 이는 마오쩌둥의 지시에 따라 천보다와 후차오무(胡喬木)가 작성한 내용이다. — 옮긴이

정치적 분위기가 미세하게 변화하고 있음을 재빠르게 눈치챈 저우언라이는 10월 1일 개인숭배와 관련한 마오쩌둥의 새롭고 비판적인 입장을 제8차 전국대표대회 참석차 중국에 온 소련공산당 중앙위원회 위원 보리스 니콜라예비치 포노마료프(Boris Nikolaevich Ponomaryov)에게 자세히 설명했다. 저우언라이는 스탈린을 비판하는 과정에서 소련공산당이 저지른 '과오'에 대해 언급하면서 우선 "형제국 공산당과 사전 논의가 없었고", 둘째로 "총체적인 역사 분석이 완전히 빠졌으며", 마지막으로 소련공산당 지도 동지들의 "자아비판이 결여되었다."라고 이유를 제시했다.[49]

1956년 폴란드와 헝가리에서 발생한 반스탈린 사건은 중국 지도부 내부에 개인숭배 분위기를 고조시켰으며, 결국 마오쩌둥의 입지를 강화하는 효과를 가져왔다. 1956년 10월 노동자들의 시위가 물결치는 가운데 새로운 폴란드 초대 공산당 중앙위원회 서기에 오른 브와디스와프 고무우카(Władysław Gomułka)는 폴란드 노동당 정치국에서 스탈린주의자들을 추방했다. 폴란드 국방부 장관과 각료 회의 주석을 겸직한 마샬 콘스탄틴 콘스탄티노비치 로코소프스키(Marshal Konstantin Konstantinovich Rokossowski)도 축출되었다. 그의 직책은 스탈린의 명령에 따른 것이었다. 폴란드 대중 사이에서 강하게 형성된 반소련 분위기는 더욱 거세졌다. 반면 헝가리에서는 민주 혁명이 발발하여 대중적이고 자유주의적인 공산주의자 임레 너지(Imre Nagy)에게 정권이 이양되었다.* 이렇듯 동유럽 사회주의 국가의 위기는 흐루쇼프의 반스탈린 연설로 촉발된 것이 분명했다.

마오쩌둥은 이를 정확하게 파악했으며 흐루쇼프의 행동에 대한 불만을 감추지 않았다. 10월 20일 저녁, 정치국 확대회의를 소집한 마오쩌둥은 처음으로 소련을 "강대국 우월주의"라고 비난했다. 흐루쇼프가 폴란드 고무우카에게 무력을 사용할 의도가 있다는 소식이 전해졌을 때 마오쩌둥은 결코 그런 일이

---

* 1956년 헝가리 근로자당에 복귀하여 정부 수상이 되었지만 얼마 후 소련군이 침략하면서 소련 국가보안위원회(KGB)에 체포되어 교수형에 처해졌다. ─ 옮긴이

일어나지 않기를 바랐다. 소련의 폴란드에 대한 무력 개입은 사회주의 진영 전체를 폭발시키는 기폭제가 될 수도 있었다. 확대회의가 끝난 후 마오쩌둥은 즉시 소련 대사 파벨 유딘을 불렀다. 마오쩌둥은 의전과 상관없이 침대에서 잠옷차림으로 유딘를 맞이했다. 마오쩌둥은 매우 언짢은 표정을 하고 강한 어조로 말했다. "당신들이 한 일은 결코 용납할 수 있는 것이 아니오. 흐루쇼프에게 당장 전화해 우리의 입장을 전달하시오. 만약 소련이 군대를 움직인다면 우리는 즉각 폴란드를 지지할 것이오."⁵⁰

유딘에게 소식을 전해 들은 흐루쇼프는 당황하여 10월 21일 "상황을 봐 가면서 무력 개입을 억제하고 인내심을 발휘하겠다."라고 말했다.⁵¹

마오쩌둥은 승리감에 도취했다. 10월 23일 오전 1시경 마오쩌둥은 또다시 불쌍한 유딘을 침실로 불렀다. 류사오치, 저우언라이, 천윈, 덩샤오핑, 그리고 정치국 위원들이 모두 모인 자리에서 마오쩌둥은 러시아인들이 스탈린의 칼을 완전히 던져 버렸다며 짜증을 냈다. 그리고 그 결과 적들이 그 칼을 주워 공산주의자들을 협박한다고 덧붙이며, 이런 행위는 돌을 주워 제 발을 찧는 것이나 다를 바 없는 일이라고 말했다.⁵²

그날 밤 마오쩌둥과 류사오치, 저우언라이, 천윈, 덩샤오핑은 소련공산당 지도부를 돕기로 결정했다. 이는 10월 21일 모스크바에서 중국공산당 중앙위원회로 보내온 '협조 요망' 전보에 대한 답변인 셈이었다. 흐루쇼프는 체코슬로바키아, 불가리아, 동독 공산당 중앙위원회에도 유사한 요청서를 보냈다.⁵³ 10월 23일 이른 아침에 류사오치와 덩샤오핑, 중앙위원회 국제활동지도위원회 주임인 왕자샹, 중앙위원회 서기처 후보 서기 후차오무를 포함한 중국 대표단이 모스크바로 날아갔다.* 대표단은 열하루 동안 모스크바에 머물렀다. 10월 23일부터 31일까지 류사오치와 대표단은 이전에 스탈린이 머물던 립키 (Lipki)의 저택에서 흐루쇼프, 몰로토프, 불가닌 등과 회담을 했다. 흐루쇼프는 류사오치, 덩샤오핑과 기타 대표단 성원을 여러 차례 소련공산당 중앙위원

---

* 흐루쇼프는 회고록에서 캉성이 류사오치 대표단의 일원으로 왔다고 착각했다.

회 상임간부회의에 초대했다. 첫날 저녁에 류사오치는 '버려진 칼을 논함(棄劍論)'과 '강대국 우월주의'에 대한 마오쩌둥의 견해를 흐루쇼프에게 전달했고, 흐루쇼프는 어쩔 수 없이 모든 것을 받아들여야만 했다.[54] 결국 소련 지도부는 폴란드에 대한 무력 개입을 스스로 포기했다.[55]

이제 마오쩌둥을 신경 쓰이게 하는 곳은 헝가리 한 곳뿐이었다. 헝가리는 10월 23일 긴장 구조가 더욱 팽팽해졌다. 부다페스트에서 진정한 대중 혁명이 시작되었다. 이제 헝가리가 흐루쇼프와 류사오치 회담의 핵심 사안이 되었다. 류사오치는 마오쩌둥과 계속 연락을 주고받았다. 마오쩌둥은 처음에 흐루쇼프에게 폴란드에 대해 취한 것과 동일한 평화적인 입장을 채택하라고 권고했다. 마오쩌둥은 "헝가리의 노동 계급"이 "혼란한 상황을 재정립하고 소요 사태를 스스로 진정시킬 것"이라고 믿었다.[56] 하지만 10월 30일 오후 상황이 완전히 달라졌다. 마오쩌둥은 헝가리 주재 중국 대사와 류사오치로부터 국가 보안 요원들이 부다페스트에서 사형당했다는 소식을 접했다.* 마오쩌둥은 인내심을 잃었다. 마오쩌둥은 더 이상 그대로 놔둘 수 없다는 생각이 들었다. 헝가리 혁명은 고무우카의 자유 공산주의 혁명과 성격이 달라 보였다. 헝가리 혁명은 사회주의 진영 전체에 엄청난 영향을 미칠 수 있는 일대 사건이었다. 류사오치는 흐루쇼프와 소련공산당 중앙위원회 상임간부회 위원들에게 마오쩌둥의 새로운 관점을 전달했다. "소련 군대가 헝가리와 부다페스트에 주둔해야 한다."[57] 이는 마오쩌둥이 헝가리 민주 운동에 대한 소련의 억압을 지지한다는 것을 의미했다.

한편 마오쩌둥과 류사오치는 소련공산당 중앙위원회 상임간부회에 압력을 넣어「소련 연방과 기타 사회주의 국가 간 친선과 합작의 토대 설립 및 강화에 대한 선언」을 채택할 것을 요구했다. 이는 기타 사회주의 국가에 대한 소련의 강대국 우월주의가 확대되는 것을 저지하기 위한 방책이었다. 그들이 보기

---

* 류사오치는 미코얀와 당시 헝가리 주재 KGB 국장인 이반 알렉산드로비치 세로프(Ivan Aleksandrovich Serov)에게 소식을 전해 들은 흐루쇼프를 통해 이 소식을 접했다.

에 동유럽에서 '불건전한' 상황이 발생하게 된 주된 이유 가운데 하나가 바로 소련의 강대국 우월주의였던 것이다. 선언문은 다음과 같이 주장했다. "위대한 사회주의 진영의 국가들은 완전한 평등, 영토 보전, 국가 독립과 주권, 내정 불간섭주의에 입각하여 상호 존중 관계를 구축할 수 있다."[58]

10월 31일 저녁에 공항에서 중국 대표단을 배웅하면서 흐루쇼프는 류사오치에게 마오쩌둥의 입장 변화를 받아들여 소련공산당 중앙위원회 상임간부회는 "헝가리에서 질서를 회복"하기로 결정했다고 귀띔했다. 흐루쇼프는 회고록에서 이렇게 말했다. "더 이상 이견이 없었다. 류사오치는 베이징에서 사람들이 달리 생각하고 있다는 것이 판명되면 곧 알려 주겠다고 말했다."[59] 하지만 마오쩌둥은 입장을 바꾸지 않았다. 이후 헝가리 정부가 바르샤바 조약 탈퇴를 선언하고 서방 국가와 교황에게 도움을 요청했다는 사실이 알려지면서 흐루쇼프는 헝가리를 저지하는 데 총력을 기울이기로 했다. 11월 4일 소련 탱크가 부다페스트에 진입했다. 헝가리 혁명은 피바다로 변했다.

헝가리를 진압했지만 마오쩌둥과 그 밖의 중국 지도자들은 사회주의 국가에서 자유 민주 운동이 일어날 수 있다는 사실에 깊이 충격을 받았다. 11월 중순 제8기 2중전회에서 마오쩌둥은 '버려진 칼'에 관한 생각을 구체화했다. 그리고 소련공산당에 대해 전례 없는 비난을 퍼붓기 시작했다. 분노를 억누를 수 없었던 마오쩌둥은 대다수 소련 지도자들이 "레닌의 칼을…… 확실하게" 버렸다고 주장했다. 게다가 또 다른 문제에서도 모스크바와 반목하고 있음을 여실히 보여 주었다. 마오쩌둥은 처음으로 "자본주의에서 사회주의로의 평화로운 전환" 가능성에 관한 흐루쇼프의 이론을 공개적으로 비판했다. "제20차 소련공산당 대회 보고에서 흐루쇼프는 의회의 방식으로 정부 권력을 장악하는 것이 가능하다고 말했다. 이는 모든 나라들이 10월 혁명에서 더 이상 배울 것이 없다는 의미였다. 이 문이 열리는 순간 레닌주의는 곧바로 내팽개쳐질 것이다."[60] 마오쩌둥은 격양된 목소리로 이렇게 말했다.

물론 마오쩌둥이 내뱉은 주장은 억지나 다를 바 없었다. 어느 누구도 미래를 예측할 수 없기 때문이다. 그럼에도 불구하고 그때부터 시작하여 1970년대 말까지 소련과 중국 지도부는 '자본주의에서 사회주의로의 평화로운 전환'에 대해 끊임없이 논쟁을 벌였다.

마오쩌둥은 동유럽 공산당 지도부의 기본 문제는 계급 투쟁을 제대로 전개하지 않은 데서 기인한다고 주장했다. 그 결과, "너무도 많은 반혁명 분자들을 그대로 방치한 꼴이 되고 말았기 때문이다."[61]

이러한 상황을 이용하여 마오쩌둥은 예전처럼 소련의 경제 모델을 따르려는 '온건파'들에 대해 공격을 재개하면서, 다른 한편으로 중국의 경제 발전 가속화에 대한 자신의 생각을 밀어붙이기 시작했다. 중앙정치국 확대회의와 정치국 상무위원회 확대회의를 개최한 자리에서 마오쩌둥은 이와 연관하여 다음과 같이 발언했다. "제20차 소련공산당 대회의 장점이라면 바로 이 대회가 사건의 진상을 알려 주는 계기가 되었으며, 의식을 해방시켜 주고, 소련에서 하는 모든 일들이 절대 진리이자 반드시 그대로 이행해야 하는 것이라는 생각을 버리게 해 주었다는 점이다. 중국의 혁명과 건설 문제는 우리 스스로 해결해야 한다."[62]

같은 회의에서 '온건파'를 재차 비난한 마오쩌둥은 다음 해에 중국공산당에서 새로운 정풍 운동을 일으킬 것을 촉구했다.[63] 마오쩌둥이 '온건파'들을 지목하지는 않았지만 대표 단원들은 그가 확대회의에서 핵심 보고서를 제출한 류사오치, 저우언라이, 천원을 염두에 두었다는 것을 잘 알고 있었다.[64] 마오쩌둥의 불만은 류사오치, 저우언라이, 천원 등이 '경제 과열'을 우려하여 산업 건설 부문에서 '일시적인 조정'을 준비하고 있다는 사실을 알면서 더욱 커졌다.[65] 하지만 무엇보다 마오쩌둥의 심기를 건드린 것은 류사오치와 저우언라이의 보고서가 동유럽 사건을 경제, 특히 산업화와 집단화 속도를 끊임없이 가속화하려던 폴란드와 헝가리 지도자들의 "계산 착오"로 단정 지었다는 점이었다.[66] 여느 때와 다름없이 중국공산당 제8기 2중전회가 개막되는 당일인 11월 10일 《인민일보》는 류사오치와 저우언라이의 보고*에 대한 기사를 게

---

* 저우언라이의 「1957년 국민경제계획에 관한 보고(關於一九五七年國民經濟計劃的報告)」, 류사오치의 「목

재하면서 헝가리 지도자들이 공업화를 억지로 밀어붙이고 집단화를 강요하는 실책을 범했다고 주장했다. '온건파'를 비롯한 전체 참석자들은 소련 지도부의 '실책'에 대한 마오쩌둥의 분노에 공감했지만 마오쩌둥은 여전히 만족하지 못했다.

11월 초 마오쩌둥은 스탈린에 관한, "특히 헝가리 사태와 연관하여" 새로운 기사를 작성할 것을 재촉했다.[67] 12월 정치국은 《인민일보》 편집위원들에게 이 임무를 할당했다. 여섯 가지 문안이 준비되었으며, 정치국 확대회의에서 이에 대한 토론이 이루어졌다. 마오쩌둥이 직접 수차례 원고를 수정했다. 특히 주목할 부분은 여섯 번째 초안에서 다음과 같은 문구를 삭제했다는 점이다. "중국 사회주의 건설과 관련해 급격한 발전은 주로 소련의 경험을 모방했기 때문이다." 마오쩌둥은 아울러 초안 여백에 "미래가 중국이 사회 건설을 위해 내디딘 길이 옳은지 여부를 말해 줄 것이다. 지금으로선 성과를 논할 수 없다."[68]라고 썼다. 1956년 12월 29일 《인민일보》에 중앙정치국 회의에서 논의된 내용이 '무산 계급 독재의 역사적 경험을 다시 논함(再論無産階級專政的歷史經驗)'이라는 제목으로 게재되었다. 스탈린에 대한 비판은 사라졌다. 4월에 게재된 초기 판본의 경우 소련 인민과 소련공산당의 인류 문명에 대한 "위대한 공헌"에 대해 언급했지만 새로운 기사에서는 "소련의 발전과 국제공산주의운동의 발전에서" 스탈린이 얼마나 "많은 공헌"을 했는가에 초점을 맞추었다.

이후 마오쩌둥은 1957년 1월 저우언라이를 위시로 한 대표단을 소련, 폴란드, 헝가리에 파견했다.[69] 이들의 임무에는 동유럽 위기 관련 문제의 수습을 위한 지속적인 협력이 포함되었다. 저우언라이는 "소련 내에서 강대국 우월주의를 재차 추구하려는 이들은 앞으로 어려움에 봉착하게 될 것"이라고 흐루쇼프에게 다시 한 번 설명해야 했다. 마오쩌둥은 저우언라이에게 이렇게 말했다. "그런 이들은 개인의 이익을 추구하려는 욕망에 사로잡혀 있소. 그들을 대하는 가장 좋은 방법은 질책하는 것이오."

전 시국 문제에 관한 보고(關於目前時局問題的報告)」. ─ 옮긴이

저우언라이는 소련과의 관계에서 애매한 입장을 취하고 있었지만 마오쩌 둥의 '권고'를 군말 없이 받아들였다. 저우언라이는 자신을 "특별히 성대하게 영접해 준" 흐루쇼프, 불가닌, 미코얀 등과 만난 다음 날부터 공격에 나섰다. 저우언라이는 스탈린 문제에 관한 정치국의 새로운 입장을 대변하는 한편, 《인민일보》가 최근 게재한 기사를 그들에게 보여 주었다. 하지만 나중에 마오쩌둥에게 보고한 것처럼 세 사람은 기사에 '스탈린 비판'이 담겨 있는 데 대해 불쾌하게 생각했다.(정확한 단어를 기억할 수 없으나 그들의 입장을 곤란하게 한 것은 분명하다.)[70]

그렇지만 위험을 감지한 흐루쇼프는 스탈린과 관련한 자신의 입장을 누그러뜨리려고 노력했다. 1월 17일 저우언라이를 단장으로 한 대표단을 위해 소련 주재 중국 대사관에서 열린 환영식 환영사에서 흐루쇼프는 예상과 달리 스탈린에 관한 이야기로 말문을 열었다. 흐루쇼프와 멀리 떨어지지 않은 곳에 서 있던 《프라우다》의 기자 레프 페트로비치 델류신(Lev Petrovich Deliusin)에 따르면, 당시 흐루쇼프는 술이 좀 과한 상태에서 말까지 더듬었다고 한다.[71] 그럼에도 불구하고 흐루쇼프는 그를 둘러싼 이들에게 핵심적인 의사를 전달할 수 있었다. 말인즉 소련 공산당원은 예전과 다름없이 스탈린주의자들이라는 것이었다. 흐루쇼프는 이렇게 말했다. "우리는 나쁜 공산당원이라는 이유로 스탈린을 비난하지 않았다. 스탈린이라는 이름은 마르크스·레닌주의와 불가분의 관계다."[72] 하지만 그의 발언은 저우언라이를 전혀 감동시키지 못했다. 나중에 저우언라이는 마오쩌둥에게 다음과 같이 보고했다. "관계없는 말(과연 어떤 말을 의미하는지 추측만 할 따름이다.)을 연신 해 대며 흐루쇼프는 자아비판을 전혀 하지 않았습니다. 그래서 계속 추궁했지요. ……특히 소련 정치국원을 비롯하여 스탈린에게 협조한 소련 동지들이 어떻게 책임을 지지 않을 수 있는가라고 말이지요." 이에 대해 흐루쇼프와 불가닌는 단지 총살이 두려웠기 때문이라고 대답했다. 저우언라이는 "그렇기 때문에 그들은 스탈린을 설득하거나 그의 실수를 막으려고 노력하지 않았습니다."라고 말했다. 그는 계속해서 이렇게 주장했다. "나는 공개적인 자아비판은 전혀 해롭지 않으며, 오히려 당에 대한 신뢰와 명성을 높여 준다는 우리 중국공산당의 믿음을 분명하게 전달했습니다." 나중에 공항까지 환송을 나온 흐루쇼프는 저우언라이에게 이렇게 말했다고 한다. "소련은 중국처럼 자아비판을 할 수 없었습니다. 만약 그랬다면 지금 우리 지도부는 큰 난관에 봉착했을 것입니다."[73]

마오쩌둥은 계획한 대로 대응했다. 비록 마오쩌둥은 흐루쇼프에 대해 여전히 부정적으로 생각하고 있었지만 선전에 있어 자중할 것을 지시했다. "향후 우리는 항상 신중하고 겸손하며, 오만해서는 안 된다. 우리는 소련으로부터 배워야 한다. 다만 선별적으로 배워야 한다. 장점은 받아들이고, 동시에 나쁜 것은 버려야 한다."[74] 1월 말과 2월 초 마오쩌둥은 여전히 여러 차례의 비공개 연설에서 소련에 대한 비난을 한층 강화했다.[75] 동시에 소련의 삶과 외교 정책, 특히 제2차 세계 대전 발발 전야에 이루어진 일련의 대외 정책(폴란드·핀란드·루마니아 침략)과 관련한 대량의 부정적인 정보가 비밀 정보 게시판에 등장하기 시작했다.[76]

2월 말 마오쩌둥은 비판을 약간 누그러뜨렸다. 2월 27일 최고 국무회의 확대회의에서 「인민 내부의 모순을 어떻게 처리할 것인가(如何處理人民內部的矛盾)」라는 연설을 통해 마오쩌둥은 다시 한 번 "소련의 선진 경험을 성실하게 학습할 것"을 촉구했다. 보다 확실히 하기 위해 마오쩌둥은 중국 상황에 연관된 선례만을 염두에 두었음을 분명히 했다.[77] 3월 17일 톈진의 당원 간부 회의에서 마오쩌둥은 '선진'이라는 단어를 특히 강조했다.[78] 소련이 주요 관심거리는 아니었다. 회의 연설을 통해 마오쩌둥은 제8차 대회에서 정립된 향후 정치 및 경제 방향에 대한 자신의 이론적 근거에 대해 자세히 설명했다. 이번에도 마오쩌둥은 당 지도부를 건너뛰어 회의에 참가할 자격이 있는 공산당 중간 간부들에게 직접 호소하는 방식을 택했다. 마오쩌둥은 현대화를 보다 빠르게 진행시키는 것에 대해 말하면서 그들을 자기편으로 만들려고 노력했다. 하지만 마오쩌둥의 연설은 일관성이 없었다. 한편으로 사회주의의 승리를 확신하면서도 다른 한편으로는 공산당이 과연 최단 기간에 중국을 군사·경제 강대국으로 개조할 역량이 되는지에 대해 회의하고 있었다.

마오쩌둥은 공산당에 새로운 활기를 불어넣기 위해 공산당 밖에 있는 '민주 인사'들을 비롯한 여러 지식인과 대중에게 마르크스주의와 중국공산당을 비판하고, 당 정책에 대해 과감하고 솔직한 평가를 내려 줄 것을 촉구했다. 또 관료주의에 대한 광범위한 사상 운동을 벌일 것을 요구했다. 아마도 마오쩌둥은 공산당 지도부에 있는 적들을 향해 대중으로부터 비판을 이끌어 낼 심산이었을 것이다. 마오쩌둥은 온갖 꽃이 일제히 피고 모든 이들이 다투어 논쟁한다는 "백화제방, 백가쟁명(百花齊放, 百家爭鳴)"이라는 구호하에 이러한 사상 운동을 전개할 것을 제안했다.[79]

마오쩌둥이 1955년 12월 정치국 회의에서 처음 언급한 이 구호는 당시에 당 조직의 반대와 지식인들의 회의론으로 인해 큰 인기를 얻지 못했다.[80] 마오쩌둥은 다시 한 번 사상 운동을 벌이기 위해 최선의 노력을 경주했다. 비록 6월까지 연설 내용이 공개되지 않았지만, 1957년 4월 27일 중국공산당 중앙위원회는 「정풍과 당정 주요 간부의 노동 참가에 관한 지시(關於整風和黨政主要幹部參加勞動的指示)」를 근간으로 마오쩌둥의 지침을 실행하기 위한 정책을 채택했다. 결의안은 중국공산당을 환골탈태시키는 계획의 근간이 되었는데, 마오쩌둥은 결의안이 너무 보수적이고 관료적이며 자신의 급진적인 정치 경제 원칙을 실천하기에 역부족이라고 여겼다. 이를 통해 정당 내의 주관주의, 관료주의, 파벌주의가 강력한 비판의 대상이 되었다.

5월 10일 중앙위원회는 공산당 간부들에게 '부르주아 방식'을 타파하기 위해 대중 운동 방식인 '옌안 방식'으로 회귀할 것을 촉구하는 새로운 결의문을 공개했다. 마오쩌둥에 따르면, 옌안 방식은 1937년부터 1945년까지 지속된 중일 전쟁을 승리로 이끈 가장 큰 공신인 공산당 간부와 대중의 조화로운 관계를 의미했다. 옌안 정신을 되살리는 방법으로 중앙위원회는 직책에 상관없이 모든 간부가 노동자와 농민들과 함께 육체노동에 일정 시간을 할애할 것을 제안했다.[81] 마오쩌둥이 이미 예견한 정치적, 사회적 발전 영역에서 전례 없는 새로운 도약을 눈앞에 두고 공산당은 소련의 전통적인 사회 발전 모델을 재점검하는 데 만전을 기해야 했다.

5월 새로운 백화제방 운동이 본격적으로 전개되었다. 마오쩌둥은 대중에게 표현의 자유를 허락했다. 마오쩌둥은 사상과 정치에서 다원주의를 지지한다고 말했다. 5월 초부터 거의 한 달 동안 중국 신문과 그 밖의 대중 선전 매체는 정치 문제에 대해 비판하고 싶으면 누구나 의견을 발표할 수 있는 창구가 되었다. 하지만 대다수는 '개인의 실수'가 아니라 공산당 독재 체제에 대해 비판했다. 다시 말해 중국공산당의 이념적 근간인 마르크스·레닌주의가 비판의 가물거리는 불씨가 되었다는 뜻이다. 특히 민주당파 소속인 장나이치(章乃器), 장보쥔(章伯鈞), 뤄룽지(羅隆基) 등이 활발하게 참여했다. 이들의 반공산주의적인 사설은 수많은 대학 교수들의 지지를 얻었다. 대학생들이 소요 사태의 중심에 서기 시작했다.

마오쩌둥을 비롯한 중국공산당 지도부는 이렇게 격정적인 반응을 예상하지 못했다. 그들은 상당한 인기를 끌기 시작한 반대 세력에 대응할 토론거리를 준비하지 못했다. 상황은 마오쩌둥의 속셈과 다르게 전개되었다. 지식층은 공산주의에 대한 거부감을 드러냈으며, 이는 마오쩌둥에게 전혀 도움이 되지 않았다. 결국 사상 운동에 종지부를 찍을 수밖에 없었다. 6월 8일 마오쩌둥의 지시에 따라, 중앙위원회는 「중국공산당 중앙위원회가 역량을 조직하여 우파 분자 진공에 맞서 반격을 준비하는 것에 관한 지시(中共中央關於組織力量準備反擊右派分子進攻的指示)」초안을 작성하여 내부 지침으로 채택했다. 표현의 자유는 사라지고 공산당은 정치적, 사상적 공포 정책으로 회귀했다. 같은 날,《인민일보》는 이러한 사태 전환을 설명하는 사설 「이유는 무엇인가(這是爲什麽)」를 게재했다.

5월 8일부터 6월 7일까지《인민일보》와 전체 당 기관지는 중앙위원회의 지시에 따라 예외 없이 잘못된 인식에 대해 일절 언급하지 않았다. 이는 독초가 무성하게 자라 인민들이 눈으로 직접 보고, 세상에 이런 잡초가 있다는 것을 새삼 실감할 수 있도록 하기 위함이었다. 왜냐하면 그래야만 인민들이 자기 손으로 잡초를 제거할 것이기 때문이다.

결국《인민일보》는 당 지도부가 정치적으로 대중을 자극하려고 자작극을 꾸몄다는 사실을 인정한 것이다.

전례 없는 규모로 지식층을 겨냥한 새로운 탄압 운동이 펼쳐졌다. 중국공산당 역사상 처음으로 수백만에 달하는 지식인들에게 '자산 계급 우파 분자'라는 딱지가 붙고 대략 50만 명에 달하는 이들이 노동 개조라는 명분하에 하방되었다.[82] 그들이 모두 정권을 비난한 것은 아니었다. 많은 이가 정권에 충성했지만 음모와 '계급 투쟁의 논리'에 희생양이 되고 말았다.

공포 분위기를 조장하면서 마오쩌둥은 경제 건설 부문에서 저우언라이를 중심으로 한 반대파를 타파할 수 있었다. 1957년 여름이 끝나 갈 무렵 마오쩌둥은 중국의 조화로운 경제 발전을 추구한다는 미명하에 많은 과오를 저질렀다고 저우언라이를 공격했다. 마오쩌둥은 자신은 모험주의자이며, 중국을 사회주의와 공산주의로 보다 빠르게 개조하는 데 어떠한 모험도 두려워하지 않는다고 선언했다.[83]

1957년 가을, 중국공산당 제8기 3중전회에서 대규모 정치 운동의 결과에 대한 총결을 통해 다방면에서 성공적이었다는 평가가 내려졌다. 심지어 마오쩌둥까지 만족스러워했다. 나중에 마오쩌둥은 이렇게 회고했다. "누구도 나에게 반박하지 않았다. 나는 우위를 점했고, 용기를 얻었다. 1957년 9월 개최된 3중전회는 우리에게 용기를 주었다. 공산당과 인민 모두 앞으로 나아갈 길을 정확히 규정하게 되었다."[84] 3중전회가 끝날 즈음 마오쩌둥은 정풍 운동에 박차를 가하기로 결심했다. 이제 마오쩌둥은 "우리는 소련의 과오를 우회하여 그들보다 빠르고 보다 현명하게 개혁할 수 없는가?"라고 당에 반문할 수 있었다. 대답은 뻔했다. "우리는 당연히 극복할 수 있다."[85]

3중전회에서 마오쩌둥은 농업 생산의 거대한 성장 가능성에 대해 처음 언급하면서 "더욱 많이", "더욱 빠르게"라는 구호를 되살릴 것을 주장했다. 마오쩌둥은 "좀 더 성실하게 경작에 힘쓴다면 중국은 세계에서 가장 생산성이 높은 국가가 될 것이다." 그러면서 계속해 이렇게 단언했다. "이미 1무당 1000근의 곡물을 생산하는 지역이 몇 군데 있다. 400근, 500근, 800근을 다시 800근,

1000근, 2000근으로 두 배 이상 증산할 수 있을까? 나는 가능하다고 본다. ……일찍이 나는 인간이 달에 착륙할 수 없을 것이라고 생각했지만 이제는 그것도 가능하다고 믿게 되었다."[86]

인간의 달 착륙을 믿게 된 것은 마오쩌둥의 단순한 모험심(그는 종종 자신이 모험적으로 관찰하는 편이라고 말한 바 있다.) 때문이 아니라 1957년 10월 5일 소련이 최초의 인공위성인 스푸트니크 1호를 발사하는 데 성공했기 때문이다. 비록 마오쩌둥은 소련을 무조건 따라 해서는 안 된다고 믿었지만 인공위성 발사 성공에 충격을 받은 것은 분명하다. 더 정확히 말하자면 마오쩌둥은 소련의 인공위성 발사를 소련 자체의 국력보다는 사회주의의 우월성과 연관 지어 생각했다. 철강이 1억 톤이라는 미국은 아직 "고구마 한 쪽도 우주로 날려 보지 못했다." 그는 이렇게 말하면서 언젠가 중국도 우주를 정복할 날이 올 것이라며 즐거워했다.[87]

그동안 반우파 투쟁은 계속 힘을 얻어 갔다. 투쟁은 '삼다삼소(三多三少)'의 원칙에 따라 행동하는 당 간부를 향했다. 그들은 말만 많이 했지 반혁명 분자들을 거의 찾지 못했다. 그들은 극도의 인내심을 지녔지만 혁명 대열에 가담한 이들을 색출하지는 못했다. 그들은 하위급은 색출했지만 고위급은 밝혀 내지 못했다. 누가 은밀한 우파를 보다 많이 색출해 내는지 당 조직 내에서 경쟁이 시작되었다. 당 고위 조직에서 누구에게 책임을 추궁해야 하는지 정확한 숫자를 명시해 상세한 지령을 내리기 시작했다. 우파를 처벌하라는 명령이 전국적으로 확대되기 시작했다.

한편 마오쩌둥은 흐루쇼프로부터 10월 혁명 40주년 기념 행사에 참석해 달라는 초청장을 받았다. 40주년 기념 행사에 이어 공산당과 노동당 대표들의 회의가 개최될 예정이었다. 흐루쇼프에게는 마오쩌둥이 두 가지 행사에 모습을 드러내는 것이 무엇보다 중요했다. 모스크바에서 개최되는 공산주의자 대회는 위대한 혁명의 달인 10월에 이념을 중심으로 사회주의 진영이 총집합하는 모습을 보여 주는 데 목적을 두고 있었다.

마오쩌둥은 고민 끝에 두 번째 소련 방문을 결심했다.[88] 흐루쇼프는 매우 기뻐하면서 마오쩌둥과 대표단 일행을 맞이하기 위해 두 대의 TU-104 여객기를 보냈다.

11월 2일 오전 8시 마오쩌둥과 그 수행단 쑹칭링, 덩샤오핑,[89] 펑더화이를 비롯한 고위급 관리들이 베이징을 출발했다.

출발 전날 밤에 마오쩌둥은 통역관 리웨란에게 뜬금없이 이렇게 물었다. "종이호랑이를 러시아어로 어떻게 말하지?"

"부마즈니 띠그르(Bumazhnyi tigr)라고 합니다."

통역관 리웨란의 대답에 마오쩌둥은 강한 후난 억양으로 몇 번 반복하면서 웃음을 터뜨렸다.[90] 마오쩌둥은 전 세계 공산당 지도자 정상 회담에 참가할 준비를 마쳤다.

약간 핼쑥한 얼굴이지만 세련되고 다정해 보이는 흐루쇼프가 브누코보(Vnukovo) 공항에서 마오쩌둥 일행을 맞이했다. 흐루쇼프는 보로실로프, 불가닌, 미코얀, 그리고 그 외 고위급 관리들과 함께 서서 환하게 웃으며 그들을 반겼다. 몇 달 전인 6월 흐루쇼프는 몰로토프의 반당 집단을 숙청한 바 있었다. 그렇기 때문에 더욱더 마오쩌둥의 지지가 절실한 상황이었다. 흐루쇼프는 자신이 지나치게 독단적인 것에 대해 중국 지도자들이 불만스러워한다는 사실을 잘 알고 있었지만 그렇다고 크게 개의치는 않았다. 흐루쇼프는 중국공산당 대표단이 도착하기 직전 소련공산당 주석단 위원인 아베르키 보리소비치 아리스토프(Averkii Borisovich Aristov)가 1957년 9월과 10월 중국을 방문했을 당시에 마오쩌둥이 '중국과 소련의 연합'에 대해 강조했다는 이야기를 들은 바 있기 때문에 자신이 있었다. 좀 더 정확하게 말하자면, 중국공산당 지도자는 비록 그냥 스쳐 지나가는 듯이 말하기는 했지만 6월 사건에 대해 의아함을 드러냈다. 당시 마오쩌둥은 아리스토프에게 이렇게 말했다. "우리는 언제나 소련을 지지하오. 다만 때로 어떤 문제를 해결하려고 조급해서는 안 되오. 예를 들어 우리는 몰로토프(스탈린의 오른팔이었다.)를 매우 좋아하는데, 지난 소련 공산당 중앙위원회의 결정은 우리를 매우 당황하게 만들었소." 마오쩌둥은 그 문제에 대해 더 이상 언급하지 않았다.[91] 하지만 평소처럼 스탈린 문제를 또다시 제기했다. 마오쩌둥은 이렇게 말했다. "오늘 우리 광장에 걸린 스탈린의 대형 초상화를 보셨오? 우리가 스탈린에게 악감정이 없다고 생각하시오? 물론 중국도 좋지 않은 감정이 있소. 스탈린은 중국 혁명에 많은 문제를 야기한 장본인이오. ……그렇지만 중국은 주요 명절마다 스탈린의 대형 초상화를 항상 걸어 두고 있소. 중국 지도자를 위해서가 아니라 중국 인민을 위해서 그러는 것이오. 내 집에는 스탈린 초상화를 걸어 두지 않소."[92]

흐루쇼프는 스탈린 문제에 관한 중국의 특이한 입장에 난처해했다. 그럼에도 개인 면담을 통해 마오쩌둥을 누그러뜨릴 수 있을 것이라고 믿었다.

하지만 마오쩌둥은 흐루쇼프와 친분을 쌓으려고 소련을 방문한 게 아니었다. 마오쩌둥은 이미 소련 지도자들의 의도를 잘 알고 있었다. 마오쩌둥은 때가 왔다고 느꼈다. 중국에 사회주의의 근간이 이미 구축되었고, 공업도 발전했다. 게다가 세계에서 인구가 가장 많은 나라를 차지한 중국공산당은 절대적인 독재 체제를 확립하고 있었다. 한때 막강했던 소련은 공산 진영에서 돌이킬 수 없이 권위를 박탈당했다. 특히 폴란드와 헝가리 사태가 단적인 예였다. 물론 흐루쇼프는 핵무기를 보유했고, 1957년 10월 스푸트니크 발사에도 성공했다. 그러나 마오쩌둥은 이제 세계 공산당의 대세가 어디로 움직이고 있는지 모든 공산당 동지들에게 보여 주고 싶었다.

흐루쇼프는 대부분의 다른 나라 공산당 대표단은 모스크바 외곽의 저택에 머물도록 하고 마오쩌둥과 중국 대표단만 크렘린 궁전에 머물게 하면서 중국의 환심을 사려고 애썼다. 흐루쇼프는 마오쩌둥 일행을 매일 저녁 방문하여 선물을 전달하고, 온갖 문화 행사에 초대했으며, "매우 친밀한" 대화를 나누었다. 흐루쇼프가 직접 나서 만면에 웃음을 띠며 호스트 역할을 했다. 하지만 마오쩌둥은 "과묵하고 심지어 냉담"하기까지 했다.[93] 물론 마오쩌둥도 왕족처럼 접대를 받아 즐겁기는 했다. 스탈린과 흐루쇼프의 태도는 완전히 달랐다. "저들이 우리를 대하는 태도가 얼마나 다른지 보시오." 그는 이렇게 말하면서 경멸하는 듯한 웃음을 지었다.

여하간 마오쩌둥은 흐루쇼프의 호의에 살갑게 대하지 않았다. 흐루쇼프가 마오쩌둥의 환심을 사려 할수록 마오쩌둥은 더욱 냉담할 뿐이었다. 흐루쇼프가 마오쩌둥에게 잘하려고 법석을 떨수록 마오쩌둥은 오히려 경멸스러워하는 듯한 표정을 지었다. 볼쇼이 극장에서 흐루쇼프와 함께 「백조의 호수」를 관람하던 마오쩌둥은 2막이 끝나자 돌연 자리에서 일어나 돌아가려고 했다. "도대체 왜 발가락으로 서서 춤을 추지. 정말 이해가 되지 않네. 보기가 거북스럽소. 도대체 왜 저렇게 이상하게 춤을 춰야 하는 거요?"⁹⁴ 그는 의아하다는 듯이 말했다.

모스크바를 처음 방문했을 때 마오쩌둥은 스탈린이 없는 자리에서도 이처럼 제멋대로 행동하지 않았다. 통역관 스저의 회상에 따르면, 마오쩌둥은 키로프(Kirov) 극장에서 발레 공연을 끝까지 관람했으며, 프리마 발레리나에게 꽃다발을 선사하기도 했다.⁹⁵

이번에는 달랐다. 마오쩌둥은 심지어 무례하기까지 했다. 통역관 리웨란에 따르면, 만찬 석상에서 마오쩌둥이 세상에 대해 잘 알지도 못하면서 그저 전쟁 기간에 자신이 얼마나 중요한 역할을 했는지 자랑스럽게 떠벌리고 있는 흐루쇼프의 말을 가로막았다. "흐루쇼프 동지!" 마오쩌둥은 입 닦은 냅킨을 내던지면서 말했다. "난 이미 식사를 다 마쳤는데 동지는 서북 전선에 관한 이야기를 다 끝내셨소?"⁹⁶

흐루쇼프를 경악시킨 것은 그 일만이 아니었다. 공산당과 노동당 대표회의 석상에서 그는 앞서 말한 '종이호랑이' 이야기를 꺼냈다. 사실 마오쩌둥이 러시아어 통역관에게 '종이호랑이'를 러시아어로 어떻게 말하냐고 물은 것은 괜한 짓이 아니었다. 그것은 마오쩌둥이 이야기하고 싶었던 주된 주제였다. 종이호랑이란 그에게 모든 반동 분자를 의미했다. 그는 이에 그치지 않고 다음과 같이 덧붙였다.

한번 생각해 보시지요. 만약 전쟁이 발발한다면 얼마나 많은 이들이 죽을까요? 전 세계 27억 인구 가운데 어쩌면 3분의 1, 그보다 많다면 절반 정도 죽을지도 모르지요. ……전쟁이 난다면 원자탄이나 수소 폭탄을 떨어뜨리겠지요. 나는 이

전에 어느 외국 정치가와 이 문제에 대해 토론한 적이 있습니다. 그는 만약 핵전쟁이 일어난다면 모든 이들이 죽을 것이라고 말했습니다. 나는 극단적으로 말하면 절반은 죽고 절반은 살 것이며, 제국주의는 영원히 사라지고 전 세계가 사회주의로 바뀔 것이며, 세월이 흐르면서 다시 인구 27억 명을 회복할 것이고, 어쩌면 더 많아질 것이라고 말했습니다.[97]

분명 이는 마오쩌둥이 핀란드 대사 칼 요한 순스트롬과 유딘에게 은근히 이야기했던 내용에 살을 덧붙인 것 같다. 하지만 이번에는 좀 더 구체적인 수치를 제시했고, 수십억에 달하는 전체 인류의 생명을 가지고 전혀 아무것도 아닌 양 퉁명스럽게 농담을 하니 모든 이들이 경악한 것도 당연했다. 순간 분위기가 싸해지면서 참석자들은 아무 말도 할 수 없었으며 모두 심기가 불편했다.

　나중에 다른 만찬 모임에서도 마오쩌둥은 사회주의의 진전을 위해 원자 폭탄을 사용하는 것에 대해 언급했다. 흐루쇼프는 이를 어떻게 받아들여야 할지 혼란스러웠다. 그때 이탈리아 공산당 지도자인 팔미로 톨리아티(Palmiro Togliatti)가 마오쩌둥에게 말을 건넸다. "마오쩌둥 동지! 핵전쟁에서 살아남을 이탈리아 사람들이 얼마나 되겠습니까?" 마오쩌둥이 시큰둥하게 대답했다. "아무도 없을 것이오. 어쨌거나 이탈리아인들이 인류 발전에 무슨 의미가 있다고 보시는 거요?"[98] 당시 통역으로 회의에 참석하고 있던 흐루쇼프의 연설 원고 작성자 올레크 알렉산드로비치 그리네프스키(Oleg Aleksandrovich Grinevskii)는 마오쩌둥이 이렇게 말하면서 전혀 웃지도 않았다고 회상했다.(중국어를 알지 못했던 그리네프스키는 러시아어와 중국어 통역관인 바실리 시디크메노프(Vasilii Sidikhmenov)가 마오쩌둥의 연설을 러시아어로 통역하면 이를 다시 영어로 통역했다.)

　도대체 마오쩌둥이 의도한 바는 무엇이었을까? 설마 자신의 주장이 얼토당토않다는 사실조차 인지하지 못할 정도로 무지했을까? 아니다. 분명 그렇지 않다. 마오쩌둥은 정치와 군사 분야에서 지식이 풍부한 인물이었다. 그렇다면 왜 이런 말을 했을까? 이에 대해 궁금해했던 많은 이들은 마오쩌둥이 소련과 미국의 핵 충돌을 조장하려는 심산이었다고 해석하고 있다. 혹자는 마오쩌둥은 단지 무례하게 굴고 싶었을 뿐이라며 이러한 주장에 반대한다. 마오쩌둥의 행동을 단순히 강대국 사이에 긴장을 조장하려는 의도 때문이라고 추측하는 이들도 있다. 모두 틀렸다. 사실 마오쩌둥은 대회 참석자들을 놀라게 만들고, 흐루쇼프와 더불어 최근에 들어와서야 스탈린에게 눈살을 찌푸리기 시작한 코민테른의 노병들을 공개적으로 조롱하고 싶었을 뿐이었다. 마오쩌둥은 한때 코민테른 집행위원회에 참가하면서 그곳에서 왕밍과 친분을 맺고 마오쩌둥 같은 이들을 경멸했던 톨리아티 같은 부류를 혐오했다.* 한때 사람들은 '인민의 지도자'로 부상한 그의 멍청한 짓조차 칭찬하며 그의 수수께끼와 농담을 이해하려고 애썼다. 이제는 톨리아티 자신이 그런 처지에 놓이게 된 셈이다.

마오쩌둥은 우쭐했고, 모든 이들이 자신의 위대함을 인정해 주기를 바랐다. 마오쩌둥은 블랙 유머를 즐겼던 음침한 크렘린의 독재자에게 당한 모욕을 되돌려 주고 싶었다. 마오쩌둥은 스탈린을 모방하려고 했던 것이 분명하다. 마오쩌둥은 이따금 경멸하는 어조로 말하거나 보스처럼 행동했고, 스탈린처럼 야만스럽고 기이한 농담을 즐겼다. 결과적으로 그는 핵전쟁과 제국주의에 대한 승리를 또다시 주제로 삼았다. 흐루쇼프와의 정상 회담에서도 이런 주제에 대해 언급했으며, 그때마다 흐루쇼프는 마오쩌둥이 "도대체 무슨 근거로 그러는지" 의아하게 생각했다.[99] 흐루쇼프는 마오쩌둥의 의도를 결코 이해하지 못했다.[100]

마오쩌둥이 떠나기 전 흐루쇼프는 마오쩌둥과 그 일행에게 값비싼 캐비아를 비롯한 여러 가지 기념품을 선물로 전달했다. 매우 고가의 선물이었지만 중국인들은 날 생선을 먹지 않기 때문에 마오쩌둥 역시 아예 입에도 대지 않았다. 하지만 마오쩌둥은 캐비아를 베이징으로 가져왔고, 어느 날 비서와 경호원들과 함께 식사하는 자리에서 캐비아를 내놓도록 했다.

---

* 가명은 마리오 에르콜리(Mario Ercoli)이며, 1935년부터 1943년까지 코민테른 집행위원회 상임간부회에서 활약했다.

"한번 들어 보게나. 이게 바로 사회주의 캐비아일세."

마오쩌둥이 이렇게 말하면서 주위를 둘러보며 미소 지었다. 누군가 한 명이 젓가락으로 캐비아를 집어 입에 넣었다.

"맛이 어떤가? 괜찮아?"

"보기에는 예쁩니다만 맛은 별로군요. 저는 이 음식을 좋아하지 않고 먹지도 못하겠습니다."

"그럼 좋소! 먹을 수 없다면 먹지 않으면 그뿐이지!"[101]

마오쩌둥이 껄껄 웃으며 이렇게 말했다. 마오쩌둥은 흐루쇼프의 선물을 누구도 좋아하지 않는다는 사실에 기뻐했다. 모든 것이 매우 상징적이었다.

중국으로 돌아온 후 마오쩌둥은 「열 가지 주요 관계를 논함」을 통해 처음 소개했던 특별한 중국만의 사회주의 건설 방안을 구체화하기 시작했다. 그는 방대한 인력 자원 같은 중국만의 경쟁력을 이용해 경제 개발을 가속화하기 위해 대약진 운동의 다양한 방안을 고심했다. 그는 "중국은 철강 생산량이 너무 적다."라고 한탄하면서, "자원 부문에서 국력을 기르기 위해 최선을 다하지 않으면 남들이 우리를 깔볼 것이다."라고 말했다.[102]

모스크바에서 마오쩌둥은 15년 후 중국이 철강 생산량에서 영국을 앞지르기 시작할 것이라고 주장했다. 또한 공산당과 노동당 대표들 앞에서 이렇게 장담했다. "영국은 연간 2000만 톤의 철강을 생산하고 있습니다. 15년 후 영국의 생산량은 3000만 톤까지 늘어날지 모르지요. 중국은 어떻게 될까요? 15년 후 중국은 4000만 톤의 철강을 생산하게 될지도 모릅니다. 그렇다면 영국의 생산량을 초과할 겁니다."[103] 마오쩌둥은 원체 허풍이 심하기로 유명한 흐루쇼프를 본받아 똑같이 허풍을 떨었다. 마오쩌둥이 연설하기 2주쯤 전 소련 최고 회의 연례 회의에서 흐루쇼프는 15년 후 소련이 미국을 따라잡는 정도가 아니라 앞서게 될 것이라고 호언장담했다.[104] 결국 마오쩌둥의 연설은 소련 형님을 겨냥한 것이었다.

마오쩌둥은 원래 겸손한 편이었다. 하지만 소련을 앞서려는 욕망에 사로잡혔고 모든 이들, 특히 스푸트니크 발사에 두 번이나 성공한 흐루쇼프에게 자신이 결코 만만한 상대가 아니라는 사실을 알리고 싶어 했다. 1957년 초 소련에 관해 당내 지도자들에게 한 말에는 비아냥과 분노가 가득 차 있었다. "소련 지도층이 무슨 자산이 있는가? 고작 5000만 톤의 철강, 4억 톤의 석탄, 8000만 톤의 석유밖에 없다. 양이 얼마나 된다고? 새 발의 피에 지나지 않는다. 이러한 자원으로 소련 지도층은 자만했다. 그토록 자만하여 어찌 공산당원이 될 수 있을 것이며, 또 어떻게 마르크스주의자가 될 수 있단 말인가?"[105] 이처럼 마오쩌둥의 새로운 앞날은 중국과 소련의 관계 악화로 이어질 것이 뻔했다.

1958년 1월 항저우와 난닝(南寧)에서 열린 회의에서 마오쩌둥은 '촉박함(倉促)'과 '맹목적인 전진(冒進)'에 반대하는 이들에 대한 비판의 목소리를 한층 높였다. 또한 소련 모델을 따르는 이들을 경계했다. "10월 혁명 이후 소련과 똑같이 했다면 우리는 방직품도 없고 식품도 없을 것이며,(방직품이 없다면 식품과 맞바꿀 것도 없었을 것이다.) 석탄이나 전기는 물론이고 아무것도 없었을 것이다." 항저우에서 마오쩌둥은 얼마 전 3중전회에서 강도를 낮추기로 결정한 정풍 운동을 보다 철저하게 관철할 것을 선언했다. 1월 18일 난닝에서 마오쩌둥은 "맹목적인 전진"을 억제하면 "6억 명 인구의 열정을 누그러뜨리는 결과를 낳을 수 있다."라고 당 간부들에게 경고했다.[106] 무엇보다 마오쩌둥과 다른 "간부들은 우파들과 불과 50미터의 거리를 두고 있다."라고 저우언라이에게 말했다.[107] 간부들은 마오쩌둥을 지지했고, 저우언라이 총리는 자아비판을 할 수밖에 없었다. 나중에 저우언라이는 비서에게 자신이 과오를 범한 주요 이유는 사상 면에서 마오쩌둥 동지에게 뒤졌기 때문이라고 설명했다. "나는 마오쩌둥 동지의 사상을 더욱 열심히 연구해야 한다."[108] 저우언라이가 이렇게까지 말했으나 마오쩌둥은 심지어 그를 중앙위원회 화동국 제1서기인 커칭스와 교체할 것을 제안하기도 했다. 얼마 후 저우언라이는 사임에 동의했는데, 마오쩌둥은 결국 저우언라이를 용서했다.[109]

이번에도 마오쩌둥이 승리했다. 1월 31일 마오쩌둥은 대약진 운동의 기본 방향을 제시하고 '3년만 고전하자(苦戰三年)'라는 구호를 제창한 주요 문서 「사업 방법 60조(工作方法六十條)」에서 두 회의의 결과를 요약 정리했다.[110] 이는 마오쩌둥의 중국 사회주의 건설을 위한 계획의 근간이 되었다.

1956년 4월 최초로 공개되고 1957년부터 1958년 사이에 서서히 모습을 갖추기 시작한 마오쩌둥의 중국 사회주의 건설을 위한 특별한 개념은 세계 공산주의의 흐름에서 스탈린 사망 이후 흐루쇼프가 조성한 새로운 환경 덕분에 태어날 수 있었다. 마오쩌둥이 스탈린화를 가속하고 흐루쇼프의 뜻을 거스르며 소련식 발전 모델을 거부하도록 부추긴 장본인은 바로 흐루쇼프였다.

초반에 스탈린식 사회주의 건설에 열정적이었던 마오쩌둥은 이미 열정이 사라진 지 오래되었다. 그 결과 1949년 신중국 건립 때부터 시작된 스탈린 시대는 완전히 막을 내렸다. 이제 스탈린에 대해서는 말을 꺼낼 수가 없었고, 중화인민공화국은 마오쩌둥에 대해서만 말할 수 있게 되었다. 하지만 정치와 사상 면에서 마오쩌둥주의는 스탈린주의를 중국식으로 바꾼 것, 즉 중국식 공산주의에 불과하다. 중국의 소련식 스탈린화는 종말을 맞았지만 스탈린의 전체주의 정치와 경제 시스템은 여전히 중국에 영향을 미쳤다.

30

대약진

1957년과 1958년 겨우내 마오쩌둥은 의기양양했다. 특히 모스크바 방문이 그를 들뜨게 했다. 마오쩌둥은 중국이 곧 세계 강대국이 될 것으로 확신했다. 전국을 돌아다니며 마오쩌둥은 뒤처진 이들을 재촉하고, 회의적인 방관주의자들에게 분노를 분출했으며, 소련을 맹목적으로 모방하는 이들을 꾸짖었다. 마오쩌둥은 소련 방문 전인 12월 12일 이미 《인민일보》에 게재할 사설(「보다 빠르고 경제적인 건설 방침을 견지하자(必須堅持多快好省的建設方針)」)을 작성하기 시작했다. 사설에서 마오쩌둥은 당과 정부에 "보다 빠르고 경비를 절약하는 건설을 반드시 견지할 것"을 촉구했다. 다시 말해 경제 지표 면에서 영국과 그 밖의 선진국들을 따라잡으라는 명령이었다. 무슨 이유인지 모르겠지만 마오쩌둥은 철강과 식량 증산에 열중했다.

마오쩌둥은 경제에 대해 아는 것이 없었지만 그리 큰 문제가 아니었다. 마오쩌둥뿐만 아니라 대다수 지도자들과 정치국 위원들 역시 경제에 대한 지식이 많지 않았다. 이를 누구보다 잘 아는 마오쩌둥은 오히려 자신의 무지를 공개적으로 떠들어 댔다. 1958년 1월 난닝 회의에서 그는 이렇게 말했다. "대부분 정치국 위원들은 사상적으로 '붉지만(紅)' '자격 미달'이다. ……나는 가장 교육 수준이 낮아서 어떤 위원회든 위원이 되기에 적합하지 않다."[1]

하지만 마오쩌둥의 부족함은 거대한 열정과 무류성(無謬性), 확고한 의지, 능력에 대한 절대적 신뢰로 메워졌다. "우리의 방식은 정치를 지휘하는 것이다." "정치는 지휘력이다."[2] 마오쩌둥은 당내에서 평생 이렇게 행동했다. 연초에 마오쩌둥은 후난 당위원회 제1서기이자 같은 고향 사람인 저우샤오저우(周小舟)*와 만난 자리에서 추궁하듯이 이렇게 물었다.

"왜 후난은 농업 생산량이 이리 저조한가? ……왜 후난 농민들은 1년에 한 번만 수확하지?" 그는 마치 고향인 후난의 자연 여건이 여의치 않다는 것을 전혀 모른다는 듯이 물었다. "당신들이 다른 곳의 경험을 전혀 학습하지 않기 때문이오. 문제는 바로 여기에 있소."

"돌아가서 보다 적극적으로 학습하겠습니다."

저우샤오저우가 풀이 죽어 대답했다.

"뭘 학습한단 말이오. ……학습만 가지고 무엇을 할 수 있겠소. 지금 당장 나가 보시오."

마오쩌둥이 크게 소리를 질렀다. 그는 어디서나 이렇게 행동했다.[3]

마오쩌둥의 압력과 협박은 효과적이었다. 저우언라이는 마오쩌둥의 새로운 지침을 대약진이라 부르자고 제안했으며, 류사오치는 대약진 원칙을 기술한 주요 문서인 「사업 방법 60조」 초안을 작성하는 데 참여했다.[4] 몇 년 후 대약진에 동조했던 덩샤오핑은 다음과 같이 회고했다.

마오쩌둥 동지는 대약진 운동을 시작하면서 열정적으로 추진했지만 나머지 우리가 그를 따랐던가? 류사오치 동지, 저우언라이 동지, 그리고 나 역시 그 운동에 반대하지 않았으며 천윈 동지는 아무 말도 하지 않았다. 우리는 이 문제에 대

---

* 후난의 샹탄 황징핑(黃荆坪) 사람으로 1935년 공산당에 가입하고 건국 후에 후난 당위원회 제1서기, 중국공산당 제8기 중앙위원회 후보 위원까지 올랐다. 하지만 1959년 루산 회의에서 '반당 집단'으로 몰려 노동 개조를 받았고, 문화 혁명 시절에 사상 투쟁 대상이 되었다가 자살로 삶을 마감했다. ─ 옮긴이

해 공정해야 할 것이며, 모든 이들이 옳고 오직 단 한 사람만 과오를 저질렀다는 인상을 남겨서는 안 된다. 왜냐하면 이는 사실과 부합하지 않기 때문이다.[5]

1958년 1월 마오쩌둥은 중국에서 '영구 혁명(permanent revolution)'을 실시할 것을 촉구했다. 간단하게 말해 조금의 지체도 없이 혁명 운동과 개혁을 지속적으로 바꿔 가면서 공산주의를 향해 전진해야 한다는 뜻이다. 그렇지 않으면 "사람들은…… 곰팡이를 내뿜을 것이다."[6] 마오쩌둥은 이렇게 말했다. 공기 중에 공포 분위기가 맴돌고 있었다. 영구 혁명이란 곧 계급 투쟁의 격화를 뜻했던 것이다.

당 지도부 전원이 신기루를 좇는 데 매달렸다. 그들은 자신들의 계획을 실천할 수 있는 방법을 미친 듯이 찾아다녔다. 열광적인 대중 집회를 알리는 보고가 중앙으로 계속 답지했다. 2월 18일에 열린 중국공산당 중앙위원회 정치국 확대회의에서 위원들의 전폭적인 지지를 받으며 마오쩌둥은 "보다 많이(多), 빨리(快), 좋게(好), 절약(省)"을 사회주의 건설을 위한 당의 새로운 총노선으로 발표했다.[7]* "보다 많이, 빨리, 좋게, 절약하면서 사회주의 건설을 위해 전진하자." 이 구호는 5월에 열린 제8차 전국대표회의 2차 회의에서 공식적으로 채택됐다.[8]

사실 마오쩌둥은 대약진을 위한 구체적인 계획이 없었다. 마오쩌둥은 철강과 곡물 생산을 증진할 방법을 몰랐고, 참여하는 회의마다 그저 "15년 만에 영국을 따라잡을 수 있다."라는 주술만 반복할 뿐이었다. 마오쩌둥은 간부들에게 실험에 참여하고, 가장 가능성이 적은 방법을 비롯해 다양한 방법을 시도할 것을 요구했다. 그리고 좌파나 주관론으로 인한 처벌이 전혀 없을 것이라고 안심시켰다.[9] 마오쩌둥은 다른 나라보다 저렴한 노동력을 중국의 가장 큰 장점이라고 생각했다.

---

* 마오쩌둥이 이런 구호를 제시한 것은 중앙위원회 제8기 3중전회였으며, 1956년 몇몇 사람들이 모험적인 전진을 반대하면서 이러한 구호가 더 이상 언급되지 않는 것에 불만을 느꼈다. 그래서 1957년 10월 9일 중앙위원회 제8기 3중전회 폐막식에서 이 구호를 다시 회복할 것을 제의했다. ─옮긴이

1957년 가을 초, 중국공산당 제8기 3중전회 마지막 회의에서 마오쩌둥은 농업 생산량을 획기적으로 끌어올릴 또 다른 운동을 제시하여 또 한 차례 시선을 끌었다. 그는 농작물 생산량뿐만 아니라 농민의 건강에 해로운 전국의 쥐와 참새, 파리, 모기를 박멸하는 운동을 제안했다. 이른바 네 가지 해충를 제거하자(除四害)는 운동은 1956년부터 1957년까지 전국농업발전계획(「一九五六年到一九五七年全國農業發展綱要」 초안)을 통해 1956년 1월 이미 제시된 바 있지만 시행에 옮기지 못한 상태였다.[10] 마오쩌둥은 이에 대해 "네 가지 해충 박멸 운동에 관심이 많은데 누구도 관심을 기울이지 않고 있다."라고 불만을 털어놓기도 했다.[11] 마오쩌둥은 중앙위원회와 국무원에 적절한 강령을 발표할 것을 촉구하며 12월 초부터 이 문제에 다시 관심을 갖기 시작했고, 한 달 후에 초안까지 작성했다. 결국 마오쩌둥은 위원들을 설득하는 데 성공했고, 1958년 2월 중순 강령이 공포되었다.[12]

중국 전역에서 해충 박멸 작전이 실시되면서 남녀노소 할 것 없이 모두 참여했다. 누구도 주변을 청결하게 하고 위생을 강구하자는 운동에 반대할 이유가 없었다. 더군다나 당시 중국인들은 위생 관념이 약했기 때문에 더욱더 그러했다. 그들은 오물 더미에서 살았고 마을 곳곳, 심지어 쓰레기통까지 헤집고 다니는 쥐 떼와 파리 떼에 무심했다. 쥐나 파리, 모기 등은 전염병을 유발할 수 있는 해충이니 당연한 일이었지만 굳이 참새까지 포함시킨 이유는 논밭의 곡물에 피해를 주었기 때문이다. 네 가지 모두 해충 명단에 오를 만한 이유가 충분했다. 하지만 명령에 따른 시행이 도를 넘어섰다. 누군가는 당시를 회상하며 이렇게 이야기했다.

새벽에 나는 등골을 오싹하게 만드는 여인의 고함 소리에 잠에서 깨어났다. 창문으로 달려가 보니 젊은 여자가 옆 건물의 지붕을 뛰어다니며 흰 천(아마도 침대보)을 매단 대나무 막대기를 미친 듯이 휘두르고 있었다. 잠시 후 고함 소리가 그쳤다. 숨을 돌리기 위함인 것 같았다. 길거리에서 북소리가 들려오자 또다시 거의 비명에 가까운 고함을 질러 대며 대나무 장대를 휘두르기 시작했다. 이런 광경

30 대약진

639

은 족히 몇 분간 지속되었으며, 북소리가 그치면서 조용해졌다. 나는 그제야 호텔 옥상에서도 흰옷을 입은 여인들이 건물에 참새가 내려앉지 못하도록 침대보와 수건을 휘두르고 있다는 사실을 알았다. ……하루 종일 북소리와 총소리, 그리고 알 수 없는 고함 소리가 들렸고 침대보가 공중에 휘날렸다. ……마치 전투를 하고 있는 듯한 장면은 정오까지 계속 이어졌고 벨 보이, 매니저, 통역관, 청소부 등 호텔의 전 직원이 동원되었다. ……참새와 맞붙은 이번 전투의 전략은 참새가 지붕이나 나무에 앉지 못하도록 한다는 것이 요지였다. ……참새가 공중에 4시간 이상 떠 있으면 그만 지쳐서 떨어져 죽는다고 믿었기 때문이다.[13]

다른 해충 박멸 운동도 이와 비슷했다. 선전 선동에 말려든 사람들은 겁에 질린 쥐를 쫓아다녔고, 대걸레로 파리와 모기를 때려잡았다. 거의 나라 전체가 미쳐 가는 듯했다. 수천만 명이 해충 박멸 운동에 참여했다. 충칭과 쓰촨에서만 며칠 사이에 23만 마리의 쥐가 죽었고, 2톤이 넘는 파리 유충이 제거되었으며, 600톤의 쓰레기가 수거되었다.[14] 괴롭힘을 당하다 결국 죽어 버린 수만 마리의 참새 사체가 곳곳에 널렸다.

마오쩌둥은 네 가지 해충 박멸 운동이 국민 보건 강화에 도움이 될 것이라고 주장했다.

우리는 병원에 학교를 개설할 수도 있고 의사들이 땅을 경작하러 갈 것이다. 그리하여 아픈 사람들의 수가 크게 줄어들고, 인민의 도덕 정신이 높아지고, 일하는 사람의 숫자가 크게 늘어날 것이다. ……중국에서 네 가지 해충이 박멸되는 날이야말로 경사스러운 날이 될 것이다. 이 운동은 역사에 길이 남을 것이다. 자산 계급 정부도 네 가지 해충에 제대로 대처하지 못하고 있다. 그들은 스스로 문명국가라고 자부하지만 여전히 엄청난 파리와 모기떼랑 같이 살고 있다.[15]

운동의 결과는 참혹했다. 참새와 해충으로 분류된 파리, 모기, 쥐 등이 박멸됨으로써 생태계의 균형이 파괴되었기 때문이다. 어느 순간부터 서서히 재앙의 수준으로 바뀌었다. 곤충이 급격하게 늘어났고, 농작물 피해가 크게 증가하기 시작했다. 결국 소련에서 참새를 수입해야 하는 지경에 이르고 말았다. 물론 쥐나 파리, 모기까지 수입한 것은 아니지만 박멸하는 속도를 늦출 수밖에 없었다.

1958년 1월 11일부터 22일까지 난닝에서 중국공산당 중앙위원회 일부 영도자, 중앙 부위(部委, 국무원 산하 각부와 위원회) 및 지방 책임자들이 참가하는 회의(일명 난닝 회의)가 열렸다. 회의에서 지난 제1차 5개년 계획에 대한 총결과 제2차 5개년 계획 및 장기 규획에 관한 토론이 이루어졌다. 이를 위해 수만 가구를 수용하는 각각의 합작사를 확충하여 더욱 확대시키기로 했다. 이러한 확장을 통해 농업에 필수적인 저수지 건설 등 관개 사업을 위한 군중 동원이 가능해졌다. 다수확을 위한 깊이갈이와 밀식 농법이 제시되었다. 이를 통해 국가는 세금으로 거두는 곡물 생산량을 늘리고 고물 수출을 통해 외화를 벌어들일 수 있었다.(당시 중국은 주로 동유럽 국가를 대상으로 한 최대 곡물 수출국 가운데 하나였다.) 농업 생산량이 증가하면 제련소와 진은 제련소, 기계 제조 산업에 지속적인 투자를 늘려 산업 성장을 담보할 수 있었다.

대형 합작사 건설은 1955년 마오쩌둥이 처음 선보였으나 당시에는 지지를 얻는 데 실패했다. 이후 1958년 1월 난닝에서 다시 제안했지만 '공사(公社, commune)'라는 이름으로 본격적으로 소개되기 시작한 것은 그해 4월 류사오치와 저우언라이가 중국 남방을 시찰하면서였다.[16] 모두 이 단어를 좋아했다.

첫 번째로 그해 4월 차야 산(嵖岈山) 위성(衛星) 공사가 허난의 주마뎬 시(駐馬店市) 쑤이핑(遂平)에 설립되었다. 위성 공사는 스물일곱 개 합작사, 4만 3000여 명을 수용했다. 위성 공사의 뒤를 이어 허난 북부 신샹(新鄉)에 두 번째 공사가 설립되었다. 뭔가 창의적이길 원했던 공사 사원들은 자신들의 공사를 '인민공사'라고 불렀다.

마오쩌둥은 다시 한 번 실천을 자신의 출발점으로 삼고자 했다. 그는 실천이야말로 진리의 기준(實事求是)이라고 확신했다. 그래서 1958년 8개월 동안 중국 전역을 돌아다녔다.[17] 마오쩌둥은 당 간부뿐만 아니라 농부들과 대화하고 저수지 건설 및 기타 사업을 직접 시찰하면서 '중요한' 실천에 익숙해졌다. 그는 "발언권을 확보하기 위해 조사를 실시했다."라고 말했다. 하지만 그는 자신이 '위대한 지도자'이기 때문에 현지 간부들이 좋은 인상을 주기 위해 최선을 다하고 있다는 점을 간과했다. 현지 간부들은 마오쩌둥이 원하는 바를 잘 알고 있었다. 마오쩌둥 스스로도 우파보다 극좌파가 오히려 낫다고 여러 차례 반복해서 말하곤 했다.

자연스럽게 대중의 열의는 중국 전역으로 확산되었다. 그들이 말한 내용이 실제로 이행되고 있기 때문에 수백만 명이 공산당원을 믿지 않을 수 없었다. 대학을 비롯한 여러 교육 기관이 농민과 노동자 자녀들에게 문을 열었고, 무상 의료가 도입되었으며, 수많은 공장과 제련소가 건설되고 문맹 퇴치를 위한 사업이 본격화했다. 특히 빈민들이 누구보다 기뻐하고 환영했다. 그들은 난생처음으로 동등한 권리를 누리는 기쁨을 맛보았다. 대다수 중국인들이 '광적인 열의'를 보였다. 그들은 공산당의 운동에 참가하지 않을 경우 그 대가가 얼마나 참혹한지 잘 알고 있었다. 아무도 '우파'라는 낙인이 찍히는 것을 원치 않았다.

이에 마오쩌둥이 실시한 '현장 시찰'은 환상에 가까운 그림을 만들어 냈고, '자발주의(voluntarism, 唯意志論)'에 대한 그의 신념을 더욱 키우는 계기가 되었다. 마오쩌둥은 시찰을 마치고 이렇게 말했다. "내가 보기에 '모험적 전진(맹목적 전진)'에 의존할 수밖에 없다. 우리는 무관심하고 침울한 것이 아니라 열정적이고 즐겁게 일해야 한다. ⋯⋯빨리 해낼 수 있다면 가능한 한 빨리 해내야 한다."[18] 대약진의 망령이 마오쩌둥을 사회주의 건설 계획과 방법 면에서 더욱 좌파로 치닫게 했다. 당시 중국 전체 인구인 6억 명을 동원한다면 어떤 꿈도 현실이 될 것만 같았다.

마오쩌둥은 특히 공사에 관심이 많았다. 공사 사원들은 최적의 노동 분배라는 새로운 방식으로 생산대를 조직하기 시작했다. 노동의 효율성을 극대화하기 위해 위성 공사를 비롯한 여러 공사는 공공 식당(公共食堂, 공동 식당)을 만들었다. 개인 가정의 부엌이 사라지면서 여성들은 들판에서 더 많은 일을 할 수 있게 되었으며, 연료 절감이나 영양 개선에도 도움이 되었다. 류사오치는 이런 방법이 농촌의 노동량을 3분의 1 정도 증대시켰다며 공사 사원들을 격려하면서 이렇게 말했다. "지금까지 500명 중에서 200명이 음식 준비를 했다면 이제는 마흔 명만 있으면 된다."[19] 또한 '사원(社員)'들은 "개개인은 능력을 다하고, 개개인에게 수요에 따라 분배한다."라는 공산주의 원칙에 따른 분배 제도를 도입했으며, 이에 따라 식사를 하고도 돈을 내지 않는 식량 공급제와 급식제를 실시했다. 이는 사원과 공산당원의 관계를 촉진시켰다. 사원들은 기존에 자신들이 소유하고 있던 가금류나 주방용 조리 기구까지 공동화했다. "이제 배를 채울 수 있는 공동 식당이 생겼는데 굳이 개인 그릇이나 물잔이 왜 필요하겠는가?" 지긋지긋한 가난에서 탈출하고 싶었던 이들은 무료 급식이 곧 공산주의의 도래라고 믿었다.

마오쩌둥은 신이 났다. 7월 16일 중국공산당의 새로운 이론 기관지인《홍기(紅旗)》는 천보다가 작성한 「마오쩌둥 동지의 기치하에서(在毛澤東同志的旗幟下)」를 게재했다. 이 글에 다음과 같은 마오쩌둥의 발언이 인용되어 있다. "우리의 방향은 마땅히 점차적이고 순차적으로 '공업, 농업, 상업(교환), 문화교육, 민병(전민의 무장화)'을 하나의 거대한 공사로 조직하여 우리나라 사회의 기본 단위로 구성하는 데 있다."[20]

8월 6일 마오쩌둥은 허난의 인민공사*를 방문했다. 그는 인민공사를 참관하고 기쁨을 감출 수 없었다. "공산주의가 우리 눈앞에서 실현되고 있다.** 인민공사라는 이름이 좋다!*** "(1871년) 프랑스 노동자들이 권력을 장악했을 때 파리 코뮌을 만들었다. 우리 농민들은 공산주의를 향해 전진하면서 정치적이고 경제적인 조직체로 인민공사를 창조했다. 인민공사는 정말로 위대하다."[21] 수십 군데 신문과 잡지에서 '놀라운 사실'을 대서특필하면서 인민공사 설립이 폭풍우처럼 중국 전역을 휩쓸기 시작했다.

---

* 신샹의 치리잉(七里營) 인민공사. — 옮긴이

** 일설에 따르면, "공상적 사회주의의 일부 이상을 우리가 실현하고 있다."라고 말했다. — 옮긴이

*** 마오쩌둥이 인민공사가 좋다고 발언한 후 정치국은 공사가 "사회주의 건설이 과도기를 지나 공산주의 건설에 이르는 가장 조직적 형식"이라고 선언했다. — 옮긴이

얼마 후 마오쩌둥은 인민공사의 중요성에 대해 이렇게 말했다.*

　인민공사는 우선 규모가 크다는 점(大), 두 번째로 공(公)적이라는 점이 특징이다. ……우리는 도시와 농촌 어디에서나 공산주의 이념을 사회주의 질서에 불어넣어야 한다. ……인민공사는 기본적으로 사회주의적인 것이지 공산주의적인 것이 아니다. 다만 공산주의의 요소가 들어가 있다. 우리는 교육 기관, 공장, 도시 곳곳에 인민공사를 건립할 수 있다. 몇 년 후면 모든 것이 하나의 거대한 공사로 통합될 것이다.

마오쩌둥은 수천 명의 인민이 함께 생활하는 거대한 공동체가 자체 노동력으로 자급자족할 수 있다는 사실에 경이로워했다. 그는 다음과 같이 극찬했다. "이렇게 거대한 합작사가 공업, 농업, 무역, 군사까지 책임지고 농업, 임업, 목축업, 부업, 어업 생산을 책임지고 있다."[22]

　마오쩌둥은 인민들이 대약진에 열정적으로 참여하는 것을 보면서 기뻤다. 적어도 마오쩌둥이 직접 시찰하는 곳에서는 분명 그런 열정을 맛볼 수 있었다. 점점 더 마오쩌둥은 자신의 위대함을 실감하기 시작했다. 손만 한 번 흔들면 수억 명의 인민이 그의 지시에 따라 "머리를 쓰면서" 새로운 조직 방식을 생각하고 밤낮으로 꾸준히 애쓰는 모습을 보았다. 그는 자신이 원하는 것이 무엇이든 미래에 대한 희망으로 가득 찬 가난하고 무지한 인민들과 함께할 수 있었다. 마오쩌둥은 솔직하게 말했다. "6억 명에 달하는 중국인은 빈궁(窮)과 낙후(白)라는 현저한 특징이 있다. 이는 보기에 나쁜 것 같지만 사실 매우 좋은 일이다. 빈궁하면 변화를 생각하고, 행동하며, 혁명을 하게 된다. 백지(白紙)는 가장 새롭고 아름다운 글을 쓸 수 있으며, 가장 새롭고 가장 아름다운 그림을 그릴 수 있다."[23]

___

* 1958년 8월 30일 중국공산당 중앙위원회 정치국 확대회의 전체회의와 10월 2일 불가리아 국민회의 대표단을 비롯한 6개국 대표단과 만난 자리에서 언급한 내용이다. ― 옮긴이

1958년 마오쩌둥은 문득 공산주의가 먼 미래의 일이 아니라는 생각이 들었다. "중국에서 공산주의를 건립하는 데 100년이 걸리는 것이 아니라 50년이면 충분하다. 공산주의의 첫 번째 조건은 생산물이 많아야 한다는 것이고, 두 번째는 정신, 즉 공산주의 정신이 좋아야 한다는 것이다. 비록 첫 번째 조건에 아직 부합하지 않지만 두 번째 조건은 이미 충족시켰다." 마오쩌둥은 중앙정치국 확대회의 전체회의(1939년 8월 30일)에서 이렇게 말하면서 "영원한 행복의 시대가 오고 있다."라고 선언했다.

우리는 전 세계를 위해 계획을 통합하는 세계적인 위원회와 기구를 설립할 것이다. ……10년 정도면 생산품이 넉넉해질 것이고 인민의 사기도 최고조에 이를 것이다. ……미래에는 모두 공사라고 부를 것이다. ……모든 대규모 공사가 고속도로, 또는 콘크리트나 아스팔트 도로를 건설할 것이다. 길 양쪽에 나무를 심지 않는다면 비행기 활주로로 활용할 수도 있을 것이다. 이것이 여러분의 공항이다. 장래에 중국 모든 성(省)은 100대에서 200대의 비행기가 운항할 것이며, 모든 현마다 평균 두 대의 비행기를 갖게 될 것이다.

"우리는 결코 미친 것이 아니다." 그는 이렇게 덧붙였다.[24]

공산주의 이념은 너무나 이상적이기에 마오쩌둥은 인민들이 재촉하지 않아도 자발적으로 이념을 실현할 능력을 갖추었다고 믿지 않았다. 그래서 "노동의 군대 조직화, 군대식 노동, 군대 원칙"을 도입함으로써 공산주의의 개요를 인지할 수 있는 인민공사 체험을 적극 환영했다. 마오쩌둥은 이렇게 말했다. "'군대'와 '민주주의' 개념은 상호 배타적인 것처럼 보이지만 사실 서로 마주 보고 있다. 민주주의는 군대에서 피어난다. ……모든 인민이 군인이 될 때 인민들은 더욱 자극받고 과감해질 것이다."*

---

* "전민이 모두 병사다(全民皆兵)." 즉 민병 운동으로 인해 농민들은 논밭에서 일할 때에도 낡은 총을 휴대해야만 했다. ― 옮긴이

영도자의 요구에 따라 중국 전역이 병영화하기 시작했다. 마오쩌둥은 끊임없이 격려했다. "통제는 필수적이다. 무조건 민주주의만 고집할 수는 없다. 우리는 마르크스와 진시황이라는 두 명의 지도자가 필요하다."(진시황은 중국 역사상 잔인하기로 유명한 황제다. 마오쩌둥은 둥산 학교에 다니던 시절 진시황과 관련된 도서를 즐겨 읽었다.) "진시황은 460명의 유학자들을 생매장시켰다." 그는 이렇게 인민들을 상기시켰다.

하지만 진시황은 우리에게 크게 못 미친다. ……지금 우리는 열 명의 진시황처럼 행동해 왔다. 단언컨대 우리는 진시황보다 더 강하다. 진시황은 460명을 매장했지만 우리는 4만 6000명, 아니 그보다 100배는 더 많이 매장할 수 있다. 누군가를 죽여 무덤을 파고 묻는 것은 생매장과 다를 바 없지 않은가! 그들은 우리를 진시황의 추종자나 강탈자라고 저주하고 있다. 우리는 이 모든 것을 인정한다. 그리고 우리는 아직 이러한 노선을 따라 해야 할 일을 하지 못했다. 여전히 해야 할 일이 많이 남아 있다. ……혁명 초기에 이미 수많은 이들이 목숨을 잃었다. 이것이야말로 자기 희생 정신의 발로가 아니겠는가? 왜 우리는 예전과 같은 원칙을 따를 수 없는가?[25]

그렇기 때문에 공사(인민공사)를 조직하는 데 열정만으로는 충분치 않았다. 마오쩌둥은 자신이 생각하고 있던 '인민이 번영하는 사회'가 볼셰비키 혁명 초기에 레닌과 트로츠키가 제도화한 전시(戰時) 공산주의*와 매우 유사하다는 사실을 알고 있었다.[26] 그는 전혀 잘못 본 것이 아니다. 10월 혁명의 지도자들과 마찬가지로 마오쩌둥은 노동자와 농민의 대약진 운동을 돕기 위해 사무직원들도 1년에 적어도 한 달 이상 육체노동에 참가할 것을 요구했다.[27]

하루하루가 지나면서 상황이 더욱 급박해졌다. 1958년 5월 마오쩌둥은 돌

---

* 소련이 대소 간섭 전쟁과 내전에 대항하기 위해 정치, 경제, 문화 등 여러 방면에 걸쳐 1918년부터 1921년까지 실시한 비상 정책. ―옮긴이

연 철강 생산의 경우 15년이 아니라 7년, 석탄 생산량은 2년에서 3년 안에 영국을 따라잡을 수 있다고 호언장담했다.* 그해 6월 마오쩌둥은 가까운 미래, 더 정확히 말하자면 1959년부터 영국은 중국에 뒤지기 시작할 것이며, 5년 후면 강철 제련에서 중국이 소련과 맞먹을 것이라고 주장했다. 1958년에 중국은 철강 생산량을 1957년 대비 거의 두 배에 이르는 1070만 톤까지 늘리고, 1959년까지 2000만 톤 내지 2500만 톤, 1962년에는 6000만 톤까지 늘릴 것이라고 밝혔다. 얼마 후 마오쩌둥은 이 수치를 상향시켜 1959년까지 3000만 톤, 1960년까지 6000만 톤, 1962년까지 8000만 톤 내지 1억 톤 혹은 1억 2000만 톤으로 조정했다. 이는 당시 미국의 생산량과 맞먹는 수치였다. 마오쩌둥은 15년 후, 즉 1970년 중반이면 연간 7억 톤을 생산하여 영국의 일인당 생산량의 두 배가 될 것으로 추산했다. 류사오치도 이에 못지않은 엉뚱한 계획을 구상했다.[28]

1956년 9월 15일부터 27일까지 열린 중국공산당 제8차 전국대표대회는 류사오치가 제7기 중앙위원회를 대표하여 보고한 내용을 비준하고, 「중국공산당 제8차 전국대표대회의 국민 경제 발전에 관한 제2차 5개년 계획 건의안」을 통과시켰다. 건의안에서 그는 1962년까지 철강 생산량을 1050만 내지 1200만 톤까지 늘릴 것이라고 발표했다. 당시 마오쩌둥과 류사오치가 얼마나 커다란 약진을 하려고 했는지 알 수 있는 대목이다. 농업 부문에서도 못지않은 방대한 계획이 세워졌다. 1958년의 곡물 생산량이 전년의 두 배에 달하는 3억 톤 내지 3억 5000만 톤으로 상향 조정되었다. 반면에 제1차 5개년 계획에 따르면, 1962년의 목표량이 2억 5000만 톤을 빠듯이 넘기는 것으로 되어 있다.[29]

8월 마오쩌둥은 이렇게 선언했다. "오늘날 주된 노선은 공업이다. 당과 전체 인민은 공업을 장악해야 한다."[30] 이에 따라 모든 인민들이 '고로(高爐, 용광로) 숫자 확대'를 위한 운동에 참여했다. 끔찍한 형태의 '철강을 위한 투쟁'이 시작된 것이다. 농촌이나 도시를 막론하고 운동장과 공원, 도시 광장에 소형

---

* 마오쩌둥은 1957년 11월 2일 모스크바에서 열린 '소련 10월 혁명 승리 40주년 경축 행사'에 참가했으며, 그 자리에서 중국은 15년 후에 영국을 따라잡을 수 있을 것이라고 발언했다. 흐루쇼프가 15년 안에 농공업의 중요 제품이나 몇 가지 공업 생산량에서 미국을 능가할 것이라고 발언한 후였다. ─ 옮긴이

재래식 용광로가 등장했다. 사람들은 소형 재래식 용광로로 진짜 강철을 만들어 낼 수 없다는 사실도 모른 채 고철, 문고리, 삽, 주방 도구 등 용광로에 넣을 수 있는 것이면 뭐든지 끌어왔다. 무지가 덕목으로 격상되었다.

진실을 아는 기술자들은 아예 입을 다물었다. 설령 그들이 반대했다고 할지라도 아무도 귀를 기울이지 않았을 것이다. 마오쩌둥은 오랫동안 지식인들을 귀찮은 존재로 여겼다. 회의적이고 양심적인 이들은 마오쩌둥뿐만 아니라 볼셰비키 지도자들에게도 증오와 혐오를 불러일으켰다. 그들의 지식뿐만 아니라 행동거지 하나하나가 모두 마오쩌둥의 심사에 거슬렸다. 그는 대약진을 시작한 후 이렇게 말했다. "지식인들은 노동자 앞에 머리를 숙여야 한다. 어떤 면에서 지식인들은 문맹과 같다."[31] 이러한 마오쩌둥 앞에서 과연 과학 기술자들이 무엇을 말할 수 있었겠는가?

마오쩌둥의 요청에 따라 저우언라이 총리 또한 강철 제련 운동에 앞장섰다. 9월 중순 2000만 명 이상이 강철 제련에 참가했고, 10월에는 그 숫자가 9000만 명으로 늘었다.* 한 달 만에 뒤뜰 용광로(後院高爐)에서 녹인 철의 양이 14퍼센트에서 49퍼센트로 급증했다. 농부, 노동자, 교사, 학생, 초등학생, 중학생, 의사, 간호사, 영업 직원, 회계원 모두가 운동에 참여했다. 검은 연기가 도시와 시골을 뒤덮었다. "우리는 영국을 추월하고 미국까지 따라잡을 것이다."라는 선전 노래가 스피커에서 울려 나왔다.

위대한 조타수가 지시한 목표 달성이 곧 눈앞으로 다가왔다. 연말에 중국은 1100만 톤의 선철을 생산했다. 마오쩌둥조차 깜짝 놀랄 만한 생산량이었다. "이처럼 작은 뒤뜰 용광로에서 이렇게 많은 철을 생산할 수 있는데 왜 외국인들은 거대한 제련소를 건설하지? 참으로 한심하군!" 마오쩌둥은 수행원에게 이렇게 물었다.[32] 하지만 마오쩌둥도 곧 그 질문에 대한 답을 얻었다. 뒤뜰 용광로에서 만들어진 선철은 전혀 쓸모가 없는 폐철이었기 때문이다. 마오쩌둥

* 소형 재래식 용광로는 1958년 봄에 처음 건설되었다. 그해 6월 1만 2680개소로 늘었다. 강철 제련이 유행처럼 번지기 시작한 것은 그해 9월이다.

은 "무식한 사람이 유식한 사람보다 강하다."[33]라고 말했지만 과학 기술을 속일 수는 없었던 것이다.

산업 부문에서 대약진의 망령을 좇느라 정신이 없었기 때문에 중국공산당 지도부는 식량 문제에 관한 관심의 정도를 낮출 수밖에 없었다. 미곡을 포함한 모든 곡물 생산은 여성이나 노인들에게 전가되었다. 그들은 쉬지 않고 일했지만 전체 목표량을 달성하기에 역부족이었다. 마오쩌둥의 격노를 두려워한 간부들은 상부에 농업 생산량을 부풀려 보고하기 시작했다. "일부 동지들은 생산량이 4억 5000만 톤이라고 보고했으며, 심지어 5억 톤을 초과 달성됐다고 부풀려 말하는 동지들도 있었다." 국방부장 펑더화이는 이렇게 회고했다. "나중에 주석(마오쩌둥)은 3억 7500만 톤을 목표량으로 발표할 것을 제시했다."[34] 하지만 실상은 달랐다. 1958년 전체 생산량은 1957년보다 500만 톤 많은 2억 톤에 불과했다.[35] 정부에 곡량을 정산할 때가 되자 농민들은 추수한 곡식 전량을 정부에 바쳐야 했다. 1955년과 마찬가지로 농촌에서 또다시 기근이 발생했다. 마오쩌둥은 이러한 위기에 빠진 현실을 외면하고 지원 요청을 서두르지 않았다. 그 결과 이미 체결된 해외 수출 계약이 약속대로 모두 이행되었으며, '서양 귀신'들은 마오쩌둥이 실책했다고 의심할 이유가 없었다. 이로 인해 국내 식량 공급에 심각한 차질이 빚어졌다.

무엇보다 마오쩌둥은 흐루쇼프 앞에서 체면을 구겨 가며 식량 원조를 요청하고 싶지 않았다. 대약진 운동이 절정에 이른 1958년 7월 31일 흐루쇼프가 돌연 중국을 비공식 방문했다. 마오쩌둥은 그를 맞이하기 위해 저우언라이, 주더, 천윈, 린뱌오, 덩샤오핑 등과 함께 난위안(南苑) 비행장*으로 나갔다. 하지만 마오쩌둥은 흐루쇼프가 체류하는 기간 내내 무례함을 감추지 않았을뿐더러 심지어 적대감을 내보이기도 했다.

그 이유는 다음과 같다. 흐루쇼프가 방문하기 열흘 전에 중국이 단독 함대 구축을 위해 지원을 요청하자 소련은 중국 주재 소련 대사 유딘을 통해 자신들

---

* 중국 최초의 비행장. — 옮긴이

과 합작하여 연합 잠수정 함대를 구축하자는 역제안을 한 바 있었다. 마오쩌둥은 자신의 지원 요청에 대해 흐루쇼프가 긍정적인 반응을 보일 것이라고 잔뜩 기대하고 있었지만 추측은 빗나가고 말았다. 오히려 흐루쇼프는 전혀 다른 제안을 했다. 게다가 흐루쇼프는 유딘에게 연합 함대가 어떤 기준에 의해 건립되는지조차 구체적으로 설명하지 않았다. 그래서 마오쩌둥이 연합 잠수정 함대가 구체적으로 어떻게 설립될 것이며 과연 누가 지휘하게 될 것인가에 대해 물었을 때, 유딘 대사는 시원한 대답을 하지 못했다. 그렇지 않아도 마오쩌둥은 네 달 전 소련의 태평양 함대와 통신하기 위해 양국이 공동으로 투자하여 중국 내에 장파 송수신소(레이더 기지)를 건설하자는 국방부 부장(장관) 말리노프스키의 서신을 받고 크게 격노한 상태였다.[36]

마오쩌둥을 비롯한 중국 지도부는 이 같은 제안을 중국에 대한 주권 침해로 받아들였다. 마오쩌둥은 스탈린 수하에서 겪은 온갖 수모를 회상하면서 유딘 대사에게 중국은 뤼순(별칭은 포트아더(Port Arthur))과 같은 외국 군사 기지가 중국 영토에 더 이상 발붙이지 못하도록 할 것이라고 말했다. 유딘이 "문제의 심각성을 고려할 때" 마오쩌둥과 흐루쇼프가 개인적인 대화로 해결하는 것이 "바람직할 것"이라고 조심스럽게 말했으나 마오쩌둥은 그러한 개별적인 만남에 대해 의구심을 드러냈다.[37]

바로 이런 이유로 흐루쇼프가 국방부 부장 말리노프스키를 비롯하여 국방부, 내무부, 공산당 중앙위원회 고위급 간부들과 중국을 직접 찾게 된 것이다. 흐루쇼프는 예기치 않은 상황에 마음이 상했지만 정작 마오쩌둥이 화를 내는 이유를 알지 못했다. 흐루쇼프는 연합 잠수정 함대와 레이더 기지가 소련과 중국에 공동의 이익이 될 것으로 생각했다.[38] 하지만 문제의 핵심을 파악하게 된 흐루쇼프는 즉시 제안을 번복했다. "오해가 있었다. ……어떤 문제도 없고 앞으로도 없을 것이라고 서약합시다."[39] 흐루쇼프가 이렇게 말했지만 마오쩌둥은 여전히 분노를 삭일 수 없었고 극도로 변덕스럽게 분노를 표출했다.

골초인 마오쩌둥은 회담 내내 연신 담배를 피워 대고 아무렇지도 않게 담배 연기를 흐루쇼프의 면전을 향해 뿜어 댔다. 자신의 무례함을 노골적으로 드러낸 것이다. 흐루쇼프는 담배 연기를 참을 수가 없었다. 마오쩌둥은 침착해지려고 애썼으나 끝내 자제력을 잃고 대화 상대자에게 삿대질하고 고함을 질렀으며, 잠시 휴식 시간에 자신의 감정을 제대로 전달하지 못했다고 통역관을 질책하기까지 했다. 그러고 나서 회담 장소를 자신이 머물고 있는 수영장으로 옮겼다. 마오쩌둥은 수영에 능했지만 수영을 거의 할 줄 모르는 흐루쇼프는 수영장에서 수치심을 느꼈다.[40] 유명한 영화감독인 미하일 롬(Mikhail Romm)의 일기를 보면 당시 수영장에서 흐루쇼프가 당한 모욕감을 담은 일화가 적혀 있다.

흐루쇼프는 중앙위원회 전체회의 중간 휴식 시간마다 분노를 터뜨리곤 했다. "마오쩌둥이 나를 어디서 접대했는지 아시오? 수영장, 바로 수영장에서 나를 접대했단 말이오!"

달리 그가 할 수 있는 일은 없었다. 마오쩌둥이 주최 측이었기 때문이다. 외교 의전에 어긋난 상태에서 흐루쇼프는 옷을 벗어 경호원에게 넘기고 고운 견직물로 만든 수영 팬츠를 입은 채 물속으로 뛰어들었다. 마오쩌둥이 헤엄을 치며 앞으로 나아가자 흐루쇼프는 따라가느라 허우적거리며 외쳤다. "나는 광부 출신이오. 우리끼리 하는 말이지만, 나는 수영을 잘 못하오. 너무 피곤하단 말이오." 마오쩌둥은 유별난 손님(흐루쇼프)이 자신과 보조를 맞추느라 얼마나 힘들어하는지 애써 모른 척하면서 의도적으로 정치에 관해 자세히 설명하고 여러 가지 질문을 던졌다. 고의가 분명했다. 계속 꼴깍꼴깍 물만 먹고 있는 흐루쇼프는 제대로 답할 수가 없었다. ……니키타 세르게예비치(Nikita Sergeevich, 흐루쇼프)는 이러한 상황을 더 이상 견딜 수 없었다. "나는 계속 헤엄을 치다가 결국 너 마음대로 해라, 나는 나가야겠다는 생각이 들었다. 그래서 수영장 밖으로 기어 올라와 물에 발을 담그고 흔들어 댔다. 이제 나는 위에 앉고 그는 아래에서 수영하고 있는 꼴이 되었다. 통역관은 마오쩌둥과 같이 수영을 해야 하는지 아니면 내 옆에 앉아야 하는지 갈팡질팡하고 있었다. 마오쩌둥은 계속 수영을 했고, 나는 위에서 그를 내려다보았다. 그는 나를 올려다보면서 공사(公社)인가 뭔가에 대해 뭐라고 말했다. 나는 숨을 고르며 이렇게 말했다. '글쎄, 당신이 말하는 공사에서 어떤 결과가 나올지 한번 두고 봅시다.' 수영장 밖에 나와 앉아 있으니 훨씬 기분이 나아졌다. 마오쩌둥은 기분이 상한 것 같았다. 하지만 동지! 애당초 우리는 이렇게 시작했던 것이라오."[41]

서로 의견을 주고받으면서 마오쩌둥은 흐루쇼프에게 스탈린 정권하에서 소련에 대해 쌓인 불만을 잔뜩 털어놓았다. 불만이 어찌나 많은지 흐루쇼프가 평정심을 잃을 정도였다. "당신은 스탈린을 옹호했잖소. 나는 스탈린을 비난한 죄로 공격을 당했소. 물론 지금은 모든 것이 뒤바뀌었지만." 흐루쇼프는 이렇게 말했을 뿐 스탈린에 대해 딱히 좋은 말을 하지는 않았으며 그저 다음과 같이 덧붙였다. "우리는 스탈린의 업적에 대해 이야기할 수 있고, 우리 역시 그러한 업적의 일부분이라고 생각하오."[42] 물론 마오쩌둥은 동의했다. 하지만 마오쩌둥은 흐루쇼프와 회담하면서 매우 불쾌한 인상을 남겼으며, 심지어 자신의 수행원들에게도 전혀 숨기지 않았다. "저들의 진정한 목적은 우리를 통제하는 것이야. 저들은 우리의 손과 발을 묶으려고 애쓰지만 바보들이 꿈에 대해 떠드는 것처럼 결국 희망 사항에 지나지 않아."[43]

마오쩌둥은 인민공사에 대한 흐루쇼프의 회의적인 태도에 기분이 상했다. 대약진 운동에 대한 대중의 열의가 한껏 고조되었지만 흐루쇼프는 여전히 회의적이었다. 마오쩌둥은 흐루쇼프에게 신중국 설립 이래 처음으로 행복을 느끼고 있으며, 앞으로 예상치 못할 풍성한 결과물을 수확하게 될 것이라고 자랑스럽게 말했다. 자만심에 스스로를 주체 못 하며 심지어 흐루쇼프를 '조롱'하기까지 했다. "우리는 밀 생산량이 남아돌아서 어찌해야 좋을지 모르겠소. 어떻게 처리하는 것이 좋을지 도움이 될 만한 조언을 해 주실 수 있겠소?" 소련의 곡물 생산량이 부족하다는 것을 알고 슬쩍 지나가는 말로 물어본 것이었다.*

흐루쇼프는 이렇게 받아쳤다. "우리는 곡물 생산량이 항상 부족하오. 중국인은 바보요. 남는 식량을 어떻게 처리할지 모르겠다니 말이 되오?"[44] 순간 당

---

* 일설에는 류사오치가 이런 말을 했으며, 흐루쇼프는 그러면 우리에게 달라고 말했다고 한다. ― 옮긴이

황했지만 마오쩌둥은 잠시 표정을 가다듬고 웃음을 터트렸다. 얼마 후 심각한 경제 위기에 봉착하자 마오쩌둥은 흐루쇼프의 짓궂은 농담을 떠올릴 수밖에 없었다.

소련 영도자의 또 다른 잔인한 농담이 마오쩌둥의 정곡을 찔렀다. 회담 도중에 흐루쇼프는 중국에서 일하는 소련 기술자들이 건설 현장에서 바구니에 흙을 나르는 중국 인부들을 '걸어 다니는 굴착기'라 부른다고 비아냥거렸다. 마오쩌둥은 이번에도 웃음을 터뜨렸지만 씁쓸함을 삼켜야 했다.[45]

얼마 지나지 않은 8월 말 마오쩌둥은 국민당이 점거한 타이완 앞바다의 진먼(金門)과 마쭈(馬祖)에 대한 포격을 명령했다. 그러자 흐루쇼프가 즉각 "중국 형제들"을 돕기 위해 "전투기 편대"를 파견할 것을 제안했다. 마오쩌둥은 흐루쇼프에게 이 같은 제안은 "모욕적"이라고 답변했다. "우리의 문제는 우리 스스로 해결할 수 있소." 그는 이렇게 말했다.

마오쩌둥은 사실 섬을 장악할 생각이 없었다. 마오쩌둥은 중국과 타이완, 양안에서 장제스와 대치하는 상황이 오히려 유리하다고 생각했다. 이러한 대치 국면이 중국 인민을 단결시켜 공산당의 계획 실현에 도움을 주었기 때문이다. 그럼에도 진먼과 마쭈를 향해 맹폭격을 가한 것은 중국 군대의 사기와 막강해진 군사력을 소련공산당을 비롯한 전 세계에 널리 알리기 위함이었다.*

이런 의도도 모른 채[46] 흐루쇼프는 미국 대통령 아이젠하워(Dwight Eisenhower)에게 중국과 타이완의 분쟁에 미국이 간섭할 경우 소련은 이를 소련에 대한 직접적인 간섭으로 받아들일 것이라고 경고했다. 심지어 "공격자"에게 핵무기로 반격할지도 모른다고 암시했다. 흐루쇼프는 마오쩌둥에게 이를 통지했고, 마오쩌둥은 "진심 어린 감사"를 표시했다.[47]**

한편 1958년 11월 초 경제난에 봉착하자 마오쩌둥은 대약진의 속도를 늦출 것을 지시했다. 나중에 마오쩌둥은 반문했다. "왜 이렇게 급히 서두르는가?

---

* 중국 공산주의자들은 이후 20년 동안 거의 하루걸러 한 번씩 폭탄 세례를 퍼부었다.
** 흐루쇼프는 소련 주재 중국 대사 류샤오를 자신이 휴양 중인 얄타로 소환하여 이런 정보를 전달했다.

마르크스에게 보고해 칭찬이라도 들어야겠다는 것인가?" 이제 목표량은 1959 년 철강 3000만 톤에서 2000만 톤으로 줄었다.(1959년 5월이 되자 다시 목표량을 1300만 톤으로 대폭 줄였다.) 하지만 마오쩌둥은 여전히 곡식 생산량에 대한 미련을 버리지 못하고 1958년 생산량보다 두 배 반이나 많은 5억 2500만 톤을 고집했다.[48]

1958년 11월 말에서 12월 초까지 개최된 중국공산당 제8기 6중전회에서 마오쩌둥은 중화인민공화국 국가주석 자리에서 물러나겠다고 요청했다. 마오쩌둥은 마침내 고되고 오랜 공식적인 의무에서 벗어나게 되었다. 전체회의 참석자들은 만장일치로 류사오치가 마오쩌둥의 자리를 대체할 것에 동의했다. 몇 달이 흐른 1959년 4월 전국인민대표대회는 국가주석 교체를 공식적으로 승인했다. 마오쩌둥은 중국공산당 중앙위원회 주석 자리만 보유하기로 했다.[49]

다른 한편으로 또 다른 재앙이 다가오고 있었다. 경제 발전에 심각한 불균형이 초래되고 있었던 것이다. 1958년 12월 중순부터 곳곳에서 식량 공급에 차질이 생기기 시작했다. 중난하이의 식당에서 육류가 자취를 감추었다. 도시 곳곳에서 사람들이 며칠 동안 줄을 서며 식량 배급을 기다렸다. 베이징의 경우 한 달 식용유 배급량이 330그램(당 간부의 경우에도 450그램가량에 지나지 않았다.)에 불과했고, 육류의 경우 운이 좋으면 일인당 450그램의 고기를 받을까 말까 했다. 쌀 배급량은 일인당 14킬로그램이었다. 설탕은 3인 기준 한 가정에 450그램가량 지급되었다.[50] 안후이, 간쑤, 쓰촨 등지에서 이미 기근이 시작되었고 얼마 후 다른 성까지 파급되었다. 여러 정보통에 따르면, 당시 기근으로 인해 2500만 명이 굶어 죽었다.[51] 1959년 봄에 이르러 마오쩌둥은 드디어 대약진 운동이 실패하고 있다는 사실을 실감하기 시작했다. 마오쩌둥은 자신에게 닥친 불운과 자신을 잘못 이끈 책임을 현지 간부들에게 뒤집어씌우고 그들을 맹렬히 비난했다. "거짓말만 늘어놓았어! 상부에서 누르면 하부에서 거짓말이 시작되는 법이야." 그는 이렇게 말하면서 분노를 감추지 않았다.[52]

마오쩌둥은 당 간부들에게 "인민의 삶이 아니라 생산량에만 치중했"다며 비난의 화살을 돌렸다.[53] 하지만 여전히 인민공사에 대한 미련을 접지 않았다.

마오쩌둥은 그저 시간이 빨리 지나기만을 기다렸고, 1959년 새해부터는 더 큰 도약이 있을 것이라고 기대했다. 1959년 경제 목표는 여전히 높았고 철강이나 석탄 생산 목표량이 각각 41퍼센트, 62퍼센트로 상향 조정되었다.[54]

1959년 6월 말에 마오쩌둥은 고향인 사오산충을 방문하기로 결정했다. 마오쩌둥은 고향을 떠난 지 32년이란 세월이 흐를 동안 고향 땅을 한 번도 밟은 적이 없었다. 마오쩌둥은 적어도 고향의 마을 사람들로부터 직접 현실을 알게 될지도 모른다고 생각했다. 과연 추측은 틀리지 않았다. 마오쩌둥은 이틀을 보내면서 매우 불편한 진실을 보고 들었다. 부모의 묘비도 사라졌고, 어머니가 종종 기도하곤 했던 절은 이미 폐허가 된 상태였다. 마오쩌둥과 고향 방문에 동행했던 주치의는 이렇게 회고했다. "묘비가 사라진 것처럼 조그마한 사당도 인민공사가 설립되고 불과 몇 달 만에 부서지고 말았다. 뒤뜰 용광로를 만들기 위한 벽돌이 필요한 데다 연료 공급을 위해 땔감이 필요했기 때문이다." 친척들을 방문한 자리에서 마오쩌둥은 더 큰 비애를 느꼈다. 집이 완전히 폐허가 되고, 주방 도구며 진흙으로 만든 난로조차 모두 사라지고 없었다. 마오쩌둥은 주민들의 불만을 그대로 들었고, 부엌에서 쓰던 냄비 같은 철제 그릇을 녹여 만든 고철 덩어리를 바라보며 탄식을 거듭하면서 자리를 떠나야만 했다. "공동 식당에서 배를 채울 수 없다면 차라리 없는 것이 낫다." 그는 이렇게 결론지었다. "이는 음식 낭비일 뿐이다. ……좋은 선철을 만들 수 없다면 차라리 그만두는 것이 낫다."[55]

그나마 위안인 것은 새로운 수확기가 다가오고 있다는 사실이었다. 그는 고향을 방문한 6월 25일 「사오산에 도착하여(到韶山)」라는 칠언 율시를 통해 자신의 심사를 노래했다.

> 떠나온 후 꿈에서도 잊지 못해 세월만 원망했나니
> 내 고향 떠난 지 어언 32년.
> 홍기 펄럭이며 농민과 노예들 창 들고 일어서니
> 반동 적들은 패주(霸主, 반혁명 세력)의 채찍을 높이 드는구나.

희생 거듭할수록 철석같은 장사의 뜻 다져지니

감히 해와 달을 전복시켜 신천지를 만들리라.

물결처럼 출렁이는 너른 들판 바라보니

곳곳마다 농민 영웅 저녁 늦도록 수확하고 돌아오는구나.[56] *

마오쩌둥은 기뻐하기에 아직 일렀다. 중국 전역에서, 그리고 그 역시 새로운 시련에 맞서야 했다. 하지만 현실을 무시하고 마오쩌둥은 사오산에서 우한으로 여행을 나섰으며, 배를 타고 주장 강(장시 성)을 건넜다. 마오쩌둥은 루산 산 휴양지에서 정치국 확대회의를 개최하기로 마음먹었다.[57] **

마오쩌둥은 7월 1일 루산 산에 도착하여 구링전(牯嶺鎭) 허둥루(河東路) 9호에 자리한 벽돌로 지은 이층 저택 메이루(美廬)에 짐을 풀었다. 그곳은 한때 장제스의 부인 쑹메이링의 소유였다. 그녀는 휴가철마다 이곳을 찾곤 했다. 마오쩌둥은 주변을 산책하고, 수정처럼 맑은 작은 저수지에서 수영도 하고, 아름다운 루산 산의 경치를 감상하고, 맑은 공기를 마시며 즐거운 시간을 보냈다. 문득 허쯔전이 생각났다. 오래전 이처럼 푸른 산속에서 아름답고 연꽃 줄기처럼 가늘고 호리호리한 그녀를 만났다. 벌써 30년이란 세월이 그야말로 쏜살같이 흘렀다. 그녀를 만나고 싶다는 생각이 들었지만 애써 억눌렀다. 하지만 며칠 후 마오쩌둥은 경위(경호원)의 부인에게 허쯔전을 찾아 루산 산으로 데리고 올 것을 지시했다.

당시 장칭은 베이징에 있었다. 지난 4년 동안 마오쩌둥이 장칭과 공식적인 자리에 선 것은 단 한 차례뿐이었다. 그들은 각자 생활하면서 서로 신경 쓰지 않았다. 한때 사랑했던 아내에 대한 애틋함도 사라지고 그저 형식적인 부부로 남았을 뿐이었다. 장칭은 자신의 건강을 챙기는 일에만 열중했고 매년 몇 달

---

* "別夢依稀呪逝川, 故園三十二年前. 紅旗卷起農奴戟, 黑手高懸霸主鞭. 爲有犧牲多壯志, 敢教日月換新天. 喜看稻菽千重浪, 遍地英雄下夕烟." 영어 원문은 '黑手高懸霸主鞭.'을 '검게 그을린 손으로 지주를 몰아내었네.'라고 했으나 역자는 달리 번역했다. — 옮긴이

** 마오쩌둥은 당시 루산 회의를 농담 삼아 '신선회(神仙會)', 즉 신선 모임이라고 불렀다. — 옮긴이

동안 휴양지에서 시간을 보냈다. 1956년 말 장칭은 암에 걸렸다. 중국과 소련에서 치료받으면서 마침내 암을 이겨 냈지만 치료 과정에서 성격에 큰 변화가 생겼다. 장칭은 모든 일에 예민해져 의사나 간호사는 물론이고 경호원들과도 다투기 일쑤였으며, 오직 자신의 질병에 대해서만 말할 뿐이었다.[58] 마오쩌둥은 장칭의 신경을 건드리지 않으려고 애썼다. 대신에 이곳저곳을 시찰하면서 수많은 아름답고 젊은 여성들과 육체적인 욕구를 마음껏 해소했다. 마오쩌둥은 특히 인민해방군 총정치부 가무단의 젊은 무희들을 좋아했다.

그런데 지금 장시의 풍경을 보는 순간 마오쩌둥은 허쯔전이 떠올랐다. 마오쩌둥의 전처인 허쯔전은 루산 산에서 4시간이면 닿는 난창에 살고 있었다. 마침내 그녀를 만난 마오쩌둥은 혈색이 좋지 않은 것을 보고 슬픔을 감출 수 없었다. 그녀는 정신 상태도 좋지 않은 듯 때로 당황해하는 모습을 보이기도 했다. 그들이 무슨 대화를 나누었는지는 정확히 알 수 없다. 여하간 헤어질 때가 되자 마오쩌둥은 경위에게 이렇게 말했다. "허쯔전의 몸 상태가 좋지 않은 듯해. ……신경을 좀 써야 할 것 같은데, 일단 내일 돌려보내도록 하게. ……그녀가 떠나기 전까지 곁에서 잘 돌보게. 혹시라도 그녀를 아는 사람을 만나면 곤란해질 것이야."[59] 이렇게 헤어진 후 두 사람은 더 이상 만날 수 없었다.

며칠 후 마오쩌둥은 전혀 예상치 못한 일을 겪게 된다. 7월 14일 마오쩌둥은 중앙정치국 위원이자 국무원 부총리 겸 국방부 부장(국방 장관)인 펑더화이로부터 대약진에 대한 비판이 담긴 서한을 받았다.* 펑더화이는 "1958년 대약진이 거둔 성과는 두말할 것 없이 긍정적"이라고 말하면서 "대약진의 위대한 성과"를 부인하지 않았다. 그리고 7월 2일 회의에서 대약진 운동 과정에 일어난 여러 가지 결점과 오류에 대해 언급하면서 책임을 물으려면 모두에게 책임이 있으며, 마오쩌둥 동지도 포함된다고 지적함으로써 마오쩌둥을 직접 공격하는 것을 피했다. 물론 마오쩌둥의 '능동주의(voluntarism, 자발주의)'에 대한

---

* 펑더화이는 1958년 12월 우창 회의 이후 후난의 샹탄 등지를 시찰하면서 전 인민의 강철 제련이 초래한 손실과 농업 부문의 허위 보고 및 부과풍(浮誇風, 실적 날조)에 대해 크게 우려하고 있었다. — 옮긴이

불만이 여실하게 드러나는 것은 사실이나 그가 말하고자 했던 것은 이러한 문제가 생겨난 이유를 분명하게 규명하여 교훈으로 삼자는 것이었다.

펑더화이는 지난 대약진 운동 과정에서 생겨난 결함과 과오의 주된 요인에 대해 이렇게 말했다. "전국적인 '철강 제련'으로 인한 인력·물력·재력의 낭비(거의 20억 위안에 달한다.), 당 간부 사이에 전염병처럼 번지고 있는 '허위 과대 기풍(부과풍)', '소자산 계급의 열광'으로 인한 일부 좌경화가 상당한 정도로 자라나 어떻게든 단걸음에 공산주의로 진입하려고 하기 때문이다." "이런 좌경화를 시정하기는 우경화를 타파하기보다 어려우며, 철저하게 극복하려면 더욱 험난한 노력을 기울여야 한다." 요약하자면, 모든 것은 일종의 변질된 좌파의 행위이기 때문에 그는 "옳고 그름을 똑똑히 가르고 사상 수준을 높이는 데 목적을 두고 개인의 책임을 추궁하지 않는 것이 좋겠다."라고 말했다

마오쩌둥은 분노했다. 감쪽같이 숨어 있던 적이 돌연 모습을 드러낸 것이다. "여산진면목(廬山眞面目, 루산은 보는 장소에 따라 달리 보이므로 참모습을 알기 어렵다.)"이라고 하더니 과연 맞는 말이 아닐 수 없었다. 물론 마오쩌둥도 대약진을 추진하면서 여러 가지 문제가 드러나고 있다는 점을 인정하는 바였다. 하지만 펑더화이의 서한은 대약진 운동 전체가 실패라는 비난의 어조가 강했다. 펑더화이는 "우리는 단걸음에 공산주의로 도약하려고" 했다면서 그 이유에 대해 이렇게 말했다. "우리는 장기간에 걸쳐 형성된 군중 노선과 실사구시의 작품을 멀리했고…… 사회주의 건설 사업에 익숙하지 못하고 경험이 없으며, 경제 건설에서 일어난 문제를 해결하는데 정치 문제를 처리하는 것처럼 능란하지 못했기 때문에 결함과 오류가 생겨났다."[60] 분명 이와 같은 비난은 마오쩌둥을 겨냥한 것이었다. 펑더화이가 감히 이런 글을 쓰다니? 마오쩌둥은 완전히 기분이 상하여 식욕까지 잃고 말았다.

7월 16일 저녁에 마오쩌둥은 정치국 상무위원회 회의를 소집하여 펑더화이의 서신 인쇄본을 위원들에게 공개했다.(당시 회의에 참가한 이는 류사오치, 저우언라이, 주더, 천윈 등이다.) 어둡고 침울한 분위기에서 마오쩌둥은 만약 당에 분열이 생기면 자신은 산속으로 들어가 새로운 공산당을 세우고 농민들로부

터 새로운 홍군을 만들어 낼 것이라며 격노했다.[61] 이 '분파주의자'를 처벌하자는 결정이 내려졌다. 마오쩌둥은 '펑더화이 동지의 의견서'라는 제목이 붙은 문건을 중앙위원회 사무소에 보내 복사해서 회의 참여자에게 배포하도록 했다.

이제 펑더화이가 마오쩌둥의 기습 공격을 당할 차례였다. 펑더화이는 공개 토론이 아닌 개인 서신용으로 문건을 작성했기 때문에 어휘 선택에 신중하지 못했다. 이제 모든 이들이 그의 서투른 처리 방식을 알게 되었다. 7월 17일 아침 펑더화이의 최측근으로 인민해방군 총참모장인 황커청(黃克誠)은 펑더화이와 서신에 대해 이야기하면서 "자극적인 문구"가 걱정되기는 하지만 "두 사람은 오랫동안 함께 투쟁해 온 전우이니 잘 이해하실 것이라고 생각한다."[62]라고 덧붙였다. 황커청의 추측은 빗나갔다. 동지애를 나누던 시절은 이미 오래 전 이야기였다. 사실 진정한 동지애가 있긴 했을까?

7월 18일 펑더화이는 중국공산당 중앙판공청(辦公廳, 사무국)에 신중하지 못한 자신의 서한을 철회해 달라고 요청했다. 하지만 회의 참석자들은 그의 서한에 대해 마오쩌둥과 논의를 시작했다. 대다수의 참석자들이 입에 거품을 물고 펑더화이의 온갖 죄악에 대해 비난했다.* 그들 모두 마오쩌둥의 기분이 어떤지 잘 알고 있었다.

일부 위원들이 펑더화이를 지지하는 발언을 했다. 그중 한 명은 후난 당위원회 제1서기인 저우샤오저우였으며, 또 다른 이들은 중앙위원회 전 총서기이자 외교부 부부장을 맡고 있던 뤄푸, 전직 수전부(水電部) 부부장으로 마오쩌둥의 비서가 된 지 얼마 되지 않은 리루이(李銳), 그리고 앞서 언급한 황커청이었다. 이들은 즉시 펑더화이와 더불어 '반당 집단'으로 지목되었다. 7월 23일 아침 마오쩌둥은 마침내 강력한 조치를 취할 것을 마음먹었다. "다른 이가 나를 해치지 않으면 나도 해치지 않고, 누군가 나를 해치면 나도 반드시 그를 해칠 것이다. 다른 이가 먼저 나를 해치면 나는 받은 만큼 돌려줄 것이다." 이것

---

* 예를 들어 린뱌오는 '야심가', '음모가', '거짓 군자'라고 비판했다. ― 옮긴이

이 그의 원칙이었다.

마오쩌둥은 펑더화이의 서신을 "우경 기회주의의 강령"이라고 결론을 내리고 펑더화이가 황커청, 뤄푸, 저우샤오저우 등과 "반당 집단"을 형성하여 "계획적이고 조직적이며 철저한 준비와 목적성을 가지고 활동"했다고 비판했다. 마오쩌둥은 펑더화이를 옹호하는 "동지"들이 "두 가지 성향이 있는 것" 같다며 그들을 '군사 구락부', '후난 집단'이라고 불렀다. 마오쩌둥은 또다시, 하지만 이번에는 회의에 참가한 모든 참석자들 앞에서 "만약 정부가 망해야 할 것이라면 나는 다시 농민들을 이끌고 정부 타도에 앞장서겠다."라고 선언했으며, "만약 인민해방군이 나를 따르지 않는다면 나는 다시 홍군을 찾아 나서겠다. 인민해방군이 나를 따르지 않을 리 없다."라고 말했다. 후자는 펑더화이가 인민해방군 총사령관인 것을 염두에 둔 발언이었다. 한편 그는 자신의 실책을 인정하기도 했다. 특히 철강 생산량을 1070만 톤으로 상향 조정한 것은 자신의 실책이라고 했다.* 하지만 그는 참석자들에게 각자 자신의 책임을 분석할 것을 요구했다.

펑더화이는 나중에 이렇게 회고했다. "주석의 연설을 들으면서 말로 형용하기 어려울 정도로 침중한 심정이었다. 숙소에 돌아온 후 반복해서 주석의 연설 내용을 생각해 보고 따져 보았지만 아무리 생각해도 이해할 수 없었다. 기분이 많이 언짢았다."[63]

회의 중간의 휴식 시간에 마오쩌둥이 펑더화이에게 다가가 퉁명스럽게 말을 걸었다.

"펑 장군, 우리 잠깐 이야기나 합시다."

"……이미 다 말했는데 무슨 말이 더 필요하겠습니까? 더는 드릴 말씀 없습니다." 울분에 가득 차 얼굴이 벌겋게 달아오른 펑더화이는 이렇게 말한 후

---

* 연설에서 마오쩌둥은 자신의 실책이 두 가지라면서 하나는 커칭스가 철강 생산량을 600만 톤으로 정하자 자신이 1070만 톤으로 상향 조정하여 9000만 명을 동원하게 한 것이고, 다른 하나는 인민공사라고 했다. 다만 인민공사는 자신에게 발명의 권한이 있는 것이 아니라 확대의 권한만 있으며, 자신이 산둥에 갔을 당시 어떤 기자가 "인민공사가 어떠냐?" 묻기에 "좋다."라고 대답했더니 그것이 신문에 게재된 것이라고 말했다. 어딘가 궁색한 느낌이 든다. ── 옮긴이

손을 휘저으며 대회장 안으로 들어갔다.[64]

1959년 8월 2일 펑더화이를 필두로 '우경 사상 및 우경 기회주의자'에 대한 논의를 포함하여 여러 가지 안건을 논의하기 위해 중국공산당 제8기 8중전회가 장시 루산 산에서 소집되었다.* 마오쩌둥은 전체회의 연설에서 '우경 기회주의자'들에 대해 다시 한 번 맹렬하게 비판했다. "우경 기회주의자들이 당과 영도 기관을 향해 맹렬히 돌진하고 인민의 사업, 6억 인민이 치열하게 달려가고 있는 사회주의 사업을 향해 돌진하면서 과오와 결점을 찾고 있다. ……그들은 몇 가지를 꽉 움켜잡고 이를 노선의 과오, 영도 기관의 과오로 몰아가고 있다. 과연 그런지 여부는 토론을 해 봐야 한다." 결국 6억 인민을 향해 치명적인 공격을 시도하는 우경 기회주의자들에 대해 철저히 따져 보겠다는 뜻이다.[65]

회의가 끝난 후 참석자들은 펑더화이를 비롯하여 뤄푸, 황커청, 저우후이 (周惠, 후난 위원회 부서기), 저우샤오저우, 리루이의 정치 생명이 끝났다는 것을 실감할 수 있었다. 펑더화이는 중국공산당 방식으로 자아비판을 했지만 "부정직하고 진실하지 않으며 기만적"이라는 비판을 받았다.[66] 이른바 '반당 집단'에 속한 다른 이들도 자아비판을 했으나 아무런 소용도 없었다. 마오쩌둥은 펑더화이와 그를 지지한 동지들에게 이렇게 말했다. "내가 보기에 동지들은 고추 먹는 법을 배워야 하오. 그러지 않으면 고추의 매운맛을 어떻게 알겠소?"[67]

루산 전체회의가 끝나고 한 달 뒤에 펑더화이는 국방부 부장직을 사퇴했다. 마오쩌둥은 린뱌오를 국방부 부장으로 임명했다. 또한 황커청 대신에 당시 국무원 부총리이자 공안군 사령원인 뤄루이칭(羅瑞卿)이 인민해방군 총참모장으로 임명되었다. 다른 '공모자'들 역시 모두 면직되었다. 펑더화이는 인민공사에 가서 일하겠다고 부탁했지만 마오쩌둥은 그의 요청을 거부하고 학습할 것을 요구했다. 마오쩌둥은 펑더화이와 그 지지자들을 결코 용서할 수 없었다. 펑더화이는 모든 관직으로부터 물러나면서 중난하이에서 쫓겨나 베이징

---

* 1958년 이래 사업을 총정리하고 계획 지표를 조정하며 이후 지속적인 약진을 실현하려는 목적하에 소집되었다. ─ 옮긴이

서쪽 교외에서 살아야만 했다. 그곳은 1644년 명나라를 청나라에 넘긴 반역자 오삼계(吳三桂)의 반쯤 폐허가 된 집이었다.[68]

마오쩌둥에게는 너무 많은 희생을 치르고 얻은 승리였다. 마오쩌둥은 타인의 비판에 익숙지 않았다. 또한 펑더화이가 옳았을지도 모른다는 생각에 마음이 편치 않았다. 마오쩌둥은 대약진의 비참한 결과를 눈으로 직접 확인했지만, 여전히 전체적인 사상의 흐름은 옳고 성과가 대단했으며 향후 발전할 가능성이 밝다는 아집을 버리지 못했다. 마치 자신을 '무식쟁이'로 간주하는 듯한 당과 영도 기관의 시선이 마오쩌둥을 내심 불편하게 만들었다. 루산 회의 이후 마오쩌둥의 심기는 더욱 불편해졌다.

중국의 정세는 권력 강화를 추구하는 마오쩌둥한테 불리하게 돌아갔다. 1958년과 달리 1959년에는 전국 곳곳에서 작황이 좋지 않았다. 그나마 사오산에서 풍년이 들어 마오쩌둥을 흐뭇하게 했다. 8월에 마오쩌둥은 서둘러 계획을 수정했다. 마오쩌둥은 해당 연도의 곡물 생산 목표량을 5억 2500만 톤에서 2억 7500만 톤으로, 철강 생산량을 1300만 톤에서 1200만 톤으로 줄였다.[69]

하지만 너무 늦었다. 기근이 거의 재앙 수준에 이르렀다. 재앙을 막기 위해 시급한 조치가 필요했지만 마오쩌둥은 오히려 체면을 살리는 일에 급급했다. 수백만 명의 고통은 마오쩌둥에게 대수로운 일이 아니었다. 마오쩌둥은 이렇게 말했다. "먹을 것이 충분치 않을 때 아사가 일어난다. 차라리 절반은 아사하게 놔두고 나머지 절반만 먹여 살리는 것이 낫다."[70] 심지어 이런 농담을 할 여유를 보이기도 했다. "어떤 때는…… 채소가 부족하고, 또 어떤 때는 머리핀이 없으며, 때로 비누가 없거나 부족하다. 공급이 부족하면 시장이 동요하기 마련이다. 사람들은 긴장하고 불안해하지만 나는 굳이 안절부절못할 필요가 없다고 본다. ……걱정으로 밤새 뒤척이느라 잠이 오지 않는다면 수면제를 먹고 자면 된다. 그러면 다음 날 괜찮아질 것이다."[71]

루산 회의 이후 마오쩌둥은 개인숭배를 강화하기로 마음먹었다. 마오쩌둥은 이렇게 말했다. "사람들이 숭배하는 방식은 두 가지다. 하나는 마르크스, 엥겔스, 레닌, 스탈린에 대한 숭배로 적절한 경우다. 그들은 숭배받을 만한 자격이 충분하다. 진실로 위대한 자들이었기 때문에 숭배하지 않을 수 없다. ······ 또 다른 하나는 분석적인 시각이 결여된 맹목적이고 부적절한 숭배다. 이러한 숭배는 옳지 않다."[72] 당연히 마오쩌둥은 자신에 대한 개인숭배가 전자에 속한다고 믿었다.

루산 회의가 막 끝난 후 중국 전역에 아첨이 범람하기 시작했다. 특히 류사오치와 린뱌오가 앞장서서 가장 요란하게 마오쩌둥을 격찬했다. 그들은 베이징에서 개최된 중앙군사위원회 확대회의에서 마오쩌둥에 대한 찬사와 칭송을 시작했다. 류사오치는 이렇게 말했다. "마오쩌둥 동지의 영도력은 마르크스와 레닌 동지의 영도력과 맞먹는다. 마르크스와 레닌이 중국에서 태어났다면 마오쩌둥 동지와 똑같이 중국 혁명을 이끌었을 것이라고 믿어 의심치 않는다. ······공산당은 권위적인 인물이 필요하다. 무산 계급도 권위를 지닌 인물을 요구하고 있다. 우리를 대표할 권위를 갖춘 인물이 없다면 사회주의 건설이라는 우리의 목표를 어떻게 달성하겠는가?"[73] 린뱌오의 아부는 도를 넘어섰다. 그는 중국뿐만 아니라 전 세계적으로도 지금의 마르크스·레닌주의는 바로 '마오쩌둥 사상'이라고 말했다.[74] 이러한 칭송은 상처 입은 마오쩌둥의 정신을 치유하는 데 효과적인 치료제가 되었다. 마오쩌둥은 서서히 자신감을 회복하고 있었다.

그때 흐루쇼프가 마오쩌둥을 또다시 격노시켰다. 1959년 9월 흐루쇼프는 평화 공존이라는 명분하에 미국 대통령 아이젠하워와 회담을 하기 위해 미국을 방문할 예정이었다. 마오쩌둥은 아이젠하워를 중요 적수로 간주하고 있었다. 미국 방문에 앞서 흐루쇼프는 세계 정황을 안정시키는 한편 미국과 소련의 관계에 타격을 입지 않도록 노력했다. 그런데 불행하게도 8월 말 중국과 인도 국경에서 무력 충돌이 일어났다. 산맥을 따라 그어진 국경은 오래전 영국인들이 임의로 그어 놓은 것에 불과했다. 인도 정부는 이러한 국경선을 합법적으로 인정하지 않았기 때문에 국경에 주둔하고 있는 군대가 아무렇지 않게 국경을 침범하는 일이 잦았다. 인도와 중국의 외교 관계는 이미 1959년 3월 티베트 독립운동에 대한 중국 정부의 탄압으로 교착 상태에 빠져 있었다. 티베트의 정신적 지도자인 달라이 라마가 군인을 가장하여 인도로 망명하고 인도 수상 네루가 달라이 라마를 옹호하는 발언을 했다. 미국 대통령과 중요한 회담을 하기로 예정되어 있던 흐루쇼프에게 중국과 인도의 국경 분쟁은 결코 바라던 일이 아니었다. 흐루쇼프는 복잡한 외교 문제에 시간을 낭비하고 싶지 않았다. 그런데 미국 정부가 티베트와 인도 편을 들었기 때문에 가만히 방관할 수도 없는 노릇이었다. 흐루쇼프는 외무부 장관에게 중국과 인도의 국경 분쟁에 관련한 타스(TASS) 성명서를 작성할 것을 지시했다. 하지만 외무부 부장 그로미코가 직접 작성한 성명서는 흐루쇼프가 중국과 인도 양국을 모두 달래기를 원했기 때문에 완전히 불만족스러운 것으로 판명되고 말았다. 외무부 부장은 소련이 '중립'을 원한다는 점을 강조했다. 당시 소련 외교관 콘스탄틴 크루티코프는 이렇게 회고했다. "중국은 타스 성명서가 자신들에게 불리한 것으로 판단했다. 중국은 소련이 연맹국인 중국에서 멀어졌다고 생각했다. ……그리고 흐루쇼프가 중국에 압력을 가하면서 미국과의 관계 개선에 열중하는 태도에 불만을 품었다."[75]

그렇지 않아도 '수영장 회담'으로 인한 모욕감을 지울 수 없었던 흐루쇼프는 인내심이 한계에 다다른 느낌이었다. 이에 흐루쇼프는 중국에 잔혹한 대응을 시작했고, 마오쩌둥은 격분했다. 1959년 6월 20일 루산 회의를 개최하기 직전 흐루쇼프는 돌연 핵무기 생산에 필요한 기술을 중국에 제공하기로 한 협약 내용을 취소했다.[76] 의정서에 따르면, 핵무기와 관련하여 모스크바에서 소련과 중국이 체결한 내용은 1957년 10월부터 공식적인 효력을 발휘하는 것으로 되어 있었다. 이에 따라 소련은 중국에 핵무기 생산을 위한 모델을 제공하고 소련 과학자들을 중국에 파견해 생산 방법을 전수하기로 했다. 1958년 8월 베이징에서 돌아온 흐루쇼프는 핵무기 기술 이전 준비를 위해 중국에 특별 대표단까지 파견했다.[77] 그러던 흐루쇼프가 갑자기 계획을 무산시킨 것이다. 나중에 흐루쇼프는 이를 보복 행위였다고 설명했다. "중국은 소련을 너무 무시하고 있다. ……이런 상황에서 어떻게 아무 생각 없는 맹목적인 노예처럼 중국에 핵무기 기술을 전해 줄 수 있단 말인가?"[78]

얼마 후인 1959년 7월 18일 폴란드 포즈난에서 흐루쇼프가 "이러한 생각을 하는 자들은 공산주의가 무엇이고 어떻게 건립해야 하는지 이해가 부족한 이들이다."라고 하면서 중국 인민공사를 신랄하게 비판했다는 소식이 마오쩌둥의 귀에 들어갔다.[79] 사실 흐루쇼프가 무슨 생각이 들어서 그런 말을 했는지 알 수 없다. 그는 가끔씩 술에 취한 상태였는데, 특히 외교 모임이나 접대를 할 때도 술을 마셔 횡설수설할 때가 있었다.[80] 아마도 당시 술에 취했을지도 모른다. 하지만 마오쩌둥은 흐루쇼프를 도저히 용납할 수 없었다. 흐루쇼프도 사과할 생각이 없었다. 그는 단지 자제력이 부족했을 뿐이었다. 9월 30일 중화인민공화국 건립 10주년을 축하하기 위해 베이징을 방문했을 때 흐루쇼프는 악감정을 애써 감추려고 하지 않았다. 흐루쇼프와 함께 중국을 방문한 다른 대표단원들도 무례하게 행동했다. 마오쩌둥도 적대감을 서슴없이 드러냈고, 중국 지도부 역시 마오쩌둥을 그대로 따라 했다. 중국과 소련의 '우애'가 서서히 종말을 향하고 있었다.[81]

10월 2일 협상에서 중국과 타이완의 양안 문제를 비롯해 미국에 대한 소련과 중국의 관계, 중국과 인도의 국경 분쟁이라는 두 가지 주요 이슈가 제기되었다. 미국을 방문하고 돌아온 흐루쇼프는 마오쩌둥에게 아이젠하워를 대변해 선의를 표하면서, 중국이 미국 정부에 한국 전쟁 당시 포로로 잡은 다섯 명의 미군을 송환하겠다는 제의를 했다고 말했다. 마오쩌둥이 격분한 것은 당연한 일이었다. 결국 마오쩌둥은 제국주의자들과 관계를 개선하기 위해 흐루쇼프가 사회주의 이념을 저버리려 한다고 결론지었다. 마오쩌둥은 소련이 타이완으로 인해 또다시 세계 대전을 일으킬 수는 없다는 흐루쇼프의 주장에도 똑같이 반응했다.[82] 흐루쇼프는 얼마 전까지만 해도 중국공산당과 국민당 간 분쟁이 발생하여 미국이 중국을 공격한다면 가차 없이 '공격자(즉 미국)'에게 즉각 핵무기로 맞설 것이라고 호언장담했다. 하지만 지금은 전혀 다른 말을 하고 있었다.* 이것이 반역이 아니고 무엇이란 말인가?

---

* 당시 소련공산당 지도부 내에서 중국에 대해 강경한 입장을 옹호한 주요 인물은 중앙위원회 이념 담당

인도, 티베트와 관련한 흐루쇼프의 성명서는 마오쩌둥과 중국 지도부에 더욱 큰 반감을 불러일으켰다. 흐루쇼프는 퉁명스럽게 말했다. "손님으로서 조금 무례하기는 하지만, 솔직히 말해 티베트 문제는 단연코 중국의 실수요." 그리고 인도 국경 분쟁과 관련하여 중국의 주장에 대해 믿지 못하겠다는 입장을 분명하게 드러냈다. 이에 중국의 외교부장 천이는 노골적으로 적대감을 드러내며, 소련의 정책은 "기회주의적이며 시류에 편승"하는 정책이라고 비난했다. 격노한 흐루쇼프가 천이에게 소리쳤다. "우리를 기회주의자라고 생각한다면 나에게 손을 내밀 생각조차 하지 마시오. 나는 당신과 악수할 생각이 없소!" 서서히 그들의 대화가 말싸움으로 번지기 시작했다. 흐루쇼프는 자제심을 잃고 터무니없이 원색적인 말까지 해 댔다. 그는 천이에게 마구 소리쳤다. "당신이 그깟 원수 지휘봉을 휘두르며 감히 나에게 침을 뱉을 수는 없어! 당신은 뱉을 침조차 충분하지 않단 말이지. 당신은 우리를 위협할 수 없어!"[83] 흐루쇼프는 나중에 이렇게 회고했다. "(천이는) 레고드판 위의 바늘이 튀듯이 '네루, 네루, 네루!'를 연신 되풀이했다."[84]

회의가 끝난 후 흐루쇼프는 대표단 사람들에게 이렇게 말했다. "우리의 노선은 중국 공산주의자들의 그것과 다를 바 없소. 우리는 그들을 우리의 친구라 여기고 있소. 하지만 우리를 무시한다면 아무리 친구라고 해도 참을 수 없는 법이오."[85] 이렇게 말하고 난 후 마오쩌둥을 '낡은 덧신'이라고 부르는 등 중국 지도자들의 이름에 운을 맞추면서 저속한 말을 내뱉었다.[86]

상호 인신공격은 다음 날 흐루쇼프가 공항을 떠날 때까지 계속 이어졌다. 흐루쇼프는 베이징에서 일주일간 머무를 예정이었지만 회담이 난항을 거듭하자 앞당겨 돌아가기로 결정했다. 마오쩌둥은 이번에는 굳이 논쟁에 끼어들 생각이 없었다. 그는 끊어진 실은 다시 이을 수 없다는 결론에 도달했다. 석 달 후 마오쩌둥은 흐루쇼프의 방문 결과에 대해 다음과 같이 요약 발표했다.

서기이자 《프라우다》 편집장 및 마르크스·레닌주의 연구소장을 맡았던 미하일 안드레예비치 수슬로프 (Mikhail Andreevich Suslov)였다. 타이완 해협의 긴장을 고조시킨 것에 대해 강력하게 비난하라고 흐루쇼츠를 설득한 사람이 바로 그였다. ─ 옮긴이

1959년 3월 우리의 친애하는 동지들(소련 지도부)은 제국주의자, 반동민족주의, 티토 같은 수정주의자와 합세하여 중국에 대항하는 강력한 세력을 형성하기 시작했다. 우리는 상당 기간 고립되는 것을 나름 준비해야 할 것이다. 그러나 다른 한편으로 수많은 국가, 수많은 인민, 수많은 공산당의 옹호를 얻게 될 것이다. 8년 후 모든 면에서 중국은 강력한 국가로 자리매김할 것이다. ……어둠이 짙을수록 여명은 더욱 밝을 것이다.[87]

2년 전에 그랬던 것처럼 그는 또다시 중국 인민에게 '영구 혁명'을 진행할 것을 촉구했다. 하지만 다가오는 경제적 재난이 마오쩌둥의 야심 찬 계획에 제동을 걸었다.

31

기근과 공포

1959년 여름 내내 중국 남방에 폭우가 집중되는 가운데 동북부 지역은 심한 가뭄에 시달렸다. 피로에 지친 사람들은 대약진에 대한 열정이 점차 식어 갔다. 마오쩌둥은 여전히 이러한 환란을 일시적인 어려움 정도로 여겼다. 그는 1960년에 큰 희망을 품고 원대한 계획을 선포했다. "현재 우리나라의 형세는 대단히 좋다." 그는 이렇게 주장했다.[1] 그는 식량 3억 톤, 철강 2000만 톤에서 2200만 톤을 생산할 것을 요구했지만 1959년 실제 수확량은 1억 7000만 톤에 불과했으며, 철강 역시 1300만 톤뿐이었다. 1960년 봄, 중국 신문 매체는 '새로운 대약진'을 예고했다.[2]

하지만 1960년 전국적으로 가공할 만한 가뭄이 들었다. 20세기에 들어와 유래가 없는 한발이었다. 강과 운하는 모두 말라 버리고 심지어 황허 강조차 수위가 낮아졌다. 가뭄이 끝나자 이번에는 폭우와 태풍이 몰려왔다. 강이 범람하고 취약한 제방은 여지없이 무너졌다. 거대한 물길이 민가와 논밭으로 들이닥쳐 경작지 절반이 물에 잠겼으며, 추수를 앞둔 곡물과 채소가 온통 물에 잠기고 뿌리까지 썩어 버렸다. 식량 생산량은 1억 4350만 톤으로 대약진을 시작하기 전해인 1957년보다 5000만 톤 줄어들었다. 심각한 인도적 위기가 전국으로 확산되었다. 중국은 유사 이래 이러한 가뭄을 겪어 본 적이 없었다. 농촌과 도시에서 매일 수만 명이 죽어 나갔다.

가장 고통을 받은 이들은 마지막 빵 부스러기까지 국가에 빼앗긴 농민들이었다. 농촌 지역은 거의 먹을 만한 것이 없었다. 기아에 허덕이는 촌민들은 잎이나 나무껍질을 벗겨 먹었으며 유충이나 벌레, 개구리를 잡아먹거나 잡초까지 뽑아 먹어야만 했다. 사람들은 심지어 진흙과 잡초를 섞어 만든 '관음토(觀音土)'라는 것을 먹기도 했다. 일부 지역의 경우 끓여 먹기는 했지만 그것을 먹은 이들은 결국 죽음을 맛볼 수밖에 없었다. 당시 목격자들은 이렇게 회상했다. "사람들은 그것(관음토)과 옥수수 가루를 섞어 빵을 만들어 먹었다. ……대단히 배가 불렀다. ……하지만 일단 위장으로 들어간 후 결장에서 진흙이 모든 수분을 흡수했다. ……수많은 이들이 병원조차 가 보지 못했으며, 설령 갔다고 할지라도 수술대 위에서 죽음을 맞이했다."[3]

1957년과 1958년처럼 사람들이 또다시 참새를 잡기 시작했다. 다만 그때와 다른 점은 허기를 채우기 위함이었다. 조류치고 요행 화를 면한 경우는 하나도 없었다. 또 다른 목격자는 이렇게 말했다.

우리는 날아다니는 녀석들까지 먹기 시작했다. 나는 참새를 잡기 위해 새총 쏘는 연습을 했다. 참새를 잡아 갖다 드리면 어머니는 할머니를 위해 탕을 끓이시곤 했다. ……할머니가 돌아가시지 않고 그나마 연명할 수 있었던 것은 바로 참새 덕분이었다. ……얼마 후 새조차 찾아볼 수 없게 되자 우리는 나뭇잎을 따다가 끓여 먹었다. ……사람들은 연못까지 샅샅이 훑어 물뱀은 물론이고 눈에 띄는 모든 것을 잡아먹었다. ……이제 거의 남아 있는 것이 없게 되자 많은 이들이 죽어 갔다. ……가뭄이 계속되면서 집집마다 두세 명씩 굶어 죽는 이들이 생겼다.[4]

몇몇 성(省)의 경우 전체 촌민이 사망하는 일도 있었다. 시찰단과 함께 간 쓰 서부를 방문했던 한 의사는 당시 목도한 상황에 대해 이렇게 말했다.

이른 아침 우리는 꽤 큰 마을에 도착했다. 나지막한 움막집이 늘어선 마을에서 생명의 흔적을 찾기가 힘들었다. 그나마 보이는 것은 초췌한 모습으로 먹을 것을 구걸하는 이들뿐이었다. 팀장이 큰 소리로 외쳤다. "동지들 나와 보세요! 마오쩌둥 주석과 공산당에서 우리를 구하려고 의사들을 파견했습니다." 그는 거듭 크게 외쳐 댔다. 마침내 겨우 목숨을 부지하고 있던 이들이 방문 밖으로 기어 나왔다. 대부분 거의 죽음의 문턱에 이른 이들이었다. 쓰러지기라도 한다면 끝내 일어나지 못할 것만 같았다. 대원들이 또 한 무더기의 시신을 발견했다. 나는 어떤 작은 집의 문을 열고 들어갔다가 악취 때문에 뒤로 물러나지 않을 수 없었다. 안에서 희미한 신음 소리가 들려왔다. 살펴보니 두세 명이 어두컴컴한 구들방에 누워 있는 것이 보였다. 앞에 누운 노인네가 뭔가를 손가락으로 가리켰다. 함께 누워 있는 여인은 사망한 지 오래되어 시신 썩는 냄새가 진동했다. 노인의 손이 가리키는 곳에 몸체가 작은 아이가 놓여 있었는데 사지가 축 처지고 입이 벌어진 상태였다. 마치 울다 지친 모습처럼 보였다. 하지만 그 역시 이미 며칠 전에 사망한 것이 분명했다.[5]

푸젠 동남부도 상황은 마찬가지였다. "우리는 너무 힘이 없어 아무 일도 할 수 없었다." 지역민 가운데 살아남은 누군가는 이렇게 당시를 회고했다. "얼마 후 내 동생이 굶어 죽었다. 나는 지금도 죽기 직전 그의 모습을 기억하고 있다. 너무 허약해서 제대로 걷지도 못했다. 침상에 누워 있는 아이는 계속 똑같은 말만 반복했다. '먹고 싶어, 먹고 싶어.' 그는 마지막 숨을 내쉴 때까지 계속 신음 소리를 내뱉었다."[6]

"마오쩌둥 주석이 설마 우리를 굶어 죽게 놔두지는 않겠지?" 공사(인민공사)의 사원이 군 복무 중인 아들에게 편지로 이렇게 물었다.[7] 어떤 곳에선 기아에 허덕이던 이들이 식량을 운반하는 열차나 창고, 곡물 저장고 등을 공격했다. 심지어 지역 당 서기가 아예 주민들을 이끌고 그런 짓을 자행하기도 했다. 어떤 지역에서는 농민들이 큰길가로 나와 무조건 도시를 향해 걸어갔다. 순진하게도 그들은 도시에는 쌀과 고기가 넘쳐날 것이라고 믿었다. 1958년부터

1961년까지 100만여 명이 안후이의 시골에서 외부로 이주했으며 후난의 인민공사는 150만 명, 산둥은 160만 명이 고향을 등졌다. 거의 1000만 명에 달하는 농촌 인구가 그야말로 대탈출을 감행했던 것이다. 그들 중에는 도시로 가는 길 내내 기아에 허덕이다가 끝내 죽는 이도 허다했다. "시골에서 인근 도시로 가는 길을 따라 시체가 즐비했다." 중국 동북부에 살던 누군가는 이렇게 회상했다. "길 양측 도랑마다 귀를 찌르는 울음소리가 들려왔다. 도랑에 버린 아이들의 머리통이 눈에 들어왔다. 아이를 버린 부모들은 혹시라도 누군가 데리고 가서 지금보다 나은 생활을 할 수 있기를 바랄 뿐이었다. 도랑은 아이들이 기어 나올 수 없을 정도로 깊었지만 행인들의 눈에 띄기에는 충분했다."[8]

도시 생활도 좋지 않기는 마찬가지였다. 생기 없이 흐리멍덩한 두 눈에 홀쭉해진 두 뺨을 한 거지꼴의 시골 난민들을 보면서 마찬가지로 영양실조에 걸린 도시민들은 동정심을 내보일 여유조차 없었다. 그들 역시 참새를 잡아먹거나 들판의 풀을 뜯어 먹는 등 말 그대로 초근목피로 연명하고 있었다. 이런 상황은 수도라고 해서 별반 차이가 없었다. 어느 베이징 주민은 이렇게 회상했다. "먹을 것을 찾기가 정말 힘들었다. 친구와 나는 어쩌다 설탕을 조금 얻게 되었다. 뛸 듯이 기뻤다. 정말 당장 먹고 싶었다. 하지만 우리는 달콤한 설탕 덩어리를 바라보며 눈요기를 한 후 친구에게 주기로 마음먹었다. 친구는 몸 상태가 너무 나빠 병원에 입원하고 있었다. 병원인들 먹을거리가 있을 리 없었다. 그는 우리가 끈적끈적한 설탕을 건네자 매우 기뻐했다. 하지만 먹으려고 하지 않았다. 그저 기쁜 얼굴로 우리에게 미소를 짓다가 결국 숨을 거두었다."[9]

심지어 중난하이에서도 기근으로 인해 고생이 심하다고 알려졌다. 마오쩌둥의 주치의가 회고한 바에 따르면, "배급량이 한 달에 곡물 7.3킬로그램으로 줄었다. 고기와 달걀, 식용유는 어디에도 없었다. 우리는 자유 시장에서 채소만 살 수 있었다. 그것마저 파는 경우가 거의 없었다. 몇몇 사람들은 산양을 사냥하기 위해 원정대를 조직하기도 했으나 그나마 곧 씨가 말랐다. ……우리는 항상 빈속으로 허기에 시달렸다."[10]

마오쩌둥은 다른 이들과 함께 고통을 분담하기로 마음먹었다. 그는 고기

먹는 것을 포기했다. "모든 이가 굶주리고 있는데 나만 고기를 먹을 수는 없다." 그는 비서에게 이렇게 말했다. 저우언라이는 고기와 달걀을 먹지 않고 한 달 식량 배급량을 6.8킬로그램으로 줄였다. 대다수 지도자의 부인들은 비교적 호화스러운 자택 정원에서 직접 채소를 가꾸어 먹었으며, 시골로 내려가 식용할 수 있는 야생초나 뿌리를 구해 왔다. 물론 그것만으로 허기를 근원적으로 해결할 수는 없었다.

이런 상황에서 흐루쇼프는 중국으로부터 소련의 모든 전문가들을 소환했다. 그는 기아에 허덕이는 나라에 강력한 또는 무자비한 타격을 가하지 않을 수도 있었다. 가장 비열한 적은 최근까지만 해도 상호 우의와 형제애를 부르짖던 바로 그였다. 실제로 흐루쇼프는 잔인함에서 스탈린보다 더하면 더했지 결코 모자라지 않았다.

6주 동안 1390명의 소련 기술자, 과학자, 설계사 및 그 밖의 전문가들이 중국을 떠나 귀국길에 올랐다. 그들 소유의 관련 도면이나 문건, 계획서, 청사진도 모두 가지고 갔다. 수많은 건설 현장이 문을 닫았고, 여러 가지 프로젝트도 더 이상 진행할 수 없었다. 이렇듯 일시에 기술 인력이 빠져나가자 중국의 경제 위기는 더욱 가속화했다.

흐루쇼프는 1960년 7월 중순 루마니아 노동당 제3차 전국대표대회에서 중국 대표단을 이끌고 온 펑전과 의견 충돌*을 빚은 직후 경솔하게 이런 결정을 내렸다." 그다지 성공적이지 않은 흐루쇼프의 마지막 베이징 방문 이후 아홉 달 동안 중국과 소련은 공산당은 물론이고 국가 간의 관계 또한 악화되고 있었다. 흐루쇼프가 루마니아의 수도 부쿠레슈티에서 감정적으로 폭발한 후 그 즉시 소련 기술 인력을 철수시킨 것은 결코 우연이 아니었다. 1959년 겨울부터 1960년 봄까지 당 내부 언론이나 당의 여러 토론회에서 은밀하게 온갖 비난이 쏟아졌다. 그러다가 마침내 1960년 4월 말 레닌 탄생(4월 22일) 90주년을 기념하는 자리에서 공개적으로 소련에 대한 비판 내용이 거론되었다. 그날 중국공

---

* 펑전은 흐루쇼프가 양당 사이에 확정된 공동 문제 협상 해결의 원칙을 파괴했다고 규탄했다. ─ 옮긴이

산당 이론지인《홍기》에 「레닌주의 만세!─레닌 탄신 90주년 기념(列寧主義萬歲岁─紀念列寧誕辰九十周年)」이라는 장문의 사설이 발표되었으며,《인민일보》역시 「위대한 레닌의 길을 따라 전진하자!(沿着偉大列寧的道路前進)」라는 비교적 짧은 사설을 실었다. 이러한 논변적인 기사는 흐루쇼프의 '양대' 체제의 평화 공존' 정책과 '자본주의에서 사회주의로의 평화적 이행'에 관한 이론을 겨냥한 것이었다. 마오쩌둥은《홍기》의 기사를 마지막으로 검토하면서 레닌, 마르크스, 엥겔스의 문장에서 인용한 내용을 삽입했다. 요점은 레닌이 전쟁을 제국주의의 필연적 결과로 간주했다는 것이다. 이에 대해 소련은 핀란드 공산당 창시자이자 코민테른의 원로 공산당원인 오토 쿠시넨이 초안한 문장으로 반박에 나섰다. 그는 남편이 생전에 전쟁은 너무나 파괴적이기 때문에 그들과 싸우는 것이 불가능해질 날이 올 것이라 믿었다고 한 레닌의 미망인 나데즈다 크루프스카야(Nadezhda Krupskaia)의 발언을 인용했다.[12] 그러나 크루프스카야의 회상은 중국공산당의 마오쩌둥이나 그 밖의 지도자들을 설득하기에 충분치 않았다.

1960년 6월 세계노동조합연맹 이사회(世界工聯理事會) 제11차 회의가 베이징에서 개최되면서 중국은 보다 강력한 비판을 준비했다. 그런데 뜻밖에도 그들은 이사회 전야에 공산주의를 억누르기 위해 끊임없이 도발하고 있던 미국인들의 도움을 받았다. 5월 1일 우랄 산맥에 있는 스베르들로프스크 영공에서 정보 수집을 하고 있던 U-2 정찰기가 소련에 의해 격추되고 당시 조종사였던 게리 파워스(Gary Powers)가 소련 당국에 체포되었기 때문이다. 격앙한 흐루쇼프는 마오쩌둥의 손에 놀아날 수도 있다는 생각은 전혀 하지 못한 채 신중치 못하게 간첩 행위 사건을 대대적으로 발표했다. 흐루쇼프는 자신을 기만한 아이젠하워에게 사과와 더불어 향후 이런 일이 없도록 다짐을 받아 낼 생각이었다.* 중국은 그 기회를 이용하여 제국주의에 대한 흐루쇼프의 우둔한 정책이 결국 이런 사태를 몰고 왔다는 식으로 비판의 강도를 높였다. 5월 12일 흐루쇼

---

* 하지만 아이젠하워는 이를 거절했다. ─옮긴이

프는 문제 해결을 위해 마오쩌둥을 모스크바로 초청했다. 마오쩌둥은 이를 거절했다.[13]

그러던 차에 부쿠레슈티에서 개최된 루마니아 노동당 대표대회에서 평전과 설전을 벌이게 되자 결국 흐루쇼프도 폭발하고 말았다. 그는 대표대회에서 준비한 원고를 읽다가 돌연 마오쩌둥에 대한 거친 독설을 퍼붓기 시작했다. "극단적인 좌경주의자, 극단적인 교조주의자이며 확실히 좌파 수정주의자로 변질한 것이 분명하다." "자신의 코에서 이론을 얻은 붓다(부처)." "낡아 빠진 덧신." "어떤 이는 미래의 세계 대전으로 절반 이상이 죽고 나머지 절반만 살아남을 것이라고 말했는데 그는 정말 미친 자다." 그는 또한 마오쩌둥이 "자신의 이익 이외에 다른 이들의 이익을 돌보지 않은 채 현대 세계의 현실을 벗어나 이론을 꾸며 냈다."라고 비난했다.[14] 이에 평전은 침착하게 흐루쇼프의 변덕이 심한 외교 정책에 대해 비판했다. 그러자 흐루쇼프는 스탈린과 개인숭배로 화제를 바꾸었다. 당시 대표대회에 참가했던 사회과학원 철학과장 페오도르 부를라츠키(Feodor Burlatsky)*는 흐루쇼프가 중국 대표단 단장(왕전(王震))에게 이렇게 소리쳤다고 회고했다.** "스탈린이 필요하다면 관 속에 있는 그를 찾아가 보시오. 우리가 특별 열차를 내줄 테니."[15] 흐루쇼프는 격양되어 모스크바로 돌아왔다. 그는 소련 기술자를 철수시키겠다는 자신의 결정이 중국 경제에 얼마나 큰 영향을 미칠지에 대해 진지하게 생각했던 것 같지 않다. 단지 마오쩌둥을 벌주고 싶었을 뿐이었다.

한편 중국인들은 여전히 기아에 허덕이고 있었다. 마오쩌둥은 외국에서 식량을 수입하는 극단적인 조치에 동의했다. 1961년 중국은 제3세계 공산당을 통해 오스트레일리아, 캐나다, 미국 등지에서 400만 톤의 식량을 수입했으며, 이듬해에는 더욱 많은 양을 수입했다.[16] 하지만 식량 위기는 여전했다. 흐루쇼프조차 이런 사실을 알고 1961년 2월 27일 돌연 마오쩌둥에게 개인 서신을 보

---

* 흐루쇼프와 안드로포프의 측근이다. — 옮긴이
** 부를라츠키는 류사오치에게 이런 말을 했다고 잘못 적었다.

내 밀 30만 톤, 호밀 70만 톤 등 곡물 100만 톤과 쿠바산 설탕 50만 톤을 제공할 의사가 있다고 밝혔다. 흐루쇼프는 저우언라이에게 설탕만 받겠다는 응답을 받았다. 저우언라이는 회신에서 이렇게 말했다. "소련도 현재 어려움을 겪고 있으니 굳이 부담을 주고 싶지 않다."[17]

중국 당국은 기근을 부인하는 한편 모든 것을 감추려고 했다. 1960년 하반기 마오쩌둥의 지시에 따라 중국공산당의 '오랜 친구'인 에드거 스노가 중국을 방문하게 되었다. 그는 중국을 방문하여 다섯 달 동안 머물렀다. 마오쩌둥은 에드거 스노를 미국 중앙정보국(CIA)의 첩자로 여겼기 때문에 중국 내 가장 빈곤한 지역을 포함해 국내 여러 지역을 돌아다닐 수 있도록 허락했다. 그를 미국은 물론이고 전 세계에 중국 내 기근이 발생하지 않았음을 알리는 일종의 채널로 사용할 생각이었던 것이다. 그는 방문이 끝날 즈음 마오쩌둥과 한 번, 저우언라이와 두 번 만남을 가졌다. 마오쩌둥은 24년 전 바오안에서 만났을 때와 마찬가지로 간단하고 사교적이며, 또한 우호적으로 그와 만나 이야기를 나누었다. 마오쩌둥은 스노에게 대약진의 "괄목할 만한 성과", 특히 철강 생산에 대해 이야기했다. 하지만 중국이 여전히 "가난하고 낙후한 나라"라는 사실을 덧붙였다. 그는 이에 대해 전혀 걱정하지 않는다고 말하면서 다만 "인민들이 어려움이나 결핍, 투쟁에 익숙해질 것"이라는 점을 강조했다. 그는 대규모 기근 사태에 대해 일절 언급하지 않았다. 마오쩌둥은 오히려 "중국인들은 모두 채식주의자들이에요.[18] 비록 거의 고기를 먹지 않지만 충분치는 않아요."라고 농담을 건네기도 했다. 스노는 위대한 조타수가 그에게 말해 주었으면 하는 이야기를 세계에 전했다. "나는 중국에서 기아에 허덕이는 인민을 본 적이 없으며, 예전과 같은 기근은 없었다고 단언할 수 있다. ……나는 중국에 기근이 들었다고 믿지 않는다."[19]

물론 에드거 스노는 당시 영양실조로 수백만 명이 고통받고 있다는 사실을 전혀 언급하지 않았다. 사실 그는 그런 사실조차 전혀 모르고 있었던 것이다. 1960년 5월과 1961년 9월 두 번씩이나 중국을 방문한 버나드 로 몽고메리(Bernard Law Montgomery, 제2차 세계 대전 당시 유럽 총사령관이었던 영국 육군 원수)도 기근에 대해 알지 못하기는 마찬가지였다. 마오쩌둥과 회담을 끝내고 그는 이렇게 말했다. "대규모 기근, 기아에 허덕이는 수천 명의 사람들, 심각한 결핍, 무기력, 불안한 내정에 관한 이야기 등은 모두 잘못된 것이다. 이는 마오쩌둥과 그의 정부가 실패하기를 원하는 이들이 퍼뜨린 거짓말에 불과하다. 이런 논의는 모두 허튼소리이며, 위험할 수도 있다."[20] 중국 인민들은 마오쩌둥이 1961년 2월 중국을 방문한 프랑스 사회당 당수인 프랑수아 미테랑(François Mitterrand)에게 다음과 같이 말했다는 것을 전혀 알지 못했다. "나는 이해를 돕기 위해 다시 한 번 말하거니와 중국에는 기근이 없습니다."[21] 이런 모든 이야기는 해외에서 그대로 반복되었다.

1980년 마오쩌둥이 사망한 뒤에야 비로소 중국은 공식적으로 대약진 기간과 그 이후에 기근으로 인해 많은 이들이 희생되었다는 사실을 인정했다. 당시 중국공산당 중앙위원회 총서기였던 후야오방(胡耀邦)은 2000만 명이 죽었다는 공식 통계를 제시했다. 그러나 여러 가지 추론에 따르면 이 수치는 지나치게 낮게 잡은 것이다. 보다 현실적인 수치는 3000만 명, 어쩌면 4000만 명 이상이 사망했을 수도 있다. 중국 여러 지역의 공문서에 근거하여 중국의 대기근을 연구한 최신 자료에 따르면 적어도 4500만 명의 사망자가 발생한 것으로 알려져 있다. 한편 중국의 한 반체제 인사는 자신의 책에서 3600만 명이 희생되었다고 썼다.[22] 예를 들어 1957년 전체 인구가 7000만 명이었던 쓰촨의 경우 여덟 명 가운데 한 명꼴로 사망자가 나왔으며, 전체 3300만 명인 안후이와 1200만 명인 간쑤의 경우 네 명에 한 명꼴로 사망자가 속출했다.[23] 대약진으로 인한 경제 손실은 1000억 위안에서 1200억 위안에 달했으며, 이는 제1차 5개년 계획 기간에 중국이 투자한 자본의 두 배에 이르는 금액이다.[24]

만약 이런 재난이 민주 국가에서 발생한다면 이후 정부 주체가 바뀔 것이다. 중화인민공화국은 모든 권력이 군대와 공안, 그리고 확대 관료 조직에 의존하는 당과 국가의 관료 체제에 속해 있다. 당은 사회 전 영역에 세포 조직을 가지고 있으며, 반체제 인사들은 탄압을 받는다. 관료 체제는 인민으로부터 인력을 공급받는다. 좀 더 정확하게 말하자면, 가장 낮은 사회 계급인 빈농, 하카

(客家), 이전의 부랑자, 빈민, 그 밖의 무산 계급에서 나온다. 하지만 관료 체제는 그들 자신의 공동 이익을 대변하며 그들의 특권과 권력을 보호하는 데 관심을 쏟을 뿐이다. 권력의 정점은 1920년대부터 1940년대까지 계급 투쟁에 참여했던 이른바 '원로 혁명가'들이 차지했다. 마오쩌둥은 에드거 스노에게 이렇게 말한 바 있다. "지금은 당시 활동했던 이들 가운데 800여 명만 남아 있습니다. 대체로 국가는 그들에 의해 운영되고 있으며, 당분간 그들에게 의존할 것입니다."[25]

이런 상황에서 반대 의견은 좁은 당내 엘리트 계층에서 나올 수밖에 없었다. 그래서 특히 펑더화이 사건 이후에 마오쩌둥이 가장 걱정했던 것은 당내 반대파 그룹의 분위기였다. 기근과 경제 위기는 또다시 그의 오랜 동지들 사이에서 불만을 야기했으며, 그들 중 일부는 여전히 신민주주의 경향을 고수하고 있었다.

마오쩌둥도 경제나 어쩌면 정치 면에서 어떤 조치를 취해야 한다는 점을 알고 있었다. 하지만 자신의 근본적인 과오에 대해 인정하기를 거부했다. 그는 주도권을 잡을 필요가 있었다. 1960년 봄과 여름 내내 마오쩌둥은 몹시 의기소침한 상태였다. 8월이 되어서야 겨우 우울한 정서에서 벗어나 기운을 차렸다. 그때 정부 내에서 대약진의 종식을 요구하는 목소리가 들리기 시작했다. 1960년 7월 국가계획위원회 주임을 맡고 있던 리푸춘이 국민 경제에 대한 '정돈(整頓), 공고(鞏固), 제고(提高)'를 중심으로 한 새로운 경제 정책을 제안했다. 저우언라이는 그의 제안을 지지하면서 그 안에 '충실'이라는 두 글자를 덧붙이자고 말했다. 천윈 역시 새로운 경제 정책을 적극 지지했다.[26]

마오쩌둥은 즉각 행동에 돌입할 필요가 있다고 느꼈다. 그는 계속해서 조사할 것을 주장하면서 기근을 지방 간부들의 탓으로 돌렸다. "몇몇 공사(인민공사)에서 간부들이 너무 멀리 나갔다. 그들은 기율 개념을 잃고 고위 당국의 재가도 없이 평등주의와 재분배를 시행했다." 그는 뻔뻔스럽게 이렇게 말했다.[27] 그들은 조사가 필요한 간부들이었다.

동시에 그는 도시에 거주하는 군중을 동원하여 농민들을 돕도록 해야 한다고 생각했다. 산업 노동자와 지식인 수백만 명이 농촌으로 이주했다. 대약 진 기간에 농촌 인력이 유입되면서 도시 인구가 거의 두 배로 증가했다. 이제 마오쩌둥은 그들 가운데 일부를 다시 농촌으로 되돌려 보낼 생각이었다. 물론 '우경주의자나 범죄자'가 대규모 운동에 휩쓸렸다. 지식인을 포함하여 도시를 떠나 농촌으로 쫓겨난 사람들은 이전까지 농촌에서 한 번도 일해 본 적이 없는 이들이었다. 마오쩌둥에게 그것은 문제가 되지 않았다. "사람은 공장, 통신, 교육, 건설 등등 어떤 곳에서 일하든지 매일 먹어야만 한다. 어느 누구도 식량 없이는 살 수 없다." 마오쩌둥 주석은 이렇게 선언했다. 농촌 인민공사를 위해 몰아낼 수 있는 모든 노동력을 "몰아냄"으로써 농업 생산 전선을 강화하기 위 한 "모든 적절한 수단을 강구해야 한다."라는 것이 그의 요구였다.[28] 그의 지시 는 곧 실천에 돌입했다. 수많은 도시민들이 들판에서 일하기 위해 파견되었다.

그의 제안은 기본 정책에 영향을 주었다. 1960년 9월 그는 중앙정치국 상무 위원회 위원들에게 최소 스무 가구 이상을 기본 단위로 하는 '생산대'나 '소조' 를 만들 것을 요구했다. 인민공사는 기본 행정 단위나 농촌의 재산권에 관한 3급 소유제 가운데 하나로 남게 되었다. 인민공사 설립 이후 효과적인 것으로 판명 된 이러한 체제는 예를 들어 거의 모든 토지처럼 생산 수단의 일부를 4만 명에 서 5만 명으로 구성된 공사에 귀속시키고, 나머지는 대략 6000여 명으로 구성 된 대규모 생산대와 최소 200여 명으로 구성된 낮은 단계의 생산대나 소조에 분배하는 것이었다. 이렇게 함으로써 각각의 재산 수준이 합작화의 일정 수준 에 부합하게 되었다.

11월 초 중앙위원회는 「중공중앙의 농촌 인민공사 현행 정책 문제에 관한 긴급 지시 서신(中共中央關於農村人民公社當前政策問題的緊急指示信)」을 하달했 다. 주된 내용은 농민들에게 작은 규모의 개인 토지 소유를 허락하고, 부업으 로 소규모 수공업을 운영할 수 있도록 하는 것이었다. 저우언라이가 문건을 작 성했다.[29]

곧이어 중앙위원회의 명의로 마오쩌둥이 성, 시, 구 당위원회에 "오풍(五 風)을 철저하게 규정(糾正)하라."라는 지시를 내렸다. 이른바 오풍은 '공산풍

(共産風)', '부과풍', '명령풍', '간부 특수풍(特殊風)', '생산에 눈먼 지휘풍(瞎指 揮風)'을 말한다. 이 중에서 가장 중요한 것은 '공산풍', 즉 개인 재산의 공유화 를 규정하는 것이었다.[30]

마오쩌둥의 우경화는 확연했다. '온건파'에게 투항할 의도는 전혀 아니었 다. 단지 자신이 개혁의 원천이며 개혁이 성공했음을 보여 주고 싶었다. 1961년 1월 소집된 중앙정치국 상무위원회 회의에서 인민공사 개혁에 관한 의제가 비 준되었다. 당은 1950년대 중반 고급 농업합작사 시기로 후퇴했다. 하지만 마오 쩌둥은 회의 참가자들이 자신의 생각에 호응한 데 대해 만족스러웠다.

회의 말미에 그는 모든 이들이 조사에 참가할 것을 재차 호소했다. "우리 는 반드시 모든 것을 다른 이들이 아닌 자기 눈으로 보고, 자기 귀로 듣고, 자기 손으로 직접 만져 보아야 합니다. ……모든 것에서 우리는 실천이 따라야 합니 다." 그는 이처럼 강력히 권고했다. 그리고 중앙위원회에 다음과 같이 지적하 면서 부드럽게 권고했다. "지난가을 …… 상황을 정확하게 살피지 않았으며, 사안을 파악하지도 않았고, 철저한 교정도 하지 않았습니다." 이렇듯 마오쩌 둥은 당시 상황을 좋은 기회로 판단하고 자신이 새로운 정돈(整頓) 정책의 발 기인임을 강조했다. "1961년은 우리 사업을 현실적으로 접근하는 해가 되어야 합니다." 그는 이렇게 선언하면서 "만약 실수를 한다 해도 기죽을 필요 없다." 라고 덧붙였다.[31] 이렇게 하여 그는 당내의 위기를 쉽게 피해 나갔다.

그렇기는 하지만 마오쩌둥은 여전히 경제에 관해 제대로 파악하지 못하고 있었다. "내가 알지 못하는 경제 건설의 문제점이 많다." 그는 언젠가 솔직하 게 말했다. "나는 공업이나 상업에 대해 그다지 잘 알지 못한다. 농업에 대해서 는 조금 알지만 그것도 어느 정도일 뿐이다. 다시 말해 조금만 이해하고 있다 는 뜻이다."[32] 이것이 바로 그가 1960년 봄 마침내 기근이 대재앙이라는 사실 을 이해하면서 심각할 정도로 의기소침했던 까닭이다. 비록 그해 가을에 활동 을 재개했지만 마음은 여전히 우울했다. 대약진이 실패했는데 그는 이러한 착 오를 시정할 만한 분명한 계획을 가지고 있지 않았다. 신민주주의로 돌아간다 는 것은 사회주의 건설 경험을 부정한다는 뜻이었으며, '온건파'와의 논쟁에서 그가 틀렸음을 인정함으로써 결국 체면이 깎이는 것을 뜻했다. 그럼에도 불도저식으로 밀어붙인다면 엄청난 인민의 분노와 반발에 직면할 것이 뻔했다. 1960년 그는 에드거 스노에게 이렇게 말했다. "당신도 알다시피 우리는 정책, 정치 명령, 정치 수단, 군사 업무, 계급 투쟁에 관한 한 많은 경험을 가지고 있습니다. 하지만 사회주의 건설과 관련된 분야는 참여해 본 적이 없을뿐더러 경험도 많지 않습니다. 당신은 이렇게 물을 수도 있겠지요. 지난 11년 동안 해 오지 않았느냐고 말이지요. 물론 우리는 그렇게 해 왔습니다. 그러나 아직까지 우리는 지식이 부족하고 경험도 충분하지 않습니다. 우리가 이제 막 경험을 쌓기 시작했다고 말할 수도 있겠습니다만 여전히 아주 얼마 안 됩니다."

이것이 그가 당분간, 적어도 향후 7년간 대약진 이전의 조직적 생산 형태로 회귀하기로 마음먹은 첫 번째 이유다. 이 외에 그는 전혀 다른 생각이 없었다. 예컨대 스노가 중국의 경제 발전을 위한 장기 계획에 대해 묻자 "나는 모른다."라고 짤막하게 대답했다. 스노가 놀라며 "지나치게 신중한 발언이 아니냐."라고 하자 마오쩌둥은 다시 한 번 똑같이 대답했다. "내가 신중한지 아닌지 여부는 중요한 문제가 아니고, 분명한 사실은 내가 모른다는 것입니다. 우리는 경험이 부족합니다."[33]

야심 찬 대약진 계획을 포기하면서 그는 적어도 향후 50년 안에 강력한 사회주의 경제를 확립하는 것이 불가능하다고 믿었다. "내 생각에는 선진 자본주의 국가를 따라잡아 그들을 앞지르려고 한다면 적어도 100년 이상 걸릴 것입니다."[34] 그는 몽고메리 원수와 만난 자리에서 아무런 열정도 보이지 않고 이렇게 말했다. 1961년 4월 중순 마오쩌둥은 공동 식당을 폐쇄하라고 지시하면서, 이것(공동 식당)은 이미 "생산 발전의 장애이자 당군(黨群) 관계의 악성 종양이 되고 말았다."라고 말했다.[35]

의기소침해진 그는 '제2선'으로 물러나기로 결정하고 다른 이가 당을 이끌도록 했다. 그는 물론 '온건파'이기는 하지만 여전히 마오쩌둥을 열렬하게 지지하면서 새로운 8자 방침(八字方針), 즉 '조정, 공고, 충실, 제고' 방침을 적극 추진한 류사오치에게 맡겼다. 천윈과 덩샤오핑을 포함한 정치국 위원들도 마오쩌둥이 후계자로 언급하기 시작한 류사오치를 돕고 있었다. 몇 년 후 그는 이렇게 설명했다. "지도자를 일선과 이선으로 나누는 것이 내 책임이었다. 왜 우리는 일선과 이선으로 나누었는가? 첫 번째 이유는 내 건강이 그리 좋지 않았기 때문이다.(이는 그의 간계다.) 두 번째는 소련의 교훈 때문이다. 말렌코프는 충분히 성숙한 상태가 아니었다. 스탈린 사망 전까지 그는 권력을 사용한 적이 없었다. 매번 건배를 제의할 때마다 그(류사오치)는 비위를 맞추며 아부를 떨었다. 나는 내가 죽기 전에 그들의 위신을 세워 줄 생각이었다."[36]

마오쩌둥은 여전히 회의와 토론에 참가했지만 그의 연설은 형식적인 것이 되었다. 그는 계속해서 관리들에게 "체계적인 조사와 현실에 대한 학습"을 요구하는 한편, "주마간산식으로 대충 보지 말"라고 했다. 그리고 "각급 간부들이 여전히 사회주의가 무엇인지 진정으로 이해하지 못하고 있다."라고 불만을 터뜨리면서 '공산풍'에 대한 투쟁을 촉구했다.[37] 그는 더 이상 아무것도 하지 않았다.

전국 각지에서 획기적인 사건이 벌어지기 시작했다. 안후이를 포함한 여러 지역의 농민들이 이른바 가정승포제(家庭承包制)와 유사한 '가정도급제(포산도호(包産到戶))'*를 채택했다. 토지를 농민들에게 분배하고 생산 책임을 가정에 맡긴다는 것이다. 농민들은 실제로 생산대나 소조의 토지를 임대하기로 현지 당국과 협약을 체결하고 수확기에 국가에서 할당한 곡물 할당량을 달성하기로 약속했다. 이는 자연스럽게(마오쩌둥은 나중에 "돌연히"라고 말했다.) 일어나 마치 연쇄 반응처럼 널리 확대되기 시작했다.[38] 몇몇 당 지도자들도 이를 이행하는 데 전혀 위험이 따르지 않는다고 생각했으며, 안후이 당위원회 제1서기는 아예 발 벗고 나서서 적극적으로 도왔다. 누군가**는 이렇게 말하기도 했다. "농민들은 자신의 이익에 대단히 민감하다. 만약 이윤을 1만 명이 나누어 가진다면 그들은 일하지 않을 것이고, 1000명이 나눈다면 약간만 일할 것

---

* 농가 세대별 생산량 도급 제도. 개혁 개방 이후에는 가정연산승포책임제(家庭聯産承包責任制)라고 불렸다. ― 옮긴이

** 량리팡(梁麗芳), 『욱일(旭日)』. ― 옮긴이

이며, 100명이 함께 나눈다면 조금 더 일할 것이다. 만약 열 명이 나눈다면 훨씬 열심히 일할 것이고, 그들 가족만 나누어 갖는다면 최선을 다해 일하게 될 것이다."[39]

물론 당내 인사들은 농민들에게 토지를 분배하는 것을 사유 재산으로 생각하지 않았다. 부식 재배를 위한 작은 땅은 일시적으로 허용되었을 뿐이며 그조차 아무 데서나 할 수 있는 것이 아니었다. 따라서 안후이 당위원회 제1서기(쩡시성(曾希聖))가 이러한 조치를 사회주의에 손해를 끼치지 않으면서 기아 문제를 단기간에 해결하기 위한 임시 방편으로 간주한 것도 그리 놀라운 일이 아니다. 1961년 한여름까지 안후이의 토지 5퍼센트를 개별 농가에서 경작했다.[40]

중앙위원회 영도자들은 안후이의 주도적인 조치에 적극적으로 호응했다. 천윈은 격한 어조로 이렇게 말했다. "농민들은 아무것도 하지 않으면서 그저 불평만 늘어놓고 있다. 그들은 장제스 시절에는 '고통스러웠지만' 그래도 먹을 것은 풍족했다. 마오쩌둥 치하의 모든 것이 '위대'하지만 그저 죽만 먹고 있다고 말한다. 지금 우리가 해야 할 일은 농민들에게 토지를 주는 것이다. 그러면 모든 이들이 충분히 먹을 수 있다."[41] 마오쩌둥에게 이는 무엇을 의미했을까? 만약 경제가 발전하고 인민이 잘살 수만 있다면 사회주의든 자본주의든 문제가 되지 않는다?

한 달 전까지만 해도 마오쩌둥의 열렬한 지지자처럼 보였던 류사오치는 마오쩌둥이 보기에 가장 환대받지 못할 결론을 내렸다. 고향인 후난의 닝샹에 머물면서 인민공사에 대한 현지 조사를 진행하고 돌아온 류사오치는 1961년 5월 중앙위원회 공작회의*에서 보고했다. "후난 성의 농민들 사이에는 '열 가지 불행 중에 세 가지는 하늘에서 오고 일곱 가지는 사람에게서 온다.'라는 속담이 있다. ……우리나라는 (어려움의) 주된 원인이 자연 재앙에서 오는 지역이 있

---

* 이와 유사한 발언이 1962년 1월 11일부터 2월 7일까지 베이징에서 개최된 확대 중앙공작회의 기간 중인 1월 27일에 이루어졌다. — 옮긴이

기는 하지만 그런 지역이 많지 않다는 것이 걱정이다. 대부분의 경우 주된 원인은 우리가 일하면서 생겨난 결점과 오류다." 그는 계속해서 이렇게 말했다. "과거에 우리는 이러한 결점이나 과오와 성과를 손가락 아홉 개와 손가락 한 개의 관계에 비유했다. 지금은 그런 식으로 비유해서는 안 될 것이다. ……만약 우리가 그저 아홉 손가락과 한 손가락에 대해 이야기하느라 모든 시간을 허비하고 이러한 상황을 바꾸지 않는다면 현실에 위배되는 일이다."[42] 그의 발언은 마오쩌둥을 겨냥한 것이 분명했다. 왜냐하면 마오쩌둥이 성과와 실패를 "건강한 손가락 아홉 개와 병든 한 개"라는 말로 비유하기를 좋아했으며, 심지어 대약진에 대해서도 그렇게 말했다는 사실을 누구나 다 알고 있었기 때문이다. 그러나 류사오치는 자신을 억제할 수 없었다. 무엇보다 고향을 방문하면서 큰 충격을 받았다. 4월 1일부터 40일간 머물면서 류사오치는 현장 상황을 잘 알게 되었다. 떠나기 전 고향 사람들에게 작별 인사를 하면서 얼마나 상심했는지 차마 발길이 떨어지지 않았다. "나는 40년 동안 고향에 온 적이 없기 때문에 정말로 한번 와 보고 싶었습니다. 이제 왔다가 여러분이 얼마나 힘든 생활을 하고 있는지 똑똑히 보고 돌아갑니다. 우리가 일을 잘못했습니다. 여러분, 용서해 주시기 바랍니다."[43]

이번 회의에서 덩샤오핑은 류사오치를 지지했다. 다른 이들도 거의 같았다. 예상치 못한 반격에 마오쩌둥은 당황한 것 같았다. 마오쩌둥은 1월 30일 연설(「확대 중앙공작회의 연설(在擴大的中央工作會議上的講話)」)에서 자신의 과오를 인정했다. "지금 그들이 우리에게 보복을 가하고 있다." "토양이 비옥하지 않으면 사람이나 가축이 수척해진다. 응당 과거 3년 동안의 결점과 과오에 대한 결산이 있어야 한다. 누구의 죄인가? 제일 먼저 중앙에서 책임져야 한다. 중앙에서는 내가 제일 먼저 책임을 져야 한다."[44] 또한 그는 자신이 오랫동안 중국의 사회주의 건설 방식을 충분히 이해하지 못했음을 언급하기도 했다.[45] 1961년 중반 마오쩌둥은 한동안 안후이 성의 경험을 알아보고자 했으나 그리 오래 가지 않았다.

그는 상당히 사기가 저하된 상태였다. "좋은 당원들은 모두 죽고 남은 것은 그저 우귀사신(牛鬼蛇神, 추악한 인물)뿐이다." 그는 주치의에게 말했다. "우리가 원하는 것은 여전히 사회주의다. 지금 우리는 농업 생산에서 어려움에 봉착했기 때문에 농민들에게 양보하지 않을 수 없다. 하지만 이는 향후 우리가 취해야 할 방향이 아니다." 그는 이렇게 솔직한 심정을 토로했다.[46]

당내 반대파들은 계속해서 힘을 얻었다. 마오쩌둥을 향한 간접 비판이 점차 늘어나면서 그는 장시 소비에트 시절 수년간 느꼈던 소외감을 다시 한 번 체험하고 있었다. 그는 또다시 모든 것을 내던지고 산으로 가야 한다고 느꼈다. 그러면 그들이 사람을 보내 내려와 줄 것을 간곡하게 요청하겠지!

몽고메리 원수와 두 번째 만났을 때 그는 죽음을 화제로 삼았다. 당시 마오쩌둥은 예순아홉 살, 몽고메리는 일흔다섯 살이었다. 사실 외교상 결례였지만 마오쩌둥은 별로 개의치 않았다. 그는 사람들이 어떤 원인으로 어느 한순간에 죽음을 맞이하는 것을 목도했지만 대부분의 경우 질병 때문에 죽는 것 같다고 말했다. 중국 민간 신앙에 따르면, 인생에서 일흔세 살과 여든네 살 때가 가장 힘든 액년이라면서 만약 그 나이까지 살게 되면 백 살까지 장수할 수 있다고 했다. 그러면서 자신은 일흔세 살까지 살 생각이 없다고 말하기도 했다. 또한 "마르크스와 논의할 것이 많기 때문에" 그를 만날 생각이라고 말했다. 그는 재차 류사오치를 자신의 후계자로 언급했다.[47]

1961년 하반기 마오쩌둥은 심정적으로 암울했으며, 이듬해인 1962년에도 별로 나아지지 않았다. 그해 1월 11일부터 2월 7일까지 열린 중국공산당 중앙위원회 확대 공작회의*에서 마오쩌둥은 최측근에게 엄중한 비판을 받았다. 7000여 명의 전국 지도자**들이 중국 각지에서 모였다. 중앙정치국 위원들이 회의 분위기를 잡으면서 몇몇 사람이 "너무 멀리 간 것"도 그리 놀랄 일이 아니었다. 펑전은 대약진 실패에 대해 최고 영도자의 개인 책임 문제를 제기하면서 마오쩌둥 주석, 류사오치, 그리고 책임질 자격이 있는 중앙정치국 상무위원

---

* 통칭하여 7000인 대회라고 한다. — 옮긴이

** 중앙과 성, 지구, 현 당위원회 4급 이상 중요 책임자와 대형 공장, 광산, 군 책임자 7118명이 참석했다. — 옮긴이

을 포함한 중앙위원회의 탓으로 돌렸다. 아울러 그는 이렇게 덧붙였다. "마오쩌둥 주석의 위망은 주무랑마펑(珠穆朗瑪峰, 에베레스트 산)은 아닐지라도 태산만큼 높은 것이 분명하다. 그렇기 때문에 설사 상당한 양의 흙을 다른 곳으로 옮긴다고 해도 여전히 높고 크다. 마오쩌둥 주석은 또한 동중국해와 같다.(그렇기 때문에 설사 몇 통의 바닷물을 없앤다고 할지라도 여전히 충분한 양이 남아 있다.) ……하지만 만약 마오쩌둥 주석이 천 가지 잘못 가운데 1퍼센트나 또는 단지 한 가지 잘못만을 저질렀다고 할지라도 자아비판을 하지 않는다면 우리 당에 좋을 일이 없다."[48]

마오쩌둥은 자신을 꾸짖어야만 했다. 무엇보다 후계자이자 지도자 동지를 선택하는 데 좀 더 조심해야 할 당사자가 바로 그였기 때문이다. 그는 사람들을 도발하기로 마음먹은 후 회의 의제에 민주 집중제와 비판, 당원의 충성심을 평가하는 중국공산당의 일반적인 기술인 자아비판을 포함시키기로 결정했다. 그의 의도는 동료들에게 '울분을 풀' 기회를 제공함으로써 그들의 견실성을 시험하자는 것이었다. 그는 다시 한 번 예전처럼 '백화제방'의 책략을 이용하여 독사를 굴에서 유인할 수 있기를 원했다. 다만 이번에는 대상이 당이었다.

류사오치는 연설에서 마오쩌둥이 예상했던 것보다 더 나갔다. "과거에 우리는 결점이나 과오와 성적(성과)의 비율을 1대 9로 보았다. 현재는 전국 도처에서 그런 것이 아니라 오직 몇 군데서만 그러할 것이다." 류사오치는 경제 실패의 주관적 요인과 객관적 요인의 불합리한 관계에 대해 언급하면서 이렇게 말했다. 그가 발언하는 중간에 마오쩌둥이 끼어들어 "그런 지역이 적지 않다."라고 불만을 표시했지만 류사오치는 계속 말을 이었다. "전국적으로 본다면 결점과 성과의 관계는 손가락 한 개와 아홉 개가 아니라 손가락 세 개와 일곱 개의 관계일지도 모릅니다."

마오쩌둥은 심기가 불편했지만 류사오치는 발언을 멈추지 않았다. "심지어 일부 지역은 결점이나 과오가 성과보다 더 큽니다."[49] 목격자의 말에 따르면, 류사오치의 발언은 마오쩌둥의 기분을 완전히 망쳐 놓았다.[50]

그때 지역 대표들이 싸움에 끼어들었다. 어떤 이는 주관주의가 최근에 발생한 문제 가운데 가장 심각한 것이라고 말했으며, 누군가는 과오가 경험 부족에서 비롯되었다는 마오쩌둥의 논지를 문제 삼았다. 모든 이가 알고 있다시피 중국공산당은 제1차 경제 개발 5개년 계획을 완수할 당시에도 경험이 부족하기는 마찬가지였다. "그런데 왜 그때는 지금처럼 수많은 문제가 일어나지 않았는가?" 몇몇 당 간부가 예리하게 문제를 제시했다.[51]

마오쩌둥은 어떻게 대응했는가? 자신이 비판을 받아야 한다고 말한 것이 전부다. 그리고 그렇게 했다. "무릇 중앙위원회가 범한 과오는 직접적으로 내가 책임을 져야 한다. 나는 또한 중앙위원회 주석이기 때문에 중앙의 간접적인 과오도 일부 책임져야 한다. 나는 다른 이들에게 책임을 전가하지 않겠다. 물론 다른 일부 동지들 역시 책임이 있다. 첫 번째로 책임을 져야 할 사람은 바로 나다." 비록 자신에게 경제는 "필연적으로 미지의 영역"일 수밖에 없다는 것을 인정하기는 했지만 분명 어느 정도 자아비판을 한 것이 틀림없다. 그가 경제에 문외한이라는 것은 거의 모든 이들이 아는 일이었다. 하지만 마오쩌둥은 주된 화살을 당내 다른 지도자들에게 돌렸다. 다시 말해 "과오를 범했으면서도 여전히 침묵하거나 다른 이들이 그것에 대해 말을 꺼내기를 두려워하는 이들"에게 돌렸다는 뜻이다. 그는 그런 이들에게 경고했다. "무서워하면 할수록 귀신이 나오는 법이다. ……책임을 지려 하지 않고 책임지는 것을 두려워하며, 다른 사람들이 말도 못 하게 하고, 호랑이 꼬리는 아무도 만질 수 없다는 사람(다른 사람의 비판을 받아들이지 못하는 사람), 무릇 이런 태도를 취하는 이들은 열이면 열 모두 실패하고 만다." 심지어 참석자들에게 이런 농담을 하기도 했다. "사람들이 언제나 말하는 것처럼 호랑이 꼬리는 정말 만질 수 없는가? 그렇다면 굳이 만져야겠다." "이번 연설에서 나는 이러한 현상에 대해 비판하고, 일부 동지들에 대해 비판했지만 구체적으로 이름을 거론하지 않았으며, 무슨 장삼이사(張三李四)라고 지적한 것도 아니다. 그래도 여러분은 마음에 짚이는 이들이 있을 것이다."[52]

전혀 농담할 분위기는 아니었지만 모두 웃음을 터뜨렸다. 주석의 연설이 끝난 후 수많은 당 지도자들이 자아비판에 참여했다. 하지만 일부만이 열정적으로 마오쩌둥의 연설을 지지했다. 린뱌오는 그들 가운데 한 명이었다. 그는 이렇게 말했다. "우리의 사업은 마오쩌둥 주석의 사상을 그대로 이행할 때만 해도 제대로 이어졌다는 것을 절절히 느낀다. ……우리가 어떤 문제나 어려움에 봉착했다면 이는 우리가 마오쩌둥 주석의 지시를 충분히 따르지 않았기 때문이자 주석의 건의를 무시하거나 제한했기 때문이다. 이것이 지난 수십 년에 걸친 우리 당의 역사다." 이런 논리에 근거하여 린뱌오는 대약진이 실패한 것은 "우리가 마오쩌둥 주석의 경고를 듣지 않았기" 때문이라고 설명했다. 마오쩌둥의 고향인 샹탄 지위(地委, 중국공산당 지구 일급위원회)와 쓰촨 당위원회의 유능한 서기였던 화궈펑(華國鋒) 역시 주석에게 찬사를 보냈다. 마오쩌둥은 1959년 고향인 사오산에 갔다가 만났던 그를 기억하고 있었다. 마오쩌둥은 처음 만날 때부터 그를 좋아했다. 하지만 상처 입은 영혼을 위로해 준 것은 역시 린뱌오의 연설이었다. 그의 연설 내용은 마오쩌둥이 직접 수정한 것이니 전혀 이상한 일이 아니었다.[53]

위대한 조타수는 다른 이들의 연설에 짜증이 났고 동료들에게 더욱더 실망했다. 그는 피곤했다. 많이 수척해지고 늙어 보였다. 대회가 끝나고 2월 8일 그는 당의 일상 업무를 류사오치에게 넘기고 베이징을 떠났다. 당분간 돌아올 생각이 없었다. 그는 "머리가 크고 모르는 것이 없는" 자들이 당면한 국가의 문제에 어떻게 대응할 것인지 보고 싶었다. 물론 그들을 적으로 간주한 것은 아니었다. 하지만 그들에 대한 분노는 식을 줄 몰랐다. 그는 의도적으로 권력을 내려놓았다. 무엇보다 자신이 죽기 전에 국가에서 그들의 영향력을 강화할 수 있도록 하기 위함이었다. 그런데 돌연 모든 것이 "정반대 방향"으로 움직이기 시작했다.[54] '내가 없는 상황에서 얼마나 잘하나 보자.' 그는 내심 이런 생각이 들기 시작했다.

마오쩌둥이 베이징을 떠난 바로 그날 저녁에 동료들은 류사오치의 주재로 공작회의*를 열고 국가 경제의 현황을 분석했다. 예산 적자가 3억 위안을 넘어

---

* 『마오쩌둥 연보(毛澤東年譜)』에 따르면, 2월 8일 개최된 회의는 중국공산당 중앙정치국 상무위원회 확

서고 미래에 대한 전망이 불투명하다는 사실에 많은 이들이 불안감을 떨칠 수 없었다. 정치국 위원 가운데 경제에 가장 밝은 인물로 알려진 천윈이 상황을 타개하기 위한 구체적인 대안 마련의 책임을 맡았다. 2주 후에 보고된 그의 계획안은 도시 인구, 군대, 행정 기구를 현저히 줄이고, 기존의 공업 중심 사업에서 농업 증산과 통화 팽창 억제로 역량을 전환하는 것 등이 핵심 사항이었다.* 이는 그가 할 수 있는 만큼의 제안이었으며, 더 이상 급진적인 생각은 제시하지 않았다. 류사오치는 만약 지도부가 제때에 식량 상황을 개선할 수 있는 구체적인 방법을 채택하지 않는다면 중국에서 내전이 벌어질지도 모른다고 경고했다. 사람들은 모두 경제 상황이 심각함을 인정했다.[55]

한편 항저우로 내려온 마오쩌둥은 상처를 치유하고 있었다. 2월 25일 그는 비서인 톈자잉(田家英)**에게 작은 규모의 조사조를 조직하여 최근에 류사오치가 다녀간 후난 지역을 살펴보도록 지시했다. 그들은 또한 마오쩌둥의 고향인 사오산과 모친의 출생지인 탕자퉈(唐家坨)의 인근 마을을 방문하여 마을 사람들과 이야기를 나누면서 현지 상황을 평가해 볼 예정이었다. 누군가, 다시 말해 마오쩌둥이 대약진 실패의 주된 책임을 져야 한다는 류사오치의 주장이 내내 마오쩌둥을 괴롭히고 있었다. 마오쩌둥은 반박하고 싶었다. 톈자잉은 누구보다 이런 목적에 적합한 인물이었다. 마오쩌둥은 톈자잉이 1961년 3월 안후이*** 지역을 조사한 후 '책임전(責任田, 농가에서 생산을 책임지는 제도)'의 문제점에 대해 예리하게 비판했던 기억을 되살렸다. 당시 톈자잉은 마오쩌둥의 지시를 받고 처음으로 이러한 혁신적인 제도에 대한 조사를 책임졌다. 톈자잉이 생각하기에 '책임전'은 과부나 고아를 위한 배려가 전혀 없다는 점에서 비인도

대회의이며, 이후 2월 21일부터 23일까지 류사오치가 같은 회의를 주재했다. 본문의 내용으로 볼 때 2월 21일 확대회의로 보인다. — 옮긴이

* 천윈은 10년 경제 계획을 복구와 발전 단계 두 부분으로 나누는 것을 포함하여 대략 여섯 가지를 건의했다. — 옮긴이

** 1948년부터 1966년까지 마오쩌둥의 비서로 일했다. — 옮긴이

*** 당시 톈자잉은 안후이 이외에도 저장의 농촌 지역을 조사한 바 있다. 다만 당시 그가 조사한 것은 '책임전'이 아니라 저장에 있는 생산대의 실제 상황에 대한 것이었다. — 옮긴이

적이었다. 만약 '책임전'이 전국적인 규모로 확대된다면 과연 그들(과부나 고아)은 어떻게 될 것인가에 생각이 미치자 선량한 마오쩌둥의 비서는 심적으로 불편했다.⁵⁶ 그래서 관련 자료를 수집하여 주석이 동료들을 반박할 수 있도록 돕고자 했던 것이다.

후난에 도착한 톈자잉은 농민들의 발언에 크게 경악하지 않을 수 없었다. 농민 대다수는 대약진을 저주했으며 '포산도호'를 적극 환영했다. 심지어 신민주주의로 돌아가길 원한다고 말하는 이들도 있었다. 비서는 마오쩌둥에게 모든 사실을 곧이곧대로 보고하는 수밖에 없었다. 마오쩌둥은 얼굴을 찌푸리며 말했다. "우리는 대중 노선을 따라야 하는 것이 틀림없다. 하지만 어떤 경우에는 무조건 대중의 말만 들어서는 안 된다. 이를테면 단간(單幹)*을 시행하자는 주장을 그대로 받아들일 수는 없다."⁵⁷

톈자잉은 천원, 류사오치에게 이야기하면서 그들이 농민을 지지하는 것에 대해 기뻐했다. 덩샤오핑 역시 포산도호를 적극 지지했다. 류사오치, 덩샤오핑, 천원 등은 그해 봄 내내 경제를 살리기 위해 많은 노력을 했다. 포산도호가 점차 확산되면서 상황이 나아지기 시작했다. 1962년 여름까지 대략 20퍼센트에서 30퍼센트의 토지가 농민들에게 돌아갔다.⁵⁸ 이는 국가의 식량 위기를 점차적으로 극복하는 데 큰 도움이 되었다. 1961년 곡물 생산량은 400만 톤까지 증가했으며, 1962년에는 1250만 톤으로 늘어났다.⁵⁹ 류사오치, 덩샤오핑, 천원 등은 포산도호를 확대하지 않고서는 점진적인 경제 성장을 보장할 방법이 없다는 결론에 도달했다. 특히 천원이 급진적이었다. "이는 비정상적인 시기의 긴급 처방이다. '포산도호'라고 부르든 '분전도호(分田到戶)'**라고 부르든 이 길이 옳다. ……지금 우리나라는 천재와 인재로 인한 엄청난 재앙에 직면하고 있다. 우리는 「국제가(國際歌)」의 가사처럼 우리 손으로 '구원'의 길로 나아가도록 해야 한다. 그들은 누구보다도 빠르게 생산을 회복시킬 것이다."⁶⁰

---

* 개체 농업 노동. 세대별로 생산량 도급제를 실시하자는 뜻이다. 마오쩌둥은 포산도호를 이렇게 말했다. —옮긴이
** 토지를 분배하여 개별 가정에서 농사를 짓도록 하는 세대별 경작지 도급제. —옮긴이

류사오치와 덩샤오핑은 천윈을 지지했다. 덩샤오핑은 쓰촨과 안후이의 옛날 속담을 인용하면서 이렇게 말하기도 했다. "검은 고양이든 누런 고양이든 쥐만 잡는다면 좋은 고양이다."[61] 저우언라이 역시 이의를 제기하지 않았다. 중국공산당 중앙위원회 농촌 공작부 주임인 덩쯔후이는 포산도호를 촉진하기 위해 할 수 있는 한 모든 일에 최선을 다했다.

이 외에도 류사오치와 덩샤오핑은 1950년대 말 숙청 대상이 된 수백 수천의 이른바 우파를 복권시키는 작업에 착수했다. 류사오치는 공안부장에게 보낸 편지에서 이렇게 말했다. "1959년부터 시작하여 수많은 지역 공안부, 심지어 공사나 생산대에서 장기 구류와 노동을 통한 재교육을 실시하면서 실제로는 수많은 이들의 자유를 박탈한 바 있다. 그들 가운데 일부는 기아로 인해 사망하거나 고문으로 생명을 잃었다. ……이러한 행태는 1961년에도 완전히 사라지지 않았다. 나는 지난해 후난에서 이러한 상황을 직접 목도했다. 여러분은 신중하게 조사하여 진상을 밝히고 비판하여 이 같은 무법 행위를 바로잡아야 한다."[62] 하지만 류사오치나 덩샤오핑은 펑더화이와 그 공모자들에 대한 복권에 대해 전혀 언급하지 않았다. 그들은 아직 복권이라는 말을 꺼내기조차 어려운 중요 인물들이었기 때문이다. 여하간 류사오치와 덩샤오핑은 3500명이 넘는 일반 우파의 누명을 벗겨 주는 데 성공했다.[63]

류사오치를 비롯한 여러 지도자들의 적극적인 지지를 받으며 톈자잉은 만약 농민들의 선택을 용인한다면 그 결과 포산도호나 분전도호를 원하는 가구가 곧 40퍼센트에 이르고, 나머지 60퍼센트는 집체 또는 반(半)집체 상태에 머물 것이라고 마오쩌둥에게 보고했다. 아울러 향후 생산이 복구되면 다시 농민들을 집단 경제로 인도할 수 있을 것이라고 덧붙였다. 마오쩌둥이 침착한 목소리로 물었다. "이건 자네 개인의 의견인가? 아니면 다른 이의 의견인가?" "제 의견일 뿐입니다."[64] 톈자잉은 류사오치와 천윈을 배반할 생각이 없었다. 하지만 마오쩌둥은 자신이 부재한 상태에서 어떤 일이 진행되는지 잘 알고 있었다. 그는 '온건파'가 자신에게 보여 주는 충성이 단지 형식일 뿐이라는 것도 알고 있었다. 그는 이제 당내 반대파에게 결코 회복할 수 없는 강력한 일격을 가하기로 결심했다.

마오쩌둥은 1962년 7월 6일 베이징으로 돌아오자마자 류사오치, 저우언라이, 덩샤오핑, 톈자잉을 소집했다. 아울러 당 기관지 《홍기》의 주편(主編, 편집장)으로 언제나 자기편이라고 여기던 천보다도 불렀다. 마오쩌둥은 포산도호에 대해 반대 입장을 분명하게 전달하고 천보다에게 집체 경제를 공고히 하고 농업 생산을 발전시키는 결의안을 기초하도록 지시했다.[65] 당시 천원은 회의에 불참했다. 하지만 회의 이전에 서신을 보내 농업 회복 문제에 관한 의견을 물었으며, 오후에 중난하이 수영장 자신의 거처로 천원을 불러 분전도호에 관한 의견을 들었다. 당시 그는 별다른 의견 표명을 하지 않았다. 천원은 회담이 끝난 후 "마오쩌둥 동지가 격노했다."라고 자신의 회고록에서 밝혔다.[66]

마오쩌둥의 동료들은 한 걸음 물러날 수밖에 없었다. 천원은 건강이 좋지 못함을 탓하며 병가를 신청했고,* 바로 전날까지 공산주의청년단에서 색깔 다른 고양이(검은 고양이, 누런 고양이)를 운운하던 덩샤오핑은 중앙위원회 제1서기에게 자신의 부적절한 발언을 속기록에서 삭제해 달라고 황급히 요청했다.[67]

평소와 마찬가지로 신중한 저우언라이는 마오쩌둥을 지지했다. 위대한 조타수는 저우언라이 총리가 일찍이 1956년과 1957년에 '의욕을 북돋아 힘써 향상하자.(鼓足幹勁, 力爭上游.)'**라는 주장에 반대하면서 교훈을 얻었을 것이라고 말했다.[68] 류사오치 역시 진로를 바꾸었다. 그는 마오쩌둥이 퍼부은 '냉수'를 맞은 후 열정적으로 재산 집체화를 옹호하기 시작했다. 7월 18일 중앙위원회는 포산도호 전파를 금지하는 통지를 발표했다.[69]

마오쩌둥은 여전히 화를 풀지 않았다. 그는 처음에 류사오치, 연이어 저우언라이를 소집하여 그들에게 분노를 퍼부었다. "내가 느끼기에 사태가 상당히

---

* 당시 그는 심장병을 앓고 있었다. — 옮긴이

** 마오쩌둥이 확대 중앙공작회의 연설에서 한 말이다. 1958년 공산당 제8기 2차 회의에서 "의욕을 북돋아 힘써 향상하며 더 빠르고 더 절검하면서 사회주의를 건설하자."라는 총노선을 통과시켰다. — 옮긴이

심각하다! 대단히 불안하다!" 중앙위원회 지도자 가운데 한 명*은 일기에 이렇게 적고 밑줄을 그었다.[70]

마오쩌둥은 천윈, 덩쯔후이, 톈자잉, 그리고 그 밖의 당 간부들을 격렬하게 비난했다. "당신들은 사회주의를 찬성하는가 아니면 자본주의를 찬성하는가?" 그는 소리쳤다. "혹자는 포산도호를 전국적으로 실시하자고 주장한다. 심지어 토지를 나누어 주자(분전도호)고 주장하고 있기도 하다. 과연 공산당이 토지를 나누어 주어도 된단 말인가?"[71]

7월 말부터 8월 말까지 마오쩌둥은 중앙위원회 공작회의를 재차 열고 겁먹은 당 관료들을 호되게 꾸짖었다. "당신들은 오랫동안 나를 압박했다. 1960년 이래로 거의 2년이 더 되었다. 이제 나도 당신들을 압박하기 위해 돌아왔다."[72] 거의 협박하는 말투였다. 그는 분노로 끓어오르고 있었다. "어떤 이들은 사상적으로 혼란하고 앞길을 잃었으며, 신심을 잃었다." 그는 맹렬히 비난했다. 공작회의에서 그는 처음으로 당내 의견 불일치에 대해 계급 용어로 설명하면서 사회주의 사회에서 적대 계급의 존재에 관한 문제를 제기했다. 이는 불길한 조짐이었다.

마오쩌둥은 청중에게 공포감을 불어넣음으로써 자신의 목표를 달성했다. '온건파'와의 투쟁에서 그는 갈 수 있는 만큼 간 것처럼 보였다. 이제 그들을 계급의 적으로 규정하여 보복에 나서는 것은 시간문제였다. 그는 망설이는 자들이 포산도호나 그 밖의 '자산 계급의 것'들에 대해 논쟁하면서 밟아 가는 길이 얼마나 위험한지 경고하고자 했다.

그는 단간(포산도호)으로 인해 "2년까지 걸릴 것도 없이 1년만 지나면 계급 분화가 일어날 것이고, 그 가운데 공산당 지부 서기들이 부정부패를 일삼고 재물을 챙기며 첩을 두고 고리대를 놓으면서 땅을 사들일 것이다. 다른 한편으로는 가난한 농민들이 파산할 것이며, 그중에는 사속호(四屬戶),** 오보호(五保

---

* 양상쿤. ─ 옮긴이

** 간부, 직공, 교원, 군인의 가족을 말한다. ─ 옮긴이

戶)* 등이 포함될 것"이라는 점을 다른 공산주의자(당내 온건파)들이 모르고 있을 리가 없다고 여겼다. 또한 그는 이렇게 내뱉었다. "흐루쇼프도 집체 농장을 해체하지는 않았다."

마오쩌둥은 만약 당내에서 자산 계급에 영합하는 일이 지속된다면 중국공산당이 전복될 수 있다면서 "반혁명이 여전히 존재한다."라고 했다. 그리고 씁쓸한 얼굴로 말했다. "사람들이 지나치게 까다로울 경우 혁명이 필요하다."[73]

그가 오랜 고민 끝에 이런 결론에 도달한 것은 최근에 국가와 당에서 일어난 일련의 사태뿐만 아니라 날로 긴장감을 더해 가는 국제 정세에 영향을 받았기 때문이다. 이러한 관점을 지니게 된 가장 큰 요인은 역시 중국과 소련의 분열이다. 당연히 마오쩌둥은 타락한, 좀 더 정확하게 말해서 자산 계급으로 개조되고 있는 소련공산당 지도부에 대해 비난을 가했다. 이는 자본주의와 사회주의 두 체제 간의 '평화적 공존'과 전쟁의 가능성을 피하기 위한 '평화적 경쟁', 자본주의에서 사회주의로 '평화적 이행(과도)'을 주장하고 있는 흐루쇼프의 '수정주의'가 근본 원인이었다. 또한 이는 마오쩌둥이 미국 제국주의자와 인도의 '반동파'에게 잠시 관심을 보인 이유이기도 했다.** 그는 공작회의 참석자들에게 이렇게 말했다. "소련은 이미 수십 년 동안 존재해 왔다. 하지만 국제 자본주의에 이바지하며 본질적으로 반혁명 현상이라고 할 수 있는 수정주의가 이미 출현한 상태다. ……자산 계급이 부활할 수도 있다. 이것이 지금 소련에서 일어나고 있는 일이다."[74]

이런 발언은 소련공산당과 관계를 개선할 희망을 사라지게 만들었다. 마오쩌둥은 만약 자본주의의 씨앗을 영원히 제거하지 않는다면 현재 소련에서 일어나는 일들이 중국에서도 재현될 수 있다고 생각했다. 그래서 1962년 8월 '소련 수정주의'를 반대하는 대규모 선전 활동에 착수할 것을 비준했다. 핵심 논

---

* 부양 가족이 없는 사람, 노동력이 없는 사람, 생활 재원이 없는 사람, 노인, 장애인, 미성년자 등을 말한다. ― 옮긴이

** 당시 중국은 인도와 국경 문제로 충돌했으며, 베트남 전쟁에 개입한 미국과 갈등 관계에 있었다. 중국은 미국의 베트남 전쟁 개입이 중국을 겨냥한 것이라고 여겼다. ― 옮긴이

제는 소련에서 보편적으로 물질적 풍요를 추구하는 기풍이 일어나면서 대중의 혁명 열정이 소멸했다는 것이었다. 이로써 소련공산당과의 결별은 불가피해졌다.

중앙공작회의가 끝나고 곧이어 열린 중앙위원회 정기 회의에서 마오쩌둥은 공산당이 타락할 가능성에 대해 언급했다. 그는 벼락이 치듯이 다그치지 않고 오히려 자비를 내리듯 상냥하게 말했다. "만약 과오를 범한 동지들이 자신에게 부족한 점을 깨닫고 마르크스의 입장으로 되돌아온다면 우리는 그들과 굳게 결속할 것이다. ……군이 그들의 목을 칠 필요가 없다."

다시 한 번 그는 적들을 구석으로 몰아넣기 위해 자제할 필요가 있다고 생각했다. 이제 남은 일은 좀 더 억압적인 분위기를 조성하면서 간부들에게 반수정주의 의식을 교육하는 한편, 적절한 시간에 '적'들에게 결정타를 날리는 것이었다. "사회주의 국가에도 계급이 존재하는가? 계급 투쟁이 존재하는가? 당연히 존재한다." 그는 계속해서 이렇게 말했다.

유럽에서 봉건 계급이 자산 계급에 의해 전복된 후에도 몇 차례 복벽(復辟, 부활)이 있었다. 우리 사회주의 국가에도 복벽 상황이 출현할 수 있다. 유고슬라비아는 퇴락하여 수정주의가 되었으며…… 반동 민족주의자가 통치하는 국가가 되었다. 우리는 반드시 이러한 사실을 잘 파악하고, 이런 문제를 제대로 인식하여 계급과 계급 투쟁이 존재한다는 사실을 정확하게 인지해야 한다. ……반동 계급이 복벽할 수 있다. ……그렇기 때문에 우리는 지금부터 계급 투쟁에 대해 말하면서 매년 매월 이에 대해 말하고 중앙전체회의, 당 대표대회가 열릴 때마다 말하여 모든 당원들에게 경각심을 높이는 한편, 이 문제에 관해 우리가 보다 분명하고 명확한 마르크스주의 노선을 따를 수 있도록 해야 한다.[75]

이는 10중전회, 즉 중국공산당 제8기 중앙위원회 제10차 전체회의 개막식에서 행한 연설의 핵심 주제다. 전체회의에 따라 마오쩌둥은 새로운 캠페인에 착수했다. 이른바 반수(反修, 해외 수정주의 반대), 방수(放修, 국내 수정주의 방지) 운동으로 사회주의 교양 교육을 위한 대중 운동이었다.

처음에는 농촌이 운동의 중요 현장이 되었다. 포산도호가 바로 농촌에서 시행되고 있었기 때문에 바로 그곳이 수정주의의 온상이라고 여겼던 것이다. 도시 거주민도 예외는 아니었다. 이는 성(省)과 중요 대도시에서 탐오(貪汚)와 절도(竊盜)를 몰아내고 물질적인 것 대신 도덕적이고 혁명적인 일을 장려하기 위함이었다. 마오쩌둥은 그렇게 해야만 인민들이 "산을 움직이도록(移山)" 고무할 수 있다고 주장했다.

측근들은 그의 주장에 전적으로 찬동했다. 그들 가운데 첫 번째 인물은 무조건 헌신을 통해 자신에 대해 여인으로서 더 이상 관심을 보이지 않는 남편 마오쩌둥을 되찾을 수 있다고 믿던 장칭이었다. 1962년 9월 말 마오쩌둥은 그녀에게 문화 영역을 통제하도록 맡김으로서 처음으로 정치 무대에 진입하는 것을 허락했다. 장칭은 새로운 역할을 맡으면서 입센의 노라처럼 자산 계급 사회를 향해 또 다른 타격을 가하기로 결심했다. 목표는 '썩어 빠진' 문학과 '타락한' 예술을 혁명적으로 변혁시키는 것이었다.

다시 한 번 옌안 시기처럼 캉성이 주석의 오른팔이 되었다. 그에게 당 간부를 심사하는 역할이 주어졌다. 마오쩌둥은 또한 오류 여부와 상관없이 자신이 말한 내용에 대해 마르크스주의의 토대를 마련해 주는 충성심 강한 천보다에게 전적으로 의지했다. 마오쩌둥은 상하이에서 자신에게 충성하는 일군의 조력자들을 발견했다. 그 가운데 한 명인 커칭스는 일찍이 1958년 마오쩌둥이 총리로 삼으려던 인물이었다. 1965년 초 그는 저우언라이 총리 바로 아래인 부총리로 지명되었다. 반우파 투쟁의 선봉에 섰던 전사는 얼마 후 췌장암으로 사망하고 말았다. 하지만 그의 사람들은 여전히 상하이에서 활약 중이었다. 특히 유능한 기자 출신의 두 사람이 두드러졌다. 마흔여덟 살의 장춘차오(張春橋)는 상하이 당위원회 서기로 선전을 담당했으며, 서른네 살의 야오원위안(姚文元)은 지역 당 기관지인 《해방일보》에서 일하고 있었다.

과거에 그는 마오쩌둥을 반대했지만 지금은 저우언라이가 나서서 주석에 대한 그의 헌신을 증명했다. 저우언라이는 영도자의 분노가 류사오치와 그 측근들에게 향하는 것을 기뻐했을 것이다. 그는 류사오치에게 일종의 질시에서 비롯된 오랜 원한이 있었다. 두 사람은 마오쩌둥 밑에서 자신이 서열 2위가 되기를 원했다. 때로 그들의 경쟁 의식은 우스꽝스러운 장면을 연출하기도 했다. 스탈린 시절 중국 주재 소련 대표였던 이반 코발레프는 이렇게 회고한 바 있다. "저우언라이와 류사오치는 서로 정말 싫어했다. ……그것은 차라리 코미디였다. 만약 내가 만찬 중에 마오쩌둥 앞에서 류사오치를 치켜세우기라도 할라치면 저우언라이는 그대로 일어나 만찬장에서 나가 버렸다. 반대의 경우도 마찬가지였다."[76]

마오쩌둥의 측근들은 각기 일정한 영역이 있었다. 측근 진영의 첫 번째 인물은 국방부장인 린뱌오였다. 그는 1950년대 후반부터 군대를 '마오쩌둥 사상 학교'로 만들기 시작했다. 1961년 해방군 신문인 《해방군일보(解放軍日報)》에 마오쩌둥의 발언이나 문장에서 인용한 경구를 게재하기 시작했다. 병사들은 신문에 게재된 마오쩌둥의 어록을 오려 자신들만의 선집을 만들어 열심히 학습할 것을 명받았다. 1964년 1월 중국인민해방군 총정치국은 처음으로 마오쩌둥의 작은 어록집(『마오쩌둥 저작 선독』, 『마오쩌둥 주석 어록』)을 발간하고, 이를 『홍보서(紅寶書)』라고 칭했다. 책은 전체 23절에 200개의 어록으로 이루어졌다. 1964년 5월 전체 30장에 326개의 어록이 실린 신판이 발간되었다. 그리고 1965년 8월 다시 전체 33장에 427개의 어록이 실린 제3판이 발간되었다. 『홍보서』 제3판은 고전이 되었으며, 이후 11년 동안 10억 부 넘게 인쇄되었다. 포켓 사이즈로 전체 270쪽인 『홍보서』는 가로 8센티미터, 세로 10센티미터였다.(일부 판형은 이보다 약간 커서 가로 9센티미터, 세로 13센티미터이다.)

이 외에 또 다른 형태의 선전이 군대에서 시작되었다. 하급 병사로 모범을 보인 공산당원 레이펑(雷鋒)* 숭배가 대표적인 예다. 어려서 고아가 된 레이펑은 마오쩌둥 주석에 대한 무한한 충성이라는 중요한 미덕의 소유자로 평생 공산당에 모든 것을 빚졌다고 생각했다. 그는 군대에 들어간 후 전사의 모범이자

---

* 선양 군구 마오 부대 수송대 반장이었다. — 옮긴이

이상적인 국민의 모습을 보였으며, 1962년 8월 스물두 살의 나이에 불의의 사고로 목숨을 잃었다. 그의 '의거(義擧)'를 모두 열거하면 인내심이 바닥날 것이다. 그 가운데 몇 개만 들자면, 우선 그는 얼마 되지 않는 봉급으로 전우의 부모에게 송금하고, 군관이나 신병에게 차를 대접했으며, 오랜 행군에 지친 전우의 발을 씻겨 주고 그들의 양말이나 더러워진 군복을 세탁하고 헤진 곳을 바느질해 주었다. 특히 그가 국민 영웅으로 추앙받게 된 것은 조국과 당, 무엇보다 마오쩌둥 주석에 대한 깊은 애정을 담은 일기장 때문이었다. 어린 시절부터 그는 "모든 고아들의 위대한 친구가 되겠다."라는 꿈을 키우면서 일기장에 "유한한 생명을 다른 사람들을 위해 일하는 무한한 사업에 바치겠다."라고 적었다. 어린 시절 학교에서 배운 첫 문장은 바로 '마오쩌둥 주석 만세(毛主席萬歲)'였다.

1963년 3월 5일 레이펑의 일기를 읽고 깊이 감동한 마오쩌둥은 모든 이들이 레이펑과 인민해방군으로부터 배울 것을 지시했다.[77] 그는 인민해방군을 주석이 가장 믿을 만한 보루로 변화시킨 린뱌오를 만족스럽게 여겼다. 사람들의 생활이 군대나 다를 바 없이 바뀌고 말았다. 군대의 모범이 된 정치국이 다른 여러 기관에도 설치되었다.[78]

장칭도 나름 큰 성과를 거두었다. 그녀가 주도하여 예술 관료들에게 강요했던 '혁명 양판희(革命樣板戲)'*는 '형편없는 봉건적' 작품에서 짜낸 것이었다. '점진적'인 '사회주의 교양 교육' 운동은 계속 가속화되었으며, 경제 영역에서도 저우언라이와 천보다의 노력 덕분에 집체 재산을 한층 강화하기에 이르렀다. 더 이상 약진(대약진)을 시도하지 않았고, 자연재해도 더 이상 발생하지 않았다. 하지만 대규모 공사가 아닌 생산대로 몰려든 농민들은 운명을 그대로 받아들일 수밖에 없었다. 1962년부터 1964년까지 3년 연속 곡물 수확량이 비교적 괜찮았다. 1964년 잠재적 세계 강대국으로서 중국이 첫선을 보이는 획기적인 사건이 벌어졌다. 10월 16일 오후 3시 신장 뤄부포 호(羅布泊, 로프노

---

* 원래 이 말은 공식적으로 1967년 5월경 처음 등장했다. 하지만 이에 관한 논조는 1964년 경극 개혁을 논한 장칭의 「경극 개혁에 대해 말함(談京劇改革)」에서 엿볼 수 있다. — 옮긴이

르)* 사막에 자리한 마란(馬蘭) 실험장에서 핵 실험이 성공적으로 이루어졌기 때문이다. 전 국민이 승리의 환희에 들뜬 것은 당연한 일이었다.

이제 모든 것이 마오쩌둥이 바라던 대로 가는 것처럼 보였다. 국가는 천천히 발전하고 있었고, 군중은 자본주의 복벽의 위협에 대항하여 투쟁에 몰두했다. 영도자가 '주자파(走資派, 자본주의를 향해 가는 파벌)'라고 부르는 '온건파'들은 급속도로 설 땅을 잃고 말았다. 마오쩌둥의 적극적인 고무 속에서 주석에 대한 개인숭배가 활짝 꽃을 피웠으며, 특히 1964년 10월 소련공산당 최고 간부회의 특별회의에서 흐루쇼프가 불명예 퇴진을 한 후 더욱 가속화했다. 마오쩌둥은 흐루쇼프가 실각한 이유 가운데 하나가 스탈린과 달리 개인숭배가 없었기 때문이라고 생각했다.[79]

다사다난한 세월을 보내면서 마오쩌둥은 끊임없이 커져 가는 정신적 불안에 시달렸다. 먹잇감을 향해 쉼 없이 달려가는 맹수와 같이 그는 치명적인 욕망에 사로잡혔다. 류사오치와 덩샤오핑을 비롯한 여러 변절자들은 오랜 기간 그의 열정을 강화시킬 뿐 '잘못'을 저지르지 않았다. 마오쩌둥은 그들의 충성을 나약함의 징표로 간주했으며, 이전 동료들을 고립시키기 위해 권력을 휘둘렀다. 설사 그들이 제안하는 계획이 자신의 견해와 일치할지라도 마오쩌둥은 이를 '적들'이 권력 강화를 꾀하는 것이라고 의심의 눈초리로 바라보았다.

동란의 시기에 그는 개인적으로 중요한 연애 상대를 만들었다. 1962년 말 전용 열차에서 마오쩌둥은 가장 아끼는 애인이자 가장 신임하는 비서(기요비서(機要秘書) 겸 생활비서(生活秘書))가 될 젊은 여성을 만났다. 그녀의 이름은 장위펑(張玉鳳)이며, 마오쩌둥과 만날 당시 열여덟 살이었다. 마오쩌둥은 대체로 젊은 여성을 좋아했지만 특히 그녀에게 흠뻑 빠졌다. 그녀에게는 범상치 않은 뭔가가 있었다. 그녀 역시 다른 중국 소녀들과 마찬가지로 순진하고 수줍어했지만 성격이 강하고 고집스러우며 영리하고 말할 때도 당찼다.** 무엇보다

---

* 옛날에는 염호(鹽湖)였으나 지금은 소금 덮인 사막이다. — 옮긴이
** 마오쩌둥은 장위펑에 대해 장비(張飛)의 후예라고 말하기도 했다. — 옮긴이

아름다웠다. 그녀로 인해 노인네의 마음이 사르르 녹았다.

장위평은 중국 북방에 위치한 무단장(牡丹江) 출신으로 마오쩌둥 전용 열차에서 근무하는 중이었다.* 그녀를 소개해 준 이는 마오쩌둥이 젊은 여자들에게 관심이 많다는 사실을 잘 알고 있던 선임 경호원이었다. 주석이 이름을 써 보라고 했지만 그녀는 손만 바들바들 떨 뿐이었다. 그래서 직접 그녀의 이름을 써서 보여 주자 그녀의 얼굴이 발갛게 달아올랐다. 선임 경호원이 장위평을 비서실에서 근무하도록 지시하시겠느냐 물었고, 마오쩌둥은 고개를 끄덕였다. 얼마 후 업무는 충동적인 로맨스의 형태로 바뀌었다.[80] 방년 열여덟 살의 어린 아가씨가 우쭐했으리라는 것은 의심할 여지가 없다. 과연 상상이나 했겠는가? 그녀는 위대한 조타수의 애인이 되었던 것이다! 입안에 의치가 번쩍이는 일흔 살이 다 된 노인네라고 한들 무슨 대수였겠는가? 그의 성적 능력은 여전히 대단했다.

1965년 5월 새로운 사랑으로 활기를 되찾은 마오쩌둥은 영웅적인 젊은 시절을 지냈던 곳으로 기차 여행을 떠나기로 마음먹었다. 점점 더 짜증스럽게 만드는 '온건파'에 대한 마지막 결전을 준비하면서 그는 징강 산으로 향했다. 그가 38년 전 유격전을 벌이던 곳이었다.[81] 그에게 이번 여행은 상징적으로 대단히 중요했다. 영원히 푸른 산을 응시하면서 그는 감정에 도취하여 새로운 시를 읊었다.**

어려서부터 큰 포부 지니고 오늘 다시 징강 산에 올랐네.

천 리 길 달려 옛 땅 찾으니 예전 모습 새롭게 바뀌었다.

곳곳에 꾀꼬리 노래하고 제비 춤추며 졸졸졸 개울물 흐르는구나.

널찍한 판산(盤山) 길 구름 위로 뻗었나니

* 그녀는 전용 열차 식당 칸에서 일했다. ― 옮긴이

** 「수조가두(水調歌頭)·징강 산에 다시 오르며(重上井岡山)」. 수조가두는 사패명(詞牌名)으로 일명 원회곡(元會曲)이다. '개가(凱歌)', 상결(上闋), 하결로 나뉘며 전체 아흔다섯 자다. ― 옮긴이

황양제* 넘으니 험한 곳 더 보아 무엇하리.

폭풍우 휘몰아치고 깃발 휘날리니 이것이 인환(人寰)**이로다.

서른여덟 해 손가락 퉁길 순간에 어느새 흘러갔다.

하늘 위 구중천에 올라 달을 따고, 밑으로 바다에 들어가 자라를 잡아***

흥겹게 개선가 부르며 돌아온다.

세상에 못 해낼 일 없나니, 마음먹고 오르려 한다면.[82]

久有凌雲志, 重上井岡山.

千里來尋故地, 舊貌變新顏.

到處鶯歌燕舞, 更有潺潺流水, 高路入雲端.

過了黃洋界, 險處不須看.

風雷動, 旌旗奮, 是人寰.

三十八年過去, 彈指一揮間.

可上九天攬月, 可下五洋捉鼈, 談笑凱歌還.

世上無難事, 只要肯登攀.

　　마오쩌둥은 자부심을 느낄 충분한 이유가 있었다. 그는 거대한 국가의 통치자가 되었으며, 손가락 하나만 움직여도 수백 수천만의 추종자들에게 명령을 내릴 수 있었다. 하지만 권력의 정점을 향해 높이 올라가면 갈수록 마음의 평온은 점점 더 멀리 사라졌다. 그는 '허정(虛靜)'해야만 '천지'에 이를 수 있다는 도가의 지혜를 도무지 이해할 수 없었다. 장자(莊子)는 이렇게 말했다. "밝

---

* 징강 산에 있는 다섯 개 초소 가운데 하나다. ― 옮긴이

** 인간 세상. ― 옮긴이

*** 원문은 착별(捉鼈). 자라를 잡다. 즉 적군 포로를 잡는다는 뜻이다. ― 옮긴이

은 임금의 다스림은 공로가 천하를 뒤엎을 만할지라도 자기 힘으로 한 것같이 보이게 행동하지 않는다."83*

---

* 『장자』, 「응제왕(應帝王)」. ── 옮긴이

32

해서파관

1965년 6월 베이징으로 돌아오면서 마오쩌둥은 무질서와 직면했다. 사회주의 교육 운동을 통해 당 조직 내부에서 '자산 계급의 추락'을 보여 주는 부도덕한 사례가 적지 않게 드러났다. 적어도 절반 정도는 '계급의 적'이 권력을 장악하고 있었다. 마오쩌둥 추종자들은 1964년 이래로 지역에서까지 '위협적인 상황'이 벌어지며, 현재 고조되고 있다고 보고했다. 이는 위대한 영도자의 심기를 잘 헤아리고 있는 모든 당 간부들이 마오쩌둥이 듣기를 원하는 정보만 지휘 계통에 보고했기 때문에 필연적인 일이었다. 사실 이러한 집단주의 체제는 마오쩌둥이 창조한 것이었다. 아이러니한 것은 바로 그가 최대의 피해자가 되었다는 사실이다.

그가 살고 있는 가공할 만한 환상의 세계가 그를 실제 행동으로 이끌었다. 그는 이미 일흔이 넘은 나이였지만 "일흔이 되어 마음 내키는 대로 해도 규칙을 벗어남이 없었다.(七十而從心所慾不踰矩.)"라고 말한 공자와 달랐다. 공자는 "육십이이순(六十而耳順)"이라고 하여 나이 육십이면 귀까지 순해져 어떤 말을 들어도 성을 내거나 조급해지지 않는다고 했다. 주석은 죽는 날까지 그렇게 할 수 없었다.

베이징에서 마오쩌둥은 문화와 관련된 일에 대해 장칭과 오랫동안 대화를 나누었다. 얼마 전부터 장칭은 우한(吳晗)의 연극이 '반혁명'이라는 사실을 폭로할 필요가 있다고 주석을 설득 중이었다. 그녀가 말한 우한의 연극은 16세기 타락한 명나라 황제 앞에서 감히 직언을 마다하지 않았던 청렴한 관리 해서(海瑞)의 파면에 관한 이야기였다. 우한은 1961년 1월에 대본을 썼고, 그 후로 소규모 극장에서 공연을 해 왔다. 연극에서 해서는 황제에게 이렇게 말했다. "과거 황제께서 좋은 일을 했습니다. 지금은 무엇을 하고 있단 말입니까? 당신의 과오를 바로잡아야 합니다. 백성이 행복하게 살 수 있도록 해야 합니다. 당신은 너무도 많은 잘못을 저질렀는데 자신이 언제나 정확하다고 믿어 어떤 비판도 받아들이지 않습니다." 장칭은 우한이 해서와 펑더화이를 같은 선상에 올려놓고 묘사한다고 믿었다. 그녀가 보기에 이런 '악의적'인 연극의 목적은 위대한 영도자의 권위를 공격하기 위함이었다. 하지만 다른 관중은 그의 연극에 '범죄'의 의도가 있다고 전혀 생각하지 않았으며, 마오쩌둥의 충성스러운 추종자인 우한이 신의를 배반했다고 여기지도 않았다.

장칭은 이미 일찍부터 우한의 연극에 대해 의심을 품었지만 처음에는 마오쩌둥을 비롯하여 누구도 그녀를 지지하지 않았다. 캉성조차 장칭의 주장에 회의적이었다. 모든 이들이 알고 있다시피 마오쩌둥은 해서를 좋아했다. 그는 해서를 통해 타락한 계급의 사악함과 맞서 싸우는 '성실하고 정직한 혁명가'로서 자신의 모습을 보았다. 1961년 말 그는 우한에게 자필 서명이 담긴 『선집』제3판을 선물로 준 적도 있다.[2]

그러나 1965년 마오쩌둥은 도처에서 적들과 마주치고 있었다. 이제 마침내 장칭은 우한에 대한 마오쩌둥의 의심을 불러일으키는 데 성공했다. 학자이자 극작가인 우한은 당시 베이징 부시장으로 직접 펑전과 관련이 있었으며, 펑전은 류사오치와 덩샤오핑의 가장 가까운 측근이었다. 주석의 흥분된 억측 속에서 그들 네 사람, 즉 우한과 펑전, 류사오치, 덩샤오핑은 한데 뭉친 '악의 무리'가 되고 말았다.

1964년 12월 말 마오쩌둥은 정치국 공작회의에서 류사오치와 덩샤오핑에게 불만을 터뜨렸다. 그가 감정을 폭발시킨 것은 회의 전날 덩샤오핑이 그에게 회의에 참석하지 말 것을 제안했기 때문이었다. 사실 이는 전혀 이상한 일이 아니었다. 당시 마오쩌둥의 몸 상태가 별로 좋지 않아 안 그래도 송구스럽게 생각하고 있던 덩샤오핑이 회의 참석을 만류했을 따름이기 때문이다. 그러나 마오쩌둥은 굳이 회의에 참석했으며, 예전과 마찬가지로 계급 투쟁에 대해 발언했다. 그는 심지어 현재 농촌의 중요 모순은 자본주의의 길을 걷고 있는 당권파*와 확대 군중 사이에 존재한다고 말했다. 이에 대해 류사오치는 모순의 성질에 대해 인민 내부 모순과 적아(敵我) 모순이 합쳐진 것이라고 말하면서 반대 입장을 내보였다. 반수정주의 투쟁이 모든 한계를 벗어나 그를 대상으로 삼을 수 있다고 우려했기 때문이다. 그는 주석이 그에게서 등을 돌리고 있다는 느낌을 받았다. 마오쩌둥은 너무 화가 나서 한바탕 소란을 피울 생각을 굳혔다. 며칠 후(12월 28일) 마오쩌둥은 『중화인민공화국헌법』과 『중국공산당장정(약칭 당장)』을 가지고 회의장에 도착했다. 그리고 두 책은 모든 공민(公民, 시민)과 당원에게 자신의 의견을 표현할 권리를 부여하고 있다고 소리쳤다. 그런데 "당신들 가운데 한 명(덩샤오핑)"은 회의 참석을 허락하지 않았고, 또 다른 한 명(류사오치)은 발언할 기회를 주지 않았다는 말이었다.[3]

얼마 후 그는 장칭이 말하던 우한의 이야기가 생각났다. 마침내 모든 일이 분명해졌다. 우한은 펑전과 류사오치, 덩샤오핑의 지시를 받아 대본을 썼다. 그들은 나를 분쇄하려는 꿈을 꾸고 있는 것이 분명하다! 그는 이렇게 생각했을 것이다. 몇 년 후 그는 에드거 스노를 만난 자리에서 1965년 1월 류사오치를 교체하기로 결심한 것은 류사오치가 "자본주의의 길을 걷는" "당권파(주자파)"를 제거할 목적으로 진행하고 있던 사회주의 교육 운동을 "강렬하게 반대했기" 때문이라고 말했다. 스노는 인터뷰 당시 마오쩌둥의 발언에 근거하여

---

* 인민공사 안에서 장부 정리(淸帳), 창고 정리(淸庫), 공동 재산 정리(淸財), 노동 점수 정리(淸工) 등 네 가지가 불분명한 이른바 '사불청(四不淸)' 간부들을 지칭한다. ─ 옮긴이

이렇게 적었다. "성(省)과 지역 당위원회, 그리고 특히 베이징 당위원회 선전 사업의 막강한 권력이 그의 통제를 벗어난 상태였다." 그렇기 때문에 그는 "대중을 동원하여 그에게 반대하는 당내 관료 기구를 제거하기 위해 개인숭배를 더욱더 강화하려고" 결심했다.[4]

1965년 2월 마오쩌둥은 장칭을 상하이에 파견하여 "연극 「해서파관(海瑞罷官)」을 비판하는 문안 작성을 준비하도록 했다."[5] 충실한 아내는 중국공산주의청년단 상하이 루완 구(盧灣區) 공위(工委) 선전부 부장을 역임하고 잡지 《맹아(萌芽)》, 《해방일보》 등에서 편집위원을 하던 야오원위안의 도움을 받아 맡은 일을 수행했다. 장칭과 상하이의 좌파 장춘차오의 손을 거쳐 비밀리에 마오쩌둥에게 전달된 비판 글은 총 열한 번의 교정을 거친 것이었다.[6] 그해 여름이 다 지나갈 때쯤에서야 마오쩌둥은 "그것이 자신의 기호에 거의 부합한"다는 사실을 알았다. 그는 마지막 교정본을 장칭에게 보내면서 중앙위원회의 다른 지도자들도 열람하도록 하는 것이 어떠냐고 제안했다. 그녀는 "문장을 지금 그대로 출간하는 편이 나을 것 같아요. 제 생각엔 저우언라이 동지나 캉성에게는 읽어 볼 기회를 주지 않는 것이 더 좋습니다."라고 대답했다. 장칭은 저우언라이나 캉성이 글을 손에 넣으면 류사오치나 덩샤오핑도 읽게 될 것이 분명하기 때문에 이를 두려워하고 있었다.[7] 그들은 장칭이 건의한 대로 진행하기로 결정했다. 1965년 11월 10일자 상하이 《문회보(文滙報)》에 게재된 글 「신편 역사극 「해서파관」을 평함(評新編歷史劇『海瑞罷官』)」은 얼마 후 '무산 계급 문화 대혁명'이라고 부르게 되는 새로운 대중 운동의 시발점이 되었다.

마오쩌둥은 1963년 12월 장칭의 공모자로 문화 상황과 관련해 끔찍한 그림을 그린 상하이 지도자(상하이 당위원회 제1서기) 커칭스의 보고서를 읽으며 문화 영역에서 급진적인 혁명이 필요하다는 생각을 했다. 마오쩌둥은 자신이 초안을 마련한 결의안에서 문화 영역의 '악당'들은 사회주의의 가치관보다 봉건주의나 자본주의의 가치관을 전파하고 있다고 단언했다.[8] 그는 일찍이 당원을 포함한 창조적 지식인들이 계급 투쟁을 기피하는 것에 대해 실망을 표출한 바 있다. 1964년 7월 초 그는 중앙위원회 내부에 문화대혁명에 관한 업무를 처리할 문화혁명 5인 소조(文化革命五人小組)를 조직할 것을 요구했다.[9] 주석과 충돌하지 않기 위해 '온건파'들은 그의 주장에 동조하면서 류사오치의 지지자인 펑전이 이끄는 소조를 조직했다. 캉성은 강경파로서 마오쩌둥을 대변했다.*

그러나 마오쩌둥은 조직에 대해 불만이었다. 펑전과 동료들은 학술 토론을 조직하여 문화 영역에서 당의 간섭을 제한하려고 했으나 주석은 문화계 내부에서도 계급적 숙청이 필요하다고 생각했다.

여름 내내 마오쩌둥은 우한에 관한 문제를 비밀에 붙였다. 그는 공개적으로 충돌을 야기할 생각이 없었기 때문에 베이징에서 그 글을 발표하는 것을 고려하지 않았다. 그는 우한과 펑전, 그리고 막후에서 은밀히 그들을 지지하는 류사오치와 덩샤오핑을 습격할 작정이었다. 류사오치와 덩샤오핑은 위대한 영도자의 심사를 전혀 감지하지 못한 채 자신들이 무적이라고 여기는 것 같았다. 9월 말 새로운 문화부 회의에서 펑전은 이렇게 단언했다. "그들이 당중앙이든 아니면 주석이든 간에 모든 사람은 평등하다."[10] 마오쩌둥은 이를 받아들일 수 없었다. 그는 곧 야오원위안에게 기사를 발표하라는 신호를 보냈다. 야오원위안은 우한의 연극이 무산 계급의 전제와 사회주의 혁명에 저항하는 자산 계급의 투쟁 무기가 되고 있다고 비난했다. 마오쩌둥의 시대에 이러한 비난은 곧 사형 선고나 다를 바 없었다.

1965년 11월 10일에 글이 발표되고 이틀이 지난 후 마오쩌둥은 베이징을 떠나 좌파의 영지인 상하이로 향했다. 도중에 톈진과 지난, 쉬저우(徐州), 방부(蚌埠, 안후이), 난징을 들렀다. 마오쩌둥은 도중에 만난 현지 지도자들에게 크게 실망했다. 누구나 할 것 없이 사회주의 교육 운동 기간에 달성한 '엄청난 성공'에 대해 떠벌렸지만 막상 수정주의에 대한 투쟁에 몰두하거나 자본주의의 복벽 위험성에 대해 걱정하는 이는 드물었다.

상하이만은 급진주의의 분위기가 가득했다. 아직까지 그는 노력을 늦출 수 없었다. 베이징에서 들려오는 소식은 우려할 만한 것이었다.《문회보》에 실린

---

* 조장은 펑전, 부조장은 루딩이(陸定一), 이 외에 캉성, 저우양, 우렁시(吳冷西) 등이다. — 옮긴이

글에 대한 펑전의 첫 번째 반응은 중앙 매체의 전재를 금지하고 연극에 관한 논쟁을 학술 토론으로 전환한 것이었다. 우한은《문회보》에 실린 글에서 사실에 입각하지 않은 오류를 지적함으로써 상하이의 비평에 대응했다. "나는 위안(야오원위안)의 비평이 두렵지 않다. 다만 내가 보기에 이는 거짓 상표로 치장한 일종의 사이비 비평처럼 보인다. 이는 부적절한 행동 방식이다. (이후) 누가 감히 무언가를 쓸 수 있을 것이며, 누가 감히 역사를 배울 수 있겠는가?"[11]

이러한 반응을 접한 마오쩌둥은 잠을 이룰 수 없었다. 펑전과 중앙 언론의 통제를 받는 베이징 시 위원회는 투항을 거절했다. 투쟁이 격렬해질 수밖에 없었다. "나는 베이징에서 아무것도 할 수 없었다." 마오쩌둥은 이렇게 회고했다.[12] 펑전과 그 지지자들은 야오원위안의 배후에 누가 있는지 알지 못했다. 하지만 저우언라이가 끼어들어 펑전에게 만약 베이징의 언론 매체가 계속해서 이를 무시한다면 마오쩌둥이 나서서 야오원위안의 문장을 소책자로 출간할 생각이라고 귀띔해 주었다.[13] 11월 29일《인민일보》에 악의적인 비방 글(「신편 역사극 '해서파관'을 평함」)이 실렸다. 다만 펑전이 의도한 대로 학자들 사이의 논전으로 간주한다는 자체 논평을 달았다.

이제 마오쩌둥이 축하할 때가 되었다. 그는 폭풍을 기다리는 곤붕(鯤鵬)*에 관한 영웅적인 시가를 읊었다.

> 곤붕이 날개를 펴고 구만리 날아올라 위아래로 날갯짓하니 회오리바람 일어라.
> 창공을 등에 업고 아래를 바라보니 인간 세상 크고 작은 성곽들.
> 포화 하늘에 자욱하고 탄흔 땅에 널려 쑥 덤불 속 참새 놀라 자빠졌네.
> 어쩌다 이렇게 되었는고? 아이고 날아가야겠다!
>
> 어디로 가느냐고 물으니, 참새 이렇게 답하네.
> 선산 경각일세. 지난가을 달 밝은 날 세 집에서 조약 맺은 걸 모르시나?*

---

* 1963년 미국, 소련, 영국 세 나라가 모스크바에서 대기권과 기권(우주 공간), 바다에서 핵 실험을 금지

먹을 것도 많지. 구운 감자에 소고기도 올려놓았다니까!*

헛소리하지 마시게! 이제 곧 세상천지가 뒤집히는 꼴을 보실 것이네!¹⁴**

실제로 마오쩌둥이 살고 있는 세계는 천지가 개벽하는 곳이었다. 그는 모든 나라를 뒤집어엎기를 바라고 있었다.

그는 기분이 상기되었다. 상하이에서 항저우로 출발하여 아름답고 고요한 시후 호를 거닐며 마음이 많이 풀렸다. 이제 모든 것이 자신의 의지대로 움직이고 있었다. 그러나 열흘 후 또다시 길을 떠날 수밖에 없었다. 여전히 앉아 있을 수만은 없었던 것이다. 그는 투쟁에 목말랐다. 상하이에서 정치국 상무위원회 회의를 주재한 그는 천보다와 캉성을 비롯한 측근들이 기다리는 항저우로 돌아갔다. 이후 그는 새해(1966년)가 지나 항저우로 돌아오기 전까지 뤼산과 광저우, 난닝을 여행했다. 2월 초 그는 창사를 거쳐 우한으로 향했다.¹⁵***

우한 둥후 호(東湖)의 둥후빈관(東湖賓館)에 여장을 푼 그는 문화혁명 5인 소조의 구성원인 펑전과 캉성, 중앙선전부 부장 루딩이, 신화사 사장 우렁시 등을 접견했다. 그들은 「당면한 학술 토론에 관한 보고 제강(關於當前學術討論的滙報提綱)」을 가지고 왔다.

참석자 가운데 한 명이 묘사한 당시의 회의 모습은 다음과 같다.

마오쩌둥이 펑전에게 물었다. "정말로 우한이 반당, 반사회주의요?" 펑전이

하기로 맺은 조약을 비유한 것이다.

* 1964년 4월 흐루쇼프가 공산주의는 모든 인민을 위한 굴라시(goulash, 소고기에 파프리카를 넣은 헝가리 스튜 요리) 한 접시라고 비유한 것을 조롱하는 대목이다.

** 마오쩌둥, 「영노교(念奴嬌) · 조아문답(鳥兒問答)」. "鯤鵬展翅, 九萬里, 翻動扶搖羊角. 背負靑天朝下看, 都市人間城郭. 砲火連天, 彈痕遍地, 嚇倒蓬間雀. 怎麼得了, 嗳呀我要飛躍. 借問君去何方, 雀兒答道, 有仙山瓊閣. 不見前年秋月朗, 訂了三家條約. 還有吃的, 土豆燒熟了, 再加牛肉. 不须放屁, 試看天地翻覆." — 옮긴이

*** 『마오쩌둥 연보』에 따르면, 1966년 1월 5일 난창을 떠나 우창에 도착하여 둥후빈관에 머물렀다고 나온다. 저자는 다른 설에 따라 난창이 아니라 창사에서 왔다고 썼다. 다만 우창은 우한 동남쪽에 있는 곳이니 우한으로 써도 무방하다. — 옮긴이

대답하기도 전에 캉성이 일어나 우한의 활동은 "반당, 반사회주의적인 독초입니다."라고 말했다. 아무도 반박하지 않았다. "물론 누구든 상반된 관점이 있다면 당연히 표현해야겠지." 모든 이들이 침묵하는 가운데 마오쩌둥이 말했다. ……마침내 펑전이 입을 열었다. 그는 자신이 가지고 온 문건을 옹호하기를 원했다.[16]

"우리는 그 연극에서 제기된 학술 주제를 토론할 때 마땅히 '백화제방, 백가쟁명'이라는 주석의 지시에 따라 진행해야 한다고 생각합니다." 펑전의 말에 루딩이가 지지하고 나섰다. 잠시 후 마오쩌둥은 이렇게 결론지었다. "당신들이 일을 끝냈으니 나는 더 이상 볼 필요가 없겠군!"[17]

자신들이 작성한 보고문에 대해 주석이 비준했다고 믿은 펑전이나 루딩이, 우렁시는 그것이 함정이라는 사실을 전혀 눈치채지 못했다. 주석과 면담이 끝난 후 그들은 가벼운 마음으로 우창과 한커우에서 유명한 고서적을 판매하는 책방으로 발길을 돌렸다.[18] 며칠 후 중앙위원회는 '극비 문서'로 분류된 보고문*을 채택하여 유포했다.

이제 재차 투쟁의 열정에 사로잡힌 마오쩌둥이 행동에 돌입했다. 3월 중순 마오쩌둥은 린뱌오의 허가를 얻어 2월에 개최된 인민해방군 문예공작자 좌담회의의 내용을 기반으로 장칭이 준비한 「부대 문예공작 좌담회 기요(部隊文藝工作座談會紀要)」를 읽고 몇 가지를 수정한 후 승인했다.[19] 펑전의 보고서와 달리 「기요」는 "반당, 반사회주의 흑선(黑線)"이 인민해방군 창설 이래로 문예공작자들에 의해 선전되어 온 마오쩌둥 사상에 반대하고 있다고 단언했다. 「기요」는 "'진실을 쓴다'는 등의 이론은 이러한 노선의 특징"이라고 강조하면서 다음과 같이 주장했다. "문화 전선에서 사회주의 대혁명을 결연하게 진행하고, 이러한 흑선을 철저하게 응징하자."[20]

3월 중순** 마오쩌둥은 중국공산당 중앙정치국 상무위원회 확대회의를 소

---

* 「당면한 학술 토론에 관한 보고 제강」, 일명 「2월 제강(二月提綱)」이다. ― 옮긴이

** 3월 17일부터 20일까지 항저우에서 열렸다. ― 옮긴이

집하여 류사오치, 저우언라이, 린뱌오, 펑전, 천보다, 캉성 등 중앙위원들과 더불어 자치구, 성 중앙국 제1서기 및 중앙 관련 부문 책임자 등을 불렀다. 회의에 참석한 이들은 깜짝 놀랐다. 마오쩌둥이 자산 계급의 문화를 전파한다는 이유로 펑전과 우한, 우렁시 등을 공격했을 뿐만 아니라 전국적으로 모든 대학교, 중학교, 소학교까지 계급 투쟁을 전개해야 한다고 주장했기 때문이다. "학생들이…… 소동을 일으키게 하라. 우리에겐 맹목적인 믿음이나 규제가 필요 없다. 우리는 새로운 지식 분자, 새로운 관점, 새로운 창조적 접근이 필요하다. 이제 우리에게 필요한 것은 교수들을 뒤집어엎는 학생이다."[21]

일주일 후 항저우에서 마오쩌둥은 장칭과 캉성을 비롯한 최측근들에게 베이징 시위와 중선부(中宣部, 중앙위원회 선전부)가 좌파를 지지하지 않고 나쁜 자(壞人)들을 비호한다고 말했다. "지금 베이징 시 위원회의 상황은 '바늘 한 개도 들어가지 않고 물 한 방울도 스며들지 않는다.'라는 옛말 그대로다. 그렇기 때문에 해산시켜야 한다." 그는 중앙선전부에 대하여 '염왕전(閻王殿, 염라 대왕이 사는 궁전)'이라고 말하면서 "우리는 염라대왕을 타도하고 귀졸(저승사자)들을 해방시켜야 한다."라고 했다. 그는 다시 한 번 우한을 '반당, 반사회주의자'라고 규정지었다. 또한 베이징 시위원회의 간행물인《전선(前線)》에 우한과 공동으로 '삼가촌찰기(三家村札記)'라는 고정 칼럼을 돌아가면서 집필한《인민일보》전 주필 덩퉈(鄧拓), 베이징 시 위원회 통전부 부장 랴오모사(廖沫沙)까지 비난했다.[22]*

마오쩌둥의 요구에 따라 중앙위원회는 장칭의 「기요」를 회람시켰다. 엿새 후 항저우에서 열린 중앙정치국 회의에서 마오쩌둥은 펑전의 「제강」을 거부하고 문화혁명 5인 소조를 해산시키되 중앙정치국 상무위원회에 새로운 소조, 즉 문화혁명 문건 기초 소조(文化革命文件起草小組)를 만들 것을 요구했다.[23] 당시 회의에 참석했던 허베이 당위원회 제1서기 왕런중(王任重)은 일기에 주석

---

* 우한, 덩퉈, 랴오모사는 각자의 이름과 필명에서 한 글자씩 따서 '우난싱(吳南星)'이란 이름으로 현실을 주제로 한 칼럼을 연재했다. ── 옮긴이

의 성난 목소리를 적어 놓았다. "수정주의가 문화 부문은 물론이고 당과 정부, 군대까지 파고들었다. 수정주의는 특히 당과 군대에 만연해 있다."[24]

마오쩌둥은 아직까지 베이징으로 돌아갈 생각이 없었다. 그래서 류사오치에게 자신의 결정을 시행하기 위해 중난하이에서 정치국 상임위원회 확대회의(5월 4~26일)를 개최할 것을 요구했다. "서풍(소련 수정주의)이 불어와 장안(長安, 베이징)에 낙엽이 떨어진다. 우리가 깨끗이 청소하지 않는 한 먼지가 저절로 사라지지는 않을 것이다." 그는 측근에게 이렇게 말했다.[25] 자신을 보호하기 위해 류사오치는 펑전을 배반했다. 5월 그의 충실한 동료는 모든 직책에서 물러나 "진리 앞에 모든 사람은 평등하다."*라는 '자산 계급'의 구호를 전파했다는 이유로 비난을 받았다. 4월 말 펑전은 가택에 연금되었다.[26]

루딩이도 동시에 제거 대상이 되었다. 우한에서 4월 논문에 대해 토론할 때 펑전을 지지했기 때문이었다. 1966년 초 린뱌오의 아내 예췬(葉群)은 자신이 오랫동안 '전우'로 여기고 있던 루딩이의 아내 옌웨이빙(嚴慰冰)이 실제로는 자신에게 깊은 원한을 가지고 있다는 사실을 알게 되었다. 원한이 질투에서 시작된 것인지 아니면 다른 이유가 있는지는 불분명하다.(나중에 루딩이는 부인이 정신분열증을 앓았다고 말해야만 했다.) 1960년 초 '예췬 동지'가 국방부장인 옌웨이빙의 남편 린뱌오의 판공실 주임이 되었을 때부터 '옌웨이빙 동지'는 그녀와 가족들에게 익명으로 편지를 보내기 시작했다. 내용은 주로 예췬이 방탕하여 남편 몰래 바람을 피우고 있다는 것이었다. 린뱌오의 딸 더우더우(豆豆, 린리헝(林立衡))에게 보낸 익명의 편지에서 옌웨이빙은 "예췬이 너의 친엄마가 아니다."라고 썼다.

격노한 예췬과 린뱌오는 익명의 편지를 모두 공안부에 보내는 한편, 편지를 보낸 자를 처벌해 줄 것을 요청했다. 이것이 루딩이의 부인에 대한 형사 사건의 시작이었다. 1966년 4월 28일 그녀는 '반혁명 활동'을 했다는 이유로 체

---

* 중국 관방 기록에 따르면, 펑전은 1954년 9월 17일 제1기 전국인민대표대회 제2차 회의에서 "법률 앞에 모든 사람은 평등하다."라고 말했다. ── 옮긴이

포되었다. 며칠 후 불운한 루딩이는 펑전과 마찬가지로 가택 연금 상태가 되고 말았다.[27]

마오쩌둥의 주장에 따라 그들은 총참모장 뤄루이칭, 중공중앙 판공청 주임으로 이미 이전에 전혀 무관한 연유로 파직된 양상쿤과 같이 '반당 집단'으로 몰렸다.[28] 그들을 한꺼번에 같은 죄목으로 몰아넣은 것은 향후 전개될 문화대혁명이 문화, 선전 부분의 관료주의뿐만 아니라 당과 정부, 군대에 잠입한 자산 계급 대표자들, 다시 말해 "첫 번째 좋은 기회에 권력을 장악하여 무산 계급 전정을 자산 계급 전정으로 바꾸려는" 모든 이들을 목표로 삼는다는 것을 보여 주기 위함이었다.

5월 16일 정치국 확대회의에서 린뱌오는 루딩이를 몰아붙였다. "당신과 당신 아내는 오랫동안 음모를 꾸미며 익명의 편지를 수도 없이 보내면서 예췬 동지와 내 가족을 모략중상했다. 도대체 무슨 꿍꿍이였는지 말해!"

장내에 있던 모든 이들이 루딩이 쪽으로 고개를 돌렸다. 회의 시작 전 참석자들은 탁자 위에 린뱌오가 직접 쓴 종이 한 장이 놓여 있는 것을 보았다.

"나는 다음을 증명한다. 첫째, 결혼 당시 예췬은 순결한 처녀였으며, 이후로도 변함없이 남편에게 충실했다. 둘째, 예췬과 왕스웨이(王實味)*는 애인이었던 적이 없다. 셋째, 라오후(老虎, 린뱌오의 아들 린리궈(林立果))와 더우더우는 예췬과 나의 혈육이다. 넷째, 옌웨이빙의 반혁명적인 편지는 헛소문이다. 린뱌오, 1966년 5월 14일."[29]

놀란 루딩이는 한때 사랑했던 부인과 서둘러 선을 그어야만 했다. "옌웨이빙이 익명의 편지를 썼다는 사실을 나는 전혀 몰랐습니다. 그녀는 나와 그 일에 대해 전혀 논의한 바 없었으며, 나에게 보여 준 적도 없습니다. 당연히 나는 전혀 의심하지 않았습니다."

"거짓말!" 린뱌오가 벌컥 화를 내며 주먹으로 책상을 내리쳤다. "어떻게

---

* 『들백합화(野白合花)』의 저자로 예췬이 그의 정부라는 소문이 있었다. 옌안 정풍 운동 당시에 반당 집단, 국민당 간첩이란 죄목으로 처형당했다. ― 옮긴이

자기 아내가 한 일을 모른단 말이오."

"남편이 부인이 한 일을 모른다는 것이 이상하단 말입니까?" 당황한 루딩이가 자신이 무슨 말을 하는지 제대로 의식조차 하지 못한 채 무심결에 이렇게 내뱉고 말았다. 다른 이들은 그저 경직된 자세로 앉아 있었지만 린뱌오는 완전히 이성을 잃고 말았다. "죽여 버릴 거야!" 그가 미친 듯이 소리쳤다. 뒤이어서 캉성이 "루딩이는 특무(간첩)"라고 판결했다.[30]

캉성은 또한 펑전을 "네 명의 반당 집단"의 괴수라고 비난하면서, 중화인민공화국이 세워진 이래 장제스의 특무로 비밀공작을 해 왔다고 단언했다. 그는 펑전의 장인을 '대반도(大叛徒, 반역자)'로 지목하기도 했다."[31]

5월 16일 정치국 확대회의에서 중국공산당 중앙위원회 명의로 '문화혁명 5인 소조'를 해산하고 새롭게 정치국 상임위원회 산하에 '중앙문혁소조(中央文革小組)'를 신설한다는 특별 통지문*이 채택되었다. 통지문은 처음으로 "무산 계급 문화대혁명의 기치를 높이 들 것"을 당 전체에 알렸다.

새로운 문화혁명소조를 중앙정치국 상임위원회 산하에 둔다는 내용을 포함한 몇몇 문장은 마오쩌둥이 직접 썼다. 중요 내용은 다음과 같다.

당과 정부, 군대, 문화계에 잠입한 자산 계급의 대표 인물들은 반혁명, 수정주의 분자들이다. 일단 시기가 성숙되면 정권을 탈취하여 무산 계급 전정(專政)을 자산 계급 전정으로 바꿀 것이다. 이런 인물들 가운데 일부는 이미 우리에게 간파되었고, 일부는 아직까지 간파되지 않았다. 어떤 이들은 여전히 우리의 신임을 얻고 있으며, 예를 들어 흐루쇼프 같은 인물처럼 우리의 후계자로 길러지고 있다. 그들은 현재 우리 곁에서 잠자고 있다. 각급 당 간부들은 이 점을 각별하게 주의해야만 할 것이다.[32]

통지문은 문화대혁명에 대중의 참여를 독려하고 있다는 점에서 특징적이다.

---

* 「중국공산당 중앙위원회 통지(中國共産黨中央委員會通知)」, 일명 「5·16 통지」를 말한다. — 옮긴이

이전까지 당의 모든 숙청은 문을 꼭 닫은 채 비밀리에 진행되었다.[33] 지금 주석은 인민들에게 '당의 폭군'을 포함한 '당내 수정주의자'를 판결할 권리를 허여했다. 하지만 아직까지 흐루쇼프처럼 '우리의 후계자로 길러지고' '우리 곁에서 잠자고 있는' 인물이 과연 누구인지 아무도 모르고 있었다.

모든 이들이 알다시피 마오쩌둥의 후계자는 류사오치였다. 마오쩌둥의 최측근 몇 사람을 제외하고 누구도 그를 반역자로 생각하지 않았을 것이다. 캉성은 이렇게 회고했다. "1966년 5월 16일 마오쩌둥 주석은 수정주의자, 반동파, 반역자 들이 우리 중에 숨어 동지들의 신임을 즐기고 있다고 말했다. 당시 많은 간부들이 그저 뤄루이칭과 펑전을 암시하는 정도로 알고 마오쩌둥 주석이 의미하는 바를 전혀 이해하지 못했다. 하지만 펑전은 이미 노출된 인물이었다. 어느 누구도 우리 중에 반역자가 있다고 감히 생각하지 못했다."[34] 아울러 그는 이렇게 덧붙였다. "나는 마오쩌둥 주석이 언급한 대상이 바로 류사오치라는 것을 감지하지 못했으며, 다만 마오쩌둥 주석의 중요 지시에 대해 피상적으로 이해하고 있었을 뿐이다."[35] 상하이 좌파의 중요 인물인 장춘차오 역시 비슷한 말을 했다. "운동(문화대혁명)이 시작되었을 당시에 아주 소수의 사람들만 주석의 말씀, 특히 '흐루쇼프처럼 우리 곁에서 잠자고 있는 인물'에 관한 발언을 피상적으로 이해했으며, 반응도 그다지 효과적이지 못했다. 당시 나는 그 말뜻을 정말로 이해하지 못했다. 펑전만 생각하고 류사오치는 전혀 예상하지 못했다."[36]

마오쩌둥은 '중국의 흐루쇼프'에 관한 부분을 통지문의 주된 논점으로 간주하고 즉시 캉성과 천보다에게 지시했다. 그는 자신의 '통지'를 당뿐만 아니라 중국 전체 사회에서 '폭발'시키기를 원했다.

마오쩌둥을 통해 사실을 알게 된 캉성은 나중에 이렇게 설명했다.

문화대혁명은 계급과 계급 투쟁이 사회주의 제도에서도 존재한다는 신념에서 기원한다. 이러한 견해는 이론적이고 또한 실증적이다. 이는 레닌의 조국인 소련에서 볼셰비키 당이 수정주의를 채택한 것에서 이미 겪은 바 있다. 우리는 과거 20년간 무산 계급 전정을 수립하고 특히 최근 동유럽에서 벌어진 자산 계급 자유주의와 자본주의의 부활이라는 일련의 사태를 경험하면서 어떻게 하면 무산 계급 전정의 맥락과 사회주의의 여건하에서 혁명을 수행할지에 대해 의문을 제기하지 않을 수 없었다. 이러한 문제를 해결하기 위해 마오쩌둥 주석은 친히 중국에서 문화대혁명을 창도하게 된 것이다.

캉성에 따르면, 위대한 영도자가 처음으로 문화대혁명의 3년 계획을 제안했다. 첫해(1966년 6월부터 1967년 6월까지)의 임무는 "군중 동원"이고, 두 번째 해(1967년 6월부터 1968년 6월까지)는 "중대한 승리를 획득하는 것"이며, 마지막 해(1969년 6월까지)는 "혁명을 완수하는 것"이다. 마오쩌둥의 충성스러운 지지자 캉성은 마지막으로 이렇게 주장했다. "이처럼 위대한 혁명에 관해 말하자면 3년이란 세월은 그리 긴 시간이 아니다."[37]

1966년 5월 18일 중앙정치국 회의에서 린뱌오는 문화대혁명에 관한 중요 보고서를 발표했다. 여기서 그는 처음으로 "마오쩌둥 사상을 널리 선전한 적이 없는"[38] 류사오치에 대한 비판을 암시했다. 캉성은 '마오쩌둥 사상'을 '마오쩌둥주의'로 바꾸는 문제를 제안했다. 마오쩌둥은 이번에도 거절했다.

나라 전체가 혼란에 빠졌지만 마오쩌둥은 크게 개의치 않았다. 오히려 혼란을 부채질했다. 눈에 확연할 정도로 늙은 영도자는 군중 운동을 이끌면서 좀 더 활력을 되찾은 것 같았다. 그는 자신이 적들에게 포위되어 있다고 생각하면서 배수의 진을 쳤다. '음모가'들을 분쇄하기 위해 또다시 인민을 향해 돌아섰다. 이번에는 경험이 부족한 젊은이들, 대학과 전문 대학 학생들과 특히 열광적으로 자신에게 헌신하는 중학교 학생들이 대상이었다. 1966년 3월 중순 그는 학생들에게 "그들의 교수를 전복시킬 것"을 단언했다. 이제 펑전과 그 밖의 당내 주자파를 '폭로'한 후 그는 청년 학생들의 열정이 어느 때보다 높다는 것을 감지했다. 그가 신호만 보내면 혁명의 불꽃이 모든 학원에 파급되어 활활 타오를 것이 분명했다. 그는 장춘차오가 이끄는 중앙문혁소조 상하이 위원회 소속 공안 기관과 학생 활동가들을 통해 매일 보고를 받았다. 어떤 학생, 우연히도 간부의 아들인 한 학생은 이렇게 보고했다. "펑전과 뤄루이칭 같은 충직한 원로 당원들이 사실은 위험 인물이라는 사실을 누가 상상이나 했겠는가? 지금 나는 우리가 믿을 수 있는 이는 오직 마오쩌둥 주석과 중앙위원회(내가 말하는 것은 공산당이다.)밖에 없다고 생각한다. 우리는 모든 사람을 의심해야 한다. 만약 누군가 마오쩌둥 주석의 지시를 따르지 않는다면 반드시 공격을 받을 것이다."[39] 이러한 '총알받이'들이 그의 새로운 호위병이 되었다. '자본주의의 길을 걷는' 관료들은 아마도 그들의 막강한 압력을 견뎌 낼 수 없을 것이다.

오랫동안 마오쩌둥은 젊은이들을 '진정한 사회주의 혁명'에 보다 깊이 끌어들일 필요성에 대해 심사숙고해 왔다. 그는 '계급 투쟁'이 주된 초점이 되어야 하며 현재 고등 교육 기관에서 가르치고 있는 교과목의 대부분은 '유해'하다고 생각했다. 그렇기 때문에 교과목을 가르치는 수업 시간을 대폭 줄여 학생들이 "쓰레기처럼 형편없는 강의를 듣는" 대신 "계급 투쟁"에 참여할 수 있는 시간을 보다 많이 허여해야 한다고 주장했다. 또한 "현행 (교육) 방식은 인재를 절름발이로 만들고 젊은이들에게 심각한 손상을 입힌"다면서 이렇게 단언했다. "나는 절대로 동의할 수 없다. 당장이라도 너무 많은 책(교과서)을 읽지 않도록 해야 한다." 그는 학교 시험 제도도 좋아하지 않았다. "현행 시험 방식은 학생을 마치 적으로 취급하고 있다." 그는 학칙에 따른 평가 시험 방식에 관해 언급하면서 "만약 나는 쓸 수 없는데 당신이 쓸 수 있다면 당신 것을 베끼게 될 것이다. 그렇다고 끔찍한 결과가 있는 것은 아니다." "이런 종류의 시험은 완전히 폐지해야 한다." "현행 교육 체계와 과정, 방식, 시험 관리 등은 사람을 불구로 만들기 때문에 당연히 개혁해야 한다." 문화대혁명이 발발하기 2년 전, 그는 어떤 모임에서 이렇게 결론지었다.[40]

그는 무산 계급 문화대혁명의 시작을 알리는 정치국 통지(「5·16 통지」)를 발표하기 9일 전인 1966년 5월 7일 린뱌오에게 보낸 편지에서 이러한 주제를 다시 한 번 꺼냈다.[41] 요점은 교육 기관을 장악하고 있는 '주자파'를 몰아내고 젊은이들이 '계급 투쟁'에 참여하도록 동원하는 것이 신설된 중앙문혁소조의 주된 임무라는 것이다. 마오쩌둥은 그 조직의 조장으로 천보다, 부조장으로 장칭을 임명했다. 캉성은 소조의 고문이 되었다.

캉성은 부인을 베이징 대학에 보내 그녀가 평소 알고 지내던 철학과 당 총지서기(總支書記) 녜위안쯔(聶元梓)를 만나도록 했다. 캉성의 부인은 녜위안쯔에게 학생을 몇 명 동원하여 중국인들이 습관적으로 '베이다(北大)'라고 부르는 베이징 대학 당위원회와 베이징 시 당위원회를 비판하도록 종용했다. 당시 마흔다섯 살이었던 녜위안쯔는 기회를 틈타 5월 25일 여섯 명의 학생과 함께 식당 벽에 '대자보'를 붙였다. 그녀는 대자보에서 베이징 시 당위원회(베이징 시위) 대학부 책임자 쑹숴(宋碩)와 베이징 대학 학장이자 베이징 대학 당위원회 서기 루핑(陸平) 등이 "중앙위원회와 마오쩌둥 사상을 반대할 목적으로 수정주의 노선을 따랐다."라고 비난했다.[42] 지배적인 당의 규범으로 볼 때 이는 모반이나 다를 바 없었다. 하지만 녜위안쯔와 학생들은 전혀 두려워하지 않았다. 그들 뒤에는 중앙문혁소조가 굳건하게 버티고 있었기 때문이다.

캉성은 대자보 문건을 받자마자 그 즉시 인쇄하여 항저우에 머물고 있는 마오쩌둥에게 보냈다. 마오쩌둥은 중상모략으로 가득 찬 인쇄물을 받아 들고 "최초의 마르크스·레닌주의 대자보"라고 찬사를 보내며, 캉성과 천보다에게 즉각 대중 매체를 통해 유포할 것을 지시했다. "캉성, 보다(천보다) 동지에게. 이 글을 신화사를 통해 전문을 방송하고 전국 신문에 발표하는 것이 중요하다. 이제 베이징 대학이라는 반동의 보루에 대한 타도 작업이 여기서부터 시작될 수 있다. 마오쩌둥, 6월 1일."[43] 2시간 후 그는 베이징의 공모자(캉성과 천보다)에게 전화를 걸어 대자보는 1960년대 베이징 공사(公社, 코뮌)의 선언이며 "파리 코뮌보다 훨씬 중요하다."라고 말했다.[44] 그때 천보다는 이미 신문사를 장악하기 위해《인민일보》편집부에 이른바 '공작조'를 파견한 상태였다. 그렇지 않아도 마오쩌둥은 이미 오래전부터 그 신문에 대해 불만을 토로하고 있었다. 그의 말에 따르면,《인민일보》는 류사오치, 덩샤오핑, 펑전 등이 영향력을 발휘하고 있기 때문에 아무도 읽지 않는다는 것이었다.[45] 이제 마침내 그 신문이 신화사까지 통제하기 시작한 정통 마르크스주의자들에게 장악된 것이다. 천보다는 영도자의 지시를 이행하는 데 전혀 문제가 없었다.[46]

류사오치와 덩샤오핑을 비롯한 정치국 위원들은 아연실색했다. 주석이 부재한 상태에서 도무지 어찌할 바를 몰랐다. 그들은 마오쩌둥의 요청에 따라 베이징 주둔군이 두 개 사단으로 강화되었으며, 린뱌오가 혁명 학생들에게 맞서지 말 것을 지시했다는 소식을 들은 후 더욱 놀라지 않을 수 없었다.[47] 무장 부대가 전적으로 주석을 지지하니 좌파 학생들은 전혀 두려울 것이 없었다.

한편 한동안 멈칫거리던 류사오치와 덩샤오핑은 서서히 베이징 시 당위원회를 개조하고 베이징 대학 교장(총장)을 교체했다. 이러한 조치는 즉각 전국적으로 영향을 미쳤다. 수많은 고등 교육 기관의 학생들이 녜위안쯔를 따라 교장과 당위원회를 공격했다. 대학에서 대자보가 유행처럼 퍼져 나가 학생들은 수업을 중단했다.

통제권을 회복하기 위해 6월 9일 류사오치와 덩샤오핑은 천보다, 캉성, 중앙선전부 부장으로 새로 임명된 타오주(陶鑄)* 등과 함께 항저우에 가서 마오쩌둥에게 베이징으로 돌아올 것을 권유했다. 하지만 거절당했다. 그들은 당의 공작조를 전국의 모든 대학에 보내 "질서를 회복하는 것"에 대해 마오쩌둥이 동의해 주기를 원했다.[48] 이번에는 대화에 참여하고 있던 천보다가 반대했다. 마오쩌둥은 가타부타 아무 말도 하지 않았다. 그는 우한에서 펑전과 회의할 때와 똑같은 태도를 보였다. "보낼 수도 있고, 보내지 않을 수도 있지. 다만 너무 서둘러 보내면 안 될 것이오." 속을 알 수 없었다.[49] 이전과 마찬가지로 그는 '적들'이 공개적으로 드러날 수 있는 계기가 마련되기를 원했다. "벌레가 완전히 나올 때까지 기다려야 한다. 왜냐하면 반쯤만 나오면 언제든지 다시 숨을 수 있기 때문이다."[50] 그는 이러한 오랜 원칙에 따라 행동하고 있었다. 놀랍게도 그는 류사오치나 덩샤오핑이 전혀 간파할 수 없을 정도로 경험이 풍부하고 노회한 정치가였던 것이다.

그들은 당혹스러운 심정으로 발길을 돌릴 수밖에 없었다. 베이징에 돌아온 그들은 두 가지 서로 모순되는 결정을 내렸다. 하나는 "잠정적으로 여섯 달

---

* 그는 5월에 중공중앙 서기처 상무 서기 겸 중앙선전부 부장으로 새로 임명되었으며, 중앙문혁소조 고문이 되었다. ― 옮긴이

동안" 전국의 모든 학교와 대학에서 수업을 중지하고 시험을 취소한다는 것이고, 다른 하나는 그들이 "질서 회복"을 위해 모든 대학에 공작조를 파견하는 것을 옳다고 여겼다는 점이다. 6월 22일 중국공산당 중앙위원회는 이렇게 발표했다.* "중국공산당은 베이징 대학 공작조가 함부로 투쟁하는 현상을 처리하기 위해 채택한 방법이 정확하고 시기적절하다고 생각한다. 만약 다른 각 단위에서 이러한 현상이 발생한다면 모두 베이징 대학의 처리 방법을 참조할 수 있을 것이다."[51] 곧이어 베이징을 포함한 중국 전역 여러 도시에서 1만여 명이 공작조에 가입했다.[52]

그들은 이보다 더 큰 실수를 범했다. 그들이 저지른 실수는 마오쩌둥이 대중을 '진압'한다는 평계로 자신의 '적들'을 비난하기 위해 필요했던 바로 그것이었다. 공작조가 학원 내에 모습을 보이기가 무섭게 이에 자극받은 좌파들이 도발했으며, 이후 쌍방의 충돌은 피비린내 나는 투쟁의 양상을 보이기 시작했다. 이미 예견하고 있던 마오쩌둥은 높은 자리에서 사건들을 관망하고 있었다. "베이징 대학의 대자보 한 장이 문화대혁명의 불꽃을 점화했다." 그는 의기양양했다.[53]

6월 중순 그는 항저우를 떠나 고향인 사오산에 들러 11일 동안 머물렀다. 그리고 월말에 우한으로 돌아와 예전에 묵었던 둥후 호 주변 둥후빈관에서 휴식을 취했다. 평화롭고 조용한 벚나무 그늘에서 산들바람을 맞으며 마침내 "공산당 지도부에 안존하면서 자본주의의 길을 밟고 있는 흑방(黑幇, 검은 무리)"에게 결정적인 타격을 가하기로 결심했다. 7월 8일 그는 부인 장칭에게 서신을 보내면서, 자신은 '혼란'을 환영한다는 불온한 사상을 토로했다.

천하에 큰 난리가 난 뒤에야 천하가 크게 다스려지는 법이오. 7년 내지 8년이 지나면 또다시 반복되는 것이지. 그렇게 되면 온갖 우귀사신이 저절로 튀어나오게 되어 있소. 그들은 계급 본성에 따라 튀어나오지 않을 수 없을 것이오. ……현

---

* 이는 6월 18일 베이징 대학에서 일부 학생들이 공작조를 따돌리고 마흔여 명의 간부와 교원을 비판, 공격한 것에 대한 조치였다. ─ 옮긴이

재의 임무는 전당과 전국에서 기본적으로(전부는 불가능할 것이오.) 우파를 타도하는 것이고, 7년 내지 8년 후에 또 한차례 사회의 모든 우귀사신을 쓸어버리는 운동이 있어야 하며, 그 후에도 여러 차례 소탕이 있어야 할 것이오.[54]

그는 베이징에 있는 장칭에게 이 편지를 보낸 후 다시 한 번 중국 인민과 전 세계 인민을 놀라게 할 만한 일을 하고 싶었다. 일흔두 살(중국 나이 일흔세 살)의 나이에 예전과 마찬가지로 창장 강에서 수영을 하겠다는 것이었다. 마오쩌둥은 7월 16일 강물에 들어갔다. 물론 창장 강을 이쪽에서 저쪽까지 완전히 헤엄쳐 건넌 것이 아니라 이전처럼 급류를 따라 15킬로미터 정도 수영을 한 것이었다. '수영' 시간은 1시간 5분이었다. 그것만으로도 수백 수천만의 중국인들에게 무한한 행복감을 줄 수 있었다. 신화사는 이렇게 보도했다. "1966년 7월 16일 중국 인민의 위대한 영도자 마오쩌둥 주석께서 바람에 출렁이는 파도를 따라 창장 강에서 수영을 하셨다. 1시간 5분 동안 15킬로미터를 헤엄치셨다. ······기쁜 소식은······ 곧바로 우한 전역에 전파되었다. 모든 시민들이 열광하는 가운데 입에 입을 물고 소식이 퍼져 나갔다. 인민들은 '우리 경애하는 영수께서 이렇게 건강하신 것은 우리 전체 인민의 가장 큰 행복이다. 이는 전 세계 혁명 인민의 가장 큰 행복이다.'라고 말했다."
　마오쩌둥이 수영한 날 광경은 이러했다.

　　울긋불긋한 깃발이 창장 강의 강변을 따라 펄럭이고 구호를 적은 대형 포스터가 걸린 가운데 환희에 찬 인민 대중이 구름처럼 몰려들었다. 스피커에서 마오쩌둥 주석을 찬양하는 가곡 「동방홍(東方紅)」이 울려 퍼지고, ······우레와 같은 환호성과 배에서 울리는 뱃고동 소리가 하나로 어울렸다. 보기에도 건강하고 얼굴이 환한 마오쩌둥 주석이 모터보트 뱃전에 섰다. ······강안에서 이미 물속에 들어간 이들이 높이 치켜든 홍기와 "단결·긴장·엄숙·활발",* "제국주의자들이 우

---

* 이는 마오쩌둥이 1939년 팔로군 간부 학교인 항대(抗大, 중국인민항일군사정치대학)에 보낸 제사(題詞)이며

리를 능욕하면 반드시 갚아 줄 것이다", "결정을 내리면 희생을 두려워하지 않고 온갖 어려움을 물리쳐서 승리를 쟁취하자!" 등등 마오쩌둥 선집에서 인용한 글을 적은 깃발을 들고 있는 모습이 눈에 들어왔다. ……마오쩌둥 주석이 열광하는 군중을 향해 손을 흔들었다. ……군중의 환호성에 답하여 그가 큰 소리로 외쳤다. "안녕하십니까? 동지들! 좋지요! 동지들!" 200여 명의 소학생들이 걸어오는 모습이 마오쩌둥의 눈에 띄었다. 여덟 살에서 열네 살까지 '붉은 스카프(紅領巾)'를 목에 두른 학생들은 한 손에 "공부를 잘해서 매일 향상하자"라는 표어를 적은 깃발을 들고 다 함께 노래를 불렀다. 노래는 마오쩌둥 시대 공산주의청년단의 혁명적 열정을 담고 있는 「우리는 공산주의 후계자(我們是共産主義接班人)」였다. ……소형 선박이 우창 방죽으로 다가오자 마오쩌둥 주석이 마침내 물속으로 들어가 헤엄치기 시작했다. 그때가 정각 11시였다. 여름철 창장 강은 물의 흐름이 상당히 빠르다. 마오쩌둥 주석은 처음에 한쪽으로 몸을 비스듬히 기울여 헤엄을 쳤으며, 얼마 후 배영으로 돌아섰다. ……손목시계는 이미 1시간 5분이 지났음을 알려 주었다. ……마오쩌둥 주석이 갑판 위로 올라왔다. 여전히 원기 왕성하고 정정했으며 피곤한 기색은 보이지 않았다.[55]

마오쩌둥의 환희에 찬 위업 소식에 해외 많은 이들이 놀랐다. 하지만 일흔두 살의 고령인 마오쩌둥이 창장 강에서 겨우 1시간 남짓에 15킬로미터를 헤엄쳐 건넜다는 선전을 믿지 않았다. 마오쩌둥이 단지 강물을 따라 흘러갔을 뿐이라는 사실을 공개한 이도 없었다.

국제수영연맹(FINA) 총수인 윌리엄 베르게 필립스(William Berge Phillips)는 마오쩌둥에게 캐나다에서 열리는 두 번의 대회에 참석해 줄 것을 요청하는 편지를 보냈다. "우리는 7월 16일 귀하가 1시간 5분이라는 훌륭한 시간에 15킬로미터를 수영했다는 소식을 들었습니다. 그래서 귀하에게 이번에 열리는 두 번의 대회에 참가할 기회를 드립니다. 세계에서 가장 빠른 수영 선수 가운

그 학교의 교훈이기도 하다. — 옮긴이

데 한 명인 헤르만 빌렘제(Herman Willemse, 독일)*가 퀘벡에서 열린 전통적인 수영 대회에서 작년에 세운 16킬로미터 수영 기록이 4시간 35분이기 때문이지요." 거의 조롱하는 듯한 내용이다. 그는 한 걸음 더 나아가 1966년 2월 줄리오 트라발리오(Giulio Travaglio, 이탈리아)가 아르헨티나의 엘 퀼렌 호수(Lake El Quillén)에서 새로운 기록을 세웠지만, 그의 기록 역시 3시간 56분으로 주석(마오쩌둥)이 세운 기록만큼 인상적인 것은 아니었다고 덧붙였다. 이는 마오쩌둥이 90미터를 평균 24.6초에 수영했다고 발표했기 때문인데, 사실 오늘날까지 그 거리를 45.6초보다 빠른 시간 내에 헤엄친 이가 없다. 필립스는 우스개로 이렇게 쓰기도 했다. "마오쩌둥은 프로로 전향하기에 앞서 다음 올림픽 대회에서 붉은 중국을 대표하는 수영 선수가 되기를 원할지도 모르겠다. 하지만 좀 더 쉽게 돈을 벌고자 한다면, 나는 이번 여름에 그가 프로 수영 선수권 대회에 참가하여 윌리엄스나 투라발리오를 비롯해 그와 비교조차 할 수 없는 선수들에게 수영 지도를 해 주기 바란다."[56]

7월 18일 마오쩌둥은 베이징으로 돌아온 즉시 류사오치와 덩샤오핑에게 누가 보스인지 보여 주었다. 돌아왔을 때 그는 잠시 외교관용 관저로 베이징 서쪽 언저리에 자리한 댜오위타이(釣魚臺)에 머물렀다. 덩샤오핑과 류사오치가 살고 있는 중난하이에서 머물기를 거절한 것이었다.** 류사오치가 곧바로 달려왔지만 마오쩌둥은 만나 주지 않았다. "주석께서 휴식 중이십니다." 마오쩌둥의 비서는 어안이 벙벙한 류사오치에게 이렇게 말했다. 하지만 마오쩌둥은 그 시간 문을 닫아걸고 류사오치와 덩샤오핑의 행태에 대해 가장 어두운 색조로 묘사할 기회를 포착한 캉성, 천보다와 이야기 중이었다. 다음 날 아침이 되어서야 류사오치는 마오쩌둥을 만날 수 있었다. 마오쩌둥을 만난 그는 더욱 마음이 불편했다. 마오쩌둥은 그의 "공작조가 완전히 글러 먹었으며, 이전 (베이징) 시 당위원회나 중앙선전부, 고등교육부 등도 모두 썩었고,《인민일보》는

---

* 이는 착오다. 헤르만 빌렘제는 독일이 아니라 홀랜드, 즉 네덜란드 사람이다. ― 옮긴이

** 원래 그는 중난하이 쥐샹수우에서 거주했다. ― 옮긴이

좋은 것이 하나도 없다."라고 말했다. 류사오치는 완전히 달군 철판에 놓인 개미처럼 어쩔 줄 몰랐다. 마오쩌둥은 이렇게 압박하는 한편, 마치 다른 이들이 자신의 기대를 저버려 무척 실망한 사람처럼 교묘하게 행동했다. 8일 동안 그는 일곱 번의 회의를 소집하여 "실질적으로 제동 장치처럼 행동하고 반혁명을 방조한" 공작조를 소환할 것을 제안했다.[57] "누가 학생 운동을 진압하는가?" 그는 격노한 목소리로 언성을 높였다. "북양 군벌이 바로 그런 짓을 했다. ……우리는 군중을 방해해서는 안 된다. ……학생 운동을 진압하려는 자는 말로가 좋지 않을 것이다."[58]

정치국 지도부가 문화대혁명을 방해했다고 비난하는 주석의 압력하에 류사오치와 덩샤오핑은 저우언라이와 새로 선임된 베이징 시 당위원회(베이징 시위)의 도움을 받아 톈안먼 광장 한옆에 자리한 인민대회당에서 7월 29일 학생 조직 활동가들과 대규모 모임(베이징 대학, 전문 대학, 중고등학교 교사 및 학생 문화혁명 적극분자대회(北京大專院校和中等學校師生文化革命積極分子大會))을 개최했다. 거의 1만여 명이 참석했다. 류사오치와 덩샤오핑은 자신들의 행위를 변호하려고 애썼다. 하지만 그럴수록 어설프고 난처하기만 했다. 더욱 가련한 것은 류사오치였다. "나는…… 솔직히…… 무산 계급 문화대혁명을 어떻게 해야 하는가에 대해…… 잘 모른다."[59] 순간 장내에 정적이 흘렀다. 때마침 현장에 있던 덩샤오핑의 딸이 흐느껴 울기 시작했다.

"적"들의 "유치한 횡설수설"은 이미 피의 맛을 본 마오쩌둥을 격앙시킬 뿐이었다. 류사오치가 발언할 때 마오쩌둥은 보이지 않는 곳에 자리하고 있었다. 물론 덩샤오핑과 충성스러운 저우언라이의 발언도 뒤에 숨어서 들었다. 모든 이들의 발언이 끝나자 마오쩌둥이 커튼을 젖히고 단상으로 걸어 들어왔다. 놀란 관중이 열화와 같은 함성을 내질렀다. "마오쩌둥 주석 만세! 마오쩌둥 주석 만세!" 그는 무대로 걸어가면서 손을 흔들며 환호성에 답했다.[60]

위대한 연기자의 압도적인 공연이었다. 불명예를 뒤집어쓴 덩샤오핑과 류사오치는 자신들을 옭죄는 괴로운 존재를 향해 박수를 치며 그 광경에 합세하는 것 이외에 다른 선택의 여지가 없었다.

33

반란에는 이유가 있다

공작조가 철수했다고 마오쩌둥의 마음이 진정된 것은 아니었다. "공작조를 파견한 것은 사실상 자산 계급의 입장에서 프롤레타리아 혁명에 반대하는 행위다." 문화대혁명은 오로지 젊은 학생과 혁명적 교사들에 의해 이루어질 것이라고 마오쩌둥은 소리쳤다. "만약 우리가 그들을 의지할 수 없다면 과연 누구를 의지한단 말인가?"[1]

8월 1일* 그는 5월 29일에 만들어진 칭화(清華) 대학 부속 중학교 홍위병(紅衛兵)들에게 답신을 보냈다. 홍위병이란 단어에 흡족한 마오쩌둥은 이렇게 답했다. "베이징이든 전국 어디서든 간에 문화대혁명에서 여러분처럼 혁명적인 태도를 보여 주는 이들에게 우리는 모두 열렬한 지지를 보낼 것이다."[2]

마오쩌둥의 답신이 공개되면서 전국적으로 어린 학생들 사이에 홍위병 조직이 우후죽순처럼 늘어났다. 마오쩌둥은 그의 군대(홍위병)와 함께 "하늘을 급습할 수 있을 것"이라며 만족한 듯 두 손을 비벼 댔다. "우리는 군중을

* 『선집』에 따르면 7월 31일이다. — 옮긴이

믿는다. 군중의 교사가 되기 위해 우리는 먼저 군중의 학생이 되어야 한다. 지금 우리의 문화대혁명은 경천동지할 사건이다. 우리가, 감히, 사회주의로 넘어갈 수 있겠는가? 이를 위해 마지막으로 계급을 타파해야 한다. 세 가지(노동자와 농민, 도시와 농촌, 정신노동자와 육체노동자) 거대한 격차를 줄여야만 한다."[3]

8월 초 그는 중앙정치국 상무위원회 확대회의에 각종 고등 교육 기관의 '혁명적 사생(師生, 교사와 학생)'을 초대했다. 회의에는 일흔다섯 명의 중앙위원과 예순일곱 명의 후보 위원을 포함하여 188명이 참석했다. '첫 번째 마르크스·레닌주의' 대자보의 주인공 녜위안쯔도 참석했다.

회의는 원래 8월 1일 개막하여 5일 동안 개최될 예정이었으나 13일 동안 지속되었다. 회기를 연장한 책임이 있는 마오쩌둥은 공작조를 '공포주의'라고 강력하게 비난했다. 첫 번째 회의에서 그는 정치 보고를 한 류사오치를 거칠게 몰아세우면서 대다수 공작조는 90퍼센트 이상이 완전히 잘못되었으며, 자산 계급의 입장에서 무산 계급 혁명을 반대한 것이라고 힐난했다.[4] 8월 1일, 같은 날 그는 자신이 칭화 대학 부속 중학교 홍위병들에게 보낸 편지를 참석자들에게 배포했다.

겁에 질린 류사오치는 격노한 주석을 진정시키기 위해 다음 날 저녁 공작조가 무엇을 하고 있는지 살펴보려고 베이징에 있는 대학 한 곳을 방문했다. 그는 그다음 날도 조사를 계속하기 위해 공작조 몇 명을 중난하이로 불러 가볍게 그들을 비판했다. "만약 그들(학생)이 모반하는 것을 당신들이 허락하지 않는다면 그들은 틀림없이 당신들로부터 벗어나려고 할 것이오."[5] 한편 8월 2일과 3일에 속개된 회의에서 그의 지지자들은 머뭇거리며 마오쩌둥이 류사오치와 공작조에게 퍼부은 비난을 누그러뜨리려고 애썼다.

하지만 위대한 조타수는 더욱 화를 낼 뿐이었다. 8월 4일 갑자기 회의를 중단한 그는 서둘러 중앙정치국 상무위원회 확대회의를 소집했다. 회의에서 그는 류사오치와 그 밖의 '주자파'를 지목하면서 그들은 북양 군벌뿐만 아니라 중국공산당의 주적인 국민당과 마찬가지로 학생들을 탄압하고 있다고 비난했다. 그는 주눅이 든 상무위원회 위원들 앞에서 이렇게 소리쳤다. "사회의 온갖 우귀사신이 바로 이 자리에 있다." 당 원로인 예젠잉 원수가 "우리는 수백만의 군대가 있으니 어떤 우귀사신도 두렵지 않다."라고 말한 것에 대한 응답이었다. 류사오치가 베이징에서 일어난 모든 일을 자신이 책임지겠다고 말하자 마오쩌둥이 그의 말을 받았다. "당신은 베이징에서 전정(專政)을 하고 있단 말이오. 어디 한번 잘해 보시오."[6]

이튿날 마오쩌둥의 지시에 따라 저우언라이가 류사오치에게 더 이상 공개 석상에 나오지 말 것이며, 중화인민공화국을 대표하여 외교 사절을 접견하지 말라고 통지했다. 류사오치는 베이징 시 당위원회 제1서기 리쉐펑(李雪峰)을 불러 더 이상 고등 교육 기관에 가지 말 것을 지시했다. "내가 보기에 나는 문화대혁명을 영도할 자격이 없는 것 같소."[7] 확실히 그는 쓰라린 마음으로 자신의 운명이 이미 정해졌음을 깨달았다.

그는 아직 모르고 있었다. 같은 날인 8월 5일 마오쩌둥이 「사령부를 포격하라 ─ 나의 대자보」라는 대자보를 작성하여 수많은 관리들이 두려움에 떨고 있다는 사실을.[8] 이제야 '문화대혁명'이 바로 류사오치를 목표로 하고 있다는 사실을 모든 이들이 명백히 알게 되었다. 회의는 의제를 수정하여 류사오치와 그의 가장 가까운 측근인 덩샤오핑의 개인 업무에 대해 조사했다.[9]

8월 8일 회의는 「중국공산당 중앙위원회의 무산 계급 문화대혁명에 관한 결의」(이른바 '16조')를 통과시켰다. 이는 천보다와 그의 중앙문혁소조가 지난 7월에 작성한 문건으로 마오쩌둥이 서른 번이나 수정하여 회의 동안에 유일하게 비준한 문건이다. 그 핵심적인 내용은 다음과 같다.

비록 자산 계급은 이미 전복되었지만 그들은 여전히 착취 계급의 낡은 사상, 낡은 문화, 낡은 풍속, 낡은 습관을 이용하여 군중을 부패시키고 인심을 정복하며 자신들의 복벽 목적 달성을 도모하고 있다. 무산 계급은 이와 달리 반드시 의식 형태(이데올로기) 영역에서 자산 계급의 모든 도전을 통렬하게 쳐부수고 무산 계급의 새로운 사상, 새로운 문화, 새로운 풍속, 새로운 습관으로 모든 사회의 정신

면모를 변화시켜야 한다. 현재 우리의 목적은 자본주의의 길을 걸어가는 당권파를 타도하고, 반동적인 자산 계급의 학술적 '권위'를 비판하며, 자산 계급과 모든 착취 계급의 이데올로기를 비판하는 것이자 교육과 문예를 개혁하고 일체의 사회주의 경제 토대에 적절치 않은 상부 구조를 개혁하여 사회주의 제도를 견고하게 하고 발전시키는 데 이롭도록 하는 것이다.[10]

고무된 홍위병들은 아예 이 대목을 달달 외웠다.

결의안은 아무런 이의 없이 무사통과되었다. 마오쩌둥은 나중에 이렇게 회고했다. "토론만 하면 나는 늘 참가자의 거의 절반 이상을 모으는 데 성공했다. 말할 것도 없이 예전처럼 많은 이들이 이런 관점을 받아들이지 않았다."[11]

류사오치 지지자들의 저항을 제거하기 위해 마오쩌둥은 정치국 지도부를 개조하여 자신의 측근인 린뱌오, 캉성, 천보다 등을 정치국 상무위원으로 임명했다. 린뱌오는 유일한 부주석 자리를 꿰차며 쫓겨난 류사오치를 대신하여 마오쩌둥의 정식 후계자가 되었다.[12]* 또한 덩샤오핑의 영향력을 약화시키기 위해 중앙위원회 총서기직을 폐지하고 당에서 서기처의 영향력 자체를 박탈했다. 중국공산당 제8기 11중전회 이후에 모든 기능은 중앙문혁소조로 이관되었다.

8월 18일 대회가 끝나고 닷새 후 톈안먼 성루에서 마오쩌둥과 린뱌오 등이 아래 광장을 가득 메운 열광하는 홍위병들에게 손을 흔들며 답례를 했다. 북받쳐 오르는 감정을 주체하지 못하고 학생들은 기쁨의 눈물을 흘리며 소리쳤다. "마오쩌둥 주석 만세!" 학생들이 부르는 「동방홍」, 「큰 바다를 항해하려면 조타수에게 의지해야 한다(大海航行靠舵手)」, 「우리는 마오쩌둥 주석의 홍위병(我们是毛主席的紅衛兵)」 등이 광장 전체에 울려 퍼졌다. 수많은 젊은 남녀가 꽃다발과 화환을 들고 서로 손잡고 춤을 추었다. 붉은 깃발이 인민의 바다 위에 펄럭이고 영도자의 거대한 초상화가 드높이 솟아올랐다.

---

* 이전에는 린뱌오 외에도 류사오치, 저우언라이, 주더, 천원 등 네 명의 부주석이 있었다.

애된 여학생 홍위병이 마오쩌둥의 왼팔에 '홍위병'이라고 적힌 붉은 완장을 채워 주기 위해 연단에 오르자 톈안먼 광장을 가득 메운 학생들의 분위기가 절정에 달했다. 군중의 연호가 그치지 않았다. 수많은 카메라 플래시가 번쩍이고 텔레비전과 영화 촬영 기사는 역사적인 순간을 찍느라 정신이 없었다. 마오쩌둥이 미소 띤 얼굴로 큰 안경을 낀 여학생을 바라보며 부드럽게 물었다. "이름이 뭐니?"

"쑹빈빈(宋彬彬)*이라고 합니다." 그녀는 이렇게 대답하며 그 자리에 얼어붙은 듯했다.

마오쩌둥이 눈썹을 치켜올리며 "문질빈빈(文質彬彬)**의 빈이니?"라고 물었다. 그녀가 그렇다고 하자 "무가 필요하지.(要武嘛.)"*** 하며 껄껄 웃었다.

당황한 어린 소녀는 완전히 말문이 막혔다. 위대한 조타수와의 역사적인 만남 이후 그녀는 쑹야오우(宋要武)로 이름을 바꿨다.[13] 그녀의 동지들은 마오쩌둥의 말씀을 보다 과감한 행동에 대한 권고로 받아들였다.

같은 날 마오쩌둥은 당시 베이징 대학에 파견된 공작조 조장이자 당위원회 서기였던 장청셴(張承先)을 구리쇠 버클이 달린 혁대로 때린 베이징 대학 부속 중학교 열여덟 살 여학생 펑샤오멍(彭小蒙)을 접견했다. 쉰한 살로 당 원로에 속하는 장청셴은 중앙위원회 화북국(華北局) 선전부 부부장 겸 화북 행정위원회 문교위원회 부주임을 맡고 있었다. 하지만 펑샤오멍에게 그의 나이나 지위는 전혀 신경 쓸 일이 아니었다. 마오쩌둥은 그녀의 '위업'에 대해 이야기를 듣고 반색했다. 1966년 8월 1일 마오쩌둥은 앞서 언급한 칭화 대학 부속 중학교 홍위병에게 보내는 편지에서 '샤오(小, 작은)' 펑 동지가 지난 7월 25일 베이징 대학 전체 사생원공(師生員工, 교사·학생·직원·노동자) 대회에서 행한 혁명적인 연설에 대해 언급하면서 "열렬한 지지를 표한다."라고 말했다.[14]

---

* 중국인민해방군 상장(上將) 출신 정치가인 쑹런충(宋任窮)의 딸이다. — 옮긴이

** 『논어』에 나오는 말로 꾸밈과 바탕이 조화를 이룬다는 뜻이다. — 옮긴이

*** 지금은 '문' 대신 '무'가 필요하다는 뜻으로 전사가 되어야 한다는 의미다. — 옮긴이

8월 18일 마오쩌둥이 펑샤오밍을 만난 시간은 짧았지만 상당히 중요했다. 마오쩌둥은 기분이 좋고 신이 나서 펑샤오밍을 놀리며 농담을 하기도 하고, 허공에 팔을 저으면서 수영하는 법을 알려 주기도 했다. 펑샤오밍이 다음에 홍위병이 해야 할 일이 무엇이냐고 묻자 마오쩌둥은 정색하며 돌연 격정적인 어투로 대답했다. "당연히 반란이지! 반란이 없으면 어떤 나쁜 것도 바로잡을 수 없네. 첫째 투쟁, 둘째 비판, 셋째 개혁을 해야 하네. 이 모든 것은 16조에 따라 실천해야만 하네!"[15] 정치적 위기가 심화되면서 문화대혁명도 점차 핏빛으로 물들기 시작했다. 1966년 8월 18일 톈안먼 광장에서 벌어진 열병식 이후 홍위병은 대학과 학원에서 벗어나 거리로 나왔다.

폭력 사태가 거대한 파도처럼 전국에 범람했다. 피비린내 나는 드라마의 주인공은 대학생들이 아니라 거의 모든 것을 방임하는 상황에서 뭐가 뭔지도 모르고 기뻐 날뛰는 중학교 심지어 초등학교 어린 학생들이었다.[16] 그들은 아직 솜털조차 가시지 않은 미성년자들이자 이미 피를 맛본 이리 새끼들이었으며, '네 가지 낡은 것(착취 계급의 낡은 사상·낡은 문화·낡은 풍속·낡은 습관)'과 주자파에 대항하는 거대한 반란에 매료된 무지한 광신도들이었다. 전국 각지를 휘젓고 다니는 홍위병이 1300만 명에 달했다. 마오쩌둥은 문화대혁명이 자연 발화하여 거대한 불꽃으로 타오르도록 하기 위한 자신의 비도덕적인 도박을 바로 그들에게 걸었다. '지령'과 '대자보'를 통해 어린아이들의 영혼에 독을 주입하는 가장 지독한 범죄를 저질렀다. 아이들이나 젊은이를 학대하는 것만큼 심각한 범죄가 또 어디에 있겠는가?

베이징의 경우 겨우 두 달 만에(8월과 9월) 광기에 물든 젊은이들이 주자파라는 죄목으로 1773명을 죽음으로 몰았다. 같은 기간 상하이에서는 1238명이 목숨을 잃었는데, 그중 704명은 어린 홍위병이 자행하는 모욕을 견디다 못해 결국 스스로 목숨을 끊었다. 공안부는 전혀 간여하지 않았다. "최후 분석 결과 나쁜 사람은 모두 나쁜 사람으로 판명되었기 때문에 설사 때려죽인다고 해도 이는 비극이 아니다." 위대한 조타수의 지시를 그대로 따르는 공안부장은 아래 직원들에게 이렇게 지시했다.[17] 1966년 8월 21일 중국공산당 중앙위원회는 공안부가 '혁명적 학생들'의 행동에 간여하는 것을 금지하는 결의안을 채택했다. 인민해방군 총참모부와 총정치부 역시 부대를 동원하여 혁명 학생 운동을 진압하는 것을 절대 불허하는 규정을 확정했다.[18]

어린 학생들은 누구보다도 교사를 첫 번째 처벌 대상으로 삼았다. 몇몇 학교의 경우 교실이 감옥으로 바뀌었으며, 그곳에서 학생들은 '자산 계급 반동 권위 흑방'에 속한다는 죄목으로 체포한 자신들의 교사를 학대했다. 교사들은 모욕과 구타에 시달리고 학대를 당했으며, 죽음의 문턱까지 갔던 이들도 허다했다. 그런 감옥 가운데 하나가 중난하이와 큰길을 사이에 두고 있는 베이징 제6중학교* 음악실**이었다. 그들은 학교 담장에 교사들이 흘린 피로 "홍색 공포 만세(紅色恐怖萬歲)"라고 휘갈겨 놓았다."[19] 이런 구호를 통해 알 수 있다시피 당시 어린 학생들은 "문화대혁명을 통해 자산 계급 지식 분자들에 의해 장악된 상황을 완전히 바꾸어야 한다."라고 생각했다.[20]

자신들에게 허여된 면책 특권에 고무된 홍위병들은 1966년 9월부터 수도 베이징을 비롯한 그 밖의 대도시에서 출발하여 전국으로 불행과 공포를 전파하기 시작했다.*** 그들은 도처를 여행하면서 반드시 사오산충과 징강 산, 쭌이, 옌안 등 이른바 '성지'를 방문하여 경의를 표시했다. 그들은 자신들이 여행하는 중요 목표가 낙후한 군중을 계몽하고 주자파의 해충을 제거하는 것이라고 생각했다. 마오쩌둥은 그들의 '혁명적 조치'에 관한 이야기를 들으면서 크게 기뻐했다.

그들로 하여금 전국을 돌아다니게 하라! 그들은 돌아가며 (집에 남은) 부모

---

* 1923년 사립 화베이 중학으로 개교했으며, 초대 교장은 베이징 대학 학장을 지낸 차이위안페이이다. 문화대혁명 기간에 재난을 당했고, 1999년 베이징 시 제28중학과 합병하면서 학교 이름도 사라졌다. — 옮긴이

** 우귀사신노개소(牛鬼蛇神勞改所), 즉 잡귀 노동 개조 장소라고 불렀다. 교사와 학생 세 명이 사망하고 수십 명이 상해를 입었다. — 옮긴이

*** 이른바 '대관련(大串連, 문화대혁명 기간의 특별한 인원 교류 방식)'이라는 이름으로 이루어진 전국 규모의 대이동과 교류, 연계를 말한다. — 옮긴이

를 돌보면서 서로 힘든 것을 줄여 나갈 것이다. 그들은 소개 편지를 받고 전국을 돌아다녀야 할 것이다. 문화대혁명 소조는 그들에게 여행 허가를 내줄 수 있다. ……떠나는 학생들은 편의를 제공받을 것이다. 혹자는 학생들이 잘 곳이 없다고 말한다. 숙소가 없는 곳이 어디에 있는가? 도처에 집이 있다. 이는 (학생들을 가지 못하도록 막는) 핑계에 불과하다.

이러한 소식에 힘입어 8월 말 마오쩌둥은《인민일보》기자에게 말했다. "문화혁명을 군이 연말에 마무리 지을 필요가 없다. 적어도 내년 춘절(1967년 2월)까지 계속한 다음 그때 가서 혁명을 끝내는 것에 대해 논의할 것이다."[21]

"혁명 학생"들은 위대한 조타수의 격려와 지지에 열광했다. "우리는 여행객이 아니라 낡은 세계와 싸우는 전쟁터로 나가는 병사다. ……이제 우리는 더 이상 우리 부모 세대가 혁명 전쟁에서 보여 주었던 영웅적인 행동을 선망하거나 우리가 너무 늦게 태어난 것을 아쉬워할 필요 없다. ……우리는 군중을 계몽하고 조직하며, 숨은 적을 찾아낼 것이다. 그리하여 문화혁명을 끝까지 승리로 장식하기 위해 우리의 선혈을 흘리고 우리의 생명을 희생할 것이다."[22] '대관련'에 참가했던 한 여성은 이렇게 회고했다. 당시 그녀는 겨우 열다섯 살, 자신의 감정 분출이 유치한 줄 모르고 진실한 것인 양 믿어 의심치 않을 나이였다. 하지만 그녀는 자신과 동지들이 주자파로 지목한 이들과 달리 자신의 피를 흘릴 필요가 없었다. '낡은 문화의 추종자'들과 마찬가지로 그런 이들 역시 자비를 구해 봐야 소용이 없었다. 젊고 새로운 '선교사'들은 자신들의 혁명이 이전 부모 세대의 혁명에 못지않게 무자비하다는 것에 자부심을 느꼈다.

전국 도시와 시골 마을에서 홍위병들은 자신들이 체포한 '주자파'가 주인공인 설교 공연을 시작했다. 공포에 질린 노인들은 부러진 팔을 부여잡고 사람들의 조소와 악의에 찬 고함 소리를 들으며 조리돌림을 당했다. 그들은 1920년대에 마을의 극단주의자들이 공격 목표에게 했던 것처럼 종이로 만든 높다란 모자(高帽子)를 써야만 했다. 목에는 '반혁명 분자', '반당 흑방 분자(反黨黑幫分

子)'라고 적힌 팻말이 걸려 있었다. 희생양이 된 이들의 얼굴에 검은 재나 먹물이 뿌려졌고, 옷은 이리저리 찢겼으며, 지쳐 쓰러질 때까지 '혁명 군중' 앞에서 머리를 조아리고 '죄'를 자백하도록 강요받았다. 한편 얼빠진 듯 쳐다보는 구경꾼들은 뜻 모를 저주를 퍼붓고, 불끈 쥔 주먹을 쳐들며 "타도하자!" 하고 외쳤다. '붉은 수레바퀴'에 압살된 사람들의 마음은 공포로 가득했다.

고문을 당할 운명에 처한 이들은 간신히 살아남았다고 할지라도 평생 인민재판의 참혹한 기억에서 벗어날 수 없었다.

붉은 완장의 화염이 뜨겁게 달아오른 젊은 심장을 불태우고 있었다. 하늘 높이 울려 퍼지는 어록(마오쩌둥 어록)의 노랫소리가 아이들의 투쟁을 촉구하고 있었다. 돌격, 돌격! 타도하자! 깨부수자! 충혈된 두 눈에 붉은 세계가 펼쳐지고 있었지만 정작 상대가 누구인지는 알지 못했다. 하지만 꼬리표가 있었다. 꼬리표에 근거하여 중이청(鍾亦成)은 심문을 받았다.

"말해! 너는 왜 공산당을 증오하는 거야? 너는 왜 네가 잃어버린 천당을 탈취하려고 꿈꾸는 거야?"

"말해! 너는 과거에 어떤 반혁명 짓거리를 했지? 지금 왜 공산당을 전복시키려고 하는 거야?"

"말해! 도대체 어떤 변천장(變天賬)*을 가지고 있어? 장제스가 돌아오기를 바라는 거지. 그래서 원한을 갚고 공산당을 없애려는 거지?"

모두 어록을 외우기 시작했다. "총을 든 적이 소멸된 이후에도 총을 들지 않은 적들이 여전히 존재하며……" "혁명은 손님을 청해 밥을 먹는 것이 아니며 문장을 쓰는 것이 아니고……"

'획' 하고 가죽 허리띠를 휘두르고, '셩' 하는 소리와 함께 쇠사슬이 날아들었다. "아악!" 참혹한 비명 소리!

"말해! 말해! 말하라고!"

---

* 하늘의 변화를 기록한 책이란 뜻. 여기서는 반동 세력의 복벽 기록 등을 비유한 것이다. — 옮긴이

"나는 당을 열렬히 사랑하오."

"개소리! 당을 열렬히 사랑해? 그게 가능하기나 해? 네가 어떻게 감히 당을 사랑한다고 말할 수 있어? 네가 당을 사랑할 자격이나 있겠어? 이놈 완전히 꼴통이구만! 이런 고집불통을 봤나! 네놈이 당에 도전하겠다 이거지! 무릎을 꿇지도 않고 죄도 인정할 수 없다는 말이지? 완전히 미쳐서 이제 반격을 하시겠다! 좋아! 완전히 때려눕히고 밟아 줘야겠구만!"

'획' 하는 소리와 '셩' 하는 소리, 허리띠와 쇠사슬, 불과 얼음, 피와 땀.[23]

강탈(도둑질)은 '낙후한' 교사들과 '검은(黑)' 당 관료들에게 자행되는 '홍색 공포'와 떼어 놓을 수 없는 부분이었다. '사악한 사람(壞人)'의 집에 있는 이동 가능한 재물은 모두 약탈 대상이 되었으며, 움직일 수 없는 것들은 모두 파괴되었다. 8월 말과 9월 초에 홍위병은 베이징에서만 총 3만 3695가구를 급습하여 금 5.7톤, 은 19톤, 현금 5550만 위안, 옥 제품 61만 3600개 등을 약탈했다. 같은 시기에 상하이의 '신문화 전달자(홍위병)'들은 8만 4222가구를 약탈하여 대량의 보석과 귀금속을 빼앗았으며 미화 324만 달러, 그 밖의 외화 330만 달러, 중국 국민당 화폐 240만 위안, 인민폐 3억 7000만 위안을 몰수했다. 중국 전역에서 10월 한 달 동안 몰수한 금은 거의 65톤에 달했다.(물론 이 숫자는 당시 몰수하거나 약탈한 전체 액수를 의미하지 않는다. 이는 단지 홍위병이 중국은행에 넘겨 준 액수만 따진 것이다. 이 외에 얼마나 많은 액수가 중간에 누군가에 의해 착복되었는지는 알 수 없다. 그러나 기록된 장물의 양만으로도 중국공산당 영도자를 감동시키기에 충분했다. 1966년 10월 중국공산당 중앙위원회 공작회의에서 새로운 '양산박(梁山泊)*의 영웅'에 대한 찬사가 끊이지 않았다.)[24]

약탈과 노략질은 일반 시민들의 집에서만 이루어진 것이 아니었다. 제일 먼저 박물관, 도서관, 전시실 등 문화와 관련된 공간이나 기관이 홍위병의 제물이 되었다. 어느 곳이든 역사 고적이 있기만 하면 훼손과 파괴가 자행되었

---

* 『수호지』에 나오는 영웅들의 근거지.

다. 1966년 11월 베이징 사범대학 학생들은 공자의 고향인 산둥의 취푸로 가서 7000여 점의 고적을 모조리 부숴 버렸다. 그중에는 1000여 개의 오래된 돌비석이 포함되었으며, 분묘 2000여 기가 파헤쳐졌다. 그들은 위대한 사상가의 분묘가 자리한 곳*을 쑥대밭으로 만들었다. 이보다 석 달 전 산둥의 홍위병들이 19세기 유가 교육자인 무훈의 분묘를 파헤쳐 유해를 꺼내 불에 태웠다. 그것을 보면서 홍위병들은 환호성을 내질렀다. 하이난 성(海南省)에 있는 해서(海瑞)의 유골도 마찬가지 운명에 처하고 말았다.[25]

당 지도부의 모든 이들이 홍위병을 환영한 것은 아니었다. 중앙위원 상당수가 그들의 행태에 당혹감을 감추지 못했다. 당내 투쟁이 9월 내내 지속되었다. 여전히 이성을 유지하고자 했던 이들은 또 다른 경제 위기를 피할 수 있기를 희망하며 무질서와 혼돈을 억제하기 위해 애썼다. 9월 중순 저우언라이를 위시로 한 중앙위원회의 비교적 냉철한 중앙위원들은 노동자와 농민의 홍위병 운동 참가 금지를 비준하도록 마오쩌둥을 설득했다.[26] 하지만 곧이어 정통 마오쩌둥주의자들은 류사오치 집단에 대해 새로운 타격을 가했다. 10월 중순(10월 9~28일)에 열린 중앙위원회 공작회의에서 린뱌오는 류사오치와 덩샤오핑의 이름을 직접 거론하면서, 그들이 "대중을 압제하고 혁명을 반대하는 노선"을 집행하고 있다고 공격했다.[27] 그의 연설은 마오쩌둥의 심사를 거친 것이 분명했다. 장칭은 중앙위원회 위원도 아니면서 회의에 참가했다. 8월 말부터 그녀는 과부하로 인해 잠시 물러난 천보다를 대신하여 중앙문혁소조의 우두머리 역할을 하고 있었다.[28]

류사오치는 자아비판에 참여하지 않을 수 없었다. 10월 23일 공작회의에서 류사오치는 문화대혁명 기간에 범한 이른바 노선 착오에 대한 책임을 질 것이라고 말하면서 자신의 정치 생애를 마감하는 연설을 했다. 덩샤오핑도 그 뒤를 이어 자신의 과오를 인정했다.

마오쩌둥은 회의가 시작된 후 처음 2주 동안 모습을 보이지 않았다. 하지만

---

* 공림(孔林)을 말하는 듯하다. ─옮긴이

린뱌오, 저우언라이, 천보다, 캉성을 통해 전체 회의 진행을 통제했다. 10월 25일 류사오치와 덩샤오핑의 자책이 끝나고 이틀 뒤 그가 마침내 회의장에 나타났다. 그는 일상 공작을 주시하지 못한 책임을 가볍게 자책하면서, 이는 자신이 제일선에 나서지 않고 제2선에서 오랫동안 있었기 때문이라고 우회적으로 말했다. 그런 다음 본격적인 공세에 나섰다.

이번 회의는 두 단계가 있다. 첫 번째 단계의 발언은 그다지 정상적이지 않았다. 두 번째 단계는 중앙 동지들의 연설과 경험의 변화를 겪으면서 비교적 순조롭게 진행되었고, 사상에도 변화가 있었다. 결론적으로 말하자면 이번 운동은 겨우 다섯 달이었다. 어쩌면 또다시 다섯 달 혹은 그보다 더 많은 시간이 걸릴 수도 있을 것이다. ……문화대혁명의 불은 내가 붙인 것이다. 시간이 촉박하여 겨우 몇 개월 만에 이루어졌다. 28년에 걸친 자산 계급 민주 혁명, 17년 동안의 사회주의 혁명과 비교해 보면 이번 문화대혁명은 겨우 반년도 걸리지 않았다. 그래서 철저하게 이해할 수 없거나 장애물이 있기도 한 것이다. 이는 능히 이해할 수 있으며, 자연스러운 일이다. ……이렇게 한번 충격을 주는 것은 내가 보기에 좋은 점이 있다. 과거 오랜 세월 우리가 생각해 보지 못했던 일이다. 이러한 공격이 닥쳐오면 그제야 생각하게 되는 것이다.[29]

잠시 후 회의가 끝나고 침묵에 쌓인 중앙위원들 사이에서 자신의 승리를 확실히 맛본 마오쩌둥이 이렇게 덧붙였다.

아이들은 반란을 원하고 있으며, 우리는 반드시 그들을 지지해야 한다. 자신들의 방식대로 하도록 놔두자. 우리는 그들이 잘못을 저지른다고 걱정할 필요 없다. ……만약 어린 장수(小將)들에게 배우려고 하지 않는다면 우리는 끝난 것이다. ……군중이 무대에 등장하면 잡신이 소멸된다. 엄격하게 말해서 잡신은 없다. 단지 누군가의 대뇌 속에 그런 잡신이 살고 있을 뿐이다. 그것을 우리는 '군중 공포'라고 부른다. ……혼란은 사람들이 일으키는 것이다. 이런 혼란을 만드는 이들

은 무슨 범죄를 저지르는 것이 아니다. ……젊은이들이 세계에서 대단한 일을 창조하고 있다.[30]

우리는 그러한 일들이 얼마나 위대한지 이미 알고 있다. 하지만 마오쩌둥은 좀 더 많은 것을 원했다. 그는 홍위병의 야성적인 감정 폭발이 중국 경제에 위협적이라는 사실에 무관심한 것처럼 보였다.

그런데 상하이와 다른 대도시의 젊은 노동자들이 노동자와 농민의 군중 운동 참가를 금지하는 중앙위원회의 9월 결의를 무시하면서 경제 상황이 악화될 조짐이 보였다. 그들은 즉시 혁명 단체를 조직하기 시작했다. 11월 초 열일곱 개 공장 노동자 대표들이 이른바 '상하이 노동자 혁명 조반 총사령부(上海工人革命造反總司令部, 약칭 공총사)'를 설립했다. 공총사는 방직 공장의 젊은 노동자인 왕훙원(王洪文)이 이끌었다. 그는 1966년 6월 상하이에서 처음으로 공장의 행정 관리를 비판하는 과격한 대자보를 붙인 노동자가 되면서 마오쩌둥주의자들의 관심을 끌었다. 급진적이고 활동적인 젊은이는 모든 혁명 기준을 충족시켰다. 서른한 살의 그는 군대에서 복무하던 시절 한국 전쟁에 참전했으며, 공산당에 가입했다.

왕훙원의 조직은 상하이 시 당위원회의 인가를 받지 못했다. 상하이 당위원회는 아직 방향 설정이 되어 있지 않았으며 여전히 왕훙원과 그 동지들의 행동이 생산 활동에 피해를 줄 것이라고 여겼다. 그러자 왕훙원은 11월 10일 상하이 교외 안팅 역(安亭驛)에서 일을 저질렀다. 그를 따르는 2000여 명의 노동자들이 상하이 베이 역(北驛)에서 제멋대로 승차한 후 안팅 역에서 가로막아 후닝선(滬寧線) 전체 운행이 30시간가량 중단되었기 때문이다. 그들은 철길에 드러누워 베이징으로 가서 위대한 조타수를 접견하고 상하이 시 당위원회 당국이 저지른 '폭력'을 고발할 수 있도록 열차를 제공하라고 요구했다. 왕훙원의 '혁명적 행동'은 상하이 시 당위원회를 비난하면서 노동자를 이용하기 시작한 장춘차오와 장칭, 야오원위안의 지지를 얻었다. 이후 중국 각지의 청년 노동자들은 홍위병과 유사한 조직을 만들었다. 상하이 조직 이후 그것을 '조반(造反)'이라고 불렀다.

이 명칭은 마오쩌둥이 옌안 시절 스탈린의 예순 살 생일에 즈음하여 행한 연설에서 언급한 유명한 구절로부터 따온 말이다. "마르크스주의의 도리는 여러 갈래로 두서를 잡기 힘들지만 결국은 한마디로 요약된다. 즉 반란에는 이유가 있다(造反有理)는 말이다."[31] 칭화 대학 부속 중학교 홍위병들이 대자보에서 "반란에는 이유가 있다."라고 쓰자 1966년 6월 5일 《인민일보》가 다시 인용하면서 독자들에게 이를 환기시켰다. 그들은 마오쩌둥에게 이를 보냈다. 이미 앞서 언급한 것처럼 마오쩌둥은 "반동파에 대한 반란은 이유가 있다는 것을 설명해 준다. 나는 열렬하게 여러분을 지지할 것이다."[32]라고 주장한 바 있다. 이후로 "반란에는 이유가 있다."라는 말은 문화대혁명의 중요한 구호가 되었다.

12월 초 린뱌오가 주재한 중국공산당 중앙정치국 확대회의에서 홍위병이 인민공사나 공장까지 운동을 확장하는 것을 금지하는 9월 결의안이 공식적으로 거부되었다. 중국의 경제 위기가 또다시 고조되었다. 우선 교통 체계가 위기에 봉착했다. 8월 18일 마오쩌둥의 홍위병 접견 소식에 고무된 열정적인 청소년들은 너나없이 베이징으로 향하는 열차에 올라탔다. 홍위병이든 조반파든 모두 위대한 조타수를 만나고 싶어 했다. 마오쩌둥은 이를 적극 환영했다. 그는 중앙문혁소조에 보다 많은 이들이 혁명을 위해 그를 만나야 할 것이라고 말했다. "소련이 레닌주의를 포기한 원인 가운데 하나는 살아 있는 레닌을 만난 이가 적기 때문이다."[33]

11월 말 그는 톈안먼 광장에서 총 여덟 차례에 걸쳐 연인원 1100만 명이 넘는 홍위병을 사열했으며, 대표자들과 환영 만찬을 가졌다. 가장 많은 인원이 참가한 것은 11월 25일과 26일로 250만 명에 달하는 혁명 학생들이 참가했다.

당시 신화사가 보도한 관련 기사 내용을 지금 읽어 보면 터져 나오는 웃음을 참을 수 없다.

"어제 오전 11시 30분." 익명의 통신원은 숨을 헐떡이며 이렇게 보도했다.

「동방홍」이 장엄하게 울려 퍼지는 가운데 우리의 위대한 영수, 위대한 통수

(統帥), 위대한 조타수 마오쩌둥 주석과 그의 친밀한 전우 린뱌오가 톈안먼 광장 중앙 연단에 오르셨다. ……그 시각 톈안먼과 동쪽에 접한 거리는 승리에 찬 거대한 사람의 바다로 바뀌었다. ……사람들은 환희와 기쁨에 겨워 펄쩍펄쩍 뛰어올랐다. "마오쩌둥 주석 만세! 마오쩌둥 주석 만세, 마오쩌둥 주석 만만세!" 결코 끝나지 않을 것 같은 환호성과 탄성이 거대한 사람의 바다에서 물결치듯 퍼져 나갔다. ……그러자 60만 명이 넘는 젊은 혁명가들이 「큰 바다를 항해하려면 조타수에게 의지해야 한다」를 부르면서 톈안먼 광장을 가로질러 행진했다. ……그들은 끊임없이 위대한 영도자에게 경의를 표하며 "마오쩌둥 주석 만세!"를 외쳤다. ……11월 25일 수도(베이징)의 기온은 섭씨 영하 9도로 떨어졌다. 하지만 우리가 경애하는 위대한 영수 마오쩌둥 주석께서는 외투도 걸치지 않고 초록색 군복을 입으신 채로 톈안먼 성루 중앙에서 손을 흔들고, 젊은 혁명가들이 끝까지 문화대혁명을 완수할 것을 격려하며 박수를 보내셨다. ……11월 26일 오후 마오쩌둥 주석은 톈안먼 광장에 모인 180만 명이 넘는 혁명 교사, 노동자, 홍군의 행진을 사열했다. 열광적이고 환희에 찬 환호성 속에서 마오쩌둥 주석과 그의 친밀한 전우 린뱌오 동지, 그리고 당 중앙의 지도자 동지들이 무개차를 타고 톈안먼 광장에서 서쪽으로 출발하여 문화대혁명군의 심장으로 들어오셨다.³⁴

톈안먼 성루의 당 지도자들 중에는 아직까지 당내 지도부에 속한 류사오치와 덩샤오핑도 있었다. 하지만 그들이 당내에 남아 있을 날짜는 정해진 것이나 마찬가지였다. 이미 10월 21일 베이징 대학 대자보에서 "류사오치는 중국의 흐루쇼프다."라는 공개적인 주장이 등장했고, 10월 24일 류사오치와 덩샤오핑의 자아비판 직후 중앙위원회 조직부에 "덩샤오핑은 중국의 흐루쇼프"라는 대자보가 출현했기 때문이다. 1960년대 초 덩샤오핑은 이렇게 주장한 바 있었다. "검은 고양이든 누런 고양이든 쥐만 잡는다면 좋은 고양이다."³⁵

12월 18일 오후 장칭의 대리인(중앙문혁소조 부조장) 가운데 한 명인 상하이 좌파 장춘차오가 칭화 대학 조반파 우두머리(콰이다푸(蒯大富))를 만나 류사오치를 타도하기 위한 행동에 돌입할 것을 지시했다. "자네들과 같은 혁명 소장

(小將)들이 물에 빠진 개를 두들겨야 한다*는 루쉰(魯迅) 선생의 정신을 발양하여 그들을(류사오치·덩샤오핑)을 내쫓아 버리고 어설프게 중간에 멈춰서는 안 될 것이네." 그는 류사오치와 덩샤오핑이 "중앙위원회에서 자산 계급 반동 노선을 견지하면서 아직도 투항하지 않고 있다."라고 덧붙였다. 며칠 후 베이징에서 5000여 명이 "류사오치는 물러나라!" "류사오치와 덩샤오핑에 대한 피비린내 나는 투쟁을 끝까지 전개하자!"라는 구호를 외치며 시위를 벌였다.³⁶

곧 이와 유사한 시위가 전국적으로 일어났다. 류사오치와 덩샤오핑은 한순간에 정치 무대에서 사라졌다. 1967년 1월 1일 중난하이 류사오치의 집 담벼락에서 "중국의 흐루쇼프, 류사오치를 타도하자!"라는 낙서가 발견되었다. 이틀 후 중앙위원회 판공실에서 '비투회(批斗會, 비판 투쟁 대회)'를 조직하여 류사오치와 부인 왕광메이(王光美)에 대한 공개 비판을 거행했다. 이후 이러한 '모임'은 다반사가 되었다. 당시 모임에 참가했던 이는 이렇게 상황을 묘사했다.

중앙경위단(中央警衛團)의 경위들도 그곳에 있었지만 그저 바라만 볼 뿐 류사오치에게 도움을 주는 이가 없었다. 류사오치와 왕광메이는 에워싼 군중 한가운데에 선 채 서기국에서 온 직원들에게 떠밀리고 발길질을 당했다. 류사오치의 상의는 이미 찢어지고 단추도 두 개나 떨어져 나갔다. 그들은 머리채를 잡아 흔들기도 했다. 내가 좀 더 가까이 가서 보니, 누군가 그의 허리를 억지로 숙이게 한 다음 다른 사람이 그의 팔을 등 뒤로 잡아 올렸다. 이른바 '제트기 타기(坐噴氣式)' 자세를 취하도록 한 것이다. 마지막으로 그들은 류사오치를 엎어뜨리고 땅바닥에 닿도록 얼굴을 눌렀다. 또 누군가는 발길질을 하고 얼굴을 때렸다. 중앙경위단 경위들은 그때까지도 전혀 손을 쓰지 않았다. 나는 도저히 바라볼 수가 없었다. 그때 류사오치는 이미 일흔 살 가까운 노인네이자 국가 주석이었다.³⁷

여러 사람들의 수많은 요청에 따라 1월 13일 마오쩌둥이 마침내 패배한 적

---

* 세력을 잃은 악당을 두들겨 팬다는 뜻이다. — 옮긴이

을 접견했다. 류사오치는 국가 주석의 직책 등을 사임하고 처자식과 함께 옌안이나 고향으로 물러나 평범한 농민으로 살 수 있도록 허락해 달라고 요청했다. 마오쩌둥은 이를 거절했다.[38]

이후로 문화대혁명은 가장 피비린내 진동하는 단계로 접어들었다. 1966년 12월 27일 장칭은 실각한 펑더화이가 머물고 있던 쓰촨으로 베이징의 홍위병을 파견했다. 일군의 폭도가 집에 난입하여 그를 끌어내 수도로 연행한 후 감옥에 처넣었다. 펑더화이는 백 번 넘는 고문과 구타로 인해 늑골이 부러지고 얼굴이 짓이겨졌으며 폐까지 손상되고 말았다. 그는 계속해서 비투회에 끌려 다녀야 했다. 인민해방군의 원수이자 원로 공산당원인 그는 신음 소리만 겨우 낼 뿐 거의 말조차 할 수 없을 지경에 이르렀다. 그는 감옥에서 마오쩌둥에게 편지를 썼다. "마지막으로 경례를 올립니다. 만수무강하시기 바랍니다.(向您最后一次敬禮! 祝您萬壽無疆.)" 1973년 감옥 내 의무실로 이송되었으며, 1974년 11월 29일 세상을 떠났다.[39]

중국 혁명에서 또 한 명의 영웅인 허룽(후난 출신으로 인민해방군 창설자 가운데 한 명이다.) 원수도 참혹한 수난을 당했다. 유쾌하고 농담하길 좋아하며 특히 여성들에게 인기가 좋았던 그는 마오쩌둥이 옌안에서 장칭과 동거 생활을 시작할 때 적극적으로 지지했던 몇 안 되는 사람 가운데 한 명이다. 하지만 영도자의 부인과 좋은 관계를 유지했다고 수령에서 벗어날 수 있었던 것은 아니었다. 1960년대 초반 그는 린뱌오와 사이가 틀어졌다. 현대 무기 체계에 무지하다고 린뱌오를 공개적으로 무시했기 때문이었다. 결국 이로 인해 몰락하고 말았다. 1966년 12월 30일 장칭은 칭화 대학에서 학생들을 모아 놓고 허룽을 공격할 것을 지시했다. 허룽은 저우언라이에게 중난하이에 거주할 곳을 마련해 달라고 구원을 요청했다. 겁먹은 저우언라이 총리는 "중난하이도 상황이 긴박하다. 좀 더 먼 데서 쉴 곳을 찾는 것이 좋겠다."라고 대답하는 수밖에 없었다. 당시 중국에서 그런 곳은 아무 데도 없었다. 몇 달 후 심신이 쇠약해진 허룽 원수는 체포되어 지옥과 같은 박해를 감수해야만 했다. 무죄를 입증하기 위해 애쓰던 그는 결국 곡기를 끊고 1969년 6월 9일 삶을 마감했다. 그는 죽기 얼마 전 부인에게 이렇게 말했다. "나는 단지 마오쩌둥 주석이 한마디 말만 해 주기를 바라오. '허룽은 나의 동지였다.'"[40]

그가 죽고 얼마 후인 6월 22일 조반파의 모진 박해를 받고 있던 리리싼이 끝내 삶을 마감했다. 일찍이 1930년대 초 공산당을 이끌었던 바로 그 리리싼이었다. 그는 1946년 초 소련에서 중국으로 돌아와 중앙위원회의 일원으로 당과 공회, 그리고 정부에서 요직을 맡았다. 1966년 말 젊은이들에 의해 비투회에 끌려갔다 돌아온 후 한동안 홀로 지내다가 1967년 1월 말에 또다시 괴롭힘을 당하기 시작했다. 거의 2년 6개월 동안 구타와 고문에 시달리던 그는 더 이상 참지 못해 대량의 수면제를 복용하고 스스로 목숨을 끊었다. "가장 경애하는 마오쩌둥 주석(最最敬愛的領袖毛主席)"에게 보낸 편지에서 그는 자신과 가족은 결코 외국과 내통한 첩자가 아니라면서 "이제 나는 정신적으로나 육체적으로 더 이상 견딜 수 없다."라고 했다. 그리고 마지막으로 "문화대혁명에 경례"라는 글로 마무리했다.[41] 그가 죽고 그다음 날, 러시아 출신인 부인과 두 딸도 수없이 많은 '리리싼 비투회(비판투쟁회)'에 끌려다니다가 결국 체포되고 말았다.[42] 미망인은 적막한 감옥에 갇혔을 때 오히려 모든 억압과 긴장에서 풀려나 "이제야 살았다."라는 생각이 들었다고 말한 바 있다.[43]

1966년 8월 24일 우한 대학 총장이자 중국공산당 창설자 가운데 한 명인 리다 역시 그동안 당했던 고문과 수모를 견디지 못하고 죽었다. 같은 해 마오쩌둥의 비서 출신으로 영도자에게 농민들의 분위기를 곧이곧대로 이야기했던 톈자잉이 자살했다. 1966년 9월 19일 톈진 시 위원회 제1서기인 완샤오탕(萬曉塘)이 홍위병의 강압으로 작열하는 태양 아래 몇 시간 동안 서 있다가 그만 목숨을 잃고 말았다. 1967년 1월 매탄공업부장 장린즈(張霖之)가 혹독한 심문 과정에서 사망했다. 또한 인민해방군 장군이자 국무원 국방공업 판공실 상무 부주임, 중공중앙 국방공업정치부 주임 등을 역임한 자오얼루(趙爾陸), 산시 위원회 제1서기 웨이헝(衛恒), 윈난 위원회 제1서기 옌훙옌(閻紅彦) 등도 자살로 삶을 마감했다.

가장 혹독한 박해에 시달린 이는 역시 류사오치다. 1967년 내내 그는 중난하이를 비롯한 베이징 여러 곳에서 조롱과 비난을 당해야만 했다. 9월 중순 부인도 구금되었다. 비탄에 빠진 류사오치는 고혈압*과 혈당 수치 상승으로 인해 더욱 고통이 심했다. 자율 신경 계통의 기능이 손상되었기 때문이었다. 얼마 후 폐렴까지 겹치면서 병세가 위중했다. 하지만 연금 상태에서 방치된 채 제대로 된 치료를 받지 못했다. 1969년 10월 중순 그는 류웨이황(劉衛黃)이라는 가명으로 비밀리에 카이펑(開封)으로 이송되었으며, 그곳 '혁명' 당위원회가 소유한 건물에서 전혀 희망이 보이지 않는 가운데 다가오는 죽음을 맞이하고 있었다. 가구라고는 전혀 보이지 않는 방 안에는 병든 류사오치가 누워 있는 들것이 전부였다. 한 달 후인 1969년 11월 12일 오전 6시 45분 중화인민공화국 전 주석이 이승을 하직했다. 그가 죽고 2시간 후에 구급차가 도착했다.[44] 의사는 사망 증명서 '직업란'에 '무직'이라 적고 사망 원인은 '질병'이라고 썼다. 이 외에도 덜 알려진 중국공산당 지도자들이 홍위병과 조반파의 희생양이 되었다. 문화대혁명은 화염의 폭풍이 되어 전국을 휩쓸었다.

마오쩌둥은 이런 사실에 대해 전부 알고 있었을까? 예전 동지들의 신음 소리가 그의 귀까지 들렸을까? 이에 대해서는 의심할 여지가 없다. 개별 지도자들의 운명에 관한 최종 결정권자가 바로 그였으며, 그들을 당과 정부의 요직에서 몰아낸 사람도 바로 그였기 때문이다. 스탈린과 달리 그는 개인적으로 사형 집행 영장에 서명하지 않았다. 하지만 누군가 자살하게 만들었다면 그 역시 처형과 다를 바 없지 않을까? 체포한 이들을 가혹하게 고문하고 짐승 취급하는 일을 묵인했다는 것은 결국 사형 선고를 내린 것이나 마찬가지 아닐까? 마오쩌둥이 무법천지의 규모를 상상하지 못했다거나 어디에서 보편적 관용을 베풀어야 하는지 이해하는 데 실패했다고 말할 수 있을까? 아니다. 그는 모든 것을 정확하게 알고 있었다. 이것이 바로 그가 희생자들의 비참한 운명에 책임을 져야 하는 이유다. 그는 우둔하고 잔인한 대규모 공포를 야기한 장본인이다. 백만 명이 넘는 이들이 고문당하거나 처형되었으며, "천하대란" 기간에 자살

---

* 심할 경우 260/130 정도였다고 한다. ─ 옮긴이

로 생을 마감했고,[45] 이와 관련하여 거의 1억 명에 달하는 인구가 고통을 당해야만 했다. 그 가운데 당원이나 당 간부는 극히 일부에 불과했다. 마오쩌둥은 모든 사실을 알고 있었을 뿐만 아니라 모든 것을 정확하게 이해했다.

오랜 기간 마오쩌둥은 무정부 상태의 혼란을 막지 못했으며, 오히려 어떤 면에서 이를 조장했다. 억제할 수 없는 폭력 욕망은 이전 「후난 농민 운동 시찰 보고」에 명확하게 드러나고 있다시피 마오쩌둥에게서 결코 사라질 수 없는 것이었다. 혁명 투쟁과 마르크스주의에 관한 독서를 통해 폭력에 대한 열망이 끊임없이 강화되는 상황에서 이를 어떻게 완화시킬 수 있을 것인가? 그는 평생 "파괴가 없으면 창조도 없다."라는 그릇된 문구를 확신했다. 그는 문화대혁명 희생자들의 삶과 죽음의 드라마에 전혀 영향을 받지 않았다. 심지어 딸 리민이 그에게 수정주의 타도에 나선 광기 어린 전사들이 그녀와 남편한테까지 멍청하게 비난의 화살을 돌리고 있다고 원망했지만 손가락 하나 까딱이지 않았다. 그는 그저 웃으면서 이렇게 말했을 뿐이다. "두려워할 것 없다. 그저 경험이라고 생각하렴."[46] 1966년 12월 26일 마오쩌둥은 자신의 일흔세 살 생일을 축하하는 측근끼리의 모임에서 술잔을 들고 건배했다. "전국적인 전면 내전의 전개를 위하여!"[47]

그는 인간의 고통이라곤 전혀 없는 자신만의 세계에서 살았다. 열여덟, 열아홉 살의 아리따운 아가씨들과 자유로운 시간을 보냈으며, 때로 그들 대신 여전히 매력적인 장위펑을 만나기도 했다. 저녁이 되면 넓고 아름답게 장식된 인민대회당 118호실에서 그들과 함께 어울렸다. 1966년 말부터 그는 중난하이의 수영장이 있는 건물에서 '잠옷 파티'를 열기 시작했다. 거처인 쥐샹수우보다 그곳을 더 좋아했다.[48] 그러면서도 거대한 나라의 정황에 대해 끊임없이 파악하고 있었다. 중요한 문제는 어떤 것이라도 그가 모르는 상태에서 결정되지 않았다. 주석, 그는 진리의 최종 결정권자였다. 그가 즉흥적으로 마음만 먹는다면 어떤 비난을 받는 자라도 구할 수 있었다.

덩샤오핑을 처리한 방식이 그러했다. 그의 '경우'는 류사오치와 완전히 달랐다. 물론 마오쩌둥은 여러 모임에서 "덩샤오핑이 1959년 이후로 자신에게 업무 보고를 하지 않는다."라고 여러 차례 비난한 적이 있다. 하지만 덩샤오핑을 완전히 파멸시키는 것을 허락하지 않았다. 아무리 '샤오덩(小鄧)'에게 화가 났을지라도 그는 여전히 덩샤오핑의 비범한 조직 능력만큼은 중요하게 여겼다. "아버지(덩샤오핑)는 맹렬히 비난을 받고 타도 대상이 되었을 때도 육체적으로나 정치적으로 마오쩌둥 주석의 보호를 받았다." 덩샤오핑의 딸 덩룽(鄧榕)은 이렇게 적었다. 1967년 7월 마오쩌둥은 동지 가운데 한 명에게 "만약 린뱌오의 건강이 악화된다면 나는 덩샤오핑을 돌아오게 할 생각이다. 적어도 정치국 상임위원은 되어야겠지."⁴⁹라고 말한 적도 있다.

전 총서기 역시 감옥의 공포를 경험했으며, 높다란 고깔모자를 쓰고 무릎을 꿇고 자아비판을 했다. 하지만 죽지는 않았다. 1969년 10월 22일 그는 부인과 계모와 함께 장시 성으로 내쫓겼으며, 그곳에서 3년 6개월 동안 노동 개조를 당했다. 정신적인 고통이 심했지만 단순히 지위를 박탈당하고 권력을 잃었기 때문만이 아니었다. 문화대혁명은 그의 가족에게 엄청난 충격과 고통을 주었다. 1968년 8월 말 베이징 대학에 다니고 있던 큰아들 덩푸팡(鄧樸方)이 조롱과 비난을 견디지 못하고 대학 내 한 건물의 창문에서 투신했다. 기적처럼 목숨은 구했지만 척추를 다쳐 여생을 하반신 마비로 보낼 수밖에 없었다.

류사오치의 큰아들 윈빈(允斌)은 그런 행운이 없었다. 자살 기도가 성공했기 때문이다. 1966년부터 1968년까지 끔찍한 테러가 자행되면서 수많은 이들이 자살을 택했다. 예술가, 대학 교수, 당 관료 등 비인간적인 고문과 모멸을 견디지 못한 수많은 이들이 자살로 삶을 마감했다. 1966년 8월 말 야만적인 비투회에 참가하고 돌아온 라오서(老舍). 중국 현대 문학의 탁월한 작가였던 그는 베이징 타이핑후(太平湖)에 몸을 던지고 말았다.

1966년 12월 말 장춘차오가 홍위병과 상하이 조반파를 이끌고 상하이 시위총부를 습격하여 이듬해 1월 초 완전히 장악했다. 이른바 '1월 탈권(奪權)' 또는 '1월 혁명'이라고 부르는 당시 사건은 상하이 노동자 혁명 조반 총사령부 사령이자 중앙문혁소조 성원인 왕훙원이 주도했다. 양측은 4시간이 넘도록 무력 충돌을 일으켜 아흔한 명이 죽거나 다치는 불상사가 일어났다. 승리는 마오쩌둥주의자들에게 돌아갔다. 장춘차오는 왕훙원과 그 동지들이 일으킨 '혁명적' 거사로 "상하이 시 위원회가 마비되어 실권했으며, 더 이상 아무도 그들의 말을 듣지 않을 것"[50]이라고 말했다.

마오쩌둥은 상하이의 '1월 탈권'을 기뻐하며 높이 평가했다. "이는 한 계급이 다른 한 계급을 뒤엎은 위대한 혁명이다."[51] 그의 유일한 걱정거리는 홍위병과 조반파가 상대적으로 취약하다는 것이었다. 그래서 린뱌오에게 '좌파(무산 계급 혁명 좌파)'를 지지하고 원조하기 위해 인민해방군을 파견할 것을 명령했다. 이후로 극단적인 혁명 조직에 의한 젊은 폭도의 권력 장악이 전국에서 가속화했다.

34

홍위병의 비극

상하이 1월 혁명으로 인해 중국 전역에 새로운 권력 기구, 이른바 혁명위원회가 창설되었다. 혁명위원회는 기존의 홍위병과 조반파 외에도 인민해방군 군관과 요행히 살아남은 '혁명' 간부 대표자들로 구성되었다. 지역의 당 조직은 기능을 상실했다. 성과 시의 권력 장악을 둘러싼 군부와 조반파 사이의 알력이 심화되면서 드물지 않게 피비린내 나는 충돌이 벌어졌다. 일부 지역에서는 부대가 좌파를 지지하는 대신 진압에 나섰고, 동시에 홍위병과 조반파는 젊은 병사들이 지휘관에게 맞서도록 선동하면서 군대를 '혁명화'하려고 시도했다. 특히 격렬한 충돌이 쓰촨의 청두와 칭하이 성(靑海省)의 시닝(西寧)에서 발생하여 200여 명이 사망했다. 1만여 명의 쓰촨 홍위병과 상당수의 칭하이 홍위병이 체포되었다.[1]

최초의 성 혁명위원회는 1967년 1월 31일 헤이룽장 성(黑龍江省)에서 설립되었다. 하지만 그 밖의 다른 곳에서 새로운 권력 기구를 만드는 노력은 상당히 오랜 시간이 걸렸다. 조반파와 홍위병은 새로운 무엇을 창조할 수 없었다. 그들이 할 수 있는 것은 온통 파괴뿐이었다. 그렇기 때문에 베이징 소재 몇몇 대학의 혁명 학생들이 1월 베이징 시 당위원회를 장악했으나 할 수 있는 것은 대학살 외에 아무것도 없었다. 중국공산당 중앙위원회와 중앙문혁소조는 3개월이 지난 1967년 4월 20일에서야 베이징 혁명위원회를 설립할 수 있었다.[2] 위대한 영수는 당시 국무원 공안부 부장인 셰푸즈(謝富治)에게 혁명위원회를 이끌도록 했다.

마오쩌둥은 아마도 모든 것이 잘 처리되리라고 믿으며 전혀 염려하지 않았던 것 같다. 누가 옳고 누가 그른지 솎아 낼 수 있을 것이라 생각했다. 그러나 군대에 대한 조반파의 공격, 당내 위기, 도처에서 이루어진 홍위병의 권력 장악을 보면서 정치국의 원로 공산당원들은 심적으로 괴롭고 고통스러웠다. 그중에는 탄전린(譚震林), 천이, 리푸춘, 리셴녠(李先念), 네룽전 등 다섯 명의 부총리와 중국공산당 중앙군사위원회 부주석 쉬샹첸, 국방위원회 부주석 예젠잉 등이 포함되었다. 그들 가운데 천이, 네룽전, 쉬샹첸, 예젠잉 등 네 명은 원수였다. 1967년 2월 초순과 중순 중앙정치국 일부 위원과 중앙군사위원회 지도자, 중앙문혁소조 성원들이 참가한 중앙정치국 상황 보고 회의(팽두회(碰頭會))에서 원로 혁명가들은 중앙문혁소조의 1월 권력 탈취로 인한 당과 정부의 혼란에 대해 강력하게 비판했다.

마오쩌둥은 스스로 문화대혁명을 비판할 기회를 주었다는 점에서 책임이 있었다. 정치국 위원들의 '반당' 연설이 있기 전날 밤 그는 개인적으로 중앙문혁소조와 만난 자리에서 천보다와 장칭을 심하게 질책했다. 그는 오래전부터 두 사람이 할당된 임무를 효과적으로 처리하기보다 끊임없이 내부 투쟁에 치중한다는 것을 알고 있었다. 캉성은 천보다와 의견을 같이한 적이 없었으며, 천보다는 끝내 '영예로운' 캉성을 견딜 수 없었다. 장칭은 때로 천보다를 설득하려고 했지만 언제나 실패했다. 고압적이고 신경질적인 장칭은 외교관이 아니고, 정치에도 능숙하지 않았으며, 경제는 말할 것도 없었다. 마오쩌둥도 장칭이나 천보다가 때로 자신과 상의 없이 제멋대로 일을 처리하는 것을 보고 짜증을 냈으며, 주눅이 든 그들에게 소리를 질러 대기도 했다.

"너, 천보다 말이야!" 마오쩌둥이 천보다를 향해 소리쳤다. "과거에 사오치(류사오치)와 나에 관한 한 너는 언제나 기회주의자였어. 내가 너를 오랫동안 알았다만 너는 너하고 개인적으로 관련이 된 일이 아니면 결코 나를 찾아온 적이 없었다."

당황한 천보다가 즉시 자아비판할 기회를 달라고 요청했다. 하지만 마오쩌둥은 손을 내저으며 방향을 바꾸어 장칭을 공격하기 시작했다.

"당신, 장칭! 당신은 괜히 눈만 높을 뿐 솜씨는 없어. 포부가 크면 뭐하나 능력이 모자란데. 당신은 다른 사람들을 무시하고 있어!"

그런 다음 이번에는 린뱌오에게 말을 돌렸다. "보시오! 여전히 이전과 같지 않소! 나는 보고를 받지 못했소. 여전히 나에겐 비밀로 하고 있단 말이지. 유일한 예외는 총리뿐이야. 어떤 중요한 일이 진행될 때는 그리 중요하지 않은 일도 항상 나에게 보고하고 있소."[3]

당시 모임에 참석한 리푸춘과 예젠잉이 정치국의 여러 동료들에게 마오쩌둥의 이러한 비난과 질책에 대해 이야기했다. 분위기가 바뀌고 있다는 느낌을 받았기 때문에 그들은 문화대혁명을 비판하는 발언을 꺼낼 수 있었다.

마오쩌둥이 천보다와 장칭을 심하게 질책한 그다음 날인 1967년 2월 11일 중난하이에서 열린 상황 보고 회의에서 당 원로인 예젠잉은 천보다를 공격하기 시작했다. 불운한 천보다는 예젠잉에게 비교적 손쉬운 공격 목표가 된 셈이다.(마오쩌둥은 통상적으로 이런 회의에 참석하지 않았다. 다만 믿을 만한 측근을 통해 회의의 전체 진행 상황을 파악했다.) 예젠잉은 천보다에게 "당신들은 당을 혼란에 빠뜨렸고, 정부를 혼란에 빠뜨렸으며, 공장과 농촌을 혼란에 빠뜨렸다."라고 말하면서 계속 비난을 퍼부었다. "그것도 성에 차지 않아 이제는 군대까지 혼란에 빠뜨리려는가? 당신들은 도대체 어쩌려고 이러는 거야?"

쉬샹첸은 예젠잉을 지지하면서 이렇게 말했다. "군대는 무산 계급 독재의 기둥일세. 그런데 당신들은 군대를 혼란에 빠뜨리려고 하니 기둥을 뽑아 버리겠다는 것인가? 우리 같은 이들은 안 되고 콰이다푸(蒯大富, 1966년 12월 류사오치를 반대하는 최초의 시위대를 조직한 칭화 대학 홍위병 지도자) 같은 이들이 군대를 지휘하도록 하자는 거요?" 회의를 주재하던 저우언라이는 신경이 날카로 위졌고, 발언권을 얻은 캉성이 되받아쳤다. "군대는 당신에게 속한 것이 아니오, 쉬샹첸!" 캉성은 몇 마디 더 하고 싶었지만 예젠잉이 말을 가로챘다. "당의 영도가 없이 혁명을 할 수 있단 말인가? 군대가 필요하지 않단 말이야?" 녜룽전이 그의 발언을 지지하며 말을 받았다. "고약한 심보를 품은 자들이 원로 간부들을 잔혹하게 박해하고 물에 빠진 사람에게 돌을 던지고 있소."

회의실에 무거운 침묵이 감돌았다. 캉성, 천보다, 그리고 중앙문혁소조에 속한 또 한 명의 소조원인 왕리(王力)가 그들 앞에 앉은 당 원로들을 성난 얼굴로 쩨려보고 있었다. 저우언라이가 서둘러 회의를 끝냈다. 잠시 후 국무원 부총리인 천이가 예젠잉에게 말했다. "예 공, 정말 용감하셨소." 저우언라이는 시간이 지나면 서로 감정이 식을 것이라 예상하고 닷새 후에 회의를 속개했다. 하지만 큰 착오였다. 당 원로 탄전린이 장춘차오를 비난하는 한편 조반파에게 쫓겨난 상하이 시 위원회 제1서기를 옹호했다. 장춘차오는 군중이 자체적으로 자신들의 문제를 해결할 것이라고 침착하게 대답했다. 그러자 탄전린이 격분하여 장춘차오를 꾸짖었다. "무슨 군중? 언제나 군중, 군중 한단 말이야. 그래도 역시 당의 영도가 있어야지! 당의 영도는 필요 없고 하루 종일 군중이 스스로 해방하고, 스스로 교육하고, 스스로 혁명한다고 하니 이게 도대체 무엇인가? 이것은 형이상학이야!"

잠시 숨을 고른 후 그는 계속해서 강력하게 밀고 나갔다.

당신들의 목적은 나이 든 간부들을 숙청하는 것이다. 원로 간부들을 하나도 빠짐없이 모두 쓰러뜨리려 하고 있다. ……고위 간부의 자제들이 너나없이 모두 박해를 받고 있다. 이것이야말로 반동적인 혈통론이 아니고 무엇이란 말인가? ……이번 일들은 당의 역사상 가장 잔혹한 투쟁이다. ……만약 내가 처음부터 이런 꼴을 보려고 살았다는 것을 알았다면 애당초 혁명에 참가하지도 않고, 공산당에 가입하지도 않았을 것이다. 또 예순다섯 살까지 살지도 않았을 것이며, 지난 41년 동안 마오쩌둥 주석을 따르지도 않았을 것이다.

탄전린은 이렇게 말하고 문건과 옷을 집어 들고 자리에서 일어나 회의장을 떠나려 했다. 천이가 만류하며 소리쳤다. "가지 마시오. 남아서 투쟁합시다!"

이어서 3시간 동안 당 원로들과 중앙문혁소조 성원들 사이에 고성과 욕설이 난무했다. 무력한 저우언라이가 이성을 되찾도록 애썼지만 헛수고였다. 천이가 가장 도전적이었다. 그는 으르렁거리는 급진파들에게 일갈했다.

그런 자들이 권력을 잡으면 틀림없이 수정주의에 빠질 것이다. 옌안에서 류사오치, 덩샤오핑, 펑전 등은…… 마오쩌둥 주석의 가장 열정적인 추종자들이었다. 그들은 결코 공개적으로 마오쩌둥 주석을 반대한 적이 없다. ……마오쩌둥 주석을 반대해 비판을 받은 사람들은 바로 우리다. 총리도 마찬가지로 비판을 받지 않았던가? 우리는 반드시 이러한 교훈을 기억해야 한다. 도대체 마오쩌둥 주석을 반대하는 이가 누구인지 역사가 증명하고 있지 않은가! 나중에 보면 알게 될 것이다. 스탈린이 죽고 흐루쇼프가 권력을 계승했다. 하지만 권력을 잡기 무섭게 스탈린을 악의적으로 공격한 것이 바로 그가 아니었던가?[4]*

천이의 발언은 도를 지나쳤다. 정치국 위원들 가운데 아무도 그처럼 예리하게 비판한 사람이 없었다. 결국 저우언라이는 또다시 회의를 끝내야만 했다. 장춘차오와 야오원위안, 왕리 등은 회의록**을 장칭에게 보고했으며, 그녀는 즉각 마오쩌둥에게 모든 내용을 보고하라고 지시했다. 장춘차오가 대표로 마오쩌둥 주석 접견을 청했다.

마오쩌둥은 그의 보고를 경청했지만 정치국 위원들의 반란을 그다지 중대한 사건으로 보는 것 같지 않았다. 심지어 당 원로들의 발언에서 재미있는 부분을 발견하고 몇 번이나 웃음을 터뜨리기도 했다. 천이의 발언에 대한 이야기를 들으면서 마음이 어두워지기는 했지만 그렇다고 어떤 모욕감만으로 기분

---

* 흐루쇼프가 수정주의자라는 뜻이다. — 옮긴이
** 이른바 「2월 16일 화이런탕(懷仁堂) 회의」를 말한다. — 옮긴이

을 망친 것은 아니었다. 그는 문득 자신이 가장 완강한 반대에 직면하고 있으며, 그것을 깨부수기가 결코 쉽지 않다는 생각이 들었다.

하지만 정치 음모에 관한 한 누구보다 풍부한 경험을 지닌 그가 자진해서 자신의 앞자리를 내준다는 것은 사실상 불가능한 일에 가까웠다. 그는 반대파를 분열시키면 제압할 수 있을 것이라고 생각했으며, 실제로 그렇게 했다. 그는 저우언라이에게 《인민일보》와 《홍기》에 간부*들을 타격해서는 안 된다는 내용의 논설을 발표하도록 지시했다. 제목은 '반드시 정확하게 간부를 대우해야 한다(必須正確地對待幹部)'였다. 그런 다음 2월 18일 밤 중국공산당 중앙정치국 회의를 소집하여 저우언라이, 캉성, 공안부 부장 셰푸즈, 린뱌오의 아내 예췬(몸이 불편한 린뱌오를 대신해서 참석했다.), 그리고 평온을 교란한 '역장(逆將)', 즉 리푸춘과 예젠잉, 리셴녠 등을 자신의 거처로 불렀다.[5] 보기 힘든 장면이 펼쳐졌다. 마오쩌둥은 회의를 시작하기 무섭게 고래고래 고함을 질러 댔다.

중앙문혁소조는 제8기 11중전회(1966년 8월)에서 채택된 노선에 따라 집행하고 있는 것이야. 성적이 괜찮아. 굳이 따진다면 과오는 1퍼센트나 2퍼센트, 어쩌면 3퍼센트 정도고, 잘한 점이 97퍼센트 정도라고 할 수 있소. 만약 누군가 '중앙문혁'을 반대한다면 나는 단호하게 그를 반대할 거요. 당신들이 문화대혁명을 반대할 생각이라면 내가 당신들에게 분명하게 말해 주리다. 그건 결코 성공할 수 없소! 예췬 동지, 당신이 린뱌오에게 말하시오. 그도 안전하지 못할 것이라고. 지금 몇몇 사람들이 그의 권력을 잡아채려고 하니 준비를 하라고 말이오. 만약 문화대혁명이 실패라면 나는 그 즉시 갈 것이오. 린뱌오 동지도 마찬가지일 것이고. 우리는 징강 산에 가서 다시 혁명을 시작할 것이오. 당신들이 장칭이나 천보다는 안 된다고 말하는데, 그렇다면 문혁소조를 개혁하시오. 탄전린이 조장이 되고 천이랑 쉬샹첸이 부조장, 위추리(余秋里)랑 보이보가 조원이 되겠네. 그래도 안 되면 왕밍이나 장궈타오를 부르지! 그래도 안 되면 미국과 소련까지 불러 보시오. 장

---

* 당 원로, 즉 화이런탕 회의에 참가한 이들을 말한다. ─ 옮긴이

칭하고 천보다는 사형시키고 캉성을 군대에 보내면 되겠군. 나머지야 당신들이 하고 싶은 대로 하면 될 테고. 그렇게 하면 되겠네. 그러면 당신들 목적을 이룰 수 있겠네!⁶

새벽이 되어서야 겨우 마오쩌둥의 노기가 조금 풀어졌다. 그는 저우언라이에게 천이는 자아비판을 하도록 지시하는 한편, 리푸춘과 셰푸즈에게 탄전린을 압박하도록 했으며 예젠잉과 리셴녠, 셰푸즈에게 쉬샹첸을 압박하도록 했다. 하지만 리푸춘과 예젠잉 혹은 리셴녠에게는 어떤 사과도 요구하지 않았다.

이렇게 해서 마오쩌둥은 분열된 '음모자'들에게 가장 효과적으로 타격을 가할 수 있었다. 천이와 탄전린, 쉬샹첸은 양쪽에서 협공을 당해 곤경에 빠졌다는 것을 깨달았다. 한쪽은 자신들을 배신한 리푸춘과 예젠잉, 리셴녠이었으며, 다른 한쪽은 중앙문혁소조 성원들이었다. 물론 장칭이나 캉성, 천보다 등이 가장 악질이었다. 그들은 적에게 '주자파'라는 팻말을 달았다. 장춘차오 역시 도전적이기는 마찬가지였다. 그는 원로들의 반격을 '2월 역류(二月逆流)'*라고 공격했다. 탄전린과 천이, 쉬샹첸은 의지할 곳 없이 완전히 고립되어 죄를 인정하는 수밖에 없었다. 저우언라이 역시 정치국 위원들의 불량한 기풍을 통제하지 못했다는 이유로 자아비판에 참가해야만 했다.⁷

중앙정치국과 국무원은 실질적으로 더 이상 존재하지 않는 것이나 다를 바 없었다. 주석이 정치국과 국무원의 기능을 모두 중앙문혁소조에 넘겼기 때문이다.⁸ 득의양양한 장칭은 입이 간질간질하여 견딜 수가 없었다. "저우언라이, 당신도 우리 회의에 참가하셔야겠네. 더 이상 주재할 회의도 없으니!"⁹

여러 원수와 당 원로**들이 문화대혁명에 대해 반대 의견을 내놓았다는 소문이 전국적으로 퍼져 나가면서 그렇지 않아도 극좌파들의 폭력적인 난동에 분개하고 있던 군부 내 일부 세력과 일반 시민들 사이에서 홍위병과 조반파를

---

* 초기에는 자산계급복벽역류(資産階級復辟逆流)라고 불렀다. ― 옮긴이

** 세 명의 당 원로와 네 명의 원수(三老四帥). ― 옮긴이

반대하는 소동이 일어나기 시작했다. 결국 1967년 조반파와 중앙문혁소조 성원, 홍위병의 폭동을 억제하려는 이들 사이에 진정한 의미의 내전이 발발했다. 전국 대도시에서 극단주의에 반대하는 단체가 출현했다.

이러한 조직이 처음 떠오른 것은 1966년이지만 당시에는 대중적 지지를 얻지 못했다. '반좌(反左)'를 표방하는 조직 중 하나가 베이징에서 고위급 간부의 자녀들이 주축이 되어 만든 '연합행동위원회(약칭 '연동')'다. 연동 구성원들은 "마르크스·레닌주의와 1960년 이전 마오쩌둥 사상"에 대한 충성을 맹세하고 "좌경 기회주의의 완전한 분쇄"를 주장했다. 1967년 1월 말 연동 구성원 139명이 장칭과 천보다를 비방하고 류사오치를 옹호했다는 이유로 고발되어 체포되었다. 하지만 석 달 후 마오쩌둥의 지시에 따라 전원 석방되었다. 무엇보다 마오쩌둥이 당 간부들의 불만이 폭발하는 것을 두려워했기 때문이다.[10]

1967년 봄, 유사한 조직이 전국 도처에서 출현했다. 조직 구성원들은 홍위병과 조반파를 공격했으며, 그들을 체포하거나 구타하고 심지어 살해하는 경우도 있었다. 그들은 문화대혁명의 지도자인 장칭, 장춘차오, 야오원위안 등을 비난하고 욕설을 퍼부었다. 마오쩌둥만은 예외였다. 그들은 여전히 그를 위대한 영수이자 유일하게 의지할 수 있는 조타수로 여겼다. 홍위병 운동은 서로 상대방을 주자파 또는 수정주의로 비난하는 적대적인 단체나 파벌로 분열되면서 점차 복잡한 양상을 띠기 시작했다.

마오쩌둥은 그럼에도 불구하고 모든 것이 정확한 노선에 따라 움직인다고 믿었다. "너는 계속해서 혼란에 대해 이야기한다만 과연 무엇이 중요한지를 제대로 보고 있지 못해. 이건 무산 계급의 영도하에 일어나고 있는 운동이자 혁명이야. 그러니 전혀 두려워할 필요 없어. ……군중은 운동 과정에서 무엇인가를 배우고 또 경험을 얻게 될 것이야." 그는 경호원에게 이렇게 말했다. 그는 외국인들에게도 똑같이 설명했다.

혼란은 계급 투쟁, 두 파벌 간 투쟁의 결과입니다. 좌파가 반우파 투쟁을 하고 있는 것이지요. 혼란은 결코 재앙이 아닙니다. 하늘은 절대 무너질 수 없습니다.

내가 언젠가 어떤 외국 친구들에게 말한 적이 있다시피 "첫째, 하늘은 무너지지 않아요. 둘째, 잡초나 산속 나무들은 예전과 마찬가지로 계속 성장할 것입니다. 만약 믿지 못하겠거든 나가서 한번 보십시오. 셋째, 고기들은 여전히 강물에서 헤엄치고 여자들은 계속해서 아이를 낳을 것입니다."……우리 정부는 군중에게 의지하고 있습니다. 군중이 없다면 아무것도 할 수 없다는 뜻이지요."

그해 초여름, 주석은 짐짓 태평한 척했으나 내전은 더욱 격렬해졌다.(마오쩌둥은 여섯 달 후인 1967년 12월에야 그런 사실을 알았다. 당시 그는 외교 사절을 만나 대담하면서 "1967년 6월부터 무기를 사용한 무장 투쟁이 벌어졌다."라고 무심결에 발설한 바 있다.)[12]

충돌의 초점으로 부상한 곳은 우한이었다. 5월 말 극좌주의에 반대하는 쉰세 개의 조직이 연합하여 '백만웅사(百萬雄師)'를 결성했다. 이 조직은 방대하고 대단히 급진적인 성원들로 이루어졌으며, 85퍼센트 정도가 당원이었다. 또한 그들 가운데 많은 이가 우한의 홍색무장노동자 민병대에 참여하고 있었다. 항일 전쟁과 국공 내전의 영웅으로 당시 우한과 후베이 군구 사령관을 맡고 있으며 직언을 마다하지 않는 강직한 군인인 천짜이다오(陳再道)가 '백만웅사' 조직의 정신적, 물질적 지원자였다.[13] 1967년 여름, 백만웅사가 피비린내 나는 일련의 사건을 일으켰다. 이로 인해 100여 명의 홍위병과 조반파가 살해되고 2000여 명이 중경상을 입었다.

마오쩌둥은 직접 간여하기로 마음먹었다. 7월 중순 안전을 보장할 수 없다는 이유로 대다수 당내 지도자들이 반대했음에도 불구하고 마오쩌둥은 우한으로 내려갔다. 그는 그들의 우려를 불식시키기 위해 이렇게 단언했다. "나는 어떤 소란이든 두렵지 않아. 가야겠어!"[14] 떠나기 전날 우한의 일정을 사전에 안배하기 위해 저우언라이를 먼저 보냈다.

그는 자신이 좋아하는 둥후빈관에 머물렀다. 하지만 이번에는 예전 같은 흥취를 느낄 수 없었다. 우한은 상황이 상당히 복잡했고 도시가 그의 통제에서 벗어난 상태였다. 여기저기 담장마다 "천짜이다오, 늙은 우한의 탄(탄전린)을 타도하자! 중원을 철저하게 해방시키자!"라고 적힌 벽보가 붙어 있었다. 마오쩌둥이 도착한 다음 날에도 조반파와 온건파 쌍방의 피비린내 나는 전투가 지속되어 열 명이 죽고 마흔다섯 명이 부상을 입었다. 저우언라이는 둥후빈관에 경비병을 늘렸다. 하지만 접대원들조차 두 파로 나뉜 상태였기 때문에 둥후빈관 자체가 경계 대상인 셈이었다.[15]

상황을 분석한 후 마오쩌둥은 현재 당이나 정부가 무력하다는 사실을 깨달았다. 오직 군대만이 질서 회복의 임무를 해결할 수 있었다. 7월 18일 아침에 군구 사령관 천짜이다오와 정치위원 중한화(鍾漢華)를 만난 마오쩌둥은 지난 2월 적대자들을 만났을 때보다 훨씬 조심스럽게 대화를 진행했다. 천짜이다오와 중한화에게 고함을 지르거나 화를 낼 경우 자칫 위험한 일이 벌어질 수 있었기 때문이다. 어쩌면 그들이 마오쩌둥을 체포할 수도 있었다. 실제로 장쉐량이 장제스를 그렇게 하지 않았던가! 그는 가능한 한 신중하게 행동했다.

그는 군대와 혁명 학생들을 단결시키고, 과오를 범한 군대와 저항 세력을 질책하는 데 초점을 맞추었다. 심지어 류사오치를 가혹하게 대한 수도의 홍위병들을 비난하기도 했다. 당시 홍위병의 가혹한 행동으로 인해 일부 정치 경험이 풍부한 장군들 사이에 류사오치를 동정하는 분위기가 형성되어 있었다. 대화를 나누면서 그가 자칫 위험한 사태를 야기할 발언을 딱 한 번 했다. "우리는 왜 노동자와 학생들을 무장시킬 수 없는가?" 갑작스러운 질문에 당황한 이들이 채 답을 하기도 전에 마오쩌둥의 발언이 계속되었다. "우리는 그들을 무장시켜야 한다고 생각하네."[16] 그리고 잠시 홍위병을 비롯한 다른 참석자들에게 얼굴을 돌리며 웃음을 지었다. "어때 자네 사령관을 한번 전복시켜 보겠는가? 나는 개인적으로 그럴 생각이 없네만."[17] 대화가 막바지에 이르렀을 때 그는 가볍게, 하지만 단호하게 장군(천짜이다오)에게 자아비판을 권고했다. 그리고 다음 날 아침, 그들은 우한 군구 사령부에서 그렇게 했다.

하지만 그들의 자아비판은 오히려 우한의 백만웅사뿐만 아니라 좌파를 경멸하는 대다수 장교들의 화를 돋우었다. 7월 20일 아침에 200여 명의 백만웅사들이 둥후빈관으로 쳐들어왔다. 그곳에는 이제 막 베이징에서 도착한 조반파의 우두머리 왕리와 공안부 부장 셰푸즈가 있었다.(그들은 당시 그곳에 마오쩌둥이 머물고 있다는 사실을 몰랐다. 마오쩌둥의 우한 방문은 비밀리에 이루어졌기 때문이다.) 고함치고 손가락질을 하면서 그들은 왕리를 잡아 자신들의 사령부로 끌고 갔다. 그곳에서 왕리의 다리가 부러질 정도로 마구 두들겨 팼다.[18]

격노한 마오쩌둥은 천짜이다오에게 왕리를 돌려보낼 것을 명령했다. 그리고 천짜이다오가 자신의 명령을 수행했는지 확인도 하지 못한 채 서둘러 상하이로 날아갔다. 천짜이다오가 왕리 체포의 배후인지 여부를 정확하게 알지 못했기 때문이다. 상황이 급박해졌다. 상하이에 도착하여 가장 좋은 호텔인 홍차오빈관(虹橋賓館)에 투숙한 마오쩌둥은 자신을 수행하여 따라온 간부들과 위기 상황에 대해 논의하느라 뜬눈으로 밤을 새웠다. 과연 천짜이다오가 반역을 저질렀는지 아니면 좋은 동지인지 정확한 판단을 내릴 수 없었다.

"그가 나에게 반대하는 것일까?" 마오쩌둥이 조심스럽게 총참모장 대리인 양청우(楊成武)에게 물었다.

양청우는 최악의 상황은 아니라고 강조하듯이 대답했다.

"주석! 어느 누구도 주석에게 반대하지 않습니다. 예전 홍군이나 간부, 당원, 그리고 모든 인민이 주석을 큰 구원의 별로 보고 있습니다. 군대의 원로 동지들은 모두 주석과 혁명을 함께했던 이들입니다."

"그래 맞아. 나도 그렇게 생각하네." 마오쩌둥도 동의했다. "만약 천(천짜이다오)이나 중(중한화)이 나에게 해를 끼치려고 했다면 우리가 우한을 떠나도록 그냥 놔두지 않았을 걸세."[19] 그는 이틀 후 백만웅사를 즉각 해체하고 아울러 그들을 지지하는 우한 주둔군도 해체할 것을 결정한 후에야 냉정을 되찾았다. 그런 다음 저우언라이에게 지시하여 천짜이다오와 중한화를 베이징으로 소환하도록 했다.

한편 위대한 영수에게 반역할 의도가 없었던 천 장군은 왕리를 석방하고 베이징으로 돌아갈 수 있도록 했다. 7월 25일 군대 내부 주자파를 반대하는 군중 집회가 장칭의 주도하에 베이징에서 벌어졌다.[20] 베이징으로 소환된 천짜이다오와 중한화는 저우언라이가 소집한 정치국 상무위원회 확대회의에서 비판을 받았다.[21] 7월 27일 모든 직위에서 쫓겨났으며, 곧이어 린뱌오가 파견한 부대가 우한 군구를 무장 해제시켰다. 체포된 장병들은 라오가이(勞改, 노동 개조 수용소)로 보내졌다. 백만웅사도 분쇄되었다.[22]

더욱 대담해진 장춘차오는 7월 31일 상하이에서 좌파를 보위하는 노동자 민병을 조직해도 좋다는 마오쩌둥의 허가를 받았다. 마오쩌둥은 즉시 중앙문혁소조와 린뱌오, 저우언라이에게 장춘차오의 발의를 환영한다는 내용의 서신을 보냈다. 8월 4일 마오쩌둥은 장칭에게 자신의 신념이 담긴 한 통의 서신을 보냈다. 서신에서 마오쩌둥은 인민해방군 간부들 가운데 75퍼센트는 우파 쪽이기 때문에 신뢰할 수 없다면서 공안과 사법 기관의 권력을 장악하고 '혁명' 법원과 도처에 무장 좌파를 건립하기 위해 '군중 전정(群衆專政, 군중 독재 정권)'을 확립할 것을 지시했다. 장칭은 이를 곧바로 정치국 상무위원회에 전달했으며, 얼마 후 전국적으로 무장 홍위병 조직이 생겨나기 시작했다.[23]

3주가 지나기 전에 마오쩌둥은 자신도 놀랄 만큼 너무 멀리 왔다는 생각이 들었다. 그의 지지하에 중앙문혁소조에서 가장 광적인 왕리와 관펑(關鋒)이 외교부의 권력 장악을 시도했다. 그들의 사주를 받은 무장 홍위병들은 귀중한 외교 문서를 불태웠다. 또한 조반파는 즉석에서 '권력 탈취 지휘부'를 만들고는 외교부를 파괴하고 차오관화(喬冠華) 등 외교부 지도자들을 감금했다. 반란의 폭풍은 베이징 주재 영국 대리판사처(代理辦事處)까지 몰아쳤다. 제국주의에 반대하는 1만여 명의 젊은 전사들이 대리판사처 건물과 차량을 불태우고 직원들에게 폭력을 행사했으며 값비싼 가구들을 부수었다. 8월 22일 홍콩의 영국 당국이 홍콩 노동자를 탄압하고, 신화사 홍콩 지사 기자를 체포하고, 홍콩 《문회보》를 폐간한 것에 대한 그들만의 항의 표시였다.[24]

무장 홍위병이 생겨났다고 해서 내전이 끝난 것은 아니었다. 오히려 갈등과 충돌이 더욱 격렬해졌다. 8월 한 달 동안에만 전국에서 과격파와 온건파 사이에 서른여 차례나 유혈 충돌이 벌어졌다.[25] 거의 매일 벌어진 셈이다. 과격파와 온건파 모두 군대와 끊임없는 분쟁에 말려들었다.

홍위병들이 자체적으로 냉정을 되찾을 수 없을 것이라는 판단이 서자 마오쩌둥은 그들에 대한 조치에 착수했다. 1967년 8월 말 홍위병과 조반파의 외교부 및 영국 대리판사처 공격에 당혹감을 감추지 못했던 저우언라이의 요청에 따라 왕리와 관펑을 체포할 것을 지시했다. 여섯 달 후 중앙문혁소조에 소속된 또 한 명의 극좌파 치번위(戚本禹)도 구금되었다. 마오쩌둥의 요구에 따라 그들의 '반혁명 활동'에 대한 '격리 심사'가 이루어졌고, 그 결과 국민당과 소련 간첩 행위가 드러났다.[26] 격노한 마오쩌둥은 왕리에 관한 문건을 작성하면서 이렇게 적었다. "큰, 아주 큰, 대독초!" 이후 그는 좌파 조직에 대한 숙청 작업에 착수했으며, 아울러 국가와 공공 기관에 대한 주기적인 숙청을 실시했다. 그의 명령에 따라 이번에는 극단주의자들을 색출하고 책임을 추궁하는 사태가 벌어졌다.

마오쩌둥의 언사가 확 달라졌다. "절대다수의 간부들이 좋은 이들이며, 좋지 않은 이들은 극소수다. 당내 자본주의의 길을 걷는 당권파들은 정리해야겠지만 그들은 그저 한 줌일 뿐이다."[27] 1967년 9월 초 상하이에서 베이징으로 출발하면서 마오쩌둥은 억압받고 있는 당 간부 대다수의 복권 가능성에 대해 언급했다. 그는 방문하는 곳마다 이 문제에 대해 이야기했다.[28] 우한에서는 덩샤오핑을 고위급으로 복귀시킬 것을 암시하기도 했다. "우리가 덩샤오핑을 보호해야 되지 않겠어?" 마치 툭 던져 보는 것처럼 마오쩌둥은 우한의 새로운 지도자에게 이런 도발적인 질문을 던졌다. 곤혹스러운 표정을 짓는 우한 지도자가 뭐라고 답하기도 전에 마오쩌둥이 다시 입을 열었다. "첫째, 그는 이미 상당한 공격을 받았어. 둘째, 그 사람은 국민당 첩자가 아니야. 셋째, 무슨 검은 사상을 가지고 있는 것도 아니지."[29] 그는 더 이상 구체적으로 언급하지 않았지만 마오쩌둥 주석이 류사오치의 가장 가까운 동지(덩샤오핑)에 대한 '용서'를 고려하는 중임을 알 수 있었다. 10월 중순 마오쩌둥은 즉시 각급 학교(대학·중학·소학)의 문을 다시 열고 수업을 재개할 것을 지시했다. 10월 말에는 중앙위원회와 중앙문혁소조에 지시하여 혁명위원회가 설치되어 있는 모든 곳에서 당 조직을 회복시키도록 지시했다.[30]

당시 혁명위원회는 스물아홉 개의 성과 자치구, 성급 직할시 가운데 일곱 군데만 설립된 상태였다. 1968년 3월까지 추가로 열한 개 성에 혁명위원회를 설립하기로 했다. 9월이 되어서야 혁명위원회 설립은 마무리되었다.(성급 혁명 위원회가 마지막으로 성립된 곳은 신장이다.) 새로운 권력 조직을 창조하는 데 군이 영도적인 역할을 하며 혁명위원회에서 지배권을 확립했다. 혁명적 간부 대표, 군 대표, 대중 대표 등 혁명적 '삼결합(三結合)'을 이루어야 한다고 강조했지만 세 대표가 서로 동등하게 참여한 것은 아니었다. 새로운 권력 기구에 속한 4만 8000여 명의 위원들 가운데 절대다수가 인민해방군 간부들이었다. 성급 혁명위원회의 주임 스물아홉 명 가운데 여섯 명은 인민해방군 영관급 장교였으며 다섯 명은 중장, 아홉 명은 대장이었다. 나머지는 정치위원들이었다. 새롭게 조직된 성, 자치구, 성급 직할시 당위원회에 속한 스물아홉 명의 제1서기 가운데 스물두 명도 마찬가지로 인민해방군의 고위급 간부들이었다.[31]

마오쩌둥은 상하이에서 베이징으로 돌아온 1967년 가을 이래로 "혁명을 움켜잡고 생산을 촉진하자."라고 강조하기 시작했다.[32] 충성스러운 저우언라이와 제3차 5개년 계획의 책임을 맡은 이전의 반대자 리푸춘이 재앙에 가까운 생산량 감소에 대해 정기적으로 보고하면서, 이는 "주자파의 방해 행위에 의한 것"일 뿐만 아니라 '혁명적' 노동자들의 나태와 파업 때문이라고 말했다.[33]

격정이 충만한 젊은이들에게 평정을 되찾도록 하는 것은 결코 쉬운 일이 아니었다. '자유'를 만끽하면서 그들은 어느 누구도 '필연의 왕국'으로 돌아갈 마음이 없었다. 젊은 파견대는 온 도시와 마을을 돌아다니며 "마오쩌둥 주석 만세!" "류사오치 개 대가리를 박살 내자!" "수정주의 타도!"를 외쳐 댔다. 그들은 '주자파'와 그 식구들까지 모조리 끌어내어 제멋대로 인민재판을 실시하고 고함을 지르고 소란을 일으켰다. 그들은 또한 연로한 교수나 당 간부들을 집에서 끌어내어 뙤약볕 아래나 엄동설한에 군중을 모아 놓고 즉결 재판을 한답시고 욕설을 퍼붓고 구타했으며, 군중이 보는 앞에서 높다란 고깔모자를 씌우고 목에 팻말을 달아 모욕을 주었다. 무지한 젊은이들은 여전히 네 가지 낡은 것, 즉 낡은 사상, 낡은 문화, 낡은 풍속, 낡은 습관과 투쟁하고 있었다. 많은 도시에서 좌파들은 새로운 규칙을 만들어 냈다. 예를 들어 신호등에 붉은 불이

들어오면 길을 건너야 한다는 것도 있는데 이는 붉은색이 혁명을 상징하기 때문이라고 했다. 고대 기념비나 비석들을 무차별 훼손하고 문서들도 제멋대로 없애 버렸다. 의사나 기사, 기술자 등 전문가들은 일을 할 수 없었다. 이렇듯 군중의 혼란은 갈수록 격렬해져 거의 재앙 수준이 이르렀다.

1968년 7월 3일 마오쩌둥은 즉각 무장 투쟁과 소란 사태를 중지할 것을 지시했다.* 7월 27일 베이징에 있는 예순여 개 공장에서 일하는 3만여 명의 노동자들이 이른바 '수도 노동자 마오쩌둥 사상 선전대(首都工人毛澤東思想宣傳隊, 약칭 공인선전대)'를 조직하여 칭화 대학에 진입했다. 그러자 콰이다푸가 무력으로 공인선전대에 반격을 가하면서 열 명이 죽고 수백 명이 다쳤다. 하지만 광란에 들뜬 홍위병들은 투항을 거절했다.

마오쩌둥은 소식을 듣고 격노했다. 다음 날 그는 인민대회당에서 당 지도부 회의를 소집했다. 린뱌오, 저우언라이, 장칭, 캉성, 천보다, 셰푸즈, 그리고 새로 인민해방군 총참모장이 된 황융성(黃永勝) 등이 참가했다. 베이징의 홍위병 대표**들이 일종의 희생양으로 소환되어 회의에 참가했다. 언뜻 보기에 마오쩌둥은 담담한 것 같았다. 심지어 농담을 하기도 했다. 그러나 농담 속에는 뭔가 불길한 기운이 담겨 있었다.

"콰이다푸!" 마오쩌둥이 입을 열었다.

자네는 흑수를 잡기를 원했지. 그런데 어찌 된 일인지 결국 그처럼 많은 노동자들이 홍위병을 '진압'하고 '압박'했어. 흑수가 누굴까? 지금까지 잡아내지도 못했잖아! 흑수가 바로 나야! ……신화인쇄창(新華印刷廠), 침직총창(針織總廠), 중앙경위단을 파견한 사람이 바로 나야! 그런데 너희가 날려 보냈지. 내가 그랬어.

"가서 너희 사업을 하면서 살펴 보고 교원(대학)에서 무장 투쟁의 문제를 어떻게

---

* 광시 성 류저우(柳州), 구이린, 난닝 지구에서 연속적으로 발생한 일련의 반혁명 사건에 대한 지시를 말한다. — 옮긴이

** 베이징대 녜위안쯔, 칭화대 콰이다푸, 베이징 사범대 탄허우란(譚厚蘭), 베이징 항공학원 한아이징(韓愛晶), 베이징 지질학원 왕다빈(王大賓) 등 이른바 베이징 조반파의 5대 영수를 말한다. 그들은 문화대혁명 종료 이후 반혁명죄로 투옥된 바 있다. — 옮긴이

풀어넣을지 찾아보라고 말이야." 그래서 3만 명이 출발한 거야.

"베이징 대학도 흑수를 잡으려고 했어." 그가 '첫 마르크스·레닌주의 대자보'의 주인공인 녜위안쯔에게 시선을 돌리며 말했다. "하지만 흑수는 내가 아니라 세푸즈야. 나는 그처럼 큰 야심이 없어."

홍위병 지도자들이 고개를 숙인 채 가만히 이야기를 듣고 있었다. 마오쩌둥이 계속 말했다.

자네들은 지난 2년 동안 문화대혁명을 해 왔어. 첫 번째는 투쟁, 두 번째는 비판, 세 번째는 개혁이지. 투쟁이라고 하지만 자네들은 무장 투쟁만 했을 뿐이야. 결국 투쟁도 하지 않고, 비판도 하지 않고, 개혁도 하지 않았어. 지금은 소수 학교에서만 무장 투쟁을 하고 있는데 인민은 좋아하지 않아. 노동자도 좋아하지 않고, 농민들도 좋아하지 않고, 주민들도 좋아하지 않고, 부대도 좋아하지 않아. 대다수 학생들도 좋아하지 않아. 심지어 자네들을 옹호하는 파들도 좋아하지 않는다고. 이렇게 해서야 어떻게 천하를 통일할 수 있겠나?

"내가 보기에 천하의 대세는 합쳐진 지 오래되면 분열하고, 분열한 다음에는 반드시 합쳐지게 되어 있다."[34] 마오쩌둥은 『삼국연의』 앞부분에 나오는 유명한 말을 인용했다. 린뱌오는 왠지 불길한 전조를 보고 있는 듯했다. 마오쩌둥이 계속 말했다. "무장 투쟁을 위해 만들어 놓은 것들을 모두 철거하고 총이든 칼이든 모두 무기고로 반납해!"

홍위병 대표들은 이것이 종식을 의미한다는 것을 알아챘다. 콰이다푸를 제외하고 나머지 홍위병 대표들이 눈물을 흘리며 변명하기 시작했다. 졸지에 유명세를 탔던 녜위안쯔는 심지어 베이징 대학에 인민해방군을 파견해 달라고 주석에게 요청하기도 했다. 마오쩌둥은 결론적으로 이렇게 말했다.

혼란이나 투쟁은 보편적으로 존재한다. ……예전에 너희가 회의를 열었을 때

나와 린뱌오는 모두 가지 않았다. 우리는 관리야! 어쩌면 이번에는 너희가 나를 당에서 제명시키려고 할지도 모르지. 흑수를 잡고 홍위병을 억압했다고 말이야. ……나는 너희가 군중을 이탈했다고 생각한다. 군중은 내전에 참여하길 원치 않아. ……이제 전국에 통고하겠다. 누구를 막론하고 계속해서 질서를 파괴하고 해방군을 공격하고 교통 시설을 파괴하고 사람을 죽이거나 방화를 한다면 범죄자로 취급받을 것이다. 한 줌도 되지 않는 이들이 이러한 경고를 무시하고 고집스럽게 자신들의 방식을 바꾸기를 거절한다면 그들은 토비이자 국민당이니 병력을 동원하여 포위 소탕전을 벌일 것이다. 그래도 완강하게 계속 저항한다면 완전히 섬멸시킬 것이다. 어느 곳에서든 이상 열거한 범죄 가운데 하나라도 저지를 경우 모두 반혁명 분자로 처리할 것이다.

"진보는 한순간에 이루어지는 것이 아니야. 역사는 언제나 굴곡이 있는 것이야." 그는 이렇게 덧붙이면서 28일 새벽부터 장장 5시간 30분 동안 진행된 회의를 끝냈다.[35]

8월 인민해방군이 행동에 돌입했다. 그들만이 질서를 되찾고 주석의 말처럼 "크고 작은 '독립 왕국'"으로 변한 대학을 통제할 수 있었다.[36]

물론 새로운 희생자들도 있었다. 주석의 성향을 감지한 군부가 홍위병들을 잔혹한 방식으로 진압했기 때문이다. 1968년 8월 군대와 광시 장족 자치구 수도인 난닝의 청년들 사이에 벌어진 충돌이 특히 그러했다. 시내 곳곳이 말 그대로 피로 물들었으며, 청년 조직에 의해 통제되던 지역은 지표면에서 완전히 사라졌다. 희생자는 2324명이었다. 1만여 명이 수감되고, 5만여 명이 집을 잃었다.[37] 소식을 들은 마오쩌둥은 군대에 대한 반항은 "계급의 적이 보여 준 최후의 발악"이라고 말하며 홍위병과 조반파 가운데 극단주의자들에게 모든 책임을 돌렸다.[38]

1968년 하반기부터 미망에서 깨어난 젊은이들 대략 1200만 명이 전국 농촌으로 하방되었다. 그들 가운데 일부는 1976년 위대한 영수이자 조타수인 마오쩌둥이 사망할 때까지 7년 동안 절대다수가 남아 있던 노동교양영(勞動敎養營,

일명 노동개조영)으로 쫓겨났다. 그곳에서 혹독한 교육을 받아야만 했다. 그들 대다수는 작가 왕멍(王蒙)의 소설에 나오는 주인공과 똑같은 말을 내뱉었을 것이다. "중국에서 태어났으니 정말 재수 더럽게 없군! ……중국 민족은 이렇게 많은데 여전히 비참해!"[39]

1968년 10월 중국공산당 제8기 12중전회는 말 그대로 질풍노도의 시기로 요약된다. 전체회의에 참가한 중앙위원과 후보위원들 중 70퍼센트가 '반당 분자', '반도(叛徒)', '비밀리에 외국과 연계한' '특무'라는 딱지가 붙었고, 중앙위원 전체 아흔일곱 명 가운데 열 명이 1966년 8월 현재 이미 사망한 상태였다.

제8차 전국대표대회에서 선출된 여든일곱 명의 중앙 위원과 아흔여섯 명의 후보 위원 가운데 오직 마흔 명의 중앙 위원과 열아홉 명의 후보 위원이 전체회의에 참가했다. 회의의 성원이 정족수에 미달하자 마오쩌둥은 중앙위원회 후보 위원 중에서 열 명을 골라 모든 사안에 투표할 수 있는 전권을 부여했다. 그중에 아홉 명이 고위급 군관이었다. 또한 중앙문혁소조, 중앙군사위원회 대표, 성급 혁명위원회와 군구의 지도자 일흔네 명에게도 일부 중앙위원회 관리와 마찬가지로 투표권을 허가했다. 전체회의에서 류사오치를 "영원히" 당에서 제적하고 그의 "반혁명적 면모"를 "폭로"한 것은 마오쩌둥 사상의 "위대한 승리"라는 점이 강조되었다. "당내 자본주의의 길을 걸은 당권파의 우두머리"라는 수식어가 붙은 전 국가주석 류사오치는 "당내에 숨은 반도이자 내부 첩자, 노동자의 적, 온갖 죄악이 덕지덕지 붙은 제국주의와 현대 수정주의 및 국민당 반동파의 주구"로 규정되었다.[40]

마오쩌둥의 의도에 따라 덩샤오핑은 당적을 그대로 유지할 수 있었다. "당신들은 모두 그를 내치려고 하지만 나는 이 점에 대해 약간 보류하고 싶소." 마오쩌둥은 이렇게 말했다.[41] 그리고 그것으로 충분했다. 그는 과격파들이 지난 1967년 2월 홍위병의 아수라장을 비난했던 '2월 역류'에 관련된 당 원로와 원수들의 당적을 박탈하려는 계획도 허가하지 않았다. 당시 12중전회에서 장칭을 비롯한 과격파들은 2월 역류에 대한 비판에 상당한 주의를 기울였다. 그러나 마오쩌둥은 오히려 한 걸음 더 나아가 그들이 내년으로 예정된 제9차 전국

대표대회에 대표로 '선출'되어야 한다고 단호하게 말했다. 마오쩌둥은 2월 반대파의 '이론가'로 지목된 천이 동지에게 말했다. "자네는 우파의 대표자로 대회에 참가하게 될 걸세."[42] 그의 말이 끝나기가 무섭게 12중전회는 열렬하게 천이를 지지했다.

먼저 '온건파'와 싸움이 끝난 후 홍위병과의 싸움도 끝이 났다. 마오쩌둥은 새로운 당 대회, 즉 중국공산당 제9차 전국대표대회를 소집하기로 결정했다. 1969년 4월 1일부터 24일까지 베이징에서 개최된 당 대회에 거의 2200만 당원을 대표하는 1512명이 출석했다. 대회는 마오쩌둥 사상을 중국공산당의 이론적 토대로 재천명하는 새로운 당장(黨章)을 전원 일치로 채택했다. 마오쩌둥 사상은 "제국주의가 전면 붕괴하고 사회주의가 전 세계적으로 승리하는 시대의 마르크스·레닌주의"로 불렸다.[43]

중국공산당의 영도 기구도 조직에 큰 변화가 생겼다. 새로운 중앙위원회는 170명의 위원과 109명의 후보 위원을 선출했다. 이른바 '삼결합(三結合)' 원칙에 따라 문화혁명 영도 인물, 인민해방군 중요 사령관, 그리고 마오쩌둥에게 가장 충성스러운 '혁명적' 당 대표들로 구성되었다. 마오쩌둥은 덩쯔후이를 포함한 몇몇 반대자들과 2월 역류의 주인공인 천이, 예젠잉, 쉬샹첸, 녜룽전, 리푸춘, 리셴녠 등도 중앙위원회에 잔존시켰다. 그가 그들을 '동지'로 삼은 것은 선거를 위한 정족수가 필요했기 때문이었다.

새로 조직된 중앙위원회의 제9기 1중전회(4월 28일)에서 마오쩌둥과 린뱌오의 권력에 굶주린 부인들, 즉 장칭과 예췬이 정치국 위원으로 선출되었으며, 상하이의 영웅들인 장춘차오와 야오원위안, 천보다도 위원으로 이름을 올렸다. 천보다, 저우언라이, 캉성이 마오쩌둥, 린뱌오와 함께 정치국 상무위원이 되었고, 린뱌오는 유일한 중앙위원회 부주석 자리에 올랐다. 전국에서 군대로부터 배우자는 열풍이 불기 시작했다. 특히 인민해방군만이 궁극적으로 나라의 질서를 회복할 수 있는 유일한 대안이었기 때문이다.

1중전회는 우레와 같은 환호와 박수 소리로 마무리되었다. "위대한 무산계급 문화혁명 승리 만세!" "중국공산당 만세!" "천하무적의 마오쩌둥 사상 만세!" "마오쩌둥 주석 만세, 만세, 만만세!" 이처럼 만세를 연호하는 소리가 대회장을 진동시켰다.

제9차 전국대표대회와 1중전회에서 특히 강조된 중요한 의제 가운데 하나는 소련 수정주의에 대한 투쟁이었다. 마오쩌둥은 이렇게 말했다.

현재 소련 수정주의가 우리를 공격하고 있다. 타스(TASS) 통신사의 방송이나 왕밍의 자료와 《코뮤니스트》(소련 공산당 기관지)의 장광설에서 그들은 우리를 무산 계급 정당이 아니라 '소자산 계급 정당'이라 말하고 있다. 또한 우리가 일원화(一元化, 하나의 질서화)를 하면서 과거 근거지 시대로 돌아가고 있으며, 이는 퇴보라 말하고 있다. 무엇이 일원화인가? 그들은 군사, 관료 체제가 바로 일원화라로 말한다. ……그냥 지껄이게 두자! 그들이 말하고 싶은 대로 말하라고 하면 된다. 그들의 말에는 나름 특징이 있다. 그들은 우리를 자산 계급 정당이라고 매도하는 것이 아니라 '소자산 계급 정당'이라고 말한다. 하지만 우리는 그들이 자산 계급 정당이며, 자산 계급 독재를 부활시키고 있다고 분명히 말하고자 한다.[44]

중앙위원회 제9차 전국대표대회에서 린뱌오가 발표한 중앙위원회 보고 역시 소련에 반대하는 내용이 들어 있었다. 1960년대 초부터 시작된 논쟁은 1969년 최고점에 이르렀다.

전국대표대회가 개최되기 전인 3월 2일 소련과 중국이 만나는 극동의 한 지역에서 무장 충돌이 일어났다. 중국과 소련의 국경 수비대가 우수리 강에 자리한 다만스키 섬(중국명은 전바오다오(珍寶島))을 서로 빼앗기 위해 총격전을 벌인 것이다. 당시 3월 2일 첫 접전으로 소련 측은 스물아홉 명의 병사와 두 명의 장교가 사망했고, 중국 측은 열일곱 명의 군인이 전사했다. 이 외에도 소련군 마흔아홉 명이 부상을 입었으며, 한 명은 포로가 되었다가 나중에 감금 상태에서 죽고 말았다.[45] 서방 사람들 중에는 '첫 번째 사회주의 전쟁'에 크게 기뻐하는 이들도 있었다.

중국과 소련의 관계는 1960년 소련의 전문 기술자들이 철수하면서 점차 내리막길을 걷고 있었다. 여러 국제회의에서 소련과 중국의 대표들은 현 시기의 본질과 스탈린의 개인숭배에 관한 문제를 두고 첨예한 설전을 주고받았다. 중국은 소련공산당 지도자들에 대해 '사회민주당'이 되려 한다고 비난했으며, 소련공산당은 중국공산당 지도자들에게 '극좌파'라고 맞받아쳤다.

1963년 흐루쇼프가 참을 만큼 참다가 결국 폭발하고 말았다. 6월 14일 중국공산당 중앙위원회에서 보낸 「국제공산주의운동의 총노선에 관한 건의(關於國際共産主義運動總路線的建議)」*에 대응하여 소련공산당은 7월 14일 「소련 각급 당 조직과 전체 공산당원에게 보내는 공개 서신(給蘇聯各級黨組織和全體共産黨員的公開信)」을 발표했다. 장문의 공개 서신에서 소련공산당은 중국공산당 영도자의 "착오적이고 치명적인" 정책에 대해 언급하면서, "중국 영도자의 행동은 사회주의 국가 간 상호 관계의 원칙에 심각하게 위배될뿐더러 여러 가지 정황하에서 모든 국가가 마땅히 준수해야 할 규칙과 준칙에도 심각하게 위배되는 것"[46]이라고 말했다.

이에 대해 《인민일보》와 《홍기》가 연합 사설을 통해 반박했다. 사설에서 그들은 모스크바, 워싱턴, 뉴델리, 베오그라드가 "사회주의 중국을 비롯한 모든 마르크스·레닌주의 정당에 대항하여" 수치스러운 연합 전선을 펼치고 있다고 맹비난을 가했다. 또한 "흐루쇼프 수정주의자"들을 "마르크스·레닌주의와 무산 계급 국제주의"[47]의 배신자라고 비난했다. 중국 언론 매체들은 이러한 주제로 연달아 아홉 편의 평론을 발표했으며, 모두 흐루쇼프의 수정주의에 대한 비난으로 채워졌다. 1964년 5월 중국 지도부 회의에서 마오쩌둥은 이렇게 말했다. "소련은 현재 자산 계급 독재, 대자산 계급 독재, 히틀러식의 독일 파시스트 독재다. 프랑스 드골보다 더 나쁜 악당들이나 마찬가지다."[48]

동시에 쌍방은 쟁론의 여지가 있는 새로운 문제를 끄집어냈다. 중국은 소련 일부 지역이 자신들의 영토라고 주장했다. "중국 주재 우리 측 고문단과 협의하면서 베이징 지도자가 매우 적대적인 어조로 말하길, 러시아인이 소련의

---

* 이는 소련공산당 중앙위원회에서 1963년 3월 30일 보내온 편지에 대한 답신이다. — 옮긴이

극동 지역과 다른 인근 지역을 중국에서 빼앗았다고 했다." 흐루쇼프는 이렇게 회고했다.

우리 사이에서 일어난 약간의 오해는 우수리 강과 접경지대의 하천에 관련된 것이었다. 주지하다시피 하천은 세월에 따라 물줄기가 달라지고 때로 새로운 섬이 생겨나기도 한다. 중국과 이전 차르 정부가 체결한 조약에 따라 국제법상 통상적인 강물의 중간이 아니라 중국 측 강변을 경계로 삼았다. 따라서 만약 새로운 섬이 생겨난다면 러시아 영토에 속하는 것이 당연했다. ……나중에 상황이 더욱 긴장 상태로 돌입했다.[49]

1962년 모스크바는 국경 문제에 관한 비밀 회담을 1964년 2월에 시작하는 데 동의했다. 그러나 흐루쇼프는 그해 10월 약속을 깨뜨렸다. 중국 측이 수로 문제에 덧붙여 제정 러시아 시대에 시베리아와 극동 지역까지 확장했던 문제까지 논의해야 한다고 고집했기 때문이다. 그럼에도 불구하고 소련 측은 중국과의 새로운 국경 조약이 제정 러시아 시대의 것을 대체해야 한다는 점에 동의했다. 새로운 조약에 따르면, 다만스키 섬은 우수리 강의 본류에서 서쪽에 위치하기 때문에 중국에 속하게 될 것이다. 다시 말해 만약 국제 관례에 따른다면 그곳은 중국의 영해가 된다는 뜻이다. 하지만 조약은 아직 체결된 상태가 아니었다. 그럼에도 중국은 소련이 국제법의 관례에 따른다는 결론에 동의했다는 점을 언급하면서 다만스키 섬을 자신들의 영토로 간주하기 시작했다.[50]

흐루쇼프가 1964년 10월 하야한 뒤 한동안 건설적인 대화가 회복될 희망이 보였다. 11월 초 10월 혁명 기념일을 경축하기 위해 저우언라이가 소련의 초청을 받아 대표단을 이끌고 모스크바를 방문했다. 대표단은 중국과의 관계 정상화를 적극 지지하는 소련 총리 알렉세이 코시긴(Alexei Kosygin)의 환대를 받았다. 그러나 분쟁을 조정할 기회는 물론이고 한때 좋은 이웃으로 맺은 정상적인 사무 관계조차 모두 깨지고 말았다. 흐루쇼프의 뒤를 이어 제1서기직에 오른 레오니트 브레즈네프(Leonid Brezhnev)의 보좌관인 안드레이 알렉산드로프 아젠토프(Andrei Aleksandrov-Agentov)의 말에 따르면, 이는 "터무니없는 사건이거나 중국에 화가 난 군부 지도자의 과음으로 인한 것이었다." 아무튼 크렘린에서 열린 경축일 공식 만찬에서 몹시 취한 국방부 장관 말리노프스키 원수가 중국 총리 곁으로 다가가 모든 이들이 다 들을 수 있는 큰 소리로 이렇게 말했다. "자, 우리는 이제 우리가 할 일을 했소. 낡은 덧신, 흐루쇼프를 벗어버렸단 말이오. 이제 당신들이 낡은 덧신 마오쩌둥을 내던지면 우리 문제는 해결될 거요." 그의 말에 격분한 저우언라이는 즉시 만찬 자리를 떠났다.[51]

이튿날 브레즈네프가 사건을 수습하기 위해 중국 대표단을 찾았다. "말리노프스키는 (소련의) 주석단 일원이 아닌 데다 과음하여 말실수를 한 것이오. 더군다나 통역이 정확하지 않았소. 우리는 사과할 준비가 되어 있소."[52] 그러나 저우언라이의 반응은 차가웠다. "우리는 이야기할 것이 없소이다."[53]

소련 지도부 내에 코시긴을 비롯하여 중국과의 관계 개선을 바라고 있는 몇몇 사람들은 동요하지 않을 수 없었다. 그들은 브레즈네프에게 마오쩌둥을 직접 방문해 줄 것을 권유했다. 하지만 브레즈네프는 완고했다. 그는 코시긴에게 이렇게 반박했다. "당신한테 그 일이 그렇게 필요하다면 직접 가 보시오!" 코시긴은 그의 말대로 했다. 1965년 2월 그는 베이징으로 가서 저우언라이를 만난 후 마오쩌둥과 류사오치를 직접 대면했다. "회담은 그다지 유쾌하지 않았다." 당시 배석했던 알렉산드로프 아젠토프가 말했다. "우리 동지(코시긴)는 흐루쇼프가 중국에 대해 저지른 불공정한 일들을 상기하고, 소련의 '레닌주의 부활'에 대한 비난이 반복되었다. 한마디로 말하자면, 이전의 '형제와 같은 우의'로 돌아갈 가능성이 전무한 것은 물론이고 중국이 더 이상 소련의 '어린 동생' 역할을 하지 않을 것이 분명하다는 뜻이었다."[54] 마오쩌둥은 앞으로도 계속 소련과 논쟁할 것이라고 말했다. 마치 향후 1만 년 동안 논쟁이 지속될 것이며, 회담을 마무리할 때마다 상호 관계가 완화되고 1000년씩 기간이 줄어들 것이라고 말하는 듯했다.[55]

그러나 1년 후 문화대혁명이 시작되면서 마오쩌둥은 소련에 대한 공격을 강화했다. 심지어 소련 지도부가 중국과 전쟁을 촉발시키기를 원한다고 비난하기도 했다. "소련은…… 시베리아와 몽골의 국경선을 침범하고 내몽골과 동북 지방을 침략하여 중국을 점령하려고 계획 중이다." 그는 전 세계에 이렇게 선언했다. "이로 인해 인민해방군과 소련군이 창장 강을 사이에 두고 대치하는 상황이 초래될 수도 있을 것이다."[56]

변계 조약(邊界條約, 국경 조약)에 서명하도록 소련 정부를 압박하면서 중국은 날로 위협적인 태도를 취하기 시작했다. 1964년부터 1969년까지 중소 접경지대에서 4189건의 크고 작은 비무장 충돌이 발생했다. 1968년 8월 말 소련이 체코슬로바키아에 군대를 파견하고, 소련 지도부가 소련은 사회주의가 위험에 처한 모든 사회주의 국가의 내정에 간여할 권리가 있다는 이른바 브레주네프 독트린을 주장하면서 상황이 더욱 악화되었다. 1968년 10월 국방부장 린뱌오가 인민해방군에 경계 태세에 돌입하라고 명령했다. 마오쩌둥과 저우언라이는 처음에 린뱌오의 우려를 의심했지만 일종의 예방 조치에 반대하지 않았다.[57]

그렇기 때문에 다만스키 섬에서 포탄 공격이 있었던 것은 결코 의외의 일이라고 할 수 없다. 다만 누가 먼저 공격했는지는 아직까지 확인된 바 없다. 어쩌면 모든 것이 자연스럽게 일어났을 수도 있다. 누군가 긴장이 풀어지면서 순식간에 일이 벌어졌을지도 모른다. 이 사건으로 인해 중국과 소련의 관계는 새로운 국면을 맞이했다. 포격 소리에 모스크바와 베이징, 양측 수도까지 들썩거렸다. 양측은 서로 상대방의 도발을 강력하게 규탄했다. 일부 자료에 따르면, 당시 소련 정부는 거의 공황 상태에 놓였다. 소련 국방 장관 안드레이 그레치코(Andrei Grechko)는 중국의 공업 중심지에 대한 원폭 공격을 주장했으며, 다른 몇몇은 중국의 핵 기지에 대한 공격을 제안하기도 했다. 대신에 브레주네프는 다연장 로켓포로 중국 경내를 공격하는 것을 허락했다. 3월 14일과 15일 저녁 다만스키 섬과 그 인근에 대규모 폭탄 공격이 이루어졌으며, 이로 인해 800여 명의 중국인이 사망했다.

얼마 후 열린 제9기 중앙위원회 1중전회에서 마오쩌둥은 소련에 대한 전쟁 준비에 관해 거듭 언급하면서 연설의 많은 부분을 할애했다.[58] 그는 정말로 소련이 침공할 가능성이 농후하다고 생각했다. 1중전회가 끝난 후 그는 베이징의 중요 당 지도자들이 다른 지역으로 대피할 수 있도록 준비하라는 비밀 지령을 내렸다.[59]

1967년 1월 말 당시 소련에 거주하고 있던 왕밍은 소련공산당 중앙위원회 사회주의 국가부의 관료들과 대담하면서 소련 지도자들에게 중국에 대한 무력 개입을 권고했다. 물론 마오쩌둥은 이런 사실을 전혀 알 수 없었다. 왕밍은 당시 이렇게 말했다. "중국의 현재 정세는 사회주의 진영과 국제공산주의운동에서 1956년 헝가리 사건보다 더 위험하다. 우리는 이 기회를 놓칠 수 없다. ……우리는 그들(중국공산당 내의 건전한 세력)에게 정치적 지원은 물론이고 무력을 통한 물질적 지원을 제공하고, 가능하다면 중앙아시아와 몽골인민공화국의 민족들로 구성된 군대를 파견해야만 할 것이다." 왕밍은 심지어 자신을 적극 지지할 것으로 생각하고 있는 신장과 내몽골의 영도자들과 비밀 회담을 준비하기도 했다.[60]

물론 이런 일은 벌어지지 않았다. 이 같은 상황하에서 1969년 4월, 5월, 6월, 8월에 극동 지역과 신장 접경 지역에서 새로운 충돌이 일어났다. 하지만 9월 11일 소련의 코시긴과 저우언라이가 베이징 공항에서 회동함으로써 긴급한 상황이 곧 진정되었다.[61] 이어서 논란이 많은 국경 문제에 관한 협상이 시작되었다. 소련은 다만스키 섬을 포기했다. 그러나 마오쩌둥이 사망할 때까지 소련은 여전히 중국의 주적으로 남아 있었다. 또한 '광분한' 수정주의에 대한 타협 없는 투쟁이 중국 국내외에서 계속 진행되었다.

35

571 공정의 미스터리

1970년 12월 10일 에드거 스노는 다섯 번째이자 마지막으로 마오쩌둥을 만나 대담을 나누었다.* 마오쩌둥이 일흔일곱 살 생일(12월 26일)을 맞기 2주 전쯤이었다. 스노가 보기에 마오쩌둥은 신체적으로 건강했다. 감기에 걸린 듯했으나 전체적으로 이상이 없어 보였다. 1965년에 만났을 때보다 약간 체중이 줄어든 것 같았다. 물론 나이가 들어 보이는 것은 어쩔 수 없는 일이었으나 마음만은 여전히 왕성한 의욕을 보였다. "이제 곧 상제(上帝)를 만나러 가야지." 위대한 조타수는 가끔씩 손님에게 이런 말을 했지만 그렇다고 그것 때문에 속상해하는 것은 아니었다. "사람들은 누구나 필연적으로 상제를 만나러 가게 되어 있어." 마오쩌둥의 말처럼 이는 어쩔 수 없는 일이다. 스노는 이전에도 마오쩌둥이 죽음에 대해 이야기하는 것을 들은 적이 있었다. 마오쩌둥이 1961년 몽고메리 원수를 만났을 때는 마르크스를 보러 갈 것이라고 말했다. 하지만 1965년 문화대혁명 전야에 스노와 죽음에 대해 이야기할 때 처음으로 "이제 곧" 상

---

* 『마오쩌둥 연보』에 따르면, 마오쩌둥은 12월 18일 중난하이 수영장에서 스노와 회견했다. — 옮긴이

제를 만나러 갈 것이라고 말했다.(그가 왜 더 이상 마르크스라고 하지 않고 상제를 언급했는지 아무도 알 수 없다.)[1] 이렇듯 고령과 죽음은 이미 오래전부터 그가 즐겨 이야기하던 화제였다.

물론 여기에는 나름 일종의 음모적 요소가 담겨 있기도 하다. 마오쩌둥은 자신의 측근이나 수행원들이 어떤 생각을 하고 있는지 판단하기 위해 괜히 아픈 척하거나 몸이 불편한 것처럼 보이는 것을 즐겼다.[2] 예를 들어 1963년 2월 그는 소련 대사인 스테판 체르보넨코(Stepan Chervonenko) 앞에서 중병이 든 노인네처럼 연기를 했다. "그는 나를 포함한 여러 비서들 앞에서 면 담요를 뒤집어쓴 채 고통스러운 얼굴로 무기력한 모습을 보이는 등 수차례 연습을 했다." 주치의는 이렇게 회상했다. "'어때, 내가 아픈 사람처럼 보이나?' 그는 이렇게 말한 다음 소련 특사를 자신의 병상으로 불러 탁월한 연기를 선보였다."[3] 소련 대표는 당연히 크게 놀랐다.

우리는 전혀 예상치 못한 모습에 충격을 받았다. 어두운 방 한가운데 높은 침상이 놓이고 마오쩌둥이 반쯤 누워 있었다. 그 주위에 류사오치와 저우언라이, 덩샤오핑, 그리고 통역관이 공손한 자세로 앉아 있었다. ……주석은 자신이 더 이상 자잘한 글씨를 볼 수 없기 때문에 자신을 위해 특별히 큰 글씨로 인쇄를 해야 한다고 말했다. 더 이상 정치국 회의를 주재할 수 없으며, 중요한 문건도 읽지 않는다고 주장하기도 했다. "지금 저들이 당의 중요 업무를 진행하고 있소." 마오쩌둥은 이렇게 말하면서 방 안에 앉아 있는 당 지도자들을 가리켰다.[4]

1970년 12월 마오쩌둥은 정말로 몸이 안 좋았다. 스노를 만나면서 건강한 모습을 보이기 위해 상당한 노력을 기울여야만 했다. 그들이 만나기 바로 전날에야 마오쩌둥은 거의 두 달 동안 병상에 누워 있어야만 했던 폐렴에서 회복되었다. 그가 조금 야위어 보였던 것은 바로 이 때문이었다.

마침내 그는 원기를 되찾았다. 스노와 헤어지면서 그는 이런 말을 건넸다. "스님이 우산을 썼네. 머리카락도 없고 하늘도 없네.(和尚打傘, 無髮無天)."[5] 이는 마오쩌둥 자신은 사람이 만든 법률이든 하늘의 법칙이든 전혀 구애받지 않는다는 뜻이다. 다시 말해 자신은 자신이 좋아하는 대로 살아왔고, 자신이 살고 싶은 만큼 살 것이라는 의미다.('髮'은 중국어로 'fa'로 읽으며 '法'과 성조만 다를 뿐 발음이 같다.)

스노는 그 뜻을 정확하게 파악할 수 없었다. 통역을 담당한 젊은 낸시 탕(Nancy Tang, 탕원성(唐聞生))은 미국에서 태어나 중국 고전에 그다지 익숙하지 않았기 때문이다. 그녀는 마치 마오쩌둥이 자신을 "비가 새는 우산을 쓰고 세계를 걷는 외로운 스님"[6]으로 표현한 것처럼 해석했다. 왜 그렇게 번역했는지는 알 수 없다. 다만 스노는 그녀를 무조건 믿고 전 세계에 마오쩌둥의 메시지를 전달했다. 여기저기서 마오쩌둥이 도대체 무슨 마음을 먹고 있는지 추측하려고 애썼다. 왜 그는 그렇게 외로운 것일까?

마오쩌둥은 자신이 원하는 만큼 오랫동안 살 수 있을 것이라고 자랑했다. 하지만 그 나이에 폐렴은 상당히 위험한 것이었다. 이전부터 기관지염으로 고생했다. 더군다나 하루에 담배 두 갑을 피웠기 때문에 좀처럼 낫지를 않았다. 그는 이전에 즐겨 피우던 체스터필드(미국 담배)나 555(영국 담배)는 더 이상 피우지 않고 대신 중화(中華)나 슝마오(雄猫), 뤄자산(珞珈山) 등 중국 담배를 피웠다. 아마도 애국심에서 바꾼 것인 듯하다. 스노가 도착하기 바로 전에 마오쩌둥은 광둥의 연초 공장에서 외국산 연초로 만든 고급 담배인 베이지싱(北極星)으로 바꾸었다.[7]*

마오쩌둥의 건강은 좋지 않은 생활 습관으로 인해 더욱 나빠졌다. 그는 자정을 한참 넘긴 후에야 잠자리에 들었다. 때로 새벽 5시에 잠들어 아침 11시에 일어나기도 했다. 오후 2시에서 3시에 한 번, 그리고 오후 8시에서 9시에 한 번씩 하루에 두 번 식사를 했다. 가장 좋아하는 음식은 지방이 많은 돼지고기를 잘라 후난 특유의 매운 고추 소스 등을 넣어 만든 훙사오러우(紅燒肉)였다. 술

---

* 약간의 오해가 있는 듯하다. 1964년 이후로 마오쩌둥은 쓰촨의 연초 공장에서 중앙위원회에 특별 공급하는 스팡(什邡) 시가를 피웠다. — 옮긴이

은 절제하여 드물게 약간의 중국 포도주를 마실 때가 있었다. 다만 중요 경축일에는 높은 도수의 마오타이지우(茅台酒)를 조금 마셨다.

끊임없는 정치 투쟁 역시 건강에 심각한 영향을 끼쳤다. 홍위병의 난동이 수그러들자 정치 투쟁이 거리에서 당내로 옮겨 갔다. 사회의 질서 회복에 직접적인 책임을 맡은 군 지도급 간부들의 역할이 점차 확대되면서 문화대혁명을 이끄는 장칭 파벌에 대한 불만이 커졌다. 한때 연합 세력을 구축했던 여러 파벌 간의 관계가 점차 껄끄럽게 변해 갔다. 장칭과 동료들은 인민해방군의 행동에 분개하기 시작했다. 린뱌오와 그 장군들, 그리고 남편과 그 측근들에게 엄청난 영향력을 발휘하던 예췬은 그들에 대해 신경질적인 반응을 보였다. 그들은 이제 질풍노도의 시대는 지났으며, 생산과 군사 현대화를 최우선으로 삼아야 하는 시대가 도래했다고 믿었다. 저우언라이는 그들을 지지했다.

충돌의 조짐이 보이기 시작한 것은 1967년 말부터였다. 당시 소련 정보원이 소련공산당 중앙위원회에 보고한 내용을 보면 그 일단을 살필 수 있다.

> 츠비군* 동지의 첩보, 항목 번호 4761호, 1967년 12월 7일. ……(중국공산당의) 새로운 지배 집단 내부에서 (우리 정보원이) 저우언라이와 린뱌오 그룹과 중앙문혁소조, 특히 캉성과 장칭 그룹 사이에 긴장감이 고조되고 있음을 목도했다. '새로운 세력'을 대표하는 여러 인물들에 대한 비판과 배제는 캉성과 장칭에 의해 지원받고 있으며, 이는 후자에 속한 인물들의 위상이 현재 다소 약화되고 있음을 나타낸다. 군부 내부의 숙청 종식, 홍위병과 조반파의 무력을 통한 권력 장악 억제, 그들의 무장화 요구 거절, 경제 문제에 대한 보다 많은 관심. 이러한 일련의 행태는 의심할 바 없이 저우언라이와 린뱌오의 권위를 향상시켰다.[8]

이러한 정보는 정확한 것이었다. 장칭은 아예 노골적으로 당 지도부 내에서 린뱌오를 반대하는 분위기를 조성하기 위해 애썼다. 처음에 그녀는 마오쩌둥을

---

* 츠비군(Semyon Kuz'mich Tsvigun)은 1967년 11월부터 KGB의 제1부주석을 역임했다. — 옮긴이

자신의 음모에 끌어들일 수 없었다. 마오쩌둥은 여전히 군부에서 가장 친밀한 전우인 린뱌오를 지속적으로 신뢰했다. 제9차 당 대표대회에서 린뱌오는 마오쩌둥의 후계자로 지목되었으며, 심지어 당장에 명기되기도 했다.[9]

마오쩌둥은 린뱌오에 관한 한 어떤 나쁜 말도 들으려고 하지 않았다. 마오쩌둥은 1928년 4월 린뱌오가 복무하고 있던 주더의 부대가 징강 산에서 자신의 유격대와 합세하던 시절에 처음 그를 알게 되었다. 당시 주더 부대에서 정치위원으로 있던 천이는 마오쩌둥에게 린뱌오를 소개하면서 적을 어떻게 궤멸시킬지를 아는 탁월한 군관이라고 말했다. 마오쩌둥은 매우 기뻐하며 이렇게 말했다. "자네는 젊은 데다 그처럼 대담하게 싸울 줄 아는 인물이네. 참으로 대단하네!"[10]

당시 린뱌오는 이제 갓 스물한 살이었다. 1907년 12월 5일 후베이 성 황강(黃岡)의 방직공 집안에서 태어났으며, 중학교를 졸업한 후 1924년 공산당원이었던 사촌의 영향을 받아 사회주의청년단에 가입했다. 1925년 겨울 혁명 광저우에서 황푸군관학교에 입학하면서 군인으로서 경력을 쌓기 시작했다. 1925년 말 공산당에 가입한 그는 공산당원인 예팅의 연대에 배속되었다. 이후 예팅과 주더를 따라 1927년 8월 1일 난창 봉기에 참여했다가 패배한 후 징강 산으로 들어갔다.[11]

징강 산에 들어간 그는 마오쩌둥을 부모처럼 대하면서 많은 영향을 받았다. 마오쩌둥 역시 젊은 조수를 높이 평가했다. 마르크스주의 이론에 취약한 린뱌오가 보기에 마오쩌둥은 백과사전과 같은 지식의 소유자로 사회 과학과 정치학은 물론이고 군사 지도자로서도 천재나 다를 바 없었다. 겸손하고 수줍음이 많은 린뱌오는 비록 뛰어난 군사 지휘관이었으나 천부적인 지도자라고 말할 수는 없었다. 중국공산당의 여러 지도자들은 그를 '여사(女士)'[12]*라고 부르곤 했다. 왜소한 체구에 숱이 많고 기이할 정도로 솟구친 눈썹을 지닌 그는

---

* 마오쩌둥은 당시 그를 '와와(娃娃), '아기'라는 뜻' 군단장이라고 불렀다. 하지만 이후 무적 원수(無敵元帥), 상승 장군(常勝將軍) 등으로 불렸으며, 장제스는 그를 전쟁의 마귀라고 칭했다. ─ 옮긴이

주로 남자가 여자 역할을 맡는 경극에 나오는 미인을 연상시켰다. 린뱌오의 이름은 '숲속의 눈표범(숲속의 작은 호랑이)'이라는 뜻이었지만 그의 모습이나 행동을 보면 그리 잘 어울리는 것은 아니었다.

그는 순종적이고 충성스러우며 야심이 없었다. 게다가 탁월한 군사 능력*을 갖추었기 때문에 특히 그를 자신의 의지대로 쉽게 다룰 수 있다고 여긴 마오쩌둥에게 깊은 인상을 남겼다. 마오쩌둥은 린뱌오를 영도 직급으로 부상시켰다. 과묵하고 나서기를 좋아하지 않으면서 언제라도 자신의 명령을 수행할 준비가 되어 있는 군사 지휘관을 라이벌로 생각하지 않아도 되었기 때문이다. 1949년 린뱌오는 이미 중앙위원회 위원이자 제4야전군의 사령관 자리를 차지했다. 그해에 중앙인민정부 위원 겸 인민해방군 군사위원회 부주석이 되었고, 1954년에는 국무원 부총리가 되었다. 그리고 1년 후 마오쩌둥은 그를 정치국 위원으로 삼으면서 원수의 반열에 올려놓았다. 1958년 5월 정치국 상무위원이 되었으며, 마오쩌둥을 보필하는 부주석 가운데 한 명이 되었다. 1959년 펑더화이를 쫓아낸 후 마오쩌둥은 린뱌오를 새로운 국방부장으로 임명했다.

가끔씩 마오쩌둥은 린뱌오에게 짜증을 냈다. 린뱌오가 그에게 보내는 지나친 찬사 때문이었다. "나는 내 작은 책(『마오쩌둥 어록』)들이 그처럼 거대한 마력을 지닌 것을 결코 믿을 수가 없네." 마오쩌둥은 1966년 7월 장칭에게 이렇게 말했다. "그가 찬양하면서 온 나라가 그것들을 찬송하고 있어. 이건 정말 '늙은 왕 부인이 호박을 팔면서 얼마나 맛이냐고 말하는 것'이나 마찬가지야. ……심지어 언론 매체에는 더욱 강력하게 말하고 있지. 그는 마치 내가 성인이라도 되는 양 숭배하고 있어. 나는 그냥 따라갈 뿐이야. 하지만…… 높이 올리면 올릴수록 떨어질 때는 고통스러운 법이지."[13] 그러나 린뱌오의 찬양은 죄가 아니었다. 비록 마오쩌둥이 투덜대기는 했지만 이는 그를 즐겁게 하는 것이기도 했다. 게다가 그 외에도 주석을 우상화하는 이들이 적지 않았다. 1960년대

---

* 린뱌오를 경멸한 오토 브라운조차 린뱌오의 군사 능력만큼은 높이 평가했다. 그는 코민테른에 보낸 보고서에 "나는 개인적으로 팔로군에서 그가 최고의 야전 사령관이라고 생각한다."라고 썼다. ― 옮긴이

말 나이 든 영수도 스스로 신이라고 느낄 정도였다. 배포된 『어록』은 성경보다 많았으며 《인민일보》를 포함한 여러 언론 매체들이 끊임없이 마오쩌둥 사상이 가져온 불가사의한 기적을 보도했다. 신화사 통신원에 따르면, 사망한 환자 앞에서 의사가 위대한 영수의 『어록』을 읽자 죽은 자가 부활했으며, 맹인이 눈을 뜨거나 농아가 말을 하는 등 황당한 일이 벌어졌다고 한다.[14] 물론 린뱌오는 이런 터무니없는 말에 책임이 없다. 당시 대중 매체를 장악하고 있던 이는 장칭과 천보다였기 때문이다.

마오쩌둥이 불편하게 여기고 있던 것은 자신의 후계자가 병약하다는 점이었다. 그가 도대체 무슨 병을 앓았는지는 여전히 수수께끼로 남아 있다. 다만 신체적인 것보다는 정신적인 것에 가깝다는 점만 알 수 있을 따름이다. 아마도 내전과 중일 전쟁 당시에 입은 네 번의 총상과 관련이 있는 것 같다. 1939년 처음 모스크바에 가서 1941년까지 머무를 당시 린뱌오는 두통과 구토, 심계 항진(두근거림), 불면증과 신경 쇠약 등을 호소한 바 있다.[15] 모니노(Monino)와 키슬로봇스크(Kislovodsk)에서 치료를 받았지만 전혀 차도가 없었다. 그의 말에 따르면, 조금만 머리를 써도 심한 두통과 불면증에 시달려야 했다.[16] 부인 예췬*과 '더우더우'라는 애칭을 가진 딸 린리형을 데리고 1951년 7월부터 10월까지 소련에 체류하면서 치료를 받았지만 아무런 효과가 없었다. 그는 더 이상 의사들을 믿지 않았고 심각한 피해망상에 시달렸다. 심지어 의사들이 자신을 죽이기 위해 욕조에 독을 탔다고 믿기도 했다. 그는 더 이상 의사에게 진료받기를 거부했으며, 이후 부인이 주치의 노릇을 했다.[17] 부인 예췬은 놀라울 정도

---

* 린뱌오는 두 번 결혼했다. 첫 번째 부인인 류신민(劉新民, 일명 장메이(張梅))은 그보다 열두 살 어렸으며 산시 성 서북부 출신으로 문맹이었다. 1939년 남편을 따라 소련에 갔다가 1941년 8월 임신한 몸으로 귀국하여 딸 샤오린(曉琳)을 낳았다. 1948년 9월까지 이바노보의 국제아동원에서 일하며 마오쩌둥의 전처인 허쯔전과 한동안 같이 지냈다. 이후 샤오린은 1950년에야 부친인 린뱌오의 주선으로 귀국할 수 있었다. 하지만 린뱌오는 딸을 거의 만나지 않았다. 이미 새로운 가정을 꾸리고 있었기 때문이다. 항일 전쟁 당시 그는 푸젠 성 출신으로 자신보다 열두 살 어린 예췬과 정식 결혼했다. 그는 그녀와의 사이에 두 아이를 두었다. 큰딸 린리형은 1944년생이며, 아들 린리궈는 1966년에 태어났다. 린뱌오는 여덟 살 때 부모의 주선으로 결혼한 적이 있었다.(이를 포함하면 총 세 번 결혼한 셈이다.) 류신민은 '산베이의 한 떨기 꽃(陝北一枝花)'이라는 별칭이 말해 주듯이 상당한 미인이었으나 내향적인 린뱌오와 달리 활발하고 사교적이었다. 결국 두 사람은 성격 차이로 헤어지고 말았다. ─옮긴이

로 강인한 여인이었다. 의지가 약한 린뱌오가 완전히 그녀에게 장악된 것도 그리 놀라운 일이 아니다. 그녀는 끊임없이 우울증으로 힘들어하는 남편을 사랑하지 않았다. 특히 주기적으로 병치레를 하느라 린뱌오는 성생활에 대한 관심을 잃고 말았다. 그녀에게 결혼은 보다 높은 권력으로 향하는 일종의 도약판이었다. 이것이 바로 그녀가 병든 남편에게 정성을 다한 이유였다.

한편 린뱌오의 심리적인 상태는 매년 악화되고 있었다. 당내 지도부의 일원으로서 그는 공식적으로 회의를 주재하는 위치에 있었으나 몇 달 동안 업무를 보지 못하는 경우가 허다했다.[18] 마오쩌둥의 주치의가 그를 방문하여 묘사한 내용을 보면 당시 상당히 심각한 정도였음을 알 수 있다. "우리가 안내를 받아 방으로 들어갔을 때 린뱌오는 침대에서 웅크린 채 부인의 팔에 안겨 있었다. 머리는 부인의 가슴에 파묻힌 상태였다. 예췬이 등을 다독이며 마치 아이를 돌보는 것처럼 위로하고 있었다." 예췬은 마오쩌둥의 주치의에게 1940년대에 남편이 아편에 중독되었고, 그래서 지금은 몰핀으로 바꾸었다고 말했다. 주치의는 계속해서 이렇게 썼다.

소련에서 이런 습관을 치료했다고 하지만 그의 행동은 여전히 이상했다. 린뱌오는…… 바람과 빛을 싫어했기 때문에 외출하는 것을 꺼려했다. 가끔씩 회의에 참가하는 것도 놓칠 때가 있었다. 물에 대한 공포도 심각한 상태여서 물소리만 들려도 설사를 할 정도였다. 액체라면 어떤 것도 마시지 않았다. 예췬은 남편의 수분 섭취를 위해 찐만두를 물에 담가 먹이곤 했다. 음식물의 수분이 그가 섭취하는 유일한 액체였다. 린뱌오는 화장실도 전혀 사용하지 않았다. 용변을 보고 싶을 때면 마치 장막처럼 침대보로 주변을 가린 다음 부인이 가져다주는 환자용 변기에 쪼그리고 앉아 누었다. 나는 깜짝 놀랐다. 린뱌오는 확실히 정신적으로 문제가 심각한 상태였다. 어떻게 이런 사람에게 국가 관리를 맡길 수 있지?[19]

당시 국방부장이었던 린뱌오를 진찰한 또 다른 중국 의사 역시 이와 유사한 진단을 내린 바 있다. 그는 린뱌오에게 "신체 기능 면에서 나쁜 점은 찾아볼 수 없었으며" 다만 "심각한 심리 장애와 약물 과용의 흔적은 명백하다."[20]라고 말했다. 린뱌오의 사위인 장칭린(張淸霖)의 회고에 따르면, 병으로 고생하던 원수(린뱌오)는 문화대혁명 기간에 공식적인 회의에 참가하기 위해 높은 담장으로 둘러싸인 자신의 집을 나설 때면 언제나 '약'부터 챙겼다. 병에 비타민 C라고 적힌 '약'을 먹으면 몇 시간 정도 버틸 수 있었다. 그렇게 힘들게 나갔다가 돌아온 후에는 몇 주일 동안 병세가 더 악화되었다.[21]

이러한 린뱌오야말로 강한 자를 좋아하지 않는 마오쩌둥에게 딱 들어맞을 뿐더러 필요한 '친밀한 전우'가 아닐 수 없었다. 그렇지 않다면 주석은 그저 불행한 린뱌오를 가련하게 여기거나 아프다는 이유로 해이해졌다고 몰아붙이지 않았을까? 어떤 경우든 그는 장칭이나 그 동료들이 국방부장을 비방하는 것을 듣고 싶어 하지 않았다.

하지만 낙숫물이 단단한 바위를 뚫는다고 했다. 반심을 품은 장칭은 끊임없는 비방을 통해 마침내 병든 원수를 거꾸러뜨리는 데 성공했다. 두 파벌 간의 결사적인 권력 투쟁에서 나이 든 조타수는 결국 부인 편을 들었다. 1970년 5월 초 항저우에서 휴식을 취하던 마오쩌둥은 중화인민공화국의 주석을 공식적인 국가수반으로 지명하는 헌법 제2조의 항목을 삭제하기로 마음먹었다. 류사오치가 국가주석 자리에서 쫓겨나면서 공석으로 남은 자리를 그대로 놔두기로 결정한 것이었다. 그는 정치국 위원들에게 만약 그 자리를 남긴다고 할지라도 자신은 국가주석이 되고 싶은 마음이 없다고 통보했다. "만약 (정치국이) 국가주석 자리를 유지하기로 결정한다면 그 자리를 차지하는 사람은 린뱌오일 것이다." 그는 이렇게 결론 내렸다.[22] 몇 년 후 인민해방군 공군 사령관이자 정치국 위원인 우파셴(吳法憲) 원수는 당시 마오쩌둥의 지시를 회고한 바 있다.[23]

이러한 통지 이후 정치국 위원들은 여섯 명으로 구성된 새로운 헌법 개정을 위한 소조(헌법개정소조)를 꾸렸다. 한편 정치국에 참가하지 못한 린뱌오는 마오쩌둥과 다른 위원들에게 자신은 국가주석이 될 생각이 없다고 말했다. 하지만 중국처럼 "거대한 국가에 나라를 대표하는 상징적인 수반이 없다는 것은 결코 좋은 일이 아니"라고 생각했다. 그래서 마오쩌둥이 국가주석 자리를 받아들여야 한다고 주장했던 것이다. 린뱌오는 위대한 영수가 실제로 무엇을 원하며, 왜 그를 추켜세우는지 전혀 이해하지 못했다. 중국의 행위 규범에 따를 경우 그가 설사 그 자리를 원한다고 했을지라도 사양했을 것이다. 실제로 그는 외교적인 자리에 참석하거나 빈번하게 해외를 들락거려야 하는 등 국가주석이 해야 할 중대한 임무만 생각해도 오싹한 느낌이 들었다. 그와 같은 조건에 있는 사람이라면 누구라도 지나치게 과중한 부담일 수밖에 없었다.

마오쩌둥은 린뱌오의 두려움이라든가 지나친 아첨을 이해하고 있는 듯했다. 어쨌든 그는 헌법에 중화인민공화국의 국가주석 자리가 계속 유지될 것이라고 린뱌오에게 통보했다. 하지만 다음과 같이 덧붙였다. "나는 국가주석 자리를 차지하지 않을 거네. 자네도 맡지 말기를 바라네. 차라리 라오둥(老董, 둥비우)*에게 맡으라고 하지. 몇몇 젊은 동지들에게 부주석 자리를 주고 말이야."²⁴ 이렇게 해서 사건은 일단락이 되는 것처럼 보였다.

그러나 헌법개정소조 위원들 간에 격렬한 논쟁이 불붙었다. 위대한 조타수의 의도를 각기 나름대로 헤아리고 있었기 때문이다. 캉성과 장춘차오는 마오쩌둥이 국가주석 자리를 원치 않는다고 주장했으며, 이에 반해 린뱌오의 편에 선 우파셴을 비롯한 몇몇 장군들은 그 반대로 생각했다. 이 외에도 헌법에 "마오쩌둥 사상은 전국의 사업을 지도하는 방침이다."라는 구절을 포함시킬지 여부에 대해 의견이 갈라졌다. 장군들은 반드시 넣어야 한다고 주장했고, 반대자들은 앞에 비슷한 구절이 있기 때문에 굳이 넣지 않아도 된다고 맞섰다. 후자들은 추문을 유발하기 위해 린뱌오의 지지자들을 부추겼던 것 같다. 장춘차오는 심지어 이렇게 말하기도 했다. "끊임없이 마르크스주의나 마오쩌둥 사상을 떠들어 대는 이들이 있다. 그렇다고 그것이 진정한 마르크스주의자를 의미하는 것은 아니다." 그는 넌지시 린뱌오를 지목하면서 마오쩌둥이 린뱌오의 지

---

* 1930년대 초 둥비우는 소련에서 돌아와 중앙당무위원회 서기를 맡았으며, 1959년에는 쑹칭링과 함께 중화인민공화국 부주석을 맡았다. — 옮긴이

나친 찬사에 대해 못마땅하게 생각하고 있음을 암시한 것이 분명하다. 헌법개정소조에 참가하고 있던 천보다마저 장군들을 옹호하자 소조에 참가한 여섯 명은 일순간 침묵에 빠졌다.

한때 장칭과 캉성의 가장 친밀한 동맹군 중 하나였던 천보다의 변절은 사실 뿌리가 깊었다. 천보다는 마오쩌둥의 부인인 장칭을 오래전부터 혐오했다. 심지어 몇몇 지인들에게 신경질적이고 권력에 굶주린 여자를 더 이상 참을 수 없기 때문에 그들로부터 벗어나고 싶다고 말한 적도 있었다. 그는 린뱌오와 예췬 쪽으로 방향을 바꾸면서 자살 대신에 배신을 선택했다. 1968년 말부터 그는 장칭의 반대파를 공개적으로 지지하기 시작했다. 물론 장칭은 그를 절대로 용서할 수 없었다.[25]

이런 상황에서 1970년 8월부터 9월까지 루산에서 당 중앙위원회 제9기 2중전회가 개최되었다. 의제 가운데 하나는 새로운 헌법 개정에 관한 것이었다. 린뱌오는 이 기회에 장춘차오를 포함한 장칭 집단에 대해 공격을 가하기로 마음먹었다. 저우언라이는 린뱌오를 지지했으며, 동의를 표시한 마오쩌둥은 린뱌오에게 장칭의 이름을 거론하며 비판하지는 말라고 권고했다. "장춘차오의 뒤를 봐주는 것은 장칭이 틀림없지." 그는 이렇게 말했다.[26]

린뱌오는 마오쩌둥과 동의한 그대로 행동했다. 물론 장칭의 이름을 거론하지도 않았다. 다만 그는 "마오쩌둥 주석은 천재이기 때문에…… 헌법에 마오쩌둥 주석의 지도적 지위를 규정하고 마오쩌둥 사상을 규정해야 한다."라고 주장했을 뿐이다. 전체 회의 참가자들은 조를 나누어 린뱌오의 연설에 대해 토론했다. 바로 그때 린뱌오가 곧 후회하게 될 상황이 벌어졌다. 많은 이들이 발언하는 가운데 원수(린뱌오)의 연설이 장춘차오와 장칭을 비롯한 일파를 겨냥하고 있음을 눈치챈 군부 지휘관들이 제일 먼저 가장 열정적으로 자신들의 원수를 적극 옹호하고 나섰기 때문이다. 장정에 참여한 바 있는 원로들도 린뱌오를 지지했다.

장칭의 비극은 당내에 그녀를 좋아하는 이가 거의 없다는 점이었다. 당내 영도자들이나 특히 부인들은 그녀의 결혼과 관련해 내내 말이 많았다. 이에 대해 그녀는 증오와 질투, 적대심으로 상대를 대했다. 악순환의 연속이었다. 그들이 멸시할수록 그녀의 증오는 날로 커졌다. 그녀는 문화대혁명을 이끌면서 당 원로들에 대한 증오심을 여지없이 드러냈다. 그렇기 때문에 지금 홍위병의 테러에 겨우 살아남은 이들은 달콤한 복수를 맛보고 있는 셈이었다. 그들은 장칭을 괴롭히는 린뱌오를 위해 찬양을 마다하지 않았으며, 천보다 역시 이러한 노력에 적극 가담했다.

토론이 이틀째에 접어들면서 장칭과 장춘차오를 비롯한 좌파는 극심한 두려움을 느꼈다. 이제 유일한 길은 마오쩌둥에게 달려가 도움을 청하는 것뿐이었다. 그들이 린뱌오와 예췬, 그리고 장군들에게 무슨 색을 칠할지는 능히 상상할 수 있다. 판단컨대 그들은 적대자들에게 문화대혁명을 전복시키려는 '음모자'라는 낙인을 찍을 것이 분명했다. 더군다나 린뱌오는 국가주석의 자리를 그대로 놓아 둘 필요가 있다고 생각했기 때문에 그들은 린뱌오가 국가 권력을 장악하려 한다고 비난할 수 있었다. 그들은 순진한 원수(린뱌오)가 마오쩌둥에게 국가주석 자리를 제안할 것이라는 사실을 알고 있었지만 반격을 단념하지 않았다. 그들은 적들이 말한 모든 것은 영도자를 속이기 위한 '뿌리 깊은 음모가'들의 비열한 시도라고 해석했다. 이것이야말로 위대한 영수가 가장 싫어하는 것이었기 때문이다.

마오쩌둥은 즉각 반응을 보였다. 그는 정치국 상임위원회를 소집하고 철저하게 장칭의 편에 섰다. 전체회의를 중지시킨 즉시 장칭의 적들에 대한 반격 준비를 끝냈다. 이후 엿새 동안 장칭과 곁들여 문화대혁명을 배반한 천보다에게 비난의 화살을 집중시켰다. 그리고 천보다가 자아비판할 것을 원했다.

린뱌오는 위대한 조타수의 이러한 책략을 전혀 예상하지 못했다. 마오쩌둥이 가차 없이 그를 배신한 것은 그들이 '우정'을 나눈 이래로 처음 있는 일이었다. 루산을 떠나면서 린뱌오는 풀죽은 얼굴로 동료에게 말했다. "우리는 장군이라 전투하는 방법밖에 몰라!" 자신이나 군대 동료들 모두 정치적 암투를 어떻게 하는지 모른다는 뜻이었다.[27]

마오쩌둥에게 기분이 상한 린뱌오는 장군들에게 자아비판에 참여하지 말 것을 지시했다. 그는 자신이 권력 투쟁에서 장칭과 장춘차오에게 밀려났다는 것을 인식했지만 더 이상 더러운 싸움에 끼어들고 싶지 않았다. 하지만 마오쩌둥은 평정을 되찾을 수 없었다. 이전과 마찬가지로 또다시 사냥의 격정에 사로잡혔다. 피에 굶주린 장칭은 곧 낌새를 채고 군부의 음모를 확실하게 주지시키려고 애썼다. 헛발질하다 넘어졌다는 것을 깨달은 린뱌오는 어쩔 수 없이 군부 지도자들이 영도자 앞에서 자아비판하는 것을 허락했다. 하지만 그는 자신의 잘못을 인정하지 않았다. 단지 외면했을 따름이었다.

예췬은 상황의 긴박성을 깨닫고 탈출구를 찾아야만 한다고 생각했다. 처음 대책을 강구한 이는 린뱌오의 측근들 가운데 가장 활동적이고 강한 의지를 지닌 예췬, 바로 그녀였다. 예췬은 류사오치와 그 부인이 겪어야만 했던 운명이 뇌리에서 떠나지 않았다. 마오쩌둥이 만약 장칭의 말을 계속 듣는다면 자신과 남편, 그리고 자식들에게 어떤 일이 벌어질지 누구보다 잘 알기 때문에 가만히 앉아 있을 수만은 없었다. 아들 린리궈가 그녀의 걱정과 우려를 분담했다. 그는 베이징 대학 물리학과를 졸업하고 1967년 스물세 살에 공군에 입대하여 당시 공군 사령관 우파셴의 주선으로 공군 사령부 당위원회 판공실 비서가 되었으며, 1969년 10월부터 공군 사령부 판공실 부주임 겸 작전부 부부장으로 우파셴의 수석 참모로 있었다. 군 입대 이후 2년 6개월 만에 초고속 승진을 한 것이다. 그가 자만과 허영이 가득하다는 것은 그리 놀라운 일이 아니다. 어린 시절부터 예췬은 그를 왕자처럼 키웠다. 첫째 딸 더우더우에게는 전혀 사랑을 남겨 주지 않을 정도로 오직 아들에게만 온갖 정성을 다 쏟았다. 이에 반해 딸은 온갖 집안일을 도맡아 하면서도 모친의 천대를 참으며 천덕꾸러기로 자랐다. 그녀의 가슴속에는 이러한 치욕과 원망이 가득 쌓였다.

1970년 10월 린리궈는 자신을 존경하며 영어로 '사령관'이라고 존칭하는 몇몇 젊은 장교들과 함께 '연합 함대'라는 이름의 비밀 조직을 결성했다.[28]* 이 조직은 국가 권력 탈취를 목적으로 삼았다. 예췬은 막후 후원자가 되었다.(모

---

* 원래 린뱌오에게 충성하는 조직인 조사연구소조(調硏小組)를 개칭한 것이다. — 옮긴이

의자들은 그녀를 자작 부인이라고 불렀다.)[29]

모의자들은 몇 가지 계획안을 논의하기 시작했다. 린리궈는 모친보다 과격할 만큼 대담했다. 그의 동의하에 1971년 3월 공군 장교 한 명이 마오쩌둥을 암살하기 위한 몇 가지 초안을 마련했다. 린리궈는 그것을 보고 열광했다.* 그는 즉시 계획안을 '571 공정 기요(工程紀要)'라고 명명했다.(중국어로 571은 '우치이'라고 발음되는데, 이는 무장봉기를 뜻하는 '우치이(武起義)'와 성조만 다를 뿐 발음이 같다.) 계획안에서 마오쩌둥은 유명한 미국 폭격기 이름인 B-52라는 암호명으로 나온다. 하지만 이는 순진무구한 아이들의 전쟁놀이에 불과했다.

당연히 계획은 실패로 끝날 수밖에 없었다. 그들의 계획안이 전혀 현실적이지 않았기 때문이다. 예를 들어 마오쩌둥을 제거하기 위한 방법 가운데 하나가 공군기를 띄워 위대한 조타수의 전용 열차에 폭탄을 투하하는 것이었다. 다른 하나는 주석의 전용 열차가 상하이 역에 접근할 때 기름 저장 탱크를 폭파시켜 혼란한 틈을 타서 제거하는 것이었으며, 마지막 방법은 상하이와 난징 사이에 있는 다리(쑤저우의 쉬팡(碩放) 철교)를 폭파하는 것이었다.[30] 모의자들은 무엇보다 기습이 중요하다고 생각했다.[31]

모의는 시간을 다투는 일이기 때문에 한가하게 폭동의 상세한 계획을 짤 여유가 없었다. 그들은 언제라도 체포될 가능성이 컸다. "우리는 돌변적인 폭력 혁명으로 점진적인 반혁명을 저지해야 한다." "군사 행동으로 먼저 적을 제압해야 한다." 그들은 「기요」에 이렇게 썼다. B-52는 "우리를 경계하고 있다. 속수무책으로 체포되느니 차라리 죽을 각오로 배수진을 치는 것이 낫다. …… 이는 사활을 건 싸움이다. 그들이 무대에 서면(정권을 장악하면) 우리는 내려와 감옥으로 들어가야 한다. 우리가 그들을 잡아먹느냐, 아니면 그들이 우리를 잡아먹느냐의 싸움이다."[32]**

한편 이런 사정을 전혀 알지 못했던 마오쩌둥은 린뱌오에 대한 압박을 강

---

* 일설에는 린리궈가 초안을 작성했다고 한다. — 옮긴이

** 「기요」는 전체 9장으로 되어 있다. 인용문은 2장 '필요성'과 4장 '시기'에 나오는 말이다. — 옮긴이

화하기 시작했다. "루산 회의 이후에 나는 '돌을 던지고', '모래를 섞고', '지반을 허무는' 세 가지 방법을 택했다."[33] 이는 다시 말해 군사위원회에 자기 사람들을 집어넣어 린뱌오에게 충성하는 조직을 재편하겠다는 뜻이었다. 1970년 말부터 1971년 초까지 그는 중앙위원회 동북국과 베이징 군구를 재편하면서 잘 알려진 린뱌오와 천보다의 지지자들을 숙청했다. 동시에 천보다를 비판하는 운동을 전국으로 확대했다. 천보다는 '반역죄와 간첩죄'가 적용되었다.(하지만 마오쩌둥과 중앙문혁소조 성원들을 제외하고 그의 범죄가 구체적으로 무엇인지 아는 이가 없었다.) 마오쩌둥은 린뱌오로 하여금 그의 발밑에서 용서를 비는 편이 낫다는 것을 알게 하고 싶었다. 하지만 병약한 전우는 암울하면서도 억울한 심정을 지울 수 없었다. 그는 더 이상 정신을 다잡을 기력조차 없었다. 마오쩌둥의 요청으로 저우언라이가 방문하여 영도자의 생각을 알려주었지만 린뱌오는 단지 이를 악물며 한마디를 뱉었을 뿐이다. "자신이 뿌리지 않은 것을 거둘 때도 있지!"[34] 그는 자기 자리에서 움직이지 않았다.

마오쩌둥은 의도적으로 자신을 피하는 린뱌오가 4월과 6월에 개최 예정인 중앙위원회 공작회의에서 자아비판을 할 수도 있을 것이라 생각했다. 그러나 린뱌오는 병을 핑계로 참가하지 않았다. 이제 주석의 인내심도 바닥이 났다. 1971년 7월 분노를 참다못한 마오쩌둥이 저우언라이에게 말했다. "저들의 과오가 당신의 지난 실수와 다른 점은 그들이 음모를 꾸미고 있기 때문이오."[35]

한 달도 채 되기 전인 8월 14일 마오쩌둥은 비밀리에 수도를 떠나 지방 시찰에 나섰다. 8월 15일부터 9월 11일까지 우한, 창사, 난창, 항저우, 상하이 등지를 돌아다니며 지역 당 간부와 군부 지휘관들을 만났다. 출발하기에 앞서 그는 주치의에게 이렇게 말했다. "나는 지역 군구 사령관들이 린뱌오 편이라고 생각하지 않아. 인민해방군은 나를 조반(배반)하지 않을 거야. 그렇지 않나? 여하간 그들이 나의 영도를 바라지 않는다면 나는 징강 산으로 가서 또다시 유격전을 시작할 걸세."[36]

상황이 급변하기 시작했다. 당시 마오쩌둥이 린리궈와 예췬이 꾸미는 음모에 대해 알았는지 정확하지 않다. 일부 목격자들은 이미 알고 있었다고 말했으나 다른 이들은 이 점에 대해 의심하고 있다. 아마도 몰랐을 것이다. 설사 알았다고 할지라도 린뱌오와 그 지지자들이 당내에서 음모를 꾸미는 정도로 알았을 것이다. 그렇지 않다면 그가 베이징을 떠나 있는 동안 음모자들을 자유롭게 놔두었을 리가 없다. 그럼에도 지역 간부들과 만난 자리에서 마오쩌둥은 매번 '새로운 루산의 음모'에 대해 비난을 멈추지 않았다. 심지어 이름을 구체적으로 거명하기도 했다. 그의 발언은 마치 사형 선고처럼 들렸다.

1970년 루산 회의에서 그들(린뱌오와 천보다를 포함한 이들)이 돌연 기습 공격을 하고 지하 활동을 벌였다. 왜 공개적으로 하지 않았을까? 분명 뭔가 꿍꿍이가 있었을 것이다. 그들은 먼저 속이고 나중에 기습 공격을 했다. 그들은 정치국 상임위원회 다섯 명의 위원들 가운데 세 명을 속였고, 몇몇 대장을 제외한 중앙정치국 대다수 동지들까지 속였다. 이렇게 하는 데는 뭔가 목적이 있을 것이다. 내가 보기에 그들의 기습 공격이나 지하 활동은 계획적이고 조직적이며 강령을 가지고 있다. 그 강령이 바로 국가주석 설치이고 '천재'라고 떠들어 대는 것이다. ……그들은 아무 말도 하지 않고 기습 공격을 했다.

격노한 마오쩌둥은 계속 말했다. "누군가 국가주석이 되려고 한다. 당을 분열시키고 급하게 정권을 탈취하려고 한다. '천재'는 이론의 문제다. 그들의 이론은 유심주의적인 선험론이다." 조용히 마오쩌둥의 말을 경청하는 이들은 깊은 숨을 내쉬었다. 이제 이전까지 '위대한 영도자의 친밀한 전우'로 존경을 받던 이의 '반혁명' 본질에 대해 의심할 이유가 없었다. 과연 당시 청중 가운데 '선험론'이란 무시무시한 단어의 뜻을 제대로 이해한 이가 있었는지 알 수 없다. "린뱌오 동지는 그런 발언을 하면서 나와 상의조차 하지 않았다." 마오쩌둥은 더 이상 언급하지 않고 대충 얼버무렸다. 또한 린뱌오를 멸시하는 듯 쓸모없는 인물로 치부했다. "누군가는 마누라(마오쩌둥은 부인의 뜻으로 '라오포(老婆)'라는 말을 쓰길 좋아했다.)를 자신이 일하는 판공실의 주임으로 만들었다고 하는데 나는 인정할 수 없다." 그는 린뱌오의 아들 린리궈까지 거론했다. "서른도 안 된 젊은이를 '초특급 천재'라고 부르는 것은 정말 말도 안 되지."

이 정도로 말했으니 린뱌오의 가족과 그 추종자들에게 남은 유일한 선택은 용서를 구걸하거나 자살 또는 반역밖에 없었다. 마오쩌둥은 이전의 자기 공식 그대로 그들에게 개과천선할 수 있는 분명한 기회를 주었다. "우리는 그들에 대한 교육 방침을 취해야 할 것이다. 즉 '과거의 잘못에서 배워 앞으로 삼가도록 하고, 병을 치료하여 사람을 구해야 한다.(懲前毖後, 治病救人.)' 린뱌오는 여전히 보호해야 한다." 마오쩌둥은 새로운 '적'과의 투쟁을 두 가지 노선과 두 군데 사령부의 투쟁이라고 특징지었다. 아울러 '새로운 루산의 음모'를 이전 펑더화이와 류사오치의 음모와 동등하게 취급했다.[37]

예췬과 린리궈는 마오쩌둥 주석의 발언을 전해 듣고 대경실색하여 어찌할 바를 몰랐다. 그들도 자신들이 꾸민 571 공정이 제대로 이루어지지 않고 있음을 깨달았다. 그렇다면 이제 남은 것은 도피하는 길밖에 없었다. 마오쩌둥이 이 도시에서 저 도시로 계속 여행하면서 긴장은 점점 고조되었다. 마침내 9월 12일 그가 베이징에 도착하자 그들은 한계점에 도달했다. 예췬과 린리궈는 린뱌오에게 도망칠 것을 제의했다. 하지만 더우더우를 데려갈 생각이 없었다. 예췬은 딸에게 원한을 가진 것마냥 여전히 불편한 관계였다. 린리궈도 누이에게 못되게 굴었으며, 그녀 역시 똑같이 대응했다. 때로 그녀는 깊은 절망에 빠졌다. 심지어 사춘기 시절에 자살을 시도했을 정도다. 린리헝은 예췬이 친엄마가 아닐 것이라고 의심하다가 익명의 편지를 받은 후 확고한 사실을 받아들이기 시작했다.

1971년 9월 가족 모두 베이다이허의 휴양지로 휴가를 떠났다. 산하이관(山海關) 인근 비행장에 국방부장이 사용할 수 있는 트라이던트 256호 비행기가 대기 중이었다. 린뱌오와 예췬, 린리궈는 이 비행기를 타고 해외에 도피하기로 결정했다. 그들의 대화는 모든 방문을 닫은 상태에서 비밀리에 이루어졌다. 그러나 9월 12일 저녁에 린리궈가 자신의 의도를 누이에게 발설하고 말았다. 더우더우는 그 즉시 부모와 동생을 고발했다. 같은 날 10시 그녀는 경위실을 통해 고위급 당 지도자들의 경호를 맡은 인민해방군 제8341부대 부단장 장야오츠(張耀詞)에게 알고 있는 모든 사실을 말했다. 그녀는 모친과 동생이 부친을 '납치'하려는 것이라고 확신했다.

부단장은 즉시 베이징(중앙판공청 부주임 겸 중앙경위단 단장인 왕둥성)에 이 사실을 보고했다. 보고를 받은 저우언라이 총리는 즉시 중난하이로 가서 마오쩌둥 주석에게 보고했다. 마오쩌둥은 분노로 얼굴이 일그러졌다. 저우언라이 는 주석의 안전을 위해 중난하이에서 인민대회당으로 거처를 옮길 것을 권유 했다.[38]

한편 린뱌오와 예췬, 린리궈는 도자기, 카메라, 녹음기 등이 담긴 짐을 챙겨 승용차를 타고 비행장으로 달려갔다. 비행기에 올라탄 그들은 연료가 얼마나 남았는지 살펴보지도 않고 조종사에게 즉각 이륙할 것을 명령했다. 원래 비행 기에는 두 명의 조종사가 필요했으나 황급하게 떠나느라 부조종사는 물론이 고 항법사와 통신사도 탑승하지 않았다. 그나마 남아 있는 연료는 겨우 1톤이 었다. 비행기는 활주로로 향하다 오른쪽 날개가 급유차와 부딪치면서 날개 유 도등이 떨어져 나갔다. 처음부터 상서롭지 못한 비행의 시작이었다.

목격자의 말에 따르면, 그 시각 마오쩌둥은 인민대회당 남측 118호실에서 장위펑을 비롯한 몇몇 측근들과 함께 있었다.

저우언라이가 마오쩌둥에게 보고하면서 격추시킬지 여부에 대해 지시를 청 했다. 마오쩌둥은 거절하면서 이렇게 말했다. "린뱌오는 우리 당중앙의 부주석이 야. '하늘에서 비가 오려고 하거나 과부가 시집가려고 하는 것'은 막을 수 없는 일 이지. 그냥 가도록 놔두게." 한참을 기다렸다. ……중국 공군 레이더로 항로를 추 적했다. ……북서쪽 소련 방향으로 기수를 돌렸다. ……새벽 2시 린뱌오가 탄 비 행기가 중국 경내를 벗어나 외몽골 상공으로 진입했다는 소식이 전해졌다. 그리 고 비행기가 중국 레이더망에서 사라졌다. 저우언라이가 마오쩌둥에게 보고했 다. "이제는 더 이상 추적할 수 없습니다." 그러자 마오쩌둥이 입을 열었다. "결국 장궈타오나 왕밍과 같은 또 한 명의 반역자가 생겼군." 다음 날 오후 몽골인민공 화국 주재 중국 대사 쉬원이(許文益)가 외교부에 놀랄 만한 소식을 전했다. 소식에 따르면, 여성 한 명을 포함해 아홉 명이 탑승한 중국 비행기가 몽골 운두르한 지역 서북쪽 초원에 추락하여 탑승자 전원이 사망했다. ······"도망치려다 결국 이렇게 되었군." 마오쩌둥이 말했다.[39]

몽골과 소련이 현장을 조사한 결과 불시착을 시도하다 화재로 비행기가 폭발했다고 결론을 냈다. 착륙하면서 균형을 잃고 오른쪽 날개가 땅에 끌리면서 화재가 난 것으로 추정되었다. 비행기 잔해가 사방 10평방킬로미터 지역에 흩어져 있었다. 9월 15일 운두르한에 도착한 중국 대사 쉬원이는 사고 현장을 이렇게 묘사했다.

> 대부분의 시신이 엎어진 채 팔과 다리가 떨어져 나간 상태였다. 머리가 시커멓게 불에 타 신원 확인이 힘들었다. 우리는 아홉 구의 시신을 북쪽에서 남쪽으로 눕혀 놓고 차례대로 번호를 매긴 다음 향후 식별을 위해 여러 각도에서 사진을 찍었다. 후속 조사 결과, 린뱌오는 사체 제5호로 판명되었다. 머리에 약간 벗겨진 부분이 남아 있고, 얼굴에 찰과상이 있으며, 뼈가 부러져 튀어나오고, 눈썹은 모두 불에 타고 눈은 검은 구멍만 남은 상태였다. 사체 제8호는 린뱌오의 부인인 예췬이다. ······그녀는 비교적 덜 탄 상태로 머리카락이 온전히 남아 있었으나 왼쪽 부분에 치명상을 입었다. 사체 제2호는 린뱌오의 아들 린리궈다. 신체가 비교적 크고 얼굴은 화염 속에서 극심한 고문을 당한 듯 새카맣게 타고 일그러졌다. 사망자의 유품 중에 린리궈의 이름과 002번이 적힌 공군학교 수첩이 발견되었다.

몽골과 협의하여 소련 대표부는 린뱌오와 부인의 머리를 잘라 법의학 검시를 위해 모스크바에 보내기로 했다.[40] 나머지 사망자들은 사고 현장에 매장했다.

9월 13일 저녁 린리궈의 동조자인 '연합 함대' 젊은 장교들*이 헬리콥터를

---

* 공군사령부 판공실 부주임 저우위츠(周宇馳), 공군사령부 부처장 위신예(于新野), 제7341부대 정치부 부처장 리웨이신(李偉新). ── 옮긴이

타고 중국을 탈출하여 몽골 울란바토르로 향했다. 하지만 헬기 조종사 천슈원(陳修文)이 속은 것을 알고 항로를 바꾸는 바람에 베이징에서 멀지 않은 곳에 착륙하고 말았다. 결국 화가 난 저우위츠가 천슈원을 사살한 후 권총으로 자살하고 말았다. 요행 살아남은 리웨이신도 결국 붙잡혔다.[41]

린뱌오의 해외 도피와 사망은 중국 지도부에 큰 충격을 안겨 주었다. 마오쩌둥 역시 냉정을 유지하려 애썼지만 심각한 후유증에서 벗어나지 못했다. 그가 보인 첫 번째 반응은 '친밀한 전우'의 배반을 비밀에 붙이라는 것이었다. 저우언라이에게 전후 상황을 조사토록 한 후 중난하이에 칩거했다. 만사에 심드렁한 듯 거의 모든 일에서 벗어나 침묵으로 일관했다. 두 달 후에야 비로소 공식 석상에 얼굴을 내밀었다. 그가 부쩍 수척해졌음을 누구나 알 수 있었다. 그는 방 안을 어슬렁거리면서 계속 기침을 해 대고 바닥에 가래를 뱉었다. 그는 계속해서 머리가 아프고 다리가 무겁다고 불평을 늘어놓았다. 혈압이 180까지 상승하고 부정맥으로 고통을 받았다.

한편 저우언라이는 음모의 전모를 밝혀냈다. 모의 가담자 가운데 한 명의 집을 수색하면서 「571 공정 기요」를 적은 공책을 발견했기 때문이다. 사건 발생 20일 후 인민해방군 사령관들과 고위급 당 간부들의 비공개 회의에서 '영수의 친밀한 전우'가 배반한 사실이 통지되었다.[42] 사건은 얼마 후 일반 당원들은 물론이고 일반 대중에게도 널리 알려졌다. 곧이어 전국적으로 린뱌오를 비판하는 대중 운동이 벌어졌다. 얼마 전까지만 해도 주석의 '친밀한 전우'가 졸지에 '극좌파'로 비난을 받게 된 것이다.[43]

마오쩌둥은 계속 몸이 좋지 않았다. 고열이 반복되고 맥박도 분당 140으로 증가했다. 그는 감정 기복이 심해지면서 이따금 감상적으로 변해 젊은 시절 투쟁하던 이들의 이야기를 꺼내기도 했다. 그들 대부분은 문화대혁명 기간에 그에 의해 불명예를 뒤집어쓴 이들이었다. 1972년 1월 6일 징강 산 시절부터 전우로 지내 왔으며 외교부장을 역임한 천이가 사망하자 마오쩌둥은 몹시 힘들어했다. 1월 10일 추운 날씨에도 불구하고 마오쩌둥은 불편한 몸을 이끌고 바바오 산 묘지 강당에서 거행된 천이의 추도회에 참가하여 미망인을 위로했다.

이후 그는 저우언라이에게 문화대혁명의 희생자로 아직 구원받지 못한 당 원로들을 복권시키라고 지시했다.

병세는 날로 악화되었다. 마오쩌둥의 주치의는 울혈성 심장기능상실로 진단했다. 대뇌에 산소가 부족하여 숨이 가빠 헐떡였으며, 주기적으로 입을 크게 벌리고 탐욕스럽게 공기를 들이마셨다. 그때마다 숨소리가 시끄러웠다. "주석의 상태가 심각하다. 마치 온몸이 마비된 것처럼 팔다리가 축 처진 상태로 소파에 널브러져 있었다." 주치의는 위급한 상황을 이렇게 이야기했다.

1월 21일 저녁, 마오쩌둥은 건강이 점점 더 악화되고 있음을 느꼈다. 측근 몇 사람이 모인 자리에서 그가 저우언라이를 바라보며 말했다. "아니야! 그렇게 할 수 없어. 나는 할 수 없어. 내가 죽은 후 당신이 모든 것을 돌봐야 해. 말하자면, 이것이 내 뜻이야." 장칭의 얼굴이 창백해졌다. "놀란 눈이 휘둥그레지면서 그녀는 주먹을 꽉 움켜쥐었다." 마오쩌둥은 요지부동이었다. "이제 끝났어. 당신이 모든 것을 해야 돼."⁴⁴ 마오쩌둥은 이렇게 말을 마무리했다. 그가 곧 죽은 것은 아니지만 이후로 병에서 완전히 회복할 수 없었다. 남은 5년 동안 생명의 불꽃이 서서히 꺼져 갔다.

병영(兵營) 공산주의 체제도 그와 함께 죽어 가고 있었다. 완전히 붕괴하기까지 아직 시간이 남은 것은 사실이나 1970년대 초 정치 위기는 마오쩌둥을 위주로 한 권력 체계의 파산을 분명하게 드러내고 있었다. 수많은 중국인들이 그것의 합리성에 대한 신뢰를 잃기 시작했다. 마오쩌둥의 시대가 서서히 저물고 있었다.

36

붉은 황제의 죽음

마오쩌둥은 왜 저우언라이를 택했을까? 왜 캉성이나 장춘차오, 아니면 장칭을 후계자로 지목하지 않은 것일까? 섣불리 단언하기 어렵다. 어쩌면 불명예로 사라진 천이의 장례식에 참가한 후 좌파들에게 짜증이 났기 때문인지도 모르겠다. 지난 10여 년 동안 그의 편에 섰던 많은 원로 간부들이 떠나고 이제 혼자만 남았다. 그는 권력의 정점에 올랐지만 한때 자신에게 충성을 다했던 많은 동지들과 오랜 유대 관계가 끊어지고 말았다. 이것이 진정 외로움의 이유였다. 함께 시작한 사람들 가운데 유일하게 정기적으로 만나는 이는 저우언라이뿐이었다. 나머지는 실각하거나 소외되고 말았다.

마오쩌둥은 자기 탓으로 돌리고 싶지 않았다. 그의 명령이나 그들 자신의 의지로 '보편적 무질서'의 선구자 노릇을 마다하지 않던 이들에게 불만을 털어놓는 것이 오히려 간단했다. 그래서 그는 장칭에게 자신의 위치를 알아야 한다고 비판했던 것이다.

고독감은 점차 깊어만 갔다. 비록 곁에는 언제나 아름다운 장위펑이 자리하고 있었지만 그의 외로움을 덜어 줄 수는 없었다. 고독이란 모든 위대한 영도자의 운명과 같은 것일까? 계급 투쟁과 숙청을 포함하여 사회주의에서 상정하는 것들은 인간 상호 간의 투쟁에 따른 두려움과 공포를 유발하도록 설정되어 있다. 레닌이나 스탈린, 마오쩌둥이 그처럼 고립된 것도 어쩌면 당연한 일인지 모른다. 그렇지 않고 도스토옙스키가 말한 것처럼, 만약 급진적인 혁명가들의 마음속에서 "인류의 보다 높은 부분인 정신세계"가 전적으로 배제된다면 승리나 심지어 원한 같은 것들도 사라질 수 있지 않았을까?"[1]

혁명의 삶 속에서 마오쩌둥은 인간의 가장 기본적인 정서마저 적절하게 조절했다. 그것은 그가 전달한 형제애가 아니라 증오와 보편적인 의혹이었다. "지주를 타도하자!" "부농을 타도하자!" "자산 계급과 상인, 지식 분자를 타도하자!" "우리를 증오하는 이들을 타도하자!" 심지어 교육받은 자들이나 사업가, 인재까지 모두 타도 대상이 되었다. 하지만 계급 투쟁은 끝나지 않았다. "용은 용을 낳고, 봉황은 봉황을 낳고, 쥐는 쥐를 낳는다." 마오쩌둥 시대 사람들은 다음과 같이 말하곤 했다. 그는 계급 투쟁은 끝나지 않았다고 선언했다. "우리가 공산주의 사회에 이른다고 계급 투쟁이 사라질 것인가?" 그는 이렇게 묻고 다음과 같이 답했다. "나는 그렇다고 생각하지 않는다. 설사 우리가 공산주의 사회를 이룩해도 여전히 투쟁은 존재한다. 다만 새로운 것과 낡은 것, 옳은 것과 그른 것의 투쟁이 될 것이다. 수천 년이 흘러도 과오는 좋아지지 않고 결국 실패할 것이다."[2] 이렇듯 고독하고 병든 황제는 자신의 폭정으로 인한 열매를 먹지 않을 수 없었다.

하지만 마오쩌둥은 여전히 자신의 생명을 움켜잡고 모든 것을 통제하려고 했다. 여전히 이루어야 할 일들이 많이 남아 있다고 여겼기 때문이다. 중국은 아직 세계의 인정을 받지 못하고 있었다. 유엔에서 중국을 대표하는 것은 중화인민공화국이 아니라 미국의 지지를 받는 타이완이었다. 마오쩌둥은 소련과 국경 분쟁이 발발한 1970년대 초부터 외교적 돌파구가 필요했다. 그 전까지만 해도 형제국이었던 중국과 소련은 어느새 가장 위험한 관계로 바뀌고 말았다. 동아시아의 권력 균형을 유지하기 위한 긴 여정에 무엇보다 필요한 것은 바로 중국과 미국의 관계 개선이었다. 미국과의 화해와 유엔 가입은 마오쩌둥에게 또 하나의 강박이 되었다. 그는 이러한 목적을 실현하기 위해 에드거 스노가 중국을 방문한 1970년 후반 첫 번째이자 결국 마지막이 된 발걸음을 뗐다. 우리가 기억하다시피 마오쩌둥은 비록 틀리기는 했지만 스노를 미국 중앙정보국(CIA)의 첩자로 여기고 있었다. 그래서 이번에도 스노를 '대화 통로'로 삼을 생각이었다. 마오쩌둥은 1970년 10월 1일 국경절에 스노와 그 부인 님 웨일스를 초청하여 톈안먼 중앙 연단에서 자신의 옆에 서서 행사를 관람하도록 하고 함께 사진도 찍었다. 미국인들 가운데 어느 누구도 이러한 영예를 얻은 이가 없었다. 마오쩌둥은 이렇게 해서 워싱턴에 확실한 신호를 보냈다.

그는 아무런 회답도 받지 못했다. 백악관이 전혀 눈치를 채지 못했기 때문이다. 몇 년 후 닉슨 대통령의 안보 담당 고문인 헨리 키신저(Henry Kissinger)는 이렇게 썼다. "마침내 나는 미국과의 관계에 관심이 있음을 상징적으로 보여 주고자 한다는 것을 깨달았다. 그때까지만 해도 그것은 순수한 학술적 관점이었을 뿐이었다. 우리는 중요한 시기를 놓치고 말았다. 지나치게 미묘했기 때문에 교류에 실패하고 만 것이다."[3]

워싱턴의 중요 지도자들은 여전히 마오쩌둥이 여섯 달 전인 1970년 5월 미군이 캄보디아를 침공했을 당시에 했던 말을 기억하고 있었다. 마오쩌둥은 당시 닉슨을 '파시스트'라고 부르면서 이렇게 말했다. "미국 제국주의자들이 외국에서 인명을 살상하고" "국내에서 백인과 흑인들을 죽이고 있다." "파시스트 닉슨의 범죄 행위는 미국에서 대중 혁명 운동의 불꽃으로 타오를 것이다." 또한 그는 이렇게 주장했다. "중국 인민은 미국 인민의 혁명 투쟁을 확고하게 지지한다. 나는 미국 인민의 영웅적 투쟁이 결국 승리를 얻을 것이며, 미국 파시스트의 법이 필연적으로 붕괴할 것이라고 확신한다."[4] 그런데 지금 마오쩌둥은 닉슨이 중국을 방문해 줄 것을 원하고 있었다. 미국 대통령의 중국 방문이 중국은 물론이고 마오쩌둥의 위상을 크게 높이는 데 결정적인 역할을 할 것이 분명했기 때문이다.

1970년대 초까지 중국 관리들은 바르샤바에서 열린 대사급 회담을 통해 간헐적으로 미국 관리들과 만났지만 별다른 소득이 없었다. 1969년 1월 닉슨이 취임한 이후로 중국의 제안에 따른 회담이 지속적으로 이루어졌다. 마오쩌둥은 1968년 8월 닉슨이 공화당 후보로 지명된 이후에 다음과 같이 주장했던 것을 잊지 않고 있었다. "우리는 중국을 잊어서는 안 된다. 우리는 언제든지 그들과 이야기할 기회를 찾고 있다. ……우리는 변화를 기다려야 할 뿐만 아니라 변화를 만들어야 한다."[5]

닉슨이 마오쩌둥과 협상하는 데 관심을 보인 것은 나름의 이유가 있었다. 1970년대 초 미국은 베트남과의 전쟁이 교착 상태에 접어들었다. 닉슨은 패배했다는 인상을 피하면서 인도차이나 반도에서 미군을 철수시킬 명분이 필요했다. 그는 마오쩌둥 주석이 동지인 베트남 지도부에 양보하는 쪽으로 기울도록 영향력을 행사해 주기를 간절히 바라고 있었다. 그래서 양국 상호 간의 관계 개선을 위한 열망이 존재하게 된 것이다. 1970년 10월 초 닉슨은 《타임》과 인터뷰하면서 중국을 방문하고 싶다는 생각을 밝힌 바 있다. "내가 죽기 전에 하고 싶은 일이 있다면 그것은 중국에 가는 것이다. 만약 안 된다면 우리 아이들이라도 갈 수 있기를 바란다."[6] 12월 초 저우언라이는 파키스탄을 통해 "타이완이라고 부르는 중국 영토에서 휴가를 주제로 토론하기 위해" 워싱턴 '특사'를 베이징에 초청하는 내용의 서신을 보냈다. 백악관은 타이완 문제를 제기한 것은 중요하지 않으며 단지 '표준 공식'에 불과하다는 것을 정확하게 파악했다. 이는 분명 닉슨의 방문에 관한 사항이다. 이렇게 인지한 키신저는 다음과 같이 회답을 보냈다. "베이징에서의 회담은 단지 타이완 문제만으로 한정되지 않을 것이다."[7]

한편 마오쩌둥은 아직 베이징에 머물고 있는 스노를 초청하여 함께 아침 식사를 했다. 이 자리에서 마오쩌둥은 "중국과 미국 두 나라 사이에는 아무런 편견도 존재하지 않으며, 오히려 상호 존중과 평등이 존재할 뿐"이라고 말했다. 그는 미국 국민에게 존경심을 표시하면서 그들에게 희망을 갖고 있다고 말하기도 했다. 그러면서 단도직입적으로 자신이 리처드 닉슨과 "대화를 나누게 되면 기쁠 것"이라고 말했다.[8] 12월 25일 《인민일보》는 마오쩌둥이 10월 1일 국경절 경축 행사를 하면서 톈안먼 연단에서 스노와 함께 찍은 사진을 게재했다. 신문 오른쪽 상단에 마오쩌둥의 발언이 인용되어 있었다. "미국 인민을 포함한 전 세계 인민이 우리의 친구들이다."

마오쩌둥은 스노가 미국 중앙정보국을 통해 닉슨을 초청하겠다는 의사를 즉각 전달할 것이라고 확신했다. 하지만 스노는 미국 중앙정보국과 무관했고, 그의 인터뷰 역시 1971년 4월까지 출간되지 않았다. 닉슨과 키신저에게는 그가 전혀 도움이 되지 않았던 셈이다.[9] 그때 미국 탁구 팀이 중국의 초청을 받아 제31회 세계탁구대회가 열렸던 일본 나고야에서 중국으로 들어왔다. 미국 탁구 팀을 초청한 것은 분명 고위급에서 내린 결정이었다. 4월 14일 미국인을 비롯한 여러 나라 탁구 우승자들이 인민대회당 만찬에 초청되었다. 저우언라이는 미국탁구협회 회장인 그레이엄 스틴호벤(Graham B. Steenhoven)에게 『논어』에 나오는 "벗이 멀리서 오니 또한 기쁘지 아니한가.(有朋自遠方來, 不亦樂乎.)"[10]라는 유명한 구절을 인용했다. 총리의 입에서 직접 나온 이 말을 그렇지 않아도 중국과 미국의 우호 관계 수립 가능성을 타진하던 외국 기자들이 놓칠 리가 없었다.

얼마 후인 7월 9일 닉슨 대통령의 특사 자격으로 키신저가 파키스탄을 통해 베이징에 왔다. 그는 저우언라이 총리와 중국 외교부 관리들과 사흘 동안 비밀 회담을 했다. 마오쩌둥은 별도로 닉슨 특사를 만나지 않았다. 이는 단순히 의전의 문제가 아니었다. 마오쩌둥은 당시 전 하버드 대학 교수인 키신저를 그다지 좋게 보지 않았다. "키신저는 그저 구린내 나는 학자일 뿐이야." 키신저가 베이징을 방문하기 전에 만난 북베트남 지도자 팜반동(Pham Van Dong)에게 그는 이렇게 말했다.[11] 하지만 쌍방은 회담 결과에 대한 공동 성명을 발표하기로 합의했다. 저우언라이의 말에 따르면, 이는 "세계와 악수하는 것"이었다.[12]

그리고 그대로 실천에 옮겼다. 키신저의 중국 방문에 관한 발표는 7월 15일 양국의 수도에서 동시에 이루어졌다. 닉슨 대통령은 자신의 국가 안보 고문이 저우언라이 총리가 보낸 중국 방문 초청장을 가지고 왔으며, 이를 기쁘게 받았다고 강조했다.[13] 전 세계가 숨소리를 죽이고 사태를 주시했다.

마침내 1971년 10월 25일 미국은 중화인민공화국의 유엔 가입을 가로막고 있던 모든 장애물을 제거했다. 1972년 2월 21일 미국 대통령 내외가 전용기인 공군 1호기를 타고 베이징에 도착했다. 저우언라이가 공항에서 닉슨 대통령 부부를 영접했다. 마오쩌둥은 자신의 거처에서 닉슨 일행을 기다렸다. 닉슨이 도착하기 3주 전부터 집중 치료를 받았다. 그래서 역사적인 만남이 있는 날에는 그나마 많이 좋아진 상태였다. "폐렴은 치료가 끝났고, 불규칙한 심장 박동도 많이 호전되었으며, 부종도 많이 좋아졌다. ……하지만 목은 여전히 부었기 때문에 말하는 데 지장이 있었다. 오랫동안 쓰지 않아 근육이 많이 쇠약한 상태였다."[14] 마오쩌둥은 회담에 앞서 초조했는지 시시각각으로 전화 보고를 받았다. 의료진은 침실에 설치한 의료 설비를 서재로 옮기고 만일의 사태에 대비해 산소통을 비롯한 의료 장비를 서재 책장이나 큰 분재 뒤편에 숨겨 놓았다.

오후 2시 50분 닉슨이 저우언라이와 키신저의 안내를 받으며 중난하이에 도착했다. 키신저의 보좌관인 윈스턴 로드(Winston Lord, 이후 중국 주재 대사가 되었다.), 마오쩌둥의 조카 손녀이자 외교부 의전실 부주임인 왕하이룽(王海容), 통역 낸시 탕이 마오쩌둥의 서재로 들어왔다. 닉슨과 키신저는 마오쩌둥 주석의 서재가 정리되지 않은 상태 그대로라는 느낌이 들었다. "각기 다른 페이지가 펼쳐진 책들이 그가 앉아 있는 자리 옆 탁자에 놓여 있었다." 닉슨은 나중에 이렇게 회고했다.[15] "세계에서 가장 인구가 많은 나라의 전능한 영도자의 응접실이라기보다 학자의 은신처처럼 보였다." 키신저는 이렇게 회고했다.[16] 닉슨과 키신저가 들어오자 마오쩌둥이 장위펑의 부축을 받으며 일어나 그들을 향해 힘겹게 발걸음을 뗐다.[17] 마오쩌둥이 닉슨과 악수를 하면서 말했다. "말하는 것이 시원치 않습니다."[18] 키신저는 마오쩌둥의 불편하고 어눌한 말에 대해 이렇게 썼다. "그는 마지못해 하는 것처럼 육중한 몸에서 말을 뱉어 냈다. 마치 성대에서 세찬 바람이 튀어나오는 것 같았다. 말 한 마디 한 마디가 신랄한 발언으로 이어지기 위해 충분한 힘을 모을 수 있을 때까지 체력을 새로 충전해야만 하는 것처럼 보였다."[19] 수종 때문인지 아니면 다른 이유가 있었는지 몸이 많이 부은 상태였으며, 울혈성 심장기능상실이 그를 힘들게 했다.

그럼에도 불구하고 마오쩌둥은 닉슨 일행을 만나 이야기하면서 상당히 즐거워했다. 그는 끊임없이 농담을 하면서 편한 분위기를 만들려고 애썼다. 닉슨이 실무적인 문제로 화제를 돌릴 때마다 마오쩌둥은 저우언라이 쪽으로 손짓을 하며 이렇게 말했다. "그런 것은 여기서 논의할 문제가 아닙니다. 총리와 이야기하시지요. 나는 철학적인 주제를 논의하고 싶습니다." 닉슨은 중국에 대한 소련의 위협에 관한 문제를 세 번씩이나 끄집어냈지만 마오쩌둥은 단 한 차례만 언급했다.

결국 대화는 전혀 관련이 없는 하나의 주제에서 또 다른 주제로 건너뛰듯이 진행되었다. 마오쩌둥은 특히 키신저의 '여자 친구'에 대한 닉슨의 우스개를 들으며 재미있어했다. 닉슨은 이에 대해 이렇게 회고한 바 있다.

마오쩌둥은 키신저가 처음 베이징에 오면서 영리하게 비밀을 잘 유지했다고 말했다.

"비밀 첩자처럼 보이지는 않지요. 그는 아름다운 아가씨 두 명을 제외하고 아무도 모르게 파리는 열두 번 정도, 중국은 한 번 정도 다녀갈 수 있는 능력을 가진 유일한 사람일 겁니다."

(저우언라이가 웃음을 터뜨렸다.)

"그들도 모르지요." 키신저가 끼어들었다. "저는 은폐하기 위해 미인들을 이용하기 때문입니다."

"파리에서도 말입니까?" 마오쩌둥이 믿을 수 없다는 듯이 물었다.

"비밀 회담을 은폐하기 위해 아름다운 아가씨를 이용할 수 있는 사람이야말로 역대 최고의 외교관이라고 할 수 있겠지요." 내가 말했다.

"그러면 귀하도 가끔씩 아가씨들을 활용하나요?" 마오쩌둥이 물었다.

"아닙니다. 저 사람의 여자 친구이지 내 친구가 아닙니다. 만약 내가 여성을 은신처로 삼으면 난리가 나겠지요."

"특히 선거 기간에는 더욱 그렇겠군요." 저우언라이가 이렇게 말하며 마오쩌둥과 같이 웃었다.[20]

이렇듯 그들은 '철학적인 주제'의 농담을 나누며 파안대소했다. 상당히 심각한 내용이 없었던 것은 아니었다. "우리 두 사람의 오랜 친구인 장제스 총통은 이번 회견을 좋아하지 않을 겁니다." 마오쩌둥이 팔짱을 끼면서 계속 이야기했다. "그는 우리를 공비(共匪, 공산당 비적(匪賊))라고 부르지요."[21] 그는 닉슨의 대답이 궁금했다. 하지만 닉슨은 슬쩍 옆으로 빠졌다. "장제스가 주석을 공비라고 부른다면 주석께선 장제스를 뭐라고 부르십니까?" 이렇듯 그는 무심한 듯 타이완 문제를 비껴갔다. 닉슨은 새로운 친구를 사귀기 위해 오래된 친구를 버릴 수는 없다는 점을 분명히 했다.

회담은 예정된 50분을 훨씬 넘겨 65분 동안 지속되었다. 주석이 피곤한 기색을 보이자 저우언라이가 초조한 듯 자꾸만 시계를 쳐다보았다. 닉슨이 눈치를 채고 대화를 마무리했다. 마오쩌둥은 일어서서 손님들을 배웅했다. 떠나면서 닉슨은 마오쩌둥에게 좋아 보인다고 말했다. 그러자 마오쩌둥이 대답했다. "보이는 것만으로는 알 수 없지요."[22]

닉슨은 저우언라이와 회담을 마친 후 2월 28일 공동 성명을 발표했다. 공동 성명은 여러 가지 국제적인 문제에 관한 쌍방의 입장을 제시했을 뿐만 아니라 "중국과 미국의 관계 정상화를 향한 진전이 모든 나라의 이익과 부합한다."라는 점을 강조했다.[23] 1972년 7월 12일 베트남 공산당과의 정기 회담에서 저우언라이는 베트남 민주공화국(북베트남) 지도자에게 사이공(남베트남) 대통령 응우옌반티에우(Nguyen Van Thieu)의 하야 요구를 철회하도록 교묘하게 압력을 넣었다.[24] 미국에 양보할 것을 요청한 셈이다. 이후 일본과 서독 등이 외교적으로 중국을 승인하면서 여러 나라들이 그 뒤를 따랐다. 미국과 대사급의 공식 관계는 이후 좀 더 시간이 걸려 1979년 1월 1일에야 완전히 이루어졌다.

마오쩌둥은 닉슨의 중국 방문을 몹시 기뻐했다. 심지어 몸이 훨씬 좋아진 느낌이었다. "부종은 완화되고 폐도 깨끗해져 기침이 멈췄다." 주치의는 이렇게 적었다. "병중에는 담배를 끊었지만 기침과 기관지염이 완쾌되지 않았다." 물론 여전히 쇠약하고 걷는 것도 조심스러웠으며, 손과 발이 떨리고 자신도 모르게 침을 흘리기도 했다.[25] 하지만 머리는 명석했고, 그의 권력 또한 무한했다. 그는 여전히 당과 국가를 장악하고 새로운 투쟁을 준비했다.

저우언라이를 적으로 간주하고 있던 장칭은 또다시 마오쩌둥의 '전투' 의지를 이용할 생각이었다. 그녀는 마오쩌둥이 저우언라이를 후계자로 지명하는 것을 도저히 용납할 수 없었으며, 총리를 포함한 지도부에 그녀에게 충성을 다하는 이들을 지명해 주기를 원했다. 그녀는 목적을 위해 낡았지만 이미 검증된 방법을 사용하기로 마음먹었다. 그녀의 적들이 뒤에서 '음모'를 꾸미는 '반혁명주의자', '반역자'로 마오쩌둥의 눈에 비치도록 음해하는 것이었다. 그녀는 저우언라이의 지지자들로 문화대혁명 고조기에 요행 살아남거나 복권된 당 원로들에 대해 공격을 가하기 시작했다.

첫 번째 단계는 급진 좌파로 상하이 조반파의 지도자인 젊은 왕훙원을 마오쩌둥의 후계자로 옹호하는 것이었다. 왕훙원은 우직할 정도로 충성스럽고 젊은이의 활력이 넘쳤으며, 무엇보다 장칭의 손이 닿는 곳에 있어 그를 통해 보다 쉽게 중국 전역을 통치할 수 있었다. 그는 이미 제9기 중앙위원회 위원이었으나 장칭은 부주석 자리로 올리려고 했다. 1972년 9월 그녀는 마오쩌둥을 설득하여 왕훙원이 상하이에서 베이징으로 전입하여 중앙 업무를 볼 수 있도록 만들었다.[26] 이는 왕훙원의 벼락출세의 시작을 알리는 것이었다. 중난하이에 살고 있던 이들은 그를 장칭이 가장 좋아하는 '불화살(火箭)'이라고 불렀다. 장칭의 측근인 장춘차오와 야오원위안 역시 그녀의 작업을 적극 거들었다. 말기 방광암으로 시달리고 있던 캉성 역시 장칭을 후원했다.

장칭에게 기회가 온 것이 분명했다. 캉성이 암 선고를 받은 지 얼마 되지 않아 총리의 소변에서도 암세포가 발견되었다. 의사는 저우언라이 총리가 오래 살지 못할 것이라고 진단했다. 이런 상황에서 장칭은 더욱 속도를 내기 시작했다. 마오쩌둥이 12월 28일 왕훙원을 후계자로 지목했음에도 불구하고 장칭은 쉴 수 없었다.[27] 그녀는 쇠약해진 저우언라이를 총리직에서 내쫓고 충성스러운 공범 장춘차오에게 그 역할을 맡길 수 있기를 원했다.

장칭의 길에 전혀 장애물이 없는 것은 아니었다. 저우언라이는 여전히 당내 지도부 내에서 다수의 지지를 받고 있었다. 특히 오랫동안 정치국 위원이자 군사위원회 중요 지도자 가운데 한 명으로 있는 예젠잉 원수는 더욱 적극적으로 저우언라이를 지지했다. 게다가 주석도 그녀의 변덕을 모두 들어줄 준비가 되어 있지 않았다. 1972년 여름, 마오쩌둥은 이미 실각한 상태로 장칭이 몹시 혐오하던 덩샤오핑을 복귀시키는 문제를 진지하게 고민하기 시작했다. 8월 3일 덩샤오핑은 주석에게 편지를 보내 자아비판에 참여하겠다는 뜻을 밝히고, 아울러 기술 분야라도 자신이 할 수 있는 일이 있다면 맡겨 주기를 요청했다. 11일 후 마오쩌둥은 "덩샤오핑 동지는 심각한 과오를 저질렀지만 류사오치와 다르다. ……그는…… 당과 국가에 공헌을 했다."라고 지시했다.[28] 장칭은 이를 갈며 분통을 터뜨렸지만 어쩔 수 없었다.

기회를 포착한 저우언라이는 계속 공격적으로 나갔다. 10월 초 그는 두 차례에 걸쳐 극좌파를 비판하는 연설을 했다. 주로 린뱌오에 관해 이야기했지만 조금만 관심을 가지면 그가 염두에 둔 이들이 누구인지 금방 알아챌 수 있었다. 며칠 후 10월 14일자 《인민일보》는 저우언라이의 입장을 지지하면서 무정부주의는 "가짜 마르크스주의 사기꾼의 반혁명을 위한 도구"라고 비판하는 세 편의 글을 게재했다.* 놀란 장칭과 그 공모자들은 마오쩌둥에게 달려갔다. 그들은 위대한 지도자 마오쩌둥이 직접 개입하도록 구슬리는 데 성공했다. 숨쉬기조차 힘들어 쌕쌕거리는 목소리로 마오쩌둥은 린뱌오에 대해 이렇게 단정했다. "그는 실질적으로 수정주의를 행한 극우주의자로서 당을 분열시키고 음모와 계략을 꾸몄으며 당과 국가를 배반했다."[29] 이렇게 해서 모든 이들이 적절하게 안배되었다.

하지만 마오쩌둥은 덩샤오핑을 복귀시키고 복권시키려는 계획을 접지 않았다. 1973년 3월 9일 그는 덩샤오핑을 부총리로 앉혔다. 나중에 마오쩌둥은 군사위원회에서 누군가에게 이렇게 말했다. "우리는 당내에서 과오를 저지르는 이가 없지만 덩샤오핑은 여전히 실수를 하고 있어. ……내 생각에 그는 면

---

* 「무정부주의는 가짜 마르크스주의 사기꾼의 도구다」, 「무산 계급의 강철 같은 기율을 견지하자」, 「한 음모가의 일그러진 역사」 등을 말한다. —옮긴이

처럼 부드러워 보이지만 실제는 바늘처럼 예리한 사람이오."[30] 같은 모임에서 마오쩌둥은 덩샤오핑의 행동은 "3대 7로 생각해야 한다."라고 말하기도 했다. 잘못은 30퍼센트뿐이며 성공이 70퍼센트라는 뜻이다.[31]

장칭은 보다 능동적으로 움직여야 한다는 것을 깨달았다. 1973년 5월 좌파들은 왕훙원과 급진파의 일원인 베이징 시장 우더(吳德)가 정치국 회의에 참가하고 관련 업무에 종사해도 좋다는 마오쩌둥의 허락을 받아 냈다. 이런 특권을 얻은 또 한 명은 마오쩌둥의 고향인 후난의 현 서기 출신 화궈펑이었다. 그는 1962년 겨울에 거행된 7000인 대회에서 마오쩌둥을 위대한 영도자이자 스승으로 찬양하는 격앙된 연설로 마오쩌둥 주석의 눈에 들었다. 문화대혁명이 발발하면서 마오쩌둥은 그를 후난 성 당위원회 서기로 발탁했다. 그러면서 화궈펑은 후난 혁명위원회 주석 대행으로 임명되었다. 1969년 제9차 당 대표대회에서 마오쩌둥은 그를 중앙위원회에 집어넣었고, 1971년에는 국무원으로 불러들였다.

장칭은 1973년 8월 말에 열리기로 예정되어 있는 제10차 당 대표대회를 앞두고 자신의 권력 투쟁을 강화하기로 마음먹었다. 당 대표대회가 열리기 6주 전인 7월 4일 왕훙원과 장춘차오가 장위펑의 허락을 얻어 마오쩌둥을 방문했다. 온순하게 보이지만 상당히 강한 여성인 장위펑은 당시 주석과 바깥 세계를 연결하는 중간 다리 역할을 하고 있었다. 마오쩌둥의 정식 부인인 장칭조차도 그녀의 허락이 없이는 남편을 만날 수 없었다. 샤오장(小江, 당시 중난하이에서는 그녀를 이렇게 불렀다.)*은 1973년 초부터 특히 중요한 인물로 부상했는데, 이는 위대한 영도자의 말이 점점 어눌해져 알아듣기 힘들었기 때문이다. 마오쩌둥은 숨쉬기가 힘들어 말할 때마다 가쁜 숨을 몰아쉬어야만 했다. 그가 무슨 말을 하는지 일반 사람은 알아듣기 힘들었다. 장위펑은 잘 알아들었다. 당연히 그녀가 전하는 말에는 자신의 정치적 의도가 가미될 수밖에 없었다.

대화의 첫 번째 주제는 저우언라이에 관한 것이었다. 좌파 지도자들은 외

---

* '江'과 '張'이 중국어로 발음이 같기 때문에 장위펑을 샤오장이라고 불렀다. ── 옮긴이

교 방면에서 저우언라이의 활동이 지닌 어두운 면을 끄집어내려고 애썼다. 당시 중국의 외교 관계가 상당히 괜찮다는 것을 뻔히 알면서도 마오쩌둥은 그들의 주장에 동의했다. 마오쩌둥은 미국과의 관계에서 저우언라이가 '확고함'을 보여 주지 못했다고 말하기도 했다. 대화가 끝날 때쯤 마오쩌둥은 이렇게 마무리했다. "결론 단 네 마디다. (저우언라이는) 큰 문제는 토론하지 않고 작은 일만 매일 올려 보낸다. 이러한 흐름을 바꾸지 않으면 수정주의로 나아가게 될 것이다." 이것이야말로 장칭 집단이 가장 듣고 싶어 하던 말이었다. 그들은 즉시 '철학적'인 것처럼 보이는 주제로 대화를 바꾸어, 린뱌오의 가택을 수색하면서 유교 경전과 관련된 색인 기록철을 발견했다고 마오쩌둥에게 말했다. 반쯤 미치광이나 마찬가지인 린뱌오가 고대 유가 사상에 경도되었다는 말을 누가 믿겠는가? 마오쩌둥도 당연히 그런 사실을 알고 있었다. 하지만 그는 이런 발견에 오히려 흥미를 보였을 뿐이다. 그는 린뱌오를 공자를 숭배하는 국민당 지도자와 비교했다. 그들은 "유가를 존중하고 법가를 반대했다." 그는 경멸하듯이 이렇게 말했다.[32] 왕훙원과 장춘차오는 그의 말을 듣고 만족한 듯 의기양양하게 자리를 떴다.

방문에 앞서 그들은 당내 지도부에서 '새로운 투항주의자'들에 대한 공개 투쟁을 위해 어떻게 군중을 동원할 것인가에 대해 장칭과 오랜 시간에 걸쳐 상의했다. 영향력이 잔존하고 있는 저우언라이나 덩샤오핑을 직접 거명하는 것은 아무래도 위험했다. 마오쩌둥이 아직 그들을 내칠 생각이 없기 때문이었다. 그래서 교묘하게 표면적으로는 린뱌오를 지목하면서 실제로는 저우언라이를 비판하는 대중 운동을 전개하기로 마음먹었다. 린뱌오의 집에서 유교 경전을 인용한 문건이 발견되었다는 것은 그들에게 더할 나위 없이 좋은 기회였다.[33] 마오쩌둥이 린뱌오나 국민당이 공자를 숭배하는 데 대해 불만을 가졌다는 것 역시 그들에겐 행운이 아닐 수 없었다. 이제 그들은 기존의 반(反)린뱌오 운동에 새로운 주제를 집어넣어 한편으로 공자를 비판하면서 다른 한편으로 영문을 모르는 총리를 겨냥할 수 있게 되었다.

그들의 전략을 이해하려면 일단 공자에 대해 먼저 살펴보는 것이 좋을 듯하다. 공자는 주(周) 왕조 말기 사회적으로나 경제적으로 위기 상황에 직면한 시대에 살았다. 전통적인 사회 관계가 급속도로 붕괴하면서 많은 이들이 조상 숭배에 의문을 품었고, 일부 벼락부자가 된 통치 계급이 등장하면서 종법 제도나 왕조의 권위를 무시했다. 천하는 제후국 간의 전쟁으로 분열되었다. 인본주의 철학자인 공자는 쇠락해진 사회 질서를 바로잡기 위해 이렇게 주장했다. "임금은 임금답고, 신하는 신하답고, 아비는 아비답고, 아들은 아들다워야 한다(君君, 臣臣, 父父, 子子)."[34] 이러한 이른바 정명론(正名論)에서 그는 올바른 사회 규율의 본질을 발견했다. 그의 관점에서 볼 때 종족 관계는 절대로 바뀔 수 없기 때문에 사회적 세력 균형을 파괴하려는 시도는 혼란만 가중시킬 뿐이었다. 그의 가르침은 법가, 특히 마오쩌둥이 한때 좋아했던 상앙의 추종자들에게 비판을 받았다. 그들은 부유한 신흥 지주들의 이익을 반영하면서 빈사 상태에 이른 종족에 기반을 둔 귀족들을 경멸했기 때문이다.

장칭과 동료들은 고대의 상황을 추론하여 1970년대 초 중국에 억지로 꿰맞추었다. 공자는 낡은 사회를 옹호했기 때문에 당연히 '반동 분자'이고, 법가는 그를 반대했으니 '진보주의자' 또는 '혁명 인사'라는 것이었다. 물론 이는 마르크스·레닌주의와 마오쩌둥 사상의 시각에서 나온 것이다. 그렇기 때문에 옛날 법가와 유가의 사상 논쟁은 단순히 혁명파와 반혁명파 간 영원한 투쟁의 삽화에 불과했다. 선과 악의 싸움은 계속되었다. 중국, 특히 중국공산당에는 여전히 시곗바늘을 거꾸로 돌리려고 하는 많은 '유가'들이 존재했다.

물론 장칭과 그녀의 좌파 동조자들이 자신들이 지목한 적들에 대해 무조건 현대판 유가라는 꼬리표를 달지는 않았다. 그들의 주요 목적은 대중에게 저우언라이에 대한 부정적인 인상을 불러일으키는 것이었다. 게다가 공자가 적극 옹호했던 반동적인 '주' 왕조의 이름과 성이 같다는 것도 좋은 이야깃거리가 될 수 있었다. 1970년대 대다수 중국인들은 신문이나 잡지에서 '주'라는 글자를 볼 경우 제일 먼저 저우언라이 총리를 떠올렸다. 그렇기 때문에 부정적인 내용의 기사나 문장에서 '주'라는 글자를 끊임없이 반복할 경우 은근하면서도 효과적인 공격이 될 것이 분명했다.

그러나 좌파의 음모는 실패로 돌아가고 말았다. 대다수 사람들은 법가와 유가의 투쟁에 관한 난해하고 지루한 기사를 따분하게 여기고 무관심했기 때문이다. 경애하는 총리에 대한 이미지는 전혀 더럽혀지지 않았으며, 심각한 병에 걸렸다는 안타까운 소문이 전국적으로 퍼져 나가면서 오히려 더욱 환하게 빛났다.

중국공산당 제10차 전국대표대회가 1973년 8월 24일부터 28일까지 베이징에서 개최되었다. 좌파는 이 대회에서 승리를 얻지 못했다. 전체 2800만 명에 달하는 공산당원을 대표하여 1249명이 대표로 대회에 참가했다. 그들 가운데 장칭의 일파는 소수에 불과했으며, 여전히 저우언라이를 지지하는 이들이 많은 영향력을 지니고 있었다. 마오쩌둥 대신 중요 보고를 했던 이도 역시 저우언라이 총리였다. 한편 왕훙원의 별도 환하게 빛을 발했다. 주석은 그를 자신의 오른쪽에 앉히고(저우언라이 총리는 왼쪽에 앉았다.), 총리의 발언이 끝난 후 그에게 당장(黨章)에 대해 보고하도록 했다. 대회는 문화대혁명의 모든 방향을 긍정하고 위대한 영도자를 찬양했으며, 린뱌오를 비난하고 당적에서 이름을 삭제할 것을 결의했다. 그리고 새로운 중앙위원회 위원을 선출했다. 중요 의결 기관인 중앙정치국은 양대 파벌이 거의 대등한 숫자로 구성되었다. 하지만 정치국 상무위원 아홉 명 가운데 대다수가 저우언라이의 편이었다.[35] 물론 이것이 중요한 의미를 지닌 것은 아니었다. 여전히 중요한 결정은 오직 한 명에 의해 이루어졌기 때문이다. 대회가 끝난 후 마오쩌둥은 저우언라이에게 그 자리를 넘겼다.

11월 10일 저녁, 얼마 전 미국 국무장관에 임명된 헨리 키신저가 사흘하고 반나절 일정으로 중국을 공식 방문하기 위해 베이징에 왔다. 저우언라이와 예젠잉이 영접했다. 마오쩌둥도 만나기는 했지만(11월 12일 한 차례) 기본적으로 속기록에 의지하여 협상이 진행되었다. 협상이 끝난 후 마오쩌둥은 돌연 총리가 미국 특사와 대화한 내용 가운데 뭔가 세부적인 내용을 숨기고 있다는 의심이 들었다. 이런 혐의는 날조된 것이었다. 왜냐하면 저우언라이가 보고하러 갔을 때(다른 정보에 따르면 마오쩌둥이 그를 불렀다고 한다.) 몸이 불편한 마오쩌둥은 이미 잠이 들었고, 비서인 장위펑은 그를 깨우고 싶지 않았기 때문이다. 잠에서 깨어난 후 마오쩌둥은 상당히 불쾌했으며 총리가 무언가 음모에 가담한 것 같은 생각이 들었다. 그는 나중에 최종 속기록을 훑어본 후 더욱더 불같이 화를 냈다. 그리고 저우언라이가 제국주의자들을 대하는 데 확고하지 못했다고 말했다. 키신저는 모스크바와 맞서기 위해 베이징과 군사 동맹을 맺으려고 다방면으로 시도했으며, 저우언라이는 중국의 자주적인 정책을 끝까지 밀고 나가는 데 실패했다.[36](사실 이런 점에서 총리는 지나칠 정도로 외교적이었다. 오히려 과도하게 졸라 대는 키신저에게 분수를 지켜 "이런 제안은 우리가 동맹국이라는 것을 아무도 알 수 없는" 방법으로 진행되어야 한다는 것을 주지시켜야만 했다.)[37] 마오쩌둥은 자신의 최측근으로 당시 다른 지도자들과 중개하는 역할을 맡고 있던 조카 손녀 왕하이룽과 낸시 탕을 통해 중앙정치국 위원들에게 자신의 생각을 통보했다. 저우언라이 총리가 미국과 군사 합작을 하여 중국을 미국의 '핵우산' 안에 두려고 하는 그들의 주장에 동의했다는 것이었다. 물론 저우언라이는 그런 일을 한 적이 없었다.(통상 그는 그런 결정을 할 수 있는 처지가 아니었다.) 그러나 마오쩌둥은 여전히 화를 풀지 않았다. "누군가 우리에게 우산을 빌려주기를 원하고 있으나 우리는 전혀 필요치 않다." 그는 이렇게 불만을 터뜨렸다.[38] 마오쩌둥은 저우언라이가 타이완 문제를 줏대 없이 처리하는 데 대해서도 불만이 많았다. 마오쩌둥이 보기에 이런 태도는 저우언라이가 미국과 장제스의 특별한 관계 유지에 동의하는 것처럼 느껴졌다.

마오쩌둥은 언제나 의심이 많았지만 특히 병이 든 후로는 더욱 심해져 아무도 믿지 못할 정도였다. 마오쩌둥의 요청에 따라 정치국에서 저우언라이의 행위에 대한 심의가 이루어졌다. 이를 좋은 기회로 삼은 장칭과 그 추종자들은 주저 없이 총리를 비난했다. 일은 이것으로 끝이 났다. 마오쩌둥도 화가 풀리고 진정되었다. 분노는 어느새 자비로 바뀌었다.[39] 12월 그는 덩샤오핑을 인민해방군 총참모장으로 삼겠다는 의사를 밝혔다.(공식적으로 결정을 내린 것은 1975년 1월이다.)

게다가 제10차 전국대표대회가 끝난 후 마오쩌둥은 점점 더 자주, 그리고 집요하게 정치국 내에서 불화를 조장하는 장칭을 지칭하면서 "긁어 부스럼을 만들지 말 것"을 권고했으며, 심지어 정치국 회의에서 공개적으로 그녀와 왕홍원, 장춘차오, 야오원위안 등 '사인방'을 뭉뚱그려 비난하기도 했다.[40]

마오쩌둥이 이쪽에서 저쪽으로 방향을 바꾼 것이 분명해 보였다. 이는 결코 혼란스러운 일이 아니었다. 단지 마오쩌둥은 의도적으로 어느 한쪽에 지나친 권력을 넘겨주기를 원치 않았을 뿐이었다. 육체적으로 힘든 상황이었음에도 그는 당내 지도부에서 적대적인 쌍방의 평형을 유지하면서 권력 균형을 통제하는 능력만큼은 잃지 않았다. 그는 정치적 조정 능력이 탁월한 정치가였다. 그렇기 때문에 서로 다른 파벌의 지도자들이 오로지 마오쩌둥을 통해 진리를 찾을 수밖에 없도록 만들 수 있었다. 경험이 풍부한 정치가, 예를 들어 키신저 같은 인물도 마오쩌둥을 만났을 때 병중이었음에도 불구하고 그에게서 뿜어져 나오는 강력한 자장을 느꼈다.[41]

그에게 맞설 수 있는 유일한 것은 시간뿐이었다. 1974년 이후로 그는 더 이상 중앙정치국 회의에 참가하지 못했다. 그해 초 마오쩌둥은 백내장으로 인해 시력을 잃었다. 거의 명암만 구분할 정도였다. 이는 오히려 약과였다. 좀 더 심각한 문제는 1974년 여름부터 증세를 보이기 시작한 루게릭병, 즉 근위축성측색경화증(amyotrophic lateral sclerosis: ALS)이었다. 척추 신경 세포의 경화로 인한 이 불치의 치명적인 루게릭 병은 처음에 손목이나 다리가 약해지는 증세가 나타나면서 점차 온몸으로 퍼져 나간다. 이 병에 걸리면 행동 능력을 상실하고 말을 하거나 음식물도 삼킬 수 없게 되며, 결국 숨조차 못 쉬게 된다. 마오쩌둥에게 처음 증세가 나타난 것은 오른쪽 팔다리였다. 팔과 다리가 마비되면서 얼마 후 목과 혀, 후두부가 마비되고 나중에는 늑간 근육까지 마비 증세가 나타났다. 주치의는 마오 주석이 2년을 넘기기 힘들 것이라고 말했다.[42]

이 외에도 마오쩌둥은 울혈성 심장기능상실로 끊임없이 고통을 받았다. 폐 양쪽이 모두 심하게 감염되었고, 특히 왼쪽 폐는 기종이 심각한 상태였다. 혈중 산소 농도가 크게 떨어졌다. 끊임없이 기침을 하고 언제나 왼쪽으로 누워야만 했다. 그는 더 이상 고형 음식물을 섭취할 수 없었기 때문에 장위펑이 닭이나 소고기 국물을 먹여 주어야만 했다.

위대한 조타수는 삶에 집착했다. 또한 그의 두뇌는 여전히 정력적으로 움직였으며, 세계가 그의 발언에 주목했다. 1974년 2월 마오쩌둥이 세계 형세에 대해 언급하면서 인류를 세 가지 세계로 나눈 것이 특히 많은 이들에게 깊은 인상을 남겼다. 그는 두 강대국 미국과 소련을 제1세계로 보고, 일종의 중간파로 일본과 유럽, 오스트레일리아, 캐나다를 제2세계, 인구가 가장 많은 나머지 세계를 제3세계로 구분했다. 아울러 제3세계의 단결을 강조하면서 중국 역시 제3세계에 속한다고 말했다.[43] 그의 지시에 따라 덩샤오핑은 1974년 4월 10일 유엔 총회에 참석하여 연설하면서 보다 구체적으로 이러한 관점을 부연한 바 있다.[44]

당시 마오쩌둥이 열정을 쏟는 것은 드문 일이 아니었다. 그렇다고 육체적 고통이 완화되지는 않았다. 그해 여름 그는 더 이상 의사를 신뢰하지 않고 자신이 직접 치유하기로 마음먹었다. "그는 의사의 말을 믿는 이들은 3분의 1 또는 절반 정도밖에 되지 않는다고 말했다." 장위평은 당시를 회상하며 이렇게 말했다. "그는 자신의 신체 저항력을 통해 병을 극복할 수 있을 것이라고 믿었다."[45] 그는 주변 환경을 바꾸고 지방에 가서 신선한 공기를 마시기를 원했다. 7월 중순 마오쩌둥은 중앙정치국 회의에서 장칭을 호되게 꾸짖은 후 그의 생애 마지막 지방 시찰에 나섰다. 7월 18일 우한에 도착한 그는 그곳에서 10월 중순까지 머물렀다. 이후 고향인 창사로 가서 겨울을 보냈다. 그곳 수영장에서 수영을 하고 싶었으나 끝내 할 수 없었다.

노쇠한 주석의 "입술과 손짓만 보아도" 무슨 말을 하려는지 이해할 만큼 헌신적인 장위평 이외에 두 명의 여성이 지방에 체류하던 내내 그를 돌보았다. 한 명은 조카 손녀인 왕하이룽으로 당시 외교부 부부장이었고, 다른 한 명은 통역인 낸시 탕으로 외교부의 한 부서를 책임지고 있었다.(외교부 부사장(副司長)).[46] 그들은 베이징과 우한 또는 베이징과 창사를 오가면서 마오쩌둥 주석에게 저우언라이나 덩샤오핑, 때로는 장칭에 관한 정보를 전달했다. 그들은 또한 저우언라이를 지지하고 의지했다. 그렇기 때문에 1974년 6월 1일 총리가 입원한 상태였음에도 불구하고 직접 그를 찾아가 마오쩌둥의 시찰 여행에 대한 자문을 얻었다. 당시 총리는 쉽지 않은 암 수술을 앞두고 있었다. 방광에서 시작된 암 세포가 대장과 폐까지 전이된 상태였다.

총리에게 시간이 얼마 남지 않았음을 알게 된 마오쩌둥은 덩샤오핑을 제1부총리로 임명했다. 동시에 파벌 균형이라는 자신의 원칙에 충실하여 당의 일상 업무를 왕훙원에게 맡겼다. 양 파벌 모두 만족했다. 장칭은 서두를 필요가 있음을 느꼈다. 10월 17일 그녀는 측근들과 비밀 모임을 열고 다른 정치국 위원들 모르게 왕훙원을 마오쩌둥에게 보내기로 결정했다. 창사로 날아간 왕훙원은 주석에게 "현재 베이징의 분위기가 (1970년) 루산 회의 때와 유사하다."라고 보고했다.[47] 저우언라이와 예젠잉 원수, 덩샤오핑이 린뱌오의 길을 밟으려고 한다는 모종의 암시였다. 이런 상황에서 '반혁명 분자'인 덩샤오핑에게 제1 부총리를 맡기면 위험하다는 것이 그들의 생각이었다.

왕훙원은 임무를 흠 잡을 데 없이 잘 수행했다. 장위펑의 회고에 따르면, 왕훙원은 마오쩌둥에게 이렇게 말했다고 한다. "비록 총리가 병에 걸려 입원한 상태이기는 하지만 밤낮 할 것 없이 사람들과 이야기를 나누고 있습니다. 덩샤오핑과 예젠잉, 리셴녠 등 여러 사람들이 총리를 자주 찾아갑니다." 이는 왕훙원이 직접 말한 내용이기도 하다.[48] 마오쩌둥은 그의 말을 듣기가 무섭게 화를 냈다. 잠시 후 장위펑이 놀란 왕훙원에게 주석의 말을 전달했다. "의견이 있으면 직접 앞에서 이야기해야지 이렇게 하는 것은 옳지 않다. 자네는 샤오핑 동지와 잘 단결해야 한다." 마오쩌둥은 이렇게 나무라면서 몇 마디 덧붙였다. "돌아가서 총리와 예젠잉 동지를 찾아가 대화를 하고, 장칭과는 어울리지 마라. 그녀를 경계해야 한다."[49]

11월 중순 마오쩌둥은 자신을 방문한 왕하이룽과 낸시 탕에게 자신의 분노를 숨기지 않았다. "장칭은 야심이 있어. 그녀는 왕훙원을 (인민대표대회) 상임위원회 위원장으로 만들고 자신이 당 주석이 되려 하고 있다."[50]

아마도 당시 장칭은 그런 희망을 품었는지도 모른다. 하지만 여전히 창사에 머물고 있던 마오쩌둥은 1975년 1월 중국공산당 제10기 2중전회에서 덩샤오핑을 중앙위원회 부주석 겸 중앙정치국 상임위원회 위원으로 선택했다. 연이어 개최된 제4차 전국인민대표대회에서 덩샤오핑은 제1부총리로 확정되었다. 4월 18일 베이징으로 돌아온 마오쩌둥은 자신을 방문한 북한 김일성 주석에게 이렇게 말했다.

나는 올해로 여든두 살일세. ……정치 이야기는 하고 싶지 않아. 그러니 저 사람과 이야기하시오.(손을 들어 회담에 참가한 덩샤오핑을 지목했다.) 저 사람의 이름은 덩샤오핑이오. 전투도 잘하고 수정주의도 반대하오. 홍위병들이 그를 공격했지만 지금은 아무런 문제가 없소. 저 사람은 타도되어 몇 년 동안 쫓겨난 상태였지만 이제 다시 돌아왔소. 우리는 저 사람이 필요하오.[51]

1975년 7월 덩샤오핑은 마오쩌둥의 보살핌으로 정치국을 맡게 되었다. 장칭과 그 심복들은 일단 한쪽으로 밀려났다. 포기할 의사는 전혀 없었다. 그들이 고안한 비림비공(批林批孔) 운동이 실패로 끝나면서 사상적으로 파산 선고를 한 것이나 마찬가지였으나 그들은 더 많은 이념 논쟁을 야기했다. '무산 계급 독재 이론 학습' 운동을 비롯하여 '경험주의' 반대 운동, 마지막에는 고전 소설인 『수호지』를 근거로 한 '투항주의' 반대 운동에 이르기까지 종류도 다양했다. 하지만 마오쩌둥 주석이 변화를 원치 않는 한 어떤 사상 논쟁도 정치국의 권력 균형을 변화시킬 수 없었다.[52] 그렇기 때문에 '좌파'는 아직 결말을 보지 못한 당내 '수정주의자'들을 타도하기 위한 군중 동원에 모든 노력을 쏟아부었다.

장칭은 마오쩌둥을 정복해야만 했다. 그런데 주석을 만나려면 1974년 말부터 정치국을 통해 공식적으로 기요비서 겸 생활비서로 임명된 장위펑의 허가를 받아야만 했다. 게다가 마오쩌둥 주석을 떠나지 않는 두 여성 왕하이룽과 낸시 탕은 저우언라이의 지지자로서 마오쩌둥과 정치국의 가교 역할을 하고 있었다. 장칭은 장위펑에게 선물을 보내 호의를 나타내면서 자기편으로 끌어들이려고 애썼다. 하지만 우의를 쌓으려던 계획은 실패로 끝나고 말았다. 샤오장은 장칭처럼 제가 하고 싶은 대로 다 하려는 여자가 아니었기 때문이다. 그럴 즈음 마오쩌둥의 수행 비서진에 새로운 젊은 여성이 나타났다. 멍진윈(孟錦雲)은 장위평을 보조하는 임무를 맡았다. 대단히 아름다운 멍진윈은 '좌파'를 좋아할 아무런 이유가 없었다. 그녀는 홍위병의 터무니없는 모략과 중상으로 1968년부터 1973년까지 감옥살이를 했다. 그녀는 장위평의 도움으로 마오쩌둥을 만나 명예를 회복했다. 1960년대에 인민해방군 공군 가무단에서 가무를 담당했으며, 어느 공연장에서 처음으로 위대한 영수를 만났다. 그녀를 본 순간 마음이 끌린 마오쩌둥은 춤을 청했다. 함께 춤을 추면서 그는 그녀에게 "너무 정식으로 추지 말라."라고 말했다. 잠시 스텝을 밟은 후 그녀를 침실로 데려갔다. 그들의 불륜은 그리 오래가지 않았고 장위평은 질투하지 않았다. 오히려 자신보다 네 살이 어린 그녀를 동정했다. 나중에 멍진윈은 우한에서 간호사로 일하다가 체포되어 수감되었다.

멍진위가 장위평을 다시 만난 것은 1975년 5월 말이었다. 그녀는 장위평에게 마오쩌둥 주석을 직접 만나도록 주선해 줄 수 있는지를 물었다. 마오쩌둥은 이전 애인이었던 그녀의 불행에 대한 이야기를 듣고 슬픔에 젖었다. 그리고 그녀를 '복권'시킨 후 옆에 두었다. 장칭은 또 한 번 불행을 맛보았지만 감수할 수밖에 없었다.[53]

10월 초 갑자기 장칭과 심복들에게 행운이 찾아들었다. 모종의 원인으로 인해 노쇠한 독재자는 왕하이룽과 낸시 탕 대신 마오위안신에게 정치국과 자신을 연결하는 책무를 맡겼다. 분명한 것은 그가 조카인 마오위안신을 몹시 그리워했다는 점이다. 하지만 총명하고 교활한 마오위안신은 어떻게 하면 이런 상황을 이용하여 큰아버지가 장칭이 요구하는 쪽으로 기울도록 영향력을 행사할지 알고 있었다. 그는 그녀의 또 다른 충복이었으며, 굳이 이를 숨기려고 하지 않았다.

좌파에게 새로운 활력이 생겼다. 주석의 사랑하는 조카를 통해 그들은 주석이 덩샤오핑에게 등을 돌리도록 총력을 기울였다. "저는 중앙위원회가 걱정입니다. 몇몇 사람들이 예전으로 돌아가기를 원하는 것 같더군요." 마오위안신은 큰아버지에게 속삭이듯 말했다. "저는 덩샤오핑 동지의 연설에 각별한 주의를 기울이고 있는데 뭔가 문제가 있는 것 같습니다. 문화대혁명의 성과에 대해서는 거의 언급하지 않고 류사오치의 수정주의 노선을 비판하는 경우도 극히 드물어요. 올해에 들어와서 그가 이론 학습(무산 계급 독재 이론 학습)을 어떻게 하자거나 『수호전』을 비판하고 수정주의를 비판하는 이야기를 한 번도 들은 적이 없습니다."[54] 그는 한 걸음 더 나갔다. "문화대혁명에 관해 두 가지 태도가 있는데, 하나는 불만을 표출하는 것이고 다른 하나는 그것을 청산하려는 것입니다."[55]*

마오위안신의 구워삶기는 한 달 동안 계속되었다. 결국 마오쩌둥이 속삭임에 넘어가고 말았다. 마오쩌둥은 격노하여 덩샤오핑에게 화를 내기 시작했다. 그의 요청에 따라 중앙정치국에서 덩샤오핑을 비판하기 시작했다. 또한 '덩샤오핑을 비판하고 우경번안풍(右傾飜案風)을 반격'하는 새로운 운동이 전국적으로 전개되었다.** 덩샤오핑은 모든 직책에서 해임되고 오직 정치국의 공개 및 비공개 회의와 외교 정책 업무만 담당하도록 했다.

정치 투쟁이 고조되는 가운데 저우언라이가 1976년 1월 8일 오전 9시 57분에 세상을 떠났다. 수많은 이들이 그의 죽음을 애도했다. 대다수 중국인들은 저우언라이 총리를 현명하고 성실하고 인간적인 인물로 기억했다. 과연 그가 진짜로 그러했는가에 관심을 갖는 이는 중국에 거의 없었다. 위대한 지도자의 모습이 대중의 마음속에 깊이 각인되었다. 1월 11일 베이징에 거주하는 수많은 애도 인파가 통곡하는 가운데 유골을 혁명열사공묘에 안장하는 장례식이 거행되었다. 서리가 내린 추운 날씨에도 불구하고 베이징 시내 한가운데 위치한 창안제(長安街)에 몰려든 100만의 애도 인파는 저우언라이 총리의 영원한 휴식을 인도하는 흰색과 남색으로 치장한 운구차를 남은 인생 내내 기억했다.

얼마 후 총리가 그에게 원한을 품은 좌파들에게 희생되었다는 소문이 급속

---

* 『연보』에 따르면, 이는 마오위안신이 아닌 마오쩌둥이 한 말이다. 저자가 착각한 듯하다. ─옮긴이
** 칭화 대학에서 제일 먼저 시작했다. ─옮긴이

도로 퍼지기 시작했다. 그해 3월 상하이 《문회보》에 저우언라이가 '주자파'였음을 암시하는 기사가 나간 후 소문이 걷잡을 수 없이 퍼졌다.* 대중 항의 집회를 호소하는 전단과 대자보가 난징에서 처음 등장했다. 이 소식은 곧바로 베이징에 전해졌다. 사람들이 톈안먼 광장으로 몰려들어 혁명영웅기념비에 조화와 화환을 바치며 총리를 애도하기 시작했다. 이러한 추모 행위는 2주 내내 자발적으로 이루어졌으며, 전통적으로 죽은 이를 추모하는 4월 4일 청명절이 되자 톈안먼 광장이 추모 인파로 가득 차 인산인해를 이루었다. 사람들은 분개하고 있었다. 어디서 누군가 소리쳤다. "저우언라이 총리를 우리가 보위하자!" "위대한 마르크스주의자 저우언라이 만세!" "저우언라이 총리를 반대하는 자들을 타도하자!" 사람들이 「국제가」를 부르기 시작했다.[56]

장칭과 심복들은 경악했다. 그들은 군중 운동을 즐겼지만 통제할 수 없는 군중 운동을 두려워했다. 반대 세력도 우려하기는 마찬가지였다. 그들은 모두 민주주의에 익숙하지 않았기 때문이다. 4월 4일 저녁에 중앙정치국 긴급회의가 소집되었다. 그들은 인가받지 않은 집회는 진압해야 한다는 데 의견이 일치했다. "악독하고 나쁜 일군의 무리가 뛰쳐나와 어떤 이들은 마오쩌둥 주석을 직접 공격하고 또 어떤 이들은 중앙위원회를 공격했다." 마오쩌둥의 지시에 따라 국무원 총리 대리로 임명된 화궈펑은 이렇게 단언했다.[57] 4월 5일 민병과 공안이 시위자들을 진압했다. 톈안먼 광장 서쪽의 인민대회당에 있던 장칭은 망원경으로 군중을 진압하는 모습을 지켜보았다.

마오쩌둥 역시 '반혁명 봉기' 진압을 지지했다. 당시 그는 군중 시위에 대한 모든 책임을 덩샤오핑에게 돌리는 마오위안신을 통해 '객관적'으로 소식을 듣고 있었다. 위대한 지도자는 조카가 전해 주는 소식을 들은 후 더욱 확고해졌다. "대담한 투쟁 정신이군! 좋아, 좋아, 좋아!" 그리고 이렇게 지시를 내렸다. "덩을 모든 직책에서 해임시켜!"[58] 이와 동시에 쉰다섯 살의 화궈펑을 중

---

*《문회보》는 3월 25일자 제1면에서 "당내 자본주의의 길로 나아가는 당권파는 이미 타도되었으나 지금까지도 회개하지 않고 자본주의의 길로 나아가는 당권파를 영도 직위에 올려놓으려 하고 있다."라는 내용의 기사를 게재했다. — 옮긴이

국공산당 중앙위원회 제1부주석 겸 국무원 총리로 임명할 것을 지시했다. 3주 후 더 이상 말을 할 수 없게 된 그는 서면으로 마지막 후계자인 화궈펑에게 이렇게 말했다. "천천히, 급하게 굴지 마라. 과거의 방침을 따라야 한다. 당신이 일을 맡는다면 내가 안심할 수 있다."[59]

장칭을 비롯한 좌파들은 베이징 시민들이 너나없이 슬픔에 잠겨 있던 그때 오히려 기뻐서 어쩔 줄 몰랐다. 무언의 항의 표시로 사람들은 자기 집 창문에 작은 병을 올려놓았다. 덩샤오핑의 이름 샤오핑(小平)과 작은 병을 뜻하는 샤오핑(小瓶)이 성조만 다를 뿐 같은 음가인 해음(諧音)이고, 창틀에 올려놓는 것은 창타이(窓臺)의 타이(臺)에 올려놓는다(上), 즉 상타이(上臺)의 뜻이니 높은 관직에 오르거나 권력을 장악한다는 의미였다. 작은 병을 창가에 올려놓음으로써 사인방에 반대하는 이들은 "덩샤오핑이 여전히 최고위급에 건재하고 있음"을 보여 주고자 했다.

이렇듯 덩샤오핑에 대한 비판은 인민의 지지가 없었기 때문에 실패할 수밖에 없었다. 당내 간부들 역시 비판 운동에 참가하는 시늉만 했을 뿐이었다. 마오쩌둥의 정치 활동 가운데 마지막 불꽃은 이렇게 꺼져 갔다.

과연 그가 자신의 행위에 대해 충분히 인지하고 있었는지는 자못 의심스럽다. 당시 그는 이미 무덤 바로 앞까지 다다른 상태였다. 심각한 상태의 신체 조건이 심기를 괴롭혔다. 그는 계속해서 버럭 화를 내고 흥분 상태에 놓였다. 숨쉬기가 몹시 힘들었다. 폐와 심장, 신장은 이미 정상 기능을 상실했다. 땀으로 목욕했다고 할 정도로 끊임없이 땀을 흘렸으며, 게걸스럽게 공기를 들이마셨다. 무엇보다 산소 공급이 필요했다. 언제나 왼쪽으로 누워 있어야만 했기 때문에 욕창을 피할 수 없었다.

유일하게 개선된 것은 시력이었다. 1975년 7월 23일 그는 왼쪽 눈 수술을 성공리에 마쳤다. 수술의 성공을 담보하기 위해 몇몇 안과 전문의들은 유사한 증세로 실험 대상이 된 마흔 명의 노인들에게 같은 방식으로 시술했다. 가장 정확한 방법을 정한 후에야 비로소 긴장과 두려움 속에서 영도자에 대한 수술을 진행했다.[60] 장위펑의 회고에 따르면, "눈에서 붕대를 벗겨 내자 주석께서 눈을 뜨고 사방을 돌아보았다. 문득 주변에 있던 한 사람을 지목하면서 그가 입고 있던 옷의 색깔과 무늬를 정확하게 말씀하셨다. 또 벽을 가리키며 '흰색이네.'라고 말씀하셨다."[61]

병세는 더 이상 긍정적인 변화를 보이지 않았다. 장위펑의 회고에 따르면, 어느 날엔가는 너무 허약해져 "입을 벌리고 음식을 받아먹거나 삼키는 것조차" 힘들어했다.[62] 어떤 때는 훨씬 좋아졌다는 느낌이 들기도 했다. 그래서 무모하게 외국 손님을 만나기도 했다. 예를 들어 1976년 4월 30일 그는 뉴질랜드 총리인 로버트 멀둔(Robert Muldoon)을 접견했다. 물론 심각한 주제를 논의한 것은 아니었다. 그저 자신의 건강에 대해 불만을 털어놓았을 뿐이다. "다리가 영 나를 귀찮게 만듭니다." 한참을 침묵한 후 그가 다시 입을 열었다. "이것이 세계에서 가장 큰 장애지요."[63]

5월 11일 첫 번째 심장 발작이 왔다. 장위펑과 멍진윈이 곁을 떠나지 않고 계속 돌보았다. 주치의가 최선을 다했지만 조금 나았다는 느낌은 겨우 2주뿐이었다. 5월 20일 그는 중국을 방문 중인 싱가포르 총리 리콴유(李光耀)를 만나고 싶어 했다. 5월 27일에는 파키스탄 총리인 알리 부토(Ali Bhutto) 내외를 접견했다. 두 번 모두 10분가량 짧은 시간을 만나고 심히 피로를 느껴 더 이상 대화를 나눌 수 없었다.* 그럼에도 불구하고 손님들은 전혀 실망하지 않았다. "그는 젊은 사람이 아닙니다. 나는 타잔을 만나려고 했던 것이 아닙니다." 부토는 신문 기자들에게 이렇게 말했다.[64] 얼마 후 중국 외교부는 주석이 "매우 바쁘고 많은 일을 해야 하기 때문에" 더 이상 외국 손님들을 접견하지 않을 것이라고 공식 발표했다.[65]

6월 중순 마오쩌둥이 화궈펑, 장칭을 위시로 한 사인방, 그리고 조카 손녀인 왕하이룽 등을 불렀다. 침대에 누운 채로 그가 말했다.

---

* 기자 회견에서 부토는 마오쩌둥과 21분간 회담을 했다고 말했다. 하지만 이후 중국 측은 마오쩌둥 주석이 파키스탄 총리를 접견하여 10분 정도 대화를 나누었다고 밝혔다. 리콴유와 이야기를 나눈 시간도 그 정도였다. ── 옮긴이

예로부터 인생칠십고래희(人生七十古來稀, 사람이 일흔 살까지 사는 것은 예로 부터 드물다.)라고 했는데, 나는 이제 여든이 넘었다. 사람이 나이가 들면 뒷일에 대해 생각하기 마련이다. 중국 옛말에 '개관논정(蓋棺論定, 관 뚜껑을 닫은 후에 그 사람에 대한 평가가 내려진다.)'이라는 말이 있다. 나는 아직 관 뚜껑을 닫은 것은 아니지만 곧 그렇게 되어 평가가 내려질 것이다. 나는 평생 두 가지 일을 했다. 하 나는 장제스와 수십 년간 싸워서 그를 바다에 있는 섬으로 쫓아 버리고 8년 동안 일본과 싸워 일본인들을 고향으로 돌려보낸 일이다. 베이징으로 진격하여 마침 내 쯔진청에 들어왔다. 이 일에 관한 한 이의를 가진 이가 많지 않을 것이다. 다만 내 귀에다 대고 재잘거리는 이들이 있기는 한데 이는 빠른 시일 내에 그 섬들을 수복해야 한다는 말에 불과하다. 다른 하나는 여러분도 다 알다시피 문화대혁명 을 발동한 일이다. 그 일을 옹호하는 이들이 많지 않고 반대하는 이들 역시 적지 않다. 두 가지 일은 아직 끝난 것이 아니다. 이러한 '유산'은 다음 세대에게 넘겨 주어야 한다. 어떻게 넘겨주는가? 만약 평화롭게 넘겨줄 수 없다면 요동치는 가 운데 넘길 수밖에 없다. 우리가 제대로 하지 못한다면 후대에 온통 피바람과 피비 린내가 진동할 것이다. 너희는 어떻게 할까? 오직 하늘만 알겠지.[66]

장위평은 그의 마지막 독백을 전달하기가 매우 힘이 들었다.

6월 26일 마오쩌둥에게 두 번째, 더 심각한 심장 발작이 있었다. 그는 더 이 상 아무것도 먹을 수 없을 만큼 최악의 상태가 되고 말았다. 콧구멍으로 관을 삽입하여 음식물을 투여했다. 화궈펑을 비롯한 중앙정치국 네 명의 위원들이 의사들을 감독하고 만일의 사태에 대비하기 위해 돌아가며 주석의 병상 옆에 서 밤을 새웠다. 7월 초 오스트리아의 저명한 신장병 전문의인 발터 비르크마 이어(Walter Birkmayer)가 초빙되어 마오쩌둥을 진찰했다. 그 역시 전혀 도움 이 되지 못했다.[67]

마오쩌둥은 죽어 가고 있었다. 그 순간에도 그는 권력을 움켜잡으려고 했 다. 거의 불가능한 상태였으나 만약 하루에 몇 분만이라도 가능했다면 장위평 에게 당 관련 문서를 읽어 달라고 했을 것이다. 7월 6일 마오쩌둥은 오랜 동지인 주더가 세상을 떴다는 소식을 들었다. 그는 오히려 차분했다.

그는 가끔 장위평과 함께 타이완이나 홍콩에서 제작한 영화 필름을 돌려 보곤 했다. 그들은 마오쩌둥의 주의를 분산시켜 잠시라도 잠이 들 수 있도록 했다. 그는 이러한 일상을 바꾸지 않았다. 심지어 베이징에서 멀리 떨어지지 않은 탕산에서 일어난 대지진(진도 7.8의 강진)으로 도시 전체가 파괴되어 7월 27일 밤 수영장 근처에 있는 내진 건물로 이주한 후에도 별로 달라지지 않았다. 당시 대지진으로 24만 명이 사망하고 16만여 명이 다쳤다. 대지진의 충격은 중난하이에서 느낄 정도로 엄청났으며, 심지어 마오쩌둥이 머무는 건물에서도 느낄 수 있었다.

주석이 이주한 새로운 건물을 즉시 개보수했고, 그가 머무는 방은 의료 장비로 가득 찼다. 영화를 관람하는 방에는 영사기와 텔레비전이 설치되었다. 그 안에서 마오쩌둥은 마지막 남은 시간 동안 '적국'에서 제작한 필름을 감상하며 관을 통해 영양분을 섭취했다.

9월 2일 세 번째 심장 발작이 시작되었다. 이번이 가장 심각했다. 의사는 더 이상 그의 생명을 구할 수 없을 것 같았다. 하지만 삶에 대한 의지가 그를 놓아주지 않았다. 마오쩌둥은 의사들에게 지금 상황이 얼마나 심각한지 끊임없이 물어보았다.[68] 의료진은 그를 안심시키려고 애썼지만 희망이 없었다.

9월 8일 오후 8시가 지나자 얼굴이 눈에 띄게 푸른색으로 변하기 시작했다. 그리고 불과 몇 분 만에 사지에서 감각이 사라지고 몸을 가누지 못했다. 의사들이 코를 통해 유동체를 빼내려고 애썼지만 아무런 반응이 없었다. 오후 9시 16분까지는 심장 박동이 빨라지더니 30분 후 갑자기 혈압이 뚝 떨어졌다. 오후 10시 15분 혼수상태에 빠졌다. 곧 동공이 확장되었으며, 더 이상 불빛에 반응하지 않았다. 9월 9일 새벽 12시 4분 경련이 일어났다. 그리고 2분 후 호흡을 멈추었다. 12시 10분 심장이 정지했다. 위대한 독재자이자 혁명가이며 폭군이 여든세 살을 일기로 세상을 떠났다.

에필로그

중국인들은 활기가 넘치고 근면한 것으로 유명하다. 같은 시간대에 있는 한 나라에서 수억 명에 달하는 인구가 아침 6시 같은 시간에 일어나 기공을 연마하고 아침 식사를 한 다음 사무실이나 상점, 논밭, 학교 등으로 가서 저마다 일상생활을 영위한다.

베이징 시민들은 여명이 트기 전에 일어나 복잡한 지하철이나 버스, 기차를 타고 출근한다. 부자들이 택시나 자가용을 타고 갈 때 그들은 벨 소리를 울리며 자전거 페달을 열심히 밟는다. 그들은 상점가에서 시끄럽게 떠들며 돌아다니고 외국인 관광객을 흘깃 쳐다보기도 하며 톈안먼 광장에서 용 모양의 연을 날리기도 한다.

이른 새벽부터 시장은 열기로 가득 차고, 수없이 많은 좁고 어둑한 식당에서 온갖 신기한 음식의 향신료 냄새가 풍겨 나온다. 작은 골목 후통(胡同)에 오밀조밀하게 몰려 있는 주택에서 노인네들은 아침 햇살을 쬐고 그 옆에서 아이들이 장난을 치며 논다. 이곳저곳에서 독특한 베이징 말이 들리고 상인들이 외치는 소리가 사방에 울려 퍼진다.

최근에 보행자 전용 도로로 바뀐 주요 상점가 왕푸징에 특히 사람들이 많이 모여든다. 사람들은 각기 길을 따라 움직인다. 남쪽으로 가면 베이징의 중심에 자리한 창안다제(長安大街)가 나온다. 그곳에서 오른쪽으로 베이징 판뎬(北京飯店, 베이징 호텔)이 있고, 다시 10분 정도 걸어가면 베이징의 역사 중심지인 톈안먼 광장에 이르게 된다. 쯔진청은 톈안먼 광장 맞은편에 있다.

눈에 확 띄는 첫 번째 모습은 아마도 이전 황제의 궁전으로 들어가는 성루, 즉 톈안먼 성벽에 걸린 마오쩌둥의 거대한 초상화일 것이다. 마음속을 꿰뚫어 보는 듯한 눈과 시원하게 벗어진 앞이마, 아랫입술 아래에 있는 선명한 점이 눈에 들어온다. 위대한 조타수의 모습은 평온하고 단정해 보인다. 중국공산당이나 국가, 세계에서 어떤 일이 벌어지고 있는지 더 이상 관심이 없는 듯한 모습이다. 1956년 4월 죽고 나면 화장하라는 그의 말과 정반대로 죽자마자 방부 처리하여 미라로 만들었다는 사실에 그리 괘념치 않는 것 같기도 하다. 그는 지금 톈안먼 광장 마오쩌둥 주석 기념당(毛主席紀念堂)의 웅장한 능묘에 안장되어 있다. 흰색과 모래색이 어우러진 건물은 높이 약 34미터에 전체 면적 약 2.8헥타르이다. 마오쩌둥의 유체는 대청 중앙의 검은색 산둥 화강암 받침대 위 수정관에 안치되었다. 주석은 회청색 상의에 망치와 낫이 그려진 홍기를 덮고 있다. 유리관 받침대 주변은 푸른 무늬의 백자에 담긴 생화로 장식되어 있으며, 관머리 부분에는 흰 대리석 바탕에 금색 글자로 "위대한 지도자이자 스승이신 마오쩌둥 주석 만세"라고 새겨져 있다.

1970년대 말과 1980년대 초 중국에서 시장 경제의 부활은 마오쩌둥 사후 '온건파'의 복권으로 촉진되었다. 그중에서도 1977년 7월 덩샤오핑이 권력 중심으로 복귀하면서 마오쩌둥 숭배의 상업화가 이루어지기 시작했다. 톈안먼을 포함하여 도시 곳곳마다 자리 잡은 기념품 가게 점원이나 행상들은 질은 조금 떨어지지만 그래도 기념이 될 만한 마오쩌둥 초상이 있는 배지나 대형 그림, 흉상, 마오쩌둥 주석 어록 등을 팔기 시작했다. 마오쩌둥이 역사 기념품으로 변신한 것은 중국공산당의 새로운 지도자(덩샤오핑)가 그의 통치에 대해 평가하는 데 많은 도움이 되었다. "마오쩌둥 동지는 위대한 마르크스주의자이자 위대한 무산 계급 혁명가이며, 전략가이고 이론가다. 문화대혁명 기간에 심각한 과오를 저질렀다는 것은 분명한 사실이다. 그러나 업적 전체를 평가한다면 중국 혁명에 대한 공헌이 과오를 능가한다. 그의 공적이 중요하고 과오는 부차적이다." 중국공산당 지도부는 1981년 1월 이렇게 단언했다.[1] 이후로 그들은 한 번도 이러한 평가에 대해 재론한 적이 없다. 우연하게도 이는 중국의 문화 전통에 부합한다. 중국은 일본이나 베트남 등 동양의 여러 다른 나라들과 마찬가지로 '참회' 개념이 결핍되어 있다. 서양의 경우 이는 기독교인의 중요한 성례(聖禮)다. 이것이 없으면 용서나 정화도 아무런 의미가 없다. 하지만 하늘 아래, 즉 천하(天下)에 살고 있는 사람들에게 보다 중요한 것은 체면을 잃지 않는 일이다.

마오쩌둥의 경우 여러 가지 요인들이 이러한 태도를 설명하는 데 유효하다. 10월 혁명 이전까지 세계에서 지도적 역량을 발휘하는 나라 가운데 하나였던 위대하고 강력한 러시아를 파멸로 몰고 간 레닌이나 스탈린과 달리 마오쩌둥은 중국을 반식민지 사회에서 독립적이고 강력한 나라로 탈바꿈시켰다. 그는 사회 관계를 변혁시킨 혁명가일 뿐만 아니라 쑨중산에서 시작하여 전 세계 모든 나라들이 중국인을 존중하게 만든 위대한 반제국주의 혁명을 실현시킨 민족 영웅이기도 하다. 그는 오랜 기간 분열되어 권력 투쟁을 일삼고 내전으로 신음하던 중국 대륙을 통일시켰다. 중국이 마침내 세계의 지정학적 중심지 가운데 한 곳으로서 미국과 소련이라는 양대 초강대국과 정치적으로 등거리에 위치하여 세계 여론의 주목을 받게 된 것도 그가 통치하던 시절이었다. 물론 마오쩌둥의 통치 시기에 중국인들은 여전히 가난하고 중국 경제는 낙후된 상태였다. 하지만 중국인들이 고대 왕조 시대와 마찬가지로 국가에 대해 자부심을 갖기 시작한 것도 바로 이 시기였다. 중국인들이 결코 '위대한 조타수'를 잊지 못하는 것은 바로 이러한 이유 때문이다.

마오쩌둥은 민족 해방을 가져왔지만 사회적 노예 상태를 조성하기도 했다. 기만과 폭력을 통해 중국 인민들에게 전체주의적 사회주의의 고통을 강요하고, 그들을 피로 물든 사회적 실험의 구렁텅이로 몰고 간 것은 바로 그와 그가 이끈 공산당이었다. 수억 명의 삶이 이로 인해 고통을 받고 수천만 명이 기아와 억압 속에서 비명횡사했다. 모든 세대가 세계 문화와 고립된 채로 살아야만 했다. 마오쩌둥의 반인륜적 범죄 행위는 스탈린을 비롯한 21세기 다른 독재자들의 사악한 행위 못지않게 끔찍했으며, 그 규모 면에서 훨씬 컸다.

그러나 마오쩌둥은 전체주의에서조차 러시아의 볼셰비키 이론가들이나 실천가들과 구분된다. 그의 개성은 상당히 복잡하고 다면적이며 또한 다양하다. 그 역시 스탈린만큼이나 의심이 많고 신의가 없었다. 그렇다고 그처럼 무자비한 것은 아니었다. 그는 생애 내내, 심지어 문화대혁명 기간에도 내부 투쟁에서 "환자를 구하기 위해 병을 치료한다."라는 원칙을 저버리지 않았다. 그는 진짜 적이나 적으로 가정한 이들에게 '죄과'를 자백할 것을 강요했을 뿐 사형 선고를 내리지는 않았다. 이것이 '온건파'가 비록 당에서 쫓겨나는 일을 되풀이했지만 주석이 죽고 난 후 기반을 마련하고 권력의 정점으로 되돌아올 수 있었던 근본 이유다. 마오쩌둥은 덩샤오핑과 그 지지자들의 '병'을 고치지 않았다. 물리적으로 완전히 추방한 것도 아니다. 그는 류사오치를 죽이라고 명령하지 않았다. 하지만 중화인민공화국 주석은 격분한 홍위병에 의한 그의 죽음 때문에 들볶여야 했다. 게다가 마오쩌둥은 이전 정적들에게 복수하지 않았다. 보구는 물론이고 저우언라이, 런비스, 장궈타오, 심지어 그를 괴롭혔던 왕밍에게도 복수의 칼을 겨누지 않았다. 일단 자아비판을 하도록 한 후 그들 모두와 공통의 언어를 찾으려고 했다. 달리 말하자면, '체면이 깎이게 했을 뿐' 그들을 권력의 자리에 그대로 놔두었다는 뜻이다.

이런 모든 점에서 마오쩌둥은 진정한 중국의 영도자이자 외국의 볼셰비즘 원칙을 중국의 혁명 실천뿐만 아니라 중국의 전통과 결합시킬 수 있는 이론가였다.

중국의 유능한 정치가, 역사가, 시인, 철학자, 막강한 권력을 지닌 독재자, 활기 넘치는 조직가, 숙련된 외교가, 유토피아 사회주의자, 가장 인구가 많은 나라의 국가 원수 등 이미 성취한 것에 안주할 수도 있었다. 하지만 그는 동시에 수백만 인민의 삶과 사고방식을 개조하고자 했던 지칠 줄 모르는 혁명가이자 민족 혁명과 피비린내 나는 사회 개혁의 영웅이기도 했다. 이것이 역사가 기록하고 있는 마오쩌둥의 모습이다. 그가 보여 준 삶은 규모가 너무 방대하기 때문에 그 의의를 한 가지로 말할 수 없다.

또한 이것이 그가 중국의 중심지에 자리한 황제의 능묘(마오쩌둥 주석 기념당)에서 영면하고, 광장에 그의 대형 초상화가 장식되어 있는 까닭이다. 그는 그곳에 오랜 시간, 어쩌면 영원히 존재할 것이다. 본질적으로 마오쩌둥 현상은 복잡성과 모순성을 모두 갖춘 20세기 중국의 전체 궤적을 반영하며, 아울러 과거에서 벗어나 지금에 이르기까지 지난 80년 동안 위대하지만 사회 경제적으로 낙후한 동방의 대국이 보여 준 궤적을 반영하고 있다.

마오쩌둥의 업적은 결코 부인할 수 없다. 그의 잘못과 범죄 역시 마찬가지다. 하지만 중국인들은 마오쩌둥의 사회주의 독재에 대한 의분(義憤)을 위대한 조타수의 가장 친근한 동지(사인방)들에게 퍼부었다. 마오쩌둥의 부인인 장칭은 주석의 죽음 이후 한 달 만에 그녀를 배신한 화궈펑에 의해 체포되었다. 장칭을 비롯한 문화대혁명의 또 다른 영도 그룹은 1980년 말과 그 이듬해 초 모두 재판에 회부되었다. 장칭은 죄를 인정하지 않았다. 오히려 큰 소리로 세계를 향해 소리쳤다. "내가 한 일은 모두 마오쩌둥이 시킨 것이다. 나는 그의 개였다. 그가 물라고 해서 물었을 뿐이다."[2] 그녀는 사형 선고를 받고 2년간 유예되었다. 장춘차오에게도 똑같은 판결이 내려졌다. 그 밖에 왕훙원, 야오원위안, 천보다는 각기 종신형, 20년, 18년 실형을 받았다.[3] 2년 후 장칭과 장춘차오의 사형 선고가 종신형으로 바뀌었다.

장칭은 1984년 5월 초까지 수감되었다가 가택 연금으로 전환되었다. 그러나 1989년 톈안먼 광장에서 발생한 학생 시위를 진압한 뒤 재수감되었다. 사건 발생 후 그녀가 덩샤오핑이 학생들을 학살했다고 비난했기 때문이다. 하지만 곧 다시 석방되어 베이징 북동쪽에 있는 주선교(酒仙橋)의 이층집에서 연금 상태로 생활했다. 1991년 3월 중순 건강이 악화되자 공안부에서 운영하는 병원으로 후송되었다. 무의미한 삶에 염증을 느낀 그녀는 결국 1991년 5월 14일 저녁에 스스로 목숨을 끊고 말았다. 목욕탕에서 손수건으로 매듭을 져 만든 밧줄에 목을 맨 것이다. 죽기 전 그녀는 짧은 메모를 남겼다. "마오쩌둥 주석, 당신의 학생이자 전우가 이제 당신을 뵈러 갑니다."[4]

마오쩌둥의 전처 허쯔전은 이미 수년 전인 1984년 4월 19일 상하이에서 세상을 떠났다. 유일하게 생존한 혈육 안칭은 2007년 3월 23일 베이징에서 죽었다. 딸 리민과 리나는 지금도 베이징에서 살고 있다. 마오쩌둥의 아이들도 각기 자기 아이들이 있다. 안칭과 리나는 아들을, 리민은 아들과 딸을 두었다. 조카 마오위안즈와 마오위안신도 마찬가지다. 마오쩌둥의 손자와 손녀들은 이미 다 컸다. 그들 가운데 직계 자손인 둥둥(東東)은 안칭의 손자로 벌써 아홉 살이다. 흥미롭게도 그는 2003년 12월 26일 증조부 탄신 110년이 지난 같은 날에 태어났다.

그들 역시 새로운 생활의 소용돌이에서 벗어날 수 없다. 중국 사회는 급속도로 현대화하고, 중국의 많은 젊은이들이 최신 기술을 습득하거나 첨단 산업에 종사하며 해외로 유학을 떠나기도 한다. 마오쩌둥의 자손들 역시 예외가 아니다. 리민의 딸인 외손녀 쿵둥메이는 2001년 5월 미국에서 석사 학위를 받았고, 리민의 아들 쿵지닝(孔繼寧)은 사업가가 되었다.

마오쩌둥 이후 개혁 개방을 주도한 이들 가운데 지금까지 남아 있는 이들은 아무도 없지만 중국은 여전히 앞으로 나아가고 있다. 사회적 실험의 시대는 이미 오래전에 사라졌다. 중국은 혼합 경제의 새로운 사회로 변화 발전하고, 거대한 국가의 면모가 놀랄 만한 속도로 변화하고 있다. 마오쩌둥 사후에 불어 닥친 개혁 개방은 중국 인민들의 폭발적인 활동력을 자극했다. 개혁 개방의 성공은 중국의 정치적, 이념적 삶에서 여전히 잔존하고 있는 마오쩌둥주의의 영향력이 오래 지속될 수 없음을 보여 준다.

*

문화대혁명을 시작하면서 마오쩌둥은 장칭에게 "하늘 아래 완전한 무질서"를 환영한다는 내용의 편지를 보낸 적이 있다.* 그 편지에서 그는 이렇게 썼다.

나는 자신만만하기도 하고 또 자신감이 없기도 하오. 젊은 시절에 "인생은 기껏 200년을 살 뿐이나 3000리 강물을 헤엄칠 수 있다."라고 말한 적이 있는데 지금 생각해 보면 참으로 건방진 말이오. 동시에 나는 자신이 없기도 하지. 그래서 언제나 산속에 호랑이가 없으면 원숭이가 왕 노릇을 한다고 생각했으며, 실제로 내가 그런 왕이 되었소. 이는 절충주의가 아니오. 내 몸속에는 호랑이의 기운이 주가 되고 원숭이의 기질은 그다음이오.

예전에 나는 한나라 시절 유명한 관리였던 이고(李固)가 황경(黃瓊, 두 사람 모두 『후한서』에 전기가 있다.)에게 보낸 편지에서 다음과 같은 말을 인용한 적이 있소. "옛말에 '강직하면 부러지기 쉽고 고결하면 더러워지기 쉽다.(嶢嶢者易折, 皦皦者易汚.)'라고 하였는데, 양춘백설(陽春白雪, 일명 양춘지곡으로 부르기 어려운 고대 악곡이다.)은 따라 부를 이가 드무니 과연 그런 곡을 부르는 자가 명실상부한 명성을 얻을 수 있을까?" 마지막 구절은 바로 나를 말하는 것이 아닌가 싶소.[5]

마오쩌둥의 자아 분석이 정확한 것일까? 아니면 그 역시 단순히 보통의 역할을 맡았을 따름일까? 그는 가슴속 깊은 곳에 숨겨 놓은 비밀을 장칭과 공유하려고 했던 것일까? 물론 지금은 알 길이 없다. 주석은 이미 오래전에 마르크스와 만나 이야기를 주고받기 위해 떠났기 때문이다.

---

* 1966년 7월 8일에 장칭에게 보낸 편지. ── 옮긴이

주

들어가며: 신화와 실제

1   Edgar Snow, *Journey to the Beginning* (New York: Random House, 1958), p.167.

2   John King Fairbank, *The United States and China* (Cambridge, MA: Harvard University Press, 1948); Benjamin I. Schwartz, *Chinese Communism and the Rise of Mao* (Cambridge, MA: Harvard University Press, 1951); Conrad Brandt, Benjamin Schwartz, and John K. Fairbank, *A Documentary History of Chinese Communism* (Cambridge, MA: Harvard University Press, 1952); Robert C. North, *Moscow and Chinese Communists* (Stanford, CA: Stanford University Press, 1953) 참조.

3   George Pálóczi Horváth, *Mao Tse-tung: Emperor of the Blue Ants* (London: Secker & Warburg, 1962).

4   Stuart R. Schram, *Mao Tse-tung* (New York: Simon & Schuster, 1966).

5   Nikita S. Khrushchev, *Memoirs of Nikita Khrushchev*, vol. 3, trans. George Shriver (University Park: Pennsylvania State University Press, 2007), p.401.

6   B. N. Vereshchagin, *V starom i novom Kitae: Iz vospominanii diplomata* (In Old and New China: Reminiscences of a Diplomat) (Moscow: IDV RAN, 1999), p.123; "Mao Tszedun o Kominterne i politike Stalina v Kitae" (Mao Zedong on the Comintern and Stalin's China policy), *Problemy Dal'nego Vostoka* (Far Eastern affairs), no. 5 (1994),

p.107; O. Arne Westad, ed., *Brothers in Arms: The Rise and Fall of the Sino-Soviet Alliance, 1945-1963* (Stanford, CA: Stanford University Press, 1998), pp.338~339, p.340, p.348, p.350, pp.354~355; Li Zhisui(李志綏), *The Private Life of Chairman Mao: The Memoirs of Mao's Personal Physician*, trans. Tai Hung-Chao(戴鴻超) (New York: Random House, 1994), p.117 참조.

7   Gregor Benton and Lin Chun, eds., "Was Mao Really A Monster? The Academic Response to Chang and Halliday's", *Mao: The Unknown Story* (London: Routledge, 2010) 참고. "Jung Chang(張戎) & Jon Halliday", *Mao: The Unknown Story* (『毛澤東: 鮮 爲人知的故事』) (London: Jonathan Cape, 2005) 참조.

1. 보살의 수양아들

1   金沖及 編, 『毛澤東傳(1893-1949)』 (北京: 中央文藝出版社, 2004), 1쪽; 『韶山毛氏祖譜』, 卷1 (北京: 中國圖書館 文獻縮微複製中心, 2002), 181쪽 참조.

2   金沖及 編, 『毛澤東傳(1893-1949)』, 1쪽; 馬社香, 『紅色第一家族』 (武漢: 湖北人民出版社, 2004), 4~5쪽; 『毛澤東生活檔案』, 卷1 (北京: 中共黨史出版社, 1999), 60쪽 참조.

3   Philip Short, *Mao: A Life* (New York: Henry Holt, 1999), p.19.

4   李敏, 『我的父親毛澤東』 (北京: 遼寧人民出版社, 2004), 87쪽.

5   "Anketnyi list na Mao Tszeduna zapolnennyi ego bratom Mao Tszeminem v Moskve 28 dekabria 1939 goda" (Questionnaire about Mao Zedong Filled Out by His Brother Mao Zemin in Moscow, December 28, 1939), *Rossiskii gosudarstvennyi arkhiv sotsial'no-politicheskoi istorii* "Russian State Archive of Social and Political History" (hereafter RGASPI), collection 495, inventory 225, file 71, vol. 1, sheet 265.

6   金沖及 編, 『毛澤東傳(1893-1949)』, 2쪽 참조.

7   Edgar Snow, *Red Star Over China* (London: Victor Gollancz, 1937), p.131.

8   李敏, 『我的父親毛澤東』, 89쪽.

9   같은 책, 90쪽.

10   같은 책, 89쪽.

11   Snow, *Red Star Over China,* pp.127~129.

12   상세한 내용은 다음을 참조. A. V. Pantsov, *Iz istorii ideinoi bor'by v kitaiskom revoliut-sionnom dvizhenii 20-40-kh godov* (On the History of Ideological Struggle in the Chinese Revolutionary Movement, 1920s-1940s) (Moscow: Nauka, 1985), pp.12~25.

13   통계 자료는 다음을 참조. V. G. Gel'bras, *Sotsial'no-politicheskaiia struktura KNR, 50-60-e gody* (The Social-Political Structure of the PRC in the 1950s and 1960s)

(Moscow: Nauka, 1980), p.27, pp.33~34, p.38.

14 Chang Kuo-t'ao(張國燾), *The Rise of the Chinese Communist Party, 1921-1927*, vol. 1 (Lawrence: University Press of Kansas, 1971), p.2.

15 Snow, *Red Star Over China*, pp.132~133.

16 같은 책, p.132.

17 같은 책, p.130.

18 같은 책, p.129.

19 같은 책.

2. 새로운 세계의 문턱에서

1 李敏,『我的父親毛澤東』, 91쪽.

2 鄭觀應,『盛世危言』(北京: 華夏出版社, 2002) 참조.

3 Snow, *Red Star Over China*, p.135.

4 孔東梅,『改變世界的日子: 與王海容談毛澤東外交往事』(北京: 中央文藝出版社, 2006), 16~17쪽 참조.

5 Snow, *Red Star Over China*, p.145.

6 같은 책, pp.144~145.

7 『韶山毛氏祖譜』, 卷7, 387쪽 참조.

8 逢先知 編,『毛澤東年譜(1893-1949)』, 卷1 (北京: 人民出版社, 中央文獻出版社, 2002), 6쪽.

9 Snow, *Red Star Over China*, p.133.

10 Short, *Mao*, p.29, p.649.

11 馬社香,『紅色第一家族』, 11쪽 참조.

12 李敏,『我的父親毛澤東』, 94쪽.

13 Mao Zedong, *Oblaka v snegu. Stikhotvoreniia v perevodakh Aleksandra Pantsova* (Clouds in the Snow. Poems in Trans. Alexander Pantsov) (Moscow: "Veche", 2010), p.11.

14 Stuart R. Schram, ed., *Mao's Road to Power: Revolutionary Writings, 1912-1949*, vol. 1 (Armonk, NY: M. E. Sharpe, 1992), p.60.

15 Snow, *Red Star Over China*, p.134.

16 같은 책, p.135; *Lichnoe delo Mao Tszeduna* (Personal File of Mao Zedong), RGASPI (Russian State Archives of Social and Political History, 러시아 국가 사회 및 정치사 자료관), collection 495, inventory 225, file 71, vol. 1, sheets 290~291.

17 L. N. Borokh, *Konfutsianstvo i evropeiskaia mysl' na rubezhe XIX-XX vekov: Lian Tsichao i teoriia obnovleniia naroda* (Confucianism and European Thought at the

Turn of the Nineteenth-Twentieth Centuries. Liang Qichao and the Renovation of the People Theory) (Moscow: Nauka, 2001), p.98에서 인용.

18　逄先知 編, 『毛澤東年譜(1893-1949)』, 卷1, 9쪽에서 인용.

19　Snow, *Red Star Over China*, p.135.

20　예를 들면 Short의 *Mao*, p.38 참조.

3. 나는 생각한다, 고로 존재한다

1　William Edgar Geil, *Eighteen Capitals of China* (Philadelphia: Lippincott, 1911), p.273 참조.

2　Snow, *Red Star Over China*, p.136.

3　Edward H. Hume, *Doctors East, Doctors West: An American Physician's Life in China* (London: Allen & Unwin, 1949), p.35.

4　상세한 내용은 다음을 참조. Joseph W. Esherick, *Reform and Revolution in China: The 1911 Revolution in Hunan and Hubei* (Berkely: University of California Press, 1976).

5　Snow, *Red Star Over China*, p.136.

6　같은 책, p.139.

7　같은 책, p.141.

8　毛澤東, 『毛澤東選集』, 卷3 (北京: 外文出版社, 1967), 73쪽.

9　*Lichnoe delo Mao Tszeduna* (Personal File of Mao Zedong), RGASPI, collection 495, inventory 225, file 71, vol. 1, sheet 291 참조.

10　Siao-yu(蕭瑜), *Mao Tse-tung and I Were Beggars*(『我和毛澤東行乞記』) (Syracuse, NY: Syracuse University Press, 1959). 이하 蕭瑜, 『我和毛澤東行乞記』로 칭한다.

11　같은 책, 31쪽.

12　Emi Hsiao, *Mao Tszedun, Chzhu De: Vozhdi kitaiskogo naroda* (Mao Zedong, Zhu De:Leaders of the Chinese People) (Moscow: Gosizdat, 1939), p.7; *Lichnoe delo Mao Tszeduna*, RGASPI, collection 495, inventory 225, file 71, vol. 1, sheet 292.

13　Snow, *Red Star Over China*, p.138, p.143.

14　廖蓋隆 編, 『毛澤東百科全書』, 卷1 (北京: 光明日報出版社, 2003), 37쪽.

15　Snow, *Red Star Over China,* p.143.

16　Schram, *Mao's Road to Power,* vol. 1, p.60.

17　蕭瑜, 『我和毛澤東行乞記』, 38~39쪽.

18　Li Jui(李銳), *The Early Revolutionary Activities of Comrade Mao Tse-tung*(『毛澤東早期革命活動』) (White Plains, NY: International Arts & Sciences Press, 1977), p.17 참조.

이하 李銳, 『毛澤東早期革命活動』로 칭한다.

19   같은 책, p.17.
20   Schram, *Mao's Road to Power*, vol. 1, p.181, p.185, pp.187~189, p.200, p.208, p.211, p.251, p.255, p.277.
21   같은 책, p.273.
22   같은 책, pp.263~264.
23   같은 책, p.6.
24   Snow, *Red Star Over China*, p.145.
25   李銳, 『毛澤東早期革命活動』, 18쪽.
26   Schram, *Mao's Road to Power*, vol. 1, p.113.
27   같은 책, p.120.
28   Snow, *Red Star Over China,* p.143.
29   蕭瑜, 『我和毛澤東行乞記』, 129~130쪽, 132쪽.
30   逄先知 編, 『毛澤東年譜(1893-1949)』, 卷1, 17쪽에서 인용.
31   Hume, *Doctors East, Doctors West*, p.239 참조.
32   같은 책, p.241.
33   李銳, 『毛澤東早期革命活動』, 47쪽.
34   Schram, *Mao's Road to Power*, vol. 1, p.94, p.95.
35   같은 책, p.199, p.241.
36   같은 책, pp.237~238, p.250.
37   같은 책, p.139.
38   廖蓋隆 編, 『毛澤東百科全書』, 卷5, 2662쪽; Schram, *Mao Tse-tung* (Harmondsworth, UK: Penguin, 1974), p.43에서 인용.

4. 황량한 계곡의 발자국 소리

1   廖蓋隆 編, 『毛澤東百科全書』, 卷5, 2663쪽; 李敏, 『我的父親毛澤東』, 99쪽.
2   Snow, *Red Star Over China*, p.144; Schram, *Mao's Road to Power,* vol. 1, pp.81~82, p.84; 李銳, 『毛澤東早期革命活動』, 74쪽.
3   Schram, *Mao's Road to Power*, vol. 1, p.84 참조.
4   Snow, *Red Star Over China*, p.144에서 인용.
5   이 책의 작가 판초프가 2010년 6월 14일 베이징에서 리리싼의 딸 리잉난(李英男)과 한 인터뷰 참조. 唐純良, 『李立三傳』(哈爾濱: 黑龍江人民出版社, 1984), 8쪽.
6   李銳, 『毛澤東早期革命活動』, 74~75쪽.

7   *Lichnoe delo Mao Tszeduna* (Personal File of Mao Zedong), RGASPI, collection 495, inventory 225, file 71, vol. 1, sheet 294.

8   李銳,『毛澤東早期革命活動』, 75쪽.

9   Snow, *Red Star Over China*, pp.144~145.

10   廖蓋隆 編,『毛澤東百科全書』, 卷5, 2661쪽; 李銳,『毛澤東早期革命活動』, 52~53쪽.

11   廖蓋隆 編,『毛澤東百科全書』, 卷5, 2662쪽.

12   같은 책.

13   Schram, *Mao's Road to Power*, vol. 1, p.146.

14   廖蓋隆 編,『毛澤東百科全書』, 卷5, 2662쪽 참조.

15   Robert Payne, *Portrait of a Revolutionary: Mao Tse-tung* (London: Abelard-Schuman, 1961), p.54에서 인용.

16   李銳,『毛澤東早期革命活動』, 50~51쪽; Schram, *Mao Tse-tung*, p.43.

17   李銳,『毛澤東早期革命活動』, 48쪽에서 인용.

18   Payne, *Portrait of a Revolutionary*, p.54 참조.

19   Snow, *Red Star Over China*, p.147.

20   *Lichnoe delo Mao Tszeduna*, RGASPI, collection 495, inventory 225, file 71, vol. 1, sheet 292.

21   Snow, *Red Star Over China*, p.145 참조.

22   逢先知 編,『毛澤東年譜(1893-1949)』, 卷1, 40쪽.

23   Stuart R. Schram, ed., *Mao's Road to Power: Revolutionary Writings, 1912-1949*, vol. 2 (Armonk, NY: M. E. Sharpe, 1994), p.20.

24   李敏,『我的父親毛澤東』, 97쪽; 李銳,『毛澤東早期革命活動』, 71~72쪽.

25   *Lichnoe delo Mao Tszeduna*, RGASPI, collection 495, inventory 225, file 71, vol. 1, sheet 298.

26   周世釗 외,『五四運動在湖南』(長沙: 湖南人民出版社, 1959), 38쪽.

27   Schram, *Mao's Road to Power*, vol. 2, p.20.

28   *Lichnoe delo Mao Tszeduna*, RGASPI, collection 495, inventory 225, file 71, vol. 1, sheet 295.

29   Snow, *Red Star Over China*, pp.145~146.

30   Schram, *Mao's Road to Power*, vol. 2, p.19.

31   李維漢,『回憶與研究』, 卷1 (北京: 中央黨史資料出版社, 1986), 3쪽 참조.

32   같은 책.

33   *Lichnoe delo Mao Tszeduna*, RGASPI, collection 495, inventory 225, file 71, vol. 1, sheet 295.

34   Snow, *Red Star Over China*, p.146.

35 李敏, 『我的父親毛澤東』, 99쪽.

36 Schram, *Mao's Road to Power,* vol. 1, p.450.

37 李銳, 『毛澤東早期革命活動』, 78쪽.

38 Mao Zedong, *Poems of Mao Tse-tung,* trans., introd., and notes by Hua-ling Nieh Engle(聶華苓) and Paul Engle (New York: Simon and Schuster, 1972), p.32.

39 Schram, *Mao's Road to Power,* vol. 2, p.21.

40 蕭瑜, 『我和毛澤東行乞記』, 164쪽.

41 같은 책, 165쪽.

42 자세한 내용은 Marilyn A. Levine, *The Found Generation: Chinese Communists in Europe during the Twenties* (Seattle: University of Washington Press, 1993) 참조.

43 Daria A. Spichak, *Kitaitsy vo Frantsii* (Chinese in France, manuscript), pp.13~14 참조.

44 같은 책, pp.23~24.

45 같은 책, p.23.

46 逄先知 編, 『毛澤東年譜(1893-1949)』, 卷1, 174쪽.

47 Schram, *Mao's Road to Power,* vol. 1, p.174.

48 蕭瑜, 『我和毛澤東行乞記』, 165~166쪽.

49 逄先知 編, 『毛澤東年譜(1893-1949)』, 卷1, 174쪽.

5. 홍루몽

1 蕭瑜, 『我和毛澤東行乞記』, 166쪽.

2 廖蓋隆 編, 『毛澤東百科全書』, 卷1, 25쪽, 36쪽.

3 馬社香, 『紅色第一家族』, 17~18쪽.

4 같은 책, 30쪽.

5 蕭瑜, 『我和毛澤東行乞記』, 41쪽.

6 馬社香, 『紅色第一家族』, 22쪽에서 인용.

7 Schram, *Mao's Road to Power,* vol. 2, p.23; Snow, *Red Star Over China*, p.149.

8 蕭瑜, 『我和毛澤東行乞記』, 166쪽.

9 David Strand, *Rickshaw Beijing: City People and Politics in the 1920s* (Berkeley: University of California Press, 1989), p.13 참조.

10 Ellen N. La Motte, *Peking Dust* (New York: Century, 1919), p.20 참조.

11 Strand, *Rickshaw Beijing,* pp.20~21; Snow, *Red Star Over China*, p.148.

12 Schram, *Mao's Road to Power*, vol. 2, pp.17~22; Chang(張國燾), *The Rise of the Chinese Communist Party,* vol. 1, p.39.

13   Snow, *Red Star Over China*, p.149.

14   리다자오에 관해서는 허베이 성 러딩 현에 있는 리다자오 기념관의 전시품 참조. 韓一德·
      姚維鬪,『李大釗生平紀年』(哈爾濱: 黑龍江人民出版社, 1987);『李大釗傳』(北京: 人民出版
      社, 1979);『李大釗故居』(石家莊: 河北人民出版社, 1996);『李大釗紀念館』(石家莊: 河北
      人民出版社, 1999); Maurice Meisner, *Li Ta-chao and the Origins of Chinese Marxism*
      (New York: Atheneum, 1979).

15   Chang, *The Rise of the Chinese Communist Party*, vol. 1, p.90, p.265, p.335.

16   Snow, *Red Star Over China*, p.148.

17   Schram, *Mao's Road to Power*, vol. 1, p.317 참조.

18   자세한 내용은 다음을 참조. L. N. Borokh, *Obshchestvennaia mysl' Kitaia i sotsialism*
      (*nachalo XX v.*) (Social Thought in China and Socialism in the Early Twentieth
      Century) (Moscow: Nauka, 1984); M. A. Persits, "O podgotovitel'nom etape
      kommunisticheskogo dvizheniia v Azii" (On the Preparatory Stage of the Communist
      Movement in Asia), R. A. Ul'anovsky, ed., *Revoliutsionnyi protsess na Vostoke: Istoriia
      i sovremennost'* (The Revolutionary Process in the East: Past and Present) (Moscow:
      Nauka, 1982), pp.38~76; Martin Bernal, *Chinese Socialism to 1907* (Ithaca, NY:
      Cornell University Press, 1976);『馬克急恩格斯著作中譯文總錄』(北京: 書目文獻出版社,
      1988), 1119~1121쪽.

19   毛澤東,「七大工作方針」,《紅旗》, 第14號 (1981), 4쪽.

20   Li Dazhao(李大釗), *Izbrannye proizvedeniia* (Selected Works) (Moscow: Nauka,
      1989), p.147. 이하 李大釗,『李大釗選集』으로 칭한다.

21   같은 책, 155쪽, 156쪽, 158~161쪽.

22   韓一德·姚維鬪,『李大釗生平紀年』, 59쪽 참조.

23   廖蓋隆 編,『毛澤東百科全書』, 卷5, 2662쪽 참조.

24   李大釗,『李大釗選集』, 164쪽.

25   廖蓋隆 編,『毛澤東百科全書』, 卷5, 2664쪽 참조.

26   Snow, *Red Star Over China*, p.151.

27   Schram, *Mao's Road to Power*, vol. 1, p.139.

28   Lee Feigon, *Chen Duxiu*(陳獨秀): *Founder of the Chinese Communist Party*
      (Princeton, NJ: Princeton University Press, 1983), pp.23~112 참조.

29   Schram, *Mao's Road to Power*, vol. 1, p.329.

30   陳獨秀,『陳獨秀文章選編』, 卷1 (北京: 生活, 讀書, 新知三聯書店, 1984), 170쪽.

31   李大釗,『李大釗選集』, 192쪽; Lee Feigon, *Chen Duxiu*(陳獨秀), p.142; Chang, *The Rise
      of the Chinese Communist Party*, vol. 1, p.90, p.110, p.694 참조.

32   *Lichnoe delo Mao Tszeduna*, RGASPI, collection 495, inventory 225, file 71, vol. 1,

sheet 296 참조.

33 Snow, *Red Star Over China*, p.149.

34 Spichak, *Kitaitsy vo Frantsii* (Chinese in France) (manuscript), pp.23~24; 羅紹志,「蔡
母葛健豪」, 胡華 編,『中共黨史人物傳』, 卷6 (西安: 陝西人民出版社, 1982), 47~57쪽.

35 Snow, *Red Star Over China*, p.148.

36 같은 책, p.150.

37 Schram, *Mao's Road to Power*, vol. 1, p.85 참조.

38 Snow, *Red Star Over China*, p.148.

39 Schram, *Mao Tse-tung*, p.48.

40 Snow, *Red Star Over China*, p.149.

41 Schram, *Mao's Road to Power*, vol. 1, p.317.

42 같은 책, p.317.

43 Snow, *Red Star Over China*, p.147.

44 Mao, *Oblaka v snegu* (Clouds in the Snow), p.13.

45 逢先知 編,『毛澤東年譜(1893-1949)』, 卷1, 52쪽 참조.

6. 민중의 대연합

1 周世釗,『五四運動在湖南』, 9쪽 참조.

2 L. P. Deliusin, ed., *Dvizhenie 4 maia 1919 goda v Kitae: Dokumenty i materialy*
(The May Fourth Movement of 1919 in China: Documents and Materials) (Moscow:
Nauka, 1969), p.45.

3 같은 책, pp.50~51.

4 같은 책, pp.54~55.

5 같은 책, p.96 참조.

6 같은 책, p.107; 逢先知 編,『毛澤東年譜(1893-1949)』, 卷1, 41쪽.

7 Schram, *Mao's Road to Power*, vol. 1, p.211.

8 같은 책, vol. 2, p.24.

9 逢先知 編,『毛澤東年譜(1893-1949)』, 卷1, 41쪽.

10 Deliusin, *Dvizhenie 4 maia 1919 goda v Kitae: Dokumenty i materialy*, p.71, p.84.

11 같은 책, p.42.

12 周世釗,『五四運動在湖南』, 13쪽.

13 같은 책; 逢先知 編,『毛澤東年譜(1893-1949)』, 卷1, 42쪽.

14 V. I. Lenin, *Selected Works*, vol. 2 (New York: International, 1943), p.19.

15 Schram, *Mao's Road to Power*, vol. 1, p.320.

16 같은 책, p.318, p.319.

17 같은 책, pp.329~330.

18 같은 책, p.332.

19 같은 책, vol. 2, p.172.

20 『五四時期期刊介紹』, 卷1 (北京: 生活, 讀書, 新知三聯書店, 1979), 144쪽, 547~549쪽.

21 周世釗, 『五四運動在湖南』, 17쪽.

22 Schram, *Mao's Road to Power*, vol. 1, p.378, p.381.

23 같은 책, p.380, pp.385~386.

24 같은 책, p.319.

25 李銳, 『毛澤東早期革命活動』, xxix; Short, *Mao,* p.95; 周世釗, 『五四運動在湖南』, 15~16쪽.

26 周世釗, 『五四運動在湖南』, 29쪽.

27 Schram, *Mao's Road to Power*, vol. 1, p.418.

28 周世釗, 『五四運動在湖南』, 21쪽 참조.

29 Schram, *Mao's Road to Power*, vol. 1, p.445.

30 같은 책, p.491; Short, *Mao,* p.115.

31 Schram, *Mao's Road to Power*, vol. 1, p.422. 마오쩌둥의 영문 전기 작가인 장룽(張戎)과 존 할리데이(Jon Halliday)는 놀랄 만한 이야기를 하고 있다. 그들에 따르면, 1919년 마오 쩌둥이 여성 문제에 대해 쓴 글이 이를 증명한다. "확실히 남성으로서 마오쩌둥은 여성을 돌봐야 한다고 생각하지 않았다. 그는 그들에 대해 책임지지 않으려고 했다. ……그는 그들 을 부드럽게 대해야 한다고 여기지 않았다." (Chang and Halliday, *Mao*, p.18). 그러나 실 상은 이와 정반대였다.

32 逢先知 編, 『毛澤東年譜(1893-1949)』, 卷1, 47쪽 참조.

33 周世釗, 『五四運動在湖南』, 29~30쪽.

34 逢先知 編, 『毛澤東年譜(1893-1949)』, 卷1, 49쪽.

35 같은 책; 吳秦傑 編, 『毛澤東光輝歷程地圖集』 (北京: 中國地圖出版社, 2003), 18쪽.

36 *Lichnoe delo Mao Tszeduna*, RGASPI, collection 495, inventory 225, file 71, vol. 1, sheet 297 참조.

37 Schram, *Mao's Road to Power*, vol. 1, p.487 참조.

38 逢先知 編, 『毛澤東年譜(1893-1949)』, 卷1, 76쪽 참조.

39 Schram, *Mao's Road to Power*, vol. 1, p.492.

40 같은 책, pp.491~495 참조.

41 같은 책, pp.488~489.

42 같은 책, p.476.

43 같은 책, p.473.

44 같은 책, p.496.

45 Edward A. McCord, *The Power of the Gun: The Emergence of Modern Chinese Warlordism* (Berkeley: University of California Press, 1993), pp.296~300 참조.

46 Schram, *Mao's Road to Power*, vol. 1, pp.518~519.

47 같은 책, p.522.

48 Snow, *Red Star Over China*, p.153.

49 逄先知 編, 『毛澤東年譜(1893-1949)』, 卷1, 57쪽; Alexander Pantsov, *The Bolsheviks and the Chinese Revolution, 1919-1927* (Honolulu: University of Hawai'i Press, 2000), pp.33~35 참조.

50 자세한 내용은 Feigon, *Chen Duxiu*, pp.138~146 참조.

51 Yu. M. Garushiants, *Dvizhenie 4 maia v Kitae* (The May Fourth Movement in China) (Moscow: Nauka, 1959); Deliusin, *Dvizhenie 4 maia 1919 goda v Kitae: Dokumenty I materialy*; Chow Tse-tsung, *The May Fourth Movement: Intellectual Revolution in Modern China* (Cambridge, MA: Harvard University Press, 1960) 참조.

52 Li, *Izbrannye proizvedeniia*, p.204 참조.

53 毛澤東, 『毛澤東選集』, 卷4 (北京: 外文出版社, 1969), 413쪽.

54 羅素(Russell), 「遊俄感惻」, 《新靑年》8, 第2號 (1920), 1~12쪽.

55 L. P. Deliusin, *Spor o sotsializme: Iz istorii obshchestvenno-politicheskoi mysli Kitaia v nachale 20-kh godov* (The Dispute over Socialism: From the History of Sociopolitical Thought in China in the Early 1920s) (Moscow: Nauka, 1970), pp.31~34 참조.

56 Schram, *Mao's Road to Power*, vol. 2, p.8에서 인용.

57 같은 책, vol. 1, p.505.

58 같은 책, p.506.

59 같은 책, p.534.

60 같은 책, p.519.

61 같은 책.

7. 세계 혁명을 호흡하다

1 같은 책, p.518; vol. 2, p.26.

2 李銳, 『毛澤東早期革命活動』, 134쪽 참조.

3 Schram, *Mao's Road to Power*, vol. 1, p.518.

4 Pan Ling, *In Search of Old Shanghai* (Hong Kong: Joint, 1983), p.19; Betty Peh-

t'i Wei, *Old Shanghai* (Hong Kong, 1991), p.13, p.14, p.15; *All About Shanghai and Environs: A Standard Guide Book: Historical and Contemporary Facts and Statistics* (Shanghai: University Press, 1934); 唐振常 編, 『近代上海繁華錄』(香港: 商務印書館, 1993), 12쪽 참조.

5 李銳, 『毛澤東早期革命活動』, 134쪽 참조.

6 Schram, *Mao's Road to Power*, vol. 1, p.473, pp.514~516 참조.

7 Snow, *Red Star Over China*, p.152.

8 A. M. Grigoriev, *Antiimperialisticheskaia programma kitaiskikh burzhuaznykh revoliutsionerov, 1895-1905* (The Anti-imperialist Program of the Chinese Bourgeois Revolutionaries, 1895-1905) (Moscow: Nauka, 1966), p.65 참조.

9 Schram, *Mao's Road to Power*, vol. 1, p.501.

10 같은 책, p.599.

11 같은 책, p.523.

12 같은 책, p.523, p.526.

13 같은 책, p.511, p.527, p.529.

14 같은 책, p.572.

15 Snow, *Red Star Over China*, p.151.

16 같은 책, p.154.

17 V. I. Glunin, "Grigorii Voitinsky, 1893-1953", G. V. Astafiev et al., eds., *Vidnye sovietskie kommunisty—uchastniki kitaiskoi revoliutsii* (Prominent Soviet Communists—Participants in the Chinese Revolution) (Moscow: Nauka, 1970), pp.66~67; Pantsov, *The Bolsheviks and the Chinese Revolution, 1919-1927*, p.295 참조.

18 M. L. Titarenko et al., eds., VKP(b), *Komintern i Kitai: Dokumenty* (The CPSU, the Comintern and China: Documents), vol. 1 (Moscow: AO "Buklet", 1994), p.48; M. L. Titarenko, ed., *Istoriia Kommunisticheskoi partii Kitaia* (History of the Communist Party of China), vol. 1 (Moscow: IDV AN SSSR, 1987), pp.48~49; Chang, *The Rise of the Chinese Communist Party*, vol. 1, pp.122~123 참조.

19 Schram, *Mao's Road to Power*, vol. 1, p.589.

20 *Lichnoe delo Mao Tszeduna* (Personal File of Mao Zedong), RGASPI, collection 495, inventory 225, file 71, vol. 1, sheets 296~297 참조.

21 Schram, *Mao's Road to Power*, vol. 1, pp.584~586.

22 邵飄萍, 『新俄國之研究』(n.p.: 日本 大阪, 東瀛編譯社, 1920).

23 Schram, *Mao's Road to Power*, vol. 1, p.534, pp.585~586, pp.589~591; vol. 2, pp.48~49.

24 逢先知 編, 『毛澤東年譜(1893-1949)』, 卷1, 63쪽.

25 Schram, *Mao's Road to Power*, vol. 1, pp.554~555.

26 Chang and Halliday, *Mao*, p.16 참조.

27 Schram, *Mao's Road to Power*, vol. 1, pp.493~494, pp.506~507, p.518 참조.

28 Qiwu lao-ren(七五老人, Bao Huiseng(包惠僧)), "Do i posle obrazovaniia Kommunisticheskoi partii Kitaia" (Before and After the Formation of the Communist Party of China), *Rabochii klass i sovremennyi mir* (The working class and the contemporary world), no. 2 (1971), p.120;《人民日報》, 1983년 8월 14일자; 蕭勁光, 「赴蘇學習前後」, 『革命史資料』, 北京, 第3號 (1981), 6쪽; Donald Klein and Anne Clark, *Biographic Dictionary of Chinese Communism*, vol. 1 (Cambridge, MA: Harvard University Press, 1971), p.241; vol. 2, p.982.

29 蕭勁光, 「赴蘇學習前後」, 6쪽; 상하이 중국사회주의청년단 박물관 전시물 참조.

30 Schram, *Mao's Road to Power*, vol. 1, pp.536~537, pp.539~540, pp.575~576, p.615.

31 Short, *Mao*, p.108 참조.

32 Schram, *Mao's Road to Power*, vol. 2, p.16.

33 *Lichnoe delo Mao Tszeduna*, RGASPI, collection 495, inventory 225, file 71, vol. 1, sheets 296~297 참조.

34 Snow, *Red Star Over China*, p.152.

35 Schram, *Mao's Road to Power*, vol. 2, p.167.

36 같은 책, vol. 1, p.595.

37 같은 책.

38 張允侯, 殷叙彛, 『五四時期的社團』, 卷1 (北京: 生活, 讀書, 新知三聯書店, 1979), 28~29쪽. 장룽과 존 할리데이는 공산당을 조직하겠다는 생각이 "어떤 한 중국인의 자발적인 의도에서 시작된 것이 아니……"라고 말했으나 이는 정확한 발언이 아니다.(Chang and Halliday, *Mao*, p.19) 차이허썬은 중국공산당이 보이딘스키나 모스크바의 어떤 대표에 대해서도 독립적일 필요가 있다고 결정했다.

39 Titarenko, VKP(b), *Komintern i Kitai: Dokumenty*, vol. 1, p.30 참조.

40 K. V. Shevelev, *Iz istorii obrazovaniia Kommunisticheskoi partii Kitaia* (From the History of the Establishment of the Communist Party of China) (Moscow: IDV AN SSSR, 1976), p.63 참조.

41 Schram, *Mao's Road to Power*, vol. 1, p.600.

42 같은 책.

43 같은 책, vol. 2, pp.26~27.

44 같은 책, p.8.

45 같은 책, p.8, p.9.

46 같은 책, p.11.

47   같은 책, vol. 1, p.544.

48   V. I. Glunin, *Komintern i stanovlenie kommunisticheskogo dvizheniia v Kitae, 1920–1927* (The Comintern and the Rise of the Communist Movement in China, 1920–1927), R. A. Ulianovskii, ed., *Komintern i Vostok: Bor'ba za leninskuiu strategiiu i taktiku v natsional'no-osvoboditel'nom dvizhenii* (The Comintern and the East: The Struggle for Leninist Strategy and Tactics in the National Liberation Movement) (Moscow: Nauka, 1968), p.249 참조.

49   陳獨秀, 「社會主義批評」, 《新靑年》9, 第3號 (1921), 11쪽, 13쪽.

50   예를 들어 다음 문헌들에서 그들의 선집을 참고할 수 있다. 『馬克急主義在中國—從影響的傳入到傳播』, 卷2 (北京: 淸華大學出版社, 1983); 『共産小組』, 2卷 (北京: 中共黨史資料出版社, 1987) 참조.

51   吳秦傑, 『毛澤東光輝歷程地圖集』 (北京: 中國地圖出版社, 2003), 21쪽 참조.

52   逢先知 編, 『毛澤東年譜(1893-1949)』, 卷1, 70쪽.

53   같은 책.

54   Schram, *Mao's Road to Power*, vol. 1, p.594에서 인용.

55   逢先知 編, 『毛澤東年譜(1893-1949)』, 卷1, 75쪽 참조.

56   같은 책, 73쪽; Chang, *The Rise of the Chinese Communist Party*, vol. 1, p.105, p.129.

57   李敏, 『我的父親毛澤東』, 134쪽 참조.

58   逢先知 編, 『毛澤東年譜(1893-1949)』, 卷1, 76쪽에서 인용.

59   같은 책.

60   李敏, 『我的父親毛澤東』, 135쪽.

61   Short, *Mao*, p.226.

62   1920년 마오쩌둥은 마오쩌젠을 그녀가 사랑하지 않는 남편의 집에서 구출하여 '봉건적 혼인 관계'를 해제하도록 설득했다. 당시 마오쩌젠은 열다섯 살로 이름은 쥐메이(菊妹)였다. 이에 관해서는 다음을 참조. 李敏, 『我的父親毛澤東』, 127~128쪽; 孔東梅, 『翻開我家老影集: 我心中外公毛澤東』 (北京: 中央文獻出版社, 2003), 189쪽; 裴健 編, 『湘魂—毛澤東的家世』 (北京: 群衆出版社, 1992), 56~58쪽; 『毛主席一家六烈士』 (長沙: 湖南人民出版社, 1978), 93~110쪽.

63   逢先知 編, 『毛澤東年譜(1893-1949)』, 卷1, 82쪽 참조.

64   李敏, 『我的父親毛澤東』, 135쪽 참조.

8. 러시아의 길을 따르다

1   Schram, *Mao's Road to Power*, vol. 2, p.61.

2   같은 책, pp.67~70.

3   같은 책, pp.37~38.

4   같은 책, p.38.

5   Titarenko, VKP(b), *Komintern i Kitai: Dokumenty* (The CPSU, the Comintern and China: Documents), vol. 1, p.27.

6   Chang, *The Rise of the Chinese Communist Party*, vol. 1, p.137, p.139.

7   Titarenko, VKP(b), *Komintern i Kitai: Dokumenty* , vol. 1, p.743.

8   같은 책, p.60.

9   『上海地區建黨活動研究資料』(上海: 上海市第一人民警察學校, 1986), 120쪽; 逄先知 編, 『毛澤東年譜(1893-1949)』, 卷1, 84쪽 참조.

10   M. A. Persits, "Iz istorii stanovleniia Kommunisticheskoi partii Kitaia (Doklad podgotovlennyi Chzhang Taileem dlia III Kongressa Kominterna kak istoricheskii istochnik)" (From the History of the Founding of the Communist Party of China (Zhang Tailei's Report to the Third Congress of the Comintern as an Historical Source)), *Narody Azii i Afriki* (Peoples of Asia and Africa), no. 4 (1971), p.51에서 인용.

11   『上海地區建黨活動研究資料』, 120~121쪽; 陳公博, 周佛溟, 『陳公博周佛溟回憶錄』(香港: 春秋出版社, 1988), 116쪽 참조.

12   『上海地區建黨活動研究資料』, 131쪽.

13   "Novye materialy o pervom s"ezde Kommunisticheskoi partii Kitaia" (New Materials on the First Congress of the Communist Party of China), *Narody Azii i Afriki*, no. 6 (1972), p.151 참조.

14   장룽과 존 할리데이는 장궈타오가 대회의 주석으로 선출된 까닭에 대해 "러시아에 다녀온 적이 있고 외국인들과 관계를 맺고 있었기 때문"이라고 했다.(Chang and Halliday, *Mao*, p.26) 그러나 이런 주장은 사실이 아니다. 장궈타오는 중국공산당 창립 대회 이후에야 처음으로 러시아를 방문했기 때문이다. 장궈타오와 '외국인(코민테른 대표?)'의 관계도 다른 대다수 대표들에 비해 그다지 밀접한 것은 아니었다. 그가 대회의 주석으로 선출된 까닭은 대회 이전에 이미 탁월한 활약상을 보였기 때문일 것이다.

15   Chang, *The Rise of the Chinese Communist Party*, vol. 1, p.140, p.141.

16   C. Martin Wilbur, ed., *The Communist Movement in China: An Essay Written in 1924 by Ch'en Kung-po* (New York: Columbia University Press, 1960), p.106.

17   같은 책.

18   같은 책, p.109.

19   같은 책, p.83.

20   "Kongress Kommunisticheskoi partii v Kitae" (Congress of the Communist Party of China), *Narody Azii i Afriki*, no. 6 (1972), pp.151~152 참조.

21 沈德純, 田湄燕,「中國共産黨一大的主要問題」,《人民日報》, 1961년 6월 30일자 참조.

22 V. I. Lenin, *Polnoe sobranie sochinenii* (Complete Collected Works), vol. 39 (Moscow: Politizdat, 1974), p.327.

23 V. I. Lenin, *Selected Works*, vol. 10 (New York: International, 1943), pp.231~244.

24 "Kongress Kommunisticheskoi partii v Kitae", p.153. 이 외에 다음을 참조. 『上海地區建黨活動研究資料』, 9쪽, 122~124쪽; 吳秦傑,『毛澤東光輝歷程地圖集』, 23쪽; 陳公博, 周佛淇,『陳公博周佛淇回憶錄』, 40쪽, 117쪽; Chang, *The Rise of the Chinese Communist Party*, vol. 1, pp.136~152; Qiwu, *Do i posle obrazovaniia Kommunisticheskoi partii Kitaia*, pp.117~127; Chen Pang-qu(陳潭秋), "Vospominaniia o I s˝ezde Kompartii Kitaia" (Reminiscences of the First Congress of the CCP), *Kommunisticheskii Internatsional* (Communist International), no. 14 (1936), pp.96~99; 蕭瑜,『我和毛澤東行乞記』, 196~203쪽. 장룽과 존 할리데이는 일반적으로 널리 알려진 사실인데도 중국공산당이 성립된 것이 1921년 7월 회의에서가 아니라 이보다 1년 이른 1920년 8월이었다고 주장하고 있다.(Chang and Halliday, *Mao*, p.19) 그들이 이렇게 주장한 것은 자신들의 말마따나 마오쩌둥이 당의 발기인들 가운데 한 명이라는 '신화'를 깨뜨리기 위함이다. 그러나 1920년 여름에 처음 성립된 것은 당이 아니라 상하이에 위치한 공산주의 소조다.

9. 볼셰비키 전술의 교훈

1 Tony Saich, *The Origins of the First United Front in China: The Role of Sneevliet* (Alias Maring), vol. 1 (Leiden: Brill, 1991), pp.309~310 참조.

2 『上海地區建黨活動研究資料』, 10쪽.

3 *Otchet tov. G. Maringa Kominternu. Iul' 1922 g.* (Comrade G. Maring's Report to the Comintern, July 1922), RGASPI, collection 514, inventory 1, file 20, sheets 85~91; 張太雷,『張太雷文集』(北京: 人民出版社, 1981), 330쪽; Harold Isaacs, "Documents on the Comintern and the Chinese Revolution", *China Quarterly*, no. 45 (1971), pp.103~104; Lin Hongyuan,「張太雷」, 胡華 編,『中共黨史人物傳』, 卷4 (西安: 陝西人民出版社, 1982), 81~82쪽;『中共三代資料』(廣州: 廣東人民出版社, 1985), 12쪽; Saich, *The Origins of the First United Front*, vol. 1, pp.216~246, p.252, pp.317~323 참조.

4 Saich, *The Origins of the First United Front in China*, vol. 1, p.323.

5 姜華宣,「黨的民主革命綱領的提出和國共合作策略的幾個問題」,『近代史研究』, 第2號 (1985), p.116.

6 『二代和三代: 中國共産黨第二·三次代表大會資料選編』(北京: 中國社會科學出版社, 1985), 36쪽 참조.

7 Saich, *The Origins of the First United Front in China*, vol. 1, p.284 참조.

8 Glunin, *Komintern i stanovlenie kommunisticheskogo dvizheniia v Kitae*, 1920-1927 (The Comintern and the Rise of the Communist Movement in China, 1920-1927), p.252 참조.

9 逄先知 編, 『毛澤東年譜(1893-1949)』, 卷1, 85쪽.

10 같은 책, 86쪽.

11 Schram, *Mao's Road to Power*, vol. 2, p.100 참조.

12 같은 책.

13 같은 책, p.134.

14 毛澤東, 『毛澤東詩詞對聯集注』(長沙: 湖南文藝出版社, 1991), 161쪽. 둥팅 호(洞庭湖)는 창사 북쪽에 있는 큰 호수다. 샤오(瀟)와 샹(湘)은 후난의 중요 강이다.

15 逄先知 編, 『毛澤東年譜(1893-1949)』, 卷1, 91쪽.

16 Schram, *Mao's Road to Power*, vol. 2, p.107.

17 같은 책, pp.174~75; Snow, *Red Star Over China*, p.155.

18 吳秦傑, 『毛澤東光輝歷程地圖集』, 27쪽 참조.

19 Schram, *Mao's Road to Power*, vol. 2, p.174, p.175; 『中共三代資料』, 128쪽.

20 Snow, *Red Star Over China*, p.155.

21 Schram, *Mao's Road to Power,* vol. 2, p.177.

22 逄先知 編, 『毛澤東年譜(1893-1949)』, 卷1, 92~103쪽; 吳秦傑, 『毛澤東光輝歷程地圖集』, 27~29쪽.

23 逄先知 編, 『毛澤東年譜(1893-1949)』, 卷1, 119쪽, 128쪽; 馬社香, 『紅色第一家族』, 310~312쪽, 334~335쪽.

24 Mao Zemin, "Avtobiografiia" (Autobiography), RGASPI, collection 495, inventory 225, file 477, sheet 12; 李敏, 『我的父親毛澤東』, 108쪽; 馬社香, 『紅色第一家族』, 259쪽, 286쪽.

25 Schram, *Mao's Road to Power*, vol. 2, p.136, p.137, p.177.

26 逄先知 編, 『毛澤東年譜(1893-1949)』, 卷1, 103~104쪽.

27 Schram, *Mao's Road to Power*, vol. 2, pp.132~140.

28 같은 책, p.136.

29 Titarenko, VKP(b), *Komintern i Kitai: Dokumenty*, vol. 1, p.236.

30 Snow, *Red Star Over China*, p.152.

31 Schram, *Mao's Road to Power*, vol. 2, p.136.

32 吳秦傑, 『毛澤東光輝歷程地圖集』, 26쪽; 逄先知 編, 『毛澤東年譜(1893-1949)』, 卷1, 95쪽 참조.

33 逄先知 編, 『毛澤東年譜(1893-1949)』, 卷1, 95~96쪽.

34 吳秦傑, 『毛澤東光輝歷程地圖集』, 26쪽 참조.

35   Saich, *The Origins of the First United Front in China*, vol. 1, pp.344~345 참조.

36   Schram, *Mao's Road to Power*, vol. 2, p.103.

37   같은 책, p.93.

38   逄先知 編, 『毛澤東年譜(1893-1949)』, 卷1, 87쪽; 李敏, 『我的父親毛澤東』, 119쪽.

39   RGASPI, collection 5, inventory 3, file 31, sheet 56.

40   V. I. Lenin, *Polnoe sobranie sochinenii* (Complete Collected Works), vol. 44 (Moscow: Politizdat, 1977), p.702; Chang, *The Rise of the Chinese Communist Party*, vol. 1, pp.207~209 참조.

41   「遠東各國共産黨暨民族革命團體第一次大會宣言」, 《先驅》, 第10號 (1922), 4쪽 참조.

42   Chang, *The Rise of the Chinese Communist Party*, vol. 1, p.220 참조.

43   자세한 내용은 M. I. Sladkovskii, ed., *Noveishaia istoriia Kitaia, 1917-1927* (Contemporary History of China, 1917-1927) (Moscow: Nauka, 1983), pp.108~109 참조.

44   「中國共産黨對於時局的主張」, 《先驅》, 第9號 (1922), 2쪽, 3쪽.

45   Glunin, *Komintern i stanovlenie kommunisticheskogo dvizheniia v Kitae*, p.252; 姜華宣, 「黨的民主革命綱領的提出和國共合作策略的幾個問題」, 116쪽에서 인용.

46   Snow, *Red Star Over China*, p.156.

47   장룽 부부는 마오쩌둥이 참가하지 않은 것은 대회에서 '퇴출'되었기 때문이라고 했다.(Chang and Halliday, *Mao*, p.31) 그러나 그들은 이와 관련하여 명확한 근거를 제시하지 못하고 있다.

48   『中國共産黨機關發展參考資料』, 卷1 (北京: 中共黨校出版社, 1983), 38쪽 참조.

49   『中國共産黨五年來之政治主張』 (廣州: Guoguan書局, 1926), 1~23쪽; 『中共三代資料』, 5~7쪽; Wilbur, *The Communist Movement in China*, pp.105~117 참조.

50   Wilbur, *The Communist Movement in China*, pp.119~120.

51   Saich, *The Origins of the First United Front in China*, vol. 1, p.327.

52   Chang, *The Rise of the Chinese Communist Party*, vol. 1, p.250.

53   Dov Bing, "Sneevliet and the Early Years of the CCP", *China Quarterly*, no. 48 (1971), pp.690~691 참조.

54   S. A. Dalin, *Kitaiskie memuary, 1921-1927* (Chinese Memoirs, 1921-1927) (Moscow: Nauka, 1975), p.134에서 인용.

55   王健民, 『中國共産黨史稿』, 卷1 (臺北: 作家出版社, 1965), 94쪽 참조.

56   Saich, *The Origins of the First United Front in China*, vol. 1, p.53 참조.

57   같은 책, p.310; Chang, *The Rise of the Chinese Communist Party*, vol. 1, p.138.

58   Yang Kuisong, "Obshchaia kharakteristika otnoshenii mezhdu VKP(b) (KPSS), Kominternom i KPK do 1949 goda" (The General Nature of Relations Between the VKP(b) (CPSU), and the CCP to 1949), *Problemy Dal'nego Vostoka*, no. 6 (2004),

p.103 참조.

10. 국민당 가입

1 S. Kalachev (S. N. Naumov), "Kratkii ocherk istorii Kitaiskoi kommunisticheskoi partii" (Brief History of the Chinese Communist Party), *Kanton* (Canton), no. 10 (1927), p.51; Chang, *The Rise of the Chinese Communist Party*, vol. 1, p.260 참조.

2 Chang, *The Rise of the Chinese Communist Party*, vol. 1, p.260; 徐元冬 等, 『中國共産黨歷史講話』(北京: 中國青年出版社, 1982), 36쪽.

3 *Biulleten' IV Kongressa Kommunisticheskogo Internatsionala* (Bulletin of the Fourth Congress of the Communist International), no. 20 (November 29, 1922.), p.18 참조.

4 鄒魯, 『中國國民黨史稿』(長沙, 民智書局, 1931), 345~348쪽 참조.

5 I. F. Kurdiukov et al., eds., *Sovetsko-kitaiskie otnosheniia, 1917-1957: Sbornik dokumentov* (Soviet-Chinese Relations, 1917-1957: A Documentary Collection) (Moscow: Izd-vo vostochnoi literatury, 1959), pp.64~65.

6 馬社香, 『紅色第一家族』, 29쪽에서 인용.

7 逄先知 編, 『毛澤東年譜(1893-1949)』, 卷1, 111쪽 참조.

8 吳秦傑, 『毛澤東光輝歷程地圖集』, 29쪽 참조.

9 Saich, *The Origins of the First United Front in China*, vol. 1, p.345.

10 吳秦傑, 『毛澤東光輝歷程地圖集』, 31쪽, 32쪽.

11 Schram, *Mao's Road to Power*, vol. 2, p.157, p.159, p.161.

12 Saich, *The Origins of the First United Front in China*, vol. 1, pp.448~449; vol. 2, pp.589~590, pp.616~617.

13 『中共三代資料』, 155쪽 참조.

14 같은 책, 128쪽 참조.

15 자세한 내용은 Daria A. Spichak, *Kitaiskii avangard Kremlia: Revoliutsionery Kitaia v moskovskikh shkolakh Kominterna, 1921-1939* (Chinese Vanguard of the Kremlin: Revolutionaries of China in Moscow Comintern Schools, 1921-1939) (Moscow: "Veche", 2012), pp.58~59 참조.

16 『中共三代資料』, 62쪽.

17 필자가 1992년 7월 17일 영국 리즈(Leeds)에서 전 중국공산당 당원 왕판시(王凡西)와 대담한 내용.

18 Cai He-sen(蔡和森), "Istoriia opportunizma v Kommunistecheskoi partii Kitaia" (The History of Opportunism in the Communist Party of China), *Problemy Kitaia*

(Problems of China), no. 1 (1929), p.4.

19   Sladkovskii, *Noveishaia istoriia Kitaia, 1917-1927*, p.140에서 인용.

20   Chang, *The Rise of the Chinese Communist Party,* vol. 1, p.308 참조.

21   Saich, *The Origins of the First United Front in China,* vol. 2, p.580.

22   Chang, *The Rise of the Chinese Communist Party,* vol. 1, p.311.

23   『中共三代資料』, 81쪽, 82쪽.

24   같은 책, 132쪽 참조.

25   逄先知 編, 『毛澤東年譜(1893-1949)』, 卷1, 114쪽.

26   Titarenko, VKP(b), *Komintern i Kitai: Dokumenty* (The CPSU, the Comintern and China: Documents), vol. 1, p.238 참조. 이 외에 *Soviet Plot in China* (Peking: Metropolitan Police Headquarters, 1927), document no. 13 참조.

27   Chang, *The Rise of the Chinese Communist Party,* vol. 1, p.309에서 인용.

28   『中共三代資料』, 88쪽.

29   M. L. Titarenko, ed., *Kommunisticheskii Internatsional i kitaiskaia revoliutsiia: Dokumenty i materialy* (The Communist International and the Chinese Revolution: Documents and Materials) (Moscow: Nauka, 1986), p.39.

30   Peng Pai (彭湃), *Zapiski Pen Paia* (Notes of Peng Pai), trans. A. Ivin (Moscow: Zhurnal'nogazetnoe ob"edinenie, 1938), p.9.

31   Sladkovskii, *Noveishaia istoriia Kitaia, 1917-1927* (Contemporary History of China, 1917-1927), p.166 참조.

32   『中共三代資料』, 103~104쪽.

33   같은 책, 157쪽.

34   Schram, *Mao's Road to Power,* vol. 2, p.30 참조.

35   逄先知 編, 『毛澤東年譜(1893-1949)』, 卷1, 115쪽 참조.

36   *Voprosy istorii KPSS* (Problems of history of the Communist Party of the Soviet Union), no. 10 (1966), p.34; Saich, *The Origins of the First United Front in China,* vol. 2, p.526 참조.

37   Schram, *Mao's Road to Power,* vol. 2, p.165.

38   Titarenko, VKP(b), *Komintern i Kitai: Dokumenty,* vol. 1, p.240 참조.

39   蔣宋美齡, 『與鮑羅廷談話回憶錄』(臺北: 源成文化圖書供應社, 1976), 12~13쪽.

40   Dalin, *Kitaiskie memuary, 1921-1927,* p.149.

41   Chang, *The Rise of the Chinese Communist Party,* vol. 1, p.519.

42   Titarenko, *VKP(b), Komintern i Kitai: Dokumenty,* vol. 1, pp.255~314; 蔣中正, 『蘇俄在中國』(*Soviet Russia in China: A Summing Up at Seventy*), 영역본은 쑹메이링의 지시에 따라 개정하면서 판형을 키우고 지도를 삽입했다. (New York: Farrar, Straus &

Cudahy, 1958), pp.21~27; Ch'en Chieh-ju(陳潔妊), *Chiang Kai-shek's Secret Past: The Memoirs of His Second Wife* (Boulder, CO: Westview Press, 1993), pp.130~137 참조.

43 Titarenko, *VKP(b), Komintern i Kitai: Dokumenty*, vol. 1, p.261.

44 Ch'en Chieh-ju, *Chiang Kai-shek's Secret Past,* p.131, p.133, p.136.

45 *Kommunist* (Communist), no. 4 (1966), pp.12~14 참조.

46 A. I. Cherepanov, *Zapiski voennogo sovetnika v Kitae* (Notes of a Military Adviser in China), 2nd ed. (Moscow: Nauka, 1976), pp.30~72 참조. 이 외에 Alexander Ivanovich Cherepanov, *Notes of a Military Adviser in China*, trans. Alexandra O. Smith (Taipei: Office of Military History, 1970), pp.10~37 참조.

47 Sun Yat-sen, *Izbrannye proizvedeniia* (『孫逸仙選集』), 2nd ed., 개정증보판 (Moscow: Nauka, 1985), p.327.

48 逢先知 編,『毛澤東年譜(1893-1949)』, 卷1, 116쪽, 118쪽.

49 Chang, *The Rise of the Chinese Communist Party*, vol. 1, p.315.

50 Schram, *Mao's Road to Power*, vol. 2, p.179, p.181, p.182.

51 逢先知 編,『毛澤東年譜(1893-1949)』, 卷1, 118쪽.

52 Schram, *Mao's Road to Power*, vol. 2, p.193.

53 逢先知 編,『毛澤東年譜(1893-1949)』, 卷1, 119쪽; Angus W. McDonald Jr., *The Urban Origins of Rural Revolution: Elites and the Masses in Hunan Province, China, 1911-1927* (Berkeley: University of California Press, 1978), p.58, p.120, p.205; Short, *Mao*, p.144 참조.

54 Schram, *Mao's Road to Power*, vol. 2, p.194.

55 『中共三代資料』, 120쪽.

56 같은 책, 121쪽.

57 逢先知 編,『毛澤東年譜(1893-1949)』, 卷1, 118쪽 참조.

58 McDonald, *The Urban Origins of Rural Revolution*, p.137 참조.

59 Mao, *Oblaka v snegu*, pp.14~15.

11. 희망과 실망

1 Dalin, *Kitaiskie memuary, 1921-1927* (Chinese Memoirs, 1921-1927), p.89.

2 V. V. Vishniakova-Akimova, *Two Years in Revolutionary China, 1925-1927*, trans. Steven I. Levine (Cambridge, MA: East Asian Research Center, Harvard University, 1971), p.191.

3   Chang, *The Rise of the Chinese Communist Party*, vol. 1, p.328.

4   Dalin, *Kitaiskie memuary, 1921-1927*, p.86.

5   Vishniakova-Akimova, *Two Years in Revolutionary China,* pp.177~178.

6   Saich, *The Origins of the First United Front in China*, vol. 2, p.580에서 인용.

7   「國民黨一代黨務報告選載」,『革命史資料』, 上海, 第2號 (1986), 29~30쪽.

8   자세한 내용은 다음을 참조. M. F. Yuriev, *Revoliutsiia 1925-1927 gg. v Kitae* (The Revolution of 1925-1927 in China) (Moscow: Nauka, 1968), pp.17~28.

9   李大釗,『李大釗文集』, 卷2 (北京: 人民出版社, 1984), 704쪽.

10 Cherepanov, *Zapiski voennogo sovetnika v Kitae*, p.99 참조.

11 Zheng Canhui, 「中國國民黨第一次全國代表大會」,『革命史資料』, 第1號 (1986), 119~120쪽; Schram, Mao's Road to Power, vol. 2, pp.202~203 참조.

12 Cherepanov, *Notes of a Military Adviser in China*, p.103에서 인용.

13 孫逸仙,『中山全集』, 卷2 (上海: 良友圖書印刷公司, 1931), 1171~1173쪽 참조.

14 Pantsov and Levine, *Chinese Comintern Activists: An Analytic Biographic Dictionary* (manuscript), p.266; Ch'ü Chiu-pai(瞿秋白), "My Confession"(『懺悔』), Dun J. Li, ed., *The Road to Communism: China Since 1912* (New York: Van Nostrand Reinhold, 1969), pp.159~167 참조. 이 외에 瞿秋白,『夢餘的話』참조.

15 Titarenko, VKP(b), *Komintern i Kitai: Dokumenty* (The CPSU, the Comintern and China: Documents), vol. 1, p.446.

16 Saich, *The Origins of the First United Front in China*, vol. 2, p.611 참조.

17 저자의 개인 자료.

18 Yang Kuisong, "Obshchaia kharakteristika otnoshenii mezhdu VKP(b) (KPSS), Kominternom i KPK do 1949 goda" (The General Nature of the Relation Between the AUCP(b) (the CPSU), the Comintern, and the CCP to 1949), p.104 참조. 이 외에 Chang, *The Rise of the Chinese Communist Party*, vol. 1, p.408 참조. 저자의 개인 자료.

19 저자의 개인 자료.; 潘佐夫(A. V. Pantsov), 「新發見的李大釗, 陳獨秀, 任弼時信件」,《百年潮》, 第1號 (2005), 31~34쪽.

20 Titarenko, VKP(b), *Komintern i Kitai: Dokumenty*, vol. 1, p.425.

21 Hans Van den Ven, *From Friend to Comrade: The Founding of the Chinese Communist Party, 1920-1927* (Berkeley: University of California Press, 1991), p.150 참조.

22 吳秦傑,『毛澤東光輝歷程地圖集』, 32쪽; 逄先知 編,『毛澤東年譜(1893~1949)』, 卷1, 123쪽; Titarenko, VKP(b), *Komintern i Kitai: Dokumenty*, vol. 1, pp.483~484 참조.

23 Dalin, *Kitaiskie memuary, 1921-1927*, p.165.

24 같은 책. 자세한 내용은 다음을 참조. V. I. Glunin, *Kommunisticheskaia partiia Kitaia nakanune i vo vremia natsional'noi revoliutsii 1925-1927 gg.* (The Communist

Party of China on the Eve of and During the 1925-1927 National Revolution), vol. 1 (Moscow: IDV AN SSSR, 1975), pp.148~154.

25 「共産黨在國民黨內的工作問題議決案」,《黨報》, 第3號 (1924), 1~3쪽; 『中國共産黨第4次全國代表大會議決案及宣言』(n.p., 1925), 25쪽 참조.

26 Titarenko, *VKP(b), Komintern i Kitai: Dokumenty*, vol. 1, pp.458~459.

27 Schram, *Mao's Road to Power*, vol. 2, pp.215~217.

28 Titarenko, *VKP(b), Komintern i Kitai: Dokumenty*, vol. 1, p.328 참조.

29 Sladkovskii, *Noveishaia istoriia Kitaia, 1919-1927*, p.159 참조.

30 A. I. Kartunova, ed., *V. K. Bliukher v Kitae, 1924-1927 gg.: Novye dokumenty glavnogo voennogo sovetnika* (V. K. Bliukher in China, 1924-1927: New Documents on the Chief Military Adviser) (Moscow: Natalis, 2003), p.15 참조.

31 逄先知 編, 『毛澤東年譜(1893-1949)』, 卷1, 128쪽 참조.

32 Short, *Mao*, p.149에서 인용.

33 逄先知 編, 『毛澤東年譜(1893-1949)』, 卷1, 127쪽; 馬社紅, 『紅色第一家族』, 29쪽; 吳秦傑, 『毛澤東光輝歷程地圖集』, 32쪽 참조.

34 Titarenko, *VKP(b), Komintern i Kitai: Dokumenty*, vol. 1, pp.483~484 참조. 이 외에 Chang, *The Rise of the Chinese Communist Party*, vol. 1, p.378 참조.

35 Mao Zemin, "Avtobiografiia", p.124; 馬社紅, 『紅色第一家族』, 259쪽; 李敏, 『我的父親毛澤東』, 109쪽, 120쪽; 逄先知 編, 『毛澤東年譜(1893-1949)』, 卷1, 131쪽 참조.

36 Titarenko, *VKP(b), Komintern i Kitai: Dokumenty*, vol. 1, p.520.

37 逄先知 編, 『毛澤東年譜(1893-1949)』, 卷1, 131쪽 참조.

38 Short, *Mao*, p.152에서 인용.

39 Titarenko, *VKP(b), Komintern i Kitai: Dokumenty*, vol. 1, p.425.

40 Peng Pai(彭湃), *Zapiski Peng Paia* (Notes of Peng Pai), p.13 참조.

41 McDonald, *The Urban Origins of Rural Revolution*, p.224 참조.

42 Snow, *Red Star Over China*, p.157.

43 馬社紅, 『紅色第一家族』, 259쪽에서 인용.

44 逄先知 編, 『毛澤東年譜(1893-1949)』, 卷1, 133쪽; McDonald, *The Urban Origins of Rural Revolution*, p.225; Liu Renzhong, 「毛澤覃」, 胡華 編, 『中共黨史人物傳』, 卷3 (西安: 陝西人民出版社, 1981), 290쪽 참조.

12. 장제스와 암투를 벌이다

1 Yuriev, *Revoliutsiia 1925-1927 gg. v Kitae* (The Revolution of 1925-1927 in China), pp.159~167 참조.

2   같은 책, p.169, p.174.

3   같은 책, pp.239~241; Pantsov and Levine, *Chinese Comintern Activists: An Analytic Biographic Dictionary* (manuscript), p.290 참조.

4   McDonald, *The Urban Origins of Rural Revolution*, p.225 참조.

5   逢先知 編,『毛澤東年譜(1893-1949)』, 卷1, 132~134쪽 참조.

6   같은 책, 135~137쪽.

7   李敏,『我的父親毛澤東』, 120쪽 참조.

8   Zheng Chaolin(鄭超麟), *An Oppositionist for Life: Memoirs of the Chinese Revolutionary Zheng Chaolin*, trans. Gregor Benton (Atlantic Highlands, NJ: Humanities Press, 1997), pp.142~143.

9   같은 책, pp.145~147 참조.

10   逢先知 編,『毛澤東年譜(1893-1949)』, 卷1, 147쪽 참조.

11   Schram, *Mao's Road to Power*, vol. 2, p.237.

12   Snow, *Red Star Over China*, p.157.

13   "Pis'mo G. N. Voitinskogo L. M. Karakhanu ot 22 aprelia 1922 g." (G. N. Voitinsky's Letter to L. M. Karakhan, April 22, 1925), RGASPI, 미분류 문서집. 스탈린이 보낸 서신은 1994년에 처음 출간되었다. Titarenko, *VKP(b), Komintern i Kitai: Dokumenty* (The CPSU, the Comintern and China: Documents), vol. 1, pp.549~553 참조.

14   RGASPI, collection 495, inventory 163, file 177, sheets 1~4 참조.

15   RGASPI, collection 558, inventory 1, file 2714, sheets 17~18. *Pravda* (Truth), May 22, 1925.

16   Titarenko, *Kommunisticheskii Internatsional i kitaiskaia revoliutsiia* (The Communist International and the Chinese Revolution), p.58, p.61.

17   자세한 내용은 다음을 참조. Pantsov, *The Bolsheviks and the Chinese Revolution*, pp.211~212.

18   Chang, *The Rise of the Chinese Communist Party*, vol. 1, pp.484~485 참조.

19   Schram, *Mao's Road to Power*, vol. 2, pp.227~229, pp.234~236, p.320.

20   같은 책, p.235에서 인용.

21   같은 책, p.265, p.266.

22   Ch'ü Chiu-pai, "My Confession", p.166 참조.

23   Schram, *Mao's Road to Power*, vol. 2, p.249, p.260, pp.261~262.

24   V-n (S. N. Belen'kii), "Rets. Mao Tsze-dun: Analiz klassov kitaiskogo obshchestva, 'Kitaiskii krest'ianin', no. 2, 1 fevralia 1926 g." (Review of Mao Zedong's "Analysis of Classes in Chinese Society", *Kitaiskii krest'ianin* (Chinese Peasant), no. 2, February

1, 1926), *Kanton*, pp.8~9 (1926), pp.37~43 참조.

25 逄先知 編, 『毛澤東年譜(1893-1949)』, 卷1, p.150, p.152; Schram, *Mao's Road to Power*, vol. 2, pp.310~319 참조.

26 Vishniakova-Akimova, *Two Years in Revolutionary China*, p.175.

27 Chang, *The Rise of the Chinese Communist Party*, vol. 1, p.479 참조.

28 Vishniakova-Akimova, *Two Years in Revolutionary China*, p.175.

29 逄先知 編, 『毛澤東年譜(1893-1949)』, 卷1, p.152, p.155, p.156 참조.

30 *Shestoi rasshirennyi plenum Ispolkoma Kominterna: Stenograficheskii otchet, 17 fevralia-15 marta 1926* (Sixth Enlarged Plenum of the ECCI: Stenographic Report, February 17-March 15, 1926) (Moscow and Leningrad: Gospolitizdat, 1927), p.8.

31 RGASPI, collection 514, inventory 1, file 168, sheet 219.

32 *Ob"edinennoe zasedanie Prezidiuma Ispolkoma Kominterna i Mezhdunarodnoi Kontrol'noi Komissii, 27 sentiabria 1927 g.: Stenograficheskii otchet* (Joint Session of the Presidium of the Executive Committee of the Comintern and the International Control Commission, September 27, 1927: Stenographic Report), RGASPI, collection 505, inventory 1, file 65, sheet 21 참조. 이 외에 다음을 참조. L. Trotsky, "Stalin i Kitaiskaia revoliutsiia: Fakty i dokumenty" (Stalin and the Chinese Revolution: Facts and Documents), *Biulleten' oppozitsii bol'shevikovlenintsev* (Bulletin of the opposition of the Bolsheviks and Leninists), nos. 15~16 (1925), p.8.

33 RGASPI, collection 514, inventory 1, file 171, sheets 7~9 참조. 이 외에 다음을 참조. file 168, sheet 219; "Spravka Raita 'O vkhozhdenii Gomin'dana v Komintern'" (Information from Rait "On the entry of the Guomindang into the Comintern"), *Ob"edinennoe zasedanie Prezidiuma Ispolkoma Kominterna i Mezhdunarodnoi Kontrol'noi Komissii, 27 sentiabria 1927 g.: Stenograficheskii otchet*, sheet 33.

34 RGASPI, collection 514, inventory 1, file 171, sheets 7~9. 편지 내용은 다음 책에도 실려 있다. M. L. Titarenko et al., eds., VKP(b), *Komintern i Kitai: Dokumenty*, vol. 2 (Moscow: AO "Buklet", 1996), pp.131~132.

35 蔣中正, 『蘇俄在中國』, 24쪽.

36 Chen Chieh-ju(陳潔妊), *Chiang Kai-shek's Secret Past*, pp.135~136.

37 Dan N. Jacobs, *Borodin: Stalin's Man in China* (Cambridge, MA: Harvard University Press, 1981), p.278 참조.

38 Vishniakova-Akimova, *Two Years in Revolutionary China*, p.210.

39 Yuriev, *Revoliutsiia 1925-1927 gg. v Kitae*, pp.312~313 참조.

40 Cherepanov, *Zapiski voennogo sovetnika v Kitae*, p.376에서 인용.

41 RGASPI, 미분류 문서집 참조. 회의에서 통과된 문건은 다음을 참조. 『中國國民黨第一, 第

二次全國代表大會會議史料』, 卷2 (南京: 江蘇古籍出版社, 1986), 714~715쪽.

42 Yuriev, *Revoliutsiia 1925-1927 gg. v Kitae,* pp.320~321; 逢先知 編, 『毛澤東年譜 (1893-1949)』, 卷1, 165쪽.

43 자세한 내용은 Pantsov, *The Bolsheviks and the Chinese Revolution*, pp.92~93 참조.

44 RGASPI, collection 17, inventory 162, file 3, sheet 55. 정치국의 결의안은 1996년에 처음 출간되었다. Titarenko, *VKP(b), Komintern i Kitai: Dokumenty*, vol. 2, p.202 참조.

45 Chang, *The Rise of the Chinese Communist Party*, vol. 1, p.508.

46 RGASPI, collection 17, inventory 162, file 3, sheets 59, 74; Titarenko, *VKP(b), Komintern i Kitai: Dokumenty*, vol. 2, p.205.

47 Chang, *The Rise of the Chinese Communist Party*, vol. 1, p.510 참조.

48 Yuriev, *Revoliutsiia 1925-1927 gg. v Kitae* , pp.320~321 참조.

49 같은 책, p.250; 逢先知 編, 『毛澤東年譜(1893-1949)』, 卷1, 158쪽, 161쪽, 162~163쪽; 李銳, 『毛澤東早期革命活動』, 283~284쪽 참조.

50 Schram, *Mao's Road to Power,* vol. 2, p.319, p.343, p.358.

51 A. S. Titov, *Materialy k politicheskoi biografii Mao Tsze-duna* (Materials for a Political Biography of Mao Zedong), vol. 1 (Moscow: IDV AN SSSR, 1969), p.123에서 인용.

52 Schram, *Mao's Road to Power,* vol. 2, pp.308~309.

53 같은 책, p.321, p.325.

54 Glunin, *Kommunisticheskaia partiia Kitaia nakanune i vo vremia natsional'noi revoliutsii 1925-1927 gg. v Kitae,* vol. 1, pp.280~281; Tony Saich, ed., *The Rise to Power of the Chinese Communist Party: Documents and Analysis* (Armonk, NY: M. E. Sharpe, 1996), pp.152~158 참조.

55 王健英 編, 『中國共産黨組織史資料彙編 ── 領導機構沿革和成員名錄』(北京: 紅旗出版社, 1983), 32쪽.

56 逢先知 編, 『毛澤東年譜(1893-1949)』, 卷1, 156쪽, 157쪽 참조.

57 Schram, *Mao's Road to Power*, vol. 2, p.370.

58 Yuriev, *Revoliutsiia 1925-1927 gg. v Kitae*, pp.323~338; Chang, *The Rise of the Chinese Communist Party*, vol. 1, pp.520~536; McDonald, *The Urban Origins of Rural Revolution*, pp.229~236 참조.

59 逢先知 編, 『毛澤東年譜(1893-1949)』, 卷1, 165~169쪽 참조.

60 毛澤東, 『毛澤東文集』, 卷1 (北京: 人民出版社, 1993), 37쪽, 39쪽.

13. 통일 전선의 붕괴

1 逄先知 編, 『毛澤東年譜(1893-1949)』, 卷1, 169~172쪽; Yuriev, *Revoliutsiia 1925-1927 gg. v Kitae*, p.416; Vishniakova-Akimova, *Two Years in Revolutionary China*, pp.261~325; Chang, *The Rise of the Chinese Communist Party*, vol. 1, pp.532~572 참조.

2 逄先知 編, 『毛澤東年譜(1893-1949)』, 卷1, 172~173쪽; 王健英 編, 『中國共産黨組織史資料滙編』, p.32 참조.

3 逄先知 編, 『毛澤東年譜(1893-1949)』, 卷1, 169쪽; Short, *Mao*, p.168.

4 Glunin, *Kommunistecheskaia partiia Kitaia nakanune i vo vremia natsional'noi revoliutsii 1925-1927 gg.* (The Communist Party of China Before and During the 1925-1927 National Revolution), vol. 2, p.192 참조.

5 Chang, *The Rise of the Chinese Communist Party,* vol. 1, p.529.

6 『中國共産黨第三次中央擴大執行委員會決議案』 (n.p., 1926), 66쪽.

7 Chang, *The Rise of the Chinese Communist Party*, vol. 1, p.529.

8 『毛澤東生活檔案』, 卷1, 93쪽 참조.

9 RGASPI, collection 495, inventory 165, file 71, sheets 27~31 참조.

10 Glunin, *Kommunisticheskaia partiia Kitaia nakanune i vo vremia natsional'noi revoliutsii 1925-1927 gg.,* vol. 2, pp.198~201 참조.

11 Schram, *Mao's Road to Power*, vol. 2, pp.411~413.

12 같은 책, pp.414~419.

13 Chang, *The Rise of the Chinese Communist Party*, vol. 1, pp.534~535, p.542, p.547.

14 같은 책, p.557에서 인용.

15 같은 책, p.572.

16 같은 책, p.562.

17 陳獨秀, 「政治報告」는 다음 책에 수록되어 있다. Saich, *The Rise to Power of the Chinese Communist Party*, pp.219~223; Glunin, *Kommunisticheskaia partiia Kitaia nakanune i vo vremia natsional'noi revoliutsii 1925-1927 gg.* (The Communist Party of China Before and During the 1925-1927 National Revolution), vol. 2, pp.153~157.

18 逄先知 編, 『毛澤東年譜(1893-1949)』, 卷1, 174쪽 참조.

19 Glunin, *Kommunisticheskaia partiia Kitaia nakanune i vo vremia natsional'noi revoliutsii 1925-1927 gg.*, vol. 2, p.160에서 인용.

20 Chang, *The Rise of the Chinese Communist Party*, vol. 1, p.573에서 인용.

21 Cherepanov, *Zapiski voennogo sovetnika v Kitae*, p.517; Jonathan Fenby, *Chiang Kai-shek: China's Generalissimo and the Nation He Lost* (New York: Carroll & Graf, 2004), p.127 참조.

22 逄先知 編, 『毛澤東年譜(1893-1949)』, 卷1, 173쪽.

23 Schram, *Mao's Road to Power*, vol. 2, p.421, p.422; "Soveshchanie Dal'biuro i Ts(i) k KPK, 18 ianvaria 1927 goda" (Conference of the Far Eastern Bureau and the CEC of the CCP, January 18, 1927), RGASPI, collection 495, inventory 154, file 294, sheet 3; A. V. Bakulin, *Zapiski ob wuhan'skom periode kitaiskoi revoliutsii (iz istorii kitaiskoi revoliutsii 1925-1927gg.)* (Notes on the Wuhan Period of the Chinese Revolution (From the History of the Chinese Revolution of 1925-1927)) (Moscow and Leningrad: Giz, 1930), p.51.

24 "Soveshchanie Dal'biuro i Ts(i)k KPK, 18 ianvaria 1927", p.3.

25 A. A. Pisarev, *Guomindang i agrarno-krest'ianskii vopros v Kitae v 20-30-e gody XXv.* (The Guomindang and the Agrarian-Peasant Question in China in the 1920s and 1930s) (Moscow: Nauka, 1986), pp.17~53; L. P. Deliusin and A. S. Kostiaeva, *Revoliutsiia 1925-1927 gg. v Kitae: Problemy i otsenki* (The Revolution of 1925-1927 in China: Problems and Assessment) (Moscow: Nauka, 1985), pp.132~138; McDonald, *The Urban Origins of Rural Revolution*, pp.217~315; Roy Hofheinz Jr., *The Broken Wave: The Chinese Communist Peasant Movement* (Cambridge, MA: Harvard University Press, 1977), pp.3~53; Fernando Galbiati, *P'eng P'ai and the Hai-lu-feng Soviet* (Stanford, CA: Stanford University Press, 1985), pp.16~20, pp.41~42; Lucien Bianco, *Peasants without the Party: Grass-roots Movements in Twentieth-Century China* (Armonk, NY: M. E. Sharpe, 2001), pp.175~214; Mary S. Erbaugh, "The Secret History of the Hakkas: The Chinese Revolution as a Hakka Enterprise", *China Quarterly*, no. 132 (1992): pp.937~968 참조.

26 A. S. Kostiaeva, *Krest'ianskie soiuzy v Kitae 20-e gody XX veka* (Peasant Unions in China in the 1920s) (Moscow: Nauka, 1978), p.57; Deliusin and Kostiaeva, *Revoliutsiia 1925-1927 gg. v Kitae: Problemy i otsenki*, p.134 참조.

27 Glunin, *Kommunisticheskaia partiia Kitaia nakanune i vo vremia natsional'noi revoliutsii 1925-1927 gg.* (The Communist Party of China Before and During the 1925-1927 National Revolution), vol. 2, p.186; McDonald, *The Urban Origins of Rural Revolution*, p.303 참조.

28 Kostiaeva, *Krest'ianskie soiuzy v Kitae 20-e gody XX veka*, p.57; McDonald, *The Urban Origins of Rural Revolution*, pp.272~273 참조.

29 毛澤東, 『毛澤東選集』, 卷1 (北京: 外文出版社, 1969), 24쪽; McDonald, *The Urban Origins of Rural Revolution*, p.271; 李銳, 『毛澤東早期革命活動』, 295쪽 참조.

30 McDonald, *The Urban Origins of Rural Revolution*, p.308에서 인용.

31 毛澤東, 『毛澤東農村調査文集』 (北京: 人民出版社, 1982), 1쪽.

32 Schram, *Mao's Road to Power,* vol. 2, pp.429~464.

33 같은 책, p.426.

34 吳秦傑, 『毛澤東光輝歷程地圖集』, 35쪽; 逄先知 編, 『毛澤東年譜(1893-1949)』, 卷1, 181쪽 참조.

35 Titarenko, *Kommunisticheskii Internatsional i kitaiskaia revoliutsiia,* p.94, p.96, pp.97~99.

36 RGASPI, collection 17, inventory 162, file 4, sheet 34. 이 외에 다음을 참조. Titarenko, *VKP(b), Komintern i Kitai: Dokumenty* (The CPSU, the Comintern and China: Documents), vol. 2, p.571.

37 RGASPI, collection 17, inventory 162, file 4, sheet 64.

38 같은 책, pp.71~72; Titarenko, *VKP(b), Komintern i Kitai: Dokumenty,* vol. 2, pp.632~633.

39 McDonald, *The Urban Origins of Rural Revolution,* p.310에서 인용.

40 Schram, *Mao's Road to Power,* vol. 2, pp.467~475.

41 Chang, *The Rise of the Chinese Communist Party,* vol. 1, pp.581~582 참조.

42 吳秦傑, 『毛澤東光輝歷程地圖集』, 35쪽 참조.

43 같은 책; 逄先知 編, 『毛澤東年譜(1893-1949)』, 卷1, 190쪽; Schram, *Mao's Road to Power,* vol. 2, p.486.

44 Snow, *Red Star Over China,* p.158.

45 "Zapis' besedy t. Grigoriia s Chan Kai-shi ot 22 fevralia 1927 g." (Record of Conversation between Comrade Grigorii and Chiang Kai-shek, February 22, 1927), RGASPI, collection 514, inventory 1, file 240, sheets 12~13; 이 외에 Titarenko, VKP(b), *Komintern iKitai: Dokumenty* (The CPSU, the Comintern and China: Documents), vol. 2, pp.630~631 참조.

46 RGASPI, collection 17, inventory 162, file 4, sheets 90~93; 이 외에 Titarenko, *VKP(b), Komintern i Kitai: Dokumenty,* vol. 2, pp.658~659 참조.

47 逄先知 編, 『毛澤東年譜(1893-1949)』, 卷1, 193쪽에서 인용.

48 같은 책, 193~197쪽.

49 蔣永敬, 『鮑羅廷與武漢政權』 (臺北: 中國學術著作獎助委員會, 1963), 278쪽, 280쪽에서 인용.

50 Bakulin, *Zapiski ob ukhanskom periode kitaiskoi revoliutsii* (Notes on the Wuhan Period of the Chinese Revolution), p.201에서 인용.

51 Robert C. North and Xenia Eudin, *M. N. Roy's Mission to China: The Communist-Kuomintang Split of 1927* (Berkeley: University of California Press, 1963), p.59 참조.

52 Chang, *The Rise of the Chinese Communist Party,* vol. 1, p.619.

53 같은 책.

54 Snow, *Red Star Over China*, pp.158~159.

55 *Lichnoe delo Zhao Xiangui* (Personal File of Zhao Xiangui), RGASPI, collection 495, inventory 225, file 2682 참조.

56 Mao, "Avtobiografiia", p.125; 馬社香, 『紅色第一家族』, 266~268쪽, 315~317쪽; 李敏, 『我的父親毛澤東』, 109~110쪽, 120쪽; 「毛澤民」, 『中國黨史人物傳』, 卷9 (西安: 陝西人民出版社, 1983), 50~51쪽; Liu, 「毛澤覃」, 290~291쪽 참조.

57 韓一德, 『李大釗生平繫年』, 203~206쪽 참조.

58 Chang, *The Rise of the Chinese Communist Party*, vol. 1, pp.630~631 참조.

59 RGASPI, collection 17, inventory 162, file 5, sheets 8~9, 30.

60 같은 책, p.30. 스탈린이 보낸 이 전문은 1996년에 처음 출간되었다. Titarenko, *VKP(b), Komintern I Kitai: Dokumenty*, vol. 2, pp.763~764.

61 Chang kuo-tao, *The Rise of the Chinese Communist Party*, vol. 1, p.637.

62 Cai, *Istoriia opportunizma v Kommunistecheskoi partii Kitaia* (The History of Opportunism in the Communist Party of China), 63쪽에서 인용.

63 Liu, 『毛澤覃』, 291쪽; 李敏, 『我的父親毛澤東』, 120~121쪽.

64 Chang, *The Rise of the Chinese Communist Party*, vol. 1, p.640.

65 Snow, *Red Star Over China*, p.160. 장룽과 할리데이는 마오쩌둥이 1927년 여름 국민당에 들어갈지 아니면 중국공산당에 남아 있을지를 두고 고민한 적이 있다고 말했다. Chang and Halliday, *Mao*, pp.46~47. 그러나 마오쩌둥은 100퍼센트 공산당원이었으며, 상황을 격화시키기 위해 최선을 다하고 있었다.

66 Mao, *Poems of Mao Tse-tung*, p.35.

14. 소비에트의 길

1 Chang, *The Rise of the Chinese Communist Party*, vol. 1, p.486, p.652.

2 McDonald, *The Urban Origins of Rural Revolution*, p.316 참조.

3 Schram, *Mao's Road to Power*, vol. 2, pp.515~516.

4 *Mao Zedong: Biography-Assessment-Reminiscences* (Beijing: Foreign Languages Press, 1986), pp.236~237 참조.

5 李銳, 『毛澤東早期革命活動』, 315쪽 참조.

6 Stuart R. Schram, ed., *Mao's Road to Power: Revolutionary Writings 1912-1949*, vol. 3 (Armonk, NY: M. E. Sharpe, 1995), p.31; 逄先知 編, 『毛澤東年譜(1893-1949)』, 卷1, 208쪽.

7   Schram, *Mao's Road to Power*, vol. 3, p.11; 逄先知 編, 『毛澤東年譜(1893-1949)』, 卷1, 205쪽.

8   Chang, *The Rise of the Chinese Communist Party*, vol. 1, p.656.

9   같은 책, pp.656~677; 逄先知 編, 『毛澤東年譜(1893-1949)』, 卷1, 206쪽; A. M. Grigoriev, *Kommunisticheskaia partiia Kitaia v nachal'nyi period sovetskogo dvizheniia (iul' 1927 g.-sentyabr' 1931g.)* (The Communist Party of China in the Initial Soviet Movement Period (July 1927-September 1931)) (Moscow: IDVAN SSSR, 1976), pp.14~16.

10   M. L. Titarenko et al., eds., *VKP(b), Komintern i Kitai: Dokumenty* (The CPSU, the Comintern and China: Documents), vol. 3 (Moscow: AO "Buklet", 1999), p.73, p.75.

11   Lars T. Lih et al., eds., *Stalin's Letters to Molotov 1925-1936*, trans. Catherine A. Fitzpatrick (New Haven, CT: Yale University Press, 1995), p.141, p.142.

12   Titarenko, *VKP(b), Komintern i Kitai: Dokumenty*, vol. 2, p.503, p.505 참조.

13   같은 책, vol. 3, pp.72~74.

14   M. Buber-Neiman, *Mirovaia revoliutsiia i stalinskii rezhim: Zapiski ochevidtsa o deiatel'nosti Kominterna v 1920-1930-kh godakh* (The World Revolution and the Stalinist Regime: Notes of an Eyewitness About Comintern Activity in the 1920s and 1930s), trans. A. Yu. Vatlin (Moscow: AIRO-XX, 1995), p.39 참조.

15   Chang, *The Rise of the Chinese Communist Party*, vol. 1, pp.669~670.

16   Titarenko, *VKP(b), Komintern i Kitai: Dokumenty*, vol. 3, p.72.

17   逄先知 編, 『毛澤東年譜(1893-1949)』, 卷1, 206쪽.

18   Chang, *The Rise of the Chinese Communist Party*, vol. 2, p.13; 逄先知 編, 『毛澤東年譜 (1893-1949)』, 卷1, 208쪽; Chen Geng, "Ot Nanchana do Svatou" (From Nanchang to Swatow), *Vsiudu krasnye znamena: Vospominaniia i ocherki o vtoroi grazhdanskoi revoliutsionnoi voine* (Red Banners Everywhere: Reminiscences and Sketches of the Second Revolutionary Civil War) (Moscow: Voenizdat, 1957), pp.13~20 참조.

19   Chang, *The Rise of the Chinese Communist Party*, vol. 1, p.489.

20   唐寶林, 林茂生 編, 『陳獨秀年譜』 (上海: 上海人民出版社, 1988), 335쪽.

21   鄭超麟, 『鄭超麟回憶錄』 ((香港), 1982), 149~152쪽; 『八七會議』 (北京: 中央黨史紫蓼出版社, 1986), 3~4쪽, 161~172쪽, 175~180쪽, 195~201쪽; 李維漢, 『回憶與硏究』, 卷1 (北京: 中央黨史紫蓼出版社, 1986), 156~169쪽; Marcia R. Ristaino, *China's Art of Revolution: The Mobilization of Discontent, 1927-1928* (Durham, NC: Duke University Press, 1987), pp.39~55; 저자가 2005년 10월 11일 모스크바에서 '러시아 국가 사회 및 정치사 자료관' 직원인 투토치킨(Iu. T. Tutotchkin)과 인터뷰한 내용 참조.

22   1960년 마오쩌둥은 이렇게 말한 적이 있다. "사람들은 우리(마오쩌둥과 덩샤오핑)가 우한

에서 만난 적이 있다고 하는데 나는 전혀 기억이 나지 않는다. 물론 만났을 수도 있지만 말을 섞지는 않았던 것 같다." 凌步機,『鄧小平在贛南』(北京: 中央文藝出版社, 1995), 85쪽.

23 『八七會議』, 57쪽, 58쪽; Schram, *Mao's Road to Power*, vol. 3, p.30~31.

24 『八七會議』, 73쪽; Schram, *Mao's Road to Power*, vol. 3, p.32.

25 『八七會議』, 74쪽.

26 Cai, *Istoriia opportunizma v Kommunistecheskoi partii Kitaia*, p.68;『八七會議』, p.44, 200쪽.

27 저자가 1992년 7월 19일 영국 리즈에서 전임 중국 공산당원 왕판시와 인터뷰한 내용 참조.

28 逢先知 編,『毛澤東年譜(1893-1949)』, 卷1, 209쪽에서 인용.

29 Chang, *The Rise of the Chinese Communist Party*, vol. 1, p.659; vol. 2, p.13.

30 Titarenko, *VKP(b), Komintern i Kitai: Dokumenty*, vol. 3, p.79.

31 許克祥,「馬日事變」은 Dun JenLi, *The Road to Communism*, p.91에 수록되어 있다.

32 『八七會議』, 112쪽.

33 저자가 2005년 12월 19일 모스크바에서 '러시아 국가 사회 및 정치사 자료관' 직원인 투토치킨과 인터뷰한 내용이다.

34 彭公達,「彭公達同志關於湖南秋收暴動經過的報告」, Saich, *The Rise to Power of the Chinese Communist Party*, p.322; Schram, *Mao's Road to Power*, vol. 3, p.33 참조.

35 逢先知 編,『毛澤東年譜(1893-1949)』, 卷1, 209~210쪽.

36 Schram, *Mao's Road to Power*, vol. 3, p.35. 이 외에 같은 책, 323쪽 참조.

37 Schram, *Mao's Road to Power*, vol. 3, p.40. 이 외에 같은 책, 163쪽 참조.

38 Schram, *Mao's Road to Power*, vol. 3, p.39. 이 외에 같은 책, 326쪽 참조.

39 Schram, *Mao's Road to Power*, vol. 3, p.36. 이 외에 같은 책, 324쪽 참조.

40 같은 책, 323쪽에서 인용.

41 같은 책, 325쪽, 326쪽. 이 외에 Schram, *Mao's Road to Power*, vol. 3, pp.39~40 참조.

42 Schram, *Mao's Road to Power*, vol. 3, pp.37~42; 逢先知 編,『毛澤東年譜(1893-1949)』, 卷1, 210~214쪽.

43 몇 년 후 마오쩌둥은 스노에게 이렇게 말했다. "후난 당위원회와 우리 군대의 전반적인 계획은 당 중앙위원회의 반대에 부딪쳤습니다. 하지만 적극적인 반대라기보다는 관망하겠다는 방침을 세운 것 같았어요." Snow, *Red Star Over China*, p.163.

44 같은 책, 328쪽, 504쪽 참조.

45 Mao, *Oblaka v snegu*, p.103.

46 李敏,『我的父親毛澤東』, 110~111쪽, 138~139쪽; 馬社香,『紅色第一家族』, 32~36쪽; *Lichnoe delo Yun Shu* (Personal File of Yong Shu), RGASPI, collection 495, inventory 225, file 2799, sheet 4;『毛澤東生活檔案』, 卷1, 93~98쪽 인용.

15. 징강 산의 붉은 깃발

1   Mao, *Oblaka v snegu*, p.23.

2   Snow, *Red Star Over China*, p.164.

3   彭公達,「彭公達同志關於湖南秋收暴動經過的報告」, 328~329쪽.

4   Chang, *The Rise of the Chinese Communist Party*, vol. 2, pp.3~35; Grigoriev, *Kommunisticheskaia partiia Kitaia v nachal'nyi period sovetskogo dvizheniia*, p.39 참조.

5   Snow, *Red Star Over China*, p.164.

6   같은 책, p.167.

7   Liu Xing, "Do i posle 'vosstaniia osennego urozhaia'" (Before and After the "Autumn Harvest Uprising"), *Vsiudu krasnye znamena*, p.26.

8   逄先知 編,『毛澤東年譜(1893-1949)』, 卷1, 216~220쪽; 吳秦傑,『毛澤東光輝歷程地圖集』, 39~40쪽; 李敏,『我的父親毛澤東』, 155쪽, 162쪽 참조.

9   Schram, *Mao's Road to Power*, vol. 3, p.109.

10 陳毅,「陳毅同志關於朱毛軍的歷史及其現況的報告」,『井岡山革命根據地史料選集』(南昌: 江西人民出版社, 1986), 176쪽; (Chen Yi), *Istoriia boevykh deistvii 4-go korpusa* (History of the Military Engagements of the Fourth Corps), Pavel Mif, ed., *Sovety v Kitae: Sbornik materialov i dokumentov* (Soviets in China: Collection of Materials and Documents) (Moscow: Partizdat, 1934), p.187 참조.

11 吳秦傑,『毛澤東光輝歷程地圖集』, 40쪽.

12 逄先知 編,『毛澤東年譜(1893-1949)』, 卷1, 236쪽에서 인용.

13 李敏,『我的父親毛澤東』, 147~161쪽; Short, *Mao,* pp.225~227; 馬社香,『紅色第一家族』, 39~45쪽; 逄先知 編,『毛澤東年譜(1893-1949)』, 卷1, 223~226쪽 참조.

14 Zheng, *An Oppositionist for Life*, p.137.

15 『任弼時年譜(1904-1950)』(北京: 中央文獻出版社, 2004), 78쪽; Ristaino, *China's Art of Revolution*, pp.71~72.

16 『共匪禍國史料滙編』, 卷1 (臺北: 中華民國開國五十年文獻編纂委員會, 1964), 568~570쪽; 『中共中央檔選集』, 卷3 (北京: 中共中央黨校出版社, 1989), 481쪽, 483~484쪽.

17 逄先知 編,『毛澤東年譜(1893-1949)』, 卷1, 226쪽; Schram, *Mao's Road to Power*, vol. 3, p.51; John E. Rue, *Mao Tse-tung in Opposition, 1927-1935* (Stanford, CA: Stanford University Press, 1966), p.84 참조.

18 *Lichnoe delo Mao Tszeduna*, RGASPI, collection 495, inventory 225, file 71, vol. 2, sheet 256.

19 Schram, *Mao's Road to Power*, vol. 3, p.94.

20 Titarenko, *VKP(b), Komintern i Kitai: Dokumenty*, vol. 3, p.333 참조.

21 Schram, *Mao's Road to Power*, vol. 3, p.84; 廖蓋隆 等 編, 『中國共産黨歷史大辭典』 증보판 (總錄: 人物) (北京: 中共中央黨校出版社, 2001), 277쪽 참조.

22 Titov, *Materialy k politicheskoi biografii Mao Tsze-duna*, vol. 1, p.166에서 인용.

23 Schram, *Mao's Road to Power*, vol. 3, p.84; 逢先知 編, 『毛澤東年譜(1893-1949)』, 卷1, 227~228쪽, 236~240쪽 참조.

24 Lois Wheeler Snow, *Edgar Snow's China: A Personal Account of the Chinese Revolution Compiled from the Writings of Edgar Snow* (New York: Random House, 1981), p.72 참조.

25 Agnes Smedley, *The Great Road: The Life and Times of Chu Teh* (New York: MonthlyReview Press, 1956), p.10.

26 Helen Foster Snow (Nym Wales), *Inside Red China* (New York: Da Capo Press, 1977), p.113, p.116.

27 Snow, *Edgar Snow's China*, p.73.

28 Snow (Wales), *Inside Red China*, pp.110~112 참조.

29 Snow, *Red Star Over China*, p.166.

30 Schram, *Mao's Road to Power*, vol. 3, p.57.

31 같은 책, p.51.

32 같은 책, pp.128~130.

33 같은 책, p.104, p.111.

34 같은 책, p.96, p.104

35 같은 책, p.92.

36 같은 책, p.74.

37 같은 책, p.94.

38 Mao, *Poems of Mao Tse-tung*, p.38.

39 李敏, 『我的父親毛澤東』, 162쪽 참조.

40 Schram, *Mao's Road to Power*, vol. 3, p.57.

41 Peng Dehuai(彭德懷), *Memoirs of a Chinese Marshal: The Autobiographical Notes of Peng Dehuai, 1898-1974*, trans. Zheng Longpu (北京: 外文出版社, 1984), p.231.

42 같은 책. 이 외에 Schram, *Mao's Road to Power*, vol. 3, p.149 참조.

43 Schram, *Mao's Road to Power*, vol. 3, pp.149~151; 逢先知 編, 『毛澤東年譜(1893~1949)』, 卷1, 261~262쪽; 馬社香, 『紅色第一家族』, 48쪽.

44 Schram, *Mao's Road to Power*, vol. 3, p.151에서 인용.

45 Peng Dehuai(彭德懷), *Memoirs of a Chinese Marshal: The Autobiographical Notes of Peng Dehuai, 1898-1974*, trans. Zheng Longpu, pp.228~229에서 인용.

46 Chang and Halliday, *Mao*, p.61.

16. 한 점 불꽃이 요원의 불길이 되다

1 「河本大佐爲策劃皇姑屯事件致磯谷廉介等函兩件(1928年 4月)」,《民國檔案》, 第3號 (1998), 3~5쪽; 河本大佐 等,『我殺死了張作霖』(長春: 吉林文史出版社, 1986) 참조. 몇 년 전 한 러시아 작가가 장쭤린이 스탈린의 비밀 특무에 의해 피살되었다고 주장한 바 있으나 논 거가 설득력이 떨어진다. 이에 대해서는 Dmitrii Prokhorov, "Liternoe delo' marshala Zhang Zuolinya" (The "Lettered File" of Marshal Zhang Zuolin), *Nezavisimoe voennoe obozrenie* (Independent military review), no. 21 (2003), p.5 참조.

2 Grigoriev, *Kommunisticheskaia partiia Kitaia v nachal'nyi period sovetskogo dvizheniia*, p.107, p.121 참조.

3 *Stenograficheskii otchet VI s"ezda Kommunisticheskoi partii Kitaia* (Stenographic Record of the Sixth Congress of the Communist Party of China), book 2 (Moscow: Institute of Chinese Studies Press, 1930), pp.80~81.

4 같은 책, book 1, p.98.

5 같은 책, p.13.

6 Schram, *Mao's Road to Power*, vol. 3, p.114, p.151.

7 같은 책, p.106, p.115.

8 *Stenograficheskii otchet VI s"ezda Kommunisticheskoi partii Kitaia*, book 1, pp.5~6, pp.8~10.

9 Peng Dehuai(彭德懷), *Memoirs of a Chinese Marshal,* pp.274~276;『井岡山鬪爭大事介紹』(北京: 解放軍出版社, 1985), 187~191쪽.

10 Léonard Lévesque, *Hakka Beliefs and Customs*, trans. J. Maynard Murphy (Taichung: Kuang Chi Press, 1969), p.70 참조.

11 Snow, *Red Star Over China*, p.166.

12 예를 들면 廖蓋隆 等 編,『中國共産黨歷史大辭典』, 118쪽, 405쪽 참조.

13 Schram, *Mao's Road to Power*, vol. 3, p.351.

14 *Stenograficheskii otchet VI s"ezda Kommunisticheskoi partii Kitaia*, book 5, p.12, p.13.

15 같은 책, book 2, p.151; book 4, p.183; 周恩來,『周恩來選集』, 卷1 (北京: 外文出版社, 1981), 195~196쪽.

16 Schram, *Mao's Road to Power*, vol. 3, p.139.

17 같은 책, pp.173~174.

18 馬社香,『紅色第一家族』, 54쪽; Short, *Mao*, p.254;《解放日報》, 2005년 3월 7일자; 文夫, 張乃勝,『毛澤東與賀子珍』(北京: 團結出版社, 2004) 참조.

19 Schram, *Mao's Road to Power*, vol. 3, p.150 참조.

20   Saich, *The Rise to Power of the Chinese Communist Party*, pp.471~472 참조.

21   Schram, *Mao's Road to Power*, vol. 3, pp.155~156.

22   Pavel Mif, ed., *Strategiia i taktika Kominterna v natsional'no-kolonial'noi revoliutsii na primere Kitaia* (The Comintern's Strategy and Tactics in National-Colonial Revolution, for Example, China) (Moscow: IWEIP Press, 1934), pp.236~244.

23   Schram, *Mao's Road to Power,* vol. 3, p.256, p.257, p.504.

24   毛澤東, 『毛澤東文集』, 卷1, 206쪽에서 인용.

25   逄先知 編, 『毛澤東年譜(1893-1949)』, 卷1, 278쪽 참조.

26   *Lichnoe delo Liu Tsilana (Anguna)* (Personal File of Liu Jilang (Angong)), RGASPI, collection 495, inventory 225, file 1656; 廖蓋隆 編, 『毛澤東百科全書』, 卷3 (北京: 光明日報出版社, 2003), 1401쪽; 逄先知 編, 『毛澤東年譜(1893-1949)』, 卷1, 274~277쪽.

27   Schram, *Mao's Road to Power,* vol. 3, p.419, p.420, p.421.

28   같은 책, p.188.

29   陳毅, 「陳毅同志關於朱毛軍的歷史及其琅況的報告」, 176~193쪽 참조.

30   A. Ivin, *Sovietskii Kitai* (Soviet China) (Moscow: "Molodaia gvardiia", 1931), pp.43~44.

31   逄先知 編, 『毛澤東年譜(1893-1949)』, 卷1, 285쪽.

32   李敏, 『我的父親毛澤東』, 169쪽.

33   毛澤東, 「答李淑一」, 毛澤東, 『毛澤東詩詞對聯集注』, 96쪽.

34   Schram, *Mao's Road to Power*, vol. 3, p.192.

35   같은 책, p.194.

36   같은 책, pp.195~230.

37   예를 들면 黃屛, 『往事回憶錄』 (北京: 人民出版社, 1981) 참조.

38   Wang Fanxi (王凡西), *Memoirs of a Chinese Revolutionary,* trans. Gregor Benton (New York: Columbia University Press, 1977), p.109.

39   Titarenko, *VKP(b), Komintern i Kitai: Dokumenty* (The CPSU, the Comintern andChina: Documents), vol. 3, p.457 참조.

40   같은 책, p.1048, p.1075.

41   楊奎松, 『走向破裂: 毛澤東與莫斯科恩恩怨怨』 (香港: 三聯書店, 1999), 189쪽 참조.

42   *Pravda*, December 29, 1929.

43   Titarenko, *VKP(b), Komintern i Kitai: Dokumenty*, vol. 3, pp.482~488; Grigoriev, *Kommunisticheskaia partiia Kitaia v nachal'nyi period sovetskogo dvizheniia*, pp.287~288 참조.

44   Hsiao Tso-liang, *Power Relations within the Chinese Communist Party, 1930-1934*, vol. 2 (Seattle: University of Washington Press, 1967), pp.26~29 참조.

45   Schram, *Mao's Road to Power*, vol. 3, pp.157~158 참조.

46   같은 책, p.261.

47   같은 책, p.240, p.245, p.246.

48   Grigoriev, *Kommunisticheskaia partiia Kitaia v nachal'nyi period sovet-skogo dvizheniia* (The Communist Party of China in the Initial Soviet Movement Period), p.308, p.309에서 인용.

49   Saich, *The Rise to Power of the Chinese Communist Party,* p.429.

50   Schram, *Mao's Road to Power,* vol. 3, pp.455~502, pp.508~523, pp.529~532; 逢先知 編, 『毛澤東年譜(1893-1949)』, 卷1, 310~316쪽.

51   Grigoriev, *Kommunisticheskaia partiia Kitaia v nachal'nyi period sovetskogodvizheniia* (The Communist Party of China in the Initial Soviet Movement Period), p.338 참조.

52   Schram, *Mao's Road to Power*, vol. 3, p.459.

53   같은 책, pp.234~236; 逢先知 編, 『毛澤東年譜(1893-1949)』, 卷1, 275쪽.

54   Schram, *Mao's Road to Power*, vol. 3, p.235.

17. 코민테른의 날개 아래에서

1   Titarenko, *VKP(b), Komintern i Kitai: Dokumenty* (The CPSU, Comintern and China: Documents), vol. 3, p.1273 참조.

2   Titarenko, *Kommunisticheskii Internatsional i kitaiskaa revoliutsiia* (The Communist International and the Chinese Revolution), p.204, p.205.

3   Titarenko, *VKP(b), Komintern i Kitai: Dokumenty*, vol. 3, p.1019.

4   같은 책, p.1029, p.1037; 張秋實, 『瞿秋白與共産國際』(北京: 中共黨史出版社, 2004), 314~317쪽.

5   Chang, *The Rise of the Chinese Communist Party*, vol. 2, p.86.

6   王健英, 『中國共産黨組織史資料匯編』, 145~146쪽 참조.

7   Meng Qingshu, "Vospominaniia o Van Mine" (Reminiscences of Wang Ming) (manuscript), pp.66~67. 자세한 내용은 Spichak, *Kitaiskii avangard Kremlia*, p.104 참조.

8   "Zapis' besedy tt. Chzhou Enlaia, Chzhen Lina (Ren Bishi) i (G. I.) Mordvinova 16 noiabria 1939 goda" (Record of a Conversation between Zhou Enlai, Zheng Ling (Ren Bishi), and (G. I.) Mordvinov, November 16, 1939), RGASPI, collection 495, inventory 225, file 71, vol. 1, sheet 35.

9   Titarenko, *VKP(b), Komintern i Kitai: Dokumenty*, vol. 3, p.817, pp.1079~1080, p.1139, p.1323 참조.

10 Titarenko, *Kommunisticheskii Internatsional i kitaiskaia revoliutsiia*, p.205.

11 A. Ivin, *Ocherki partizanskogo dvizheniia v Kitae, 1927-1930* (Sketches of the Guerrilla Movement in China, 1927-1930) (Moscow and Leningrad: GIZ, 1930), p.90.

12 Titarenko, *VKP(b), Komintern i Kitai: Dokumenty*, vol. 3, p.48, p.1067 참조.

13 같은 책, pp.1108~1109.

14 Schram, *Mao's Road to Power*, vol. 3, pp.377~378.

15 물론 전략적인 이유 때문에 마오쩌둥은 농촌 유민들을 때로 부정했을지도 모른다. 예를 들어 1930년 6월 홍사군 전적위원회와 간시(贛西) 특위 연석회의에서 자신은 '유민 무산 계급 이데올로기'를 고수했다고 주장하면서 거듭 혐의를 벗어나려고 애썼으며, '유민' 문제에 대한 결의안을 통과시켰다. 결의안에 따르면, "홍군과 적위대는 혁명 군중이 국가의 권력을 탈취하고 보호하는 데 무엇보다 중요한 수단이다. ······불량배나 유민이 이러한 조직에 침투하는 것을 허락할 수 없다." (앞의 책, 453쪽 참조.) 그러나 이러한 이론은 전혀 의미가 없다. 왜냐하면 근본적으로 집행할 수 없기 때문이다. 코민테른 집행위원회 원동국의 통계에 따르면, 1930년 홍군은 기본적으로 사회 가장 밑바닥 계층 사람들로 구성되었다. 이에 대해서는 Titarenko, *VKP(b), Komintern i Kitai: Dokumenty*, vol. 3, p.817 참조.

16 Schram, *Mao's Road to Power*, vol. 3, p.636, p.638.

17 (Liu Shiqi(劉少奇)), *Sovetskii raion iugo-zapadnoi Tsiansi v 1930 g.: Doklad instruktora TsKkompartii Kitaia ot 7 oktiabria 1930 g.* (The Soviet District of Southwest Jiangxi in 1930: Report of a CCP Central Committee Instructor, October 7, 1930), Mif, *Sovety v Kitae*, p.237.

18 Schram, *Mao's Road to Power*, vol. 3, p.269.

19 (Liu Shiqi), *Sovetskii raion iugo-zapadnoi Tsziansi v 1930 g.*, pp.227~244; Titarenko, *VKP(b), Komintern i Kitai: Dokumenty*, vol. 3, pp.1272~1274; 陳毅,「陳毅同志關於朱毛軍的歷史及其琅況的報告」, 192쪽;『中國人民解放軍組織沿革和各級領導成員名錄』(北京: 軍事科學出版社, 1987), 35쪽; Erbaugh, "The Secret History of the Hakkas", pp.937~938; Stephen C. Averill, "The Origins of the Futian Incident", Tony Saich and Hans J. van de Ven, eds., *New Perspectives on the Chinese Communist Revolution* (Armonk, NY: M. E. Sharpe, 1995), pp.79~115.

20 Titarenko, *VKP(b), Komintern i Kitai: Dokumenty*, vol. 3, p.1349, p.1368.

21 Averill, "The Origins of the Futian Incident", pp.83~84, pp.86~92 참조.

22 Short, *Mao*, p.268 참조.

23 며칠 후 마오쩌둥은 이렇게 선언했다. "간시 남소비에트 정부 영도 기관과 기술 노동자 중 3분의 2는 AB단 분자들이다." Schram, *Mao's Road to Power*, vol. 3, p.560. 그가 무엇에 근거하여 이런 숫자를 제시했는지는 알 수 없다.

24 같은 책, p.554.

25 *Lichnoe delo Mao Tszeduna* (Personal File of Mao Zedong), RGASPI, collection 495, inventory 225, file 71, vol. 2, sheets 257, 258.

26 『中國人民解放軍組織沿革和各級領導成員名錄』, 38쪽 참조.

27 Short, *Mao*, p.273에서 인용.

28 *Lichnoe delo Mao Tszeduna*, RGASPI, collection 495, inventory 225, file 71, vol. 2, sheet 261.

29 같은 책, pp.260~261; Titov, *Materialy k politicheskoi biografii Mao Tsze-duna*, vol. 1, p.310, p.311.

30 *Lichnoe delo Mao Tszeduna*, RGASPI, collection 495, inventory 225, file 71, vol. 2, sheets 258, 259, 261; vol. 3, sheets 18, 19; P. P. Vladimirov, *Osobyi raion Kitaia, 1942-1945* (Special Region of China, 1942-1945) (Moscow: APN, 1975), p.224, p.225.

31 Schram, *Mao's Road to Power*, vol. 3, p.713.

32 Titarenko, *VKP(b), Komintern i Kitai: Dokumenty*, vol. 3, pp.1276~1281 참조.

33 같은 책, pp.1348~1352; 徐則浩 編, 『王稼祥年譜(1906-1974)』(北京: 中央文獻出版社, 2001), 52쪽; 『任弼時年譜(1904-1950)』, 165~166쪽; 『周恩來年譜(1898-1949)』, 개정판 (北京: 中央文獻出版社, 1998), 212쪽.

34 Titarenko, *VKP(b), Komintern i Kitai: Dokumenty*, vol. 3, p.1067.

35 Titov, *Materialy k politicheskoi biografii Mao Tsze-duna*, vol. 1, p.329.

36 "Beseda (G. I.) Mordvinova s t. Chzhou Enlaem 4 marta 1940 g." (Conversation Between (G. I.) Mordvinov and Comrade Zhou Enlai, March 4, 1940), RGASPI, collection 495, inventory 225, file 71, vol. 1, sheet 32 참조.

37 Saich, *The Rise to Power of the Chinese Communist Party*, pp.530~535 참조.

38 王健英, 『中國共産黨組織史資料匯編』, 159쪽, 161쪽 참조.

39 Averill, "The Origins of the Futien Incident", p.108에서 인용.

40 廖蓋隆 編, 『中國共産黨歷史大辭典』, 260쪽.

41 逄先知 編, 『毛澤東年譜(1893-1949)』, 卷1, 330~331쪽; Short, *Mao*, p.257 참조.

42 Mao, *Poems of Mao Tse-tung*, p.53. 부주 산은 신비한 산으로 고대 영웅 공공(共工)이 삽을 이용해 평평하게 만들었다고 한다.

43 Titarenko, *VKP(b), Komintern i Kitai: Dokumenty*, vol. 3, p.1147, p.1258, p.1273 참조.

44 李敏, 『我的父親毛澤東』, 163쪽.

45 Chang, *The Rise of the Chinese Communist Party*, vol. 2, p.175 참조.

46 *Lichnoe delo Mao Tszeduna*, RGASPI, collection 495, inventory 225, file 71, vol. 2, sheet 256.

47 Frederick S. Litten, "The Noulens Affair", *China Quarterly*, no. 138 (1994), pp.492~512; Frederic Wakeman, *Policing Shanghai, 1927-1937* (Berkeley: University of California

Press, 1995), pp.151~160, pp.253~254; Nie Rongzhen(聶榮臻), *Inside the Red Star: The Memoirs of Marshal Nie Rongzhen* (Beijing: New World Press, 1983), pp.97~98, pp.104~106 참조.

48 M. L. Titarenko et al., eds., *VKP(b), Komintern i Kitai: Dokumenty*, vol. 4 (Moscow: AO "Buklet", 2003), p.146 참조.

49 楊奎松, 『走向破裂』, 189쪽 참조.

50 "Zapis' besedy tt. Chzhou Enlaia, Chzhen Lina (Ren Bishi) i (G. I.) Mordvinova 16 noiabria 1939 goda", pp.33~34; Wakeman, *Policing Shanghai, 1927-1937*, p.156.

51 『周恩來年譜(1898-1949)』, 218쪽 참조.

52 Li Chongde, "Escorting Mao Zedong's Sons to Shanghai", *Mao Zedong: Biography— Assessment—Reminiscences*, pp.222~226; Zhu Weiyang, 「錢希鈞和毛澤民」, 『毛澤東的家事』(北京: 春秋出版社, 1987), 14~15쪽; 「中國共産黨創辦的第一個幼稚園」, 《新民晚報》, 2004년 6월 13일자; 「毛岸英三兄弟在上海市的情況」, 《新民晚報》, 2004년 12월 23일자; 馬社香, 『紅色第一家族』, 136~137쪽; Titarenko, *VKP(b), Komintern i Kitai: Dokumenty*, vol. 4, p.1052 참조.

53 王健英, 『中國共産黨組織史資料匯編』, 163쪽 참조.

54 Agnes Smedley, *China's Red Army Marches* (New York: International, 1934), pp.314~315.

18. 골육상쟁, 공산주의자의 스타일

1 Hsiao, *Power Relations within the Chinese Communist Movement, 1930-1934*, vol. 2, pp.382~389.

2 逢先知 編, 『毛澤東年譜(1893-1949)』, 卷1, 319쪽, 320쪽 참조.

3 Titarenko, *VKP(b), Komintern i Kitai: Dokumenty* (The CPSU, the Comintern and China: Documents), vol. 3, p.893, p.938, p.939, p.940.

4 Hsiao, *Power Relations within the Chinese Communist Movement, 1930-1934*, vol. 2, pp.391~407; 金沖及 編, 『毛澤東傳(1893-1949)』, 280~281쪽 참조.

5 逢先知 編, 『毛澤東年譜(1893-1949)』, 卷1, 358쪽 참조.

6 같은 책, 360쪽; 王健英, 『中國共産黨組織史資料匯編』, 164쪽; 『中國人民解放軍組織沿革和各級領導成員名錄』, 48~52쪽 참조.

7 『周恩來年譜(1898-1949)』, 220쪽; Wang Song (Liu Yalou, 劉亞樓), Li Ting (Lin Biao, 林彪), and Zhou Den (Mao Zemin, 毛澤民), *Doklad general'nomu sekretariu IKKI G. Dimitrovu, 8 ianvaria 1940 g.* (Report to the General Secretary of the ECCI G.

Dimitrov, January 8, 1940), RGASPI, collection 495, inventory 225, file 477, sheet 48 참조.

8   Saich, *The Rise to Power of the Chinese Communist Party*, pp.558~566.

9   같은 책.; 逢先知 編, 『毛澤東年譜(1893-1949)』, 卷1, 364쪽; 金沖及 編, 『毛澤東傳(1893-1949)』, 289~290쪽; Wang (Liu), Li (Lin) i Zhou (Mao), *Doklad general'nomu sekretariu IKKI G. Dimitrovu, 8 ianvaria 1940 g.*, p.48.

10   Li Ruilin, "Vosstanie v Ningdu"(Uprising in Ningdu), *Vsiudu krasnye znamena*, pp.52~58 참조.

11   文夫, 張乃勝, 『毛澤東與賀子珍』(北京: 團結出版社, 2004), 75~79쪽; 逢先知 編, 『毛澤東年譜(1893-1949)』, 卷1, 365쪽; 金沖及 編, 『毛澤東傳(1893-1949)』, 290~291쪽 참조.

12   Titarenko, *Kommunisticheskii internatsional i kitaiskaia revoliutsiia: Dokumenty* (The Communist International and the Chinese Revolution), pp628~629.

13   같은 책, p.240, p.242. 이 외에 Titarenko, *VKP(b), Komintern i Kitai: Dokumenty*, vol. 4, p.96 참조.

14   이 외에 Titarenko, *VKP(b), Komintern i Kitai: Dokumenty*, vol. 4, pp.100~102 참조.

15   Donald A. Jordan, *China's Trial by Fire: The Shanghai War of 1932* (Ann Arbor: University of Michigan Press, 2001) 참조.

16   Mif, *Sovety v Kitae*, pp.454~456; Stuart R. Schram, ed., *Mao's Road to Power: Revolutionary Writings, 1912-1949*, vol. 4: (Armonk, NY: M. E. Sharpe, 1997), pp.209~214 참조.

17   Otto Braun, *A Comintern Agent in China 1932-1939*, trans. Jeanne Moore (Stanford, CA: Stanford University Press, 1982), p.30.

18   Nie Rongzhen(聶榮臻), *Inside the Red Star*, 114~128쪽 참조.

19   Titarenko, *VKP(b), Komintern i Kitai: Dokumenty*, vol. 4, pp.146~147. 전문은 내용이 상당히 모호하다. 우리는 소비에트 중앙국 위원들이 임시정치국의 의향을 완전히 이해한 것이 아님을 알 수 있다. 하지만 그들은 적극적으로 충심을 보이고자 애썼다. 그들은 이렇게 썼다. "더 이상 말할 필요도 없이 우리는 대도시를 공격하자는 리리싼의 모험 노선에 대해 강력하게 반대해야 한다. 그러나 현재 상황은 우리에게 유리하다. 우리는 가장 중요한 도시를 공격하기 전에 우경 기회주의의 지나친 공포에 대처해야 한다."

20   逢先知 編, 『毛澤東年譜(1893-1949)』, 卷1, 375쪽.

21   Titarenko, *VKP(b), Komintern i Kitai: Dokumenty*, vol. 4, p.153.

22   같은 책, p.158.

23   같은 책, p.159.

24   逢先知 編, 『毛澤東年譜(1893-1949)』, 卷1, 377쪽; 『中國人民解放軍組織沿革和各級領導成員名錄』, 58~61쪽 참조.

25 逢先知 編,『毛澤東年譜(1893-1949)』, 卷1, 342쪽 참조.

26 같은 책, vol. 1, 379~380쪽; Schram, *Mao's Road to Power,* vol. 4, pp.242~244 참조.

27 Wang (Liu), Li (Lin), and Zhou (Mao), *Doklad General'nomu sekretariu IKKI G.Dimitrovu, 8 ianvaria 1940 g.* (Report to ECCI General Secretary G. Dimitrov, January 8, 1940), p.49; Titarenko, *VKP(b), Komintern i Kitai: Dokumenty*, vol. 4, pp.146~148, pp.152~153, pp.158~159, p.193; *Lichnoe delo Mao Tszeduna*, RGASPI, collection 495, inventory 225, file 71, vol. 3, sheets 176~179 참조.

28 Wang (Liu), Li (Lin), and Zhou (Mao), *Doklad General'nomu sekretariu IKKI G. Dimitrovu, 8 ianvaria 1940 g.*, p.49.

29 Titarenko, *VKP(b), Komintern i Kitai: Dokumenty*, vol. 4, pp.187~188.

30 金沖及 編,『毛澤東傳(1893-1949)』, 309쪽에서 인용.

31 Titarenko, *VKP(b), Komintern i Kitai: Dokumenty*, vol. 4, p.191, p.192.

32 金沖及 編,『毛澤東傳(1893-1949)』, 309쪽 참조.

33 같은 책, p.334.

34 文夫, 張乃勝,『毛澤東與賀子珍』, 92쪽; 金沖及 編,『毛澤東傳(1893-1949)』, 310쪽에서 인용.

35 Titarenko, *VKP(b), Komintern i Kitai: Dokumenty*, vol. 4, p.194, p.223, p.225 참조.

36 王健英,『中國共産黨組織史資料匯編』, 188쪽 참조.

37 Titarenko, *VKP(b), Komintern i Kitai: Dokumenty*, vol. 4, p.199.

38 逢先知 編,『毛澤東年譜(1893-1949)』, 卷1, 393쪽; "Zapis' besedy tt. Chzhou Enlaia, Chzhen Lina (Ren Bishi) I (G. I.) Mordvinova, 16 noiabria 1939 goda" (Notes on a Conversation Among Comrades Zhou Enlai, Zheng Ling (Ren Bishi), and (G. I.) Mordvinov, November 16, 1939), p.34 참조.

39 Titarenko, *VKP(b), Komintern i Kitai: Dokumenty*, vol. 4, p.295.

40 같은 책, p.295, p.298, p.309, p.323.

41 "Dokladnaia zapiska o provalakh i provokatsiiakh v tsentral'nykh organizatsiiakh KP Kitaia v Shanhae za poslednie tri goda i o dele 'Osobogo otdela'" (Reportorial Notes on the Failures and Provocations in the Central Organs of the CP of China in Shanghai for the Past Three Years and of the Matter of the 'Special Section'), RGASPI, collection 495, inventory 74, file 299, sheets 1~60; Litten, "The Noulens Affair", pp.492~512 참조.

42 金沖及 編,『毛澤東傳(1893-1949)』, 311쪽.

43 文夫, 張乃勝,『毛澤東與賀子珍』, 91쪽 참조.

44 Deng Maomao(鄧毛毛), *Deng Xiaoping: My Father*(『我的父親鄧小平』) (New York: Basic Books, 1995), pp.210~217 참조.

45 文夫, 張乃勝,『毛澤東與賀子珍』, 99쪽; 金沖及 編,『毛澤東傳(1893-1949)』, 333쪽에서 인용.

46 金沖及 編, 『毛澤東傳(1893-1949)』, 334쪽에서 인용.

47 Braun, *A Comintern Agent in China 1932-1939,* 1~79쪽 참조.

48 Titarenko, *VKP(b), Komintern i Kitai: Dokumenty,* vol. 4, p.1145.

49 같은 책, p.1146. 이 외에 Bo Gu(博古), "Moia Predvaritel'naia ispoved'" (My Preliminary Testimony), RGASPI, collection 495, inventory 225, file 2847, sheets 1~111 참조.

50 Titarenko, *VKP(b), Komintern i Kitai: Dokumenty,* vol. 3, pp.1306~1327; vol. 4, pp.103~104 참조.

51 같은 책, vol. 4, p.243, p.427 참조.

52 Braun, *A Comintern Agent in China 1932-1939,* p.49.

53 Pavel Mif, ed., *Soviety v Kitae: Materialy I dokumenty, Sbornik vtoroi* (Soviets in China: Materials and Documents, Second Collection) (Moscow: Partizdat TsK VKP(b), 1935), pp.183~258 참조. 이는 출간되지 않은 교정 원고다. 스탈린의 코민테른 정책이 1935년 갑자기 변했기 때문에 출판할 수 없었다. 저자의 개인 장서 중 일부 교정 원고를 소장하고 있다.

54 王健英, 『中國共産黨組織史資料匯編』, 198쪽 참조.

55 Titarenko, *VKP(b), Komintern i Kitai: Dokumenty,* vol. 3, p.49 참조.

56 같은 책, vol. 4, p.585.

57 같은 책, p.586.

58 金沖及 編, 『毛澤東傳(1893-1949)』, 339쪽에서 인용.

59 *Kommunisticheskii Internatsional,* no. 20 (1934), pp.21~29; no. 23 (1934), pp.32~51; *Za rubezhom* (Abroad), no. 27 (59) (1934), p.1, pp.4~9; Mao Ze-dong, *Tol'ko soviety mogut spasti Kitai: Doklad na II-m s"ezde Sovetov Kitaia* (Only Soviets Can Save China: Report at the Second Congress of Chinese Soviets) (Moscow and Leningrad: Izdatel'stvo inostrannykh rabochikh v SSSR, 1934); Mao Zedong, *Ekonomicheskoe stroitel'stvo i itogi proverki razdela zemli v Kitaiskoi Sovietskoi Respublike (Izbrannye rechi I stat'i)* (Economic Construction and the Results of the Verification of Land Redistribution in the Chinese Soviet Republic (Selected Speeches and Articles)) (Moscow and Leningrad: Izdatel'stvo inostrannykh rabochikh v SSSR, 1934) 참조.

60 *Pravda,* February 11, 1930 참조.

61 Titarenko, *VKP(b), Komintern i Kitai: Dokumenty,* vol. 4, p.693.

62 Nie Rongzhen, *Inside the Red Star,* 158~159쪽; Braun, *A Comintern Agent in China 1932-1939,* pp.40~43, pp.75~76; Violet Cressy-Marcks, *Journey into China* (New York: Dutton, 1942), p.166 참조.

63 Stuart R. Schram, *Mao's Road to Power: Revolutionary Writings, 1912-1949,* vol. 5 (Armonk, NY: M. E. Sharpe, 1999), pp.528~529.

64 Titarenko, *VKP(b), Komintern i Kitai: Dokumenty*, vol. 4, p.602.

65 같은 책, p.614.

66 逄先知 編, 『毛澤東年譜(1893-1949)』, 卷1, 428쪽 참조.

67 Braun, *A Comintern Agent in China 1932-1939*, p.76.

68 Titarenko, *VKP(b), Komintern i Kitai: Dokumenty*, vol. 4, p.613 참조.

69 Helen Foster Snow (Nym Wales), *The Chinese Communists: Sketches and Autobiographies of the Old Guard* (Westport, CT: Greenwood, 1972), p.245, p.246 참조.

70 文夫, 張乃勝, 『毛澤東與賀子珍』, 95~97쪽; 馬社香, 『紅色第一家族』, 323~324쪽 참조.

19. 장정

1 Braun, *A Comintern Agent in China 1932-1939*, p.83.

2 逄先知 編, 『毛澤東年譜(1893-1949)』, 卷1, 435~436쪽; Braun, *A Comintern Agent in China 1932-1939*, pp.81~82; 李維漢, 『回憶與硏究』, 卷1, 344~345쪽; A. A. Martynov et al., eds., *Velikii pokhod 1-go fronta Kitaiskoi raboche-krest'ianskoi krasnoi armii: Vospominaniia* (The Long March of the First Front Chinese Worker-Peasant Red Army: Reminiscences), trans. A. A. Klyshko et al. (Moscow: Izd-vo inostrannoi literatury, 1959), p.43 참고.

3 "Dokladnaia zapiska o provalakh i provokatsiiakh v tsentral'nykh organizatsiiakh KP Kitaia v Shanghae za poslednie tri goda i o dele 'Osobogo otdela'" (Report on the Failures and Provocations Within the Central Organizations of the CP of China in Shanghai over the Past Three Years and on the Matter of the "Special Department"), pp.30~32 참조.

4 Braun, *A Comintern Agent in China 1932-1939*, p.90.

5 Erbaugh, "The Secret History of the Hakkas", pp.937~968 참조.

6 Pantsov & Levine, *Chinese Comintern Activists: An Analytic Biographic Dictionary* (manuscript), pp.533~535; Snow (Wales), *Inside Red China*, pp.227~229 참조.

7 Braun, *A Comintern Agent in China 1932-1939*, p.71. 이 외에 『遵義會議文獻』 (北京: 人民出版社, 1985), 37쪽 참조.

8 金沖及 編, 『毛澤東傳(1893-1949)』, 342~343쪽; 逄先知 編, 『毛澤東年譜(1893-1949)』, 卷1, 434~435쪽 참조.

9 Braun, *A Comintern Agent in China 1932-1939*, p.98.

10 Nie Rongzhen, *Inside the Red Star*, 210쪽. 이 외에 『遵義會議文獻』, 41쪽, 111~114쪽 참조.

11 Nie Rongzhen, *Inside the Red Star*, pp.211~212 참조.

12 같은 책, p.210에서 인용.

13 Braun, *A Comintern Agent in China 1932-1939*, pp.98~103; 『遵義會議文獻』, 116~117쪽; 金沖及 編, 『毛澤東傳(1893-1949)』, 353~354쪽; 楊尙昆, 『楊尙昆回憶錄』(北京: 中央文獻出版社, 2001), 117~121쪽 참조.

14 "Pis'mo Li Tina (Lin Biao) v Otdel kadrov IKKI i IKK ot 29 ianvaria 1940 g." (Letterfrom Li Ting (Lin Biao) to the Department of Personnel of the ECCI and the ICC, January 29, 1940), RGASPI, collection 495, inventory 225, file 53, vol. 1, sheet 180.

15 金沖及 編, 『毛澤東傳(1893-1949)』, 354쪽. 이 외에 Nie Rongzhen, *Inside the Red Star*, p.211 참조.

16 『遵義會議文獻』, 117쪽 참조.

17 Braun, *A Comintern Agent in China 1932-1939*, p.104.

18 張聞失, 『張聞失選集』(北京: 人民出版社, 1985), 37~59쪽 참조.

19 『遵義會議文獻』, 42~43쪽, 132~136쪽.

20 李敏, 『我的父親毛澤東』, 171쪽에서 인용.

21 孔東梅, 「毛澤東賀子珍夫婦: 爲革命痛失五個子女」, 《解放日報》, 2005년 3월 7일자에서 인용.

22 같은 책 참조.

23 『遵義會議文獻』, 134쪽 참조.

24 『周恩來年譜(1898-1949)』, 280쪽에서 인용.

25 『遵義會議文獻』, 134~135쪽; 金沖及 編, 『毛澤東傳(1893-1949)』, 361쪽 참조.

26 Mao, *Poems of Mao Tse-tung*, p.63.

27 Braun, *A Comintern Agent in China 1932-1939*, p.111.

28 李敏, 『我的父親毛澤東』, 173쪽 참조.

29 Braun, *A Comintern Agent in China 1932-1939*, pp.113~114.

30 같은 책, p.120.

31 Chang, *The Rise of the Chinese Communist Party*, vol. 2, p.378.

32 *Lichnoe delo Liu Tina* (Personal File of Liu Ting), RGASPI, collection 495, inventory 225, file 3078, n.p. 참조.

33 Schram, *Mao's Road to Power*, vol. 5, xlii; Braun, *A Comintern Agent in China 1932-1939*, p.123; A. S. Titov, *Iz istorii bor'by i raskola v rukovodstve KPK 1935-1936 gg.* (From the History of Struggle and Split in the Leadership of the CCP, 1935-1936) (Moscow: Nauka, 1979), pp.39~40 참조.

34 K. O. Wagner (Otto Braun), "Spravka o Chzhan Gotao i sobytiiakh 1935-1936 gg." (Information About Zhang Guotao and the Events of 1935-1936), RGASPI, collection 495, inventory 4, file 298, sheet 75; Braun, *A Comintern Agent in China 1932-1939*,

pp.125~126 참조.

35   逢先知 編,『毛澤東年譜(1893-1949)』, 卷1, 462~463쪽 참조.

36   Braun, *A Comintern Agent in China 1932-1939*, p.126.

37   逢先知 編,『毛澤東年譜(1893-1949)』, 卷1, 463~466쪽; Schram, *Mao's Road to Power*, vol. 5, xliv.

38   Braun, *A Comintern Agent in China 1932-1939*, pp.136~137.

39   Schram, *Mao's Road to Power*, vol. 5, p.24.

40   逢先知 編,『毛澤東年譜(1893-1949)』, 卷1, 471쪽; Wagner, "Spravka o Chzhan Gotao i sobytiiakh 1935-1936 gg." (Information About Zhang Guotao and the Events of 1935-1936), p.77 참조.

41   Schram, *Mao's Road to Power*, vol. 5, xlvii.

42   逢先知 編,『毛澤東年譜(1893-1949)』, 卷1, 475~476쪽 참조.

43   장룽 부부는 *Mao*, p.141, p.171에서 이렇게 말했다. "마오쩌둥과 핵심 영도자들은 장정을 떠나기 전에 근거지에 대해 알고 있었다." 그러나 그들은 이에 대한 정확한 근거를 제시하지 않고 있다. 공산당이 장정 목적지를 산베이(陝北)로 한 것은 장제스의 계획에 따른 것이라고 말하기도 했다.

44   Nie Rongzhen, *Inside the Red Star*, p.248에서 인용.

45   Schram, *Mao's Road to Power*, vol. 5, p.36; 逢先知 編,『毛澤東年譜(1893-1949)』, 卷1, 482쪽 참조.

46   Mao, *Poems of Mao Tse-tung*, p.70.

20. 시안 사건

1   逢先知 編,『毛澤東年譜(1893-1949)』, 卷1, 478쪽 참조.

2   Wagner, "Spravka o Chzhan Gotao i sobytiiakh 1935-1936 gg.", pp.77~78 참조.

3   Braun, *A Comintern Agent in China 1932-1939*, p.143, p.146.

4   Agnes Smedley, *China Fights Back: An American Woman with the Eighth Route Army* (New York: Vanguard Press, 1938), pp.8~9, pp.19~20; Janice R. MacKinnon and Stephen R. MacKinnon, *Agnes Smedley: The Life and Times of an American Radical* (Berkeley: University of California Press, 1988), p.183 참조.

5   吳秦傑,『毛澤東光輝歷程地圖集』, 62쪽 참조.

6   逢先知 編,『毛澤東年譜(1893-1949)』, 卷1, 617쪽 참조.

7   Chang (張國燾), *The Rise of the Chinese Communist Party*, vol. 2, p.474.

8   몰로토프는 회고록에서 이에 대해 비교적 솔직하게 말하고 있다. Felix Chuev, *Molotov*

Remembers: Inside Kremlin Politics: Conversations with Felix Chuev, trans. Albert Resis (Chicago: I. R. Dee, 1993).

9 Wang Ming (王明), *Sobranie sochinenii* (Collected Works), vol. 3 (Moscow: IDV AN SSSR,1985), p.364.

10 Titarenko, *VKP(b), Komintern i Kitai: Dokumenty* (The CPSU, the Comintern and China: Documents), vol. 3, p.49 참조.

11 楊奎松,「共産國際壓制毛澤東了嗎? 毛澤東與莫斯科的恩恩怨怨」,《百年潮》, 第4號 (1997), 33쪽 참조.

12 Titov, *Materialy k politicheskoi biografii Mao Tsze-duna*, vol. 2, p.137에서 인용.

13 *Lichnoe delo Mao Tszeduna*, RGASPI, collection 495, inventory 225, file 71, vol. 1, sheets 242~243.

14 *Lichnoe delo Van Mina* (Personal File of Wang Ming), RGASPI, collection 495, inventory 225, file 6, vol. 1, sheets 62, 63.

15 Titov, *Materialy k politicheskoi biografii Mao Tsze-duna*, vol. 2, p.613 참조.

16 같은 책, p.619.

17 *Kommunisticheskii Internatsional*, no. 33~34 (1935), pp.83~88 참조.

18 A. Khamadan, "Vozhd' kitaiskogo naroda—Mao Tszedun" (The Leader of the ChinesePeople—Mao Zedong), *Pravda*, December 13, 1935.

19 A. Khamadan, *Vozhdi i geroi kitaiskogo naroda* (Leaders and Heroes of the ChinesePeople) (Moscow: Ogiz-Sotsekgiz, 1936) 참조.

20 *Lichnoe delo Chzhan Khao (Li Fushen)* (Personal File of Zhang Hao (Li Fusheng)), RGASPI, collection 495, inventory 225, file 2850; 汪幸福,『林氏三兄弟: 林育英, 林育南, 林彪』(武漢: 湖北人民出版社, 2004), 73~75쪽 참조.

21 Schram, *Mao's Road to Power*, vol. 5, pp.66~67.

22 張聞天,『張聞天選集』, 66~70쪽; 張培森 編,『張聞天年譜』, 卷1 (北京: 中央文獻出版社, 2000), 278~279쪽, 286~287쪽 참조.

23 Schram, *Mao's Road to Power*, vol. 3, pp.73~74 참조.

24 張聞天,『張聞天選集』, 71~79쪽; 毛澤東,『毛澤東文集』, 卷1, 376~382쪽; Schram, *Mao's Road to Power*, vol. 3, pp.86~102 참조.

25 Schram, *Mao's Road to Power*, vol. 3, p.89, p.91.

26 毛澤東,『毛澤東文集』, 卷1, 490쪽 참조.

27 James Bertram, *Crisis in China: The Story of the Sian Mutiny* (London: Macmillan & Co., 1937), p.108; Harriet Sergeant, *Shanghai* (London: Jonathan Cape, 1991), p.5.

28 李敏,『我的父親毛澤東』, 2쪽; Chang, *The Rise of theChinese Communist Party*, vol. 2, pp.474~475 참조.

29   Schram, *Mao's Road to Power,* vol. 5, p.249.

30   Titarenko, *VKP(b), Komintern i Kitai: Dokumenty*, vol. 4, p.1068; Fenby, *Chiang Kai-shek*, p.279 참조.

31   Titarenko, *VKP(b), Komintern i Kitai: Dokumenty*, vol. 4, pp.1055~1058 참조.

32   Georgi Dimitrov, *Dnevnik 9 mart 1933-6 fevruari 1949* (Diary, March 9, 1933-February 6, 1949) (Sofia: Universitetsko izdatelstvo "Sv. Kliment Okhridski", 1997), p.117 참조.

33   Titarenko, *Kommunisticheskii Internatsional i kitaiskaiia revoliutsiia* (The Communist International and the Chinese Revolution), pp.266~269.

34   Schram, *Mao's Road to Power,* vol. 5, pp.323~332 참조.

35   같은 책, p.334.

36   Dimitrov, *Dnevnik* (Diary), p.117.

37   Snow, *Red Star Over China*, p.409.

38   Bertram, *Crisis in China*, pp.134~137; 이 외에 Snow, *Red Star Over China*, p.412 참조.

39   唐培吉, 編, 『中國歷史大事年表: 現代史卷』(上海: 上海辭書出版社, 1997), 320쪽 참조. 이 외에 Chiang Kai-shek (蔣介石), "The Day I Was Kidnapped", Dun J. Li, *The Road to Communism*, pp.135~141 참조.

40   葉子龍, 『葉子龍回憶錄』(北京: 中央文獻出版社, 2000), 38~39쪽.

41   Braun, *A Comintern Agent in China 1932-1939*, p.183.

42   Edgar Snow, *Random Notes on Red China, 1936-1945* (Cambridge, MA: East Asian Research Center, Harvard University, 1957), p.1.

43   逄先知 編, 『毛澤東年譜(1893-1949)』, 卷1, 621쪽.

44   Short, *Mao*, p.347.

45   Chang, *The Rise of the Chinese Communist Party*, vol. 2, p.481.

46   Ivo Banac, ed., *The Diary of Georgi Dimitrov 1933-1949*, trans. Jane T. Hedges et al. (New Haven, CT: Yale University Press, 2003), p.41. 이 외에 RGASPI, collection 146, inventory 2, file 3, sheet 29 참조.

47   Banac, *The Diary of Georgi Dimitrov,* pp.41~42. 이 외에 RGASPI, collection 146, inventory2, file 3, sheets 29~30 참조.

48   Banac, *The Diary of Georgi Dimitrov,* p.42. 이 외에 RGASPI, collection 146, inventory 2, file 3, sheet 30 참조.

49   Banac, *The Diary of Georgi Dimitrov,* p.42. 이외에 RGASPI, collection 146, inventory 2, file 3, sheet 30 참조. 드미트리 마누일스키는 당시 코민테른 집행위원회 서기였다.

50   Titarenko, *Kommunisticheskii internatsional i kitaiskaiia revoliutsiia*, p.270.

51   Snow, *Random Notes on Red China,* p.2.

52 Short, *Mao*, pp.719~720; 金冲及 編, 『毛澤東傳(1893-1949)』, 433쪽.

53 蔣介石, 『蘇俄在中國』, 79쪽.

54 金冲及 編, 『毛澤東傳(1893-1949)』, 431쪽, 432쪽.

55 逢先知 編, 『毛澤東年譜(1893-1949)』, 卷1, 639쪽.

56 Titarenko, *Kommunisticheskii Internatsional i kitaiskaiia revoliutsiia*, pp.270~271.

57 같은 책, p.272; Dimitrov, *Dnevnik*, p.122.

58 『抗日民族統一前線指南』, 卷1 (출판사, 출간일 미상), 79~81쪽.

59 李敏, 『我的父親毛澤東』, 1쪽, 5쪽, 39~40쪽, 259쪽.

60 葉子龍, 『葉子龍回憶錄』, 40쪽에서 인용.

21. 바람난 철학가

1 Braun, *A Comintern Agent in China 1932-1939*, p.190.

2 Cressy-Marcks, *Journey into China*, pp.156~159; Nym Wales, *My Yenan Notebooks* (Madison, CT: n.p., 1961), p.135; Helen Foster Snow, *My China Years* (New York: Morrow, 1984), pp.231~232 참조.

3 Evans Fordyce Carlson, *Twin Stars of China: A Behind-the-Scenes Story of China's Valiant Struggle for Existence by a U.S. Marine Who Lived and Moved with the People* (New York: Hyperion Press, 1940), p.162 참조.

4 "Pis'mo Agnes Smedli I. A. Piatnitskomu ot 1 marta 1935 goda" (Letter from Agnes Smedley to I. A. Piatnitsky, March 1, 1935), RGASPI, collection 495, inventory 74, file 287, sheets 1~14; MacKinnon and MacKinnon, *Agnes Smedley*, pp.146~149, pp.182~187; Harvey Klehr, John Earl Haynes, and Fridrikh Igorievich Firsov, *The Secret World of American Communism* (New Haven, CT: Yale University Press, 1995), pp.60~70 참조.

5 Agnes Smedley, *Battle Hymn of China* (New York: Knopf, 1943), pp.170~171; Nym Wales, *My Yenan Notebooks*, pp.62~63; Snow (Wales), *Inside Red China*, pp.186~187; Snow (Wales), *The Chinese Communists*, pp.250~261; Snow, *My China Years*, pp.265, pp.274~276, pp.278~279; MacKinnon and MacKinnon, *Agnes Smedley*, pp.182~189, p.192; 文夫, 張乃勝, 『毛澤東與賀子珍』, 110~120쪽 참조.

6 Snow (Wales), *The Chinese Communists*, p.252.

7 MacKinnon and MacKinnon, *Agnes Smedley*, p.190에서 인용.

8 같은 책, pp.190~191; 文夫, 張乃勝, 『毛澤東與賀子珍』, 121~122쪽.

9 Smedley, *China Fights Back*, p.4, pp.8~10; Snow (Wales), *The Chinese Communists*,

p.254; Snow, *My China Years,* pp.281~282 참조.

10   Banac, *The Diary of Georgi Dimitrov,* p.40.

11   Titarenko, *VKP(b), Komintern i Kitai: Dokumenty,* vol. 4, p.1092; Schram, *Mao's Road to Power,* vol. 4, pp.356~357 참조.

12   楊奎松, 「蘇聯大規模援助中國紅軍的一次嘗試」, 黃修榮 編, 『蘇聯, 共産國際與中國革命的關係新探』(北京: 中共黨史出版社, 1995), 324~326쪽 참조.

13   Banac, *The Diary of Georgi Dimitrov,* p.36, p.57.

14   *Zhou Enlai nianpu 1898-1949* (Chronological Biography of Zhou Enlai 1898-1949), pp.366~367.

15   逄先知 編, 『毛澤東年譜(1893-1949)』, 卷1, 677쪽.

16   Wales, *My Yenan Notebooks,* p.63에서 인용.

17   『周恩來年譜(1898-1949)』, 373~374쪽.

18   장룽 부부에 따르면, 중일 전쟁을 일으킨 것은 스탈린이다. 스탈린이 "장기간 국민당 군대에 잠복하고 있던 공산당 특무" 장즈중(張治中) 장군을 통해 일본을 도발하여 상해에 폭탄을 투하하도록 했다. 그들은 장즈중이 1925년 여름부터 황푸군관학교에 재직하면서 중국공산당의 특무 역할을 맡았다고 말했다. 장룽 부부는 황푸군관학교가 러시아 사람의 원조로 만들어졌기 때문에 중국공산주의의 온상이라고 여겼다. Chang and Halliday, *Mao,* pp.208~209. 이렇게 말한다면 장제스가 황푸군관학교 교장이었으니 공산당의 '특무'라고 해야 마땅하다.

19   Vladimirov, *Osobyi raion Kitaia 1942-1945,* pp.239~240 참조.

20   逄先知 編, 『毛澤東年譜(1893-1949)』, 卷1, 654~655쪽; 『林伯渠傳』(北京: 紅旗出版社, 1986), 195쪽; Stuart R. Schram, ed., *Mao's Road to Power: Revolutionary Writings, 1912-1949,* vol. 6 (Armonk, NY: M. E. Sharpe, 1999), xxxv 참조.

21   Schram, *Mao's Road to Power,* vol. 6, p.11, p.12, p.14. 이 외에 Vladimirov, *Osobyi raion Kitaia 1942-1945,* p.519, p.600 참조.

22   Schram, *Mao's Road to Power,* vol. 6, p.11, p.12; Braun, *A Comintern Agent in China 1932-1939,* p.212.

23   Braun, *A Comintern Agent in China 1932-1939,* pp.211~213; Chang, *The Rise of the Chinese Communist Party,* vol. 2, pp.533~541; A. V. Pantsov, "Obrazovaniie opornykh baz 8-i Natsional'no-revoliutsionnoi armii v tylu iaponskikh voisk v Severnom Kitae" (Establishment of Eighth Route Army Base Areas in the Japanese Rear in North China), M. F. Yuriev, ed., *Voprosy istorii Kitaia* (Problems of Chinese History) (Moscow: Izdatel'stvoMGU, 1981), pp.39~41.

24   王實 編, 『中國共産黨歷史簡編』(上海: 上海人民出版社, 1959), 178~179쪽 참조.

25   逄先知 編, 『毛澤東年譜(1893-1949)』, 卷2 (北京: 人民出版社, 2002), 17쪽.

26 毛澤東,『毛澤東文集』, 卷2 (北京: 人民出版社, 1993), 8~10쪽.

27 Schram, *Mao's Road to Power,* vol. 6, 43쪽, 44~45쪽, 51~52쪽, 57쪽.

28 Banac, *The Diary of Georgi Dimitrov,* pp.67~69.

29 Short, *Mao,* p.360에서 인용.

30 Banac, *The Diary of Georgi Dimitrov,* p.67.

31 金沖及 編,『毛澤東傳(1893-1949)』, 521쪽.

32 같은 책, 522~523쪽.

33 I. Shirokov and A. Aizenberg, eds., *Materialisticheskaia dialektika* (Materialist Dialectics) (Moscow, 1932); M. Mitin and I. Razumovskii, eds., *Dialekticheskii i istoricheskii materialism v dvukh chastiakh. Uchebnik dlia komvuzov i vuzov* (Dialectical and Historical Materialism, in Two Parts. Textbook of Communist Higher Educational Institutions and Higher Educational Institutions) (Moscow: Partiinoe izdatel'stvo, 1932); M. B. Mitin, ed., "Dialekticheskii materialism" (Dialectical Materialism), *Bolshaia Sovetskaia Entsiklopediia* (Large Soviet Encyclopedia), vol. 22 (Moscow: Sovetskaia entsiklopediia, 1935), pp.45~235. 마오쩌둥은 다음과 같은 번역서를 읽었다. Shirokov, Aizenberg,『辨證法唯物論敎程』, 李達, 雷仲堅 譯, 第3版 (上海: 筆耕堂書店, 1935), 第4版 (上海: 筆耕堂書店, 1936); Mitin 等,『辨證法唯物論與歷史唯物論』, 沈志遠 譯, 第1卷 (長沙: 1935); Mitin,『新哲學大綱』, 艾急奏, 鄭易裡 譯 (上海: 圖書生活出版社, 1936) 참조.

34 M. B. Mitin, "Predislovie" (Preface), M. B. Mitin, *Boevye voprosy materialisticheskoi dialektiki* (Urgent Problems of Materialist Dialectics) (Moscow: Partizdat TsK VKP(b), 1936), p.3.

35 Schram, *Mao's Road to Power,* vol. 6, p.672, p.729, p.741; Nick Knight, ed., *Mao Zedong on Dialectical Materialism: Writings on Philosophy* (Armonk, NY: M. E. Sharpe, 1990), p.17 참조.

36 Schram, *Mao's Road to Power,* vol. 6, p.673.

37 같은 책, p.580.

38 逢先知 編,『毛澤東年譜(1893-1949)』, 卷1, 671~672쪽; Schram, *Mao's Road to Power,* vol. 6, p.573.

39 逢先知 編,『毛澤東年譜(1893-1949)』, 卷2, 41쪽에서 인용.

40 金沖及 編,『毛澤東傳(1893-1949)』, 522~526쪽 참조.

41 Schram, *Mao's Road to Power,* vol. 6, xl에서 인용.

42 Cressy-Marcks, *Journey into China,* pp.162~163 참조.

43 Schram, *Mao's Road to Power,* vol. 6, p.193.

44 *Lichnoe delo Ven Yun* (Personal File of Wen Yun), RGASPI, collection 495, inventory

225, file 420, n.p. 참조.

45 같은 책.

46 孔東梅, 『聽外婆講那過去的事情─毛澤東與賀子珍』(北京: 中央文獻出版社, 2005), 172쪽;
    孔東梅, 『翻開我家老影集』, 67쪽, 106쪽, 189쪽 참조.

47 文夫, 張乃勝, 『毛澤東與賀子珍』, 127쪽 참조.

48 Cressy-Marcks, *Journey into China,* p.165.

49 Evans Fordyce Carlson, *Evans F. Carlson on China at War, 1937-1941* (New York:
    China and US Publications, 1993), pp.37~38.

50 Carlson, *Twin Stars of China,* p.168, p.169.

51 Carlson, *Evans F. Carlson on China at War, 1937-1941*, p.22, p.49.

52 Frederick C. Teiwes and Warren Sun, "From a Leninist to a Charismatic Party: The
    CCP's Changing Leadership, 1937-1945", Saich and van de Ven, *New Perspectives on
    the Chinese Communist Revolution,* p.343 참조.

22. 중국공산당에 대한 통제 강화

1   任弼時, 『任弼時選集』, 164~207쪽; 高華, 『紅太陽是怎麼樣升起的: 延安整風運動來龍去脈』
    (香港: 中文大學出版社, 2000), 164~166쪽 참조.

2   Titarenko, *Kommunisticheskii internatsional i kitaiskaia revoliutsiia*, p.283; 『任弼時年
    譜(1904-1950)』, 370~372쪽 참조.

3   *Lichnoe delo Mao Tszeduna* (Personal File of Mao Zedong), RGASPI, collection 495,
    inventory 225, file 71, vol. 1, sheet 185; 『任弼時年譜(1904-1950)』, 372쪽; 徐則浩 編, 『王
    稼祥年譜(1906-1974)』, 190쪽 참조.

4   徐則浩 編, 『王稼祥年譜(1906-1974)』, 190쪽; 『任弼時年譜(1904-1950)』, 372쪽; 楊奎松,
    『走向破裂』, 76쪽에서 인용.

5   徐則浩 編, 『王稼祥年譜(1906-1974)』, 196쪽; 逄先知 編, 『毛澤東年譜(1893-1949)』, 卷2,
    90쪽; 金冲及 編, 『毛澤東傳(1893-1949)』, 531쪽.

6   李維漢, 『回憶與研究』, 卷1, 415~416쪽.

7   Teiwes and Sun, "From a Leninist to a Charismatic Party", p.344에서 인용.

8   Vladimirov, *Osobyi raion Kitaia 1942-1945*, p.603에서 인용.

9   Titov, *Iz istorii bor'by i raskola v rukovodstve KPK 1935-1936 gg.*, pp.140~143 참조.

10 M. I. Kalinin, "O Kitae" (On China), *Kitai: Rasskazy* (China: Stories) (Moscow and
    Leningrad: Detgiz, 1938), pp.34~35 참조.

11 E. Snow, *Geroicheskii narod Kitaia* (The Heroic People of China), trans. L. Mirtseva

(Moscow: Molodaia gvardiia, 1938), p.72, p.74; Snow, *Red Star Over China*, p.69, p.70.

12 Mao Zedong, "Moia zhizn'" (My Life), *Internatsional'naia literatura* (International literature), no. 11 (1937), pp.101~111; no. 12 (1937), pp.95~101.

13 *Mao Tsze-dun: Biograficheskii ocherk* (Mao Zedong: Biographical Sketch) (Moscow: OGIZ, 1939).

14 Emi, *Mao Tszedun, Chzhu De* (Mao Zedong, Zhu De).

15 Schram, *Mao's Road to Power,* vol. 6, pp.534~535.

16 같은 책, p.529.

17 같은 책, pp.538~539.

18 "Doklad tov. Mao Tsze-duna na VI rasshirennom plenume TsK kompartii Kitaia ot 12-14 oktabria 1938 goda: O novom etape razvitiia antiiaponskoi natsional'noi voiny i edinogo antiiaponskogo natsional'nogo fronta" (Report of Comrade Mao Zedong at the Sixth Enlarged Plenum of the CC of the Chinese Communist Party, October 12-14, 1938: On the New Stage of Development of the Anti-Japanese National War and the Anti-Japanese National United Front), RGASPI, collection 495, inventory 225, file 71, vol. 1, sheets 66~215 참조. 이 외에 *Lichnoe delo Lin Biao* (Personal File of Lin Biao), RGASPI, collection 495, inventory 225, file 53, vol. 1, sheet 207 참조.

19 하템(Hatem, 중국명은 마하이더)에 대해서는 Sidney Shapiro, *Ma Haide: The Saga of American Doctor George Hatem in China* (Beijing: Foreign Languages Press, 2004) 참조.

20 R. Karmen, "God v Kitae" (A Year in China), *Znamia* (Banner), no. 8 (1940), p.75.

21 Braun, *A Comintern Agent in China 1932-1939,* pp.248~250; Shapiro, *Ma Haide,* pp.55~57; Roxane Witke, *Comrade Chiang Chingz* (江青同志) (Boston: Little, Brown, 1977), p.145; Helen Foster Snow, *My China Years,* pp.262~263 참조.

22 李志綏, 『毛澤東私人醫生回憶錄』, 175쪽 참조.

23 *Lichnoe delo Mao Tsze-duna* (Personal File of Mao Zedong), RGASPI, collection 495, inventory 225, file 71, vol. 1, sheet 17; Karmen, *God v Kitae* (A Year in China), p.77; Schram, *Mao's Road to Power,* vol. 6, pp.297~300; Witke, *Comrade Chiang Chingz* p.155; 文松輝, 「毛澤東初識江靑」, 《人民政協報》, 2004년 9월 10일자; Roger Faligot and Rémi Kauffer, *The Chinese Secret Service,* trans. Christine Donougher (New York: Morrow, 1989), pp.14~15, pp.81~83, pp.122~128; John Byron and Robert Pack, *The Claws of the Dragon: Kang Sheng—The Evil Genius Behind Mao and His Legacy of Terror in People's China* (New York: Simon & Schuster, 1992), pp.145~149; Ross Terrill, *Madam Mao: The White-Boned Demon,* rev. ed. (Stanford, CA: Stanford University Press, 1999), pp.14~142; Braun, *A Comintern Agent in China 1932-1939,* p.250 참조.

24 "Vypiska iz materiala vkh. no. 8497 ot 10 Dekabria 1949 g. Doklad t. Terebina, nakhodivshegosia v Kitae v kachestve vracha pri rukovodstve TsK KPK s 1942 po 1949 g." Excerpt from Material Incoming No. 8497, December 10, 1949 (Report of Comrade Terebin, Who Was in China as a Physician Attached to the Leadership of the CC CCP from 1942 to 1949), RGASPI, collection 495, inventory 225, file 71, vol. 4, sheet 71; I. V. Kovalev, "Rossiia v Kitae (s missiei v Kitae)" (Russia in China (My Mission to China)), *Duel'* (Duel), November 5, 1997 참조.

25 *Lichnoe delo Ven Yun,* n.p.; *Lichnoe delo Mao Anyina (Yun Fu)* (Personal File of Mao Anying (Yong Fu)), RGASPI, collection 495, inventory 225, file 71, vol. 10, sheets 2~17 참조.

26 李敏,『我的父親毛澤東』, 15쪽에서 인용.

27 *Lichnoe delo Mao Anying (Yun Fu)* (Personal file of Mao Anying (Yong Fu)), pp.27~28; *Lichnoe delo Yun Shu,* p.23; 毛澤東,『毛澤東書信選集』(北京: 人民出版社, 1983), 166~167쪽.

28 毛澤東,『毛澤東書信選集』, 157쪽 참조.

29 李敏,『我的父親毛澤東』, 40쪽; 馬社香,『紅色第一家族』, 70쪽; 逢先知 編,『毛澤東年譜 (1893-1949)』, 卷2, 201쪽.

30 Pantsov, "Obrazovanie opornykh baz 8-i Natsional'no-revoliutsionnoi armii v tyluiaponskikh voisk v Severnom Kitae" (Establishment of Eighth Route Army Base Areas inthe Japanese Rear in North China), pp.41~48 참조.

31 Vladimirov, *Osobyi raion Kitaia,* pp.77~78.

32 張培森 編,『張聞天年譜』, 卷1, 624쪽 참조.

33 Stuart R. Schram, ed., *Mao's Road to Power: Revolutionary Writings 1912-1949,* vol. 7 (Armonk, NY: M. E. Sharpe, 2005), pp.330~369.

34 같은 책, pp.262~264.

35 Milovan Djilas, *Conversations with Stalin,* trans. Michael B. Petrovich (New York: Harcourt, Brace & World, 1962), p.33.

36 같은 책. 자세한 내용은 Vladimir Dedijer, *The War Diaries of Vladimir Dedijer,* vol. 3 (Ann Arbor: University of Michigan Press, 1990), p.313 참조.

37 Djilas, *Conversations with Stalin* 참조.

38 *Lichnoe delo Mao Tszeduna,* RGASPI, collection 495, inventory 225, file 71, vol. 3, sheet 189.

39 같은 책, pp.186~189; RGASPI, collection 495, inventory 74, file 314.

40 Banac, *The Diary of Georgi Dimitrov,* p.295.

41 Pantsov and Levine, *Chinese Comintern Activists: An Analytic Biographic Dictionary* (manuscript), p.302 참조.

42 RGASPI, collection 17, inventory 162, file 36, sheet 41.

43 Banac, *The Diary of Georgi Dimitrov*, p.172, p.176.

44 나치가 소련을 침공하자 소련이 강개하여 중국공산당을 적극 지원하기 시작했는데, 이는 스탈린의 마오쩌둥에 대한 감사 표시로 해석할 수도 있다. 1941년 6월 15일 마오쩌둥은 중국 주재 소련 무관 니콜라이 로시친을 통해 독일이 정확히 6월 22일에 소련을 공격할 것이라고 크렘린의 지도자에게 알렸다. 마오쩌둥은 그가 충칭에 심은 특무 옌바오항(閻寶航)을 통해 정보를 얻었다. 전쟁이 발발한 후 스탈린은 마오쩌둥에게 전문을 보내 사의를 표명하면서, 마오쩌둥의 정확한 정보가 소련 국민들이 적시에 군사 준비를 갖추는 데 도움을 주었다고 말했다. 「옌바오항의 아들 옌밍푸가 2005년 9월 9일 러시아 외교부에 보낸 서신(閻寶航之子閻明復2005年9月9日致俄羅斯外交部信函)」. 이 문서는 저자가 소장하고 있다.

45 Dimitrov, *Dnevnik*, p.101.

46 Raymond F. Wylie, *The Emergence of Maoism: Mao Tse-tung, Ch'en Po-ta, and the Search for Chinese Theory 1935-1945* (Stanford, CA: Stanford University Press, 1980), p.227; Li Hua-Yu, "Stalin's Short Course and Mao's Socialist Economic Transformation of China in the Early 1950s", *Russian History* 29, nos. 2~4 (Summer-Fall-Winter 2002), pp.357~376 참조.

47 逢先知 編, 『毛澤東年譜(1893-1949)』, 卷2, 326쪽 참조.

48 Schram, *Mao's Road to Power*, vol. 7, p.810.

49 같은 책, pp.826~832; 逢先知 編, 『毛澤東年譜(1893-1949)』, 卷2, 349~351쪽.

50 Vladimirov, *Osobyi raion Kitaia 1942-1945*, p.123에서 인용.

51 같은 책, p.40, p.41.

52 劉少奇, 『劉少奇選集』, 卷1 (北京: 外文出版社, 1984), 136쪽.

53 劉崇文, 陳紹疇 編, 『劉少奇年譜(1898-1969)』, 卷1 (北京: 中央文獻出版社, 1998), 360쪽 참조.

54 李敏 等 編, 『眞實的毛澤東: 毛澤東身邊工作人員的回憶』(北京: 中央文獻出版社, 2004), 2쪽; 王健英, 『中國共産黨組織史資料匯編』, 424~426쪽 참조.

55 周國全 等, 『王明年譜』(合肥: 安徽人民出版社, 1991), 121쪽, 123쪽 참조.

56 같은 책, 120쪽.

57 Banac, *The Diary of Georgi Dimitrov*, p.256.

58 같은 책.

59 *Lichnoe delo Van Mina*, RGASPI, collection 495, inventory 225, file 6, vol. 2, sheet 6 참조.

60 Banac, *The Diary of Georgi Dimitrov*, p.259.

61 같은 책, p.260.

62 같은 책, p.288.

63 Titarenko, *Kommunisticheskii Internatsional i kitaiskaia revoliutsiia*, p.296.

64 RGASPI, collection 146, inventory 2, file 13, sheets 4, 5.

65 같은 책, sheet 16; 이 외에 Vladimirov, *Osobyi raion Kitaia 1942-1945*, pp.251~253 참조.

66 RGASPI, collection 146, inventory 2, file 13, sheet 8.

67 같은 책, pp.26~27. 왕밍의 딸 왕팡니(王芳妮)는 모스크바에 머물 때 디미트로프가 양육했다.

68 Wang Ming, *Mao's Betrayal*, trans. Vic Schneierson (Moscow: Progress,1979), p.157에서 인용.

69 毛澤東, 『毛澤東選集』, 卷3 (北京: 外文出版社, 1969), 205~270쪽 참조.

70 Vladimirov, *Osobyi raion Kitaia 1942-1945*, p.487 참조.

71 "Resolution of the CCP CC on Certain Historical Questions", Saich, *The Rise to Power of the Chinese Communist Party,* pp.1164~1179 참조.

72 劉少奇, 『論黨』 (北京: 外文出版社, 1950), 157쪽.

73 毛澤東, 『毛澤東文集』, 卷5 (北京: 人民出版社, 1996), 260~261쪽.

74 毛澤東, 「七大工作方針」, 8쪽에서 인용.

75 A. V. Pantsov, "K diskussii v KPK vokrug 'idei Mao Tsze-duna'" (On the Discussion Within the CCP of "Mao Zedong Thought"), *Rabochii klass i sovremennyi mir*, no. 3 (1982), pp.61~64 참조.

76 逢先知 編, 『毛澤東年譜(1893-1949)』, 卷2, 607쪽, 617쪽; 卷3 (北京: 人民出版社, 2002), 10~12쪽 참조.

23. 스탈린, 마오쩌둥, 그리고 중국의 신민주주의 혁명

1 Freda Utley, *China at War* (New York: John Day, 1939); Claire and William Band, *Dragon Fangs: Two Years with Chinese Guerrillas* (London: Allen & Unwin, 1947); T. A. Bisson, "China's Part in a Coalition War", *Far Eastern Survey,* no. 12 (1939), p.139; Harrison Forman, *Report from Red China* (New York: Henry Holt, 1945) 참조. 이 외에 Kenneth Shewmaker, *Americans and Chinese Communists, 1927-1945* (Ithaca, NY: Cornell University Press, 1971), pp.239~262 참조.

2 David D. Barrett, *Dixie Mission: The United States Army Observer Group in Yenan, 1944* (Berkeley, CA: Center for Chinese Studies, 1970); Carrole J. Carter, *Mission* *to Yenan: American Liaison with the Chinese Communists 1944-1947* (Lexington: University Press of Kentucky, 1997); Vladimirov, *Osobyi raion Kitaia 1942-1945*, pp.306~307, p.313, p.626 참조.

3 Joseph Esherick, ed., *Lost Chance in China: The World War II Dispatches of John S. Service* (New York: Random House, 1974), p.308, p.309.

4 *United States Relations with China: With Special Reference to the Period 1944-1949* (New York: Greenwood Press, 1968), pp.92~93, pp.94~96; "Statement by General Patrick J. Hurley on December 5 & 6, 1945", *United States-China relations. Hearings before the Committee on Foreign Relations, United States Senate, Ninety-second Congress, First Session on the Evolution of U.S. Policy Toward Mainland China (Executive Hearings Held July 21, 1971; Made Public December 8, 1971) and Hearings Before the Committee on Foreign Relations, United States Senate, Seventy-ninth Congress, First Session on the Situation in the Far East, Particularly China. December 5, 6, 7, and 10, 1945* (Washington: U. S. Government Printing Office, 1971), p.78, p.122 참조.

5 Lyman P. Van Slyke, ed., *The Chinese Communist Movement: A Report of the United States War Department, July 1945* (Stanford, CA: Stanford University Press, 1968), p.1, p.258.

6 毛澤東,『毛澤東選集』, 卷3, 219쪽 참조.

7 Dieter Heinzig, *The Soviet Union and Communist China, 1945-1950: The Arduous Road to the Alliance* (Armonk, NY: M. E. Sharpe, 2004), pp.51~125 참조.

8 A. V. Torkunov, *Zagadochnaia voina: Koreiskii konflikt 1950-1953* (The Enigmatic War: The Korean Conflict 1950-1953) (Moscow: ROSSPEN, 2000), pp.6~29 참조.

9 O. Arne Westad et al., eds., "77 Conversations Between Chinese and Foreign Leaders on the Wars in Indochina", *CWIHP* (*Cold War International History Project,* 냉전국제사계획) *Working Paper,* no. 22 (May 1988), p.105.

10 A. M. Ledovsky, *SSSR i Stalin v sud'bakh Kitaia: Dokumenty i svidel'stvauchastnika sobytii, 1937-1952* (The USSR and Stalin in China's Fate: Documents and Witness of a Participant, 1937-1952) (Moscow: Pamiatniki istoricheskoi mysli, 1999), p.61에서 인용. 이 외에 "Zapis' besedy tovarishcha Stalina I. V. s Predsedatelem Tsentral'nogo narodnogo pravitel'stva Kitaiskoi Narodnoi Respubliki Mao Tsze-dunom 16 dekabria 1949 g." (Record of Comrade J. V. Stalin's Conversation with the Chairman of the Central People's Government of the Chinese People's Republic Mao Zedong, December 16, 1949), RGASPI, collection 55, inventory 11, file 329, sheets 9~17; "Zapis' besedy tovarishcha Stalina I. V. s Predsedatelem Tsentral'nogo narodnogo

pravitel'stva Kitaiskoi Narodnoi Respubliki Mao Tsze-dunom 22 ianvaria 1950 g."
(Record of Comrade J. V. Stalin's Conversation with the Chairman of the Central
People's Government of the Chinese People's Republic Mao Zedong, January 22,
1950), 같은 책, pp.29~38; *CWIHP Bulletin*, nos. 6~7 (1995/1996), pp.5~9; Niu Jun,
"The Origins of the Sino-Soviet Alliance", Westad, *Brothers in Arms*, p.70 참조.

11 Kurdiukov, *Sovetsko-kitaiskie otnosheniia, 1917-1957*: Sbornik dokumentov,
pp.196~203 참조.

12 1948년 2월 10일 소련 모스크바에서 열린 소련과 유고슬라비아, 불가리아의 비밀 회담에
관한 유고슬라비아와 불가리아의 기록 문서에 스탈린이 이러한 사실을 언급했다고 나온
다. 이에 관한 내용은 다음을 참조. *CWIHP Bulletin*, no. 10 (March 1998), pp.128~134.
이 외에 Vladimir Dedijer, *Tito Speaks* (London: Weidenfeld & Nicolson, 1953), p.331;
"Minutes, Mao's Conversation with a Yugoslavian Communist Union Delegation,
Beijing, September (undated) 1956", *CWIHP Bulletin*, nos. 6~7 (1995/1996), p.149;
師哲, 『在歷史巨人身邊』, 개정판 (北京: 中央文獻出版社, 1995), 308쪽; "Mao Tszedun
o kitaiskoi politike Kominterna i Stalina" (Mao Zedong on the China Policy of the
Comintern and of Stalin), *Problemy Dal'nego Vostoka*, no. 5 (1998), p.107; Vladislav
Zubok, "The Mao-Khrushchev Conversations, July 31-August 3, 1958 and October
2, 1959", *CWIHP Bulletin*, nos. 12/13 (Fall/Winter 2001), p.255; David Wolff, "'One
Finger's Worth of Historical Events': New Russian and Chinese Evidence on the
Sino-Soviet Alliance and Split, 1948~1959", *CWIHP Working Paper*, no. 30 (August
2000), p.54, p.77; Westad, "77 Conversations between Chinese and Foreign Leaders
on the Wars in Indochina", pp.105~106.

13 "Mao Tszedun o kitaiskoi politike Kominterna i Stalina", p.107.

14 逢先知 編, 『毛澤東年譜(1893-1949)』, 卷3, 10쪽.

15 Westad, "77 Conversations Between Chinese and Foreign Leaders on the Wars in
Indochina", p.106 참조.

16 O. Borisov (O. B. Rakhmanin) and M. Titarenko, eds., *Vystupleniia Mao Tsze-duna,
ranee ne publikovavshiesia v kitaiskoi pechati* (Mao Zedong's Speeches Previously
Unpublished in the Chinese Press), series 2 (Moscow: Progress, 1975), p.168.

17 『彭眞年譜(1902-1997)』, 卷1 (北京: 中央文獻出版社, 2002), 280쪽에서 인용.

18 "Pismo I. V. Stalina V. M. Molotovu, L. P. Beria, G. M. Malenkovu, A. I. Mikoyanu,
10 noiabria, 1945 g." (Letter from J. V. Stalin to V. M. Molotov, L. P. Beria, G. M.
Malenkov, A. I. Mikoyan, November 10, 1945), RGASPI, collection 558, inventory 11,
file 98, sheet 81.

19 Odd Arne Westad, *Cold War and Revolution: Soviet-American Rivalry and the*

Origins of the Chinese Civil War, 1944-1946 (New York: Columbia University Press, 1993), p.152.

20 Heinzig, *The Soviet Union and Communist China, 1945-1950,* p.98 참조.

21 같은 책, pp.98~101; Westad, *Cold War and Revolution,* p.161.

22 Dean Acheson, "Letter of Transmittal", *United States Relations with China,* xv.

23 Witke, *Comrade Chiang Chingz,* p.199; 吳秦傑, 『毛澤東光輝歷程地圖集』, 75쪽 참조.

24 Peng Dehuai (彭德懷), *Memoirs of a Chinese Marshal: The Autobiographical Notes of Peng Dehuai, 1898-1974,* 453쪽 참조.

25 장제스의 충실한 장군들 가운데 한 명인 후중난(胡宗南)은 국민당 부대를 이끌고 옌안을 공격했다. 장룽 부부는 그와 장즈중이 1920년대 황푸군관학교에 있었다는 이유를 들어 그 역시 공산당 첩자라고 주장했다. Chang and Halliday, *Mao,* p.312.

26 Huang Zheng, 「毛岸英」, 胡華, 『中國黨史人物傳』, 卷21, 151쪽에서 인용.

27 *Lichnoe delo Mao Anyina (Yun Fu)* (Personal File of Mao Anying (Yong Fu)), p.22 참조.

28 Huang, "Mao Anying", p.152 참조.

29 *Lichnoe delo Mao Tszeduna* (Personal File of Mao Zedong), RGASPI, collection 495, inventory 225, file 71, vol. 1, sheet 25.

30 李志綏, 『毛澤東私人醫生回憶錄』, 82쪽에서 인용.

31 李敏, 『我的父親毛澤東』, 59쪽에서 인용.

32 같은 책, 21쪽.

33 徐則浩 編, 『王稼祥年譜(1906-1974)』, 348쪽; 朱仲麗, 『燦爛紅葉』(長沙: 湖南人民出版社, 1985), 115~117쪽, 124쪽 참조.

34 李敏, 『我的父親毛澤東』, 23~24쪽.

35 鄧小平, 『鄧小平自述』(北京: 解放軍出版社, 2004), 118쪽 참조.

36 吳秦傑, 『毛澤東光輝歷程地圖集』, 81쪽 참조.

37 *Lichnoe delo Mao Tszeduna,* vol. 1, p.26.

38 毛澤東, 『毛澤東選集』, 卷4 (北京: 外文出版社, 1969), 100쪽, 101쪽.

39 같은 책, 133~134쪽.

40 吳秦傑, 『毛澤東光輝歷程地圖集』, 81쪽 참조.

41 Acheson, "Letter of Transmittal", vi.

42 李志綏, 『毛澤東私人醫生回憶錄』, 37쪽.

43 A. V. Meliksetov, ed., *Istoriia Kitaia* (History of China) (Moscow: Izdatel'stvo MGU, 1998), pp.582~588; Jonathan D. Spence, *The Search for Modern China* (New York: Norton, 1990), pp.473~480 참조.

44 Brian Murray, "Stalin, the Cold War, and the Division of China: A Multi-Archival Mystery", *CWIHP Working Paper*, no. 12 (June 1995), pp.1~17 참조.

45 Westad, "77 Conversations Between Chinese and Foreign Leaders on the Wars in Indochina", p.108 참조.

46 RGASPI, collection 17, inventory 162, file 40, sheets 1~2 참조.

47 같은 책.

48 RGASPI, 미분류 문서집.

49 Westad, "77 Conversations Between Chinese and Foreign Leaders on the Wars in Indochina", p.108에서 인용. 이 외에 다음을 참조. *Problemy Dal'nego Vostoka,* no. 1(1989), p.141; 1963년 7월 13일, CPSU와 CCP 대표단 회의에서 캉성이 행한 연설 내용은 *CWIHP Bulletin,* no. 10 (1998), p.182에 수록되어 있다.

50 John W. Garver, *Chinese-Soviet Relations, 1937-1945: The Diplomacy of Chinese Nationalism* (New York: Oxford University Press, 1988), p.261 참조.

51 Khrushchev, *Memoirs of Nikita Khrushchev,* vol. 3, p.409.

52 Chuev, *Molotov Remembers,* p.81.

53 *Lichnoe delo Mao Tsze-duna,* RGASPI, collection 495, inventory 225, file 71, vol. 2, sheets 249, 250.

54 RGASPI, collection 17, inventory 162, file 40, sheet 183; *Lichnoe delo Tszian Tsin* (Personal File of Jiang Qing), RGASPI, collection 495, inventory 225, file 3217, n.p. 참조.

55 A. I. Kartunova, "Vstrechi v Moskve s Tszian Tsin, zhenoi Mao Tszeduna" (Meetings in Moscow with Jiang Qing, the Wife of Mao Zedong), *Kentavr* (Centaur) pp.1~2 (1992), pp.121~127 참조.

56 "Zapis' priema tovarishchem Stalinym delegatsii TsK KPK" (Report on Comrade Stalin's Reception of a CC CCP Delegation), RGASPI, collection 558, inventory 11, file 329, sheets 1~7 참조.

57 RGASPI, collection 17, inventory 162, file 41, sheet 49 참조.

58 RGASPI, 미분류 문서집.

59 "Minutes, Mao's Conversation with a Yugoslavian Communist Union Delegation", p.151.

60 Ledovsky, *SSSR i Stalin v sud'bakh Kitaia* (The USSR and Stalin in China's Fate), p.53 에서 인용.

61 Westad, *Brothers in Arms,* p.298에서 인용.

62 1948년 4월 20일 마오쩌둥에게 보낸 스탈린의 전문, 같은 책, pp.298~299에서 인용.

63 Westad, *Brothers in Arms,* p.300에서 인용.

64 毛澤東, 『毛澤東文集』, 卷5, 140~141쪽, 145쪽.

65 逢先知 編, 『毛澤東年譜(1893~1949)』, 卷2, 449쪽; Sergei Goncharov, John W. Lewis, and Xue Litai, *Uncertain Partners: Stalin, Mao, and the Korean War* (Stanford, CA:

Stanford University Press, 1993), p.40; Wolff, "One Finger's Worth of Historical Events", p.55; B. N. Vereshchagin, *V starom i novom Kitae. Iz vospominanii diplomata* (Moscow: IDV RAN, 1999), p.124; Heinzig, *The Soviet Union and Communist China 1945-1950*, pp.135~156 참조.

66 Ledovsky, *SSSR i Stalin v sud'bakh Kitaia* (The USSR and Stalin in China's Fate), p.65 참조.

67 A. I. Mikoyan, *Tak bylo: Razmyshleniia o minuvshem* (How It Was: Reflections on the Past) (Moscow: Vagrius, 1999), pp.528~529 참조.

68 Zhou Enlai, "Rech' na Vsekitaiskom finansovo-ekonomicheskom soveshchanii" (Speech at the All-China Financial-Economic Conference), *Arkhiv vneshnei politiki Rossiiskoi Federatsii* (Archieves on the Foreign Policy of Russian Federation, 이후 AVPRF로 간칭), collection 0100, inventory 46, file 374, folder 121, sheet 9에서 인용.

69 같은 책.

70 毛澤東, 『毛澤東選集』, 卷4, 411~424쪽 참조.

71 Borisov and Titarenko, *Vystupleniia Mao Tsze-duna, ranee ne publikovavshiesia v kitaiskoi pechati*, series 2, p.181.

72 逢先知 編, 『毛澤東年譜(1893-1949)』, 卷3, 469쪽.

24. 붉은 메카를 방문하다

1 "Vypiska iz materiala vkh. no. 8497 ot 10 dekabria 1949 g. (Doklad t. Terebina, nakhodivshegosia v Kitae v kachestve vracha pri rukovodstve TsK KPK s 1942 po 1949 g.)", p.72 참조.

2 Kartunova, *Vstrechi v Moskve s Tsian Tsin, zhenoi Mao Tszeduna* (Meetings in Moscow with Jiang Qing, Mao Zedong's wife), p.127 참조.

3 Witke, *Comrade Chiang Chingz*, p.449.

4 李敏, 『我的父親毛澤東』, 29쪽, 30쪽, 32쪽, 33쪽.

5 Witke, *Comrade Chiang Chingz*, p.166.

6 "Vypiska iz materiala vkh. no. 8497 ot 10 dekabria 1949 g. (Doklad t. Terebina, nakhodivshegosia v Kitae v kachestve vracha pri rukovodstve TsK KPK s 1942 po 1949 g.)", p.71 참조.

7 李敏, 『我的父親毛澤東』, 38쪽.

8 李敏, 『眞實的毛澤東』, 750~756쪽; 李志綏, 『毛澤東私人醫生回憶錄』, 66쪽 참조.

9 O. B. Rakhmanin, "Vzaimnootnosheniia mezhdu I. V. Stalinym i Mao Tszedunom

glazami ochevidtsa" (Relations Between J. V. Stalin and Mao Zedong Through the Eyes of an Eyewitness), *Novaia i noveishaia istoriia* (Modern and contemporary history), no. 1 (1998), p.85에서 인용.

10 "Zapis' besedy tovarishcha Stalina I. V. s predsedatelem Tsentral'nogo narodnogo pravitel'stva Kitaiskoi Narodnoi Respubliki Mao Tsze-dunom 16 dekabria 1949 g.", pp.9~17; "Zapis' besedy I. V. Stalina s Predsedatelem Tsentral'nogo narodnogo pravitel'stva Kitaiskoi Narodnoi Respubliki Mao Tsze-dunom 22 ianvaria 1950 g." (Record of Conversation Between J. V. Stalin and the Chairman of the Central People's Government of the Chinese People's Republic Mao Zedong, January 22, 1950), pp.29~38; *CWIHP Bulletin*, nos. 6~7 (1995/1996), pp.5~19 참조.

11 I. V. Kovalev, "Dialog Stalina s Mao Tszedunom" (Stalin's Dialogue with Mao Zedong), *Problemy Dal'nego Vostoka*, no. 6 (1991), p.84.

12 "Vypiska iz materiala vkh no. 8497 ot 10 dekabria 1949 g. (Doklad t. Terebina, nakhodivshegosia v Kitae v kachestve vracha pri rukovodstve TsK KPK s 1942 po 1949 g.)", pp.69~70; *Lichnoe delo Mao Tszeduna* (Personal File of Mao Zedong), RGASPI, collection 495, inventory 225, file 71, vol. 3, sheet 289.

13 RGASPI, collection 17, inventory 162, file 41, sheets 50~51; file 42, sheet 163 참조.

14 같은 책, collection 17, inventory 162, file 42, sheet 163.

15 I. V. Kovalev, "Rossiia i Kitai (s missiei v Kitae)" (Russia and China (My Mission to China)), *Duel'*, February 25, 1997 참조.

16 *Lichnoe delo Mao Anina (Yun Fu)* (Personal File of Mao Anying (Yong Fu)), p.31; 馬社香, 『紅色第一家族』, 141~143쪽 참조.

17 Kovalev, "Rossiia i Kitai (s missiei v Kitae)", *Duel'*, February 25, 1997.

18 "Zapiska I. V. Kovaleva ot 24 dekabria 1949 g." (I. V. Kovalev's Note of December 24, 1949), *Novaia i noveishaia istoriia*, no. 1 (1998), p.139; 師哲, 師秋朗, 『我的一生——師哲自述』(北京: 人民出版社, 2002), 323쪽 참조.

19 *Pravda*, December 17, 1949.

20 I. V. Kovalev, "Rossiia i Kitai (s missiei v Kitae)", *Duel'*, March 25, 1997. K. I. Krutikov, *Na kitaiskom napravleniu: Iz vospominanii diplomata* (Pointed Toward China: A Diplomat's Reminiscences) (Moscow: IDVRAN, 2003), p.123 참조.

21 *CWIHP Bulletin*, nos. 6~7 (1995/1996), p.5, p.6.

22 Kovalev, "Rossiia i Kitai (s missiei v Kitae)", *Duel'*, March 25, 1997

23 *Lichnoe delo Mao Tszeduna*, RGASPI, collection 495, inventory 225, file 71, vol. 1, sheets 180~184 참조.

24 같은 책, sheets 182 reverse-183.

25 "Mao Tszedun o kitaiskoi politike Kominterna i Stalina", p.106; Mao, *Mao Zedong on Diplomacy*(毛澤東外交文選, 영문판) (Beijing: Foreign Languages Press, 1998), 253쪽.

26 몇 년 후 흐루쇼프는 마오쩌둥과 회담하면서 스탈린이 마오쩌둥을 도청한 사실을 확인해 주었다. "그래 맞아. ……그가 우리를 도청했어. 심지어 자신까지 도청했다니까. 언젠가 나와 휴가를 보내고 있었는데, 그도 자신을 믿지 못하겠다고 인정하더군. 난 정말 아무짝에도 쓸모가 없어. 나 자신도 믿지 못하겠어. 이렇게 말하더군." Vladislav M. Zubok, "The Mao-Khrushchev Conversations" (Beijing: Foreign Languages Press, 1998), p.255.

27 Vereshchagin, *V starom i novom Kitae*, p.124 참조. 이 외에 汪東興, 『汪東興日記』(北京: 中國社會科學出版社, 1993), 156~212쪽 참조.

28 Kovalev, "Rossiia i Kitai (s missiei v Kitae)", *Duel'*, March 25, 1997

29 N. T. Fedorenko, "Stalin i Mao: Besedy v Moskve" (Stalin and Mao: Conversations in Moscow), *Problemy Dal'nego Vostoka,* no. 1 (1989), p.152, p.156.

30 師哲, 『在歷史巨人身邊』, 446~447쪽.

31 "Zapis' besedy tovarishcha Stalina I. V. s Predsedatelem Tsentral'nogo narodnogo pravitel'stva Kitaiskoi Narodnoi Respubliki Mao Tsze-dunom 16 dekabria 1949 g.", pp.9~17; *CWIHP Bulletin*, nos. 6~7 (1995/1996), p.5~7 참조.

32 *CWIHP Bulletin*, nos. 6~7 (1995/1996), p.8. 이 외에 다음을 참조. "Zapis' besedy I. V. Stalina s Predsedatelem Tsentral'nogo narodnogo pravitel'stva Kitaiskoi Narodnoi Respubliki Mao Tszedunom 22 ianvaria 1950 g." (Record of J. V. Stalin's Conversation with the Chairman of the Central People's Government of the Chinese People's Republic Mao Zedong, January 22, 1950), p.32.

33 *CWIHP Bulletin*, nos. 6~7 (1995/1996), p.9; "Zapis' besedy I. V. Stalina s Predsedatelem Tsentral'nogo narodnogo pravitel'stva Kitaiskoi Narodnoi Respubliki Mao Tsze-dunom 22 ianvaria 1950 g.", p.37 참조.

34 RGASPI, collection 17, inventory 17, file 1080, sheets 65, 252; inventory 163, file 1595, sheets 115, 116; file 1607, sheets 70, 71; Kurdiukov, *Sovetsko-kitaiskie otnosheniia*, pp.227~229; G. Ganshin and T. Zazerskaia, "Ukhaby na doroge 'bratskoi druzhby'" (Potholes on the Road of "Fraternal Friendship"), *Problemy Dal'nego Vostoka*, no. 6 (1994), pp.67~72; Shu Guang Zhang, "Sino-Soviet Economic Cooperation", Westad, *Brothers in Arms,* p.198; 力平, 馬芷蓀 編, 『周恩來年譜(1949-1976)』, 卷1 (北京: 中央文獻出版社, 1997), 22~25쪽 참조.

35 "Zapis' besedy I. V. Stalina s Predsedatelem Tsentral'nogo narodnogo pravitel'stva Kitaiskoi Narodnoi Respubliki Mao Tsze-dunom 22 ianvaria 1950 g.", pp.34~35; *CWIHP Bulletin*, nos. (1995/1996), pp.8~9. 이 외에 마오쩌둥이 1950년 1월 25일 류사오치에게 보낸 전문에서 소련과 중국의 담판에 관해 언급한 내용과 각종 서류 초고는

CWIHP Bulletin, nos. 8~9 (1996/1997), p.235 참조.

36 RGASPI, collection 17, inventory 3, file 1080, sheets 61, 192~242 참조.

37 같은 책, p.82, p.260, p.261; Kurdiukov, Sovetsko-kitaiskie otnosheniia, p.221~222 참조.

38 Khrushchev, Memoirs of Nikita Khrushchev, vol. 3, p.412, p.414.

39 B. T. Kulik, Sovetsko-kitaiskii raskol: Prichiny i posledstviia (The Sino-Soviet Split: Causes and Consequences) (Moscow: IDV RAN, 2000), p.31, p.32에서 인용.

40 Konstantin Simonov, Istorii tiazhelaia voda (The Heavy Water of History) (Moscow: Vagris, 2005), p.382.

41 "Zapis' besedy tovarishcha Stalina I. V. s Predsedatelem Tsentral'nogo narodnogo pravitel'stva Kitaiskoi Narodnoi Respubliki Mao Tsze-dunom 16 dekabria 1949 g.", p.34; CWIHP Bulletin, nos. 6~7 (1995/1996), p.7 참조.

42 "Record of Conversation: Mao Zedong and Soviet Ambassador to China Pavel Yudin, July 22, 1958", Westad, Brothers in Arms, p.350 참조.

43 Pravda, February 18, 1950.

44 "Tekst besedy lechashchego vracha Mao Tszeduna L. I. Mel'nikova s poslom V. N. Roshchinym o sostoianii zdorov'ia Mao Tszeduna. 15 iyunia 1950 g." (Text of Conversation Between Dr. L. I. Mel'nikov, Physician in Charge of Mao Zedong's Treatment, and Ambassador N. V. Roshchin About Mao Zedong's Health, June 15, 1950), RGASPI, collection 495, inventory 225, file 71, vol. 1, sheets 187~187 reverse.

45 Lichnoe delo Mao Tszeduna, RGASPI, collection 495, inventory 225, file 71, vol. 1, sheets 54, 55. 이 외에 다음을 참조. 師哲 著, 李海文 編, 『中蘇關係見證錄』(北京: 當代中國出版社, 2005), 89~98쪽; N. Fedorenko, "Kak academik P. F. Yudin redaktiroval Mao Tszeduna" (How Academician P. F. Yudin Edited Mao Zedong), Problemy Dal'nego Vostoka, no. 6 (1992), p.75.

46 Vereshchagin, V starom i novom Kitae, p.75에서 인용.

47 "Mao Tszedun o kitaiskoi politike Kominterna i Stalina", pp.106~107.

25. 한국 전쟁

1 "Mao Tszedun o kitaiskoi politike Kominterna i Stalina", p.107; Mao, Mao Zedong on Diplomacy, p.252, p.253; "Minutes, Mao's Conversation with a Yugoslavian Communist Union Delegation", pp.148~149; Kulik, Sovetsko-kitaiskii raskol, p.95에서 마오쩌둥과 흐루쇼프의 대사 파벨 유딘의 회담(1956년 3월 31일, 1958년 7월 22일), 마오쩌둥과 유고슬라비아 공산당 대표단의 회담(1956년 9월), 마오쩌둥과 소련 외교 부

장 안드레이 그로미코의 회담(1957년 11월 19일) 기록 참조. 이 외에 Westad, *Brothers in Arms*, p.201, p.350 참조.

2   Goncharov, Lewis, and Xue, *Uncertain Partners*, p.195에서 인용.

3   1948년부터 1950년까지 김일성은 스탈린에게 이 주제를 가지고 마흔여덟 번이나 전문을 보냈다. Kathryn Weathersby, "New Findings on the Korean War", *CWIHP Bulletin*, no. 3 (1993), p.14, pp.15~16.

4   A. A. Gromyko, *Pamiatnoe* (Remembered), book 1, 2차 증보판 (Moscow: Politizdat, 1990), pp.248~249. 세르게이 곤차로프(Sergei N. Goncharov), 존 루이스(John W. Lewis), 쉬리타이(薛理泰)는 다음과 같은 목격자의 발언을 기록했다. "정말로 (한국 문제에 대한 안전보장이사회의 표결을 무시하라는) 그 결정은 정치국 차원에서 이루어진 것이다." Goncharov, Lewis, and Xue, *Uncertain Partners*, p.161, p.334.

5   세르게이 곤차로프, 존 루이스, 쉬리타이는 북한에서 생활했던 소련 군사 고문단의 발언을 인용하여 다음과 같이 말했다. "스탈린은 소련이 안전보장이사회에 출석하지 않으면 북한이 침략자라는 낙인이 찍히고 유엔이 한국에서 미국의 행동을 지지하게 될 것이라는 사실을 알고 있었다. 같은 책, p.161, p.334.

6   *The Korean War*, vol. 1 (Lincoln: University of Nebraska Press, 2000), pp.244~273; Gordon F. Rottman, *Korean War Order of Battle: United States, United Nations, and Communist Ground, Naval, and Air Forces, 1950-1953* (Westport, CT: Praeger, 2002), pp.117~124.

7   "Telegramma Filippova sovetskomu poslu v Chekhoslovakii dlia Klementa Gotval'da" (Telegram from Filippov (J. V. Stalin) to the Soviet Ambassador to Czechoslovakia (Mikhail Alexandrovich Silin) for (the President of the Czechoslovakian Republic) Klement Gottwald, August 27, 1950), RGASPI, collection 558, inventory 11, file 62, sheets 71~72. 이 전보를 제일 먼저 발표한 사람은 레돕스키이다. "Stalin, Mao Zedong i koreiskaia voina 1950-1953 godov" (Stalin, Mao Zedong, and the Korean War of 1950-1953), *Novaia i noveishaia istoriia* 5 (2005), pp.96~97에 전문이 실렸다. 게리 골드버그(Gary Goldberg)가 영문으로 번역했으며, CWIHP 기록 보관소에 보관되어 있다.

8   Zubok, *The Mao-Khrushchev Conversations*, p.265.

9   Torkunov, *Zagadochnaia voina*, pp.35~36, p.51, p.52, p.59 참조.

10 같은 책, p.56. 이 외에 Khrushchev, *Memoirs of Nikita Khrushchev*, pp.425~426; Nikita S. Khrushchev, *Vremia, Liudi, Vlast': Vospominaniia* (Time, People, Power: Reminiscences) (Moscow: Moskovskie novosti, 1999), p.164, p.434 참조. Chen Jian, *China's Road to the Korean War: The Making of the Sino-American Confrontation* (New York: Columbia University Press, 1994), pp.87~88에서 마오쩌둥 통역사의 회고록 참조.

11 "Mao Tszedun o kitaiskoi politike Kominterna i Stalina", pp.101~110 참조.

12 Torkunov, *Zagadochnaia voina*, p.56.

13 같은 책, p.67. 이 외에 Weathersby, "New Findings of the Korean War", p.16 참조.

14 스탈린이 1950년 1월 20일 시티코프(미·소 공동위원회 소련 측 수석대표)에게 보낸 암호 전문, *CWIHP Bulletin*, no. 5(1995), p.9. CWIHP를 위해 캐스린 웨더스비(Kathryn Weathersby)가 번역한 내용. 스탈린은 김일성을 지지하기로 약속하면서 그 대신 매년 2만 5000톤의 흑연을 소련에 제공할 것을 요구했다.

15 Torkunov, *Zagadochnaia voina*, p.58, p.59.

16 Weathersby, "New Findings of the Korean War", p.16 참조.

17 Torkunov, *Zagadochnaia voina*, p.62.

18 1950년 5월 14일 필리포프(Filippov, 스탈린)가 마오쩌둥에게 보낸 암호 전문, *CWIHP Bulletin*, no. 4 (1994), p.61. CWIHP를 위해 블라디슬라프 주포크가 번역함.

19 *CWIHP Bulletin*, no. 4 (1994), p.61.

20 Torkunov, *Zagadochnaia voina*, p.70.

21 Weathersby, "New Findings of the Korean War", p.16 참조.

22 1950년 10월 1일 스탈린이 마오쩌둥과 저우언라이에게 보낸 암호 전문, *CWIHP Bulletin*, nos. 6~7 (1995/1996), p.114; Torkunov, *Zagadochnaia voina*, p.113.

23 Nie Rongzhen(聂榮臻), *Inside the Red Star: The Memoirs of Marshal Nie Rongzhen*, p.634에서 인용.

24 Torkunov, *Zagadochnaia voina*, pp.108~109. 이 외에 RGASPI, 미분류 문서집; Chen, *China's Road to the Korean War*, p.177; *CWIHP Bulletin*, nos. 8~9 (1996/1997), p.239, 242 참조.

25 "Telegramma posla SSSR v KNDR T. F. Shtykova 1-mu zamestiteliu ministra innostrannykh del SSSR A. A. Gromyko dlia instantsii, 22 sentiabria 1950 goda" (A Telegram from the Soviet Ambassador to the DPRK, T. F. Shtykov, to the First Deputy Minister of Foreign Affairs of the USSR, A. A. Gromyko, for the Higher Authority, September 22, 1950), RGASPI, 미분류 문서집.

26 Torkunov, *Zagadochnaia voina*, p.90. 이 외에 "New Evidence on the Korean War", *CWIHP Bulletin*, nos. 6~7 (1995/1996), p.111; Shen Zhihua, "Sino-North Korean Conflict and Its Resolution during the Korean War", *CWIHP Bulletin*, nos. 14~15 (2003/2004), p.11 참조.

27 "New Evidence on the Korean War", pp.111~112; Torkunov, *Zagadochnaia voina*, pp.92~93 참조.

28 Shen, "Sino-North Korean Conflict and Its Resolution during the Korean War", p.11 참조.

29 逄先知, 金沖及 編,『毛澤東傳(1949-1976)』, 卷1 (北京: 中央文獻出版社, 2003), 113쪽 참조.

30 "Letter from Mao Zedong to Stalin on October 2, 1950", *CWIHP Bulletin*, nos. 6~7 (1995/1996), pp.114~115.

31 毛澤東,『建國以來毛澤東文稿』, 卷1 (北京: 中央文獻出版社, 1997), 539쪽. 이 편지의 초고 첫 페이지 복사본은 逄先知, 金沖及 編,『毛澤東傳(1949-1976)』, 卷1, 116쪽 참조.

32 毛澤東,『毛澤東文集』, 卷6, 99쪽; 逄先知, 金沖及 編,『毛澤東傳(1949-1976)』, 卷1, 116~118쪽 참조. 이 외에 *CWIHP Bulletin*, nos. 8~9 (1996/1997), p.239 참조.

33 Peng Dehuai, *Memoirs of a Chinese Marshal*, p.472에서 인용.

34 "Letter from Stalin to Mao Zedong, October 2, 1950", *CWIHP Bulletin*, nos. 6~7 (1995/1996), p.116; Torkunov, *Zagodochnaia voina* , p.116.

35 Peng Dehuai (彭德懷), *Memoirs of a Chinese Marshal*, p.473.

36 Nie Rongzhen, *Inside the Red Star,* p.636. 이 외에 逄先知, 金沖及 編,『毛澤東傳(1949-1976)』, 卷1, 118~119쪽; 力平, 馬芷蓀 編,『周恩來年譜(1949-1976)』, 卷1, 84쪽 참조.

37 "New Evidence on the Korean War", p.116; Torkunov, *Zagadochnaia voina*, p.117.

38 毛澤東,『建國以來毛澤東文稿』, 卷1, 543~544쪽 참조.

39 같은 책, p.545.

40 Chen Jian, *China's Road to the Korean War*, pp.197~200; Goncharov, Lewis, and Xue, *Uncertain Partners*, pp.188~192 참조. 이 외에 마오쩌둥 통역사의 회고록을 참조하자. 그 역시 담판에 참가했다. 師哲,『在歷史巨人身邊』, 496~499쪽. 그러나『周恩來年譜』 편찬자는 담판 일자를 10월 11일로 달리 기록하고 있다. 이는 중국 시간에 따른 것으로 보인다. (卷1, 85쪽).

41 毛澤東,『建國以來毛澤東文稿』, 卷1, 552~553쪽. 이 외에 逄先知, 金沖及 編,『毛澤東傳(1949-1976)』, 卷1, 121쪽 참조.

42 Torkunov, *Zagadochnaia voina*, p.117.

43 같은 책, p.97.

44 Khrushchev, *Memoirs of Nikita Khrushchev*, vol. 2, p.426에서 인용.

45 "Ciphered telegram from Fyn Si (Stalin) to Kim Il Sung (via Shtykov), October 13,1950", *CWIHP Bulletin*, nos. 6~7 (1995/1996), p.119. Torkunov, *Zagadochnaia voina*, pp.117~118.

46 毛澤東,『毛澤東文集』, 卷6, 103~104쪽; 逄先知, 金沖及 編,『毛澤東傳(1949-1976)』, 卷1, 121~122쪽; 力平, 馬芷蓀 編,『周恩來年譜(1949-1976)』, 卷1, 85~86쪽 참조.

47 "New Evidence on the Korean War", p.119; Torkunov, *Zagadochnaia voina*, pp.118~119.

48 RGASPI, 미분류 문서집. 이 문건은 토르쿠노프(Torkunov)의 책 163~164쪽에 처음 발표되었다.

49 RGASPI, 미분류 문서집.

50 Torkunov, *Zagadochnaia voina*, p.44.

51 같은 책, p.162.

52 같은 책, p.248.

53 *CWIHP Bulletin*, nos. pp.6~7 (1995/1996), pp.12~13. 이 외에 "Zapis'besedy tovarishcha Stalina I. V. s Zhou Enlaem 20 avgusta 1952 goda" (Record of a Conversation Between Comrade Stalin and Zhou Enlai, August 20, 1952), RGASPI, collection 558, inventory 11, file 329, sheets 66~68 참조. Torkunov, *Zagadochnaia voina*, p.252, pp.259~260도 참조.

54 力平, 馬芷蓀 編, 『周恩來年譜(1949-1976)』, 卷1, 289쪽; Weathersby, "New Findings of the Korean War", p.16 참조.

55 "New Evidence on the Korean War", p.80; Torkunov, *Zagadochnaia voina*, pp.272~273.

56 Weathersby, "New Findings of the Korean War", p.16, p.17 참조.

57 徐焰, 「朝鮮戰爭中交戰各方喪失多少軍人」, 《文史參考》, 第12號 (2010年 6月); Shu Guang Zhang, *Military Romanticism: China and the Korean War, 1950-1953* (Lawrence: University Press of Kansas, 1995), 247쪽 참조. 90만 명은 연합국의 통계다. Rottman, *Korean War*, p.212.

58 Michael H. Hunt and Steven I. Levine, *Arc of Empire: America's Wars in Asia from the Philippines to Vietnam* (Chapel Hill: University of North Carolina Press, 2012), p.172; G. F. Krivosheev, ed., *Grif sekretnosti sniat: Poteri Vooruzhennykh Sil SSSR v voinakh, boevykh deistviyakh i voennykh konfliktakh: Statisticheskoe issledovanie* (The Stamp of Secrecy Is Removed: Losses of the Armed Forces of the USSR in Wars, Battles, and Armed Conflicts: A Statistical Analysis) (Moscow: Voennoe izdatel'stvo, 1993), p.395; Max Hastings, *The Korean War* (New York: Simon & Schuster, 1987), p.329; Burton I. Kaufman, *The Korean Conflict* (Westport, CT: Greenwood Press, 1999), p.15, p.43 참조.

59 葉子龍, 『葉子龍回憶錄』, 197쪽. 이 외에 權延赤, 『走下神壇的毛澤東』 (北京: 外文出版社, 1992), 43쪽에서 마오쩌둥의 호위병 리인차오(李銀橋)의 회고 참조.

60 李敏, 『我的父親毛澤東』, 145쪽, 146쪽.

61 같은 책, 117~119쪽; *Lichnoe delo Mao Tszeminia* (Personal File of Mao Zemin), p.2; "Mao Zemin", pp.71~75; Ma, *Hongse diyi jiazu*, p.281.

62 *Lichnoe delo Yun Shu*, pp.31~35, p.37; Ma, *Hongse diyi jiazu*, pp.155~156, pp.181~191, pp.273~289, pp.301~303; 廖蓋隆 編, 『毛澤東百科全書』, 卷1, 26~39쪽 참조.

63 Stuart R. Schram, ed., *Chairman Mao Talks to the People: Talks and Letters: 1956-1971* (New York: Pantheon Books, 1974), p.143.

1   K. I. Koval, "Moskovskiie peregovory I. V. Stalina s Chzhou En'laem v 1952 g. i N. S. Khrushcheva s Mao Tszedunom v 1954 g." (J. V. Stalin's Negotiations in Moscow with Zhou Enlai in 1952 and N. S. Khrushchev's with Mao Zedong in 1954), *Novaia i noveishaia istoriia*, no. 5 (1989), pp.104~107 참조. 코발은 담판 날짜를 틀리게 썼다.

2   같은 책, p.107에서 인용. 이 외에 Westad, *Brothers in Arms*, p.145, pp.197~200, p.257 참조.

3   M. L. Titarenko, ed., *Istoriia Kommunisticheskoi partii Kitaia*, vol. 2, part 1 (Moscow: IDV AN SSSR, 1987), p.130 참조. 이 외에 Heinzig, *The Soviet Union and Communist China 1945-1950*, pp.263~384 참조.

4   Kurdiukov, *Sovetsko-kitaiskie otnosheniia*, p.223. 마오쩌둥은 산업 시설과 무기 제공을 위한 융자 기한을 5년에서 4년으로 단축해 줄 것을 스탈린에게 요청했다. 하지만 스탈린은 이를 거절했다. "Zapis' besedy I. V. Stalina s Predsedatelem Tsentral'nogo narodnogo pravitel'stva Kitaiskoi Narodnoi Respubliki Mao Tsze-dunom 22 janvaria 1950 g." (Memorandum of Conversation Between J. V. Stalin and the Chairman of the Central People's Government of the Chinese People's Republic Mao Zedong, January 22, 1950), p.36; *CWIHP Bulletin*, nos. 8~9 (1996/1997), p.229 참조.

5   "Mao Zedong's Telegram to CCP CC, January 4, 1950", *CWIHP Bulletin*, nos. 8~9 (1995/1996), p.229. 이 외에 Ledovsky, *SSSR i Stalin v sud'bakh Kitaia* (The USSR and Stalin in China's Fate), p.78 참조.

6   Zhang, *Sino-Soviet Economic Cooperation*, p.197 참조.

7   러시아 역사학자 쿨리크(B. T. Kulik)는 스탈린이 저우언라이가 요청한 일들을 이행하는 데 동의했으며, 그중에는 중국에서 151개 항목(?)의 공업 시설을 규획하고 건설하는 것이 포함되어 있다고 말한 바 있다. 하지만 이는 역사적 사실에 부합하지 않는다. Kulik, *Sovetsko-kitaiskii raskol* (The Soviet-Chinese Split), p.95.

8   "Zapis' besedy tovarishcha Stalina I. V. s Chzhou En'laem 3 sentiabria 1952 goda" (Memorandum of Conversation between Comrade J. V. Stalin and Zhou Enlai, September 3, 1952), RGASPI, collection 558, inventory 11, file 329, sheet 81; *CWIHP Bulletin*, nos. 6~7 (1995/1996), pp.15~16; Kurdiukov, *Sovetsko-kitaiskie otnosheniia*), p.285; 陳志凌, 「李富春」, 胡華 編, 『中國黨史人物傳』, 卷44 (西安: 陝西人民出版社, 1990), 62~63쪽, 67쪽; Koval, "Moskovskiie peregovory I. V. Stalina s Chzhou En'laem v 1952 g. i N. S. Khrushcheva s Mao Tszedunom v 1954 g.", p.107 참조.

9   "Zapis' besedy tovarishcha Stalin I. V. s Chzhou En'laiem 3 sentiabria 1952 goda", p.75, p.85; *CWIHP Bulletin*, nos. 6~7 (1995/1996), p.14, p.16. 이 외에 力平, 馬芷蓀 編, 『周

恩來年譜(1949-1976)』, 卷1, 258쪽; Maurice Meisner, *Mao's China and After: A History of the People's Republic of China,* 3rd ed. (New York: Free Press, 1999), p.127 참조.

10 Kulik, *Sovetsko-kitaiskii raskol*, p.126; Chen, "Li Fuchun", p.63 참조.

11 力平, 馬芷蓀 編, 『周恩來年譜(1949-1976)』, 卷1, 284〜285쪽; Kulik, *Sovetsko-kitaiskii raskol*, p.126 참조.

12 李富春, 「有關一九五三至一九五七年第一個五年計劃的報告, 1955年 7月 5-6日」, Robert Bowie and John K. Fairbank, eds., *Communist China 1955-1959: Policy Documents with Analysis* (Cambridge, MA: Harvard University Press, 1962), p.53, p.61 참조.

13 *Kratkaia istoriia KPK 1921-1991* (A Short History of the CCP 1921-1991) (Beijing: Izdatel'stvo literatury na inostrannykh iazykakh, 1993), p.530 참조.

14 劉崇文, 陳紹疇 編, 『劉少奇年譜(1898-1969)』, 卷2, 304〜305쪽 참조.

15 "Dnevnik sovetskogo posla v Kitae V. V. Kuznetsova. Zapis' besedy s Liu Shaoqi. 9 noiabria 1953 g." (The Diary of Soviet Ambassador to China V. V. Kuznetsov: Memorandum of Conversation with Liu Shaoqi, November 9, 1953), AVPRF, collection 0100, inventory 46, file 12, folder 362, sheet 185에서 인용.

16 Stéphane Courtois et al., *The Black Book of Communism: Crimes, Terror, Repression, trans. Jonathan Murphy and Mark Kramer* (Cambridge, MA: Harvard University Press, 1999), p.481; Meisner, *Mao's China and After*, p.72 참조.

17 멜리크세토프(Arlen V. Meliksetov)가 1999년 11월 25일 모스크바에서 고르바초프와 인터뷰한 내용.

18 G. G. Semenov, *Tri goda v Pekine: Zapiski voennogo sovetnika* (Three Years in Beijing: Notes of a Military Adviser) (Moscow: Nauka, 1978), pp.47〜48, pp.60〜62.

19 楊奎松, 「毛澤東爲什麽放棄新民主主義? 關於俄國模式的影向問題」, 『近代史研究』, 第4號 (1997), 182〜183쪽 참조.

20 Witke, *Comrade Chiang Chingz*, p.239.

21 Jerome Cooper, "Lawyers in China and the Rule of Law", *International Journal of the Legal Profession*, 6, no. 1 (1999), pp.71〜89 참조.

22 "Zapiska I. V. Kovaleva ot 24 dekabria 1949 g.", p.135, p.138, p.139.

23 흐루쇼프는 이 사건에 대해 이렇게 말했다. "우리 전연방공산당(AUCP) 정치국 위원들은 스탈린이 그렇게 한 것에 대해 분개했소." 흐루쇼프는 가오강이 류사오치뿐만 아니라 저우언라이와 기타 국가 영도자들이 "특히 소련에 불만을 표시했"음을 고발했다고 적었다. Khrushchev, *Memoirs of Nikita Khrushchev*, vol. 3, pp.412〜414. 그러나 보고서에는 저우언라이가 코발레프와 회담할 당시 보이보가 경제적인 면에서 과오를 범했다고 비난한 내용이 포함되어 있다.

24 Kovalev, *Dialog Stalina s Mao Tszedunom*, p.91; Khrushchev, *Memoirs of Nikita*

Khrushchev, vol. 3, pp.412~414; 博一波, 『若干重大決策與實踐的回顧』, 卷1 (北京: 中共中央黨校, 1991), 40~41쪽; 葉子龍, 『葉子龍回憶錄』, 201쪽; 陳愛菲, 曹志爲, 『走出國門的毛澤東』 (石家莊: 河北人民出版社, 2001), 88~91쪽; Heinzig, *The Soviet Union and Communist China 1945-1950*, p.157, p.158, pp.285~286, pp.296~297 참조.

25 "Mao Tszedun o kitaiskoi politike Kominterna i Stalina", p.106.

26 Kovalev, *Dialog Stalina s Mao Tszedunom*, p.89; I. V. Kovalev, "Rossiia i Kitai (s missiei v Kitae)", *Duel'*, November 19, 1997 참조.

27 *Lichnoe delo Mao Tszeduna*, RGASPI, collection 495, inventory 225, file 71, vol. 1, sheet 57.

28 Kovalev, "Dialog Stalina s Mao Tszedunom", p.89 참조.

29 Peter S. Deriabin and Joseph Culver Evans, *Inside Stalin's Kremlin: An Eyewitness Account of Brutality, Duplicity, and Intrigue* (Washington: Brassey's, 1998), p.110, pp.229~230.

30 劉少奇, 『劉少奇選集』, 卷1 (北京: 外文出版社, 1984); 周恩來, 『周恩來選集』, 卷1 (北京: 外文出版社, 1981) 참조.

31 *Obrazovanie Kitaiskoi Narodnoi Respubliki: Dokumenty i materialy* (Establishment of the Chinese People's Republic: Documents and Materials) (Moscow: Gospolitizdat, 1950), pp.30~49 참조.

32 N. G. Sudarikov, ed., *Konstitutsiia i osnovnye zakonodatel'nye akty Kitaiskoi Narodnoi Respubliki* (Constitution and Founding Legislative Acts of the People's Republic of China) (Moscow: Izdatel'stvo inostrannoi literatury, 1955), pp.381~392 참조.

33 L. P. Deliusin, ed., *Agrarnye preobrazovaniia v narodnom Kitae* (Agrarian Transformation in People's China) (Moscow: Izdatel'stvo inostrannoi literatury, 1955), p.39에서 인용.

34 Sudarikov, *Konstitutsiia i osnovnye zakonodatel'nye akty Kitaiskoi Narodnoi Respubliki*, pp.493~523 참조.

35 같은 책, 475~481.

36 A. V. Meliksetov, "'Novaia demokratiia' i vybor Kitaem putei sotsial'noekonomicheskogo razvitiia (1949-1953)" ("New Democracy" and China's Choice of a Socioeconomic Development Path (1949-1953)), *Problemy Dal'nego Vostoka*, no. 1 (1996), pp.82~95 참조.

37 毛澤東, 『毛澤東選集』, 卷5 (北京: 外文出版社, 1977), 71; Sladkovskii, *Informatsionnyi biulleten'. Seriia A. "Kulturnaiia revoliutsiia" v Kitae. Dokumenty i materialy (perevod s kitaiskogo). Vypusk 1: Hongveibinovskaia pechat' o Liu Shaotsi*

(Information Bulletin. Series A. The "Cultural Revolution" in China. Documents and Materials (Translated from Chinese). The First Installment: The Red Guard Press on Liu Shaoqi) (Moscow: IDV AN SSSR, 1968), pp.73~74 참조.

38 薄一波, 『若干重大決策與實踐的回顧』, 卷1, 234~235쪽.

39 逢先知, 金沖及 編, 『毛澤東傳(1949-1976)』, 卷1, 247쪽.

40 A. M. Ledovsky, *Delo Gao Gana-Zhao Shushi* (The Gao Gang-Rao Shushi Affair) (Moscow: IDV AN SSSR, 1990), p.99.

41 毛澤東, 『毛澤東選集』, 卷5, 93쪽.

42 같은 책.

43 같은 책, 94쪽.

44 Frederick C. Teiwes, *Politics at Mao's Court: Gao Gang and Party Factionalism* (Armonk, NY: M. E. Sharpe, 1990), p.163 참조.

45 薄一波, 『若干重大決策與實踐的回顧』, 卷1, 247쪽에서 인용.

46 같은 책, 93~94쪽, 101~111쪽, 247~48쪽; Zhou, "Rech' na Vsekitaiskom finansovoekono-micheskom soveshchanii" (Speech at the All-China Financial-Economic Conference), pp.8~19; Ledovsky, *Delo Gao Gana-Zhao Shushi*, p.99 참조.

47 Zhou, "Rech' na Vsekitaiskom finansovo-ekonomicheskom soveshchanii", p.18.

48 같은 책.

49 같은 책.

50 毛澤東, 『毛澤東選集』, 卷5, 103쪽.

51 같은 책, 138쪽.

27. 사회주의 공업화

1 Rakhmanin, "Vzaimnootnosheniia mezhdu I. V. Stalinym i Mao Tszedunom glazami ochevidtsa", p.80.

2 Deriabin and Culver, *Inside Stalin's Kremlin,* pp.111~113 참조.

3 N. M. Przheval'skii, *Puteshesheshestvie v Ussuriiskom krae: Mongolia i strana tangutov* (Travels in the Ussuri Region: Mongolia and the Country of Tanguts) (Moscow: Drofa, 2007) 참조.

4 RGASPI, 미분류 문서집 참조.

5 *Pravda*, March 11, 1953.

6 Kartunova, *Vstrechi v Moskve s Tszian Tsin, zhenoi Mao Tszeduna*, p.126; Witke, *Comrade Chiang Chingz*, p.257 참조.

7   力平, 馬芷蓀 編, 『周恩來年譜(1949-1976)』, 卷1, 289~290쪽 참조.

8   Kurdiukov, *Sovetsko-kitaiskie otnosheniia* (Soviet-Chinese Relations), p.284; 力平, 馬芷蓀 編, 『周恩來年譜(1949-1976)』, 卷1, 290쪽 참조.

9   Kurdiukov, *Sovetsko-kitaiskie otnosheniia*, pp.284~285; 力平, 馬芷蓀 編, 『周恩來年譜(1949-1976)』, 卷1, 290쪽 참조.

10 Kurdiukov, *Sovetsko-kitaiskie otnosheniia*, p.285.

11 Khrushchev, *Memoirs of Nikita Khrushchev*, vol. 3, pp.401~404 참조. 흐루쇼프는 나중에 마오쩌둥과 이야기하면서 스탈린의 '망령된 어리석음'에 반대했다고 재차 강조했다. Zubok, *The Mao-Khrushchev Conversations*, p.250, p.261 참조.

12 Titarenko, *Istoriia Kommunisticheskoi partii Kitaia* (History of the Chinese Communist Party), vol. 2, part 1, p.118 참조.

13 毛澤東, 『毛澤東選集』, 卷5, 93쪽.

14 같은 책, 94쪽.

15 Titarenko, *Istoriia Kommunisticheskoi partii Kitaia*, vol. 2, part 1, pp.119~120에서 인용.

16 毛澤東, 『毛澤東選集』, 卷5, 102쪽.

17 力平, 馬芷蓀 編, 『周恩來年譜(1949-1976)』, 卷1, 317쪽 참조.

18 周恩來, 『周恩來選集』, 卷2 (北京: 人民出版社, 1980), 104~105쪽 참조.

19 *Borot'sia za mobilizatsiiu vsekh sil dlia prevrashcheniia nashei strany v velikoe sotsialisticheskoe gosudarstvo: Tezisy dlia izucheniia i propagandy general'noi linii partii v perekhodnyi period (Razrabotany otdelom agitatsii i propagandy TsK KPK i utverzhdeny TsK KPK v dekabre 1953 g.)* (Struggle to Mobilize All Forces to Transform Our Country into a Socialist State: Theses for Studying and Propagandizing the Party's General Line in the Transitional Period (Prepared by the Department of Agitation and Propaganda of the CC CCP and Affirmed by the CC CCP in December 1953)) (Moscow: Gospoliizdat, (1957)), p.10.

20 "Excerpt from the Communiquéof the Fourth Plenum (February 18, 1954)", Teiwes, *Politics at Mao's Court,* p.237.

21 K. V. Shevelev, "O nekotorykh aspektakh raboty 4-go plenuma TsK KPK 7-ogo sozyva" (On Several Aspects of the Work of the Fourth Plenum of the Seventh Central Committee of the CCP), *Perspektivy sotrudnichestva Kitaia, Rossii i drugikh stran Severo-vostochnoi Azii v kontse XX-nachale XXI veka. Tezisy dokladov VIII Mezhdunarodnoinauchnoi konferentsii "Kitai. Kitaiskaia tsivilizatsiia i mir. Istoriia, sovremennost', perspektivy", Moskva, 7-9 oktiabria 1997 g.* (Prospects for Cooperation Among China, Russia, and Other Countries of Northeast Asia at the End of the Twentieth and Beginning of the Twenty-first Century. Papers from the VIII

International Scholarly Conference on China, Chinese Civilization, and the World: History, the Present, and the Future, Moscow, October 7-9, 1997) (Moscow: IDV RAN, 1997), p.151에서 인용.

22　毛澤東, 『毛澤東選集』, 卷5, 340쪽.

23　Gao Gang (高崗), *Izbrannoe* (Selections) (Moscow: IDV AN SSSR, 1989), pp.226~231 참조.

24　Short, *Mao*, p.442 참조.

25　Paul Wingrove, "Mao's Conversations with the Soviet Ambassador 1953-1955", *CWIHP Working Paper*, no. 36 (April 2002), p.40.

26　鄧小平, 『鄧小平選集(1975-1982)』, 第2版 (北京: 外文出版社, 1995), 292~293쪽 참조.

27　Teiwes, *Politics at Mao's Court*, pp.308~309 참조. 공자의 말은 리크만(Pierre Ryckmans, 필명 시몽 레이스(Simon Leys)이 번역한 *The Analects of Confucius* (論語) (New York: Norton, 1997), p.17에서 인용.

28　Short, *Mao*, p.442, p.444, p.737; 趙家梁, 張曉霽, 『半截墓碑下的往事: 高崗在北京』 (香港: 大風出版社, 2008), 203~206쪽, 238~245쪽; Teiwes, *Politics at Mao's Court*, 240~252쪽 참조.

29　Wingrove, "Mao's Conversations with the Soviet Ambassador, 1953-1955", pp.28~29, pp.34~35, pp.40~41; Teiwes, *Politics at Mao's Court*; Short, *Mao*, pp.441~445 참조.

30　《紅旗》, 第2號 (1981), 32쪽.

31　毛澤東, 『毛澤東選集』, 卷5, 150~151쪽. 이 외에 Wingrove, "Mao's Conversations with the Soviet Ambassador, 1953-1955", pp.21~23 참조.

32　程波, 『中共'八代'決策內幕』 (北京: 中共檔案出版社, 1999), 54~55쪽; Wingrove, "Mao's Conversations with the Soviet Ambassador, 1953-1955", pp.38~40 참조.

33　李志綏, 『毛澤東私人醫生回憶錄』, 65쪽.

34　Krutikov, *Na kitaiskom napravleniu*, p.183.

35　He Ganzhi, *Istoriia sovremennoi revoliutsii v Kitae* (History of the Contemporary Revolution in China) (Moscow: Izdatel'stvo literatury na inostrannykh iazykakh, 1959), p.682.

36　Richard Evans, *Deng Xiaoping and the Making of Modern China*, 개정판 (London: Penguin, 1997), p.112. 이 외에 Titarenko, *Istoriia Kommunisticheskoi partii Kitaia*, vol. 2, part 1, p.36; Meisner, *Mao's China and After*, p.107 참조.

37　毛澤東, 『建國以來毛澤東文稿』, 卷4 (北京: 中央文獻出版社, 1998), 548쪽 참조.

38　*Pervaia sessiia Vsekitaiskogo sobraniia narodnykh predstavitelei Kitaiskoi Narodnoi Respubliki pervogo sozyva (dokumenty i materialy)* (The First Session of the First National People's Congress of the PRC (Documents and Materials)) (Beijing:

Izdatel'stvo literatury na inostrannykh iazykakh, 1956) 참조.

39 師哲, 『峰與穀─師哲回憶錄』 (北京: 紅旗出版社, 1992), 103쪽 참조. 이 외에 Wingrove, "Mao's Conversations with the Soviet Ambassador 1953-1955", pp.10~12 참조.

40 Westad, *Brothers in Arms*, p.38 참조.

41 葉子龍, 『葉子龍回憶錄』, 202쪽.

42 1954년 9월 1일 마오쩌둥은 소련공산당 중앙위원회에 전문을 보냈다. 毛澤東, 『建國以來毛澤東文稿』, 卷4, 537~538쪽 참조.

43 Wingrove, "Mao's Conversations with the Soviet Ambassador, 1953-1955", pp.13~18; 毛澤東, 『毛澤東選集』, 卷5, 337~338쪽 참조. 1954년 9월 30일 베이징에서 마오쩌둥이 소련 대표단과 회담한 내용에 대해서는 D. T. Shepilov, "Vospominaniia" (Reminiscences), *Voprosy Istorii* (Problems of history), no. 9 (1998), p.26에서 소련 외교부장 드미트리 셰필로프의 회고록 참조.

44 Koval, "Moskovskiie peregovory I. V. Stalina s Chzhou En'laem v 1952 g. i N. S. Khrushcheva s Mao Tszedunom v 1954 g.", pp.108~113 참조.

45 Westad, *Brothers in Arms*, p.16 참조.

46 D. T. Shepilov, "Vospominaniia", *Voprosy istorii*, no. 10 (1998), p.25.

47 Koval, "Moskovskiie peregovory I. V. Stalina s Chzhou En'laem v 1952 g. i N. S. Khrushcheva s Mao Tszedunom v 1954 g.", p.113에서 인용.

48 Westad, *Brothers in Arms*, p.16, p.39 참조.

49 Khrushchev, *Memoirs of Nikita Khrushchev*, vol. 3, pp.420~427; D. T. Shepilov, "Vospominaniia", Voprosy istorii, no. 9 (1998), pp.18~31; no. 10 (1998), pp.3~30; Koval, "Moskovskiie peregovory I. V. Stalina s Chzhou En'laem v 1952 g. i N. S. Khrushchev s Mao Tszedunom v 1954 g.", pp.113~118; 師哲, 『峰與穀』, 106~115쪽 참조.

50 Cited in Chen Jian and Yang Kuisong, "Chinese Politics and the Collapse of the Sino-Soviet Alliance", Westad, *Brothers in Arms*, p.285.

51 Mao, *Mao Zedong on Diplomacy*, p.251, p.256.

52 몇 년 후 흐루쇼프는 이렇게 말했다. "(나는) 처음에 우리와 중국 동지의 관계를 아이처럼 순진한 눈으로 바라보았다." Khrushchev, *Memoirs of Nikita Khrushchev*, vol. 3, p.445.

53 D. T. Shepilov, "Vospominaniia", *Voprosy istorii*, no. 9 (1998), p.18에서 인용.

54 Witke, *Comrade Chiang Chingz*, p.272.

55 師哲, 『峰與穀』, 101~105쪽; 李越然, 『外交舞臺上的新中國領袖』 (北京: 外語敎學與硏究出版社, 1994), 69~70쪽 참조.

56 Nikita S. Khrushchev, *Vospominaniia. Izbrannye fragmenty* (Reminiscences: Selected Fragments) (Moscow: Vagrius, 1997), p.336, pp.356~357 참조. 이 외에 D. T. Shepilov, "Vospominaniia", *Voprosy istorii*, no. 10 (1998), pp.28~29 참조.

57 Witke, *Comrade Chiang Chingz*, p.262.

58 Khrushchev, *Memoirs of Nikita Khrushchev*, vol. 3, pp.399~400.

59 Titarenko, *Istoriia kommunisticheskoi partii Kitaia*, vol. 2, part 1, p.137 참조.

60 Zhang, *Sino-Soviet Economic Cooperation*, p.202 참조.

61 Chen and Yang, "Chinese Politics and the Collapse of the Sino-Soviet Alliance", p.257 참조.

62 Goncharenko, "Sino-Soviet Military Cooperation", Westad, *Brothers in Arms,* p.147 참조.

63 *Materialy vtoroi sessii Vsekitaiskogo sobraniia narodnykh predstavitelei (5-30 iulia 1955 g.)* (Materials from the Second Session of the National People's Congress (July 5-30, 1955)) (Moscow: Gospolitizdat, 1956), p.256.

64 李富春, 「有關一九五三至一九五七年第一個五年計劃的報告」, 43~91쪽 참조.

65 "Memo, PRC Foreign Ministry to the USSR Embassy in Beijing, March 13, 1957", *CWIHP Bulletin*, nos. 6~7 (1995/1996), p.160; Meisner, *Mao's China and After,* p.113; 薄一波, 『若干重大決策與實踐的回顧』, 卷1, 295~296쪽 참조.

66 *China Quarterly*, no 1 (1960), p.38 참조.

67 Meisner, *Mao's China and After*, p.113 참조. 다른 통계 자료에 따르면, 1950년대 중국에서 활동했던 소련과 동유럽의 고문 및 전문가들이 대략 8000여 명이며, 동시에 7000여 명의 중국인이 소련과 동유럽에서 특별 교육을 받았다. Zhang, *Sino-Soviet Economic Cooperation,* p.202 참조. 또한 1만 1000여 명의 중국 학생들, 8000여 명의 노동자와 기술자가 소련에서 교육을 받았다. D. T. Shepilov, "Vospominaniia", *Voprosy istorii*, no. 10 (1998), p.26 참조.

28. 위대한 전환점

1 "Dnevnik sovetskogo posla v Kitae V. V. Kuznetsova" (Diary of the Soviet Ambassador to China V. V. Kuznetsov), pp.184~185에서 인용.

2 1951년 1월 중국공산당은 실험적으로 일부 기본 소비재에 대한 국가 전매 제도를 시행했다. 1951년 1월 5일 화동(華東) 군정위원회 경제위원회 비서장 뤄경모(駱耕漠)는 상하이 주재 소련 영사 블라디미로프에게 상하이에서 1월 4일부터 국가가 집중적으로 민간 방직 공장의 모든 생산품을 수매하는 방법을 시행 중이라고 알려 주었다. 베테랑 정보원인 블라디미로프는 즉각 모스크바에 이러한 사실을 보고하면서 "뤄경모가 이는 극비라고 강조했다."라고 말했다. AVPRF, collection 0100, inventory 44, file 15, folder 322, sheets 146~147 참조.

3 같은 책 참조.

4 　L. D. Bony, "Mekhanizm iz"iatiia tovarnogo zerna v KNR (50'e gody)" (The Mechanism of Grain Acquisition in the PRC (in the 1950s)), L. P. Deliusin, ed., *Kitai: gosudarstvo i obshchestvo* (China: State and Society) (Moscow: Nauka, 1977), p.27, p.28 참조.

5 　같은 책, pp.33~34.

6 　毛澤東, 『毛澤東選集』, 卷5, 217~218쪽, 290~291쪽; Chou En-lai(周恩來), "Report on the Proposals for the Second Five-Year Plan for Development of the National Economy", *Eighth National Congress of the Communist Party of China,* vol. 1, Documents (Beijing: Foreign Languages Press, 1956), p.270 참조.

7 　Gel'bras, *Sotsial'no-ekonomicheskaia struktura KNR: 50-60-e gody* (The Socioeconomic Structure of the PRC: 1950s and 1960s), p.60 참조.

8 　毛澤東, 『毛澤東選集』, 卷5, 212쪽.

9 　같은 책, 186쪽.

10 　蔣伯英, 「鄧子恢」, 胡華 編, 『中共黨史人物傳』, 卷7 (西安: 陝西人民出版社, 1990), 367쪽에서 인용.

11 　Deliusin, *Agrarnye preobrazovaniia v narodnom Kitae,* p.345 참조.

12 　Borisov and Titarenko, *Vystupleniia Mao Tsze-duna, ranee ne publikovavshiesia v kitaiskoi pechati,* series 2, p.111.

13 　毛澤東, 『毛澤東選集』, 卷5, 131~140쪽, 186쪽, 189~190쪽.

14 　Deliusin, *Agrarnye preobrazovaniia v narodnom Kitae,* pp.361~386 참조.

15 　*Borot'sia za mobilizatsiiu vsekh sil* (Struggle to Mobilize All Forces), p.33.

16 　毛澤東, 『建國以來毛澤東文稿』, 卷4, 497쪽, 498쪽.

17 　毛澤東, 『毛澤東選集』, 卷5, 186쪽.

18 　Krutikov, *Na kitaiskom napravleniu,* p.169 참조.

19 　Shevelev, *Formirovaniie sotsial'no-ekonomicheskoi politiki rukovodstva KPK v 1949-1956 godakh* (The Formulation of the CCP's Socioeconomic Policy in 1949-1956) (manuscript), VI-13에서 인용.

20 　蔣伯英, 「鄧子恢」, 369~370쪽; 毛澤東, 『毛澤東選集』, 卷5, 187쪽; Meliksetov, *Istoriia Kitaia,* p.640 참조. 이 외에 Frederick C. Teiwes and Warren Sun, eds., *The Politics of Agricultural Cooperativization in China: Mao, Deng Zihui and the "High Tide" of 1955* (Armonk, NY: M. E. Sharpe, 1993) 참조.

21 　逄先知, 金冲及 編, 『毛澤東傳(1949-1976)』, 卷1, 370쪽에서 인용.

22 　Shevelev, *Formirovaniie sotsial'no-ekonomicheskoi politiki rukovodstva KPK v 1949-1956 godakh* (manuscript), VI-22에서 인용.

23 　逄先知, 金冲及 編, 『毛澤東傳(1949-1976)』, 卷1, 374쪽 참조.

24 Mao, *Selected Works of Mao Tse-tung*, vol. 5, p.190.

25 逄先知, 金沖及 編, 『毛澤東傳(1949-1976)』, 卷1, 375쪽에서 인용.

26 같은 책, 376쪽에서 인용.

27 劉崇文, 陳紹疇 編, 『劉少奇年譜(1898-1969)』, 卷2, 340쪽에서 인용.

28 소련의 추정에 따르면, 중국공산당은 대략 20만 개의 합작사를 해산시켰다. 이러한 숫자는 1966년부터 1969년까지 문화대혁명 기간에 류사오치가 마오쩌둥에 반대하는 행위를 저질 렀다고 비난하는 대자보들에 나온 수치와 부합한다. 毛澤東, 『毛澤東選集』, 卷5, 189~190 쪽; 蔣伯英, 「鄧子恢」, 369~370쪽; Shevelev, *Formirovanie sotsial'no-ekonomicheskoi politiki rukovodstva KPK v 1949-1956 godakh* (The Formulation of the CCP's Socioeconomic Policy in 1949-1956), VI-24.

29 毛澤東, 『毛澤東選集』, 卷5, 187쪽.

30 같은 책, 213쪽; 毛澤東, 『建國以來毛澤東文稿』, 卷5, 251쪽.

31 毛澤東, 『毛澤東選集』, 198쪽; 毛澤東, 『建國以來毛澤東文稿』, 卷5, 251쪽.

32 李志綏, 『毛澤東私人醫生回憶錄』, 136쪽에서 인용.

33 Westad, *Brothers in Arms*, p.17 참조.

34 *Reshenie shestogo (rasshirennogo) plenuma TsK Kommunisticheskoi partii Kitaia sed'-mogo sozyva po voprosu o kooperirovanii v sel'skom khoziastve* (Decision of the Sixth (enlarged) Plenum of the Seventh CC of the Communist Party of China on the Question of Agricultural Cooperation) (Moscow: Gospolitzdat, 1955), pp.4~5.

35 蔣伯英, 「鄧子恢」, 371쪽 참조.

36 李志綏, 『毛澤東私人醫生回憶錄』, 111쪽, 「鄧子恪與農業合作化運動」, 魯林, 陳德金 編, 『紅 色記憶: 中國共産黨歷史口述實錄(1949-1978)』 (濟南: 山東人民出版社, 2002), 245쪽에서 인용.

37 毛澤東, 『毛澤東選集』, 卷5, 243쪽.

38 Jasper Becker, *Hungry Ghosts: Mao's Secret Famine* (New York: Free Press, 1996), p.52 참조.

39 숫자는 『中國共産黨歷史講義』, 卷2 (長春: 遼寧人民出版社, 1981), 590~591쪽에 근거하였다.

40 李志綏, 『毛澤東私人醫生回憶錄』, 106쪽, 107쪽, 110쪽.

41 『中國共産黨歷史講義』, 卷2, 120쪽; 蔣伯英, 「鄧子恪」, 369쪽 참조.

42 Borisov and Titarenko, *Vystupleniia Mao Tsze-duna, ranee ne publikovavshiesia v kitaiskoi pechati*, series 2, p.110.

43 중국 측은 이러한 주장에 반대했다. "Memo, PRC Foreign Ministry to the USSR Embassy in Beijing", pp.159~160 참조.

44 毛澤東, 『毛澤東選集』, 卷5, 214쪽.

45 A. S. Perevertailo et al., eds., *Ocherki istorii Kitaia v noveishee vremia* (An Outline

History of Contemporary China) (Moscow: Nauka, 1959), p.576 참조.

46 *Borotsia za mobilizatsiiu vsekh sil* (Struggle for the Mobilization of All Forces), p.12 참조.

47 『中國共産黨歷史講義』, 濟南, pp.138~139 참조.

48 Perevertailo, *Ocherki istorii Kitaia v noveishee vremia*, p.573 참조.

49 蕭效欽, 王幼樵 編, 『中華人民共和國四十年』(北京: 北京師範學院出版社, 1990), 109쪽 참조.

50 Elizabeth J. Perry, "Shanghai's Strike Wave of 1957", *China Quarterly,* no. 137 (March 1994.), p.1, p.9 참조.

51 J. V. Stalin, *Works,* vol. 11 (Moscow: Foreign Languages Publishing House, 1954), p.62.

29. 의식 해방

1 N. S. Khrushchev, *Speech Before a Closed Session of the XXth Congress of the Communist Party of the Soviet Union on February 25, 1956* (Washington: U.S. Government Printing Office, 1957) 참조.

2 *Stenographicheskii otchet XX s"ezda KPSS* (Stenographic Report of the Twentieth Congress of the CPSU), vol. 1 (Moscow: Gospolitizdat, 1956), p.230.

3 吳冷西, 『十年論戰: 中蘇關係回憶錄(1956-1966)』, 卷1 (北京: 中央文獻出版社, 1999), 4~5쪽 참조.

4 K. Aimermakher, ed., *Doklad N. S. Khrushcheva o kul'te lichnosti Stalina na XX s"ezda KPSS. Dokumenty* (N. S. Khrushchev's Report on Stalin's Cult of Personality at the Twentieth CPSU Congress: Documents) (Moscow: ROSSPEN, 2002), p.24, p.37 참조. 이 외에 Vittorio Vidali, *Diary of the Twentieth Congress of the Communist Party of the Soviet Union*, trans. Nell Amter Cattonar and A. M. Elliot (Westport, CT: Lawrence Hill, 1974), pp.26~27 참조.

5 "Mao Tszedun o kitaiskoi politike Kominterna i Stalina", p.103; M. S. Kapitsa, *Sovetsko-kitaiskie otnosheniia* (Moscow: Izd-vo vostochnoi literatury, 1958), p.357, p.364; 『前後中蘇關係走向(1945-1960)』(北京: 社會科學文化出版社, 1997), 78쪽 참조.

6 M. S. Kapitsa, *Na raznykh paralleliakh. Zapiski diplomata* (On Various Parallels: Notes of a Diplomat) (Moscow: Kniga i biznes, 1996), p.63 참조.

7 "Mao Tszedun o kitaiskoi politike Kominterna i Stalina", p.107, p.108.

8 Pantsov and Levine, *Chinese Comintern Activists: An Analytic Biographic Dictionary*, p.48 참조.

9   같은 책, p.48, pp.71~72.

10 Boris A. Starkov, "The Trial That Was Not Held", *Europe-Asia Studies* 46, no. 8 (1994), pp.1297~1316; Reinhard Müller, "Der Fall des Antikomintern-Blocks—einvierter Moskauer Schaoprozeß", *Jahrbuch für Historishche Kommunismusforschung*, 1996, pp.187~214 참조.

11 나중에 마오쩌둥은 소련 대표와 회담하면서 언젠가 자신도 스탈린의 과오와 죄행에 대해 책을 한 권 쓸 것이라면서, "너무 끔찍해서 과연 1만 년 내에 출간이 가능할지 모르겠다."라고 말했다. Mao, *Mao Zedong on Diplomacy,* p.257.

12 천보다의 집필에 관해서는 毛澤東, 『建國以來毛澤東文稿』, 卷6 (北京: 中央文獻出版社, 1992), 59쪽 참조.

13 이 문장에 대한 마오쩌둥의 증보, 윤색 등은 위의 책 59~67쪽 참조. 흐루쇼프의 정치국 연설과 서로 다른 판본에 대한 논의는 신화사 전 사장인 우렁시의 회고록 참조. 그는 수차례 토론에 참가했으며, 토론은 3월 17일부터 4월 4일까지 지속되었다. 吳冷西, 『憶毛主席: 我親身經歷的若干重大歷史事件片斷』 (北京: 新華出版社, 1995), 2~7쪽; 吳冷西, 『十年論戰: 中蘇關係回憶錄(1956-1966)』, 卷1, 12~33쪽.

14 Borisov and Titarenko, *Vystupleniia Mao Tsze-duna, ranee ne publikovavshiesia v kitaiskoi pechati* (Mao Zedong's Speeches Previously Unpublished in the Chinese Press), series 1, p.93.

15 Chen and Yang, "Chinese Politics and the Collapse of the Sino-Soviet Alliance", p.263.

16 Mao, *Mao Zedong on Diplomacy*, p.251.

17 William Taubman, *Khrushchev: The Man and His Era* (New York: Norton, 2003), p.339.

18 Krutikov, *Na kitaiskom napravleniu*, pp.212~213.

19 N. S. Khrushchev, *Report of the Central Committee of the Communist Party of the Soviet Union to the 20th Party Congress* (Moscow: Foreign Languages Publishing House, 1956), pp.38~46 참조.

20 1956년 3월 12일 마오쩌둥이 정치국 확대회의에서 관련 주제에 대해 연설한 내용에 관한 분석은 吳冷西, 『十年論戰: 中蘇關係回憶錄(1956-1966)』, 卷1, 4~5쪽 참조.

21 Krutikov, *Na kitaiskum napravleniu* (Pointed Toward China), p.212.

22 李志綏, 『毛澤東私人醫生回憶錄』, 238쪽.

23 毛澤東, 『毛澤東選集』, 卷5, 152~153쪽.

24 O. E. Vladimirov (O. B. Rakhmanin), ed., *Maoizm bez prikras: Nekotorye uzhe izvestnye, a takzhe ranee ne opublikovannye v kitaiskoi pechati vyskazyvaniia Mao Tszeduna: Sbornik* (Maoism Unembellished: Some Already Known Sayings of Mao

Zedong and Others Previously Unpublished in the Chinese Press: A Collection) (Moscow: Progress, 1980), p.238; 毛澤東,『毛澤東文集』, 卷7 (北京: 人民出版社, 1999), 412쪽에서 인용. 이 외에 毛澤東,『毛澤東文集』, 卷6, 367~370쪽 참조. 마오쩌둥과 흐루쇼프의 대담에 관한 내용은 Edgar Snow, *The Long Revolution* (New York: Random House, 1972), p.208 참조.

25 毛澤東,『毛澤東選集』, 卷5, 284쪽.

26 같은 책, 303~306쪽; Schram, *Chairman Mao Talks to the People,* pp.61~83.

27 楊勝群, 閻建琪 編,『鄧小平年譜(1904-1974)』, 卷3 (北京: 中央文獻出版社, 2010), 1421쪽 참조.

28 力平,『開國總理周恩來』(北京: 中共中央黨校出版社, 1994), 356쪽 참조. 이 외에 Chen and Yang, "Chinese Politics and the Collapse of the Sino-Soviet Alliance", p.287 참조.

29 毛澤東,『建國以來毛澤東文稿』, 卷6, 105쪽 참조.

30 Borisov and Titarenko, *Vystupleniia Mao Tsze-duna, ranee ne publikovavshiesia v kitaiskoi pechati*, series 2, p.123.

31 李志綏,『毛澤東私人醫生回憶錄』, 234쪽.

32 같은 책, 158쪽.

33 같은 책, 154쪽.

34 같은 책, 162~168쪽, 177쪽; 廖蓋隆 編,『毛澤東百科全書』, 卷6, 3108쪽 참조.

35 李志綏,『毛澤東私人醫生回憶錄』, 165쪽에서 인용.

36 Mao, *Poems of Mao Tse-tung,* 97쪽.

37 李志綏,『毛澤東私人醫生回憶錄』, 181쪽, 183쪽, 192쪽 참조.

38 毛澤東,『毛澤東選集』, 卷5, 312~323쪽; *Materialy VIII Vsekitaiskogos'ezda Kommunisticheskoi partii Kitaia* (Materials from the Eighth Congress of the Communist Party of China) (Moscow: Gospolitizdat, 1956), pp.3~6 참조.

39 毛澤東,『建國以來毛澤東文稿』, 卷6, 148쪽.

40 Mao, *Mao Zedong on Diplomacy*, 251~252쪽.

41 이는 펑더화이가 건의했다. (*The Case of Peng Dehuai 1959-1968* (Hong Kong: Union Research Institute, 1968), 445쪽 참조.) 펑더화이는 마오쩌둥이 여러 장소에서 '마오쩌둥 사상'이라는 말에 대해 그렇게 생각하지 않는다고 말한 것을 기억하고 있었다. 沈志華,「中共八代爲什麼不提'毛澤東思想'」,《歷史敎學》, 第5號 (2005), 6쪽. 그러나 마오쩌둥은 당장(黨章)에서 이런 말을 삭제할 것을 건의한 적이 없다.

42 *Materialy VIII Vsekitaiskogo s"ezda Kommunisticheskoi partii Kitaia* (Materials from the Eighth Congress of the Communist Party of China), p.508.

43 같은 책, p.98.

44 毛澤東,『毛澤東文集』, 卷7, 110쪽. 毛澤東,『建國以來毛澤東文稿』, 卷6, 165쪽; Wingrove,

Mao's Conversations with the Soviet Ambassador, 1953-1955, p.36.

45 *Materialy VIII Vsekitaiskogo s"ezda Kommunisticheskoi partii Kitaia*, p.472.

46 Meliksetov, *Istoriia Kitaia*, p.647 참조.

47 "Minutes, Mao's Conversation with a Yugoslavian Communist Union Delegation", p.151.

48 Taubman, *Khrushchev*, p.339에서 인용.

49 Westad, *Brothers in Arms*, p.378에서 인용.

50 吳冷西, 『十年論戰: 中蘇關係回憶錄(1956-1966)』, 卷1, 35쪽에서 인용.

51 A. A. Fursenko, ed., *Prezidium TsK KPSS, 1954-1964* (Presidium of the Central Committee of the CPSU, 1954-1964), *Chernovye protokol'nye zapisi zasedanii. Stenogrammy. Postanovleniia* (Draft Notes of the Sessions. Stenograms. Resolutions), vol. 1 (Moscow: ROSSPEN, 2003), pp.174~175; A. A. Fursenko, ed., *Prezidium TSK KPSS, 1954-1964*, vol. 2, *Postanovleniia 1954-1958* (Resolutions of 1954-1958) (Moscow: ROSSPEN, 2006), pp.471~472.

52 力平, 馬芷蓀 編, 『周恩來年譜(1949-1976)』, 卷1, 631쪽; "Records of Meetings of the CPSU and CCP Delegations, Moscow, July 5-20, 1963", p.378에서 인용. 이 외에 吳冷西, 『十年論戰: 中蘇關係回憶錄(1956-1966)』, 42~45쪽 참조.

53 *Istoricheskii arkhiv* (Historical archive), nos. 4~5 (1996), pp.184~185 참조.

54 逢先知, 金沖及 編, 『毛澤東傳(1949-1976)』, 卷1, 602~603쪽; *Vozniknovenie i razvitiie raznoglasii mezhdu rukovodstvom KPSS i nami: Po povodu otkrytogo pis'ma TsK KPSS* (The Origin and Development of Disagreements Between the Leadership of the CPSU and Us: On the Open Letter of the CC CPSU) (Beijing: Izdatel'stvo literatury na inostrannykh iazykakh, 1963), p.12; "Records of Meeting of the CPSU and CCP Delegations, Moscow, July 5-20, 1963", p.378 참조.

55 Fursenko, *Prezidium TsK KPSS, 1954-1964*, vol. 1, p.175 참조.

56 Taubman, *Khrushchev*, p.297에서 인용.

57 Fursenko, *Prezidium TsK KPSS, 1954-1964*, vol. 1, p.188.

58 Kurdiukov, *Sovietsko-Kitaiskie otnosheniia* (Soviet-Chinese Relations), p.319.

59 Khrushchev, *Memoirs of Nikita Khrushchev*, vol. 3, p.651. 류사오치는 1956년 11월 10일 중국공산당 중앙위원회 제8기 2중전회에서 이러한 주제로 논평한 바 있다. 逢先知, 金沖及 編, 『毛澤東傳(1949-1976)』, 卷1, 603~605쪽.

60 毛澤東, 『毛澤東選集』, 卷5, 341쪽. 흥미로운 것은 마오쩌둥이 8대 이전인 1956년 8월 류사오치의 「정치 보고」 초고에 "소련공산당 20대가 …… 국제적 긴장을 완화하고 세계 평화와 인류 진보를 위해 투쟁하는 데 탁월한 공헌을 했다."라는 구절을 삽입하는 데 대해 반대한 적이 없다는 점이다. 毛澤東, 『建國以來毛澤東文稿』, 卷6, 137~138쪽. 이러한 내용은 약간

의 수정을 거쳐 「정치 보고」 최종 원고에 실렸다.

61 毛澤東, 『毛澤東選集』, 卷5, 342쪽.

62 逄先知, 金冲及 編, 『毛澤東傳(1949-1976)』, 卷1, 606쪽에서 인용.

63 毛澤東, 『毛澤東選集』, 卷5, 347~349쪽.

64 薄一波, 『若干重大決策與實踐的回顧』, 卷1, 555~559쪽 참조.

65 같은 책, 556~557쪽; 周恩來, 『周恩來選集』, 卷2, 229~238쪽. 자세한 내용은 Shevelev, *Formirovanie sotsial'no-ekonomicheskoi politiki rukovodstva KPK v 1949-1956 godakh*, X-2-10 참조.

66 Shevelev, *Formirovanie sotsial'no-ekonomicheskoi politiki rukovodstva KPK v 1949-1956 godakh*, X-9-10 참조.

67 逄先知, 金冲及 編, 『毛澤東傳(1949-1976)』, 卷1, 606쪽.

68 毛澤東, 『建國以來毛澤東文稿』, 卷6, 285쪽 참조.

69 劉崇文, 陳紹疇 編, 『劉少奇年譜(1898-1969)』, 卷2, 378쪽; 力平, 馬芷蓀 編, 『周恩來年譜 (1949-1976)』, 卷2, 4~14쪽; *CWIHP Bulletin*, nos. 6~7 (1995/1996), pp.153~154; Khrushchev, *Vremia, Liudi, Vlast'*, Book 3, pp.49~52 참조.

70 *CWIHP Bulletin*, nos. 6~7 (1995/1996), p.152, p.154.

71 Taubman, *Khrushchev*, p.339 참조.

72 Kurdiukov, *Sovetsko-kitaiskie otnosheniia*, p.329.

73 *CWIHP Bulletin*, nos. 6~7 (1995/1996), p.153.

74 같은 책.

75 毛澤東, 『毛澤東選集』, 卷5, 350~383쪽; Borisov and Titarenko, *Vystupleniia Mao Tsze-duna, ranee ne publikovavshiesia v kitaiskoi pechati*, series 1, pp.117~119, p.124, pp.126~128, p.138, p.139; Chen and Yang, "Chinese Politics and the Collapse of the Sino-Soviet Alliance", Westad, *Brothers in Arms*, p.266.

76 Krutikov, *Na kitaiskom napravleniu*, pp.226~227 참조.

77 毛澤東, 『毛澤東選集』, 卷5, 420쪽.

78 Borisov and Titarenko, *Vystupleniia Mao Tsze-duna, ranee ne publikovavshiesia v kitaiskoi pechati*, series 1, pp.242~243.

79 毛澤東, 『毛澤東選集』, 卷5, 408~414쪽.

80 Roderick MacFarquhar, *The Hundred Flowers Campaign and the Chinese Intellectuals* (New York: Praeger, 1960) 참조.

81 Meliksetov, *Istoriia Kitaia*, pp.647~648 참조.

82 같은 책, p.649.

83 Chen and Yang, "Chinese Politics and the Collapse of the Sino-Soviet Alliance", Westad, *Brothers in Arms*, p.265 참조.

84 Borisov and Titarenko, *Vystupleniia Mao Tsze-duna, ranee ne publikovavshiesia v kitaiskoi pechati*, series 2, p.122, p.273.

85 毛澤東, 『毛澤東選集』, 卷5, 491쪽.

86 Borisov and Titarenko, *Vystupleniia Mao Tsze-duna, ranee ne publikovavshiesia v kitaiskoi pechati,* series 2, p.50, pp.55~56.

87 같은 책, p.93.

88 李志綏, 『毛澤東私人醫生回憶錄』, 218쪽.

89 마오쩌둥은 모스크바에서 흐루쇼프에게 덩샤오핑을 이렇게 소개했다. "저쪽에 키 작은 동지가 보이시오? ……그는 매우 총명하고 미래를 보는 식견을 가지고 있소." Khrushchev, *Memoirs of Nikita Khrushchev*, vol. 3, p.439. 그런 다음 마오쩌둥은 덧붙였다. "그는 원칙에 충실한 사람일 뿐만 아니라 다재다능하여 보기 힘든 인재올시다." 李越然, 『外交舞臺上的新中國領袖』 (北京: 外語敎學與硏究出版社, 1994), 143쪽.

90 李越然, 「毛主席第二次訪問蘇聯」, 李敏 等, 『眞實的毛澤東』, 567쪽; 李越然, 『外交舞臺上的新中國領袖』 (北京: 外語敎學與硏究出版社, 1994), 125쪽. 마오쩌둥의 1957년 소련 방문에 대해서는 楊尙昆, 『楊尙昆日記』, 卷1 (北京: 中央文獻出版社, 2001), 284~296쪽 참조.

91 마오쩌둥은 모스크바로 출발하기 전에 유딘 대사와 이야기를 나누면서 또다시 몰로토프 문제를 꺼냈다. "우리 당 내부의 상황을 이야기하자면, 이미 수십 년 동안 혁명 투쟁을 해온 원로 동지들이 어떻게 반당 분자로 변했는지 많은 동지들이 이해하질 못합니다." 유딘도 펑더화이를 통해 이와 같은 이야기를 들은 적이 있다. 펑더화이는 이렇게 물었다. "당신들이 어떻게 그런 말(반당 분자)을 할 수 있습니까? 좀 더 현명하게 말할 수 없나요?" Taubman, *Khrushchev,* p.340.

92 Vereshchagin, *V starom i novom Kitae*, pp.94~95에서 인용.

93 李志綏, 『毛澤東私人醫生回憶錄』, 220쪽.

94 같은 책, 221쪽, 222쪽에서 인용.

95 師哲, 李越然, 『中蘇關係見證錄』, 56쪽.

96 李越然, 『外交舞臺上的新中國領袖』, 142~143쪽; 陸仁, 劉靑霞, 「毛澤東沖赫魯曉夫發火」, 《傳記文學》, 第4號 (2004), 25쪽.

97 Borisov and Titarenko, *Vystupleniia Mao Tsze-duna, ranee ne publikovavshiesia v kitaiskoi pechati,* series 2, p.94.

98 저자가 2004년 4월 4일 오하이오 주 콜럼버스에서 그리네프스키와 대담한 내용.

99 Khrushchev, *Memoirs of Nikita Khrushchev*, vol. 3, p.461.

100 1965년 에드거 스노는 물었다. "당신은 여전히 (원자 폭탄을) 종이호랑이로 생각하십니까?" 그러자 마오쩌둥은 그런 주제에 대해 이야기한 것은 "단지 말일 뿐"이라고 대답했다. Snow, *The Long Revolution*, p.208. 이 외에 毛澤東, 『毛澤東文集』, 卷8, 401쪽 참조.

101 葉子龍, 『葉子龍回憶錄』, 190쪽에서 인용.

102 李志綏, 『毛澤東私人醫生回憶錄』, 224쪽.

103 Borisov and Titarenko, *Vystupleniia Mao Tsze-duna, ranee ne publikovavshiesia v kitaiskoi pechati*, series 2, p.94. 마오쩌둥이 당시 소련 외교 부장 안드레이 그로미코와 대담할 때도 대체적으로 이와 유사했다. A. A. Gromyko, *Pamiatnoe*, vol. 2 (Moscow: Politizdat, 1988), p.131 참조.

104 *Pravda*, November 7, 1957 참조.

105 *CWIHP Bulletin*, nos. 6~7 (1995/1996), p.152.

106 Borisov and Titarenko, *Vystupleniia Mao Tsze-duna, ranee ne publikovavshiesia v kitaiskoi pechati*, series 2, p.102, p.105, p.106.

107 같은 책, p.123; 力平, 『開國總理周恩來』, 359쪽.

108 力平, 『開國總理周恩來』, 361쪽에서 인용.

109 같은 책, 362~363쪽 참조.

110 Borisov and Titarenko, *Vystupleniia Mao Tsze-duna, ranee ne publikovavshiesia v kitaiskoi pechati*, series 2, pp.134~155.

30. 대약진

1 같은 책, p.120, p.121.

2 같은 책, p.112, p.377; series 3 (Moscow: Progress, 1976), p.40.

3 李志綏, 『毛澤東私人醫生回憶錄』, 226쪽에서 인용.

4 Roderick M. MacFarquhar, *The Origins of the Cultural Revolution*, vol. 2, *The Great Leap Forward 1958-1960* (New York: Columbia University Press, 1983), p.34, p.347; Frederick C. Teiwes, *Politics and Purges in China: Rectification and the Decline of Party Norms, 1950-1965*, 2nd ed. (Armonk, NY: M.E. Sharpe, 1993), p.266; Mobo G. G. Gao, *Gao Village: A Portrait of Rural Life in Modern China* (Honolulu: University of Hawai'i Press, 1999), p.123 참조.

5 鄧小平, 『鄧小平選集(1975-1982)』, 295쪽. 덩샤오핑이 대약진과 관련하여 흥분했던 일에 대해서는 楊勝群, 閻建琪 編, 『鄧小平年譜(1904-1974)』, 卷3, 1463~1468쪽 참조.

6 Borisov and Titarenko, *Vystupleniia Mao Tsze-duna, ranee ne publikovavshiesia v kitaiskoi pechati* (Mao Zedong's Speeches Previously Unpublished in the Chinese Press), series 2, pp.111~112, p.131; 毛澤東, 『建國以來毛澤東文稿』, 卷7, 25~26쪽.

7 逄先知, 金沖及 編, 『毛澤東傳(1949-1976)』, 卷1, 766쪽.

8 *Vtoraia sessiia VIII Vsekitaiskogo s''ezda Kommunisticheskoi partii Kitaia* (Second Session of the Eighth Congress of the Communist Party of China) (Peking:

Izdatel'stvo literatury na inostrannykh iazykakh, 1958), p.68.

9   Borisov and Titarenko, *Vystuplenia Mao Tsze-duna, ranee ne publikovavshiesia v kitaiskoi pechati*, series 2, p.156, p.158.

10   같은 책, p.103; Bowie and Fairbank, *Communist China 1955-1959: Policy Documents with Analysis*, p.125.

11   Borisov and Titarenko, *Vystupleniia Mao Tsze-duna, ranee ne publikovavshiesia v kitaiskoi pechati*, series 2, p.52.

12   毛澤東, 『建國以來毛澤東文稿』, 卷6, 666~669쪽; 卷7, 4쪽.

13   Mikhail A. Klochko, *Soviet Scientist in Red China*, trans. Andrew MacAndrew (New York: Praeger, 1964), pp.68~69.

14   MacFarquhar, *The Origins of the Cultural Revolution*, vol. 2, pp.22~23 참조.

15   Borisov and Titarenko, *Vystupleniia Mao Tsze-duna, ranee ne publikovavshiesia v kitaiskoi pechati*, series 2, p.125, p.339.

16   黃嶺峻, 「劉少奇與大躍進」, 《中國琅代史》, 第7號 (2003), 107쪽 참조.

17   葉子龍, 『葉子龍回憶錄』, 213쪽 참조.

18   Borisov and Titarenko, *Vystupleniia Mao Tsze-duna, ranee ne publikovavshiesia v kitaiskoi pechati*, series 2, p.158, p.170.

19   Huang, "Liu Shaoqi yu dayuejin" (Liu Shaoqi and the Great Leap Forward), p.107에서 인용.

20   毛澤東, 『建國以來毛澤東文稿』, 卷7, 317쪽.

21   李志綏, 『毛澤東私人醫生回憶錄』, 269쪽에서 인용.

22   Borisov and Titarenko, *Vystupleniia Mao Tsze-duna, ranee ne publikovavshiesia v kitaiskoi pechati*, series 2, p.310, p.311, p.315, p.329.

23   毛澤東, 『建國以來毛澤東文稿』, 卷7, 177~178쪽.

24   Borisov and Titarenko, *Vystupleniia Mao Tsze-duna, ranee ne publikovavshiesia v kitaiskoi pechati*, series 2, p.201, p.237, p.238, p.312, p.314, p.316, p.319, p.329.

25   같은 책, p.241, p.307, p.319, p.336.

26   같은 책, pp.327~328, pp.333~334 참조.

27   볼셰비키의 전시 공산주의에 대한 관점은 "Pis'mo L. D. Trotskogo (V. I. Leninu) ot 19 dekabria 1919 g." (Letter from L. D. Trotsky (to V. I. Lenin). December 19, 1919), RGASPI, collection 5, inventory 1, file 1408, sheets 1~2 참조.

28   黃嶺峻, 「劉少奇與大躍進」, 107~108쪽 참조.

29   Borisov and Titarenko, *Vystupleniia Mao Tsze-duna, ranee ne publikovavshiesia v kitaiskoi pechati*, series 2, p.264, p.275, p.281; MacFarquhar, *The Origins of the Cultural Revolution*, vol. 2, p.85, p.90 참조.

30 Borisov and Titarenko, *Vystupleniia Mao Tsze-duna, ranee ne publikovavshiesia v kitaiskoi pechati,* series 2, p.337.

31 같은 책, p.317, p.334.

32 李志綏, 『毛澤東私人醫生回憶錄』, 276쪽에서 인용.

33 Borisov and Titarenko, *Vystupleniia Mao Tsze-duna, ranee ne publikovavshiesia v kitaiskoi pechati,* series 2, p.266.

34 Peng Dehuai, *Memoirs of a Chinese Marshal,* A. V. Pantsov, V. N. Usov, and K. V. Sheveliev (Moscow: Voenizdat, 1988), pp.486~487; 이 외에 Borisov and Titarenko, *Vystupleniia Mao Tsze-duna, ranee ne publikovavshiesia v kitaiskoi pechati,* series 2, p.360, p.383, p.403 참조.

35 MacFarquhar, *The Origins of the Cultural Revolution,* vol. 2, p.328 참조.

36 Mao, *Mao Zedong on Diplomacy,* p.247, pp.250~258; Zhang, "Sino-Soviet Economic Cooperation", p.207 참조.

37 Vereshchagin, *V starom i novom Kitae,* pp.119~129 참조.

38 Khrushchev, *Memoirs of Nikita Khrushchev,* vol. 3, pp.454~458.

39 Wolff, "One Finger's Worth of Historical Events", p.54, p.55; Zubok, "The Mao-Khrushchev Conversations", p.256에서 인용.

40 陸仁, 劉青霞, 「毛澤東沖赫魯曉夫發火」, 27쪽; 李越然, 『外交舞臺上的新中國領袖』, 154~158쪽; N. Fedorenko, "Vizit N. Khrushcheva v Pekin" (N. Khrushchev's Visit to Beijing), *Problemy Dal'nego Vostoka,* no. 1 (1990), p.123; Taubman, *Khrushchev,* pp.390~392 참조.

41 *Ogonek* (Little light), no. 14 (1999), pp.28~29에서 인용. 이 외에 M. Romm, *Ustnye rasskazy* (Oral Tales) (Moscow: "Kinotsentr", 1991), p.154; Khrushchev, *Memoirs of Nikita Khrushchev,* vol. 3, pp.456~462 참조.

42 Wolff, "One Finger's Worth of Historical Events", p.53; Zubok, "The Mao-Khrushchev Conversations", p.268에서 인용.

43 李志綏, 『毛澤東私人醫生回憶錄』, 261쪽.

44 Fedorenko, "Vizit N. Khrushcheva v Pekin", p.123; Vereshchagin, *V starom i novom Kitae,* p.130에서 인용. 이 외에 葉子龍, 『葉子龍回憶錄』, 215쪽 참조. 그러나 마오쩌둥의 통역관인 리웨란은 류사오치가 흐루쇼프에게 중국의 곡물 과잉 문제를 어떻게 처리할 것인지에 대해 물었다고 기억했다. 李越然, 『外交舞臺上的新中國領袖』, 149~150쪽.

45 Khrushchev, *Memoirs of Nikita Khrushchev,* vol. 3, p.441 참조.

46 같은 책, pp.442~443.

47 *CWIHP Bulletin,* nos. 6~7 (1995/1996), p.219, pp.226~227; 逢先知, 金冲及 編, 『毛澤東傳(1949-1976)』, 卷1, 856~884쪽; 劉曉, 『出使蘇聯八年』 (北京: 中共黨史出版社, 1998),

74~78쪽. 이 외에 Chen Jian, *Mao's China and the Cold War* (Chapel Hill: University of North Carolina Press, 2001), pp.163~204 참조.

48 Borisov and Titarenko, *Vystupleniia Mao Tsze-duna, ranee ne publikovavshiesia v kitaiskoi pechati*, series 2, p.414, pp.419~420; series 3, pp.164~165; MacFarquhar, *The Origins of the Cultural Revolution*, vol. 2, p.247.

49 *Lichnoe delo Mao Tszeduna*, RGASPI, collection 495, inventory 225, file 71, vol. 1, sheets 117~118; *Materialy 6-go plenuma Tsentral'nogo Komiteta Kommunisticheskoi partii Kitaia vos'mogo sozyva* (Materials of the Sixth Plenum of the Eighth Central Committee) (Beijing: Izdatel'stvo literatury na inostrannykh iazykakh, 1959), p.55 참조.

50 이러한 통계는 「中華人民共和國當前經濟情勢」(러시아어) 조사에서 볼 수 있다. 이는 소련 부장회의 국가국제경제관계위원회가 1959년 7월 초에 작성한 보고서다. 내용의 일부가 Wolff, "One Finger's Worth of Historical Events", pp.63~64에 실려 있다. 이 외에 MacFarquhar, *The Origins of the Cultural Revolution*, vol. 2, p.202 참조.

51 Becker, *Hungry Ghosts*, p.85 참조.

52 李志綏, 『毛澤東私人醫生回憶錄』, 295쪽에서 인용.

53 Borisov and Titarenko, *Vystupleniia Mao Tsze-duna, ranee ne publikovavshiesia v kitaiskoi pechati*, series 2, p.413.

54 Wolff, "One Finger's Worth of Historical Events", p.63 참조.

55 李志綏, 『毛澤東私人醫生回憶錄』, 302쪽, 304쪽. 마오쩌둥이 고향인 사오산에 돌아갔을 당시에 대한 비교적 긍정적인 기술은 1965년 후난 작가협회 주석인 저우리포(周立波)가 쓴 "A Visit to His Hometown(원저의 제목은 '韶山的節日'인 것 같다――옮긴이)", *Mao Zedong: Biography―Assessment―Reminiscences*, pp.233~238에서 볼 수 있다.

56 Mao, *Oblaka v snegu*, p.75.

57 Borisov and Titarenko, *Vystupleniia Mao Tsze-duna, ranee ne publikovavshiesia v kitaiskoi pechati*, series 3, p.109.

58 李志綏, 『毛澤東私人醫生回憶錄』, 109쪽, 142쪽, 143쪽, 349쪽, 353쪽, 401쪽, 452쪽; Kartunova, "Vstrechi v Moskve s Tszian Tsin, zhenoi Mao Tszedun", p.127; Witke, *Comrade Chiang Chingz*, pp.30~31, p.48, p.124, p.164, p.169, pp.172~173, pp.225~226, pp.227~228, p.241, p.242, pp.254~256, p.259, p.260, pp.268~271, p.303, p.445 참조.

59 李敏, 『我的父親毛澤東』, 189쪽에서 인용. 이 외에 리민의 딸 쿵둥메이의 회고록 『聽外婆講那過去的事情: 毛澤東與賀子珍』 참조.

60 "Comrade Peng Dehuai's Letter to Chairman Mao (July 14, 1959)", Peng Dehuai, *Memoirs of a Chinese Marshal*, pp.517~518.

61 李志綏, 『毛澤東私人醫生回憶錄』, 315쪽 참조. 이 외에 Li and Ma, *Zhou Enlai nianpu*

1949-1976, vol. 2, p.243 참조.

62 黃克誠, 「廬山風雲」, 魯林, 陳德金 編, 『紅色記憶』, 423~424쪽.

63 Peng Dehuai, *Memoirs of a Chinese Marshal*, p.504.

64 李志綏, 『毛澤東私人醫生回憶錄』, 317쪽에서 인용.

65 Borisov and Titarenko, *Vystupleniia Mao Tsze-duna, ranee ne publikovavshiesia v kitaiskoi pechati*, series 3, p.111.

66 Peng Dehuai, *Memoirs of a Chinese Marshal*, p.508. 李銳, 『廬山會議實錄』(北京: 春秋出版社/湖南教育出版社, 1989); 逄先知, 金冲及 編, 『毛澤東傳(1949-1976)』, 卷2, 953~1010쪽; 張培森 編, 『張聞天年譜』, 卷2, 1147~1156쪽; 『周小舟傳』(長沙: 湖南人民出版社, 1985), 58~71쪽, 93~94쪽; Yu. N. Galenovich, *Peng Dehuai i Mao Tszedun: Politicheskie lidery Kitaia XX veka* (Peng Dehuai and Mao Zedong: Political Leaders of 20th Century China) (Moscow: Ogni, 2005).

67 Galenovich, *Peng Dehuai i Mao Tszedun*, p.101에서 인용.

68 Peng Dehuai, *Memoirs of a Chinese Marshal*, p.14 참조.

69 *Dokumenty VIII Plenuma Tsentral'nogo Komiteta Kommunisticheskoi partii Kitaia vos'mogo sozyva* (Documents of the Eighth Plenum of the Eighth Central Committee of the Communist Party of China) (Beijing: Izdatel'stvo literatury na inostrannykh iazykakh, 1959), p.33 참조.

70 Frank Dikötter, *Mao's Great Famine: The History of China's Most Devastating Catastrophe, 1958-1962* (New York: Walker, 2010), p.88, p.134에서 인용.

71 Borisov and Titarenko, *Vystupleniia Mao Tsze-duna, ranee ne publikovavshiesia v kitaiskoi pechati*, series 3, p.92.

72 같은 책, series 2, p.165.

73 黃嶺峻, 「劉少奇與大躍進」, 108쪽에서 인용.

74 《紅旗》, 第2號 (1981), p.33 참조.

75 Krutikov, *Na kitaiskom napravleniu*, p.281. 이 외에 Khrushchev, *Memoirs of Nikita Khrushchev*, vol. 3, pp.464~469; Vereshchagin, *V starom i novom Kitae*, pp.145~148; Kapitsa, *Na raznykh parallelakh* (On Various Parallels), pp.63~65; MacFarquhar, *The Origins of the Cultural Revolution*, vol. 2, pp.256~260.

76 "Records of Meeting of the CPSU and CCP Delegations, Moscow, July 5-20, 1963", p.379; MacFarquhar, *The Origins of the Cultural Revolution*, vol. 2, pp.225~226; Shu Guang Zhang, "Between 'Paper' and 'Real Tigers': Mao's View of Nuclear Weapons", John Lewis Gaddis et al., eds., *Cold War Statesmen Confront the Bomb: Nuclear Diplomacy Since 1945* (Oxford: Oxford University Press, 1999), p.208 참조.

77 Zhang, "Sino-Soviet Economic Cooperation", p.207; MacFarquhar, *The Origins of the*

Cultural Revolution, vol. 2, pp.11~15; 吳冷西, 『十年論戰: 中蘇關係回憶錄(1956-1966)』, 卷1, 205~208쪽 참조.

78 Khrushchev, *Memoirs of Nikita Khrushchev,* vol. 3, pp.480~481.

79 MacFarquhar, *The Origins of the Cultural Revolution,* vol. 2, pp.226~227에서 인용.

80 1955년 5월 유고슬라비아를 방문했을 당시 흐루쇼프는 만취하여 만나는 사람마다 입을 맞추었으며, 특히 온몸에 술 냄새를 풍기면서 티토에게 이렇게 말했다. "요시프, 성질내지 마시오! 참, 낯가죽도 얇소이다! (부끄럼을 잘 탄다는 뜻이다.) 술 드시오! 술! 옛날이야기를 꺼내는 자는 내가 완전히 눈을 멀게 만들겠어!" Galina Vishnevskaia, *Galina: Istoriia zhizni* (Galina: A Life Story) (Moscow: Gorizont, 1991), p.179. 1년 후 모스크바 부근 투시노(Tushino) 항공 전시관에서도 그는 완전히 취한 상태로 다른 나라들을 모조리 비난하기 시작했다. 몇몇 외교관들이 몸을 일으켜 퇴장했지만 만취한 흐루쇼프는 전혀 몰랐다. Taubman, *Khrushchev,* p.348.

81 Dong Wang, "The Quarreling Brothers: New Chinese Archives and a Reappraisal of the Sino-Soviet Split, 1959-1962", *CWIHP Working Paper,* no. 36 (April 2002.), pp.1~80 참조.

82 1959년 10월 2일 흐루쇼프와 마오쩌둥의 회담 속기록과 소련공산당 중앙 서기 수슬로프의 보고서에서 발췌. Wolff, "One Finger's Worth of Historical Events", pp.64~72 참조. 이외에도 Zubok, "The Mao-Khrushchev Conversations", pp.262~270 참조.

83 Wolff, "One Finger's Worth of Historical Events", p.65; Zubok, "The Mao-Khrushchev Conversations", p.266, p.267, p.269에서 인용.

84 Khrushchev, *Memoirs of Nikita Khrushchev,* vol. 3, p.468. 이 외에 劉曉, 『出使蘇聯八年』, 88~91쪽; 李越然, 『外交舞臺上的新中國領袖』, 159~164쪽 참조.

85 Wolff, "One Finger's Worth of Historical Events", p.70에서 인용. 중국과 소련의 분열에 관한 내용은 Lorenz M. Lüthi, *The Sino-Soviet Split: Cold War in the Communist World* (Princeton, NJ: Princeton University Press, 2008) 참조.

86 Taubman, *Khrushchev,* p.394.

87 毛澤東, 『建國以來毛澤東文稿』, 卷8, 600~601쪽.

31. 기근과 공포

1 Borisov and Titarenko, *Vystupleniia Mao Tsze-duna, ranee ne publikovavshiesia v kitaiskoi pechati,* series 3, p.163.

2 MacFarquhar, *The Origins of the Cultural Revolution,* vol. 2, p.301, p.305; V. N. Usov, *KNR: Ot "bol'shogo skachka" k "kul'turnoi revoliutsii", 1960-1966* (The PRC: From the Great Leap to the "Cultural Revolution", 1960-1966), part 1 (Moscow: IDV RAN, 1998), p.13 참조.

3   Becker, *Hungry Ghosts*, p.208에서 인용.

4   Leung Laifong, *Morning Sun: Interviews with Chinese Writers of the Lost Generation* (Armonk, NY: M. E. Sharpe, 1994), p.201, p.202, p.204.

5   Becker, *Hungry Ghosts*, pp.159~160에서 인용.

6   Leung, *Morning Sun*, p.243.

7   MacFarquhar, *The Origins of the Cultural Revolution*, vol. 2, p.329에서 인용.

8   Becker, *Hungry Ghosts*, pp.153~154에서 인용.

9   저자가 2004년 10월 28일 베이징 주민과 인터뷰한 내용이다.

10   李志綏, 『毛澤東私人醫生回憶錄』, 339쪽, 340쪽.

11   자세한 내용은 Lüthi, *The Sino-Soviet Split*, pp.167~180 참조.

12   《紅旗》第8號 (1960);《人民日報》1960년 4월 22일자;《Pravda》, April 23, 1960 참조.

13   "The Letter of the Central Committee of the CPSU to the Central Committee of the CPC, March 30, 1963", *The Polemic on the General Line of the International Communist Movement* (Beijing: Foreign Languages Press, 1965), pp.496~197; Fursenko, *Prezidium TsK KPSS 1954-1964* (Presidium of the CC CPSU, 1954-1964), vol. 1, p.443 참조.

14   *The Sino-Soviet Dispute* (New York: Charles Scribner's Sons, 1969), p.28; Taubman, *Khrushchev*, p.471에서 인용.

15   *Moskovskii komsomolets* (Moscow young communist), February 6, 2002.

16   Gao, *Gao Village*, p.138 참조.

17   劉曉, 『出使蘇聯八年』, 128쪽에서 인용.

18   毛澤東, 「同斯諾的談話, 1960年 10月 22日」, 『毛澤東文集』, 卷8 (北京: 人民出版社, 1999), 215쪽, 216~217쪽; 마오쩌둥과 나눈 대화를 적은 스노의 메모는 S. Bernard Thomas, *Season of High Adventure: Edgar Snow in China* (Berkeley: University of California Press, 1996), p.299에서 발췌.

19   Edgar Snow, *The Other Side of the River: Red China Today* (New York: Random House, 1962), p.619.

20   Bernard Law Montgomery, *Three Continents: A Study of the Situation and Problems in Asia, Africa, and Central America, and the Relationship of Those Areas to Defence Policies in the 1960's and to the British Commonwealth* (London: Collins, 1962), p.17.

21   Becker, *Hungry Ghosts*, p.293에서 인용.

22   Dikötter, *Mao's Great Famine*, x, pp.324~334; 楊繼繩, 『墓碑: 中國六十年代大饑荒紀實』, 卷2 (香港: 失地圖書有限公司, 2008) 참조.

23 Dudley L. Poston Jr. and David Yaukey, eds., *The Population of Modern China* (New York: Plenum Press, 1992), p.170, p.226, p.252; Michael Dillon, ed., *China: A Cultural and Historical Dictionary* (Richmond, UK: Curzon Press, 1998), 122; Becker, *Hungry Ghosts,* p.149, p.161, p.162, p.164 참조.

24 MacFarquhar, *The Origins of the Cultural Revolution*, vol. 2, p.330; Usov, *KNR: Ot "bol'shogo skachka" k "kul'turnoi revoliutsii"* (The PRC: From the "Great Leap" to the "Cultural Revolution"), p.15 참조.

25 Thomas, *Season of High Adventure*, p.300에서 인용.

26 MacFarquhar, *The Origins of the Cultural Revolution*, vol. 2, p.323 참조.

27 Borisov and Titarenko, *Vystupleniia Mao Tsze-duna, ranee ne publikovavshiesia v kitaiskoi pechati,* series 3, p.162.

28 Mao Zedong, *Miscellany of Mao Tse-tung Thought,* 1949-1968), part 1 (Springfield, VA: Joint Publications Research Service, 1974), p.232.

29 MacFarquhar, *The Origins of the Cultural Revolution*, vol. 2, p.324; 力平, 馬芷蓀 編, 『周恩來年譜(1949-1976)』, 卷1, 366쪽 참조.

30 Borisov and Titarenko, *Vystupleniia Mao Tsze-duna, ranee ne publikovavshiesia v kitaiskoi pechati,* vol. 3, p.167.

31 같은 책, p.268, p.269, p.271, p.272.

32 같은 책, series 4 (Moscow: Progress, 1976), p.19.

33 같은 책, pp.17~18.

34 같은 책, pp.18~19. 毛澤東, 「同蒙哥馬利的談話, 1960年 5月 27日」, 『毛澤東文集』, 卷8, 189쪽; 毛澤東, 「同斯諾的談話, 1960年 10月 22日」, 215쪽.

35 毛澤東, 『建國以來毛澤東文稿』, 卷9, 467~470쪽.

36 Schram, *Chairman Mao Talks to the People,* p.266.

37 Borisov and Titarenko, *Vystupleniia Mao Tsze-duna, ranee ne publikovavshiesia vkitaiskoi pechati,* series 3, pp.273~274; pp.285~288.

38 같은 책, series 4, p.36.

39 Leung, *Morning Sun*, pp.204~205.

40 Becker, *Hungry Ghosts*, p.242.

41 李志綏, 『毛澤東私人醫生回憶錄』, 378쪽.

42 劉少奇, 『劉少奇選集』, 卷2, 337쪽 참조.

43 같은 책, 328쪽.

44 Usov, *KNR: Ot "bol'shogo skachka" k "kul'turnoi revoliutsii"* (The PRC: From the "Great Leap" to the "Cultural Revolution"), p.47에서 인용.

45 毛澤東, 『毛澤東文集』, 卷8, 273쪽.

46 李志綏, 『毛澤東私人醫生回憶錄』, 377쪽, 380쪽에서 인용.

47 Montgomery, *Three Continents*, p.33, p.34 참조.

48 薄一波, 『若干重大決策與實踐的回顧』, 卷2, 1026쪽에서 인용. 이 외에 MacFarquhar, *The Origins of the Cultural Revolution*, vol. 3, p.158 참조.

49 劉少奇, 『劉少奇選集』, 卷2, 421쪽. 이 외에 Usov, *KNR: Ot "bol'shogo skachka" k "kul'turnoi revoliutsii"*, p.78; 黃嶺峻, 「劉少奇與大躍進」, 110쪽 참조.

50 薛暮橋, 「懷念偉大的馬克急主義者劉少奇同志」, 《光明日報》, 1988년 11월 24일자.

51 Usov, *KNR: Ot "bol'shogo skachka" k "kul'turnoi revoliutsii"*, p.77에서 인용.

52 Borisov and Titarenko, *Vystupleniia Mao Tsze-duna, ranee ne publikovavshiesia vkitaiskoi pechati,* series 4, p.6, p.12.

53 李志綏, 『毛澤東私人醫生回憶錄』, 387~388쪽; Usov, *KNR: Ot "bolsh'ogo skachka"k "kul'turnoi revoliutsii"*, pp.85~87; MacFarquhar, *The Origins of the Cultural Revolution,* vol. 3, pp.166~168, p.545 참조.

54 Schram, *Chairman Mao Talks to the People*, p.266.

55 逄先知, 金沖及 編, 『毛澤東傳(1949-1976)』, 卷2, 1207~1208쪽, 1218쪽; 朱佳木 編, 『陳雲年譜(1905-1995)』(北京: 中央文獻出版社, 2000), 107~110쪽; Becker, *Hungry Ghosts*, p.156 참조.

56 董邊, 譚德山 等 編, 『毛澤東和他的秘書田家英』(北京: 中央文獻出版社, 1989), 62~65쪽 참조.

57 薄一波, 『若干重大決策與實踐的回顧』, 卷2, 1084쪽에서 인용.

58 Borisov and Titarenko, *Vystupleniia Mao Tsze-duna, ranee ne publikovavshiesia vkitaiskoi pechati,* series 4, p.36.

59 MacFarquhar, *The Origins of the Cultural Revolution*, vol. 3, p.282 참조.

60 朱佳木 編, 『陳雲年譜(1905-1995)』, 卷3, 115쪽에서 인용.

61 덩샤오핑은 1962년 6월 말 중국공산당 중앙위원회 서기처 회의에서 처음 이런 말을 했다. 薄一波, 『若干重大決策與實踐的回顧』, 卷2, 1084쪽.

62 劉崇文, 陳紹疇 編, 『劉少奇年譜(1898-1969)』, 卷2, 551쪽에서 인용.

63 Peng, *Memuary marshala* (Memoirs of a Marshal), p.16 참조.

64 逄先知, 金沖及 編, 『毛澤東傳(1949-1976)』, 卷2, 1230쪽에서 인용.

65 같은 책, 1232쪽.

66 朱佳木 編, 『陳雲年譜(1905-1995)』, 卷3, 120쪽에서 인용.

67 鄧小平, 『鄧小平選集(1938-1965)』(北京: 外文出版社, 1992), 293쪽; Roderick MacFarquhar, *The Origins of the Cultural Revolution*, vol. 3, *The Coming of the Cataclysm, 1961-1966* (New York: Oxford University Press and Columbia University Press, 1997), p.268 참조.

68 Borisov and Titarenko, *Vystupleniia Mao Tsze-duna, ranee ne publikovavshiesia vkitaiskoi pechati,* series 3, p.97.

69 逢先知, 金沖及 編, 『毛澤東傳(1949-1976)』, 卷2, 1232~1233쪽 참조.

70 楊尙昆, 『楊尙昆日記』, 卷2, 196쪽.

71 逢先知, 金沖及 編, 『毛澤東傳(1949-1976)』, 卷2, 1234쪽에서 인용.

72 Borisov and Titarenko, *Vystupleniia Mao Tsze-duna, ranee ne publikovavshiesia vkitaiskoi pechati,* series 4, p.40.

73 Borisov and Titarenko, *Vystupleniia Mao Tsze-duna, ranee ne publikovavshiesia vkitaiskoi pechati,* series 4, pp.35~40, p.44.

74 같은 책, pp.38~39.

75 같은 책, p.47.

76 Kovalev, "Rossiia i Kitai (S missiei v Kitae)", 《Duel'》, November 5, 1997.

77 《人民日報》, 1963년 3월 5일자.

78 Borisov and Titarenko, *Vystupleniia Mao Tsze-duna, ranee ne publikovavshiesia vkitaiskoi pechati,* series 4, pp.74~75.

79 1965년 1월 9일 스노가 마오쩌둥을 인터뷰한 내용은 Snow, *The Long Revolution,* p.70, p.205와 Mao, *Mao Zedong on Diplomacy,* pp.424~425 참조.

80 葉永烈, 『江靑傳』(北京: 作家出版社, 1998), 340~341쪽 참조.

81 汪東興, 『汪東興日記』, 214~216쪽 참조.

82 Mao, *Poems of Mao Tse-tung,* p.130.

83 Zhuangzi(莊子), *The Complete Works of Chuang-tsu*(莊子全集) trans. Burton Watson (New York: Columbia University Press, 1968), pp.144~145.

32. 해서파관

1 Confucius(孔子), *The Analects of Confucius*(『論語』), 6쪽.

2 MacFarquhar, *The Origins of the Cultural Revolution,* vol. 3, pp.252~256, pp.443~447 참조.

3 Borisov and Titarenko, *Vystupleniia Mao Tsze-duna, ranee ne publikovavshiesia vkitaiskoi pechati,* series 4, pp.183~186, pp.192~193, p.206; 薄一波, 『若干重大決策與實踐的回顧』, 卷2, 1128~1131쪽; 逢先知, 金沖及 編, 『毛澤東傳(1949-1976)』, 卷2, 1366~1375쪽; 李志綏, 『毛澤東私人醫生回憶錄』, 416~417쪽 참조.

4 Snow, *The Long Revolution,* p.17, p.67, p.169, p.170.

5 O. Borisov (O. B. Rakhmanin) and M. Titarenko, eds., *Vystupleniia Mao Tsze-duna,*

ranee ne publikovavshiesia v kitaiskoi pechati, series 5 (Moscow: Progress, 1976), p.194.

6   Roderick MacFarquhar and Michael Schoenhals, *Mao's Last Revolution* (Cambridge, MA: Belknap Press of Harvard University Press, 2006), p.17 참조.

7   Borisov and Titarenko, *Vystupleniia Mao Tsze-duna, ranee ne publikovavshiesia vkitaiskoi pechati*, series 5, p.154, pp.194~195. 이 외에 Snow, *The Long Revolution*, p.87 참조.

8   Borisov and Titarenko, *Vystupleniia Mao Tsze-duna, ranee ne publikovavshiesia vkitaiskoi pechati*, series 5, p.71.

9   *History of the Chinese Communist Party-A Chronology of Events,* 1919-1990 (Beijing: Foreign Languages Press, 1991), p.311 참조.

10   Andrew Hall Wedeman, *The East Wind Subsides: Chinese Foreign Policy and the Origins of the Cultural Revolution* (Washington, DC: Washington Institute Press, 1988), p.176에서 인용.

11   逄先知, 金沖及 編, 『毛澤東傳(1949-1976)』, 卷2, 1399쪽에서 인용.

12   Schram, *Chairman Mao Talks to the People,* p.270.

13   MacFarquhar and Schoenhals, *Mao's Last Revolution*, p.18; Wedeman, *The East Wind Subsides*, pp.223~224 참조.

14   Mao, *Oblaka v snegu*, p.99.

15   吳秦傑, 『毛澤東光輝歷程地圖集』, 122쪽, 125쪽 참조. 또 다른 자료에 따르면, 마오쩌둥이 우창에 도착한 것은 1966년 1월 5일이다. 逄先知, 金沖及 編, 『毛澤東傳(1949-1976)』, 卷2, 1402쪽 참조.

16   보고서 전문은 *CCP Documents of the Great Proletarian Cultural Revolution, 1966-1967* (Hong Kong: Union Research Institute, 1968), pp.7~12 참조.

17   李志綏, 『毛澤東私人醫生回憶錄』, 448쪽에서 인용.

18   MacFarquhar and Schoenhals, *Mao's Last Revolution*, p.31 참조.

19   장룽 부부는 린뱌오가 문화대혁명 초기에 마오쩌둥을 돕는 것을 망설였다고 주장했다. Chang and Halliday, *Mao*, p.527. 하지만 이는 사실과 부합하지 않는다.

20   *Velikaia Proletarskaia kul'turnaia revolitsiia (vazhneishie dokumenty)* (The Great Proletarian Cultural Revolution (Key Documents)) (Beijing: Izdatel'stvo literatury na inostrannykh iazykakh, 1970), pp.191~192.

21   Borisov and Titarenko, *Vystupleniia Mao Tsze-duna, ranee ne publikovavshiesia vkitaiskoi pechati,* series 5, pp.62~63, p.66, p.68.

22   *History of the Chinese Communist Party—A Chronology of Events*, pp.320~321. 이 외에 Borisov and Titarenko, *Vystupleniia Mao Tsze-duna, ranee ne publikovavshiesia*

vkitaiskoi pechati, series 5, p.69 참조.

23 廖蓋隆 編,『毛澤東百科全書』, 卷6, 3212쪽 참조.

24 逄先知, 金冲及 編,『毛澤東傳(1949-1976)』, 卷2, 1408쪽에서 인용.

25 Borisov and Titarenko, *Vystupleniia Mao Tsze-duna, ranee ne publikovavshiesia vkitaiskoi pechati,* series 5, p.73.

26 MacFarquhar and Schoenhals, *Mao's Last Revolution,* p.34 참조.

27 陳淸泉, 宋廣渭,『陸定一傳』(北京: 中共黨史出版社, 1999), 485~502쪽; MacFarquhar and Schoenhals, *Mao's Last Revolution,* pp.34~35; Jin Qiu(金秋), *The Culture of Power: The Lin Biao Incident in the Cultural Revolution* (Stanford, CA: Stanford University Press, 1999), pp.153~154 참조.

28 陳淸泉, 宋廣渭,『陸定一傳』, 496~508쪽; Westad, "77 Conversations Between Chinese and Foreign Leaders on the Wars in Indochina", p.131 참조.

29 다른 자료에 따르면, "주석이 예췬이 처녀임을 증명할 수 있다!"가 성명서의 결어라고 한다. MacFarquhar and Schoenhals, *Mao's Last Revolution,* p.35에서 인용. 이 외에, 陳淸泉, 宋廣渭,『陸定一傳』, 501쪽 참조.

30 陳淸泉, 宋廣渭,『陸定一傳』, 500쪽에서 인용.

31 Westad, "77 Conversations Between Chinese and Foreign Leaders on the Wars in Indochina", p.131.

32 *CCP Documents of the Great Proletarian Cultural Revolution, 1966-1967,* p.27, p.28.

33 Liu Guokai, *A Brief Analysis of the Cultural Revolution* (Armonk, NY: M. E. Sharpe, 1987), p.16; Barbara Barnouin and Yu Changgen, *Ten Years of Turbulence: The Chinese Cultural Revolution* (London: Kegan Paul International, 1993), pp.73~74 참조.

34 Westad, "77 Conversations Between Chinese and Foreign Leaders on the Wars in Indochina", p.132.

35 MacFarquhar and Schoenhals, *Mao's Last Revolution,* p.48에서 인용.

36 같은 책에서 인용.

37 Westad, "77 Conversations Between Chinese and Foreign Leaders on the Wars in Indochina", pp.130~131.

38 같은 책, p.132.

39 逄先知, 金冲及 編,『毛澤東傳(1949-1976)』, 卷2, 1413쪽에서 인용.

40 Borisov and Titarenko, *Vystupleniia Mao Tsze-duna, ranee ne publikovavshiesia v kitaiskoi pechati,* series 4, p.94, p.95, p.97, p.98, p.103.

41 같은 책, series 5, pp.74~75.

42 聶元梓 等,「宋碩, 陸平, 彭珮雲在文化大革命中究竟幹什麼」,《人民日報》, 1966년 6월 2일자.

43 逄先知, 金冲及 編,『毛澤東傳(1949-1976)』, 卷2, 1414쪽과 MacFarquhar and Schoenhals,

Mao's Last Revolution, p.58에서 인용.

44 MacFarquhar and Schoenhals, *Mao's Last Revolution*, p.58에서 인용.

45 Borisov and Titarenko, *Vystupleniia Mao Tsze-duna, ranee ne publikovavshiesia vkitaiskoi pechati*, series 4, p.105.

46 巢峰, 『文化大革命辭典』(臺北: 臺灣東華書局股分有限公司, 1993), 429쪽, 436~437쪽; *History of the Chinese Communist Party—A Chronology of Events*, p.325 참조. 이 외에 Borisov and Titarenko, *Vystupleniia Mao Tsze-duna, ranee ne publikovavshiesia vkitaiskoi pechati*, series 5, p.154 참조.

47 MacFarquhar and Schoenhals, *Mao's Last Revolution*, pp.42~51, p.62 참조.

48 새로운 베이징 당위원회는 6월 2일 공작조를 베이징 대학에 파견했다. 이는 류사오치와 덩샤오핑의 비준에 따른 것이다. 다음 날 정치국 상무위원회 확대회의는 베이징의 모든 학교에 공작조를 파견하기로 결정했다. 전체 인원은 7239명이었다. 劉崇文, 陳紹疇 編, 『劉少奇年譜(1898-1969)』, 卷2, 640쪽; MacFarquhar and Schoenhals, *Mao's Last Revolution*, p.65, p.66 참조.

49 Barnouin and Yu, *Ten Years of Turbulence*, p.75; Lowell Dittmer, *Liu Shao ch'i and the Chinese Revolution: The Politics of Mass Criticism*(Berkeley: University of California Press, 1974), p.81에서 인용. 이 외에 劉崇文, 陳紹疇 編, 『劉少奇年譜(1898-1969)』, 卷2, 641쪽 참조.

50 Borisov and Titarenko, *Vystupleniia Mao Tsze-duna, ranee ne publikovavshiesia vkitaiskoi pechati,* series 4, p.114.

51 逄先知, 金冲及 編, 『毛澤東傳(1949-1976)』, 卷2, 1415쪽에서 인용.

52 M. I. Sladkovskii, ed., *Informatsionnyi biulleten': Seriia A: "Kulturnaia revoliutsiia" v Kitae: Dokumenty i materialy (perevod s kitaiskogo)*, Vypusk 7, *Vystupleniia Zhou Enlaia v period "kul'turnoi revoliutsii"* (Information Bulletin: Series A: The "Cultural Revolution" in China: Documents and Materials Translated from Chinese, 7th Installment, Zhou Enlai's Speeches During the "Cultural Revolution") (Moscow: IDV AN SSSR, 1971), p.6 참조.

53 逄先知, 金冲及 編, 『毛澤東傳(1949-1976)』, 卷2, 1417쪽에서 인용.

54 O. Borisov (O. B. Rakhmanin) and M. Titarenko, eds., *Vystupleniia Mao Tsze-duna, ranee ne publikovavshiesia v kitaiskoi pechati*, series 6 (Moscow: Nauka, 1976), pp.212~214.

55 *Dosie k lichnomu delu Mao Tszeduna*, RGASPI, collection 495, inventory 225, file 71, vol. 4, sheets 88~90, 93.

56 같은 책, pp.86~87.

57 Borisov and Titarenko, *Vystupleniia Mao Tsze-duna, ranee ne publikovavshiesia*

vkitaiskoi pechati, series 5, p.84, p.85.

58   MacFarquhar and Schoenhals, *Mao's Last Revolution*, p.84에서 인용.

59   劉少奇, 『劉少奇自述』, 177쪽.

60   Deng Rong(鄧榕), *Deng Xiaoping and the Cultureal Revolution: A Daughter Recalls the Critical Years*(鄧小平與文化大革命), trans. Sidney Shapiro (New York: Random House, 2005), pp.18~19; 李志綏, 『毛澤東私人醫生回憶錄』, 469~470쪽 참조.

33. 반란에는 이유가 있다

1   *History of the Chinese Communist Party—A Chronology of Events*, p.328; Borisov and Titarenko, *Vystupleniia Mao Tsze-duna, ranee ne publikovavshiesia v kitaiskoi pechati*, series 5, p.84, p.129에서 인용.

2   Schram, *Chairman Mao Talks to the People*, p.260.

3   같은 책, p.254. 세 가지 큰 차이는 노동자와 농민, 도시와 농촌, 정신 노동자와 육체 노동자의 차이를 말한다.

4   MacFarquhar and Schoenhals, *Mao's Last Revolution*, p.87; 廖蓋隆 編, 『毛澤東百科全書』, 卷6, 3216쪽; 劉崇文, 陳紹疇 編, 『劉少奇年譜(1898-1969)』, 卷2, 647쪽 참조.

5   MacFarquhar and Schoenhals, *Mao's Last Revolution*, p.89에서 인용.

6   Borisov and Titarenko, *Vystupleniia Mao Tsze-duna, ranee ne publikovavshiesia vkitaiskoi pechati*, series 6, pp.216~217; 逄先知, 金沖及 編, 『毛澤東傳(1949-1976)』, 卷2, 1427~1428쪽; *History of the Chinese Communist Party—A Chronology of Events*, p.328; 廖蓋隆 編, 『毛澤東百科全書』, 卷6, 3216쪽.

7   MacFarquhar and Schoenhals, *Mao's Last Revolution*, p.89에서 인용.

8   대자보 전문은 같은 책, p.90 참조.

9   逄先知, 金沖及 編, 『毛澤東傳(1949-1976)』, 卷2, 1428~1429쪽; 廖蓋隆 編, 『毛澤東百科全書』, 卷6, 3215쪽; 劉崇文, 陳紹疇 編, 『劉少奇年譜(1898-1969)』, 卷2, 649쪽 참조.

10   *CCP Documents of the Great Proletarian Cultural Revolution 1966-1967*, pp.42~43.

11   Borisov and Titarenko, *Vystupleniia Mao Tsze-duna, ranee ne publikovavshiesia vkitaiskoi pechati*, series vol. 5, p.195.

12   *Lichnoe delo Mao Tsze-duna*, RGASPI, collection 495, inventory 225, file 71, vol. 3, sheets 104~105; 廖蓋隆 編, 『毛澤東百科全書』, 卷6, 3215쪽; *History of the Chinese Communist Party—A Chronology of Events*, p.329 참조.

13   吳麗萍, 「文化大革命中的女紅衛兵」, 『二十一世紀』, 卷68 (2007), 57쪽 참조.

14   Schram, *Chairman Mao Talks to the People*, p.260.

15 Borisov and Titarenko, *Vystupleniia Mao Tsze-duna, ranee ne publikovavshiesia vkitaiskoi pechati,* series 5, p.96.

16 MacFarquhar and Schoenhals, *Mao's Last Revolution*, p.104 참조.

17 같은 책, p.125에서 인용.

18 逢先知, 金沖及 編, 『毛澤東傳(1949-1976)』, 卷2, 1438쪽 참조.

19 MacFarquhar and Schoenhals, *Mao's Last Revolution*, p.126 참조.

20 *CCP Documents of the Great Proletarian Cultural Revolution 1966-1967*, p.50.

21 逢先知, 金沖及 編, 『毛澤東傳(1949-1976)』, 卷2, 1439쪽에서 인용.

22 Rae Yang, *Spider Eaters: A Memoir* (Berkeley: University of California Press, 1997), p.131.

23 Wang Meng, *Bolshevik Salute: A Modernist Chinese Novel*, trans. Wendy Larson (Seattle: University of Washington Press, 1989), pp.12~14.

24 Elizabeth J. Perry and Li Xun, *Proletarian Power: Shanghai in the Cultural Revolution* (Boulder, CO: Westview Press, 1997), p.12; Wang Shaoguang, *Failure of Charisma: The Cultural Revolution in Wuhan* (Hong Kong: Oxford University Press, 1995), p.72; Mac-Farquhar and Schoenhals, *Mao's Last Revolution*, p.115 참조.

25 MacFarquhar and Schoenhals, *Mao's Last Revolution*, pp.113~116, pp.118~122 참조.

26 *CCP Documents of the Great Proletarian Cultural Revolution 1966-1967*, pp.73~74, pp.77~78 참조.

27 *History of the Chinese Communist Party—A Chronology of Events*, p.331에서 인용.

28 *Lichnoe delo Mao Tsze-duna*, RGASPI, collection 495, inventory 225, file 71, vol. 3, sheet 77; *History of the Chinese Communist Party—A Chronology of Events*, pp.324~325 참조.

29 Schram, *Chairman Mao Talks to the People,* p.271, p.273.

30 Borisov and Titarenko, *Vystupleniia Mao Tsze-duna, ranee ne publikovavshiesia vkitaiskoi pechati*, series 5, pp.136~137.

31 《新中國報》1939년 12월 30일자.

32 Schram, *Chairman Mao Talks to the People*, p.260.

33 MacFarquhar and Schoenhals, *Mao's Last Revolution*, p.107에서 인용.

34 *Dosie k lichnomu delu Mao Tszeduna*, RGASPI, collection 495, inventory 225, file 71, vol. 4, sheets 10, 11~13.

35 MacFarquhar and Schoenhals, *Mao's Last Revolution*, p.146 참조.

36 劉崇文, 陳紹疇 編, 『劉少奇年譜(1898-1969)』, 卷2, 652쪽에서 인용.

37 李志綏, 『毛澤東私人醫生回憶錄』, 489~490쪽.

38 MacFarquhar and Schoenhals, *Mao's Last Revolution*, p.147 참조.

39 *History of the Chinese Communist Party―A Chronology of Events*, p.333; Peng, *Memuary marshala*, pp.18~20;『彭德懷年譜』(北京: 人民出版社, 1998), 851쪽 참조.

40 『賀龍年譜』(北京: 中共中央黨校出版社, 1988), 455쪽에서 인용. 이 외에 M. I. Sladkovskii, ed. *Informatsionnyi biulleten': Seriia A: "Kulturnaiia revoliutsiia" v Kitae: Dokumenty i materialy (perevod s kitaiskogo)*, Vypusk 2, *"Hunveibinovskaia pechat" o Den Siaopine, Pen Chzhene, Yan Shankune, i Khe Lune* (Information Bulletin: Series A: The "Cultural Revolution" in China: Documents and Materials Translated from Chinese, 2nd Installment, The Red Guard Press on Deng Xiaoping, Peng Zhen, Yang Shangkun, and He Long) (Moscow: IDV AN SSSR, 1968), pp.225~329 참조.

41 唐純良, 『李立三傳』, 168쪽에서 인용.

42 자세한 내용은 李莎, 『我的中國緣分: 李立三夫人李莎回憶錄』(北京: 外語教學與研究出版社, 2009) 참조.

43 저자가 2010년 6월 14일 베이징에서 리사(李莎, 본명은 엘리자베타 파블로브나 키슈키나(Elizaveta Pavlovna Kishkina))와 인터뷰한 내용이다.

44 劉少奇, 『劉少奇自述』, 179~254쪽; 王光美, 劉源, 『你所不知道的劉少奇』(鄭州: 河南人民出版社, 2000); 劉崇文, 陳紹疇 編, 『劉少奇年譜(1898-1969)』, 卷2, 653~661쪽; 嚴家其, 高皐, 『文化大革命十年史』(臺北: 當代中國研究所, 1988), 168쪽 참조.

45 어떤 통계에 따르면, 중국 농촌 지역에서만 사상자가 75만 명에서 150만 명에 달했고, 도시에서 피살된 숫자는 아직 정확하게 알려져 있지 않다. MacFarquhar and Schoenhals, *Mao's Last Revolution*, p.262.

46 李敏, 『我的父親毛澤東』, 265쪽에서 인용.

47 MacFarquhar and Schoenhals, *Mao's Last Revolution*, p.155에서 인용.

48 李志綏, 『毛澤東私人醫生回憶錄』, 478~481쪽 참조.

49 鄧榕, 『鄧小平與文化大革命』, 39쪽, 53쪽에서 인용.

50 *History of the Chinese Communist Party―A Chronology of Events*, p.334에서 인용.

51 Schram, *Chairman Mao Talks to the People*, p.275.

34. 홍위병의 비극

1 MacFarquhar and Schoenhals, *Mao's Last Revolution*, pp.177~183 참조.

2 같은 책, pp.94~99, pp.156~161, pp.171~173; Borisov and Titarenko, *Vystupleniia Mao Tsze-duna, ranee ne publikovavshiesia v kitaiskoi pechati*, series 5, p.180; 逄先知, 金沖及 編, 『毛澤東傳(1949-1976)』, 卷2, 1470~1471쪽 참조.

3 陳曉農 編, 『陳伯達最後口述回憶』(香港: 陽光環球出版有限公司, 2006), 325~326쪽; 逄

先知, 金沖及 編, 『毛澤東傳(1949-1976)』, 卷2, 1480쪽; MacFarquhar and Schoenhals, *Mao's Last Revolution*, p.189에서 인용.

4   MacFarquhar and Schoenhals, *Mao's Last Revolution*, pp.191~194; 力平, 馬芷蓀 編, 『周恩來年譜(1949-1976)』, 卷3, 125~127쪽; 『葉劍英傳略』(北京: 軍事科學院出版社, 1987), 269쪽; Nie Rongzhen, *Inside the Red Star*, pp.740~742; 逄先知, 金沖及 編, 『毛澤東傳(1949-1976)』, 卷2, 1481~1482쪽에서 인용.

5   力平, 馬芷蓀 編, 『周恩來年譜(1949-1976)』, 卷3, 129쪽 참조. 리푸춘과 리셴녠은 중난하이에서 개최된 제2차 회의에서도 적극적으로 변론에 참여했다.

6   MacFarquhar and Schoenhals, *Mao's Last Revolution*, pp.195~196에서 인용. 이 외에 逄先知, 金沖及 編, 『毛澤東傳(1949-1976)』, 卷2, 1482~1483쪽 참조. 왕밍은 1956년 초부터 소련에 거주하면서 치료를 받았다. 그는 1974년 3월 27일 모스크바에서 심장병으로 사망했다.

7   MacFarquhar and Schoenhals, *Mao's Last Revolution*, p.196; 逄先知, 金沖及 編, 『毛澤東傳(1949-1976)』, 卷2, 1483쪽; 力平, 馬芷蓀 編, 『周恩來年譜(1949-1976)』, 卷3, 129~130쪽 참조.

8   *History of the Chinese Communist Party—A Chronology of Events*, p.336 참조.

9   Jin Qiu, *The Culture of Power*, p.105에서 인용.

10   MacFarquhar and Schoenhals, *Mao's Last Revolution,* pp.197~198; Borisov and Titarenko, *Vystupleniia Mao Tsze-duna, ranee ne publikovavshiesia v kitaiskoi pechati,* series 5, p.188 참조.

11   逄先知, 金沖及 編, 『毛澤東傳(1949-1976)』, 卷2, 1486~1487쪽.

12   같은 책, 卷2, 1490쪽에서 인용.

13   MacFarquhar and Schoenhals, *Mao's Last Revolution*, p.203 참조.

14   逄先知, 金沖及 編, 『毛澤東傳(1949-1976)』, 卷2, 1491쪽에서 인용.

15   같은 책, 1493쪽, 1494쪽 참조.

16   MacFarquhar and Schoenhals, *Mao's Last Revolution*, p.215에서 인용.

17   逄先知, 金沖及 編, 『毛澤東傳(1949-1976)』, 卷2, 1495쪽에서 인용.

18   같은 책, 1496쪽; MacFarquhar and Schoenhals, *Mao's Last Revolution*, pp.204~212 참조.

19   逄先知, 金沖及 編, 『毛澤東傳(1949-1976)』, 卷2, 1496~1497쪽에서 인용.

20   *History of the Chinese Communist Party—A Chronology of Events*, p.338 참조.

21   力平, 馬芷蓀 編, 『周恩來年譜(1949-1976)』, 卷3, 173쪽 참조.

22   Wang, *Failure of Charisma*, pp.159~160; MacFarquhar and Schoenhals, *Mao's Last Revolution*, pp.213~214 참조.

23   MacFarquhar and Schoenhals, *Mao's Last Revolution*, p.215 참조.

24   *History of the Chinese Communist Party—A Chronology of Events*, p.338 참조.

25 MacFarquhar and Schoenhals, *Mao's Last Revolution*, p.216 참조.

26 같은 책, p.232; 逢先知, 金沖及 編, 『毛澤東傳(1949-1976)』, 卷2, 1502~1504쪽 참조.

27 *History of the Chinese Communist Party—A Chronology of Events*, p.340.

28 逢先知, 金沖及 編, 『毛澤東傳(1949-1976)』, 卷2, 1500쪽, 1504~1506쪽 참조.

29 같은 책, 1506쪽에서 인용.

30 *History of the Chinese Communist Party—A Chronology of Events*, pp.338~340 참조.

31 MacFarquhar and Schoenhals, *Mao's Last Revolution*, p.240, pp.245~246; 逢先知, 金沖及 編, 『毛澤東傳(1949-1976)』, 卷2, 1450쪽, 1512쪽, 1519쪽 참조.

32 逢先知, 金沖及 編, 『毛澤東傳(1949-1976)』, 卷2, 1455~1456쪽.

33 MacFarquhar and Schoenhals, *Mao's Last Revolution*, p.174 참조.

34 『삼국연의』는 첫머리에서 이렇게 말하고 있다. "천하가 분열한 지 오래되면 반드시 합치게 되고, 합친 지 오래되면 반드시 분열한다.(失下分久必合, 合久必分.)" Luo Guangzhong(羅貫中), *Three Kingdoms: A Histirical Novel*(三國演義), abridged ed., trans. Moss Roberts (Berkeley: University of California Press, 1999), p.3.

35 Borisov and Titarenko, *Vystupleniia Mao Tsze-duna, ranee ne publikovavshiesia vkitaiskoi pechati*, series 6, pp.226~228, pp.237~238, p.244, p.245, p.256 참조.

36 *History of the Chinese Communist Party—A Chronology of Events*, p.342.

37 MacFarquhar and Schoenhals, *Mao's Last Revolution*, pp.244~245 참조.

38 Borisov and Titarenko, *Vystupleniia Mao Tsze-duna, ranee ne publikovavshiesia v kitaiskoi pechati*, series 6, p.239.

39 Wang, *Bolshevik Salute*, p.55, p.95.

40 *Velikaia Proletarskaia kul'turnaia revolitsiia (vazhneishie dokumenty)*, pp.165~167.

41 鄧榕, 『鄧小平與文化大革命』, 75쪽에서 인용.

42 Barnouin and Yu, *Ten Years of Turbulence*, p.175에서 인용.

43 James T. Myers et al., eds., *Chinese Politics: Documents and Analysis,* vol. 1 (Columbia: University of South Carolina Press, 1986), p.393.

44 Schram, *Chairman Mao Talks to the People*, p.282.

45 1969년 3월 2일부터 21일까지 소련군은 4명의 장교와 54명의 사병이 전투 중 사망했고, 9명의 장교와 85명의 사병이 부상을 입었다. 중국 측 사상자는 정확한 인원을 알 수 없다. 다만 중국 측 자료에 따르면 29명 사망, 62명 부상, 1명 실종이다. 소련 측 자료에 따르면 중국 측 사상자가 800명이다. *Geroi ostrova Damanskii* (Heroes of Damansky Island) (Moscow: Molodaia gvardiia, 1969); Krivosheev, *Grif sekretnosti sniat* (The Stamp of Secrecy Is Removed), p.398; Christian F. Ostermann, "East German Documents on the Border Conflict, 1969", *CWIHP Bulletin*, nos. 6~7 (1995/1996), pp.188~190; Michael Clodfelter, *Warfare and Armed Conflict: A Statistical Encyclopedia of Zhou Enlai,*

1949-1976, vol. 2, p.686. *Casualty and Other Figures, 1494–2007,* 3rd ed. (Jefferson, NC: McFarland, 2008), p.676; D. S. Riabushkin, *Mify Damanskogo* (Damansky's Myths) (Moscow: AST, 2004), pp.73~75, pp.78~81.

46   *The Polemic on the General Line of the International Communist Movement,* p.573, p.576.

47   같은 책, p.57.

48   Borisov and Titarenko, *Vystupleniia Mao Tsze-duna, ranee ne publikovavshiesia vkitaiskoi pechati,* series 4, p.119.

49   Khrushchev, *Memoirs of Nikita Khrushchev,* vol. 3, pp.471~472.

50   Ostermann, *East German Documents on the Border Conflict,* pp.186~187 참조.

51   A. M. Aleksandrov-Agentov, *Ot Kollontai do Gorbacheva: Vospominaniia diplomata, sovetnika A. A. Gromyko, pomoshchnika L. I. Brezhneva, Iu. V. Andropova, K. U. Chernenko i M. S. Gorbacheva* (From Kollontai to Gorbachev: The Reminiscences of a Diplomat, and Adviser to A. A. Gromyko, and Assistant to L. I. Brezhnev, Iu. V. Andropov, K. U. Chernenko, and M. S. Gorbachev) (Moscow: Mezhdunarodnye otnosheniia, 1994), p.169.

52   力平, 馬芷蓀 編, 『周恩來年譜(1949-1976)』, 卷2, 686쪽에서 인용.

53   *Lichnoe delo Mao Tszeduna,* RGASPI, collection 495, inventory 225, file 71, vol. 4, sheet 149에서 인용.

54   Aleksandrov-Agentov, *Ot Kollontai do Gorbacheva,* pp.169~170.

55   Snow, *The Long Revolution,* p.175 참조. 이 외에 *Lichnoe delo Mao Tszeduna,* RGASPI, collection 495, inventory 225, file 71, vol. 4, sheets 49, 51~52, 149 참조.

56   *Lichnoe delo Mao Tszeduna,* RGASPI F. 495, inventory 225, file 71, vol. 3, sheet 80.

57   Ostermann, "East German Documents on the Border Conflict, 1969", p.187 참조.

58   Borisov and Titarenko, *Vystupleniia Mao Tsze-duna, ranee ne publikovavshiesia vkitaiskoi pechati,* series 6, p.266.

59   Barnouin and Yu, *Ten Years of Turbulence,* p.91 참조.

60   *Lichnoe delo Van Mina,* vol. 2, p.48, p.49.

61   A. Elizavetin, "Peregovory A. N. Kosygina i Chzhou En'laia v Pekinskom aeroportu" (Talks between A. N. Kosygin and Zhou Enlai at the Beijing Airport), *Problemy Dal'nego Vostoka,* no. 5 (1992), pp.39~63; no. 2 (1993), pp.107~119 참조. 이번 회담에 대한 중국 측의 견해는 "Meeting between Zhou Enlai and Kosygin at the Beijing Airport", http://www.fmprc.gov.cn/eng/5691.html. 참조.

35. 571 공정의 미스터리

1   Snow, *The Long Revolution*, p.4, p.89, p.168, p.170, p.194, p.219, p.220; "Statement of Edgar Snow", RGASPI, collection 495, inventory 225, file 71, vol. 6, sheet 379; 毛澤東, 『毛澤東文集』, 卷8, 400쪽 참조.

2   Snow, *The Long Revolution*, p.89 참조.

3   李志綏, 『毛澤東私人醫生回憶錄』, 105쪽.

4   Rakhmanin, *Vzaimnootnosheniia mezhdu I. V. Stalinym i Mao Tszedunom glazamiochevidtsa*, p.80, p.81.

5   Thomas, *A Season of High Adventure*, p.326; 李志綏, 『毛澤東私人醫生回憶錄』, 120쪽에서 인용.

6   Snow, *The Long Revolution*, p.175.

7   *Lichnoe delo Mao Tszeduna*, RGASPI, collection 495, inventory 225, file 71, vol. 6, sheet 440.

8   *Lichnoe delo Lin Biao* (Personal File of Lin Biao), RGASPI, collection 495, inventory 225, file 53, vol. 1, sheets 197~200, 204~206.

9   *IX Vsekitaiskii s"ezd Kommunisticheskoi partii Kitaia (dokumenty)* (Ninth Congress of the Communist Party of China (Documents)) (Beijing: Izdatel'sto literatury na inostrannykh iazykakh, 1969), pp.102~103 참조.

10 汪幸福, 『林氏三兄弟』, 314쪽에서 인용.

11 Lin Biao, "Avtobiografiia", RGASPI, collection 495, inventory 225, file 53, vol. 1, pp.197~200, sheets 204~206.

12 *Lichnoe delo Lin Biao*, 같은 책, p.201 참조.

13 Borisov and Titarenko, *Vystupleniia Mao Tsze-duna, ranee ne publikovavshiesia vkitaiskoi pechati*, series 6, p.212, p.213.

14 George Urban, ed., *The Miracles of Chairman Mao: A Compendium of Devotional Literature 1966-1970* (Los Angeles: Nash, 1971); *Lichnoe delo Mao Tszeduna*, RGASPI, collection 495, inventory 225, file 71, vol. 5, sheets 267~277 참조.

15 *Lichnoe delo Lin Biao*, RGASPI, collection 495, inventory 225, file 53, vol. 1, sheets 167, 177 참조.

16 같은 책, sheet 178.

17 저자가 2004년 10월 31일 베이징에서 린리형(林立衡, 더우더우(豆豆))을 인터뷰한 내용이다.

18 *Lichnoe delo Mao Tszeduna*, RGASPI, collection 495, inventory 225, file 71, vol. 7, sheet 211.

19 李志綏,『毛澤東私人醫生回憶錄』, 453쪽, 454쪽.

20 Jin, *The Culture of Power,* p.147에서 인용.

21 같은 책, p.129.

22 같은 책, p.121에서 인용.

23 출간되지 못한 우파셴의 회고록은 딸이 쓴 책에 대량 인용되어 있다. 1999년 Stanford University Press에서 출간한 *The Culture of Power: The Lin Biao Incident in the Cultural Revolution* 참조.

24 Jin, *The Culture of Power,* p.122에서 인용.

25 같은 책, p.101, p.117.

26 같은 책, p.123.

27 같은 책, p.131.

28 巢峰,『文化大革命詞典』, 404쪽; 嚴家其, 高臬,『文化大革命十年史』, 312~322쪽 참조.

29 Michael Y. M. Kau, ed., *The Lin Piao Affair: Power Politics and Military Coup* (White Plains, NY: International Arts and Sciences Press, 1975), p.81 참조.

30 *A Great Trial in Chinese History: The Trial of the Lin Biao and Jiang Qing Counter Revolutionary Cliques, Nov. 1980-January 1981* (Oxford: Pergamon Press, 1981), pp.24~25; 李志綏,『毛澤東私人醫生回憶錄』, 540쪽 참조.

31 *"Outline of 'Project 571'",* Kau, ed., *The Lin Piao Affair,* p.88 참조.

32 같은 책, p.83, p.85.

33 Schram, *Chairman Mao Talks to the People,* p.295.

34 Jin Qiu, *The Culture of Power,* p.134에서 인용.

35 같은 책, p.135.

36 李志綏,『毛澤東私人醫生回憶錄』, 533쪽.

37 Schram, *Chairman Mao Talks to the People,* pp.290~299. *Lichnoe delo Mao Tszeduna,* RGASPI, collection 495, inventory 225, file 71, vol. 7, sheet 286~294.

38 Jin Qiu, *The Culture of Power,* pp.173~180, p.186; 李志綏,『毛澤東私人醫生回憶錄』, 534~537쪽.

39 李志綏,『毛澤東私人醫生回憶錄』, 537쪽, 538쪽.

40 V. Skosyrev, "Golovu Lin Biao general KGB privez v Moskvu" (A KGB General Brought Lin Biao's Head to Moscow), *Izvestiia* (News), February 17, 1994 참조.

41 *A Great Trial in Chinese History,* pp.89~100, p.216; 巢峰,『文化大革命詞典』, 405쪽; Jin Qiu, *The Culture of Power,* p.237; 嚴家其, 高臬,『文化大革命十年史』, 343~345쪽 참조.

42 2004년 10월 31일 베이징에서 저자가 어떤 시민과 인터뷰한 내용이다. 또 다른 정보에 따르면, 닷새 혹은 열흘이 지난 후에야 이 사건에 대한 내용이 당내 고위급 간부들에게 통보되었다. 鄧榕,『鄧小平與文化大革命』, 182쪽.

43 Barnouin and Yu, *Ten Years of Turbulence*, pp.252~253 참조.

44 李志綏, 『毛澤東私人醫生回憶錄』, 552쪽.

36. 붉은 황제의 죽음

1 Fyodor Dostoevsky, *The Brothers Karamazov, trans. Constance Garnett* (New York: Modern Library, 1996), p.350, p.353.

2 Borisov and Titarenko, *Vystupleniia Mao Tsze-duna, ranee ne publikovavshiesia vkitaiskoi pechati*, series 6, p.280. 1975년 6월 21일 마오쩌둥이 크메르 루주의 지도자 폴 포트(Pol Pot)와 대담한 내용은 Westad, "77 Conversations Between Chinese and Foreign Leaders on the Wars in Indochina", p.191 참조.

3 Henry A. Kissinger, *White House Years* (Boston: Little, Brown, 1979), p.699.

4 Borisov and Titarenko, *Vystupleniia Mao Tsze-duna, ranee ne publikovavshiesia vkitaiskoi pechati*, series 6, p.270.

5 Kissinger, *White House Years*, p.164에서 인용.

6 Richard Nixon, *RN: The Memoirs of Richard Nixon* (New York: Grosset & Dunlap, 1978), p.546.

7 Kissinger, *White House Years*, pp.700~702.

8 Snow, *The Long Revolution*, p.171, p.172. 이 외에 毛澤東, 『毛澤東文集』, 卷8, 436~437쪽 참조.

9 Edgar Snow, "A Conversation with Mao Tse-tung", *Life*, April 30, 1971, pp.46~48.

10 力平, 馬芷蓀 編, 『周恩來年譜(1949-1976)』, 卷2, 451쪽. *The Analects of Confucius*, p.3; Kissinger, *White House Years*, pp.708~710; 李志綏, 『毛澤東私人醫生回憶錄』, 558쪽; 廖蓋隆 編, 『毛澤東百科全書』, 卷1, 36쪽에서 인용.

11 Westad, "77 Conversations Between Chinese and Foreign Leaders on the Wars in Indochina", p.175.

12 Kissinger, *White House Years*, p.163, p.755.

13 Nixon, *RN*, p.544.

14 李志綏, 『毛澤東私人醫生回憶錄』, 563쪽.

15 Nixon, *RN*, p.560.

16 Kissinger, *White House Years*, p.1058.

17 Zhang Yufeng, "Neskol'ko shtrikhov k kartine poslednikh let zhizni Mao Tszeduna, Chzhou Enlaia" (Some Brushstrokes Toward a Picture of the Last Years of Mao Zedong and Zhou Enlai), Yu. N. Galenovich, ed., *Smert' Mao Tszeduna* (The Death of Mao Zedong) (Moscow: Izd-vo "Izograf", 2005), p.89 참조.

18 Nixon, *RN*, p.560에서 인용.

19 Kissinger, *The White House Years*, p.1059.

20 Nixon, *RN*, pp.561~562. 이 외에 William Burr, ed., *The Kissinger Transcripts: The Top Secret Talks with Beijing and Moscow* (New York: New Press, 1998), p.60 참조.

21 같은 책.

22 Nixon, *RN*, pp.561~564; Burr, *The Kissinger Transcripts*, p.65.

23 Kissinger, *White House Years*, p.1492에서 인용.

24 Westad, "77 Conversations Between Chinese and Foreign Leaders on the Wars in Indochina", pp.179~182 참조.

25 李志綏, 『毛澤東私人醫生回憶錄』, 566쪽, 569쪽.

26 廖蓋隆 編, 『毛澤東百科全書』, 卷6, 3249쪽 참조.

27 Barnouin and Yu, *Ten Years of Turbulence*, p.249 참조.

28 鄧榕, 『鄧小平與文化大革命』, 209쪽에서 인용.

29 *History of the Chinese Communist Party—A Chronology of Events*, p.358에서 인용.

30 Borisov and Titarenko, *Vystupleniia Mao Tsze-duna, ranee ne publikovavshiesia vkitaiskoi pechati*, series 6, p.283.

31 *Vremia novostei* (News hour), August 23, 2004.

32 *History of the Chinese Communist Party—A Chronology of Events*, p.360에서 인용.

33 Jin Qiu, *The Culture of Power*, p.78.

34 *The Analects of Confucius*, p.57.

35 『中國共産黨第十次全國代表大會黨匯編』 (北京: 人民出版社, 1973); *The Tenth National Congress of the Communist Party of China (Documents)* (北京: 外文出版社, 1973); *Lichnoe delo Mao Tszeduna*, RGASPI, collection 495, inventory 225, file 71, vol. 6, sheets 257~260 참조.

36 Burr, *The Kissinger Transcripts*, pp.166~216; 力平, 馬芷蓀 編, 『周恩來年譜(1949-1976)』, 卷3, 632~634쪽; Gao Wenqian, *Zhou Enlai. The Last Perfect Revolutionary. A Biography,* trans. Peter Rand and Lawrence R. Sullivan (New York: PublicAffairs, 2007), pp.239~242 참조.

37 Burr, *The Kissinger Transcripts,* p.205.

38 Gao, *Zhou Enlai*, p.241에서 인용.

39 鄧榕, 『鄧小平與文化大革命』, 255~256쪽.

40 廖蓋隆 編, 『毛澤東百科全書』, 卷6, 3253쪽 참조.

41 Kissinger, *White House Years*, p.1058.

42 李志綏, 『毛澤東私人醫生回憶錄』, 581~582쪽.

43 Mao, *Mao Zedong on Diplomacy*, p.454 참조. 1963년 가을 이래로 이러한 개념이 그의 뇌리에서 온양되기 시작했다. 같은 책, pp.387~388.

44 *History of the Chinese Communist Party—A Chronology of Events*, p.363 참조.

45 Zhang, "Neskol'ko shtrikhov k kartine poslednikh let zhizni Mao Tszeduna, Chzhou En'laia", p.81.

46 같은 책, p.99; *Lichnoe delo Mao Tszeduna*, RGASPI, collection 495, inventory 225, file 71, vol. 7, sheet 170; *A Great Trial in Chinese History*, pp.49~50.

47 같은 책, p.159.

48 같은 책, p.47.

49 逢先知, 金沖及 編, 『毛澤東傳(1949-1976)』, 卷2, 1704쪽에서 인용.

50 鄧榕, 『鄧小平與文化大革命』, 282~283쪽에서 인용.

51 같은 책, 300쪽.

52 逢先知, 金沖及 編, 『毛澤東傳(1949-1976)』, 卷2, 1739쪽 참조.

53 자세한 내용은 궈진룽(郭金榮)이 멍진원의 회고록에 근거하여 쓴 『走進毛澤東的最後歲月』(北京: 中央黨史出版社, 2009) 참조.

54 鄧榕, 『鄧小平與文化大革命』, 353쪽에서 인용.

55 *History of the Chinese Communist Party—A Chronology of Events*, p.373.

56 *Rethinking the "Cultural Revolution"* (Beijing: Foreign Languages Press, 1987), pp.22~23; 嚴家其, 高臬, 『文化大革命十年史』, 553쪽 참조.

57 *History of the Chinese Communist Party—A Chronology of Events*, p.375에서 인용.

58 鄧榕, 『鄧小平與文化大革命』, 398쪽에서 인용.

59 逢先知, 金沖及 編, 『毛澤東傳(1949-1976)』, 卷2, 1778쪽에서 인용.

60 같은 책, 1745~1746쪽; 李志綏, 『毛澤東私人醫生回憶錄』, 601~602쪽, 604~605쪽 참조.

61 Zhang, "Neskol'ko shtrikov k kartine poslednikh let zhizni Mao Tszeduna, Chzhou En'laia", p.98.

62 같은 책, p.102.

63 *Lichnoe delo Mao Tszeduna*, RGASPI, collection 495, inventory 225, file 71, vol. 6, sheet 114.

64 같은 책, sheet 107.

65 같은 책, sheet 201. 이 외에 逢先知, 金沖及 編, 『毛澤東傳(1949-1976)』, 卷2, 1778쪽 참조.

66 逢先知, 金沖及 編, 『毛澤東傳(1949-1976)』, 卷2, 1781~1782쪽. 약간 다른 번역은 Barnouin and Yu, *Ten Years of Turbulence*, p.291; Michael Schoenhals, ed., *China's Cultural Revolution, 1966-1969: Not a Dinner Party* (Armonk, NY: M. E. Sharpe, 1996), p.293 참조.

67 *Lichnoe delo Mao Tszeduna*, RGASPI, collection 495, inventory 225, file 71, vol. 6,

sheet 81 참조.

68 李志綏, 『毛澤東私人醫生回憶錄』, 614쪽, 618쪽, 624쪽; 李敏, 『我的父親毛澤東』, 296～297쪽 참조.

에필로그

1 *Resolution on CPC History, 1949-1981* (北京: 外文出版社, 1981), p.56.

2 Terrill, *Madam Mao*, p.9에서 인용.

3 *A Great Trial in Chinese History*, p.128 참조.

4 Terrill, *Madam Mao*, p.353에서 인용.

5 Borisov and Titarenko, *Vystupleniia Mao Tsze-duna, ranee ne ublikovavshiesia v kitaiskoi pechati*, series 6, pp.212～213, p.214.

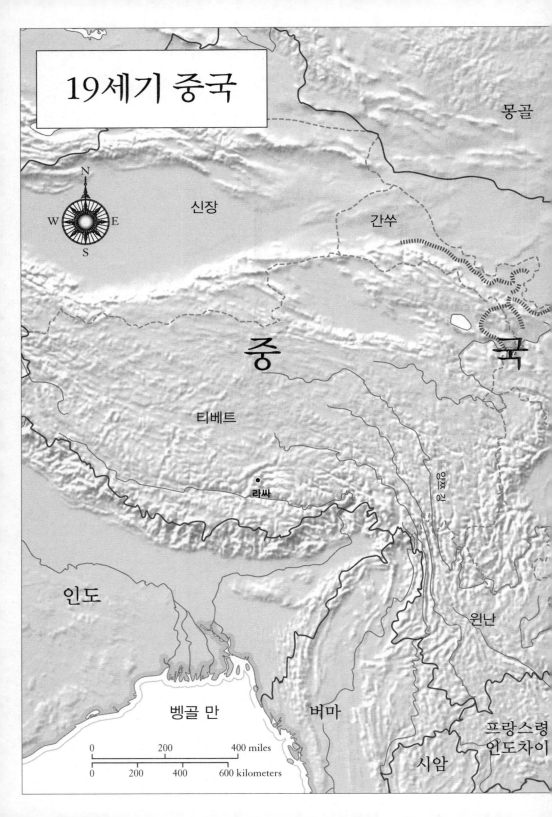

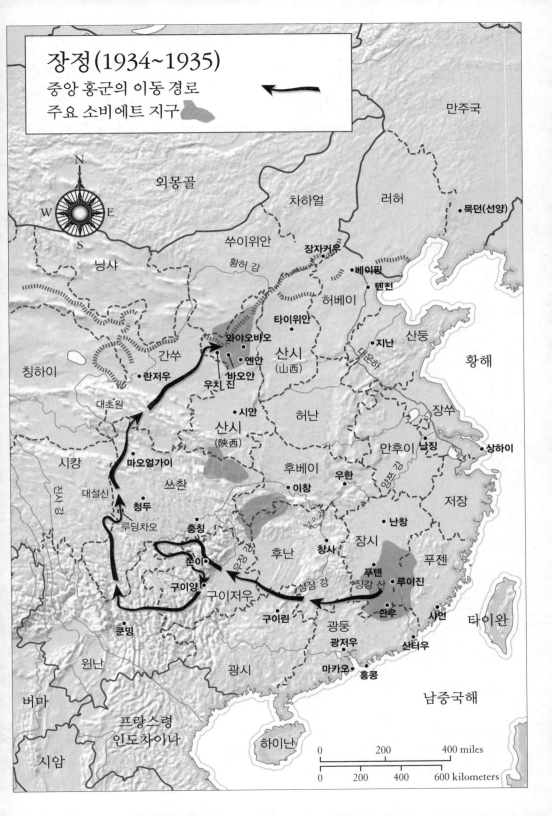

장정(1934~1935)
중앙 홍군의 이동 경로
주요 소비에트 지구

공화국연방

아무르 강

헤이룽장

울란바토르

하얼빈

창춘

블라디보스토크

골

몽

내몽골

지린

선양

동해

칼간
(장자커우)

후허하오터

북한

황허 강

베이징

평양

황허 강

닝샤

텐진

다롄

뤼순

서울

황해

란저우

타이위안

허베이

보하이 해

대한민국

국

산시
(山西)

지난

산둥

칭다오

일본

간쑤

시안

뤄양 정저우

안후이

쉬저우

다평

산시(陝西)

허난

화이허 강

푸양

난징

상하이

쓰촨

후베이

허페이

동중국해

청두

우한

양쯔 강

항저우

충칭

창사

저장

류큐 제도

후난

장시

푸젠

구이양

푸저우

마쭈

구이저우

광시

광둥

타이베이

류저우

광저우

진먼

타이완

태평양

난닝

마카오

홍콩

룽저우

주장 강

펑후

하노이

하이커우

원창

남중국해

필리핀

스

북베트남

하이난

싼야

1 마오쩌둥의 부친 마오이창.

2 마오쩌둥의 모친 원치메이.

3 마오쩌둥의 출생지 사오산충 옛 집.

4 마오쩌둥이 태어난 방.

5 마오쩌둥이 최초로 찍은 사진,
1913년 봄 창사.

6 마오쩌중이 가장 존경했던 선생님, 양창지.

7 리다자오, 중국의 첫 번째 볼셰비키.

8 천두슈, 중국공산당 창시자.

9   중국공산당 제 1차 전국대표대회 개최지(상하이).

10   소비에트 중앙국 위원들, 1931년 11월 루이진.
왼쪽부터 구쮜린, 런비스, 주더, 덩파, 샹잉, 마오쩌둥, 왕쟈샹.

11 중국공산당 영도자들, 1937년 12월 옌안. 앞줄 왼쪽부터 샹잉, 카이펑, 왕밍, 천윈, 류사오치.
뒷줄 왼쪽부터 캉성, 펑더화이, 장원톈, 장궈타오, 린보취, 보구, 저우언라이, 마오쩌둥.

12 중공 6기 6중전회 확대회의 주석단, 1938년 가을 옌안. 앞줄 왼쪽부터 캉성, 마오쩌둥, 왕쟈샹, 주더,
샹잉, 왕밍. 뒷줄 왼쪽부터 천윈, 보구, 펑더화이, 류사오치, 저우언라이, 장원톈.

13 스탈린 문집을 읽고 있는 마오쩌둥, 1939년 옌안.

14 마오쩌둥의 두 번째 부인 양카이후이와
두 명의 아들 안잉(오른쪽)과 안칭,
1924년 상하이.

15 마오쩌둥과 그의 세 번째 부인 허쯔전, 1936년 바오안.

16 마오쩌둥의 네 번째 부인 장칭,
1949년 모스크바.

17 마오쩌둥과 그의 아들 안잉, 1946년 옌안.

18 마오쩌둥의 아들 안칭,
1950년 모스크바.

19 마오쩌둥과 그의 딸 리민, 1949년 샹산.

20 마오쩌둥과 그의 딸 리나(왼쪽),
1950년대 초반 베이징.

21 국공담판, 1945년 가을 충칭. 앞줄 왼쪽부터 중국주재 미국대사 헐리, 장제스, 마오쩌둥, 뒷줄 왼쪽부터 장징궈, 장췬 장군, 외교부장 왕스제.

22 왕쟈샹, 류사오치, 가오강, 1949년 7월 모스크바.

23　중화인민공화국 성립을 선포하는 마오쩌둥, 1949년 10월 1일 베이징.
맨 왼쪽이 린보쥐, 맨 오른쪽이 저우언라이.

24　톈안먼에서 마오쩌둥, 가슴에
'주석'이라고 적힌 표식을 달고 있다.

25 마오쩌둥과 스탈린, 1949년 12월 21일 모스크바.

26 흐루쇼프, 마오쩌둥, 불가닌, 1957년 11월 7일 모스크바.

27 1966년 7월 16일 우한의 창장 강을 유영하는 마오쩌둥.

28 문화대혁명을 축하하는 저우언라이, 마오쩌둥, 린뱌오, 1960년대 말 베이징.

29 문화대혁명 기간에 홍위병에게 박해를 받는 모습.

30 마오쩌둥과 닉슨. 가운데는 마오쩌둥의 마지막 여인이었던 장위펑, 1972년 2월 21일 베이징.

31 마오쩌둥과 덩샤오핑, 1974년.

32 마오쩌둥의 유해, 1976년 9월.

이 책의 주요 인물

가오강(高崗, 1905~1954)

중공 중앙 동북국 서기, 동북군구 사령원과 정치위원(1949~1952), 부주석(1949~1954), 중앙인민정부 계획위원회 주석 겸 동북 행정위원회 주석(1952~1954) 등을 역임했다. 1955년 당에서 축출되었다.

그로미코(Gromyko, Andrei Andreevich, 1909~1989)

소련 외무 장관(1957~1985).

김일성(金日成, 1912~1994)

북한(조선민주주의인민공화국) 내각수상(1948~1972), 국가주석(1972~1994), 조선노동당 위원장(1949~1994)을 역임하며 실질적인 통치자로 활동했다.

낸시 탕(Nancy, Tang, 1943~현재)

마오쩌둥의 통역자들 가운데 한 명이다. 본명은 탕원성(唐聞生).

녜룽전(聶榮臻, 1899~1992)

부주석(1956~1975). 1955년 국가 원수가 되었다. 1967년 문화대혁명에 반대했다.

녜위안쯔(聶元梓, 1921~현재)

베이징 대학 홍위병 지도자(1966~1968)로 당 총지서기를 맡았다. 문화대혁명 초창기인 1966년 최초의 대자보를 쓴 인물이다.

덩샤오핑(鄧小平, 1904~1997)

본명은 덩셴성(鄧先聖), 학명은 덩시셴(鄧希賢). 부총리(1952~1968, 1977~1980), 중앙위원회 총서기(1956~1966)를 역임했다. 문화대혁명 기간에 하방되었으나 1978년 복권되었으며, 이후 중국의 개혁개방을 주도하면서 마오쩌둥의 정책과 다른 방향으로 나갔다.

덩중샤(鄧中夏, 1894~1933)

별명은 덩캉(鄧康). 초기 중국 공산당원 가운데 한 명으로 노동 운동에 적극 참가했으며, 1925년 중화전국총공회 성립 이후 비서장 겸 선전부장을 역임했다.

덩쯔후이(鄧子恢, 1896~1972)

별명은 사오지(紹箕). 중국공산당 중앙위원회 농촌 공작부 부장(1953~1962), 국무원 부총리(1954~1965)를 역임했다.

디미트로프(Dimitrov, Georgii, 1882~1949)

별명은 G. M. 불가리아 출신으로 코민테른 집행위원회 총서기(1935~1943)를 역임했다.

라오수스(饒漱石, 1903~1975)

중국 상하이 시위원회 첫 번째 서기, 중앙 조직부 부장(1953~1954). 1955
년 가오강과 더불어 축출되었다.

량치차오(梁啓超, 1873~1929)

중국 근대 사상가, 정치가, 문학가, 교육가로 캉유웨이와 함께 입헌군주제
를 지지했으며 무술변법을 시도하다 실패했다.

런비스(任弼時, 1904~1950)

본명은 런페이궈(任培國). 중앙 소비에트 지역에서 마오쩌둥의 정치적 맞
수로 활동했으며(1931~1933), 코민테른을 대표했다(1938~1940). 중앙정책위
원회 위원(1941~1950).

레닌(Lenin, Vladimir Ilich, 1870~1924)

1917년 러시아 사회주의 혁명의 지도자. 러시아 사회민주당을 러시아 공
산당(볼셰비키)으로 개칭하고 실질적으로 영도했으며, 1919년 3월 국제적으로
프롤레타리아 혁명을 추진하기 위해 제3인터내셔널(코민테른)을 창설했다.

로미나제(Lominadze, Vissarion Vissarionovich, 1897~1935)

코민테른 집행위원회에서 중국에 파견한 대표자.

로이(Roy, M. N. 1887~1954)

인도 출신 공산당원이며 코민테른 집행위원회 위원으로 중국에 파견된
대표.

루딩이(陸定一, 1906~1996)

중국공산당 중앙위원회 선전부장(1945~1966).

뤄이구(羅一姑, 1889~1910)

마오쩌둥의 첫 번째 부인.

뤄장룽(羅章龍, 1896~1995)

가명은 다테 우치로(武侠). 신민학회 회원(1918~1920). 초창기 중국 공산당원 가운데 한 명으로 노동 운동에 헌신했다.

뤄푸(洛甫, 장원톈(張聞天), 1900~1976)

중국공산당 중앙위원회 정치위원, 중앙 서기처 서기(1935~1940), 소련 주재 중국 대사 및 외교부 부부장(1954~1960) 등을 역임했다.

류사오치(劉少奇, 1898~1969)

중국 원로 공산당원으로 중국공산당 중앙위원회 부주석(1956~1966)을 역임했다. 마오쩌둥의 뒤를 이어 국가주석(1959~1968)이 되었으나 문화대혁명 기간에 참혹한 박해를 받아 타살되었다. 자오치(肇啓), 타오상싱(陶尚行), 류광밍(劉光明) 등 다양한 가명이 있다.

리나(李訥, 1940~현재)

마오쩌둥의 열 번째 자식으로 장칭에게서 난 딸이다.

리다(李達, 1890~1966)

1921년 중국공산당을 창설한 인물들 가운데 한 명이다.

리다자오(李大釗, 1889~1927)

별명은 리서우창(李守常), T. C. Li. 1918년부터 베이징 대학 도서관장을 지냈다. 천두슈와 함께 중국 공산주의 운동을 창도했으며, 1921년 중국공산당 제1차 전국대표대회에 참가했다. 중국공산당 중앙집행위원회 위원(1922~1927)

을 역임했다.

리리싼(李立三, 1899~1967)

본명은 리룽즈(李隆郅). 1921년 중국 노동 운동을 창도한 인물로 1928년부터 1930년까지 중국공산당의 실질적인 지도자였다. 1930년 이른바 리리싼 모험주의 노선을 주도했다. 중국공산당 중앙정치국 상무위원 겸 비서장, 선전부장 등을 역임했다.

리민(李敏, 1937~현재)

본명은 마오쟈오쟈오(毛嬌嬌). 마오쩌둥의 여덟 번째 자식으로 허쯔전에게서 난 딸이다.

리사오주(李韶九, 1903~1935)

홍군 정치위원이자 마오쩌둥의 충실한 지지자. 1930년 12월 푸젠 성과 장시 성에서 홍색 유격대, 홍군 제6군(이후 홍3군으로 개칭)을 이끌었다.

리웨이한(李維漢, 1896~1984)

본명은 허우루(厚儒), 별명은 뤄마이(羅邁). 신민학회 회원(1918~1919), 중국공산당 중앙통일전선공작부 부장(1948~1964)을 역임했다.

리푸춘(李富春, 1900~1975)

1954년부터 중국재정경제위원회 부주임을 맡았으며, 정치국원(1956~1969)을 역임했다. 1967년 2월 문화대혁명에 반대했다.

리한쥔(李漢俊, 1890~1927)

1921년 중국공산당을 창설한 인물들 가운데 한 명으로 제1차 전국대표대회에 참가했다.

린리귀(林立果, 1946~1971)

린뱌오의 아들로 어릴 적 이름은 라오후(老虎). 1971년 9월 부모와 함께 소련으로 도망치다 비행기 사고로 사망했다.

린리헝(林立衡, 1944~현재)

린뱌오의 딸. 별명은 더우더우(豆豆).

린뱌오(林彪, 1907~1971)

중국인민공화국 원수(1955), 중국 국방부장(1959~1971)을 역임했다. 마오쩌둥이 지명한 후계자(1969~1971)였으나 1971년 9월 소련으로 도망치다가 비행기 사고로 사망했다. 유융(尤勇), 리진(李進) 등의 가명을 썼다.

마르크스(Marx, Karl, 1818~1883)

마르크스주의의 창시자.

마링(Maring, Hendricus, 1883~1942)

중국에 파견된 코민테른 대표. 마딩(馬丁), 마링(馬靈), 미스터 앤더슨(Mr. Anderson), 필립(Philipp) 등 여러 가명을 사용했다. 본명은 Hendricus Josephus Franciscus Marie Sneevliet이다.

마오안잉(毛岸英, 1922~1950)

마오쩌둥과 양카이후이 사이에서 태어난 큰아들. 가명으로 마오위안런(毛遠仁), 양융푸(楊永福), 세르게이 융푸(Sergei Yongfu) 등이 있다.

마오안칭(毛岸靑, 1923~2007)

마오쩌둥과 양카이후이 사이에서 태어난 둘째 아들. 가명으로 마오융서우(毛永壽), 마오위안이(毛遠義), 니콜라이 융수(Nikolai Yongshu), 콜야(Kolya)

등이 있다.

마오위안신(毛遠新, 1941〜현재)

마오쩌둥의 조카. 마오쩌둥의 동생 마오쩌민과 주단화(朱丹華)의 아들.

마오위안즈(毛遠志, 1922〜1990)

마오쩌둥의 조카. 마오쩌민과 왕수란(王淑蘭)의 딸.

마오이창(毛貽昌, 1870〜1920)

마오쩌둥의 부친.

마오쩌둥(毛澤東, 1893〜1976)

1921년 중국공산당을 창설한 인물들 가운데 한 명으로 1935년부터 중국 공산당 운동의 실질적인 영도자였다. 1945년 이후 중국공산당 중앙위원회 주석, 국가주석(1954〜1959)을 역임했다.

마오쩌민(毛澤民, 1896〜1943)

마오쩌둥의 동생. 필명은 저우빈(周彬).

마오쩌탄(毛澤覃, 1905〜1935)

마오쩌둥의 막냇동생.

몽고메리(Montgomery, Bernard Law, 1887〜1976)

제2차 세계 대전 당시 유럽 총사령관이었던 영국 육군 원수.

미코얀(Mikoyan, Anastas Ivanovich, 1895〜1978)

소련 부장회의 부주석(1953〜1955)으로 전국의 무역 업무를 총괄했으며,

소련 최고 소비에트 주석단 주석(1964~1965)을 맡았다. 가명은 안드레예프 (Andreev).

미프(Mif, Pavel, 1901~1938)
모스크바 중산대학 부교장, 교장, 코민테른 집행위원회 동방부 부부장 (1927~1929). 1930년부터 이듬해까지 상하이에서 코민테른 중국 대표단 단장 을 맡았다.

보구(博古, 1907~1946). 본명 친방센(秦邦憲)
중국공산당 중앙위원회 총서기(1931~1935), 마오쩌둥의 중요한 정치적 맞수들 가운데 한 명이다.

보로딘(Borodin, Mikhail Markovich, 1884~1951)
바오뤄팅(鮑羅庭), 바오구원(鮑顧問)으로 불렸으며, 원래 성은 구르젠베르 그(Gruzenberg)이다. 국민당 중앙집행위원회 고문 및 중국 주재 코민테른 대 표를 역임했다.

보이보(薄一波, 1908~2007)
본명 보수춘(薄書存). 중국 재정부 부장(1949~1953), 국무원 부총리 (1956~1975).

보이틴스키(Voitinsky, Grigorii, 1893~1953)
볼셰비키들이 코민테른의 지시에 따라 소련 원동에서 중국으로 파견한 대 표자(1920~1921). 중국 이름은 우팅캉(吳廷康).

부하린(Bukharin, Nikolai Ivanovich, 1888~1938)
소련공산당 중앙위원회 정치국원(1924~1929). 코민테른 집행위원(1919~

1929). 1937년 스탈린에 의해 트로츠키파라는 누명과 함께 당적을 박탈당했으며, 1938년 처형되었다.

브라운(Braun, Otto, 1900~1974)

중국 이름은 리더(李德). 중국공산당 중앙위원회 군사 고문(1932~1935)으로 마오쩌둥의 정치적 맞수였다.

브레즈네프(Brezhnev, Leonid Il'ich, 1906~1982)

1964년부터 1982년까지 소련공산당 제1서기(1966년 이후 서기장으로 개칭).

블라디미로프(Vladimirov, Petr, 1905~1953)

중국 옌안에 파견된 소련 비밀 정보원(1942~1945).

샤오쯔성(蕭子升, 1894~1976)

나중에 샤오위(蕭瑜)로 이름을 바꿨다. 마오쩌둥의 동창생이자 친구. 1959년 『마오쩌둥과 나는 거지였다』를 출간했다.

샤오쯔장(蕭子璋, 1896~1983)

본명은 샤오쯔장(蕭子障), 필명은 에미 샤오(Emi Siao). 마오쩌둥의 동창생이자 친구로 작가다.

샹잉(項英, 1898~1941)

홍군의 초창기 영도자들 가운데 한 명으로 중화소비에트공화국 임시중앙정부 부주석(1930~1931) 등을 역임했다.

샹중파(向忠發, 1880~1931)

중국공산당 중앙위원회 총서기(1928)를 역임했으며, 1931년 국민당 특무에 체포되어 상하이에서 피살되었다.

샹징위(向警豫, 1895~1928)

마오쩌둥의 친구이자 차이허썬의 부인. 중국 여성 운동을 주창한 인물들 가운데 한 명이다.

쉬터리(徐特立, 1877~1968)

창사 소재 후난 제1사범학교에서 마오쩌둥을 가르쳤다. 유명한 공산주의 활동가다.

스노, 에드거(Snow, Edgar, 1905~1972)

미국 저널리스트로 『중국의 붉은 별(*Red Star Over China*』(1937)의 저자.

스노, 헬렌 포스터(Snow, Helen Foster, 1907~1997)

미국 저널리스트. 페그(Peg), 페기(Peggy)로 불렸으며 님 웨일스(Nym Wales)는 필명이다.

스메들리(Smedley, Agnes, 1892~1950)

미국 저널리스트. 필명은 안나(Anna).

스저(師哲, 1905~1998)

러시아어에 능통한 통역가로 마오쩌둥을 수행하여 소련을 방문했다.

스탈린(Stalin, Iosif Vissarionovich, 1879~1953)

필리포프(Filippov), 펑시(馮西)라는 가명을 사용했다. 볼셰비키 당 서기장 (1922~1934). 1941년부터 1953년까지 소련국가평의회 주석으로서 소련을 실질적으로 지배했다.

쑨중산(孫中山, 쑨원(孫文), 1866~1925)

중화민국의 국부로 1912년 국민당을 창설했으며, 공산주의자들과 연합 전선을 형성했다. 호는 이산(逸仙), 중산(中山) 등이다.

쑨칭링(宋慶齡, 1893~1981)

쑨원의 부인. 국민당 좌파 당원으로 중국공산당, 코민테른과 협력했다.

야오원위안(姚文元, 1931~2005)

상하이 루완 공위(工委) 선전부 부장을 역임했으며, 문화대혁명 기간에 4인방의 일원으로 활약하다 1976년 체포, 수감되었다.

양상쿤(楊尙昆, 1907~1998)

중국공산당 중앙위원회 판공청 주임, 중앙군사위원회 비서장(1949~1966) 등을 역임했다. 문화대혁명 시절에 희생양이 되어 12년 동안 감금되었다가 이후 복권되었다.

양창지(楊昌濟, 1871~1920)

후난 제1사범학교에서 마오쩌둥을 가르쳤으며, 양카이후이의 부친이다.

양카이후이(楊開慧, 1901~1930)

마오쩌둥의 두 번째 부인으로 샤(霞)라고 불리기도 했다.

에렌부르크(Ehrenberg, Georgii Borisovich, 1902~1967)

소련 중국 전문가로 1934년 마오쩌둥에 관한 최초의 전기 작품을 썼다.

에베르트(Ewert, Arthur Ernst, 1890~1959)

별명은 해리 버거(Harry Berger). 중국 주재 코민테른 대표(1932~1934)를 역임했다.

엥겔스(Engels, Friedrich, 1820~1895)

독일의 사회주의 철학자로 카를 마르크스와 함께 현대 마르크스주의의 공동 창시자.

예젠잉(葉劍英, 1897~1986)

중화인민공화국 10대 원수 가운데 한 명이다(1955). 문화대혁명을 반대하여 고초를 치렀으나 이후 복권되어 국방부장(1975~1978)을 역임했다.

예쯔룽(葉子龍, 1916~2003)

마오쩌둥의 비서들 가운데 한 명.

예췬(葉群, 1917~1971)

린뱌오의 부인. 소련으로 도망치다가 비행기 사고로 사망했다.

왕밍(王明, 1904~1974)

본명은 천사오위(陳紹禹). 1931년 중국공산당의 실질적인 지도자였으며, 마오쩌둥의 중요한 정치적 맞수였다. 주로 모스크바에서 살았다(1931~1937, 1956년 이후).

왕자샹(王稼祥, 1906~1974)

미프의 제자로 정치국원을 맡아 중앙 소비에트 지구에서 마오쩌둥의 정치적 맞수로 활약했으나(1931~1934) 장정과 쭌이 회의에서 마오쩌둥을 도왔다(1934~1935). 1951년부터 장기간에 걸쳐 중국공산당 중앙위원회 대외연락부 부부장을 맡았다.

왕쮀(王佐, 1898~1930)

징강 산 일대에서 활약하던 무장 집단의 우두머리로 1927년 마오쩌둥을 도왔다.

왕징웨이(汪精衛, 1883~1944)

국민당 '좌파' 지도자로 우한 정부의 주석을 맡았다. 일본이 침략한 후 난징 괴뢰 정부의 수반이 되었다. 본명은 왕자오밍(汪兆銘).

왕하이룽(王海容, 1938~현재)

마오쩌둥의 조카 손녀. 중국 외교부 부부장(1974~1979), 국무원 참사실 부주임(1984) 등을 역임했다.

왕훙원(王洪文, 1935~1992)

문화대혁명 기간에 활약한 4인방 가운데 한 명. 린뱌오를 이어 마오쩌둥의 후계자로 지명되었으나(1972~1976) 1976년 체포, 수감되었다.

우페이푸(吳佩孚, 1874~1939)

1920년대 후베이 군벌.

우한(吳晗, 1909~1969)

극작가, 베이징 부시장. 극본 「해서파관」이 문화대혁명의 도화선이 되었다.

원치메이(文七妹, 1867~1919)

마오쩌둥의 모친.

위안스카이(袁世凱, 1859~1916)

막강한 군벌. 1912년부터 1916년까지 중화민국 초대 대총통을 지냈다.

위안원차이(袁文才, 1898~1930)

징강 산 무장 집단의 우두머리로 1927년 마오쩌둥을 도왔다.

유딘(Yudin, Pavel Fedorovich, 1899~1968)

마르크스주의 철학에 정통한 소련 학자로『마오쩌둥 선집』개정판의 편집을 담당했다(1950~1952). 중국 주재 소련 대사(1953~1959)를 역임했다.

자오헝티(趙恒惕, 1880~1971)

후난 군벌 출신으로 성장을 역임했다(1920~1926).

장궈타오(張國燾, 1897~1979)

중국공산당 창설자 가운데 한 명이자 마오쩌둥의 중요한 정치적 맞수였다. 1938년 당에서 축출되었다.

장쉐량(張學良, 1901~2001)

동북 군벌로 1936년 장제스를 체포하여 이른바 '시안 사건'을 일으켰다. 이후 장제스에게 체포되어 타이완으로 압송되었다.

장위펑(張玉鳳, 1944~현재)

마오쩌둥의 마지막 기요비서 겸 생활비서.

장제스(蔣介石, 1887~1975)

1926년 국민당 국민혁명군 사령관, 1928년부터 1949년까지 중국국민당 정부 주석을 역임하고 이후 타이완 국민정부 주석을 지냈다.

장징야오(張敬堯, 1881~1933)

후난 성 군벌로 독군(督軍, 1918~1920)을 역임했다.

장춘차오(張春橋, 1917~2005)

문화대혁명 기간에 4인방의 일원으로 활약하다 1976년 체포, 수감되었다.

장칭(江靑, 1914~1991)

본명은 리윈허(李雲鶴), 아명은 수명(淑蒙). 란핑(藍蘋), 마리안나 유수포바(Marianna Yusupova) 등 여러 가명이 있다. 마오쩌둥의 네 번째 부인으로 1966년 문화대혁명을 주도한 극좌 4인방의 중심인물이다. 1976년에 체포되었으며, 1991년 자살로 삶을 마감했다.

저우언라이(周恩來, 1898~1976)

중국공산당 원로 지도자들 가운데 한 명으로 때로 마오쩌둥에게 반대했으나(1927~1934) 이후 강력한 후원자 역할을 맡았다. 1972년 마오쩌둥의 후계자로 공인되었다(1972). 모스크빈(Moskvin)이란 가명을 썼다.

주더(朱德, 1886~1976)

장정과 항일 전쟁 시기에 마오쩌둥의 가장 가까운 동료였다(1928~1945). 팔로군을 총지휘하고 인민해방군 총사령관을 지냈다. 다닐로프(Danilov)라는 가명을 썼다.

차이허썬(蔡和森, 1895~1931)

필명 차이린빈(蔡林彬). 마오쩌둥의 가까운 친구로 중국공산당 중앙집행위원(1927~1928), 정치국원(1931)으로 활동했다.

천두슈(陳獨秀, 1879~1942)

중국공산당 창시자로 제1대 총서기(1921~1927)를 역임했다.

천보다(陳伯達, 1904~1989)

마오쩌둥의 비서(1939~1958). 중앙문혁소조에서 활동했으며, 1966년 체포되었다가 1970년 출감했다.

천윈(陳雲, 1905~1995)

본명 랴오천윈(廖陳雲). 1925년 중국공산당에 가입한 후 부총리(1954~1975, 1979~1980)를 역임한 경제통이다.

천이(陳毅, 1901~1972)

1922년 중국공산당에 입당한 후 부총리(1954~1972), 외교부 부장(1958~1972)을 역임했고, 1955년 중화인민공화국 원수(元帥)에 올라 10원수 가운데 한 명이 되었다. 문화대혁명에 반대했다가 쫓겨났으며, 1967년 사망했다.

천짜이다오(陳再道, 1909~1993)

우한, 후베이 군구 사령관(1955~1967)을 역임했다.

취추바이(瞿秋白, 1899~1935)

중국공산당의 실질적인 지도자(1927~1928). 코민테른 집행위원회 중국 대표(1928~1930).

카라한(Karakhan, Lev Mikhailovich, 1889~1937)

중국 주재 소련 대사(1923~1926).

카이펑(凱豊, 1906~1955)

중국공산주의청년단 중앙선전부 부장, 서기(1932~1935)를 맡았으며 1935년 쭌이 회의 당시에 보구의 추종자로서 마오쩌둥에 반대했다.

캉성(康生, 1898~1975)

본명은 장중커(張宗可). 자오룽(趙溶), 루츠수이(魯赤水) 등의 가명을 썼다. 마오쩌둥의 중요 기밀 업무 담당자로 1973년 중공중앙 부주석까지 올랐다.

캉유웨이(康有爲, 1858~1927)

중국 근대 철학자이자 정치가이며, 입헌군주파의 중요 인물이다.

코발레프(Kovalev, Ivan Vladimirovich, 1901~1993)

1948년부터 1950년까지 중국에서 스탈린의 대표자로 활동했다.

코시긴(Kosygin, Alexei Nikolaevich, 1904~1980)

소련국가계획위원회 의장(1964~1980).

콰이다푸(蒯大富, 1945~현재)

1966년부터 1968년까지 칭화 대학 홍위병 지도자였다.

키신저(Kissinger, Henry A., 1923~현재)

미국 정치가로 미국국가안전보장회의 사무국장(1969~1975), 국무장관(1973~1977) 등을 역임했다.

타오이(陶毅, 1896~1931)

마오쩌둥의 첫사랑.

탄엔카이(譚延闓, 1880~1930)

후난 도독(都督, 1911~1913, 1916~1917), 국민당 정부 주석(1928~1930)을 역임했다.

탄전린(譚震林, 1902~1983)

국무원 부총리(1959~1975). 1967년 2월 문화대혁명에 반대하여 고초를 당했다.

탄핑산(譚平山, 1886~1956)

중국공산당의 초기 지도자들 가운데 한 명이다(1923~1927).

탕샹밍(湯薌銘, 1885~1975)

후난 군벌 장군으로 위안스카이의 충실한 부하.

탕성즈(唐生智, 1889~1970)

1926년 후난 성장 자오헝티 휘하 제4군 사령관으로 복무하다 폭동을 일으켜 광둥 정부에 투항함으로써 북벌에 도움을 주었다. 이후 국민당 정부군 장군이 되었다.

톈자잉(田家英, 1922~1966)

1948년부터 1966년까지 마오쩌둥의 비서로 일했다. 1962년 조사조(調査組)를 조직하여 후난 지역을 조사한 내용이 마오쩌둥을 격노하게 했다.

펑공다(彭公達, 1903~1928)

후난 성위원회 서기.

펑더화이(彭德懷, 1898~1974)

중화인민공화국 원수(1955). 본명은 펑칭중(彭淸宗), 호는 더화(得華). 항일 전쟁 시기에 팔로군 부총사령관, 중국 성립 이후 중국공산당 중앙서부국 제1서기, 중앙군사위원회 부주석, 중국 인민지원군 사령관 겸 정치위원, 국무원 부총리 겸 국방부장 등을 역임했다.

펑전(彭眞, 1902~1997)

베이징 시위원회 제1서기(1949~1966), 베이징 시장(1951~1966)을 지냈다.

펑파이(彭湃, 1896~1929)

중국공산당 농민 운동의 초기 조직가.

허룽(賀龍, 1896~1969)

본명은 허원창(賀文常). 후난 출신으로 인민해방군 창설자들 가운데 한 명이고, 1927년 난창 봉기의 중요 주동자다. 부주석(1954~1969)을 역임했으며, 1955년 원수가 되었다.

허수헝(何叔衡, 1876~1935)

털보 허로 불렸다. 마오쩌둥의 제4사범학교 동기생으로 후난 공산주의 운동의 중요 지도자다.

허쯔전(賀子珍, 1909~1984)

구이위안(桂圓), 쯔전(自珍) 등의 가명을 썼으며 마오쩌둥의 세 번째 부인이다.

화궈펑(華國鋒, 1921~2008)

마오쩌둥의 고향인 샹탄 지위(地委, 중국공산당 지구 일급위원회) 및 쓰촨 당위원회 서기를 지내다가 1976년 마오쩌둥의 후계자로 국가주석에 올랐다.

후스(胡適, 1891~1962)

중국의 자유주의 철학자. 1922년 중국 구어체인 백화(白話) 운동에 헌신했으며, 1910년 미국으로 건너가 존 듀이로부터 실용주의의 영향을 받았다. 1938년 이후 미국 주재 중국 대사, 베이징 대학 총장 등을 역임했고, 1949년 중국 성립 이후 뉴욕으로 이주했으며, 1957년 타이완 정부의 UN 주재 대사직을 맡았다.

흐루쇼프(Khrushchyov, Nikita Sergeevich, 1894~1971)

소련공산당 제1서기(1953~1964), 소련국가평의회 의장(1958~1964) 등을 역임했다.

참고문헌

1차 자료

공문서

러시아 사회정치사 문서 보관소(RGASPI) 자료

Collection 5. Inventory 1. Secretariat of Chairman of Council of People's Commissars and Council of Labor and Defense Vladimir Ilich Lenin. 1917–23: Documents on State Activity of Vladimir Ilich Lenin.

Collection 5. Inventory 2. Secretariat of Chairman of the Council of People's Commissars and Council of Labor and Defense Vladimir Ilich Lenin. 1917–23: Documents on Party and Public Activity of Vladimir Ilich Lenin.

Collection 5. Inventory 3. Secretariat of Chairman of Council of People's Commissars and Council of Labor and Defense Vladimir Ilich Lenin. 1917–23: Documents on Vladimir Ilich Lenin's Leadership of the International Labor and Communist Movement(1917–23).

Collection 17. Inventory 2. Plenums of the Central Committee of the Russian Communist Party (Bolsheviks) and the All-Union Communist Party (Bolsheviks). 1918–41.

Collection 17. Inventory 3. Minutes of Sessions of the Politburo of the Central Committee of the Russian Communist Party (Bolsheviks) and the All-Union Communist Party(Bolsheviks).

Collection 17. Inventory 162. Special Papers of the Politburo of the Central Committee of the Russian Communist Party (Bolsheviks) and the All-Union Communist Party(Bolsheviks).

Collection 146. Inventory 2. File 3. The Diary of Georgii Dimitrov (March 9, 1933–February 6, 1949).

Collection 495. Inventory 3. Political Secretariat of the Executive Committee of the Communist International.

Collection 495. Inventory 65a. Personal Files of Employees of the Executive Committee of the Communist International Apparatus.

Collection 495. Inventory 154. Eastern Secretariat of the Executive Committee of the Communist International.

Collection 495. Inventory 163. The Fifth Enlarged Plenum of the Executive Committee of the Communist International.

Collection 495. Inventory 164. The Sixth Enlarged Plenum of the Executive Committee of the Communist International.

Collection 495. Inventory 165. The Seventh Enlarged Plenum of the Executive Committee of the Communist International.

Collection 495. Inventory 225. File 71. Dossier to the Personal File of Mao Zedong. 5 vols.

Collection 495. Inventory 225. File 71. Personal File of Mao Zedong. 10 vols.

Collection 495. Inventory 225. Personal Files of 3,327 Members of the Chinese Communist Party and the Guomindang.

Collection 505. International Control Commission of the Communist International.

Collection 508. Delegation of the All-Soviet Communist Party (Bolsheviks) on the Executive Committee of the Communist International.

Collection 514. Central Committee of the Chinese Communist Party.

Collection 514. Inventory 3. Collection of Mao Zedong's Documents of 1923–40.

Collection 530. Communist University of the Toilers of China.

Collection 532. Communist University of the Toilers of the East and the Research Institute of National and Colonial Problems.

Collection 558. Joseph Vissarionovich Stalin.

Collection of unsorted documents.

러시아 연방의 외교 정책 공문서

Collection 0100. Inventory 46. File 12. The Diary of Soviet Ambassador to China Vasily Vasilevich Kuznetsov. Miscellaneous papers.

Collection 0100. Inventory 46. File 374. Folder 121. Zhou Enlai Speech at the Financial-Economic Conference.

타이완 법제처 기록

중국 공산주의 운동에 대한 각종 자료

사문서

Archives of Alexander V. Pantsov.

Archives of Meng Qingshu. Meng Qingshu. *Vospominaniia o Van Mine* (Reminiscences of Wang Ming). Manuscript.

Archives of Wang Fanxi.

Houghton Library, Harvard University
Trotsky Papers.

인쇄물

Acheson, Dean. "Letter of Transmittal." In *United States Relations with China: With Special Reference to the Period 1944–1949*, iii–xvii. New York: Greenwood Press, 1968.

Aimermakher, K., ed. *Doklad N. S. Khrushcheva o kul'te lichnosti Stalina na XX s''ezde KPSS: Dokumenty* (N. S. Khrushchev's Report on Stalin's Cult of Personality at the 20th CPSU Congress: Documents). Moscow: ROSSPEN, 2002.

"'All Under the Heaven Is Great Chaos': Beijing, the Sino-Soviet Clashes, and the Turn to Sino-American Rapprochement, 1968–69." *CWIHP Bulletin*, no. 11 (March 1998): 155–75.

Bakulin, A. V. *Zapiski ob ukhan'skom periode kitaiskoi revoliutsii (iz istorii kitaiskoi revoliutsii 1925–1927 gg.)* (Notes on the Wuhan Period of the Chinese Revolution: From the History of the Chinese Revolution of 1925–1927). Moscow-Leningrad: Giz, 1930.

Banac, Ivo, ed. *The Diary of Georgi Dimitrov 1933–1949*. Translated by Jane T. Hedges et al. New Haven, CT: Yale University Press, 2003.

Baqi huiyi (The August 7 Conference). Beijing: Zhonggongdang shi ziliao chubanshe, 1986.

Benton, Gregor, ed. *Chen Duxiu's Last Articles and Letters, 1937–1942*. Richmond, UK: Curzon Press, 1999.

Biulleten' IV Kongressa Kommunisticheskogo Internatsionala (Bulletin of the Fourth Congress of the Communist International), no. 20 (November 29, 1922).

Borisov, O. [O. B. Rakhmanin] and M. Titarenko, eds. *Vystupleniia Mao Tsze-duna, ranee ne publikovavshiesia v kitaiskoi pechati* (Mao Zedong's Speeches Previously Unpublished in the Chinese Press). 6 series. Moscow: Progress, 1975–76.

Borot'sia za mobilizatsiiu vsekh sil dlia prevrashcheniia nashei strany v velikoe sotsialisticheskoe gosudarstvo. Tezisy dlia izucheniia i propagandy general'noi linii partii v perekhodnyi period (Razrabotany otdelom agitatsii i propagandy TsK KPK i utverzhdeny TsKKPK v dekabre 1953 g.) (Struggle to Mobilize All Forces to Transform Our Country into a Socialist State. Theses for Studying and Propagandizing the Party's General Line in the Transitional Period [Prepared by the Department of Agitation and Propaganda of the CC CCP and Affirmed by the CC CCP in December 1953]). Moscow: Gospolitizdat, [1957].

Bowie, Robert R., and John K. Fairbank, eds. *Communist China 1955–1959: Policy Documents with Analysis*. Cambridge, MA: Harvard University Press, 1962.

Brandt, Conrad, Benjamin Schwartz, and John K. Fairbank. *A Documentary History of Chinese Communism*. Cambridge, MA: Harvard University Press, 1952.

Burr, William, ed. *The Kissinger Transcripts: The Top Secret Talks with Beijing and Moscow*. New York: New Press, 1998.

The Case of Peng Te-huai. 1959–68. Hong Kong: Union Research Institute, 1968.

CCP Documents of the Great Proletarian Cultural Revolution 1966–1976. Hong Kong: Union Research Institute, 1968.

Chen Duxiu. *Chen Duxiu wenzhang xuanbian* (Selected Writings of Chen Duxiu). 3 vols. Beijing: Shenghuo. Dushu. Xinzhi sanlian shudian, 1984.

———. "Political Report." In Tony Saich, ed. *The Rise to Power of the Chinese Communist Party. Documents and Analysis*, 219–23. Armonk, NY: M. E. Sharpe, 1996.

———. "Shehuizhuyi piping" (A Critique of Socialism). *Xin qingnian* (New youth) 9, no. 3 (1921): 1–13.

Chen Jian. "Deng Xiaoping, Mao's 'Continuous Revolution,' and the Path towards the Sino-Soviet Split." *CWIHP Bulletin*, no. 10 (March 1998): 162–64.

Chen Yi. "Chen Yi tongzhi guanyu Zhu Mao jun de lishi ji qi zhuangkuang de baogao" (Comrade Chen Yi's Report on the History of the Zhu-Mao Army and Its Present Situation). In *Jinggangshan geming genjudi shiliao xuanbian* (Collection of Selected Materials on the Revolutionary Base Area in the Jinggang Mountains), 176–93. Nanchang: Jiangxi renmin chubanshe, 1986.

———. "Istoriia boevykh deistvii 4-go korpusa" (History of the Military Engagements of the Fourth Corps). In Pavel Mif, ed. *Sovety v Kitae: Sbornik materialov i dokumentov* (Soviets in China: Collection of Materials and Documents), 186–92. Moscow: Partizdat, 1934.

Chiang Kai-shek. *China's Destiny*. New York: Macmillan, 1947.

Chou En-lai [Zhou Enlai]. "Report on the Proposals for the Second Five-Year Plan for Development of the National Economy." In *Eighth National Congress of the Communist Party of China*, vol. 1, *Documents*, 261–328. Beijing: Foreign Language Press, 1956.

"Comrade Peng Dehuai's Letter to Chairman Mao (July 14, 1959)." In Peng Dehuai, *Memoirs of a Chinese Marshal: The Autobiographical Notes of Peng Dehuai (1898–1974)*, 510–20. Translated by Zheng Longpu. Beijing: Foreign Languages Press, 1984.

Dallin, Alexander, and F. I. Firsov. *Dimitrov and Stalin 1934–1943: Letters from the Soviet Archives*.

Translated by Vadim A. Staklo. New Haven: Yale University Press, 2000.

Dedijer, Vladimir. *The War Diaries of Vladimir Dedijer*. 3 vols. Ann Arbor: University of Michigan Press, 1990.

Degras, Jane, ed. *The Communist International: 1919–1943: Documents*. 3 vols. London: Oxford University Press, 1960.

Deliusin, L. P., ed. *Agrarnye preobrazovania v narodnom Kitae* (Agrarian Transformation in People's China). Moscow: Izdatel'stvo inostrannoi literatury, 1955.

———, ed. *Dvizheniie 4 maia 1919 v Kitae. Dokumenty i materialy* (The May Fourth Movement of 1919 in China: Documents and Materials). Moscow: Nauka, 1969.

Deng Xiaoping. *Selected Works of Deng Xiaoping (1938–1965)*. Beijing: Foreign Languages Press, 1992.

———. *Selected Works of Deng Xiaoping (1975–1982)*. 2nd ed. Beijing: Foreign Languages Press, 1995.

———. *Selected Works of Deng Xiaoping (1982–1992)*. Beijing: Foreign Languages Press, 1994.

"Deng Xiaoping's Talks with the Soviet Ambassador and Leadership, 1957–1963." *CWIHP Bulletin*, no. 10 (March 1998): 165–82.

Deng Zhongxia. *Deng Zhongxia wenji* (Works of Deng Zhongxia). Beijing: Renmin chubanshe, 1983.

Dimitrov, Georgii. *Dnevnik 9 mart 1933–6 fevruari 1949* (Diary, March 9, 1933–February 6, 1949). Sofia: Universitetsko izdatelstvo "Sv. Kliment Okhridski," 1997.

Dokumenty VIII Plenuma Tsentral'nogo Komiteta Kommunisticheskoi partii Kitaia vos'mogo sozyva (Documents of the Eighth Plenum of the Eighth Central Committee of the Communist Party of China). Beijing: Izdatel'stvo literatury na inostrannykh iazykakh, 1959.

Dong Bian et al., eds. *Mao Zedong he tade mishu Tian Jiaying* (Mao Zedong and His Secretary Tian Jiaying). Beijing: Zhongyang wenxian chubanshe, 1989.

"12 sovetov I. V. Stalina rukovodstvu Kompartii Kitaia" (J. V. Stalin's Twelve Advices to the Chinese Communist Party Leadership). *Novaia i noveishaia istoriia* (Modern and contemporary history), no. 1 (2004): 125–39.

Eighth National Congress of the Communist Party of China. 2 vols. Beijing: Foreign Languages Press, 1956.

Elizavetin, A. "Peregovory A. N. Kosygina i Chzhou En'laia v Pekinskom aeroportu" (Talks Between A. N. Kosygin and Zhou Enlai at the Beijing Airport). *Problemy Dal'nego Vostoka* (Far Eastern affairs), no. 5 (1992): 39–63; no. 2 (1993): 107–19.

"The Emerging Disputes between Beijing and Moscow: Ten Newly Available Chinese Documents, 1956–1958." *CWIHP Bulletin*, nos. 6–7 (1995/1996): 148–63.

"Erda" he "sanda": Zhongguo gongchandang di' er san ci daibiaodahui ziliao xuanbian (The Second and Third Congresses: Selected Documents from the Second and Third Congresses of the CCP). Beijing: Zhongguo shehui kexue chubanshe, 1985.

Esherick, Joseph, ed. *Lost Chance in China: The World War II Dispatches of John S. Service*. New York: Random House, 1974.

Eudin, Xenia, and Robert C. North. *Soviet Russia and the East: 1920–1927: A Documentary Survey*. Stanford, CA: Stanford University Press, 1957.

"Excerpt from the Communiqué of the Fourth Plenum (February 18, 1954)." In Frederick C. Teiwes, *Politics at Mao's Court: Gao Gang and Party Factionalism*, 236–37. Armonk, NY: M. E. Sharpe, 1990.

Fremantle, Anne, ed. *Mao Tse-tung: An Anthology of His Writings*. Updated and Expanded, with Additional Writings of Chiang Ching and Lin Piao. New York: New American Library, 1971.

Fursenko, A. A., ed. Prezidium *TSK KPSS: 1954–1964* (The Presidium of the CC of the CPSU: 1954–1964). Vol. 1. *Chernovye protokolnye zapisi zasedanii, stenogrammy, postanovleniia* (Drafts of Minutes of Sessions, Stenographic Records, Decisions). Moscow: ROSSPEN, 2003.

————. *Prezidium TSK KPSS: 1954–1964* (The Presidium of the CC of the CPSU: 1954–1964). Vol. 2. *Postanovleniia 1954–1958* (Resolutions of 1954–1958). Moscow: ROSSPEN, 2006.

————. *Prezidium TSK KPSS: 1954–1964* (The Presidium of the CC of the CPSU: 1954–1964). Vol. 3. *Postanovleniia 1959–1964* (Resolutions of 1959–1964). Moscow: ROSSPEN, 2008.

Gao Gang. *Izbrannoe* (Selections). Moscow: IDV AN SSSR, 1989.

Geming lieshi shuxin (Letters of Revolutionary Martyrs). 2 vols. Beijing: Zhongguo qingnian chubanshe, 1983.

Geroi ostrova Damanskii (Heroes of Damansky Island). Moscow: "Molodaia gvardiia," 1969.

Gongchan xiaozu (Communist Cells). 2 vols. Beijing: Zhonggong dangshi ziliao chubanshe, 1987.

Gongchandang zai Guomindang neide gongzuo wenti yijue'an (Declaration on the Question of the Work of the Communist Party inside the Guomindang). *Dangbao* (Party paper), no. 3 (1924): 1–3.

Gongfei huoguo shiliao huibian (Collection of Materials on the History of the Communist Bandits Who Brought Misfortune to the Country). 4 vols. Taipei: Zhonghua minguo kaiguo wushinian wenxian biancuan weiyuanhui, 1964.

The Great Cultural Revolution in China. Rutland, VT: C. E. Tuttle, 1968.

The Great Socialist Cultural Revolution in China. Vols. 1–6. Beijing: Foreign Languages Press, 1966.

A Great Trial in Chinese History: The Trial of the Lin Biao and Jiang Qing Counter-Revolutionary Cliques, Nov. 1980–Jan. 1981. Oxford: Pergamon Press, 1981.

"Guomindang yi da dangwu baogao xuanzai" (Selected Reports on Party Affairs, Submitted to the First Guomindang Congress). *Gemingshi ziliao* (Materials on revolutionary history). Shanghai, no. 2 (1986): 28–35.

"Heben Dazuo wei cehua. 'Huanggutun shijian' zhi Jigu Lianjie deng han liangjian (1928 nian 4 yue)" (Two Messages from Komoto Daisaku to Isogai Rensuke Planning to Create the Huanggutun Incident [April 1928])." *Minguo dang'an* (Republican archives), no. 3 (1998): 3–5.

Hsiao Tso-liang. *Power Relations Within the Chinese Communist Movement, 1930–1934.* Vol. 2. Seattle: University of Washington Press, 1967.

Isaacs, Harold. "Documents on the Comintern and the Chinese Revolution." *China Quarterly*, no. 45 (1971): 103–12.

Jiang Jiannong, and Wang Benqian. *Sinuo yu Zhongguo* (Snow and China). Harbin: Heilongjiang renmin chubanshe, 1993.

Jinggangshan geming genjudi shiliao xuanbian (Collection of Selected Materials on the Revolutionary Base Area in the Jinggang Mountains). Nanchang: Jiangxi renmin chubanshe, 1986.

Kangri minzu tongyi zhanxian zhinan (Directives of the Anti-Japanese National United Front). Vol. 1. N.p., n.d.

Kartunova, A. I., ed. *V. K. Bliukher v Kitae: 1924–1927 gg.: Novye dokumenty glavnogo voennogo sovetnika* (V. K. Bliukher in China: 1924–1927: New Documents on the Chief Military Adviser). Moscow: Natalis, 2003.

Kau, Michael Y. M., ed. *The Lin Piao Affair: Power Politics and Military Coup.* White Plains, NY: International Arts and Sciences Press, 1975.

Khrushchev, N. S. *Report of the Central Committee of the Communist Party of the Soviet Union to the 20th Party Congress.* Moscow: Foreign Languages Publishing House, 1956.

————. *Speech before a closed session of the XXth Congress of the Communist Party of the Soviet Union on February 25, 1956.* Washington, DC: U.S. Government Printing Office, 1957.

"Khrushchev's Nuclear Promise to Beijing During the 1958 Crisis." *CWIHP Bulletin*, nos. 6–7 (1995/1996): 219, 226–27.

Klehr, Harvey, John Earl Haynes, and Fridrikh Igorievch Firsov. *The Secret World of American Communism.* New Haven, CT: Yale University Press, 1995.

Knight, Nick, ed. *Mao Zedong on Dialectical Materialism: Writings on Philosophy, 1937*. Armonk, NY: M. E. Sharpe, 1990.

"Kongress Kommunisticheskoi partii v Kitae" (Congress of the Communist Party in China). *Narody Azii i Afriki* (Peoples of Asia and Africa), no. 6 (1972): 151–55.

Kovalev, I. V. "Zapiska I. V. Kovaleva ot 24 dekabria 1949 g." (I. V. Kovalev's Note of December 24, 1949). *Novaia i noveishaia istoriia* (Modern and contemporary history), no. 1 (1998): 132–39.

Kramer, Mark. "The USSR Foreign Ministry's Appraisal of Sino-Soviet Relations on the Eve of the Split, September 1959." *CWIHP Bulletin*, nos. 6–7 (1995/1996): 170–85.

Kurdiukov, I. F., et al., eds. *Sovetsko-kitaiskie otnosheniia, 1917–1957: Sbornik dokumentov* (Soviet-Chinese Relations, 1917–1957: A Documentary Collection). Moscow: Izd-vo vostochnoi literatury, 1959.

Laoyibei gemingjia shuxin xuan (Selected Letters of the Old Generation Revolutionaries). Changsha: Hunan renmin chubanshe, 1984.

Ledovsky, A. M. *SSSR i Stalin v sud'bakh Kitaia: Dokumenty i svidel'stva uchastnika sobytii: 1937–1952* (The USSR and Stalin in China's Fate: Documents and Witness of a Participant: 1937–1952). Moscow: Pamiatniki istoricheskoi mysli, 1999.

———. "Stalin, Mao Zedong i koreiskaia voina 1950–1953 godov" (Stalin, Mao, and the Korean War of 1950–1953). *Novaia i noveishaia istoriia* (Modern and contemporary history), no. 5 (2005): 79–113.

Lenin, V. I. *Polnoe sobranie sochinenii* (Complete Collected Works). 55 vols. Moscow: Politizdat, 1963–78.

———. *Selected Works*. 12 vols. New York: International, 1943.

Li Da. "Makesi huanyuan" (Marx's Revival). *Xin qingnian* (New youth) 8, no. 5 (1921): 1–8.

Li Dazhao. *Izbrannye proizvedeniia* (Selected Works). Moscow: Nauka, 1989.

———. *Li Dazhao wenji* (Works of Li Dazhao). 2 vols. Beijing: Renmin chubanshe, 1984.

Li, Dun J., ed. *The Road to Communism: China Since 1912*. New York: Van Nostrand Reinhold, 1969.

Li Fu-ch'un [Li Fuchun]. "Report on the First Five-Year Plan, 1953–1957, July 5–6, 1955." In Robert R. Bowie and John K. Fairbank, eds. *Communist China 1955–1959: Policy Documents with Analysis*, 43–91. Cambridge, MA: Harvard University Press, 1962.

Li Xiaobing, et al., eds. "Mao Zedong's Handling of the Taiwan Straits Crisis of 1958: Chinese Recollections and Documents." *CWIHP Bulletin*, nos. 6–7 (1995/1996): 208–26.

Lih, Lars T., et al., eds. *Stalin's Letters to Molotov 1925–1936*. Translated by Catherine A. Fitzpatrick. New Haven, CT: Yale University Press, 1995.

Lin Guliang. "Gongchan guoji daibiao lai Hua qingkuang ziliao zhaibian" (Digest of Materials on the Comintern Representatives' Trips to China). *Dangshi yanjiu ziliao* (Study materials on party history), no. 13 (1979): C. 5–28.

Liu Shao-chi. *On the Party*. Beijing: Foreign Languages Press, 1950.

Liu Shaoqi. *Selected Works of Liu Shaoqi*. 2 vols. Beijing: Foreign Languages Press, 1984.

———. *Liu Shaoqi xuanji* (Selected Works of Liu Shaoqi). 2 vols. Beijing: Renmin chubanshe, 1985.

[Liu Shiqi]. "Sovetskii raion iugo-zapadnoi Tsiansi v 1930 g.: Doklad instruktora TsK kompartii Kitaia ot 7 oktiabria 1930 g." (The Soviet District of Southwest Jiangxi in 1930: Report of a CCP Central Committee Instructor, October 7, 1930). In Pavel Mif, ed. *Sovety v Kitae: Sbornik materialov i dokumentov* (Soviets in China: Collection of Materials and Documents), 227–44. Moscow: Partizdat, 1934.

MacFarquhar, Roderick, ed. *The Secret Speeches of Chairman Mao: From the Hundred Flowers to the Great Leap Forward*. Cambridge, MA: Council on East Asian Studies/ Harvard University, 1989.

Makesizhuyi zai Zhongguo — cong yingxiang chuanru dao chuanbo (Marxism in China — From the Ideological Penetration to Its Dissemination). 2 vols. Beijing: Qinghua daxue chubanshe, 1983.

Mao shi zupu (Chronicle of the Mao Clan). Tianjin: Tianjin guji chubanshe, 1999.

"Mao's Dispatch of Chinese Troops to Korea: Forty-six Telegrams, July–October 1950." *Chinese Historians* 5, no. 1 (Spring 1992): 63–86.

"Mao Tszedun o kitaiskoi politike Kominterna i Stalina" (Mao Zedong on the China Policy of the Comintern and of Stalin). *Problemy Dal'nego Vostoka* (Far Eastern affairs), no. 5 (1998): 101–10.

Mao Zedong. *Ekonomicheskoe stroitel'stvo i itogi proverki razdela zemli v Kitaiskoi Sovietskoi Respublike: Izbrannye rechi i stat'i* (Economic Construction and the Results of the Verification of Land Redistribution in the Chinese Soviet Republic: Selected Speeches and Articles). Moscow and Leningrad: Izdatel'stvo inostrannykh rabochikh v SSSR, 1934.

————. *Jianguo yilai Mao Zedong wengao* (Manuscripts of Mao Zedong from the Founding of the PRC). 13 vols. Beijing: Zhongyang wenxian chubanshe, 1987–98.

————. *Mao Zedong junshi wenji* (Military Works of Mao Zedong). 6 vols. Beijing: Junshi kexue chubanshe, Zhongyang wenxian chubanshe, 1993.

————. *Mao Zedong nongcun diaocha wenji* (Works of Mao Zedong on Rural Investigation). Beijing: Renmin chubanshe, 1982.

————. *Mao Zedong on Diplomacy*. Beijing: Foreign Languages Press, 1998.

————. *Mao Zedong shici duilian jizhu* (Collection of Mao Zedong's Poems). Changsha: Hunan wenyi chubanshe, 1991.

————. *Mao Zedong shici ji* (Collection of Mao Zedong's Poems). Beijing: Xianzhuang shuju, 1997.

————. *Mao Zedong shuxin xuanji* (Selected Letters of Mao Zedong). Beijing: Renmin chubanshe, 1983.

————. *Mao Zedong sixiang wansui* (Long Live Mao Zedong Thought). 2 vols. Beijing: s.n., 1967–69.

————. *Mao Zedong wenji* (Works of Mao Zedong). 8 vols. Beijing: Renmin chubanshe, 1993–99.

————. *Mao Zedong xinwen gongzuo wenxuan* (Mao Zedong's Selected Works on the Information Work). Beijing: Xinhua chubanshe, 1983.

————. *Mao Zedong xuanji* (Selected Works of Mao Zedong). 3 vols. Beijing: Renmin chubanshe, 1951–52.

————. *Mao Zedong xuanji* (Selected Works of Mao Zedong). Vol. 4. Beijing: Renmin chubanshe, 1960.

————. *Mao Zedong xuanji* (Selected Works of Mao Zedong). Vol. 5. Beijing: Renmin chubanshe, 1977.

————. *Mao Zedong zai qi dade baogao he jianghua ji* (Collection of Reports and Speeches of Mao Zedong at the Seventh Congress). Beijing: Zhongyang wenxian chubanshe, 2000.

————. *Mao Zedong zhuzuo xuandu* (Source Book of Mao Zedong). 2 vols. Beijing: Renmin chubanshe, 1986.

————. *Mao zhuxi shici* (Poems of Chairman Mao). Beijing: Renmin wenxue chubanshe, 1976.

————. *Miscellany of Mao Tse-tung Thought (1949–1968)*. 2 parts. Springfield, VA: Joint Publications Research Service, 1974.

————. *Oblaka v snegu: Stikhotvoreniia v perevodakh Aleksandra Pantsova* (Clouds in the Snow: Poems in Translation by Alexander Pantsov). Moscow: "Veche," 2010.

————. *Poems of Mao Tse-tung*. Translation, introd., and notes by Hua-ling Nieh Engle and Paul Engle. New York: Simon & Schuster, 1972.

————. "Qida gongzuo fangzhen" (Work Report at the Seventh Congress). *Hongqi* (Red flag), no. 11 (1981): 1–7.

————. *Selected Works of Mao Tse-tung*. Vols. 1–3. Beijing: Foreign Languages Press, 1967.

————. *Selected Works of Mao Tse-tung*. Vol. 4. Beijing: Foreign Languages Press, 1969.

————. *Selected Works of Mao Tsetung*. Vol. 5. Beijing: Foreign Languages Press, 1977.

————. "Tol'ko soviety mogut spasti Kitai: Doklad na II-m s"ezde Sovetov Kitaia" (Only Soviets Can Save China: Report at the Second Congress of Chinese Soviets). Moscow and Leningrad: Izdatel'stvo inostrannykh rabochikh v SSSR, 1934.

Mao Zedong shenghuo dang'an (Archives of Mao Zedong's life). 3 vols. Beijing: Zhonggong dangshi chubanshe, 1999.

Martynov, A. "Komintern pered sudom likvidatorov" (The Comintern Before the Court of the Liquidationists). *Kommunisticheskii Internatsional* (Communist International), no. 30 (104) (1927): 9–21.

————. "Problema kitaiskoi revoliutsii" (The Problem of the Chinese Revolution). *Pravda* (Truth), April 10, 1927.

Materialy 6-go plenuma Tsentral'nogo Komiteta Kommunisticheskoi partii Kitaia vos'mogo sozyva (Materials of the Sixth Plenum of the Eighth Central Committee of the Chinese Communist Party). Beijing: Izdatel'stvo literatury na inostrannykh iazykakh, 1959.

Materialy VIII Vsekitaiskogo s"ezda Kommunisticheskoi partii Kitaia (Materials from the Eighth Congress of the Communist Party of China). Moscow: Gospolitizdat, 1956.

Materialy vtoroi sessii Vsekitaiskogo sobraniia narodnykh predstavitelei (5–30 iulia 1955 g.) (Materials from the Second Session of the National People's Congress [July 5–30, 1955]). Moscow: Gospolitizdat, 1956.

"Meeting Between Zhou Enlai and Kosygin at the Beijing Airport." http://www.fmprc.gov.cn/eng/5691.html.

"Memo, PRC Foreign Ministry to the USSR Embassy in Beijing, March 13, 1957." *CWIHP Bulletin*, nos. 6–7 (1995/1996): 159–60.

Mif, Pavel, ed. *Sovety v Kitae: Materialy i dokumenty. Sbornik vtoroi* (Soviets in China: Materials and Documents. Collection Two). Moscow: Partizdat TSK VKP(b), 1935. Unpublished proofs.

————, ed. *Sovety v Kitae: Sbornik materialov i dokumentov* (Soviets in China: Collection of Materials and Documents). Moscow: Partizdat, 1934.

————, ed. *Strategiia i taktika Kominterna v natsional'no-kolonial'noi revoliutsii na primere Kitaia* (Strategy and Tactics of the Comintern in National and Colonial Revolution: The Case of China). Moscow: IWEIP Press, 1934.

"Minquan yundong datongmeng xuanyan" (Declaration of the Alliance of Democracy Movements). *Xianqu* (Pioneer), no. 20 (1922): 1–2.

"Minutes, Mao's Conversation with a Yugoslavian Communist Union Delegation, Beijing, September [undated] 1956." *CWIHP Bulletin*, nos. 6–7 (1995/1996): 148–52.

Myers, James T., et al., eds. *Chinese Politics: Documents and Analysis*. Vols. 1 and 2. Columbia: University of South Carolina Press, 1986.

"Nepublikovavshaiasia rech' I. V. Stalina o Kitae" (Josef V. Stalin's Unpublished Speech on China). *Problemy Dal'nego Vostoka* (Far Eastern affairs) 1 (2001): 149–59.

"A New 'Cult of Personality': Suslov's Secret Report on Mao, Khrushchev, and Sino-Soviet Tensions, December 1959." *CWIHP Bulletin*, nos. 8–9 (1996/1997): 244, 248.

"New East Bloc Documents on the Sino-Indian Conflict, 1959 & 1962." *CWIHP Bulletin*, nos. 8–9 (1996/1997): 258–69.

"New Evidence on the Korean War." *CWIHP Bulletin*, nos. 6–7 (1996/1997): 30–125.

Nie Yuanzi, et al. "Song Shuo, Lu Ping, Peng Peiyuan zai wenhua gemingzhong jiujing gan shenma" (What Are Song Shuo, Lu Ping, and Peng Peiyuan Really Doing with Respect to the Cultural Revolution). *Renmin ribao* (People's daily), June 2, 1966.

IX Vsekitaiskii s"ezd Kommunisticheskoi partii Kitaia (dokumenty) (Ninth Congress of the Communist Party of China [Documents]). Beijing: Foreign Languages Press, 1969.

North, Robert C., and Xenia Eudin. *M. N. Roy's Mission to China: The Communist-Kuomintang Split of 1927*. Berkeley: University of California Press, 1963.

"Novye materialy o pervom s"ezde Kommunisticheskoi partii Kitaia" (New Materials on the First Congress of the Communist Party of China). *Narody Azii i Afriki* (Peoples of Asia and Africa), no. 6 (1972): 150–58.

Obrazovanie Kitaiskoi Narodnoi Respubliki: Dokumenty i materialy (Establishment of the Chinese People's Republic: Documents and Materials). Moscow: Gospolitizdat, 1950.

Ostermann, Christian F. "East German Documents on the Border Conflict, 1969." *CWIHP Bulletin*, nos. 6–7 (1995/1996): 186–93.

Pan Zuofu (Pantsov, A. V.). "Xin faxian de Li Dazhao, Chen Duxiu, Ren Bishi xinjian" (Newly Discovered Letters of Li Dazhao, Chen Duxiu, and Ren Bishi). *Bainian chao* (Century tides), no. 1 (2005): 31–34.

Peng Gongda. "Report on the Progress of the Autumn Harvest Uprising in Hunan." In Tony Saich, ed. *The Rise to Power of the Chinese Communist Party: Documents and Analysis*, 322–31. Armonk, NY: M. E. Sharpe, 1996.

Pervaiia sessiia Vsekitaiskogo sobraniia narodnykh predstavitelei Kitaiskoi Narodnoi Respubliki pervogo sozyva (dokumenty i materialy) (The First Session of the First National People's Congress of the PRC [Documents and Materials]). Beijing: Izdatel'stvo literatury na inostrannykh iazykakh, 1956.

The Polemic on the General Line of the International Communist Movement. Beijing: Foreign Languages Press, 1965.

Polemika o general'noi linii mezhdunarodnogo kommunisticheskogo dvizheniia (The Polemic on the General Line of the International Communist Movement). Peking: Izdatel'stvo literatury na inostrannykh iazykakh, 1965.

Politburo TSK VKP(b) i Sovet ministrov SSSR 1945–1953 (The Politburo of the CC of the AUCP(b) and the USSR Council of Ministers 1945–1953). Moscow: ROSSPEN, 2002.

"Record of Conversation, Mao Zedong and Soviet Ambassador to Beijing Pavel Yudin, July 22, 1958." In O. Arne Westad, ed. *Brothers in Arms: The Rise and Fall of the Sino-Soviet Alliance, 1945–1963*, 347–56. Stanford, CA: Stanford University Press, 1998.

Ren Bishi. *Ren Bishi xuanji* (Selected Works of Ren Bishi). Beijing: Renmin chubanshe, 1987.

Reshenie shestogo (rasshirennogo) plenuma TsK Kommunisticheskoi partii Kitaia Sed'mogo sozyva po voprosu o kooperirovanii v sel'skom khoziaistve (Decision of the Sixth [enlarged] Plenum of the Seventh CC of the Communist Party of China on the Question of Agricultural Cooperation). Moscow: Gospolitzdat, 1955.

"Resolution of the CCP CC on Certain Historical Questions." In Tony Saich, ed. *The Rise to Power of the Chinese Communist Party: Documents and Analysis*, 1164–84. Armonk, NY: M. E. Sharpe, 1996.

Resolution on CPC History (1949–81). Beijing: Foreign Languages Press, 1981.

Saich, Tony. *The Origins of the First United Front in China: The Role of Sneevliet (Alias Maring)*. 2 vols. Leiden: Brill, 1991.

———, ed. *The Rise to Power of the Chinese Communist Party: Documents and Analysis*. Armonk, NY: M. E. Sharpe, 1996.

Schoenhals, Michael, ed. *China's Cultural Revolution, 1966–1969: Not a Dinner Party*. Armonk, NY: M. E. Sharpe, 1996.

Schram, Stuart, ed. *Chairman Mao Talks to the People: Talks and Letters: 1956–1971*. New York: Pantheon, 1974.

———, ed. *Mao's Road to Power: Revolutionary Writings 1912–1949*. 7 vols. Armonk, NY: M. E. Sharpe, 1992–2005.

Shanghai diqu jiandang huodong yanjiu ziliao (Materials for the Study of Party Building in the Shanghai Region). Shanghai: Shanghai shi diyi renmin jingcha xuexiao, 1986.

Shao Piaoping. *Xin Eguo zhi yanjiu* (A Study of the New Russia). N.p.: Riben daban naqu dongying bianyishe, 1920.

Shaoshan Mao shi zupu (The Chronicle of the Shaoshan Mao Clan). 7 vols. Beijing: Quanguo tushuguan wenxian sowei fuzhi zhongxin, 2002.

Shestoi rasshirennyi plenum Ispolkoma Kominterna: Stenograficheskii otchet. 17 fevralia–15 marta 1926 g. (Sixth Enlarged Plenum of the ECCI: Stenographic Report: February 17–March 15, 1926). Moscow and Leningrad: Gospolitizdat, 1927.

Shi Cuntong. "Makeside gongchanzhuyi" (Marx's Communism). *Xin qingnian* (New youth) 9, no. 4 (1921): 1–11.

The Sino-Soviet Dispute. New York: Charles Scribner's Sons, 1969.

Sladkovskii, M. I., ed. *Informatsionnyi biulleten': Seriia A: "Kulturnaia revoliutsiia" v Kitae: Dokumenty i materialy (perevod s kitaiskogo)* (Information Bulletin: Series A: The "Cultural Revolution" in China: Documents and Materials [Translated from Chinese]). 12 installments. Moscow: IDV AN SSSR, 1968–72.

Soviet Plot in China. Peking: Metropolitan Police Headquarters, 1927.

Stalin, J. V. *Works.* 13 vols. Moscow: Foreign Languages Publishing House, 1954.

"Stalin's Conversations with Chinese Leaders: Talks with Mao Zedong, 1949–January 1950, and with Zhou Enlai, August–September 1952." *CWIHP Bulletin,* nos. 6–7 (1995/ 1996): 5–19.

Statement by General Patrick J. Hurley on December 5 & 6, 1945. United States–China Relations. Hearings Before the Committee on Foreign Relations, United States Senate, Ninety-second Congress, First Session on the Evolution of U.S. Policy Toward Mainland China (Executive Hearings Held July 21, 1971; Made Public December 8, 1971) and Hearings Before the Committee on Foreign Relations, United States Senate, Seventy-Ninth Congress, First Session on the Situation in the Far East, Particularly China. December 5, 6, 7, and 10, 1945. Washington, DC, 1971.

Stenograficheskii otchet VI s"ezda Kommunisticheskoi partii Kitaia (Stenographic Record of the Sixth Congress of the Communist Party of China). 6 vols. Moscow: NII po Kitaiu, 1930.

Stenograficheskii otchet XX s"ezda KPSS (Stenographic Report of the Twentieth Congress of the CPSU). 2 vols. Moscow: Gospolitizdat, 1956.

Sudarikov, N. G., ed. *Konstitutsiia i osnovnye zakonodatel'nye akty Kitaiskoi Narodnoi Respubliki* (The Constitution and Founding Legislative Acts of the People's Republic of China). Moscow: Izdatel'stvo inostrannoi literatury, 1955.

Sun Yat-sen. *Izbrannye proizvedeniia* (Selected Works). 2nd ed., revised and expanded. Moscow: Nauka, 1985.

———. *Zhongshan quanji* (Complete Works of [Sun] Yat-sen). 2 vols. Shanghai: Liangyou tushu yinshua gongsi, 1931.

The Tenth National Congress of the Communist Party of China (Documents). Beijing: Foreign Languages Press, 1973.

Tikhvinsky, S. L. "Perepiska I. V. Stalina s Mao Tszedunom v ianvare 1949 g." (Correspondence Between J. V. Stalin and Mao Zedong in January 1949). *Novaia i noveishaia istoriia* (Modern and contemporary history), nos. 4–5 (1994): 132–40.

———, ed. *Russko-kitaiskie otnosheniia v XX veke: Dokumenty i materialy* (Russo-Chinese Relations in the Twentieth Century). Vols. 4–5. Moscow: Pamiatniki istoricheskoi mysli, 2000–2005.

Titarenko, M. L., et al., eds. *Kommunisticheskii Internatsional i kitaiskaia revoliutsiia: Dokumenty i materialy* (The Communist International and the Chinese Revolution: Documents and Materials). Moscow: Nauka, 1986.

———, eds. *VKP(b), Komintern i Kitai: Dokumenty* (The CPSU, the Comintern, and China: Documents). 5 vols. Moscow: AO "Buklet," 1994–2007.

Torkunov, A. V. *Zagadochnaia voina: Koreiskii konflikt 1950–1953 gg.* (The Enigmatic War: The Korean Conflict 1950–1953). Moscow: ROSSPEN, 2000.

Trotsky, L. "Stalin i Kitaiskaia revoliutsiia: Fakty i dokumenty" (Stalin and the Chinese Revolution: Facts and Documents). *Biulleten' oppozitsii (bol'shevikov-lenintsev)* (Bulletin of the opposition of the Bolsheviks and Leninists), nos. 15–16 (1925): 7–19.

Tsiui Tsiu-bo (Qu Qiubai). *Ocherki i stat'i* (Essays and Articles). Moscow: Gosizdat khudozhestvennoi literatury, 1959.

United States Relations with China: With Special Reference to the Period 1944–1949. New York: Greenwood Press, 1968.

Urban, George, ed. *The Miracles of Chairman Mao: A Compendium of Devotional Literature 1966–1970.* Los Angeles: Nash, 1971.

Van Slyke, Lyman P., ed. *The Chinese Communist Movement: A Report of the United States War Department, July 1945.* Stanford, CA: Stanford University Press, 1968.

Velikaia proletarskaia kul'turnaia revoliutsiia (vazhneishie dokumenty) (The Great Proletarian Cultural Revolution [Key Documents]). Beijing: Izdatel'stvo literatury na inostrannykh iazykakh, 1970.

Vladimirov, O. E. (O. B. Rakhmanin), ed. *Maoizm bez prikras: Nekotorye uzhe izvestnye, a takzhe ranee ne opublikovannye v kitaiskoi pechati vyskazyvaniia Mao Tszeduna: Sbornik* (Maoism Unembellished: Some Already Known Sayings of Mao Zedong and Others Previously Unpublished in the Chinese Press: A Collection). Moscow: Progress, 1980.

Vozniknovenie i razvitie raznoglasii mezhdu rukovodstvom KPSS i nami: Po povodu otkrytogo pis'ma TsK KPSS (The Origin and Development of Disagreements Between the Leadership of the CPSU and Us: On the Open Letter of the CC CPSU). Beijing: Izdatel'stvo literatury na inostrannykh iazykakh, 1963.

Vtoraia sessiia VIII Vsekitaiskogo s"ezda Kommunisticheskoi partii Kitaia (Second Session of the Eighth Congress of the Communist Party of China). Peking: Izdatel'stvo literatury na inostrannykh iazykakh, 1958.

Wang Dongxing. *Wang dongxing riji* (Diary of Wang Dongxing). Beijing: Zhongguo shehui kexue chubanshe, 1993.

Wang Ming. *Sobranie sochinenii* (Collected Works). 4 vols. Moscow: IDV AN SSSR, 1984–87.

Weathersby, Katheryn. "New Findings of the Korean War." *CWIHP Bulletin*, no. 3 (1993): 1, 14–18.

———. "To Attack, or Not to Attack? Stalin, Kim Il Sung, and the Prelude to War." *CWIHP Bulletin*, no. 5 (1995): 1–9.

Westad, O. Arne, ed. *Brothers in Arms: The Rise and Fall of the Sino-Soviet Alliance, 1945–1963.* Stanford, CA: Stanford University Press, 1998.

Westad, O. Arne, et al., eds. "77 Conversations Between Chinese and Foreign Leaders on the Wars in Indochina, 1964–1977." *CWIHP Working Paper*, no. 22 (May 1998).

Wilbur, C. Martin, ed. *The Communist Movement in China: An Essay Written in 1924 by Ch'en Kung-po.* New York: Octagon Books, 1960.

Wilbur, C. Martin, and Julie Lian-ying How. *Missionaries of Revolution: Soviet Advisers and Nationalist China, 1920–1927.* Cambridge, MA: Harvard University Press, 1989.

Wingrove, Paul. "Mao's Conversations with the Soviet Ambassador, 1953–1955." *CWIHP Working Paper*, no. 36 (April 2002).

Wishnick, Elizabeth. "In the Region and in the Center: Soviet Reactions to the Border Rift." *CWIHP Bulletin*, nos. 6–7 (1995/1996): 194–201.

———. "Sino-Soviet Tensions, 1980: Two Russian Documents." *CWIHP Bulletin*, nos. 6–7 (1995/1996): 202–6.

Wolff, David. " 'One Finger's Worth of Historical Events': New Russian and Chinese Evidence on the Sino-Soviet Alliance and Split, 1948–1959." *CWIHP Working Paper*, no. 30 (August 2000).

Wusi shiqi qikan jieshao (Survey of May Fourth Era Publications). 4 vols. Beijing: Shenghuo. Dushu, Xinzhi sanlian shudian, 1979.

Yang Kaihui. Ougan (Random Feelings). In Mao Zedong. *Mao Zedong shici duilian jizhu*

(Collection of Mao Zedong's Poems), 99–100. Changsha: Hunan wenyi chubanshe, 1991.

Yang Shangkun. *Yang Shangkun riji* (Yang Shangkun's Diary). 2 vols. Beijing: Zhongyang wenxian chubanshe, 2001.

"Yuandong geguo gongchandang ji minzu geming tuanti diyi ci dahui xuanyan" (Manifesto of the First Congress of Communist Parties and National Liberation Organizations of the Countries of the Far East). *Xianqu* (Pioneer), no. 10 (1922): 4–5.

Zhang Tailei. *Zhang Tailei wenji* (Works of Zhang Tailei). Beijing: Renmin chubanshe, 1981.

Zhang Wentian. *Zhang Wentian xuanji* (Selected Works of Zhang Wentian). Beijing: Renmin chubanshe, 1985.

Zhang Yunhou, et al. *Wusi shiqi de shetuan* (Societies During the May Fourth Era). 4 vols. Beijing: Shenghuo. Dushu. Xinzhi sanlian shudian, 1979.

Zhang Zhichao. *Mao Zedong yijia ren — Cong Shaoshan dao Zhongnanhai* (Mao Zedong in His Family — From Shaoshan to Zhongnanhai). 2 vols. Beijing: Zhongyang wenxian chubanshe, 2000.

Zheng Guanying. *Shengshi weiyan* (Words of Warning to an Affluent Age). Beijing: Huaxia chubanshe, 2002.

Zhonggong "sanda" ziliao (Materials from the Third Congress of the CCP). Guangzhou: Guangdong renmin chubanshe, 1985.

Zhonggong zhongyang wenjian xuanji (Collection of CCP CC Selected Documents). 18 vols. Beijing: Zhonggong zhongyang dangxiao chubanshe, 1989.

Zhongguo gongchandang di sanci zhongyang kuoda zhixing weiyuanhui yijue' an (Resolution of the Third Enlarged Plenum of the CEC CCP). N.p., 1926.

Zhongguo gongchandang di sici quanguo daibiaodahui yijue'an ji xuanyan (Resolutions and Declarations of the Fourth All-China Congress of the CCP). N.p., 1925.

Zhongguo gongchandang di shici quanguo daibiaodahui wenjian huibian (Collection of Documents from the Tenth Congress of the Chinese Communist Party). Beijing: Renmin chubanshe, 1973.

"Zhongguo gongchandang duiyu shiju de zhuzhang" (Statement of the Chinese Communist Party on the Current Situation). *Xianqu* (Pioneer), no. 9 (1922): 1–3.

Zhongguo gongchandang jiguan fazhan cankao ziliao (Reference Materials on the History of the Development of the CCP Organization). Vol. 1. Beijing: Zhonggong dangxiao chubanshe, 1983.

Zhongguo gongchandang wunian lai zhi zhengzhi zhuzhang (Political Declarations of the Chinese Communist Party over the Past Five Years). Guangzhou: Guoguan shuju, 1926.

Zhongguo guomindang di yi di er ci quanguo daibiao dahui huiyi shiliao (Materials on the History of the First and Second Guomindang Congresses). 2 vols. Nanjing: Jiangsu guji chubanshe, 1986.

Zhou Enlai. *K voprosu ob intelligentsii (Doklad na soveshchanii po voprosu ob intelligentsii, sozvannom TSK KPK 14 ianvaria 1956 g.)* (On the Issue of Intelligentsia [A Report at the Meeting on Intelligentsia Held by the CCP CC on January 14, 1956]). Beijing: Izdatel'stvo literatury na inostrannykh iazykakh, 1956.

———. *Selected Works of Zhou Enlai.* 2 vols. Beijing: Foreign Languages Press, 1981.

———. *Zhou Enlai xuanji* (Selected Works of Zhou Enlai). 2 vols. Beijing: Renmin chubanshe, 1980.

Zubok, Vladislav. " 'Look what Chaos in the Beautiful Socialist Camp!' Deng Xiaoping and the Sino-Soviet Split, 1956–1963." *CWIHP Bulletin*, no. 10 (March 1998): 152–62.

———. "The Mao-Khrushchev Conversations, July 31–August 3, 1958 and October 2, 1959." *CWIHP Bulletin*, nos. 12–13 (Fall/Winter 2001): 244–72.

Zunyi huiyi wenxian (Documents of the Zunyi Conference). Beijing: Renmin chubanshe, 1985.

Aleksandrov-Agentov, A. M. *Ot Kollontai do Gorbacheva: Vospominaniia diplomata, sovetnika A. A. Gromyko, pomoshchnika L. I. Brezhneva, Iu. V. Andropova, K. U. Chernenko i M. S. Gorbacheva* (From Kollontai to Gorbachev: The Reminiscences of a Diplomat and Adviser to A. A. Gromyko, and Assistant to L. I. Brezhnev, Iu. V. Andropov, K. U. Chernenko, and M. S. Gorbachev). Moscow: Mezhdunarodnye otnosheniia, 1994.

Band, Claire, and William Band. *Dragon Fangs: Two Years with Chinese Guerrillas*. London: Allen & Unwin, 1947.

Barrett, David D. *Dixie Mission: The United States Army Observer Group in Yenan, 1944*. Berkeley: University of California Press, 1970.

Bertram, James M. *Crisis in China: The Story of the Sian Mutiny*. London: Macmillan, 1937.

Bisson, T. A. *Yenan in June 1937: Talks with the Communist Leaders*. Berkeley: Center for Chinese Studies, University of California, 1973.

Blagodatov, A. V. *Zapiski o kitaiskoi revoliutsii 1925–1927 gg.* (Notes on the 1925–1927 Chinese Revolution). 3rd ed. Moscow: Nauka, 1979.

Bliukher, G. *Vospominaniia o muzhe — marshale V. K. Bliukhere* (Reminiscences of My Husband — Marshal V. K. Bliukher). Tiumen: Institut problem osvoeniia Severa SO RAN, 1996.

Bo Yibo. *Ruogan zhongda juece yu shijiande huigu* (Recollections of Several Important Political Decisions and Their Implementation). 2 vols. Beijing: Zhonggong zhongyang dangxiao, 1991.

Braun, Otto. *A Comintern Agent in China 1932–1939*. Translated by Jeanne Moore. Stanford, CA: Stanford University Press, 1982.

Brezhnev, A. A. *Kitai: ternistyi put' k dobrososedstvu: vospominaniia i razmyshleniia* (China: The Arduous Way to Neighborliness: Reminiscences and Thoughts). Moscow: Mezhdunarodnye otnosheniia, 1998.

Buber-Neiman, M. *Mirovaia revoliutsiia i stalinskii rezhim: Zapiski ochevidtsa o deiatel'nosti Kominterna v 1920–1930-kh godakh* (The World Revolution and the Stalinist Regime: Notes of an Eyewitness about Comintern Activity in the 1920s and 1930s). Translated by A. Yu. Vatlin. Moscow: AIRO-XX, 1995.

Cadart, Claude, and Cheng Yongxiang, eds. *Mémoires de Peng Shuzhi: L'Envol du Communisme en Chine*. Paris: Gallimard, 1983.

Cai He-sen. "Istoriia opportunizma v Kommunistecheskoi partii Kitaia" (The History of Opportunism in the Communist Party of China). *Problemy Kitaia* (Problems of China), no. 1 (1929): 1–77.

Carlson, Evans Fordyce. *Evans F. Carlson on China at War, 1937–1941*. New York: China and US Publications, 1993.

———. *Twin Stars of China: A Behind-the-Scenes Story of China's Valiant Struggle for Existence by a U.S. Marine Who Lived and Moved with the People*. New York: Hyperion Press, 1940.

Carter, Carrole J. *Mission to Yenan: American Liaison with the Chinese Communists 1944–1947*. Lexington: University Press of Kentucky, 1997.

Chang Kuo-t'ao. *The Rise of the Chinese Communist Party: Volumes One & Two of Autobiography of Chang Kuo-t'ao*. Lawrence: University Press of Kansas, 1972.

Chen Boda. *Chen Boda yi gao: yuzhong zishu ji qita* (Chen Boda's Manuscripts: Prison Autobiographical Notes and Other [Materials]). Hong Kong: Tiandi tushu youxian gongsi, 1998.

———. *Chen Boda zuihou koushu huiyi* (The Last Oral Reminiscences of Chen Boda). Rev. ed. Hong Kong: Xingke'er chubanshe youxian gongsi, 2005.

Ch'en Chieh-ju. *Chiang Kai-shek's Secret Past: The Memoirs of His Second Wife, Ch'en Chieh-ju.*

Boulder, CO: Westview Press, 1993.

Chen Geng. "Ot Nanchana do Svatou" (From Nanchang to Swatow). In *Vsiudu krasnye znamena: Vospominaniia i ocherki o vtoroi grazhdanskoi revoliutsionnoi voine* (Red Banners Everywhere: Reminiscences and Sketches of the Second Revolutionary Civil War), 13–20. Moscow: Voenizdat, 1957.

Chen Gongbo, and Zhou Fohai. *Chen Gongbo, Zhou Fohai huiyilu* (Reminiscences of Chen Gongbo, Zhou Fohai). Hong Kong: Chunqiu chubanshe, 1988.

Chen Pang-qu (Chen Tanqu). "Vospominaniia o I s"ezde Kompartii Kitaia" (Reminiscences of the First Congress of the CCP). *Kommunisticheskii Internatsional* (Communist International), no. 14 (1936): 96–99.

Cherepanov, Alexander Ivanovich. *Notes of a Military Adviser in China*. Translated by Alexandra O. Smith. Taipei: Office of Military History, 1970.

———. *Zapiski voennogo sovetnika v Kitae* (Notes of a Military Adviser in China). 2nd ed. Moscow: Nauka, 1976.

Chiang Ching-kuo. *My Days in Soviet Russia*. [Taipei, 1963].

Chiang Chung-cheng (Chiang Kai-shek). *Soviet Russia in China*. Translated under the direction of Madame Chiang Kai-shek. Rev., enlarged ed., with maps. New York: Farrar, Straus & Cudahy, 1958.

Chiang Kai-shek. "The Day I was Kidnapped." In Dun J. Li ed., *The Road to Communism: China Since 1912*, 135–41. New York: Van Nostrand Reinhold, 1969.

Ch'ü Chiu-pai. "My Confessions." In Dun J. Li, ed., *The Road to Communism: China Since 1912*, 159–76. New York: Van Nostrand Reinhold, 1969.

Chuev, Felix. *Molotov Remembers: Inside Kremlin Politics: Conversations with Felix Chuev*. Translated by Albert Resis. Chicago: I. R. Dee, 1993.

Cressy-Marcks, Violet. *Journey into China*. New York: Dutton, 1942.

Dalin, S. A. *Kitaiskie memuary, 1921–1927* (Chinese Memoirs, 1921–1927). Moscow: Nauka, 1975.

———. *V riadakh kitaiskoi revoliutsii* (In the Ranks of the Chinese Revolution). Moscow and Leningrad: Moskovskii rabochii, 1926.

Dedijer, Vladimir. *Tito Speaks*. London: Weidenfeld & Nicolson, 1953.

Deng Maomao. *My Father Deng Xiaoping*. New York: Basic Books, 1995.

Deng Rong. *Deng Xiaoping and the Cultural Revolution: A Daughter Recalls the Critical Years*. Translated by Sidney Shapiro. New York: Random House, 2005.

Deng Xiaoping. *Deng Xiaoping zishu* (Autobiographic Notes of Deng Xiaoping). Beijing: Jiefangjun chubanshe, 2004.

Deriabin, Peter S., and Joseph Culver Evans. *Inside Stalin's Kremlin: An Eyewitness Account of Brutality, Duplicity, and Intrigue*. Washington, DC: Brassey's, 1998.

Din-Savva, L. *Iz Moskvy da v Pekin: Vospominaniia* (From Moscow to Beijing: Memoirs). Tenafly, NJ: Hermitage, 2000.

Djilas, Milovan. *Conversations with Stalin*. Translated by Michael B. Petrovich. New York: Harcourt, Brace & World, 1962.

Emi Hsiao. *Mao Tszedun, Chzhu De: Vozhdi kitaiskogo naroda* (Mao Zedong, Zhu De: Leaders of the Chinese People). Moscow: Gosizdat, 1939.

Fedorenko, N. T. "Besedy s Mao Tszedunom na puti v Moskvu, Dekabr' 1949 g." (Talks with Mao Zedong on the Way to Moscow, December 1949). *Novaia i noveishaia istoriia* (Modern and contemporary history), no. 6 (1996): 124–35.

———. "Kak akademik P. F. Yudin redaktiroval Mao Tszeduna" (How Academician P. F. Yudin Edited Mao Zedong). *Problemy Dal'nego Vostoka* (Far Eastern affairs), no. 6 (1992): 74–78.

———. "Stalin i Mao: Besedy v Moskve" (Stalin and Mao: Conversations in Moscow). *Problemy Dal'nego Vostoka* (Far Eastern affairs), no. 1 (1989): 149–64.

———. "Vizit N. Khrushcheva v Pekin" (N. Khrushchev's Visit to Beijing). *Problemy Dal'nego*

Vostoka (Far Eastern affairs), no. 1 (1990): 121–28.

Fedotov, V. P. *Polveka vmeste s Kitaem: Vospominaniia, zapisi, razmyshleniia* (A Half Century Together with China: Reminiscences, Notes, Thoughts). Moscow: ROSSPEN, 2005.

Fischer, Louis. *Men and Politics: An Autobiography*. New York: Duell, Sloan & Pearce, 1941.

Forman, Harrison. *Report from Red China*. New York: Henry Holt, 1945.

———. *V Novom Kitae* (In New China). Moscow: Izdatel'stvo inostrannoi literatury, 1948.

Gromyko, A. A. *Pamiatnoe* (Remembered). 2 vols. Moscow: Politizdat, 1988.

———. *Pamiatnoe* (Remembered). 2 vols. 2nd, enlarged ed. Moscow: Politizdat, 1990.

Guo Shaotang. *Istoriko-memuarnie zapiski kitaiskogo revoliutsionera* (Historical Memoir Notes of a Chinese Revolutionary). Moscow: Nauka, 1990.

Heben Dazuo (Komoto Daisaku) et al. *Wo shasila Zhang Zuolin* (I Killed Zhang Zuolin). Changchun: Jilin wenshi chubanshe, 1986.

Hsü K'e-hsiang. "The Ma-jih Incident." In Dun J. Li, ed. *The Road to Communism: China Since 1912*, 91–95. New York: Van Nostrand Reinhold, 1969.

Huang Hua. "My Contacts with John Leighton Stuart After Nanjing's Liberation." *Chinese Historians* 5, no. 1 (Spring 1992): 47–56.

Huang Kecheng. "Lushan fengyun" (The Lushan Events). In Lu Lin and Chen Dejin, eds. *Hongse jiyi: Zhongguo gongchandang lishi koushu shilu (1949–1978)* (Red Reminiscences: True Oral Stories of the History of the Chinese Communist Party [1949–1978]), 422–44. Jinan: Shandong renmin chubanshe, 2002.

Huang Ping. *Wangshi huiyilu* (Reminiscences of the Past). Beijing: Renmin chubanshe, 1981.

Hume, Edward H. *Doctors East, Doctors West: An American Physician's Life in China*. London: Allen & Unwin, 1949.

Jiang Kanghu. *Xin E youji* (A Journey to the New Russia). Shanghai: Shangwu yingshuguan, 1923.

Jiang Song Meiling (Madam Chiang Kai-shek). *Yu Baoluoting tanhua huiyilu* (Conversations with Mikhail Borodin). Taibei: Yuancheng wenhua tushu gongyingshe, 1976.

Kapitsa, M. S. *Na raznykh paralleliakh: Zapiski diplomata* (On Various Parallels: Notes of a Diplomat). Moscow: Kniga i biznes, 1996.

Karmen, R. "God v Kitae" (A Year in China). *Znamia* (Banner), no. 8 (1940): 3–122.

Kartunova, A. I. "Vstrechi v Moskve s Tszian Tsin, zhenoi Mao Tszeduna" (Meetings in Moscow with Jiang Qing, the Wife of Mao Zedong). *Kentavr* (Centaur), 1–2 (1992): 121–27.

Kazanin, M. I. *V shtabe Bliukhera: Vospominaniia o kitaiskoi revoliutsii* (On Bliukher's Staff: Reminiscences of the Chinese Revolution). Moscow: Nauka, 1966.

Khrushchev, Nikita S. *Memoirs of Nikita Khrushchev*. 3 vols. Translated by George Shriver. University Park: Pennsylvania State University Press, 2007–2008.

———. *Vospominaniia: Izbrannye fragmenty* (Reminiscences: Selected Fragments). Moscow: Vagrius, 1997.

———. *Vremia, Liudi, Vlast': Vospominaniia* (Time, People, Power: Memoirs). 4 vols. Moscow: Moskovskie novosti, 1999.

Kissinger, Henry A. *White House Years*. Boston: Little, Brown, 1979.

———. *Years of Upheaval*. Boston: Little, Brown, 1982.

Klochko, Mikhail A. *Soviet Scientist in Red China*. Translated by Andrew MacAndrew. New York: Praeger, 1964.

Kong Dongmei. *Fankai wo jia laoyingji: Wo xinzhongde waigong Mao Zedong* (Opening the Old Photo Albums of My Family: My Grandfather Mao Zedong Is in My Heart). Beijing: Zhongyang wenxian chubanshe, 2003.

———. *Gaibian shijiede rizi: yu Wang Hairong tan Mao Zedong waijiao wangshi* (Days that Changed the World: Talking to Wang Hairong about Mao Zedong's Foreign Policy). Beijing: Zhongyang wenxian chubanshe, 2006.

———. "Mao Zedong, He Zizhen fufu: wei geming tongshi wu ge zinü" (A Couple Mao Zedong and He Zizhen: They Painfully Sacrificed Five Sons and Daughters for the Revolution). *Jiefang ribao* (Liberation daily), March 7, 2005.

————. *Ting waipo jiang neiguoqude shiqing — Mao Zedong yu He Zizhen* (Listening to Grandmother's Stories About Her Past — Mao Zedong and He Zizhen). Beijing: Zhongyang wenxian chubanshe, 2005.

Koval, K. I. "Moskovskiie peregovory I. V. Stalina s Chzhou En'laem v 1952 g. i N. S. Khrushcheva s Mao Tszedunom v 1954 g." (J. V. Stalin's Negotiations in Moscow with Zhou Enlai in 1952 and N. S. Khrushchev's with Mao Zedong in 1954). *Novaia i noveishaia istoriia* (Modern and contemporary history), no. 5 (1989): 104–19.

Kovalev, I. V. "Dialog Stalina s Mao Tszedunom" (Stalin's Dialogue with Mao Zedong). *Problemy Dal'nego Vostoka* (Far Eastern affairs), no. 6 (1991): 83–93; nos. 1–3 (1992): 77–91.

————. "Rossiia v Kitae (S missiei v Kitae)" (Russia in China: My Mission to China). *Duel'* (Duel), November 5, 11, 19, 25, December 3, 17, 1996, January 14, February 11, 25, March 25, April 8, 1997.

Krutikov, K. I. *Na kitaiskom napravleniu: Iz vospominanii diplomata* (Pointed Toward China: A Diplomat's Reminiscences). Moscow: IDV RAN, 2003.

Lamotte, Ellen N. *Peking Dust*. New York: Century, 1920.

Leung, Laifong. *Morning Sun: Interviews with Chinese Writers of the Lost Generation*. Armonk, NY: M. E. Sharpe, 1994.

Li Chongde. "Escorting Mao Zedong's Sons to Shanghai." In *Mao Zedong: Biography — Assessment — Reminiscences*, 222–26. Beijing: Foreign Languages Press, 1986.

Li Genqiao. *Zouxiang shentande Mao Zedong* (Mao Zedong Raised Up to the Sacred Throne). Beijing: Zhongwei wenhu chuban gongsi, 1989.

Li Jiaji, and Yang Qingwang. *Lingxiu shenbian shisan nian — Mao Zedong weishi Li Jiaji fangtan lu* (Thirteen Years at the Side of the Leader—Records of Conversations with Mao Zedong's Bodyguard Li Jiaji). 2 vols. Beijing: Zhongyang wenxian chubanshe, 2007.

Li Jing, ed. *Shihua shishuo Fengzeyuan* (True Stories About the Garden of Abundant Reservoirs). 2 vols. 4th ed. Beijing: Zhongguo qingnian chubanshe, 2010.

Li Min. *Moi otets Mao Tszedun* (My Father Mao Zedong). Beijing: Izdatel'stvo literatury na inostrannykh iazykakh, 2004.

Li Min, et al., eds. *Zhenshide Mao Zedong: Mao Zedong shenbian gongzuo renyuande huiyi* (The Real Mao Zedong: Recollections of People Who Worked with Mao Zedong). Beijing: Zhongyang wenxian chubanshe, 2004.

Li Rui. *Lushan huiyi shilu* (The True Record of the Lushan Plenum). Beijing: Chunqiu chubanshe/ Hunan jiaoyu chubanshe, 1989.

Li Ruilin. "Vosstanie v Ningdu" (Uprising in Ningdu). In *Vsiudu krasnye znamena: Vospominaniia i ocherki o vtoroi grazhdanskoi revoliutsionnoi voine* (Red Banners Everywhere: Reminiscences and Sketches of the Second Revolutionary Civil War), 52–58. Moscow: Voenizdat, 1957.

Li Sha. *Wode zhongguo yuanfen: Li Lisan furen Li Sha huiyilu* (My Chinese Fate: Memoirs of Li Lisan's Wife Li Sha). Beijing: Waiyu jiaoxue yu yanjiu chubanshe, 2009.

Li Weihan. *Huiyi yu yanjiu* (Reminiscences and Studies). 2 vols. Beijing: Zhonggongdang shi ziliao chubanshe, 1986.

Li Youjiu. "Deng Zihui yu nongye hezuohua yundong" (Deng Zihui and the Movement for Agricultural Cooperativization). In Lu Lin and Chen Dejin eds., *Hongse jiyi: Zhongguo gongchandang lishi koushu shilu (1949–1978)* (Red Reminiscences: True Oral Stories of the History of the Chinese Communist Party [1949–1978]), 241–50. Jinan: Shandong renmin chubanshe, 2002.

Li Yueran. "Mao zhuxi di erci fangwen Sulian" (Chairman Mao's Second Visit to the Soviet Union). In Li Min et al., eds. *Zhenshide Mao Zedong: Mao Zedong shenbian gongzuo renyuande huiyi* (The Real Mao Zedong: Recollections of People Who Worked with Mao Zedong), 566–78. Beijing: Zhongyang wenxian chubanshe, 2004.

———. *Waijiao wutai shang de xin Zhongguo lingxiu* (Leaders of New China in the Diplomatic Arena). Beijing: Waiyu jiaoxue yu yanjiu chubanshe, 1994.

Li Zhisui. *The Private Life of Chairman Mao: The Memoirs of Mao's Personal Physician*. Translated by Tai Hung-chao. New York: Random House, 1994.

Liu Shaoqi. *Liu Shaoqi zishu* (Autobiographical Notes of Liu Shaoqi). Beijing: Jiefangjun wenyi chubanshe, 2002.

Liu Xiao. *Chushi Sulian ba nian* (Eight Years as Ambassador to the USSR). Beijing: Zhonggong dangshi chubanshe, 1998.

Liu Xing. "Do i posle 'vosstaniia osennego urozhaia' " (Before and After the "Autumn Harvest Uprising"). In *Vsiudu krasnye znamena: Vospominaniia i ocherki o vtoroi grazhdanskoi revoliutsionnoi voine* (Red Banners Everywhere: Reminiscences and Sketches of the Second Revolutionary Civil War), 21–27. Moscow: Voenizdat, 1957.

Lominadze, Sergo. "Deviatnadtsatoe ianvaria" (January 19). *Znamia* (Banner) 11 (1997): 149–63.

Lu Lin, and Chen Dejin, eds. *Hongse jiyi: Zhongguo gongchandang lishi koushu shilu (1949–1978)* (Red Reminiscences: True Oral Stories of the History of the Chinese Communist Party [1949–1978]). 3 vols. Jinan: Shandong renmin chubanshe, 2002.

Luosu (Russell). "You E ganxiang" (Impressions of a Journey to Russia). *Xin qingnian* (New youth) 8, no. 2 (1920): 1–12.

Mao Xinyu. *Qinqingde niudai: xie zai yeye Mao Zedong danchen 110 zhounian* (Dear Links: In Commemoration of the 110th Anniversary of My Grandfather Mao Zedong's Birthday). Beijing: Zhongyang wenxian chubanshe, 2003.

———. *Wode bofu Mao Anying* (My Uncle Mao Anying). Beijing: Changcheng chubanshe, 2000.

———. *Yeye jili wo chengzhang* (Grandfather Influenced My Raising). Beijing: Zhongguo mangwen chubanshe, 2006.

———. *Yeye Mao Zedong* (Grandfather Mao Zedong). Beijing: Zhongguo mangwen chubanshe, 2003.

———. *Yeye shuai hongjun zouguo: Mao Xinyu hua changzheng* (Grandfather Leads the Red Army: Mao Xinyu Talks About the Long March). Beijing: Huawen chubanshe, 2007.

Mao Zedong: Biography — Assessment — Reminiscences. Beijing: Foreign Languages Press, 1986.

Mao Zedong. *Avtobiografiia; Stikhi* (Autobiography; Poems). Translated by A. Pantsov. Moscow: Rubezhi XXI veka, 2008.

———. *Mao Zedong zishu* (Autobiographical Notes of Mao Zedong). Beijing: Jiefangjun wenyi chubanshe, 2001.

———. *Mao Zedong zizhuan* (Autobiography of Mao Zedong). Hong Kong, n.d.

———. "Moia zhizn' " (My Life). *Internatsional'naia literatura* (International literature), no. 11 (1937): 101–11; no. 12 (1937): 95–101.

Martynov, A. A., et al., eds. *Velikii pokhod 1-go fronta Kitaiskoi raboche-krest'ianskoi krasnoi armii: Vospominaniia* (The Long March of the First Front Chinese Worker-Peasant Red Army: Reminiscences). Translated by A. A. Klyshko et al. Moscow: Izd-vo inostrannoi literatury, 1959.

Mikoyan, A. I. *Tak bylo: Razmyshleniia o minuvshem* (How It Was: Reflections on the Past). Moscow: Vagrius, 1999.

Montgomery of Alamein, Bernard Law, Field-Marshal the Viscount. *Three Continents: A Study of the Situation and Problems in Asia, Africa, and Central America, and the Relationship of Those Areas to Defence Policies in the 1960's and to the British Commonwealth*. London: Collins, 1962.

Nanwangde huiyi: Huainian Mao Zedong tongzhi (Unforgettable Recollections: Warmly Remembering Comrade Mao Zedong). Beijing: Zhongguo qingnian chubanshe, 1985.

Nie Rongzhen. *Inside the Red Star: The Memoirs of Marshal Nie Rongzhen*. Beijing: New World Press, 1983.

Nixon, Richard. *In the Arena: A Memoir of Victory, Defeat and Renewal*. New York: Simon & Schuster, 1990.

———. *RN: The Memoirs of Richard Nixon*. New York: Grosset & Dunlap, 1978.

Paniushkin, A. S. *Zapiski posla: Kitai 1939–1955 gg.* (Notes of the Ambassador: China 1939–1955). Moscow: IDV AN SSSR, 1981.

Pantsov, A. V. "Sud'ba kitaiskogo trotskista" (The Fate of a Chinese Trotskyist). *Problemy Dal'nego Vostoka* (Far Eastern affairs), no. 3 (1998): 97–107; no. 4 (1998): 81–90.

Peng Dehuai. *Memoirs of a Chinese Marshal: The Autobiographical Notes of Peng Dehuai (1898–1974)*. Translated by Zheng Longpu. Beijing: Foreign Languages Press, 1984.

———. *Memuary marshala* (Memoirs of a Marshal). Translated by A. V. Pantsov, V. N. Usov, and K. V. Sheveliev. Moscow: Voenizdat, 1988.

Peng Pai. *Zapiski Pen Paia* (Notes of Peng Pai). Translated by A. Ivin. Moscow: Zhurnal'no-gazetnoe ob"edinenie, 1938.

Pu Yi. *From Emperor to Citizen*. Translated by W. J. F. Jenner. New York: Oxford University Press, 1987.

Qiwu lao-ren (Bao Huiseng). "Do i posle obrazovaniia Kommunisticheskoi partii Kitaia" (Before and After the Formation of the Communist Party of China). *Rabochii klass i sovremennyi mir* (The working class and the contemporary world), no. 2 (1971): 117–27.

Qu Qiubai. *Superfluous Words*. Translated by Jamie Greenbaum. Canberra: Pandanus Books, 2006.

Quan Yanchi. *Mao Zedong: Man*, Not God. Beijing: Foreign Languages Press, 1992.

Rakhmanin, O. B. "Vzaimnootnosheniia mezhdu I. V. Stalinym i Mao Tszedunom glazami ochevidtsa" (Relations between J. V. Stalin and Mao Zedong Through the Eyes of an Eyewitness). *Novaia i noveishaia istoriia* (Modern and contemporary history), no. 1 (1998): 78–91.

Rittenberg, Sidney, and Amanda Bennett. *The Man Who Stayed Behind*. New York: Simon & Schuster, 1993.

Romm, M. *Ustnye rasskazy* (Oral Tales). Moscow: "Kinotsentr," 1991.

Russell, Bertrand. *The Autobiography of Bertrand Russell: 1914–1944*. Boston: Little, Brown, 1956.

Semenov, G. G. *Tri goda v Pekine: Zapiski voennogo sovetnika* (Three Years in Beijing: Notes of a Military Adviser). Moscow: Nauka, 1978.

Shao Hua. *Mao Zedong zhilu — zhuixun fuqinde zuji* (Mao Zedong's Road — Following in Father's Footsteps). Kunming: Yunnan jiaoyu chubanshe, 2001.

Shepilov, D. T. "Vospominaniia" (Reminiscences). *Voprosy istorii* (Problems of history), no. 9 (1998): 18–33; no. 10 (1998): 3–31.

Shi Zhe. *Feng yu gu — Shi Zhe huiyilu* (Summit and Abyss — Reminiscences of Shi Zhe). Beijing: Hongqi chubanshe, 1992.

———. *Zai lishi juren shenbian* (At the Side of Historical Titans). Rev. ed. Beijing: Zhongyang wenxian chubanshe, 1995.

Shi Zhe, and Li Haiwen. *Zhongsu guanxi jianzheng lu* (Eyewitness Notes on Sino-Soviet Relations). Beijing: Dangdai Zhongguo chubanshe, 2005.

Shi Zhe, and Shi Qiulang. *Wode yisheng — She Zhe zishu* (My Life — She Zhe's Reminiscences). Beijing: Renmin chubanshe, 2002.

Shipman, Charles. *It Had to Be Revolution: Memoirs of an American Radical*. Ithaca: Cornell University Press, 1993.

Siao-yu. *Mao Tse-tung and I Were Beggars*. Syracuse, NY: Syracuse University Press, 1959.

Simonov, Konstantin. *Istorii tiazhelaia voda* (The Heavy Water of History). Moscow: Vagris, 2005.

Sinuo lu, Wang Heng yi (Snow's recording, Wang Heng's translation). *Mao Zedong zizhuan* (Autobiography of Mao Zedong). Shanghai: Liming shuju, 1937.

————. *Mao Zedong zizhuan* (Autobiography of Mao Zedong). Beijing: Jiefangjun wenyi chubanshe, 2001.

Smedley, Agnes. *Battle Hymn of China*. New York: Knopf, 1943.

————. *China Fights Back: An American Woman with the Eighth Route Army*. New York: Vanguard Press, 1938.

————. *The Great Road: The Life and Times of Chu Teh*. New York: Monthly Review Press, 1956.

Snow, Edgar. "A Conversation with Mao Tse-tung." *Life*, April 30, 1971, 46–48.

————. *Geroicheskii narod Kitaia* (Heroic People of China). Translated by L. Mirtseva. Moscow: "Molodaia gvardiia," 1938.

————. *Journey to the Beginning*. New York: Random House, 1958.

————. *The Long Revolution*. New York: Random House, 1972.

————. *The Other Side of the River: Red China Today*. New York: Random House, 1962.

————. *Random Notes on Red China (1936–1945)*. Cambridge, MA: East Asian Research Center, Harvard University, 1957.

————. *Red Star Over China*. London: Victor Gollancz, 1937.

Snow, Helen Foster (Nym Wales). *The Chinese Communists: Sketches and Autobiographies of the Old Guard*. Westport, CT: Greenwood, 1972.

————. *Inside Red China*. New York: Da Capo Press, 1977.

————. *My China Years*. New York: Morrow, 1984.

Snow, Lois Wheeler. *A Death with Dignity: When the Chinese Came*. New York: Random House, [1975].

————. *Edgar Snow's China: A Personal Account of the Chinese Revolution Compiled from the Writings of Edgar Snow*. New York: Random House, 1981.

Sun Yong. *Zai Mao zhuxi shenbian ershi nian* (Twenty Years at the Side of Chairman Mao). Beijing: Zhongyang wenxian chubanshe, 2010.

Tikhvinsky, S. L. "Kitai v moei zhizni" (China in My Life). *Problemy Dal'nego Vostoka* (Far Eastern affairs), no. 3 (1989): 104–19; no. 4 (1989): 103–17; no. 4 (1990): 103–12; no. 5 (1990): 99–108.

Utley, Freda. *China at War*. New York: John Day, 1939.

Vereshchagin, B. N. *V starom i novom Kitae: Iz vospominanii diplomata* (In Old and New China: Reminiscences of a Diplomat). Moscow: IDV RAN, 1999.

Vidali, Vittorio. *Diary of the Twentieth Congress of the Communist Party of the Soviet Union*. Translated by Nell Amter Cattonar and A. M. Elliot. Westport, CT: Lawrence Hill/Journeyman Press, 1974.

Vishnevskaia, Galina. *Galina. Istoriia zhizni* (Galina: A Life Story). Moscow: Gorizont, 1991.

Vishniakova-Akimova, V. V. *Dva goda v vostavshem Kitae, 1925–1927: Vospominaniia* (Two Years in Revolutionary China, 1925–1927: Memoirs). Moscow: Nauka, 1965.

————. *Two Years in Revolutionary China, 1925–1927*. Translated by Steven I. Levine. Cambridge, MA: East Asian Research Center, Harvard University, 1971.

Vladimirov, P. P. *Osobyi raion Kitaia 1942–1945* (Special Region of China 1942–1945). Moscow: APN, 1975.

Voitinsky, G. "Moi vstrechi s Sun Yat-senom" (My Meetings with Sun Yat-sen). *Pravda*(Truth), March 15, 1925.

Vsiudu krasnye znamena: Vospominaniia i ocherki o vtoroi grazhdanskoi revoliutsionnoi voine (Red Banners Everywhere: Reminiscences and Sketches of the Second Revolutionary Civil War). Moscow: Voenizdat, 1957.

Wales, Nym. *My Yenan Notebooks*. Madison, CT: Morrow, 1961.

Wang Fanxi. *Shuangshan huiyilu* (Memoirs of Shuangshan). Hong Kong: Zhou, 1977.

Wang Guangmei, and Liu Yuan. *Ni suo bu zhidaode Liu Shaoqi* (The Unknown Liu Shaoqi). Zhengzhou: Henan renmin chubanshe, 2000.

Wang Hebin. *Jinshi shusheng — Mao Zedong mishu jiedu Maoti moji* (The Great, Internationally Recognized Master of Calligraphy — Mao Zedong's Secretary Deciphers Mao's Handwriting). Beijing: Changzheng chubanshe, 2004.

Wang Ming. *Mao's Betrayal.* Translated by Vic Schneierson. Moscow: Progress, 1979.

Witke, Roxane. *Comrade Chiang Ch'ing.* Boston: Little, Brown, 1977.

Wu Lengxi. *Shinian lunduan: Zhongsu guanxi huiyilu (1956–1966)* (The Ten-Year Debate: Memoirs of Sino-Soviet Relations [1956–1966]). 2 vols. Beijing: Zhongyang wenxian chubanshe, 1999.

———. *Yi Mao zhuxi: Wo qinshen jinglide ruogan zhongda lishi shijian pianduan* (Remembering Chairman Mao: Some Important Historical Events from My Own Life). Beijing: Xinhua chubanshe, 1995.

Wu Liangping. "Qianyan." In Wu Liangping, ed. *Mao Zedong yi jiu san liu nian tong Sinuode tanhua: guanyu zijide geming jingli he hongjun changzheng deng wenti* (Mao Zedong's 1936 Talks with Snow: On his Revolutionary road, the Red Army Long March, and Other Questions), 1–9. Beijing: Renmin chubanshe, 1979.

Xiao Jingguang. "Fusu xuexi qianhou" (Before and After Studying in the Soviet Union). *Gemingshi ziliao* (Materials on revolutionary history), Beijing, no. 3 (1981): 1–21.

Xue Muqiao. "Huainian weidade makesizhuyizhe Liu Shaoqi tongzhi" (Warmly Remembering the Great Marxist Comrade Liu Shaoqi). *Guangming ribao* (Enlightenment daily), November 24, 1988.

Yakovlev, M. I. *17 let v Kitae* (Seventeen Years in China). Moscow: Politizdat, 1981.

Yan Wen (A. G. Krymov). "Vospominanie o 'dvizhenii 4 maia'" (Reminiscences of the 'May Fourth Movement'). In A. G. Afanasiev (A. G. Krymov), ed., *Dvizhenie 4 maia 1919 goda v Kitae: Sbornik statei* (The May 4, 1919, Movement in China: Collected Articles), 128–31. Moscow: Nauka, 1971.

Yang, Rae. *Spider Eaters: A Memoir.* Berkeley: University of California Press, 1997.

Yang Shangkun. *Yang Shangkun huiyilu* (Memoirs of Yang Shangkun). Beijing: Zhongyang wenxian chubanshe, 2001.

Ye Zilong. *Ye Zilong huiyilu* (Memoirs of Ye Zilong). Beijing: Zhongyang wenxian chubanshe, 2000.

Yu Guangyuan. *Wo yi Deng Xiaoping* (I Remember Deng Xiaoping). Hong Kong: Shidai guoji chuban youxian gongsi, 2005.

Zhang Yaoci. *Zhang Yaoci huiyilu — Zai Mao zhuxi shenbiande rizi* (Memoirs of Zhang Yaoci — Days at the Side of Chairman Mao). Beijing: Zhonggong dangshi chubanshe, 2008.

Zhang Yufeng. "Neskol'ko shtrikhov k kartine poslednikh let zhizni Mao Tszeduna, Chzhou Enlaia" (Some Brushstrokes Toward a Picture of the Last Years of Mao Zedong and Zhou Enlai). In Yu. N. Galenovich, *Smert' Mao Tszeduna* (The Death of Mao Zedong), 79–106. Moscow: Izd-vo "Izograf," 2005.

Zhang Yunsheng, and Zhang Congkun. *"Wen ge" qijian wo gei Lin Biao dang mishu* (I Served as Lin Biao's Secretary during the "Cultural Revolution"). 2 vols. Hong Kong: Xianggang Zhonghua ernü chubanshe youxian gongsi, 2003.

Zheng Chaolin. *An Oppositionist for Life: Memoirs of the Chinese Revolutionary Zheng Chaolin.* Translated by Gregor Benton. Atlantic Highlands, NJ: Humanities Press, 1997.

———. *Zheng Chaolin huiyilu* (Memoirs of Zheng Chaolin). [Hong Kong], 1982.

Zhou Enlai. *Zhou Enlai zishu* (Autobiographical Notes of Zhou Enlai). Beijing: Jiefangjun wenyi chubanshe, 2002.

Zhou Lipo. "A Visit to His Hometown." In *Mao Zedong: Biography — Assessment — Reminiscences*, 233–38. Beijing: Foreign Languages Press, 1986.

Zhou Shizhao, et al. *Wusi yundong zai Hunan* (The May Fourth Movement in Hunan). Changsha: Hunan renmin chubanshe, 1959.

Zhu Zhongli. *Cancan hongye* (A Bright Red Leaf). Changsha: Hunan renmin chubanshe, 1985.

신문 및 간행물

Bainian chao (Century tides). Beijing, 2001–2005.

Biulleten' IV Kongressa Kommunisticheskogo Internatsionala (Bulletin of the Fourth Congress of the Communist International). Moscow, 1922.

Biulleten' oppozitsii (bol'shevikov-lenintsev) (Bulletin of the opposition of the Bolsheviks and Leninists). Paris, New York, 1929–1941.

Bolshevik (Bolshevik). Moscow, 1925–1927.

The China Quarterly. London, 1960–2009.

Chinese Historians, College Park, MD, 1990–1996.

Cold War International History Bulletin. Washington, D.C., 1992–2008.

Dangbao (Party paper). Shanghai, 1923–1924.

Dangshi yanjiu (Studies on party history). Beijing, 1986–1987.

Dangshi yanjiu ziliao (Study materials on party history). Beijing, 1979–2009.

Duel' (Duel). Moscow, 1996–1997.

Ershiyi shiji (The Twenty-first century). Hong Kong, 2007.

Europe-Asia Studies. Glasgow, 1994.

Far Eastern Survey, New York, 1939.

Gemingshi ziliao (Materials on revolutionary history). Beijing, 1981.

Gemingshi ziliao (Materials on revolutionary history). Shanghai, 1986.

Guangming ribao (Enlightenment daily). Beijing, 1988.

Guoji gongyun (International communist movement). Beijing, 1983.

Hongqi (Red Flag). Beijing, 1981.

International Journal of the Legal Profession. Abingdon, Oxfordshire, U.K., 1999.

Internatsional'naia literatura (International literature). Moscow, 1937.

Istoricheskii arkhiv (Historical archive). Moscow, 1992–1996.

Izvestiia (News). Moscow, 1994.

Izvestiia TsK KPSS (News of the CPSU CC). Moscow, 1989–1991.

Issues & Studies. Taipei, 1994–2005.

Jiefang ribao (Liberation daily). Beijing, 2005.

Jindaishi yanjiu (Studies in modern history). Shanghai, 1985–2009.

Kanton (Canton). Canton, 1927.

Kentavr (Centaur). Moscow, 1992.

Kommunist (The Communist). Moscow, 1964–1966.

Kommunisticheskii Internatsional (Communist International). Moscow, 1920–1927, 1934, 1936.

Life. New York, 1971.

Lishi yanjiu (Studies in history). Beijing, 1998.

Lishi jiaoxue (Teaching of history). Tianjin, 2005.

Mao Zedong sixiang yanjiu (Studies in Mao Zedong Thought). Chengdu, 1990.

Minguo dang'an (Republican archives). Nanjing, 1998.

Minguo ribao (Republican daily). Shanghai, 1917.

Moskovskii komsomolets (Moscow Young Communist). Moscow, 2002.

Narody Azii i Afriki (Peoples of Asia and Africa). Moscow, 1972–1976.

Nezavisimoe voennoe obozrenie (Independent military review). Moscow, 2008.

Novaia i noveishaia istoriia (Modern and contemporary history). Moscow, 1989–2011.

Ogonek (Little light). Moscow, 1999.

Pravda, (Truth). Petrograd-Moscow, 1917–2009.

Problemy Dal'nego Vostoka (Far Eastern Affairs). Moscow.

Problemy Kitaia (Problems of China). Moscow, 1929.

Problemy vostokovedeniia (Problems of Oriental studies). Moscow, 1960.

Rabochii klass i sovremennyi mir (The working class and the contemporary world). Moscow, 1971–1982.

Renmin ribao (People's daily). Beijing, 1949–1983.

Renmin zhengxie bao (Newspaper of the Chinese People's Political Consultative Conference). Beijing, 2004.

Republican China. Urbana, IL, 1994.

Rossia. Kitai. XXI vek (Russia. China. The 21st Century). Moscow, 2006–2007.

Russian History. Pittsburgh, PA, 2002.

Segodnia (Today). Ukraine, 1989.

Shanghai shifan xueyuan xuebao (Herald of Shanghai Normal Institute). Shanghai, 1984.

Twentieth-Century China. Columbus, OH, 2008.

Vestnik Moskovskogo Universiteta (Herald of Moscow University). Series 13: Vostokovedenie (Oriental studies). Moscow, 2005.

Voprosy istorii (Problems of history). Moscow, 1990.

Voprosy istorii KPSS (Problems of history of the Communist Party of the Soviet Union). Moscow, 1958.

Vremia novostei (News hour). Moscow, 2004.

Wenshi cankao (History reference). Beijing, 2010.

Xianqu (Pioneer). Beijing, 1922–1923.

Xiangjiang pinglun (Xiang River review). Changsha, 1919.

Xin Hunan (New Hunan). Changsha, 1919.

Xin qingnian (New youth). Shanghai, 1919–1925.

Xin Zhonghua bao (New China). Yan'an, 1939.

Xinmin wanbao (The renovation of people evening newspaper). Shanghai, 2004.

Za rubezhom (Abroad). Moscow, 1934.

Zhongguo xiandaishi (Contemporary history of China). Beijing, 1989–2003.

Zhuanji wenxue (Biographical literature). Taipei, 2004.

Znamia (Banner). Moscow, 1940, 1997.

2차 자료

Afanasiev, A. G. (A. G. Krymov), ed. *Dvizhenie "4 maia" 1919 goda v Kitae. Sbornik statei* (The May 4, 1919, Movement in China: Collected Articles). Moscow: Nauka, 1971.

All About Shanghai and Environs: A Standard Guide Book: Historical and Contemporary Facts and Statistics. Shanghai: University Press, 1934.

Averill, Stephen C. "The Origins of the Futian Incident." In Tony Saich and Hans J. van de Ven, eds. *New Perspectives on the Chinese Communist Revolution*, 79–115. Armonk, NY: M. E. Sharpe, 1995.

Barnouin, Barbara, and Yu Changgen. *Ten Years of Turbulence: The Chinese Cultural Revolution*. London: Kegan Paul International, 1993.

Becker, Jasper. *Hungry Ghosts: Mao's Secret Famine*. New York: Free Press, 1996.

Benton, Gregor. *China's Urban Revolutionaries: Explorations in the History of Chinese Trotskyism*. Atlantic Highlands, NJ: Humanities Press, 1996.

Benton, Gregor, and Lin Chun, eds. *Was Mao Really a Monster? The Academic Response to Chang* and Halliday's *"Mao: The Unknown Story."* London: Routledge, 2010.

Bernal, Martin. *Chinese Socialism to 1907.* Ithaca, NY: Cornell University Press, 1976.

Bianco, Lucian. *Peasants Without the Party: Grass-roots Movements in Twentieth-Century China.* Armonk, NY: M. E. Sharpe, 2001.

Bing, Dov. "Sneevliet and the Early Years of the CCP." *China Quarterly,* no. 48 (1971): 687–95.

Bisson, T. A. "China's Part in a Coalition War." *Far Eastern Survey,* no. 12 (1939): 139.

Bony, L. D. "Mekhanizm iz"iatiia tovarnogo zerna v KNR (50'e gody)" (The Mechanism of Grain Acquisition in the PRC in the 1950s). In L. P. Deliusin, ed. *Kitai: Gosudarstvo i obshchestvo* (China: State and Society), 275–95. Moscow: Nauka, 1977.

Borisov, O. (O. B. Rakhmanin). *Iz istorii sovetsko-kitaiskikh otnoshenii v 50-kh godakh (k diskussii v KNR o Mao Tszedune)* (On the History of Sino-Soviet Relations in the 1950s: Regarding the Discussion in the PRC on Mao Zedong). Moscow: Mezhdunarodnye otnosheniia, 1981.

Borokh, L. N. *Konfutsianstvo i evropeiskaia mysl' na rubezhe XIX–XX vekov: Lian Tsichao i teoriia obnovleniia naroda* (Confucianism and European Thought at the Turn of the Nineteenth–Twentieth Centuries: Liang Qichao and the Renovation of the People Theory). Moscow: Nauka, 2001.

———. *Obshchestvennaia mysl' Kitaia i sotsialism (nachalo XX v.).* (Social Thought in China and Socialism in the Early Twentieth Century). Moscow: Nauka, 1984.

Burlatskii, F. *Mao Zedong.* Moscow: Ripol Classic, 2003.

———. *Mao Zedong i ego nasledniki* (Mao Zedong and His Successors). Moscow: Mezhdunarodnye otnosheniia, 1979.

———. *Mao Zedong: "Nash koronnyi nomer — eto voina, diktatura . . ."* (Mao Zedong: "Our Main Act Is War, and Dictatorship . . ."). Moscow: Mezhdunarodnye otnosheniia, 1976.

———. *Mao Zedong, Tsian Tsin and sovetnik Den* (Mao Zedong, Jiang Qing and the Adviser Deng). Moscow: Eksmo-press, 2003.

———. *Nikita Khrushchev.* Moscow: Ripol Classic, 2003.

Byron, John, and Robert Pack. *The Claws of the Dragon: Kang Sheng — The Evil Genius Behind Mao and His Legacy of Terror in People's China.* New York: Simon & Schuster, 1992.

Carter, Carrole J. *Mission to Yenan: American Liaison with the Chinese Communists 1944–1947.* Lexington: University Press of Kentucky, 1997.

Carter, Peter. *Mao.* New York: New American Library, 1980.

Chang, Jung, and Jon Halliday. *Mao: The Unknown Story.* London: Jonathan Cape, 2005.

Chang Kuo-hsing. *Mao Tse-tung and His China.* Hong Kong: Heinemann, 1978.

Chao Feng, ed. *"Wenhua da geming" cidian* (Dictionary of the Great Cultural Revolution). Taibei: Taiwan donghua shuju gufen youxian gongsi, 1993.

Cheek, Timothy, ed. *A Critical Introduction to Mao.* Cambridge: Cambridge University Press, 2010.

Chen Aifei, and Cao Zhiwei. *Zouchu guomende Mao Zedong* (Mao Zedong Abroad). Shijiazhuang: Hebei renmin chubanshe, 2001.

Chen, Jêrome. *Mao.* Englewood Cliffs, NJ: Prentice-Hall, [1969].

———. *Mao and the Chinese Revolution.* New York: Oxford University Press, [1970].

Chen Jian. *China's Road to the Korean War. The Making of the Sino-American Confrontation.* New York: Columbia University Press, 1994.

———. "A Crucial Step towards the Breakdown of the Sino-Soviet Alliance: The Withdrawal of Soviet Experts from China in July 1960." *CWIHP Bulletin,* nos. 8–9 (1996/1997): 246, 249–50.

———. *Mao's China and the Cold War.* Chapel Hill: University of North Carolina Press, 2001.

———. "The Sino-Soviet Alliance and China's Entry into the Korean War." *CWIHP Working Paper,* no. 1 (June 1992).

Chen Jian, and Yang Kuisong. "Chinese Politics and the Collapse of the Sino-Soviet Alliance." In O. Arne Westad, ed. *Brothers in Arms: The Rise and Fall of the Sino-Soviet Alliance, 1945–1963,* 246–94. Stanford, CA: Stanford University Press, 1998.

Chen Qingquan, and Song Guangwei. *Lu Dingyi zhuan* (Biography of Lu Dingyi). Beijing: Zhonggong dangshi chubanshe, 1999.

Chen Yutang. *Zhonggong dangshi renwu bieming lu (zihao, biming, huaming)* (Collection of Pseudonyms of CCP Historical Personalities [Aliases, Pen Names, Other Names]). Beijing: Hongqi chubanshe, 1985.

Chen Zhiling. "Li Fuchun." In Hu Hua, ed., *Zhonggongdang shi renwu zhuan* (Biographies of Persons in the History of the CCP), vol. 44, 1–112. Xi'an: Shaanxi renmin chubanshe, 1990.

Cheng Bo. *Zhonggong "bada" juece neimu* (Behind the Scenes Decision-making at the Eighth Congress of the CCP). Beijing: Zhonggong dang'an chubanshe, 1999.

Chow Tse-tsung. *The May Fourth Movement: Intellectual Revolution in Modern China*. Cambridge, MA: Harvard University Press, 1960.

Clodfelter, Micheal. *Warfare and Armed Conflicts: A Statistical Encyclopedia of Casualty and Other Figures, 1494–2007*. 3rd ed. Jefferson, NC: McFarland, 2008.

Confucius. *The Analects of Confucius*. Translated by Simon Leys. New York: Norton, 1997.

Cooper, Jerome. "Lawyers in China and the Rule of Law." *International Journal of the Legal Profession* 6, no. 1 (1999): 71–89.

Cormack, J. G. *Chinese Birthday, Wedding, Funeral, and Other Customs*. Peking and Tientsin: La Librairie française, 1923.

Courtois, Stéphane, et al. *The Black Book of Communism: Crimes, Terror, Repression*. Translated by Jonathan Murphy and Mark Kramer. Cambridge, MA: Harvard University Press, 1999.

Davin, Delia. *Mao Zedong*. Gloucestershire, UK: Sutton, 1997.

Deliusin, L. P. *Spor o sotsializme: Iz istorii obshchestvenno-politicheskoi mysli Kitaia v nachale 20-kh godov* (The Dispute over Socialism: From the History of Socio-Political Thought in China in the Early 1920s). Moscow: Nauka, 1970.

Deliusin, L. P., and A. S. Kostiaeva. *Revoliutsiia 1925–1927 v Kitae: Problemy i otsenki* (The Revolution of 1925–1927 in China: Problems and Assessment). Moscow: Nauka, 1985.

Dikötter, Frank. *Mao's Great Famine: The History of China's Most Devastating Catastrophe, 1958–1962*. New York: Walker, 2010.

Dillon, Michael, ed. *China: A Cultural and Historical Dictionary*. Richmond, UK: Curzon Press, 1998.

Dittmer, Lowell. *Liu Shao-ch'i and the Chinese Revolution: The Politics of Mass Criticism*. Berkeley: University of California Press, 1974.

Dong Wang. "The Quarreling Brothers: New Chinese Archives and a Reappraisal of the Sino-Soviet Split, 1959–1962." *CWIHP Working Paper*, no. 36 (April 2002): 1–80.

Dostoevsky, Fyodor. *The Brothers Karamazov*. Translated by Constance Garnett. New York: Modern Library, 1996.

———. *Crime and Punishment*. Translated by Constance Garnett. New York: Modern Library, 1994.

———. *Possessed*. Translated by Constance Garnett. 2 vols. New York: Dutton, 1960.

Ehrenburg, G. "K voprosu o kharaktere i osobennostiakh narodnoi demokratii v Kitae" (On the Nature and Characteristics of People's Democracy in China). In L. V. Simonovskaia and M. F. Yuriev, eds. *Sbornik statei po istorii stran Dal'nego Vostoka* (Collection of Articles on the History of the Countries of the Far East), 5–21. Moscow: Izdatel'stvo MGU, 1952.

———. "Mao Tszedun" (Mao Zedong). *Za rubezhom* (Abroad), no. 31 (63) (1992): 15.

———. *Sovetskii Kitai* (Soviet China). Moscow: Partizdat, 1933.

———. *Sovetskoe dvizhenie v Kitae* (The Soviet Movement in China). Moscow, 1933.

Erbaugh, Mary S. "The Secret History of the Hakkas: The Chinese Revolution as a Hakka Enterprise." *China Quarterly*, no. 132 (1992): 937–68.

Esherick, Joseph W. *Reform and Revolution in China: The 1911 Revolution in Hunan and Hubei*. Berkeley: University of California Press, 1976.

Evans, Richard. *Deng Xiaoping and the Making of Modern China*. Rev. ed. London: Penguin, 1997.

Fairbank, John King. *The United States and China*. Cambridge, MA: Harvard University Press, 1948.

Faligot, Roger, and Rémi Kauffer. *The Chinese Secret Service*. Trans. Christine Donougher. New York: Morrow, 1989.

Fang Daming, and Yang Busheng. "Yang Kaihui." In Hu Hua, ed. *Zhonggongdang shi renwu zhuan* (Biographies of Persons in the History of the CCP). Vol. 14, 246–59. Xi'an: Shaanxi renmin chubanshe, 1985.

Farnsworth, Robert M. *From Vagabond to Journalist: Edgar Snow in Asia 1928–1941*. Columbia: University of Missouri Press, 1996.

Feigon, Lee. *Chen Duxiu: Founder of the Chinese Communist Party*. Princeton, NJ: Princeton University Press, 1983.

———. *Mao. A Reinterpretation*. Chicago: Ivan R. Dee, 2002.

Fenby, Jonathan. *Chiang Kai-shek: China's Generalissimo and the Nation He Lost*. New York: Carroll & Graf, 2004.

Firsov, F. *Sekretnye kody Kominterna 1919–1943* (Secret Codes of the Comintern 1919–1943). Moscow: AIRO-XX/Kraft+, 2007.

Galbiati, Fernando. *P'eng P'ai and the Hai-lu-feng Soviet*. Stanford, CA: Stanford University Press, 1985.

Galenovich, Yu. N. *Peng Dehuai i Mao Tszedun: Politicheskie lidery Kitaia XX veka* (Peng Dehuai and Mao Zedong: Political Leaders of Twentieth Century China). Moscow: Ogni, 2005.

———. *Smert' Mao Tszeduna* (The Death of Mao Zedong). Moscow: Izd-vo "Izograf," 2005.

Galitskii, V. P. *Tszian Tszinguo: Tragedia i triumf syna Chan Kaishi* (Jiang Jingguo: The Tragedy and Triumph of Chiang Kai-shek's Son). Moscow: RAU-Universitet, 2002.

Gan Hailan, ed. *Lao She nianpu* (Chronological Biography of Lao She). Beijing: Shumu wenxian chubanshe/Xinhua shudian jingxiao, 1989.

Ganshin, G., and T. Zazerskaia. "Ukhaby na doroge 'bratskoi druzhby' " (Potholes on the Road of "Fraternal Friendship"). *Problemy Da'nego Vostoka* (Far Eastern affairs), no. 6 (1994): 67–72.

Gao Hua. *Hong taiyang shi zen me yang shengqi de: Yan'an zhengfeng yundong lailong qumai* (How the Red Sun Rose: Analysis of the Yan'an Rectification Movement). Hong Kong: Zhongwen daxue chubanshe, 2000.

Gao, Mobo G. G. *Gao Village: A Portrait of Rural Life in Modern China*. Honolulu: University of Hawai'i Press, 1999.

Gao Wenqian. *Zhou Enlai: The Last Perfect Revolutionary: A Biography*. Trans. Peter Rand and Lawrence R. Sullivan. New York: PublicAffairs, 2007.

Garushiants, Yu. M. *Dvizhenie 4 maia v Kitae* (The May Fourth Movement in China). Moscow: Nauka, 1959.

Garver, John W. *Chinese-Soviet Relations, 1937–1945: The Diplomacy of Chinese Nationalism*. New York: Oxford University Press, 1988.

Geil, William Edgar. *Eighteen Capitals of China*. Philadelphia: Lippincott, 1911.

Gel'bras, V. G. *Sotsial'no-politicheskaiia struktura KNR, 50–60-e gody* (The Social-Political Structure of the PRC in the 1950s and 1960s). Moscow: Nauka, 1980.

Glunin, V. I. "The Comintern and the Rise of the Communist Movement in China (1920–1927)." In R. A. Ulianovskii, ed. *The Comintern and the East: The Struggle for Leninist Strategy and Tactics in the National Liberation Movement*, 280–388. Moscow: Progress, 1969.

———. "Grigorii Voitinsky, 1893–1953." In G. V. Astafiev et al., eds. *Vidnye sovietskie kommunisty — uchastniki kitaiskoi revoliutsii* (Prominent Soviet Communists — Participants in the Chinese Revolution). Moscow: Nauka, 1970.

———. *Komintern i stanovlenie kommunisticheskogo dvizheniia v Kitae*, 1920–1927 (The Comintern and the Rise of the Communist Movement in China, 1920–1927). In R. A. Ulianovskii, ed. *Komintern i Vostok: Bor'ba za leninskuiu strategiiu i taktiku v natsional'no-*

osvoboditel'nom dvizhenii (The Comintern and the East: The Struggle for Leninist Strategy and Tactics in the National Liberation Movement). Moscow: Nauka, 1968.

―――. *Kommunisticheskaia partiia Kitaia nakanune i vo vremia natsional'noi revoliutsii 1925– 1927 gg.* (The Chinese Communist Party on the Eve and during the 1925–1927 National Revolution). 2 vols. Moscow: IDV AN SSSR, 1975.

Glunin, V. I., and A. S. Mugruzin. "Krest'ianstvo v kitaiskoi revoliutsii" (The Peasantry in the Chinese Revolution). In R. A. Ulyanovsky, ed. *Revoliutsionnyi protsess na Vostoke: Istoriia i sovremennost'* (The Revolutionary Process in the East: History and the Present), 111–65. Moscow: Nauka, 1982.

Gogol, N. V. *Dead Souls: A Poem.* Oxford: Oxford University Press, 1998.

Goncharenko, Sergei. "Sino-Soviet Military Cooperation." In O. Arne Westad, ed. *Brothers in Arms: The Rise and Fall of the Sino-Soviet Alliance, 1945–1963*, 141–64. Stanford, CA: Stanford University Press, 1998.

Goncharov, Sergei N., John W. Lewis, and Xue Litai. *Uncertain Partners: Stalin, Mao, and the Korean War.* Stanford, CA: Stanford University Press, 1993.

Gong Yuzhi, Pang Xiangzhi, and Shi Zhongquan. *Mao Zedongde dushu shenghuo* (Mao Zedong as a Reader). Beijing: Shenghuo. Dushu. Xinzhi sanlian shudian, 1986.

Grigoriev, A. M. *Antiimperialisticheskaia programma kitaiskikh burzhuaznykh revoliutsionerov (1895–1905)* (The Anti-imperialist Program of the Chinese Bourgeois Revolutionaries [1895–1905]). Moscow: Nauka, 1966.

―――. *Kommunisticheskaia partiia Kitaia v nachal'nyi period sovetskogo dvizheniia (iul' 1927 g.– sentiabr' 1931 g.)* (The Communist Party of China in the Initial Soviet Movement Period, July 1927–September 1931). Moscow: IDV AN SSSR, 1976.

Gu Ci. "Xiang Jingyu." In Hu Hua, ed. *Zhonggongdang shi renwu zhuan* (Biographies of Persons in the History of the CCP). Vol. 6, 58–90. Xi'an: Shaanxi renmin chubanshe, 1982.

Guo Jinrong. *Zoujin Mao Zedongde zuihou suiyue* (Entering the Last Years and Months of Mao Zedong's Life). Beijing: Zhonggong dangshi chubanshe, 2009.

Hai Lude. *Shenghuozhongde Mao Zedong* (Mao Zedong in Life). Beijing: Hualing chubanshe, 1989.

Hamilton, John Maxwell. *Edgar Snow: A Biography.* Bloomington: Indiana University Press, 1988.

Hamilton, Nigel. *Monty: Final Years of the Field-Marshal, 1944–1976.* New York: McGraw-Hill, 1987.

Han Yide, et al. *Li Dazhao shengping jinian* (Biographical Chronicle of Li Dazhao). Harbin: Heilongjiang renmin chubanshe, 1987.

Hastings, Max. *The Korean War.* New York: Simon & Schuster, 1987.

He Ganzhi. *Istoriia sovremennoi revoliutsii v Kitae* (History of the Contemporary Revolution in China). Moscow: Izdatel'stvo inostrannoi literatury, 1959.

He Long nianpu (Chronological Biography of He Long). Beijing: Zhonggong zhongyang dangxiao chubanshe, 1988.

Heinzig, Dieter. *The Soviet Union and Communist China 1945–1950: The Arduous Road to the Alliance.* Armonk, NY: M. E. Sharpe, 2004.

History of the Chinese Communist Party—A Chronology of Events (1919–1990). Beijing: Foreign Languages Press, 1991.

Hofheinz, Roy, Jr. *The Broken Wave: The Chinese Communist Peasant Movement.* Cambridge, MA: Harvard University Press, 1977.

Holubnychy, Lydia. *Michael Borodin and the Chinese Revolution, 1923–1925.* New York: Columbia University Press, 1979.

Horváth, George Pálóczi. *Mao Tse-tung: Emperor of the Blue Ants.* London: Secker & Warburg, 1962.

Hsiao Tso-liang. *Power Relations within the Chinese Communist Movement, 1930–1934: A Study of Documents.* Seattle: University of Washington Press, 1967.

Hu Sheng, et al. *Zhongguo Gongchandang qishi nian* (Seventy Years of the Chinese Communist Party). Beijing: Zhonggong dangshi chubanshe, 1991.

Huang Lingjun, "Liu Shaoqi yu dayuejin" (Liu Shaoqi and the Great Leap Forward). *Zhongguo xiandaishi* (Contemporary history of China), no. 7 (2003): 107–11.

Huang Qijun. "Wang Jiaxian 1937 nian qu gongchan guojide jianyao jingguo" (A Brief History of Wang Jiaxiang's Trip to the Comintern in 1937). *Dangshi yanjiu* (Studies on party history), no. 6 (1987): 184–85.

———. "Yi jiu san liu nian Deng Fa qu gongchan guojide jianyao jingguo" (Brief Summary of Deng Fa's Trip to the Comintern in 1936). *Dangshi yanjiu* (Studies on party history), no. 5 (1986): 73–74.

Huang Zheng. "Mao Anying." In Huang Hua, ed. *Zhonggongdang shi renwu zhuan* (Biographies of Persons in the History of the CCP). Vol. 21, 145–58. Xian: Shaanxi renmin chubanshe, 1985.

Hunt, Michael, and Steven I. Levine. *Arc of Empire: America's Wars in Asia from the Philippines to Vietnam*. Chapel Hill: University of North Carolina Press, 2012.

Ivin, A. *Ocherki partizanskogo dvizheniia v Kitae, 1927–1930* (Sketches of the Guerrilla Movement in China, 1927–1930). Moscow and Leningrad: GIZ, 1930.

———. *Sovietskii Kitai* (Soviet China). Moscow: "Molodaia gvardiia," 1931.

Jacobs, Dan N. *Borodin: Stalin's Man in China*. Cambridge, MA: Harvard University Press, 1981.

Jiang Boying, et al. "Deng Zihui." In Hu Hua, ed. *Zhonggongdang shi renwu zhuan* (Biographies of Persons in the History of the CCP). Vol. 7, 296–380. Xi'an: Shaanxi renmin chubanshe, 1990.

Jiang Xuanhua. "Dangde minzhu geming gangling de tichu he guogong hezuo celüede jige wenti" (Several Questions Regarding the Party Program for the Democratic Revolution and the Strategy of Cooperation Between the Guomindang and the CCP). *Jindaishi yanjiu* (Studies in modern history), no. 2 (1985): 111–26.

Jiang Yihua. *Guomindang zuopai qizhi — Liao Zhongkai* (The Banner of the Left Guomindang— Liao Zhongkai). Shanghai: Shanghai renmin chubanshe, 1985.

Jiang Yongjing. *Baoluoting yu Wuhan zhengquan* (Borodin and the Wuhan Government). Taibei: Zhongguo xueshu zhuzuo jiangzhu weiyuanhui, 1963.

Jin Chongji, ed. *Liu Shaoqi zhuan 1898–1969* (Biography of Liu Shaoqi 1898–1969). 2 vols. Beijing: Zhongyang wenxian chubanshe, 2008.

———. *Mao Zedong zhuan (1893–1949)* (Biography of Mao Zedong [1893–1949]). Beijing: Zhongyang wenxian chubanshe, 2004.

———. *Zhou Enlai zhuan. 1898–1976* (Biography of Zhou Enlai. 1898–1976). 2 vols. Beijing: Zhongyang wenxian chubanshe, 2009.

Jin Qiu. *The Culture of Power: The Lin Biao Incident in the Cultural Revolution*. Stanford, CA: Stanford University Press, 1999.

Jing Fuzi. *Mao Zedong he tade nürenmen* (Mao Zedong and His Women). 6th ed. Taipei: Lianjing chuban shiye gongsi, 1993.

Jinggangshan douzheng dashi jieshao (Survey of Main Events in the Struggle in the Jinggang Mountains). Beijing: Jiefangjun chubanshe, 1985.

Jordan, Donald A. *China's Trial by Fire: The Shanghai War of 1932*. Ann Arbor: University of Michigan Press, 2001.

Kalachev, S. (S. N. Naumov). "Kratkii ocherk istorii Kitaiskoi kommunisticheskoi partii" (Brief History of the Chinese Communist Party). *Kanton* (Canton), no. 10 (1927): 13–66.

Kalinin, M. I. "O Kitae" (On China). In *Kitai: Rasskazy* (China: Stories), 5–35. Moscow and Leningrad: Detgiz, 1938.

Kampen, Thomas. *Mao Zedong, Zhou Enlai and the Evolution of the Chinese Communist Leadership*. Copenhagen: NIAS, 2000.

Kapitsa, M. S. *Sovetsko-kitaiskie otnosheniia* (Soviet-Chinese Relations). Moscow: Gospolitizdat, 1958.

Karnow, Stanley. *Mao and China: From Revolution to Revolution*. New York: Viking Press, [1972].

———. *Mao and China: A Legacy of Turmoil*. 3rd ed. Rev. and updated. New York: Penguin Books, 1990.

Kaufman, Burton I. *The Korean Conflict*. Westport, CT: Greenwood Press, 1999.

Kerry, Tom. *The Mao Myth and the Legacy of Stalinism in China*. New York: Pathfinder Press, 1977.

[Khamadan, A. M.]. "Mao Tszedun — Vozhd' kitaiskogo trudovogo naroda" ("Mao Zedong — The Leader of the Chinese Toiling People"). *Kommunisticheskii Internatsional* (Communist International), nos. 33–34 (1935): 83–88.

———. "Vozhd' kitaiskogo naroda — Mao Tszedun" (The Leader of the Chinese People — Mao Zedong). *Pravda* (Truth). December 13, 1935.

———. *Vozhdi i geroi kitaiskogo naroda* (Leaders and Heroes of the Chinese People). Moscow: Ogiz-Sotsekgiz, 1936.

———. *Zapiski korrespondenta* (Notes of a Correspondent). Moscow: "Sovetskii pisatel," 1968.

Klein, Donald, and Anne Clark. *Biographic Dictionary of Chinese Communism: 1921–1969*. 2 vols. Cambridge, MA: Harvard University Press, 1971.

Kolpakidi, A., and D. Prokhorov. *Imperiya GRU: Ocherki istorii rossiiskoi voennoi razvedki* (The GRU Empire: An Outline History of the Russian Military Intelligence Service). Moscow: "Olma-Press," 1999.

———. *Vneshnaia razvedka Rossii* (Russian Foreign Intelligence Service). St. Petersburg: Neva, Olma-Press, 2001.

Kolpas, Norman. *Mao*. New York: McGraw-Hill, 1981.

The Korean War. Vol. 1. Lincoln: University of Nebraska Press, 2000.

Kostiaeva, A. S. *Krest'ianskie soiuzy v Kitae (20-e gody XX veka)* (Peasant Unions in China in the 1920s). Moscow: Nauka, 1978.

Kratkaia istoria KPK (1921–1991) (A Short History of the CCP [1921–1991]). Beijing: Izdatel'stvo literatury na inostrannykh iazykakh, 1993.

Krivosheev, G. F., ed. *Grif sekretnosti snyat: Poteri Vooruzhennykh Sil SSSR v voinakh, boevykh deistviyakh i voennykh konfliktakh: Statisticheskoe issledovanie* (The Stamp of Secrecy Is Removed: Losses of the Armed Forces of the USSR in Wars, Battles, and Armed Conflicts: A Statistical Analysis). Moscow: Voennoe izdatel'stvo, 1993.

Kulik, B. T. *Sovetsko-kitaiskii raskol. Prichiny i posledstviia* (The Sino-Soviet Split. Causes and Consequences). Moscow: IDV RAN, 2000.

Kurchatkin, A. N. *Pobeditel': Istinnaia zhizn' legendarnogo razvedchika* (Victor: A Real Life of a Legendary Secret Service Man). Moscow: "Molodaia gvardiia," 2005.

Lawrance, Alan. *Mao Zedong: A Bibliography*. New York: Greenwood Press, 1991.

Ledovsky, A. M. *Delo Gao Gana–Rao Shushi* (The Gao Gang–Rao Shushi Affair). Moscow: IDV AN SSSR, 1990.

Lee, Frederic E. *Currency, Banking, and Finance in China*. Washington, DC: U.S. Government Printing Office, 1926.

Leng Buji. *Deng Xiaoping zai Gannan* (Deng Xiaoping in Southern Jiangxi). Beijing: Zhongyang wenxian chubanshe, 1995.

Leng Rong, and Wang Zuoling, eds. *Deng Xiaoping nianpu: 1975–1997* (Chronological Biography of Deng Xiaoping: 1975–1997). 2 vols. Beijing: Zhongyang wenxian chubanshe, 2004.

Lévesque, Léonard. *Hakka Beliefs and Customs*. Trans. J. Maynard Murphy. Taichung: Kuang Chi Press, 1969.

Levine, Marilyn A. *The Found Generation: Chinese Communists in Europe during the Twenties*. Seattle: University of Washington Press, 1993.

Levine, Steven I. *Anvil of Victory: The Communist Revolution in Manchuria, 1945–1948*. New

York: Columbia University Press, 1987.

Li Danhui. "Mao Zedong dui Su renshi yu Zhongsu guanxide yanbian" (Mao Zedong's Knowledge of the Soviet Union and Changes in His Views on Sino-Soviet Relations). In *Zhanhou zhongsu guanxi zouxiang (1945–1960)* (The Development of Sino-Soviet Relations after the War [1945–1960]), 61–90. Beijing: Shehui kexue wenhua chubanshe, 1997.

Li Dazhao guju (Li Dazhao's Birthplace). Shijiazhuang: Hebei renmin chubanshe, 1996.

Li Dazhao jinianguan (Museum of Li Dazhao). Shijiazhuang: Hebei renmin chubanshe, 1999.

Li Dazhao zhuan (Biography of Li Dazhao). Beijing: Renmin chubanshe, 1979.

Li, Hua-Yu. "Stalin's *Short Course* and Mao's Socialist Economic Transformation of China in the Early 1950s." *Russian History* 29, nos. 2–4 (Summer–Fall–Winter 2002): 357–76.

Li Jie, and Yu Jundao. *Dongfang juren Mao Zedong* (A Titan of the East Mao Zedong). Beijing: Jiefangjun chubanshe, 1996.

Li Jinzeng. "Changzheng diyi shu jin an zai?" (Where Is the First Book on the Long March Now?). http://www.crt.com.cn/news/Html/lijin/00008746.html.

Li Jui. *The Early Revolutionary Activities of Comrade Mao Tse-tung*. White Plains, NY: International Arts & Sciences Press, 1977.

Li Ping. *Kaiguo zongli Zhou Enlai* (Zhou Enlai, the First Premier). Beijing: Zhonggong zhongyang dangxiao chubanshe, 1994.

Li Ping, and Ma Zhisun, eds. *Zhou Enlai nianpu (1949–1976)* (Chronological Biography of Zhou Enlai [1949–1976]). 3 vols. Beijing: Zhongyang wenxian chubanshe, 1997.

Li Rui. "Mao Tsze-dun v poslednie gody zhizni" (Mao Zedong in the Last Years of His Life). *Problemy Dal'nego Vostoka* (Far Eastern affairs), no. 1 (1990): 129–32.

———. *Sanshi sui yiqiande Mao Zedong* (Mao Zedong Before Thirty). Taipei: Shibao wenhua, 1993.

Li Ying, ed. *Cong yida dao shiliu da* (From the First to the Sixteenth Congress). 2 vols. Beijing: Zhongyang wenxian chubanshe, 2002.

Li Yuan, ed. *Mao Zedong yu Deng Xiaoping* (Mao Zedong and Deng Xiaoping). Beijing: Zhonggong dangshi chubanshe, 2008.

Liao Gailong, et al., eds. *Mao Zedong baike quanshu* (Encyclopedia of Mao Zedong). 7 vols. Beijing: Guangming ribao chubanshe, 2003.

———. *Zhongguo gongchandang lishi da cidian. Zengdingben. Shehui geming shiqi* (Great Dictionary of the History of the Chinese Communist Party. Expanded edition. The Period of the Socialist Revolution). Rev. ed. Beijing: Zhonggong zhongyang dangxiao chubanshe, 2001.

———. *Zhongguo gongchandang lishi da cidian. Zengdingben. Xin minzhu zhuyi geming shiqi* (Great Dictionary of the History of the Chinese Communist Party. Expanded edition. The Period of the New Democratic Revolution). Rev. ed. Beijing: Zhonggong zhongyang dangxiao chubanshe, 2001.

———. *Zhongguo gongchandang lishi da cidian. Zengdingben. Zonglu. Renwu.* (Great Dictionary of the History of the Chinese Communist Party. Expanded Edition. General Section. Personnel). Rev. ed. Beijing: Zhonggong zhongyang dangxiao chubanshe, 2001.

———. *Zhongguo renwu da cidian* (Great Dictionary of China's Personalities). Shanghai: Shanghai cishu chubanshe, 1992.

Lin Boqu zhuan (Biography of Lin Boqu). Beijing: Hongqi chubanshe, 1986.

Lin Hongyuan. "Zhang Tailei." In Hu Hua, ed. *Zhonggongdang shi renwu zhuan* (Biographies of Persons in the History of the CCP), 62–108. Vol. 4. Xi'an: Shaanxi renmin chubanshe, 1982.

Litten, Frederick S. "The Noulens Affair." *China Quarterly*, no. 138 (1994): 492–512.

Liu Chongwen, and Chen Shaochou, eds. *Liu Shaoqi nianpu: 1898–1969* (Chronological Biography of Liu Shaoqi: 1898–1969). 2 vols. Beijing: Zhongyang wenxian chubanshe, 1998.

Liu Guokai. *A Brief Analysis of the Cultural Revolution*. Armonk, NY: M. E. Sharpe, 1987.

Liu Jianping. "Sugong yu Zhongguo gongchandang renmin minzhu zhuanzheng lilunde queli" (The CPSU and the Setting Forth of the CCP New Democratic Theory). *Lishi yanjiu* (Studies of history) 1 (1998): 78–96.

Liu Jiecheng. *Mao Zedong yu Sidalin huiwu jishi* (Unforgettable Facts about Mao Zedong's Meetings with Stalin). Beijing: Zhonggong dangshi chubanshe, 1997.

Liu Renzhong. "Mao Zetan." In Hu Hua, ed. *Zhonggongdang shi renwu zhuan* (Biographies of Persons in the History of the CCP), 283–332. Vol. 3. Xi'an: Shaanxi renmin chubanshe, 1981.

Lu Ren, and Liu Qingxia. "Mao Zedong chong Heluxiaofu fahuo" (How Mao Got Angry at Khrushchev). *Zhuanji wenxue* (Biographical literature), no. 4 (2004): 21–28.

Lu Sin (Lu Xun). *Izbrannye proizvedeniia* (Selected Works). Moscow: Khudozhestvennaia literatura, 1981.

Luo Guangzhong, *Three Kingdoms: A Historical Novel*. Abridged ed. Trans. Moss Roberts. Berkeley: University of California Press, 1999.

Luo Shaozhi. "Cai mu Ge Jianhao" (Mama Cai, Ge Jianhao). In Hu Hua, ed. *Zhonggongdang shi renwu zhuan* (Biographies of Persons in the History of the CCP). Vol. 6, 47–57. Xi'an: Shaanxi renmin chubanshe, 1982.

Luo Shaozhi, et al. "Cai Hesen." In Hu Hua, ed. *Zhonggongdang shi renwu zhuan* (Biographies of Persons in the History of the CCP). Vol. 6, 1–46. Xi'an: Shaanxi renmin chubanshe, 1982.

Lüthi, Lorenz M. *The Sino-Soviet Split: Cold War in the Communist World*. Princeton, NJ: Princeton University Press, 2008.

Lynch, Michael. *Mao*. London: Routledge, 2004.

Ma Shexiang. *Hongse diyi jiazu* (The First Red Family). Wuhan: Hubei renmin chubanshe, 2004.

MacFarquhar, Roderick. *The Hundred Flowers Campaign and the Chinese Intellectuals*. New York: Praeger, 1960.

———. *The Origins of the Cultural Revolution*. Vol. 1, *Contradictions Among the People, 1956–1957*. New York: Columbia University Press, 1974.

———. *The Origins of the Cultural Revolution*. Vol. 2, *The Great Leap Forward, 1958–1960*. New York: Columbia University Press, 1983.

———. *The Origins of the Cultural Revolution*. Vol. 3, *The Coming of the Cataclysm, 1961–1966*. New York: Columbia University Press, 1997.

MacFarquhar, Roderick, and Michael Schoenhals. *Mao's Last Revolution*. Cambridge, MA: Belknap Press of Harvard University Press, 2006.

MacKinnon, Janice R., and Stephen R. MacKinnon. *Agnes Smedley: The Life and Times of an American Radical*. Berkeley: University of California Press, 1988.

Makesi Engesi zhuzuo zhongyiwen zonglu (Catalogue of Chinese Translations of Marx and Engels's works). Beijing: Shumu wenxian chubanshe, 1988.

Maliavin, V. V. *Kitaiskaia tsivilizatsiia* (Chinese Civilization). Moscow: Astrel', 2004.

"Mao Anying san xiongdi zai Shanghai shide qingkuang" (What Happened to Mao Anying and His Brothers During Their Sojourn in Shanghai). *Xinmin wanbao* (The renovation of people evening newspaper), December 23, 2004.

Mao Tsze-dun: Biograficheskii ocherk (Mao Zedong: Biographical Sketch). Moscow: OGIZ, 1939.

Mao Zedong de jiashi (Mao Zedong's Family Affairs). Beijing: Chunqiu chubanshe, 1987.

Mao Zedong sixiang lunwenji (Collection of Essays about Mao Zedong Thought). Shanghai: Shanghai renmin chubanshe, 1984.

"Mao Zemin." In Hu Hua, ed. *Zhonggongdang shi renwu zhuan* (Biographies of Persons in the History of the CCP). Vol. 9, 47–75. Xi'an: Shaanxi renmin chubanshe, 1981.

Mao zhuxi yijia liu lieshi (Six Martyrs from Chairman Mao's Family). Changsha: Hunan renmin chubanshe, 1978.

Marx, Karl. *Capital*. Vol. 1, *The Process of Production of Capital*. In Karl Marx and Friedrich Engels, *Collected Works*, Vol. 35. Translated by Richard Dixon et al. New York: International, 1996.

———. "Critique of the Gotha Program." In Karl Marx and Friedrich Engels, *Collected Works*, Vol. 24. Translated by Richard Dixon et al. New York: International, 1989.

Mayakovsky, V. V. *Polnoe sobranie sochinenii* (Complete Collected Works). 13 vols. Moscow: Khudozhestvennaia literatura, 1961.

McCord, Edward A. *The Power of the Gun: The Emergence of Modern Chinese Warlordism.* Berkeley: University of California Press, 1993.

McDonald, Angus W., Jr. *The Urban Origins of Rural Revolution: Elites and the Masses in Hunan Province, China, 1911–1927.* Berkeley: University of California Press, 1978.

Meisner, Maurice. *Li Ta-chao and the Origins of Chinese Marxism.* New York: Atheneum, 1979.

———. *Mao Zedong: A Political and Intellectual Portrait.* Malden, MA: Polity, 2007.

———. *Mao's China and After: A History of the People's Republic.* 3rd ed. New York: Free Press, 1999.

Meliksetov, A. V., ed. *Istoriia Kitaia* (History of China). Moscow: Izdatel'stvo MGU, 1998.

———. " 'Novaia demokratiia' i vybor Kitaem putei sotsial'no-ekonomicheskogo razvitiia (1949–1953)" ("New Democracy" and China's Choice of a Socio-economic Development Path [1949–1953]). *Problemy Dal'nego Vostoka* (Far Eastern affairs), no. 1 (1996): 82–95.

Meliksetov, A. V., and Alexander Pantsov. "Stalinization of the People's Republic of China." In William C. Kirby, ed. *Realms of Freedom in Modern China*, 198–233. Stanford, CA: Stanford University Press, 2003.

Mitin, M. B., ed. "Dialekticheskii materialism" (Dialectical Materialism). *Bolshaia Sovetskaia Entsiklopediia* (Large Soviet Encyclopedia). Vol. 22, 45–235. Moscow: Sovetskaia Entsiklopediia, 1935.

———. "Predislovie" (Preface). In M. B. Mitin. *Boevye voprosy materialisticheskoi dialektiki* (Urgent Problems of Materialist Dialectics), 3–5. Moscow: Partizdat TsK VKP(b), 1936.

———. *Xin zhexue dagang* (Outline of New Philosophy). Translated by Ai Siqi and Zheng Yili. Shanghai: Dushu shenghuo chubanshe, 1936.

Mitin, M. B., and I. Razumovskii, eds. *Dialekticheskii i istoricheskii materialism, v dvukh chastiakh. Uchebnik dlia komvuzov i vuzov* (Dialectical and Historical Materialism, in Two Parts. Textbook of Communist Higher Educational Institutions and Higher Educational Institutions). Moscow: Partiinoe izdatel'stvo, 1932.

Mitin, M. B., et al. *Bianzheng weiwulun yu lishi weiwulun* (Dialectical and Historical Materialism). Translated by Shen Zhiyuan. Vol. 1. [Changsha], 1935.

Moss, George Donelson. *Vietnam: An American Ordeal.* 6th ed. Upper Saddle River, NJ: Prentice-Hall, 2006.

Müller, Reinhard. "Der Fall des 'Antikomintern-Blocks'— ein vierter Moskuaer Schauprozeß?" *Jahrbuch für Historische Kommunismusforschung 1996*, 187–214.

Murray, Brian. "Stalin, the Cold War, and the Division of China: A Multi-Archival Mystery." *CWIHP Working Paper*, no. 12 (June 1995).

Nathan, Andrew J. *Peking Politics, 1918–1923: Factionalism and the Failure of Constitutionalism.* Ann Arbor: Center for Chinese Studies, University of Michigan, [1998].

Niu Jun. "The Origins of the Sino-Soviet Alliance." In O. Arne Westad, ed. *Brothers in Arms: The Rise and Fall of the Sino-Soviet Alliance, 1945–1963*, 47–89. Stanford, CA: Stanford University Press, 1998.

North, Robert C. *Moscow and Chinese Communists.* Stanford, CA: Stanford University Press, 1953.

Pan Ling. *In Search of Old Shanghai.* Hong Kong: Joint, 1983.

Pang Xianzhi, ed. *Mao Zedong nianpu, 1893–1949* (Chronological Biography of Mao Zedong, 1893–1949). 3 vols. Beijing: Renmin chubanshe/Zhongyang wenxian chubanshe, 2002.

Pang Xianzhi, and Jin Congji, eds. *Mao Zedong zhuan (1949–1976)* (Biography of Mao Zedong [1949–1976]). 2 vols. Beijing: Zhongyang wenxian chubanshe, 2003.

Pantsov, Alexander V. "Bolshaia igra kremlevskogo 'otsa narodov': Stalin prednamerenno zatiagival voinu na Koreiskom poluostrove" (The Big Gamble of the Kremlin "Father of Nations": Stalin Deliberately Protracted the War on the Korean Peninsula). *Nezavisimoe voennoe obozrenie* (Independent military review), no. 24 (2008): 10–11.

———. *The Bolsheviks and the Chinese Revolution, 1919–1927*. Honolulu: University of Hawai'i Press, 2000.

———. "Chen Duxiu (1879–1942)." *Collier's Encyclopedia*. Vol. 6, 180–80A. New York: Collier's, 1996.

———. "How Stalin Helped Mao Zedong Become the Leader: New Archival Documents On Moscow's Role in the Rise of Mao." *Issues & Studies* 41, no. 3 (September 2005): 181–207.

———. *Iz istorii ideinoi bor'by v kitaiskom revoliutsionom dvizhenii 20–40-x godov* (On the History of Ideological Struggle in the Chinese Revolutionary Movement, 1920s–1940s). Moscow: Nauka, 1985.

———. "K diskussii v KPK vokrug 'idei Mao Tsze-duna' " (On the Discussion Within the CCP of "Mao Zedong Thought"). *Rabochii klass i sovremennyi mir* (Working class and the contemporary world), no. 3 (1982): 61–64.

———. "Kak possorilis' Nikita Sergeevich s Mao Tsze-dunom" (How Nikita Sergeevich Quarreled with Mao Zedong). *Rossiia, Kitai, XXI vek* (Russia, China, the twenty-first century), no. 7 (July 2007): 60–64; no. 8 (August 2007): 68–72.

———. " 'Lazurnaia reka': vzlet i padenie Tsian Tsin" ("Azure River": The Rise and Fall of Jiang Qing). *Rossiia, Kitai, XXI vek* (Russia, China, the twenty-first century), no. 8 (2006): 26–31.

———. *Mao Tszedun* (Mao Zedong). Moscow: "Molodaia gvardiia," 2007.

———. "Mao Tsze-dun i 'delo Lin Biao' (Mao Zedong and the "Lin Biao Affair"). *Problemy Dal'nego Vostoka* (Far Eastern affairs), no. 5 (2006): 111–23.

———. "Mao Tsze-dun: poslednie gody" (Mao Zedong: The Last Years). *Problemy Dal'nego Vostoka* (Far Eastern affairs), no. 6 (2006): 101–14.

———. "Obrazovaniie opornykh baz 8-i Natsional'no-revoliutsionnoi armii v tylu iaponskikh voisk v Severnom Kitae" (Establishment of Eighth Route Army Base Areas in the Japanese Rear in North China). In M. F. Yuriev, ed. *Voprosy istorii Kitaia* (Problems of Chinese History), 39–41. Moscow: Izdatel'stvo MGU, 1981.

———. "Priemnyi Syn Bodkhisattvy: Detskie gody Mao Tsze-duna" (The Foster Child of the Bodhisattva). *Rossiia, Kitai, XXI vek* (Russia, China, the twenty-first century), no. 1 (2007): 50–55.

———. *Rasskazy o Mao Tszedune* (Stories about Mao Zedong). 2 vols. Rostov-na-donu, Krasnodar: Feniks, Neoglori, 2009.

———. "'Ya poteryal svoi gordyi topol': Zhizn' i sud'ba 'Zoriushki' Kaihui, zheny Mao Tsze-duna" ("I Lost My Majestic Poplar": A Life and Fate of "Little Dawn" Kaihui, Mao Zedong's Wife). *Rossiia, Kitai, XXI vek* (Russia, China, the twenty-first century), no. 1 (2007): 42–46.

Pantsov, Alexander V., and Gregor Benton. "Did Trotsky Oppose Entering the Guomindang 'From the First'?" *Republican China* 19, no. 2 (April 1994): 52–66.

Pantsov, Alexander V., and Steven I. Levine. *Chinese Comintern Activists: An Analytic Biographic Dictionary*. Manuscript.

Pantsov, Alexander V., and Daria A. Spichak. "Light from the Russian Archives: Chinese Stalinists and Trotskyists at the International Lenin School, 1926–1938." *Twentieth-Century China*, no. 2 (2008): 29–50.

Payne, Robert. *Portrait of a Revolutionary: Mao Tse-tung*. London: Abelard-Schuman, 1961.

Pei Jian. *Xiang hun — Mao Zedongde jiashi* (The Spirit of Hunan — Generations of Mao Zedong's Family). [Beijing]: Qunzhong chunbanshe, 1992.

Peng Dehuai nianpu (Chronological Biography of Peng Dehuai). Beijing: Renmin chubanshe, 1998.

Peng Zhen nianpu, 1902–1997 (Chronological Biography of Peng Zhen, 1902–1997). Vol. 1.

Beijing: Zhongyang wenxian chubanshe, 2002.

Pepper, Suzanne. *Civil War in China: The Political Struggle, 1945–1949*. Lanham, MD: Rowman & Littlefield, 1999.

Perelomov, L. S. *Konfutsii: "Lun yu"* (Confucius: "Lun yu"). Moscow: Vostochnaia literatura RAN, 1998.

Perevertailo, A. S., et al., eds. *Ocherki istorii Kitaia v noveishee vremia* (An Outline History of Contemporary China). Moscow: Izd-vo vostochnoi literatury, 1959.

Perry, Elizabeth J. "Shanghai's Strike Wave of 1957." *China Quarterly*, no. 137 (March 1994): 1–27.

Perry, Elizabeth, and Li Xun. *Proletarian Power: Shanghai in the Cultural Revolution*. Boulder, CO: Westview Press, 1997.

Persits, M. A. "Iz istorii stanovleniia Kommunisticheskoi partii Kitaia (Doklad podgotovlennyi Chzhang Taileem dlia III Kongressa Kominterna kak istoricheskii istochnik" (From the History of the Founding of the Communist Party of China [Zhang Tailei's Report to the Third Congress of the Comintern as an Historical Source]). *Narody Azii i Afriki* (Peoples of Asia and Africa), no. 4 (1971): 47–58.

———. "O podgovotel'nom etape kommunisticheskogo dvizheniia v Azii" (On the Preparatory Stage of the Communist Movement in Asia). In R. A. Ul'anovsky, ed. *Revoliutsionnyi protsess na Vostoke: Istoriia i sovremennost* (The Revolutionary Process in the East: Past and Present), 38–76. Moscow: Nauka, 1982.

Pisarev, A. A. *Guomindang i agrarno-krest'ianskii vopros v Kitae v 20–30-e gody XX v.* (The Guomindang and the Agrarian-Peasant Question in China in the 1920s and 1930s). Moscow: Nauka, 1986.

Poston, Dudley L., Jr., and David Yaukey, eds. *The Population of Modern China*. New York: Plenum Press, 1992.

Price, Ruth. *The Lives of Agnes Smedley*. New York: Oxford University Press, 2005.

Prokhorov, Dmitrii. " 'Liternoe delo' marshala Zhang Zuolinia" (The "Lettered File" of Marshal Zhang Zuolin). *Nezavisimoe voennoe obozrenie* (Independent military review), no. 21 (2003): 5.

Prozumeschikov, M. Y. "The Sino-Soviet Conflict, the Cuban Missile Crisis, and the Sino-Soviet Split, October 1962: New Evidence from the Russian Archives." *CWIHP Bulletin*, nos. 8–9 (1996/1997): 251–57.

Przheval'skii, N. M. *Putesheshestvie v Ussuriiskom krae: Mongolia i strana tangutov* (Travels in the Ussuri Region: Mongolia and the Country of Tanguts). Moscow: Drofa, 2007.

Qing Shi (Yang Kuisong). "Gongchan guoji yazhi Mao Zedong le ma? — Mao Zedong yu Mosike de enen yuanyuan" (Did the Comintern Suppress Mao Zedong? — Concord and Discord in the Relations between Mao Zedong and Moscow). *Bainian chao* (Century tides), no. 4 (1997): 21–33.

Qiu Ke'an, ed. *Sinuo zai Zhongguo* (Snow in China). Beijing: Shenghuo. Dushu. Xinzhi sanlian shudian, 1982.

Ren Bishi nianpu, 1904–1950 (Chronological Biography of Ren Bishi, 1904–1950). Beijing: Zhongyang wenxian chubanshe, 2004.

Ren Jianshu. "Chen Duxiu." In Wang Qi and Chen Zhiling, eds. *Zhonggongdang shi renwu zhuan* (Biographies of Persons in the History of the CCP). Vol. 51, 1–129. Xi'an: Shaanxi renmin chubanshe, 1992.

Ren Wuxiong. " 'Xi xing man ji' zhongde Xiao Zheng ji qita" (Xiao Zheng and Others in "The Trip to the West"). *Dangshi yanjiu ziliao* (Study materials on party history), no. 2 (2004): 25–35.

Rethinking the "Cultural Revolution." Beijing: Foreign Languages Press, 1987.

Riabushkin, D. S. *Mify Damanskogo* (Damansky's Myths). Moscow: AST, 2004.

Ristaino, Marcia R. *China's Art of Revolution: The Mobilization of Discontent, 1927 and 1928*. Durham, NC: Duke University Press, 1987.

Rottman, Gordon F. *Korean War Order of Battle: United States, United Nations, and Communist Ground, Naval, and Air Forces, 1950–1953*. Westport, CT: Praeger, 2002.

Rue, John E. *Mao Tse-tung in Opposition, 1927–1935*. Stanford, CA: Stanford University Press, 1966.

Rule, Paul. *Mao Zedong*. St. Lucia, AU: University of Queensland Press, 1984.

Saich, Tony, and Hans J. van de Ven, eds. *New Perspectives on the Chinese Communist Revolution*. Armonk, NY: M.E. Sharpe, 1995.

Salisbury, Harrison E. *The New Emperors: China in the Era of Mao and Deng*. Boston: Little, Brown, 1992.

Schram, Stuart R. *Mao Tse-tung*. New York: Simon & Schuster, 1966.

———. *Mao Tse-tung*. Harmondsworth, UK: Penguin, 1974.

———. *Mao Zedong: A Preliminary Reassessment*. Hong Kong: Chinese University Press, 1983.

Schwartz, Benjamin I. *Chinese Communism and the Rise of Mao*. Cambridge, MA: Harvard University Press, 1951.

———. "The Legend of the 'Legend of "Maoism."'" *China Quarterly*, no. 2 (April–June 1960): 35–42.

Sergeant, Harriet. *Shanghai*. London: Jonathan Cape, 1991.

Shaffer, Lynda. *Mao and the Workers: The Hunan Labor Movement, 1920–1923*. Armonk, NY: M. E. Sharpe, 1982.

Shapiro, Judith. *Mao's War Against Nature: Politics and the Environment in Revolutionary China*. Cambridge: Cambridge University Press, 2001.

Shapiro, Sidney. *Ma Haide: The Saga of American Doctor George Hatem in China*. Beijing: Foreign Languages Press, 2004.

Shen Dechun, and Tian Haiyan. "Zhongguo gongchandang 'Yi Da' de zhuyao wenti" (Main Questions Connected to the First Congress of the Communist Party of China). *Renmin ribao* (People's daily), June 30, 1961.

Shen Zhihua. "Sino–North Korean Conflict and Its Resolution during the Korean War." *CWIHP Bulletin*, nos. 14–15 (Winter 2003–Spring 2004): 9–24.

———. "Zhonggong bada weishemma buti 'Mao Zedong sixiang'?" (Why did the Eighth CCP Congress not Raise "Mao Zedong Thought"? *Lishi jiaoxue* (Teaching of history), no. 5 (2005): 6–7.

———. "Zhongsu lianmeng yu Zhongguo chubing Chaoxiande juece — dui Zhongguo he Eguo wenxian ziliaode bijiao yanjiu" (The Sino-Soviet Alliance and China's Decision to Despatch Troops to Korea — A Comparative Analysis of Chinese and Soviet Documents). In *Zhanhou zhongsu guanxi zouxiang (1945–1960)* (The Development of Sino-Soviet Relations after the War [1945–1960]), 26–60. Beijing: Shehui kexue wenhua chubanshe, 1997.

Shevelev, K. V. *Formirovaniie sotsial'no-ekonomicheskoi politiki rukovodstva KPK v 1949–1956 godakh (rukopis')* (The Formulation of the CCP's Socioeconomic Policy in 1949–1956). Manuscript.

———. *Iz istorii obrazovaniia Kommunisticheskoi partii Kitaia* (From the History of the Establishment of the Communist Party of China). Moscow: IDV AN SSSR, 1976.

———. "O nekotorykh aspektakh raboty 4-go plenuma TsK KPK 7-ogo sozyva" (On Several Aspects of the Work of the Fourth Plenum of the Seventh Central Committee of the CCP). In *Perspektivy sotrudnichestva Kitaia, Rossii i drugikh stran Severovostochnoi Azii v kontse XX-nachale XXI veka. Tezisy dokladov VIII Mezhdunarodnoi nauchnoi konferentsii "Kitai, Kitaiskaia tsivilizatsiia i mir: Istoriia, sovremennost', perspektivy," Moskva, 7–9 oktiabria 1997 g.* (Prospects for Cooperation Among China, Russia, and Other Countries of Northeast Asia at the End of the Twentieth and Beginning of the Twenty-First Century. Papers from the VIII International Scholarly Conference on "China, Chinese Civilization, and the World: History, the Present, and the Future," Moscow, October 7–9, 1997). Moscow: IDV RAN, 1997, 150–51.

Shewmaker, Kenneth. *Americans and Chinese Communists, 1927–1945*. Ithaca: Cornell University Press, 1971.

Shi Yongyan. *He Zizhen yu Mao Zedong* (He Zizhen and Mao Zedong). Beijing: Zhonggong dangshi chubanshe, 2008.

Shi Zhifu. "Wu Yuzhang zai gongchan guoji 'qi da' " ("Wu Yuzhang at the Seventh Congress of the Comintern"). *Dangshi yanjiu ziliao* (Study materials on party history), no. 9 (1982): 2–5.

Shiluokefu (Shirokov) and Ailunbao (Aizenberg). *Bianzhengfa weiwulun jiaocheng* (Textbook on Dialectical Materialism). Translated by Li Da and Lei Zhongjian. 3rd ed. Shanghai: Bigengtang shudian, 1935: 4th ed. Shanghai: Bigengtang shudian, 1936.

Shinuo (Snow). *Er wan wu qian li changzheng* (The Twenty-five Thousand Li Long March). Hong Kong: Xinsheng shudian, n.d.

Shirokov, I., and A. Aizenberg, eds. *Materialisticheskaia dialektika* (Materialist Dialectics). Moscow, 1932.

Short, Philip. *Mao: A Life*. New York: Henry Holt, 1999.

Skosyrev, V. "Golovu Lin Biao general KGB privez v Moskvu" (A KGB General Brought Lin Biao's Head to Moscow). *Izvestia* (News), February 17, 1994.

Sladkovskii, M. I., ed. *Noveishaia istoriia Kitaia: 1917–1927* (Contemporary History of China: 1917–1927). Moscow: Nauka, 1983.

———. *Noveishaia istoriia Kitaia: 1928–1949* (Contemporary History of China: 1928–1949). Moscow: Nauka, 1984.

Smedley, Agnes. *China's Red Army Marches*. New York: International, 1934.

Sokolov, V. V. " 'Zabytii diplomat' D. V. Bogomolov (1890–1938)" ("Forgotten Diplomat" D. V. Bogomolov [1890–1938]). *Novaia i noveishaia istoriia* (Modern and contemporary history), no. 3 (2004): 165–95.

Solzhenitsyn, A. *Bodalsia telenok s dubom: Ocherki literaturnoi zhizni* (The Oak and the Calf: Sketches of Literary Life). Moscow: Soglasie, 1996.

Song Pinsheng. "Xin faxiande 'Shaoshan Mao shi zupu' xunlüe ji Mao Zedong jiazu shishi kaoding" (A Brief Analysis of the Newly Discovered "Chronicle of the Shaoshan Mao Clan" and the Study of a History of Mao Zedong's Family). *Mao Zedong sixiang yanjiu* (Studies in Mao Zedong Thought) 2 (1990): 56–57.

Sorkin, G. Z. "S"ezd narodov Dal'nego Vostoka" (Congress of Peoples of the Far East). *Problemy vostokovedeniia* (Problems of Oriental studies), no. 5 (1960): 76–86.

Spence, Jonathan D. *Mao Zedong*. New York: Viking, 1999.

———. *The Search for Modern China*. 2nd ed. New York: Norton, 1999.

Spichak, Daria A. "Kitaiskie studenty Moskvy i stalinskie repressii 30-kh gg." (Chinese Students of Moscow and the 1930s Stalin Purges). *Vestnik Moskovskogo Universiteta* (Herald of Moscow University). Series 13: *Vostokovedenie* (Oriental studies), no. 2 (2005): 43–55.

———. *Kitaiskii avangard Kremlia: Revoliutsionery Kitaia v moskovskikh shkolakh Kominterna (1921–1939)* (Chinese Vanguard of the Kremlin: Revolutionaries of China in Moscow Comintern Schools [1921–1939]). Moscow: "Veche," 2012.

———. *Kitaitsy vo Frantsii* (Chinese in France). Manuscript.

Stanley, Margaret. *Foreigners in Areas of China Under Communist Jurisdiction Before 1949: Biographical Notes and a Comprehensive Bibliography of Yenan Hui*. Lawrence: Center for East Asian Studies, University of Kansas, 1987.

Starkov, Boris A. "The Trial That Was Not Held." *Europe-Asia Studies* 46, no. 8 (1994): 1297–1316.

Strand, David. *Rickshaw Beijing: City People and Politics in the 1920s*. Berkeley: University of California Press, 1989.

Sun Kexin, et al. *Mao Zedong diaocha yanjiu huodong jianshi* (A Brief History of Mao Zedong's Investigation and Study Activity). Beijing: Zhongguo shehui kexue chubanshe, 1984.

Sun Wuxia. "Qu Qiubai zai di san guoji huodong jilüe" (A Brief Sketch of Qu Qiubai's Activity in the Third International). *Shanghai shifan xueyuan xuebao* (Herald of Shanghai Normal Institute), no. 1 (1984): 106–11.

Sun Wuxia, and Ding Changjiang. "Zhou Enlai tongzhi zai gongchan guoji" (Comrade Zhou Enlai in the Comintern). *Guoji gongyun* (International communist movement), no. 1 (1983): 14–17.

Tang Baolin. *Zhongguo tuopai shi* (History of Trotskyite Groups in China). Taibei: Dongda tushu gongsi, 1994.

Tang Baolin, and Li Maosheng. *Chen Duxiu nianpu* (Chronological Biography of Chen Duxiu). Shanghai: Shanghai renmin chubanshe, 1988.

Tang Chunliang. *Li Lisan quanzhuan* (A Complete Biography of Li Lisan). Hefei: Anhui renmin chubanshe, 1999.

———. *Li Lisan zhuan* (Biography of Li Lisan). Harbin: Heilongjiang renmin chubanshe, 1984.

Tang Peiji, ed. *Zhongguo lishi da nianbiao: Xiandaishi juan* (Chronology of Chinese Historical Events: Contemporary History Volume). Shanghai: Shanghai cishu chubanshe, 1997.

Tang Zhentang. *Jindai Shanghai fanhualu* (Lively Notes on Modern Shanghai). Beijing: Shangwu yinshuguan, 1993.

Taubman, William. *Khrushchev: The Man and His Era*. New York: Norton, 2003.

Taylor, Jay. *The Generalissimo: Chiang Kai-shek and the Struggle for Modern China*. Cambridge, MA: Belknap Press of Harvard University Press, 2009.

Teiwes, Frederick C. *Politics and Purges in China: Rectification and the Decline of Party Norms, 1950–1965*. 2nd ed. Armonk, NY: M. E. Sharpe, 1993.

———. *Politics at Mao's Court: Gao Gang and Party Factionalism*. Armonk, NY: M. E. Sharpe, 1990.

Teiwes, Frederick C., and Warren Sun. "From a Leninist to a Charismatic Party: The CCP's Changing Leadership, 1937–1945." In Tony Saich and Hans J. van de Ven, eds. *New Perspectives on the Chinese Communist Revolution*, 339–87. Armonk, NY: M. E. Sharpe, 1995.

———, eds. *The Politics of Agricultural Cooperativization in China: Mao, Deng Zihui and the "High Tide" of 1955*. Armonk, NY: M. E. Sharpe, 1993.

Terrill, Ross. *Madam Mao: The White-Boned Demon*. Rev. ed. Stanford, CA: Stanford University Press, 1999.

———. *Mao: A Biography*. Stanford, CA: Stanford University Press, 1999.

Thomas, S. Bernard. *Season of High Adventure: Edgar Snow in China*. Berkeley: University of California Press, 1996.

Tikhvinsky, S. L. "O 'sekretnom demarshe' Zhou Enlaya i neofitsial'nykh peregovorakh KPK s amerikantsami v iyune 1949 g." (On Zhou Enlai's "Secret Démarche" and Nonofficial Negotiations Between the CCP and Americans in June 1949). *Problemy Dal'nego Vostoka* (Far Eastern affairs), no. 3 (1994): 133–38.

———, ed. *Novaia istoriia Kitaia* (Modern History of China). Moscow: Nauka, 1972.

Titarenko, M. L., ed. *Istoriia Kommunisticheskoi partii Kitaia* (History of the Communist Party of China). 2 vols. Moscow: IDV AN SSSR, 1987.

Titov, A. S. *Iz istorii bor'by i raskola v rukovodstve KPK 1935–1936 gg.* (From the History of Struggle and Split in the Leadership of the CCP, 1935–1936). Moscow: Nauka, 1979.

———. *Materialy k politicheskoi biografii Mao Tsze-duna* (Materials for a Political Biography of Mao Zedong). 3 vols. Moscow: IDV AN SSSR, 1969.

Ulianovskii, R. A., ed. *The Comintern and the East: The Struggle for Leninist Strategy and Tactics in the National Liberation Movement*. Moscow: Progress, 1969.

Usov, V. N. *KNR: Ot "bol'shogo skachka" k "kul'turnoi revoliutsii" (1960–1966)* (The PRC: From the "Great Leap" to the "Cultural Revolution" [1960–1966]). 2 parts. Moscow: IDV RAN, 1998.

Ven, Hans Van de. *From Friend to Comrade: The Founding of the Chinese Communist Party, 1920–1927*. Berkeley: University of California Press, 1991.

Vladimirov, O. (O. B. Rakhmanin) and V. Ryazantsev (B. T. Kulik). *Stranitsy politicheskoi biografii Mao Tse-tunga* (Pages from the Political Biography of Mao Zedong). 4th enlarged ed. Moscow: Mezdunarodnye otnosheniia, 1980.

V-n [S. N. Belen'kii], "Rets. Mao Tsze-dun,' Analiz klassov Kitaiskogo obshchestva, 'Kitaiskii krest'ianin,' No. 2,1 fevrarlia 1926 g." (Review of Mao Zedong's "Analysis of Classes in Chinese Society"). *Kitaiskii krest'ianin* [Chinese peasant], no. 2, February 1, 1926, Kanton (Canton), 8–9 (1926): 37–43.

Vogel, Ezra F. *Canton under Communism: Programs and Politics in a Provincial Capital.* Cambridge, MA: Harvard University Press, 1969.

Voitinsky, G. "Kolonial'nyi vopros na rasshirennom plenume IKKI" (The Colonial Question at the Enlarged Plenum of the ECCI). *Kommunisticheskii Internatsional* (Communist International), no. 4 (41) (1925): 64–71.

———. "Peregruppirovka sil v Kitae" (The Regrouping of Forces in China). *Pravda* (Truth), March 24, 1926.

———. "Sun Yat-sen i osvoboditel'noe dvizheniie v Kitae" (Sun Yat-sen and the Liberation Movement in China). *Bol'shevik* (Bolshevik), nos. 5–6 (21–22) (1925): 44–52.

———. "Tendentsii revoliutsionnogo dvizheniia v Kitae i Guomindang" (Trends in the Revolutionary Movement in China and the Guomindang). *Kommunisticheskii Internatsional* (Communist International), no. 3 (40) (1925): 153–58.

Volkogonov, Dmitrii. *Trotsky.* 2 vols. Moscow: Novosti, 1992.

Wakeman, Frederic, Jr. *Policing Shanghai 1927–1937.* Berkeley: University of California Press, 1995.

Wang Jianmin. *Zhongguo gongchandang shigao* (A Draft History of the Chinese Communist Party). 3 vols. Taibei: Author Press, 1965.

Wang Jianying, ed. *Zhongguo gongchandang zuzhi shi ziliao huibian — lingdao jigou yange he chengyuan minglu* (Collection of Documents on the History of the CCP Organizations — The Evolution of Leading Organs and Their Personal Composition). Beijing: Hongqi chubanshe, 1983.

Wang Meng. *Bolshevik Salute: A Modernist Chinese Novel.* Trans. Wendy Larson. Seattle: University of Washington Press, 1989.

Wang Shaoguang. *Failure of Charisma: The Cultural Revolution in Wuhan.* Hong Kong: Oxford University Press, 1995.

Wang Shi, ed. *Zhongguo gongchandang lishi jianbian* (Short History of the CCP). Shanghai: Shanghai renmin chubanshe, 1959.

Wang Xingfu. *Linshi sanxiongdi: Lin Yuying, Lin Yunan, Lin Biao* (The Three Lin Brothers: Lin Yuying, Lin Yunan, Lin Biao). Wuhan: Hubei renmin chubanshe, 2004.

Wedeman, Andrew Hall. *The East Wind Subsides: Chinese Foreign Policy and the Origins of the Cultural Revolution.* Washington, DC: Washington Institute Press, 1988.

Wei, Betty Peh-t'i. *Old Shanghai.* Hong Kong: Oxford University Press, 1993.

Wen Fu, and Zhang Naishen. *Mao Zedong yu He Zizhen* (Mao Zedong and He Zizhen). Beijing: Tuanjie chubanshe, 2004.

Wen Songhui. "Mao Zedong chushi Jiang Qing" (Mao Zedong's First Meeting with Jiang Qing). *Renmin zhengxie bao* (Newspaper of the Chinese People's Political Consultative Conference). September 10, 2004.

Westad, Odd Arne, ed. *Brothers in Arms: The Rise and Fall of the Sino-Soviet Alliance, 1945–1963.* Stanford, CA: Stanford University Press, 1998.

———. *Cold War and Revolution: Soviet-American Rivalry and the Origins of the Chinese Civil War, 1944–1946.* New York: Columbia University Press, 1993.

———. "Fighting for Friendship: Mao, Stalin, and the Sino-Soviet Treaty of 1950." *CWIHP Bulletin*, nos. 8–9 (1996/1997): 224–36.

Wittfogel, Karl A. "The Legend of 'Maoism.' " *China Quarterly*, no. 1 (January–March 1960): 72–86; no. 2 (April–June 1960): 16–33.

Wittfogel, Karl A., Benjamin Schwartz, and Henryk Sjaardema. " 'Maoism' — 'Legend' or 'Legend of a "Legend" '?" *China Quarterly*, no. 4 (October 1960): 88–101.

Wu Liping. "Wenhua da geming zhongde nü hongweibing" (Women Red Guards in the Great Cultural Revolution). *Ershiyi shiji* (Twenty-first century), no. 68 (2007): 50–67.

Wu Qinjie, ed. *Mao Zedong guanghui licheng dituji* (Atlas of Mao Zedong's Glorious Historical Path). Beijing: Zhongguo ditu chubanshe, 2003.

Wu Zhengyu and Li Jie, eds. *Tusho Mao Zedong* (An Illustrated Biography of Mao Zedong). Beijing: Zhongguo qingnian chubanshe, 2009.

Wylie, Raymond F. *The Emergence of Maoism: Mao Tse-tung, Ch'en Po-ta, and the Search for Chinese Theory 1935–1945*. Stanford, CA: Stanford University Press, 1980.

Xiao Xiaoqin, et al., ed. *Zhonghua renmin gongheguo sishi nian* (Forty Years of the People's Republic of China). Beijing: Beijing shifan xueyuan chubanshe, 1990.

Xin Ziling. *Mao Zedong quanzhuan* (Complete Biography of Mao Zedong). 4 vols. [Hong Kong]: Liwen chubanshe, 1993.

Xu Xiaobing, et al. *Mao Zedongzhi lu — Huashuo Mao Zedong he tade zhanyou* (Mao Zedong's Road—An Illustrated Biography of Mao Zedong and His Comrades-in Arms). Wuhan: Changjiang wenyi chubanshe, 2009.

Xu Yan. "Chaoxian zhanzheng zhong jiaozhan gefang sunshi duoshao junren" (What Are the Casualties of All Sides During the Korean War?). *Wenshi cankao* (History reference). No. 12 (June 2010).

Xu Yuandong, et al. *Zhongguo gongchandang lishi jianghua* (Lectures on the History of the CCP). Beijing: Zhongguo qingnian chubanshe, 1982.

Xu Zehao, ed. *Wang Jiaxiang nianpu, 1906–1974* (Chronological Biography of Wang Jiaxiang, 1906–1974). Beijing: Zhongyang wenxian chubanshe, 2001.

Yang Jisheng. *Mubei: Zhongguo liushi nian dai da jihuang jishi* (Tombstone: Unforgettable Facts about the Great Famine in the 1960s). 2 vols. Hong Kong: Tian di tushu youxian gongsi, 2008.

Yang Kuisong. "Mao Zedong weishenma fangqi xinminzhuyi? Guanyu Eguo moshide yingxiang wenti" (Why Did Mao Zedong Discard New Democracy? On the Influence of the Russian Model). *Jindaishi yanjiu* (Studies in contemporary history), no. 4 (1997): 139–83.

———. "1920–1940 niandai Mosike wei Zhonggong tigong caizheng yuanzhu qingkuang gaishu" (On Moscow's Financial Aid to the CCP in the 1920–40s). *Ershiyi shiji* (The twenty-first century), no. 27 (2004): 1–18; 28 (2004): 1–17.

———. "Obshchaia kharakteristika otnoshenii mezhdu VKP(b) (KPSS), Kominternom i KPK do 1949 goda" (The General Nature of Relations Between the AUCP(b), (the CPSU), the Comintern, and the CCP to 1949), *Problemy Dal'nego Vostoka* (Far Eastern affairs), no. 6 (2004): 99–107.

———. "Sulian da guimo yuanzhu zhongguo hongjun de yici changshi" (Large-Scale Efforts of Soviet Aid to the Chinese Red Army). In Huang Xiurong, ed. *Sulian, gongchanguoji yu zhongguo geming de guanxi xintan* (New Research on [the History of] Relations Between the Soviet Union, the Comintern, and the Chinese Revolution), 324–26. Beijing: Zhonggong dangshi chubanshe, 1995.

———. *Zhonggong yu Mosike guanxi (1920–1960)* (Relations between the CCP and Moscow [1920–1960]). Taibei: Sanmin shuju, 1997.

———. *Zouxiang polie: Mao Zedong yu Mosike enen yuanyuan* (Heading for a Split: Concord and Discord in Relations between Mao Zedong and Moscow). Hong Kong: Sanlian shudian, 1999.

Yang Shengqun, and Yan Jianqi, eds. *Deng Xiaoping nianpu, 1904–1974* (Chronological

Biography of Deng Xiaoping, 1904–1974). 3 vols. Beijing: Zhongyang wenxian chubanshe, 2010.

Ye Jianying zhuanlüe (Short Biography of Ye Jianying). Beijing: Junshi kexueyuan chubanshe, 1987.

Ye Yonglie. *Jiang Qing zhuan* (Biography of Jiang Qing). Beijing: Zuojia chubanshe, 1998.

———. *Mao Zedongde mishumen* (Secretaries of Mao Zedong). Shanghai: Shanghai renmin chubanshe, 2005.

Yen Chia-chi, and Kao Kao. *The Ten-Year History of the Chinese Cultural Revolution.* Taipei: Institute of Current China Studies, 1988.

Yuriev, M. F. *Revoliutsiia 1925–1927 gg. v Kitae* (The Revolution of 1925–1927 in China). Moscow: Nauka, 1968.

Zhang Chunhou, and C. Edwin Vaughan. *Mao Zedong as Poet and Revolutionary Leader: Social and Historical Perspectives.* Lanham, MD: Lexington Books, 2002.

Zhang Jingru, et al. *Wusi yilai lishi renwu biming, bieming lu* (Collection of Pen Names and Pseudonyms of Historical People since the May Fourth Movement). Xi'an: Shaanxi renmin chubanshe, 1986.

Zhang Peisen, ed. *Zhang Wentian nianpu* (Chronological Biography of Zhang Wentian). 2 vols. Beijing: Zhongyang wenxian chubanshe, 2000.

Zhang Qiushi. *Qu Qiubai yu gongchan guoji* (Qu Qiubai and the Comintern). Beijing: Zhonggong dangshi chubanshe, 2004.

Zhang Shu Guang. "Between 'Paper' and 'Real Tigers': Mao's View of Nuclear Weapons." In John Lewis Gaddis et al., eds. *Cold War Statesmen Confront the Bomb: Nuclear Diplomacy Since 1945,* 194–215. Oxford: Oxford University Press, 1999.

———. *Mao's Military Romanticism: China and the Korean War, 1950–1953.* Lawrence: University Press of Kansas, 1995.

———. "Rise and Fall of the Sino-Soviet Alliance. 1945–1963," in O. Arne Westad, ed. *Brothers in Arms,* 189–225. Stanford, CA: Stanford University Press, 1998.

Zhanhou zhongsu guanxi zouxiang (1945–1960) (The Development of Sino-Soviet Relations after the War [1945–1960]). Beijing: Shehui kexue wenhua chubanshe, 1997.

Zhao Chang'an, et al. *Lao gemingjiade lian'ai, hunyin he jiating shenghuo* (Love, Marriages, and Family Life of the Old Generation Revolutionaries). Beijing: Gongren chubanshe, 1985.

Zhao Jialiang, and Zhang Xiaoji. *Banjie mubei xiade wangshi: Gao Gang zai Beijing* (A Story Dug from Underneath of a Half-Destroyed Tombstone: Gao Gang in Beijing). Hong Kong: Dafeng chubanshe, 2008.

Zhemchugov, A. A. *Kitaiskaia golovolomka* (A Chinese Puzzle). Moscow: OLMA-Press/OAO PF "Krasnyi proletarii," 2004.

Zheng Canhui. "Zhongguo Guomindang di yici quanguo daibiao dahui" (The First All-China Congress of the Chinese Guomindang). *Gemingshi ziliao* (Materials on revolutionary history), Shanghai no. 1 (1986): 113–26.

"Zhongguo gongchandang chuangbande di yige youzhiyuan" (The First Orphanage Organized by the CCP). *Xinmin wanbao* (The renovation of people evening newspaper), June 13, 2004.

Zhongguo gongchandang lishi jiangyi (Lectures on CCP History). 2 vols. Changchun: Liaoning renmin chubanshe, 1981.

Zhongguo gongchandang lishi jiangyi (Lectures on CCP History). 2 vols. Jinan: Shandong renmin chubanshe, 1982.

Zhongguo renmin jiefangjun zuzhi yange he geji lingdao chengyuan minglu (Organizational Evolution and Personnel of the Leading Organs at All Levels of the PLA). Beijing: Junshi kexue chubanshe, 1987.

Zhou Enlai nianpu (1898–1949) (Chronological Biography of Zhou Enlai [1898–1949]). Rev. ed. Beijing: Zhongyang wenxian chubanshe, 1998.

Zhou Guoquan, et al. *Wang Ming nianpu* (Chronological Biography of Wang Ming). [Hefei]: Anhui renmin chubanshe, 1991.

Zhou Xiaozhou zhuan (Biography of Zhou Xiaozhou). Changsha: Hunan renmin chubanshe, 1985.

Zhou Yiping. *Mao Zedong shenghuo yanjiu qishinian* (Seventy Years of Study of Mao Zedong's Life). Taiyuan: Shanxi renmin chubanshe, 1993.

Zhu De nianpu (Chronological Biography of Zhu De). Beijing: Renmin chubanshe, 1986.

Zhu Jiamu, ed. *Chen Yun nianpu: 1905–1995* (Chronological Biography of Chen Yun: 1905–1995). 3 vols. Beijing: Zhongyang wenxian chubanshe, 2000.

Zhu Ruizhen. "Zhongsu fenliede genyuan" (Causes of the Sino-Soviet Split). In *Zhanhou zhongsu guanxi zuoxiang (1945–1960)* (The Development of Sino-Soviet Relations After the War [1945–1960]), 91–116. Beijing: Shehui kexue wenhua chubanshe, 1997.

Zhu Weiyang. "Qian Xijun he Mao Zemin" (Qian Xijun and Mao Zemin). In *Mao Zedong de jiashi* (Mao Zedong's Family Affairs), 14–15. Beijing: Chunqiu chubanshe, 1987.

Zhuangzi. *The Complete Works of Chuang Tsu*. Translated by Burton Watson. New York: Columbia University Press, 1968.

Zou Lu. *Zhongguo guomindang shigao* (An Outline History of the Chinese Guomindang). Changsha: Minzhi shuju, 1931.

옮긴이의 말

이 책은 알렉산더 판초프의 러시아 원저를 스티븐 레빈이 영역한 『마오쩌둥: 진실한 이야기(*Mao: The Real Story*)』를 우리말로 번역한 책이다. 일종의 중역인 셈이나 원저자가 역자와 공저로 낸 것을 보더라도 원저에 전혀 손색이 없다고 말할 수 있다. 사실 2007년 처음 러시아어로 된 판초프의 책이 출간되었을 때 사람들은 영역본의 출현을 고대했다. 그리고 마침내 2012년 영역본이 나왔다.

저자 판초프는 독특한 이력의 소유자다. 1955년 모스크바에서 태어나 소련 사회과학원 세계노동운동연구소에서 역사학 석사와 비교정치학 박사 학위를 받았고, 이후 중국 산둥 대학에서 박사후 과정을 마쳤으며, 귀국 후 러시아 모스크바 대외관계연구소 교수를 역임한 뒤 미국 영스타운 주립대학 방문 교수가 되었다. 현재는 오하이오 주 캐피탈 대학의 교수로 있다. 조부인 게오르기 보리소비치 에렌부르크(Georgii Borisovich Ehrenberg, 1902~1967년)는 한학자로 러시아에서 처음으로 『마오쩌둥 평전』을 쓴 사람이다. 이렇듯 저자는 러시아의 문화 혈통과 교육 배경을 가지고 중국과 미국의 학문 세계를 경험했으며, 모국어인 러시아어와 영어뿐만 아니라 한자, 일본어, 프랑스어로 된 문헌을 해독할 능력을 갖추었기 때문에 보다 다양한 관점과 시각을 확보할 수 있었을 것이다. 이런 점에서 이 책은 단순히 러시아 작가가 쓴 저작물이라는 점 이외에도 좀 더 폭넓은 시각과 정보를 제공한다는 점에서 특별하다고 말할 수 있다. 영역자인 스티븐 레빈 역시 중국 항전사와 중국 당사를 전공한 학자로 미국과 아시아 관계사를 연구하고 있다.

중국을 이야기하면서 마오쩌둥을 언급하지 않는 것은 진시황이나 이백, 두보를 언급하지 않는 것과 같다. 그만큼 그는 불세출의 거인이다. 당연히 그에 관한 저작물은 방대하고 다양하다. 무엇보다 마오쩌둥 자신이 수많은 문장을 짓고 시사(詩詞)를 창작했으며 평생 수많은 장소에서 강연과 보고를 했기 때문에 그것만으로도 몇 권의 선집이 나올 정도다. 1944년 진찰기일보사(晋察冀日報社)에서 다섯 권으로 된 『마오쩌둥 선집』(이하 『선집』)을 처음 출간한 이후 1951년부터 마오쩌둥의 감수를 거친 『선집』이 인민출판사에서 계속 출간되었으며, 현재 『선집』은 전체 일곱 권에 달한다. '선집'이란 제목에서 알 수 있다시피 이 외에도 알려지지 않은 또는 드러내고 싶지 않은 문장이 있을 수 있다. 그 밖에 마치 편년체 사서처럼 출생 이후 사망 때까지 매년, 매달의 어록과 활동을 기록한 '연보'가 있다. 중국공산당 중앙위원회 문헌연구실에서 편찬하고 인민출판사, 중앙문헌출판사에서 출간한 『마오쩌둥 연보(毛澤東年譜)』는 1893년부터 1949년, 1949년부터 1976년 두 부분으로 나뉘어 있으며 각기 세 권씩 전체 여섯 권이다. 거의 300만 자에 달하는 『연보』는 2013년 전국적으로 배포되었다. 이 외에 중국에서 나온 관련 서적은 마오쩌둥 시리즈 합집(毛澤東系列合集, http://www.xiexingcun.com/maozedong)을 참고하면 좋을 듯하다.

마오쩌둥에 관한 영역본도 적지 않다. 가장 대표적인 것은 역시 에드거 스노의 작품이다. 우리에게 『중국의 붉은 별(Red Star over China)』(중국 서명 『紅星照耀中國』 또는 『西行漫記』) (1995년·2013년 개정판, 두레)로 잘 알려진 이 책을 비롯한 몇 권의 책은 중국공산당과 마오쩌둥의 진면목을 서구에 처음 알렸다는 점에서 특기할 만하다. 두 번째는 미국 하버드 대학 교수인 스튜어트 슈람의 『마오쩌둥』(1966년 출간, 한국에서는 1979년 두레에서 김동식의 번역으로 출간되었다.)이다. 슈람은 이후에도 지속적으로 마오쩌둥에 관한 책을 출간했는데, 가장 대표적인 것은 1992년부터 2005년까지 낸시 제인 호디스(Nancy Jane Hodes)와 함께 번역하여 출간한 전체 일곱 권의 『마오쩌둥, 권력의 길: 혁명 저작물(*Mao's Road to Power: Revolutionary Writings 1912-1949*)』이다. 이 외에 이 책에서도 종종 비판의 대상이 된 장룽과 존 할리데이 부부의 『마오쩌둥: 알려지지 않은 이야기(*Mao: The unknown story*)』(중국 서명 『毛澤東: 鮮爲人知的故事』) 역시 영문으로 된 마오쩌둥 관련 중요 저작물이다.

그뿐 아니라 마오쩌둥의 생애와 사상, 정치, 혁명, 심지어 여인 관계 등에 이르기까지 참으로 수많은 관련 저작물이 있다. 이 책은 그 가운데 마오쩌둥의 생평과 그를 둘러싼 시대의 이야기를 담은 전기 또는 평전이라고 말할 수 있다.

우리가 전기 또는 평전을 읽는 이유는 단순히 한 인간에 대해 알고 싶기 때문만이 아니다. 오히려 그를 통해 한 시대를 살피고자 하는 욕망이 더 크다. 사실 사람들은 누군가, 특히 위대한 지도자나 이른바 사회 저명인사들에 대한 엿보기, 훔쳐보기의 즐거움을 만끽하려는 욕망을 가지고 있다. 중국 내에서 날조라고 비판받은 바 있는 마오쩌둥의 주치의 리즈수이가 쓴 『마오쩌둥의 사생활: 주치의 회고록(*The Private Life of Chairman Mao: The Memoirs of Mao's Personal Physician*)』(중국 서명 『毛澤東私人醫生回憶錄』)이 뜬금없이 우리나라에서까지 번역된 것도 어쩌면 이런 이유인지 모른다.(1995년 고려원에서 손풍삼 번역으로 출간되었다.) 분명 전기나 평전은 무미건조한 이론의 정합으로서 정론(政論)이나 학술 논문에 비해 훨씬 대상의 삶에 가깝게 다가설 수 있다. 이런 면에서 이 책은 어느 정도 만족시켜 줄 의도가 있음을 부인하지 않겠다. 특히 일반인들에게 한동안 대외비로 알려진 구소련의 비밀문서, 즉 러시아 국립 사회정치사 문서 보관소(Russian State Archives of Social and Political History)의 자료(마오쩌둥 개인 자료는 vol. 1, file 71, Collection 495, Inventory 225에 있다.)를 참고했다는 점에서 더욱 그러하다. 이는 이 책이 지닌 장점이기도 하다. 하지만 대외비를 살펴 공개하는 근본 목적은 단순히 독자들의 호기심을 만족시키기 위함이 아니라 자료의 객관성을 확보하기 위함이다.

전기나 평전의 경우 객관성을 유지하기가 참으로 어렵다. 전기가 흔히 그렇듯이 찬사와 비판이라는 두 개의 칼날이 공존한다는 것이 그리 쉽지 않기 때문이다. 전기를 쓴다는 것은 전기의 대상에 대한 일종의 찬사다. 그러나 찬사로 일관하기는 오히려 쉽다. 적절한, 또는 합당한 비판을 위해서는 무엇보다 찬사의 마음을 일단 접어놓고 평정을 유지해야 하는데 그것이 쉽지 않다. 이른바 객관성이란 개인에게서 출발하는 것이 아니라 다수에서 출발하여 귀납과 연역을 거쳐 개인에 의해 마감된다. 그래서 다양한 언어권의 방대한 저작물이 필요하고, 실제 탐방이 추가되어야 하며, 사실에 대한 철저한 규명과 오해를 풀 확고한 증거가 있어야 한다. 어쩌면 객관성이란 말 자체에 어폐가 있을 수도 있다. 어떤 주체이든 편향, 개성, 호오가 존재하기 마련인데 어찌 절대적 객관성이 존재하겠는가? 그렇지만 설사 객관성이 존재하지 않는다 하더라도 객관성을 유지하기 위한 노력은 있을 수 있다. 이러한 노력이 이 책의 두 번째 장점이다.

세 번째 장점 또는 특기할 부분은 기존의 관점을 뒤엎고 있다는 점이다. 그 대표적인 예가 마오쩌둥과 스탈린의 관계에 관한 것이다. 중국 관방은 물론이고 세계 여러 학자들도 마오쩌둥과 스탈린의 관계는 기본적으로 적대적이었다는 것이 중론이다. 저자는 결코 그렇지 않다고 이야기한다. 또한 중국공산당은 자신들이 소련의 도움을 받기는 했으나 나름 독자적이었다고 주장하고 있다. 그런데 이 책을 읽어 보면 알겠지만 결코 그렇지 않았다. 심지어 꼭두각시 같다는 느낌이 들 정도임을 독자 여러분도 곧 알게 될 것이다.

이러한 장점 이외에 단점도 있을 수 있다. 예를 들어 과연 방대한 양의 구 소련 대외비 문서를 전량 검토했는가? 의문이 나는 점이다. 하지만 한 사람에게 모든 것을 기대는 것은 옳지 않을뿐더러 가능하지도 않다.

1981년 6월 중국공산당은 제11기 중앙위원회 제6차 전체회의(11기 6중전회)에서 「건국 이래 당의 몇 가지 역사 문제에 관한 결의(關於建國以來黨的若干歷史問題的決議)」를 만장일치로 통과시켰다. 이는 문화대혁명의 극좌 노선을 부정하고 덩샤오핑 체제를 반석 위에 올려놓는 역사적인 문건이다. 덩샤오핑은 여기서 마오쩌둥이 문화대혁명 기간에 과오를 저질렀다고 할지라도 그의 전체 생애를 놓고 보면 중국 혁명에 대한 공적이 과오를 훨씬 능가한다고 말하며, 공적은 일차적이요 과오는 이차적이라고 단언했다. 이른바 '공적이 7할이고 과오가 3할이다(七分功三分過三).'라는 마오쩌둥에 대한 첫 번째 역사적 평가가 이루어졌다. 그렇다고 해서 이로써 결론이 난 것은 아니다. 평가란 원래 당대의 '분위기'가 좌우하는 것이기 때문이다. 앞으로 마오쩌둥에 대해 어떤 평가가 내려질지 나는 알지 못한다. 하지만 이 책을 통해 우리는 적어도 그를 나름으로 평가할 하나의 단서를 찾을 수 있을 것이다. 평가는 역사의 몫이기도 하지만 사실 개인의 몫이 더 크다. 역사는 치장이고 개인은 주관이지만 오히려 그 주관이 솔직할 때도 있는 법이다.

이 책을 번역하면서 참으로 많은 것을 돌이켜 생각하고 되뇌었으며, 또한 옛것을 반추하면서 새로 고쳐 생각했다. 그런 것들 중에는 이념과 사람, 개인과 사회, 우연과 필연, 의지와 체념, 시대와 인간, 숭배와 경멸, 지식인과 대중, 노동자와 농민, 그리고 룸펜 프롤레타리아 등등 한때 내 젊은 시절의 고민과 갈등의 내역까지 모두 포함되어 있었다.

공산주의, 아니 사회주의를 꿈꾸기에는 너무 나이가 들어 버린 지금 나는 오히려 명징해짐을 느낀다. 한때 많은 이들이 목숨을 바쳐 지키고자 했던 이념이나 주의가 이미 전 세계를 통합한 '시장'에 의해 형편없이, 여지없이 무너지고 있는 것을 보면서 더욱 그러하다. 물론 지금도 세상에는 온몸에 폭탄을 두르고 지키고자 하는 신앙을 빙자한 미신도 있고, 조국의 영광을 위해 달려 나가는 이들도 적지 않다. 하지만 안으로 조금만 더 들어가 보면 그것 역시 시장과 무관치 않다. 먹고 마시고 즐기고, 입고 자고, 그리고 조금 더 편하기 위해 칼부림하는 시장, 그 사리사욕을 채우기 위한 피비린내 나는 현장에서 멀리 떨어져 있지 않다는 말이다.

싸움을 하는 이유는 명백하다. 이기기 위함이다. 이기려는 이유 또한 명백하다. 자신의 욕망을, 그것이 이념이든 아니면 순결한 신앙이든 간에 채우고 확장하고 보장하기 위함이다. 이런 점에서 모든 인간은 태어나서 죽을 때까지 끊임없이 도발하고(도전하고), 쌓아 놓고(축적하고), 다투거나 싸우며(경쟁하며), 아귀처럼 물어뜯는다(소유한다). 그 결과를 우리는 역사라고 한다. 하지만 그런 역사가 과거의 모든 것을 대변하는 것이 아님을 우리는 잘 안다. 이미 이념과 주의의 시대가 거하고 슈퍼 울트라 '시장'의 시대가 도래했으나 그럼에도 불구하고 꿈을 버리지 않는 것은 바로 이 때문이 아닐까? 이 책을 번역하면서 나는 새삼스럽게 이러한 감춰진 역사를 되새기고 있다.

제법 시간이 흘렀다. 처음 책을 받자마자 번역에 돌입한 것은 아니지만 대략 1년하고 6~7개월이 후딱 지나갔다. 중국과 관련된 영문서는 중국에서 출간된 같은 소재의 책과 달리 또 다른 묘미가 있다. 우선 동일한 한자 문화권에 살면서 그냥 넘어가기 쉬운 개념들, 심지어 고유 명사까지 풀어 헤친 것을 주워 담는 맛이 있다. 물론 어순이 교묘하게 뒤바뀌거나 다양한 관계사를 활용하여 중국어와 또 다른 말의 재미를 살려 준다는 점도 흥미롭다. 때로 숨이 가쁠 때가 없는 것은 아니나 전혀 참을 수 없을 정도도 아니다. 게다가 영어는 지식의 용광로를 때는 석탄이다. 보다 많은 시각, 관점, 주장을 담을 수 있는 까닭이다. 이는 다른 언어에 비해 훨씬 편한 부분이자 불편한 부분이기도 하다. 여하간 마치 한국을 한국이 아닌 다른 나라에서 보는 것처럼 중국을 중국이 아닌 다른 나라에서 보는 것이야말로 중국 관련 영문서가 가진 가장 좋은 점이다.

그러나 역시 번역하는 내내 역자의 마음이 설렜던 것은 바로 마오쩌둥이라는 인물 때문이다. 대학원 시절에 홍콩에서 보내온 책들을 건네받으려면 신촌의 국제 우편물 취급 우편국에서 반드시 사전 검열을 거쳐야만 했다. 공산당이나 마오쩌둥 등 중국 관련 책자들은 절대로 통과할 수 없었다. 결국 그 책들은 중소문제연구소나 그 밖의 공공 기관으로 보내는 수밖에 없었다. 당시에는

'모'나 '공' 자만 들어가도 무조건 퇴짜를 맞는다는 말이 공공연하게 떠돌았다. 그것이 1986년 즈음이니 지금으로부터 30년 전의 일이다. 강산이 세 번 바뀐 지금은 그야말로 옛날이야기일 뿐이다. 하지만 그렇기 때문에 우리는 중국을 이해하는 데 더 많은 시간을 허비해야만 했다.

마지막 번역을 끝내면서 문득 이렇게 중얼거렸다.

아, 그가 마침내 죽었구나.

중국 관방에서 부르짖고 있듯이 위대한 마르크스주의자이자 무산 계급 혁명가이며, 마르크스주의를 중국식으로 실천하고자 애썼던 사람, 비록 만년에 심각한 과오를 범해 수많은 인민, 중국공산당의 존재 기반인 바로 그들을 숱하게 죽이고 내쫓고 고통과 빈곤으로 몰아넣었으나 여전히 경외의 대상인 마오쩌둥. 그는 죽어 톈안먼 광장 마오쩌둥 기념당 안에 미라로 남아 있다. 그리고 그의 초상은 지폐와 톈안먼 담벼락과 기념품 가게에서 여전히 살아 있다. 마르크스주의를 중국식으로 만든 마오쩌둥이 중국식 사회주의를 부르짖는 현재에도 여전히 살아 있다는 뜻이다.

조금 힘들었다. 함께 걸으며 응원해 준 민음사 편집부 여러분에게 고마운 마음을 전하고 싶다. 또한 쾌히 번역을 허락해 준 저자에게도 감사의 말씀을 드린다. 힘들고 어려운 길이지만 언제나 함께 걷고 있는 든든한 우군 유소영 동학에게 이 역서를 바친다.

제주 월두 마을에서 심규호

찾아보기

사진 출처

사진 1–6, 8, 10, 11, 14, 17, 19–21, 23–25, 32

In Memory of Mao Zedong, edited by Museum of the Chinese Revolution (Beijing: Wenwu chubanshe, 1986).

사진 7, 12, 13, 15, 16, 18, 22, 26–29, 31

러시아 사회정치사 문서 보관소
(Russian State Archive of Social and Political History)

사진 9

Dr. Daria A. Spichak

사진 30

http://www.gwu.edu/~nsarchiv/NSAEBB/NSAEBB145/index.htm

옮긴이 심규호

한국외국어대학교 중국어과를 졸업하고 같은 대학원에서 문학박사 학위를 취득했다. 현재 제주국제대학교 중국언어통상학과 교수로 재직하고 있다. 지은 책으로 『육조 삼가 창작론 연구』, 『연표와 사진으로 보는 중국사』, 『한자로 세상 읽기』 등이 있으며, 옮긴 책으로 『덩샤오핑 평전』(공역), 『한무제 평전』, 『개구리』(공역), 『마교사전』(공역), 『일야서』(공역), 『모옌 중단편선』(공역), 『중국문예심리학사』, 『완적집』, 『중국사상사』, 『중국사강요』, 『이중톈, 사람을 말하다』, 『중국책』, 『중국문화답사기』 등이 있다.

마오쩌둥 평전

1판 1쇄 펴냄 2017년 3월 24일
1판 4쇄 펴냄 2023년 8월 9일

지은이 알렉산더 V. 판초프, 스티븐 L. 레빈
옮긴이 심규호
발행인 박근섭, 박상준
펴낸곳 (주)민음사

출판등록 1966. 5. 19. (제 16-490호)
주소 서울특별시 강남구 도산대로1길 62(신사동) 강남출판문화센터 5층 (우편번호 06027)
대표전화 02-515-2000 | 팩시밀리 02-515-2007
홈페이지 www.minumsa.com
한국어판 ⓒ민음사, 2017. Printed in Seoul, Korea

ISBN 978-89-374-3404-4 03990